제7판

특 허 법

Patent Law

윤 선 희

교정저자
박 태 일
강 명 수
임 병 웅

法 文 社

제 7 판 머리말

본서가 2003년 9월 출판되어 20여년이 지나 7정판까지 세상에 나오게 되었다. 그간 우리나라의 기술발전과 더불어 사회 환경도 많이 변하여 모든 대학 로스쿨에서 지적재산법 전임교수를 두고 있음은 물론 교양학부의 지적재산법 관련과목 전담교수와 산학협력단의 특허법 전담교수를 채용하고 있는 대학도 있고, 최근 국가거점대학들은 일반단과대학과 별도로 지식재산융합센터 특허전담교수와 연구원을 두고 운영하고 있다. 이처럼 정부나 대학들은 새롭게 등장하는 기술분야에 빠르게 연구 및 강좌개설 등의 방식으로 대처하고 있으나, 지적재산법에서의 헌법이라고 할 수 있는 특허법의 기본 이론에 대한 심도 있는 강좌(각론)나 공부는 하고 있지 않은 것 같아 아쉬운 부분도 있다.

이번 7정판에서의 주요 개정 내용을 살펴보면 다음과 같다.

(1) 2019.12.10. 일부개정 특허법(법률 제16804호) 반영: ⅰ) 소프트웨어 등을 정보통신망을 통하여 전송하는 행위가 특허를 받은 발명의 실시에 해당하도록 방법의 사용을 청약하는 행위를 방법의 발명의 실시에 포함한 것(제2조 제2호 (나)목 개정), ⅱ) 발명의 실시가 방법의 사용을 청약하는 행위인 경우 특허권의 효력은 그 방법의 사용이 특허권 또는 전용실시권을 침해한다는 것을 알면서 그 방법의 사용을 청약하는 행위에만 미치도록 제한한 것(제94조 제2항 신설);

(2) 2020.6.9. 일부개정 특허법(법률 제17422호) 반영: 특허제도는 최초 발명을 특허권으로 보호함으로써 타인의 실시를 제한하고, 특허권자에게는 해당 특허권으로 발생하는 실시료 등 이익을 향유할 수 있도록 하여 산업발전을 유도하며, 특허권이 침해된 경우 손해배상제도를 통해 특허권자가 입은 손해를 전보하도록 하고 특허권 침해행위를 억제하고 있는바, 손해배상이 적정 수준으로 산정됨으로써 특허권자의 권리가 보호될 수 있도록 관련 규정을 정비한 것(제128조 개정);

(3) 2020.10.20. 일부개정 특허법(법률 제17536호) 반영: 친고죄로 규정된 특허권 또는 전용실시권 침해죄를 피해자가 기소를 원하지 않는다는 의사를

확실히 표명할 경우에만 기소를 하지 않는 반의사불벌죄로 변경한 것(제225조 개정);

(4) 2020.12.22. 일부개정 특허법(법률 제17730호) 반영: 코로나바이러스감염증-19 등 국가적 재난과 관련하여 이를 극복하기 위해 긴급한 심사가 필요한 특허출원에 대한 심사가 적시에 이루어질 수 있도록 특허출원의 우선심사 사유에 '재난의 예방 · 대응 · 복구 등에 필요하다고 인정되는 경우'를 추가한 것(제61조 개정);

(5) 2021.4.20. 일부개정 특허법(법률 제18098호) 반영: 특허심판 사건에도 전문심리위원이 참여할 수 있는 근거를 마련한 것(제154조의2, 제226조제2항, 제226조의2제2항 신설);

(6) 2021.8.17. 일부개정 특허법(법률 제18409호) 반영: ⅰ) 심사관의 잘못된 직권보정에 대한 무효 간주 규정을 신설한 것(제66조의2제6항 신설), ⅱ) 「재난 및 안전관리 기본법」에 따른 재난사태 또는 특별재난지역이 선포된 지역에 거주하거나 주된 사무소를 두고 있는 자 중 산업통상자원부령으로 정하는 요건을 갖춘 자에게는 특허료 및 수수료를 감면할 수 있는 근거를 신설한 것(제83조제2항제2호 신설), ⅲ) 특허료와 수수료를 거짓이나 부정한 방법으로 감면받은 사람에 대해서는 감면액의 2배액을 징수할 수 있도록 하고, 해당 출원인의 감면혜택을 일정기간 제한할 수 있도록 한 것(제83조제4항 신설), ⅳ) 선행기술 조사업무의 결과 통지가 있은 후에 특허출원을 취소 또는 포기하는 경우에도 심사청구료를 전액 반환하도록 하고, 협의결과 신고명령이 있은 후 신고기간이 만료되기 전 또는 거절이유통지가 있은 후 의견서 제출기간이 만료되기 전에 특허출원을 취소 또는 포기하는 경우에는 심사청구료의 3분의 1을 반환하도록 한 것(제84조제1항제5호, 같은 항 제5호의2 신설), ⅴ) 특허심판원에 특허취소신청, 심판 및 재심에 관한 조사 · 연구와 그 밖의 사무를 담당하는 인력을 둘 수 있도록 한 것(제132조의16제3항 신설), ⅵ) 심판절차에서 주장 · 증거의 제출에 관하여는 「민사소송법」상의 적시제출주의 관련 규정을 준용하도록 한 것(제158조의2 신설), ⅶ) 심판사건의 합리적 해결을 위해 필요한 경우 심판장이 당사자의 동의를 받아 심판사건을 산업재산권분쟁조정위원회에 회부할 수 있도록 한 것(제164조의2 신설), ⅷ) 심판사건이 조정위원회에 회부될 경우 조정을 위하여 심판사건에 관한 서류를 반출할 수 있도록 한 것(제217조제1항제1호의2 신설);

(7) 2021.10.19. 일부개정 특허법(법률 제18505호) 반영: ⅰ) 특허출원인·특허권자의 권리구제를 확대하기 위하여 특허출원 및 특허권의 회복요건을 합리적인 기준으로 완화한 것(제16조, 제67조의3, 제81조의3 개정), ⅱ) 특허거절결정 후 출원인에게 충분한 심판의 청구기간을 제공함으로써 청구기간을 연장하거나 청구의 이유를 보정하는 등의 불필요한 행정 처리를 최소화하도록 특허거절결정 등에 대한 심판 및 재심사의 청구기간을 늘린 것(제52조, 제53조, 제67조의2, 제132조의17 개정), ⅲ) 분할출원의 우선권 주장 기재를 생략할 수 있도록 함으로써 현행 제도의 운영상 나타난 일부 미비점을 개선·보완하고 출원인의 편의를 도모하려는 것(제52조 개정), ⅳ) 특허결정된 경우에 설정등록을 하지 않았다면 출원일로부터 1년 이내에 우선권 주장 출원을 할 수 있도록 그 대상을 특허결정된 특허출원으로 확대한 것(제55조, 제56조 개정), ⅴ) 특허거절결정에 대한 심판의 청구가 기각된 후에도 일정 범위 내에서 거절결정에 포함되지 않은 청구항을 분리하여 출원을 할 수 있도록 분리출원제도를 도입하여 출원인이 특허받을 수 있는 기회를 확대한 것(제52조의2 신설, 제55조, 제59조, 제62조, 제67조의2, 제84조, 제92조의2, 제133조 개정), ⅵ) 공유물분할청구로 공유특허권이 타인에게 이전되더라도 실시중인 타공유특허권자에게 통상실시권을 부여하여 실시사업을 계속할 수 있도록 함으로써 공유특허권자를 보호하려는 것(제122조 개정); 및

(8) 2022.10.18. 일부개정 특허법(법률 제19007호) 반영: 특허료 및 수수료의 반환청구 기간을 3년에서 5년으로 연장하여 특허료 및 수수료를 납부한 자의 권리를 두텁게 보호하려는 것(제84조 제3항 개정)

그 이외에 관련 법률을 반영하였고 또한, 그간의 오탈자와 최근의 판례와 학설 그리고 심사지침과 심판편람을 반영하여 내용을 보완·수정하였다. 그리고 제6정판부터 박태일 부장판사, 부산대학교 법학전문대학원 강명수 교수, 특허법인 리담 임병웅 대표변리사가 공동저자로 참여하여 학계뿐만아니라 실무가의 입장을 충실히 반영하여 독자들에게 전달하려고 하였다.

본 7정판이 세상에 나오기까지는 출판업계의 어려움에도 불구하고 개정작업에 대한 독려를 아끼지 않은 법문사 대표님과 기획영업부 김성주 팀장, 그리고 편집·교정·색인 작업에 노고를 아끼지 않고 수고해 주신 편집부 김용석 차장의 노력이 있어 가능했다. 그리고 지적재산법 전공자들의 조언에도

감사의 뜻을 전한다. 또한 여러 대학에서 본서를 교재로 선택하고 계신 동료 선후배 교수와 변호사, 변리사 등에게도 감사를 드린다.

본서가 앞으로도 개정판이 계속 이어져 실무와 학계에서 한톨의 밑거름이 되기를 희망한다.

2023년 6월 6일

지재&정보연구소에서

제 6 판 머리말

2012년 본서의 제5판이 출간된 이후 여러 번 특허법의 개정이 있었고, 그 동안 상당한 판례들이 축적되어 이를 반영한 제6판을 출간하게 되었다.

본서의 편제별로 주요 개정 내용을 살펴보면,

제2편 특허요건에서는 공지예외주장 보완 제도 도입(제30조제3항 신설), 공동출원 대상의 명확화(제44조);

제3편 특허출원절차에서는 특허거절결정 등에 대한 심판 및 재심청구에 대한 절차의 추후보완 기간 연장(제17조), 외국어특허출원 제도 도입(제42조의3 신설), 특허등록결정 이후 설정등록기간 분할출원 제도 도입(제52조제1항제3호 신설), 정당한 권리자의 출원기간 연장(제35조 단서), 특허권 이전청구 제도의 도입(제99조의2 신설);

제4편 특허출원의 심사절차에서는 지정제를 등록제로 변경 등 전문기관과 관련된 개선(제58조), 특허출원의 회복 기회 확대(제67조의3 신설), 특허출원의 심사청구기간의 단축(제59조제2항), 직권 재심사 제도의 도입(제66조의3 신설), 보상금청구권 배상규정의 개정(제65조제2항 등);

제5편 특허등록에서는 특허료 미납에 따라 소멸된 특허권 회복 요건 완화(제81조의3제3항), 특허료 및 수수료 감면과 반환 대상 확대(제83조, 제84조);

제8편 특허침해에 대한 규제에서는 손해액 산정을 위하여 법원이 감정을 명한 경우 당사자는 감정인에게 필요한 사항을 설명하도록 의무화(제128조의2 신설), 특허침해소송에서 법원의 증거제출 명령대상 범위를 서류에서 자료로 확대하고 침해에 대한 증명자료를 포함하도록 하며, 증거제출명령에 불응한 경우 해당 자료의 기재에 의하여 증명하고자 하는 사실에 관한 주장을 진실한 것으로 인정(제132조), 구체적 행위태양 제시 의무 신설(제126조의2 신설), 징벌적 손해배상제도 도입(제128조제8항 및 제9항 신설), 특허표시와 특허출원표시의 구분(제223조), 위증죄, 허위표시의 죄, 거짓행위의 죄에 대한 벌금형 현실화(제227조 내지 제229조);

제9편 심판 및 소송에서는 특허취소신청 제도의 도입(제132조의2부터 제132조의15까지 신설, 제133조제1항 각 호 외의 부분), 국선대리인 선임 근거 마련(제

139조의2 신설);

제10편 특허에 관한 국제출원에서는 국제특허출원의 국어번역문 제출기간 연장(제201조제1항 각 호 외의 부분 단서), 국제특허출원의 국어번역문 정정제도 도입(제201조제6항)이라고 할 수 있다.

제6판부터는 서울중앙지방법원 박태일 부장판사, 부산대학교 법학전문대학원 강명수 교수, 특허법인 이지의 임병웅 변리사가 공동저자로 참여하게 되었고, 그 결과 본서가 학계뿐만 아니라 실무가의 입장을 충실히 독자 여러분에게 전달할 수 있을 것이라고 믿는다.

끝으로 본서의 출판을 위해 노력해 주신 편집부 김용석과장님, 기획영업부 장지훈부장님, 김성주대리님, 그리고 한양대학교 대학원 지적재산권법 전공자들에게도 감사의 뜻을 전한다.

2019년 5월

연구실에서

제 5 판 머리말

어느덧 본서가 세상에 나오게 된 지도 8년이 지났다. 특허법의 잦은 개정으로 인해 10년 가까운 기간 동안 벌써 5정판이 나오게 된다니 본의 아니게 독자 여러분들에게도 미안한 마음이 든다.

5정판에서는 최근 개정된 특허법[법률 제10716호, 2011.05.24 일부개정 및 법률 제11117호, 2011.12.02 일부개정]과 하위법령을 모두 반영하였고, 「대한민국과 미합중국 간의 자유무역협정(FTA)」의 합의사항을 반영하기 위하여 등록지연에 따른 특허권의 존속기간 연장을 신설하고, 공지예외 적용시기를 12개월로 연장하였으며, 특허권의 취소제도를 폐지하였고, 비밀유지명령제도를 도입하였다. 또한 발명의 상세한 설명에 배경기술을 기재하도록 특허법에 명확히 규정하여, 배경기술을 기재하여야 하는 의무를 위반한 특허출원에 대하여는 거절결정을 하되, 특허등록 이후에는 무효가 되지 않도록 특허의 무효심판 사유에서 이를 제외하도록 관련 규정을 개선·보완함을 주요 내용으로 하고 있다. 특허법 외에 실용신안법의 개정사항[일부개정 2011.12.02 법률 제11114호 시행일 9999.12.31]도 모두 반영하였다. 실용신안법에서는 특허법 개정에 따라 특허법 제26조 규정의 준용규정을 삭제하고, 실용신안권의 등록지연으로 인한 존속기간연장 제도의 신설 및 공지예외 적용기간의 연장되는 사안을 반영하였다.

최근의 삼성과 애플사 간의 특허분쟁을 통해서도 알 수 있듯이 특허는 단순히 개인의 권리로서의 가치를 넘어 기업과 국가의 흥망성쇠에 영향을 주는 중요한 요소이다. 이렇듯 중요한 특허법을 지적재산권법 전공의 법학자뿐만 아니라 장차 특허발명을 창작하고 발명자의 권리를 갖게 될 이공계 학생들도 관심을 가지고 공부를 했으면 하는 바람이 있다. 그렇게 된다면 우리나라가 좀 더 힘있는 국가로 거듭나는 초석이 될 것이라고 확신한다.

끝으로 본서가 출판되는 데 노력해주신 법문사 사장님을 비롯한 편집부 김용석과장님, 기획영업부 장지훈과장님, 경상대학교 신재호교수, 한북대학교 조용순교수, 제주대학교 법학전문대학원 강명수교수, 특허법원 박태일판사, 법무법인 대종 정봉현변호사, 한국지식재산연구원 이헌희박사, 곽충목변호사, 김린수변리사, 광운대학교 김지영강사, 한북대학교 이영훈강사, 교정 작업을 도와준 하지현석사과정생, 그리고 한양대학교 대학원 지적재산권법 전공자들과 변리사반 학생들에게도 감사의 뜻을 전한다.

2012년 원단에
행당동 연구실에서

제 4 판 머리말

본서의 제3판이 출간된 후 2년의 시간이 지나는 동안에 특허법이 3차례 개정되었고 그에 따라 하위법령들도 개정되었다. 이에 개정된 법률을 반영하고 제3판의 부족한 부분을 보완한 제4판을 출간하게 되었다.

제4판에서는 제3판 출간 이후부터 최근에 개정된 특허법[법률 제9381호, 2009. 1. 30, 일부개정]과 하위법령들을 모두 반영하였다. 제4판에는 다음과 같은 개정의 주요 내용을 반영하였다.

첫째, 우리 한국어가 세계 9번째로 「특허협력조약」에서 규정하는 국제공개어로 채택됨에 따라 보상금지급청구권 등에 관한 국제공개 효력과 국내공개 효력이 통일되었고, 둘째, 심사전치제도를 폐지하고 재심사청구제도를 도입하여 특허출원인에게 특허를 받을 기회를 최대한 보장해 줄 수 있도록 변경되었다. 셋째, 특허출원 명세서 또는 도면의 보정에 대한 제한 요건이 완화되었고, 넷째, 추가납부료의 차등제도 도입되었다. 또한 특허법 이외에도 컴퓨터프로그램보호법이 폐지되고 저작권법으로 통합되어 컴퓨터 프로그램 저작물에 포함하여 보호하게 되었다.

현대 사회에서 지적재산권법은 우리의 일상에서 너무나 쉽게 찾아볼 수 있다. 매일 쓰는 핸드폰에 특허법으로 보호되는 기술이 있고, 매일 마시는 커피 한 잔에도 상표법에 의해 보호되는 상표가 부착되어 있으며, 새로 출시되는 자동차의 디자인은 디자인보호법에 의하여 보호되고 있다. 또한 매주 즐겨보는 드라마에도 저작권이 인정되어 보호되므로 일상 속에서 이러한 지적재산권법의 중요성은 아무리 강조해도 지나치지 않을 것이다.

그중에서도 특허법은 산업재산권법의 중추적 역할을 하는 법으로서 개인뿐만 아니라 국가의 정책과 기업의 성장에도 많은 영향을 미친다. 따라서 급변하는 국제사회의 흐름과 쏟아지는 신기술의 홍수 속에서 특허법의 올바른 이해는 선택이 아닌 필수가 되었다. 이에 지적재산권법을 연구하는 학자로서 무한한 책임감을 느끼며 특허법의 올바른 이해와 기준을 제시하기 위해 더욱 노력할 것을 다짐한다. 아울러 이 책에 부족한 부분도 있을 것으로 생각되지만, 독자 여러분들의 너그러운 이해를 부탁드린다.

끝으로 본서의 출간을 도와주신 법문사 배효선 사장님과 편집부 김용석 과장님, 영업부 고영훈 과장님께 감사드리며, 제4판의 교정을 본 김린수 변리사반 학생을 비롯한 한양대학교 지적재산권법 전공자 및 변리사반 학생들에게도 감사의 뜻을 전한다.

2010년 새해 연구실에서

제 3 판 머리말

본서의 개정판이 출간되고 3년이 흘렀다. 그 사이 특허법이 아홉 번이나 개정되었고 그 하위법령들도 계속 개정이 되었기에 3정판을 출간하지 않을 수 없었다.

3정판에서는 최근 개정된 특허법과 하위법령을 모두 반영하였다. 개정판 출간 이후 지금까지 변경된 특허법의 주요 내용을 살펴보면 다음과 같다.

직무발명 규정이 특허법에서 폐지되고 발명진흥법으로 통합 규정되었으며, 식물발명 규정, 이중출원제도, 특허이의신청제도가 폐지되었다. 또한, 이중출원을 폐지하는 대신 변경출원이 도입되었으며, 특허출원 명세서에 기재하는 '발명의 상세한 설명' 사항의 기재요건이 완화되었고, 특허청구 범위를 특허출원서 제출 후 출원공개(1년 6개월) 전까지 명세서에 기재할 수 있도록 개정되었다. 이와 더불어 실용신안법은 10여년 만에 전면개정이 되어 무심사주의에서 심사주의로 변환되면서 이와 관련된 기술평가제도 등이 폐지되었다.

따라서, 본서는 상기와 같이 변경된 특허법의 내용을 모두 반영하였으며, 다소 중복되거나 지엽적인 내용 및 판례들을 삭제하고 최근에 논란이 되었던 국·내외의 판례들을 보강하여 2009년 개원될 예정일 법학전문대학원에서도 참고할 수 있도록 하여 내실을 기하였다. 또한, 판형을 바꾸고 편집을 새로이 하는 등의 크고 작은 시도를 하여 특허법을 연구하는 모든 이들에게 미약하나마 도움을 주고자 노력하였다.

흔히 특허법은 지적재산권법의 헌법이라고 불릴 만큼 저작권법과 더불어 산업재산권법의 가장 대표적인 실체법이자 절차법이다. 따라서 특허법의 위상과 역할이 높고 중요하다는 것을 거듭 강조할 필요성이 없을 것이다. 하지만 이러한 특허법이 무비판적으로 또는 성급하게 개정되어 여타 산업재산권뿐만 아니라 지적재산권법 상호간에 악영향을 주는 일은 없어야 할 것이라 생각된다.

또한, 급변하고 있는 국제사회와 기술환경 안에서 지적재산권법을 연구하는 학자로서 올바른 기준과 대안을 제시하기 위해 끊임없이 정진할 것을 본서의 출간을 계기로 다시 한 번 다짐하게 된다.

끝으로 본서의 출간을 도와주신 법문사 배효선 사장님 그리고, 영업부 유지훈 차장님과 편집부의 김용석 과장님에게 감사를 드린다. 그리고 본서의 전반적인 교정을 본 김훈건 석사과정생을 비롯한 한양대학교 지적재산권법 전공자들에게도 감사의 뜻을 전한다.

2007년 8월 15일
한양대학교 법과대학 연구실에서

尹 宣 熙

개정판 머리말

본서의 초판이 출간되고 얼마 후 특허법의 하위법령들의 개정으로 인하여 개정판을 출간하게 되었다. 이를 계기로 초판에서의 미진한 부분을 수정 · 보완하였다.

개정판에서는 최근 개정된 특허법시행령(일부개정 2004. 3. 17. 대통령령 제18312호), 특허법시행규칙(일부개정 2003. 12. 31. 산업자원부령 제00215호) 등을 반영하였고, 초판의 오 · 탈자에 대해 전반적인 수정을 하였다. 그리고 최근의 대법원 및 특허법원의 판례를 추가하였으며, 일부 중복되거나 불필요한 부분을 삭제하고 각주를 체계화 하였다. 그 외에도 그림차례를 삽입하여 독자들의 편의를 도모하였다.

“Ubi societas, ibi ius(사회 있는 곳에 법이 있다)”라는 Santi Romano의 법언(法言)을 굳이 인용하지 않아도 사회현상과 법은 인간 활동의 표상이라는 것을 잘 알고 있다. 이런 점에서 특허법이 실질적 실용학문이라는 것을 더욱 부정할 수 없으며 기술의 발전이 무어의 법칙(Moore′s law)을 넘어섰다고까지 하는 오늘의 현실에서 특허법의 역할과 그 위상은 더욱 중요하게 되었다.

이러한 산업재산권 전문가로 활동하기 위한 변리사시험은 최근 출제경향이 변하여 기존의 조문위주의 단순 암기가 아닌 최신 국내 · 외 판례를 중심으로 한 실무위주로 변화하고 있다.

이러한 견지에서 본서가 그 방향에 어느 정도 부합한다고 생각이 되어 안도와 그에 따른 사명감을 느끼는 동시에 시간의 부족이 저자만의 고민이 아니라는 것을 위안으로 삼으며 다시 한번 보다 폭과 깊이가 있는 책을 집필하기 위하여 연구와 노력을 아끼지 않을 것을 다짐하는 바이다.

끝으로 개정작업을 도와주신 법문사의 편집부 이재필 이사와 영업부 유지훈 차장께 감사드린다. 그리고 늘 변함없이 수고를 아끼지 아니하는 박사과정의 김지영, 이헌희 조교, 교정 작업을 꼼꼼히 살펴준 석사과정의 김훈건과 강정민, 고봉진을 비롯한 한양대학교 대학원 지적재산권법 전공자들에게 감사의 뜻을 전한다.

2004년 7월 17일

한양대학교 연구실에서

머 리 말

본서는 특허법의 이론과 실무의 세세한 부분까지 체계적으로 엮어 구성한 특허법의 각론서이다.

필자가 특허법 각론을 집필하고자 계획한 것은 근 20여년 전부터였다. 지적재산권법 분야에 몸담은 후 1991년 「영업비밀 개설」을 비롯하여, 「무체재산권법(역저)」, 「주해특허법(공역)」, 「지적소유권법(공저)」 등의 집필과 1995년에는 법학도들을 위한 교양서로 「지적재산권법」을, 1997년도에는 지적재산권에서의 「국제계약법 이론과 실무」서를 출간하였고, 2002년도에는 변리사 수험생들을 위한 「산업재산권법」을 출간하였다. 그런데 필자의 책을 포함하여 현행 시중에 나와 있는 교과서들 대부분은 수험생을 위한 도서로 개론적 내용에 그치고 있거나 특정 분야에 대해서만 언급되어 있어 후학들이 공부하는데 충분하지 못하였다. 이를 아쉽게 생각하여 특허법규와 특허제도 그리고 기술적인 정보가 융합되어 있는 특허법을 「실체법」 부분과 「절차법」 부분으로 분리하여 체계적으로 집필하려고 하였으나, 시장의 특성상 아직 시장성이 없다는 주위의 충고를 받아들여, 이를 통합하여 특허법을 하나의 시스템으로 기술한 본서의 집필을 계획하게 된 것이다.

그리하여 본서는 다음에 근거하여 집필되었다.

첫째, 현행법에 충실하게 특허제도와 이론을 소개하려고 노력하였다. 둘째, 특허청에서 발간한 「심사지침서」와 「방식심사편람」 및 「심판편람」에 따라 구체적인 내용까지 세세히 다루어 실무상 부족함이 없도록 노력하였고, 셋째, 법규정의 취지는 해석의 혼란이 야기되는 것을 방지하기 위해서 특허청에서 발간한 「조문별 특허법해설」의 내용을 기본으로 하였다. 넷째, 특허법을 공부하는 학도들을 위한 교과서에 그치지 않고 법조계, 학계 및 실무가에게 있어서 진정한 참고서가 될 수 있도록 많은 판례, 판결례 및 심결례를 소개하였다.

마지막으로, 특허청구범위의 해석부분은 특허청에서의 심사관과 심판관 그리고 변리사로서 경험이 풍부한 권태복 변리사가 많은 부분을 정리하여 주었다. 권 변리사는 "균등론"으로 박사학위를 취득하기도 하였다.

이렇게 많은 부분을 구체적으로 다루다 보니 진작 필자의 생각에 대한 반영이 미흡했던 것 같아 아쉬움이 들기도 하지만 이 부분은 수요시장이 형성되면, 차후 수정 · 보완하여 앞으로 더 좋은 책이 되도록 노력할 생각이다.

시간적 제약과 관련법규의 빈번한 개정으로 인해 집필과정이 매끄럽지 못하였고 부족한 점이 많지만, 본서가 변리사 시험을 준비하는 수험생은 물론, 특허법을 공부하는 대학생 · 대학원생 그리고 실무자들에게 특허제도의 구체적인 내용을 체득하기 위한 밑거름이 되기를 바라며, 우리나라의 지적재산권법학계의 발전을 위해서 강호제현들의 아낌없는 비판과 질정(叱正)을 바라는 바이다.

끝으로 이 책을 엮는데 협조와 주저를 아끼지 않았던 법문사 배효선 사장님, 영업부의 유지훈 과장과 편집부의 김제원 차장을 비롯한 한양대 법대 그리고 변리사반의 김지영, 이재철, 이헌희 조교와 지적재산권법전공 대학원생, 신재호 강사 등에게도 심심한 감사를 표하며 독자제현 여러분의 성운을 바라마지 않는 바이다.

2003년 8월 29일

한양대학교 연구실에서

차 례

제 1 편 특허법 총론

제 6 장 특허법상의 실시 (140 ~ 146)

제 2 편 특허요건

제 1 장 특허를 받을 수 있는 발명 (149 ~ 222)

제 2 장 특허를 받을 수 없는 발명 (223 ~ 235)

제 3 장 특허를 받을 수 있는 자 (236 ~ 307)

제 3 편 특허출원절차

제 1 장 총 설 (311)

제 2 장 절차상의 능력 (312 ~ 355)

제 5 편 특허등록

제 1 장 특허료 및 수수료 (541 ~ 548)

제 2 장 특허등록 (549 ~ 560)

제 6 편 특 허 권

제 7 편　특허권의 침해

제 3 장 권리침해의 유형 (733 ~ 745)

제 8 편 특허침해에 대한 구제

제 1 장 민사적 구제 (749 ~ 781)

제 2 장 형사적 규제 (782 ~ 792)

제 3 장 재 심 (922 ~ 934)

제 4 장 특허소송 (935 ~ 974)

제10편 특허에 관한 국제출원

제12편　실용신안법

그림 차례

참고문헌

[국내문헌]

김동희, 행정법(제7판), 박영사, 2001.
김원준, 특허법, 박영사, 2009.
박희섭・김원오, 특허법원론, 세창출판사, 2009.
법원행정처, 특허소송실무, 1998.
사법연수원, 변호사실무(민사), 1996.
석광현, 國際私法과 國際訴訟(제2권), 박영사, 2001.
송영식・이상정・황종환・이대희・김병일・박영규・신재호, 지적소유권법(上), 육법사, 2013.
양승두, 工業所有權法, 법경출판사, 1984.
윤선희, 산업재산권법원론, 법문사, 2002.
윤선희, 지적재산권법(19정판), 세창출판사, 2022.
이기수 외 6인, 지적재산권법, 한빛지적소유권센터, 1996.
이상경, 지적재산권소송법, 육법사, 1998.
이수웅, 특허법 , 한국지적재산권법학연구소, 2000.
이시윤, 신민사소송법(제16판), 박영사, 2023.
이인종, 특허법개론, 법연출판사, 2001.
이종완, 특허법론, 대한변리사회, 2004.
이종일, 특허법, 한빛지적소유권센터, 2001.
이창훈・김인순, 미국특허청구범위 작성과 해석(제2판), 한빛지적소유권센터, 2015.
정양섭, 특허심판, 대광서림, 1999.
정윤진, 공업소유권법론, 등용문출판사, 1976.
정상조, 지적재산권법강의, 홍문사, 1997.
정상조・박준석, 지식재산권법(제5판), 홍문사, 2020.
정상조 편집대표, 디자인보호법 주해, 박영사, 2015.
정상조 편집대표, 부정경쟁방지법 주해, 박영사, 2020.
지원림, 민법강의, 홍문사, 2002.
천효남, 특허법, 법경사, 2003.
최덕규, 특허법(4정판), 세창출판사, 2001.
특허법원, 특허소송연구(제6집), 2013.
특허법원 지적재산소송실무연구회, 지적재산소송실무(제4판), 박영사, 2019.

특허심판원, 심판편람(제13판), 2021.
특허청, 기술분야별 심사실무가이드, 2022.
특허청, 등록업무편람, 2022.
특허청, 산업재산권질의해석집, 1991.
특허청, 조문별 특허법해설, 2014.
특허청, 특허법 통일화 조약안, 1993.
특허청, 특허 · 실용신안 심사기준(특허청 예규 제131호), 2023.
특허청 · 한국지식재산연구원, 지식재산제도의 실효성 제고를 위한 법제도 기초연구－특허법 조문별 해설서, 2015.
한국특허법학회 편, 특허판례연구(제3판), 박영사, 2017.
황종환, 특허법, 한빛지적소유권센터, 2001.

[국내역서]

WIPO 저, 特許廳 역, 지적재산권총론, 특허청, 1997.
中山信弘 著, 한일지적재산연구회 譯, 특허법, 법문사, 2001.
吉藤幸朔 著, YOU ME 특허법률사무소 譯, 特許法概說(第13版), 대광서림, 2000.

[외국문헌]

Alan L. Durham, Patent Law Essentials, Quorum, 1999.
Andy Gibbs · Bob DeMatteis, Essentials of Patents, John Wiley & Sons, 2002.
Arthur R. Miller · Michael H. Davis, Intellectual Property(3rd Ed.), West Group, 2000.
Donald S. Chisum · Craig Allen Nard · Pauline Newman · F. Scott Kieff, Principles of Patent Law(2nd Edition), Foundation Press, 2001.
Paul Goldstein, Copyright, Patent, Trademark and Related State Doctrines, Cases and Materials on the Law of Intellectual Property, Foundation Press, 1993.
Robert C. Kahrl, Patent claim construction, Aspen Law & Business, 2003.
W. R. Cornish, Intellectual Property(4th Ed.), Sweet & Maxwell, London, 1999.
William H. Francis · Robert C. Collins, Cases and materials on patent law(Fifth Edition), West Group, 2002.
日本 特許廳 編, 工業所有權法逐條解說(第16版), 發明協會, 2001.
竹田稔, 知的財産權侵害要論, 發明協會, 1997.
竹田稔, 特許審査 · 審判のと審査課題, 發明協會, 2001.
吉藤幸朔 著, 熊谷健一 補訂, 特許法概說(第13版), 有斐閣, 2002.

吉藤辛朔, 特許法概說, 有斐閣, 1989.

中山信弘, 工業所有權法(上)(第2版 增補版), 弘文堂, 2000.

中山信弘 編, 註解特許法(第2版)上卷, 青林書院, 2000.

江夏弘, 我が国における被用者制度とその法的解釋, 第一法規出版, 1990.

清水幸雄, 知的所有權法入門, 中央經濟社, 1998.

仙元隆一郎, 特許法講義, 悠悠社, 1998.

豊崎光衛, 工業所有權法, 有斐閣, 1980.

紋谷暢男, 特許法50講, 有斐閣, 1989.

紋谷暢男, 注釈 特許法, 有斐閣, 1986.

龍野文三, 新工業所有權法講義, 中央大學出版會, 1969.

橋本良郎, 特許法(第3版), 有斐閣, 1991.

村林隆一, 審決取消訴訟實務, 經濟産業調査會, 2001.

약 어 표

※ 본서에서 특허법은 별도의 기재를 하지 않았다.
특허법 시행령과 특허법 시행규칙은 각 시행령, 시행규칙으로 표기한다.

[참고법령]

국가공무원 등 직무발명의 처분·관리 및 보상 등에 관한 규정 ····· 공무원직무발명보상규정
독일 특허법(Patentgesetz) ······ PatG
독점규제 및 공정거래에 관한 법률 ······ 독점규제법
등록사무취급규정 ······ 등록규정
문화적·예술적 저작물의 보호를 위한 베른조약 ······ 베른조약
미군정시행령 ······ 미군령
반도체집적회로의 배치설계에 관한 법률 ······ 반도체칩법
부정경쟁방지 및 영업비밀보호에 관한 법률 ······ 부정경쟁방지법
산업재산권관련서류전자화 사무취급규정 ······ 전자문서규정
산업재산권보호를 위한 파리협약 ······ 파리협약
세계저작권조약 ······ UCC
세계지적재산권설립협약 ······ WIPO
심판사무취급규정 ······ 심판사무취급규정
유럽특허조약 ······ EPC
일본전매특허조례 ······ 일전
종업원 발명에 관한 법률(Gesetz über Arbeitnehmererfindungen) ······ ArbnErfG
채무자 회생 및 파산에 관한 법률 ······ 채무자회생법
출원관계사무취급규정 ······ 출원규정
특허·실용신안심사사무취급규정 ······ 심사사무취급규정
특허권 등의 등록령 ······ 특허등록령
특허료 등의 징수규칙 ······ 징수규칙
특허법조약 ······ PLT
특허법조약시행규칙 ······ PLT규칙
특허절차상 미생물 기탁의 국제적 승인에 관한 부다페스트조약 ······ 부다페스트조약
특허절차상 미생물 기탁의 국제적 승인에 관한 부다페스트조약 시행규칙 ······ 부다페스트조약규칙
특허협력조약 ······ PCT
특허협력조약 시행규칙 ······ PCT규칙
PCT국제조사 및 국제예비심사절차사무취급규정 ······ PCT사무규정

WTO/TRIPs협정 ………………………………………………………………………… TRIPs

[기타 용어]

독일 연방통상법원(Bundesgerichtshof) ………………………………………… BGH
最高裁判所民事判例集(法曹会) ………………………………………………… 民 集
下級裁判所民事裁判例集(法曹会) ……………………………………………… 下民集
知的財産權關係民事・行政判例集(法曹会) ………………………………… 知財集
無體財産權關係民事・行政判例集(法曹会) ………………………………… 無体集
審決取消訴訟判例集(日本特許廳編) ……………………………………… 審決取消集
Court of Appeals for the Federal Circuit ………………………………… CAFC
Court of Custom and Patent Appeals ……………………………………… CCPA
Gewerblicher Rechtsschutz und Urheberrecht …………………………… GRUR

제1편

특허법 총론

특허법은 발명자에게 일정한 기간 동안 그 발명의 독점을 인정하는 권리를 부여함으로써 발명자가 그 발명을 하기까지 투자한 연구개발비 · 시간 등을 보상받게 하기 위한 제도이다. 이는 그 발명을 한 자(者)에게 독점적으로 실시할 수 있는 권리를 부여함과 더불어 침해로부터 보호하여 주고, 또 그 발명을 제3자가 이용하도록 하여 보다 더 새로운 기술의 탄생과 개발을 도모하여, 그 발명으로 인하여 국민의 생활이 윤택하도록 하기 위함이다. 그리하여 국가가 일정한 기간 동안 발명자에게 독점적으로 이용할 수 있도록 보장하여 주는 법률이다. 따라서 특허법은 발명자가 될 수 있는 기술자 · 연구자에게는 매우 큰 의의를 갖는 발명자보호법이자 발명의 장려 · 보호법이라 할 수 있다. 한편 특허법을 통한 새로운 기술의 권리 보호는 국내산업의 건전한 발달, 나아가 국민생활 향상 및 공공의 이익으로 이어질 수 있다는 점에서 특허법은 일반 국민에게도 적지 않은 의의를 갖는다 하겠다.

특허법은 발명의 실시에 대하여 개인의 독점을 인정하는 사적(私的) 독점보장법이다. 이는 특허법이 창작한 발명자에게 독점을 보장하는 것이 창작 등에 대한 인센티브 제공의 방법이고, 더 나아가 경제발전 등에도 이득이 된다는 판단에 따른 것이다. 그러나 발명을 한 대가로 직접적인 보상을 하여 주는 것이 아니라 일정한 기간 동안 독점을 보장하여 주고, 발명자는 독점적으로 실시할 수 있는 동안에 그 발명을 직접 실시하든가 제3자에게 양도 또는 실시하게 하고, 그 대가로 실시료를 받을 수 있도록 하여 간접적으로 보상을 받도록 한 것이다. 그리하여 각국은 자국의 산업발전과 보호를 위하여 발명자의 발명을 보호 · 장려 그리고 산업발전이라는 형평을 위하여 발명자에게 인센티브를 주는 것이다. 발명을 장려하는 수단으로서는 발명자증제도와 같은 보장제도도 상정할 수 있다. 그러나 이러한 특허제도의 유지에는 막대한 사회적 비용이 소요된다. 이에 19세기 후반 유럽에서는 각국의 특허제도를 폐지시켜 기술사상의 교류를 촉진하는 것이야말로 경제발전에 이바지할 수 있다는 발상에서 반특허 논쟁이 전개되기도 하였다. 예컨대 특허제도가 경제발전에 역효과라고 하여 네덜란드는 1869년 특허법을 폐지하기도 했으며, 스위스에서는 특허법의 제정이 지연되었고, 독일에서도 각 지방 특허제도의 존립이 위기에 처하기도 했다. 이러한 논쟁은 불황과 함께 대두한 보호주의로 인해 이론적 결론 없이 소멸하였다. 그러나 오늘날에 있어서도 비록 특허제도를 인정하나, 특허제도의 문제점을 지적하고 비판하는 견해는 존재하고 있다.[1)]

이와 같이 비판적 시각이 없지 않으나, 실증적으로 그 이익의 크기가 측량되기 힘들지라도 특허제도가 인정하고 있는 특허권의 독점적 지위는 발명자를 보호하고, 새로운 발명을 장려함에 있어 실제적 기능을 수행하고 있음을 부정할 수 없다. 즉 특허권 부여와 이를 중심으로 한 특허제도는 발명의 보호를 통해 산업을 발달시키기 위해 제안된 방안 중 가장 검증된 것이라 할 수 있으며, 특허제도의 원리를 설명하려는 여러 시도들이 이러한 특허제도를 인정하는 이유들이 될 것이다.

---

1) 예컨대 특허제도가 先出願者를 지나치게 보호한다든지, 선진국 중심적이라는 비판들이 이러한 견해들이라 하겠다.

제1장

특허법의 목적

우리 특허법은 발명자가 발명을 완성한 것을 사회에 공개한 대가로 국가가 발명자에게 사유(私有)재산으로서의 특허권을 인정하여 보호하고 있다. 즉, 특허법은 새로운 발명을 완성한 자 또는 그 승계인에 대하여 일정기간 동안 국가가 독점적으로 권리행사를 할 수 있도록 권리를 허여함으로써 발명자 또는 그 승계자로 하여금 그 발명에 대한 이익을 독점하게 한다.[1] 이에 반해 발명자가 발명을 완성 후에 그 발명을 공개하지 않으면 특허법의 보호대상이 아니라 노하우(Know-how) 또는 기업비밀(영업비밀)로서 발명자 자신이 비밀로 유지하여야 하며, 그 비밀이 발명자 자신의 잘못으로 공개되면 특허법으로는 보호받지 못한다.

특허법상 발명자의 권리는 대한민국 헌법 제22조 제2항에서 "著作者・發明家・科學技術者와 藝術家의 權利는 法律로써 보호한다"라는 규정에 기초하여 보호하고 있다. 발명을 완성한 1개인(발명자)에게만 그 발명이 머무르게 되면, 그와 같은 업을 영위하려는 제3자는 동일한 발명을 하기 위해 먼저 발명자가 행한 시간과 투자 등의 노력을 하지 않으면 동일한 발명을 완성하기 어려울 것이다. 그러나 먼저 발명한 자가 발명한 것을 공개하고, 그 발명을 이용하려고 하는 제3자에게 이용하게 한다면 먼저 발명자가 행한 시간과 비용 등을 다시 투자하지 아니하고도 그 발명보다 진보된 발명을 얻을 수 있을 것이다.

그리하여 국가는 이렇게 낭비될 비용과 시간 등을 줄이고, 보다 더 발전된 결과

---

1) 윤선희, 「지적재산권법(19정판)」, 세창출판사, 2022, 29~30면.

의 발명을 얻을 수 있다. 즉, 발명자에게는 발명의 보호를 통해 권익을 보호해 주고, 이를 통해 사회는 그 발명을 다같이 나눌 수 있는 것이다. 그리하여 우리나라의 특허제도는 산업정책적인 이유에서 비롯되었다고 할 수 있다.[2)]

우리나라의 특허법 제1조에서는 특허법은 "발명을 보호·장려하고 그 이용을 도모함으로써 기술의 발전을 촉진하여 산업발전에 이바지함을 목적으로 한다"라고 규정하고 있다. 즉 발명에 대해 일정한 보호를 해줌으로써 발명자의 의욕을 자극할 뿐만 아니라 그것의 이용도 용이하게 함으로써 결과적으로 산업의 발전을 꾀하고 있다.[3)] 하지만 이러한 특허법의 목적조항이 제정 당시부터 있지는 않았다. 즉, 1908년 대한제국 특허령이나 1946년 특허법에는 목적조항이 없었으나, 1961년 12월 31일 법률 제950호에서 처음으로 목적조항이 신설되었다. 최초의 목적조항은 주로 발명의 장려·보호육성에 중점을 둔 규정이었으나, 1990년 1월 13일 법률 제4207호에서는 현행과 같은 발명의 보호·장려와 그 이용의 도모의 형평성을 고려하여 규정한 것으로 보인다.[4)]

특허법은 발명을 통해 기술의 발전을 촉진하고 산업발전에 이바지할 것을 목적으로 하는 법이며, 특히 그 목적달성을 위해 '발명의 보호'와 '발명의 이용'을 꾀하는 것이라 하겠다. 여기에서 '발명의 보호'란 발명자에게 일정기간 업으로서 발명을 독점적으로 실시하는 권리, 즉 독점권을 부여하는 것이고, '발명의 이용'이란 발명자에 의한 발명의 공개와 발명의 실시를 통해 공중에게 발명이용의 길을 제공하는 것이다. 따라서 특허법은 발명자에게는 독점권을 부여하지만 그 대신 발명을 공개하고, 발명을 실시하여 공중에게 발명이용의 길을 제공하는 의무를 부과하는 것이다. 그리고 한편으로는 공중에게 발명이용의 기회를 주지만 그 대신 일정기간 발명을 모방하여 실시하지 않는 의무를 부과하는 것이라고 할 수 있다. 즉 특허법은 발명자와 공중의 이해를 적절히 조정하여 결국 전체적으로 산업발달, 나아가서는 공중 이익을 꾀한 것이라고 할 수 있다.

우리나라의 특허법은 이와 같이 '발명의 보호·장려'와 '발명의 이용도모'라는

2) 특허법에 의한 권리의 보호가 얼마나 중요한지는 갈릴레오 갈릴레이의 진정서와 베르너 폰 지멘스가 비스마르크 재상에게 요청한 통일 특허법의 제정필요성에 대한 진정서의 내용을 보면 잘 나타나 있다(이수웅, 「특허법」, 한국지적재산권법학연구소, 2000, 101면).

3) 우리 특허법은 '산업발전'을 최종목적으로 하고 있다. 하지만 당초 국내 산업의 보호육성을 배경으로 한 산업정책적인 색채가 농후했으며, 최근에 와서는 공정한 경쟁질서의 유지를 도모하기 위한 경쟁정책을 배려한 제도로서의 성격을 보이기도 한다(윤선희, 「지적재산권법(19정판)」, 세창출판사, 2022, 31면).

4) 특허청, 「조문별 특허법해설」, 2014, 20~21면.

큰 두 개의 축을 중심으로 이루어졌으며, 이러한 보호와 이용의 적절한 조화를 통하여 궁극적으로는 “산업발전”을 이룩하여 국민 모두가 잘 살 수 있게 하기 위한 법이라 할 수 있다. 여기에서는 이에 대해 상세히 살펴보도록 하겠다.

제 1 절 발명의 보호와 장려

발명의 보호의 대표적인 것은 특허권이다. 이러한 특허권을 취득하기 위해서는 많은 시간과 절차가 필요하여 그 과정에서 발명에 대한 권리를 침해당할 수 있는 요소가 존재하므로 특허법은 발생가능한 침해에 대해 몇 가지 보호장치를 마련하고 있다. 이에 관하여 일반적으로는 절차적 보호와 실체적 보호, 그리고 경제적 보호로 나누어 설명하나, 본서에서는 먼저 발명을 보호하는 법률방식을 살펴본 가운데 특허법에서 규정한 발명의 보호수단을 실체적 보호와 절차적 보호로 나누어 살펴보도록 한다.

1. 발명의 보호

발명은 무형의 것이다. 따라서 이러한 발명에 대한 지배는 유체물에 대한 지배와 같이 외부로 쉽게 드러나지도 않으며, 여러 사람에 의한 지배가 동시에 경합되지 않고 이루어질 수 있다는 점에서 발명에 대한 침해 역시 잘 드러나지 않는다. 따라서 발명은 그 침해가 용이하게 이루어지면서도 발명자로서는 침해 사실을 쉽게 파악하지 못한다는 특성을 갖는다. 이러한 가운데 법이 발명이 갖는 비경합성 내지 비배타성을 고려하지 않고 방치하게 되면, 발명은 쉽게 모방되고 이러한 상황의 반복은 결국 발명자의 발명 의욕을 상실시켜 산업에 악영향을 미치게 될 것이다. 즉 국가에 의한 발명의 보호가 담보되지 않는다면 많은 시간과 비용 등을 투자하여 개발된 발명은 쉽게 제3자에 의하여 모방될 것이며, 보다 값싸게 양산된 모방품에 대하여 많은 비용과 노력을 기울여 만들어진 발명자의 발명제품은 경쟁력을 상실하여 시장에서 도태될 것이다. 이로써 결국 발명자도 시장으로부터 도태될 것이며, 비용을 들여 새로운 발명을 하고자 하는 자는 없게 될 것이다. 설령 새로운 발명이 이루어진 경우에도 위에서 말하여진 상황을 두려워한 발명자는 이를 시장에 공개하려 하지 않고 비전(秘傳)의 기술로 남겨두려 할 것이고, 이는 결국 산업발전에 도움이 되지 않는다. 이에 국가는 산업발전에의 이바지라는 측면에서 발명의 공개를 요구하면서 이에 상응하여 이를 공개한 발명자와 그 발명을 보호하게 되었다. 특허법 또한 제1조의 목적 조항에서 이를 확인하고 있다.

한편 새로운 기술적 사상, 즉 발명을 보호하는 방법은 크게 둘로 나눌 수 있다. 먼저 발명에 대하여 하나의 독점적 지위 내지 힘, 소위 권리를 부여하는 방법과 발명 자체에 대한 언급은 자제한 상태에서 이를 이용하거나 접근하려는 행위 양태를 규율하는 방법으로 나눌 수 있다. 발명을 공개한 자에게 일정기간 특허권이라는 독점적 지위를 인정하는 특허법의 방식은 전자의 것이라 하겠다. 반면 모든 발명이 특허법이 요구하는 조건을 충족하는 것도 아니며, 특허제도로서의 보호만을 발명자에게 강요할 수는 없다. 발명자는 자신이 이룬 발명을 자유로이 처분할 수 있는 점에서 이를 공개하면서 특허법에 의한 보호를 선택할 수도 있으며, 공개하지 않은 채 소위 영업비밀로서 활용할 수도 있다.

발명자가 특허제도에 의한 보호를 선택하지 않은 경우 특허법으로서도 굳이 이를 보호하여야 할 필요는 없을 것이다. 그러나 법의 방치가 새로운 기술적 사상에 대한 불법행위적인 침해 행위까지 방치하는 것은 아니다. 즉 특허제도에 의한 보호를 선택하지 않은 경우에도 일정한 요건을 충족하는 것이라면 영업비밀로서 이를 불법행위적인 침해행위로부터 보호하여 준다. 이는 특허제도가 기술적 사상에 대한 유일한 보호 수단이 아님을 확인시켜주는 것이며, 궁극적으로 산업발전에 이바지하고자 하는 특허법의 목적이 영업비밀의 보호로서 보충되는 것임을 보여주는 것이라 하겠다.

특허제도에 의한 발명의 보호를 선택한 경우일지라도 발명의 완성시점과 특허권의 발생 사이에는 시간적 간격이 발생한다. 즉 특허법의 보호객체인 발명으로서 성립되더라도 그 자체로서는 특허권을 취득하는 것은 아니며, 발명자로서는 일정한 특허출원 절차를 밟아 해당 발명에 대한 특허권을 취득하게 된다. 이러한 중간적 상태에 대하여서도 특허법은 보상금청구권 등을 인정함으로써 발명의 보호를 기하고 있다.

특허제도에 의한 발명의 보호는 그 성질상 실체적 보호와 절차적 보호로 나누어 설명할 수도 있다. 즉 실체적 보호로서는 특허권의 부여와 이를 전제로 한 특허를 받을 수 있는 권리에 의한 보호를 들 수 있으며, 이를 보다 효과적으로 보호하고자 절차적 보호 규정들을 마련하고 있다.

(1) 실체적 보호

1) 특허를 받을 수 있는 권리에 의한 보호

발명자는 발명의 완성에 의하여 특허를 받을 수 있는 권리에 의한 보호를 받을 수 있다. 구체적으로 발명자는 ① 특허출원 전에는 특허를 받을 수 있는 권리에 따라 국가에 대하여 특허부여를 요구하는 특허부여청구권과 발명에 대한 일정한 이익상태를 지배하는 발명자권을 가지며, ② 특허출원 후에는 출원공개시 제3자의 실시에 의한 불이익을 보전하기 위한 보상금청구권을 갖는다.

2) 독점배타적인 특허권에 의한 보호

발명이라는 것은 무형으로 존재하는 하나의 가치이기 때문에 그것을 보호하는 데 있어서 특별한 배려를 하여야 한다. 이에 특허법은 발명자에게 독점적 권리를 부여하고 있다. 또한 대다수의 산업재산권은 정보에 대한 독점권(정확하게는 정보의 어떤 종류의 이용방법에 대한 독점권)이며, 더욱이 그 독점권은 권리를 취득한 국가의 주권이 미치는 범위 내에서만 효력을 가진다.[5] 즉 발명을 보호하는 수단 내지 발명의 노고를 위로하는 수단으로서는 ① 표창, ② 영전의 부여, ③ 세의 감면, ④ 장려금의 교부 등이 있으나, 이러한 것들은 특허제도에 있어 독점권 부여라고 하는 보호수단의 보충적인 역할을 하는 것들에 불과하며, 특허법에 의한 발명의 주된 보호는 독점배타권의 부여이다.

한편 이러한 발명에 독점권을 부여하는 방법으로 보호한다[6]는 것은 자칫 자유로운 경쟁질서를 해할 염려가 있으며, 도대체 얼마나 발명가에게 있어 독점배타적인 권리의 부여가 발명의 동인(動因)이 되는지, 그러한 권리의 부여가 없다면 발명 내지 기술의 발전이 이루어지지 않을 것인가라는 의문이 제기되었다.[7] 여하튼 특

---

5) 中山信弘, 「工業所有權法 上(第二版 增補版)」, 弘文堂, 2000, 18頁.

6) 독점·배타적인 지위의 특허권으로 보호하는 것에 대하여는 여러 견해가 나누어지는데, 그 대표적인 학설이 자연권설과 산업정책설이다. 자연권설은 발명가의 머리에서 나온 발명은 당연히 그 발명가의 것이라는 점을 강조한다는 점에서 무체의 발명이 왜 발명가에게 귀속되어야 하는지에 대한 해답을 제시하여 주는 학설이나, 독점배타적인 권리를 부여해야 하는 필요성이나 당위성을 설명하여 주지는 못한다. 반면 산업정책설은 말 그대로 산업정책적 배려에서 독점·배타적인 권리를 부여하는 점을 쉽게 설명할 수 있으나, 이러한 설명 역시 한계를 갖는다 하겠다. 결론적으로 이 두 학설은 각자의 자리에서 어느 정도의 역할을 할지는 모르지만, 왜 특허권에 독점권을 부여해야 하는지에 대한 명백한 답을 제시하여 주지는 못한다 하겠다. 한편 역사적으로 이러한 독점적이며 배타적인 권리의 보호에 대해 많은 논의가 있어 왔지만, 현재 이러한 논의는 큰 의미를 가지지 못하는 것 같다. 즉 독점적이며 배타적인 권리의 보호는 하나의 정책적인 선택이었으며, 이러한 정책으로 발명가를 적절하게 보호해 줄 수 있고 산업발전에 큰 기여를 한다면 그것으로서 큰 의미를 가지기 때문이다.

허제도에 의해 독점권이 설정됨으로써 발명의 실시는 특허권자의 지배하에 놓여지고, 타인의 모방이 금지된다. 또한 특허권자에게는 발명의 실시로 생기는 이익의 독점이 보장된다. 만약 타인이 특허발명을 정당한 권한없이 실시하는 경우에는 권리의 침해가 되어, 특허권자는 과실의 유무에 관계없이 그 실시의 금지 등을 청구할 수 있으며, 침해가 고의 또는 과실에 의한 경우는 손해배상을 청구할 수 있고, 침해가 고의에 의한 경우는 형사상의 책임을 물을 수도 있다.

(2) 절차적 보호

특허법상 발명에 대한 보호는 기술발전을 도모하고 이를 통하여 산업발전에 기여하여 궁극적으로 국민 모두가 윤택하게 삶을 영위하기 위함이 그 목적이라고 할 수 있다. 그리하여 국가가 발명한 자에게 발명을 하기까지의 노력과 공개한 대가 등을 고려하여 일정한 기간 동안 독점적으로 실시할 수 있는 권리를 부여하는 것이다. 이러한 가운데 우리 특허법은 발명 보호에 있어 제일 먼저 발명을 하였다는 것만으로 이러한 권리(특허권)를 부여하는 것이 아니라, 제일 먼저 출원한 자에게 그 권리(특허권)를 부여하여 보호하는 방식을 취하고 있다. 즉 특허법의 발명 보호는 단순히 완성된 발명에 대하여 인정되는 것이 아니라 이를 공개하여 일반 공중에 의한 이용을 도모한 자에 대하여 인정되는 것이다. 이를 위해 특허법은 보다 빠른 발명의 출원과 공개라는 관점에서 선출원자의 지위를 보호하며, 출원 절차 과정에서도 효과적인 권리 보호와 출원인의 이익을 위해 특허출원의 보정·분할출원·분리출원·변경출원 등을 인정한다.

2. 발명의 장려

발명의 장려란 국민에게 발명을 폭넓게 인식시키고 한편으로는 발명의 공개를 유도하여 산업발전을 꾀하고자 하는 국가 산업정책의 하나이다. 이에 특허법은 수수료 등의 감면(제83조) 등의 제도를 두고 있으며, 발명진흥법에서는 발명진흥보조금의 지급을 규정하는 한편(발명진흥법 제4조), 발명을 보호하는 수단과 더불어 우수한 발명의 발굴 포상 등으로 발명의 노고를 위로하는 수단으로서 ① 표창, ② 영전의 부여, ③ 세

---

7) 19세기 후반 유럽에서는 반특허사상 바람이 불었으며, 이러한 경향은 네덜란드에서 1869년 특허법 폐지로까지 나타나게 되었다. 그러나 이러한 논쟁은 이론적 결론이 없이 불황의 도래와 함께 보호주의가 대두됨에 따라 소멸하게 된다(中山信弘, 「工業所有權法 上(第二版 增補版)」, 弘文堂, 2000, 9~10頁).

의 감면, ④ 장려금 등의 교부, 자금융자지원 등이 있다. 그러나 이러한 것들은 특허제도에 있어 독점권 허여라고 하는 보호수단의 보충적인 역할을 하는 것들에 불과한 것이라 할 수 있겠다.

한편, 기술의 발전을 위해 국민들에게 발명의 장려는 물론이고, 발명된 것을 사업화로 이어질 수 있도록 하는 것도 중요하다. 이를 위해 국가를 비롯한 기업, 학교, 연구소 등에 대한 지원이 필요하다고 본다.

제 2 절 발명의 이용

발명의 보호로서 발명자를 보호하는 것은 가능하지만, 그것만으로는 특허법의 목적은 달성되지 않는다. 그리하여 발명의 보호와 더불어 발명의 이용이 확보되어야 기술(산업)의 발전이 될 수 있다. 즉 특허법의 목적인 산업발달이 달성되는 것이다.

이에 특허법은 '발명의 공개'와 '발명의 실시'를 통해 '발명의 이용'이 이루어지도록 하고 있다. 즉 특허법은 발명이 널리 이용되는 것을 담보하기 위하여 특허를 받으려는 자에게는 발명의 공개를 의무화하고, 만일 이것을 게을리 할 때는 독점권을 허여하지 않는 동시에 독점권을 허여한 후에는 필요에 따라 특허권자에게 발명의 실시를 강제할 수 있는 수단을 강구하고 있다.

1. 발명의 공개

산업발전에 이바지할 수 있는 좋은 발명이 일부 몇몇 사람들에게만 전해지고 이용된다면 그 활용은 일가(一家)의 비전(秘傳)이나 기업의 영업비밀 등과 같은 정도에 불과할 것이다. 따라서 이러한 것들은 사회에 공개되지 않으므로 특허법에서는 그 보호를 하여 주지 않는다.

발명이 개인이나 한 집단에 머물러 있게 된다면 특허법이 목적으로 하는 산업발전은 이룩하기 어려울 것이다. 이에 특허법은 산업발전에 이바지할 수 있는 발명들을 공개하여 많은 사람들이 알게 함으로써 동일 기술에 대한 중복연구와 중복투자를 방지하고,[8][9] 이렇게 함으로써 선행 연구들은 공개되어 더 활발한 문헌적·

8) 윤선희, 「지적재산권법(19정판)」, 세창출판사, 2022, 29~30면.

실험적 연구의 밑바탕이 됨으로써 더욱더 산업발전을 도모한다.

그러므로 발명자는 발명을 완성 후, 특허권으로서의 보호를 받기 위해서는 발명의 내용을 사회에 공개하지 않으면 안 된다. 발명의 공개는 내용을 자세히 기재한 서류(명세서)를 통해서 이루어진다. 공개된 발명은 그 후 특별한 경우[10]를 제외하고는 공개공보에 의해 일반에게 공개된다. 이러한 과정을 통해 발명은 자유로운 문헌적 이용과 함께 연구적 이용에 제공되어 보다 좋은 발명의 탄생을 촉진하여 과학기술 수준의 향상, 산업발달에 현저히 기여하게 된다. 또한 발명의 공개는 산업계에 대해 실시화·기업화에 알맞는 대상을 제공하는 장으로서 '발명의 실시'에의 징검다리 역할을 하게 되는 것이다.

2. 발명의 실시

특허법이 목적으로 하는 발명의 이용은 단순히 문헌적·연구적 이용에만 그치지 않는다. 더 나아가 발명이 현실로 실시되어 산업적으로 이용되어야 발명의 완전한 이용이 이루어진 것이 되어, 특허법의 목적인 산업발달에 직접적이고 현실적으로 기여할 수 있는 것이다. 이에 발명의 실시는 발명의 공개와 더불어 발명을 이용하는 데에 필수적인 한 형태라고 하겠다.

대부분의 경우 발명자나 특허권자는 자신의 발명을 실시하려 하며, 때론 자신의 실시에 그치지 않고 실시를 원하는 타인에게 적당한 조건으로 그 실시를 허락함으로써 경제적 이익을 취하려 한다. 이러한 의미에서 특허권자에게 발명의 실시를 의무화하는 것은 불필요한 것일 수도 있다. 또한 발명자나 특허권자가 자금의 부족이나, 실시를 위한 관련기술 개발의 요구, 실시 필요의 부재 등을 이유로 일정한 경우에는 특허의 실시가 이루어지지 않는 경우가 있을 수 있다는 점에서 발명 실시의 의무화는 부적당한 것일 수 있다. 다만 발명의 실시여부를 특허권자의 완전한 자유의사에 일임한다면 발명의 실시가 충분히 가능하며, 그 실시가 사회를 이롭게 한다는 것이 분명한 경우에 있어서도 발명이 실시되지 않거나 부적당한 실시밖에 이루어지지 않는 경우가 있을 수 있다. 이에 대부분의 국가는 특허법 속에 특별한 규정을 두어 산업계의 요청 또는 공익상의 요청에 따라 적당한 실시가 이루어지도록 특허권자에게 일종의 의무를 부과하는 조치를 강구하도록 하고 있으며, 따라서 발명의 공개가 특허를 받기 위해 발명자에게 부과되는 절대적인 의무라면,

9) 이러한 발명공개의 한 예로 출원공개제도와 등록공고제도 등을 들 수 있을 것이다.
10) 발명이 국방상의 비밀을 요하는 경우 등.

발명의 실시는 일정한 조건 아래에서만 특허권자에게 부과되는 상대적인 의무라고 하겠다.

제 3 절 산업발달

1. 기술 발전의 촉진

발명을 보호, 장려 그리고 이용을 도모함으로써 이루고자 하는 목적은 기술의 발전이다. 즉 기술발전의 촉진이라는 개념은 발명의 보호, 장려, 이용이라는 수단과 산업발전이라는 큰 목적 사이에 존재하는 매개자와 같은 역할을 하는 것이다. 하지만 "수단－매개－목적달성"이라는 3단계의 인과관계가 성립되려면 기술발전이라는 개념은 단순히 개인적인 기술의 발전이 아님을 명심하여야 한다. 기술의 개발을 통해 혁신적인 기술이 나왔더라도 세상에 공개하지 않는 경우에는 특허법은 그것을 보호대상으로 삼지 않는다. 결국 기술의 발전은 사회전체의 기술발전을 의미하는 것이고 이러한 목적이 달성되기 위해서는 발명의 공개는 필수적인 전제조건이라 하겠다. 즉, 기술의 발전이 이루어지게 되면 이러한 기술의 발전은 산업발전을 이룩할 만한 개연성으로 귀결된다 하겠다.

2. 산업발전

발명이 방임된 시대에는 발명자는 산업에 이용할 수 있는 발명임에도 불구하고 그것이 보호되지 않아 자신의 노력으로서만 그것을 보호하려고 하였다. 이러한 발명의 방임은 사회전체적인 손실을 가져오는 것이었고 이로 인하여 심지어 사장되는 경우도 있었다.[11] 이러한 폐해를 막기 위해 발명자가 스스로 발명을 보호하는 것 이상으로 국가에 의한 보호를 받을 수 있도록 하는 일이 필요했다. 이러한 수단으로 독점적인 권리의 부여가 고려되었으며 이를 통해 자국의 사회전체적인 발전을 꾀하려 하였다.

여기서 산업이라고 하면 자국의 기술산업을 전제로 한 개념이었다.[12] 이러한 해

11) 이수웅, 「특허법」, 한국지적재산권법학연구소, 2000, 100면.

12) 1990년 이전의 특허법에는 국가산업발전이라는 단어를 쓰고 있었다. 하지만 개정을 통해 '국가'라는 단어는 삭제되었다.

석은 특허법 제1조에서 "기술의 발전을 촉진하여"라는 문구에서 그 의의를 찾을 수 있다. 하지만 특허법이 이러한 기술산업에 국한하는 것이 아님을 명심하여야 한다. 즉, 기술산업을 전제로 한 개념이지만 특허요건 등에서 '산업상 이용가능성'을 이용하여 그 개념을 확장시키고 있다. 이에 특허법은 기술산업에 국한되지 않고 그 보호 영역을 확장할 수 있는 것이다.[13)]

특허법의 최종적 목표는 넓은 의미의 산업의 발전이고, 나아가 우리 국민이 잘 살 수 있도록 하는 것이 특허법을 비롯한 국내의 모든 법의 궁극적 목표이다. 즉, 산업의 발전을 도모하기 위해 발명을 보호하는 것이며, 발명을 장려·이용하는 것이다. 그렇기 때문에 특허법에서 산업정책적인 의도를 띠고 있는 규정들이 있다.[14)] 이러한 이유에서 산업발전을 억제하거나 공공의 이익에 반하는 발명에 대해서는 특허법 제32조에 의해 특허권을 허여하지 않는다. 뿐만 아니라 특허권을 취득했다고 하더라도 산업발전에 도움이 되는 방향으로 제도를 운영하기 위해 이 권리에 대해서 제한을 가하고 있음은 이러한 제도적 목적을 적절하게 설명해 주는 것이라 할 수 있다. 같은 취지로 특허법은 특허권자에게 20년이라는 일정기간 동안의 권리만 부여할 뿐이다. 따라서 20년이 지나고 난 후에는 특허권자는 그에 대한 독점·배타적인 권리를 잃게 되고, 이와 관련한 발명은 일반공중이 자유롭게 이용할 수 있게 되는 것이다.

---

13) 하지만 이러한 특허법의 보호영역의 확장은 자칫 타법과의 관계에서 충돌문제를 일으킬 수도 있기 때문에 그 확장에 있어서 신중을 기해야 할 것이다.

14) 예컨대 특허법은 그 보호를 받기 위한 절차에 있어 발명을 한 자 또는 그 승계인이 특허출원하지 않을 경우에는 특허가 부여되지 않고, 모든 신규발명자에게 특허권을 부여하는 것이 아니라 선출원인에게만 이를 부여하고 있으며, 특허를 받을 수 있는 발명에 대하여도 원자핵변환방법에 의해 제조할 수 있는 물질의 발명에 대하여 재산적 가치에도 불구하고 산업상의 영향을 이유로 구특허법(1995년 이전법)은 불특허사유로 하고 있었다. 또한 발명의 이용과 관련하여 특허권자는 발명의 내용을 제3자가 실시할 정도로 공개할 의무를 지며, 이를 위반한 발명은 거절결정 되며, 특허가 인정된 경우에도 무효사유가 된다(윤선희, 「지적재산권법(19정판)」, 세창출판사, 2022, 31면).

제4절 특허제도의 원리

1. 서 설

인간의 머리속에서 존재하던 가치있는 생각은 구체화·형상화되는 과정을 거쳐 하나의 집약된 사상으로서 새 생명을 가지게 된다. 이러한 새롭고 가치있는 사상들에 의해서 세상은 변화·발전해 왔다.

농경사회를 거쳐 산업사회로 변화하는 과정에서 산업의 발전은 인간에게 있어서 하나의 큰 관심사였다. 이러한 관심은 유형으로 존재하는 것에 한정되지 않았고 무형으로 존재하는 인간 사상의 영역까지 확대되게 되었다.

초기에는 이러한 관심에도 불구하고 무형의 사상을 보호해야 하는 방법을 찾지 못해 그것을 보호하지 못하였다. 하지만 보호의 필요성이 증대됨으로 인해 국가가 이를 보호하기 시작한 것이다.[15] 이러한 국가적 보호의 일환으로 특허라는 형식의 무형가치 보호를 채택하게 된 것이다. 즉 산업발전에 이바지할 만한 사상의 경우 그것을 창안해낸 사람에게 자신의 사상을 가지게 하고, 일정한 요건하에 그것에 대해 독점적인 권리를 부여함으로써 배타적인 행사를 할 수 있게 한 것이다.

결국 이러한 특허는 국가라는 사회가 법이라는 제도적인 틀을 이용하여 가치있는 사상[16]을 창안해낸 자를 보호하기 위한 것이었다. 그렇기 때문에 특허의 본질을 살펴본다는 것은 결국 특허라는 제도를 살펴보는 것과 큰 차이를 가지지 않는다. 그래서 이하에서는 특허의 본질을 살피기 위해 특허제도의 본질을 살펴볼 것이며, 이를 토대로 무엇이 특허인지에 대해서 알아보도록 하겠다.[17]

특허법은 제1조 목적 조항을 두어 특허법의 존재 목적을 명확히 하였다. 이러한 제1조 목적 조항은 법이 특허제도를 두고 있는 근거조항이라 할 수 있겠다. 그러나 모든 국가에서 특허제도의 근거 규정을 두고 있는 것은 아니어서, 그 제도원리를 설명하려는 시도들이 이루어져 왔다. 여기에서는 그러한 설명들을 소개하고자 한다.

---

15) 무형의 사상을 보호해 주는 제도가 없다면 발명가는 나름대로의 연구와 투자 등이 쉽게 모방됨으로 인해 불리한 입장에 서게 된다.

16) 특허법에서 특히 관심 있는 가치 있는 사상이란 발명을 의미한다. 이러한 발명에 대해서는 후술하도록 하겠다.

17) 특허라는 것은 국가에 의해서 하나의 제도화된 형태로 발전해 왔기 때문에 특허의 본질이란 특허제도의 본질과 같은 맥락에 있는 것이며, 거의 동일하게 보아도 무관하다고 본다.

2. 특허의 본질

인간이 소중하게 생각하는 가치는 여러 가지가 있을 수 있다. 이러한 가치는 예술적 가치, 문학적 가치, 산업적 가치, 기술적 가치, 인본적 가치 등 다양한데, 이 중 특허법이 가지는 가치는 창의적이거나 혹은 창조적인 것이다. 즉 기존의 사람들이 생각했던 단계를 뛰어넘어 새로운 어떠한 것을 만들어 낸 것에 대한 가치를 가진다.

새로운 생각(사상)들 중 독창성 또는 개성이 있는 것은 저작권법에 의해서 보호를 받게 될 것이고, 독창성뿐만 아니라 창조성까지 있는 기술적 사상은 특허법의 보호영역에까지 확장될 수 있다. 이 중 발명에 해당하는 것은 자연법칙을 이용한 기술적 사상으로서 고도(高度)한 것이다. 이러한 보호영역을 명확히 하고 제도화시킨 것이 바로 특허제도인 것이다.[18]

결국, 특허제도는 기존에 없던 창의적이고 창조적인 사상을 국가제도의 하나로 그것을 생각해낸 자에게 특별히 권리를 부여하는 장치이며, 이를 통해 창의적이고 창조적인 생각을 한 자는 독점적 권리를 부여받아 배타적으로 활용할 수 있게 되는 것이다. 이렇게 함으로써 남들과 다른 생각을 한 사람은 그러한 생각을 자신만이 활용할 수 있다는 생각을 가지게 되고 그것을 통해 또 다른 좋은 생각을 하기 위해 노력할 것이고, 이를 통해 많은 사회적인 발전을 이룩할 수 있는 것이다.

이러한 특허제도하에서 독점권을 부여하는 근거가 무엇인지, 특허제도를 긍정하는 근거가 무엇인가에 대한 견해가 나누어진다. 이하에서 이러한 견해에 대해 살펴보도록 하겠다.

(1) 기본권설(자연권설, Naturrechtstheorie)

기본권설은 인간의 정신적 노동의 산물인 발명 그 자체에 대하여 그것을 창작한 자에게 재산적인 가치를 부여하고 있다. 즉 발명자는 그 발명의 완성과 동시에 당연히 자신의 발명에 대하여 독점권을 받을 수 있다는 설로 자연권설이라고도 한다. 이는 마치 자연법 사상에 기초한 인권과 같이 누구에 의해서 만들어지는 권리가 아니고 인간의 출생과 동시에 형성된 권리라고 주장되는 것과

18) 특허를 부여함에 있어 제도화된다는 것은 많은 의미를 가지고 있다. 즉 한 나라의 국왕 혹은 권력자에 의해서 자의적으로 부여되는 것이 아니라, 일정한 형식과 절차를 거쳐 공정성 있게 부여됨을 의미한다. 이에 일반인으로서는 특허권의 가치자체를 보다 빠르게 수긍하게 되며, 제도 자체만으로 특허권을 인정하게 되는 이유가 되기도 한다.

같다. 따라서 발명자는 그 발명에 대하여 전체적인 재산권을 가질 뿐 아니라, 그 발명에 대한 어느 것도 공개할 의무를 부담하지 않으며, 그로 인하여 야기되는 모든 재산적인 이익을 향유할 권리를 갖는다. 이 학설에서는 후발명자에게도 발명을 실시할 권리가 주어지며 정부는 다만 그 발명으로부터 이익을 얻을 수 있도록 독점배타적 권리를 보장해 주는 역할을 할 뿐이다. 또한 이러한 학설은 헌법에 나타난 정신에 의해서도 뒷받침된다.[19] 결국 자연권설은 개인적 정의에 입각한 견해로서 발명자가 그 발명에 대하여 독점권을 받을 수 있는 것은 당연하다는 주장이다.[20] 이러한 기본권설은 다시 특허권의 인정 양태에 따라 기본적 재산권설과 기본적 수익권설로 나누어진다.

1) 기본적 재산권설(소유권설)

인간의 모든 새로운 사상은 이를 최초로 생각해낸 자의 소유에 속하며, 따라서 사회는 이것을 재산권으로 인정해야 한다는 견해이다. 즉 발명자나 산업상 창작자의 그 작품에 대한 권리는 재산권이며, 민법은 이것을 창설하는 것이 아니라 단지 이것을 규제할 뿐이라고 한다. 따라서 특허제도는 이러한 재산권의 행사를 규율하기 위해서 법으로 제정하여 운영한다는 주장이다. 이는 1791년 프랑스 특허법의 전문(前文)[21]과 1878년 파리세계산업재산권보호동맹조약에 관한 국제회의에서 채택된 견해이다.

2) 기본적 수익권설(보상설)

'사람은 사회에 대해 한 유익한 공헌에 비례해서 본래 사회로부터 그 보상을 받을 권리가 있다'라는 생각 아래 발명은 극히 유익한 공헌을 사회에 주는 것이므로 사회는 이에 대한 최적보상으로서 발명을 지배할 수 있는 독점적인 권리를 주어야 한다는 견해이다.

3) 기본(자연)권설에 대한 검토

기본(자연)권설은 프랑스혁명 당시 개인적인 사상에서 출발한 것으로서의 기본(자연)권의 보호 및 사회적 정의의 실현을 목적으로 주장되던 이론이다. 그러나 최근 기술발달로 인하여 경제시장이 일정한 지역이나 특정한 지역에 한정되지 않고

---

19) 최덕규, 「특허법(4정판)」, 세창출판사, 2001, 12면.

20) 황종환, 「특허법」, 한빛지적소유권센터, 2001, 5면.

21) 모든 신규 사상은 원래 그것을 생각해낸 자에게 속하는 것인데, 만약 공업적인 발상이 그것을 제작한 자의 재산으로 인정되지 않는다면 그것은 인권이 본질적으로 무시되는 것이다.

글로벌화가 되었으며, 또 발명이 개인의 발명에서부터 기업적 단체적인 조직 등에 의하여 발명이 이루어지고 있다. 그렇기 때문에 기본(자연)권설만으로 설명하기에는 문제가 있다. 예를 들면, ① 우리나라의 특허법은 선출원자를 보호하고 있어, 선발명자가 발명을 완성한 후 늦게 출원하는 경우나 발명자가 발명을 완성한 후 특허출원하지 않고 노하우나 영업비밀로 유지하는 경우에는 특허법으로는 보호를 받을 수 없다. 또 선발명자의 발명을 모방하지 않고 혼자서 발명을 완성한 후발명자의 경우에도 특허법은 후발명에 대해서는 보호하여 주지 않는다. ② 그리고 우리나라에서 특허출원하여 특허권을 취득한 경우에는 우리나라에서만 권리를 행사할 수 있으며, 다른 나라에서는 우리나라에서 취득한 특허권을 근거로 권리를 주장할 수 없다(특허독립의 원칙). 그 외에도 특허권이 소멸한 후에는 그 기술내용인 발명이 공중에 귀속되는 것 등에 대해 설명할 수 없다는 이론적 결함을 갖고 있다. 이러한 기본권설은 개인적 정의에 입각한 것으로, 18 · 19세기에 가장 유력한 설이었다.

(2) 산업정책설

산업정책설은 발명에 관하여 국가가 발명자에게 독점적으로 실시할 수 있도록 보호하고, 반면에 국가는 발명자에게 그 발명을 공개하도록 유도하고, 국민들은 그 발명을 이용하여 보다 더 발전된 기술을 개발할 수 있도록 국가가 산업정책상으로의 특허제도를 채택한 것이라는 견해이다. 이 설은 현재 가장 유력한 견해라 하겠다. 이러한 산업정책설은 ① 비밀공개설, ② 발명장려설로 나누어 볼 수 있다. 그러나 일부 견해는 ③ 과당경쟁방지설까지도 산업정책설로 파악하고 있는 것 같다.[22)]

1) 비밀공개설

특허제도는 발명자로 하여금 발명을 공개하게 하고 그 대가로 일정기간 그 발명을 독점하게 하는 것이라는 견해이다. 만약 발명자에게 발명에 대한 독점배타권을 부여하지 않는다고 하면 많은 시간, 비용, 노력 등을 들여 완성한 발명이 전혀 힘들이지 않은 자(者)에 의해 자유롭게 모방되어 실시될 것이다. 그렇다면 발명을 완성하기 위해 많은 시간과 비용, 노력 등을 들이지 않고, 타인이 발명하기만을 기다릴 수 있으며, 또한 발명자는 자신이 완성한 발명을 공개하지 않고, 그 발명을 감추려고 할 것이다. 그렇다면 도리어 기술의 진보나 산업의 발달촉진이 되는 것

---

22) 천효남, 「특허법」, 법경사, 2002, 51면.

이 아니라 발명의 비밀화나 발명의욕의 감퇴로 이어질 것이다. 이는 결국 문화향상·공공복지에 큰 장애를 줄 것임이 분명하다. 이러한 사정을 고려하여 발명을 공개시키고, 그 대가로 독점권을 부여하는 것이 국가정책적으로도 필요하다고 판단한 것이다. 우리나라도 원칙적으로는 이 제도를 따르고 있다. 이를 대상설(代償說)이라고도 한다.

2) 발명장려설

특허제도는 발명가나 기업의 개발의욕을 자극하고, 그 개발투자를 회수하는 강력한 무기라는 견해이다. 즉 발명자에게 그 발명에 대하여 독점적인 권리를 부여하지 않는다면 발명자의 발명의욕은 현저하게 감퇴할 것이며, 이 같은 권리를 양도받아 발명의 실시화·기업화에 종사하는 기업가의 노역이나 투자의 의욕 역시 현저하게 감쇄할 것이다. 일반적으로 발명을 완성하는 데는 많은 비용과 노고를 필요로 하지만, 그렇다고 반드시 목적대로 발명이 완성되는 것은 아니다. 한편 발명을 실시화·기업화하기 위해서는 발명 이상, 때에 따라서는 비교되지 않을 정도의 노력과 투자가 필요하다. 더구나 기업화가 꼭 성공하는 것은 아니고, 실패할 위험성도 적지 않다. 따라서 그와 같은 위험을 무릅쓴 노력과 결과가 아무 노력도 하지 않은 타인에 의해 자유롭게 모방된다면 발명자나 기업가도 발명의욕, 발명의 실시화, 기업화에 대한 열의를 상실하여 굳이 위험을 무릅쓰기보다는 차라리 손쉬운 모방을 하려는 경향이 생겨 결국 발명적 활동과 기업활동이 침체될 것이다. 이러한 사정에서 발명의 탄생을 장려(자극)하고, 발명의 실시화·기업화를 장려하기 위해 국가가 정책으로 특허제도를 채택하는 것이다. 이 설은 발명을 자극한다고 하여 자극설(刺戟說)이라고도 한다.

(3) 시장경쟁설(경업질서설)

과거 특허제도의 도입 시기에 있어 특허제도는 산업정책적으로 발명을 공개한 대가로 국가가 그 발명을 한 자에게 인센티브를 주는 것이었다. 그러나 오늘날과 같은 기술혁신시대에서는 기업이 시장에서 살아남기 위해서는 국가가 보호하여 주지 않아도 영리목적을 위하여 수단과 방법을 가리지 않고 기술개발을 하기 때문에 국가가 앞장서서 이를 보호·장려하여야 할 필요는 더 이상 없다고 본다. 즉 발명은 이와 같은 인위적 제도를 마련할 필요도 없이 기술적·경제적·사회적 요청이 있는 한 필연적으로 탄생하고 실시화되어 그 비밀의 베일도 조만간 벗겨져 상식화되기 때문에 굳이 국가가 발명에 대해 보호할 필요가 없다고 본다. 그럼에도 불구하고 오늘날 특허제도를 필요로 하는 것은 가령 발명을 그저 자유시장경쟁원리에 맡겨 놓게 된다면, 독점 기업 등 시장 지배력이 강한 기업에 의해 그 실질적인 자유경쟁 질서가 파괴될 수 있다는 것이다. 이에 특허제도는 발명자에게만 독점권을 부여한다는 공정하고 강력하며 합리적인 방법으로 이상의 과다경쟁을 유효하게 방지하여 경업질서를 확보할 수 있는 기능을 수행하도록 한다는 견해이며, 이는 대부분의 경제법학자들에 의해 주장되고 있다.

(4) 국제교류설

국제교류설은 특허권의 국제적 성격이라는 속성 때문에 특허제도의 본질을 한 국가 내에서만이 아니라 국제적 관계에서 파악할 필요가 있다는 견해이다.[23] 함께 변모된 특허제도의 현실을 감안하여 국제교류설을 소개하는 견해도 있다. 이러한 국제교류설은 선진국에서는 특허제도가 국제시장에서 고부가가치의 기술을 재화로 만들어 주는 성격을 갖고, 개발도상국에서는 선진국의 특허발명 기술을 도입하여 자국의 기술발전에 기여하도록 한다는 데에 특허제도의 본질을 찾을 수 있다는 견해이다. 그러나 이는 특허법이 수행하는 기능을 설명한 것이라고 볼 것이지 특허제도의 본질에 대한 설명이라고 보기는 어렵다고 할 것이다.

(5) 계약설

발명을 계약 또는 협상에 의한 이론에 의해 해석하려는 설이다. 이 설은 발명에 대한 동기부여로서 소정의 보상을 약속한다면, 새로운 발명의 창작을 장려할 수 있다는 가정하에 출발하여 발명자와 정부와의 계약으로 특허제도를 이해하려 한다.[24] 이 이론은 일반적인 공개에 대한 대가로서의 권리부여라는 특허법의 목적과 잘 부합할지는 모르지만 국가와 일반 개개인과의 협상이라는 차원에서는 미흡해서 순수한 특허제도의 계약론은 퇴색될 수밖에 없다고 비판하는 학자들도 있다.

23) 황종환, 「특허법」, 한빛지적소유권센터, 2001, 7면.
24) 최덕규, 「특허법(4정판)」, 세창출판사, 2001, 11면.

제2장

특허법과 타법과의 관계

제 1 절 기타 산업재산권법과의 관계

전통적으로 산업재산권은 저작권과 함께 '지적재산권'[1] 내지 '무체재산권'의 일종이며, 이러한 산업재산권에는 특허권 · 실용신안권 · 디자인권 및 상표권이 있다고 설명한다.[2] 즉 인간의 정신적인 활동에 의하여 생산된 무형의 정신적 산물로서 재산적 가치가 있는 것을 '지적재산' 내지 '무체재산'이라고 하고, 이를 대상으로 하는 보호법을 '지적재산권법' 내지 '무체재산권법'이라 한다. 이 중 산업목적에 기여하는 것을 산업재산권이라 하며, 문화목적에 기여하는 것을 저작권이라 한다. 산업재산권법은 특허권 · 실용신안권 · 디자인권 · 상표권 등을 포함하는 협의의 산업재산권법과 이외에 시장의 공정질서를 유지하는 영업비밀이나 표시 등에 성립된 법익 내지 이익을 보호하는 부정경쟁방지및영업비밀에관한법률 등을 포함하는 광의의 산업재산권법으로 설명된다.

우리나라의 법률에서 협의의 산업재산권은 등록에 의해 성립되는 독점권으로, 다른 유체물에 대한 권리와는 달리 특허청에 의한 일정한 절차로 등록되며, 등록된 권리는 독점권을 갖는다. 특히 특허법은 이러한 산업재산권법의 기본법으로서,

1) 이와 관련되어 학계에서는 지식재산권, 지적소유권 등의 용어가 혼용되어 사용되고 있으나, 본 교재에서는 지적재산권이라는 용어를 사용하기로 한다.

2) 윤선희, 「지적재산권법(19정판)」, 세창출판사, 2022, 1~4면.

다른 산업재산권법은 특허법의 규정을 준용하는 형식을 취하면서 나름대로의 특유 제도를 두고 있다.

1. 실용신안법과의 관계

(1) 제도적 차이

실용신안법 내지 제도는 소발명 내지 짧은 라이프 사이클을 가진 발명을 보호하기 위한 간단하고 비용이 저렴한 보호제도로, 신속한 공표를 통해 일반 공중이 이에 관한 정보를 빨리 획득할 수 있는 방안을 강구하고 있음을 그 특징으로 한다. 즉 많은 국가에서 특허제도 이외의 별도의 소발명 보호제도로서 실용신안[3]제도를 채택하고 있으며, 이러한 실용신안 제도는 그 보호의 대상이나 요건을 약간씩 달리 하고 있다.

(2) 입법적 차이

1) 보호대상

특허법은 "자연법칙을 이용한 기술적 사상의 창작으로서 고도(高度)한 것"으로 발명을 정의하고(제2조 1호) 그 보호대상으로 하는데 반하여, 실용신안법은 물품의 형상, 구조 또는 조합에 관한 고안(실용신안법 제4조 제1항)을 그 보호대상으로 하여 "자연법칙을 이용한 기술적 사상의 창작(실용신안법 제2조 1호)"으로 '고안'을 정의하고 있다. 이에 실용신안법과 특허법은 그 보호대상의 고도성에 차이가 있다고 설명할 수 있고, 이때 고도성 요건의 존재 의의에 관하여는 학설이 나누어지고 있다.

발명의 보호에 있어 발명은 '물건에 관한 발명'과 '방법에 관한 발명', '물건을 생산하는 방법의 발명'으로 나누어 볼 수 있으며, 특허법은 이들 모두를 그 보호대상으로 한다(제2조 3호). 그러나 실용신안법은 물건에 관한 발명[4] 중 일정한 형태를 가진 물건만을 보호대상으로 하고 있다(실용신안법 제4조 제1항). 따라서 물건에도 일정한 형(形)이나 구조를 갖추지 못한 설탕이나 밀가루 같은 분말은 실용신안의 대상이 되지 않는다.

2) 권리의 부여

특허법이 등록절차에 있어 심사주의(방식심사, 실체심사)를 취하는 데 반하여

---

3) 이는 utility model, utility certificate, sixyear patent, shortterm patent, petty patent, utility model certificate, Gebrauchmuster 등의 여러 이름으로 불린다.

4) 물건에 관한 발명에서 물건을 다시 둘로 나누어 보면, '일정한 형태를 가지는 물건'과 '일정한 형태가 없는 물건'이 있다.

2006년 개정 이전의 실용신안법은 무심사주의(선등록주의)로 출원의 내용이 형식적이고 기초적인 사항을 갖추고 있는지의 여부만을 심사하여 설정등록하여 주었다. 하지만 2006년 3월 3일 개정된 실용신안법(법률 제7872호)부터는 특허와 동일하게 방식심사 후 실체심사를 거쳐 등록하도록 하고 있다.

특허법상의 등록요건과 실용신안법상의 등록요건은 산업상 이용가능성 · 신규성 · 진보성으로 동일하나 진보성에 대해 특허법은 그 발명이 속하는 기술분야에서 통상의 지식을 가진 사람이 '쉽게' 발명할 수 있을 때에는 특허를 받을 수 없으나(제29조 제2항), 실용신안법은 '극히 쉽게' 고안할 수 있을 때에는 실용신안등록을 받을 수 없게 하고 있어(실용신안법 제4조 제2항) 진보성의 정도에 차이가 있다고 볼 수 있다. 또한 특허법은 특허를 받을 수 없는 발명으로 공공의 질서 또는 선량한 풍속에 어긋나거나 공중의 위생을 해칠 우려가 있는 발명을 규정하고 있으나(제32조), 실용신안법은 위의 고안 외에 국기 또는 훈장과 동일하거나 유사한 고안을 부등록사유로서 규정하고 있다(실용신안법 제6조 1호).

(3) 출원 및 절차

실용신안제도와 특허제도는 모두 발명의 보호를 목적으로 하는 제도로 동일한 발명에 대하여 양자의 제도가 경합하여, 발명자가 양자 중의 하나를 권리보호의 수단으로서 선택하게 된다. 이에 실용신안등록출원된 고안과 특허출원된 발명이 동일한 경우로서 그 실용신안등록출원과 특허출원이 같은 날에 출원된 것인 경우에는 그 중 어느 하나의 출원에 대하여만 권리설정등록을 받기로 특허출원인과 협의된 경우에 한하여 실용신안등록을 받을 수 있다.

또한 하나의 총괄적 고안의 개념을 형성하는 1군의 고안에 대하여도 1출원으로 할 수 있도록 하여 특허출원 후 실용신안등록출원으로 변경출원할 경우 발생하는 문제를 해소하였다(실용신안법 제9조, 제10조).

이외에도 출원과 절차에 있어 실용신안법은 다음과 같이 특허법과 차이가 있다.

① 특허법에 의해 특허로 출원할 경우에는 필요한 때에만 도면을 첨부하면 되나(제42조 제2항), 실용신안법에 의해 출원하는 경우는 반드시 도면을 첨부하여야 한다(실용신안법 제8조 제2항).

② 2016년 개정전 특허법에서는 특허출원은 출원일(우선권 주장이 있는 경우는 그 우선일(優先日))로부터 5년 이내에 심사청구하도록 하여(제59조), 실용신안출원의 경우는 그 기간이 3년인 것과 차이가 있었다(실용신안법 제12조). 하지만 2016년 2월 29일 개정된 특허법(법률 제14035호)에서는 특허출원에 대한 심사청구기간도 3년으로 하여 현재는 이

부분에 차이가 없게 되었다.

③ 비용(출원료, 심사청구료, 등록료)이 특허에 비해 실용신안이 비교적 저렴하다.

(4) 권리의 존속기간

특허권의 존속기간은 설정등록이 있는 날부터 특허출원일 후 20년이 되는 날까지이나(제88조 제1항), 실용신안권은 설정등록이 된 날부터 실용신안등록출원일 후 10년이 되는 날까지이다(실용신안법 제22조 제1항). 또한 특허법에서는 허가 등에 따른 존속기간연장 등록제도가 있으나(제89조), 실용신안법에는 이러한 제도가 없다.

(5) 권리의 행사

특허권과 실용신안권 모두 설정등록에 의해 발생하며, 그 독점배타적인 성질에 비롯하여 특허발명을 독점적으로 실시할 수 있는 한편, 타인의 무단실시에 대하여는 배타권을 행사할 수 있다.

2. 디자인보호법과의 관계

디자인보호법은 산업재산권법의 한 분야로서 디자인의 적절한 보호와 이용을 법적으로 보장함으로써 디자인의 창작을 장려하고 결국에는 산업발전에 이바지하는 것을 목적으로 하며, 이러한 점에서 특허법과는 차이가 없다. 다만 산업발전의 의미 내용과 디자인의 보호가 왜 산업발전에 이바지하게 되는가에 대하여는 명확하지 않다. 소극설은 기술적 사상의 창작인 발명·고안과 디자인의 창작을 동일차원으로 파악하여 디자인의 창작을 장려하는 것이 곧바로 산업발전에 이바지한다고 보는 입장인 반면, 적극설은 산업발전 그 자체의 의의보다는 디자인의 보호와 산업발전과의 관계를 중심으로 이해하며, ① 부정경쟁의 방지, ② 수요의 증대, ③ 우수한 기술 및 디자인의 발생, ④ 생산능률의 향상이라는 측면에서 설명하고 있다.

보통 디자인이라 함은 일반적이며 관념적인 Design[5]을 말하나, 디자인보호법

---

5) 디자인은 모든 예술, 특히 예술 교육에서 폭넓게 쓰는 용어이며, 구성이나 표현양식 또는 장식을 의미한다. 구성은 하나의 사물 안에 존재하는 요소들간의 관계의 기본틀이며, 분석적으로 볼 때 각 부분이나 전체와는 분리된 것으로 간주된다. 예컨대 '라파엘로의 <시스티나의 성모>의 디자인'이라는 말에서 '디자인'의 의미는 바로 이것이다. 신고전주의적 디자인은 신고전주의 표현양식을 의미한다. 올오버(allover) 디자인은 어떤 장식이 규칙적으로 되풀이되면서 하나의 평면을 완전히 뒤덮고 있는 것을 말한다. 이 낱말은 이처럼 여러 분야에서 제각기 다른 의미를 가지고 폭넓게 쓰이기 때문에, 글의 앞뒤 관계를 고려하여 그 의미가 파악된다. 그러나 가령 항공학에서 말하는 디자인은 또 다른 의미를 갖는다는 점을 정확히 알고 있는 사람들에게는 혼란을 가져다 줄 수도 있다(브리태니커 온라인 참고).

에서는 디자인을 물품[6]의 형상·모양·색채 또는 이들을 결합한 것으로서 시각을 통하여 미감(美感)을 일으키게 하는 것을 말한다(디자인보호법 제2조 1호)고 규정하고 있다. 따라서 디자인법보호상의 디자인은 ① 물품과 불가분으로 물품을 떠나서는 존재하지 않으며(물품성), ② 형상·모양·색채 또는 이들을 결합한 것이므로 구체적인 형태를 가져야 하며(형태성), ③ 시각 이외의 감각으로 감지할 수 있는 것은 디자인이 아니고 육안으로 인식할 수 있는 것이어야 하며(시각성), ④ 미감을 일으키게 하는 것, 즉 미적인 처리가 되어 있어야 한다(심미성).

특허법상의 발명의 이용은 실시에 의한 이용 이외에도 창작물의 공개에 의한 문헌적·연구적인 이용이 있으나 디자인은 외재적인 목적을 달성하기 위한 수단적 가치인 기술과는 달리 그 자체가 목적을 위한 목적가치이므로 실시에 의한 이용이 일반적이다. 한편 디자인의 창작과 관련하여 디자인의 창작이란 자연법칙을 이용한 기술적 사상의 창작인 발명·고안과는 달리 시각을 통하여 미감을 일으키는 물품의 외관을 안출하는 것을 말하며, 장려는 디자인의 창작뿐만 아니라 창작된 디자인의 실시·육성·개발·기업화 등의 장려까지 포함하는 넓은 의미로 해석된다.

일반적으로 디자인보호법의 의의는 디자인의 보호라는 역할을 중심으로 상표법이나 저작권법 등과의 관계가 논의되며, 특허법과의 관계는 기본적으로 특허법이 산업재산권의 기본법으로서 그 절차 등의 규정을 다른 산업재산권법이 준용하는 관계에서 이해된다. 즉 특허법이 기술적 사상을 보호대상으로 하는데 반하여, 디자인보호법은 물품의 외관상 나타나는 미감(美感)을 보호대상으로 한다는 점에서 타인이 모방하기 쉽고 유행이나 환경·계절에 민감하며, 또 침해되기 쉽다. 따라서 ① 권리의 신속화를 위하여 출원을 공개하지 않고(출원인의 신청이 있으면 공개) 등록된 것(디자인)만 공고하며, ② 타인의 침해·모방방지를 위한 제도로서 관련디자인제도와 비밀디자인제도를 두고 있으며, ③ 디자인 특유의 창작보호를 위해서 한벌 물품 디자인과 동적 디자인을 인정하는 특유제도를 마련하고 있다. 또한 ④ 권리범위가 타 권리에 비해 협소하므로 이를 보완하기 위해 디자인권의 효력범위를 등록디자인뿐만 아니라 그와 유사한 디자인에까지 확대하고 있다(디자인보호법 제92조).

3. 상표법과의 관계

전통적으로 산업재산권은 저작권과 함께 '지적재산권' 내지 '무체재산권'의 일종

---

6) 물품의 부분, 글자체 및 화상(畵像)을 포함한다.

이며, 이 산업재산권에는 특허권·실용신안권·디자인권 및 상표권이 있다고 설명한다. 이 중 특허권·실용신안권·디자인권은 현재 사회에 알려지지 않은 새로운 것을 창조하여, 산업발전에 기여한 것에 대하여 인정되는 권리이며, 산업재산권 가운데 상표권은 상품상표나 서비스표 등에 대하여 인정되는 권리로, 그 보호대상에서 차이가 난다고 설명한다. 나아가 상표권의 대상은 상법의 상호권이나 부정경쟁방지법상의 주지·저명의 상품·영업표시 또는 원산지표시 등에 대한 권리(이익)와 동종의 영업상의 표지에 대한 권리이다.

상표법은 상표를 "자기의 상품(지리적 표시가 사용되는 상품의 경우를 제외하고는 서비스 또는 서비스의 제공에 관련된 물건을 포함한다. 이하 같다)과 타인의 상품을 식별하기 위하여 사용하는 표장(標章)"으로, 표장을 "기호, 문자, 도형, 소리, 냄새, 입체적 형상, 홀로그램·동작 또는 색채 등으로서 그 구성이나 표현방식에 상관없이 상품의 출처(出處)를 나타내기 위하여 사용하는 모든 표시라고 각각 정의하고 있다(상표법 제2조 제1항 1호·2호). 따라서 상표법의 보호대상이 되는 상표는 그 구성이나 표현방식에 상관없이 자기의 상품과 타인의 상품을 식별하기 위하여 사용하는 모든 표시이다.

제2절 헌 법

헌법은 국가의 통치체계에 관한 기본사항을 정한 국가의 기본법, 즉 국가기관의 조직·권한 및 그 상호 간의 관계 그리고 국가와 국민의 기본원칙을 정한 기본법으로 국민의 기본권 보장, 국가의 창설, 정치 생활의 주도 및 정치적 정의 실현, 권력의 통제 등의 기능을 갖는다. 특허권이나 실용신안권, 디자인권, 상표권 등의 산업재산권의 보호 역시 헌법을 근거로 한다. 즉 산업재산권은 재산권의 한 형태로서 헌법 제23조 제1항 '모든 국민의 재산권은 보장된다'는 규정에 근거하여 보호된다. 특히 특허발명 등의 보호와 관련하여서 헌법은 "저작자·발명가·과학기술자와 예술가의 권리는 법률로써 보호한다"라는 규정(헌법 제22조 제2항)을 마련하고 있으며, "국가는 과학기술의 혁신과 정보 및 인력의 개발을 통하여 국민경제의 발전에 노력하여야 한다"라고 규정하고 있다(헌법 제127조 제1항).

전통적으로 산업재산권은 산업발전을 위한 창작적 활동에 관한 권리와 산업의 질서유지를 위한 식별표지로 나누어 그 헌법적 근거를 달리 설명하여 왔다. 즉 특허권이나 실용신안권, 디자인권과 같은 창작적 활동에 관한 권리는 헌법 제22조

제2항의 규정을 근거로 하는 반면, 이러한 헌법의 규정은 상표권 등의 근거규정은 될 수 없다는 이유로 달리 설명하였다. 즉 상표권 등의 보호는 헌법 제10조의 '행복추구권', 헌법 제37조 제1항 및 헌법 제124조 등의 규정을 근거로 한다고 설명되었다.

이러한 설명은 헌법이 제23조에서 재산권 보장규정을 두고 있으면서도 다시 헌법 제22조에서 저작자·발명가·과학기술자와 예술가의 보호규정을 두고 있어, 이는 지적재산권을 '학문과 예술의 자유'로서 이해하려는 것이라는 견해에 따른 주장이라 하겠다. 그러나 지적재산권의 보호가 단순히 학문과 예술을 발전·진흥시키고 문화국가를 실현시키기 위한 불가결한 수단으로서 이해하는 것은 지적재산권에 대한 올바른 이해라 할 수 없다. 즉 이러한 설명은 같은 산업재산권인 특허권과 상표권의 헌법적 근거를 달리 설명할 충분한 이유가 없는 가운데, 특허권이든 상표권이든, 산업재산권이 재산권의 한 형태임을 간과한 설명이라 하겠다. 따라서 산업재산권으로서 특허권이나 상표권 등은 모두 헌법 제23조의 재산권 보장규정을 근거로 하며, 이와 함께 발명에 대한 특허권 보호가 특허권자의 정신적 활동을 보호한다는 의미에서 '학문과 예술의 자유' 보호라는 의미도 가지며, 상표권의 보호는 소비자 보호의 의미도 가진다고 이해하여야 할 것이다.

제3절 행 정 법

새로운 발명에 대한 독점적 권리는 특허청에 의한 특허권 설정으로 발생하며, 특허권이 설정되지 않은 새로운 창작은 그것이 영업비밀로 관리되지 않는 한 어떤 법적 보호의 대상이 되지 않는다. 따라서 발명의 보호수단으로서의 특허제도는 행정청의 특허권 설정행위를 전제로 한 것이며, 특허법은 행정법의 한 분야라고 할 수 있다. 특히 발명에 대한 특허권의 부여 내지 설정을 위한 출원과 심판 절차 및 설정된 특허권에 대한 행정심판 등 일련의 절차가 행정법의 영역이라 하겠다. 이에 아래에서는 각각의 영역에서 행정법과의 관계를 살펴보도록 한다.

1. 행정절차와 특허에 관한 절차

행정절차는 광의로는 행정권 발동인 행정작용을 함에 있어 거치는 절차를 말한다. 이러한 광의의 행정절차는 입법권의 작용에 있어서의 입법절차, 사법권의 작용에 있어서의 사법절차에 대응하는 개념으로서, 사전절차인 제1차적인 행정절차, 행정상 재결 등의 절차, 집행절차 및 행정심판에 관한 절차 등을 모두 포함한다. 이에 대하여 협의의 행정절차는 제1차적 행정절차, 즉 행정청이 공권력을 행사하여 행정에 관한 결정을 함에 있어 요구되는 외부와의 일련의 교섭과정을 말한다. 즉 종국적인 행정처분의 형성과정상에 이루어지는 절차라고 할 수 있으며, 통설은 행정절차를 협의로 파악하고 있다.

한편 특허법에서는 특허에 관한 절차를 '특허에 관한 출원·청구 기타의 절차'를 의미한다고 정의하고 있다. 특허법은 제1장 총칙 제3조 이하에서 행위능력, 대리인 제도, 기간과 기일, 절차의 무효, 절차의 속행·정지, 서류의 송달, 제출·열람 등의 절차 전반에 대한 규정을 마련하고 있어 특허절차 일반을 규율하고 있으며, 특허출원 절차와 관련한 일련의 과정과 관련하여 요구되는 절차 내용을 구체적으로 해당 절차 규정에서 함께 규율하고 있다.

(1) 서면양식주의

행정행위는 반드시 일정한 형식에 의하여 행하여져야 하는 것은 아니다. 그러나 그 내용을 명백·확실하게 하기 위하여 관계 법령에서 일정한 서식 또는 서명(기명)·날인 기타 일정한 형식에 의할 것을 규정하고 있는 경우가 많으며, 이를 요식행위라 한다. 행정처분에 관한 일반법인 행정절차법은 개별법에 특별한 규정이 있는 경우를 제외하고는 처분은 문서로써 하도록 하는 문서주의원칙을 취하고 있으며, 신속을 요하거나 사안이 경미한 경우에는 구술 기타의 방법으로 할 수 있도록 하고 있다.[7)]

특허법 역시 이러한 서면양식주의를 취하고 있어, 모든 출원인이 동등한 지위에서 특허 허부를 심사받도록 하기 위해 특허출원은 일정한 양식에 따른 서면으로 제출하여야 한다. 즉 출원서, 명세서 등의 특허출원서류는 소정의 양식으로 작성한 서면에 의하지 않으면 안 되며, 구술에 의한 설명이나 발명품 등의 제출에 의하여 대신하는 것은 인정되지 않는다. 이와 관련하여 특허법 시행규칙 제2조는 서면주의를 규정하고 있고, 특허법 제42조는 특허출원서 및 명세서의 기재사항과 기재방법을 법정하고 있으며, 동시행령 제5조에서는 청구범위의 기재방법을 명시하고 있다. 또한 전자출원제도를 도입하여 특허출원인 등이 특허청을 직접 방문하여 출원

7) 이 경우에도 당사자의 신청이 있는 때에는 행정청은 관계문서를 교부하여야 한다.

서류를 접수하거나 중간서류 또는 등록서류 등을 제출하지 않고, 출원인 등이 이동식 저장장치 등 전자적 기록매체에 수록하여 제출하거나 정보통신망을 이용하여 특허 및 실용신안에 관한 서류를 제출할 수 있도록 하고 있다(제28조의3~제28조의5).

다만 미생물의 발명이나 미생물을 이용한 발명은 명세서의 기재가 아무리 상세하고 완벽하게 기재되어도 제3자가 해당 발명을 쉽게 실시할 수 없는 경우가 있다. 이에 특허법 시행령(시행령 제2조, 제3조)은 미생물을 이용한 발명을 출원하고자 할 때 미생물을 기탁하고 명세서에 그 기탁기관 또는 국제기탁기관에서 부여받은 수탁번호를 기재하도록 하여 서면주의를 보완하고 있다.

(2) 국어주의

특허청 또는 특허심판원에 제출하는 서류는 특별히 정한 경우를 제외하고 국어로 기재하여야 하며(시행규칙 제4조 제1항), 위임장·국적증명서 등(우선권주장에 관한 서류를 제외) 외국어로 기재한 서류에는 그 서류의 제출시에 국어로 번역한 번역문을 첨부하여야 한다(시행규칙 제4조 제2항).

(3) 도달주의

특허법 또는 이 법에 따른 명령에 따라 특허청장 또는 특허심판원장에게 제출하는 출원서, 청구서, 그 밖의 서류(물건을 포함)는 특허청장 또는 특허심판원장에게 도달한 날부터 제출의 효력이 발생한다(제28조 제1항). 즉 특허청에 제출하는 서류에 대한 효력발생시기는 도달주의를 원칙으로 한다. 다만 특허청과 당사자간의 지리적 거리의 원근에 따른 불공평한 결과를 방지하고자 출원서, 청구서, 그 밖의 서류를 우편으로 특허청장 또는 특허심판원장에게 제출하는 경우에 우편물의 통신일부인(通信日附印)에 표시된 날이 분명한 경우에는 그 표시된 날, 그 표시된 날이 분명하지 아니한 경우에는 우체국에 제출한 날을 우편물 수령증에 의하여 증명한 날에 특허청장 또는 특허심판원장에게 도달한 것으로 본다. 다만, 특허권 및 특허에 관한 권리의 등록신청서류와 특허협력조약 제2조 7호에 따른 국제출원에 관한 서류를 우편으로 제출하는 경우에는 그 서류가 특허청장 또는 특허심판원장에게 도달한 날부터 효력이 발생한다(제28조 제2항).

(4) 수수료납부주의

특허에 관한 절차를 밟는 자는 수수료를 내야 한다(제82조 제1항). 출원시 수수료를 내지 않은 경우는 보정 명령의 대상이 되며(제46조) 이에 불응한 경우 절차무효의 대상이 된다(제16조 제1항).

2. 출 원

산업상 이용할 수 있는 발명을 한 자는 원칙적으로 해당 발명에 대하여 특허를 받을 수 있으나(제29조 제1항) 발명을 한 것만으로는 특허가 되지 않는다. 특허를 받기 위해서는 특허를 받을 수 있는 권리를 가진 자, 즉 발명자 또는 그 승계인이 발명의 공개를 조건으로 특허권 또는 선출원(先出願)의 지위를 얻고자 하는 의사를 객관적으로 표시하는 행위로서 특허출원을 하여야 한다. 이때 출원인의 출원은 특허절차의 요건이나, 특허청의 처분이 행정청과 출원인의 의사의 합치에 의하여 성립하는 것이 아니라는 점에서 공법상의 계약과 구별되는 쌍방적 행정행위가 된다.

특허법은 제42조 이하에서부터 제78조까지의 특허출원과 관련한 규정을 두고 있다. 즉 제2장 특허요건 및 특허출원에서 특허출원 절차와 관련한 규정으로서 선출원주의, 출원과 관련한 서류일반, 절차의 보정, 분할출원, 분리출원, 변경출원, 우선권 주장, 선출원의 취하 등에 관한 규정을 마련하고 있으며, 구체적으로 특허출원 절차와 관련한 일반 원칙들로서 선출원주의, 서면심사주의, 국어주의, 서식주의, 수수료 납부주의 등의 내용이 있다. 특히 이러한 특허의 출원과 관련하여 특허법은 특허출원은 1발명을 1특허출원으로 함으로써 심사절차상의 경제성과 효율적인 특허문헌 및 정보제공을 기도하고 있다(1특허출원의 원칙). 즉 출원내용이 과다한 분야에 직접적인 관련이 없는 내용까지를 포함한 경우에는 특허출원에 대한 심사 등에 있어 자료조사 등에 많은 시간이 낭비되고 비경제적인 결과를 초래하게 된다. 따라서 발명의 단일성 요구는 그 범위 내에서 보다 완벽한 자료심사를 할 수 있다는 장점을 갖는다. 또한 발명의 단일성에 대한 판단기준에 따라 출원인이 제공한 전반적인 정보를 구체화함으로써 굳이 제3자가 다시 자신이 목적하는 기술정보를 분류할 필요가 없게 한다. 그와 함께 1특허출원 원칙의 제도적 취지로서 특허청의 재정자립효과 또는 출원인의 경비절감의 효과 등을 들기도 한다.

3. 특허권의 부여

발명에 대하여 특허권을 부여하거나 상표권을 설정등록해 주는 특허청의 행위는 일종의 행정행위라고 볼 수 있다. 이때 행정행위는 그 법률효과의 발생원인을 기준으로 법률행위적 행정행위와 준법률행위적 행정행위로 나눌 수 있으며, 법률행위적 행정행위는 다시 상대방에 대한 법률효과의 내용에 따라 명령적 행위와 형성적 행위[8]로 나뉘고 준법률행위적 행정행위는 확인행위 · 공증행위 · 통지행위 및 수리행위로 나뉘는데, 이때 특허권 등을 부여하는 특허청의 행위는 준법률행위적 행정행위로 특히 급부행정법상의 확인행위라고도 할 수 있다. 즉 특허청의 행위는 새로운 발명행위 내지 상표사용 사실에 대하여 판단하고 권리관계 등의 법률관계를 확정하는 법선언적 행위이며 광의의 사법행위로서의 성질을 갖는다.

특허권의 부여는 그 요건의 판단 또는 효과의 결정에 있어 행정청에 일정한 독자적 판단권이 인정되는 재량행위가 아니라, 그 요건을 충족한 경우에는 일의적으로 규정되어 있는 법률의 규정에 따라 특허의 부여 내지 거절결정을 하여야 하는 기속행위이다.

행정행위는 그 법률효과의 이전성을 인정할 수 있는가의 실익이라는 점에서 대인적 행정행위와 대물적 행정행위 및 혼합적 행정행위로 구분할 수 있다. 즉 대인적 행정행위의 효과는 원칙적으로 일신전속적이기 때문에 이전될 수 없으나, 대물적 행정행위의 효과는 이전 또는 상속이 인정된다[9]는 점에서 구분할 수 있는데, 특허의 부여는 출원인의 인적 · 주관적 사정과 출원 발명의 물적 · 객관적 사정을 모두 고려하여 행하여지는 혼합적 행정행위이다. 즉 발명자를 전제로 등록요건을 충족하는 출원에 대하여만 특허가 결정된다는 점에서 혼합적 행정행위이다. 그러나 특허결정에 따른 특허권은 개인의 사적인 권리로서 원칙적으로 자유로이 이전할 수 있다.

4. 행정쟁송과 특허심판

(1) 행정쟁송

행정쟁송이란 행정법상 법률관계에 있어서의 다툼을 심리 · 판정하는 절차를 말하는 것으로, 광의의 행정쟁송은 행정상의 분쟁에 대한 유권적 판정절차를 총칭하며, 그 심판기관이나 심판절차를 가리지 않는 반면 협의의 행정쟁송은 행정기관이 행정상의 분쟁을 판정하는 절차를 말한다. 우리 헌법은 행정쟁송의 심판기관으로서 독립한 행정재판소를 두지 않고, 영미법계 국가에서와 같이 행정사건도 일반법원의 관할로 하였다. 그러나 일반사건에 대한 행정사건의 특수성을 감안하여 종래

8) 명령적 행정행위는 下命, 許可, 免除로, 형성적 행정행위는 特許, 認可, 公法上 代理로 세분된다.
9) 다만 이 경우에는 그 이전은 행정기관의 승인을 받거나 신고를 하도록 하는 것이 보통이다.

행정소송법을 제정하여 행정소송에 있어서는 민사소송에 대한 여러 가지 특례를 인정하고 있었던 바, 행정소송의 제기에 있어서는 그 전심절차로서 행정심판을 거치게 하는 행정심판전치주의 등이 그 대표적인 예이다. 그러나 여러 가지 문제점으로 인하여 1998년 3월 1일부터 시행된 1994년 7월 14일의 행정소송법 중 개정법률은 행정심판에 대하여는 이를 필요적 전치절차로 하던 종래 행정소송법의 관계 규정을 임의적 절차로 개정하였다.

한편 특허의 쟁송과 관련하여 특허법은 하자 있는 결정에 불복하거나 하자 있는 특허권의 무효 및 정정을 요구할 수 있도록 민사소송이나 행정소송과는 다른 특별한 심판제도를 마련하고 있다. 즉 서류의 불수리처분(시행규칙 제11조), 출원 등의 절차의 무효처분(제16조) 등 특허청의 처분에 대한 불복과 같이 특허법이 심판절차에 특별한 규정을 두고 있지 않은 사항에 관한 분쟁은 일반적인 행정상의 쟁송절차(행정심판법, 행정소송법)에 의하여야 한다. 특허권침해에 대한 손해배상·침해금지·부당이득반환·신용회복 등의 청구는 민사소송에 의하도록 하며, 특허법상 심판절차에 있어서도 많은 부분 민사소송법이 준용되고 있다(제154조 제7항·제8항, 제157조 제2항, 제165조 제2항·제4항, 제178조 제2항, 제185조). 반면 특허·실용신안·디자인 및 상표에 관한 심판과 재심 및 이에 관한 조사·연구에 관한 사무를 관장하게 하기 위하여 특허청장 소속하에 특허심판원을 두고 있다.

법률상의 쟁송을 심판하는 권한은 원래 법원에 속한다(법원조직법 제2조 제1항). 그러나 행정기관이 최종심으로 재판을 할 수 없지만(헌법 제107조 제2항) 전심(前審)으로서의 심판은 할 수 있다(법원조직법 제2조 제2항). 특허에 관한 쟁송의 처리에는 보호객체의 특수성에 의해 전문적 기술지식이 필요하기 때문에 그 심리판단이 특허심판원 심판관에 의해 심판하도록 하는 것이다. 이렇게 하여 심판한 행위를 사법행위로 볼 것인가 행정행위로 볼 것인가에 대해 논란이 있는데, 심판절차는 사법절차를 따르기 때문에 사법행위로 볼 수 있으나 삼권분립의 원칙에 따라 사법권은 법원에 속한다(헌법 제101조 제1항)는 사법국가주의에 반하고, 또 국민의 법관에 의해 재판을 받을 권리(헌법 제27조 제1항)에 반하여 이러한 자격이 없는 행정관청인 특허심판원 공무원에 의해 심판되는 행정행위로 볼 수 있다. 다만 심판은 법률에 구속되므로 준(準)사법적 행정행위로 보는 것이 타당하다고 본다.

우리나라는 종래 법률심인 최종심만 법원에서 행하고 사실심인 1심과 2심은 특허청에서 행하고 있었다. 그러나 1998년 3월 1일부터 1심은 심판소와 항고심판소가 통폐합되어 신설된 특허심판원에서 행하고, 1심에 불복하는 경우에는 신설된 특허법원에서 다시 사실심리를 하게 하고, 이에 불복하는 경우에는 대법원에 상고할 수 있도록 하고 있다.

(2) 특허심판

행정쟁송은 분쟁의 공정한 해결을 위한 절차상의 요건으로서 ① 판단기관이 독립한 지위를 가지고 있는 제3자이어야 하고, ② 당사자에게 구술변론의 기회가 보장되어 있어야 하는데, 행정소송은 이러한 양자의 요건을 갖춘 정식 쟁송인 반면, 행정심판은 약식쟁송이라 설명한다.[10] 비록 특허심판원의 심판관 및 심판장은 특허청 또는 그 소속기관의 공무원이지만 심판사건의 처리에 있어서는 특허청장 또는 특허심판원장으로부터 지휘감독을 받는 것은 아니며 직무상 독립하여 심판한다. 또한 특허법은 심판관의 직무의 공정성을 담보하기 위하여 담당하는 구체적 사건과의 관계에 있어서 그 심판관이 인적으로나 물적으로 특수한 관계에 있는 경우 그 사건에 대한 직무집행으로부터 배제하는 심판관의 제척 · 기피 및 회피 등에 관한 규정을 마련하고 있다. 따라서 특허심판은 정식쟁송 절차라 하겠다.

행정쟁송은 행정법 관계의 형성 또는 존부를 결정하는 행위가 쟁송의 형식으로 행하여지는 경우 시원적(始原的) 쟁송이라 하며, 이미 행하여진 행정작용의 위법 · 부당성을 심판하는 경우는 복심적 쟁송이라 한다. 그리고 행정상 대등한 두 당사자 사이에서의 법률관계의 형성 · 존부에 관한 다툼에 대하여 그 심판을 구하는 절차인 당사자 쟁송은 시원적 쟁송이며, 이미 행하여진 행정청의 위법 또는 부당을 이유로 그 취소 · 변경을 구하는 항고소송은 복심적 쟁송이라고 설명한다. 특허와 관련한 쟁송 역시 그 구조에 따라 결정계 심판과 당사자계 심판으로 나누어 설명되나, 당사자계 심판이라 하여 당연히 시원적 쟁송이라고 볼 수는 없다 하겠다.

행정쟁송은 주관적 쟁송과 객관적 쟁송으로 구분된다. 주관적 쟁송이란 행정청의 처분으로 인하여 개인의 권리 · 이익이 침해된 경우 그 구제를 구하는 쟁송으로, 권리 또는 법률상의 이익의 침해를 받은 자만이 제기할 수 있다. 반면 객관적 쟁송은 행정작용의 적법 · 타당성 확보의 견지에서 인정되는 쟁송이다. 따라서 이러한 객관적 쟁송에 있어서는 개인의 권익침해는 그 요건이 되지 않는다. 특허법상의 심판은 원칙적으로 이해관계인만이 심판을 청구할 수 있다는 면에서 주관적 쟁송이다. 다만 이해관계인뿐만 아니라 심사관의 청구인 적격을 인정한 경우가 있어 그 성질이 모호한 경우가 있다.

특허심판은 그 독립성 여부에 따라 독립적 심판과 부수적 심판으로 나눌 수 있으며, 독립적 심판은 다시 당사자계 심판과 결정계 심판으로 나누어진다. 여기서

---

10) 김동희, 「행정법(제7판)」, 박영사, 2001, 543면.

당사자계(當事者系) 심판이란 일단 특허권이 허락된 후 그 특허내용으로 인해 당사자간에 분쟁이 발생하면 그 특허내용 자체가 유효인가 무효인가를 판단하는 당사자간의 대립이 존재하는 심판으로, 특허무효심판(디자인등록무효, 상표등록취소), 권리범위 확인심판, 정정무효심판, 통상실시권 허락심판, 특허권 존속기간 연장등록의 무효심판 등이다. 반면 결정계(決定系) 심판이란 당사자의 대립에 의한 것이 아니라 거절결정이나 심판의 심결에 불복이 있는 경우에 청구할 수 있는 심판으로, 거절결정에 대한 불복(디자인등록출원거절결정, 상표등록출원거절결정, 상표갱신등록거절결정), 정정심판 등이다.

제 4 절 민 법

전통적으로 산업재산권인 특허권이나 상표권은 소유권에 비교되며, 실시권이나 사용권은 임차권 등에 비교된다. 특히 특허권·상표권 등은 그 권리 내용에 있어서 물권적 구성을 갖고 있어 소유권의 일종으로 이해되기까지 한다. 그러나 이러한 산업재산권의 물권적 구성은 이론적 귀결이 아니라 정책적 판단에 불과한 것으로, 산업재산권은 소유권과는 구분되는 독자적인 재산권이라 하겠다.

산업재산권법은 그 전반 영역에서 미성년자의 행위능력 규정이나 대리제도, 기간 등 민법총칙 규정을 받아들이고 있다. 또한 산업재산권자의 보호에 있어서도 민법의 규정이 이용된다. 즉 특허권이 침해된 경우 특허법은 특허권자의 보호를 위해 권리침해에 대한 금지청구권, 손해액의 추정 규정, 특허권자 등의 신용회복조치 등을 규정하고 있으며, 아울러 민법상의 손해배상청구권, 부당이득반환청구권 등이 인정된다.

1. 소유권과 특허권

(1) 소유권과 특허권의 법률적 성질

소유권은 물건을 객체로 하여 이를 전면적으로 지배할 수 있는 권리이다. 따라서 물건에 대한 현실적 지배(점유)와 분리되어 물건을 지배할 수 있는 관념적인 것으로서, 전면성·혼일성·탄력성 및 영구성을 그 특징으로 한다. 특허권 역시 새로운 기술적 사상 내지 발명에 대한 지배권으로 독점배타성, 총괄적·전면적 지배성,

탄력성 등을 그 특징으로 한다. 반면 소유권은 존속기간의 제한이 없는 데 반하여, 특허권은 시간적 한계를 갖는 유한성을 지닌다. 한편 경제성 자체가 소유권과 관계없는 데 반하여, 특허권은 산업적 이용가능성을 그 등록요건으로 한다는 점에서 재산적 이익을 배제할 수 없는 개념이라 하겠다.

(2) 소유권과 특허권의 취득

가장 중요한 소유권의 취득원인은 법률행위이며, 그 밖에 상속이나 토지수용 등에 의하여서도 소유권은 취득된다. 또한 민법은 취득시효 · 선의취득 · 선점 · 습득 · 발견 · 부합 · 혼화 · 가공 등의 특수한 취득원인을 규정하고 있다. 반면 새로운 기술적 사상 내지 발명에 대한 독점적인 이용 내지 실시는 발명을 비밀로 간직하지 않는 한 사실상 불가능하며, 이에 대한 독점적인 지위 내지 권리의 확보는 특허권의 설정으로 가능하다. 이러한 특허권은 설정등록에 의하여 그 효력이 발생한다. 즉 특허권은 특허결정을 받고 특허료를 납부한 후 특허등록원부에 기재됨과 동시에 효력이 발생한다.

(3) 소유권과 특허권의 내용

소유자는 법률의 범위 내에서 그 소유물을 사용 · 수익 · 처분할 권리가 있다. 이때 사용 · 수익이란 목적물을 물질적으로 사용하거나 또는 목적물로부터 생기는 과실을 수취하는 것으로서, 소위 물건이 가지는 사용가치를 실현하는 것이다. 이때 소유자는 스스로 사용 · 수익할 수 있음은 물론이며, 대차관계를 설정해서 타인에게 그 권한을 위탁할 수 있다. 또한 처분은 물건이 가지는 교환가치를 실현하는 것으로, 물건의 소비 · 변형 · 개조 · 파괴 등의 사실적 처분과 양도 · 담보설정 기타의 법률적 처분을 포함한다.

법령의 제한 범위 내에서 그 소유물을 사용 · 수익 · 처분할 권리(민법 제211조)를 가진 소유권과 같이 특허권은 전면적인 지배권이다. 즉 특허권은 특허를 받은 발명을 독점적으로 이용할 수 있는 권리이고, 타인의 이용을 배제할 수 있는 권리이다. 따라서 특허권자는 특허발명을 이용하여 수익을 올릴 수도 있고 타인에게 처분할 수도 있다. 이러한 특허권의 이용형태는 특허권자 자신이 직접 기업화하여 실시(實施)할 수도 있고, 타인에게 실시하게 하여 그 대가로 로열티를 받을 수도 있다. 특히 특허법은 제94조 본문에서 "특허권자는 업으로서 특허발명을 실시할 권리를 독점한다"라고 규정하여 특허권의 적극적 효력을 밝히고 있으며, 그 소극적 효력에 관하여는 제97조에서 "특허발명의 보호범위는 청구범위에 적혀 있는 사항에 의하여 정하여진다"라고 규정하고 있다.

(4) 소유권과 특허권의 제한

18·19세기 소유권은 국가보다도 먼저 존립하는 신성불가침의 것으로, 국가에 의하여서도 아무런 제약을 받지 않는 것이었다. 그러나 20세기 전후를 통하여 자본주의의 발전으로 드러난 모순의 심화로 소유권 절대의 원칙은 수정을 겪게 되었으며, 오늘날은 사회적 제약을 받는 것으로 공공의 복리를 위하여 필요한 경우에는 제한할 수 있는 것으로 인식되고 있다. 이에 민법은 제2조에서 "권리의 행사와 의무의 이행은 신의에 좇아 성실히 하여야 한다. 권리는 남용하지 못한다"라고 하고, 다시 제211조에서 소유권을, 구민법은 '자유로이' 행사할 수 있는 권리라고 하고 있었던 것을 '자유로이'를 삭제하여, '법률의 범위 내에서 그 소유물을 사용·수익·처분할 권리'라고 규정하고 있다.

일정의 절차를 거쳐 특허등록된 권리라도 시간적·장소적 또는 내용적인 제한이 있을 수 있으며 또 무효가 될 수 있다. 즉 특허권은 그 존속기간이 법정되어 있어 그 기간이 경과되면 당연히 소멸한다. 특허제도가 일국의 산업정책과 밀접한 관련을 갖는다는 점에서 대부분의 국가들이 이와 관련한 규율에 있어 속지주의를 취하는 바, 특허권의 효력은 우리나라의 영역 내에 한한다.

재산권의 하나로서 특허권 역시 그 행사에 있어 제한을 받는다. 즉 특허권의 행사는 헌법 제22조 제2항, 제23조 제1항에 근거하여 재산권으로 보호받을 수 있으나, 공공의 복리에 적합하지 않은 것은 제한되고(헌법 제23조 제2항), 또 신의성실의 원칙에 반하는 권리행사 역시 제한된다(민법 제2조 제1항). 또한 특허법의 특수성에 근거하여 ① 연구 또는 시험을 하기 위한 특허발명의 실시(제96조 제1항 1호), ② 국내를 통과하는 데 불과한 선박·항공기·차량 또는 이에 사용되는 기계·기구·장치, 그 밖의 물건(제96조 제1항 2호), ③ 특허출원을 한 때부터 국내에 있는 물건(제96조 제1항 3호), ④ 약사법에 의한 조제행위와 그 조제에 의한 의약(제96조 제2항), ⑤ 재심에 의하여 회복된 특허권의 효력 제한(제181조), ⑥ 특허료 추가 납부등에 의하여 회복된 특허권의 효력 제한(제81조의3 제4항)의 경우 특허권은 제한을 받는다. 즉 산업정책이나 공공의 이용 등에 의해 특정의 행위 또는 특정물에 대해 불특정인과의 관계에서 특허권의 효력이 제한된다.

또한 특허권의 효력은 이용·저촉관계에 있는 선출원 특허권자 등과의 관계에 있어서의 제한과 같이 공공의 이용을 위한 제한 이외에도 특정의 사유가 존재하는 것 또는 특정의 사유가 발생할 것에 의해 개개의 특허권이 상대적으로 그 효력이 제한되는 경우도 있다. 또한 소유권이 지상권 기타의 제한물권에 의한 제한을 받는 것과 같이 특허권 역시 실시권과의 관계에 의해 제한될 수 있다. 특히 특허법은 계약에 의한 실시권뿐만 아니라 법률의 규정에 의한 실시권 제도[11]와 재정에 의한 실시권을 인정하고 있다.

(5) 특허권자의 의무

비록 소유권 절대의 원칙이 수정되었으나 권리의 행사는 의무일 수 없으며, 이러한 점에서 소유권자는 그의 권리와 관련하여 특별히 의무를 부담하지는 않는다. 반면 특허권자는 업으로서 특허발명을 실시할 권리를 독점하지만, 이에 반해 ① 특허료의 납부의무(제79조), ② 특허발명의 실시의무(제107조), ③ 정당한 권리행사의 의무, ④ 비밀유지의무와 같은 일정한 의무를 진다.

(6) 특허권의 이전

소유권의 이전과 관련하여 민법은 부동산에 관한 물권의 득실변경은 등기하여야 하고(민법 제186조), 동산에 관한 물권의 양도와 동산질권의 설정은 그 동산을 인도하여야(민법 제188조 제1항, 제330조) 효력이 생긴다고 규정하고 있다. 소유권과 같이 특허권 역시 재산권이므로 이전할 수 있다(제99조 제1항). 즉 특허권자 자신이 직접 실시하는 것보다도 타인에게 그 특허발명을 실시케 하거나, 타인과 공동으로 실시하는 것이 득이라고 생각된 경우에는 실시권을 허여하거나, 특허권 자체를 이전할 수 있다.

특허권의 이전에는 당사자의 의사에 기한 이전행위인 양도와 법률의 규정에 의한 일반승계가 있다. 양도는 다시 전주(前主)가 갖는 모든 권한을 승계하는 전부양도와 특허권자 등으로부터 실시권·담보권 등을 설정하는 것과 같이 전주의 권리내용의 일부를 승계하는 일부양도가 있다. 그리고 일반승계에는 상속이나 회사합병·포괄유증 등이 있다. 이 외에도 질권(質權)에 의한 경락, 강제집행에 의한 이전, 판결, 공용수용에 의한 이전이 있다. 특허권이 공유인 경우에는 타(他)특허권자(공유자)의 동의를 받아야만 그 지분을 양도할 수 있다(제99조 제2항).

특허권 내지 전용실시권의 이전은 상속 기타 일반승계의 경우를 제외하고는 등

---

11) 직무발명(발명진흥법 제10조 제1항), 특허료 추가납부등에 의한 효력제한기간 중 선의의 실시자에 대한 통상실시권(제81조의3 제5항), 선(先)사용에 의한 통상실시권(제103조), 무효심판청구등록전의 실시에 의한 통상실시권(일명 中用權, 제104조), 디자인권의 존속기간 만료 후의 통상실시권(제105조), 재심에 의하여 회복한 특허권에 대한 선(先)사용자의 통상실시권(제182조), 질권행사 등으로 인한 특허권의 이전에 따른 통상실시권(제122조), 재심에 의하여 통상실시권을 상실한 원권리자의 통상실시권(제183조) 등이 있다.

록을 하지 않으면 효력이 발생하지 아니하며(제101조 제1항 1호·2호), 통상실시권의 이전은 등록하지 않으면 제3자에게 대항할 수 없다(제118조 제3항). 포기에 의한 권리의 소멸, 처분의 제한 등의 경우에도 등록하지 않으면 효력이 발생하지 않는 것은 마찬가지이다(제101조 제1항).

(7) 소유권과 특허권의 소멸

소유권은 목적물의 멸실과 포기에 의하여 소멸한다. 멸실과 관련하여 물건의 일부가 멸실할 때에는 그 동일성이 유지되어 있는 한 동일 물권이 존속한다. 물건의 멸실이라고 하더라도 물리적으로 완전히 소멸해 버리는 경우와 멸실물의 물질적 변형물이 남는 경우 등이 있는데 소유권은 물질적 변형물에 미치는 것으로 해석된다. 반면 특허권의 경우 목적물의 멸실에 의한 특허권의 소멸을 상정할 수 없다.

소유권의 포기는 상대방 없는 단독행위로 부동산 소유권의 포기는 등기를 하여야 한다. 점유를 수반하는 경우에는 포기의 의사표시 외에 점유도 포기하여야 한다. 다만 포기는 자유로이 할 수 있는 것이 원칙이나 타인의 이익을 해하여서는 아니 된다. 특허권 역시 포기할 수 있으나, 다만 전용실시권자·질권자·계약에 의한 통상실시권자 등의 동의를 받아야만 포기할 수 있다. 또한 특허권은 ① 존속기간의 만료, ② 특허료의 불납, ③ 상속인의 부존재, ④ 특허권의 무효, ⑤ 특허권의 취소 등의 사유로 소멸한다.

2. 실 시 권

소유권은 객체인 물건을 전면적으로 지배하는 권리, 즉 물건이 가지는 사용가치·교환가치의 전부를 지배할 수 있는 권리이며, 물건이 가지는 사용가치의 지배를 목적으로 하는 용익물권으로서 지상권·지역권·전세권 등을 인정하고 있다. 특허권 역시 특허발명에 대하여 독점적 지배권을 인정하지만, 특허법은 특허권자 이외의 자에게도 특허발명을 적법하게 업으로서 실시할 수 있도록 하는 실시권을 인정하고 있다(제100조 제1항, 제102조 제1항). 실시권은 전용실시권과 통상실시권으로 대별된다. 이 외에도 실시할 수 있는 권리를 한 사람에게만 주느냐 아니냐에 따라, 독점적 실시권과 비독점적 실시권으로 나눌 수 있다.

3. 불법행위의 성립

민법은 제750조에서 불법행위에 관한 일반규정을 마련하면서, “고의 또는 과실로 인한 위법행위로 타인에게 손해를 가한 자는 그 손해를 배상할 책임이 있다"라고 규정하여 단지 손해가 가해자의 행위로 말미암아 발생하였다는 것만으로는 그에게 그 손해를 배상할 책임이 발생하지 않는다는 원칙을 표현하고 있다. 즉 불법행위가 성립하기 위하여는 그 행위가 위법한 것이어야 하고, 그 행위자는 고의 또는 과실이 있어야 한다는 과실책임주의를 원칙으로 밝히고 있으며, 이와 함께 제751조 이하의 규정에서 일반적인 불법행위 요건 외에도 일정한 특수한 불법행위 요건을 정하고 있다.

특허권 역시 재산권의 일종으로서 이를 침해하는 행위는 불법행위로서 민법의 규정에 의하여 보호받을 수 있다. 그러나 특허권의 객체가 무체물이기 때문에 점유가 불가능하므로 침해가 용이하며, 침해가 있다 하더라도 그 사실의 발견이 어렵고, 또 침해의 판단이 곤란하며, 침해라고 인정되었다 하더라도 그 손해액 산정이 곤란하다는 특수성을 갖는다. 이에 특허법은 특허권의 보호와 관련하여 여러 구제책을 마련하고 있다.

(1) 특허권의 침해

특허권의 직접침해란 특허권자 이외의 자가 정당한 권한 없이 특허발명을 업으로서 실시하는 행위를 말한다. 그 요건으로는 ① 특허권이 유효하게 존속하고 있을 것, ② 그 보호범위에 속하고 있는 기술이 실시되고 있을 것, ③ 그 실시를 업으로서 하고 있을 것, ④ 실시자가 그 실시에 있어서 정당한 이유 없이 한 것(違法行爲) 등이다. 또한 전용실시권의 침해에 대해서도 같이 취급되며 구제도 특허권자의 경우와 동일하다.

특허권침해로 되는 '실시' 행위란 특허법 제2조 제3호 각목(各目)의 것을 말한다. 여기서 말하는 행위는 일련의 행위로서 행하는 것에 의해 실시되는 것만이 아니고, 행위가 각각 독립해서 실시되어도 침해행위가 된다(실시행위 독립의 원칙). 단 적법하게 판매된(특허권자로부터 구입 등) 특허품을 자신이 사용·재판매하는 것은 특허권침해에 해당되지 않는다고 생각된다(용진(用盡)설, 소진(消盡)설).[12)]

---

12) 특허는 국가마다 독립하여 존립하므로, 권리를 부여받은 국가의 법률에 의하여 소진된다. 그러나 甲국에서 그 특허제품을 적법하게 확포(擴布)한 경우, 甲국에서 甲국 특허권은 소진하는 것이지만, 甲국 특허권의 소진은 甲국 특허권과 동일 발명인 乙국에 있는 특허권에는 아무런 영향을 주지 않고, 甲국에서 적법하게 확포한 특허제품이 乙국에 수입되었다고 하더라도 乙국 특허권 침해에 근거하여 수입을 중지하는 것은 가능하다. 국제적 소진설은 인정할 수가 없다고 본다(윤선희, "특허법의 병행수입에 관한 고찰", 창작과 권리, 1995 겨울호 참조). WTO/TRIPs 제6조, 日本 最高裁 平成9.7.1. 第3小法廷 判決, 平成 7年(オ) 제1988호 특허권침해금지 등 청구사건(民集 51卷6号, 2299頁; 判例時報 1612

(2) 간접침해(제127조)

원칙적으로 불법행위의 증명책임은 이를 주장하는 자에게 있다. 그러나 특허권은 유체물과 달리 권리의 객체를 사실상 점유하는 것이 불가능하여 침해의 발견 등이 용이하지 않아 민법상의 이러한 논리를 고집하게 되면 사실상 특허권자의 권리를 보호할 수 없는 경우가 발생하게 된다. 이에 특허법은 특허권의 침해를 직접 침해 이외에도 침해로 보는 행위(간접침해) 규정을 두어 특허권자를 보호하고 있다.

간접침해라 함은 현실적인 침해라고는 보기 어렵지만 침해행위의 전단계에 있어 특허침해로 간주되는 예비적인 행위를 말한다.[13] 이를 의제(擬制)침해라고도 한다. 즉 그 행위가 직접적으로는 침해가 되지 않지만, 그 행위가 앞으로는 특허권자의 이익을 해할 우려가 있거나 특허권의 침해를 할 우려가 높은 경우에는 침해로 보는 것이다.

이러한 침해로 보는 행위는 ① 특허가 물건의 발명에 대한 것일 때에는 그 물건의 생산에만 사용하는 물건을 업으로 생산, 양도, 대여 또는 수입하거나 그 물건의 양도 또는 대여의 청약을 하는 행위(제127조 1호), ② 특허가 방법의 발명에 관한 것일 때에는 그 방법의 실시에만 사용되는 물건을 업으로서 생산, 양도, 대여 또는 수입하거나 그 물건의 양도 또는 대여의 청약을 하는 행위(제127조 2호)이다.

(3) 생산방법의 추정(제129조)

간접침해 규정과 같이 특허법은 일정한 사실이 있으면 특허발명이 실시된 것으로 추정하는 규정(생산방법의 추정)을 두어 특허권자를 보호하고 있다. 즉 특허법은 물건을 생산하는 방법의 발명에 관하여 특허가 된 경우에 그 물건이 특허출원 전에 국내에서 공지된 물건이 아닌 경우에 방법특허에 의하여 얻어진 물건과 동일한 물건은 특허된 방법에 의하여 생산된 것으로 추정한다고 규정하고 있다.

4. 특허권침해에 대한 민사적인 구제

소유권의 완전한 실현이 방해되는 경우 민법은 소유권에 대하여 소유물반환청구권 · 소유물방해배제청구권 및 소유물방해예방청구권을 인정하고 있으며, 그 권리가 침해되었을 때에는 불법행위를 인정하여 그 효과로서 금전적 손해배상제도를

号, 3頁; 判例 タイムズ 951号, 105頁) 참고.

13) 대법원 2001.1.30. 선고 98후2580 판결.

인정하고 있다. 즉 소유자는 그 소유에 속한 물건을 점유한 자에 대하여 반환을 청구할 수 있으며(민법 제213조), 그 침해행위가 위법한 가운데 침해자의 고의·과실이 인정되면 손해배상을 청구할 수 있다. 또한 소유자는 소유권을 방해하는 자에 대하여 방해의 제거를 청구할 수 있고 소유권을 방해할 염려가 있는 행위를 하는 자에 대하여 그 예방이나 손해배상의 담보를 청구할 수 있다(민법 제214조).

특허법 역시 이러한 민법상의 구성을 채택하고 있다. 즉 특허권자 또는 전용실시권자는 해당 특허권이 침해되었거나 침해될 우려가 있을 때에는 먼저 특허권 침해자 또는 침해의 우려가 있는 자에게 서면으로 경고(특허등록번호, 권리내용, 침해사실 등을 구체적으로 기재)할 수 있으며, 또 이에 응하지 않을 때에는 소(訴)를 제기하여 침해를 금지시키거나 손해배상, 부당이득반환 등을 청구할 수 있다.

(1) 침해금지청구권(제126조)

민법의 소유물반환청구권은 점유자의 점유 취득에 대한 고의·과실 등의 귀책사유를 요하지 않고 오로지 점유의 방해라는 사실만을 요건으로 하며, 다만 점유자가 자기의 점유를 정당하게 하는 권리를 가지고 있는 경우에 제한될 뿐이다. 반면 특허법에서는 특허발명의 반환청구권은 무의미하다. 다만 ① 권리의 침해가 현재 발생하고 있거나 발생할 우려(객관적으로 인식이 가능한 것이 필요하다)가 있을 것, ② 실시행위가 위법일 것 및 ③ 금지의 필요성이 있을 것 등을 요건으로 침해금지청구권을 인정하고 있다. 즉 특허권자 또는 전용실시권자는 자기의 권리를 침해한 자 또는 침해할 우려가 있는 자에 대하여 그 침해의 금지 또는 예방을 청구하는 권리를 갖는다(제126조 제1항). 이러한 특허권의 내용은 소유권에 있어 소유물방해예방청구권에 상응한다 하겠다.

다만 민법상의 소유물방해예방청구권은 방해의 염려를 생기게 하는 원인을 제거해서 방해를 미연에 방지하는 조치를 청구하거나 또는 손해배상의 담보를 청구하는 것을 내용으로, 두 가지를 다 청구하지는 못 하고 어느 한 가지만을 선택하여 청구할 수 있을 뿐이다. 이는 장래의 침해를 이유로 이중의 부당이득을 인정할 수 없음을 의미하는 것이며, 따라서 특허법상의 침해금지청구권 역시 이와 같이 이해하여야 할 것이다. 즉 특허권 침해행위에 제공된 조성물 또는 그 원인이 된 것을 폐기 또는 제거하지 않으면 다시 특허권을 침해할 우려가 있으므로 이를 폐기·제거할 것을 청구하는 폐기·제거청구권을 행사할 수 있으며, 또 침해할 우려가 있는 행위를 사전에 예방하기 위한 예방청구권을 행사할 수 있다(제126조 제2항).

이 외에도 신속한 구제를 얻기 위해 민사집행법 제300조에 의하여 침해금지가처분신청도 할 수 있다. 즉 특허권침해인 경우는 발명이라는 기술적·추상적 사상을 대상으로 하므로, 침해유무의 판단이 어렵고 또 기술적 내용이 복잡하고 고도하여 이를 소송대리인 및 법원이 이해하기 곤란하여 소를 제기하여 승소판결을 받기까지는 상당한 시간이 소요되므로 신속한 구제를 받기 위해 가처분신청을 하는 경우가 많이 있다.

(2) 손해배상청구권

특허권자 또는 전용실시권자는 고의 또는 과실로 자기의 특허권 또는 전용실시권을 침해한 자에 대하여 침해로 인하여 입은 손해의 배상을 청구할 수 있다(제128조 제1항). 이는 민법 제750조(불법행위)[14]에 근거한 것으로 금전에 의한 보상을 의미하며, 손해배상청구권의 요건은 민법의 일반원칙에 따른다. 즉 ① 침해자의 고의 또는 과실이 있을 것, ② 위법한 침해행위가 있을 것, ③ 침해행위로 손해가 발생하였을 것, ④ 침해행위와 손해발생 사이에 인과관계가 있을 것이 요구되며, 이러한 요건의 증명책임은 피해자에게 있다. 다만 특허법은 특허권의 특수성을 고려하여 약간의 특칙을 인정하고 있다.

손해배상을 청구하는 경우에는 일반적으로 청구인이 상대방의 고의 또는 과실을 증명하지 않으면 안 되나, 특허발명일 경우에는 그 내용이 특허공개공보, 특허공보, 특허등록원부 등에 의하여 공시되므로 침해자의 침해행위가 있을 때에는 과실이 있는 것으로 추정하도록 특허법이 규정(제130조)하여 과실의 증명책임을 침해자에게 전환하고 있다. 즉 특허권자는 아무런 증명을 하지 않아도 침해자는 침해행위에 관하여 과실이 있었던 것으로 추정된다(증명책임의 전환). 따라서 침해자는 과실이 없음을 증명하지 않으면 그 책임을 벗어날 수 없다. 특히 생산방법의 특허발명에 있어서는 어떤 행위가 그 방법을 침해한 것이라는 점을 증명하기가 용이하지 않으므로, 특허법은 신규의 동일물은 동일한 방법에 의하여 생산된 것으로 추정한다는 규정을 두어(물건을 생산하는 방법의 발명에 관하여 특허가 된 경우에 그 물건이 특허출원 전에 국내에서 공지된 물건 등이 아닌 때에는 그 물건과 동일한 물건은 그 특허된 방법에 의하여 생산된 것으로 추정), 일정한 조건하에 생산방법이 동일하지 않다는 점에 관하여 증명책임을 침해자에게 전환시키고 있다.

---

14) 민법 제750조(불법행위) 고의 또는 과실로 인한 위법행위로 타인에게 손해를 가한 자는 그 손해를 배상할 책임이 있다.

손해배상액의 산정에 있어서도 특허법은 손해액의 산정기준을 명시하고 있다.[15] 즉, 권리자의 생산가능수량과 침해자의 판매수량만 확인하면 권리자의 원가계산기준에 의하여 손해액을 쉽고 적정하게 산정하여 이를 손해액으로 할 수 있으며(제128조 제2항), 침해자가 침해행위로 인하여 얻은 이익액을 손해액으로 추정하고(제128조 제4항), 합리적 실시료(특허발명의 실시에 대하여 합리적으로 받을 수 있는 금액)를 손해의 액으로 하여 손해배상을 청구할 수 있도록 하고 있다(제128조 제5항). 손해의 액이 합리적 실시료를 초과하는 경우 그 초과액에 대하여도 손해배상을 청구할 수 있으나 법원은 침해자에게 고의 또는 중대한 과실이 없는 경우 이를 참작할 수 있으며(제128조 제6항), 손해액 증명이 곤란한 경우에는 법원이 변론 전체의 취지와 증거조사의 결과에 기초하여 상당한 손해액을 인정할 수도 있다(제128조 제7항). 또한, 침해 행위가 고의적인 것으로 인정되는 경우에는 손해로 인정된 금액의 3배를 넘지 않은 범위내에서 배상액을 정할 수 있다(제128조 제8항, 제9항). 그리고 이와 함께 민사소송법의 보충규정으로 자료의 제출명령 규정(제132조)을 두고 있다.

(3) 신용회복청구권(제131조)

민법 제764조에서는 타인의 명예를 훼손한 자에 대하여 법원은 피해자의 청구에 의하여 손해배상에 갈음하거나 손해배상과 함께 명예회복에 적당한 처분을 명할 수 있다고 규정하고 있다. 특허법에서는 특허발명이 갖는 인격적 요소에 착안하여 특허권 또는 전용실시권의 침해로 업무상의 신용이 실추되었을 때에는 업무상의 신용을 실추케 한 자에 대하여 신용회복을 위하여 필요한 조치를 법원에 청구할 수 있는 권리를 인정하고 있는데, 이를 신용회복청구권이라고 한다.

(4) 부당이득반환청구권(민법 제741조)

특허권이 침해된 경우에 침해자에게 고의 또는 과실이 없었던 것이 증명되면 손해배상을 청구할 수 없다. 그러나 이 경우에도 특허권자는 부당이득반환청구권을 갖는다. 즉 특허권자는 정당한 법률상의 원인 없이 특허권자의 재산 또는 노무로 인하여 이익을 얻고, 이로 인하여 타인에게 손해를 가한 침해자에게 그 이익을 그대로 특허권자에게 반환하도록 청구할 수 있는 민법상의 권리를 갖는다(민법 제741조). 특허법상 명문의 규정을 두지 않았으나 특허권자가 선의·무과실의 침해자에게 손해배상청구를 할 수 없는 경우 민법의 규정에 따라 부당이득반환청구는 할 수 있다

15) 서울민사지방법원 1991.5.8. 선고 90가합92251 판결(확정).

고 본다.

제5절 형 사 법

일반적으로 산업재산권법은 그 권리자 보호를 위해 민사적 구제 수단을 강구하는 것이 대부분의 입법례이다. 그러나 우리나라는 산업재산권자의 보호를 강화한다는 의미에서 일정한 경우를 산업재산권의 침해죄로 규정하여 그 침해자를 형사처벌하고 있다. 즉 특허법을 비롯한 산업재산권법은 형법의 특별법으로서 권리의 침해에 대한 침해죄, 비밀누설죄, 위증죄, 허위표시의 죄, 거짓행위의 죄 등의 규정을 두고 있다.

침해죄가 성립하면 침해죄에 해당하는 행위를 조성한 물건 또는 그 침해행위로부터 생긴 물건은 이를 몰수하거나 피해자의 청구에 의하여 그 물건을 피해자에게 교부할 것을 선고하여야 하는데, 이는 형법총칙의 몰수에 관한 규정(형법 제48조)에 대한 특별규정이다. 또한 증인·감정인 또는 통역인이 특허심판원에 대하여 거짓으로 진술·감정 또는 통역을 한 경우에는 5년 이하의 징역 또는 5천만원 이하의 벌금에 처하도록 하여, 형법상의 위증죄(형법 제152조)에 상응하는 규정을 두고 있다. 또한 형법이 국가의 기밀침해를 내용으로 하는 간첩죄(형법 제98조), 외교상 기밀누설죄(형법 제113조), 피의사실공표죄(형법 제126조) 및 공무상 비밀누설죄(형법 제127조)를, 개인의 사생활에 있어서의 비밀을 보호법익으로 하는 비밀침해죄(형법 제316조)와 업무상 비밀누설죄(형법 제317조)를 규정한 것에 상응하여 특허청 또는 특허심판원 소속 직원이거나 직원이었던 사람이 특허출원 중인 발명(국제출원 중인 발명을 포함한다)에 관하여 직무상 알게 된 비밀을 누설하거나 도용한 경우에는 5년 이하의 징역 또는 5천만원 이하의 벌금에 처하도록 하는 규정을 마련하고 있다.

특허법은 형법의 특별법으로서 특허권의 침해에 대한 침해죄, 비밀누설죄, 위증죄, 허위표시의 죄, 거짓행위의 죄 등과 행정법상의 질서벌로서 과태료에 관한 규정을 두고 있다. 특허권 침해에 대하여 형사적으로 구제받기 위해서는 침해행위가 과실이 아니고 고의인 경우에 특허권자 또는 전용실시권자의 처벌불원의 의사가 없어야 한다. 즉 특허권 침해죄는 피해자의 명시적인 의사에 반하여 공소(公訴)를 제기할 수 없는 반의사불벌죄이다(제225조 제2항). 이러한 침해는 위반행위를 한 자만 벌하는 것이 아니고 그 사업주 등에게도 함께 벌을 과할 수 있는 양벌(兩罰)규정이 적용된다(제230조).

제6절 노 동 법

특허법을 비롯하여 발명을 보호·장려하고자 하는 여러 법제의 전통적인 태도는 개인 발명자를 전제로 한 것이다. 그러나 기술환경의 변화를 고려한다면 개인 발명자의 발명의욕을 자극하는 것만으로는 발명진흥에 있어서 충분하지 못하다고 할 것이며, 오늘날 조직과의 관점에서 발명자의 지위를 파악하는 것이 중요한 과제가 되었다. 특히 서로 대립되는 두 개의 법 영역에 걸쳐있는 소위 한계영역에 속하는 특수한 발명으로서 종업원의 발명이 새로운 문제로 부각되고 있다. 즉 종업원의 발명은 종업원에 의한 것이기 때문에 노동법의 적용영역인 동시에 발명이기 때문에 특허법의 적용영역이기도 하다. 따라서 발명자 원칙을 채용하여 진실로 발명한 자에 대해서만 특허를 받을 수 있는 권리를 인정하고 있는 현행 특허법에서는 발명은 당연히 종업원인 발명자에게 원시적으로 귀속하게 되는 반면 노동법에 의하면 노동의 성과는 모두 사용자에게 귀속되게 되는 모순이 발생하게 된다. 이에 발명진흥법에서는 직접 양자의 관계를 규정하여 발명은 원시적으로 발명자인 종업원에게 귀속한다고 하는 한편 사용자에게는 원칙적으로 이러한 종업원 발명에 대한 예약승계를 인정하고 있었다.

발명은 원래 자연인의 창의에 의하여 생기는 것이지만 현재와 같이 기술이 급속히 약진하는 시대에 있어서는 개인의 재능과 자력만으로 발명을 한다는 것은 오히려 드문 실정이고, 보통은 다른 곳(기업, 단체, 국가 등)으로부터 지적·금전적 원조를 받든지, 설비를 이용한다든지, 타인과 공동으로 연구를 하여 발명을 완성하는 경우가 많다.

이와 같이 현대에 있어 발명의 과정은 과거에 비교되지 않을 만큼 복잡화되고 있으며, 이에 종래 개인중심의 발명은 조직중심의 발명으로 변화하고 있다. 그러한 가운데 개개의 발명자의 발명의욕을 자극하는 것만으로는 발명진흥에 있어서 충분하지 못하다고 할 것이며, 조직과의 관점에서 발명자의 지위를 파악하는 것이 중요한 과제로 제기되었다. 이에 특허법과 발명진흥법에 각각 규정되어 있던 직무발명 관련 규정(구 제39조, 제40조)을 발명진흥법에서 통합·규정하여 종업원과 사용자 간의 관계를 밝히고 그 안에서 종업원인 개개의 발명자의 발명의욕을 자극하고 있다.

제 7 절 민사소송법

산업재산권법은 실체법적인 내용과 함께 절차법적인 내용을 함께 갖고 있다. 이에 절차법적인 내용에 있어서는 민사소송법상의 규정을 많이 준용하고 있다. 예컨대 특허법은 대리인에 관한 규정을 마련하면서 특별한 규정이 없는 경우에는 민사소송법상의 대리 규정을 준용하도록 하고 있다. 또한 심판절차에 있어서도 심리·참가·재심청구 등의 규정을 준용하고 있으며, 소송절차에 있어서도 기술심리관의 제척·기피·회피 등에 있어 민사소송법을 준용하고 있다. 또한 산업재산권과 관련한 심결취소 소송이나 권리자 보호를 위한 민사적 구제 수단은 결국 민사소송에 의하게 되는 바 산업재산권법과 민사소송법은 긴밀하게 관계한다 하겠다.

1. 민사소송법의 준용

절차법적인 성격을 갖는 특허법은 많은 부분에서 민사소송법의 규정을 준용하고 있다. 예컨대 특허 총칙 규정 중 대리인에 관한 규정을 제외하고는 민사소송법 제1편 제2장 제4절의 규정을 준용하도록 하고 있다(제12조). 또한 총칙상의 여러 규정은 민사소송법상의 여러 규정과 차이가 없이 규정되어 있으며, 심판과정에서 역시 민사소송법상의 규정을 준용하고 있다.

2. 특허소송

특허법에서 소송이라면 특허권과 그 외의 특허에 관한 소송사건 전부를 말한다. 즉 특허행정소송, 특허민사소송, 특허형사소송을 말하며 특허법상의 협의의 의미로서는 행정소송 가운데 특허심결취소소송을 특허소송이라 하여, 특허법 제9장(제186조~제191조의2, 실용신안법 제33조)의 규정을 말한다. 즉 특허청 심판원의 심결에 대한 불복은 고등법원격인 특허법원에 심결취소소송[16]을 제기하는 것을 가리킨다. 이에 특허법원이 관할하는 협의의 특허소송에 한정하여 논의하도록 한다.

특허사건은 행정처분의 일종으로서뿐만 아니라 전문적 기술의 판단을 요한다는

16) 특허심판원의 심판의 심결 또는 각하결정을 받은 자가 불복이 있을 때에 그 심결이나 결정이 법령에 위반된 것을 이유로 하는 경우에 한하여 심결 또는 결정등본을 받은 날로부터 30일 이내에 특허법원에 그의 취소를 요구하는 것.

점에서 그 특수성이 인정되어 당사자간의 분쟁이 있거나 거절결정에 불복이 있을 때에는 특허청 특허심판원에서 사실심 여부를 판단하고, 그 심결에 불복이 있으면 특허법원에 소를 다시 제기하여 판단을 구할 수 있다.[17)]

특허법원에 소를 제기하려는 자는 심판의 심결이나 결정등본을 송달받은 날로부터 30일 이내에 특허법원에 소를 제기해야 한다(제186조 제3항).[18)] 소를 제기하는 경우 특허심판원에 제출한 증거는 특허법원에서는 증거가 되지 아니하므로 처음부터 모든 증거를 제출하여야 한다. 한편 소 또는 상고가 제기되었을 때에는 법원은 지체 없이 그 취지를 특허심판원장에게 통지하여야 하고(제188조 제1항), 이러한 소송절차가 완결된 때에는 지체 없이 그 사건에 각 심급(審級)의 재판서 정본을 특허심판원장에게 보내야 한다(제188조 제2항).

제 8 절 ADR

1. 의 의

ADR은 Alternative Dispute Resolution other than Court Adjudication의 약자로, 소송에 의한 판결 이외의 다른 방법으로 분쟁을 해결하는 것을 말한다. 분쟁이 발생한 경우 제일 먼저 사용되는 보편적이고 친숙한 해결방법은 당사자가 스스로 이를 해결하는 협상이다. 그러나 당사자가 스스로 이를 해결할 수 없으면 제3자가 분쟁해결에 개입하게 되는데, 이 경우에도 제3자가 당사자의 분쟁해결을 도와주기만 하는 조정과 결론을 강제할 권한이 있는 중재·판결이 있다. 전통적으로 우리나라 사람은 어떤 불만이 발생하더라도 아예 참고 넘어가거나 불만이 분쟁화하더라도 양보, 조정 등을 통하여 분쟁을 해결하였으며, 소송을 통한 분쟁해결에 대한 인식은 부정적이었다. 그러나 권리의식의 고양과 함께 소송사건이 폭증하게 되었다. 소송사건의 증가는 자연스럽게 소송처리 시간의 지연으로 이어진다. 이러한 소

17) 이상경, 「지적재산권소송법」, 육법사, 1998, 49~50면에 의하면 "특허심판원의 심판에서의 심결과 특허법원의 소송과는 심급적 연결이 단절되어 있는 것이고, 오직 특허법원과 대법원의 심급적 연결이 되어 있을 뿐이고 일반 민사·행정소송사건이 3심제를 취하는 것과는 달리 2심제를 취하고 있다"라고 하여 심결취소소송은 사실심으로서 1 심에 한정된 소송이라고 보고 있다.

18) 제소의 기간은 불변기간이다(제186조 제4항). 그러나 심판장은 주소 또는 거소가 멀리 떨어진 곳에 있거나 교통이 불편한 지역에 있는 자를 위하여 직권으로 제4항의 불변기간에 대하여 부가기간을 정할 수 있다(제186조 제5항).

송의 처리지연은 곧 권리구제수단의 부재 내지 정의의 부정(Justice delayed is justice denied)으로 받아들여진다. 이에 소송사건의 증가와 그에 따른 소송처리 지연 등의 문제를 해결하기 위하여 마련된 제도가 ADR제도이다. 이러한 ADR제도는 ① 부적당한 비용과 시간을 줄이고 법원의 사건부담을 경감시키며, ② 분쟁해결과정에 지역 주민을 참여시키고, ③ 쉽게 접근할 수 있는 권리구제수단을 제공함과 동시에, ④ 보다 효율적인 분쟁해결방법을 제공한다는 의의를 갖는다. 다만 이러한 ADR은 법적 권리의 보호가 아닌 법적 권리의 일부 포기를 전제로 하여 분쟁 당사자 사이의 평화를 목적으로 한 것이어서, 사회 전체의 관점에서 볼 때 정의가 완벽하게 실현되지 않는다는 부작용을 낳게 되며, 효과적인 증거조사절차가 결여되어 있어 실체적 진실 발견에 입각하여 분쟁을 해결하기보다는 자의적인 타협에 의하여 분쟁을 해결한다는 비판을 받는다. 나아가 분쟁당사자의 경제적·사회적 지위의 불균형을 간과하고 있으며 강자가 약자로부터 양보를 얻어내는 절차로 전락하기 쉬운 가운데, 절차가 비공개적으로 이루어져 판결이 갖고 있는 비사회적 행위에 대한 시정적 기능이 없다는 한계를 갖는다 하겠다.

2. ADR의 유형

(1) 개시와 결정의 강제성 유무

ADR은 그 개시가 의무적인가에 따라 강제적인(compulsory, mandatory) 것과 자발적인(voluntary) 것으로 나뉘고, ADR에서의 결론에 단순히 이의를 신청함으로써 이를 무효화시킬 수 있느냐의 여부에 따라 구속적인(binding) 것과 비구속적인(non-binding) 것으로 나뉜다. 국민은 헌법상 법관에 의한 재판을 받을 권리가 있는데, ADR의 이용을 강제하면서 ADR에서 내린 결정에 불복할 수 없게 한다면 국민의 재판청구권의 침해라는 위헌의 문제가 생기기 때문에 기본적인 ADR의 형태는 "mandatory but non-binding"이거나 "voluntary but binding"이다.

(2) 담당기관의 유형

ADR은 그 담당기관에 따라 법원, 행정부 및 민간부문에 의한 것으로 나누기도 하고, 법원 안의 ADR과 법원 밖의 ADR로 나누기도 한다. 법원이 담당하는 ADR에는 민사조정, 가사조정, 소송상 화해가, 행정부가 담당하는 것에는 행정부조정, 노동중재 등이 있으며, 민간부문이 담당하는 것에는 민간조정, 상사중재, 공익단체가 행하는 ADR 등이 있다.

3. 산업재산권분야에서의 ADR

산업재산권 분쟁과 관련한 ADR로서는 산업재산권분쟁조정위원회가 있다. 우리나라가 산업재산권 다출원 국가로 부상함에 따라 우리기업간은 물론 우리기업과 외국기업 간에 발생하는 분쟁 또한 날로 급증하는 추세이다. 한편 상품의 Life-Cycle이 짧고 기술수명이 날로 단축되어가는 현재, 사법적 절차가 종료된 시점에서는 산업재산권 보호의 실익이 상실될 뿐 아니라 첨단기술분야 등의 급속한 발전으로 분쟁내용이 고도화, 복잡화되어가고 있음에 따라 산업재산권 분야의 전문가에 의한 간이 중재 · 조정제도의 필요성이 더욱 요청되고 있다. 이에 특허청에서는 산업재산권분쟁조정위원회를 설치하여 특허권, 실용신안권, 디자인권, 상표권의 분쟁을 조정하고 있다.

특히 산업재산권분쟁조정위원회는 쟁송능력이 부족한 개인발명가, 중소기업을 비롯한 영세기업들이 편리하게 이용할 수 있는 분쟁조정제도 마련에 역점을 두고 있다. 이에 재판이나 심판에 비하여 신청절차를 간편하게 하고 있으며, 신청비용 역시 무료이다.[19] 그리고 기업의 비밀이 공개되지 않도록 모든 절차를 비공개로 진행하며, 빠른 분쟁해결을 이룰 수 있다. 또한 조정위원회가 화해를 권유하는 과정에서 양당사자가 소유한 특허기술의 Cross-License 계약, 기술협력계약 등 전략적 제휴를 할 수 있도록 유도하는 중개자의 역할도 맡아 '분쟁당사자 관계'를 '기술파트너 관계'로 엮어 기업의 경쟁력 제고에 일익을 담당할 것으로 기대된다.

(1) 조정위원회의 구성

조정위원회는 위원장을 포함한 15인 이상 100인 이하의 조정위원으로 구성된다. 이때 위원은 특허청 소속 공무원으로서 3급의 직(職)에 있거나 고위공무원단에 속하는 공무원인 자, 판사 또는 검사의 직에 있는 자, 변호사 또는 변리사의 자격이 있는 자, 대학에서 부교수 이상의 직에 있는 자, 「비영리민간단체 지원법」 제2조에 따른 비영리 민간단체에서 추천한 자, 그 밖에 산업재산권 등[20]에 관한 학식과 경험이 풍부한 자 중에서 특허청장이 위촉하며, 위원장은 특허청장이 위원 중에서 지명한다(발명진흥법 제41조).[21] 또한 특허청 소속의 공무원 중에서 특허청장이 임명한 자

19) 단, 당사자의 필요에 의해 선임할 수도 있는 대리인, 감정인의 비용 등은 당사자 부담으로 한다.

20) 산업재산권(산업재산권 출원을 포함한다), 직무발명, 영업비밀, 「부정경쟁방지 및 영업비밀보호에 관한 법률」 제2조 제1호에 따른 부정경쟁행위.

가 간사가 된다(발명진흥법 시행령 제24조).

(2) 조정위원회의 역할

조정위원회는 산업재산권(산업재산권 출원 포함), 직무발명, 영업비밀, 「부정경쟁방지 및 영업비밀보호에 관한 법률」 제2조 제1호에 따른 부정경쟁행위와 관련된 분쟁을 심의·조정한다(발명진흥법 제41조 제1항). 또한 조정위원회는 분쟁 조정 업무를 효율적으로 수행하기 위하여 위원회에 3명 이내의 위원으로 구성된 조정부(調停部)를 두되, 조정부의 위원 중 1명은 변호사 또는 변리사의 자격이 있는 자이어야 한다(발명진흥법 제42조). 이 담당조정부는 분쟁의 실체를 파악하여 합리적이고 공정한 조정안을 작성하여, 이를 토대로 양당사자가 화해하도록 권고하는 등의 조정역할을 담당하게 된다.

(3) 산업재산권 분쟁조정 흐름도(조정절차)[22]

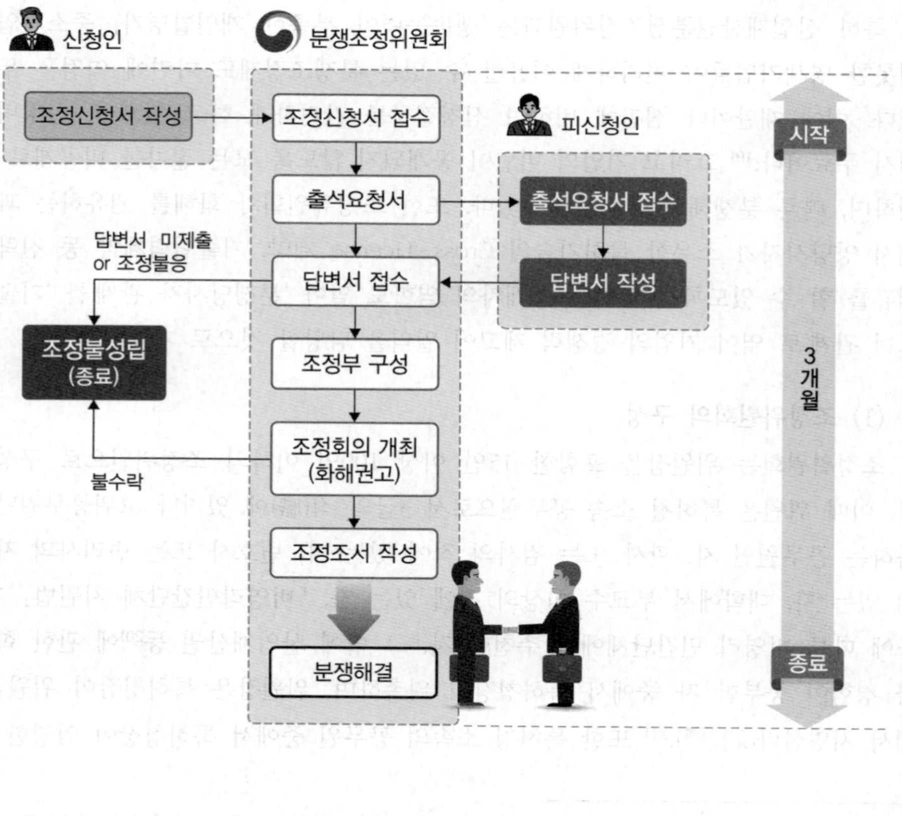

21) 위원의 임기는 3년으로 한다.
22) 산업재산권분쟁조정위원회 홈페이지(https://www.koipa.re.kr/home/content.do?menu_cd=000067).

(4) 심판과 조정의 연계

2021년 8월 17일 개정법(법률 제18409호)에서는 심판사건의 합리적 해결을 위해 필요한 경우 심판장이 당사자의 동의를 받아 심판사건을 산업재산권분쟁조정위원회에 회부할 수 있도록 하고(제164조의2 신설), 심판사건이 조정위원회에 회부될 경우 조정을 위하여 심판사건에 관한 서류를 반출할 수 있도록 근거 규정을 마련하였다(제217조 제1항 제1호의2 신설). 산업재산권 분쟁이 장기화될 경우 자금력이 부족한 중소·벤처기업이 어려움을 겪게 되므로 심판과 조정의 연계를 통해 산업재산권분쟁조정제도를 활성화할 필요가 있다는 취지이다.

구체적으로, 심판장은 심판사건을 합리적으로 해결하기 위하여 필요하다고 인정되면 당사자의 동의를 받아 해당 심판사건의 절차를 중지하고 결정으로 해당 사건을 조정위원회에 회부할 수 있고, 조정위원회에 회부한 때에는 해당 심판사건의 기록을 조정위원회에 송부하여야 한다. 심판장은 조정위원회의 조정절차가 조정불성립으로 종료되면 중지 결정을 취소하고 심판을 재개하며, 조정이 성립된 경우에는 해당 심판청구는 취하된 것으로 본다(제164조의2).

4. 특허권의 유효성에 대한 ADR가능성[23)]

특허권 분쟁과 관련한 중재 제도의 도입 가능성과 관련하여서는 분쟁의 내용에 따라 입장의 차이가 나누어지고 있다. 예컨대 특허권의 이용허락과 관련한 분쟁은 계약법적인 문제로 당연 중재의 대상이 될 것이며, 권리침해에 따른 손해배상청구와 같은 사후적 구제절차과정에서의 분쟁에 대하여도 대체로 중재제도의 도입 가능성이 인정되는 데 반하여, 권리의 유·무효성이 문제되는 경우에는 견해가 나누어지고 있다. 특히 특허권과 같이 그 권리 발생에 있어 국가기관의 권리 설정 등록과 같은 행정행위가 요구되는 경우에는 이에 대한 다툼을 私的으로 해결하는 중재제도의 도입 가능성에 대하여 부정적인 것인 일반적인 입장이라 하겠다. 한편 권리침해에 관한 분쟁 역시 실제 그 선결문제로서 권리의 유·무효성(무효심판, 권리범위확인심판)이 다투어질 수 있다는 점에서 반드시 중재의 도입가능성이 인정되는 바는 아니라 할 것이다. 따라서 권리의 유·무효성에 대한 분쟁에 대하여 중재를 도입할 수 있는지 판단하여야 할 것이다.

---

23) 윤선희, "지적재산권분쟁과 ADR", 2003년도 하계중재학술세미나 자료집((사)한국중재학회 COEX 아셈홀, 2003.6.14), 32~35면.

지적재산권의 권리 발생에 있어서는 소위 상대적 권리라 하여 저작권과 같이 저작물의 창작과 함께 그 권리가 발생하고 국가기관의 관여가 요구되지 않는 경우와 절대적 권리라 하여 특허권과 같이 권리 발생을 위하여 국가기관에의 등록심사 절차를 밟아야 하는 경우가 있다. 저작권의 경우에는 그 성립에 있어 국가행위의 개입이 없으므로 이에 관한 중재제도가 가능하다는데 반하여, 특허권 등의 경우에는 특허청으로 대변되는 국가기관의 전속관할이며 중재의 대상이 되지 못한다는 것이 기존의 대체적인 입장이라 하겠다.[24)]

지금은 특허의 유・무효성에 대한 중재 제도를 인정하는 미국의 경우도 과거에는 다음과 같은 사유로 중재제도의 도입 가능성을 부정하였다.

① 특허의 유효성 및 침해문제는 지극히 복잡한 법을 적용하는 어려운 문제이다. 비법률가나 외국인이 중재인이 되는 경우 쉽게 다루기 어려운 문제이다. 중재의 장점은 복잡한 법해석에 있다기보다는 계약상의 분쟁을 타협에 의해 해결하는데 있어 왔다.[25)]

② 무효인 특허를 유지시키는 것은 본래 공공의 영역에 속했던 사상의 자유롭고 경쟁적인 이용을 제약한다. 따라서 특허는 개인의 밀실이 아닌 법원에서 공개적으로 다투어져야 한다.[26)]

③ 특허의 유효성 및 침해문제는 중요한 공공의 이익이 결부되기 때문에 중재로 결정하기는 부적합하다.[27)]

그러나 폭증하는 특허소송[28)]과 업무 증가에 따른 소송지연과 고비용 등의 여러 어려움 속에서 미국 특허법은 1982년 개정을 통하여 특허권의 중재가능성을 인정하게 되었다. 또한 스위스 국제사법 제177조도 소유의 대상이 되는 이익이나 금전적 이익에 관한 모든 분쟁은 중재가 될 수 있다고 규정하면서, 이에 모든 형태의 지적재산권도 중재의 대상이 될 수 있다고 해석하고 있다.

반면 중재제도의 도입에 대한 부정적인 견해는 중재합의가 가능한 것이 '사법상

---

24) 대법원 1998.12.22. 선고 97후1016,1023,1030 판결; 석광현, 「國際私法과 國際訴訟(제2권)」, 박영사, 2001, 566~567면; 김원준, 「특허법(개정판)」, 박영사, 2003, 714면; 이인종, 「특허법개론」, 법연출판사, 2001, 699면.

25) Hanes Corp. v. Millard, 531F.2d 585, 588-589 (D.C. Cir. 1976).

26) Lear, Inc. v. Adkins. 395 U.S. 653 (1969).

27) N.V. Maafschappij Voor Industrielle Waarden v. A.O. Smith Corp., 532F.2d. 874, 876 (2d Cir. 1976).

28) 영국・미국 등 대부분의 영미법계 국가에서는 특허무효소송제도가 마련되어 통상은 법원의 관할로 한다.

의 분쟁'일 것을 요구한다는 점[29]을 근거로 한다. 즉 특허권의 설정은 등록국가의 법에 따라 설정등록됨으로써 발생하는 권리(제87조)라는 특성 때문에 특허권의 유효성에 관한 분쟁의 경우 채권이나 물권과 같은 다른 재산권에 관한 분쟁과는 달리 중재가능성을 인정할 수 없다는 것이다.

이에 입법론으로서 특허권의 유효성에 대한 중재가능성을 긍정하는 방안을 진지하게 검토할 수 있을지라도, 우리나라 현행법[30]으로는 특허권의 유효성에 관한 분쟁에 대하여 중재가능성을 부정해야 한다는 견해[31]가 있다. 즉 중재가능성이 있기 위해서는 우선 사법상의 분쟁이어야 하는데, 특허권의 유효성에 관한 분쟁은 재산권에 관한 분쟁이라고 할 수는 있으나 사법상의 분쟁으로 보기 어려우며, 현재 대법원 판례처럼 특허권의 유효성에 대한 판단은 특허심판원(제132조의2, 제133조) · 특허법원(제186조 제1항, 제187조)만이 할 수 있음을 근거로 특허권의 침해소송을 재판하는 통상법원도 특허권의 유효성에 대해 원칙적으로 판단할 수 없다고 본다면, 그것과의 균형상 중재인으로서도 특허권의 유효성에 대해 판단할 수 없다고 봄이 타당하다는 것이다.

중재제도를 도입하는 경우 그 방식은 조정과 중재절차를 연계시키는 방식도 가능하겠다. 즉 당사자간에 중재의 합의가 없는 경우에도 조정을 신청한 경우라면, 조정절차과정 중에서 보충적으로 중재결정의 가능성을 열어 놓는 방법도 있겠다. 즉 조정과정에서 중재제도의 존재 여부와 함께 중재결정의 가능성을 고지하며, 이에 당사자의 신청에 따른 중재절차를 마련할 수도 있을 것이다.

한편 특허권에 대한 유·무효의 판단을 현행 특허심판원의 심판절차에서 판단되는 것과 같이 일반법원에서 선고된 판결에 의해 "무효로 되었음"을 근거로 특허청 직권 또는 신청에 의해 특허가 무효되었음을 특허 등록원부에 기재될 수 있도록 관련 규정을 개정하는 것이 바람직하다는 견해[32]가 있다. 그러나 이에 비판적인 견해[33]도 있다.

---

29) 특히 종전의 중재법은 제2조에서 중재합의가 가능하기 위해서는 '당사자가 처분할 수 있는 私法상의 법률관계'로 한정하고 있었다.

30) 발명진흥법 제44조(조정신청의 대상에서 제외되는 사항) 참고.

31) 석광현, 「國際私法과 國際訴訟(제2권)」, 박영사, 2001, 555~557; 559~561; 566~567면.

32) 정상조, 「지적재산권법강의」, 홍문사, 1997, 144면.

33) 최성준, "특허침해소송과 특허무효", 인권과 정의(통권 제279호), 1999.11, 75면.

제9절 상 법

산업재산권법 중 상법과의 관계가 주로 논의되는 것은 상표법이며, 특허법 내지 특허권과의 논의는 특별히 논의된 바 없다. 다만 특허권을 비롯한 산업재산권은 회사 등 상인의 재산을 구성하는 것으로서, 회사의 해산·파산·합병 등의 여러 절차에서 그 권리귀속 등이 문제될 수 있겠다. 산업재산권의 한 형태로서의 특허권은 공장재단의 구성요소가 되며, 회사의 합병·해산·청산 등에 따라 그 운명을 같이 하기도 한다. 즉 청산절차가 진행 중인 법인의 특허권은 법인의 청산종결등기일(청산종결등기가 되었더라도 청산사무가 사실상 끝나지 아니한 경우에는 청산사무가 사실상 끝난 날과 청산종결등기일부터 6개월이 지난 날 중 빠른 날)까지 그 특허권의 이전등록을 하지 아니한 경우에는 청산종결등기일의 다음 날에 소멸한다(제124조 제2항).

제10절 독점규제 및 공정거래에 관한 법률

산업재산권법은 특허권·상표권 등 일정한 독점적 지위를 인정하는 법률이다. 이에 그 성질상 지적재산권과 독점규제법은 상호 모순관계에 있다고 할 수 있어, 독점규제 및 공정거래에 관한 법률(이하 '독점규제법'이라 한다) 제117조에서는 '이 법의 규정은 저작권법, 특허법, 실용신안법, 디자인보호법 또는 상표법에 의한 권리의 정당한 행사라고 인정되는 행위에 대하여는 적용하지 아니한다'라고 규정함으로써 양자의 관계를 규율하고 있다. 그러나 이는 정당한 권리행사인 경우에 관한 것이며, 권리남용적 행사까지 면책되는 것은 아니다. 즉 특허권은 독점배타적인 권리이기 때문에 특허권자는 이를 자유로이 행사할 수 있으나, 우월적인 지위를 이용하여 부당한 거래 등을 행한 경우는 민법 제2조의 권리남용에 해당되는 것은 물론이고, 독점규제법상의 불공정거래행위에도 해당된다(독점규제법 제45조 제1항 6호, 제117조). 따라서 특허발명의 독점적 실시가 보장된 특허권자라고 하더라도 그 권리를 정당하게 행사하여야 할 의무가 있다. 특허권자가 그의 우월한 지위를 남용하여 이루어질 수 있는 불공정거래행위로는 무효인 특허의 존속 등을 위하여 부당하게 실시권자가 관련 특허의 효력을 다투는 것을 금지하는 행위, 특허권이 소멸된 후에 실시권자가 해당 특허발명을 실시하는 것을 제한하는 행위 등이 있으며, 공정거래위원회는 '지식재산권의 부당한 행사에 대한 심사지침'을 마련·운영하면서 이러한 행위들을 규제하고 있다.

한편 오늘날에 있어서는 기술을 선점하고 법이 인정하는 우월적 지위를 획득하고자 표준화를 중심으로 경쟁기업간의 공동행위가 이루어지고 있다. 즉 기업들은 자사 기술이 시장경쟁력에 있어서 다른 경쟁기업보다 앞서기 위해 기술개발 단계에서부터 해당 기술의 표준에 맞춰 각각의 분야에서 비교우위를 갖는 경쟁기업들이 연합하여 개발작업을 수행하고 있다. 또한 기업은 기술개발의 실패에 따른 안전판으로서 경쟁기업간의 공동개발을 도모하고 있다. 한편 해당 기술의 표준에 맞춰 개발작업을 수행하는 개발선도기업은 자사의 기술이 관련 기술에 있어서 표준이 되도록 하기 위한 표준화 작업과 함께 지적재산권화하고 있다. 이에 개발에 뒤진 기업들은 새로운 기술개발에 자본과 노력을 투자하기보다는 선도기업의 기술을 전제로 새로운 경쟁을 시도하기도 하고, 때로는 후발 기업간의 연합으로서 새로운 기술표준을 제시하기도 한다. 그러나 독점적 지위를 갖는 지적재산권의 행사는 표준화와 관련하여 산업발전을 오히려 저해하고 자본주의 시장의 자유경쟁질서를 해칠 수도 있다. 이에 독점규제법에서는 표준화된 기술을 가진 기업이 시장지배적 지위를 남용하거나 부당한 공동행위 및 불공정거래행위를 하여 시장경제질서를 해칠 경우 이를 금하고 있다.

제11절 세 법

세법을 응용법학 또는 실용법학이라 일컫는 바와 같이 재정학·회계학 등 인접 사회과학의 성과가 도입되어 있을 뿐만 아니라, 법학 내부에 있어서도 헌법·행정법·민법·상법·경제법·지적재산법 등과 밀접한 관계를 갖고 있다. 특히 비록 세법이 공법이긴 하지만, 사법과 이른바 '내부적 근친관계'가 있다고 불릴 정도로 깊은 관련을 갖고 있다. 특허권과 관련하여 소득세법 제21조 제1항 5호 및 7호에서는 저작자 또는 실연자·음반제작자·방송사업자 외의 자가 저작권 또는 저작인접권의 양도 또는 사용의 대가로 받는 금품 및 산업재산권, 산업정보, 산업상 비밀, 상표권을 양도 또는 대여하고 그 대가로 받는 금품을 기타소득으로 규정하고 있다.

제12절 부정경쟁방지 및 영업비밀보호에 관한 법률

새로운 기술적 사상에 대하여 특허제도는 일정기간 독점권을 허용한 가운데 공개를 유도함으로써 궁극적으로 산업 전체의 발전에 이바지하고자 한다. 그러나 특허로서의 보호는 일정한 요건의 충족을 요구하여 모든 기술적 사상이 이로서 보호되는 것은 아니다. 특히 오늘날과 같이 기술이 한층 복잡화되고 있는 상황에서 특허성은 없으나 생산활동에 불가결한 기술상의 노하우(Know-how)가 점차 그 중요한 역할을 수행하게 되었다. 또한 발명자로서는 공개의 위험을 감수하면서도 자신의 발명을 제한된 기간 내의 독점만이 인정되는 특허제도에 의하기보다는 자신만의 비밀로 유지하고자 하는 경우가 발생할 수 있다. 즉 상당한 자금과 시간을 투자하여 신제품을 개발하였음에도 불구하고 그러한 노력을 보호하는 법제가 없어 경쟁자로 하여금 이러한 신기술을 부당한 방법으로 입수하여 유사품을 생산하는 행위 등의 무임승차행위를 하게 한다면 이는 기술혁신에의 투자의욕을 저하시켜 국가산업발전을 저해하게 되며 건전한 자유경쟁질서를 파괴하여 사회적 손실을 초래한다. 특히 기업간의 경쟁이 활발해지고 소비자의 양태가 다양화됨에 따라 고객명부 등의 경영정보가 그 중요성을 띠게 된 반면 노동력의 이전이 원활해지면서 종업원의 스카웃, 퇴직 공무원의 경업행위 문제 등이 심각해져 재산적 정보와 관련한 분쟁이 부각되고 있다. 이에 특허제도와 함께 영업비밀보호제도를 마련하여 재산적 정보의 보호 및 정보유통의 원활화를 확보하고자 하고 있다.

1. 영업비밀과 발명

특허법이 그 보호의 전제가 되는 발명을 '자연법칙을 이용한 기술적 사상의 창작으로서 고도한 것(제2조 1호)'으로 규정하고 있는 것에 반하여, 부정경쟁방지 및 영업비밀보호에 관한 법률(이하 "부정경쟁방지법"이라 함)[34]은 영업비밀을 '공공연히 알려져 있지 아니하고 독립된 경제적 가치를 가지는 것으로서, 비밀로 관리된 생산방법, 판매방법, 그 밖에 영업활동에 유용한 기술상 또는 경영상의 정보(부정경쟁방지법 제2조 2호)'로 정의하고 있다. 이에 특허법상의 발명이 ① 자연법칙의 이용, ② 기술적 사상의 창작, ③ 고도성을 요건으로 하는 가운데 다시 등록요건과 관련하여서는 ① 산업적

34) 2021년 12월 7일 개정법(법률 제185548호) 기준.

이용가능성, ② 신규성, ③ 진보성을 요구하고 있는데 반하여, 부정경쟁방지법의 영업비밀은 ① 비공지성, ② 경제적 유용성, ③ 비밀유지성 또는 비밀관리성이라는 세 가지 개념요소를 두고 있다.

(1) 비공지성

특허발명이 신규여야 하는 것과 같이, 영업비밀 역시 그 용어 개념에서 알 수 있듯 다른 사람에게 알려지지 않은 것이어야 한다. 비록 경제적 가치가 있고 그 보유자에 의해 비밀로서 관리되고 있다 할지라도 누구나 용이하게 접근하여 지득할 수 있는 정보라면, 그의 이용은 원칙적으로 자유로우며 그러한 이용이 타인의 권리·이익을 침해하는 것도 아니다. 나아가 원래의 보유자에게 배타적인 권리를 부여하는 등 해당 정보를 보호하는 것은 정당한 수단에 의해 이를 지득·사용하는 자에게 불측의 손해를 주어 역으로 사회적인 혼란을 초래할 가능성이 있기도 하다. 이에 부정경쟁방지법의 보호를 받는 영업비밀은 '공연히 알려지지 않은' 즉 비공지 상태의 것이 요구된다. 다만 이 때의 비공지성은 절대적인 것일 필요는 없고 상대적인 비밀성으로 충분하다.

(2) 경제적 유용성

특허발명이 산업상 이용할 수 있는 발명인 것과 같이 영업비밀은 경제적 유용성[35]을 갖고 있어야 한다. 다만 특허발명의 산업적 이용가능성이 경제성과는 상관이 없는데 반하여, 영업비밀의 경제성은 영업비밀의 보유자가 그 정보의 사용을 통해 상대 경쟁자에 대한 경제상의 이익을 얻을 수 있거나 그 정보의 취득이나 개발을 위해 상당한 비용이나 노력이 필요할 경우 해당 정보는 경제성을 가진다고 말할 수 있다. 따라서 비록 실패한 실험 데이터라 할지라도 그 정보의 경제적 가치가 인정될 수 있다. 또한 부정경쟁방지법은 근본적으로 경제상의 경쟁에서 부정한 수단을 규제함으로써 공정한 경쟁을 확보하기 위한 법이므로 부정경쟁으로부터 보호되는 '영업비밀' 역시 사회적 상당성이 인정되는 것이어야 한다. 따라서 설령 사업활동에 유용한 성질을 갖는 경우에도 반사회적 정보는 일반적으로 경제적 유

35) 부정경쟁방지법상의 영업비밀을 "독립된 경제적 가치를 가진 것으로서, …… 생산방법·판매방법 기타 영업활동에 유용한 기술상 또는 경영상의 정보"로서 개념짓고 있다. 따라서 형식적으로 살펴보면, 본 규정은 경제성과 유용성을 별개의 요건으로 요구하고 있는 듯하며 그와 같이 이해하고 있는 견해(김영철, "영업비밀의 요건", 법조(통권 제430호), 1992.7, 72면 이하)도 있다. 그러나 양자의 판단은 분리되어 이루어질 수 없으며, 분리하여 판단하는 것도 별 실익이 없는바 경제적 유용성이라 하여 함께 판단할 수 있겠다.

용성을 인정할 수 없다. 이는 특허발명이 공공의 질서 또는 선량한 풍속을 문란하게 하거나 공중의 위생을 해할 염려가 있는 발명에 대하여는 제29조 제1항 및 제2항의 규정에 불구하고 특허를 받을 수 없도록 한 것과 비교할 수 있다.

(3) 비밀관리성(비밀유지성)

특허발명이 새로운 것인 가운데 그 관리유지여부에 대하여 언급하지 않는데 반하여, 영업비밀은 비밀로서 관리되고 있을 것을 요건으로 한다. 즉 비록 어느 정보가 경제적 유용성을 지닌 것으로 비공지상태에 있다 할지라도 해당 정보의 보유자가 그 정보의 비밀성을 유지하기 위해 아무런 조치를 취하고 있지 않다면 법이 구태여 이를 보호할 필요는 없다 할 것이다. 이에 부정경쟁방지법의 보호를 받는 영업비밀은 '비밀로 관리된 것'임이 요구된다.[36)]

부정한 수단에 의한 영업비밀침해행위란 논리적으로 해당 정보의 비밀유지를 위한 관리를 전제로 한다 할 것이며, 본 요건은 영업비밀 자체의 성질과 직접적인 관련을 갖기보다는 부정행위자의 행위태양과 비교하여 부정경쟁방지법상의 구제를 인정할 것인가를 판단하는 요소로서 작용한다. 한편 본 요건은 유체물에 대한 점유나 등기·등록과 같은 공시의 방법이 적합하지 않은 영업비밀에 있어 비밀로서 관리되는 상태가 객관적으로 유지되는 정보에 한하여 그 보호를 인정함으로써 정보보유자와 제3자의 이해를 조정하는 기능을 수행한다.

영업비밀은 해당 기업의 종업원이나 외부의 제3자가 인식할 수 있을 정도로 비밀로 관리되는 상태가 객관적으로 유지되어야 한다. 즉 영업비밀은 보유자가 비밀에 접근하거나 접근하려는 자에 대하여 해당 정보가 영업비밀에 해당되는 사실을 인식할 수 있도록 조치한 것이어야 하며, 그 특정된 비밀에 대한 접근이 제한되어야 하고 접근자에게는 부당한 사용이나 공개를 금하는 수비의무(守秘義務)가 부과되어야 한다.

2. 영업비밀의 침해행위유형

특허권자는 업으로서 그 특허발명을 실시할 권리를 독점하며, 그 보호범위를 침해하는 일체의 행위를 특허권침해 행위로서 배제할 수 있다. 반면 부정경쟁방지법 제2조 제3호는 6가지의 영업비밀침해행위의 유형을 한정적으로 열거하고 있고, 이

36) 종래에는 '합리적인 노력에 의하여 비밀로 유지될 것'을 요건으로 하였으나, 2019년 개정법에서 그 요건을 완화하였다.

에 해당하는 행위만을 규제하고 있다. 이는 특허권의 보호가 청구범위 내에서 파악되는 권리범위를 전제로 이루어지는 것인데 반하여, 영업비밀은 그 대상 자체를 보호하기 위한 것이라기보다는 이를 침해하는 행위의 불법성에 대한 판단이라는 점에서 파악할 수 있겠다.

동법상의 6가지 침해행위유형은 가목의 절취 등 부정한 수단으로 영업비밀을 취득·사용·공개하는 행위(부정취득행위)와 라목의 계약관계 등에 의하여 영업비밀을 비밀로서 유지해야 할 의무가 있는 자가 부정한 이익을 얻거나 보유자에게 손해를 가할 목적으로 영업비밀을 사용·공개하는 행위(비밀유지의무위반행위)를 2가지 기본유형으로 하고, 이 2가지 기본유형에 따른 사후적 관여행위 2가지를 각각 추가하여 규정하고 있다. 즉 제3자가 부정취득행위나 비밀유지의무 위반행위가 있었다는 사실을 취득 당시에 알거나 중대한 과실로 알지 못하고 해당 영업비밀을 취득·사용·공개하는 행위를 각각 나목과 마목에 규정하고, 부정취득행위나 비밀유지의무 위반행위를 취득당시에는 알지 못하였으나 취득 후 알게 되거나 중대한 과실로 알지 못하고 해당 영업비밀을 사용 또는 공개하는 행위를 각각 다목과 바목에서 규정하고 있다.

3. 선의자의 보호유형

원칙적으로 특허권의 침해는 침해자의 악의를 요하지 않는다. 즉 침해자의 행위가 결과적으로 특허권자의 독점적 권리보호 범위에 해당하는 경우에는 설령 그 침해자가 특허권의 존부에 대하여 알지 못하더라도 특허권의 침해행위가 된다. 다만 예외적으로 특허법은 법이 만든 일정한 예외적인 상황에 있어 선의자를 보호하는 규정을 마련하고 있다.

부정경쟁방지법 역시 선의자 보호를 위한 규정을 마련하고 있다. 즉 거래에 의하여 영업비밀을 정당하게 취득한 자가 그 거래에 의하여 허용된 범위 내에서 그 영업비밀을 사용하거나 공개하는 행위는 금지청구, 손해배상청구, 신용회복조치청구의 대상이 되지 않는다(부정경쟁방지법 제13조 제1항). 이는 선의자에 대한 특례로서 영업비밀 취득시에 그 영업비밀의 부정공개사실 또는 부정취득행위나 부정공개행위가 개입된 사실을 중대한 과실 없이 알지 못하고 거래에 의하여 해당 영업비밀을 취득한 자가 그 거래에 의하여 허용된 범위 안에서 그 영업비밀을 사용하거나 공개하는 행위에 대하여는 영업비밀 침해행위로 보지 않는 것으로 하여 부정경쟁방지법 제2조 제3호 다목 또는 바목의 범위를 한정하는 것이라 하겠다.

4. 영업비밀의 소멸시효

특허법은 특허권의 행사와 관련한 시효규정을 두고 있지 않다. 반면 부정경쟁방지법은 영업비밀 침해행위의 금지 또는 예방을 청구할 수 있는 권리는 영업비밀 침해행위가 계속되는 경우에 영업비밀 보유자가 그 침해행위에 의하여 영업상의 이익이 침해되거나 침해될 우려가 있다는 사실 및 침해행위자를 안 날부터 3년간 행사하지 아니하면 시효(時效)로 소멸한다고 규정하고 있다. 그 침해행위가 시작된 날부터 10년이 지난 때에도 또한 같다(부정경쟁방지법 제14조).[37] 여기서 3년은 시효기간이고 10년은 제척기간이다.[38]

영업비밀 침해자가 영업비밀을 사용하여 생산·판매·연구개발활동 등을 장기간 계속하는 것을 영업비밀 보유자가 방치하면 해당 영업비밀 침해자는 그를 사용하여 사업활동을 전개할 것이며, 그로 인하여 많은 사람의 고용·은행으로부터의 융자·거래관계 등이 발생할 것이다. 이를 조기에 정지시키지 않고 방치하다가 침해자가 사업을 확장한 다음에 그 활동을 정지시키는 것은 사회적·법률적 안정을 기할 수 없다는 데 소멸시효규정의 취지가 있다.

5. 영업비밀의 침해에 대한 구제

부정경쟁방지법은 특허법과 같이 영업비밀 침해행위에 대하여 민사적 구제수단으로 침해행위금지청구권(부정경쟁방지법 제10조), 손해배상청구권(부정경쟁방지법 제11조) 및 신용회복조치청구권(부정경쟁방지법 제12조) 등을 인정하고 있으며, 나아가 형사적으로도 처벌규정을 두고 있다(부정경쟁방지법 제18조, 제19조). 특히 2019년 개정법에서는 영업비밀의 침해행위가 고의적인 것으로 인정되는 경우에는 손해로 인정된 금액의 3배를 넘지 아니하는 범위에서 배상액을 인정할 수 있도록 하되, 영업비밀의 침해행위가 고의적인지 여부를 판단할 때에는 침해자의 우월적 지위 여부, 고의의 정도, 침해행위의 기간 및 횟수, 침해행위로 인하여

37) 종전의 법률에서는 1년, 3년으로 각각 규정하고 있어 일본의 부정경쟁방지법과 비교되었으나, 우리나라 법률도 1998년 개정시 일본과 동일하게 하였다.

38) 부정경쟁방지법 제14조와 유사한 형태로 규정하고 있는 민법 제766조와 관련하여, 판례는 민법 제766조 제2항이 규정하고 있는 '불법행위를 한 날로부터 10년'의 기간을 소멸시효기간이라고 한다(대법원 1996.12.19. 선고 94다22927 전원합의체 판결). 부정경쟁방지법 제14조에서 규정하고 있는 10년의 성격이 소멸시효기간인지 제척기간인지에 관한 상세한 논의는 정상조 편집대표(박준석 집필부분), 「부정경쟁방지법 주해」, 박영사, 2020, 536~538면 참조.

침해자가 얻은 경제적 이득의 정도 등을 고려하도록 하여 영업비밀 침해에 따른 피해구제를 강화하도록 하였으며(부정경쟁방지법 제14조의2 제6항 · 제7항), 형사벌과 관련하여서도 영업비밀 침해행위 등에 대한 벌칙을 강화하고(부정경쟁방지법 제18조 제1항 · 제2항), 영업비밀 침해 예비, 음모범에 대한 벌금을 상향조정하였다(부정경쟁방지법 제18조의3).

제13절 식물신품종 보호법

우리나라는 1946년 특허법 제정 이래 식물특허에 관한 규정을 두어 무성번식 식물에 대한 보호만을 인정하고 있었다. 그러나 무성번식 식물만을 대상으로 하는 특허법의 규정은 신품종 육성자를 충분히 보호할 수 없으며, 유성식물을 비롯한 다양한 식물신품종에 대한 보호가 요구되었다. 이에 우리나라는 1995년 12월 6일 주요농작물종자법과 종묘관리법을 통합한 종자산업법을 제정하여 종자관리체계를 일원화하고 국제무역기구지적재산권협정(WTO/TRIPs) 상의 의무를 이행하도록 하였다. 특히 종자산업법은 특허법 체계를 모방하여 제정된 것으로, 식물신품종 육성자에 대하여 특허권이나 상표권과 같은 배타적 상업적 독점권을 부여하는 식물신품종 보호제도를 도입하였다. 다만 식물신품종 자체를 보호하는 특허법과 유사한 규정을 많이 두고 있으며, 많은 규정이 특허법을 준용하면서도 특허법과의 관계를 특별히 언급하고 있지 않은 특징을 갖는다. 최근 종자산업법 중 식물신품종의 출원심사 및 등록에 관한 절차적 규정을 분리하여 식물신품종 보호법을 제정하였다.

1. 목 적

특허법은 발명을 보호 · 장려하고 그 이용을 도모함으로써 기술의 발전을 촉진하여 산업발전에 이바지함을 목적으로 한다(제1조). 이에 비하여 식물신품종 보호법은 식물의 신품종에 대한 육성자의 권리 보호에 관한 사항을 규정함으로써 농림수산업의 발전에 이바지함을 목적으로 한다(식물신품종 보호법 제1조).

2. 보호의 대상

특허법은 2006년 개정법 이전까지 존재하던 식물발명에 관한 규정 제31조를 폐지하여 무성뿐만 아니라 유성번식하는 식물발명도 일반 특허요건에 맞추어 특허를 받을 수 있게 되었다. 식물신품종 보호법은 품종보호를 받을 수 있는 대상을 모든 식물로 하고 있다(식물신품종 보호법 제3조).

3. 보호의 요건

식물신품종 보호법은 어떤 품종이 보호품종으로 보호받기 위해서는 신규성, 구별성, 균일성, 안정성, 1개의 고유한 품종명칭의 다섯 가지 기준을 갖추고(식물신품종 보호법 제16조), 식물신품종 보호법이 규정한 출원방식에 위배되지 않고 수수료를 납부한 경우 품종보호권을 부여하도록 하고 있다.

특허발명이 신규성을 요하는 것과 같이 식물신품종 보호법상의 품종보호를 받기 위하여 신규성이 요구된다. 이때 신규성이란 기존에 알려지지 않은 새로운 품종을 말한다. 이는 식물신품종보호제도가 기존에 사용되었던 품종이 아닌 새로운 품종을 육성한 자에게 독점적인 권리를 부여하여 우수품종의 육성을 촉진하고자 하는 목적이 있는 바 품종출원 이전에 상업화되지 않았던 품종을 보호하고자 하는 것이 취지라 하겠다. 이러한 신규성은 식물신품종보호제도가 신품종보호 출원일 이전에 우리나라에서는 1년 이상, 그 밖의 국가에서는 4년(과수 및 임목의 경우에는 6년) 이상 해당 종자 또는 수확물이 이용을 목적으로 양도되지 아니한 경우에 신규성을 갖춘 것으로 본다(식물신품종 보호법 제17조 제1항). 또한 이와 관련하여 예외의 규정도 있다(식물신품종 보호법 제17조 제2항).

특허발명이 진보성을 요구하는 것과 같이 식물신품종 보호법상의 품종보호를 받기 위하여는 구별성이 인정되어야 한다. 이때 구별성이란 일반인에게 알려져 있는 품종과 명확히 구별되는 것을 말한다(식물신품종 보호법 제18조). 품종보호출원일 이전(우선권을 주장하는 경우에는 최초의 품종보호 출원일 이전)까지 일반인에게 알려져 있는 품종이라 함은 유통되고 있는 품종, 보호품종, 품종목록에 등재되어 있는 품종 또는 공동부령(농림축산식품부와 해양수산부의 공동부령)이 정하는 종자산업에 관련된 협회에 등록되어 있는 품종 중의 하나에 해당하는 품종을 말한다. 다만, 품종보호를 받을 수 있는 권리를 가진 자의 의사에 반하여 일반인에게 알려져 있는 품종의 경우를 제외한다.

특허발명은 자연법칙을 이용한 것이어야 한다. 즉 발명은 실시가능성이 있는 것이라야 하며, 더구나 자연법칙을 이용한 것인 이상 반복하여 실시할 수 있으며, 또 항상 일정한 확실성을 가지고 같은 결과를 반복할 수 있는 것임과 동시에 발명자 이외의 제3자도 역시 발명자와 마찬가지로 발명을 실시할 수 있는 것이라야 한다.

이러한 반복가능성이 문제될 수 있는 것이 식물 발명을 비롯한 생물발명인데, 식물신품종 보호법에서 역시 그 보호요건으로 안정성을 요구하고 있다. 이때 안정성이란 품종의 본질적인 특성이 반복적으로 증식된 후에도(1대 잡종 등과 같이 특정한 증식주기를 가지고 있는 경우에는 매 증식주기 종료 후) 변하지 아니하는 경우를 말한다(식물신품종 보호법 제20조). 안정성은 품종을 유지하기 위한 노력이 중요하며 품종보호권자가 품종의 특성을 안정적으로 유지하지 못할 때에는 해당 품종의 품종보호권을 취소할 수 있다.

4. 품종보호권과 특허권

특허권은 특허원부에 설정등록을 함으로써 발생하며, 특허청장은 특허권의 설정등록을 한 때에는 특허권자에게 특허증을 교부하여야 한다. 이와 마찬가지로 품종보호권은 품종보호원부에 설정등록함으로써 발생하며(식물신품종 보호법 제54조), 농림축산식품부장관 또는 해양수산부장관은 공보에 게재하고 품종보호권 등록증을 발급한다. 특허권이 특허출원일로부터 20년간 존속하는 데 반하여, 품종보호권은 설정등록이 있는 날부터 20년(과수 및 임목의 경우는 25년)이다(식물신품종 보호법 제55조). 특허권과 같이 그 권리 존속기간이 만료하여 품종보호권의 존속기간이 경과한 후에는 그 품종보호권은 소멸되어 누구나 해당 보호품종을 자유로이 이용하거나 실시할 수 있다.

품종보호권자는 업으로 보호품종의 종자를 실시(증식 · 생산 · 조제 · 양도 · 대여 · 수출 또는 수입하거나 양도 또는 대여의 청약(양도나 대여를 위한 전시를 포함))할 수 있는 권리를 독점하며, 종자의 수확물로부터 직접 제조된 산물에 대하여도 권리를 가진다. 보호품종에서 유래된 품종과 보호품종을 반복하여 사용하여야 종자생산이 가능한 품종은 보호품종으로 본다(식물신품종 보호법 제56조). 그러나 영리 외의 목적으로 한 자가소비(自家消費)용이거나, 실험 · 연구목적이거나, 다른 품종을 육성하는 경우와 자가생산을 목적으로 한 농어업인의 자가채종(自家採種)에는 품종보호권의 효력이 미치지 않는다(식물신품종 보호법 제57조).

제14절 저작권법

특허법에서 문제가 되는 것은 기능적인 저작물인 S/W가 매체와 결합한 경우인데 특허로 출원하는 경우에는 저작권법[39]으로 보호받는 것은 물론이고, 특허법으로도 보호를 받을 수 있다. 최근 이러한 기능적 저작물이 특허로서 보호받기 위하여 많은 출원이 급증하면서 저작권법과 특허법과의 관계가 모호해지고 있다.

1. 보호대상

저작권법상 컴퓨터프로그램이란 특정한 결과를 얻기 위하여 컴퓨터 등 정보처리능력을 가진 장치 내에서 직접 또는 간접으로 사용되는 일련의 지시·명령으로 표현된 창작물(저작권법 제2조 16호)을 말한다. 프로그램이라는 용어와 혼용되고 있는 표현으로 소프트웨어라는 용어가 있는데 WIPO(세계지적재산권기구)에서는 그 의미를 엄밀히 구별하여 정의하고 있다. 즉 소프트웨어는 컴퓨터가 직접 받아들일 수 있는 프로그램뿐만 아니라 용이하게 프로그램화할 수 있는 자료로서 프로그램 기술서(program description), 프로그램 명세서(program specification), 그 외의 보조자료(supporting material) 등을 포함하는 총괄적인 개념이다.

컴퓨터프로그램은 당초 단순한 계산방법에 불과한 것으로 경제적 가치가 적어 컴퓨터에 부수적으로 제공되는 것으로 여겨졌다. 특허법 역시 컴퓨터프로그램은 인간의 머릿속에서 수행하는 정신적·지능적 과정에 불과하며 자연법칙을 이용한 발명이 아니고 본질적으로 계산방법에 불과하므로 특허성을 부정하여 왔다. 그러나 다양한 기술의 발달로 컴퓨터프로그램 S/W의 경제적 가치가 현저하게 향상됨에 따라 이에 대한 보호가 절실하게 논의되었다. 다만 컴퓨터프로그램은 테이프나 디스크, 드럼, 리스트, 광학저장매체 등의 유체물을 통하여 보관되나 프로그램은 그 복제가 용이할 뿐만 아니라, 그 라이프 사이클이 짧아 보호를 위한 심사가 요구되는 특허법에는 적합하지 않은 것으로 이해되었다. 이에 대부분의 국가에서는 이를 저작권법으로 보호하고 있으며, 우리나라는 컴퓨터프로그램의 저작물성을 인정한 가운데 컴퓨터프로그램 보호법이라는 특별법을 제정하여 이를 보호하고 있었으나 2009년 개정된 저작권법에서 컴퓨터프로그램을 저작물에 포함하여 보호하고 기존의 컴퓨터프로그램 보호법을 폐지하였다.[40]

---

39) 2009년에 컴퓨터프로그램보호법을 폐지하고 컴퓨터프로그램을 저작물에 포함하여(저작권법 제4조 제1항 9호) 저작권법으로 보호하게 되었고, 이에 따라 저작권법에 "프로그램에 관한 특례" 규정(저작권법 제101조의2~제101조의7)을 신설하였다.

40) 저작권법 제101조의2에서는 프로그램을 작성하기 위하여 사용하는 프로그램 언어·규약·해법에 대해서는 저작권법이 적용되지 않는다고 규정하고 있다. 이는 프로그램의 범용성과 표준화의 필요성 때문이며, 이 규정은 일본 저작권법의 규정을 수용한 것으로 보인다(윤선희, 「지적재산권법(19정

나아가 특허법 분야에서 역시 컴퓨터프로그램에 대한 특허성을 인정하고 보호하려는 견해들이 제기되었다. 즉 컴퓨터는 프로그램을 입력하기 전에는 부품의 웨어하우스에 불과하지만 프로그램을 컴퓨터에 입력하여 사용함으로써 프로그램은 그 물리적인 구조의 일부분으로 구성되며, 부품들을 유기적 · 일체적으로 결합시킴으로써 특정한 목적에 적합한 구체적인 장치를 설치한 배선이나 접속수단과 동일시할 수 있으므로 이는 결과적으로 자연법칙을 이용한 것이 되므로 특허성을 인정해야 한다는 주장이 제시되었으며, 이러한 극단적인 주장이 아닐지라도 프로그램 자체의 특허성은 없더라도 공작기계 · 발전기 등의 자동제어를 위한 프로그램처럼 제어방법에 기술적 특징이 있으면 특허성을 인정하는 견해들이 제시되었다.

우리나라 특허법에는 특별히 컴퓨터프로그램에 대한 규정을 두고 있지는 않다. 다만 특허청은 '컴퓨터관련발명의 심사기준'을 마련하여 운용하고 있었는데, 종래에는 특허의 대상이 되는 발명을 '프로그램 또는 데이터 구조를 기록할 기록매체에 대한 물건발명', '프로그램의 수순에 기술사상이 있는 방법의 발명'과 '컴퓨터가 기기와 결합하여 특정기능 실현수단으로 응용될 때의 응용기기에 대한 장치의 발명'으로 구분하여 특허를 허여하였다. 그런데 프로그램 자체에 대한 보호가 명확하지 않다는 문제가 있어 2014년 심사지침을 개정하였다. 즉, 컴퓨터 프로그램은 컴퓨터를 실행하는 명령에 불과한 것으로 컴퓨터 프로그램 자체는 발명이 될 수 없다. 다만 컴퓨터 프로그램에 의한 정보처리가 하드웨어를 이용해 구체적으로 실현되는 경우에는 해당 프로그램과 연동해 동작하는 정보처리장치(기계), 그 동작 방법, 해당 프로그램을 기록한 컴퓨터로 읽을 수 있는 매체 및 매체에 저장된 컴퓨터 프로그램('14.7.1. 출원부터 적용)은 자연법칙을 이용한 기술적 사상의 창작으로서 발명에 해당한다.[41] 구체적으로, 방법의 발명(컴퓨터 관련 발명은 시계열적으로 연결된 일련의 처리 또는 조작, 즉 단계로서 표현할 수 있을 때 그 단계를 특정하는 것에 의해 방법의 발명으로서 청구항에 기재할 수 있다)과 물건의 발명(컴퓨터 관련 발명은 그 발명을 구현하는 복수의 기능으로 표현할 수 있을 때 그 기능으로 특정된 물건(장치)의 발명으로서 청구항에 기재할 수 있다)으로서 청구항에 기재할 수 있다. 또한 컴퓨터 관련 발명은 프로그램 기록매체 청구항(프로그램 기록 매체, 즉 프로그램을 설치하고 실행하거나 유통하기 위해 사용되는 '프로그램을 기록한 컴퓨터로 읽을 수 있는 매체'는 물건의 발명으로서 청구항에 기재할 수 있다),[42] 데이터 기록매체 청구항(데이터 기록 매

판)」, 세창출판사, 2022, 507면 참조).

41) 특허청, 특허 · 실용신안 심사기준(특허청 예규 제131호), 2023, 3106면.

체, 즉 기록된 데이터 구조로 말미암아 컴퓨터가 수행하는 처리 내용이 특정되는 '구조를 가진 데이터를 기록한 컴퓨터로 읽을 수 있는 매체'는 물건의 발명으로서 청구항에 기재할 수 있다),[43] 하드웨어와 결합되어 특정과제를 해결하기 위하여 매체에 저장된 컴퓨터프로그램 청구항[44]으로 구분하여 세분화하고 있다.[45]

2. 권리의 보호

저작권법은 컴퓨터프로그램을 저작물로 포함하여 특허와는 다른 접근 방식에 따라 이를 보호하고 있다. 즉 프로그램저작권은 창작된 때로부터 발생하며 어떠한 절차나 형식의 이행을 필요로 하지 않는다고 하여 무방식주의를 표명하고 있다. 보호기간 역시 WTO/TRIPs 협정 제12조가 '프로그램이 공표된 연도의 말부터 최소 50년간' 보호하도록 규정하고 있어, 이에 따라 '공표된 다음 연도부터 70년간', 창작 후 50년 이내에 공표되지 아니한 경우는 '창작된 다음 연도부터 70년간' 보호된다고 규정하였다. 표현에 있어 이렇게 약간의 변형을 한 이유는 기간의 계산에 있어서의 편의를 위한 것이다.

한편 저작권법은 저작인격권으로서 ① 공표권, ② 성명표시권, ③ 동일성유지권, 저작재산권으로서 ④ 복제권, ⑤ 공연권, ⑥ 공중송신권, ⑦ 전시권, ⑧ 배포권, ⑨ 대여권, ⑩ 프로그램저작권의 배타적 발행권, ⑪ 개작에 의한 2차적 사용권, ⑫ 기술적 보호조치권 등을 인정하고 있다.

---

42) (예1) 컴퓨터에 단계 A, 단계 B, 단계 C, …를 실행시키기 위한 프로그램을 기록한 컴퓨터로 읽을 수 있는 매체, (예2) 컴퓨터를 수단 A, 수단 B, 수단 C, …로 기능시키기 위한 프로그램을 기록한 컴퓨터로 읽을 수 있는 매체, (예3) 컴퓨터에 기능 A, 기능 B, 기능 C, …를 실현시키기 위한 프로그램을 기록한 컴퓨터로 읽을 수 있는 매체.

43) (예) A 구조, B 구조, C 구조, …를 가진 데이터를 기록한 컴퓨터로 읽을 수 있는 매체.

44) (예1) 컴퓨터에 단계 A, 단계 B, 단계 C, …(을)를 실행시키기 위하여 매체에 저장된 컴퓨터프로그램.
※ 위의 예에서 '컴퓨터프로그램'이 그에 준하는 용어(애플리케이션 등)로 기재된 경우에도 허용된다.
(예2) 컴퓨터에 단계 A, 단계 B, 단계 C, …(을)를 실행시키는 컴퓨터로 읽을 수 있는 저장매체에 저장된 애플리케이션
※ 한편, '매체에 저장되지 않은 컴퓨터프로그램'으로 기재된 경우(예3)에는 컴퓨터프로그램 자체를 청구한 것이므로 허용되지 않는다.
(예3) 컴퓨터에 단계 A, 단계 B, 단계 C, …(을)를 실행시키는 컴퓨터프로그램

45) 특허청, 기술분야별 심사실무가이드, 2022, 제10부 기타(구 기술분야별 심사기준) 제10장 컴퓨터 관련 발명, 55~57면.

3. 권리의 제한

특허권은 그 존속기간에 의한 시간적 제한과 함께 장소적 제한을 받는다. 또한 그 내용에 있어 재산권의 한 예로서 그 행사는 공공의 복리에 적합하여야 하며 (헌법 제23조 제2항), 신의성실의 원칙(민법 제2조 제1항)[46]에 반한 권리행사는 권리의 남용이 되므로 제한된다. 아울러 특허권의 효력은 그 특수성에 근거하여 ① 권리의 한계에서 오는 제한, ② 이용저촉에 있어서의 제한, ③ 타인의 실시권과의 관계에 의한 제한 등을 받는다. 프로그램저작권 역시 배타적 권리이기는 하지만 저작권법 제101조의3,[47] 제101조의4[48] 및 제101조의5[49]에서 권리의 제한규정을 두고 있고, 미국 연방저작권법

---

46) 민법 제2조 제1항(신의성실의 원칙) 윤리적 규범: 모든 사람은 사회공동생활의 일원으로서 서로 상대방의 신뢰를 헛되이 하지 않도록 성의 있게 행동하여야 한다는 원칙.

47) 저작권법 제101조의3(프로그램의 저작재산권의 제한) ① 다음 각 호의 어느 하나에 해당하는 경우에는 그 목적상 필요한 범위에서 공표된 프로그램을 복제 또는 배포할 수 있다. 다만, 프로그램의 종류·용도, 프로그램에서 복제된 부분이 차지하는 비중 및 복제의 부수 등에 비추어 프로그램의 저작재산권자의 이익을 부당하게 해치는 경우에는 그러하지 아니하다. <개정 2020. 2. 4., 2021. 5. 18.>

1. 재판 또는 수사를 위하여 복제하는 경우

1의2. 제119조제1항제2호에 따른 감정을 위하여 복제하는 경우

2. 「유아교육법」, 「초·중등교육법」, 「고등교육법」에 따른 학교 및 다른 법률에 따라 설립된 교육기관(초등학교·중학교 또는 고등학교를 졸업한 것과 같은 수준의 학력이 인정되거나 학위를 수여하는 교육기관으로 한정한다)에서 교육을 담당하는 자가 수업과정에 제공할 목적으로 복제 또는 배포하는 경우

3. 「초·중등교육법」에 따른 학교 및 이에 준하는 학교의 교육목적을 위한 교과용 도서에 게재하기 위하여 복제하는 경우

4. 가정과 같은 한정된 장소에서 개인적인 목적(영리를 목적으로 하는 경우를 제외한다)으로 복제하는 경우

5. 「초·중등교육법」, 「고등교육법」에 따른 학교 및 이에 준하는 학교의 입학시험이나 그 밖의 학식 및 기능에 관한 시험 또는 검정을 목적(영리를 목적으로 하는 경우를 제외한다)으로 복제 또는 배포하는 경우

6. 프로그램의 기초를 이루는 아이디어 및 원리를 확인하기 위하여 프로그램의 기능을 조사·연구·시험할 목적으로 복제하는 경우(정당한 권한에 따라 프로그램을 이용하는 자가 해당 프로그램을 이용 중인 경우로 한정한다)

48) 제101조의4(프로그램코드역분석) ① 정당한 권한에 의하여 프로그램을 이용하는 자 또는 그의 허락을 받은 자는 호환에 필요한 정보를 쉽게 얻을 수 없고 그 획득이 불가피한 경우에는 해당 프로그램의 호환에 필요한 부분에 한하여 프로그램의 저작재산권자의 허락을 받지 아니하고 프로그램코드역분석을 할 수 있다.

② 제1항에 따른 프로그램코드역분석을 통하여 얻은 정보는 다음 각 호의 어느 하나에 해당하는 경우에는 이를 이용할 수 없다.

1. 호환 목적 외의 다른 목적을 위하여 이용하거나 제3자에게 제공하는 경우

2. 프로그램코드역분석의 대상이 되는 프로그램과 표현이 실질적으로 유사한 프로그램을 개발·제작·판매하거나 그 밖에 프로그램의 저작권을 침해하는 행위에 이용하는 경우

제117조의 프로그램 복제물의 사용자에 대한 복제권의 허용규정에서도 같은 취지의 규정을 볼 수 있다. 이와 같이 제한규정을 둔 목적은 저작권자의 권리만을 절대적으로 보호하게 될 경우 일반인들에게 프로그램의 접촉기회를 줄이며 산업발전에도 도움이 되지 않는 등 공익적인 입장에서 도움이 되지 않기 때문이다. 그러나 이러한 제한의 경우에도 정당한 권리자의 피해를 최소화하기 위해 한정적으로 해석하여야 한다.

4. 권리침해에 대한 구제

특허권 침해의 경우와 같이 저작권법 역시 그 침해에 대한 구제수단으로서 민사적 구제방법과 형사적 구제방법을 두고 있다. 그중에서 민사적 구제로는 저작권법 제123조 제1항에서 권리침해자에 대한 침해정지청구권과 침해할 우려가 있는 자에 대한 침해예방청구권을 규정하고 있으며, 폐기청구권(저작권법 제123조 제2항), 손해배상청구권 및 손해액의 추정(저작권법 제125조), 명예회복 등의 조치청구권(저작권법 제127조) 및 부당이득 반환청구권(민법 제741조)이 있다. 또한 침해죄(저작권법 제136조) 등의 형사적 구제방법을 두어 권리자를 보호하고 있다.

제15절 반도체집적회로의 배치설계에 관한 법률

반도체집적회로의 배치설계에 관한 법률(이하 "반도체칩법"이라고 한다)은 1992년 12월 8일 법률 제4526호로 공표되고 1993년 9월 1일부터 시행되었다. WTO/TRIPs 협상[50]에서의 선진국과 후진국간의 반도체칩 보호 문제가 타결됨에 따라 국내에 영향을 미치게 되었으며, 국내적으로 반도체 집적기술의 고도화에 따라 그 개발에

49) 제101조의5(정당한 이용자에 의한 보존을 위한 복제 등) ① 프로그램의 복제물을 정당한 권한에 의하여 소지 · 이용하는 자는 그 복제물의 멸실 · 훼손 또는 변질 등에 대비하기 위하여 필요한 범위에서 해당 복제물을 복제할 수 있다.

② 프로그램의 복제물을 소지 · 이용하는 자는 해당 프로그램의 복제물을 소지 · 이용할 권리를 상실한 때에는 그 프로그램의 저작재산권자의 특별한 의사표시가 없는 한 제1항에 따라 복제한 것을 폐기하여야 한다. 다만, 프로그램의 복제물을 소지 · 이용할 권리가 해당 복제물이 멸실됨으로 인하여 상실된 경우에는 그러하지 아니하다.

50) WTO/TRIPs협정에 집적회로배치권과 관련이 있는 조항은 제35조(집적회로에 관한 지적재산권 조약과의 관계), 제36조(보호범위), 제37조 제1항(선의의 구매자 보호), 제37조 제2항(집적회로에 대한 강제실시권), 제38조(보호기간) 등의 규정이 있다.

소요되는 시간이나 비용이 증대함에도 불구하고 배치설계에 대한 법적 보호수단이 결여[51]되었다는 문제점이 지적됨에 따라 1995년 1월 5일에 개정되어 1995년 7월 1일부터 시행되었다. 특히 반도체집적회로 배치설계[52]의 보호에 있어서 기존의 특허법으로 보호하는 데에는 문제가 있어 특별법으로 보호하게 되었다. 즉 특허법에 의한 보호는 제29조 제1항 및 제2항에 규정된 신규성 및 진보성에 대한 판단을 하여야 하는데, 출원된 회로소자(回路素子)의 배치가 공지된 배치에 비해 과연 새롭다고 할 수 있는 것인지(신규성 문제), 혹은 기존의 배치를 이용하면 쉽게 만들 수 있는 것인지(진보성 문제) 등의 판단이 용이하지 않다. 이러한 문제의 발생원인은 특정한 기술적 사상을 보호대상으로 하는 특허권의 보호범위로는 반도체칩 전체의 배치(layout)설계를 보호하는 데 일정한 한계가 있기 때문이다. 이러한 것을 보완하기 위해 특별법 제정이 요구되었다.[53]

1. 보호범위

이 법에 의하여 보호되는 것은 '반도체집적회로(IC: Integrated Circuit)의 배치설계'이다. 반도체칩법 제2조에서는 반도체집적회로를 "반도체 재료 또는 절연(絕緣) 재료의 표면이나 반도체 재료의 내부에 한 개 이상의 능동소자(能動素子)를 포함한 회로소자(回路素子)들과 그들을 연결하는 도선(導線)이 분리될 수 없는 상태로 동시에 형성되어 전자회로의 기능을 가지도록 제조된 중간 및 최종단계의 제품"으로 정의한다. 그러므로 완제품 형태의 것뿐만 아니라 중간제품도 보호된다. 또한 '배치설계'는 "반도체집적회로를 제조하기 위하여 여러 가지 회로소자 및 그들을 연결하는 도선을 평면적 또는 입체적으로 배치한 설계"로 정의되어 입체적 설계도 보호되는 것으로 규정하고 있다. 요컨대 동법이 보호하는 집적회로(IC)는 소규모 집적회로(SSI)에서부터 중규모 집적회로(MSI), 대규모 집적회로(LSI),[54] VLSI(Very Large Scale Integration), ULSI(Ultra Large Scale Integration) 등에 이르기까지의 회로의 배치(lay-out)와 집적회로를 보호하며, 그것이 메모리 회로이든

51) 반도체소자 제조공정에 필요한 일종의 설계도면인 반도체집적회로 배치설계는 연구개발에 막대한 비용과 시간이 투입되어야 하고, 고도의 기술이 요구되는데 반하여 무단복제의 형태로 쉽게 침해받을 우려가 있다. 또한 배치설계는 그 특성상 기존의 법체계인 특허법이나 저작권법으로는 불법복제의 방지 및 권리보호가 곤란하였다.

52) 반도체집적회로 배치설계라 함은 위에서 말한 반도체집적회로를 제조하기 위한 일종의 설계도로서 각종 회로소자 및 이들을 연결하는 도선을 평면적 · 입체적으로 배치한 설계를 말한다.

53) http://www.kipo.go.kr/html/LawNewformC03.html

54) LSI는 Large Scale Integration의 약어로 반도체의 집적도를 나타내는 용어이며, 고밀도 또는 대규모 집적회로란 뜻으로 칩당 소자수 1천에서 10만개 수준인 반도체를 보통 LSI라고 한다.

비메모리 회로이든 구별하지 않는다.

'창작성이 있는 배치설계'만이 보호된다. 여기서 '창작'이라는 것은 통상적이 아닌 배치설계를 제작하는 행위 또는 통상적인 요소의 조합으로 구성되었다 하더라도 전체적으로 보아 통상적이 아닌 배치설계를 제작하는 경우도 포함된다(반도체칩법 제2조 3호).

2. 배치설계권

(1) 권리의 설정등록

특허권자는 발명의 사실행위가 있은 후 그 신규성을 잃지 않는 한 언제든지 특허를 출원할 수 있다. 배치설계를 창작한 자 또는 그 승계인은 영리를 목적으로 그 배치설계를 최초로 이용한 날부터 2년 이내에 설정등록을 신청할 수 있는데, 이에 동법 제20조 제1항 소정의 거절요건에 해당하지 않는 한 설정등록을 하여야 한다(반도체칩법 제21조 제1항). 즉 특허법상의 특허발명은 그 등록을 위하여 특허청에 의한 실질적 심사를 받는 데 반하여, 반도체칩법은 설정등록에 있어서 형식적 심사권을 규정하고 있다. 따라서 창작성이 없는 배치설계도 등록될 수 있는 여지가 있다. 이에 대하여 창작성이 없는 배치설계를 취소할 수 있는 사유로 규정하고 있으나, 임의적 취소사유일 뿐이므로 계속적으로 보호를 받는 경우도 있을 수 있다.

(2) 권리의 내용

설정등록을 한 자 및 그로부터 권리를 승계한 자(이하 "배치설계권자"라고 한다)는 설정등록된 배치설계를 독점적으로 영리를 목적으로 이용할 권리를 가지며, 특허권의 경우와 같이 타인으로 하여금 이용하게 할 수 있다. 이러한 이용권에 있어 이용행위는 ① 배치설계를 복제하는 행위, ② 배치설계에 따라 반도체집적회로를 제조하는 행위 및 ③ 배치설계, 그 배치설계에 의하여 제조된 반도체집적회로 또는 그 반도체집적회로를 사용하여 제조된 물품을 양도 · 대여하거나 전시(양도 · 대여를 위한 경우에 한한다) 또는 수입하는 행위 등을 말한다(반도체칩법 제2조 4호).

이러한 배치설계권은 다른 지적재산권 분야에 비해 그 수명이 짧고 반도체 산업의 발전을 위해서는 오랜 보호가 도움이 되지 않기 때문에, 배치설계권은 설정등록일로부터 10년간 존속하며, 영리를 목적으로 그 배치설계를 최초로 이용한 날로부터 10년 또는 그 창작일로부터 15년을 초과할 수 없다(반도체칩법 제7조).

(3) 권리가 미치지 않는 범위

배치설계권자는 자신의 배치설계권을 독점적으로 이용할 수 있으나, 권리를 양도하거나 공유하는 경우, 질권이 설정된 경우 그리고 타인에게 전용이용권이나 통상이용권을 설정하는 경우에는 이용을 할 수 없거나 제한을 받을 수 있다. 그 외에도 교육 · 연구 · 분석 또는 평가 등의 목적이나 개인이 비영리적으로 사용하기 위한 배치설계의 복제 또는 그 복제의 대행의 경우나, 그 결과에 의하여 제조된 것으로서 창작성이 있는 배치설계, 그리고 설정등록된 배치설계와 동일하지만, 배치설계권자가 아닌 자가 제조한 것으로 창작성이 있는 설계 등에는 그 배치설계권이 미치지 않는다. 또한 적법하게 제조된 반도체집적회로 등을 인도받은 자와 선의자[55]가 그 반도체집적회로 등에 대하여 영리를 목적으로 제2조 제4호 다목[56]에 규정된 행위를 하는 경우에는 미치지 않는다(반도체칩법 제9조).

(4) 배치설계권의 소멸사유 및 취소사유

배치설계권은 존속기간의 만료나 설정등록취소사유에 의해 취소된 경우, 그리고 배치설계권자인 법인 · 단체 등이 해산되어 그 권리가 민법 등에 의하여 국가에 귀속되는 경우, 배치설계권자가 상속인 없이 사망하여 그 권리가 민법 등에 의하여 국가에 귀속된 경우, 배치설계권자가 그의 배치설계권을 포기한 경우(전용 · 통상이용권자 및 질권자의 동의가 필요)에는 소멸하며, 배치설계권의 등록취소사유는 조약을 위반한 경우, 속임수나 그 밖의 부정한 방법으로 설정등록을 한 경우, 창작성이 있는 배치설계가 아닌 경우 등이 있다(반도체칩법 제24조).

3. 권리의 침해에 대한 구제

특허법의 경우와 같이 반도체칩법 역시 배치설계권의 보호를 위하여 민사적 구제수단과 형사적 구제수단을 함께 마련하고 있다. 민사적 구제수단으로 배치설계권자나 전용이용권자는 그 권리를 침해하거나 침해의 우려가 있을 경우에 침해의 정지 또는 예방을 청구할 수 있고(침해금지 또는 예방청구권), 이 청구와 함께 침해

---

55) 반도체칩법 제9조 제3항에 규정된 "다른 사람의 등록된 배치설계를 불법으로 복제하여 제조된 반도체집적회로등을 선의이며 과실 없이 인도받은 자"를 의미한다.

56) 배치설계, 배치설계에 따라 제조된 반도체집적회로 또는 반도체집적회로를 사용하여 제조된 물품(이하 "반도체집적회로등"이라 한다)을 양도 · 대여하거나 전시(양도 · 대여를 위한 경우로 한정한다) 또는 수입하는 행위.

행위에 의해 만들어진 반도체집적회로 등의 폐기 그 밖에 예방에 필요한 조치를 함께 청구할 수 있다(반도체칩법 제35조). 또한 침해자에 대하여 손해의 배상을 청구할 수 있다(반도체칩법 제36조 제1항: 손해배상청구권). 단 타인의 배치설계에 대한 연구·분석 등의 결과로써 창작성이 있는 배치설계를 제작할 경우에는 권리침해가 되지 않는다(반도체칩법 제9조 제1항 2호).

배치설계의 설정등록 전에 영리를 목적으로 그 배치설계를 이용한 배치설계의 창작자는 그 이용 후 해당 배치설계에 대한 등록이 완료되기까지의 기간 동안 해당 배치설계가 복제한 것임을 알고도 영리를 목적으로 이용한 자에게 그 이용에 대하여 통상 지급하여야 할 금액에 상당하는 보상금의 지급을 청구할 수 있다. 다만, 복제된 배치설계를 이용하여 제조된 반도체집적회로등을 선의이며 과실 없이 인도받은 자에 대하여는 보상금의 지급을 청구할 수 없다(반도체칩법 제37조 제1항). 선의자의 경우에도 반도체집적회로등이 배치설계를 불법으로 복제하여 제조된 것이라는 사실을 안 후에 영리를 목적으로 그 반도체집적회로등에 대하여 제2조 제4호 다목에 규정된 행위를 하거나, 이를 위하여 그 반도체집적회로등을 보유하고 있거나 운송하고 있는 경우에는 통상의 이용료에 상당하는 금액의 지급을 청구할 수 있다(반도체칩법 제38조 제1항).

배치설계권이나 전용이용권을 침해한 자는 3년 이하의 징역 또는 3천만원 이하의 벌금에 처하거나 이를 병과(倂科)할 수 있으며, 이는 고소가 있어야 공소를 제기할 수 있는 친고죄이다(반도체칩법 제45조). 또한 거짓으로 등록표시를 한 반도체집적회로를 양도하거나 대여한 자(반도체칩법 제46조)와 속임수나 그 밖의 부정한 방법으로 설정등록을 한 자(반도체칩법 제47조)는 1년 이하의 징역 또는 1천만원 이하의 벌금에 처한다. 이 외에도 비밀누설의무를 위반한 죄(반도체칩법 제48조) 등이 있으며, 침해죄, 거짓표시의 죄, 속임수 행위의 죄에는 법인 등과 행위자가 함께 처벌되는 양벌규정이 적용된다. 물론 법인 등에는 벌금형만이 부과된다(반도체칩법 제49조).

제16절 표준과 특허

1. 표준과 특허의 갈등관계

표준화와 특허권에 의한 기술의 보호는 그 개념과 특성상 갈등관계에 있다. 기본적으로 표준화는 기술의 공유를 도모하는 한편 특허권의 보호는 기술의 사유를 도모한다. 즉 표준화는 혁신기술의 사회적 확산을 목표로 하고 있으며 개발된 기술의 상용화를 통한 보급·활용에 초점을 두고 공개성과 투명성, 이의제기 보장 등을 중시하고 있다. 한편, 지적재산권은 첨단기술을 사유재산으로 보호하는 것을 목적으로 하며 그 원천이 되는 창조적 발명과 혁신노력에 대한 인센티브 제도이다. 따라서 표준화가 사회적으로 필요한 기술확산의 원심력이라면 지적재산권은 기술혁신을 위한 구심력이 된다.[57] 덧붙여 지적재산권의 보호와 표준화는 서로 긴장관계에 있는데 독점배타적인 특허권과 같은 지적재산권이 강조되면 표준화를 지연시키거나 불가능하게 하여 기술확산을 막고 독점공급을 보장함으로써 서비스 질의 저하를 초래하게 되고, 표준화가 강조되어 특허권이 약화되면 발명의욕이 저하되고 무임승차하려는 경향이 나타나게 되어 기술개발 노력이 약화된다.[58]

특히 추진 과정에 있어서 지적재산권 갈등의 양상은 다음과 같은 경우에 나타나게 된다. 첫째, 어떤 표준을 제정하여 보급 및 활용하고자 하는 경우에 상업적인 이유가 아닌 기술적인 이유에서 필수적인 특정 특허를 포함할 수밖에 없는 경우, 둘째, 그러한 특허권자가 자신의 특허를 표준의 제정을 포함한 보급 및 활용에 무상 또는 공평하고 합리적인 조건으로 허여할 것을 거절하는 경우이다. 이러한 경우 해당 표준을 이용하고자 하는 자는 그 표준을 이용할 시에 특허권자로부터 실시권을 받아야 하는데 만약 실시허락을 받지 못하게 될 경우 그 표준의 이용이 불가능해짐으로써 표준화에 투입된 비용과 자원 손실을 보게 된다. 설사 실시허락을 하더라도 과도한 로열티 부담이 있게 되면 실제로 어떤 표준을 이용하거나 활용하는 데 어려움이 생기게 될 것이다.

지적재산권은 권리자의 사익을 추구하지만, 표준화는 네트워크화를 통하여 공익을 실현한다. 따라서 정상적인 상황하에서는 지적재산권자의 독점권 행사에 아무도 간섭할 수 없다. 그러나 네트워크 외부효과가 큰 정보통신기술 분야는 지적재산권을 자발적으로 또는 합리적 조건하에서 공개하여 호환성을 확보해야 공익에 유익하다. 이것은 특허 같은 법적 보호 장치 못지않게 표준화를 통한 지적재산권의 공개가 공익은 물론 기업의 시장장악 전략으로도 유효하다[59]는 것을 보여주는 것이다.

특허권의 보호가 표준화와 관련하여 갖는 긍정적 효과는 무임승차 등의 방지를 통하여 공공재 문제의 해결과 적정한 기술혁신의 공급이다. 정보통신 기술은 일단

57) 박기식·이선화, “정보통신표준화에 있어서 지적재산권 논쟁”, Telecommunications Review, Vol.6, No.3, SK Telecom, 1996, 353면.

58) 류동현, “특허와 정보통신 표준화”, 특허청 수요 아카데미, 1999, 8면.

59) 박기식·김영태·송희준, “정보통신 지적재산권과 표준화의 조화 전략”, 정책분석평가회보, 1998, 190면.

표준화되면 네트워크 외부효과로 인하여 많은 사람들에게 편익을 제공하는 전형적인 공공재로서 네트워크 사용상의 비배타성, 비경쟁성으로 인하여 무임승차가 비교적 용이해진다.[60] 반면 표준화에 반하는 지적재산권 보호의 부정적 효과로는 과도한 지적재산권의 보호가 정보기술의 발전 저해를 가져올 수 있다는 점과 지적재산권의 독점적 보호가 시장경쟁에 대하여 독점가격과 독점공급을 보장함으로써 서비스 질의 저하를 가져오기 쉽다는 것이다. 이 외에도 시장에서 필요로 하는 것보다 낮은 수준의 공급량, 시장균형가격보다 높게 책정되는 가격, 낮은 서비스의 질이 문제될 수 있으며 그 밖에 혁신제품에 대한 보완적, 후속적 제품의 개발에 대한 제약, 지적재산권에 대한 침해를 우회하기 위한 연구개발에 소요되는 불필요한 비용의 증가 등이 문제될 수 있다.[61]

2. 갈등의 해결

이처럼 일반적으로 표준화와 지적재산권 보호 사이에는 잠재적인 갈등의 관계가 있지만 양자가 항상 갈등관계인 것은 아니다. 갈등의 양상과 정도는 표준 유형과 그 구현방법, 지적재산권 종류와 그 보호방법, 그리고 표준화 기관들의 지적재산권 정책에 따라 다르다. 표준화와 지적재산권 보호 사이에 발생하는 갈등의 양상은 특정 지적재산권에서 생기는 이익과 특정 표준의 채택에서 얻는 이익이라는 두 가지 요인에 따라 달라진다. 즉, 항상 표준화와 지적재산권이 대립하는 것이 아니고 특정 지적재산권의 표준화에 대한 관심의 크기에 따라, 특정 지적재산권에서 생기는 이익의 크기에 따라 지적재산권을 포함한 표준화의 가능성과 방법은 달라진다.[62]

60) 박기식, "표준화와 지적재산권", 기술관리 제194호, 2000, 58면.
61) 윤선희, "지적재산권과 표준화의 관계", 지식재산21, 특허청, 2000, 59면.
62) 박기식 · 이선화, "정보통신표준화에 있어서 지적재산권 논쟁", Telecommunications Review, Vol.6, No.3, SK Telecom, 1996, 353면.

제3장

특허법상의 발명 (특허법의 보호대상)

제1절 서 설

근간에 산업사회를 주도하고 있는 산업은 단연 정보기술 산업이라 할 수 있다. 따라서 최근 컴퓨터프로그램을 비롯한 비즈니스 방법, 반도체 배치설계 등이 중요한 지적재산권의 하나로 자리잡고 있고 이를 실질적으로 특허법에서 보호하기에 이르러 특허법상 발명의 범위가 사실상 확대되어 해석되고 있다. 특허법의 제정 당시 기계산업을 전제로 하여 특허법을 마련하였기 때문에 특허법의 보호대상은 "자연법칙을 이용한 기술적 사상의 창작"으로 한정되었다. 그래서 당초에는 컴퓨터 프로그램을 비롯한 비즈니스 방법 등을 특허법과 저작권법에서 충분히 보호하는 것이 곤란하였다. 때문에 특허법과 저작권법과의 중간 영역이라고 볼 수 있는 컴퓨터프로그램보호법을 제정하여 보호하기에 이르렀다. 하지만 아직 BM(비즈니스 방법)에 대한 명확한 법적 근거가 마련되지 않아 기존의 발명에 대한 기본개념이 흔들리게 되었다. 이러한 시점에서 SPLT[1]와 같은 특허법 실체에 관한 통일화 작업이 진행되고 있어 이에 따른 상당한 문제점이 드러날 것으로 예상된다. 따라서 우리 특허법 제2조 제1호의 발명의 정의규정을 재검토하지 않으면 안 되게 되었다.

1) Substantive Patent Law Treaty: 세계지적재산권기구(WIPO)에 의해 제시된 특허 실체 사항의 통일화를 규정하는 특허실체법조약을 말한다.

제2절 각국의 발명의 정의

특허법상 특허권의 보호대상은 발명이지만, 대부분의 국가들은 발명의 정의규정을 특허법에 두고 있지 않으며, 정의규정을 두고 있는 국가라 하더라도 형식적인 규정은 있어도 "개념"에 대한 정의규정은 두지 않고, 학설이나 판례에 일임하고 있다. 여기서 각국의 발명의 정의규정을 간단히 살펴보기로 한다.

먼저 우리나라는 특허법 제2조 제1호에 "발명이란 자연법칙을 이용한 기술적 사상의 창작으로서 고도한 것을 말한다"라고 규정하고, 특허법 제29조에는 특허요건을, 제32조에서는 특허를 받을 수 없는 발명을 규정하고 있다.

우리와 같은 대륙법계인 일본도 우리 특허법과 동일하게 특허법 제2조 제1호에 "발명이란 자연법칙을 이용한 기술적 사상의 창작 중 고도한 것을 말한다"라고 규정하고, 특허법 제29조에는 특허요건(산업이용가능성, 신규성, 진보성)과 제32조에서는 특허를 받을 수 없는 발명을 규정하고 있다.

미국 특허법 제100조(a)[2]는 "발명이라 함은 발명 또는 발견"을 말한다고 하고, 동법 제101조[3]에서 "새롭고 유용한 방법, 기계, 제품 또는 물질의 조성물 또는 그에 의한 신규의 유용한 개량을 발명하거나 발견한 자는 특허법이 정한 조건과 요건에 의해서 특허를 받을 수 있다"라고 규정하고 있다.

1987년 4월 미국특허청은 동물을 포함하는 인간 이외의 다세포의 생물조직은 특허를 받을 수 있다고 결정하였다. 또한 2001년 1월에는 인간유전자에 대한 특허문제를 확실히 하기 위하여 인간유전자에 대해서도 특허를 받을 수 있다고 밝혔다. 이러한 결정은 미국특허청이 과거 수년간 사용해 온 잠정적 기준과 일치되는 것으로서 생명공학 업계가 전혀 예측치 못했던 것은 아니다. 수백건의 특허출원을 한 산업계는 미국 특허청의 이러한 결정을 현재의 기술 수준과 보조를 맞추려는 노력으로 평가하며 환영을 표명했다. 이에 대해 유전자는 자연적으로 생기는 것이며 어느 누구의 소유도 될 수 없다는 이유로 DNA에 특허를 허여해서는 안 된다는 주장이 있었으나 미국 특허청은 "특허는 유전자, 유전정보 또는 그 염기서열의 소유

---

2) 35U.S.C. 100 ≪Definitions≫ When used in this title unless the context otherwise indicates (a) The term "invention" means invention or discovery.

3) 35U.S.C. 101 ≪Inventions patentable≫ Whoever invents or discovers any new and useful process, machine, manufacture, or composition of matter, or any new and useful improvement thereof, may obtain a patent therefor, subject to the conditions and requirements of this title.

권을 허락하는 것이 아니다"라고 하면서 이의를 받아들이지 않았다. 그러나 단지 유전자 또는 그 염기서열(sequences)을 발견하는 것은 특허 대상이 아니며 출원인은 특허 출원시 DNA 특정 조각의 실용적 용도(practical use)에 대한 상세한 기술을 하여야 한다. 즉, 인간유전자 지도의 작성 자체는 "practical use"를 결여하기 때문에 특허를 받을 수 없다. 이와 관련하여 미국 연방대법원은 지난 2013년 6월 13일 선고한 Myriad 판결[4]에서 자연적으로 발생한 유전자는 자연의 산물이므로 그것이 비록 분리돼 있다고 하더라도 특허의 대상이 될 수 없음을 분명히 하였고, 다만 불필요한 부분을 잘라내거나 구성을 새롭게 한 유전자에 대해서는 특허를 인정할 수 있다고 판시하였다.[5]

한편, 수식, 수학 알고리즘 및 계산방법은 그 자체로서 특허성을 갖지 않지만, 특허가능한 기술대상에 그것들을 적용하거나 사용하면 등록될 가능성이 있다.

컴퓨터의 프로그램 조작에 의한 알고리즘에 근거한 클레임이나 장치클레임은 그것만을 이유로 해서는 특허성이 없다고 판단되지 않는다. 한편 수학적이지 않고 컴퓨터 조작에 의한 알고리즘에 관한 클레임은 물리적 방법이나 장치의 형태로는 특허성을 가진다고 본다.

캐나다 특허법(1996년) 제2조에서는 "발명이라 함은 모든 새롭고 유용한 기술(art), 과정(process), 기계(machine), 생산물이나 물질의 조합과 모든 기술, 과정, 기계, 생산물이나 물질의 조합에 있어서 모든 새롭고 유용한 개선을 의미한다"[6]라고 규정하고 있다.

중국전리법 제2조에서는 "이 법에서는 발명 · 창조라 칭하는 것은 발명, 실용신안 및 외관설계(의장)를 뜻한다"라고 하고, 실시세칙(시행규칙) 제2조를 살펴보면 "발명이라 함은 제품, 방법과 관련된 새로운 기술수단이거나 그것들의 개량을 의미한다"라고 규정하고 있다.

---

4) Association for Molecular Pathology v. Myriad Genetics.

5) 발명에서 자연법칙 등이나 (비록 탁월하더라도) 발견을 각각 제외한 선례들을 언급하면서, 인체 내부로부터 분리되었을 뿐인 DNA는 미국 특허법 제101조의 발명에 해당하지 않는다는 점만큼은 분명히 하였으며, 다만 ① cDNA(DNA가 단백질을 생성하는 과정에 역의 조작을 가해, 원래의 DNA에 근접하게 얻은 결과물로 단편적 서열정보를 획득하는 데 활용됨. 筆者註)의 경우는 위 유전자와 달리 위 기준을 충족할 수 있다는 점, ② 만일 BRCA 유전자의 역할과 위치 및 서열정보를 창조적으로 찾는 방법(innovative method) 혹은 서열정보 등의 새로운 응용(new application) 또는 기존 서열정보와 달리 변형된(altered) 것이었다면 발명이 될 수 있다고 하였다. 박준석, "유전자가 특허법상 '發明' 인지에 관한 美 연방대법원 Myriad 판결의 시사점", 2013.6.25. 법률신문, 12면 참고.

6) § 2. ≪invention≫ "invention" means any new and useful art, process, machine, manufacture or composition of matter, or any new and useful improvement in any art, process, machine, manufacture or composition of matter.

대만 특허법(1986년)에는 제2조에서 '신발명'이라고 규정하고 있는데 이는 우리 특허요건과 유사하고, 동법 제4조에서 특허 부등록사유로 제3호에서 '인체 또는 동물의 질병의 진단, 치료 또는 수술방법', 제4호에서 '과학원리 및 수학방법', 제5호에서 '오락 또는 운동의 규칙 또는 방법', 제6호에서 '그 밖의 인간의 추리력과 기억력을 빌어야 실시할 수 있는 방법 또는 계획'을 규정하고 있다.

1988년 소련연방발명활동법안 제6조에서는 "발명이란 과제의 기술적 해결로서 신규성, 비자명성 및 산업상 이용가능성을 가진 것을 말한다. 기술적 해결의 요지가 출원의 우선일에 있어, 기술 및 공예의 선행수준에 비추어 기지(旣知)가 아닌 경우, 해당 해결은 신규성이 있어야 된다. 기술적 해결의 요지를 해당부문의 전문가가 이미 알려진 기술수준에서 볼 때 명백한 형태로 추인하지 않는 경우, 해당 해결은 비자명성이 있다. 기술적 해결은 그 창작 때 또는 장래, 국가의 국민 경제에 이용할 수 있는 경우, 산업상 이용가능성을 가져야 한다"라고 되어 있었다. 이 규정은 발명의 개념규정이라기보다는 발명의 특허요건이다. 그 후 1991년 소련연방발명법에도 발명의 정의 규정이 없었고, 그 후 만들어진 현행 러시아 특허법에서도 발명의 정의규정이 없으며, 동법 제4조에서 '발명의 특허요건'으로서 "발명은 새롭고, 발명적 수준을 가져야 하고, 산업상 이용가능성이 있는 경우, 이러한 것에 법적 보호를 부여한다"라고 규정하고 있다.

프랑스 지적재산권법(Code de la propriété intellectualle)에서는 발명의 정의를 규정하고 있지는 않으나 §L.611-10에서 특허를 받을 수 있는 발명의 규정을 둠으로써 이를 해결하고 있다. 제1항에서 산업상 이용가능하고 새로우며, 진보성이 있는 발명은 특허를 받을 수 있다고 규정하고 있고, 제2항에서 ① 발견 및 과학적 이론과 수학적인 방법, ② 미학적인 창조, ③ 정신적 활동, 경기 또는 경제활동 분야에서 계획·원리·방법 및 컴퓨터와 프로그램, ④ 정보의 나열은 제1항에서 의미하는 발명으로 간주되지 아니한다고 규정하고 있다.

유럽특허조약(EPC: European Patent Convention) 제52조 제1항에 의하면 유럽 특허는 신규한 것으로서 산업상 이용가능하고 진보성이 있는 발명에 대하여 부여한다. 즉 발명으로서 특허가능하기 위해서는 반드시 산업상 이용성과 함께 신규하고, 진보성(inventive step)의 특허요건을 만족하여야 한다. 특히 "① 발견, 학문적 이론, 또는 수학적 방법, ② 미적 창작물, ③ 정신활동,[7] 게임 또는 사업 활동에 관한 법칙 또는 방법 또는 컴퓨터 프

7) 정보의 단순처리는 정신적으로 간주되어 왔다. 따라서 데이터가 물리적인 현상을 나타내지 않거나, 장치의 물리적·기술적 기능을 제어하는 데 사용되지 않으면 그러한 클레임은 특허받을 수 없다.

로그램, ④ 정보의 제시"는 제1항의 발명이라고 볼 수 없다(EPC 제52조 제2항).

다만, 제2항의 특허성 제한은, 유럽특허출원 또는 유럽특허가 해당 보호대상 자체(as such)에 관련되어 있는 경우에만 적용된다(EPC 제52조 제3항). EPC 제52조 제3항은 제2항의 특허제외 사유의 내용과 직접 관련을 갖는 그 자체인 경우에 한하여 특허성을 제한한다는 것이다. 즉, 컴퓨터프로그램을 예로 들면 발명의 대상이 컴퓨터프로그램 그 자체라면 제2항의 규정에 의해 특허를 받을 수 없지만 컴퓨터프로그램을 이용한 머신(ma-chine) 또는 프로세스(pro-cess)인 경우는 컴퓨터프로그램을 이용하고는 있지만 컴퓨터프로그램 그 자체(as such)는 아니므로 제3항의 규정에 따라 특허의 대상이 될 수 있다.

요컨대 EPC는 우리의 특허법과 유사한 특허요건으로서 산업상 이용성, 신규성, 진보성을 각각 요구하고 있으며, 또한 직접적인 기술적 효과(technical effect)가 아닌 순수한 지적창작의 산물이거나 추상적 아이디어에 해당하는 제52조 제2항의 각 사항에 대하여는 특허허여 대상에서 제외한다는 차원에서 인간의 정신적인 활동이나 비즈니스 방법, 컴퓨터프로그램 등을 특허의 대상에서 제외하고 있다. 따라서 비즈니스방법 그 자체(as such)는 특허의 대상에서 제외되고 있으며, 비즈니스방법을 컴퓨터 등에 실현시킨, 소위 비즈니스관련 발명의 특허성 여부는 동 조약 제52조의 해석에 달려 있다. 이와 관련하여 주로 컴퓨터 · 프로그램 · 프로덕트라고 하는 클레임 형식의 적부가 다투어졌던 IBM 심결[8]은 특허능력에 대해서 지금까지의 심결례를 분석한 후에 여기에 새로운 해석을 추가하여, 앞으로의 동향을 탐구하는 데 중요한 심결이라고 생각된다. 이 심결은 유럽에서 호의적으로 받아들여졌고, 이 사고방향으로 유럽각국의 실무가 통일될 가능성이 높은 것으로 생각된다.

한편, 독일 특허법 제1조도 EPC 제52조와 동일하게 규정하고 있다. 즉 특허법 제1조 제1항[9]에는 '특허는 신규성이 있고, 발명적 활동에 기초한 것으로 산업상 이용가능한 발명에 부여된다.'라고 규정하고 있다. 독일 판례법에 의하면 (기술적) 발명은 '기술적 활동의 룰'이라라고 한다. 독일연방대법원(BGH)의 정의에 의하면, 특허를

EPO 기술심판부는 Koch & Sterzel 사건(EPA ABl. 1988, 19, 22, 24-Röntgeneinrichtunge/Koch & Sterzel)에서의 정보의 재생산을 위한 데이터의 단순처리는 기술적인 효과에 해당되지 않기 때문에 특허의 대상이 아니라고 하였다.

8) IBM's Application, Official Journal EPO(1990), p.5.

9) PatG 제1조

(1) Patente werden für Erfindungen erteilt, die neu sind, auf einer erfinderischen Tätigkeit beruhen und gewerblich anwendbar sind.

받을 수 있는 발명이란 "어떤 기술적 과제를 해결하기 위한 특정 기술적 수단에 의해, 어떤 기술적 결과를 달성하기 위한 교리(Lehre)"라고 해석하고 있다. 또 발명은 "지배 가능한 자연력의 직접적 사용"하에서 계획성을 가진 행위라고 하고 있다.[10] 여기서 자연력이란 인간의 지적활동의 외부에 존재하고, 인간의 지적활동의 도움에 의해 지배되는 자연력을 의미한다.[11] 따라서 "인간의 정신작용에 대한 교리(Lehre; teaching)"는 기술적 교리에 대립하는 개념이다. 즉 '인간의 정신 작용에 대한 교리'란 '사물의 세계'와 대립하는 의미에 있어서 '관념의 세계'안에 관한 제안을 의미한다.[12] 이에 동법 제1조 제3항에 의하면 단순한 정신적 활동을 위한 법칙(rule) 및 미적 창작물 등은 동법 제1조 제1항의 발명으로 보지 않으며, 특허로는 보호되지 않는다.[13]

이상에서 살펴본 바와 같이 우리나라와 일본은 발명의 개념과 특허등록요건 그리고 불특허요건을 명확히 구별하고 있으나, 대부분의 국가들은 특허요건에 대해서는 명확히 규정하고 있으나, 특허의 전제가 되는 발명의 개념에 대해서는 명확한 규정을 두고 있지 않다.[14] 그렇지만 불특허 요건에서 '과학 또는 수학상 원리 및 방법 혹은 컴퓨터프로그램(S/W)'은 특허를 받을 수 없다고 명시하거나, 해석상으로 컴퓨터프로그램(S/W)을 제외시키고 있다.

특히 기술선진국에서는 '과학 또는 수학상 원리 및 방법'에서 '컴퓨터프로그램(S/W)'을 분리하여 명시하고 있는 반면, 그 밖의 국가에서는 컴퓨터프로그램(S/W)을 별도로 불특허 대상으로 명시하지 않고 '과학 또는 수학상 원리 및 방법'에서 판단하고 있는 것 같다.

---

10) BGH GRUR 1969, 672 Rote Taube 판결.

11) BGH GRUR 1977, 96 Dispositionprogramme 판결.

12) BGH Mitt. 1964, 97.

13) 동조 제3항에 의하면 ① 발견, 학문적 이론, 또는 수학적 방법, ② 미적 창작물, ③ 정신 활동, 게임 또는 사업 활동에 관한 계획, 법칙 또는 방법 또는 컴퓨터프로그램, ④ 정보의 제시는 발명으로 보지 않는다고 명시적으로 규정하고 있다.

BGH는 컴퓨터프로그램과 관련하여 Dispositions programme 판결에서 "인간 정신의 개입 없이 통상 예측할 수 있는 결과를 달성하기 위해 제어 가능한 자연력을 어떻게 사용할 것인가를 가르치는(teach) 것"은 기술의 개념에 해당하지 않는다고 판시하였다.

14) 발명의 개념에 대한 규정이 있는 나라로는 아프리카지적재산권기구, 유러시아특허협정, 영국, 프랑스, 독일 등이고 발명의 정의를 가지고 있지 않은 나라는 스페인, 이탈리아, 오스트리아, 러시아, 멕시코, 아르헨티나, 남아프리카공화국 등이 있다.

제 3 절 우리 특허법상 발명의 정의규정이 도입된 배경

우리나라에 특허법이 도입된 것은 1908년 8월 12일 칙령 제196호로 공표된 대한제국특허령이었으나,[15] 이 칙령에는 발명의 정의규정이 없었으며, 그 후 1946년 10월 15일에는 군정법령 제91호로 해방 후 처음으로 특허법을 제정(이하 "1946년 제정법"이라 한다)하였다. 이 법은 동년 1월 22일 설립된 특허원과 미군인 Oswald M. Milmore 소령 등이 중심이 되어 그 입법이 이루어졌으며, 미국 특허법과 일본 특허법을 참고로 하여 16장 총 265개 조문으로 구성되었으나, 이 법에서도 발명의 정의규정은 두지 않았다.[16]

그 후 1961년 12월 31일 해방 전부터 시행되고 있던 일본법령과 미군정청에 의해 제정된 군정법령을 폐지하고, 국가재건최고회의가 우리나라의 주권에 의하여 처음으로 특허법을 법률 제950호로 제정 · 공포하였다. 이 법을 "1961년 제정법"이라 하며 이 법 역시 발명정의에 관한 규정을 두고 있지 않았으나, 1963년 3월 5일에 개정한 특허법(법률 제1293호)에 처음으로 발명의 정의규정을 신설하였다.

이 법 제5조(定義) 제1항에서 "이 법에서 발명이라 함은 자연법칙을 이용한 고도의 기술적 창작으로서 산업에 이용할 수 있는 것을 말한다"라고 규정하면서 도입 이유를 "발명의 정의와 특허에 관한 절차 등을 명료하게 하는 등 미비점을 보완하려는 것"이라고 포괄적으로만 설명하고 있다.

그 후 1973년 2월 8일 법률 제2505호에서 정의규정을 법 제5조에서 "발명이라 함은 자연법칙을 이용한 기술적 창작으로서 고도의 것을 말한다"라고 개정하였다. 구법(1973년 이전법)에서는 특허의 대상인 발명에서도 "산업에 이용할 수 있는" 것에 한하던 바 그 제한을 없애고, 이를 특허요건인 법 제6조 제1항에 "산업상 이용할 수 있는 발명"이라는 요건을 넣어, 특허의 요건 중의 하나로 하였다. 그 후 1990년 1월 13일 법률 제4207호로 특허법 전문을 개정하여 제5조의 정의규정을 현행과 같이 제2조 제1호로 옮겨 현재에 이르고 있다.

이러한 발명의 정의 규정에 대한 도입취지나 개정이유는 자세하지 않은데, 단순히 일본법의 조문을 그대로 받아들인 게 아닌가 하는 의문이 든다. 그래서 일본의 발명의 정의 도입배경과 개정취지를 살펴봄으로써 우리나라의 발명의 정의 규정에

15) 윤선희, 「지적재산권법(19정판)」, 세창출판사, 2022, 26면.
16) 윤선희, 「산업재산권법원론」, 법문사, 2002, 17~18면.

대해 살펴보기로 한다.

일본에서 특허법 속에 발명의 정의규정을 두게 된 것은 1959년 제정된 현행 특허법부터이다. 그때까지 특허법에서는 발명의 정의에 관한 규정을 두지 않아, 발명의 정의에 관한 해석은 학설과 판례에 맡겨져 있었다.[17] 현행 특허법의 제정당시에

17) "발명"의 개념에 관한 학설 · 판례

일본 1909년 특허법, 1921년 특허법에서 "발명"의 정의에 대응하는 규정으로서는 제1조가 해당한다. 제1조는 "신규인 공업적 발명을 한 자는 그 발명에 대하여 특허를 받을 수 있다"라고 규정하고 있다. 그러나 1909년법, 1921년법의 해석에서는 제1조의 "공업적 발명"의 해석을 하나의 통합된 개념으로 다루고 있으므로 어디까지가 공업이라는 관념에 속하고 어디까지가 발명의 관념에 속하는지 구별은 반드시 명확하지 않았다. 그 결과 판례에서도 "공업적" 개념과 "발명" 개념이 하나의 판례 속에 혼재한 형태로 판시되고 양자를 명확히 구별한 형태로 논해지지는 않아 "발명" 개념만의 정확한 파악이 곤란했다. 또 "신규인 공업적 발명을 한 자는"이라는 문언으로 제1조의 개념을 규정하여 발명개념(발명의 구성요소)와 특허되어야 할 발명개념(특허요건)이 혼재하여 학자들 사이에서도 통일된 발명의 개념정의가 힘들었다.

그래서 당시 학설은 발명과 특허받을 수 있는 발명을 구별하여 정의하는 설(末廣, 淸瀨, 萼), 양자를 구별하지 않고 특허받을 수 있는 발명에 대하여 정의하는 설(平田, 吉原), 발명을 다의적으로 정의하는 설(永田) 등으로 나누어져 있었다. 이에 판례도 혼란을 겪었으며, 그 내용을 정리하면 다음과 같다.

일본 최고재판소는 1918년 판결에서 "특허권은 신규인 공업적 발명을 지배하는 권리로, 특허법 제1조에 의해 명백히 하거나 신규인 공업적 발명은 신규인 공업적 효과를 낳게 하는 자연의 힘을 이용한 사상이다"(1918년(オ) 제821호, 대심원 1919.6.14. 판결)라고 하였고, 다음해인 1919년에는 "제1조에서 소위 공업적 발명은 공업적 효과를 낳게 하는 자연의 힘을 이용한 사상"(1919년(オ) 제741호, 대심원 1919.12.11. 판결)이라고 하였다. 그 후 1943년에는 "특허를 받을 수 있는 신규인 공업적 발명이란 신규이고 공업적 효과를 낳게 하는 자연의 힘을 이용하여 사상으로 하거나 실시하기 위하여 특정한 장치를 필요로 하고 이 장치를 사용함으로써 비로소 공업적 효과를 얻는 것"(1942년(オ) 제556호, 대심원 1943.4.28. 판결)이라고 하면서 그 해석을 달리하여 왔다.

그러던 중 이 혼란에 종지부를 찍은 판결이 "歐文字單一電報隱語作成方法事件"(1948년(行ナ) 제5호, 東京高裁 1950.2.28. 판결, 最高裁 1950년(オ) 제80호, 1953.4.30. 판결)과 "和文字單一電報隱語作成方法事件"(1951년(行ナ) 제12호 판결(東京高裁 1953.11.14. 판결))이다. "歐文字單一電報隱語作成方法事件"에서 "특허할 만한 발명의 본체는 자연법칙의 이용에 의해 일정한 문화목적을 달성하기에 적합한 기술적 고안으로 하는 데 있다. 본원 발명은 (중략) 전보용 암호를 작성하는 방법으로서 가령 그 산업상 주로 상거래에서 공헌하는 바가 크고 그 작성방법이 과학적으로 정밀을 요한다 해도 그 동안 어떤 장치를 사용하거나 또한 자연력을 이용한 수단을 쓰지 않았기 때문에 이를 암호에 의한 통신방법이라고 해석하여도 암호에 의존하는 사실표현의 방법이라 할 수밖에 없으며, (중략) 도저히 특허할 만한 공업적 발명이라고는 할 수 없다"라고 판시했다.

"和文字單一電報隱語作成方法事件"에서는 "특허법 제1조에서 말하는 공업적 발명이란 자연법칙의 이용에 의해 일정한 문화목적을 달성하는 데 적합한 독창적인 기술적 고찰"이라고 하며, "歐文字單一電報隱語作成方法事件의 발명은 전단에 인정한 요지의 전체를 보아도 아무런 새로운 물건의 제작 또는 그 방법에 관계없음은 물론 그 동안 어떤 장치도 사용하지 않고 도저히 자연법칙을 이용한 기술적 고안에 해당하지 않는다고 말하여야 한다"라고 판시하면서 발명의 정의에 대한 혼란에 종지부를 찍었다.

하지만 여기서 유의해야 할 것이 있다. 상기의 양 판결 모두 "그동안 어떤 장치를 사용하지 않고"라고 기술되어 있었기 때문에 장치를 사용하고 있으면 암호의 작성방법 등도 공업적 발명이라 판시하고 있는 것처럼 해석될 여지도 있으므로 이 점에 대하여 실무상 다툼이 있었다. 이 다툼에 대해 종지부를 찍은 것이 "電柱広告方法事件"에 관한 1956년(行ナ) 제12호 판결(東京高裁 1956.12.25. 판결)이다. 이 판결에서는 원고가 "장치를 이용하고 이것들이 존재하는 이상 공업적 발명이 아니라고 하는 것은 부

도 ① 발명의 정의를 규정하는 것의 곤란성, ② 제외국의 특허법에도 일반적으로 발명의 정의규정이 없다는 것, ③ 종래 특허법에도 발명의 정의규정을 두고 있지 않았으며, 학설이나 판례에 맡겨져 있었다는 등의 이유로 발명의 정의규정을 두는 것에 대해 시비가 있었지만[18] "발명의 개념을 조금이라도 법문상 명확히 함으로써 해석상의 의의나 다툼을 줄인다는 관점에서 발명의 정의규정을 두게 되었다"[19][20]

당하다"는 취지를 주장한 것에 대하여 판결은 "전기 광고판의 이동순회에는 조금도 자연력을 이용하지 않았고 이 점에서는 특허법 제1조에서 말하는 공업적 발명을 구성하는 것이라 할 수 없다. 가령 전기 광고판 拘止장치로서 신규의 공업적인 것이 있었다고 하여도 그것에 따라서는 장치 그 자체가 신규인 공업적인 발명을 구성하는 데 불과하며 광고방법으로서는 그것이 공업적 방법을 구성하기에 이른 것이라고 해석할 수 없다"라고 판시하여 그 다툼에 종지부를 찍었다.

결국 1959년 발명이라는 개념이 입법될 때쯤에는 1909년법, 1921년법하에서의 "발명"의 개념에 대해서는 오랜 기간 동안 다양한 설이 난무했으나, "歐文字單一電報隱語作成方法事件", "和文字單一電報隱語作成方法事件"을 거쳐 학설·판례는 "발명"의 개념에는 다음의 기본요소가 포함되어 있다는 공통인식이 정립하게 되었다고 본다. 첫째, 자연력의 이용 내지 자연법칙을 이용하는 것은 불가결하다는 것, 둘째 이 자연력의 이용과 자연법칙을 이용한다는 양 개념은 거의 같은 의미로 인식되었다는 것, 셋째 기술적 내지 자연력을 이용하는 사상일 것, 넷째 인간의 지능적 생산물 내지 창조로 발견과는 다른 것, 다섯째 기술적 효과, 일정한 효과를 낳게 하는 것일 것, 여섯째 반복가능성, 동일 효과, 내지 객관적인 이용가능성이 있을 것이다(加藤公延, 「ソフトウエア関連発明の保護と発明の定義(特許法第2条 第1項)の改正の是非について(1)」, パテント, Vol.54 No.9, 49~51頁.). 이외에도 竹田稔 監修, 「特許審査·審判の法理と課題」, 發明協會, 2002, 77頁 이하.

18) 熊谷健一, 「發明の定義規定」, ジエリスト, No.1227, 48頁.

19) 日本 特許廳編, 「工業所有權法逐條解說(第16版)」, 發明協會, 2001, 24頁 이하.

20) 발명의 정의(특허법 제2조 제1항)의 제정 경위

1909년법, 1921년법 하의 제1조 "공업적 발명"을 1959년법은 "산업상 이용할 수 있는 발명"(제29조)과, "발명"의 정의(제2조 제1항)로 나누었다. 이렇게 1959년도의 특허법에서 이러한 규정이 만들어지기까지의 과정을 살펴보도록 하겠다.

1921년법은 1909년법에서 일부 수정이 이루어졌으나 근본적인 개정이 이루어지지 않은 채 전후를 맞이했다. 1921년법은 "발명"의 정의에 대응하는 규정 제1조 외에 제35조에서 특허권의 정의를 규정하고 있었다.

그 후 1921년법의 근본적 개정시에 전후의 급격한 산업·경제의 변혁에 대응하기 위하여 1950년에 공업소유권제도 개정조사심의회가 설치되었다. 특허법의 개정은 특허법·실용신안법·의장법에 관한 문제를 다루는 특허부회에서 심의되었고 이 특허부회는 1950년부터 1957년까지의 6년반 동안에 모두 148회 열렸다. 이 특허부회에서는 1922년법 제1조의 "공업적 발명"에서의 개정 쟁점은 "발명"의 개념이 아니라 "공업적"의 자구에 대해서였다. 여기서 "발명"의 개념은 "공업적"의 자구나 특허요건의 신규성 논의와의 관련으로 그 차이가 쟁점이 되기는 했으나 발명의 정의 규정의 창설 제안이나 그 자구 내용의 여하 등의 지적은 전혀 보이지 않는다.

그 후 공업소유권제도 개정심의회는 1956년 12월 21일 총회에서 답신을 결정하여 통산장관에게 제출했다. 이 답신을 받아들여 특허청은 입법작업을 개시하였고 廳內협의, 법제국 심의 등에 들어갔다. 이 특허법(제3독회)안은 특허법 전반에 관계되는 개정안이다. 이 개정안에서는 특허권의 정의 규정(제2조)은 창설되어 있으나 발명의 정의 규정은 물론 없다. 이유는 특허청은 "발명" 개념에 대하여 1909년 특허조례부터 일관되게 학설·판례에 맡긴다는 것이 기본방침이었다고 생각되기 때문이다.

특허청 내에서는 최종안으로서 특허법(제3독회)안(1957년 8월 16일)을 작성하여 과학기술청, 특정단체 등의 각 관계기관에 제시하여 의견징수, 연락회 개최, 의견교환 등을 거쳐 각 관계기관으로부터 회답·의견·질문 등을 얻고 있다. 그 결과 특허청 및 각 관계기관 등도 특허법(제3독회)안에 대하여

라고 하고 있다.

기본적으로는 시인하는 자세를 나타내고 제1조(목적), 제2조(특허권의 정의)에 대해서는 자구 내용의 수정, 특허권의 실시행위의 수정, 간접침해를 별도 규정으로 하는 것 등의 부분 수정만으로 최종특허법 개정안으로 마무리하는 상황이었다고 추정된다. 따라서 "발명" 개념에 대해서는 특허청의 기본방침대로 학설 · 판례에 맡긴 것이다.

그런데 1957년 10월 전후에 돌연 법제국으로부터 심의과정에서 지금까지 전혀 검토되지 않았던 "발명"의 정의 규정의 창설을 가리키는 지시가 있었다. 그 내용은 첫째 제1조 "발명의 특허에 관한 제도를 정함"은 삭제한다, 둘째 제2조 "발명", "특허발명", "(특허)발명의 실시 정의를 둔다.", 셋째 특허권의 정의는 현행법과 같이 효력으로서 규정하는 쪽이 더 좋다, 넷째 전용실시권은 제86조에서, 통상실시권은 제42조 제2항에서 다룬다는 것이었다.

이 법제국 지시를 받아 1957년 10월 25일 및 동 11월 11일에 특허청 내부 설명이 이루어진 듯하며 同 법제국 지시에 따라 특허법(제3독회)안의 제2조(특허권의 정의)를 크게 변경하였고 즉시 제2조(특허권의 정의)의 "발명"의 정의에 대하여 창설작업의 검토에 들어간 것을 엿볼 수 있다. 그 구체적 경위는 다음과 같다.

먼저, 1957년 10월 30일 특허청 심의실이 작성한 "특허를 받을 수 있는 발명"의 보고문서를 작성하였고, 1957년 11월 27일에는 심의실 협의사항에 "발명의 정의에 대하여"라는 제목으로 내외의 학설, 吉藤시안, 池永시안이 제기되었다. 약 한달 후 11월 28일 각서메모에는 廳의회 외에 심의 제1부 내부에서도 발명의 정의에 관하여 검토가 이루어졌음을 알 수 있다. 12월 4일 廳議 의견각서메모에는 "'자연법칙을 이용하는' 기술과 겹칠지도 모르지만 일단 받아둔다"는 메모가 부기되어 "자연법칙을 이용한 창작이고 기술적 사상"이라는 안이 나타났다. 다음으로 1957년 12월 5일 廳議 의견각서메모에서 "자연법칙을 이용한 기술적 사상의 창작"이라는 안이 나타났다. 그리고 1958년 1월 13일의 법제국 4독회에서 1959년 특허법 제2조 제1항의 "자연법칙을 이용한 기술적 사상의 창작"이라는 "발명"의 정의안이 확정되었다.

여기서 발명의 정의를 창설하는 것에 관하여 다른 법 개정담당자(原增司 위원 등을 제외한다) 및 1959년 개정에 관한 "특허법안축조해설" 등은 적극적 의의를 설명하고 발명 개념의 명확화가 도모되도록 법률의 진보 입장을 취한다. 그러나 반대의견도 강했다. 반대의견을 요약하면, 발명 개념을 정확히 정의하는 것은 불가능하므로 학설 · 판례에 맡겨두는 것이 타당하다는 견해, 돌연한 법무국의 요청으로 이루어진 것으로 충분한 역사적 사회관계의 분석이나 특허권에 관한 이론적 파악이 불충분하다는 견해, 발명 개념이 고정화된 결과 법의 운용 · 적용이 경직화되어 시대의 요청에 부응한 대응을 할 수 없게 된다는 견해 등이다. 당시 보호대상에 포함되느냐의 여부가 문제되었던 것은 식물발명, 통신분야의 방식, 화학물질의 용도발명으로, 컴퓨터프로그램 등의 정보가 장차 보호대상의 문제로 제기될 것이라고는 예상조차 하지 못했던 일이며, 지금 우리는 당시의 반대설에서 지적되었던 문제점에 직면해 있는 것이다.

발명의 정의(특허법 제2조 제1항)의 제정을 위해서 1957년 10월 전후까지의 개정작업을 살펴보면 특허청 및 각 관계기관 등도 특허법(제3독회)안을 기본적으로는 시인하는 입장에 있어서 제1조(목적), 제2조(특허권의 정의)에 관한 약간의 수정만으로 최종 특허법 개정안으로서 마무리할 상황이었다고 추정된다. 특허청은 1950년의 제1독회부터 1957년의 돌연한 법제국의 정의 규정 창설 지시까지 일관되게 "발명"의 개념에 대해서는 학설 · 판례에 맡긴다는 기본방침이어서 "발명"에 관한 정의 규정의 창설 의지는 전혀 없었음을 엿볼 수 있다. 또한 학계, 다른 관청, 산업계 등의 각 관계기관 등도 "발명"의 개념에 대해서는 1888년 특허조례 때부터 일관되게 학설 · 판례에 맡긴다는 특허청의 기본방침과 같은 의견이었다고 생각된다.

그러던 중 돌연한 법제국의 요청이 있고 난 후 돌연 법제국으로부터의 정의규정 창설 지시가 있었다. 이후 1957년 11월 27일 심의실협의사항에서 "발명의 정의에 대하여"라는 제목으로 당시의 내외 학자, 판례(1912년 대심원판결, 1948년 고법판결, 1950년 최고재 판결)에 나타난 "발명" 개념을 검토하고 있다. 그러나 조사한 범위에서는 내외 학자 등의 정의안은 무라야마 소지로(村山小次郎)의 "四法要義"(1922년 6월 15일 발행)에 기재되어 있는 외국학자의 정의 발췌를 그대로 인용 · 나열한 것에 지이 특허법 제2조 제1항에서 "발명은 자연법칙을 이용한 기술적 사상의 창작으로서 고도한 것을 말한다"라고 정의한 것은 독일의 법학자인 콜러(Josef Kohler, 1849~1919)[21]가 "발명이란 기술적으로 표시된 인간의 정신적 창작으로 자연을 제어하고, 자연력을 이용해서 일정한 효과를 낳는 것을 말한다"라고 정의한 것을 그대로 답습한 것에 불

나지 않아 청내 협의에서 진지하게 검토된 흔적은 보이지 않는다. 吉藤안, 池永안 등 두 안은 발명개념과 특허요건이 혼재한 안으로 그 당시의 다수설과는 동떨어진 정의이며 단순한 私案의 영역을 벗어나지 못하고 있다. 이때 전반적으로 정의규정의 의도·목적의 창설에 대한 적극적 의도나 정의규정 제정의 검토에 대한 면밀성, 성숙도 등은 매우 희박하며 충분한 검토가 이루어지지 않은 것으로 추정된다. 그 이유로 생각할 수 있는 것이 법제국 심의 과정에서 법제국으로부터 지적받은 부분은 특허법(제3독회)안에 있어서의 제안 199개 조문 중 122개 조문에 걸쳐 문제점, 변경의 지시가 있어 개정사항은 매우 막대했다는 것과 법무국의 변경지시가 있은 지 3개월 정도의 기한 내에 전 122개조의 수정개정작업을 종료시킬 수밖에 없었다는 시간적인 문제가 주된 원인이라고 생각한다. 결국 제2조 제1항의 규정은 1959년 법 제정 당시에 학설·판례에서 "발명"의 개념에 포함 또는 정착하고 있었다고 생각되는 기본요소의 공통인식을 추출한 것이지 구법하에서 통설로서 정착하고 있던 발명 개념을 변경하는 것은 아니다. "자연법칙을 이용한 기술적 사상의 창작"이라는 문언의 구체적인 의미 내용은 "특허법안 축조해설" 등에서 서술되어 있듯이 학설·판례에 맡기므로 커다란 혼란이 생길 우려는 없다는 인식에서 규정되었다고 생각한다. 따라서 발명을 정의한 것으로 인한 폐해, 즉 시대의 변화·기술의 진보에 의한 당시로서는 상상도 하지 못한 정보 등의 창작물에 대한 보호대상 등의 문제에 대해서도 제2조 제1항의 자구 해석에 대한 학설·판례에 맡겨 해결을 도모해갈 의도로 생각된다. 이와 관련하여 최종 정의안 확정 직전인 1957년 12월 4일의 법개정 담당자 청의의견각서 메모의 "자연법칙을 이용한" 기술과 중복될지도 모르지만 일단 기재해 둔다라는 기재가 매우 흥미를 끈다. 여기서 a) "기술"의 의미에 대하여 독일의 특허법적 기술이나 독일 기술자의 견해를 하나의 근거로 하여 "기술" 개념에는 자연법칙의 이용 개념이 포함되며 그 결과 "자연법칙의 이용"은 "기술"에 포함되어 현행법 제2조 제1항의 "발명"의 정의는 "기술적 사상의 창작"으로 요약할 수 있다고 하는 견해와, b) 기술적 사상에는 당연히 자연법칙을 이용한다고 하는 관념을 내포하는 것이지만 東京高裁(1951년(行ナ) 제12호 판결)를 고려하여 "자연법칙을 이용한"이라는 자구를 삽입한 것으로 이는 매우 쓸모없는 것이라는 견해가 있다. 만일 입법담당자가 그러한 입장이라면 현재 문제가 되어 있는 "자연법칙의 이용성"의 삭제안 근거의 하나가 될 수 있다. 왜냐하면 입법담당자는 '자연법칙의 이용성'과 '기술적 사상의 창작'은 별개 독립된 발명의 요소가 아니라 '자연법칙의 이용성'은 '기술적 사상의 창작'에 포함되는 확인적 요소로 인식하고 있었기 때문이다. 과연 상기 각서메모는 이와 같은 입장도 고려하면서 검토한 결과일까? 그 의문을 해결하기 위하여 먼저 1958-1960년경에 법 개정담당자가 실시한 개정법에 관한 강연, 해설문헌을 조사 검토했으나 어느 것에도 양 요소는 독립요소로 논의되어 있고 '자연법칙의 이용'은 '기술'에 포함되는 것 같은 기술이나 지칭은 전혀 보이지 않았다. 또 아라다마(荒玉)문고, 사이토 히데오(濟藤英雄)문고를 조사한 범위에서는 '자연법칙을 이용한'과 '기술'의 개념을 비교·검토한 흔적은 전혀 보이지 않았다. 따라서 각서 메모의 '기술'과 '자연법칙을 이용한'이라는 관념에 관한 고찰에 대하여 법 개정담당자는 '…할지도 모르지만, 일단…'이라는 감각적인 인식 정도의 검토밖에 하지 않은 게 아닌가라고 추정된다. 따라서 법 개정담당자는 '자연법칙의 이용성'은 '기술적 사상의 창작'에 포함되는 확인적 요소라는 입장에서 현행법 제2조 제1항을 규정했다고는 생각되지 않으므로 현재 문제가 되어 있는 '자연법칙의 이용성' 삭제안의 한 근거가 될 수 없다고 해석한다(ソフトウエア関連発明の保護と発明の定義(特許法第2条 第1項)の改正の是非について(1)」, パテント, Vol.54 No.9, 51~53頁 인용).

21) 뷔르츠부르크(Würzburg) 대학의 교수를 지냈으며 1888년 이후 베를린 대학교수로 재직했다. 민법, 민사소송법, 파산법, 국제법, 형법, 법제사, 법철학 등의 각 방면에서 뛰어난 업적을 남겼기 때문에 만능 콜러(Aller Kohler)라고도 불리었다.

과하다 하고 있다.[22)]

제 4 절 현행 특허법상의 발명

1. 정의규정의 도입취지

대부분의 국가에서는 발명의 정의규정을 특허법에 명시하지 않고 학설이나 판례에 맡기고 있다. 발명의 정의규정을 특허법에 두지 않은 것은 발명의 다양성과 새롭게 등장하는 발명으로 인하여 발명의 범위를 일의적(一義的)으로 정의하는 것이 어렵다고 생각되어 발명의 정의규정을 두지 않은 것으로 볼 수 있다.

그러나 우리나라의 특허법령에서 주요한 용어의 의의를 정의한 것은 용어를 명확히 정의함으로서 해석상의 의의를 줄임과 동시에 법체계를 명확히 하는 것으로 이해된다. 이는 특허법을 운영하고 있는 특허청의 태도에서도 확인할 수 있다. 즉 우리 특허청이 발행한 조문별 특허법에 의하면 "특허법에서 사용되는 용어의 정의에 관한 정의규정을 두는 이유는 그 법에서 빈번히 사용되거나 중요한 용어 또는 해당 법률에서 일반적인(국어적인) 의미[23)]와 다르게 쓰고 있는 용어에 대하여 그 의미를 명확히 하여 의문이 생기지 않도록 함으로써 법집행과정에서 발생하는 혼란을 방지하기 위함이다"[24)]라고 밝히고 있다. 또한 이는 우리 특허법 정의 규정의 원류라 할 수 있는 일본 특허법 정의 규정에 대한 설명에서도 확인할 수 있다. 즉 일본 특허청의 축조해설서에 의하면 "발명의 정의 규정을 두지 않고, 학설이나 판례에 맡기므로 발명의 정의에 대해 여러 가지 의논이 있었지만, 발명의 개념을 법문상 명확히 함으로써 해석상의 의의나 다툼을 줄인다는 관점에서 발명의 정의규정을 두게 되었다"라고 한다.[25)] 따라서 특허법의 정의규정은 특허대상의 범위와 관련한 논란에 대하여 일정한 기준을 부여하기 위함이라 생각된다.

22) 中山信弘 著, 한일지재권연구회 譯, 「特許法」, 법문사, 2001, 103면; 吉藤幸朔 著, 熊谷健一補訂, 「特許法概說(第13版)」, 有斐閣, 2002, 51頁.

23) 발명의 국어사전적 의미는 '이 세상에 없던 것을 새로 만들거나 생각해 내는 것으로 우리의 일상생활에서 이미 만들어져 있는 것에 대해 보다 편리하게, 보다 모양이 좋게 하는 것'이다.

24) 특허청, 「조문별 특허법해설」, 2014, 24면.

25) 日本 特許廳編, 「工業所有權法逐條解說(第16版)」, 發明協會, 2001, 24頁 이하.

2. 발명의 정의

특허법의 보호대상은 발명이다. 이러한 발명의 내용이나 정의와 관련하여 대부분의 국가에서는 직접 명문의 규정으로서 법적 정의를 내리기보다는 판례 또는 학설에 일임하고 있다.[26] 이에 오늘날 발명의 정의와 관련하여서는 이루 헤아릴 수 없을 정도로 많은 학설들이 나름대로의 정의를 내리고 있다. 반면 우리의 특허법은 직접 제2조 제1호에서 '발명'을 "자연법칙을 이용한 기술적 사상의 창작으로서 고도한 것"으로 정의하고 있다. 이러한 특허법의 규정은 앞의 도입배경에서 살펴보았듯이 1959년 일본 특허법에서 정의규정을 신설한 것에 영향을 받은 것이며, 나아가 독일 법학자 콜러의 정의에 그 기초를 두고 있는 것으로 보인다.

한편 발명의 정의 규정을 둔 특허법의 태도에 대하여, 특허법에서는 특허능력이 있는 발명만을 정의해 두면 충분하며 발명 일반에 대한 정의를 설정해 둘 필요는 없다고 하는 비판이 있다. 즉 특허법에서 직접 그 보호대상인 발명을 규정하면 그 한계에서 발명 개념은 명확하게 되고 특허법의 적용범위를 확정하기 쉬울지는 모르나, 발명의 개념이 고정되어 버리고 시대의 새로운 요청에 대응하기 어렵게 될 우려가 있다. 특히 최근처럼 기술혁신이 급격한 시대에서는 고전적인 의미에서의 발명개념에 어울리지 않는 신기술이 생기고 있고, 이러한 현실에 신속하게 대처하기 위해서는 발명의 정의를 학설이나 판례에 일임하는 것이 바람직하다는 것이다. 법률의 운용에 있어서도 특허법은 제2조 제1호에서 발명 일반의 정의를 하고, 그 발명 중에서 특허법 제29조의 요건을 만족하는 발명에만 특허가 부여되는 것으로 규정하고 있는데, 실제 등록 심사과정에서 발명성 여부가 문제될 때는 특허법 제29조에 의해 결정한다는 점에서 특허법 제2조 정의규정의 법적 의의에 의심을 갖지 않을 수 없다는 것이다.

이러한 비판적 견해는 특히 '자연법칙 요건'과 관련하여 논의되고 있다. 비록 자연법칙은 본래 절대불변의 것이지만, 컴퓨터 기술이나 바이오테크놀로지 기술 등의 새로운 기술이 생기면서, 자연법칙의 개념은 변화하고 확대되어가고 있는 것 같다. 따라서 발명 규정의 문제점이 자연법칙의 한정으로 인한 운영의 제한이라면 자연법칙을 탄력적으로 해석하는 것도 하나의 방안이라 하겠다.[27]

---

26) 형식적으로는 정의규정이 있어서 '발명은 발명과 발견을 말한다'라고 규정한 미국 특허법(미국 특허법 35U.S.C. 100(a)) 역시 실질적으로는 정의가 되어 있지 않은 것이라 하겠다. 영국에서는 1949년법에서는 일응 정의규정을 두고 있었지만(영국 특허법 제101조(1)), 1977년법에서는 이를 삭제하였다.

(1) 자연법칙의 이용성

1) 자연법칙

발명은 자연법칙을 이용한 것이어야 한다. '자연법칙'이란 자연계[28]에 존재하는 물리적·화학적·생물학적 원리원칙을 말한다. 즉 자연에서 경험에 의해 발견되는 법칙으로 예컨대 ① 자연과학상의 학문적 법칙(뉴턴의 운동법칙, 에너지보존의 법칙, 열역학법칙, 만유인력, 가우스의 법칙, 핵변환, 핵분열, 핵융합 등)이나 ② 경험칙(물은 높은 곳에서 낮은 곳으로 흐른다), ③ 생리학상의 법칙 등이다.[29] 이러한 자연법칙은 새롭게 만들어진 것이 아니라 원래부터 자연계에 존재하던 것이므로 자연법칙 그 자체는 발견의 대상일 뿐 발명은 아니다.[30] 우리 특허법상의 발명이기 위해서는 자연법칙을 이용하고 있는 것이 필요하다고 하는 정의는 19세기부터 20세기에 걸쳐서 주장된 학설을 그대로 받아들인 것으로 보인다. 따라서 오늘날에 있어서 '자연법칙'이라고 하는 개념은 상당히 넓게 해석하고 있으며, 인간의 추리력이나 단순한 정신활동(작도법, 암호작성방법 등) 그리고 학문상의 법칙(경제법칙) 및 인위적인 규정(게임방법, 과세방법 등) 등은 제외된다고 하는 것을 의미하고 있는 것에 지나지 않는다고 해석하기에 이르렀다.

---

27) 고전역학으로 해석할 수 없었던 현상들이 양자역학으로 설명되듯이 새로운 자연법칙이 발견되고 증명되고 있으며 이에 따른 새로운 발명영역이 생기고 있다.

28) '자연'은 협의로는 정신에 대한 '순물질적 사물' 또는 '인간 이외의 사물'을 말한다. 그러나 오늘날에는 보다 넓은 의미로 해석하여 생명 및 정신현상과 같은 것도 이것이 객관적으로 파악되는 한 자연 속에 포함시키는 것이 일반적이다. 따라서 심리학이나 생리학 중에서도 어떤 것은 자연과학에 속하게 된다.

29) 반면 ① 인간의 정신적 활동으로 안출된 법칙(계산법칙, 작도법, 암호작성법), ② 경제학상의 법칙, ③ 심리법칙(최면방법 등), ④ 인간의 판단(조세방법, 상품의 판매방식, 기억방식, 회계방법, 광고방법, 레크레이션 방법) 등은 자연법칙이 아니다.

30) 발견이란 자연계에 이미 존재하는 物件이나 법칙을 단순히 찾아내는 것으로서 창작이 아니므로 천연물(예: 광석), 자연현상 등의 발견 자체만으로는 발명에 해당되지 않는다. 그러나 물질 자체의 발견이 아니라 천연물에서 어떤 물질을 인위적으로 분리하는 방법을 개발한 경우 그 방법은 발명에 해당되며, 또 그 분리된 화학물질 또는 미생물 등도 발명에 해당된다. 자연계에 존재하는 물의 속성을 발견하고 그 속성에 따라 새로운 용도로 사용함으로써 기인하는 용도발명도 단순한 발견과는 구분되는 것으로 특허법상 다르게 취급된다. 원칙적으로 새로운 용도의 단순한 발견만으로는 발명으로서 성립하지 않으나, 새로운 속성의 발견과 그에 연결되는 새로운 용도의 제시 행위가 통상의 기술자로서는 자명하지 않은 발명적 노력을 가한 경우라면 발명으로서 인정될 수 있다(특허청, 특허·실용신안 심사기준(특허청 예규 제131호), 2023, 3102-3103면).

대법원 2003.5.16. 선고 2001후3149 판결

[자연법칙을 이용하지 않은 특허출원의 거절 여부(적극)]

특허법 제2조 제1호는 자연법칙을 이용한 기술적 사상의 창작으로서 고도한 것을 "발명"으로 정의하고 있고, 위 특허법 제2조 제1호가 훈시적인 규정에 해당한다고 볼 아무런 근거가 없으므로, 자연법칙을 이용하지 않은 것을 특허출원하였을 때에는 특허법 제29조 제1항 본문의 '산업상 이용할 수 있는 발명'의 요건을 충족하지 못함을 이유로 특허법 제62조에 의하여 그 특허출원이 거절된다(대법원 1998.9.4. 선고 98후744 판결 참조).

2) 자연법칙의 이용

발명은 자연법칙을 이용한 것이어야 한다. 따라서 자연법칙 그 자체나 자연법칙을 이용하지 않는 단순한 정신활동은 발명이 될 수 없다. 또한 영구운동기관과 같이 자연법칙에 위배되는 발명[31)32)]이나 발견, 그리고 자연법칙에 관한 잘못된 인식을 전제로 하는 발명은 자연법칙을 이용한 발명이라 할 수 없다. 이러한 것[33)]들은 특허법 제29조 제1항 본문의 규정을 인용하여 "산업상 이용할 수 있는 발명"이 아니라는 이유로 거절된다.

① 전체로서의 이용 자연법칙의 이용은 전체로서의 이용이어야 한다. 일부라도 자연법칙을 이용하지 않은 부분이 있는 것은 발명이 아니다. 예컨대 자연법칙에 대한 잘못된 인식을 전제로 한 것은 설령 기타의 부분이 정확하다고 해도 결국 실시할 수 없다는 점에서 발명이 아니다. 즉 발명은 실시가능성이 있는 것이라야 하며, 더구나 자연법칙을 이용한 것인 이상 몇 번 되풀이해도 실시할 수 있으며, 또 항상 일정한 확실성을 가지고 같은 결과를 반복할 수 있는 것임과 동시에 발명자 이외의 제3자도 역시 발명자와 마찬가지로 발명을 실시할 수 있는 것이라야 한다. 다만 이때 확실성이 반드시 100%이어야 할 필요는 없다. 그 결과가 단순

31) 吉藤幸朔, 「特許法概說(第9版)」, 有斐閣, 1991, 52~55頁; 中山信弘 編, 「注解 特許法(第2版)上卷」, 青林書院, 2000, 28~31頁.

32) 발명은 자연법칙을 이용한 것이어야 하므로 자연법칙에 위반되는 것(예: 영구기관)은 발명에 해당되지 않는다. 이 경우, 청구항에 기재된 발명의 일부라도 자연법칙에 위배되는 부분이 있으면 발명에 해당되지 않게 된다. 청구항에 기재된 발명이 자연법칙 이외의 법칙(경제법칙, 수학공식, 작도법 등), 인위적인 약속(게임의 규칙 등) 또는 인간의 정신활동(영업계획, 교수방법 등)을 이용하고 있는 경우에도 발명에 해당되지 않는다.

이 경우에 자연법칙을 이용하고 있는지 여부는 청구항 전체로 판단하여야 하며, 만일 청구항에 기재된 발명의 일부에 수학공식 등이 포함되어 있더라도 청구항을 전체로 파악했을 때 자연법칙을 이용하고 있으면 발명에 해당된다.

33) 여기에 정보의 단순한 제시, 미적 창조물 또는 미완성 발명 등을 포함하여 특허법 제29조 제1항 본문의 규정을 인용하여 "산업상 이용할 수 있는 발명"이 아니라는 이유로 거절한다(특허청, 특허·실용신안 심사기준(특허청 예규 제131호), 2023, 3105-3107면).

히 근거없이 생긴 것이 아니고 일정한 수단에 의해 발생하고 또한 반드시 생기는 것인 이상 그 확실성이 극히 낮은 경우일지라도 발명임이 부정되지 않는다.[34]

이러한 반복가능성과 관련하여 가장 문제되는 것은 생물에 관한 것이다. 공산품과 달리 생물은 환경에 따라서 개체의 차이가 발생할 수 있으며, 또한 돌연변이라고 하는 것도 있기 때문에 반복가능성이 없다는 견해도 있다. 그러나 공산품에 있어서도 제품의 편차가 생길 수 있는 것이고, 비록 생물이라 해도 종으로서 고정된 것이라면 반복가능성을 부정할 이유가 없다 하겠다. 따라서 적어도 반복가능성이 없기 때문에 새로운 생물에 대하여 특허능력을 부정해야 한다는 견해는 타당하지 않다.[35]

특허법원 2002.1.17. 선고 2001허3453 판결

[자연법칙의 정의]

특허법상 발명이라 함은 '자연법칙을 이용한 기술적 사상의 창작으로 고도한 것'을 말하는 것이며(특허법 제2조 제1호), '자연법칙'이란 자연의 영역에서 경험에 의하여 발견되는 법칙으로 일정한 원인에 의하여 항상 일정한 확실성을 가지고 같은 결과가 반복하여 발생할 수 있는 반복가능성을 구비한 것이라야 한다. 따라서 출원발명이 인간의 추리력 기타 순지능적 · 정신적 활동에 의하여 발견되고 안출된 법칙(수학 또는 논리학적 법칙 등) 또는 경제학상의 법칙에 해당하거나 이와 같은 것만을 이용하고 있는 경우에는 자연법칙을 이용하지 아니한 것이어서 특허법상의 발명에 해당하지 아니한다.

② 결과로서의 이용 설령 잘못된 인식하에 성립된 발명이라도 일정한 효과가 있으면 발명은 성립한다. 즉 결과적으로 보아 자연법칙을 이용한 것이라면 그 자연법칙의 원리에 대한 인식을 반드시 필요로 하는 것은 아니다. 경험상 취득한 것이라면 충분하다. 즉 발명이 어떤 이론에 의해 효과를 가져오는가에 대한 설명이 없어도 또는 설명이 다소 불충분하거나 또는 잘못이 있어도 상관없다. 일정한 수단에 의해 일정한 목적이 달성되는 것을 확실히 증명할 수 있는 한 결과로서 자연법칙을 이용한 것이 되기 때문이다. 또 발명자는 일정한 수단 및 일정한 효과에 대한 인식에서 잘못이 있어서는 안 되지만, 그 인식은 반드시 완전할 필요는 없다. 발명자가 어떤 수단이나 결과의 일부에 대해서만 인식한 경우에도 발명은 성립

---

34) 발명이 개척적 내지 기본적인 것일 경우에는 오히려 확실성이 낮은 경우가 많다.

35) 물론 새로운 생물 그 자체를 특허법으로 보호할 것인가에 대한 판단은 여전히 논란의 여지가 있다.

한다. 또한 결과의 발생에 요구되는 조건에 대하여 완벽한 인식을 요하지도 않는다. 예컨대 A 및 B의 요건만으로도 결과의 발생이 충분함에도 불구하고 발명자가 A, B 및 C의 요건을 구비하지 않으면 목적이 달성되지 않는다고 인식하였을 경우에도 발명은 성립한다.[36] 또한 발명자가 필요하다고 한 조건이 좁고, 후일 보다 넓은 조건으로도 같은 결과를 얻을 수 있다는 것이 밝혀져도 마찬가지다.

3) 자연법칙의 이용이 아닌 것

자연법칙의 이용이 아니거나 자연법칙에 위반된 것이어서 특허법상 발명으로 취급될 수 없는 창작행위로서 계산방법, 작도법, 암호작성방법, 과세방법, 최면술, 게임방법 또는 상품의 진열방법 등에 관한 새로운 창작은 인간의 순수한 지능적·정신적 활동 또는 인위적인 약속에 의하여 이루어진 수학상·논리학상(심리학상) 또는 경제학상의 법칙에 불과할 뿐 자연법칙을 이용한 사상적 창작행위는 아니므로 이들은 특허법상의 발명이 될 수 없다.

자연법칙을 이용하지 않음으로써 반복가능성이 없는 대표적인 발명에 영구운동을 전제로 한 '영구기관에 관한 발명'이 있다. 이러한 발명은 자연법칙에 대한 오해에 기인하여 발명이라 주장되는 경우가 흔히 있으나, 이는 특허법상 발명의 성립요건을 결하고 있는 예가 된다.

대법원 1992.2.18. 선고 92후25 판결

[영구기관]

본원발명의 기술적 수단은 여러 개의 통체를 유통구, 수로관, 기로관 등으로 연결하여 통체내의 물과 공기의 상호이동에 따른 물의 중량에 의한 통체의 위치변동으로 이에 연관된 축대가 그 중앙의 축지점을 중심으로 좌우양측단이 교번으로 상하운동을 하게 됨으로써 운동에너지를 발생하게 하고 이때에 얻어지는 운동에너지 중 일부는 본원발명 장치의 반복운동에 사용하고 나머지 에너지는 다른 데에 이용하도록 한다는 것으로서, 첫째 상방에 위치하는 통체내의 물이 하방으로 이동하게 되는 것은 지구의 중력에 의한 것으로서 이 하방으로 이동하는 물은 그 물의 중량에 의한 탄발력으로 상방으로 다시 올라가게는 되나 이때에 물의 중량에 의한 탄발력을 지구의 중력이 다시 끌게 되므로 다시 물의 교번되는 중량이동이 지속적으로 이루어질 수는 없게 되는 것이고, 둘째 여기에 다시 본원발명의 장치, 즉 축대의 상하운동이나 치차 및 크랭크축 등에서 발생하게 되는 기계적 마찰손실 및 열에너지 손실 등을 감안한다면 본원발

---

36) 이 경우 C의 요건은 무용물이며, A, B만으로 동일 목적을 달성한다는 것이 후에 발견되었을 때는 앞의 발명과 다른 발명이 성립한다.

명의 목적달성은 기대할 수 없는 바, 결국 본원발명의 논리는 일종의 무한동력에 관한 것으로 이는 열역학 제2법칙에 위배되어 실현불가능한 것이므로 본원발명은 특허법 제5조, 제6조 제1항 본문에 의하여 특허받을 수 없다.

대법원 1998.9.4. 선고 98후744 판결

[자연법칙에 反하는 것]

양수조로부터 급수조로 낙하하는 물을 이용하여 수력발전기를 돌려 에너지를 얻고, 급수조에 낙하된 물은 다시 제네바 기어장치, 노즐회전관 및 복수의 공기실을 이용한 연속적인 수격작용(水擊作用)에 의하여 폐수되는 물이 없이 전량을 양수조로 끌어 올려서 재순환시킴으로써 계속적인 에너지 추출이 가능하도록 하는 것을 요지로 하는 출원발명은 일정한 위치에너지로 유지되는 수조의 물을 수격작용에 의하여 그 수조의 물의 자유표면보다 일정 높이 위에 위치한 수조로 끌어 올리는 공지된 양수펌프에서와 같이 수조로부터 낙하되는 물의 상당 부분을 폐수하고 남는 일부분의 물만을 높은 위치의 수조로 양수하는 것이 아니라, 외부의 에너지 공급 없이 급수조에서 낙하하는 물 전부를 폐수되는 물이 없이 보다 높은 위치의 양수조로 끌어 올린다는 것이 되어 에너지 보존 법칙에 위배되므로, 출원발명은 자연법칙에 어긋나는 발명으로서 특허법 제29조 제1항 본문에서 규정한 발명의 요건을 충족하지 못한다.

대법원 2003.5.16. 선고 2001후3149 판결

[자연법칙을 이용하지 않은 것]

[1] 특허법 제2조 제1호는 자연법칙을 이용한 기술적 사상의 창작으로서 고도한 것을 "발명"으로 정의하고 있고, 위 특허법 제2조 제1호가 훈시적인 규정에 해당한다고 볼 아무런 근거가 없으므로, 자연법칙을 이용하지 않은 것을 특허출원하였을 때에는 특허법 제29조 제1항 본문의 "산업상 이용할 수 있는 발명"의 요건을 충족하지 못함을 이유로 특허법 제62조에 의하여 그 특허출원이 거절된다.

[2] 명칭을 "생활쓰레기 재활용 종합관리방법"으로 하는 출원발명은 전체적으로 보면 그 자체로는 실시할 수 없고 관련 법령 등이 구비되어야만 실시할 수 있는 것으로 관할 관청, 배출자, 수거자 간의 약속 등에 의하여 이루어지는 인위적 결정이거나 이에 따른 위 관할 관청 등의 정신적 판단 또는 인위적 결정에 불과하므로 자연법칙을 이용한 것이라고 할 수 없으며, 그 각 단계가 컴퓨터의 온라인(on-line) 상에서 처리되는 것이 아니라 오프라인(off-line) 상에서 처리되는 것이고, 소프트웨어와 하드웨어가 연계되는 시스템이 구체적으로 실현되고 있는 것도 아니어서 이른바 비즈니스모델 발명의 범주에 속하지도 아니하므로 이를 특허법 제29조 제1항 본문의 "산업상 이용할 수 있는 발명"이라고 할 수 없다.

4) 자연법칙의 이용 논의

물질발명과 용도발명에 대해서는 일찍이 자연법칙을 이용하고 있는가 아닌가라는 점에 대해 논의되었다. 그러나 현재는 이러한 문제가 모두 해결되었고, 신규물질에 대해 특허를 받을 수 있는 것은 물론, 이미 알려진 물질의 새로운 용도발명에 대해서도 특허를 받을 수 있다. 자연법칙을 이용하고 있는가가 가장 문제되는 것은 컴퓨터 소프트웨어이다. 프로그램이란 컴퓨터에서 정보처리를 행하기 위한 지시의 조합이고, 그것이 자연법칙을 이용하고 있는지 여부가 문제된다. 프로그램 자체는 계산식과 유사한 것이고, 사람의 정신적 과정의 표현에 지나지 않으므로 프로그램 그 자체를 특허출원해도 자연법칙을 이용하고 있지 않다는 이유로 거절된다. 그러나 프로그램을 일부 포함하고 있다고 해서 그것만으로 발명성이 부정되는 것은 아니다. 즉 프로그램이 하드웨어와 일체로서 그 하드웨어의 성능을 높이거나 제어하는 방법 내지 장치로서 혹은 프로그램을 기록한 컴퓨터 해독이 가능한 기록매체로서 출원하면 등록될 수도 있다.[37]

(2) 기술적 사상

1) 기술의 개념

발명은 자연법칙을 이용한 기술적 사상[38]이다. '기술'이란 일정한 목적을 달성하기 위한 구체적인 수단으로서 산업상이든 문화상이든 실제로 이용할 수 있는 것을 말한다. 따라서 일정한 목적을 달성하기 위한 수단인 한, 문예·스포츠 등 그 분야를 막론하고 기술은 존재한다. 그러나 이들 기능과 기량은 개인의 능력 또는 숙련에 의해 도달할 수 있는 것이다. 기술과 기술적 사상으로서의 발명은 자연법칙을

---

37) 특허법상 기술적 사상의 창작으로서 특허를 받을 수 있는 발명임에도, "컴퓨터 프로그램이 기록된 매체"라는 형식으로 청구항을 작성하면 특허대상이고, 그냥 "…하는 기능을 수행하는 컴퓨터 프로그램"이라고 하면 발명의 카테고리가 불분명하다는 이유로 거절을 하는 기존의 우리나라 심사관행은 컴퓨터 관련 발명의 특허성과 관련하여 업계에 많은 혼란을 초래하였다. 아마도 컴퓨터 프로그램이 "물건"인지, "방법"인지 구분이 안 되어서 특허대상이 되지 못한다는 것이 특허법상 거절이유가 될 수 없음에도 이러한 거절이 나오게 된 것은 심사가 형식에 얽매여서 그런 것으로 보인다. 2014년 심사기준을 개정하여 프로그램 청구항에 대한 보호를 허용하는 태도를 취하고 있으나, 프로그램은 기록매체에 저장된 프로그램만 물건발명으로 인정함으로써 결과론적으로는 프로그램이 저장된 기록매체와 다를 바가 없다(특허청, 특허·실용신안 심사기준(특허청 예규 제131호), 2023, 3106면 참조).

38) 여기서 '기술'이란 소정의 목적을 달성하기 위한 구체적 수단이고, '사상'이란 아이디어나 개념이다. '기술적 사상'이란 소정의 목적을 달성하기 위한 아이디어나 개념으로서 어느 정도의 구체성을 갖는 수단으로 나타낸 것이 아니면 안 된다. 현실적으로 산업에 직접 이용될 수 있는 구체성을 요구하는 것은 아니나, 적어도 장래 기술로서 성립할 가능성이 있으면 된다.

이용한 구체적 수단이라는 측면에는 동일하다고 할 수 있으나, 기술은 보다 구체적으로 산업상 실제 그대로 이용될 수 있는 수단 그 자체인데 반하여 발명은 기술의 단계까지 도달되지 않은 보다 추상적·개념적인 수단이다.[39] 그러나 발명은 기술의 단계에 이를 정도까지 구체성이 요구되는 것은 아니라 하더라도 자연법칙을 이용한 이상 기술적 견지에서 보아 장차 기술로서 성립할 가능성이 있어야 함은 당연하다 할 것이다. 그러므로 악기 연주방법이나 공을 손가락으로 잡는 방법과 공을 던지는 방법에 특징이 있는 투구방법 등의 기능과 기량은 자연법칙을 이용한 것이 아니므로 특허법상의 발명의 대상이 될 수는 없다.[40]

한편 기술은 지식으로서 기량·기능[41]과는 달리 타인에게 전달할 수 있는 객관성이 있는 것이라야 한다. 즉 해당 기술분야에서 평균적 수준을 가진 제3자가 행하더라도 같은 결과에 도달할 수 있어야 한다. 따라서 기술은 기량이나 요령과는 구별된다.

2) 기술적 사상

특허법상의 발명은 '기술적 사상'이므로 반드시 기술 그 자체일 필요는 없다.[42] 기술과 기술적 사상으로서의 발명은 모두 하나의 자연법칙을 이용하는 구체적 수단이라는 점에서 일치한다. 그러나 기술은 보다 구체적으로 산업상 실제 그대로 이용할 수 있는 수단 그 자체인데 반해, 발명은 그와 같은 단계로까지 도달하지 않는 보다 추상적·개념적인 수단 즉, 사상으로서의 수단이면 충분하다는 점에서 기술과 구별할 수 있다고 해석해야 할 것이다. 즉 특허법상의 발명은 일정한 목적을 달성하기 위한 합리적·구체적 수단이나 그 자체로서의 기술일 필요는 없으며, 장차 기술로서 성립할 가능성이 있으면 충분하며 추상적이고 개념적인 사상으로서의 수단이면 족하다. 여기서 '사상'이란 추상적 관념(idea), 개념(concept)을 말하며, 구체적인 형체와 대립하는 것으로 이해된다. 예컨대 물건의 발명이 실시될 때는 유체물이 된다. 하지만 발명의 본질은 그 형체 속에 존재하는 무형의 관념이다. 따라서 그 기술적 사상이나 심미적(審美的) 창조성(예술성)이 유형의 물품을 통해 표현될

39) 특허청, 「조문별 특허법해설」, 2014, 28면.

40) 吉藤辛朔, 「특허법개설」, 有斐閣, 1989, 50頁; 특허청, 특허·실용신안 심사기준(특허청 예규 제131호), 2023, 3105면.

41) 技術의 유사개념으로 보통 기술이라 말할 때에는 객관성이 있는 것과 개인의 숙달에 의하여 도달할 수 있는 것이 있다. 후자를 기능 또는 기량이라 한다.

42) 기술에 대하여서는 ① 기술은 사상으로서의 발명까지도 포함한다고 하는 견해, ② 발명은 기술과 기술적 사상의 양자를 포함한다고 하는 견해, ③ 발명은 기술 그 자체라는 견해가 나누어진다.

것을 요구하는 실용신안법이나 디자인보호법과 구별된다.

사상은 인간의 내면적 형식을 구체적 해결방법으로 제시되지 않으면 '발명'이 아니다. 또한 해결방법이 제시되어 있더라도 그 방법으로서 목적을 달성할 수 없는 경우에는 미완성발명[43]으로 특허법상의 발명이 되지 않는다. 즉, 실시가능성이 없으면 발명의 성립요건이 결여된 것으로 보며, 반복가능성이 없는 것도 발명으로서 성립하지 않는다고 본다.

대법원 2019.1.17. 선고 2017후523 판결

[미완성발명의 판단기준]

발명이 속하는 분야에서 통상의 지식을 가진 사람(이하 '통상의 기술자'라고 한다)이 반복 실시할 수 있고, 발명이 목적하는 기술적 효과의 달성 가능성을 예상할 수 있을 정도로 구체적, 객관적으로 구성되어 있으면 발명은 완성되었다고 보아야 한다. 발명이 완성되었는지는 청구범위를 기준으로 출원 당시의 기술수준에 따라 발명의 설명에 기재된 발명의 목적, 구성, 작용효과 등을 전체적으로 고려하여 판단하여야 하고, 반드시 발명의 설명 중의 구체적 실시례에 한정되어 인정되는 것은 아니다(대법원 2013.2.14. 선고 2012후3312 판결, 대법원 1993.9.10. 선고 92후1806 판결 등 참조).

3) 발명의 구체성

발명은 사상이며 따라서 추상적이라는 것은 당연하다. 하지만 동시에 목적을 달성하기 위한 수단으로서의 사상이라는 것을 필요로 하는 이상, 그 한도에 있어서 구체성이 있어야 한다. 즉 기술로서 성립하는 정도까지 반드시 구체적일 필요는 없지만, 적어도 장차 기술로서 성립할 가능성(단순한 가능성이 아닌 기술적 견지에서 보아 확실성이 있는 가능성)을 갖는 것이 아니면 안 된다.

발명이 어떤 형태로 표현되고 있을 때 구체성을 띠는 것으로 볼 것인지에 대하여는 획일적으로 정할 수 없으며, 그 당시의 기술수준에 따라 판단하는 것이 합리적일 것이다. 일반적으로 ① 목적달성을 위한 수단은 제시되어 있으나 자연법칙으로 보아 그 수단으로는 소기의 목적달성이 현저하게 의심스러운 발명, ② 목적달성을 위한 수단이 완전하게 기재되어 있지 않고 목적으로서의 추상적 이론 혹은 희망적 사항을 열거한 데 불과한 발명, ③ 단순한 목적의 제기와 착상의 제출에 그치고 어떻게 해서 이것이 실현되는가를 알 수 없는 발명, ④ 해결수단이 제시되

43) 未完成發明과 實施不能發明: "미완성발명"과 구별해야 될 발명에 "실시불능발명"이 있다. 前者는 발명으로서의 구체성을 결하고 있기 때문에 장래 구체성을 갖추면 실시가능한 발명이 될 수 있지만, 後者는 이와 같은 가능성이 전혀 없는 발명이다. 영구기관에 관한 발명이 그러한 것들이다.

고 있지만 아주 막연한 제안에 불과하여 어떻게 해서 이를 구체화하는가에 대해 상세한 설명이 분명하지 않는 발명, ⑤ 해결수단은 제시하고 있으나 그 수단으로는 목적달성을 할 수 없다고 인정되는 발명, ⑥ 구성이 구체적으로 제시되고 있어도 그 구성을 해결수단으로서 인정하기 위해선 실험결과의 구체적 뒷받침이 요구됨에도 그 뒷받침이 없는 발명 등과 같은 발명은 구체성이 결여된 발명으로 취급된다.

즉 발명의 과제를 해결하기 위한 구체적 수단이 결여되어 있거나 또는 제시된 과제 해결수단만으로는 과제의 해결이 명백하게 불가능한 것은 발명에 해당하지 않는다. 이 경우에 발명자는 신뢰할 수 있는 제3의 실험 데이터로 그 사실을 증명할 수 있다.

발명의 설명에 기재된 발명이 통상의 기술자가 그 발명을 쉽게 실시할 수 있을 정도로 명확하고 상세하게 적혀 있지 아니한 경우나, 그 발명이 완성 발명인지 여부가 불분명한 경우에는 발명에 해당하지 않는다는 이유(제29조 제1항 본문)에 우선하여 특허법 제42조 제3항 1호에 근거하여 거절이유를 통지한다. 만일, 명세서보정에 의하여 완성된 발명으로 기재한 경우에는 신규사항 추가금지 조항(제47조 제2항)의 위반을 이유로 최후거절이유통지를 한다. 따라서 미완성발명의 경우는 출원명세서의 하자를 극복할 방법이 없기 때문에 출원취하를 한 후 재출원을 하여야 한다.

대법원 1994.12.27. 선고 93후1810 판결

[발명의 완성에 관한 판례]

특허를 받을 수 있는 발명은 완성된 것이어야 하고, 완성된 발명이란 그 발명이 속하는 분야에서 통상의 지식을 가진 자가 반복 실시하여 목적하는 기술적 효과를 얻을 수 있을 정도까지 구체적, 객관적으로 구성되어 있는 발명으로 그 판단은 특허출원의 명세서에 기재된 발명의 목적, 구성 및 작용효과 등을 전체적으로 고려하여 출원 당시의 기술수준에 입각하여 판단하여야 할 것이다(같은 취지 대법원 2013.4.11. 선고 2012후436 판결).

(3) 창작성

특허법상의 발명은 기술적 사상의 창작[44]이라는 점에서 단순한 발견과 다르다.[45] 이와 관련하여 창작성에는 종래에 없는 새로운 것 내지는 자명하지 않은 것

44) 창작이란 방안·물건 등을 처음으로 생각해 내어서 만든 것이다.

45) 미국 특허법 제100조(a)에서 '발명'이란 발명 또는 발견을 의미한다고 정의를 내리고 있다. 미국에서 발명은 적극적인 정의를 내릴 수 없다는 설이 있다. 이 때문에 발명이란 개념은 판례의 집적(集積) 중에서 수렴한 외곽을 이해하는 것이 필요해진다. 미국의 법률용어사전인 Black's Law Dictionary

이라는 요건을 설명하는 견해가 있는데, 이는 실익이 없는 논의라 하겠다. 즉 객관적으로 보면 어떠한 새로운 것을 포함하지 않더라도 창작자에게 있어 스스로 창작했다고 인식하면 족하고, 그것이 나중에 특허부여 요건인 신규성과 진보성이 있는지 여부의 문제는 별개이다.[46] 다만, 특허법상의 창작은 저작권법상의 창작과는 차이가 있다. 저작권법상의 창작성은 개성 또는 독창성만이 있으면 족하나, 특허법상의 창작은 독창성뿐만 아니라 창조성도 있어야 한다고 본다.

한편, 발명은 발견과 구별된다. 즉 발견과 발명은 모두 새로운 어떤 것을 인간사회에 하나의 지식으로서 소개하고 도입하는 것이지만, '인간이 발견하는 것은 이전부터 이미 존재한 것이고, 인간이 발명한 것은 그것이 만들어지기 전에는 존재하지 않았다'는 점에서 양자는 구별된다. 다만 방법의 발명, 특히 용도발명에 있어서는 특허법상의 발명과 발견을 한계 짓는 것이 문제될 수 있다.[47]

(4) 고도성

특허법상의 발명은 고도(高度)한 것이어야 한다. 즉 해당 발명이 속하는 기술분야에서 통상의 지식을 가진 사람에 대하여 자명(自明)하지 아니한 것으로 창작의 수준이 높아야 한다. 다만 실용신안법과의 관계에서 고안과 별개의 것으로 판단할

(8th edition)에 의하면, 발명(invention)이란 미지의 기술의 창작으로서 기술자가 당연하게 할 수 있는 수준을 넘은 신규(新規)하며 유용한 것이라고 한다.

발견(discovery)에 대하여 미국헌법 제1장 제8조 제8항은 연방의회의 권한으로서 다음과 같이 규정하고 있다. "저작자 및 발명자에 대하여 일정한 기간을 각각의 저작 및 발견에 대해서 독점적 권리를 보증하고 학술 및 유용한 기술의 진보를 촉진하는 것……." 특허의 주요한 대상이 발명인 것은 모든 학설·판례가 인정하고 있지만 본조는 헌법상의 요청을 받아들여 광의의 발견도 포함하여 특허의 대상으로 하고 있는 것을 확인할 수 있다. 사실 발명은 일반적으로 발견을 배경으로 하여 만들어지는 것이라고 말할 수 있다. 그러나 자연현상, 자연법칙인 것과 같은 인간의 창작력이 부가되지 않은 사실(事實)의 발견(naked discovery)은 본조에서 말하는 발견에는 포함되지 않는 것으로 해석된다.

46) 예컨대 어떤 새로운 것을 포함하지 않은 특허출원이더라도 그것은 제29조 제1항 본문의 발명에 해당하지 않는다는 이유로 거절하는 것이 아니라 신규성과 진보성의 결여라는 이유로 거절하는 것이 된다.

47) 발견이란 사물의 성질을 찾아내는 것이지만 그것이 발명으로 연결되는 경우도 있을 수 있다. 용도발명이라 불리는 것이 그 전형적인 예로, 예를 들면 DDT라는 기지(旣知)의 물질에 살충효과가 있음을 발견하면 거기에서 바로 'DDT를 성분으로 하는 살충제' 또는 'DDT를 살포하여 살충하는 방법'이라는 발명이 완성된다. 이 발명은 발견과 지극히 유사한 것으로 발견을 목적으로 이용한 것으로서 기술적 사상의 창작에 해당한다.

또한 천연물 그 자체는 기술적 사상의 창작이 아니므로 특허를 받을 수 없다. 다만 천연물에서 분리, 추출된 것은 특허를 받을 수 있다. 예를 들면 항생물질, 인터페론 등의 의약품에서 많이 볼 수 있다. 이것은 항생물질 그 자체는 천연의 곰팡이 등에 존재하는 것이지만 의약품으로서의 항생물질이 천연에 존재하는 것은 아니고 분리, 추출, 정제 등을 거쳐 비로소 이용가능하게 되는 것으로 기술적 사상의 창작이라 할 수 있다(中山信弘 編, 「注解 特許法(第2版)上卷」, 青林書院, 2000, 32頁 참조).

것인가에는 학설이 나누어지고 있다. 즉 특허법상의 발명과 실용신안법상의 고안은 논리적으로 별개의 것이므로 고도성에 대해 그 의의를 고려하여야 한다는 해석(적극설)과 고도성은 특허법과 실용신안법상의 제도적 구별에 불과하며 실체적으로는 차이가 없다는 해석(소극설)으로 나누어지고 있다. 발명자는 자신의 발명에 대한 고도성의 판단에 따라 특허 또는 실용신안 중에 선택하여 출원할 수 있다(단 방법발명은 특허로만 출원할 수 있다). 따라서 고도성을 발명의 본질적 특징으로 보고 실용신안법상의 고안과 구분짓기 위한 것으로 이해하기보다는 실체적으로는 차이가 없이 특허법과 실용신안법의 적용범위를 구분하는 의미밖에 없다고 해석해야 할 것이다.

한편 창작의 고도성과 발명의 진보성과의 관계를 어떻게 보는가에 대하여 학설상 객관설과 주관설이 나누어지기도 한다. 즉 고도성은 발명의 성립요건이고, 진보성은 발명의 특허요건이지만, 양자는 판단하는 시점을 달리하는 데 불과하다고 해석하는 객관설과, 고도는 실용신안법상의 고안과 정의상 구별하기 위한 것이고 그 이상의 의미는 없으며 창작자 스스로 고도라고 생각하면 고도라고 해석하는 주관설이 있다. 그러나 실무상 큰 차이가 발생하지 않는다는 점에서 실익이 없는 논의라 하겠다.

이와 같이 발명이 고도성을 결여한 경우에는 발명의 성립요건이 결여된 발명이 되며, 특허요건의 전제조건인 발명이 아니므로 당연히 거절할 수 있다. 다만 발명의 고도성에 대한 기준설정은 매우 어려운 과제이며, 결국 심사관 등의 주관에 의한 자의적인 가치판단에 의지하지 않을 수 없다는 비판이 있다. 이에 근래 심사실무에 있어서는 발명의 고도성을 이유로 특허출원을 거절하는 것이 바람직하지 않다는 태도를 취하고 있다. 즉 그 기준의 애매함을 이유로 1998년 9월 특허청 '심사기준'에서부터는 "발명의 성립요건에 대한 판단시에는 이 '고도한 것'에 대해서는 고려하지 않는 것으로 한다"라고 규정하고 있다.[48)]

대법원 1984.9.11. 선고 81후58 판결

[발명과 고안의 차이]

실용신안법이 정하는 실용적 고안이라 함은 물품의 형상, 구조 또는 조합에 관한 자연법칙을 이용한 기술적 사상의 창작으로서 특허법이 정하는 자연을 정복하고 자연력을 이용하여 일정한 효과를 창출하고 이에 따라 인간의 수요를 충족하는 기술적 사

48) 특허청, 특허 · 실용신안 심사기준(특허청 예규 제131호), 2023, 3102면.

상의 고도의 창작인 발명과 그 성질에서는 같으나 다만 고도의 것이 아닌 점에서 다를 뿐이다(참조판례 1983.11.22. 선고 83후42 판결).

대법원 1969.5.13. 선고 67후13 판결

[공지의 사실로부터 용이하게 착상하여 실시할 수 있는 발명은 고도성이 없다고 본 사례]

발명이라 함은 자연법칙을 이용한 고도의 기술적 창작으로서 산업에 이용할 수 있는 것을 말하고, 신규의 발명을 한 자는 그 발명에 대하여 특허를 받을 수 있으며, 신규의 발명이란, (1) 특허출원 전에 국내에서 공지되었거나 또는 공연히 사용된 것, (2) 특허출원 전에 국내에서 반포된 간행물에 용이하게 실시할 수 있는 정도로 기재된 것에 해당하지 아니한 것을 말한다고 규정되어 — 이 두 가지 방법은 다 같이 수증기를 이용한 인삼의 방부방법으로서 인삼을 증숙한 후 태양볕에 건조하는 방부방법은 이미 공지의 사실로서 공연히 사용되어 왔을 뿐더러, 고려시대의 고려도경에도 인삼을 솥에 삶아서 익히면, 장기 보존할 수 있다고 기록되어 있음은 피청구인이 자인하고 있는 바, 비록 피청구인의 본건 특허방법이 위 공지 공용의 방법과 비교하여 형식상 다소 차이가 있고, 기술면에 있어서도 다소 진보성이 있다 하더라도, 이러한 방법은 공지의 사실로부터 용이하게 착상하여 실시할 수 있다 할 것이고, 고도의 기술적 창작성이 없고, 이미 공지공용된 원리를 다소 응용한데 지나지 않는다 할 것이고, 홍삼제조 방법보다 증숙시간을 단축할 수 있고, 그로 인하여 인삼에 함유되어 있는 "엑기스"의 유출 방지를 기할 수 있는 이점이 있더라도 이것만으로 현저히 특별한 산업적 효과를 가져온다고 단정하기 어려우므로, 피청구인이 특허 받은 특허 제809호 인삼 방부방법은 신규의 발명이라고 보기 어려우며, 따라서 특허법에 정한 특허의 대상이 된다 할 수 없다.

대법원 1978.12.16. 선고 78후23 판결

[발명이 고도의 기술적 창작성이 없다고 본 사례]

유기질 비료제조방법의 발명이 제품화 하는 공정 등이 인용 참증과 동일한 것이고 다만 기생충유충 및 알을 사멸시킴에 있어 질산 및 염산을 페놀로 대체사용 하였다는 등 차이는 있으나 이것이 동 분야에서 통상의 지식을 가진 자가 극히 용이하게 실시할 수 있는 정도의 것이라면 이는 자연법칙을 이용한 기술적 사상의 창작으로 고도의 것이라고 인정할 수 없다.

특허법원 1998.11.12. 선고 98허3156 판결

[창작의 고도성에 관한 판례]

특허법이 발명의 개념을 정의하면서 고도성을 드는 것은 실용신안의 고안과 구별하기 위한 것으로 기술적 사상의 창작 중 비교적 기술의 정도가 높은 것을 발명으로,

그렇지 못한 것을 고안으로 본다는 취지이다.

(5) 표현된 것

새로운 기술적 사상의 창작으로서의 발명은 창작성을 띤 구체적으로 표현된 것이어야 한다. 지금까지 지적재산권법 분야에서 '표현'이란 저작권법의 관심분야로 이해되고 설명되었다. 즉 '표현'이란 인간의 사상이나 감정이 머릿속에서 구상된 것을 어떤 방법이나 형태로(매체를 통하여) 외부로 나타낸 것을 의미하고,[49] 표현방법이란 인간의 내면에서 외면으로 나타내는 것으로 형태나 방법에는 아무런 제한이 없다. 일반적으로 그 방법에는 문자(언어), 소리, 영상, 동작, 그림, 기호 등을 생각할 수 있다. 즉 우리 저작권법은 '인간의 머릿속에서 외부로 표현된 것'이면 족하다.

특허법의 발명 역시 이와 같이 외부로 발현되고 표현된 것이어야 한다. 즉 사상이란 내면적 형식에 머무르지 않고, 창작성을 띤 가운데 외부로 발현되어야 한다. 따라서 기술적 사상이 사고 속에서 이루어진 것만으로는 충분하지 않으며, 특허법 역시 이에 대하여는 관심을 두지 않는다. 특허법에서도 기술적인 사상인 발명을 외부로 표현하지 않으면 특허등록을 받을 수 없고, 이러한 발명의 표현으로는 특허출원명세서, 요약서, 필요한 경우에의 도면 등이 그 예이다.

3. 발명 성립요건의 심사

특허의 대상으로서의 발명이 그 성립요건을 구비하고 있는가의 판단시점은 해당 발명의 출원시이다. 이는 발명시점을 기준으로 해서 판단하면 그 시점 확정 등의 곤란함을 극복할 수 없다는 불합리에 따른 것으로, 객관적으로 그 시기를 명확히 하였다.

발명의 성립성 판단은 특허출원서에 최초로 첨부된 명세서·도면을 참작하여 청구범위에 기재된 사항에 근거하여 파악한다. 즉 출원당시의 출원서에 첨부된 명세서·도면에 의할 경우 단순한 발견인지 자연법칙을 이용한 것인지, 구체적 기술이 제시되었는지 여부를 보아 발명의 성립성 여부를 판단하게 된다. 발명은 특허를 받을 수 있다 하겠으나, 반면에 발명의 성립성 요건을 충족시키지 못할 경우에는 고도성을 제외하고는 특허법 제29조 제1항 본문 위반을 이유로 거절된다. 고도성을 결한 경우 심사실무에서는 특허법 제29조 제2항의 위반을 이유로 거절한다.[50]

---

49) "특정분야에서 성공하려면 두 가지가 필요합니다. 하나는 기술이고 또 하나는 그 기술을 표현할 줄 알아야 한다는 것입니다"(조선일보 2003.9.24. 인용).

제5절 현행 특허법상 발명정의의 한계

기술의 발달은 대량생산기술, 석유화학기술, 전기통신기술이나 교통운송수단 등의 발달로 풍요로운 사회가 되었고 나아가 인터넷의 급격한 확대를 중심으로 하는 IT혁명에 돌입하기에 이른 오늘날, 특허법의 발명의 정의와 보호를 요구하는 발명이 합치하지 않는 경우가 많아지고 있다. 즉 산업의 발달에 기여하는 발명임에도 불구하고 산업입법인 특허법에 의해 보호될 수 없는 경우가 생기고 있다. 그렇지만 특허법 제정의 법목적에서 본다면 이러한 상황은 자기모순인 것이 명백하며 따라서 정의의 해석을 확대·운용하는 것으로 커버되어 왔다.

예를 들면 국내 모든 특허법 서적에는 자연법칙이 아닌 "수학 또는 논리학상의 법칙"을 이용한 발명의 예로서 "계산방법", "작도법", "암호의 작성방법" 등이 있으며 이러한 것들은 특허법에서는 보호되지 않는 발명으로 이해되어 왔다.

그렇지만 우리 특허청에서는 비즈니스모델(BM)[51] 발명도 매체와 결합된 경우에는 특허를 부여하고 있다. 즉, 전통적인 비즈니스모델 발명의 특허성은 비즈니스의 방법 그 자체에 있는 것이 아니라 그 실현방법, 즉 컴퓨터의 소프트웨어에 있다고 할 수 있다. 부연하면 비즈니스모델 발명의 전체적인 구성인 비즈니스 아이디어, 프로그램, 컴퓨터로 구성된 데이터 처리 시스템이라 할 수 있다. 이 발명에서 비즈니스 아이디어만으로는 특허 대상이 될 수 없다. 그렇지만 이 경우에는 컴퓨터프로그램 자체가 자연법칙을 이용한 기술이라고 이해되지는 않는다는 데 문제가 있다. 컴퓨터프로그램은 일반적으로 코딩되어 있는 원시언어(source language)[52]를 보면 자연법칙을 이용하지 않은 것으로 생각하기 쉽지만 컴파일러[53]나 어셈블러[54]를 통해 기

---

50) 특허발명에서 '고도성'과 '진보성'은 실질적으로 동일한 개념이며, 단지 그 판단시점이 창작시와 출원시라는 점에서 다르다. 단 실용신안의 고안은 고도성을 요하지 않으나 진보성을 구비할 것을 요하는 것으로 차이가 있다고 본다(특허청, 심사일반기준). 그러나 발명의 성립성 판단의 시기적 기준이 출원시라는 설명과 모순된 설명이라 하겠다.

51) BM이란 용어는 최근까지 Business Method, Business Model이 혼용되어서 사용되고 있으나 미국 특허법상 용어로 Method가 통용되고 있고 국내 특허법에서도 발명의 카테고리를 물건과 방법으로 구분하고 있으므로, Business Model보다는 Business Method라는 용어가 보다 적절한 것으로 보인다, 윤선희, "비즈니스모델(BM) 특허의 보호동향", 창작과 권리(제19호), 2000, 49~53면; 정연용, 전자상거래와 특허보호, Pharma Koreana, 2000, 170면; 유재복, 비즈니스 모델 특허(새로운 제안), 2000, 62~63면.

52) 일반적으로 인간이 인지하고 해석할 수 있고 직접 코딩하기 쉬운 언어로 일반적으로 상위언어인 C, FORTRAN, JAVA 등이 있다.

계어로 변환시키면 전자적 신호를 제어하기 위한 자연법칙을 이용한 방법 발명이라고 생각한다. 굳이 컴퓨터프로그램이 자연법칙은 이용하지 않았다고 하더라도 기술적 사상의 창작이라 할 수 있는 것, 그리고 그것이 경제에 직접 기여할 수 있다는 것은 이미 실증되고 있다.

그렇다면 이전부터 부자연스럽다고 느꼈던 "자연법칙을 이용한"이라는 용어를 발명의 정의에서 삭제하거나 수정하여 보다 합리적인 정의를 구축하는 것이 필요하다고 생각된다.

대법원 2001.11.30. 선고 97후2507 판결
[컴퓨터프로그램관련 출원발명의 자연법칙의 이용성을 인정한 사례]

출원발명이 기본워드에 서브워드를 부가하여 명령어를 이루는 제어입력포맷을 다양하게 하고 워드의 개수에 따라 조합되는 제어명령어의 수를 증가시켜 하드웨어인 수치제어장치를 제어하는 방법에 관한 것으로서, 결국 수치제어입력포맷을 사용하여 소프트웨어인 서브워드 부가 가공프로그램을 구동시켜 하드웨어인 수치제어장치에 의하여 기계식별·제어·작동을 하게 하는 것일 뿐만 아니라 하드웨어 외부에서의 물리적 변환을 야기시켜 그 물리적 변환으로 인하여 실제적 이용가능성이 명세서에 개시되어 있다는 이유로 그 출원발명을 자연법칙을 이용하지 않은 순수한 인간의 정신적 활동에 의한 것이라고 할 수는 없다고 한 사례.

제 6 절 발명정의의 확대 검토

우리나라를 비롯한 일본, 유럽에서는 기술적 아이디어가 곧 특허보호를 받을 수 있는 발명에 해당한다고 하겠지만 자연법칙 자체나 어떤 추상적 아이디어는 특허보호대상이 아니다. 미국의 경우도 원칙적으로는 수학적 알고리즘이나 혹은 추상적 아이디어는 특허보호대상이 아니다. 그러나 최근 SSB 판결[55]과 Microsoft Corp. v. AT&T 판결[56]을 통하여 수학적 알고리즘도 특허보호대상으로 인정되는 경향이

53) 고급언어로 쓰인 프로그램을 그와 의미적으로 동등하며 컴퓨터에서 즉시 실행될 수 있는 형태의 목적 프로그램으로 바꾸어 주는 번역 프로그램.

54) 영자(英字)를 조합한 기호, 즉 기호언어(symbolic language)로 쓰인 프로그램을 컴퓨터가 직접 해독할 수 있는 코드(기계어)로 고치기 위한 프로그램.

55) State Street Bank &Trust Co. v. Signature Financial Group, Inc., 149 F.3d 1368, 47 U.S.P.Q. 2d (BNA) 1596(Fed. Cir. 1998), cert denied, 525 U.S. 1093 (1999).

56) Microsoft Corp. v. AT&T Corp., 127 S. Ct. 1746 (2007).

있다. 자연법칙이나 자연법칙에 가까운 수학적 알고리즘이 특허대상에서 배제되는 것은 그 법칙의 응용범위가 너무 광범위하여서 이를 특허로 보호할 경우 기술의 발전을 촉진하는 것이 아니라 오히려 발전을 저해할 뿐더러 더 나아가 산업발전에도 도움이 되지 않는다는 인식이 있었기 때문이다.

현재 미국에서 논란이 되고 있는 사업방법 자체의 특허보호 확대 문제는 많은 기업들이 대단히 경계하고 있는 것이며, 미국의 특허제도도 기술에만 특허보호를 부여하는 것이라고 주장하는 사람들이 많다. 많은 사람들이 오히려 한국이나 일본의 특허법은 발명에 대한 명확한 정의 규정이 있음으로써 불필요한 특허대상 확대 문제의 논쟁에 빠지지 않을 수 있음을 긍정적으로 보고 있다. 특허대상을 확대하여 사업방법 자체에까지 확대하는 것은 그러한 확대가 그 정당성에 대한 사회적 검증을 받고 명확한 보호체계를 확립할 때까지 많은 혼란을 초래하고 법적인 불안정성을 가중시킬 것이다.[57)]

이상에서 살펴본 바와 같이 현행 특허법의 골격은 19세기 말 기계산업을 배경으로 하여 형성된 것이며, 급속한 기술혁신으로 경제사회의 변화와 더불어 특허법을 비롯한 지적재산권법이 빈번히 개정되고 있고, 새로운 기술 출현에 따른 법률이 제정되어 왔다. 하지만 앞으로도 다양한 새로운 기술들이 부지기수로 출현할 것이다.

상위법령인 특허법상 발명의 정의규정을 그대로 두고 하위법령이라 할 수 있는 지침으로 자연법칙을 이용하지 않은 것을 보호하는 것은 위법이다. 그러므로 우리 특허법에서의 발명의 정의규정을 삭제 또는 개정(수정)하거나 '자연법칙의 이용성'에 대한 해석의 범위를 명확히 하여야 할 필요가 있다.

57) 허정훈, "특허대상 확대가 산업계에 미치는 영향", 발명진흥회 지식재산권연구센터, 2002, 88면.

제4장

발명의 종류

제 1 절 서　　설

발명의 종류는 그 기준의 설정에 따라 여러 종류의 발명으로 분류할 수 있다. 특허법은 발명을 크게 물건의 발명과 방법의 발명(생산방법의 발명 포함)으로 나누고 있다. 이하에서는 공동발명, 직무발명 등 특허법상 언급되는 발명의 종류와 화학발명, 생물분야의 발명, IT분야의 발명 등 특수한 분야의 발명의 종류 그리고 기타의 분류로 나누어서 몇 가지의 발명을 설명하기로 한다.

제 2 절　특허법상 발명의 종류

1. 객체상의 분류

(1) 물건의 발명과 방법의 발명

특허법상의 발명은 그 실체에 따라 '물건의 발명'과 '방법의 발명'으로 나눌 수 있다(제2조 3호).[1] 즉 발명의 실체가 '時'의 요소를 발명구성상의 필수요건으로 하는 것일

1) 발명의 표현방식은 원칙적으로 물건 또는 방법에 한하는 것이 원칙이나, 전기통신부문에서는 관행적으로 '방식'이라라고 용인되고 있다. 그러나 이러한 방식 발명 역시 그 실체에 따라 물건 또는 방법

때는 방법의 발명으로 해야 하고, 이와 같은 '時'의 요소를 필요로 하지 않는 것일 때는 물건의 발명으로 해야 한다. 물건의 발명은 발명이 유체물에 나타나며, ① 제품적 물건의 발명(예컨대 기계 · 기구 · 장치 · 시설 등), ② 재료적인 물건의 발명(화학물질 · 조성물 등), ③ 그 물건의 특정한 성질을 이용하는 물건의 발명(용도발명), ④ 그 물건을 취급하는 물건의 발명으로 나눌 수 있으며, 방법의 발명은 물건을 생산하는 방법의 발명과 직접적으로 물건의 생산이 수반되지 않는 비생산방법 내지 단순방법의 발명으로 나눌 수 있다.

특허법은 물건의 발명과 방법의 발명의 관계에 있어 물건을 생산하는 방법의 발명인 경우 그 방법을 사용하는 행위 또는 그 방법의 사용을 청약하는 행위 외에 그 방법에 의하여 생산한 물건을 사용 · 양도 · 대여 또는 수입하거나 그 물건의 양도 또는 대여의 청약을 하는 행위를 실시행위로 보고 있으며(제2조 3호 다목), 물건을 생산하는 방법의 발명에 관하여 특허가 된 경우에 그 물건이 특허출원 전에 국내에서 공지되었거나 공연히 실시된 물건이거나 국내 또는 국외에서 반포된 간행물에 게재되었거나 전기통신회선을 통하여 공중이 이용할 수 있는 물건이 아닌 때에는 그 물건과 동일한 물건은 그 특허된 방법에 의하여 생산된 것으로 추정한다고 규정하고 있다(제129조).

방법의 발명은 기존의 발명인 물건을 이용하여 그 발명이 성립된다는 점에서 그 효력이나 보호 등이 물건의 발명에 비추어 제한적이다. 예컨대 방법발명의 경우 그 특허권의 효력은 그 방법에만 미치며, 타인이 그와 다른 방법으로 물건을 생산하거나 그 생산된 물건을 사용하는 경우에는 특허권의 효력이 미치지 않는다.[2] 반면 물건발명의 경우 그 특허권의 효력은 그 물건 전체에 미친다. 따라서 그것이 동일 물건인 한 그 물건이 어떠한 방법에 의하여 생산된 것인지, 어떠한 방법에 이용되는지를 불문하고 그 특허권의 효력은 생산된 물건이나 사용되는 물건에까지 미친다.

방법의 발명의 경우 그것이 특허를 받았다 하더라도 물건의 발명에 대한 특허권의 효력은 그 방법에 의하여 생산된 물건에까지 미치므로 특허받은 방법의 발명을 무단으로 실시하는 경우에는 물건발명의 특허권을 침해하는 것이 된다. 따라서

의 어느 하나에 속하는 것이며, 양자의 중간이나 양자를 겸비하는 것이라고 해석해서는 안 된다.

2) 다만 물건을 생산하는 방법발명의 경우 그 실시하는 방법의 발명이 특허발명과 동일한 방법에 의한 것인지의 여부는 이를 증명하기가 매우 어렵다 하겠으며, 오히려 그 물건이 다른 방법에 의하여 생산된 것임을 상대방이 증명하는 것이 더 용이하다. 이에 특허법은 제129조에서 생산방법의 추정 규정을 두어 증명책임을 침해자에게 전환시킴으로써 특허권자의 증명에 따른 부담을 경감시켜 주고 있다.

특허법은 제138조에서 방법발명의 특허권자가 그 방법을 실시하고자 하는 경우에 물건을 발명한 특허권자가 정당한 이유 없이 그 실시를 허락하지 아니하거나 그 자의 허락을 받을 수 없을 경우에는 통상실시권 허락의 심판에 의하여 특허발명을 실시할 수 있도록 규정함으로써 물건발명의 특허권자와 그 물건을 이용하여 발명을 한 방법발명의 특허권자간의 권리를 상호 조정하는 제도적 장치를 마련하고 있다(제138조).

물건의 발명과 구별되는 개념으로 물질발명이 있다. 물건의 발명이 일반적인 유형의 대상물로서 구성의 결합에 특징을 두는 기술적 사상인데 반하여, 물질발명이란 협의로는 화학적인 방법에 의하여 제조될 수 있는 새로운 물질의 발명을 의미하며, 오늘날에 있어서는 화학물질특허 · 의약특허 및 음식물 · 기호물 특허를 총칭하는 개념으로 인식된다. 전통적으로 특허제도는 이러한 물질발명을 불특허사항으로 정하고 있었으나, 1968년 독일이 물질특허를 채택하면서 이를 인정하는 입법례가 늘었다. 우리나라 역시 1986년 12월 31일 개정법(법률 제3891호)을 통하여 종전의 입장을 바꾸어 물질발명을 특허대상으로 하게 되었다. 아래에서 다시 용도발명과 함께 설명한다.

특허법원 2000.8.18. 선고 98허6322 판결

이 사건 특허발명의 실체가 '방법'의 발명인지 '물(物)'의 발명인지 여부에 관하여 본다. 이 사건 특허발명의 청구범위에는, 수불용성막 형성물질을 1-하이드록시-2-피리톤(시클로피룩스) 및 용매와 혼합하여 손톱와니스(varnish)를 제조하는 방법으로서, 각 조성성분을 혼합한다는 것 이외에는 구체적인 제조방법이 기재되어 있지 아니하다. 또한 이 사건 특허발명의 명세서에도, 제36면에서 "손톱와니스는 개개 성분들을 함께 혼합시키고 경우에 따라 이들을 특정 제재를 위해 적합한 추가의 공정으로 처리함으로써, 통상적인 방법으로 제조한다"라고 기재되어 있을 뿐이다. 다만 위 명세서 중 '실시예 14'에 관한 설명에서 조성성분들의 교반, 용해, 분산시 작동온도의 한정 등 조성물의 제조방법이 기재되어 있기는 하나, 위 명세서 전체의 기재 내용을 종합하면, 그와 같은 제조방법은 항진균성 손톱와니스와 같은 의약조성물을 제조하는 통상적인 한 방법에 불과한 것으로 보이므로, 이 사건 특허발명의 실체가 조성성분의 혼합에 관한 방법에 있다고 볼 수 없다. 그렇다면 이 사건 특허발명의 청구범위는 그 표현 형식이 의약조성물의 제조방법의 발명으로 되어 있으나, 의약조성물을 특정하는 조성성분 및 조성비율이 기재되어 있을 뿐이고, 청구범위 및 명세서를 전체적으로 보더라도 구체적 제조과정으로 기재되어 있는 것은 통상적인 것에 불과하므로, 이 사건 특허발명의 실체는 특허청구의 범위에 기재된 바와 같은 조성성분들로 구성된 "항진균성 손톱와니스"라는 의약조성물이라고 할 것이다.

특허법원 2000.12.22. 선고 99허840 판결

[물건의 발명과 방법의 발명]

일반적으로 발명에는 물(物)의 발명과 방법의 발명이 있는바, 물의 발명은 물 자체에 대한 발명이고, 방법의 발명은 일정한 목적을 향하여진 계열적으로 관련 있는 수개의 행위 또는 현상에 의하여 성립한 발명으로 발명의 구성상 '시간의 경과'라는 요소를 요건으로 한다 할 것이다. 그리고 물의 발명에 해당하는지 방법의 발명에 해당하는지 여부는 발명의 명칭이나 청구범위의 표현에 따라 결정되는 것이 아니고 발명의 실체에 의하여 정해져야 할 것이다. 따라서 특허청구의 범위가 비록 물의 제조방법 형식으로 표현되어 있다고 하여도 그 제조방법을 구체적으로 명시하지 못하고 있는 경우에는 물 그 자체의 발명으로 볼 수밖에 없다(대법원 1992.5.12. 선고 91후1052 판결 참조).

(2) 이용발명

이용발명이란 타인의 선출원 특허발명 · 등록실용신안 · 등록디자인이나 이와 유사한 디자인을 이용하여 완성한 특허발명을 말한다. 이용이란 후출원인 자기의 특허발명의 실시는 선출원인 타인의 권리를 실시하게 되나, 선출원 권리자가 실시하는 경우에는 후출원인 자기의 특허발명의 실시가 되지 않는 관계를 말한다.

따라서 특허권자 · 전용실시권자 또는 통상실시권자는 특허발명이 그 특허발명의 특허출원일전에 출원된 타인의 특허발명 · 등록실용신안 또는 등록디자인이나 그 디자인과 유사한 디자인을 이용하거나 특허권이 그 특허발명의 특허출원일전에 출원된 타인의 디자인권 또는 상표권과 저촉되는 경우에는 그 특허권자 · 실용신안권자 · 디자인권자 또는 상표권자의 허락을 얻지 아니하고는 자기의 특허발명을 업으로서 실시할 수 없다(제98조). 또한 선후출원자간의 형평성을 고려하여, 특허법 제98조에 따라 후출원자가 선출원자에게 실시허락을 위한 협의를 구하였으나 협의가 성립되지 아니하거나 협의를 할 수 없을 때에는 후출원자는 선출원자를 상대로 통상실시권 허락의 심판을 청구할 수 있다(제138조).

대법원 1995.12.5. 선고 92후1660 판결

[이용발명의 성립요건]

[1] 이 건 특허발명은 공지된 에틸렌비닐아세테이트(EVA) 폼의 낚시찌에 방수처리를 함에 있어 특정 재료를 선택하였음에 그 기술요지가 있는 것이어서 설사 방수처리를 함에 있어 사용한 재료의 물성이 유사하더라도 동일 재료가 아닌 다른 재료로 방수피막층을 형성한 것에까지 그 권리영역이 미칠 수는 없다 할 것이고, 이러한 관점에서 볼 때 이 건 특허발명은 방수피막층을 이루는 재료가 단순 중합체인 연질 폴리비

닐클로라이드임에 비하여 확인대상발명은 에틸렌초산비닐(EVA) 공중합체 및 열가소성 고무로서 그 재질이 상이한 것이므로 결국 확인대상발명은 본건 특허발명의 권리범위에 속하지 아니한다.

[2] 선행발명과 후발명이 구 특허법(1990.1.13. 법률 제4207호로 전문 개정되기 전의 것) 제45조 제3항 소정의 이용관계에 있는 경우에는 후발명은 선행발명특허의 권리범위에 속하게 되고, 이러한 이용관계는 후발명이 선행발명의 기술적 구성에 새로운 기술적 요소를 부가한 것으로서 후발명이 선행발명의 요지를 전부 포함하고 이를 그대로 이용하되 선출원발명이 후출원발명 내에서 발명으로서의 일체성을 유지하고 있을 것을 요구한다.

개량발명

개척발명(pioneer invention)이란 그 발명이 속하는 분야에서의 기술문제를 최초로 해결한 발명을 말하며, 개량발명은 개척발명에 기술적으로 더욱 보완한 발명을 말한다. 특히 개량발명은 개척발명에 대해 새로 부가한 개량적 작용효과가 나타나는 구성에 대해서만 발명이 성립한다. 보호범위에 있어서도 개척발명은 보호범위를 넓게 인정받을 수 있으나 개량발명은 발명적 기여가 적으므로 그에 상응하는 작은 보호범위가 인정된다. 타인의 개척발명을 개량한 때는 이용발명의 관계가 성립되는 경우가 흔하나, 개량발명을 이용발명과 구별하여 협의의 개량발명으로 나누어 설명하기도 한다.

종속발명

종속발명이란 다른 발명을 실시하지 않으면 실시할 수 없는 발명을 의미한다. 종속발명은 선행발명에 새로운 다른 기술을 부가하여 선행발명의 이용분야를 외연적으로 확대하는 발명과 선행발명을 상위개념으로 하여 그 하위개념인 범위 내에서 선행(先行)발명의 인식 이외의 새로운 작용효과를 알아내거나 독립의 기술문제를 해결한 발명으로 나누어 설명하기도 한다. 이러한 종속발명은 이용발명의 한 형태라 볼 수 있다.

(3) 국방상 필요한 발명

국방상 필요한 발명이란 국가안보에 중대한 영향을 미치는 발명을 말하며, 정부는 국방상 필요한 발명에 대해서는 정부의 허가 없이 외국에의 특허출원을 금지하거나 그 발명을 비밀로 취급하도록 명할 수 있다. 또한 정부는 국방상 필요한 발명을 특허를 하지 아니할 수 있으며, 전시·사변 또는 이에 준하는 비상시에 있어서는 특허를 받을 수 있는 권리를 수용할 수도 있다(제41조 제1항·제2항).

(4) 우선심사대상 발명

우선심사란 심사청구된 특허출원 중에서 일정사유에 해당되는 출원에 대하여 그 심사를 심사청구순위보다 우선하여 심사하는 것을 말한다(제61조). 특허법 시행령 제9조에서 규정한 방위산업분야의 특허출원 등은 우선심사의 대상이 되며, 이러한 분야에 해당되는 발명을 우선심사대상 발명이라 한다.

2. 주체상의 분류

(1) 단독발명과 공동발명

단독발명이란 발명의 완성자가 1인인 경우를 말하며 공동발명이란 수인이 공동으로 발명을 완성한 경우를 말한다. 공동발명의 경우 특허법은 특별한 취급규정을 두고 있어 특허를 받을 수 있는 권리는 공유로 하며, 출원시 전원이 공동으로 출원하여야 한다(제33조 제2항, 제44조).

(2) 직무발명, 업무발명 및 자유발명

발명은 사용자의 업무와의 관계, 종업원의 직무와의 관계유무에 따라 직무발명, 업무발명 및 자유발명으로 나눌 수 있다(발명진흥법 제2조 2호). '직무발명'이란 종업원이 한 발명이 사용자의 업무범위에 속하고 종업원의 직무와 관련하여 한 발명을 말하며, '업무발명'은 종업원이 한 발명이 사용자의 업무범위에 속하는 발명이기는 하나 종업원의 직무와는 무관한 발명을 말한다. 한편 '자유발명'은 종업원이 한 발명으로서 종업원의 직무범위에 속하지 아니함은 물론 사용자의 업무범위에도 속하지 않는 발명을 말한다. 이에 대하여는 특허를 받을 수 있는 자에서 후술한다.

제 3 절 특수한 분야의 발명

1. 화학분야의 발명

(1) 서 설

화학분야의 발명은 주로 물질특허제도와 관련이 있다. 물질이란 물건의 구성요소가 되는 원료나 성분으로서 특정의 용도가 정해지지 않은 상태의 본질 또는 실질을 말하는데 이와 같은 물질에는 원래부터 자연에 존재하는 것이 있지만 인간이 만든 물질도 있다. 물질특허란 인간이 만든 이러한 물질에 대하여 특허를 허여하는 것을 말한다. 물질특허제도는 원래는 화학적인 방법에 의하여 제조되는 물질, 즉 화학물질의 발명에 특허성을 인정하는 제도이나, 최근에는 화학물질뿐만 아니라 의약품, 음식물 및 기호물의 특허까지 포함하고 있다.

물질특허의 대상이 되는 물질발명[3]의 예로서는 원소, 화합물, 화학물질, 조성물(組成物), 의약품 등과 같은 것을 말한다. 일반적으로 물질은 순수물과 혼합물로 구분할 수 있으며, 순수물은 '기계적 조작 또는 상태변화에 의하여 2종류의 물질로 분리될 수 없는 물질'로 정의되고, 혼합물은 '기계적 조작 또는 상태변화에 의하여 2종 또는 2 이상의 물질로 분리할 수 있는 물질'이라고 정의된다. 따라서 화학방법에 의하여 제조될 수 있는 물질은 순수물을 의미하며, 혼합물은 특허분야에서 통상 조성물이라고 불리고 물질발명과 구별하고 있다.

아래에서는 화학분야를 중심으로 발명의 종류를 설명하도록 하겠다.

(2) 종 류

1) 용도발명(발견)

용도발명이란 특정의 물질에 존재하는 특정성질만을 이용하여 성립하는 발명을 말한다. 용도발명은 주로 화학물질과 관련하여 행하여지는 것이 보통이며, 그 예로서는 "이미 알고 있는 '물질' DDT에 살충효과가 있다는 것이 발견되면, 이 속성을 이용하여 'DDT를 유효성분으로 하는 살충제' 또는 'DDT를 벌레에 뿌려서 살충하는 방법'의 발명"이 용도발명에 해당된다.[4]

용도발명은 엄밀한 의미에서 창작이 아니라 특허대상으로 하지 않고 있는 발견에 불과하지만 선행기술의 물건 또는 방법에서 특정용도를 발견한 점에 대하여 발명으로 인정하고 있는 것이다. 창작이 아닌 것에 특허성을 인정하는 이유는 그 물질에서 새로운 용도를 이끌어내는 과정이 창작 정도의 노력과 투자가 있었다는 것에 대한 응분의 보상이라 할 수 있다. 그러므로 물질에서 우연히 용도를 발견했다든지 아무런 노력없이 얻어지는 결과에 대해서는 보호대상이 될 수 없다 하겠다.

---

3) 물질발명이란 용어는 특허법에서 사용하지 않고 있으나 1986년 특허법 개정 전까지 있던 ① 화학물질 및 그 용도발명, ② 의약을 조제하는 방법의 발명, ③ 음식물 또는 기호물의 발명과 1995년 개정시에 삭제된 '원자핵 변환방법에 의하여 제조될 수 있는 물질의 발명' 등이 사용되어 왔던 것을 원용해 보면 이에 해당된다고 할 수 있다.

4) 吉藤幸朔 著, YOU ME 특허법률사무소 譯, 「특허법개설(제12판)」, 대광서림, 1999, 64면.

특히 물질발명과의 관계에 있어서 물질발명에 대한 특허권의 효력은 그 물질이 어떠한 제조방법으로 제조되고 또한 어떠한 용도에 사용되는가에 관계없이 그 물질의 생산·사용·양도 등에 미치므로, 물질발명의 새로운 용도에 대하여 특허권이 형성되었다 해도 물질발명에 대한 특허권은 그 용도발명의 대상인 물질의 대상·양도·대여 등의 실시행위에 당연히 그 효력이 미친다.

2) 용도한정발명

용도한정발명이란 공지기술에서 막연히 시사되고 있는 복수종류의 용도 중 어느 하나를 한정하여 효과를 실증한 발명이다. 즉, 「사용목적의 한정(限定)」이란 조건에 의해 용도한정발명은 원래의 기술에 비하여 하위개념(下位槪念)의 발명으로 위치를 정할 수 있다. 예를 들어 염산후라복세이트가 평활근이완작용이 있어 협심증치료제로서 특허되었는데 평활근 중에서도 방광괄약근의 이완에 한정해서 1회의 배뇨횟수를 감소케 하는 빈뇨치료제로서 발명된 경우 이는 새로운 용도발명에 속한다. 한편 이 빈뇨치료제가 1일 3회 복용제인데 같은 약효로 1일 2회로 복용횟수를 감소시킨 서방제(徐妨濟)를 발명하였다면 이는 용도한정발명이다. 이러한 용도한정발명은 공지기술이 선행물질특허인 경우 그 물질특허의 이용발명에 속하게 된다. 따라서 선행 물질특허권자의 허락을 얻어야 실시할 수 있다.[5]

3) 조성물발명

조성물은 2 이상의 성분의 조합으로 된 물질을 말한다. 그 성분의 조합이 화학적이건(화학물), 물리적이건(혼합물) 전체로서 균일하게 혼합되어 외관상 하나의 물질로 인정되는 것을 말한다. 전자로는 의약품, 농약 등이 있고, 후자로는 합금, 시멘트, 잉크 등이 있다.

조성물은 신규의 것도 있고, 공지의 조성물의 새로운 용도를 발견하거나 새로운 제조방법의 발명도 있다. 발명자가 공지의 물질(예 탄소, 수소, 산소)을 특정형식으로 조성한 것이 신규하고, 진보적이며, 유용한 결과를 달성할 경우 특허능력이 있다. 결합발명에 있어서처럼 이들 성분이 개별적으로 갖지 아니한 특성을 거쳐 상호협력적인 새롭고 유용한 결과를 달성할 수 있어야 하고 단순한 집합의 경우는 특허성이 인정되지 아니한다. 자연적으로 존재하는 단순한 집합은 조성물이 아니다.[6]

---

5) 송영식·이상정·황종환·이대희·김병일·박영규·신재호, 「지적소유권법(上)」(제2판), 육법사, 2013, 403~404면.

6) 송영식·이상정·황종환·이대희·김병일·박영규·신재호, 「지적소유권법(上)」(제2판), 육법사, 2013, 402면.

특허법원 2018.1.11. 선고 2017나1247 판결

[의약품의 경우 시판되었더라도 통상의 기술자가 과도한 노력을 기울이지 않고 그 조성 등을 알 수 없으면 공지, 공연실시되었다고 볼 수 없어 신규성이 부정되지 않는다는 사례]

발명이 '공지되었다'고 함은 반드시 불특정다수인에게 인식되었을 필요는 없다 하더라도 적어도 불특정다수인이 인식할 수 있는 상태에 놓인 것을 의미하고(대법원 2002.6.14. 선고 2000후1238 판결 참조), '공연히 실시되었다'고 함은 발명의 내용이 비밀유지약정 등의 제한이 없는 상태에서 양도 등의 방법으로 사용되어 불특정다수인이 인식할 수 있는 상태에 놓인 것을 의미한다(대법원 2012.4.26. 선고 2011후4011 판결 등 참조). 한편, 화학물질이나 의약품 등의 경우에는 통상의 기술자가 특허발명의 출원일 또는 우선권 주장일 전에 사용할 수 있었던 분석방법을 통해 과도한 노력을 기울이지 않고 그 조성이나 성분을 알 수 없었다면 비록 공연히 판매되었더라도 불특정다수인이 인식할 수 있는 상태였다고 볼 수 없다. 불특정다수인이 발명의 내용을 인식할 수 있는 상태에 놓인 점에 대해서는 이를 등록무효사유로 주장하는 자가 증명하여야 한다. 이러한 증명은 판매된 제품의 모든 성분이나 조성을 정확히 재현하는 정도에 이를 필요는 없으나 적어도 그로부터 특허발명과 대비되는 선행발명의 구성요소를 확인할 수 있을 정도여야 한다. 그런데 통상의 기술자에게 선행발명 1로부터 포함된 부형제의 종류 및 함량을 정성·정량 분석할 수 있는 분석법이 알려져 있었고, 이를 통해 이 사건 특허발명과 대비할 수 있을 정도로 부형제의 종류 및 혼합비를 확인할 수 있었다는 점을 인정할 증거가 없다.

4) 수치한정발명

수치한정발명이란 청구항에 기재된 발명의 구성에 없어서는 아니 되는 사항의 일부가 수량적으로 표현된 발명을 의미한다. 즉, 공지발명에서 수치·형상·배열·재료 등의 변경 또는 한정으로 구성되는 발명도 있는데, 이 중 공지발명에 그것과 다른 수치를 한정하였을 때 효과의 현저성과 진보성 등이 있어 발명이 인정되는 경우 이를 수치한정발명이라 한다. 예를 들면 어떤 특정 수치의 온도에서 최적의 화합물을 만들어 내는 방법이다.[7)8)] 수치한정발명의 경우 수치를 한정했다고 해도 그 수치가 통상의 기술자가 임의로 선택할 수 있는 범위에 불과한 때는 공지발명 기재의 문헌에 수치의 기재가 생략되었던 기재에 불과하다고 인정되어, 효과의 현

---

7) 猿渡章雄, 「数値限定発明についての判例及び考察(1)」, パテント, Vol.51 No.3; 藤井淳, 「パラメータ発明におけるパラメータの意義について－材料発明を中心として－」, パテント Vol.51 No.8, 46頁; 이재웅, "수치한정발명과 파라미터발명", 특허와상표(제562호), 2003.1.5. 재인용.

8) 東京高裁 平成9.10.16. 平成 6年(行ケ) 58号(수치한정발명에서 작용효과의 현저성을 인정한 진보성을 긍정한 사례).

저성 유무를 논할 필요도 없이 신규성 내지 진보성이 있다고 할 수 없을 것이다. 다만 임의 선택의 범위일지라도 수치한정을 한 구성요소가 다수 있고, 이것들의 조합에 의해서만 현저한 효과를 얻을 경우에는 위의 경우와 구별해야 할 것이다. 그리고 수치한정을 한 범위에서 현저한 효과를 거두는 부분과 그렇지 않은 부분이 있는 경우에는 이 양 부분을 일괄해서 수치한정을 한 발명은 진보성이 없는 부분을 포함하는 이상, 그대로는 전체로서 진보성이 없는 발명이 된다.[9]

대법원 1989.10.24. 선고 87후105 판결

[수치한정]

특허의 대상인 미용비누에 의하여 달성된다는 혈액순환의 촉진, 체온의 유지, 피부를 윤기있고 탄력 있도록 하는 작용효과는 그 출원 전에 반포된 간행물에 기재되어 공지된 맥반석 자체가 지니는 고유의 성질을 공지의 미용비누에 단순히 혼합함으로써 달성할 수 있는 정도에 불과하고 맥반석분말의 혼합비율 역시 통상의 기술자이면 반복시험으로 그 최적비를 적의선택 실시할 수 있는 정도의 단순한 수치한정에 불과하다면 이 점에 특별한 창의성이 있다고 인정되지 않으므로 해당 특허는 공지의 기술을 내용으로 한 것으로서 무효이다.

대법원 1991.10.22. 선고 90후1086 판결

[수치한정]

본원발명이 인용참증에 일정한 수치한정을 하여 흡연자로 하여금 특별한 맛을 느끼게 하는 담배필터를 생산할 수 있다는 것이나 그 특별한 맛이라는 점에 있어서는 흡연자의 주관적 판단에 따라서 다른 것이고, 본원발명이나 인용참증 모두가 담배로부터 필터를 통하여 흡연된 연기와 도관(홈)을 통하여 흡입된 공기가 순간적으로 혼합되어 위 연기가 희석되도록 하는 기술구성 및 그 작용효과에 있어서는 동일하거나 유사한 것이며 본원발명은 위 인용참증의 여러 변형 중 그 하나에 지나지 않는 것으로서 통상의 기술자가 반복시험으로 그 최적비를 적의선택 실시할 수 있는 정도의 수치한정에 불과하여 그 발명의 구성의 곤란성이나 효과의 각별한 현저성이 인정되지 않으므로 본원발명은 이 기술분야의 통상의 기술을 가진 자가 인용참증으로부터 용이하게 발명할 수 있는 정도의 것이라는 취지로 판시하여 구 특허법(법률 제4207호로 개정되기 전의 것) 제6조 제2항에 의거 이 사건 특허출원을 거절한 원사정을 유지하고 있는 바, 기록에 의하여 살펴보면 원심의 위 인정과 판단은 이를 수긍할 수 있고 거기에 소론이 지적하는 발명의 신규성 및 진보성에 관한 법리오해, 판단누락, 심리미진의 위법이 있다고 할 수 없다.

---

9) 吉藤幸朔 著, YOU ME 특허법률사무소 譯, 「특허법개설(제12판)」, 대광서림, 1999, 159면.

대법원 2013.5.24. 선고 2011후2015 판결

[수치한정]

수치한정발명에서 신규성 판단 기준: 구성요소의 범위를 수치로써 한정하여 표현한 발명이 그 출원 전에 공지된 발명과 사이에 수치한정의 유무 또는 범위에서만 차이가 있는 경우에는, 그 한정된 수치범위가 공지된 발명에 구체적으로 개시되어 있거나, 그렇지 않더라도 그러한 수치한정이 그 발명이 속하는 기술분야에서 통상의 지식을 가진 자(이하 '통상의 기술자'라고 한다)가 적절히 선택할 수 있는 주지·관용의 수단에 불과하고 이에 따른 새로운 효과도 발생하지 않는다면 그 신규성이 부정된다. 그리고 한정된 수치범위가 공지된 발명에 구체적으로 개시되어 있다는 것에는, 그 수치범위 내의 수치가 공지된 발명을 기재한 선행문헌의 실시 예 등에 나타나 있는 경우 등과 같이 문언적인 기재가 존재하는 경우 외에도 통상의 기술자가 선행문헌의 기재 내용과 출원시의 기술상식에 기초하여 선행문헌으로부터 직접적으로 그 수치범위를 인식할 수 있는 경우도 포함된다. 한편 수치한정이 공지된 발명과는 상이한 과제를 달성하기 위한 기술수단으로서의 의의를 가지고 그 효과도 이질적인 경우나 공지된 발명과 비교하여 한정된 수치범위 내외에서 현저한 효과의 차이가 생기는 경우 등에는, 그 수치범위가 공지된 발명에 구체적으로 개시되어 있다고 할 수 없음은 물론, 그 수치한정이 통상의 기술자가 적절히 선택할 수 있는 주지·관용의 수단에 불과하다고 볼 수도 없다.

대법원 2010.8.19. 선고 2008후4998 판결

[수치한정]

수치한정발명의 진보성을 인정하기 위한 요건: 특허등록된 발명이 그 출원 전에 공지된 발명이 가지는 구성요소의 범위를 수치로써 한정하여 표현한 경우에 있어, 그 특허발명의 과제 및 효과가 공지된 발명의 연장선상에 있고 수치한정의 유무에서만 차이가 있는 경우에는 그 한정된 수치범위 내외에서 현저한 효과의 차이가 생기지 않는다면 그 특허발명은 그 기술분야에서 통상의 지식을 가진 자(이하 '통상의 기술자'라 한다)가 통상적이고 반복적인 실험을 통하여 적절히 선택할 수 있는 정도의 단순한 수치한정에 불과하여 진보성이 부정된다(대법원 1993.2.12. 선고 92다40563 판결, 대법원 2007.11.16. 선고 2007후1299 판결 등 참조). 다만, 그 특허발명에 진보성을 인정할 수 있는 다른 구성요소가 부가되어 있어서 그 특허발명에서의 수치한정이 보충적인 사항에 불과하거나, 수치한정을 제외한 양 발명의 구성이 동일하더라도 그 수치한정이 공지된 발명과는 상이한 과제를 달성하기 위한 기술수단으로서의 의의를 가지고 그 효과도 이질적인 경우라면, 수치한정의 임계적 의의가 없다고 하여 특허발명의 진보성이 부정되지 아니한다.

5) 선택발명

선택발명이란 총괄적인 상위개념으로 표현된 선행발명에 대해서 해당 선행문헌에 구체적으로 개시되어 있지 않은 사항을 필수구성요소의 전부 또는 일부로서 선택한 것에 상당하는 발명을 말한다. 선택발명 중에 특허성을 갖는 발명과 갖지 않는 발명이 있다.[10]

예를 들어 진통제적 효과가 인정되어 특허된 선행발명의 화학물질을 이용한 후행발명은 염색제의 효과가 있다든지, 같은 화학물질로 선행발명과 살충력은 동등하지만 후행발명은 온혈동물에게 독성이 현저히 낮은 경우가 그러하다.

대법원 2002.12.26. 선고 2001후2375 판결

[선택발명의 특허성]

선행 또는 공지의 발명에 구성요소가 상위개념으로 기재되어 있고 위 상위개념에 포함되는 하위개념만으로 구성된 특허발명에 예측할 수 없는 현저한 효과가 있음을 인정하기 어려워 그 기술분야에서 통상의 지식을 가진 자가 공지의 발명으로부터 특허발명을 용이하게 발명해 낼 수 있는 경우라 하더라도 선행발명에 특허발명을 구성하는 하위개념이 구체적으로 개시되어 있지 않았다면 원칙적으로 그 특허발명이 출원 전에 공지된 발명과 동일성이 있는 것이라고 할 수 없고(신규성이 있는 발명에 해당한다), 이러한 경우 그 특허가 무효심판절차를 거쳐 무효로 되지 않은 이상 다른 절차에서 당연히 그 권리범위를 부정할 수는 없다.

대법원 2003.4.25. 선고 2001후2740 판결

[선택발명의 특허 요건과 그 효과의 증명 방법]

선행 또는 공지의 발명에 구성요소가 상위개념으로 기재되어 있고 위 상위개념에 포함되는 하위개념만을 구성요소의 전부 또는 일부로 하는 이른바 선택발명은, 첫째, 선행발명이 선택발명을 구성하는 하위개념을 구체적으로 개시하지 않고 있으면서, 둘째, 선택발명에 포함되는 하위개념들 모두가 선행발명이 갖는 효과와 질적으로 다른 효과를 갖고 있거나, 질적인 차이가 없더라도 양적으로 현저한 차이가 있는 경우에 한하여 특허를 받을 수 있고, 이 때 선택발명의 발명의 설명에는 선행발명에 비하여 위와 같은 효과가 있음을 명확히 기재하면 충분하고, 그 효과의 현저함을 구체적으로 확인할 수 있는 비교실험자료까지 기재하여야 하는 것은 아니며, 만일 그 효과가 의심스러울 때에는 출원일 이후에 출원인이 구체적인 비교실험자료를 제출하는 등의 방법에 의하여 그 효과를 구체적으로 주장 · 증명하면 된다.

---

10) 이재웅, "선택발명에 대해서", 특허와 상표(제571호), 2003.5.20.

대법원 2010.3.25. 선고 2008후3520 판결

[선택발명의 신규성 판단 기준을 제시하고 선행발명에 이건 발명의 구체적 용도가 그대로 기재되어 있으므로 신규성이 부정된다고 한 사례]

선행 또는 공지의 발명에 구성요소가 상위개념으로 기재되어 있고 위 상위개념에 포함되는 하위개념만을 구성요소 중의 전부 또는 일부로 하는 이른바 선택발명의 신규성을 부정하기 위해서는 선행발명이 선택발명을 구성하는 하위개념을 구체적으로 개시하고 있어야 하고(대법원 2002.12.26. 선고 2001후2375 판결, 대법원 2007.9.6. 선고 2005후3338 판결 등 참조), 이에는 선행발명을 기재한 선행문헌에 선택발명에 대한 문언적인 기재가 존재하는 경우 외에도 그 발명이 속하는 기술분야에서 통상의 지식을 가진 자가 선행문헌의 기재 내용과 출원시의 기술 상식에 기초하여 선행문헌으로부터 직접적으로 선택발명의 존재를 인식할 수 있는 경우도 포함된다(대법원 2009.10.15. 선고 2008후736,743 판결 참조).

대법원 2007.9.6. 선고 2005후3338 판결

[선택발명의 특허 요건]

선택발명은 선행발명이 선택발명을 구성하는 하위개념을 구체적으로 개시하지 아니하고, 선택발명에 포함되는 하위개념들 모두가 선행발명이 갖는 효과와 질적으로 다른 효과를 갖고 있거나, 질적인 차이가 없더라도 양적으로 현저한 차이가 있는 경우에 한하여 특허를 받을 수 있다.

[선택발명의 명세서 기재의 정도 및 효과의 증명방법]

선택발명의 명세서에 그와 같은 효과가 있음을 구체적으로 확인할 수 있는 비교실험자료 또는 대비결과까지 기재하여야 하는 것은 아니라고 하더라도 통상의 기술자가 선택발명으로서의 효과를 이해할 수 있을 정도로 명확하고 충분하게 기재하여야 명세서 기재요건이 구비되었다고 할 수 있다. 만일 그 효과가 의심스러울 때에는 출원일 이후에 출원인이 구체적인 비교실험자료를 제출하는 등의 방법에 의하여 그 효과를 구체적으로 주장, 증명하면 된다.

대법원 2012.8.23. 선고 2010후3424 판결

[선택발명의 진보성이 인정되기 위한 요건 및 이 경우 발명의 설명 기재의 정도]

선행 또는 공지의 발명에 구성요소가 상위개념으로 기재되어 있고 위 상위개념에 포함되는 하위개념만을 구성요소 중의 전부 또는 일부로 하는 이른바 선택발명의 진보성이 부정되지 않기 위해서는 선택발명에 포함되는 하위개념들 모두가 선행발명이 갖는 효과와 질적으로 다른 효과를 갖고 있거나, 질적인 차이가 없더라도 양적으로 현저한 차이가 있어야 하고, 이때 선택발명의 발명의 설명에는 선행발명에 비하여 위와 같은 효과가 있음을 명확히 기재하여야 하며, 위와 같은 효과가 명확히 기재되어 있다고 하기 위해서는 선택발명의 발명의 설명에 질적인 차이를 확인할 수 있는 구체적인 내용이나, 양적으로 현저한 차이가 있음을 확인할 수 있는 정량적 기재가 있어야 한다.

[선택발명에 여러 효과가 있는 경우 선행발명에 비하여 이질적이거나 양적으로 현저한 효과를 갖는다고 하기 위한 요건]

선택발명에 여러 효과가 있는 경우에 선행발명에 비하여 이질적이거나 양적으로 현저한 효과를 갖는다고 하기 위해서는 선택발명의 모든 종류의 효과가 아니라 그 중 일부라도 선행발명에 비하여 그러한 효과를 갖는다고 인정되면 충분하다.

대법원 2016.1.28. 선고 2013후1887 판결

선행발명에 구성요소가 상위개념으로 기재되어 있고, 위 상위개념에 포함되는 하위개념만을 구성요소 중의 전부 또는 일부로 하는 선택발명의 진보성이 부정되지 않기 위해서는, 선택발명에 포함되는 하위개념들 모두가 선행발명이 갖는 효과와 질적으로 다른 효과를 갖고 있거나, 질적인 차이가 없더라도 양적으로 현저한 차이가 있어야 한다. 선택발명에 포함되는 하위개념의 실시형태 중 가장 열등한 것의 효과가 선행발명에 개시된 실시형태 중 가장 우수한 것의 효과와 비교하여 현저하다는 관계가 인정되지 않는다면, 선택발명에 포함되는 하위개념의 실시형태 중 일부의 효과가 선행발명에 개시된 실시형태 중 일부의 효과보다 뛰어나 보인다고 하여 선택발명의 진보성이 부정되지 아니한다고 볼 수는 없다.

대법원 2021.4.8. 선고 2019후10609 판결

선행발명에 특허발명의 상위개념이 공지되어 있는 경우에도 구성의 곤란성이 인정되면 진보성이 부정되지 않는다. 선행발명에 발명을 이루는 구성요소 중 일부를 두 개 이상의 치환기로 하나 이상 선택할 수 있도록 기재하는 이른바 마쿠쉬(Markush) 형식으로 기재된 화학식과 그 치환기의 범위 내에 이론상 포함되기만 할 뿐 구체적으로 개시되지 않은 화합물을 청구범위로 하는 특허발명의 경우에도 진보성 판단을 위하여 구성의 곤란성을 따져보아야 한다. 위와 같은 특허발명의 구성의 곤란성을 판단할 때에는 선행발명에 마쿠쉬 형식 등으로 기재된 화학식과 그 치환기의 범위 내에 이론상 포함될 수 있는 화합물의 개수, 통상의 기술자가 선행발명에 마쿠쉬 형식 등으로 기재된 화합물 중에서 특정한 화합물이나 특정 치환기를 우선적으로 또는 쉽게 선택할 사정이나 동기 또는 암시의 유무, 선행발명에 구체적으로 기재된 화합물과 특허발명의 구조적 유사성 등을 종합적으로 고려하여야 한다(대법원 2009.10.15. 선고 2008후736, 743 판결 등은 '이른바 선택발명의 진보성이 부정되지 않기 위해서는 선택발명에 포함되는 하위개념들 모두가 선행발명이 갖는 효과와 질적으로 다른 효과를 갖고 있거나, 질적인 차이가 없더라도 양적으로 현저한 차이가 있어야 하고, 이때 선택발명의 발명의 상세한 설명에는 선행발명에 비하여 위와 같은 효과가 있음을 명확히 기재하여야 한다'고 판시하였다. 이는 구성의 곤란성이 인정되기 어려운 사안에서 효과의 현저성이 있다면 진보성이 부정되지 않는다는 취지이므로, 선행발명에 특허발명의 상위개념이 공지되어 있다는 이유만으로 구성의 곤란성을 따져 보지도 아니한 채 효과의 현저성 유무만으로 진보성을 판단하여서는 아니 된다).

특허발명의 진보성을 판단할 때에는 그 발명이 갖는 특유한 효과도 함께 고려하여야 한다. 선행발명에 이론적으로 포함되는 수많은 화합물 중 특정한 화합물을 선택할 동기나 암시 등이 선행발명에 개시되어 있지 않은 경우에도 그것이 아무런 기술적 의의가 없는 임의의 선택에 불과한 경우라면 그와 같은 선택에 어려움이 있다고 볼 수 없는데, 발명의 효과는 선택의 동기가 없어 구성이 곤란한 경우인지 임의의 선택에 불과한 경우인지를 구별할 수 있는 중요한 표지가 될 수 있기 때문이다. 또한 화학, 의약 등의 기술분야에 속하는 발명은 구성만으로 효과의 예측이 쉽지 않으므로, 선행발명으로부터 특허발명의 구성요소들이 쉽게 도출되는지를 판단할 때 발명의 효과를 참작할 필요가 있고, 발명의 효과가 선행발명에 비하여 현저하다면 구성의 곤란성을 추론하는 유력한 자료가 될 것이다. 나아가 구성의 곤란성 여부의 판단이 불분명한 경우라고 하더라도, 특허발명이 선행발명에 비하여 이질적이거나 양적으로 현저한 효과를 가지고 있다면 진보성이 부정되지 않는다. 효과의 현저성은 특허발명의 명세서에 기재되어 통상의 기술자가 인식하거나 추론할 수 있는 효과를 중심으로 판단하여야 하고(대법원 2002.8.23. 선고 2000후3234 판결 등 참조), 만일 그 효과가 의심스러울 때에는 그 기재내용의 범위를 넘지 않는 한도에서 출원일 이후에 추가적인 실험 자료를 제출하는 등의 방법으로 그 효과를 구체적으로 주장증명하는 것이 허용된다(대법원 2003.4.25. 선고 2001후2740 판결 참조).

6) 전용발명

전용발명(轉用發明)이란 공지기술을 他의 기술분야에 전용(轉用)하는 것에 의해 구성한 발명을 말한다. 전용발명은 공지기술을 본질적으로 변경을 가하지 않고, 다른 기술분야에 적용하는 발명이며, 다른 과제해결을 위하기 때문에 용도 및 효과가 다르다.[11]

2. 생물분야의 발명

(1) 의 의

종래에는 동식물은 살아 있는 것이라는 이유만으로 특허요건을 만족하지 않는다는 견해도 있었다. 그러나 현재는 생물에 관하여 일률적으로 특허능력을 부정하는 견해는 없고, 개개의 경우에 따라 특허법이 요구하는 요건을 충족하고 있는가

11) 穂積忠, 「用途発明と轉用発明の異同の構図」, AIPPI, Vol.43 No.9, 16頁.

의 여부가 검토되고 있다. 즉 유전적으로 신규하지 않으나 생물의 생산이나 이용 등에 신규성이 있는 발명에 대하여는 일반발명과 특히 다를 바 없이 그 특허능력을 인정하고 있다. 동식물의 성질을 이용하는 방법의 발명은 물론 동식물에 인공적 수단을 써서 하는 형질개량방법에 대해서도 마찬가지이다. 반면 생물 그 자체의 발명[12]에 대하여는 특허능력이 문제된다.

발명이기 위해서는 자연법칙을 이용하고 있을 것, 즉 반복가능성이 필요한데 생물 발명의 경우에는 어느 단계에서의 반복가능성을 의미하는가라는 점이 문제된다. 즉 생물의 경우에는 자기증식작용이 있기 때문에 한 번 생산된 생물 그 자체는 증식에 의해 재생산 가능하지만, 그러한 증식과정에 발명성이 존재하지 않는다. 생물에 관한 물건의 발명이나 방법의 발명에 있어서 문제가 되는 것은 새로운 것의 생산과정이다. 따라서 그 과정에 있어서 반복가능성이 있는지 여부가 검토되어야 한다.

종전에는 생물의 생산에 관해서는 반복가능성이 없고, 자연법칙을 이용한 발명에 해당하지 않는다고 하는 견해가 지배적이었다. 그러나 반복가능성이라는 것은 자연법칙의 이용과 같은 의미로서 그것은 사실상 또는 경제적 관점으로부터 재현성이 있는가 없는가의 문제가 아니라, 이론상 재현의 가능성이 있는가라는 문제에서 판단되어야 한다. 즉 새로운 생물에 대하여 이러한 인과관계가 명확한 경우에는 그 반복가능성을 인정하여야 한다.

창작성과 관련하여서도 우연히 발견해낸 변종에 대해서는 단순한 발견으로 특허를 취득할 수 없다. 유전자 조직변환이나 세포융합 등의 바이오테크놀로지를 이용한 새로운 생물의 생산에 대해서는 창작성이 있다. 멘델 법칙을 이용해 교배를 반복해 새로운 생물을 생산한 경우도 원칙적으로 창작성이 인정될 것이다.

(2) 종 류

1) 식물발명

식물발명에 관한 특허는 미국에서 최초로 채용된 제도이다. 즉 미국의 식물특허제도(미국 특허법 제161조)[13]는 괴경식물과 야생식물을 제외한 모든 식물의 발명을 보호하고 있

---

12) 유전적으로 새로운 생물 그 자체의 발명과 그 생산방법 모두를 지칭한다.

13) 35U.S.C. 161 ≪Patents for plants≫ Whoever invents or discovers and asexually reproduces any distinct and new variety of plant, including cultivated sports, mutants, hybrids, and newly found seedlings, other than a tuber propagated plant or a plant found in an uncultivated state, may obtain a patent therefor, subject to the conditions and requirements of this title.

The provisions of this title relating to patents for inventions shall apply to patents for plants, except as otherwise provided.

으며, 이러한 미국 특허법의 영향을 받아 우리 특허법은 1946년 특허법이 제정될 때부터 2006년 3월 3일에 개정된 특허법(법률 제7871호)에서 식물특허에 관한 규정을 삭제하기 전까지 식물특허제도를 두고 있었다. 즉 구특허법 제31조에서는 "무성적으로 반복 생식할 수 있는 변종식물을 발명한 자는 그 발명에 대하여 특허를 받을 수 있다"라고 규정하고 있었다.[14] 그러나 구특허법 제31조의 규정이 특허법 제2조 제1호의 발명 개념에 항상 포함된다고는 할 수 없었다.[15] 이에 제31조 규정을 삭제하여 식물발명에 대한 특허요건에서 생식방법요건을 해제함으로써 식물발명도 다른 발명과 동일한 특허요건을 적용하도록 하였다. 이는 기존의 특허법상 유·무성번식식물의 유전자, 식물세포, 재배방법의 보호뿐만 아니라 무성번식방법만 기재하면 유성번식식물 자체의 보호도 가능하였으나 제31조에서 "무성적으로 반복생식할 수 있는"으로 규정되어 있어 무성번식식물만 보호하는 것으로 이해되어 왔으며, 또 유성번식식물에 관한 출원은 종자산업법(식물신품종 보호법 제정 전)에서의 보호대상이기 때문에 특허법으로 출원하는 경우에는 거절결정되기 쉽고 등록되더라고 권리범위가 제한될 소지가 있었기 때문이었다.

식물발명과 관련하여 대부분의 선진국에서는 특허법상 특별한 규정을 두고 있지 않다. 그렇다고 현재 식물 또는 그 일부가 생명체라는 이유만으로 발명성을 부정하는 국가도 거의 없다. EU의 여러 국가에서는 본질적으로 동·식물의 품종 및 육성을 위한 생물학적 방법을 특허법상 불특허사유로 하고,[16] 별도의 입법에 의하여 생명체의 발명성을 인정하고 있다. 예컨대 1969년 독일의 붉은 비둘기 사건,[17]

---

14) 구특허법상 특허의 대상이 되는 식물발명은 무성적으로 반복생식할 수 있는 변종식물의 발명이다. 여기에서 '무성(無性)적 반복생식(asexual reproduction)'은 유성번식(有性繁殖)과 대비되는 개념으로 배우자의 형성과정을 거치지 않고 영양체의 일부가 직접 다음 세대의 식물을 형성하는 것으로 영양번식(vegetative propagation)이라고 하며, 변종식물을 만드는 육종방법의 유·무성에 관계없이 변종식물이 무성적으로 반복생식하는 것을 말한다. 따라서 식물특허의 대상이 되는 발명은 육종된 품종에 속하는 식물에 관한 발명이며, 이에는 육종된 품종에 속하는 '식물 자체의 발명'과 육종된 품종에 속하는 '식물을 육종하는 방법의 발명'이 포함된다.

'무성(無性)적'이란 교배 등의 수단에 의해 신규품종을 만들어 낸 다음 자웅의 결합 없이 개체가 분열·발아 등으로 새로운 개체를 형성하는 것으로서 용접(茸接: budding), 접목(接木: grafting), 취목(取木: layering), 분할 등의 방법이 있다.

'반복생식할 수 있는 것'이라 함은 식물의 반복가능성을 말하고, '변종식물'은 그 특성인 균일성, 영속성이 보증되어야 한다는 의미이다.

15) 최덕규,「특허법」, 세창출판사, 1996, 92면.

16) EPC 제53조(b); 독일 특허법 제2조(2); 프랑스 지적재산권법 L.611-19 1 2°; 스위스 특허법 제2조(b); 영국 특허법 제1조(3)(b); TRIPs 협정 제27.3조(b) 참조.

17) 1969년 연방최고재판소의 붉은 비둘기 사건 판결(IIC Vol.1(1970)) pp.140-141-Rote Taube (Red Dove) B 참조.

1975년 빵효모 사건,[18] 1986년 Tomoffel Patent의 특허,[19] 1988년 Lubrizol 사건,[20] 1990년 Harvard Mouse 사건[21] 등의 판례에서 볼 수 있다. 또한 EC의 1988년 10월 17일 "생명공학발명의 법적 보호에 관한 이사회지침에 대한 제안"에서 보는 바와 같이 생명체의 발명성을 부정하지 않는다. 그뿐만 아니라 최근에는 생명체의 발명성을 제외하는 규정도 극히 제한적으로 적용하고 있다.

특허법원 2001.12.7. 선고 2000허7519 판결

[식물발명의 반복재현성]

[1] 특허법 제29조 제1항 본문은 출원발명이 특허를 받기 위해서는 산업상 이용할 수 있는 발명이어야 한다고 규정하고 있는바, 이러한 특허요건에 관한 규정은 특단의 사정이 없는 한 같은 법 제31조의 식물에 관한 발명에도 적용된다 할 것이고, 위 조항의 '산업상 이용할 수 있는 발명'에 해당하기 위해서는 그 발명이 완성된 발명이어야 할 것인데, 발명으로서 완성되었다고 하려면 그 기술분야에 있어서 통상의 지식을 가진 자가 명세서에 기재된 바에 따라 용이하게 반복실시하여 목적하는 기술적 효과를 얻을 수 있는 반복재현성이 있어야 할 것이다.

[2] 어떤 발명이 산업상 이용할 수 있는 완성된 발명에 해당하려면 그 일부분이 아닌 발명의 전체에 반복재현성이 인정되어야 할 것인데, 출원발명이 발견된 변이종을 고정화하는 과정에서는 반복재현성이 인정된다고 하더라도, 출원발명의 변이종을 얻는 과정에 반복재현성이 인정되지 아니하므로, 이는 산업상 이용할 수 있는 완성된 발명이라고 할 수 없다.

대법원 1997.7.25. 선고 96후2531 판결

[식물발명의 경우 결과물 기탁으로써 특허출원 명세서의 기재를 보충하거나 대체할 수 있는지 여부(소극)]

배 신품종에 속하는 식물에 관한 이 사건 출원발명을 실시하기 위하여는 반드시 이 사건 출원발명에서와 같은 특징을 가진 돌연변이가 일어난 배나무가 있어야 하고 그 다음 그 배나무 가지 또는 배나무의 눈을 이용하여 아접에 의하여 육종함으로써 그 목적을 달성할 수 있는 것인바, 이 사건 출원발명의 명세서에는 그 출발이 된 배나무와 같은 특징을 가지고 있는 배나무 가지를 돌연변이시키는 과정에 대한 기재가 없고, 또 자연상태에서 그러한 돌연변이가 생길 가능성이 극히 희박하다는 점은 자명하

18) BGH vom 11.3.1975, GRUR(1975), S.430.

19) DHP 2842179, Erteilung veröffentlichen am 18.12.1986; Vgl. F.P. Goebel, Biotechnologische Erfindungen in der Erteilungspraxis des Deutschen Patentamts, GRUR Int.(1987), S.297.

20) Decision of November 10.1988, Official Journal, EPO(1990), p.71.

21) Decision of October 3.1990, Official Journal, EPO(1990), p.476.

므로, 그 다음의 과정인 아접에 의한 육종과정이 용이하게 실시할 수 있다고 하더라도 이 사건 출원발명 전체는 그 기술분야에서 통상의 지식을 가진 자가 용이하게 재현할 수 있을 정도로 기재되었다고 할 수 없어 결국 이 사건 출원발명은 그 명세서의 기재불비로 인하여 특허법 제42조 제3항에 의하여 특허받을 수 없다고 한 조치는 정당하고, 거기에 상고이유로 지적하는 법리오해나 심리미진 등의 위법이 없다. 출원발명의 명세서에는 그 기술분야의 평균적 기술자가 출원발명의 결과물을 재현할 수 있도록 그 과정이 기재되어 있어야 하는 것이고, 식물발명이라 하여 그 결과물인 식물 또는 식물소재를 기탁함으로써 명세서의 기재를 보충하거나 그것에 대체할 수도 없는 것이다.

2) 동물 발명

최근 생명공학기술의 급속한 발전으로 동물의 형질전환 기술은 물론 동물복제기술의 출현과 함께 이러한 기술을 이용하여 유용한 물질을 생산하는 발명이 다양하게 출원됨에 따라 특허청이 생명공학분야의 심사기준을 만들어 사람을 제외한 다세포 동물에 관하여 동물 자체의 발명, 동물의 일부분에 관한 발명, 동물을 만드는 방법의 발명, 동물의 이용에 관한 발명에 적용되는 심사기준을 만들어 보호하여 주고 있다. 이 외에도 유전자, 벡터, 재조합 벡터, 형질전환체, 융합세포, 모노클로날항체, 단백질, 재조합단백질 등에 관한 발명은 유전공학관련 발명으로 하여 보호하여 주고 있다.[22]

3) 미생물 발명

미생물이란 육안으로 식별이 곤란한 미세한 생명체, 즉 바이러스, 세균, 효모, 곰팡이, 원생동물, 동식물의 세포, 조직 배양물 등을 의미하며, 동식물의 분화되지 않은 세포 및 조직 배양물도 포함된다고 한다.[23] 미생물에 관한 발명은 미생물 자체의 발명과 미생물을 이용한 발명으로 나눌 수 있으며, 특히 미생물의 이용에 관한 발명은 신규 미생물의 이용에 한하지 않고 공지 미생물의 이용방법을 발견한 경우도 포함한다.

미생물 자체의 발명이란 자연계로부터 분리 또는 변이(變異)수단, 유전자공학적 수단 등에 의해 창제(創製)한 신규한 미생물의 발명을 말한다. 후자인 미생물을 이용한 발명은 발효, 분해 등의 기능에 착목(着目)한 발효음식물 등의 발명과 미생물

22) 윤선희 · 김승군, "동물특허보호에 관한 연구", 한국발명진흥회 지적재산권연구센터, 2000 참조.

23) 특허청, 생명공학분야 특허심사기준, 1998, 17면. 특허청, 특허 · 실용신안 심사기준(특허청 예규 제131호), 2023, 2602면에서는 "기탁의 대상이 되는 미생물이란 유전자, 벡터, 세균, 곰팡이, 동물세포, 수정란, 식물세포, 종자 등 생물학적 물질(biological material) 전체를 의미"한다고 규정하고 있다.

의 특정물질의 생산성에 착목한 항생물질, 발효 등의 제조방법 등의 발명으로 다시 구분된다. 전자의 예로는 특정의 미생물에 의한 발효음식물의 제조방법, 특정의 미생물에 의한 유해물질의 분해방법, 특정의 미생물로부터 화학물질의 변환방법 등이 있고, 후자의 예로는 특정의 미생물에 의한 아미노산, 유기산, 효모, 항생물질 등의 제조방법을 들 수 있다.

(3) 출원상의 취급

유전적으로 새로운 생물에 대하여 물건 또는 방법으로서 이론적으로 특허를 취득하는 것이 가능하다고 하더라도, 구체적으로 특허를 취득하는 절차에 대해서는 여러 문제가 생길 수 있다. 즉 특허심사는 서면심사로서 신규성이나 진보성의 요건은 모두 서면만으로 판단된다. 그러나 생물에 있어서는 개체의 차이가 크기 때문에 공업제품과 같은 서면심사만으로는 충분하지 않는 경우가 많다. 또한 심사의 곤란함은 심사기준의 엄격함으로 이어져 출원을 어렵게 하였다. 예컨대 특허명세서에는 통상의 기술자가 쉽게 실시할 수 있을 정도로 기술내용을 개시해야 하는데 생물에 관한 발명의 경우에는 명세서를 본 것만으로는 통상의 기술자가 쉽게 실시할 수 없는 경우가 대부분이다. 이에 미생물에 관한 발명은 기탁제도를 채택하고 있다.[24)]

1) 미생물 발명

미생물의 표시는 원칙적으로 미생물의 명명법(命名法)에 의한 학명에 따른다. 미생물의 균주를 표시할 경우에는 원칙적으로 종명을 더한 균주명으로 표시하며, 미생물의 균주가 기탁되어 있을 경우에는 종명 또는 종명을 더한 균주명에 더하여 수탁번호를 기재함으로써 해당 균주를 표시할 수 있다. 또한 동물 또는 식물의 분화되지 않은 세포는 원칙적으로 동물 또는 식물의 명명법에 의한 학명 또는 표준화명에 따르는 것으로 한다.

발명의 설명 기재와 관련하여서는 미생물을 명확히 설명하여야 한다. 신규의 미생물을 기재할 경우에는 미생물의 명명법에 의한 종명, 또는 그 종명을 더한 균주명으로 표시하고 균학적 성질을 아울러 기재한다. 균학적 성질로서는 그 분야에서 일반적으로 사용되는 분류학적 성질을 사용하는 것이 바람직하지만, 다른 균학적 성질에 의해 기재할 수도 있다. 또한 종명을 특정할 수 없을 경우에는 그 이유를

---

24) 동식물 발명과 관련하여서는 이러한 기탁제도에 준하여 취급하자고 하는 견해가 있지만, 그에 대한 법적 근거를 인정할 수 있을지 의문이다.

명확히 한 후에 속명을 더한 균주명으로 표시한다.

미생물의 균학적 성질에 대하여 그것이 신균주일 경우에는 균주의 특징 및 동종내 공지의 균주와의 상이점을 명확히 기재한다. 신종일 경우에는 그 분류학적 성질을 상세히 기재하여 그것을 신종으로서 판정한 이유를 명확히 한다. 즉 재래의 유사종과의 이동을 명기하고 그 판정의 근거가 된 관련문헌명을 기재한다.

미생물 자체의 발명 또는 신규 미생물의 이용에 관한 발명에서는 통상의 기술자가 그 생물을 제조할 수 있도록 스크리닝수단, 돌연변이 작출수단, 유전자전환수단 등 그 창제수단을 기재하여야 한다.

미생물에 관계되는 발명에 대하여 특허출원을 하려는 자는 해당 발명이 속하는 기술 분야에서 통상의 지식을 가진 자가 그 미생물을 쉽게 입수할 수 있는 경우가 아닌 한, 특허출원 전에 특허법 시행령 제2조 제1항에서 규정하고 있는 국내기탁기관, 국제기탁기관 또는 지정기탁기관 중 어느 하나의 기관에 해당 미생물을 기탁해야 하며, 특허출원서에 산업통상자원부령으로 정하는 방법에 따라 그 취지를 적고, 미생물의 기탁 사실을 증명하는 서류(국제기탁기관에 기탁한 경우에는 「특허절차상 미생물기탁의 국제적 승인에 관한 부다페스트조약 규칙」 제7규칙에 따른 수탁증 중 최신의 수탁증 사본을 말한다)를 첨부하여야 한다. 다만, 국내에 소재지가 있는 국내기탁기관 또는 국제기탁기관에 해당 미생물을 기탁한 경우에는 미생물의 기탁 사실을 증명하는 서류를 첨부하지 않을 수 있다.

미생물 자체의 발명 또는 미생물의 이용에 관한 발명의 설명에서는 그 미생물이 산업상 이용가능성이 있다는 것을 나타내기 위해 청구범위 이외의 명세서 및 도면의 기재와 출원시의 기술상식에 바탕을 두고 통상의 기술자가 그 물건을 산업상 이용할 수 있는 경우를 제외하면 발명의 설명에 어떤 산업상의 이용이 가능한지에 대해 기재하여야 한다.

미생물의 특허요건 판단과 관련하여 자연적으로 있는 미생물을 단순히 발견한 것이나, 미생물 자체의 발명에 있어서 미생물의 유용성이 기재되어 있지 않고, 또한 아무런 유용성이 유추될 수 없는 경우에는 산업상 이용할 수 있는 발명에 해당되지 않는다. 한편 그 진보성 판단과 관련하여 미생물 자체의 발명의 진보성은 미생물의 분류학적 성질 및 미생물의 이용상의 효과에 따라 판단한다. 즉 미생물이 공지종과 분류학적 성질에 있어서 현저한 차이가 있는 것은 진보성이 있으며, 그러한 현저한 차이가 없는 경우라도 그 이용상 통상의 기술자가 예측할 수 없는 유리한 효과를 내는 것은 진보성이 있다. 미생물의 이용에 관한 발명의 경우에는 이용하는 미생물이 분류학상 공지의 종류로 그 발명과 동일한 이용의 양태가 알려져 있는 다른 미생물과 동일속에 속하는 경우 통상, 그 발명은 진보성이 없다.

대법원 2002.11.8. 선고 2001후2238 판결

[미생물 기탁관련]

구 특허법 시행령(1987.7.1. 대통령령 제12199호로 개정되기 전의 것) 제1조 제2항, 제3항은 미생물을 이용한 발명에 대하여 특허출원을 하고자 하는 자는 특허청장이 지정하는 기탁기관에 그 미생물을 기탁하고 그 기탁사실을 증명하는 서류를 출원서에 첨부하여야 하며, 다만 그 미생물이 그 발명이 속하는 기술분야에서 통상의 지식을 가진 자(통상의 기술자)가 용이하게 입수할 수 있는 때에는 기탁을 하지 아니할 수 있다고 규정하고 있는바, 이 규정의 취지는 극미의 세계에 존재하는 미생물의 성질상 그 미생물의 현실적 존재가 확인되고 이를 재차 입수할 수 있다는 보장이 없는 한 그 발명을 재현하여 산업상 이용할 수 없기 때문이라 할 것이고, 다만 최종 생성물이나 중간 생성물은 비록 그 자체가 기탁되어 있지 아니하더라도 이를 생성하는 과정에 필요한 출발 미생물들이 통상의 기술자가 용이하게 얻을 수 있는 것이고, 또 명세서에 이를 이용하여 중간 생성물이나 최종 생성물을 제조하는 과정이 통상의 기술자가 용이하게 재현할 수 있도록 기재되어 있는 경우라면 그 최종 생성물이나 중간 생성물 자체의 기탁을 요구할 것은 아니다.

2) 동식물 발명

동식물의 표시는 원칙적으로 식물명명법 또는 동물명명법에 의한 학명 또는 표준화명으로 표시한다.[25] 식물 자체의 발명에서 식물의 특정은 예컨대, 식물의 종류, 해당식물이 가진 특징이 되는 유전자, 해당식물이 지닌 특성 등의 조합으로 하고, 다시 재배방법을 더하여 특정해도 좋다.

식물 자체의 발명에 대한 발명의 설명은 해당 식물을 명확히 설명하며, 제조·사용할 수 있게 기재하여야 한다. 식물에 대해 명확히 설명하기 위해서는 예컨대 재배된 식물의 종류에 관한 사항, 재배된 식물의 특징이 되는 특성에 관한 사항 등을 기재한다. 재배된 식물의 종류는 원칙적으로 식물명명법에 의한 학명 또는 표준화명을 이용하여 기재한다. 재배된 식물의 특성에 특징이 있을 경우에는 그들에 대해 실제로 계측되는 수치 등으로 구체적으로 기재하고 필요에 따라 공지의 식물과 비교해서 기재하는 것이 바람직하다. 제조할 수 있게 하기 위해선 어버이 식물의 종류, 목적으로 하는 식물을 객관적 지표에 기초를 두고 선발하는 방법 등으로부터 재배과정을 순서를 따라 기재한다. 명세서에 재배과정을 순서에 따라 기

25) 동물발명에 관한 설명은 식물발명의 설명에 준한다.

재해도 어버이식물이 용이하게 입수될 수 없기 때문에 통상의 기술자가 실시할 수 없을 경우에는 특허법 시행규칙의 규정에 준해서 어버이식물을 출원 전에 기탁하고 그 수탁번호를 출원당초의 명세서에 기재한다. 단 기탁기관의 기술적 이유 등에 의해 그것들이 기탁될 수 없을 경우에는 그 입수수단을 명세서에 기재하고, 특허법 시행규칙의 규정에 준해서 분양은 출원인이 보증하는 것으로 한다. 산업상 이용가능성이 있다는 것을 나타내기 위해 청구범위 이외의 명세서 및 도면의 기재와 출원시의 기술상식에 입각하여 통상의 기술자가 그 식물을 산업상 이용할 수 있을 경우를 제외하고 발명의 설명에 어떠한 산업상의 이용이 가능한가에 대해서 기재하여야 한다.

물건을 생산하는 방법발명의 설명과 관련하여 식물의 재배방법의 발명에 대해서는 통상의 기술자가 그 방법에 의해 해당 식물을 재배할 수 있도록 기재하는 것이 필요하다. 또한 식물의 재배방법의 발명에 있어서는 청구범위 이외의 명세서 및 도면의 기재와 출원시의 기술상식에 바탕을 두고 통상의 기술자가 그 방법 또는 그 방법에 의해 재배된 식물을 산업상 이용할 수 있는 경우를 제외하고 발명의 설명에 어떤 산업상의 이용이 가능한가에 대해 기재하여야 한다.

동식물의 특허요건과 관련하여 발명은 단순한 발견이어서는 아니 되며 업으로서 이용될 수 있는 것이어야 한다. 또한 공공질서 또는 선량한 풍속에 어긋나거나, 공중의 위생을 해칠 우려가 있는 발명이어서는 아니 된다. 진보성 판단과 관련하여 식물 자체의 발명에 대해서는 예컨대 재배된 식물의 특성이 그 식물이 속하는 종의 공지식물의 형질에서 용이하게 예측할 수 있고 또한 통상의 기술자가 예측할 수 없는 유리한 효과를 발휘하지 못할 경우에는 진보성이 없다.

(4) 식물신품종 보호법에 의한 식물특허보호

식물신품종 보호법은 유성번식식물 · 무성번식식물 모두를 보호대상으로 하고 있으며, 종래에는 보호받을 수 있는 품종 작물의 속 또는 종을 농림수산식품부령으로 정할 수 있도록 하였으나 현재는 모든 식물을 대상으로 하고 있다(식물신품종 보호법 제3조). 식물신품종 보호법에서는 품종의 보호요건으로서 신규성, 구별성, 균일성, 안정성 및 고유한 품종의 명칭을 규정하고 있으며(식물신품종 보호법 제16조), 품종보호를 받고자 하는 출원품종이 이러한 보호요건을 구비한 경우에는 등록일로부터 20년의 품종보호권을 부여하도록 하고 있다(식물신품종 보호법 제55조).[26] 신품종에 관한 출원이 있으면 그 출원내용을 품종

---

26) 다만, 果樹 및 林木의 경우에는 25년으로 한다.

보호 공보에 게재하여 출원공개를 하는데 이때 누구든지 해당 품종이 품종보호요건을 갖추지 못하였음을 이유로 농림축산식품부장관 또는 해양수산부장관에게 정보제공을 할 수 있다(식물신품종 보호법 제37조).

출원공개된 신품종이 품종보호의 요건을 갖추었는가는 심사관이 심사하게 되는데, 출원품종의 심사는 서류심사 및 재배심사의 방법으로 하며 재배심사를 할 경우에는 구별성 · 균일성 및 안정성으로 구분하여 판정한다(식물신품종 보호법 제40조, 식물신품종 보호법 시행규칙 제47조). 심사관은 품종명칭 등록출원이 보호요건을 만족하는 경우 출원공고를 하여야 하는데, 이때 누구든지 그 출원공고된 품종명칭 등록출원에 대하여 이의신청을 할 수 있다(식물신품종 보호법 제109조). 한편 출원인은 심사관으로부터 거절결정 또는 취소결정을 받은 경우에는 품종보호심판위원회에 불복심판을 청구할 수 있으며, 그 심판청구가 인용되지 않을 때에는 특허법원, 대법원에 불복의 소를 제기하여 다툴 수 있다.

3. IT분야의 발명

(1) 컴퓨터 관련 발명

컴퓨터 관련 발명이라 하면 컴퓨터 자체에 관한 발명, 컴퓨터 소프트웨어 관련 발명 및 마이크로프로세서 이용발명으로 대별된다. 컴퓨터 자체에 관한 발명은 전자회로 발명으로 표현될 수 있고 또한 일반적인 물건의 발명과 구별되는 점이 없다. 즉 컴퓨터의 새로운 기능을 발명한다든지 성능을 개선하는 등의 일반적인 물건의 발명이다. 이에 대체로 컴퓨터 관련 발명이라 함은 컴퓨터 자체에 관한 발명은 제외하고 컴퓨터 소프트웨어 관련 발명을 지칭하는 것이 일반적이다. 컴퓨터 소프트웨어 관련 발명은 공간상의 구성을 갖는 자연법칙을 이용한 주변장치와 자연법칙을 이용하지 않은 연산 프로그램인 소프트웨어의 결합으로 이루어지는 발명을 의미한다. 마이크로프로세서 이용 발명 역시 넓은 의미에서의 이러한 컴퓨터 소프트웨어 관련 발명의 하나로 볼 수 있다.

1) 특허성

소프트웨어는 저작권법에 의하여 보호되는 경우가 많다. 1980년 미국 저작권법의 개정으로 프로그램이 저작물의 일종으로 정해졌고, 우리나라도 컴퓨터프로그램을 저작권법에서 보호하고 있다. 그러나 최근 들어서는 저작권 보호만으로는 소프트웨어의 보호가 충분하지 않다는 인식이 강해지면서, 소프트웨어 관련발명에 대하여 특허를 취득하는 예가 증가하고 있다. 그러나 종래 특허법이 소프트웨어의 보호에는 적합하지 않다는 생각이 강했으며,[27] 지금도 컴퓨터 소프트웨어 관련 발명의 특허성과 관련하여서는 견해가 나누어진다. 부정설은 컴퓨터 프로그램이 인간의 머릿속에서 수행하는 정신적·지능적 수단이나 과정에 불과하며, 자연법칙을 이용한 발명이 아니고 본질적으로 일종의 계산방법에 불과하기 때문에 특허의 대상이 될 수 없다고 한다. 반면 긍정설은 프로그램은 컴퓨터에 입력하여 사용하므로 컴퓨터에 프로그램을 입력하였을 때부터 컴퓨터의 일부분으로 구성되며, 이의 구성이 기술적으로 일체를 이루었거나 결합함으로써 특정목적에 적합한 구체적인 장치를 설치한 배선이나 접속수단과 동일시할 수 있으므로 자연법칙을 이용한 것으로 특허성을 인정하여야 한다고 본다.[28] 한편 절충설은 프로그램에는 특허를 받을 수 있는 것과 없는 것이 존재하므로 개별적으로 판단하여야 한다고 본다.

특허청 실무에서는 컴퓨터 관련 발명과 관련하여 특별한 심사기준을 두어 순수한 컴퓨터 프로그램 자체가 아닌 한 가급적 넓게 그 특허성을 인정하려는 절충설적인 입장을 취하고 있다. 즉 프로그램을 하드웨어와 일체로 하여 그 하드웨어의 성능을 높이거나 제어하는 방법 내지는 장치로서 혹은 프로그램을 기록한 컴퓨터가 독해 가능한 기록매체로서 출원하면 등록할 수 있도록 하고 있다. 예컨대 이진수 데이터변환처리방법, 의료사무 시스템, 도서관 관리장치 등에 특허를 부여하는 것과 같이 이미 실질적으로 소프트웨어이면서 위와 같은 형태로 그 등록을 인정하고 있는 경우가 있다. 2014년 심사기준 개정으로 프로그램은 기록매체에 저장된 프로그램만 물건발명으로 인정함으로써 결과론적으로는 프로그램이 저장된 기록매체와 다를 바가 없게 되었음은 앞에서 본 바와 같다.

대법원 1985.5.28. 선고 84후43 판결

[컴퓨터 이용발명의 특허성]

컴퓨터 관련 발명은 컴퓨터의 범용성 때문에 하드웨어의 상세한 설명은 필요하지 않다. 컴퓨터는 제어장치·논리·연산장치·기억장치 및 그 기계적인 설비인 하드웨

---

27) 예컨대, ① 특허의 심사에는 시간이 많이 걸려 소프트웨어의 라이프사이클에 맞지 않으며, ② 소프트웨어의 모방에는 발견이 곤란한 경우가 많고, 특허의 공개제도는 오히려 침해를 유발하기 쉽다는 점, ③ 특허절차는 빈번히 행하여지는 소프트웨어의 버전 업에 대응하기 어렵고, ④ 소프트웨어는 진보성이 있는 것이 적다는 점, ⑤ 대량의 출원에 대하여 특허청의 처리능력으로는 대응할 수 없다는 문제점들이 있다. 다만 이러한 문제는 사실상의 문제로서 특허제도를 이용하기 어려운 이유는 되어도 특허능력 자체를 부정할 근거는 될 수 없다.

28) 한편, 프로그램은 기계라는 관점에서 프로그램을 가상적 형태를 갖는 고안으로 간주될 수 있다는 견해도 있다(구대환, "실용신안에 의한 컴퓨터프로그램보호", 창작과 권리(제31호), 2003, 113면).

어는 독자적인 작업수행능력이 입출력장치로 구성되어 있는바, 소프트웨어인 프로그램의 작업수행 지시에 따라 특정 목적을 위한 제어, 논리, 연산 및 기억 등의 기능을 발휘하는 것으로서 하드웨어 자체는 범용성이 있다고 할 것이므로, 컴퓨터를 기능실현수단으로 이용한 장치 발명의 출원에 있어서, 그 장치에 고유한 독자적인 작업수행 능력을 갖도록 특별히 고안된 하드웨어를 사용한다면 모르되 위와 같이 범용성이 있는 하드웨어를 사용하는 경우에는 하드웨어 자체에 관한 상세한 설명을 명세서상에 일일이 기재하지 아니하더라도 컴퓨터와 관련된 기술분야에서 평균적인 기술능력을 가진 자라면 하드웨어의 기능내용을 능히 이해할 수 있다고 보는 것이 당연하다.

2) 발명의 성립-자연법칙의 이용

컴퓨터 관련 발명을 특허법으로 보호하는 데는 현행 특허법 제2조 제1호에서 정의하고 있는 발명의 개념 중 '자연법칙을 이용한 것'으로 되어 있는 부분을 재정립하지 않으면 안 될 것이다. 즉 소프트웨어 관련 발명의 구성요소 전체가 자연법칙을 이용하지 않고 있다는 점에서 그 특이점을 인정해야 할 것이다. 따라서 발명의 구성요소 자체라기보다는 그 각각의 구성요소의 접속 내지는 결합이 자연법칙을 이용하고 있는가 또는 전체적인 묶음이 작용할 때 그 작용의 상태가 자연법칙에 합당하게 이루어지고 있는가 여부를 가지고 판단하여 컴퓨터 소프트웨어 관련 발명이 자연법칙을 이용하고 있는가 판단하여야 할 것이다.

소프트웨어 관련 발명이 특허법상의 발명으로 성립되기 위해서는 먼저 소프트웨어에 의한 정보처리에 자연법칙이 이용되고 있어야 하며, 둘째 하드웨어가 이용되고 있어야 한다. 컴퓨터 소프트웨어 관련발명에 있어서의 기술적 사상은 그 프로그램의 수순으로부터 파악될 수 있는바 그 프로그램이 문제해결을 위해 이용하는 수순의 법칙성이 자연법칙인 경우에는 자연법칙을 이용한 방법의 발명으로 특허가 될 수 있다. 따라서 제어 대상의 물리적 성질 또는 기술적 성질에 의거하여 정보처리를 행하였다면 이에 자연법칙이 이용되었다고 볼 수 있다. 또한 소프트웨어에 의한 정보처리 자체에는 자연법칙의 이용이 인정되지 않는 경우일지라도 발명에 하드웨어가 이용되고 있을 경우는 자연법칙을 이용하고 있는 것으로 본다.

3) 청구범위의 기재

컴퓨터와 관련된 장치발명에 있어서는 기능실현수단을, 방법발명에 있어서는 소프트웨어에 의해 실현되는 수순을 명료하게 기재하여야 한다. 청구범위에 수식이나 수학적 알고리즘 자체를 권리로서 청구하고 있으면 방법의 발명으로 성립할 수 없다. 컴퓨터의 응용기술에 관한 발명에 있어서는 적어도 청구범위에 기재되어 있는 기능실현수단이 상세하게 표시된 기능블럭도, 또는 수순이 상세하게 표시된 플로차트를 사용하여 발명의 구성을 명료하게 표시하는 것이 바람직하다.

(2) 전자상거래 관련 발명(BM; Business Model)[29)]

1) 의 의

비즈니스를 하는 방법 그 자체는 특허의 보호대상이 되지 않는다는 것이 전통적인 입장이었다. 그런데 1998년 7월 미국의 연방순회항소법원(CAFA: Court of Appeals for the Federal Circuit)은 이러한 입장을 깨뜨리고 인터넷을 이용한 새로운 비즈니스 방법도 특허권으로서 성립된다고 하였다.[30)] 그리고 이 판결을 필두로 미국의 인터넷 비즈니스 업체인 프라이스라인 사가 1999년 10월 13일 자사 특허인 역경매 시스템(미국 특허등록번호 제579407호)을 침해하였다는 이유로 마이크로소프트(MS) 사를 제소하였으며, 세계 최대 인터넷 서점인 아마존 사가 1999년 1월 21일 자사의 인터넷 쇼핑 관련특허(미국 특허등록번호 제596411호)를 침해하였다는 이유로 경쟁사인 반스 앤드 노블(Barnes & Noble: B&N) 사를 제소하게 된다.

이러한 비즈니스 모델의 정의와 관련하여 특허청은 이를 협의로는 '컴퓨터 네트워크(인터넷)를 활용한 상거래 비즈니스'라고 하며, 광의로는 '컴퓨터 네트워크를 활용한 모든 경제활동'이라고 정의하고 있다. 또한 특허청은 '영업발명이란 사업아이디어에 정보시스템(컴퓨터, 인터넷, 통신기술)을 결합한 형태로서 즉, 비즈니스 모델, 프로세스 모델과 데이터 모델이 결합된 발명'이라고 하며, 그 예로서 역경매 시스템, 대출 경매방법 등을 들고 있다.[31)]

일본 특허청에서는 이러한 비즈니스 모델 특허를 ① 컴퓨터 기초기술, 통신기초기술 등의 발전에 의해, ② 전자결제나 전자화폐 등의 비즈니스 시스템 인프라 기술이 구축되고, ③ 이것들의 비즈니스 시스템 인프라 기술을 실제의 비즈니스에 적용시킨 비즈니스 응용시스템이 개발되는 것까지라고 하고 있다. 즉 ①, ②는 종전부터 특허의 대상이었으나, ③ 소프트웨어 기술을 특정 비즈니스에 응용한 것으로 기존의 심사기준으로 보호되고 있다.

2) 특허로서의 보호

이러한 비즈니스 모델의 본질은 소프트웨어라고 볼 수 있다. 특히 사용되는 물

29) 용어와 관련하여 초기에는 'Business Method'가 일반적으로 이용되었으나, 근래에는 'Business Model'이라는 용어가 정착되고 있다.

30) State Street Bank & Co. v. Signature Finacial Group Inc. 149F. 3d 1368, 47 USPQ 2d 1596(Fed. Cir. 1998).

31) 특허청 컴퓨터심사담당관실, 「인터넷관련 발명의 국내현황 및 심사기준」, 2000, 3면.

건이 컴퓨터이고, 그 비즈니스 모델의 주제가 컴퓨터의 사용방법, 즉 프로그램이라면 이와 같은 비즈니스 모델은 저작권법 제2조 제16호의 컴퓨터프로그램저작물과 특허청의 심사운용지침에서 말하는 컴퓨터소프트웨어 관련 발명에 해당된다. 그리고 이러한 비즈니스 모델인 프로그램 소프트웨어 자체는 저작권법으로 보호받을 수 있으나, 특허발명의 대상이 되지 않는다.

특허대상이 되는 비즈니스모델 발명은 정보 기술을 이용하여 실현한 새로운 비즈니스 시스템이나 방법에 관한 발명을 말한다. 이러한 일반적인 비즈니스모델 발명에 속하기 위하여는 컴퓨터상에서 소프트웨어에 의한 정보처리가 하드웨어를 이용하여 구체적으로 실현되고 있어야 하므로 특허발명은 그 각 단계가 컴퓨터의 온라인(on-line) 상에서 처리되는 것으로서 소프트웨어와 하드웨어가 연계되는 시스템이 구체적으로 실현되고 있어야 한다. 따라서 출원발명의 구성요소인 각 단계가 하드웨어 및 소프트웨어의 결합을 이용한 구체적 수단을 단지 도구로 이용한 것으로서 인간의 정신활동에 불과한 경우(인간의 정신적 판단 또는 인위적 결정이 포함된 경우를 포함한다)에는 자연법칙을 이용한 것이라고 할 수 없어 산업상 이용할 수 있는 발명에 해당하지 아니한다.[32]

그런데 오늘날에 있어서는 골프의 레슨법(퍼팅하는 방법(Method of putting): 미국 특허등록번호 제5616089호)[33]와 같이 단순한 영업방법 아이디어에도 특허를 허용하고 있다. 이에 비즈니스 모델의 특허적격성 문제가 논란이 되기도 하였으나, 오늘날에 있어 이 문제는 더 이상 문제되지는 않고 있다.

---

32) 특허법원 2001.9.21. 선고 2000허5438 판결.

33) Abstract: A method of putting features the golfer's dominant hand so that the golfer can improve control over putting speed and direction. The golfer's non-dominant hand stabilizes the dominant hand and the orientation of the putter blade, but does not otherwise substantially interfere with the putting stroke. In particular, a right-handed golfer grips the putter grip with their right hand in a conventional manner so that the thumb on the right hand is placed straight down the top surface of the putter grip. The golfer addresses the ball as if to stroke the putter using only the right hand. Then, the golfer takes the left hand and uses it to stabilize the right hand and the putter. To do this, the golfer places their left hand over the interior wrist portion of the right hand behind the thumb of the right hand with the middle finger of the left hand resting on the styloid process of the right hand. The golfer presses the ring finger and the little finger of their left hand against the back of the right hand. The golfer also presses the palm of the left hand against the putter grip and squeezes the right hand with the left hand. The golfer then takes a full putting stroke with the above described grip.

대법원 2008.12.24. 선고 2007후265 판결

구 특허법(2006.3.3. 법률 제7871호로 개정되기 전의 것) 제2조 제1호는 자연법칙을 이용한 기술적 사상의 창작으로서 고도한 것을 '발명'으로 정의하고 있으므로, 출원발명이 자연법칙을 이용한 것이 아닌 때에는 같은 법 제29조 제1항 본문의 '산업상 이용할 수 있는 발명'의 요건을 충족하지 못함을 이유로 그 특허출원을 거절하여야 한다. 특히, 정보기술을 이용하여 영업방법을 구현하는 이른바 영업방법(business method) 발명에 해당하기 위해서는 컴퓨터상에서 소프트웨어에 의한 정보처리가 하드웨어를 이용하여 구체적으로 실현되고 있어야 한다. 한편, 출원발명이 자연법칙을 이용한 것인지 여부는 청구항 전체로서 판단하여야 하므로, 청구항에 기재된 발명의 일부에 자연법칙을 이용하고 있는 부분이 있더라도 청구항 전체로서 자연법칙을 이용하고 있지 않다고 판단될 때에는 특허법상의 발명에 해당하지 않는다.

4. 의료분야의 발명

(1) 서 설

의료분야 관련기술의 발명으로는 크게는 병원 등의 시설, 관리시스템 등에 관한 것, 작게는 메스, 바늘 등 치료용 기기에 관한 것뿐 아니라 치료용·검사용 약품, 검사기기, 진단장치, 치료장치 등에 관한 모든 것이 포함된다.

(2) 종 류

1) 의료방법의 발명

의료관련기술의 대부분은 특허능력이 인정되지만 의료방법만이 특허능력이 부정되어 특별하게 취급되고 있다. 이러한 취급에 대해서 특허법이 명시적으로 규정하고 있는 것은 아니며, 특허청의 심사관행이 그러하다. 특허법에는 의료방법에 대하여 특허를 허여하지 않는다는 규정은 없다. 그러나 특허법 제29조 제1항이 산업상 이용할 수 있는 발명은 특허를 받을 수 있지만, 의료행위는 인체를 발명의 구성요소로 하기 때문에 산업상 이용가능성이 결여되어 있다고 한다. 따라서 특허청은 의료방법의 발명은 동 조항에 의하여 거절된다는 해석을 하고 있으며 이에 따라 심사실무가 이루어지고 있다.[34)]

2) 의약발명

사람의 질병의 진단·경감·치료·처치 또는 예방을 위하여 사용되는 물건을

34) 김병일·이봉문, "의료발명의 법적보호", 한국발명진흥회 지식재산권연구센터, 2001, 1면.

의약이라 하며, 의약을 발명하는 것을 의약발명이라 한다. 의약은 대개 화학물질의 용도가 의약이라는 효능과 작용을 하는 것이기 때문에 의약이라 함은 화합물의 용도적 측면에서 파악한 것이라 할 수 있다. 의약발명은 어느 물질의 의약적 속성을 특정용도에 사용하는 것을 말하는 용도발명이므로 용도발명에 관한 일반원칙이 적용된다.

의약은 단일의약이나 의약의 제조방법은 물론 2 이상의 의약을 혼합하여 의약을 제조하는 방법(의약의 혼합방법)도 특허대상이 된다. 이 경우 특허의약이나 특허방법에 의해 제조된 의약, 혼합의약을 의사의 처방에 의해 조제하는 행위에 대해서는 특허권의 효력이 미치지 아니한다(제96조 제2항).

대법원 2009.11.12. 선고 2007후5215 판결

[특정물질의 의약용도가 약리기전만으로 기재된 경우라도 특허법 제42조 제4항 2호에 정한 청구항의 명확성 요건을 충족한다고 한 사례]

의약의 용도발명에 있어서는 특정 물질이 가지고 있는 의약의 용도가 발명의 구성요소에 해당하므로 발명의 청구범위에는 특정 물질의 의약용도를 대상 질병 또는 약효로 명확히 기재하는 것이 원칙이나, 특정 물질의 의약용도가 약리기전만으로 기재되어 있다 하더라도 발명의 설명 등 명세서의 다른 기재나 기술상식에 의하여 의약으로서의 구체적인 용도를 명확하게 파악할 수 있는 경우에는 특허법 제42조 제4항 2호가 정한 청구항의 명확성 요건을 충족하는 것으로 볼 수 있다.

대법원 2014.5.16. 선고 2012후238 판결

[의약용도발명에서 해당 질병과 함께 약리기전을 부가하는 정정이 정정요건에 해당하는지 여부(소극)]

의약용도발명에서는 특정 물질과 그것이 가지고 있는 의약용도가 발명을 구성한다(대법원 2009.1.30. 선고 2006후3564 판결 참조). 약리기전은 특정 물질에 불가분적으로 내재된 속성에 불과하므로, 의약용도발명의 청구범위에 기재되는 약리기전은 특정 물질이 가지고 있는 의약용도를 특정하는 한도 내에서만 발명의 구성요소로서 의미를 가질 뿐, 약리기전 그 자체가 청구범위를 한정하는 구성요소라고 볼 수 없다.

대법원 2014.5.16. 선고 2012후3664 판결

[의약용도발명에서 약리기전의 의미]

의약용도발명에서는 특정 물질과 그것이 가지고 있는 의약용도가 발명을 구성하는 것이고(대법원 2009.1.30. 선고 2006후3564 판결 등 참조), 약리기전은 특정 물질에 불가분적으로 내재된 속성으로서 특정 물질과 의약용도와의 결합을 도출해내는 계기에 불과하다. 따라서 의약용도발명의 청구범위에 기재되어 있는 약리기전은 특정 물질이 가지고 있는 의약용도를 특정하는 한도 내에서만 발명의 구성요소로서 의미를 가질 뿐 약리기전 그 자체가 청구범위를 한정하는 구성요소라고 보아서는 아니 된다.

대법원 2015.5.21. 선고 2014후768 전원합의체 판결

[의약의 투여용법과 투여용량이 발명의 구성요소라는 사례]

의약이라는 물건의 발명에서 대상 질병 또는 약효와 함께 투여용법과 투여용량을 부가하는 경우에 이러한 투여용법과 투여용량은 의료행위 그 자체가 아니라 의약이라는 물건이 효능을 온전하게 발휘하도록 하는 속성을 표현함으로써 의약이라는 물건에 새로운 의미를 부여하는 구성요소가 될 수 있다고 보아야 하고, 이와 같은 투여용법과 투여용량이라는 새로운 의약용도가 부가되어 신규성과 진보성 등의 특허요건을 갖춘 의약에 대해서는 새롭게 특허권이 부여될 수 있다. 이러한 법리는 권리범위확인심판에서 심판청구인이 심판의 대상으로 삼은 확인대상발명이 공지기술로부터 용이하게 실시할 수 있는지를 판단할 때에도 마찬가지로 적용된다. 이와 달리 투여주기와 단위투여량은 조성물인 의약물질을 구성하는 부분이 아니라 의약물질을 인간 등에게 투여하는 방법이어서 특허를 받을 수 없는 의약을 사용한 의료행위이거나, 조성물 발명에서 비교대상발명과 대비 대상이 되는 그 청구범위 기재에 의하여 얻어진 최종적인 물건 자체에 관한 것이 아니어서 발명의 구성요소로 볼 수 없다는 취지로 판시한 대법원 2009.5.28. 선고 2007후2926 판결, 대법원 2009.5.28. 선고 2007후2933 판결을 비롯한 같은 취지의 판결들은 이 판결의 견해에 배치되는 범위 내에서 이를 모두 변경하기로 한다.

대법원 2017.8.29. 선고 2014후2702 판결

[특정한 투여용법에 관한 의약용도발명의 진보성 판단 기준]

의약개발 과정에서는 약효증대 및 효율적인 투여방법 등의 기술적 과제를 해결하기 위하여 적절한 투여용법과 투여용량을 찾아내려는 노력이 통상적으로 행하여지고 있으므로 특정한 투여용법과 투여용량에 관한 용도발명의 진보성이 부정되지 않기 위해서는 출원 당시의 기술수준이나 공지기술 등에 비추어 그 발명이 속하는 기술분야에서 통상의 지식을 가진 사람(이하 '통상의 기술자')이 예측할 수 없는 현저하거나 이질적인 효과가 인정되어야 한다.

대법원 2022.4.5. 선고 2018후10923 판결

[결정형 발명의 진보성 판단]

발명의 진보성 유무를 판단할 때에는 적어도 선행기술의 범위와 내용, 진보성 판단의 대상이 된 발명과 선행기술의 차이 및 그 발명이 속하는 기술분야에서 통상의 지식을 가진 사람(이하 '통상의 기술자'라고 한다)의 기술수준에 대하여 증거 등 기록에 나타난 자료에 기하여 파악한 다음, 통상의 기술자가 특허출원 당시의 기술수준에 비추어 진보성 판단의 대상이 된 발명이 선행기술과 차이가 있음에도 그러한 차이를 극복하고 선행기술로부터 그 발명을 쉽게 발명할 수 있는지를 살펴보아야 한다. 이 경우 진보성 판단의 대상이 된 발명의 명세서에 개시되어 있는 기술을 알고 있음을 전제로 하여 사후적으로 통상의 기술자가 그 발명을 쉽게 발명할 수 있는지를 판단하여서는 아니 된다(대법원 2009.11.12. 선고 2007후3660 판결, 대법원 2016.11.25. 선고 2014후2184 판결 등 참조).

의약화합물의 제제설계(製劑設計)를 위하여 그 화합물이 다양한 결정 형태 즉 결정다형(polymorph)을 가지는지 등을 검토하는 다형체 스크리닝(polymorph screening)은 통상 행해지는 일이다. 의약화합물 분야에서 선행발명에 공지된 화합물과 화학구조는 동일하지만 결정 형태가 다른 특정한 결정형의 화합물을 청구범위로 하는 이른바 결정형 발명의 진보성을 판단할 때에는 이러한 특수성을 고려할 필요가 있다. 하지만 그것만으로 결정형 발명의 구성의 곤란성이 부정된다고 단정할 수는 없다. 다형체 스크리닝이 통상 행해지는 실험이라는 것과 이를 통해 결정형 발명의 특정한 결정형에 쉽게 도달할 수 있는지는 별개의 문제이기 때문이다. 한편 결정형 발명과 같이 의약화합물 분야에 속하는 발명은 구성만으로 효과의 예측이 쉽지 않으므로 구성의 곤란성을 판단할 때 발명의 효과를 참작할 필요가 있고, 발명의 효과가 선행발명에 비하여 현저하다면 구성의 곤란성을 추론하는 유력한 자료가 될 수 있다(대법원 2011.7.14. 선고 2010후2865 판결 등에서 특별한 사정이 없는 한 효과의 현저성을 가지고 결정형 발명의 진보성을 판단한 것도 결정형 발명의 위와 같은 특성으로 인해 구성이 곤란한지 불분명한 사안에서 효과의 현저성을 중심으로 진보성을 판단한 것으로 이해할 수 있다).

결정형 발명의 구성의 곤란성을 판단할 때에는, 결정형 발명의 기술적 의의와 특유한 효과, 그 발명에서 청구한 특정한 결정형의 구조와 제조방법, 선행발명의 내용과 특징, 통상의 기술자의 기술수준과 출원 당시의 통상적인 다형체 스크리닝 방식 등을 기록에 나타난 자료에 기초하여 파악한 다음, 선행발명 화합물의 결정다형성이 알려졌거나 예상되었는지, 결정형 발명에서 청구하는 특정한 결정형에 이를 수 있다는 가르침이나 암시, 동기 등이 선행발명이나 선행기술문헌에 나타나 있는지, 결정형 발명의 특정한 결정형이 선행발명 화합물에 대한 통상적인 다형체 스크리닝을 통해 검토될 수 있는 결정다형의 범위에 포함되는지, 그 특정한 결정형이 예측할 수 없는 유리한 효과를 가지는지 등을 종합적으로 고려하여, 통상의 기술자가 선행발명으로부터 결정형 발명의 구성을 쉽게 도출할 수 있는지를 살펴보아야 한다.

결정형 발명의 효과가 선행발명 화합물의 효과와 질적으로 다르거나 양적으로 현저한 차이가 있는 경우에는 진보성이 부정되지 않는다(대법원 2011.7.14. 선고 2010후2865 판결 등 참조). 결정형 발명의 효과의 현저성은 그 발명의 명세서에 기재되어 통상의 기술자가 인식하거나 추론할 수 있는 효과를 중심으로 판단하여야 하고, 만일 그 효과가 의심스러울 때에는 그 기재 내용의 범위를 넘지 않는 한도에서 출원일 이후에 추가적인 실험 자료를 제출하는 등의 방법으로 그 효과를 구체적으로 주장 · 증명하는 것이 허용된다(대법원 2021.4.8. 선고 2019후10609 판결 등 참조).

5. 식품분야의 발명

(1) 서 설

1990년 1월 13일에 개정된 특허법(법률 제4207호) 이전의 특허법 제4조에는 '음식물 또는 기호물의 발명'은 특허를 받을 수 없는 발명으로 명시하고 있었다. 따라서 그 이전에는 식품 자체에 관한 발명은 특허를 받을 수 없었다. 이는 식품 자체의 발명이 국민생활과 밀접한 관련이 있을 뿐만 아니라 국민식품산업이 취약한 상태에 있다는 정책적 판단 때문이었다. 그러나 1990년 9월 1일 이후부터는 '음식물 및 기호물의 발명'에 대해서도 특허를 받을 수 있으며, 이에 대한 특허청의 심사기준도 마련되었다.

2001년 이전에 식품분야 심사기준의 산업부분 명칭은 '음식물 및 기호물'에 관한 것이었으나 2001년 개정 심사기준에서는 '식품'으로 명칭을 변경하였다. '식품'의 범위는 종전의 음식물 및 기호물보다 그 범위가 확대된 것으로 보고 있으며, 입으로 섭취하는 것은 물론 기호를 위한 냄새의 발산 등에 관한 것도 포함되는 것으로 본다.[35][36]

(2) 식품분야의 발명의 용어의 정의

현행 심사기준[37]에서는 식품과 관련하여 다음과 같이 규정하고 있다.

식품이라 함은 농 · 축 · 임 · 수산물을 그대로 유통하는 신선식품과; 이들의 원료

---

35) 권오희, "식품특허길라잡이", 식품저널, 2002, 13면.

36) 특허대상 발명: 음식물 또는 기호물을 단순히 혼합하는 발명(특허법원 2000.12.22. 선고 99허840 판결).

구 특허법(1986.11.31. 법률 제3891호로 개정되기 전의 것) 제4조 제2호에는 특허받을 수 없는 발명의 하나로 "의약 또는 2 이상의 의약을 혼합하여 1의 의약을 제조하는 방법의 발명"을 규정하여, 제조방법이라도 2 이상의 의약을 혼합하여 1개의 의약을 제조하는 방법의 발명을 불특허대상으로 명시하고 있으나, 이는 의사나 치과의사의 처방전에 의한 조제행위를 해치지 않기 위하여 이를 명시한 것에 불과할 뿐, 음식물 또는 기호물의 발명에 위와 같은 명시적인 규정이 없다고 하여 2종 이상의 음식물 또는 기호물을 단순히 혼합하는 발명을 불특허대상에서 제외하였다고 해석할 수는 없다 할 것이다.

37) 특허청, 기술분야별 심사실무가이드, 2022, 제10부 기타(구 기술분야별 심사기준) 제3장 식품 관련 발명, 11면.

를 제조·가공처리하여 저장성, 영양성 등을 높인 가공식품; 인체에 유용한 기능성을 가진 원료나 성분을 사용하여 제조하는 건강기능식품; 및 심리적, 생리적 욕구를 충족시키기 위한 기호식품을 모두 포함하되, 의약으로서 섭취하는 것은 제외한다.

식품의 특성상 공중의 접근이 용이하고 섭취가 지속적으로 이루어지는 점을 고려해볼 때 공중의 위생을 해할 염려가 있는 식품인지 여부를 판단해야 하고, 식품의 관능적 효과 및 건강기능식품의 기능적 효과에 관한 기재방법, 그리고 건강기능식품의 용도 한정에 관한 사항 등 식품분야 심사실무에서만 적용되는 특별한 사항을 판단해야 하는 특수성이 있다.

(3) 식품분야의 발명과 다른 발명과의 관계

식품분야의 발명에 있어 미생물의 균주를 사용할 경우 미생물발명과 관련이 있으며, 이러한 경우는 미생물 관련발명의 특허심사기준을 참고하여야 할 것이다. 그리고 의약분야의 발명과 식품분야의 발명은 의약과 식품이 인간에 의하여 섭취되는 조성물이라는 데 일치하므로 특허심사실무 등에 있어서 유사한 부분이 많다. 특히 기능성식품에 있어서는 더욱 그러하다. 그러나 의약과 식품은 효능 등에 차이가 있으므로 구별되어야 할 것이다. 그리고 식품분야의 발명은 화학발명과도 관련이 있다.[38)]

제 4 절 기타 발명의 분류

1. 결합발명과 비결합발명

결합발명이라 함은 하나의 기술적 문제를 해결하기 위하여 수개의 장치 또는 수단·방법 등의 기술(技術)사상을 결합한 발명을 말한다. 이 때 결합발명에 대하여 발명성은 결합되는 장치·수단·방법 등이 공지된 것인가에 관계없이 그 요소의 결합에 의하여 상승적 효과가 나타나는가에 의존한다. 또한 결합발명과 비결합발명을 구분하는 실익은 주로 발명의 요지인정의 기준이 되는 점에 있다.[39)]

---

38) 예를 들면 사탕무의 당액을 이온교환방식에 의하여 탈염처리하여 당액 중의 칼륨염을 제거한 다음, 칼슘염을 첨가함으로써 사탕무의 당의 감미를 증진시키는 방법 등이 있다. 이는 사탕무의 당액 중의 칼륨이온을 제거하여 칼슘이온을 보충함으로써 사탕무의 당의 회분조성을 고구마당의 회분조성과 유사한 것으로 하여 그 감미도를 고구마당과 같은 정도로 만들었으므로 감미의 증강이라고 하는 관능적 효과의 근거는 화학적으로 해명된 것으로 본다(권오희, "식품특허길라잡이", 식품저널, 2002, 28면).

39) "결합발명과 비결합발명"으로 분류하거나(이수웅, 「특허법」, 한국지적재산권법학연구소, 2000, 147

2. 완성발명과 미완성발명

미완성발명이라 함은 발명의 성립이라고 볼 수 있는 외관을 갖추었으나 형식상의 하자가 있는 발명을 말한다. 이러한 미완성발명에는 ① 단순한 문제나 착상의 제출 또는 희망의 표명에 그치고, 어떻게 이것을 실현하는가를 알 수 없는 구체성이 완전히 결여된 것, ② 해결수단은 제시되었지만 극히 막연한 제안에 불과하기 때문에 어떻게 해서 이것을 구체화할 것인가에 대한 설명이 분명하지 않은 것, ③ 해결수단은 제시되어 있지만, 그 수단만을 가지고는 목적을 달성할 수 없다고 인정되는 것, ④ 어떤 기술적 과제를 완전히 해결하기 위해서는 복수의 구성요소의 결합이 필요하다는 새로운 착상을 얻어 연구를 추진한 것일지라도 그 중의 하나의 구성요소가 해결되지 않아 현재의 기술수준으로는 실현불가능이며, 장래의 실현가능성도 분명하지 않은 것, ⑤ 구성이 구체적으로 제시되어 있어도 그 구성을 해결수단으로 인정하기 위해서는 실험 결과 등의 구체적인 뒷받침을 필요로 하는데도 불구하고, 그 뒷받침이 없는 것, ⑥ 새로운 물건을 창작했다고 해도 어떤 도움이 되는가 분명하지 않은 것[40] 등이 있다. 또한 ⑦ 미생물관련 발명시 출원 전에 미생물을 기탁하도록 한 미생물(微生物) 기탁요건을 갖추지 않은 발명[41] 등도 미완성발명이다.

특허법원 2001.7.20. 선고 2000허7052 판결

[미완성발명의 개념]

[1] 발명의 완성 여부는 명세서 기재요건의 충족 여부와는 구별되어야 할 것인바, 완성된 발명에 이르지 못한 이른바 미완성 발명은 발명의 과제를 해결하기 위한 구체적인 수단이 결여되어 있거나, 또는 제시된 과제해결수단만에 의하여는 과제의 해결이 명백하게 불가능한 것으로서, ① 발명이 복수의 구성요소를 필요로 할 경우에는 어느 구성요소를 결여한 경우, ② 해결하고자 하는 문제에 대한 인식은 있으나 그 해결수단을 제시하지 못한 경우, ③ 해결과제 · 해결수단이 제시되어 있어도 그 수단으로 실행하였을 때 효과가 없는 경우, ④ 용도를 밝히지 못한 경우, ⑤ 발명의 기술적 사상이 실현가능하도록 완성된 것이지만 그 실시의 결과가 사회적으로 용납되지 않는 위험한 상태로 방치되는 경우 등에 해당하면 일반적으로 그 발명은 미완성 발명으로 볼 것이

면), "결합발명과 부결합발명"으로 분류(이종일, 「특허법」, 한빛지적소유권센터, 2000, 95면)하기도 한다.

40) 용도를 모르는 신규화합물일지라도 기술의 풍부화라는 이유로 특허해야 한다는 견해가 있지만, 후일 용도가 발견되었을 때 비로소 발명이 성립된다.

41) 미생물은 기탁하는 것이 원칙이지만, 이미 존재가 확인되고 통상의 지식을 가진 자가 용이하게 입수할 수 있는 신규한 미생물은 기탁할 필요가 없다(대법원 1987.10.13. 선고 87후45 판결).

며, 어떤 특허출원이 특허법 제42조 제3항에서 정한 명세서의 기재요건을 충족하지 못하였다고 하여 이를 미완성 발명이라고 단정할 수는 없다.

[2] 의약발명인 출원발명은 발명의 과제를 해결하기 위한 구체적인 수단이 결여되어 있거나 제시된 수단만으로는 과제의 해결이 명백하게 불가능한 것 등에 해당한다고 볼 수 없어 그 출원 당시에 완성된 발명이라고 봄이 상당하다고 한 사례.

3. 기 타

이 외에도 발명은 특정(特定)발명과 관련발명,[42] 대(大)발명과 소(小)발명,[43] 단순발명과 복잡발명, 자연인발명과 법인발명, 조합발명과 주합(湊合)발명[44] 등으로 나누어 설명하기도 한다.

42) 2 이상의 발명을 하나의 특허출원에 포함시킨 경우에 특허출원인이 중심이 되는 발명으로서 그 1개를 특정발명으로 지정할 것인가의 여부를 기준으로 한 구별이다. 특정발명이란 특허청구의 범위에 최초로 특정한 발명을 말하고, 이에 대하여 비특정발명은 특정되지 않은 발명을 말한다(이수웅, 「특허법」, 한국지적재산권법학연구소, 2000, 148면).

43) 특허출원의 대상인 발명과 실용신안등록출원의 대상인 고안의 구별에 대한 개념으로, 특허 대상을 대발명이라 하고, 실용신안등록 대상을 소발명이라 칭할 수 있다.

44) 조합발명이란 발명이 복수개의 종래 기술의 결합으로 완성되는 것일 경우 각 종래 기술의 결합으로 특별한 효과가 있도록 결합된 발명을 말하고, 주합발명이란 종래 기술 A와 B가 결합되는 양태가 A와 B가 상호작용을 함이 없이 단순히 모아놓은 또는 붙여놓은 형태의 발명이라고 한다(이종일, 「특허법」, 한빛지적소유권센터, 2001, 95면).

제5장

발명의 유사개념

1. 발명과 고안

발명(發明) 'invention'의 어원인 라틴어의 'inventio'는 '생각이 떠오르다'라는 의미를 포함한다. 발명은 과학과 기술을 발전시키는 한 요소로서 발견과 함께 쓰이는 말이지만, 물질적 창조라는 점에서 인식과 관련되는 발견과는 구별된다. 오늘날 발명은 특허제도(特許制度)라는 법체계 속에서 그 소유자의 권리가 사회적으로 인정되고 있다. 따라서 특허권(特許權)을 얻을 수 있는 발명의 기본요건은 다음과 같다. ① 자연법칙(自然法則)을 이용한 것이어야 한다. ② 기술적 사상(思想)이어야 한다. ③ 창작(創作)이어야 한다. ④ 고도성(高度性)이 인정되는 것이어야 한다. 그 외에도 산업상의 이용가능성(利用可能性)과 신규성(新規性), 진보성(進步性)을 그 요건으로 들 수 있다. 이러한 발명에는 ① 물건의 발명, ② 방법의 발명, ③ 물건을 생산하는 방법의 발명 등이 있다. 발견(發見)은 남이 미처 찾아내지 못하였거나 세상에 널리 알려지지 않은 것을 먼저 찾아내는 것을 말한다.

그리고 고안(考案)은 새로운 방법이나 물건을 연구하여 생각하는 것이라고 국어사전에서는 설명하고 있다. 그러나 사전상의 의미로는 명확하게 구별할 수 없으나, 특허법상의 발명(제2조 1호)과 실용신안법상의 고안(실용신안법 제2조 1호)은 구별되는 개념이다. 양자는 기술적 사상이라는 점에서 동일하지만, 특허법이 요구하는 발명은 창작수준이 고도(高度)한 반면 실용신안법상의 고안은 창작의 고도성이 요구되고 있지 않다는 점에서 차이가 있으나, 그 외의 요건에는 큰 차이가 없다.

2. 발명과 디자인

발명이란 위에서 살펴본 바와 같으나, 디자인(Design)이란 물품의 겉에 아름다운 느낌을 주기 위하여 그 모양·맵시·빛깔 또는 이들의 조화 따위를 연구하여 응용하는 장식적인 고안(考案), 미장(美匠)을 말한다. 이를 특허법과 디자인보호법에서의 정의에서 살펴보면, 특허법상 발명이란 '자연법칙을 이용한 기술적 사상의 창작으로서 고도한 것'을 말하는 반면, 디자인보호법상의 디자인은 '물품의 형상, 모양, 색채 또는 이들을 결합한 것으로서 시각을 통하여 미감을 일으키게 하는 것'을 말한다. 이와 같이 양자는 창작행위라는 점에서 같지만 발명은 '기술적 사상에 관한 창작'이고 디자인은 '물품의 외관에 표현된 심미감에 관한 창작'이란 점에서 본질적 차이가 있다. 따라서 발명과 고안의 출원사이에는 선출원관계가 적용되지만, 특허법상의 발명과 디자인보호법상의 디자인 출원 사이에는 선출원관계의 적용이 없다.

3. 발명과 노하우

일반적으로 '노하우(Know-how)'는 기술비결로 불리기도 하나, '비밀리에 관리되는 기술적 지식이나 경험 등'을 총칭하는 것으로 이해된다. 따라서 발명도 특허출원 이전단계에서는 '노하우'와 같다고 볼 수 있다. 이처럼 발명과 '노하우'는 '기술적 지식'이라는 점에서 같다. 그러나 발명은 공개를 전제로 특허권의 부여 아래 특허법에 의해 보호되는 기술인 반면 '노하우'는 그 기술비결이 공개될 경우 생명력을 잃게 되므로 비밀리에 관리될 때만이 기술비결로서 의미를 갖게 된다는 점에서 양자는 차이가 난다. 그 보호구제에 있어서도 특허발명은 그 권리자가 독점배타적으로 일정기간 동안 지배할 수 있으므로 권리침해의 경우 특허법에 의해 사법적 구제조치를 취할 수 있지만, '노하우'의 경우에는 자력으로 기술비결을 관리·이용하여야 하며, 일정한 경우에 한하여 부정경쟁방지 및 영업비밀보호에 관한 법률의 보호를 받을 수 있다.

제6장

특허법상의 실시

1. 의의 및 취지

특허법상의 실시(實施)란 발명 또는 특허발명을 그 발명의 내용에 따라 사용하는 것을 말하며, 특허법은 제2조 제3호 정의 규정에서 실시 개념에 대한 법적 정의를 내리고 있다. 이와 같이 발명의 실시에 대하여 특허법이 직접 그 개념을 규정하고 있는 것은 특허법, 특허법 시행령 등의 각급 법령에서 규정하고 있는 실시에 대한 개념을 명확히 함으로써 특허법상 실시에 대한 법률해석의 혼동을 피하고 법 운용의 통일을 기하기 위함이다. 또한 특허권자가 특허발명에 대하여 독점적으로 실시할 수 있는 행위들을 구체적으로 명문화하여 특허권의 내용을 명확히 함으로써 특허권자가 특허발명을 독점적으로 실시할 수 있는 행위와 타인에게 금지되는 행위를 분명히 하기 위함이다. 즉 특허권자는 업으로서 그 특허발명을 실시할 권리를 독점한다(제94조). 유체물의 사용에는 점유가 필요하고 권리자가 재산권을 점유하고 있는 한 타인이 사용할 우려가 없다. 그러나 무체재산권인 특허권은 사실상 점유가 불가능하고, 침해의 형태가 다양하여 독점권의 대상을 명확히 하기 위하여 실시의 개념에 관하여 특허법에서 명시한 것이다. 이에 실시의 개념은 타인의 발명 실시행위가 특허권 침해가 되는지 여부에 대한 침해 판단의 기준이 될 뿐만 아니라, 실시권의 범위를 명확히 할 수 있고, 그 외 선사용권의 인정 및 특허법 제107조에서 규정한 재정 실시권의 재정요건을 판단하는 데 기준이 된다.

우리 특허법 제2조 3호에서 '실시행위'란 ㉮ 물건의 발명인 경우에는 그 물건을 생산·사용·양도·대여 또는 수입하거나 그 물건의 양도 또는 대여의 청약(양도 또는 대여를 위한 전시를 포함한다. 이하 같다)을 하는 행위와 ㉯ 방법의 발명인 경우에는 그 방법을 사용하는 행위 또는 그 방법의 사용을 청약하는 행위, 그리고 ㉰ 물건을 생산하는 방법의 발명인 경우에는 ㉯목의 행위 외에 그 방법에 의하여 생산한 물건을 사용·양도·대여 또는 수입하거나 그 물건의 양도 또는 대여의 청약을 하는 행위를 말한다.

즉, 특허법은 실시의 개념을 물건의 발명과 방법의 발명으로 대별하고, 방법의 발명을 다시 물건을 생산하는 방법의 발명과 그 외의 방법으로 나누어 발명의 종류에 따라 실시의 내용을 달리 규정하고 있다.

한편, 이러한 발명의 실시가 이론적으로는 가능하더라도 그 실시가 현실적으로 전혀 불가능하다는 사실이 명백한 경우 산업상 이용할 수 있는 발명(제29조 제1항)에 해당하지 않는 것으로 취급한다. 예를 들면, 오존층의 감소에 따른 자외선의 증가를 방지하기 위하여 지구표면 전체를 자외선흡수플라스틱 필름으로 둘러싸는 방법 등을 생각할 수 있다.

2. 실시의 유형

(1) 생 산

일반적으로 생산은 물건을 만들어내는 행위를 말하나, 특허법상의 "생산"은 특허발명을 유형화하여 발명의 결과인 물건을 만들어 내는 일체의 행위로 반드시 기술을 사용하여 물건을 만들어내는 것을 의미한다. 공업적 생산물의 제조뿐만 아니라 조립·성형 등을 포함하며, 동식물을 만들어 내는 것도 포함된다.[1] 특히 제조의 개념으로 인식되기도 하나 제조개념보다는 넓은 개념이며, 반드시 완성행위일 것을 요하지 않으며, 건조·구축·착수 등의 행위를 포함한다. 기계, 장치에 관한 발명의 경우 생산된 기계 또는 조립된 장치를 단순히 설치하는 것은 생산에 해당되지 않는다 하겠으나, 부품을 조립하여 설치하거나 그 장치를 조립 완성하여 설치하는 경우에는 생산에 흡수되어 판단될 수 있을 것이다. 따라서 부품과 부품의 결합도 생산에 해당하며,[2] 중요 부분의 수리[3]나 개조도 생산에 해당되는 것으로 해

---

1) 특허청, 「조문별 특허법해설」, 2014, 29면(「생산」이란 물건을 만들어 내는 행위를 의미하며, 공업적 생산물의 제조뿐만 아니라, 조립·성형 등을 포함한다. 생산행위는 반드시 완성행위일 것을 요하지 않으며, 착수행위도 포함한다).

석된다. 그러나 모형의 제작, 설계도의 작성과 같은 생산의 준비행위는 포함하지 않는다.

서울중앙지방법원 2006.8.23. 선고 2005가합48548 판결

[수리가 본질적 구성요소를 교체하는 경우에 생산에 해당한다는 사례]

실용신안을 실시한 물품을 적법하게 양수한 자로서는 그 물품에 대한 자유로운 처분권을 갖게 되므로 그 물품을 사용가능한 상태에 두기 위하여 수리를 하거나 부품을 교체하는 것은 실용신안권에 대한 침해가 될 수 없으나, 그러한 수리의 정도를 넘어 실용신안제품을 재구성하는 것은 실용신안권자만이 독점하고 있는 생산행위를 하는 것이 되어 실용신안권에 대한 침해를 구성한다고 할 것인바, 그 고안의 기술적 사상 중 실용신안으로서 보호되는 본질적 부분을 구성하는 부품의 교체와 같은 경우는 실용신안권에 대한 침해로 볼 수 있을 것이나, 실용신안으로서 보호되는 기술적 사상과 무관한 부품의 교체는 단순히 물품을 계속 사용하기 위해 필요한 행위로서 실용신안권에 대한 침해가 되지 아니한다고 할 것이다.

특허법원 2017.11.10. 선고 2017나1001 판결

[수리 또는 소모품 내지 부품을 교체하는 행위가 생산에 해당하기 위한 요건]

방법발명 제품을 적법하게 양수한 양수인 등이 이를 수리하거나 소모품 내지 부품을 교체하는 경우에 그로 인하여 원래 제품과의 동일성을 해할 정도에 이르는 때에는 실질적으로 생산행위를 하는 것과 마찬가지이므로 특허권을 침해하는 것으로 보아야 할 것이나, 그러한 수리 또는 소모품 내지 부품이 제품의 일부에 관한 것이어서 수리 또는 소모품 내지 부품의 교체 이후에도 원래 제품과의 동일성이 유지되고, 그 소모품 내지 부품 자체가 별도의 특허 대상이 아닌 한, 그러한 수리행위나 부품 교체행위는 방법발명 제품 사용의 일환으로 허용되는 수리에 해당하므로, 제3자가 업으로서 그러한 소모품 내지 부품을 생산·양도·대여 또는 수입하는 등의 경우에 특허법 제127조 제2항 소정의 간접침해가 성립하는지는 별론으로 하고, 특별한 사정이 없는 한 양수인 등의 그러한 수리행위나 부품 교체행위가 방법발명의 특허권을 직접 또는 간접적으로 침해한다고 볼 수는 없다. 이는 그러한 소모품 내지 부품이 그 특허발명의 실시에만

---

2) 분해된 특허품을 단순히 다시 결합하는 것은 특허권의 침해가 되지 않는다. 그러나 부품을 결합하여 특허품을 완성시키는 것은 특허품의 생산에 해당되어 특허권 침해가 된다 하겠다.

3) 수리란 특허된 물건이 갖는 최초의 상태를 유지하거나 회복하기 위한 행위로 원칙적으로 특허법상 실시에는 포함되지 않는다. 그러나 수리의 정도에 따라 특허권의 침해가 되는 경우가 있다. 즉 일반적으로 수선행위가 발명의 기술적 사항을 구체화하는 부분에 관한 것일 때에는 생산에 해당되어 특허권 침해행위가 성립되는 것으로 사료되나 다만 손상부분의 단순한 회복에만 한정하는 것일 때에는 특허권의 침해가 성립되지 아니하는 것으로 본다.

사용되는 것인 경우에도 마찬가지이다. 한편 수리행위 내지 부품 교체행위가 제품의 동일성을 해할 정도에 이르러 생산행위에 해당하는지 여부는 당해 제품의 객관적 성질, 이용형태 및 특허법의 규정취지 등을 종합하여 판단하여야 한다(대법원 2003.4.11. 선고 2002도3445 판결 참조).

(2) 사 용

"사용"은 발명의 본래 목적을 달성하거나 효과를 나타내도록 그 물건을 사용하는 것으로, 발명의 기술적 효과를 실현시키는 일체의 행위이다.[4] 다만 특허법의 목적인 산업발전이라는 관점에서 발명 목적과 관계없는 형태로 사용하는 것을 위법이라 할 수 없으며, 따라서 '사용'은 발명의 목적을 달성하기 위한 방법으로 해당 특허발명에 관계되는 물건을 이용하는 것을 가리킨다 하겠다. 따라서 발명의 내용과 목적·효과가 다르게 사용하는 것은 여기서의 '사용'이라 할 수 없다. 즉 물건으로서는 동일하더라도 발명의 내용과 다른 목적 또는 효과를 나타내도록 사용하는 것은 여기서 말하는 '사용'은 아니다.[5] 또한 해당 발명에 관계된 물건을 이용하여 생산된 물건의 사용은 실시에 해당되지 않는다.

한편 특허에 관계되는 물건 그 자체를 단독으로 이용하는 경우뿐만 아니라 그 물건을 어느 물건의 부품으로 이용하는 경우에도 사용에 해당된다고 본다.

발명이 생산방법의 발명인 경우 그 방법에 의하여 물건을 생산하는 것은 여기서의 생산방법 발명의 사용에는 해당되나, 그 방법에 의하여 산출된 물건을 사용하는 것은 생산방법 발명의 사용에는 해당되지 않는다. 그러나 이 경우 생산방법 발명의 사용에 의하여 생산되는 물건을 사용하는 것이므로 그 발명이 특허된 경우 생산방법 특허에 대한 직접침해가 됨은 물론이다.

한편 비록 사용할 의사로 소지하고 있더라도 소지만으로 사용에 해당되지는 않는다.[6] 다만 특허된 물건을 양도나 대여할 목적으로 소지하는 경우에는 앞으로 특허권을 침해할 개연성이 높다 할 것이므로 이 경우에는 실시할 우려가 있다고 보아 침해예방청구의 대상이 된다. 한편 물건을 소지하고 양도 또는 대여의 청약을 하는 경우에는 청약행위로서 특허법상 실시에 해당된다고 할 것이다.

(3) 양도·대여·수입

"양도"는 생산된 발명품의 소유권을 타인에게 이전하는 것으로 유·무상을 묻

4) 특허품(예: 제지기)을 사용하여 만든 물건(예: 종이)에는 특허권의 효력이 미치지 아니한다(송영식·이상정·황종환, 「지적소유권법(上)」, 육법사, 2001, 348면).

5) 특허청, 「조문별 특허법해설」, 2014, 29면.

6) 東京地裁 昭和40.8.31. 判例 タイムズ 185号, 213頁.

지 않으며, 매매나 증여 등의 계약에 의하여 물건을 타인에게 이전하는 행위나, 자사의 제품을 선전하기 위하여 견본 또는 시제품을 무료로 배포하는 행위도 '양도'에 속하므로 실시행위에 해당한다. 발명의 실시행위로서의 양도는 방법발명에 대하여는 인정되지 않으며, 물건의 발명 또는 물건을 생산하는 방법의 발명의 실시에 한하여 양도행위가 인정된다.[7)]

"대여"는 발명품을 일정한 시기에 반환할 것을 조건으로 타인에게 빌려주는 것으로 양도와 같이 유상이든 무상이든 묻지 않는다. 그것이 업으로서의 양도·대여이면 단 1회의 양도·대여라도 여기서의 양도·대여에 해당된다. 다만 직접 해외로 수출만을 하는 행위는 양도행위에 포함되지 않는다는 견해도 있다. 수출은 개념상 양도와 구별되는 개념이기는 하나, 양도가 수반되는 경우가 대부분이라 하겠으므로 양도 개념에 포함되는 것으로 이해할 수 있을 것이다.

"수입"은 외국에서 생산된 특허품을 국내에 들여오는 것을 말하는데, 특허권이 없는 외국에서 실시하는 것에 대하여 국내의 특허권을 행사할 수는 없으나, 그 물품을 국내시장에 반입하는 행위는 생산행위와 같은 결과를 초래한다.[8)] 따라서 단순히 보세지역 내에 있는 물건은 수입물건이라 할 수 없으며, 단순한 인보이스(in-voice) 도착만으로 수입행위가 행해졌다고 할 수 없다. 한편 '수출'은 실시에 해당하지 않는다. 특허권은 국내에서만 효력을 가지며 그 효력이 외국까지는 미치지 않기 때문에 수출에 특허권의 효력은 미치지 않으나, 통상적으로 수출하기 전에 생산·판매 혹은 양도가 이루어지므로 수출 자체를 금지할 수 없다고 하더라도 특허권 행사에 문제가 된다고는 할 수 없겠다.

(4) 양도·대여의 청약

1995년 12월 개정시에 '물건의 양도 또는 대여의 청약'이라는 것을 새로 도입하였다. 즉 WTO(세계무역기구)/TRIPs(지적재산권)협정 제28조(특허권리내용)의 내용을 반영한 것으로 여기(WTO/TRIPs 협정 제28조)에서는 '판매의 청약(offering for sale)'이라는 용어를 사용하고 있으나 우리나라 특허법에서는 '물건의 양도 또는 대여의 청약'이라고 사용하고 있다.

"청약"이란 상대방의 승낙과 결합하여 계약을 성립시키려고 하는 의사표시를 말하며, 특허법상의 청약이란 특허제품을 양도·대여하기 위하여 계약을 성립시킬 것을 목적으로 하는 의사표시이다. "물건의 양도 또는 대여의 청약"이란 특허권자

---

7) 김원준, 「특허법」, 박영사, 2009, 477면.
8) 이 문제는 뒤에 보는 권리소진이론이나 병행수입에서 문제가 된다.

가 특허제품을 판매 또는 대여하기 위하여 특허품의 특징, 가격, 내용 등을 카탈로그나 팜플렛 등에 게재하여 배포하는 행위 등을 말한다. 즉, 특허 또는 실용신안 제품을 국내에서 직접 판매하지 않는 경우에도 카탈로그에 의한 권유, 팜플렛의 배포, 상품판매의 광고, 상품의 진열 등에 의해서 특허 및 실용신안 제품의 판매를 유도하는 행위자체는 청약의 유인행위이나 이러한 행위는 판매를 위한 행위이므로 「물건의 양도 또는 대여의 청약」에 포함시켜야 할 것이다.[9] 여기서 "물건의 양도"란 유·무상에 관계없으며(예를 들면 무상으로 시제품을 배포하는 행위도 특허법상의 실시가 된다), "대여의 청약"이란 리스의 청약과 같이 대여를 목적으로 청약하는 행위를 말한다.

"전시(展示)"는 발명을 양도하거나 대여할 목적으로 불특정다수인이 인식할 수 있는 상태로 두는 것을 말하며, 양도나 대여의 목적이 아닌 단순한 전시는 특허법상의 실시에 해당하지 않는다.

(5) 방법의 사용

방법의 발명에서 '실시'란 그 방법을 사용하는 행위 또는 그 방법의 사용을 청약하는 행위를 말한다. 방법의 사용이란 장치 등의 물건을 이용하여 방법발명의 기본목적과 효과를 나타내도록 그 발명의 내용을 실현하는 것을 말하며, 기계·설비·장치 등의 사용방법과 측정방법 등의 사용행위가 이에 해당된다. 물건에 대한 발명의 경우와 마찬가지로 그러한 방법 발명의 본래 목적을 달성하기 위한 방법의 사용만이 실시로 여겨진다. 그리고 소프트웨어와 등과 같은 방법의 발명인 경우 소프트웨어 등을 정보통신망을 통하여 전송하는 행위 등이 방법발명의 사용을 청약하는 행위에 해당한다.

한편 물건[10]을 생산하는 방법의 발명은 물건의 발명과 방법의 발명이라는 양면성을 겸비하고 있다. 이에 물건을 생산하는 방법발명(예 보리차의 제조방법)에서 '실시'란 그 방법을 사용하는 행위 또는 그 방법의 사용을 청약하는 행위 외에 그 방법에 의하여 생산한 물건을 사용·양도·대여 또는 수입하거나 그 물건의 양도 또는 대여의 청약을 하는 행위를 말한다(제2조 3호 다목). 그러나 생산방법이 아닌 단순방법의 발명에 있어서는 그 방법의 사용만이 실시에 해당하고, 그 방법에 의하여 취득된 물건의 양도 등은 해당 방법발명의 실시가 아니다.

---

9) 특허법원 2004.3.19. 선고 2003허5941 판결(확정) 참고.

10) 그 방법에 의하여 최종적으로 생산된 최종생산물뿐만 아니라 중간처리과정에서 생산된 중간생산물도 포함되는 것으로 해석된다.

3. 실시행위의 독립성

특허법 제2조 제3호에서 규정한 각각의 실시행위는 특허권의 효력상 각각 독립적이며, 어느 하나의 실시행위는 다른 실시행위에 영향을 미치지 아니하는데 이를 실시행위의 독립성이라 한다. 따라서 한 단계의 실시행위가 적법하다고 하여 다른 단계의 행위까지도 적법하게 취급되는 것이 아니다. 예를 들면 불법으로 특허품을 생산하였다면 판매 등 후속행위여부에 관계없이 그 자체로서 특허발명을 실시한 것이 된다.

즉 특허권자는 자신의 특허발명과 관련하여 타인에게 각기 다른 내용의 실시를 허용할 수 있고, 실시권자의 권리 범위는 특허권자로부터 허용된 실시 내용에 한정되며, 그 범위를 벗어난 행위는 위법한 행위로서 특허권의 침해가 된다.[11)]

한편 특허권자 등으로부터 적법하게 특허품을 구입한 후 그것을 국내에서 양수인 스스로가 실시하거나 다시 제3자에게 양도하는 경우에는 특허권자는 그 특허품에 대해 다시 특허권에 대해 권리를 주장할 수 없다. 특허품이 양도되었기 때문에 특허권자도 다시 권리를 주장하는 할 수 없다는 것에 대해서는 이론(異論)이 없다. 그러나 적법하게 만들어진 특허품이 정당하게 판매된 후 제3자 A가 그 특허품을 구입하여 제3국(미국)에서 다시 판매하는 행위는 특허법 제2조 제3호의 실시행위에 해당하는지는 의문이 있으나, 제3국(미국)에 특허권자가 제3자 B에게 독점적 실시권을 허락하였다면 별도의 권리로 보아 권리가 소진(exhaustion)되었다고 보기 어렵다. 다만 특허권자(갑)가 제3국(러시아)에는 특허권을 취득하지 않은 경우와 특허권자(갑)가 특허권을 가지고 있더라도 통상실시권만을 허락한 경우에는 그렇지 않을 수도 있다.

그 외에 「매수」와 「소지」는 특허법상의 실시에 해당되지 않은 것으로 되어 있으나, 특허권 침해물품을 업으로 판매하기 위한 매수와 소지는 특허권을 침해할 개연성이 있으므로 특허권자는 침해예방에 필요한 조치를 취할 수 있다(제126조).

---

11) 옥수수차 제조방법에 관한 생산에 대한 전용실시권만을 가지고 있고 판매권은 없음에도 불구하고 그 제품을 상당량 제조한 후 이를 무단 판매하였다면 특허권을 침해한 것이다(대법원 1983.7.26. 선고 83도1411 판결).

제 2 편

특허요건

제1장

특허를 받을 수 있는 발명

특허법의 목적은 발명을 보호·장려하고 그 이용을 도모하는 것뿐만 아니라, 궁극적으로는 산업의 발전이라는 공공의 이익에 기여하게 하기 위한 것이다(제1조). 따라서 산업의 발전을 억제하거나 공공의 이익에 반하는 발명에 대하여는 특허를 허여하지 않거나 산업정책상 필요한 경우에는 특허권에 일정한 제한을 가함으로써 공공의 이익과 조화를 도모하고 있다. 이처럼 특허법의 목적은 산업발전에 기여하는 데 있으므로 그 목적에 따라서 특허를 받기 위한 특허요건을 규정한 것으로 생각된다. 여기서는 먼저 특허요건으로서, 특허를 받을 수 있는 발명에 해당하기 위한 요건을 살펴본다. 구체적으로, 특허를 받을 수 있는 발명에 해당하기 위해서는 ① 산업상 이용가능하고(산업상 이용가능성), ② 새로운 것으로(신규성), ③ 그 발명이 속하는 기술분야에서 통상의 지식을 가진 사람이 쉽게 발명할 수 있는 것이 아닌 것(진보성)이어야 하고, ④ 타인과의 관계에 있어 선출원(先出願)이어야 하며, ⑤ 확대된 범위의 선출원에 위반되지 않아야 한다.

Ⅰ. 산업상 이용가능성

1. 의의 및 취지

특허법 제29조 제1항은 '산업상 이용할 수 있는 발명…' 으로 규정하여 해당 발명이 산업에 유용한지 그렇지 않은지 여부를 판단하는 요건이다. 즉, 발명이 특허를 받기 위해서는 그 발명이 산업상 이용가능한 것이어야 한다.[1] 이는 특허법의 목적이 산업발전에 이바지하는 데 있음에 비추어 당연한 요건이라 할 수 있다. 아무리 획기적인 기술, 아무리 기발한 아이디어로 발생된 발명이라 해도 그것이 실제적으로 산업에 이용할 수 없는 대상이라든지 사회여건상 이용이 불가능한 것이라면 그 발명에 독점권을 부여할 이유가 없다. 여기에서 "이용"은 특허법 제2조 3호에서의 "실시"를 의미한다고 해석된다. 이에 학술적·실험적으로만 사용하는 것과 자족적인 목적으로만 사용되는 발명은 특허대상이 될 수 없다.

2. 산업의 개념

(1) 산업의 의미

여기서 '산업'은 광의의 개념으로 공업 외에도 광업·농수산업·목축업 등을 포함하며, 비록 생산이 뒤따르지 않으나 운송업이나 교통업과 같은 보조산업을 포함한다는 것이 통설이다.[2] 즉 특허법상의 산업의 범위는 발명의 정의규정으로 인하여 그 영역파악에 있어서 제한이 따르지 않을 수 없지만, 특허법 스스로가 발명을 이용하여 산업발전을 기하려는 데에 법의 이념을 두고 있으므로 산업의 범위는 발명이 이용가능한 업무분야로 유용하고 실용적인 기술에 속하는 모든 활동을 포함

---

1) 실제 명백히 실시할 수 없는 것(예컨대, 지구와 달을 연결하는 다리)이나 개인적으로만 이용되고 시판 등의 가능성이 없는 것(예컨대, 혀를 내밀면서 차를 마시는 법)은 산업(사업)으로서 실시할 수 없는 것에 해당된다.

방법발명에서 사람에 대한 수술 및 치료방법, 유전자치료법, 진단방법 등은 의료행위에 해당하므로 산업상 이용가능성이 없는 것으로 본다. 즉 사람에 대해서는 특허대상이 되지 않지만 동물에 대해서는 특허대상이 된다. 그러나 인체에서 분리된 것(혈액, 모발 등)도 인체가 아닌 것으로 보아 공공질서 및 미풍양속에 반하지 않는 한 특허대상이 될 수 있다. 질병의 순수한 치료·진단 및 예방방법과는 구별되는 의료행위를 위한 기구·장치 등에 관한 발명은 당연히 산업상 이용할 수 있는 발명이다(특허청, 「조문별 특허법해설」, 2002.9, 76면).

2) EPC 제57조에서 산업상 이용성에 대해서는 "농업을 포함한 어떠한 산업에서도 그 발명이 이용되거나 제조될 수 있다면 그 발명은 산업상 이용성이 있는 것으로 간주된다"라고 규정하고 있다.

하는 최광의(最廣義) 개념으로 해석된다.[3]

파리조약 제1조(3)에서도 산업을 ① 공업 및 상업, ② 농업 또는 채취산업의 분야, ③ 모든 제조 또는 천연산품까지도 포함하는 최광의로 규정하고 있다.[4]

대법원 1991.3.12. 선고 90후250 판결

[산업상 이용할 수 있는 발명]

사람의 질병을 진단, 치료, 경감하고 예방하거나 건강을 증진시키는 의약이나 의약의 조제방법 및 의약을 사용한 의료행위에 관한 발명은 산업에 이용할 수 있는 발명이라 할 수 없으므로 특허를 받을 수 없는 것이나 다만 동물용 의약이나 치료방법 등의 발명은 산업상 이용할 수 있는 발명으로서 특허의 대상이 될 수 있는바, 출원발명이 동물의 질병만이 아니라 사람의 질병에도 사용할 수 있는 의약이나 의료행위에 관한 발명에 해당하는 경우에도 그 청구범위의 기재에서 동물에만 한정하여 특허청구함을 명시하고 있다면 이는 산업상 이용할 수 있는 발명으로서 특허의 대상이 된다고 할 것이다.

기록에 의하면 이 사건에서 출원인이 당초 특허청구 범위의 기재에 있어서 청구범위 제3항, 제4항 및 제8항 내지 제10항에 관하여 그 발명이 동물에만 한정됨을 명시하는 취지의 기재를 하지 아니하였으나 특허청 항고심 계속중 위 청구범위에 관하여 "인간을 제외한 포유동물의 왁진접종방법"이라고 보정을 하여 그 청구범위를 동물에만 한정하고 있으므로, 비록 그 발명이 실질적으로 사람의 질병의 경우에도 적용될 수 있다 하더라도 이를 산업상 이용할 수 있는 발명이 아니라고 볼 수 없음에도 불구하고 원심이 본원발명은 실질적으로 의약을 사용하여 사람의 질병을 예방하는 방법의 발명에 해당한다는 이유로 본원발명이 산업상 이용할 수 있는 발명이 아니라고 본 것은 특허요건에 관한 법리를 오해한 위법이 있다.

특허법원 2002.3.28. 선고 2001허4937 판결

[산업상 이용할 수 있는 발명]

이 사건 특허발명은 종래의 인쇄기를 이용하여 색상의 배열이 각 다른 수백개 또는 수천개의 파일로 구성된 일련의 파일묶음을 인쇄함에 있어서 생산공정을 단순화하여 생산 원가를 절감하기 위한 인쇄공정에 관한 것으로서, 이러한 산업기술상의 목적

---

3) 특허청, 특허・실용신안 심사기준(특허청 예규 제131호), 2023, 3101면.

4) 파리조약 제1조(3) "산업재산권은 최광의로 해석되어 엄격한 의미의 공업 및 상업뿐만 아니라 농업 또는 채취산업의 분야 및 제조 또는 천연의 모든 산품, 예컨대 포도주, 곡물, 담뱃잎, 과실, 가축, 광물, 광천수, 맥주, 꽃, 밀가루에 대하여도 적용된다."

이 규정은 가맹국 각국에서 자유로이 모든 산품을 특허법으로 보호할 수 있는 기준을 제시한 것이지만, 산업의 영역을 가능한 한 넓게 해석할 수 있는 근거를 제시한 것이기도 하다.

을 달성하기 위한 구체적인 수단으로서 각 단위별 및 색상별 순차 인쇄라는 인쇄공정을 개시하고 있는 바, 이는 단순한 파일의 배열방법이나 인위적인 규칙이라기보다는 자연 과학상의 인과율을 이용하여 특정한 유형의 파일을 생산함에 있어 공정을 단순화하여 생산성을 향상시키는 방법이라 할 것이며, 이 사건 특허발명의 명세서에는 통상의 기술자라면 누구나 용이하게 실시할 수 있을 정도로 그 기술 수단에 관해서 구체적으로 기재하고 있어 특별히 뛰어난 기술이 없더라도 통상의 기술자라면 이 사건 특허발명의 기술을 반복적으로 실시하여 언제나 생산성이 크게 향상된 결과를 얻을 수 있다 할 것이므로 이 사건 특허발명이 '자연법칙을 이용한 기술적 사상이라는 점'을 부인할 수 없다 할 것이다. 또한 이 사건 특허발명은 일정단위 숫자의 파일에 각각 다르게 배열된 다색의 색상을 인쇄하는 방법에 관한 것으로서 그 인쇄방법이 통상의 기술자가 용이하게 창작할 수 있는 것이라고 볼 근거가 없고, 또 발명자의 사고작용에 의하여 생각해낸 것으로서 종래의 기술이나 원리를 단순히 발견한 것이라고 할 수도 없으므로 그 고도성이나 창작성이 결여된 것이라고 할 수도 없다.

(2) 의료업의 산업성

의료적 발명의 특허성과 관련하여 의료업의 산업성 여부가 논의되고 있다. 즉 의료업이 산업의 일종이라고 하면 치료 · 진단 · 예방방법의 발명은 특허법상의 발명인 한 산업상의 이용성을 갖는 발명으로 특허를 받을 수 있게 될 것이다. 그러나 이러한 발명에 대하여 특허를 부여하는 것에 소극적인 것이 전통적인 태도[5)]이다. 이는 의료적 발명이 널리 개방되어야 한다는 생각이 반영된 것으로, 판례 역시 인체를 발명 구성의 요건으로 하는 순의료적 발명은 산업에서 제외된다고 하고 있다.[6)] 특히 순의료적 발명은 물론 그 이외의 의료발명의 특허성을 부정함과 동시에 인체에서 분리 · 배출한 물질(예컨대 수액 · 혈액, 소변, 피부, 모발 등)도 인체의 일부를 구성하는 것으로 하고, 이것을 사용하는 진단방법의 발명도 특허성을 부정해 왔었다.

그러나 일본 특허청은 이와 관련하여 昭和50年(1970년) 심사편람을 고쳐 ① 인체를 구성요소로 하는 발명일지라도, 치료 · 진단방법 등의 순의료적 발명이 아닌 것에 대해서는 공서양속을 해칠 우려가 있는 것은 별도로 하고 특허성을 인정해야 할 경우가 있으며, ② 인체에서 분리 · 배출된 물질은 인체의 일부가 아님을 명백히 하였다. 반면 치료기계나 의약의 발명처럼 물건의 발명에 있어서는 이것을 사

5) 吉藤辛朔 著, YOU ME 특허법률사무소 譯, 「특허법개설(제13판)」, 대광서림, 2000, 94면. 예컨대 유럽특허조약 제52조(4)에서는 '인체나 동식물의 치료방법 또는 외과적 처치방법 및 인체나 동물체에 대한 진단방법은 산업상 이용가능성이 있는 발명이라고는 보지 않는다'라고 명문의 규정을 두고 있다.

6) 대법원 1991.3.12. 선고 90후250 판결.

용하는 것이 설령 의료업상의 이용일지라도 이것을 생산하는 자체가 산업상의 이용이 되므로 당연히 특허의 대상이 될 수 있다.

의료행위와 관련하여 우리 특허청은 다음과 같은 심사기준을 갖고 있다.[7)]

다음과 같은 발명은 산업상 이용할 수 있는 발명에 해당하지 않는다.

① 인간을 수술, 치료 또는 진단하는 방법의 발명, 즉, 의료행위에 대해서는 산업상 이용할 수 있는 발명에 해당되지 않는 것으로 한다.

② 의료인에 의한 의료행위가 아니더라도 발명의 목적, 구성 및 효과 등에 비추어 보면 인간의 질병을 치료, 예방 또는 건강상태의 증진 내지 유지 등을 위한 처치방법의 발명인 경우에는 산업상 이용 가능성이 없는 것으로 취급한다(특허법원 2013. 3.21. 선고 2012허9587 판결 참조).

③ 청구항에 의료행위를 적어도 하나의 단계 또는 불가분의 구성요소로 포함하고 있는 방법의 발명은 산업상 이용 가능한 것으로 인정하지 않는다.

④ 인체를 처치하는 방법이 치료 효과와 비치료 효과(예 미용 효과)를 동시에 가지는 경우, 치료 효과와 비치료 효과를 구별 및 분리할 수 없는 방법은 치료방법으로 간주되어 산업상 이용 가능한 것으로 인정하지 않는다.

한편, 다음과 같은 발명은 산업상 이용할 수 있는 발명에 해당한다.

① 인간의 수술, 치료 또는 진단에 사용하기 위한 의료 기기 그 자체, 의약품 그 자체 등은 산업상 이용할 수 있는 발명에 해당한다.

② 의료기기의 작동방법 또는 의료기기를 이용한 측정방법 발명은 그 구성에 인체와 의료기기 간의 상호작용이 인체에 직접적이면서 일시적이 아닌 영향을 주는 경우 또는 실질적인 의료행위를 포함하는 경우를 제외하고는 산업상 이용 가능한 것으로 취급한다.

③ 인간으로부터 자연적으로 배출된 것(예 소변, 변, 태반, 모발, 손톱) 또는 채취된 것(예 혈액, 피부, 세포, 종양, 조직)을 처리하는 방법이 의료행위와는 분리 가능한 별개의 단계로 이루어진 것 또는 단순히 데이터를 수집하는 방법인 경우 산업상 이용 가능한 것으로 취급한다.

④ 인간을 대상으로 하는 진단 관련 방법(이화학적 측정, 분석 또는 검사방법 등 각종 데이터를 수집하는 방법)이 임상적 판단[8)]을 포함하지 않는 경우 산업상 이용

7) 특허청, 특허 · 실용신안 심사기준(특허청 예규 제108호), 3101면.

8) 「임상적 판단」이란 의료인이 의학적 지식 또는 경험을 바탕으로 행하는 질병 또는 건강상태를 판단하는 정신적 활동을 말한다.

가능한 것으로 취급한다.

⑤ 인간을 수술, 치료 또는 진단하는 방법의 발명은 산업상 이용 가능성이 없는 것으로 보나, 그것이 인간 이외의 동물에만 한정한다는 사실이 청구범위에 명시되어 있으면 산업상 이용할 수 있는 발명으로 취급한다(특허법원 2012.1.13. 선고 2011허6772 판결, 대법원 1991.3.12. 선고 90후250 판결 참조).

⑥ 인체를 처치하는 방법이 치료 효과와 비치료 효과를 동시에 가지는 경우로서, 그 청구항이 비치료적 용도(예 미용 용도)로만 한정되어 있고, 명세서에 기재되어 있는 발명의 목적, 구성 및 효과를 종합적으로 고려할 때 비치료적 용도로 그 방법의 사용을 분리할 수 있으며, 어느 정도의 건강증진 효과가 수반된다고 하더라도 그것이 비치료적인 목적과 효과를 달성하기 위한 과정에서 나타나는 부수적 효과인 경우에는 산업상 이용할 수 있는 발명으로 취급한다(특허법원 2017.11.17. 선고 2017허4501 판결 참조)(다만 수술방법의 경우에는 미용 목적 및 용도로 한정하더라도 산업상 이용 가능한 것으로 인정하지 아니한다).

특허법원 2004.7.1. 선고 2003허6104 판결

[인체를 필수 구성요소로 하지만 의료행위에 해당하지 않는 발명의 산업상 이용가능성]

「모발의 웨이브방법에 관한 발명」은 인체를 필수 구성요소로 하고는 있지만, 의료행위가 아니라 미용행위에 해당하고, 인체를 필수 구성요소로 하는 발명이라 하더라도 인체에 행하여지는 수술 또는 치료방법 등 의료행위에 해당하지 않는 한, 그 발명을 실행할 때 필연적으로 신체를 손상하거나, 신체의 자유를 비인도적으로 구속하여 특허법 제32조 소정의 공공의 질서 또는 선량한 풍속을 문란하게 하거나 공중의 위생을 해할 염려가 있는 발명에 해당되어 특허가 허용될 수 없는 경우를 제외하고는, 산업상 이용이 가능하여 특허로서 보호받을 수 있다.

특허법원 2017.11.17. 선고 2017허4501 판결

[의료행위 또는 치료방법 내지 진단방법에 해당하지 않지만, 명세서 기재만으로는 통상의 기술자가 이를 반복하여 재현할 수 있다고 볼 수 없고, 이 점에 관하여 의견제출의 기회가 부여되지 않았으므로 원 심결을 취소한 사례]

특허청 심사관 및 심판관은 원고의 발명이 건강증진을 위한 치료방법으로서 의료방법 발명에 해당하므로 산업상 이용가능성이 없는 발명이라는 이유로 거절결정을 하였다. 원고는 이 발명이 의료행위 내지는 치료방법에 해당하지 않으므로 산업상 이용가능성이 부정되지 않는다고 주장한다. 이 발명은 인체를 필수 구성요소로 하고는 있지만, 이 사건 출원발명 그 자체가 수술·치료·진단을 목적으로 하는 것이 아닐 뿐만 아니라 신체를 손상하거나 신체의 자유를 비인도적으로 구속하는 것이 아니라는 점은 분명하다. 또한 이 발명은 '소정의 방식에 의하여 피부를 마사지함으로써 화장품이 피부에 잘 스며들도록 하는 피부미용법에 관한 출원이어서, 건강증진의 효과가 수반된다고 하더라도, 이는 어디까지나 피부미용의 목적과 효과를 달성하기 위한 과정에서 나타나는 부수적인 효과일 뿐이지, 이를 가리켜 의료행위에 해당한다거나 사람에 대한 수술방법 또는 비수술적 치료방법 내지 진단방법에 해당한다고 볼 수는 없다.

그러나 오케스트라의 연주기법에 의한 피부미용법은 사람의 행위가 주요 구성요소로 되어 있는 것으로서 이를 시행하는 각 개인의 숙련도에 의해서 달라질 수 있는 일종의 기능에 해당하는 성질을 가지므로, 이 사건 특허출원의 명세서 기재만으로는 통상의 기술자가 이를 반복하여 재현할 수 있다고 볼 수 없다. 따라서, 이 사건 특허출원 명세서에 기재된 발명의 목적, 구성 및 작용효과 등을 전체적으로 고려하면 이 사건 출원발명은 통상의 기술자가 반복 실시하여 목적하는 기술적 효과를 얻을 수 있을 정도까지 구체적·객관적으로 구성되어 있는 발명이라고 할 수 없으므로 산업상 이용가능성이 결여될 뿐만 아니라, 통상의 기술자가 용이하게 실시할 수 있도록 그 명세서가 기재되어 있지도 않다고 봄이 옳다.

다만 위와 같은 특허요건 결여의 점에 관하여는 이 사건 심사 단계에서 원고에게 의견제출의 기회가 부여되지도 않았고, 위 사유가 거절결정의 이유로 된 바도 없으므로, 이 법원이 이를 이 사건 심결의 당부를 판단하는 근거로 삼을 수는 없으므로, 그 취소를 구하는 원고의 이 사건 청구는 이유 있어 이를 인용한다.

3. 이용가능성

'이용가능성'의 의미에 관련하여서는 학설이 나누어진다. 즉 ① 경영적, 즉 반복계속적으로 이용될 수 있는 것을 가리킨다고 하는 설,[9] ② 어느 산업에 그 발명을 응용하는 것에 의해 새로운 가치를 창조하는 것으로 물건의 생산에 직접 관계가 있는 기술만을 가리킨다는 설,[10] ③ 학문적·실험적으로만 이용하는 것이 가능한 발명을 제외한 취지라는 설,[11] ④ 생산에 반복 이용할 수 있는 발명의 의미로 해석하는 설[12] 등이 있다.

특허법의 목적이 '산업의 발전에 기여한다'라는 점에 있을 때 산업상 이용이 불가능한 것은 제외할 것이다. 그러나 '산업' 개념을 넓게 해석하는 한 '산업상 이용가능성' 역시 넓은 개념이어야 할 것이다. 따라서 생산에 직접 관계가 있는 것을

9) 豊崎光衛, 「工業所有権法」, 有斐閣, 1975, 153頁.
10) 兼子一·梁野義信, 「工業所有権法」, 第一法規出版, 89頁.
11) 日本 特許庁, 「逐条解説」, 79頁; 光石土郎, 「特許法詳說」, 帝國地方行政學會, 133頁.
12) 蕁優美, 「工業所有権法」, 帝国地方行政学会, 66頁.

가리키는 한정해석은 그 근거가 없을 뿐만 아니라 부당하다고 할 것이다.[13] 이에 그것 자체가 비생산적·비공업적이라고 하더라도 그 생산 혹은 판매 등에 의한 산업적 효과가 있으면 산업상의 이용가능성이 있다고 할 수 있다. 특허협력조약 제33조(4)에서 '발명은 어떤 종류의 산업분야에서든지 발명의 성질에 따라 기술적 의미에서 생산되고 사용될 수 있는 것일 경우에는 산업상 이용가능성을 가지는 것으로 한다'라고 이용가능성의 정도를 규정하고 있다.

4. 산업상 이용가능성의 판단

(1) 판단의 시기

산업상의 이용은 당장의 산업적 실시를 의미하는 것이 아니라 장래 실시할 가능성이 있으면 족하다. 따라서 이용가능성이 인정되는 한 비록 출원 또는 특허당시에 산업상 이용되지 않는 것이 분명하다고 할지라도 특허를 받는 데는 상관이 없다. 특히 기본적인 발명 내지 개척적인 발명은 실용화에 상당한 기간이 소요되는 경우가 있어, 출원시 또는 특허여부 결정시에 산업에 이용되고 있지 않거나 가까운 시기에 이용될 성질의 발명이 아니라 하더라도 장래 이용가능성이 있다면 그것으로 산업상 이용가능성은 인정되어야 한다.

대법원 2003.3.14. 선고 2001후2801 판결

[산업상 이용가능성의 판단시기]

특허출원된 발명이 출원일 당시가 아니라 장래에 산업적으로 이용될 가능성이 있다 하더라도 특허법이 요구하는 산업상 이용가능성의 요건을 충족한다고 하는 법리는 해당 발명의 산업적 실시화가 장래에 있어도 좋다는 의미일 뿐 장래 관련 기술의 발전에 따라 기술적으로 보완되어 장래에 비로소 산업상 이용가능성이 생겨나는 경우까지 포함하는 것은 아니라 할 것인바, 원심도 인정한 바와 같이 이 사건 출원발명의 출원일 당시 수지상 세포는 혈액 단핵세포의 0.5% 미만으로 존재하고 분리된 후에는 수일 내로 사멸하기 때문에 연구하기가 쉽지 않아 혈액으로부터 충분한 양의 수지상 세포를 분리해 내는 것은 기술적으로 쉽지 않고, 출원일 이후 기술의 발전에 따라 사람의 혈액으로부터 수지상 세포를 추출하고 이를 이용하여 면역반응을 유발시키는 기술이 임상적으로 실시되고 있다는 것이므로, 결국 이 사건 출원발명의 출원일 당시를 기준으로 수지상 세포를 사람의 혈액으로부터 분리하여 이 사건 출원발명에 사용하는

---

13) 예컨대 측량기술은 직접 생산에 관계된 것은 아니지만, 그 산업상의 이용가능성을 부정할 수는 없을 것이다.

기술이 장래에 산업상 이용가능성이 있다고 보기는 어렵다.

(2) 경제성

산업상의 이용가능성이 경제성을 의미하지는 않는다. 즉 산업상의 이용가능성의 판단은 기술적 가치 평가의 문제로 비록 경제적 불이익을 초래하는 발명이라 할지라도 곧바로 발명의 특허성이 부정되지는 않는다. 반면 발명이 어떤 새로운 기술적 효과를 달성하면서 동시에 다른 기술적 불이익을 낳는 경우에도, 그 불이익이 제거될 가능성이 도저히 없는 그 발명에 본질적인 것이거나 또는 그 발명의 이익을 훨씬 넘어서 결국 그 발명의 이용 가능성을 실질적으로 부정하는 정도의 것이라면 산업상 이용성이 있는 발명이라 할 수 없다. 또한 퇴보적 발명[14] 역시 산업상 이용할 수 있는 발명이라고는 할 수 없을 것이다.

개인적 또는 실험적, 학술적으로만 이용할 수 있고 업으로서 이용될 가능성이 없는 발명은 산업상 이용할 수 있는 발명에 해당되지 않는 것으로 취급한다. 그러나, 개인적 또는 실험적, 학술적으로 이용될 수 있는 것이라도 시판(市販) 또는 영업의 가능성이 있는 것은 산업상 이용할 수 있는 발명에 해당한다.

(3) 안정성과의 관계

어떤 재료의 안정성을 특히 필요로 하는 발명에 있어서는 안정성 여부가 산업상 이용가능성의 요건이라고 볼 수 있다. 가령 발화할 가능성이 높은 플러그라든지 독성이 강한 식료품 등에 관한 발명에 대하여는 산업상 이용할 수 없음이 명백할 정도로 위험한 것이므로 산업상 이용가능성이 없다고 볼 것이다.

(4) 타법과의 관계

비록 특허발명이라 할지라도 그것을 이용한 제품을 실시하기 위해선 일정 행정기관의 인·허가를 받아야 할 경우가 있다. 이는 특허권 인정과 해당 특허발명제품의 실시에 관련한 행정기관 행위의 목적이 상이하기 때문이다. 따라서 산업상 이용가능성과 타기관의 인·허가문제는 별개의 문제이다.

5. 발명의 성립성과의 관계

특허법 제2조 1호에서는 '발명이란 자연법칙을 이용한 기술적 사상의 창작으로서

---

14) 예컨대 불필요하게 종래의 것을 복잡화, 또는 종래의 것을 단순화했다고 해도 기술의 진보과정에서 보아 역행한 것, 기타 종래의 것에 비해 기술적 가치가 현저하게 낮은 것 등이 이에 해당한다.

고도한 것을 말한다'라고 규정하고 있다. 이는 특허를 받기 위해서는 ① 자연법칙을 이용하여야 하고, ② 기술적 사상의 창작으로, ③ 고도한 것, 즉 특허법 제2조 1호에 해당하는 발명이어야만(상세한 것은 제1편 제3장 '특허법상의 발명' 부분을 참조) 특허법 제29조의 '특허요건'을 판단할 수 있다는 것이다. 따라서 발명의 성립성이 인정되지 않으면 특허법 제29조 제1항 본문의 규정을 인용하여 "산업상 이용할 수 있는 발명"이 아니라는 이유로 거절된다.

Ⅱ. 신 규 성

1. 의의 및 취지

특허제도는 발명을 공개하는 대가로 특허권을 부여하는 제도이므로 이미 일반에 알려진 발명에 대하여 독점권을 부여하지 아니한다. 이에 따라 특허법 제29조 제1항에서는 특허출원 전에 ① 공지된 발명, ② 공연히 실시된 발명, ③ 반포된 간행물에 게재된 발명, ④ 전기통신회선을 통하여 공중이 이용가능하게 된 발명은 신규성이 없는 발명으로서 특허를 받을 수 없도록 하고 있다.

특허를 받을 수 있는 '발명'은 지금까지 없는 '새로운 것'이 아니면 안 된다. 이미 누구나 알고 있는 발명에 대해 특허권이라는 독점권을 부여하는 것은 사회에 유해하기 때문이다. 이러한 특허제도는 새로운 기술을 공개한 자에게 그 공개에 대한 보상으로 일정한 기간 동안 독점권을 부여하는 제도이므로, 이미 사회일반에 공개되어 공유되고 있는 기술에 대하여 독점적 권리를 부여하는 것은 불필요하며 사회의 기술진보를 저해하는 일이기도 하다. 따라서 발명이 특허를 받기 위해서는 발명의 기술적 창작의 내용이 출원 전 종래의 기술적 지식·선행(先行)기술에 비추어 알려져 있지 않은 새로운 것이어야 한다. 다만 문제가 되는 것은 '이미'란 언제를 기준으로 하며, '공개'란 어디서, 무엇에 의해, 어떤 상태로 되는 것을 의미하는가이다. 이에 특허법은 발명의 신규성을 요건으로 규정하는 대신에 발명이 신규함을 잃게 되는 사유를 한정적으로 열거하고 이에 해당되지 아니한 발명은 신규성이 있는 것으로 보고 있다. 즉 ① 특허출원 전에 국내 또는 국외에서 공지[15]된 것(제29조 제1항 1호 전단), ② 특허출원 전에 국내 또는 국외에서 공연히 실시[16]된 것(제29조 제1항 1호 후단), ③ 특허출원 전에 국

15) 공지(公知)란 다수는 아니라도 불특정 다수인이 알 수 있는 상태에 있는 것을 말한다(대법원 1963.2.28. 선고 62후14 판결; 대법원 1983.2.8. 선고 81후64 판결). 불특정다수인이라 함은 비밀을 지켜야 할 의무가 없는 사람을 말한다. 예를 들어 TV에서 방영되는 것이 공지이다.

내외에 반포된 간행물에 게재된 것[17](제29조 제1항 2호 전단), ④ 특허출원 전에 전기통신회선을 통하여 공중이 이용할 수 있는 것(제29조 제1항 2호 후단)일 때에는 신규성이 없다고 규정하고 있다.[18]

대법원 1996.11.26. 선고 95후1517 판결

[반포된 간행물의 신규성판단]

인용발명들이 기재된 각 연구보고서나 연구논문 및 카탈로그는 모두 간행물로서 그 형식과 내용 등에 비추어 그 발행 무렵부터 불특정다수인이 인식할 수 있는 상태에 놓여 있었다고 봄이 상당하므로, 위 문서들이 모두 이 사건 특허발명의 출원 전에 반포된 간행물에 해당한다고 본 원심의 위와 같은 인정판단은 정당한 것으로 수긍이 가고, 거기에 소론과 같이 반포된 간행물에 관한 법리를 오해하거나 심리를 다하지 아니한 위법이 있다고 할 수 없다. 또한 특허등록된 발명이 공지공용의 기존 기술을 수집·종합하여 이루어진 경우에 있어서는 이를 종합하는 데 각별한 어려움이 있다거나 이로 인한 작용효과가 공지된 선행기술로부터 예측되는 효과 이상의 새로운 상승효과가 있다고 인정되고, 그 분야에서 통상의 지식을 가진 자가 선행기술에 의하여 용이하게 발명할 수 없다고 보여지는 경우 또는 새로운 기술적 방법을 추가하는 경우가 아니면 그 발명의 진보성은 인정될 수 없다 할 것인바(당원 1991.10.11. 선고 90후1284 판결; 1993.2.12. 선고 92다40563 판결 등 참조), 기록에 비추어 살펴보면 같은 취지에서 이 사건 특허발명에 진보성이 없다고 본 원심의 판단은 옳고, 거기에 소론과 같이 발명의 진보성에 관한 법리를 오해하거나 심리를 다하지 아니한 위법이 있다고 할 수 없다.

---

16) '공연히 실시'라고 하기 위해서는 제3자가 그 기술의 내용을 알 수 있는 상태에 있지 않으면 안 된다(中山信弘, 「工業所有権法 上(第二版 増補版)」, 弘文堂, 2000, 122頁). 그러나 실시되고 있다고 하더라도 그것이 비밀로서 관리되고 있는 경우, 제3자가 그 기술의 내용을 알 수 있을 가능성이 없는 경우가 있다. 이러한 경우에는 통설에 의하면 제3자가 그 기술의 내용을 알 수 없는 이상, 실시되고 있는 방법이 특허출원되더라도 그 출원은 신규성을 상실한 것이 되지 않는다.

이는 이미 실시되고 있는 기술이 제3자에게 상세하게 알려져 있지 않았다고 하더라도 그것을 특허로 부여할 필요가 없지 않은가 하는 의문을 가지게 한다(相澤英孝, 「ビジネスの方法と特許」, ジュリスト No.1189, 29頁). 즉 이미 실시되고 있는 기술에까지 기술개발에 대해 인센티브를 부여할 필요가 있는지 의문이다.

17) 예를 들어 연구논문으로 발표한 것을 들 수 있다.

18) 제29조(특허요건) ① 산업상 이용할 수 있는 발명으로서 다음 각 호의 어느 하나에 해당하는 것을 제외하고는 그 발명에 대하여 특허를 받을 수 있다.

1. 특허출원 전에 국내 또는 국외에서 공지(公知)되었거나 공연(公然)히 실시된 발명

2. 특허출원 전에 국내 또는 국외에서 반포된 간행물에 게재되었거나 전기통신회선을 통하여 공중(公衆)이 이용할 수 있는 발명

대법원 1996.1.23. 선고 94후1688 판결

[공연실시의 신규성여부]

구 실용신안법(1990.1.13. 법률 제4209호로서 전면 개정되기 전의 것, 이하 같다) 제5조 제1항에 의하면 실용신안등록출원 전에 국내에서 공지되었거나 또는 공연히 실시된 고안인 경우에는 실용신안등록을 받을 수 없다고 규정하고 있고, 여기에서 공연히 실시된 고안이라 함은 해당 기술분야에서 통상의 지식을 가진 자가 그 고안의 내용을 용이하게 알 수 있는 상태로 실시하는 것, 즉 그 기술사상을 보충 또는 부가하여 다시 발전시킴이 없이 그 실시된 바에 의하여 직접 쉽게 반복하여 실시할 수 있는 것임을 요한다 할 것이다.

2. 신규성 판단의 기준

(1) 신규성 판단의 시간적 기준

신규성 판단은 해당 발명의 특허출원시(時)를 기준으로 한다. 발명의 정의규정에서 요구하는 발명의 성립요건으로서의 창작성 판단 시점은 성격상 발명의 완성시가 기준이 되지만, 특허요건인 객관적 신규성의 판단시점은 특허출원시이다. 이때 특허출원시란 문자 그대로 출원시이며 출원일이 아니다. 따라서 예컨대 갑이 오후에 출원하였는데 을이 동일 발명에 대하여 그날 오전에 강연하였다면 갑의 발명은 출원전 공지이므로 신규성이 없다. 그러나 실제문제로서 공지여부를 정하는 데에 공지일의 시각까지 문제되는 경우는 극히 드물다 하겠다.[19] 이러한 신규성의 시적 판단은 선(先)출원관계(제36조)나 이용저촉관계(제98조)의 판단이 일(日)을 기준으로 하는 것과 비교된다.

(2) 신규성 판단의 지역적 기준

신규성 판단의 지역적 범위를 정하는 원칙에는 세 가지 유형이 있다. 자국 여부에 상관없이 발명이 공지되고 있을 때에는 신규성을 부정하는 '국제주의'와 비록 외국에서는 공지된 발명이라 하더라도 자국 내에서 공지되지 않았다면 신규성을 인정하는 '국내주의', 그리고 신규성 상실사유의 대상에 따라 국제주의와 국내주의를 병용하는 '절충주의'가 그것이다. '국제주의'는 새로운 발명만을 보호하려는 특허제도의 취지에는 부합되지만 그 지역적 범위가 너무 넓어서 공지사실의 증명 및 판단의 곤란성이 따르게 된다. 반면 '국내주의'는 이러한 곤란성을 어느 정도 완화

---

19) 공지여부를 판단하는 데 있어, 공지일의 시각은 물론 공지일이 언제인가를 특정할 필요가 없는 경우도 적지 않다. 즉 공지여부는 출원의 시점이 기준이지만, 출원 전 공지임을 증명하는 데 있어서는 공지시점을 명확하게 하는 것까지는 반드시 필요치 않다(東京高裁 昭和42.9.19. 取消集 昭和 42年, 49頁).

될 수 있으며 자국의 산업발전에 유익할 수 있지만, 외국의 공지발명을 모방한 경우에는 국제적 경쟁력을 약화시킨다는 문제점이 있다.

우리 특허법은 제29조 제1항에서 '국내 또는 국외'를 기준으로 한다고 규정하여 국제주의를 채택하고 있다. 본래 특허법은 자국의 산업발달을 목적으로 하는 것으로 발명의 신규성은 그 국가에 대해서만 고려해도 충분하다고 할 수 있었으나, 통신 및 교통이 발달한 오늘날에 있어서는 그러한 자국주의는 적절하지 못하다 하겠다. 이에 특허법은 신규성 판단의 지역적 기준과 관련하여 외국에서 공지·공연실시된 사실의 조사가 비교적 용이해졌으며, 외국에서 자유롭게 이용되는 기술이 국내에서는 특정인만이 독점하게 되어 국내 산업의 국제 기술경쟁력을 저하시키는 결과를 초래할 우려 및 사례의 발생으로 인하여 공지·공연실시에 관해서도 국제주의를 채택하고 있다.

3. 신규성 상실사유

신규성이란 용어 자체도 그 의미를 명확하게 정의할 수 없을 뿐더러 실제로 어떠한 발명이 신규한 것인지는 그 한계를 법에서 구체적으로 정할 필요가 없기 때문에 특허법은 신규성이 상실되는 사유에 대하여 규정하고, 그 상실사유에 해당하지 않는 발명은 신규성이 있는 것으로 인정해준다는 취지의 법규정을 두고 있다.

한편, 신규성 상실사유 규정의 예외없는 적용은 본래의 발명은 새로운 것이었으나 어떤 불가피한 사유로 일반공중에 공개되어 그 신규성이 상실된 것까지 배척하게 되어 진정한 발명의 보호를 취지로 하는 특허제도에 반하게 된다는 생각에, 특허법은 특허법 제29조 제1항의 신규성 상실사유 규정과 함께 그 예외규정으로서 공지 등의 예외규정을 두고 있다. 즉 특허법 제30조에서는 일정한 경우 발명자 개인의 이익과 사회이익을 절충한다는 의미에서 공지 등의 예외 규정을 두고 있다.

(1) 공 지

특허출원 전에 국내 또는 국외에서 그 내용이 이미 비밀상태에서 벗어나 널리(불특정 다수인에게) 알려진 발명에는 특허가 부여되지 않는다. 나아가 '공지'는 비밀유지의무자 이외의 자에게 발명의 내용이 현실적으로 인식된 것뿐만 아니라 객관적으로 알 수 있는 상태에 놓여 있는 경우까지를 포함한다는 것이 다수설 및 판례이다.[20] 그러나 객관적으로 알 수 있는 상태로 족하다면 공용 내지 간행물 게재

20) 대법원 1996.6.14. 선고 95후19 판결(공지되었다고 함은 반드시 불특정 다수인에게 인식되었을

와 같은 다른 신규성 상실사유와의 관계를 어떻게 보아야 할 것인가라는 의문이 제기된다. 따라서 이때의 공지는 현실적으로 인식된 것만을 의미한다고 볼 것이다. 다만 증거상 알려질 수 있는 것이 증명되면 특히 반증이 없는 한 공지된 것이라고 추정할 수 있어 공연히 알려질 수 있는 상태에 있으면 대부분의 경우 공지된 것이라 해석해도 되겠다.

'공지'란 발명이 '기술적으로 이해됨'을 의미한다. 따라서 기계내부에 특징이 있는 발명품에 대해 그 외형만을 타인에게 보였을 경우, 또는 발명의 내용을 도저히 이해할 수 없는 자에게만 보였을 경우 등에는 그 발명은 공연히 알려진 것이라고 할 수 없다. 한편 이러한 공지는 타인이 알려줘서 안 경우만이 아니라, 스스로 그것을 깨달아 자신의 지식으로 하고 있는 경우를 포함한다고 한다. 따라서 다수의 통상의 기술자가 각기 그것을 깨닫고 자신의 지식이 되었다면, 말한 사실이 없다고 해도 하나의 상식에 지나지 않으므로 공지된 상태라 한다. 이러한 경우에는 또 다른 특허요건인 진보성이 없다고도 하겠다.

한편, 출원이 설정등록 또는 출원공개되지 않은 경우 그 출원서는 특허법 제29조 제1항 2호의 특허출원 전에 국내 또는 국외에서 반포된 간행물이 아니므로 그 출원에 기재된 발명은 특허법 제29조 제1항 2호의 선행기술로 사용할 수 없다. 이와 달리 그 출원이 설정등록이 되면 누구라도 그 출원서를 열람할 수 있으므로(제216조), 특허법 제29조 제1항 1호의 선행기술 자료로 사용할 수 있게 된다.

대법원 2002.6.14. 선고 2000후1238 판결
[이용발명의 성립요건-공지의 의미]

구 특허법(1990.1.13. 법률 제4207호로 전문 개정되기 전의 것, 이하 같다) 제6조 제1항 1호는 산업상 이용할 수 있는 발명이라고 하더라도 그 발명이 특허출원 전에 국내에서 공지되었거나 또는 공연히 실시된 발명에 해당하는 경우에는 특허를 받을 수 없도록 규정하고 있는바, 여기에서 '공지되었다'고 함은 반드시 불특정 다수인에게 인식되었을 필요는 없다 하더라도 적어도 불특정 다수인이 인식할 수 있는 상태에 놓여져 있음을 의미한다(대법원 1996.6.14. 선고 95후19 판결; 2000.12.22. 선고 2000후3012 판결 등 참조).

특허법원 2019.7.12. 선고 2018허1349 판결
[제3자가 발명을 인식하고 있더라도 비밀로 유지하고 있다면 공지가 아니라는 사례]

발명의 출원시에 이미 그 발명의 내용을 알지 못하고 그 발명을 하거나 그 발명을

필요는 없다 하더라도 적어도 불특정 다수인이 인식할 수 있는 상태에 놓여져 있음을 의미한다).

한 사람으로부터 알게 되어 국내에서 그 발명의 실시사업을 하거나 이를 준비하고 있는 제3자가 있는 경우에 그 제3자와 그 발명의 특허권에 대한 관계를 구 특허법(2006. 3. 3. 법률 제7871호로 개정되기 전의 것) 제103조의 소정의 선사용권자의 통상실시권에 의하여 규율하는 점을 고려하면, 그러한 제3자가 존재하더라도 그 발명의 출원 전에 그 제3자가 자기 발명의 내용을 비밀로 유지한 경우에는 특별한 사정이 없는 한 그 발명은 출원 전에 공지되었거나 공연히 실시된 것이라고 볼 수 없다. 한편, 구 특허법 제29조 제1항 1호에서의 공지 또는 공연히 실시된 발명이라는 점은 특허 무효를 주장하는 자가 주장·증명하여야 하나, 비밀유지의무의 존재는 공지 또는 공연실시를 부인하는 특허권자가 주장·증명하여야 한다.

대법원 2009.12.24. 선고 2009다72056 판결

[설정등록된 실용신안의 공지시점]

구 실용신안법(2006.3.3. 법률 제7872호로 전부 개정되기 전의 것, 이하 같음) 제77조에 의하여 실용신안에 준용되는 구 특허법(2009.1.30. 법률 제9381호로 개정되기 전의 것, 이하 같음) 제216조 제1항은 "특허 또는 심판에 관한 증명, 서류의 등본 또는 초본의 교부, 특허원부 및 서류의 열람 또는 복사를 필요로 하는 자는 특허청장 또는 특허심판원장에게 이를 신청할 수 있다"라고 하고, 제2항은 "특허청장 또는 특허심판원장은 제1항의 신청이 있더라도 등록공고 또는 출원공개되지 아니한 특허출원에 관한 서류와 공공의 질서 또는 선량한 풍속을 문란하게 할 염려가 있는 것은 이를 허가하지 아니할 수 있다"라고 정하고 있을 뿐, 구 특허법 시행령이나 시행규칙에는 구 특허법 제216조 제2항에 따라 등록공고되지 아니한 특허출원에 관한 서류 등에 대한 제3자의 열람·복사를 제한하는 별도의 규정이 없고, 단지 시행규칙 제120조에서 구 특허법 제216조에 따른 자료열람복사신청의 절차를 규정하고 있을 뿐이어서, 구 실용신안법에 따라 설정등록된 실용신안은 특별한 사정이 없는 한 제3자가 신청에 의하여 열람·복사를 할 수 있고, 다만 등록공고되지 아니한 출원에 관한 서류 등에 대해 일정한 경우 허가하지 아니할 수 있을 뿐이므로 설정등록일 이후에는 실용신안은 공지된 것으로 보아야 한다.

특허법원 2020.2.14. 선고 2019허4833 판결

[특허료 납부가 아니라 등록원부 생성시점을 공지시점으로 인정]

특허권의 설정등록을 받으려는 자가 특허료를 냈을 때(등록료 납부서가 접수되거나, 특허청장이 부여한 납부자번호로 등록료를 납부하는 경우 등록료의 수납정보가 특허청 전산정보처리조직의 파일에 기록되는 때) 특허청장의 특허권 설정등록절차 이행 여부와 무관하게 곧바로 특허권 설정등록이 된 것으로 보아 특허가 공지된 것으로 볼 수는 없는바, 선행발명 1은 특허등록원부가 생성된 시점에서야 특허권 설정등록이 이루어진 것이고, 달리 등록료 수납정보가 특허청에 도달한 시점부터 선행발명 1에 대한 특허등록원부가 생성됨으로써 특허권 설정등록이 이루어진 시점까지 선행발명 1의 특허출원에 관한 서류 등에 대한 제3자의 열람·복사가 이루어졌다고 볼 수도 없으므로, 선행발명 1은 등록료 수납정보가 특허청에 도달한 시점이 아니라 출원발명의 출원일 이후로서 선행발명 1에 대한 특허등록원부가 생성됨으로써 특허권 설정등록이 이루어진 시점에 공지되었다고 보아야 한다.

대법원 2012.4.26. 선고 2011후4011 판결

[비밀유지의무를 부담하지 않는 이상 누구나 마음대로 출입할 수 없는 곳이라도 공지되었다는 사례]

원심판결 이유에 의하면, 비교대상발명은 이 사건 특허발명의 출원 전에 시공사인 동부건설 주식회사에 의하여 국가기록원 나라기록관에 설치되어 인도되었는데, 국가기록원 나라기록관의 직원들은 비교대상발명에 대하여 비밀유지의무를 부담한 바 없는 사실을 알 수 있다. 위와 같은 사실관계를 앞서 본 법리에 비추어 살펴보면, 국가기록원 나라기록관의 직원들이 비밀유지의무를 부담하지 않는 이상, 비교대상발명은 국가기록원 나라기록관에 설치되어 인도된 것만으로 불특정다수인이 인식할 수 있는 상태에 놓였다고 할 것이고, 국가기록원 나라기록관이 외부인 누구나가 마음대로 들어갈 수 있는 곳이 아니라고 하더라도 이를 달리 볼 것은 아니다.

(2) 공연실시

특허출원 전에 국내 또는 국외에서 공연히 실시(公用)된 발명[21]에는 특허가 부여되지 않는다.[22]

'공연(公然)'이란 비밀을 벗은 상태를 말한다.[23] 따라서 비밀을 벗으면 충분하며 이것을 아는 사람의 다수는 문제되지 않는다. 즉 한 사람이라도 그 발명을 안다면 공연한 상태에 있다 하겠다.[24] 반대로 아는 사람이 다수일지라도 이들이 그 사실을

---

21) 공연히 실시된 발명이란 통상의 지식을 가진 자가 그 발명의 내용을 용이하게 알 수 있는 상태로 실시된 발명이다. 예를 들면, 자동차 엔진발명의 경우 시험주행차가 도로를 달리는 것 자체를 公用으로 보지는 않는다(대법원 1996.1.23. 선고 94후1688 판결).

22) 특허출원 전에 이미 출원된 것과 동일 또는 유사한 것이 국내에 공지되거나 공연히 실시되었다면 발명의 신규성이 없다(대법원 1968.3.19. 선고 67후32 판결).

23) '공연'은 바꾸어 말하면 '전면적으로 비밀상태가 아닌 것'을 의미하므로 그 발명의 실시에 있어서 발명의 주요부에 대하여 일부라도 비밀부분이 있을 때에는 그 실시는 '공연'한 것이라고 할 수 없다.

24) 불특정인에게 공장을 견학시킨 경우의 취급

① 그 제조상황을 보면 그 기술분야에서 통상의 지식을 가진 자가 그 기술내용을 알 수 있거나 알 수 있는 상태인 때에는 「공연히 실시」된 것으로 본다.

② 그 제조상황을 보았을 경우에 제조공정의 일부에 대하여는 장치의 외부를 보아도 그 내용을 알 수 없는 것으로서, 그 부분을 알지 못하면 그 기술의 전체를 알 수 없는 경우에도 견학자가 그 장치의 내부를 볼 수 있거나 그 내부에 대하여 공장의 종업원에게 설명을 들을 수 있는 상황(공장측에서 설

비밀로 해야 할 관계에 있는 자[25]라면 그 발명은 비밀이 유지되고 있는바 '공연'한 것이 아니다.

특허법원 2000.10.5. 선고 2000허3647 판결

['불특정 다수인'의 의미]

원고는 H철강은 일반인에게 공개된 장소가 아니고, 이 사건 등록의장의 물품은 극히 한정된 일부의 작업인원에 의하여 실시되었으므로 공지 공용되었다고 할 수 없다고 주장하나, 불특정 다수인이란 일반 공중을 의미하는 것이 아니고 의장의 내용을 비밀로 유지할 의무가 없는 사람이라면 그 인원의 많고 적음을 불문하고 불특정 다수인에 해당되는 것이고, 이 사건 등록의장의 물품이 H철강의 관련 직원들이 이 사건 등록의장의 내용을 특별히 비밀로 유지하여야 할 계약상 또는 상관습상 의무가 있다고 볼 아무런 자료가 없으므로 위 주장은 이유 없다.

물건의 발명은 양도 또는 증여의 공연실시(공용)로 되는 것이 많지만 분해하더라도 통상의 기술자가 그 내용을 용이하게 알 수 없는 것은 공연실시로 되지 않는다. 물건을 생산하는 방법의 발명은 그 물건으로부터 통상의 기술자가 용이하게 그 방법을 알 수 있는 것과 같은 경우 이외에는 물건이 양도되어도 공연실시로 되지 않는다. 그러나 단순한 방법에 대하여는 비밀유지의무를 지고 있지 않은 사람 앞에서 실시한다면 공용으로 될 수 있다.[26]

특허법원 1998.10.2. 선고 98허6919 판결

[공연히 실시된 고안]

이 사건 등록고안(1994.1.12. 출원, 1996.9.11. 등록번호 제99497호로 등록)의 신규성 및 진보성 여부를 판단함에 있어, 일본국에 소재하는 오토바이 생산업체인 소외 S 자동차공업주식회사(이하 'S'사라 한다)가 1982년경부터 수출용 오토바이로서 운전석 뒤에 공구통을 부착한 GS110GK라는 모델을 생산하면서 카탈로그(갑 제5호증의 1, 갑 제8호증의 1, 2) 등에 그 오토바이의 제원에 관한 설명과 함께 사진을 덧붙여 이를 널리 선전하자, 원고도 위 카탈로그 등을 통하여 GS110GK모델의 오토바이와 그에 부착된 공구통을 알게 되어 오토바이공구통의 디자인 개발을 위하여 1985.10.27.경 일본국의 소외 T·M으로부터 위 GS110GK 모델의 오토바이에 부착된 것과 동일한 오토바이 공구통(이하 위 공구통에 개시된 기술을 '인용고안'이라 한다)을

명을 거부하지 않음)일 때에는 그 기술은 공연히 실시된 것으로 본다.

25) 그 발명에 대해 특히 默秘義務가 부과된 경우뿐만 아니라 사회통념상 또는 상관습상 비밀로 취급하는 것이 요구되고, 또 이것을 기대할 수 있다고 인정되는 관계나 상황에 있는 경우를 포함한다.

26) 특허청, 「조문별 특허법해설」, 2002, 77면.

수입하여 디자인 개발 등의 자료로 활용하는 한편, 그 무렵부터 이를 오토바이에 부착하여 공구통으로 사용하면서 각지로 운전하여 다녔음을 인정한 다음, 인용고안은 그 실시품이 원고에 의해 국내에 수입되어 사용되기 시작한 때부터 국내에서 비밀이 아닌 상태로 일반의 제3자에게 공개되어 공지 내지는 공연히 실시된 상태가 되었다.

특허법원 2018.1.11. 선고 2017나1247 판결

[시판된 의약품이 공용되기 위한 요건]

발명이 '공지되었다'고 함은 반드시 불특정다수인에게 인식되었을 필요는 없다 하더라도 적어도 불특정다수인이 인식할 수 있는 상태에 놓인 것을 의미하고(대법원 2002.6.14. 선고 2000후1238 판결 참조), '공연히 실시되었다'고 함은 발명의 내용이 비밀유지약정 등의 제한이 없는 상태에서 양도 등의 방법으로 사용되어 불특정다수인이 인식할 수 있는 상태에 놓인 것을 의미한다(대법원 2012.4.26. 선고 2011후4011 판결 등 참조). 한편, 화학물질이나 의약품 등의 경우에는 통상의 기술자가 특허발명의 출원일 또는 우선권 주장일 전에 사용할 수 있었던 분석방법을 통해 과도한 노력을 기울이지 않고 그 조성이나 성분을 알 수 없었다면 비록 공연히 판매되었더라도 불특정다수인이 인식할 수 있는 상태였다고 볼 수 없다. 불특정다수인이 발명의 내용을 인식할 수 있는 상태에 놓인 점에 대해서는 이를 등록무효사유로 주장하는 자가 증명하여야 한다. 이러한 증명은 판매된 제품의 모든 성분이나 조성을 정확히 재현하는 정도에 이를 필요는 없으나 적어도 그로부터 특허발명과 대비되는 선행발명의 구성요소를 확인할 수 있을 정도여야 한다. 그런데 통상의 기술자에게 선행발명 1로부터 포함된 부형제의 종류 및 함량을 정성·정량 분석할 수 있는 분석법이 알려져 있었고, 이를 통해 이 사건 특허발명과 대비할 수 있을 정도로 부형제의 종류 및 혼합비를 확인할 수 있었다는 점을 인정할 증거가 없다.

공연히 실시라 함은 관련업자가 그 발명의 내용을 용이하게 알 수 있는 것과 같은 상태에서 실시되는 것을 의미하며, 이 때 '실시(實施)'는 특허법 제2조 제3호에서 규정한 행위를 의미한다. 공연한 실시는 그 실시로서 공연히 알려질 수 있는 상태가 되는 것을 의미한다. 따라서 판매로 대표되는 양도의 경우는 특별한 사정이 없는 한 그 발명은 공연히 실시된 것으로 해석된다.

특허법은 공연히 실시되고 있는 발명이라 해도 그것이 반드시 공지된 발명이라고 볼 수는 없다는 생각에서 '공지'와 '공연히 실시'를 구분하여 규정하고 있다. 즉 발명이 실시되어 그 발명의 내용이 공지가 된 경우에는 공지발명에 해당되어 신규성을 잃게 되므로 공연히 실시된 발명인지는 판단할 필요가 없으나, 발명이 실시된 경우에 공지로 되지 아니한 경우에는 그 실시가 공연히 행하여졌는지를 판단해야 한다. 다만 이러한 공지발명과 공연히 실시된 발명의 관계가 법적으로 구별되지는 않는다. 즉 공지와 공연히 실시는 모두 특허법 제29조 제1항 1호에 한 문장으로 규정되어 있고, 두 요소 모두가 발명의 신규성이 상실되는 사유이므로 공지발명과 공연히 실시된 발명은 독립된 법적 지위를 가지고 있지 않다고 볼 수 있다. 따라서 특허요건과 관련한 판단에서 법원은 당사자가 공지임을 주장했다 해도 공지임을 인정할 수 없으나 공연히 실시된 것이 인정되면 신규성 상실사유의 요건을 충족한다고 판단할 것이다.[27]

(3) 반포된 간행물 게재

특허출원 전에 국내 또는 국외에서 반포된 간행물에 게재된 발명에는 특허가 부여되지 않는다. 신규성 상실사유의 지역적 판단기준에 대하여 우리나라는 1973년 2월 8일 개정법(법률 제2505호) 이래로 간행물 공지의 국제주의를 취하고 있다. 특히 간행물의 종류를 대통령령으로 제한하던 종전의 입법태도에서 1980년 12월 31일 개정법(법률 제3325호)부터는 완전한 국제주의를 취하고 있다.

1) 간행물

“간행물”이란 반포에 의하여 공개됨을 목적으로 하여, 인쇄 기타의 기계적·화학적 방법에 의하여 복제된 공개적인 문서나 도면, 기타 이와 유사한 정보전달 매체를 말하며, “반포”란 해당 간행물이 불특정 다수의 일반 대중에 의하여 열람 가능한 상태에 놓여지는 것을 의미한다. 예를 들면 도서관에 문헌이 입수되어 공중의 열람이 가능하면 신규성을 상실했다고 말할 수 있다.

여기서 “일반 공중에게 반포에 의하여 공개할 목적으로 복제된 것”이란, 반드시 공중의 열람을 위하여 미리 공중의 요구를 만족할 수 있을 정도의 부수가 원본에서 복제되어 일반 공중에게 제공되어야 하는 것은 아니며, 원본이 공개되어 그 복사물이 공중의 요구에 의하여 즉시 교부될 수 있으면 간행물로 인정될 수 있다.

또한 마이크로필름 또는 CD-ROM 등에 의한 특허공보류의 경우 일반공중이 디스플레이장치 등을 통하여 열람할 수 있고, 또 필요시에는 종이에 출력하여 그 복사물의 교부를 받을 수 있는 상태에 있으므로 간행물로 인정된다.

한편 비(非)특허문헌으로 마이크로필름이나 CD-ROM 형태의 자료는 물론 플로피 디스크, 슬라이드, 프리젠테이션 또는 OHP용 자료 등도 공중에게 전달할 목적

---

27) 공지발명과 공연히 실시된 발명을 각기 다른 조문에서 규정하고 있는 일본 특허법도 역시 이러한 입장을 취하고 있다.

으로 제작된 것이라면 간행물에 포함될 수 있다.

간행물은 복사기에 의한 복사물은 물론 기타 어떠한 복제수단에 의한 것도 포함한다. 따라서 내용을 손으로 쓰거나 타이프하고 이것을 기계·화학·전기적으로 복제하였을 경우의 복제물도 모두 간행물이 될 수 있다.

이러한 간행물은 공개를 목적으로 한 것이어야 한다. 따라서 내용에 비밀성이 있는 것, 소위 비밀출판물은 간행물이 아니다. 그러나 한정출판물이나 비매품으로 취급되는 출판물은 간행물이다. 또한 간행물은 공개성을 지님과 동시에 내용공개를 목적으로 하는 것인 이상, 내용 자체가 널리 제3자에게 정보로서 유통되어야 할 성질을 지닌 것이라야 한다. 즉 아무리 그 자체가 공개되는 것일지라도 공개를 목적으로 작성된 서류가 아니고, 또 그 열람 또는 복사물의 교부가 인정되는 것도 정보로서 유통되는 것을 목적으로 하지 않고 다른 이유 때문인 것의 복사물은 간행물이 아니다.

전통적으로 간행물은 활자인쇄만을 염두에 둔 것이다. 그러나 오늘날과 같은 정보화사회에 있어 정보전달매체로서 활자인쇄 이외에도 마이크로필름, CD-ROM, 광디스크 등 여러 것들이 발달하였다. 이러한 가운데 간행물의 개념을 전통적 인쇄물에 한정한다면 불합리한 결과를 발생하게 할 것이다.[28] 따라서 정보전달매체로서 불특정인에게 배포되는 성질을 갖는 한 이를 간행물로서 인정하여야 할 것이다.

특허법원 1998.7.9. 선고 98허3767 판결
[간행물]

구 실용신안법 제5조 제1항 2호 소정의 간행물이라 함은 반포에 의하여 공개됨을 목적으로 하여 복제된 문서·도화 등 정보전달매체를 말하고, 간행물에 기재된 고안이라 함은 그 내용이 간행물에 기재되어 있는 고안, 즉 기재된 내용에 따라 해당 기술분야에서 통상의 지식을 가진 자가 쉽게 실시할 수 있을 정도로 기재되어 있는 고안을 말하므로, 고안이 간행물에 기재되어 있다고 하기 위해서는 적어도 고안이 어떤 구성을 가지고 있는가가 제시되어 있어야 할 것이고, 따라서 예컨대 내부에 특징이 있는 고안에 대해 그 외형 사진만이 게재되어 있는 경우에는 그 고안이 기재된 것이 아니라고 할 것이다.

---

28) 이들을 간행물로서 부정하면 정보관련 기술의 발전에 의해 정보가 디지털화되어감에 따라 간행물에서 제외되는 경우, 즉 신규성을 잃지 않는 경우가 증가하는 부당한 결과가 발생한다.

특허법원 1998.8.20. 선고 98허805 판결

[간행물]

간행물이라 함은 반포에 의하여 공개됨을 목적으로 하여 복제된 문서 · 도화 등 정보전달매체를 의미하며, 학회지와 같은 한정출판물이나 비매품도 공개를 목적으로 한 간행물이라 할 수 있다. 그런데 위 갑 제6호증의2, 을 제3호증, 변론의 전취지에 의하여 진정성립이 인정되는 갑 제4호증, 갑 제5호증의 각 기재에 의하면, 위 엔피씨(NPC) 공법 시공매뉴얼은 위 P연합회가 공개를 목적으로 발행하여 연합회 회원사들에게 배포한 정보전달매체인 사실을 인정할 수 있다.

東京高裁 昭和55.7.4.

[간행물의 의미]

간행물이란 공중에 대하여 반포로서 공개함을 목적으로 복제된 문서 · 도면 기타 이에 유사한 정보전달매체로 반포된 것을 가리키는바, 여기에서 공중에게 반포함으로써 공개함을 목적으로 복제된 것이라고 할 수 있는 것은 반드시 공중의 열람을 기대하여 미리 공중의 요구를 충족시킬 수 있는 상당 정도의 부수가 원본으로부터 복제되어 널리 공중에게 제공되어 있는 것에 한정되어야 하는 것은 아니며 동원본 자체가 공표되어 공중의 자유로운 열람에 제공되고, 또한 공중의 요구에 따라 그 복제물이 지체없이 교부될 자세가 갖추어져 있다면 공중의 요구에 의하여 그때마다 원본으로부터 복사되어 교부되는 것도 무방하다고 해석함이 타당하다.

원본이 공개되어 있어 일반공중의 열람에 제공되고 있는 경우에, 그 원본 자체를 간행물로 볼 수 있는가 하는 점이 문제된다. 실질적인 이유에서 간행물로서 인정하는 학설도 있다.[29] 그러나 법해석에는 문언상의 제약이 있으므로 공개원본 자체를 간행물로 보는 것은 곤란하다고 하겠다. 즉 복제물이 전혀 없이 공개원본만이 존재하는 경우는 반포된 간행물이라 할 수 없을 것이다. 이에 출원명세서의 원본이 설정등록이나 출원공개에 따라 공중의 열람 · 복사용에 제공되는데, 이 경우의 출원명세서 자체가 간행물인지 여부에 논란이 있다.[30] 즉 출원명세서는 원고에 따라 일정 부수를 타이프에 의해 한번에 작성하는 것이라는 점에서 복제물이며,

29) 紋谷暢男 編, 「注釈特許法」, 有斐閣, 1987, 75頁; 川口博也, 民商 84巻 2号, 196頁; 盛岡一夫, ジュリスト, 887号, 243頁. 원본 자체는 간행물에 해당되지 않는다고 해야 하지만, 실질적으로 해석하여 특허법 제29조 제1항 3호를 유추적용해야 한다고 한다.

30) 제3자의 청구에 따라 또는 특허청 스스로가 불특정인에게 배포할 목적으로 한 출원명세서의 복사물은 간행물이라 할 수 있다. 그 복사물이 비록 1부일지라도 간행물이며, 마이크로필름도 역시 간행물이다.

그것이 출원공개와 동시에 열람·복사용에 제공될 때는 그 출원명세서는 간행물이라는 견해가 있다. 이에 부정설은 원고는 타복제물에 대한 원형과 같지 않으므로 양자를 동일시할 수 없음과 동시에 열람, 복사용 명세서는 그 자체가 제3자에 교부되는 성질의 것이 아니므로 특별한 규정이 없는 한 긍정설은 잘못이라고 한다. 반면 부정설의 이러한 지적에 대해 긍정설은 형식에 구애한 설이며, 형식·내용 모두 똑같은 복사물의 반포가 원형 자체의 반포와 실질상 조금도 다를 바 없는 점을 무시한 것이라 한다.[31] 결국 법해석에는 문언상의 제약이 있으므로 공개원본 자체를 간행물로 보는 것은 곤란하다고 하겠다. 다만 일본에서 입법론으로서 출원명세서의 원본이 출원 후 조기에 공중의 열람·복사용으로 제공되어 기술정보로 이용되는 현상으로 보아, 이것을 간행물로 간주하거나 또는 공지에 대해 국제주의(세계주의)를 채택하여야 한다는 견해[32]가 있었는데, 실제 1999년 일본은 특허법 개정을 통해 공지 또는 공연실시에 대해서도 국제주의를 채택하였다.

2) 반 포

① 의 의　　반포란 불특정 다수인이 열람할 수 있는 상태에 놓여져 있는 것을 의미한다. 즉, 해당 간행물이 불특정 다수의 일반 대중에 의하여 열람이 가능한 상태로 배포되는 것이다. 예를 들면 도서관에 문헌이 입수되어 공중의 열람이 가능하면 신규성을 상실했다고 말할 수 있다. 그러나 반포할 목적으로 인쇄·제본되었으나 아직 발행자의 손안에 있어서 반포에 이르지 못한 것이나, 반포를 위해 발송 중에 있는 간행물, 도서관 간행물이 도착은 되었으나 열람실에 비치되지 않은 경우 등은 반포되었다고 볼 수 없다. 여기서 '반포됨'은 '배포됨'을 의미한다. 따라

---

31) 일본 판례는 부정적 견해를 취하고 있다. 즉 "벨기에 특허명세서는 통신·교통의 발달, 복사기술의 진보, 복사기의 보급에 따라 산업계에서 가장 빨리 알 수 있는 세계의 기술과 특허정보의 정보원의 하나로서 주목되고 있으며 특허는 본래 신규 발명에 부여되어야 하는 성질의 것이기 때문에 벨기에 특허명세서는 외국에서 반포된 간행물에 해당한다"라고 한 심결을 취소하고, "간행물이란 공지공용과는 구별되어 일정한 기술사상을 표현하는 형식으로서 불특정 혹은 다수의 사람에 대한(공개성) 반포를 목적으로 하여(반포성), 인쇄, 사진 혹은 복사 기타 이에 유사한 수단에 의해 원형, 원본(오리지날)으로부터 복제된 문서, 도면, 사진 등이다"라고 판시하였다(東京高裁 昭和53.10.30. 無体裁集 10卷2号, 499頁). 또한 "청구에 의해 인용예의 발명을 기재한 명세서원본의 복사물을 교부하는 것이 인정되게 되었다고 해서, 그 일로 즉시 인용예가 그날로 '외국에서 반포된 간행물'이 되는 것이라 할 수는 없다. '반포되었다'고 인정하기 위해서는 언제, 어디서, 어떤 형태로 누구에게 반포되었는가를 구체적으로 증명할 필요는 없지만, 적어도 반포된 사실을 추인할 수 있는 것이 있어야 한다. 복사기술이 발달하여 명세서원본의 복사를 요구하면 즉시 복사물을 입수할 수 있다는 사실은 아직 인용례가 반포된 것을 인정케 하는 증거로 할 수는 없다"라는 취지로 판시하였다(東京高裁 昭和58.7.21. 無体裁集 15卷2号, 598頁).

32) 吉藤幸朔, YOU ME 특허법률사무소 譯, 「특허법개설(제2판)」, 대광서림, 1999, 107면.

서 배포되지 않은 간행물은 반포된 간행물이 아니다. 따라서 예컨대 배포의 목적을 가지고 인쇄·제본은 되었지만, 아직 발행자의 수중에 있어 배포되지 않은 것, 또는 배포를 위해 발송 중인 것 등은 반포된 간행물이 아니다. 반면 배포를 받은 자가 있는 이상 설령 그것이 한 사람일지라도 그 간행물은 반포된 것이며, 또한 배포를 받은 자가 이것을 구체적으로 읽었는가는 문제가 되지 않는다.

'게재된 발명'은 게재된 내용에 따라 통상의 기술자가 쉽게 실시할 수 있을 정도로 게재되어 있는 발명을 의미한다.[33] 따라서 예컨대 내부에 특징이 있는 발명품에 대해 그 외형사진만이 게재되어 있는 경우는 그 발명은 게재된 것이 아니다. 일반적으로 목적·효과 등의 게재가 없어도 발명의 구성이 게재되어 있을 때는 발명이 게재되어 있다고 볼 수 있다.[34] 그러나 게재된 구성만으로는 어떤 목적·효과가 있는지, 또 어떻게 해서 제조할 수 있는지를 통상의 기술자가 쉽게 이해할 수 없는 경우에는 발명이 게재되어 있다고 할 수 없다. 또한 그 게재된 것을 읽고 사고함으로써 비로소 유추할 수 있는 발명은 게재된 발명이 아니다.[35]

특허법원 2001.6.8. 선고 99허8905 판결

[중소기업 창업조성 실시계획 승인신청서가 불특정 다수인에게 배포된 간행물인지 여부]

인용고안 1이 피고 주식회사 W가 1990.1.4. 중소기업진흥공단 이사장에게 제출한 중소기업 창업조성 실시계획 승인신청서에 기재되어 있는 사실을 인정할 수 있으나 (을1, 을 6의4), 위 승인신청서는 구 중소기업진흥법(1994.12.22. 법률 제4825 호로 폐지되기 전의 것) 제12조의 규정에 의하여 제출한 것으로 그 서류의 성질상 제출자의 비밀로 취급될 뿐만 아니라, 그 신청서를 담당하는 중소기업진흥공단 등의 특정 소수인만이 그 내용을 알 수 있으므로, 불특정 다수인에게 배포된 간행물이라고 할 수 없으며, 위 승인신청서가 이 사건 등록고안의 출원일 이전에 공개되었다는 증거도 없으므로, 인용고안 1은 이 사건 등록고안의 출원 전에 공지되었다고 할 수 없다.

---

33) 그 내용자체가 명확한 이상 사용국어 기타 기재의 표현형식으로 인한 이해의 어려움은 문제되지 않는다.

34) 東京高裁 昭和46.11.30. 取消集 昭和 46年, 67頁(濕地用裝軌車輛의 履板事件): 구성요소가 동일하면, 동일한 작용효과를 나타내는 것은 당연하며, 또 발명의 목적은 발명자의 주관적 의도에 불과하므로 본건 특허발명의 구성요소가 전부인용례에 개시되어 있는 한,… 본건 특허발명의 목적 및 작용효과가 인용례에 기재되었나의 여부를 불문하고, 본건 특허발명은 인용례에 쉽게 실시할 수 있을 정도로 기재되어 있는 것이라고 인정하지 않을 수 없다.

35) 진보성이 문제될 수 있겠다.

특허법원 2000.12.15. 선고 99허2679 판결

[반포된 간행물의 판단]

특허법 제29조 제1항 2호에서 규정하는 '반포된 간행물'이라 함은 불특정 다수의 일반 공중이 그 기재 내용을 인식할 수 있는 상태에 있는 간행물을 말하는바(대법원 1996.6.14. 선고 95후19 판결 참조), 위 인정사실과 같이 인용문헌은 36인의 워크샵 참석자들에게 발송된 것이고, 이 참석자들은 산업계, 학계 및 정부로부터의 대표적인 성격을 띄는 사람들이며, 위 워크샵 성격이 적극적인 홍보차원의 모임이어서 이 참석자들이 워크샵의 토론 내용을 정리한 인용문헌의 내용에 대하여 비밀을 유지하여 할 관계에 있다고 할 수 없으므로, 인용문헌은 불특정 다수인이 그 기재내용을 인식할 수 있는 상태에 놓여져 있었을 뿐 아니라, 인용문헌에는 구체적인 수신인의 주소와 성명까지 기재되어 있는 점 등으로 보아 위 워크샵 참석자들을 포함한 다수인이 이미 열람하였다고 봄이 상당하므로, 인용문헌은 특허법 제29조 제1항 2호에서 규정하는 '반포된 간행물'에 해당한다고 할 것이다.

② 반포시기　　간행물의 반포시기에 대해 명확히 정해진 명문의 규정은 없으나, 판례나 특허청의 심사기준을 살펴보면 다음과 같이 추정할 수 있다.

ⓐ 판례에 의한 반포시기

대법원 1996.6.14. 선고 95후19 판결

[박사학위논문의 반포 및 공지시점]

일반적으로 논문이 일단 논문심사에 통과된 이후에 인쇄 등의 방법으로 복제된 다음 공공도서관 또는 대학도서관 등에 입고되거나 주위의 불특정 다수인에게 배포됨으로써 비로소 일반 공중이 그 기재내용을 인식할 수 있는 반포된 상태에 놓이게 되거나 그 내용이 공지되는 것이라고 봄이 경험칙에 비추어 상당하다. 박사학위논문은 논문심사위원회에서 심사를 받기 위하여 일정한 부수를 인쇄 내지 복사하여 대학원 당국에 제출하는 것이 관례로 되어 있다고 하더라도 이는 논문심사를 위한 필요에서 심사에 관련하여 한정된 범위의 사람들에게 배포하기 위한 것에 불과하므로, 그 내용이 논문심사 전후에 공개된 장소에서 발표되었다는 등의 특별한 사정이 없는 한, 인쇄시나 대학원 당국에의 제출시 또는 논문심사위원회에서의 인준시에 곧 바로 반포된 상태에 놓이거나 논문 내용이 공지된다고 보기는 어렵고, 일반적으로는 논문이 일단 논문심사에 통과된 이후에 인쇄 등의 방법으로 복제된 다음 공공도서관 또는 대학 도서관 등에 입고되거나 주위의 불특정 다수인에게 배포되었을 때 공지되는 것으로 본다.

대법원 1992.2.14. 선고 91후1410 판결

[카탈로그의 간행물 인정 및 반포시기]

기업에서 자사의 제품을 소개 또는 선전하기 위하여 제작되는 카탈로그의 배부는 국내에 한정되지 않고 오늘날과 같이 교역이 빈번하고 교통이 편리하여 짐에 따라 국제간에도 상품 및 기술정보를 입수하기 위하여 타사의 카탈로그를 신속히 수집 이용하고 있음도 우리의 경험칙상 알 수 있는 것이므로 카탈로그는 제작되었으면 배부 반포되는 것이 사회통념이라 하겠으며 제작한 카탈로그를 배부 반포하지 아니하고 사장(私藏)하고 있다는 것은 경험칙상 수긍할 수 없는 것이어서 카탈로그의 배부범위, 비치장소 등에 관하여 구체적인 증거가 없다고 하더라도 그 카탈로그가 반포·배부되었음을 부인할 수 없으므로 인용발명이 본건 발명 출원전에 국내에 반입되었음이 명백한 이상 카탈로그 역시 본건 발명의 출원 전에 반포되었다고 볼 것이다.

특허법원 2001.8.17. 선고 2000허6189,6196 판결

[간행물의 발행일자 유무에 대한 판단]

원고는 을의 1, 2(각 카탈로그)는 그 발행일자가 불분명하므로 인용발명 4는 이 사건 특허발명의 출원 전에 공지된 것이라고 할 수 없다고 주장하나, 위 각 카탈로그의 각 전면에 기재된 "Cat. No.143·03-93" 및 "Cat. No.143·05-95"는 을 24의2에 기재된 표기 등에 비추어 위 카탈로그의 발행년월을 나타내는 것이라고 봄이 상당하여 위 각 카탈로그는 1993. 3.과 1995. 5. 각 발행된 사실을 인정할 수 있고, 따라서 인용발명 4는 이 사건 특허발명의 출원 전에 공지되었다고 할 것이다.

ⓑ 특허·실용신안 심사기준에 의한 간행물의 반포시기[36)]

1. 간행물에 발행시기가 기재되어 있는 경우

1.1. 발행년도만이 기재되어 있는 때에는 그 연도의 말일

1.2. 발행년월이 기재되어 있는 때에는 그 연월의 말일

1.3. 발행년월일까지 기재되어 있는 때에는 그 연월일

2. 간행물에 발생시기가 기재되어 있지 아니한 경우

2.1. 외국간행물로서 국내에 입수된 시기가 분명한 때에는 그 입수된 시기로부터 발행국에서 국내에 입수되는데 소요되는 통상의 기간을 소급한 시기를 증명할 수 있는 경우에는 그 때에 반포된 것으로 추정할 수 있다.

2.2. 해당 간행물에 관하여 서평, 발췌, 카탈로그 등을 게재한 간행물이 있는 때에는 그 발행시기로부터 해당 간행물의 반포시기를 추정한다.

---

36) 특허청, 특허·실용신안 심사기준(특허청 예규 제131호), 2023, 3204면.

2.3. 해당 간행물에 관하여 중판(重版) 또는 재판(再版) 등을 이용하는 경우 그 간행물의 반포시기는 초판이 발행된 시기에 발행된 것으로 추정한다. 다만, 재판이나 중판에서 추가된 내용이나 변경된 내용이 있는 경우에는 인용하는 부분의 내용이 초판과 일치될 것을 전제로 한다.

2.4. 기타 적당한 근거가 있을 때에는 그것으로부터 반포시기를 추정 또는 인정한다.

3) 게재된 발명

간행물에 발명이 게재되었다고 할 수 있기 위해서는 그 발명의 기재정도는 통상의 기술자가 쉽게 실시할 수 있을 정도로 '발명의 구성'이 기재되어 있어야 한다. 일단 구성이 기재되어 있다면 발명의 목적이나 효과의 기재가 없다 하더라도 그것은 발명이 기재된 것으로 볼 수 있다. 따라서 간행물에 발명품의 외형이나 사진 또는 개요만이 기재되고 있을 뿐 그 기술내용이 구체적으로 기재되어 있지 않는 경우에는 발명이 기재된 것이라고 볼 수 없으며, 통상의 기술자가 그 기재내용을 읽고 겨우 거기에 기재되고 있는 기술내용을 유추해석할 수 있을 정도의 경우라면 그것은 신규성의 문제가 아닌 진보성의 문제이다.

(4) 전기통신회선을 통하여 공중이 이용할 수 있는 발명

1) 의의 및 취지

정보전달수단의 발달을 반영하여 인터넷에 공개된 기술정보도 잡지나 도서 등의 형태로 간행된 기술정보와 같은 정도의 정보성을 가지고 있어 반포된 간행물에의 기재와 마찬가지로 신규성 상실사유로 보게 되었다. 현재 과학·기술계에서는 물론 특허청이 발행하는 특허공개공보와 특허공보도 인터넷 등에 의한 공개가 일반적으로 이용되고 있으며, 장래에 보다 활성화 될 것을 감안하여 2001년 2월 3일 개정(법률 제6411호)에서 이를 반영하였고(대통령령이 정하는 전기통신회선을 통하여 공중이 이용가능하게 된 발명), 2013년 3월 23일 개정법(법률 제11654호)에서 그 기준을 현재와 같이 확대(전기통신회선을 통하여 공중(公衆)이 이용할 수 있는 발명)한 것이다.

종래 특허법 제29조 제1항 2호에서는 '국내외에서 반포된 간행물에 기재된 발명'만을 규정하고 있었는데, 여기서 '간행물(Printed Publication)'이란 "인쇄 기타의 기계적, 화학적 방법에 의하여 공개할 목적으로 복제된 문서, 도화, 사진 등"에 한정하는 것으로 보고 있으므로,[37] 인터넷을 통하여 공개된 기술은 특허법 제29조 제1항 2호 후

37) 대법원 1992.10.27. 선고 92후377 판결.

단에서 규정하고 있는 간행물에 기재된 선행기술로서의 지위를 갖지 못하고, 특허법 제29조 제1항 1호가 규정하는 '공지기술'로서의 지위만을 가지는 것으로 해석되어 왔다.

이에 따라 2001년 2월 3일에 개정된 특허법(법률 제6411호)에서는 제29조 제1항 2호 후단 및 특허법 시행령 제1조의2 제1항을 개정하여 게재한 일자나 그 내용에 있어 공신력 있는 인터넷사이트[38]를 통하여 공중이 이용가능하게 된 발명에 대해서도 간행물을 통하여 공개된 발명과 같은 지위를 부여할 수 있도록 하였다. 2001년 개정법 하에서는 대통령령이 정하는 전기통신회선을 통하여 공중이 이용가능하게 된 발명은 특허법 제29조 제1항 2호 후단을 적용하고, 그 외의 전기통신을 통하여 공개된 발명은 특허법 제29조 제1항 1호의 규정에 의한 공지기술로서 선행기술이 될 수 있다.[39]

---

38) 원칙적으로 특허법 시행령 제1조의2가 규정하는 전기통신회선은 신뢰성이 있는 것으로 추정되는 것이다. 그러나, 이러한 전기통신회선에서 하이퍼링크한 다른 웹사이트는 특허법 시행령 제1조의2가 규정하는 전기통신회선으로 볼 수 없다. 그 사이트가 다른 주체에 의하여 운영되므로 내용 또는 공개시점 등에 대한 신뢰성을 확신하기가 어렵기 때문이다.

39) **대통령령이 정하는 전기통신회선과 그 외의 전기통신회선의 차이**

특허법 제29조 제1항 1호에서 규정하고 있는 「공지된 발명」이란 특허출원 전에 국내에 불특정인에게 알려지거나 알려질 수 있는 상태에 있는 발명을 의미하므로 특허출원 전에 대통령령이 정하는 전기통신회선이 아닌 다른 전기통신회선을 통하여 공중이 이용가능하게 된 발명은 「공지된 발명」으로서 신규성을 상실하게 된다.

따라서, 전기통신회선을 통하여 공중이 이용가능하게 된 발명이라 하더라도 특허법 시행령 제1조의2 제1항의 규정에 의하여 "대통령령이 정하는 전기통신회선을 통하여 공중이 이용가능하게 된 발명"과 그러하지 아니한 발명은 선행기술의 지위에 있어서 차이가 있다.

즉, 특허법 시행령 제1조의2 제1항에 규정된 전기통신회선을 통하여 공중이 이용가능하게 된 발명에 대해서 심사관은 별도의 확인절차 없이 전기통신회선에서 파악할 수 있는 그 발명의 기술내용 및 게재일을 인정하여 선행기술로 사용할 수 있는데 비하여, 특허법 시행령 제1조의2 제1항에 규정되지 아니한 전기통신회선을 통하여 공중이 이용가능하게 된 발명에 대해서는 그 발명이 전기통신회선에 실제로 게재된 날을 확인할 수 있는 경우에 한하여 그 선행기술로 사용할 수 있다.

또한 특허법 시행령 제1조의2 제1항에 규정된 전기통신회선을 통하여 공중이 이용가능하게 된 발명은 국내에서 검색할 수 없는 경우에도 선행기술로 사용할 수 있다(국제주의). 다만, 전기통신회선을 통하여 공중이 이용가능하게 된 발명은 전기통신회선의 운영자가 세계 어느 지역에 있더라도 국내에서 검색할 수 있는 경우가 많으므로 실제적으로는 국내주의와 국제주의의 차이는 그리 크지 않을 것이다.

그러나, 만일 일정지역의 인터넷 사용자에 대해서만 접근이 허용되는 인터넷사이트(예: 미국의 특정대학에 설치된 컴퓨터에서만 접속되는 대학 내 인터넷사이트)에 의하여 공중이 이용가능하게 된 발명은, 그 인터넷사이트가 특허법 시행령 제1조의2 제1항에 규정된 사이트가 아닌 경우(상기 예의 특정대학이 사립대학인 경우)에는 그 인터넷 사이트를 통하여 공개된 발명은 특허법 제29조 제1항 1호에 의한 국내공지발명이나 2호에 규정된 인터넷사이트를 통하여 공중이 이용가능하게 된 발명이 아니므로 선행기술로 사용할 수 없으나, 그 인터넷사이트가 특허법 시행령 제1조의2 제1항에 규정된 사이트인 경우(상기 예의 특정대학이 국립대학인 경우)에는 그 인터넷사이트를 통하여 공개된 발명은 특허법하지만 이후 2013년 개정 특허법(법률 제11654호)에서는 모든 전기통신회선으로 그 범위를 확대하여 그와 같은 구별의 필요성이 없게 되었다.

2) 전기통신회선을 통한 공개가 특허법 제29조 제1항 2호의 선행기술의 지위를 가지기 위한 요건

① 전기통신을 통하여 공개된 발명일 것 전기통신회선(telecommunication line)에는 인터넷은 물론 전기통신회선을 통한 공중게시판(public bulletin board), 이메일 그룹 등이 포함되며, 앞으로 기술의 발달에 따라 새로이 나타날 수 있는 전기 · 자기적인 통신방법도 포함될 수 있을 것이다.

전기통신회선이라고 하여 반드시 물리적인 회선(line)을 필요로 하는 것은 아니다. 유선은 물론 무선, 광선 및 기타의 전기 · 자기적 방식에 의하여 부호 · 문언 · 음향 또는 영상을 송신하거나 수신할 수 있는 것이면 여기에서의 전기통신회선에 포함된다.[40)]

CD-ROM 또는 디스켓을 통한 기술의 공개는 전기통신회선을 통한 기술의 공개가 아니라 간행물에 의한 기술의 공개에 해당한다.

② 공중의 이용이 가능하게 된 발명일 것 전기통신회선을 통하여 공개된 발명이 간행물에 기재된 발명의 선행기술로서의 지위를 가지기 위해서는 "공중이 이용가능하게 된 발명"이어야 한다.

여기서 공중이란 불특정의 비밀준수의무가 없는 자를 말하며, 이용가능성은 공중이 자료에 접근하여 그 발명내용을 보고 이용할 수 있는 발명을 말하는 것으로 공중의 접근이 가능하면 공중이 이용가능하게 된 것으로 본다.

즉, 전기통신회선에 공개되었다 하더라도 공개된 발명에의 접근이 일반인에게는 허용되지 않고 비밀준수의무가 있는 특정인에게만 공개되었다면 그 공개된 발명은 공중의 접근이 가능한 것이 아니므로 공중이 이용가능하게 된 발명으로 볼 수 없다. 공중의 이용가능성을 판단함에 있어 일반적인 서치엔진에 의하여 접근이 가능한지의 여부 또는 암호를 부여하여 일반인이 접근할 수 없게 한 것인지 여부 등을 참작하여 해당 발명이 일반공중에게 공개된 것인지 여부를 사안별로 검토하여야

제29조 제1항 1호에 의한 국내공지에는 해당되지 않으나 특허법 제29조 제1항 2호에 규정된 인터넷사이트를 통하여 공중이 이용가능하게 된 발명에 해당되므로 특허법 제29조 제1항 2호에 규정된 선행기술로 사용할 수 있다(이상철, "인터넷 공간에 관한 특허법 개정규정의 해설", 특허와 상표(제540호), 2002.2.5.).

40) 전기통신기본법 제2조 1호 참조.

하며, 공중의 이용가능성이 인정되는 경우에만 선행기술로 채택할 수 있다.

3) 공개내용 및 공개시점의 인정

인터넷 웹사이트 등에 게재된 정보는 일반적으로 업데이트가 용이하고 내용·일자의 추후 변경이 이론상 가능하다는 점에서, 심사관이 웹사이트 등을 검색하였을 때의 게재 내용으로 그 표시된 게재일자에 공개되었음을 인정할 수 있는지가 문제된다.

신규성, 진보성 등 거절이유통지를 위하여 선행기술을 인용하기 위해서는, 원칙적으로 심사관이 그 선행기술이 공지되었다는 사실에 대한 증거를 제시하여야 한다. 이는 전기통신회선을 통하여 공지된 선행기술의 경우도 마찬가지이며, 전기통신회선에 나타난 내용으로 그 표시된 시점에 공개되었음을 인정하기 위하여 심사관이 검토해야 하는 사항은 다음과 같이 그 정보가 게재된 전기통신회선의 종류에 따라서 달라진다.

① 먼저, 구특허법 시행령 제1조의2가 규정하는 전기통신회선에 대해서는 일정한 공신력이 인정될 수 있으므로, 그 전기통신회선의 웹사이트 등에서 발명의 공개내용과 공개시점을 파악할 수 있다면, 심사관은 별도의 확인절차 없이 이를 기초로 그 발명을 선행기술로 사용할 수 있다.

② 구특허법 시행령 제1조의2가 규정하는 전기통신회선은 아니라도, 우리나라 또는 외국의 학술단체, 비정부 국제기구, 공공기관, 사립대학, 신문·잡지 등 정기간행물의 발행사, TV 또는 라디오 방송국이 자신의 본래 업무상 운영하는 전기통신회선으로서, 일반 공중에 대한 인지도와 운영기간 등을 고려하였을 때에 특별히 공개내용과 공개시점에 의문이 생길 만한 사정이 없다면, 심사관은 별도 확인절차 없이 그 전기통신회선의 웹사이트에서 파악되는 발명의 공개내용과 공개시점을 인정할 수 있다.

③ 상기 ①, ② 외의 전기통신회선을 통한 공개의 경우에, 심사관은 먼저 해당 전기통신회선의 인지도, 일반 공중의 이용빈도, 운영주체의 신뢰도, 운영기간 등을 고려하여 그 공개내용·공개시점의 신뢰성을 검토한다. 검토한 결과, 공개사실의 신뢰성이 있는 것으로 판단되면 선행기술로 인용할 수 있는데 이 경우 심사관은 의견제출통지서에 그 공개사실이 신뢰성이 있는 것으로 보는 논리적 근거를 제시하여야 한다. 그렇지 않고, 검토한 결과 신뢰성에 의문이 생긴다면, 해당 웹사이트에 실제로 게재된 날을 확인하는 과정 등을 통하여 공개내용·공개시점에 관한 의

문을 해소할 수 있는 경우에만 선행기술로 사용할 수 있다. 실제 게재일을 확인하기 위해서는, 해당 전기통신회선의 정보 게재에 관한 권한이나 책임을 가지는 자에 대하여 게재사실을 문의하거나 미국의 비영리단체인 인터넷 아카이브가 운영하는 www.archive.org에 저장된 내용 및 게재일 자료를 활용할 수 있다.

전기통신회선에서의 공개시점은 전기통신회선에 해당 발명을 게재한 시점이다. 따라서 이미 반포된 간행물을 전기통신회선을 통하여 공개한 경우라도 전기통신회선에 공개된 발명을 인용하는 경우에는 발명이 전기통신회선에 공개된 시점을 공개일로 하여야 한다.

4) 인용방법

심사관이 전기통신회선을 통하여 공개된 기술을 심사과정에서 인용하는 경우 세계지적재산권기구 표준(WIPO Standard) ST.14에 따라 저자(author), 글의 제목(title), 간행물 명칭, 해당 페이지(또는 그림, 도표 등), 공개일, 검색일, 홈페이지 주소 등을 기재하여야 한다.

다만, 인용문헌이 특허문헌이고 특허문헌의 공개가 인터넷을 통하여 공개된 경우에는 편의상 검색일이나, 홈페이지 주소를 기재하지 않고 통상의 서면이나 CD롬 형태로 공개된 특허공보류와 동일한 방법으로 인용문헌을 기재한다.

4. 신규성의 판단

(1) 기본원칙

신규성의 판단은 공지기술과 출원발명과의 동일성 여부를 기준으로 판단하여 동일성이 인정되면 신규성이 없는 것으로 보아 특허거절결정을 하여야 한다.

신규성의 구체적인 판단은 청구항에 기재된 발명이 특허법 제29조 제1항 각호의 어느 하나에 해당하는지 여부에 대한 판단이다. 즉, 청구항에 기재된 발명이 특허법 제29조 제1항 각호의 발명과 동일(同一)하면 신규성이 없는 발명이며, 동일하지 않으면 신규성이 있는 발명이다.

발명의 동일성이란 2 이상의 발명에 있어서 그 기술적 사상이 실질적으로 상호(相互) 동일한 범위에 속하는 경우를 말한다. 이러한 발명의 동일성 판단은 청구범위에 기재된 기술적 사항이며, 인용발명은 공개된 기술 전체이다. 여기서 발명의 동일성은 실질적인 동일성을 의미하며, 출원발명이 인용발명과 구성의 주요부분이 중복된다면 실질적 동일에 해당될 가능성이 많다.[41] 또한, 청구범위에 청구항이 2

이상 있는 경우에는 청구항마다 신규성을 판단한다.

(2) 청구항에 기재된 발명의 특정

청구항의 기재가 명확한 경우에는 청구항에 기재된 대로 발명을 특정한다.[42] 청구항에 기재된 용어의 의미 · 내용이 불명확한 경우에는 발명의 설명 또는 도면을 참작하여 발명을 특정한다. 발명의 설명 또는 도면을 참작하여 해석하여도 청구항에 기재된 용어의 의미 · 내용이 불명확한 경우에는 신규성에 대한 심사를 하지 않고 특허법 제42조 제4항 위반으로 거절이유를 통지한다.

(3) 인용발명의 특정

특허법 제29조 제1항 각호의 발명으로서 신규성 판단시 대비되는 발명(이하 "인용발명"이라 한다)의 특정은 다음과 같이 한다.

1) 공지된 발명(公知發明)

공지된 발명은 특허출원 전에 국내 또는 국외에서 그 내용이 비밀상태로 유지되지 않고 불특정인에게 알려지거나 알려질 수 있는 상태에 있는 발명을 의미한다. 이 경우에 발명의 공지시의 기술상식을 참작하여 통상의 기술자가 자명하게 파악할 수 있는 사항도 공지된 발명으로 특정한다.

2) 공연히 실시된 발명(公用發明)

공연히 실시된 발명은 그 발명이 실시됨으로써 불특정인에게 알려진 경우이므로 그 발명의 공지여부에 대하여 판단할 필요는 없다. 따라서 그 발명의 공연실시 여부에 대하여서만 판단하면 충분하다.

공연히 실시된 발명은 통상 기계장치, 시스템 등을 매체로 하여 불특정인에게 공연히 알려졌거나 또는 공연히 알려질 수 있는 상황에서 실시된 발명이므로 매체가 되는 기계장치, 시스템 등에 일체되어 있는 사실에 의하여 발명을 특정한다. 이 경우에도 실시 당시의 기술상식을 참작하여 통상의 기술자가 자명하게 파악할 수 있는 사항도 공연히 실시된 발명으로 특정한다.

3) 반포된 간행물에 게재된 발명 및 전기통신회선을 통하여 이용가능하게 된 발명

간행물에 게재된 발명은 간행물에 게재되어 있는 사실에 의하여 특정한다. 간행

41) 대법원 1995.6.9. 선고 93후1940 판결.
42) 대법원 1988.10.11. 선고 87후107 판결.

물에 게재된 사실에 의한 특정시에는 해당 간행물의 반포시의 기술상식을 참작하여 통상의 기술자가 자명하게 파악할 수 있는 사항도 반포된 간행물에 게재된 발명으로 특정한다. 전기통신회선을 통하여 이용가능하게 된 발명은 간행물에 준하여 판단한다.

4) 인용발명 인정시 주의사항

① 학회지 등의 원고의 접수와 그 원고의 공지여부 학회지 등의 원고의 경우 일반적으로 원고가 접수되어도 그 원고의 공표시까지는 불특정인이 볼 수 있는 상태에 놓여진 것이 아니므로 공지된 발명으로 인정하지 않는다.

② 카탈로그의 반포성 카탈로그란 기업이 자사(自社)의 선전 또는 자사제품(自社製品)의 소개·선전을 위하여 제작하는 것이므로 해당 카탈로그가 반포되지 않았다는 특별한 사정이 있는 경우를 제외하고는 제작되었으면 반포된 것으로 추정할 수 있다.[43)]

③ 출원일과 간행물의 발행일이 같은 날인 경우 출원일과 간행물의 발행일이 같은 날인 경우에는 특허출원시점이 간행물의 발행시점 이후라는 사실이 명백한 경우를 제외하고 그 출원발명은 신규성이 상실되지 않으며, 특허법 제29조 제1항 2호를 적용하지 아니한다.

④ 학위논문의 반포시점 학위논문의 반포시점은 그 내용이 논문심사 전후에 공개된 장소에서 발표되었다는 등의 특별한 사정이 없는 한 최종 심사를 거쳐서 공공도서관 또는 대학도서관 등에 입고되거나 불특정인에게 배포된 시점을 반포시기로 인정한다.[44)]

(4) 신규성 판단방법

신규성의 판단은 ① 특허출원의 청구범위에서 발명의 내용을 확정하고, ② 특허법 제29조 제1항 1호·2호에 해당하는 인용발명을 선택하여 확정한다. ③ 그리고 상기의 특허출원 발명과 인용발명을 대비하여 발명의 동일성 여부를 판단한다. 특허출원된 발명의 내용은 출원서에 첨부된 명세서의 청구범위에 기재된 내용을 기초로 확정한다. 청구범위에 기재된 내용만으로 발명이 정확하게 정의되지 않을 때에는 명세서에 기재된 발명의 설명과 도면을 참고로 하여 청구범위에 기재된 발명의 내용을 확정한다. 다만 신규성 판단의 대상은 명세서의 발명의 설명에 기재

43) 대법원 1985.12.24. 선고 85후47 판결.
44) 대법원 1996.6.14. 선고 95후19 판결.

한 발명이 아니라, 그 발명의 설명에 의해 지지되도록 발명의 구성만으로 청구범위에 기재된 발명이다. 인용발명은 국내 또는 국외에서 공지되거나 공연히 실시된 발명, 반포된 간행물에 게재된 발명, 전기통신회선을 통하여 공중이 이용가능하게 된 발명이다. 마지막으로 확정된 특허출원의 발명과 선택된 하나의 인용발명을 대비하여 양 발명이 동일한가를 판단한다. 발명의 구성을 대비하여 양자 구성의 일치점과 차이점을 추출하여서 판단하며, 이 경우에는 발명의 효과를 참작하여 판단할 수 있다.

대법원 1995.6.9. 선고 93후1940 판결

[신규성 판단시 발명의 동일성]

발명의 신규성 판단시의 동일성 판단을 위하여 출원된 발명의 특허청구 범위에 기재된 사항과 특허출원 전에 반포된 간행물에 기재된 사항을 대비함에 있어서는 그 기재상의 표현 또는 기재 형식의 이동(異同)만을 기준으로 하여서는 아니 되고 청구범위에 내재하는 기술적 사상의 실체에 착안하여 판단하여야 하고, 양 발명이 동일하다 함은 그 기술적 사상이 전면적으로 일치하는 경우는 물론이고 그 범위에 차이가 있을 뿐 부분적으로 일치하는 경우라도 그 일치하는 부분을 제외한 나머지 부분만으로 별개의 발명을 이루지 않는 한 양 발명은 동일한 발명이다.

양 발명은 그 목적으로 하는 기술적 사상이 같고 이를 달성하는 수단인 발명의 구성에 중복되는 부분이 있고 이를 제외한 나머지 부분만으로 별개의 발명을 이루고 있다고 보이지 아니하는 이상 그 청구범위 기재의 표현상의 차이에도 불구하고 실질적으로 동일한 발명이라고 하여야 할 것이므로 결국 본원발명은 인용발명과 동일하여 신규성이 없다고 할 것이다.

대법원 2004.10.15. 선고 2003후472 판결

[신규성에서 동일성 판단기준]

특허법 제29조 제1항의 발명의 동일성 여부의 판단은 청구범위에 기재된 양 발명의 기술적 구성이 동일한가 여부에 의하여 판단하되 그 효과도 참작하여야 할 것인바, 기술적 구성에 차이가 있더라도 그 차이가 과제 해결을 위한 구체적 수단에서 주지관용기술의 부가, 삭제, 변경 등으로 새로운 효과의 발생이 없는 정도의 미세한 차이에 불과하다면 양 발명은 서로 동일하다는 법리(대법원 2001.6.1. 선고 98후1013 판결, 2004.3.12. 선고 2002후2778 판결 등 참조)와 기록에 나타난 이 사건 특허발명이 해결하고자 하는 과제 및 효과 등을 종합하면, 이 사건 특허발명과 선행발명에서 차이가 나는 부분은 그 기술적 사상에 영향을 미치지 않는 단순한 설계변경에 해당하거나 그 과제해결을 위한 미세한 차이에 지나지 아니하므로 양 발명은 실질적으로 동일하다고 본 원심의 인정과 판단은 정당하고, 거기에 상고이유에서 주장하는 바와 같은 발명의 신규성에 관한 법리오해나 진보성에 관한 법리오해 등의 위법이 없다.

대법원 2021.12.30. 선고 2017후1304 판결
[발명의 범주가 다른 경우 신규성 판단(선행발명이 특정 제조방법에 의해 제작된 물건에 관한 공지된 문헌인 경우, 위 제조방법에 따른 결과물이 필연적으로 특허발명과 동일한 구성 또는 속성을 가진다는 점이 증명되어야만 두 발명을 동일하다고 할 수 있는지 여부(적극))]

물건의 발명에서 이와 동일한 발명이 그 출원 전에 공지되었거나 공연히 실시되었음이 인정되면 그 발명의 신규성은 부정된다. 특허발명에서 구성요소로 특정된 물건의 구성이나 속성이 선행발명에 명시적으로 개시되어 있지 않은 경우라도 선행발명에 개시된 물건이 특허발명과 동일한 구성이나 속성을 갖는다는 점이 인정된다면, 이는 선행발명에 내재된 구성 또는 속성으로 볼 수 있다. 이와 같은 경우 특허발명이 해당 구성 또는 속성으로 인한 물질의 새로운 용도를 특허의 대상으로 한다는 등의 특별한 사정이 없는 한 공지된 물건에 원래부터 존재하였던 내재된 구성 또는 속성을 발견한 것에 불과하므로 신규성이 부정된다. 이는 그 발명이 속하는 기술분야에서 통상의 지식을 가진 사람(이하 '통상의 기술자'라고 한다)이 출원 당시에 그 구성이나 속성을 인식할 수 없었던 경우에도 마찬가지이다. 또한 공지된 물건의 내재된 구성 또는 속성을 파악하기 위하여 출원일 이후 공지된 자료를 증거로 사용할 수 있다.

한편, 선행발명에 개시된 물건이 특허발명과 동일한 구성 또는 속성을 가질 수도 있다는 가능성 또는 개연성만으로는 두 발명을 동일하다고 할 수 없고, 필연적으로 그와 같은 구성 또는 속성을 가진다는 점이 증명되어야 한다. 즉, 선행발명이 공지된 물건 그 자체일 경우에는 그 물건과 특허발명의 구성을 대비하여 양 발명이 동일한지 판단할 수 있으나, 선행발명이 특정 제조방법에 의해 제작된 물건에 관한 공지된 문헌인 경우, 선행발명에 개시된 물건은 선행발명에 개시된 제조방법에 따라 제조된 물건이므로, 선행발명에 개시된 제조방법에 따랐을 경우 우연한 결과일 수도 있는 한 실시례가 위와 같은 구성 또는 속성을 가진다는 점을 넘어 그 결과물이 필연적으로 해당 구성 또는 속성을 가진다는 점이 증명되어야 선행발명과 특허발명이 동일하다고 할 수 있다.

1) 신규성 판단방법

① 신규성의 판단은 청구항에 기재된 발명과 인용발명의 구성을 대비하여 양자 구성의 일치점과 차이점을 추출하여서 판단한다.

② 청구항에 기재된 발명과 인용발명의 구성에 차이점이 있는 경우에는 청구항

에 기재된 발명은 신규성이 있는 발명이며, 차이점이 없으면 청구항에 기재된 발명은 신규성이 없는 발명이다.

③ 청구항에 기재된 발명과 인용발명이 전면적으로 일치하는 경우는 물론 실질적으로 동일한 경우에도 신규성이 없는 발명이다.

④ 청구항에 기재된 발명에 대하여 인용발명을 달리하여 신규성이 없다는 거절이유와 진보성이 없다는 이유를 중복하여 동시에 통지할 수 있다.

2) 신규성 판단시 주의사항

① 청구항에 기재된 발명과 인용발명이 각각 상·하위개념으로 표현된 경우에는 다음과 같이 취급한다.

ⓐ 청구항에 기재된 발명이 상위개념으로 표현되어 있고 인용발명이 하위개념으로 표현되어 있는 경우에는 청구항에 기재된 발명은 신규성이 없는 발명이다. '상위개념'이란, 동족적(同族的) 또는 동류적(同類的) 사항의 집합의 총괄적 개념 또는 어떤 공통적인 성질에 의하여 복수의 사항을 총괄한 개념을 의미한다. 예를 들면 청구항에 기재되어 있는 발명이 금속으로 기재되어 있고 인용발명이 구리(Cu)로 기재되어 있는 경우 청구항에 기재된 발명은 신규성이 없는 발명이다.

ⓑ 청구항에 기재된 발명이 하위개념으로 표현되어 있고 인용발명이 상위개념으로 표현되어 있는 경우에는 통상 청구항에 기재된 발명은 신규성이 있다. 다만, 출원당시의 기술상식을 참작하여 판단한 결과 상위개념으로 표현된 인용발명으로부터 하위개념으로 표현된 발명이 도출될 수 있는 경우[45]에는 청구항에 기재된 발명은 신규성이 없는 것으로 인정할 수 있다.

② 신규성 판단시에는 청구항에 기재된 발명을 하나의 인용발명과 대비하여야 하며 복수의 인용발명을 조합하여 대비하여서는 안 된다. 복수의 인용발명의 조합에 의하여 특허성을 판단하는 것은 후술하는 진보성의 문제이며, 신규성의 문제가 아니다. 다만, 인용발명이 다시 별개의 간행물 등을 인용하고 있는 경우(예 어떤 특징에 관하여 보다 상세한 정보를 제공하는 문헌)에는 별개의 간행물은 인용발명에 포함되는 것으로 취급하여 신규성 판단에 인용할 수 있다. 또한 인용발명에 사용된 특별한 용어를 해석할 목적으로 사전 또는 참고문헌을 인용하는 경우에도 사전 또는 참고문헌은 인용발명에 포함되는 것으로 취급하여 신규성 판단에 인용할 수 있다.

---

45) 단순히 개념상으로 하위개념이 상위개념에 포함되거나 또는 상위개념의 용어로부터 하위개념의 요소를 열거할 수 있다는 사실만으로는 하위개념으로 표현된 발명이 도출될 수 있다고 할 수 없다.

5. 공지(公知) 등이 되지 아니한 발명으로 보는 경우(공지 등의 예외)

(1) 의의 및 취지

특허출원하여 특허등록을 받기 위해서는 특허요건이 충족되어야 한다. 그 중 하나가 신규성이다. 신규성은 특허출원 전에 그 발명이 공개되지 않은 발명을 말하며, 신규성이 있는 발명은 특허를 받을 수 있다. 따라서 그 발명이 특허출원 전에 공개된 경우는 원칙적으로 신규성이 상실되어 특허등록을 받을 수 없게 된다. 그러나 특별한 경우에는 예외적으로 신규성을 인정하는데, 이를 공지 등의 예외(Prefiling Date Disclosure)라고 한다.

'공지 등이 되지 아니한 발명으로 보는 경우'에 관한 규정은 출원된 발명이 출원 이전에 공개되었다 하더라도 공개된 자료를 신규성이나 진보성 판단시 선행기술로 사용하지 않도록 하는 제도이다. 이 제도는 1878년 개최된 파리 만국박람회의 출전품의 모방이 많아져 1883년 파리협약 제11조에 도입하게 된 것이다.

발명의 신규성은 출원시를 기준으로 그 전에 공지된 것은 모두 신규성이 없는 것으로 하는 것이 원칙이다. 그러나 이러한 원칙을 모든 경우에 엄격히 적용한다면 특허법이 원치 않은 결과가 발생할 수 있다. 즉 특허법은 새로운 정보의 비밀이 산업발달에 저해된다는 생각아래 발명의 공개를 유도함으로써 산업발전에 기여하며, 그 공개에 대한 대가로서 독점권을 부여함으로써 발명자를 보호하고자 하는 법이다. 그런데 신규성 원칙을 모든 경우에 관철한다면, 학회나 연구논문·잡지 등에 발표 또는 박람회에 출품하는 경우나, 법지식이 상대적으로 약한 엔지니어에게 과도한 부담을 지우게 됨으로써 기술의 발전이라는 측면에 바람직하지 못한 결과가 발생될 것이며, 발명자에게 역시 가혹하다고 할 수 있다. 이에 특허법은 일정 경우에는 비록 어떤 발명이 공지 등의 상태로 된 경우에도 해당 발명의 출원에 대하여 신규성이 상실되지 아니한 것으로 취급하는 예외규정을 두고 있다(제30조).

(2) 공지 등이 되지 아니한 것으로 보는 발명(범위)

1) 특허를 받을 수 있는 권리를 가진 자에 의하여 공지·공연실시·간행물 게재 및 전기통신회선을 통하여 공중의 이용가능 중 어느 하나(신규성 상실사유)에 해당하게 된 경우. 다만, 조약 또는 법률에 따라 국내 또는 국외에서 출원공개되거나 등록공고된 경우는 제외한다.

대법원 1995.2.24. 선고 93후1841 판결

'자기의 발명을 시험함으로써 제29조 제1항 각호에 해당하게 된다'는 뜻은 특허출원 전에 공지공용된 원인이 자기의 발명의 실험행위가 원인이 되어 공지공용화된 것을 말한다 할 것이고, 실험 후 출원 전에 스스로 이를 상품화하여 타인에 제조납품하는 것과 같이 발명자의 다른 행위로 공지공용이 된 경우에는 그 적용이 없다.

대법원 1996.6.14. 선고 95후19 판결

특허출원 전에 발명 내용을 박사학위논문으로 발표한 출원인이 박사학위논문의 일반적인 반포행태의 하나인 해당 대학도서관에의 입고사실에 관하여 증명을 한 이상 출원인으로서는 공지 등의 예외의 적용을 받기 위한 소정의 증명을 하였다고 봄이 상당하다.

2) 특허를 받을 수 있는 권리를 가진 자의 의사에 반하여 그 발명이 신규성 상실사유에 해당하게 된 경우[46)]

특허를 받을 수 있는 권리를 가진 자의 의사에 반하여 그 발명이 신규성 상실사유에 해당하게 된 경우 그 발명은 공지되지 아니한 것으로 본다. 발명자의 보호라는 측면에서 특허법은 특허출원 전에 발명자가 그 발명 내용을 비밀로 하려고 하였음에도 불구하고 본인의 의사에 반하여 발명이 공지된 경우에는 그 발명이 공지되지 아니한 것으로 보도록 하고 있다. 본인의 의사에 반하여 발명이 공지된 경우에는 협박, 사기, 산업스파이 등에 의한 경우가 대표적인 사유라 할 수 있겠다. 나아가 발명자의 부주의에 의해 발명이 타인에 의해 공지된 경우에도 의사에 반했다고 할 수 있다.[47)] 또한 발명자가 특허를 받을 수 있는 권리를 제3자에게 양도한 후에는 그 제3자의 의사에 반한 출원이 이루어져 공개된 경우에도 신규성의 의제를 인정한다. 그러나 출원 전에 공지되어도 특허를 받을 수 있는 것으로 잘못 알고 공지한 경우나 대리인에 의해 이미 출원된 줄 믿고 공표하였는데 아직 출원절차를 밟지 않은 경우 등이라면 자기 의사에 반한 것이라고 할 수 없다.[48)] 또한 특

---

46) 자기의 의사에 반하여 출원인의 발명내용이 사용인 또는 대리인의 고의 또는 과실로 누설되거나 타인이 이를 도용함으로써 일반에게 공표된 경우, 신규성을 주장하는 자는 위와 같은 자기의 의사에 반하여 누설 또는 도용된 사실을 증명할 책임이 있다(대법원 1985.12.24. 선고 85후14 판결).

47) 東京高裁 昭和47.4.26. 取消集 昭和 42年, 245頁.

48) 이에는 견해가 대립한다. 부정설에 의하면 '의사에 반하여'는 적어도 특허를 받을 수 있는 권리를 가진 자가 공표하지 않으려는 내면적 의사가 필요한데 오인, 착오의 경우에는 공표하지 않으려는 내면적인 의사가 존재하지 않았으므로 공지 등의 예외를 받을 수 없다고 본다. 반면 긍정설은 발명자가 특정의 사실을 알았다면 공표하지 않았을 것이므로 의사에 반하는 경우에 포함된다고 한다. 이에

허법을 모르고 공지해도 특허를 받을 수 있다고 해서 한 공지는 의사에 반하는 것이라 해석할 수는 없다.

이 경우 발명자는 발명의 공지 등을 모르는 가운데 출원하는 경우가 발생하게 되므로, 출원시 본인의 의사에 의하여 공지가 이루어진 경우와 같은 출원 절차를 밟도록 요구하는 것은 무리일 수 있다. 따라서 심사관에 의한 지적 또는 제3자로부터의 정보제공 등에 의하여 신규성 상실에 해당됨을 통지받은 때에 의사에 반하여 공지된 것임을 개별적으로 증명하면 된다.

특허법원 2001.5.11. 선고 2001허263 판결
[의사에 반하여 공지된 때를 인정하지 않는 경우]

이 사건 연구결과보고서는 처음부터 당연히 배포되어야 하는 것을 전제로 시작된 것으로서, 총괄연구책임자인 원고로서는 이러한 규정 내용을 알고 있다고 봄이 상당하므로, 원고가 이 사건 연구결과보고서에 대하여 특허출원을 하기 전에 비공개로 하여 줄 것을 요청한 사실이 인정되지 않는 이상, 이 사건 연구결과보고서는 위 규정에 따라 정상적으로 배포되었다고 할 것이고, 원고가 출원일까지 이 사건 연구결과보고서의 배포일자를 통고 받은 바가 없었다고 하여 원고의 의사에 반하여 공지된 것이라고 할 수 없다.

(3) 공지등이 되지 아니한 발명으로 보는 경우의 적용 요건

1) 특허를 받을 수 있는 권리를 가진 자에 의한 것일 것

발명이 특허를 받을 수 있는 권리를 가진 자에 의하여 신규성 상실사유에 해당된 것임을 요한다. 공동발명의 경우 그 공동발명자 중 1인의 발표 등에 의하여 신규성을 상실한 경우도 여기에 해당되는 것으로 해석한다. 또한 발명자가 시험이나 간행물 등에 발표한 후 특허를 받을 수 있는 권리를 타인이 양도받아 출원한 경우에도 본호에 해당되는 것으로 해석한다. 즉 발표자와 발명자, 출원인이 일치하지 않는 경우에도 그 특허를 받을 수 있는 권리가 정당하게 승계된 경우에는 모두 이 요건을 만족하는 것으로 해석한다.

2) 최초로 공지된 것

특허를 받을 수 있는 자가 특허출원 전에 신규성 상실사유에 해당하게 된 경우

대하여 절충설은 오해·오인의 경우에는 그 동기나 결과가 기대에 반한다 하더라도 공표할 의사는 충분히 있었다 할 것이므로 의사에 반한 공지로 볼 수 없지만 착오·부주의의 경우에는 부주의의 정도를 불문하고 발명자의 의사에 반하는 것이 명백한 한 의사에 반한 공지로 해석해야 한다고 한다.

에 공지 등이 되지 아니한 발명으로 주장하여 출원하기 위해서는 최선(最先)의 공지일로부터 12개월 이내에 출원이 이루어져야 한다.

제3자의 공지 등의 행위가 있는 경우에도 이와 같이 판단할 수 있겠다. 즉 본인의 공지행위에 기초한 제3자의 공지행위는 공지 등의 예외의 주장을 할 수 있지만, 제3자 스스로의 발명행위에 기초하여 이루어진 공지행위일 때에는 공지 등의 예외의 주장을 할 수 없다.

3) 신규성 상실사유에 해당한 발명이 공지 등이 되지 아니한 발명에 해당할 것

신규성 상실사유에 해당하게 된 발명이 법 제30조 제1항 각호의 공지 등이 되지 아니한 발명에 해당하여야 한다. 한편, 출원된 발명(A+a)과 신규성 상실사유에 해당하게 된 발명(A)이 같은 경우는 물론 다른 경우에도 신규성 상실사유에 해당된 발명은 그 출원된 발명의 특허성에 영향을 미치지 아니한다. 이는 공지 등이 되지 아니한 발명으로 보는 경우의 주장이 적법한 경우 심사관은 출원된 발명(A+a)과 신규성 상실사유에 해당하게 된 발명(A)의 동일성·용이성 여부를 판단하지 않고 신규성 상실사유에 해당하게 된 발명(A)을 선행기술에서 제외하고 심사하기 때문이다.

4) 신규성 상실일로부터 12개월 내에 출원할 것[49)]

공지 등이 되지 아니한 발명이 되기 위하여 특허를 받을 수 있는 권리를 가진 자는 그 공지일로부터 12개월 이내에 특허출원을 하여야 하며, 그 특허출원은 공개된 발명과 동일한 것이나 이를 개량한 것인 경우에도 가능하다.

(4) 적용을 받기 위한 절차

신규성 상실의 예외로 인정받기 위해서는 권리자가 적극적으로 공개한 경우나 권리자의 의사에 반하여 공개된 경우의 공통적인 사항은 신규성 상실 예외사유에 해당하게 된 날로부터 12개월 이내에 출원하여야 한다. 그리고 전자의 경우는 출원시 출원서에 그 취지를 기재하여야 하고, 그 특허출원일로부터 30일 이내에 증명할 수 있는 서류를 제출하여야 한다(제30조 제2항, 시행규칙 제20조의2, 시행규칙 별지 제13조 서식). 이와 관련하여 판례는 구 특허법 제30조 제1항 1호의 자기공지 예외 규정에 해당한다는 취지가 특허출원서에 기재되어 있지 아니한 채 출원된 경우에는 자기공지 예외 규정의 효과를 받을

---

49) 종래에는 6개월에 한정하였으나 2011년 12월 2일 개정 특허법(법률 제1117호)에서 「대한민국과 미합중국 간의 자유무역협정(FTA)」 합의사항을 반영하여 12개월로 연장하였다.

수 없는 것이고, 같은 조 제2항 전단에 규정된 절차를 아예 이행하지 아니하였음에도 불구하고 그 절차의 보정에 의하여 위 1호의 적용을 받게 될 수는 없다고 판시하였는데,[50] 이로 인한 출원인 보호의 문제점을 보완하기 위해 2015년 1월 28일 개정법(법률 제13096호)에서는 출원인의 단순한 실수로 출원시 공지예외주장을 하지 않더라도 명세서 또는 도면을 보정할 수 있는 기간 또는 특허결정이나 특허거절결정 취소심결의 등본을 송달받은 날부터 3개월 이내에 출원시 하지 않은 공지예외주장의 취지를 적은 서류나 이를 증명할 수 있는 서류를 제출할 수 있는 공지예외주장 보완제도를 제3항에 신설하였다.[51]

(5) 효 과

신규성의제 사유에 해당하는 일이 발생한 날에 신규성이 소급(遡及)하여 의제된다. 그러나 공지 등의 예외규정은 어디까지나 특허받을 수 있는 자가 한 행위가 신규성 상실사유에 해당하여 그 신규성이 상실된 것을 신규성이 상실되지 않은 것으로 보아주는 것이지, 그 출원일 자체를 신규성이 상실된 시점으로 소급하여 인정해 주는 것은 아니다. 따라서 의제사유일과 특허출원 사이에 특허법 제30조에서 규정한 것 이외의 신규성 상실사유가 있을 때에는 그 특허출원은 신규성을 인정받을 수 없다. 이에 신규성을 의제받은 특허출원의 출원일보다 먼저 타인이 동일한 발명에 대하여 출원을 하였다면 비록 신규성의 소급일자가 타인의 출원일보다 앞서는 경우라도 의제받은 특허출원은 타인의 출원이 공개된다면 확대된 선출원주의에 의하여 특허를 받을 수 없다.[52][53]

---

50) 대법원 2011.6.9. 선고 2010후2353 판결.

51) 제30조(공지 등이 되지 아니한 발명으로 보는 경우) ③ 제2항에도 불구하고 산업통상자원부령으로 정하는 보완수수료를 납부한 경우에는 다음 각 호의 어느 하나에 해당하는 기간에 제1항제1호를 적용받으려는 취지를 적은 서류 또는 이를 증명할 수 있는 서류를 제출할 수 있다. <신설 2015.1.28.>

1. 제47조제1항에 따라 보정할 수 있는 기간
2. 제66조에 따른 특허결정 또는 제176조제1항에 따른 특허거절결정 취소심결(특허등록을 결정한 심결에 한정하되, 재심심결을 포함한다)의 등본을 송달받은 날부터 3개월 이내의 기간. 다만, 제79조에 따른 설정등록을 받으려는 날이 3개월보다 짧은 경우에는 그 날까지의 기간

52) 이 경우 제3자의 특허출원은 그 발명 내용이 후출원자에 의해 이미 공개되었기 때문에 특허법 제29조 제1항의 규정에 의해 거절된다.

53) 특허법 제30조의 적용신청이 적합한 경우 제출된 자료를 선행기술로 사용하지 않는 이유

심사관은 특허법 제30조를 적용함에 있어서 공개된 발명과 출원된 발명의 동일·유사 여부를 판단할 필요가 없다. 그 이유는 아래와 같다.

증명서류에 표시된 공개된 발명(A)과 출원된 발명(A)이 동일한 경우에는 특허법 제30조의 규정이 당연히 적용된다. 또, 공개된 발명(A)과 출원된 발명($A+a$)이 다른 경우에도 그 발명이 속하는 기술분

특허법원 2016.10.20. 선고 2015허7308 판결

[특허법 제30조가 발명자가 자신의 이름으로 발명을 공개한 경우에만 적용되는지 여부(소극)]

특허법 제30조는 특허를 받을 수 있는 권리를 가진 자에 의하여 그 발명이 제29조 제1항 각 호의 발명[특허출원 전에 국내 또는 국외에서 공지되었거나 공연히 실시된 발명이나 특허출원 전에 국내 또는 국외에서 반포된 간행물에 게재되었거나 전기통신회선을 통하여 공중(公衆)이 이용할 수 있는 발명]에 해당하게 된 경우(다만, 조약 또는 법률에 따라 국내 또는 국외에서 출원공개되거나 등록공고된 경우를 제외한다)에는 그 날부터 12개월 이내에 특허출원을 하면 그 특허출원된 발명에 대하여 제29조 제1항 또는 제2항을 적용할 때에는 그 발명은 제29조 제1항 각 호의 어느 하나에 해당하지 아니한 것으로 보고, 그와 같은 공지 예외의 적용을 받으려는 자는 특허출원서에 그 취지를 적어 출원하여야 하며, 이를 증명할 수 있는 서류를 특허출원일부터 30일 이내에 특허청장에게 제출하여야 한다고 규정하고 있다. 이러한 특허법 규정은 종전에 특허를 받을 수 있는 권리를 가진 자가 시험, 간행물에의 발표, 대통령령이 정하는 전기통신회선을 통한 발표, 산업자원부령이 정하는 학술단체에서의 서면발표와 같은 특정 형태의 발명의 공개에 대해서만 공지 등 예외의 적용을 허용하던 규정을 완화하여 출원공개나 등록공고된 경우를 제외하고 특허를 받을 수 있는 권리를 가진 자의 의사에 기한 모든 형태의 발명의 공개에 대하여 공지 등의 예외 적용을 허용함으로써 자유로운 연구결과의 공개를 촉진하고 연구활동 활성화 및 기술축적을 지원하고자 하기 위한 것이다. 따라서 특허법 제30조에 의한 발명의 공개는 그 규정대로 특허를 받을 수 있는 권리를 가진 자에 의사에 의한 것이면 충분하고, 특허를 받을 수 있는 권리를 가진 자가 직접 발명을 공개하거나 자신의 발명임을 밝혀야만 하는 것은 아니다. 나아가 특허를 받을 수 있는 권리를 가진 자가 공지 등의 예외를 적용받고자 출원서에 기재한 공개 발명의 범위는 출원서에 기재된 취지와 증명서류, 거래실정 등을 참작하여 객관적 합리적으로 정해야 하며, 또한 출원서에 기재된 발명 공개 행위의 후속 절차로서 통상적으로 이루어지는 반복 공개 행위는 출원서에 기재된 발명의 공개 행위의 연장선에 있다고 볼 수 있으므로, 비록 출원서에 기재되어 있지 않거나 증

야에서 통상의 지식을 가진 자가 출원된 발명을 공개된 발명으로부터 쉽게 발명할 수 있는 경우에는 개정법 제30조 제1항 본문의 규정에 의하여 법 제29조 제1항 및 제2항을 적용하지 않는다. 그러므로 공개된 발명(A)을 선행기술에서 제외하고 심사를 계속 진행한다.

그 발명이 속하는 기술분야에서 통상의 지식을 가진 사람이 출원된 발명을 공개된 발명으로부터 쉽게 발명할 수 없는 경우에는 그 출원된 발명($A+a$)의 특허성은 공개된 발명(A)에 의하여 영향을 받지 않는다.

결과적으로, 출원된 발명($A+a$)과 공개된 발명(A)이 같은 경우는 물론 다른 경우에도 공개된 발명은 해당 출원된 발명의 특허성에 영향을 미치지 않으므로 심사관이 출원된 발명($A+a$)과 공개된 발명(A)의 차이를 따질 실익이 없다. 그러므로, 심사관은 공개된 발명과 출원된 발명의 차이를 따지지 않고 공개된 발명을 선행기술에서 제외하고 심사한다.

명서류가 첨부되어 있지 않더라도 당연히 특허법 제30조의 공지 등의 예외 적용을 적용받을 수 있다.

Ⅲ. 진 보 성

1. 의의 및 취지

진보성(進步性)이란 특허법상 명문으로 규정되어 있지 않으나, 특허법 제29조 제1항 각호의 어느 하나에 해당하는 발명에 의해 "쉽게 발명할 수 있는 발명"을 진보성이 없는 발명이라 하며 그러하지 아니한 발명을 진보성이 있는 발명이라 한다. 이는 강학상의 용어이다. 그 외에도 "구성의 곤란성", "발명의 비용이성", "비자명성(非自明性)", "발명적 단계(inventive step)", "비용이추고성(非容易推考性)" 등의 용어를 사용하기도 한다. 여기서는 진보성이라는 용어를 사용하기로 한다.

특허법 제29조 제2항에서 진보성이 없는 발명에 대하여 특허를 부여하지 않도록 한 이유는 종래기술과 다를 뿐 기술적 효과에 있어서 더 나아진 것이 없거나, 기술 진보의 정도가 미미한 기술에 대하여 특허권을 부여하는 것은 사실상 종래기술과 동일한 기술에 대하여 독점권을 부여하게 되어 새로운 기술에 대한 공개의 대가로 독점권을 부여하는 당초 특허제도의 취지와도 맞지 않게 될 뿐만 아니라 이러한 특허권에 의해 제3자의 기술 실시를 제한하게 됨으로써 산업발전에 기여하고자 하는 특허제도의 목적에 오히려 반하기 때문이다.

즉 독점권 부여라고 하는 인센티브를 제공하지 않아도 자연적 진보가 행해질 것이 충분히 기대되는 발명에 독점권을 부여할 경우 출원 및 특허권이 난립하게 되어 특허와 관련한 사회적 비용이 증대하며,[54] 독점이 그 가치가 없는 발명에까지 미침으로써 제3자의 자유로운 기술실시를 부당하게 제한할 우려가 있다. 이에 특허법 제29조 제2항은 신규의 발명일지라도 출원시점에서 그 발명이 속하는 기술분야에서 통상의 지식을 가진 사람이 쉽게 생각할 수 있는 발명은 특허를 허락하지 않는다고 규정하고 있다.

이러한 진보성 등록요건은 1973년 2월 8일 개정법(법률 제2505호)에서부터 신규성 요건과 구별되어 규정되었다. 즉 우리나라 최초의 특허법에서는 발명의 진보성이란 개념

54) 단지 그 발명에 대한 독점적 이용을 위한 출원뿐만 아니라 타인의 출원 내지 특허로 인해 자신의 자유로운 실시행위가 저해받지 않을까 하는 두려움에 의한 방어적 출원이 난립하게 될 것이다.

을 도입하지 않고 신규성의 한 내용으로 보고 있었으며, 1963년 3월 개정 특허법(法律 제1293호) 역시 '공지기술에 의하여 그와 다른 것을 극히 용이하게 발명하였을 때에는 그 발명은 신규의 발명으로 볼 수 없다'는 취지로 파악하고 있었다.

대법원 1992.6.2.자 91마540 결정

[신규성과의 관계]

특허발명의 진보성은 신규성이 있음을 전제로 하는 것으로서, 어느 발명이 공지기술에 비추어 새로운 것인가의 신규성의 문제와 그것이 공지기술로부터 용이하게 생각해 낼 수 있는 것인가의 진보성의 문제는 구별되어야 하고, 따라서 발명의 진보성을 판단하기 위해서는 먼저 그 발명의 신규성의 판단이 선행되는 것이 순서라고 할 것이나, 발명의 신규성과 진보성은 서로 유기적인 관계에 있는 것으로서 구체적인 사례에서는 그 한계나 영역을 명확하게 구분하기 어려운 경우가 많을 것인바, 여기에서 발명이 공지공용의 것이라 함은 공지공용의 기술과 동일한 경우에 한정할 필요는 없고, 어느 발명이 선행의 공지공용의 기술에 근사한 것이 명백하여 특별히 새로운 기술이라고 볼 수 없는 경우에는 진보성에 앞서 그 신규성 자체를 부정할 수 있을 것이다.

2. 진보성 판단의 전제

진보성의 판단과 관련하여 특허법 제29조 제2항은 "특허출원 전[55]에 그 발명이 속하는 기술분야에서 통상의 지식을 가진 사람[56]이 제1항 각 호(신규성 상실사유)의 어느 하나에 해당하는 발명에 의하여 쉽게 발명할 수 있으면 그 발명에 대해서는 제1항에도 불구하고 특허를 받을 수 없다"라고 규정하고 있다(제29조 제2항). 따라서 진보성의 인정은 해당 발명의 산업이용가능성과 신규성을 전제로 한 것이다. 그러나 용이하게 진보성의 판단이 가능한 경우에까지 해당 발명의 산업상 이용가능성 내지 신규성 판단을 전제로 하는 것은 아니다.

---

55) "특허출원 전"이란 특허출원일의 개념이 아닌 특허출원의 시·분까지도 고려한 의미이다.

56) 진보성 유무의 판단에 있어 기준이 되는 자는 "그 발명이 속하는 기술분야에서 통상의 지식을 가진 자"(이하 "통상의 기술자"라 한다)이다.

통상의 기술자란 출원시에 있어서 해당 기술분야의 기술상식을 보유하고 있고, 연구개발(실험, 분석, 제조 등을 포함한다)을 위하여 통상의 수단 및 능력을 자유롭게 구사할 수 있으며, 출원시의 기술수준에 있는 모든 것을 입수하여 자신의 지식으로 할 수 있고, 발명의 과제와 관련되는 기술분야의 지식을 자신의 지식으로 할 수 있는 자로서 복수의 기술분야에서의 전문가들이 가지고 있는 지식을 체득하고 있는 특허법상의 상상의 인물이다.

여기서 "기술수준"이란 특허법 제29조 제1항 각호의 어느 하나에 규정된 발명 이외에 해당 발명이 속하는 기술분야의 기술상식 등의 기술적 지식에 의하여 구성되는 기술의 수준을 말한다.

진보성 판단의 시간적 기준은 신규성 판단의 경우와 같이 특허출원시를 기준으로 한다. '그 발명이 속하는 기술분야'의 판단은 출원인이 명세서에 기재한 '발명의 명칭'으로서 직접 표시된 기술분야에 구애되지 아니하며, 그 발명의 목적·구성·효과 등의 측면을 고려하여 이루어진다. 한편 '통상의 지식을 가진 사람'은 출원시에 있어 해당 기술분야의 기술상식을 보유하고 있고, 연구개발을 위하여 통상의 수단 및 능력을 자유롭게 구사할 수 있으며, 출원시의 기술수준에 있는 모든 것을 입수하여 자신의 지식으로 할 수 있고, 발명의 과제와 관련되는 기술분야의 지식을 자신의 지식으로 할 수 있는 사람으로 가정한 사람이다. 일반적으로 특허청심사관이 판단하지만, 이는 담당 심사관 스스로의 지식으로 진보성을 판단하는 것이 아니고 통상의 전문가가 지녀야 할 지식을 상정하고 이것에 입각해서 판단한다는 의미이다.

3. 진보성의 판단

(1) 판단의 기본원칙

진보성 판단은 특허출원 전에 통상의 기술자가 '청구항에 기재된 발명'을 특허법 제29조 제1항 각호에 규정된 발명(이하 "인용발명"이라 한다)에 의하여 쉽게 발명할 수 있었는가(용이성)에 대한 판단이다. 따라서 통상의 기술자가 '청구항에 기재된 발명'을 인용발명에 의하여 쉽게 발명할 수 있었던 경우에는 그 발명은 진보성이 없다. 이러한 진보성 판단의 대상이 되는 발명은 청구항에 기재된 발명이다. 청구항에 기재된 발명이 신규성이 없는 경우에는 그 사유만으로도 특허를 받을 수 없으므로 진보성에 대한 판단을 할 필요가 없다.

특허법 제42조 제3항 1호에서는 "발명의 설명에는 그 발명이 속하는 기술분야에서 통상의 지식을 가진 사람이 그 발명을 쉽게 실시할 수 있도록 명확하고 상세하게 적어야 한다"라고 규정하고 있다. 따라서 발명의 진보성 판단은 해당 출원의 청구범위에 기재된 발명을 공지(公知)발명 또는 공지(公知)기술과 비교함으로써 이루어지며, 보다 구체적인 판단방법으로는 발명의 목적·구성 및 효과를 공지의 그것과 비교해 종합적으로 판단하는 것이 보통이다.[57)]

발명의 진보성은 먼저 해당 발명의 출원 전에 존재하는 1 또는 2 이상의 선행기술을 선택하여 그 선행기술을 가지고 해당 발명을 구현하는 데 있어서 용이한가

57) 대법원 1997.10.24. 선고 96후1798 판결.

를 판단하게 된다. 이러한 용이성 판단과 관련하여 특허청 심사기준[58]에서는 "심사관은 출원 당시에 통상의 기술자가 직면하고 있던 기술수준 전체를 생각하도록 노력하는 동시에 발명의 설명 및 도면을 감안하고 출원인이 제출한 의견을 참작하여 출원발명의 목적, 기술적 구성, 작용효과를 종합적으로 검토하되, 기술적 구성의 곤란성을 중심으로 목적의 특이성 및 효과의 현저성을 참작하여 종합적으로 진보성이 부정되는지 여부를 판단한다"라고 하면서, 선택발명, 수치한정 발명, 파라미터 발명, 제조방법으로 특정된 물건발명, 결합발명 등 다양한 발명 유형별 진보성 판단 기준을 제시하고 있다.

이러한 특허청 심사기준에 비하여 대법원의 태도는 진보성 판단의 3요소를 종합적으로 판단하거나, 발명의 증진된 작용효과에 비중을 두어 진보성 여부를 판단하는 경향을 보인다. 즉 발명의 진보성과 관련하여 구성과 효과, 목적 등의 여러 요소를 종합적으로 판단하는 판례(대법원 1999.3.12. 선고 97후2156 판결; 대법원 1998.5.22. 선고 97후1085 판결; 대법원 1998.4.24. 선고 96후2364 판결; 대법원 1997.12.9. 선고 97후44 판결 등)와 발명 효과의 현저성[59] 유무 판단에 따라 진보성 여부를 판단하는 판례(대법원 1988.2.23. 선고 83후38 판결)로 나누어지고 있다. 특히 기술적 구성의 유사함은 인정한 가운데 효과의 현저성을 이유로 진보성을 인정한 판례(대법원 1982.6.8. 선고 80후111 판결; 대법원 1997.12.23. 선고 97후51 판결 등)도 있다.

그 외에도 목적의 특이성에 의한 판단도 할 수 있을 것이다. 발명의 목적은 해당 발명이 속하는 기술적 과제를 말하며, 해당 발명의 목적이 출원당시의 기술수준으로부터 쉽게 예측할 수 있는지 여부에 따라 목적의 특이성을 판단한다. 다만 목적의 특이성 자체만으로 진보성의 여부를 판단하는 예는 아직 없으므로 효과의 현저성이나 구성의 곤란성 등을 기본으로 판단하여 진보성의 인정여부를 확정할 수 없을 때에 한하여 참고적 사항으로 고려할 수 있을 것이다.

대법원 1985.6.25. 선고 84후124 판결

[기술적 구성에 진보성이 없어 특허를 받을 수 없다고 한 예]

본건발명이 목적화합물인 옥심화합물을 제조할 때 피리딘을 촉매로 사용하지 아니하는 기술적 구성은 인용발명이 피리딘을 촉매로 사용하는 기술적 구성과 상이한 점은 있으나 본건발명의 무촉매 반응은 본건발명에 한정된 특징이라 할 수 없어서 그 기술적 구성의 진보성이 인정되지 아니하므로 본건발명은 인용발명의 기재된 것으로부터 용이하게 발명할 수 있는 것이어서 특허법 제6조 제2항의 규정에 의거하여 특허

58) 특허청, 특허·실용신안 심사기준(특허청 예규 제131호), 2023, 3303~3332면.

59) 발명의 구성으로부터 얻어지는 특유의 효과가 출원당시의 기술수준으로부터 예측할 수 있는지 여부에 따라 효과의 현저성을 판단한다.

를 받을 수 없다.

대법원 2003.10.24. 선고 2002후1935 판결

[출원발명이 광학이성질체의 용도발명으로서 진보성이 있다고 한 사례]

화학분야의 발명에서 라세미체가 공지된 경우 부제탄소의 개수에 따라 일정한 숫자의 광학이성질체가 존재한다는 것은 널리 알려져 있으므로, 특정 광학이성질체의 용도에 관한 발명은, 첫째 그 출원일 전에 라세미체 화합물의 용도를 기재하고 있는 간행물 등에 그 광학이성질체 화합물의 용도가 구체적으로 개시되어 있지 아니하고, 둘째 그 광학이성질체 화합물의 특유한 물리화학적 성질 등으로 인하여 공지된 라세미체의 용도와 질적으로 다른 효과가 있거나, 질적인 차이가 없더라도 양적으로 현저한 차이가 있는 경우에 한하여 특허를 받을 수 있다. 그런데 광학이성질체에 그 용도와 관련된 여러 효과가 있는 경우에 효과의 현저함이 있다고 하기 위해서는, 광학이성질체의 효과 모두를 이에 대응하는 공지의 라세미체의 효과와 대비하여 모든 종류의 효과 면에서 현저한 차이가 있어야 하는 것이 아니라, 광학이성질체의 효과 중 일부라도 이에 대응하는 라세미체의 효과에 비하여 현저하다고 인정되면 충분한 것이고, 그 기술분야에서 통상의 지식을 가진 자가 단순한 반복 실험으로 광학이성질체의 현저한 효과를 확인할 수 있다는 사정만으로 그 효과의 현저함을 부인할 수는 없다.

대법원 2004.2.13. 선고 2003후113 판결

[상세한 설명이나 도면내용을 참작하여 진보성을 인정한 예]

실용신안 명세서의 기재 중 실용신안 등록청구범위의 기재만으로는 실용신안의 기술구성을 알 수 없거나 설령 알 수는 있다 하더라도 그 기술적 범위를 확정할 수 없는 경우에는 도면이나 명세서의 다른 기재 부분을 보충하여 실용신안의 기술적 범위 내지 그 권리범위를 해석하여야 하며, 명세서의 상세한 설명란에 직접 기재되어 있지 아니한 고안의 효과라도 그 기술분야에 통상의 지식을 가진 사람이 그 상세한 설명이나 도면에 기재된 고안의 객관적 구성으로부터 쉽게 인식할 수 있는 정도의 것이라면 그 고안의 작용효과로 인정하여 진보성 판단에 참작할 수 있다.

대법원 1999.3.12. 선고 97후2156 판결

본원발명은 인용발명과 그 기술적 구성과 작용효과에 현저한 차이가 있어 기술 사상을 달리 한다 할 것이고, 또한 본원발명은 그 발명이 속하는 기술 분야에서 통상의 전문지식을 가진 자가 인용발명으로부터 용이하게 도출해 낼 수 있다고도 단정할 수도 없다 할 것이어서, 본원발명은 신규성과 진보성이 인정될 여지가 있다.

대법원 1997.12.23. 선고 97후51 판결

이 사건 등록고안과 인용고안은 기술적 구성은 다소 유사하더라도 산업상 이용분야와 고안의 목적·작용효과가 판이하여 신발 제조 분야에서 통상의 지식을 가진 자가 인용고안에 의하여 극히 용이하게 이 사건 등록고안을 고안할 수 있다고 보기는 어렵다 할 것이다.

(2) 선행기술의 인용

간행물에 기재된 발명으로부터 청구항에 기재된 발명을 쉽게 도출하는 데 부적합한 기재가 있으면 진보성이 있다고 본다. 그러나 청구항에 기재된 발명을 용이하게 도출하는 데 부적합한 기재가 있다 하더라도 기술분야의 관련성과 기능의 공통성 등 다른 관점에서 보아 발명을 이룰 수 있는 동기가 있는 경우에는 인용발명으로 사용할 수 있다.

진보성 판단시에는 2 이상의 문헌(주지·관용기술을 포함[60])을 상호 조합시켜 판단할 수 있으나, 그 조합이 해당 발명의 출원시에 그 발명이 속하는 기술분야에서 통상의 지식을 가진 사람에게 자명한 경우에 한한다. 따라서 우연히 어떤 하나의 특허공보에 기재되어 있는 것에 불과한 경우에는 그것을 주지·관용기술로 보면 안 된다.

대법원 2010.10.28. 선고 2009후405 판결

경피용 제제의 활성물질 중합체 담체로서 폴리아크릴레이트 감압접착제와 아미노 작용기를 가진 폴리머를 혼합·사용하는 구성이 각 특허공보인 을 제16, 17호증에 기재되어 있고, 튜로부테롤 염산염을 경피 치료제의 활성물질로 사용하는 구성이 각 특허공보인 을 제4호증 내지 제8호증에 기재되어 있으나, 위와 같이 몇 개의 특허공보에 개시되어 있는 사정만으로는 위 각 기재내용이 경피용 제제의 의약분야에서 주지관용기술에 해당한다고 할 수 없으므로, 거절결정 불복심판에 관한 이 사건 심결취소소송에 이르러 처음 제출된 위 각 특허공보는 거절이유 통지에 포함되지 않은 새로운 증거에 해당하여 이 사건 제1항 발명의 진보성을 부정하는 증거로 사용될 수 없다.

청구항에 기재된 발명과 상이한 분야의 선행기술을 인용발명으로 인용할 경우에는 양 기술분야의 관련성, 과제해결의 동일성, 기능의 동일성 등 인용의 타당성

---

60) "주지기술(周知技術)"이란 그 기술에 관해 상당히 다수의 문헌이 존재하거나 또는 업계에 알려져 있거나, 혹은 예시할 필요가 없을 정도로 잘 알려진 기술과 같이 그 기술분야에서 일반적으로 알려진 기술을 말하며, "관용기술(慣用技術)"은 주지기술 중 자주 사용되고 있는 기술을 말한다. 심사관이 심사시 주지·관용기술이란 이유로 거절이유를 통지하는 경우 가능한 한 증거자료를 첨부하도록 한다.

을 충분히 검토하여야 한다. 선행기술이 미완성 발명인 경우에도 진보성 판단의 대비자료로 인용할 수 있다.[61] 문제가 되는 것은 배경기술(종래기술)에 기재된 경우 이를 신규성이나 진보성을 부정하는 공지기술로 볼 수 있느냐는 것이다.[62] 기존 판례는 특별한 사정이 없는 한 공지기술로 보아야 한다는 입장이었다.[63] 그러나 최근 전원합의체 판결에서는 종래의 판결을 변경하면서 명세서에 배경기술로 기재되어 있다고 하여 그 자체로 공지기술로 볼 수 없다고 하였다.[64] 이는 출원 전 공지된 것인지는 사실인정의 문제인데 배경기술이라는 항목(명세서의 기재형식)에 기재했다는 것에 근거하여 공지기술로 간주하는 태도는 객관적 진실에 반하는 결과를 낳을 수 있고, 더욱이 배경기술이란 공개 여부는 묻지 않고 출원 전 존재한 기술을 말하는 것이기 때문이다.

대법원 2008.7.10. 선고 2006후2059 판결

[기술분야를 비교하여 비교대상발명을 특허발명의 진보성을 부정하는 선행기술로 삼을 수 있는 경우]

특허법 제29조 제2항에서 '그 발명이 속하는 기술분야'란 원칙적으로 해당 특허발명이 이용되는 산업분야를 말하므로, 해당 특허발명이 이용되는 산업분야가 비교대상발명의 그것과 다른 경우에는 비교대상발명을 해당 특허발명의 진보성을 부정하는 선행기술로 사용하기 어렵다 하더라도, 문제로 된 비교대상발명의 기술적 구성이 특정 산업분야에만 적용될 수 있는 구성이 아니고 해당 특허발명의 산업분야에서 통상의 기술을 가진 자가 특허발명의 당면한 기술적 문제를 해결하기 위하여 별다른 어려움 없이 이용할 수 있는 구성이라면, 이를 해당 특허발명의 진보성을 부정하는 선행기술로 삼을 수 있다.

대법원 1996.10.29. 선고 95후1302 판결

[미완성 발명을 인용자료로 활용할 수 있는지 여부 – 거절결정불복]

미완성의 발명이라고 하여도 진보성 판단의 대비자료가 될 수 없는 것은 아니므로, 미완성의 발명에 대한 거절결정이 확정되었다고 하더라도 이와 대비하여 본원발명의 진보성을 부인할 수도 있다.

---

61) 대법원 1996.10.29. 선고 95후1302 판결.

62) 「공지기술」이란 특허출원 전 공개된 기술을 의미하고, 「배경기술(종래기술)」이란 특허출원 전 공지 여부를 불문하고 존재한 기술을 의미한다. 한편, 「선행기술」이란 해당 특허출원의 특허요건의 심사를 위해 인용된 기술을 의미한다(박태일, "출원경과 중 출원인이 공지기술이라는 취지로 전제부에 기재한 구성요소의 평가", 사법(40호), 사법발전재단(여름호), 2017, 350~351면).

63) 대법원 2005.12.23. 선고 2004후2031 판결 등.

64) 대법원 2017.1.19. 선고 2013후37 전원합의체 판결.

(3) 진보성의 판단

인용발명으로부터 청구항에 기재된 발명에 이르게 된 것이 그 발명이 속하는 기술분야에서 통상의 지식을 가진 사람의 통상의 창작능력의 발휘에 해당하면 진보성이 부정된다. 인용발명으로부터 청구항에 기재된 발명에 이르게 된 것이 자명한가에 대한 판단은 인용발명의 내용에 청구항에 기재된 "발명에 이를 수 있는 동기가 될 수 있는 사항이 있는가"를 주요관점으로 하여 인용발명과 비교해 유리한 효과를 참작하여 판단한다. ① 인용발명의 내용 중에 청구항에 기재된 발명에 대한 시사(示唆)가 있는 경우, ② 인용발명과 청구항에 기재된 발명의 과제가 공통되는 경우, ③ 인용발명과 청구항에 기재된 발명의 기능·작용이 공통되는 경우, ④ 출원발명과 관련되는 기술분야의 관련성이 있는 경우 등에는 인용발명으로부터 청구항에 기재된 발명에 이를 수 있는 동기가 될 수 있으며, 청구항에 기재된 발명의 기술적 구성에 의하여 발생되는 효과가 인용발명의 효과에 비하여 "더 나은 효과"[65]를 갖는 경우에는 그 효과는 진보성 인정에 긍정적으로 참작할 수 있다. 발명의 유리한 효과의 참작은 화학분야의 발명 등 발명의 구성에 의한 효과의 예측성이 낮은 분야의 발명에 대한 진보성 판단에 특히 적합하다.

청구항에 기재된 발명의 각각의 구성요소가 공지 또는 자명하다고 하여 청구항에 기재된 발명의 진보성을 부정할 수는 없다. 다만 발명의 각각의 구성요소가 유기적으로 결합되어 있지 않고 단순한 조합에 불과한 경우에는 각 부분별로 검토하여 어느 부분에도 진보성이 없으면 청구항에 기재된 발명은 진보성이 없다.

대법원 2008.5.29. 선고 2006후3052 판결

[진보성판단의 기준 및 방법 등]

[1] 특허등록된 발명이 공지공용의 기존 기술과 주지관용의 기술을 수집 종합하여 이루어진 데 그 특징이 있는 경우에는, 이를 종합하는 데 각별한 곤란성이 있다거나 이로 인한 작용효과가 공지된 선행기술로부터 예측되는 효과 이상의 새로운 상승효과가 있다고 볼 수 있는 경우가 아니면 그 발명의 진보성은 인정될 수 없다.

[2] 어느 주지관용의 기술이 소송상 공지 또는 현저한 사실이라고 볼 수 있을 만큼 일반적으로 알려져 있지 아니한 경우에 그 주지관용의 기술은 심결취소소송에 있어서는 증명을 필요로 하나, 법원은 자유로운 심증에 의하여 증거 등 기록에 나타난 자료

65) 유리한 효과에는 인용발명의 효과와는 그 성질을 달리하는 이질적(異質的)인 효과와 그 성질은 동질(同質)이나 인용발명이 갖는 효과에 비하여 현저하게 우수한 효과로서 이들 효과가 해당 발명의 출원시의 기술수준에서 통상의 기술자가 예측할 수 없었던 효과가 있다.

를 통하여 주지관용의 기술을 인정할 수 있다.

[3] 특허발명의 제품이 상업적으로 성공하였거나 특허발명의 출원 전에 오랫동안 실시했던 사람이 없었던 점 등의 사정은 진보성을 인정하는 하나의 자료로 참고할 수 있지만, 이러한 사정만으로 진보성이 인정된다고 할 수는 없고, 특허발명의 진보성에 관한 판단은 우선적으로 명세서에 기재된 내용, 즉 발명의 목적, 구성 및 효과를 토대로 선행 기술에 기하여 해당 기술분야에서 통상의 지식을 가진 자가 이를 용이하게 발명할 수 있는지 여부에 따라 판단되어야 한다.

대법원 2001.7.13. 선고 99후1522 판결

[수치의 한정]

특허등록된 발명이 공지된 발명의 구성요소를 이루는 요소들의 수치를 한정함으로써 이를 수량적으로 표현한 것인 경우에 있어서도, 그것이 그 기술분야에서 통상의 지식을 가진 자가 적절히 선택하여 실시할 수 있는 정도의 단순한 수치 한정으로서, 그러한 한정된 수치범위 내외에서 이질적이거나 현저한 작용효과의 차이가 생기지 않는 것이라면 위 특허발명도 역시 진보성의 요건을 결하여 무효라고 보아야 할 것이다(대법원 1993.2.12. 선고 92다40563 판결; 1989.10.24. 선고 87후105 판결 등 참조).

독립항의 진보성이 인정되는 경우에는 그 독립항에 종속되는 종속항도 진보성이 인정된다. 그러나 독립항의 진보성이 인정되지 않는 경우에는 그 독립항에 종속되는 종속항에 대하여도 별도로 진보성을 판단하여야 한다.

대법원 1995.9.5. 선고 94후1657 판결

청구범위 제2항과 제3항 이하가 선행되는 독립항인 청구범위 제1항의 전체 특징을 포함한 종속항들로서 독립항에 진보성이 인정되는 이상 그 종속항인 청구범위 제2항 이하에도 당연히 진보성이 인정된다.

대법원 1998.9.18. 선고 96후2395 판결

1개의 청구범위의 항의 일부가 공지기술의 범위에 속하여 특허무효의 사유가 있는 경우 그 공지기술이 다른 진보성이 인정되는 부분과 유기적으로 결합된 것이라고 볼 수 없는 한 그 항의 발명은 전부가 무효로 되는 것이다.

물건의 발명이 진보성이 인정되는 경우에는 그 물건의 제조방법에 관한 발명 및 그 물건의 용도발명은 원칙적으로 진보성이 인정된다. 명세서에 발명의 유리한 효과가 기재되어 있거나 또는 유리한 효과가 명시적으로 기재되어 있지 않을 경우에도 발명의 목적 또는 구성에 관한 기재로부터 그 발명이 속하는 기술분야에서 통상의 지식을 가진 사람이 그 효과를 추론할 수 있을 때에는 의견서 등의 효과에 관한 주장 및 증명에 이를 참작한다. 반면 판례는 "출원명세서에 기재하지 아니한 효과는 참작할 수 없으나, 기술적 구성방법에 대하여는 통상의 방법으로 용이하게 실시할 수 있는 것은 고려할 수 있다"라고 판시하고 있다.

특허법원 2000.5.19. 선고 99허3184 판결

[물질발명]

특정 물질이 공지된 이상 그 누구도 동일한 물질에 대하여는 물질특허를 받을 수 없는 것으로서 만일 이 사건 출원발명이 광학이성질체 (Ia) 및 (Ib)의 제조방법 또는 신규한 용도에 특징이 있는 것이라면 청구범위가 그 제조방법 또는 용도로 한정되어야만 특허받을 수 있는 것인데 이 사건 출원발명의 청구범위 제37항 내지 제42항은 광학이성체 (Ia) 및 (Ib)의 물질 자체를 특허 청구하고 있으므로 이 부분 원고의 주장도 이유없다.

대법원 1997.5.30. 선고 96후221 판결

[공지공용의 기존 기술을 수집 종합한 발명의 진보성 판단 기준]

특허발명이 공지공용의 기존 기술을 수집 종합하고 이를 개량하여 이루어진 경우에 있어서, 이를 종합하는데 각별한 곤란성이 있다거나 이로 인한 작용효과가 공지된 선행기술로부터 예측되는 효과 이상의 새로운 상승효과가 있다고 인정되고, 그 분야에서 통상의 지식을 가진 자가 선행기술에 의하여 용이하게 발명할 수 없다고 보여지는 경우 또는 새로운 기술적 방법을 추가하는 경우가 아니면 그 발명의 진보성은 인정될 수 없다.

목적이나 작용효과에 있어서 본건발명은 명세서의 자세한 설명에서 세라믹 필터의 열적 및 기계적 안정성을 증가시키기 위한 것이라고 기재하고 있으므로, 이는 인용발명과 동일한 것임을 알 수 있으며, 본건발명의 필터는 이중여과의 효과가 있어 단순하고 경제적이며 효율적이라는 주장은 출원명세서에 기재되지 아니한 내용일 뿐만 아니라 기술적 구성을 보건대 인용발명들에서는 그 대강의 방법만 기재되어 있을 뿐 구체적인 방법이 제시되어 있지는 아니하나, 이는 해당 기술분야에서 통상의 지식을 가진 자가 위 인용발명들의 기재로부터 공시된 통상의 방법으로 극히 용이하게 실시할 수 있는 방법이고, 본건발명의 위 방법들이 공지된 통상적인 방법과 달리 특이하다거나 그 실시에 어려움이 있는 것이라고 보기도 어려우므로 그 기술적 구성이 다르다고 할 수 없다.

대법원 2002.8.23. 선고 2000후3234 판결

[특허법상 발명의 진보성 유무의 판단 기준]

특허법 제29조 제1항 2호, 제2항의 각 규정은 특허출원 전에 국내 또는 국외에서 반포된 간행물에 기재된 발명이나, 선행의 공지기술로부터 용이하게 도출될 수 있는 창작일 때에는 신규성이나 진보성을 결여한 것으로 보고 특허를 받을 수 없도록 하려는 취지인바, 이와 같은 진보성 유무를 가늠하는 창작의 난이도는 그 기술구성의 차이와 작용 효과를 고려하여 판단하여야 하는 것이므로, 특허된 기술의 구성이 선행기술과 차이가 있을 뿐 아니라 그 작용효과에 있어서 선행기술에 비하여 현저하게 향상진보된 것인 때에는, 기술의 진보발전을 도모하는 특허제도의 목적에 비추어 특허발명의 진보성을 인정하여야 하고, 특허발명의 유리한 효과가 상세한 설명에 기재되어 있지 아니하더라도 그 발명이 속하는 기술분야에서 통상의 지식을 가진 자가 상세한 설명의 기재로부터 유리한 효과를 추론할 수 있을 때에는 진보성 판단을 함에 있어서 그 효과도 참작하여야 한다.

대법원 2018.2.28. 선고 2017다49266 판결

[신기술 지정과 특허의 관계]

구 건설기술관리법(2008.2.29. 법률 제8852호로 개정되기 전의 것, 이하 같다)에 의한 신기술 지정제도는 특허제도와 비교하여 제도의 목적, 지정요건, 심사절차 등이 다르고 심사결과에 대한 상호 구속성이 없어 특허등록 여부는 신기술 심사 시 참고사항일 뿐, 특허등록이 이루어졌다고 하여 곧바로 신기술로 지정되는 것도 아니고, 특허발명이 무효로 되었다고 하여 지정된 신기술이 곧바로 취소된다고 볼 수도 없다.

발명의 목적이 갖는 진보성 판단에 있어서는 그의 예측성 내지 특이성이 판단의 대상이 된다. 즉 해당 발명에 의해 달성하려고 하는 기술적 욕구로서의 목적이 출원시의 기술수준에 근거해서 예측할 수 있는지 아닌지를 판단하게 된다. 해당 발명이 자연현상 또는 자연법칙에 대해 객관적으로 새로운 인식에 근거하는 기술적 욕구에 의한 것이거나 새로운 기술분야를 개척하는 것 등일 때에는 그 발명이 갖는 목적에 특이성이 인정된다 할 것이다.

발명의 구성에 대해서는 그 구성의 예측성 내지 곤란성이 판단의 대상이 된다. 즉 해당 발명이 설정된 목적을 달성하기 위한 구체적 기술수단으로서 각 발명구성요소의 채택·결합 등이 출원시의 기술수준으로 보아 예측할 수 있는지 없는지 또는 용이한지의 판단을 하게 된다. 출원시의 기술수준으로 보아 해당 구성요소의 채택결합에 곤란성을 극복한 요소를 갖는 경우에는 구성의 곤란성이 인정된다 할 것이나 통상의 기술자의 입장에서 당연히 도출되는 범위의 기술수단인 때에는 구성의 곤란성이 없다 하겠다. 또한 공지의 기술을 이용한 경우에 있어 종래에 그 적용례가 없다는 사실은 비록 신규성의 인정근거가 될 수 있으나 그 기술상의 곤란성이 인정되지 않는 한 진보성의 근거가 될 수는 없다.

발명의 효과에 대해서는 그 효과의 예측성 내지 현저성이 판단의 대상이 된다. 즉 해당 발명의 기술적 성과인 효과가 출원시의 기술수준에 근거해 예측할 수 있는지 없는지 판단하게 된다. 출원시의 기술수준에 근거하여 볼 때 해당 발명의 구성에 채택된 요건들로부터 예측되는 것과는 다른 새로운 효과, 즉 이질(異質)의 효과가 있거나 종래와 동질의 효과지만 그 정도가 통상의 기술자의 예상을 초월해 현저하게 높은 때에는 해당 발명은 그 효과에 있어 현저성을 갖는다 하겠다. 진보성 유무 판단시 「효과의 현저성」은 양적 효과와 질적 효과, 효과의 비예측성과 의외성(意外性)이 있고, 선택발명, 수치·재료·형상·배열의 변경, 한정발명, 용도한정발명, 치환발명 등으로 나누어 판단하여야 할 것이다.

대법원 2001.9.7. 선고 99후734 판결

[진보성의 판단방법(현저한 상승효과)]

특허발명이 인용발명에 없는 성분인 제올라이트를 사용하고 인용발명과는 달리 글리아딘과 글리테닌 성분이 제거된 녹말가루만을 주성분으로 사용함으로 인하여 수공예용 조형제 조성물을 오랫동안 사용하지 아니하여 건조된 경우 수분을 첨가시키면 원상태로 복귀하고 끈적거림이 덜하여 촉감이 부드러운 효과가 있어 인용발명에 비하여 통상의 기술자가 예측하지 못한 현저히 상승된 작용효과가 있다.

대법원 1999.12.28. 선고 97후2460 판결

[특허법상 발명의 진보성 유무에 대한 판단 기준]

특허법 제29조 제2항의 규정은 특허출원된 발명이 선행의 공지기술로부터 용이하게 도출될 수 있는 창작일 때에는 진보성을 결여한 것으로 보고 특허를 받을 수 없도록 하려는 취지인바, 이와 같은 진보성 유무를 가늠하는 창작의 난이의 정도는 그 기술구성의 차이와 작용효과를 고려하여 판단하여야 하며 출원된 기술의 구성이 공지된 선행기술과 차이가 있을 뿐만 아니라 그 작용효과에 있어서도 선행기술에 비하여 현저하게 향상·진보된 것인 때에는 기술의 진보발전을 도모하는 특허제도의 목적에 비추어 그 발명이 속하는 기술의 분야에서 통상의 지식을 가진 자가 용이하게 발명할 수 없는 것으로서 진보성이 있는 것으로 보아야 한다.

이와 함께 ① 발명품의 판매가 기존의 물품을 누르고 상업적 성공을 거둔 경우[66]이거나, ② 이론상으로 보면 기술적 효과가 큼에도 불구하고 오랫동안 이를 실시한 자가 없었거나 그 동안 해결되지 않았던 과제 등이 있었던 발명을 실시하게 된 경우[67]에는 진보성을 부정할 이유가 없는 한 진보성 판단에 참고해야 한다는 견해도 있다.[68]

즉 상업적 성공 또는 이에 준하는 사실은 그 상업적 성공이 청구항에 기재된 발명의 기술적인 특징에 의한 성공으로서 판매기술, 선전·광고기술 등 발명의 기술적 특징 이외의 요인에 의한 것이 아니라는 사실을 출원인이 주장·증명하는 경우에는 진보성 인정의 긍정적인 근거로 참작할 수 있다고 한다. 그러나 발명을 완성하기까지의 과정이나 외국에 대응하는 특허여부 등은 그 자체만으로 진보성 판단의 인정근거가 된다고 할 수는 없다.[69]

대법원 1995.11.28. 선고 94후1817 판결

[상업적 성공 인정]

출원된 기술에 공지된 선행 기술로부터 예측되는 효과 이상의 보다 나은 새로운 작용효과가 있는 것으로 인정되어 출원된 기술이 선행 기술보다 현저하게 향상 진보된 것으로 판단되는 때에는 기술의 진보발전을 도모하는 특허제도의 목적에 비추어 그 발명이 속하는 기술의 분야에서 통상의 지식을 가진 자가 용이하게 발명할 수 없는 것으로서 진보성이 있는 것으로 보아야 할 것이며, 더욱이 출원기술이 상업적으로 성공을 하였다면 진보성이 인정되어 특허를 받을 수 있다 할 것이다.

대법원 2001.6.12. 선고 98후2726 판결

[상업적 성공 부정]

원고는 이 사건 특허발명이 상업적으로 성공하였으므로 진보성이 인정되어야 한다

---

66) 대법원 1996.10.11. 선고 96후559 판결; 대법원 1995.11.28. 선고 94후1817 판결; 東京高裁 昭和37.9.18. 判決 取消集 昭和 36~37年, 373頁(精紡機事件).

67) 인정하는 판결은 日本 最高裁 昭和12.3.3. 号外 17号, 57頁(軸流펌프의 시동방법 사건), 東京高裁 昭和46.9.29. 無体財産権関係民事·行政裁判例集(이하 「無体集」이라 한다) 3巻2号, 338頁(휴대시계의 겉테사건)이 있고, 인정하지 않은 판결은 東京高裁 昭和 43年, 229頁, 실용신안사건으로 「모심기용 고무 革化사건」이 있다.

68) 吉藤辛朔 著, YOU ME 특허법률사무소 譯, 「특허법개설(제13판)」, 대광서림, 2000, 153~154면.

69) 발명의 신규성이나 진보성은 특허출원된 구체적 발명에 따라 개별적으로 판단되어지는 것이고, 다른 발명의 심사례에 구애받을 것은 아니며, 더욱이 법제와 관습을 달리하는 다른 나라의 심사례는 고려대상이 될 수 없는 것이므로 이에 대한 원고의 주장은 그 자체로서 이유없다(특허법원 1999.3.4. 선고 98허8991 판결). 다만 이러한 판결이 다른 나라의 심사례가 참고가 될 수 있다는 점을 부정하는 취지라고 볼 수는 없다.

는 취지로 주장하나, 발명품의 판매가 종래품을 누르고 상업적 성공을 거두거나 업계로부터의 호평, 기타 모방품의 출현 등은 일응 진보성이 있는 것으로 볼 자료가 될 수 있을지라도 그 자체로 진보성이 있다고 단정할 수는 없고, 진보성에 대한 판단은 우선적으로 명세서에 기재된 내용 즉, 발명의 목적, 구성 및 효과를 토대로 판단되어야 하는 것이며 아무리 우수한 발명이라도 발명이 갖고 있는 특징을 명세서에 적절히 기재하고 있지 못하다면 그 발명은 특허받을 수 없는 것이므로 위 주장은 이유 없다.

진보성의 판단은 결국 개개의 발명을 심사하는 심사관, 심리하는 심판관 등의 지식과 경험에 입각하여 그 가치를 판단하는 성격이 있다고 할 수 있다. 다만 특허법원을 포함한 법원의 소송절차에서는 객관적 증거에 의한 증명이 중요하다.[70)]

대법원 2010.9.9. 선고 2009후1897 판결

[(결합발명의 진보성 판단) 청구범위의 청구항이 복수의 구성요소로 되어 있는 경우 진보성 판단의 대상 및 특허발명의 진보성 판단의 기초가 되는 기술적 곤란성의 평가 방법]

청구범위의 청구항이 복수의 구성요소로 되어 있는 경우에는 각 구성요소가 유기적으로 결합한 전체로서의 기술사상이 진보성 판단의 대상이 되는 것이므로, 진보성 판단의 기초가 되는 기술적 구성의 곤란성을 평가함에 있어서도 과제의 해결원리를 배제한 채 청구범위에 기재된 복수의 구성을 하나하나 분해한 후 비교되는 발명의 대응 구성요소로부터 각각 분해된 개별 구성요소를 도출하는 데 기술적인 어려움이 있는지만을 따져서는 아니 되고, 특유의 과제의 해결원리에 기초하여 그 발명에 채용된 특유한 구성요소들과 나머지 구성요소들 사이의 결합관계를 포함하여 유기적으로 결합된 전체로서의 구성의 곤란성을 살펴보아야 한다.

대법원 2009.7.9. 선고 2008후3377 판결

[(용이성 판단) 여러 선행기술문헌을 인용하여 특허발명의 진보성을 판단하는 기준]

여러 선행기술문헌을 인용하여 특허발명의 진보성을 판단함에 있어서는 그 인용되는 기술을 조합 또는 결합하면 해당 특허발명에 이를 수 있다는 암시·동기 등이 선

70) 특히 대법원 2009.11.12. 선고 2007후3660 판결은 "구 특허법(2006.3.3. 법률 제7871호로 개정되기 전의 것) 제29조 제2항 규정에 의하여 선행기술에 의하여 용이하게 발명할 수 있는 것인지에 좇아 발명의 진보성 유무를 판단함에 있어서는, 적어도 선행기술의 범위와 내용, 진보성 판단의 대상이 된 발명과 선행기술의 차이 및 통상의 기술자의 기술수준에 대하여 증거 등 기록에 나타난 자료에 기하여 파악한 다음, 이를 기초로 하여 통상의 기술자가 특허출원 당시의 기술수준에 비추어 진보성 판단의 대상이 된 발명이 선행기술과 차이가 있음에도 그러한 차이를 극복하고 선행기술로부터 그 발명을 용이하게 발명할 수 있는지를 살펴보아야 한다. 이 경우 진보성 판단의 대상이 된 발명의 명세서에 개시되어 있는 기술을 알고 있음을 전제로 하여 사후적으로 통상의 기술자가 그 발명을 용이하게 발명할 수 있는지를 판단해서는 안 된다"라는 법리를 명시적으로 선언하고 있다.

행기술문헌에 제시되어 있거나, 그렇지 않더라도 해당 특허발명의 출원 당시의 기술수준, 기술상식, 해당 기술분야의 기본적 과제, 발전경향, 해당 업계의 요구 등에 비추어 보아 통상의 기술자가 용이하게 그와 같은 결합에 이를 수 있다고 인정할 수 있는 경우에는 해당 특허발명의 진보성은 부정된다.

대법원 2015.7.23. 선고 2013후2620 판결

[명세서에 개시되어 있는 기술을 알고 있음을 전제로 하여 사후적 고찰을 해서는 아니 된다는 사례]

구 특허법(2006.3.3. 법률 제7871호로 개정되기 전의 것) 제29조 2항은, 특허출원 전에 그 발명이 속하는 기술분야에서 통상의 지식을 가진 사람(이하 '통상의 기술자'라 한다)이 특허출원 전에 국내에서 공지되었거나 공연히 실시된 발명 또는 특허출원 전에 국내 또는 국외에서 반포된 간행물에 게재되거나 대통령령이 정하는 전기통신회선을 통하여 공중이 이용가능하게 된 발명(이하 '선행기술'이라 한다)에 의하여 용이하게 발명할 수 있는 것일 때에는 그 발명에 대하여는 특허를 받을 수 없도록 정하고 있다. 위 규정에 의하여 선행기술에 의하여 용이하게 발명할 수 있는 것인지에 좇아 발명의 진보성 유무를 판단함에 있어서는, 적어도 선행기술의 범위와 내용, 진보성 판단의 대상이 된 발명과 선행기술의 차이 및 통상의 기술자의 기술수준에 대하여 증거 등 기록에 나타난 자료에 기하여 파악한 다음, 이를 기초로 하여 통상의 기술자가 특허출원 당시의 기술수준에 비추어 진보성 판단의 대상이 된 발명이 선행기술과 차이가 있음에도 그러한 차이를 극복하고 선행기술로부터 그 발명을 용이하게 발명할 수 있는지를 살펴보아야 하는 것이다. 이 경우 진보성 판단의 대상이 된 발명의 명세서에 개시되어 있는 기술을 알고 있음을 전제로 하여 사후적으로 통상의 기술자가 그 발명을 용이하게 발명할 수 있는지를 판단하여서는 아니된다(대법원 2007.8.24. 선고 2006후138 판결, 대법원 2009.11.12. 선고 2007후3660 판결, 대법원 2011.3.24. 선고 2010후2537 판결 등 참조). 또한 청구범위에 기재된 청구항이 복수의 구성요소로 되어 있는 경우에는 각 구성요소가 유기적으로 결합한 전체로서의 기술사상이 진보성 판단의 대상이 되는 것이지 각 구성요소가 독립하여 진보성 판단의 대상이 되는 것은 아니므로, 그 발명의 진보성 여부를 판단함에 있어서는 청구항에 기재된 복수의 구성을 분해한 후 각각 분해된 개별 구성요소들이 공지된 것인지 여부만을 따져서는 안 되고, 특유의 과제 해결원리에 기초하여 유기적으로 결합된 전체로서의 구성의 곤란성을 따져 보아야 할 것이며, 이 때 결합된 전체 구성으로서의 발명이 갖는 특유한 효과도 함께 고려하여야 할 것이다. 그리고 여러 선행기술문헌을 인용하여 발명의 진보성이 부정된다고 하기 위해서는 그 인용되는 기술을 조합 또는 결합하면 해당 발명에 이를 수 있다는 암시, 동기 등이 선행기술문헌에 제시되어 있거나 그렇지 않더라도 해당 발명의 출원 당시의 기술수준, 기술상식, 해당 기술분야의 기본적 과제, 발전경향, 해당 업계의 요구 등에 비추어 보아 통상의 기술자가 용이하게 그와 같은 결합에 이를 수 있다고 인정할 수 있는 경우이어야 한다

(대법원 2007.9.6. 선고 2005후3284 판결 등 참조).

대법원 2016.1.14. 선고 2013후2873,2880 판결

[진보성 판단에서 발명과 선행문헌의 대비방법]

제시된 선행문헌을 근거로 어떤 발명의 진보성이 부정되는지를 판단하기 위해서는 진보성 부정의 근거가 될 수 있는 일부 기재만이 아니라 그 선행문헌 전체에 의하여 그 발명이 속하는 기술분야에서 통상의 지식을 가진 사람(이하 '통상의 기술자'라고 한다)이 합리적으로 인식할 수 있는 사항을 기초로 대비 판단하여야 한다. 그리고 위 일부 기재 부분과 배치되거나 이를 불확실하게 하는 다른 선행문헌이 제시된 경우에는 그 내용까지도 종합적으로 고려하여 통상의 기술자가 해당 발명을 용이하게 도출할 수 있는지를 판단하여야 한다.

Ⅳ. 선출원주의

1. 의의 및 취지

특허제도는 동일 내용의 발명에 대하여는 하나의 특허만을 허여하여야 하는 1발명 1특허의 원칙 또는 이중특허배제의 원칙이 적용된다. 즉 특허법은 독점권을 부여하는 것을 기본원칙으로 하고, 특허권이 소멸한 후에는 일반공중은 그 발명을 자유롭게 사용할 수 있는 권리를 갖는 이상 하나의 발명에 대하여는 단 하나의 특허를 부여하도록 하고 있다. 이와 관련하여 동일 발명에 대한 출원이 다수 존재할 때 누구에게 특허할 것인가의 문제가 발생하는데, 이의 기준으로서는 최초에 발명을 완성한 자에게 특허를 부여한다는 선발명주의(先發明主義, First to invent)와 제일 먼저 특허출원을 한 자에게 특허를 부여하는 선출원주의(先出願主義, First to file)가 있다.

선출원주의는 자신의 발명을 누구보다도 먼저 사회에 공개하여 사회이익에 기여한다는 것의 반대급부로서 독점적인 권리를 최선출원인에게 허여한다는 입장이며, 발명의 완성시기 선후관계는 당연히 고려의 대상이 되지 않는다. 따라서 선출원주의의 특징은 실질적인 발명가를 위한 제도라기보다는 사회 전체의 이익에 보다 더 비중을 둔 제도이다. 반면 선발명주의는 선출원주의와 대응되는 제도로 사회전체의 이익보다는 개인 권리의 존중, 즉 발명자 개인의 이익을 더 두텁게 보호하고자 하는 제도로 1발명 1특허의 원칙에 입각하여 출원의 선후에 상관없이 실질적으로 최선발명자가 누구인가를 중요시하여 최선발명자에게 권리를 허여한다는 제

도이다.[71]

선발명주의는 최선발명자를 보호하여 발명의 장려에 비중을 두고, 개인의 권리를 더욱 존중한다는 취지로 볼 때에는 선출원주의보다 우수한 제도처럼 보인다. 그러나 이러한 선발명주의는 언제든지 선발명자임을 증명하면 권리를 획득할 수 있기 때문에 서둘러서 발명을 출원하기보다는 될 수 있는 한 감추려는 경향을 부추기는 결점이 있다. 따라서 발명의 조기공개라는 특허제도 본래의 목적달성을 위한 수단으로는 미흡한 제도라 할 수 있으며, 선출원주의가 발명을 먼저 일반 공중에 공개하여 사회이익에 기여하는 자를 보호하는 것이므로 특허제도의 궁극적인 목적인 국가 산업발전에 이바지하는 데에는 보다 적합한 제도라고 볼 수 있다. 이에 미국을 제외한 대부분의 국가에서 선출원주의를 채택하고 있었으며, 미국의 선발명주의도 WTO/TRIPs협정의 타결로 2013년부터는 선출원주의로 바뀌었다.[72]

우리의 특허법 역시 동일한 내용의 발명을 한 자가 여러 사람인 경우 발명완성시기의 선후(先後)를 불문하고 제일 먼저 특허출원을 한 자에게 특허를 부여받을 수 있도록 하는 선출원주의를 취하고 있다(제36조 제1항). 이러한 선출원주의 아래에서는 선발명주의에서와 같은 발명완성시기의 확인이 불필요하기 때문에 절차가 간단한 점 외에 권리의 안정화가 도모된다는 장점을 갖는다. 다만 스스로 실시하고 있었던 자도 타인이 동일한 내용의 발명을 하여 특허를 받은 경우에는 그 실시를 계속할 수 없게 되는 불합리가 있다. 또한 신속한 출원을 위해 권리화의 필요성이 적은 것 또는 기술적 가치가 적은 것도 출원을 하게 되며, 불완전한 서류가 그대로 제

71) 미국의 특허법은 특허를 보호하는 목적을 '개인에게 그 발명과 발견에 대한 권리를 확보시켜 주는 것임'에 두고 있는 반면, 우리의 특허법에서는 '발명을 보호·장려하고 그 이용을 도모함으로써 기술의 발전을 촉진하여 산업발전에 이바지함을 목적으로 한다'라고 하여 그 입장의 차이를 보이고 있으며, 이러한 차이는 선출원주의와 선발명주의의 채택에서도 확인할 수 있었다. 다만 미국도 2013년부터는 선출원주의로 바뀌었다.

72) 기존의 선발명주의에 의하면 미국에서 최선발명자는 가령 타인이 동일한 발명에 대해서 먼저 출원하거나 특허를 받았더라도 자기가 먼저 발명한 사실을 증명함으로써 특허를 받을 수 있다. 다만 타인이 이미 특허를 받고 있는 때에는 그 특허권 설정일 이후 1년 이내에 특허출원을 하지 않으면 안되며(미국 특허법 제135조 제2항), 선발명자가 특허출원을 하지 않은 경우에는 특허를 받을 수 없으나 후출원자가 특허권 침해소송을 제기하였을 때에는 특허권자가 선발명자가 아님을 증명함으로써 그 특허의 무효를 주장할 수 있다(미국 특허법 제101조, 제102조 (a)).

한편 미국은 선발명주의를 적용함에 있어서 자국인의 발명에 대해서는 그 발명시점을 인정해 주는 데 반해, 외국인의 특허출원에 대해서는 발명시점을 인정하지 않고 출원시점을 발명시점으로 적용하는 차별을 두고 있었다. 이에 TRIPs협정 과정에서 명시적으로 선출원 규정을 채택하자는 주장이 제기되었으나, 미국의 강력한 반대로 무산되었다. 그러나 발명지(place of invention)에 대한 차별을 금지하도록 하는 규정을 두었기 때문에 미국의 선발명주의는 그 운영에 있어 과거와는 다른 변화를 맞게 되었고, 결국 2013년부터 선출원주의로 전환하였다.

출되어 출원 후 보정하는 경향이 생기게 하며, 그로 인하여 조속히 권리화를 필요로 하는 출원의 심사를 지연시키는 요인이 되기도 한다.

2. 선출원의 지위

제일 먼저한 출원(이하 "최선출원"이라 한다)이 적법한 출원이기 때문에 생기는 권리를 선출원권(先出願權)이라 부르며, 그 지위를 "선출원의 지위"라고 한다. 선출원의 지위가 존재하는 효과는 동일한 발명에 있어서의 후출원(後願) 발명의 배제이다. 즉 선출원의 지위가 인정되면 출원 계속 중은 물론 특허결정이 확정되어 설정등록된 이후에도 이와 동일한 발명에 관한 후출원의 특허등록을 저지한다.

적격한 최선출원을 포기하거나 해당 출원이 특허거절결정이나 거절한다는 취지의 심결이 확정되었을 때에는 선출원의 지위가 소멸된다. 특허를 받을 수 있는 정당한 권리자가 아닌 자에 의한 출원으로서 그 이유로 인하여 출원이 거절결정되거나 해당 출원의 특허권이 특허무효심결의 확정을 받은 경우 선출원의 지위가 없다. 또한, 최선의 적격한 출원이었지만 취하된 것 및 방식불비로 출원무효로 된 것은 처음부터 출원이 없었던 것으로 간주되어 선출원의 지위가 없다(제36조 제4항 · 제5항).

3. 선출원주의의 판단

선출원주의의 판단대상이 되는 발명은 청구범위의 청구항에 기재된 발명이다. 따라서 발명의 설명이나 도면에만 기재되고 청구범위에는 기재되어 있지 않은 발명은 특허법 제36조의 선출원주의의 대상이 될 수 없다. 특히 선출원으로 인용할 수 있는 것은 확정된 청구범위에 기재된 발명이다.

선출원주의 판단의 시간적 기준은 시를 기준으로 하는 시각(時刻)주의(독일, 프랑스 등)와 日을 기준으로 하는 역일(曆日)주의가 있다. 우리나라는 후자의 역일(曆日)주의를 취하고 있어 동일한 발명에 대하여 2인 이상의 특허출원이 있을 때에는 최선(最先)출원일의 출원만이 특허를 받을 수 있다(제36조 제1항). 동일한 발명에 2인 이상의 특허출원이 동일한 날에 이루어진 경우에는 비록 그 출원시각이 다르다 할지라도 특허출원인의 협의에 의하여 정하여진 하나의 특허출원만이 그 발명에 대하여 특허를 받을 수 있도록 하고 있으며, 협의가 성립하지 아니하거나 협의를 할 수 없는 때에는 어느 출원인도 그 발명에 대하여 특허를 받을 수 없다고 규정하고 있다(제36조 제2항).

이러한 선출원주의의 판단과 관련한 한국의 특허법 규정은 일본 특허법의 규정과 별로 차이가 없다. 다만 선출원의 지위를 갖지 않는 출원에 있어서는 약간의 차이를 보인다. 한국의 특허법에서는 무효·취하 또는 포기되거나 거절결정이나 거절한다는 취지의 심결이 확정된 때에는 선출원의 지위를 인정하지 않는다. 다만, 동일자 출원이 협의에 이르지 못한 경우에는 그렇지 아니하다. 그리고 출원 및 발명자 또는 고안자가 아닌 자로서 특허 또는 실용신안등록을 받을 수 있는 권리를 승계하지 않은 자의 출원에 대하여도 선출원의 지위를 인정하지 않는다(제36조 제4항·제5항). 반면 일본 특허법에서는 포기, 취하 혹은 각하된 출원 또는 특허출원을 거절하는 취지의 결정 혹은 심결이 확정된 출원에 대하여 선출원의 지위를 인정하지 않는다(일본 특허법 제39조 제5항).

선출원주의 판단은 발명자 또는 출원인의 동일여부에 관계없이 동일발명에 대하여 적용되는 것이다. 다만 특허법 제36조 제2항의 규정은 동일발명을 같은 날에 서로 다른 사람이 각각 출원한 경우의 규정이다. 이에 동일발명을 동일인이 같은 날에 복수출원한 경우의 처리가 문제될 수 있다. 특허법상 이러한 문제를 위한 규정은 존재하지 않고, 판례 역시 그 태도가 일정하지 않다.

대법원 1985.5.28. 선고 84후14 판결

[출원의 경합]

동일출원인에 의한 출원경합에 대한 실용신안법 제7조 제1항 단서의 적용에 있어서는 특단의 사정이 없는 한 동일출원인 사이의 협의는 있을 수가 없으므로 동일출원인이 동일고안을 2 이상 출원하였을 때에는 위 단서 후단이 정하는 협의가 성립되지 아니하거나 협의를 할 수 없을 때에 해당하는 것으로 어느 출원도 실용신안등록을 받을 수 없다.

대법원 1990.8.14. 선고 89후1103 판결

동일인이 동일고안에 대하여 같은 날에 경합출원을 하여 모두 등록이 된 경우에 그 후 어느 한쪽이 등록이 무효로 확정되었다면 나머지 등록을 유지, 존속시켜 주는 것이 타당하고 당초에 경합출원이었다는 사실만으로 나머지 등록까지 모두 무효로 볼 것이 아니다.

특허법원 2000.1.27. 선고 98허10710 판결

[종속항인 경우 선출원판단]

이 건 청구항 제1항은 인용발명 A의 특허청구의 범위 또는 그 최초 출원서에 첨부한 명세서에 기재된 발명과 동일성 범주 내의 발명이라고는 할 수 없다. 이 건 청구항 제2항 및 제3항은 이 건 청구항 제1항의 종속항으로서 이 건 청구항 제1항의 구성을 모두 포함하면서 이를 한정하거나 부가하여 구체화한 발명이므로, 앞에서 본 바와 같이 이 건 청구항 제1항이 인용발명 A와 동일성 범주 내에 있지 않다면 그 종속항인 이 건 청구항 제2항 및 제3항도 당연히 인용발명 A의 특허청구의 범위 또는 그 최초 출원서에 첨부한 명세서에 기재된 발명과 동일성 범주 내에 있다고 할 수 없다. 따라서 이 건 특허발명은 구 특허법 제11조, 제6조의2의 규정에 위반하여 특허되었다고 할 수 없다.

대법원 2007.1.12. 선고 2005후3017 판결

[선출원주의에서 동일성 판단기준(카테고리가 다른 발명)]

구 특허법(2001.2.3. 법률 제6411호로 개정되기 전의 것) 제36조를 적용하기 위한 전제로서 두 발명이 서로 동일한 발명인지 여부는 대비되는 두 발명의 실체를 파악하여 따져 보아야 할 것이지 표현양식에 따른 차이에 따라 판단할 것은 아니므로, 대비되는 두 발명이 각각 물건의 발명과 방법의 발명으로 서로 발명의 범주가 다르다고 하여 곧바로 동일한 발명이 아니라고 단정할 수 없다.

[동일인이 경합출원하여 등록된 2개의 동일고안 중 어느 한쪽의 등록을 포기한 경우 나머지 등록의 효력 유무]

특허권이나 실용신안권의 포기에 의하여 경합출원의 하자가 치유되어 제3자에 대한 관계에서 특허권의 효력을 주장할 수 있다고 보는 것은 우선 명문의 근거가 없을 뿐만 아니라, 권리자가 포기의 대상과 시기를 임의로 선택할 수 있어 권리관계가 불확정한 상태에 놓이게 되는 등 법적 안정성을 해칠 우려가 있는 점, 특허권이나 실용신안권의 포기는 그 출원의 포기와는 달리 소급효가 없음에도 결과적으로 그 포기에 소급효를 인정하는 셈이 되어 부당하며, 나아가 특허권 등의 포기는 등록만으로 이루어져 대외적인 공시방법으로는 충분하지 아니한 점 등을 종합하여 보면, 출원이 경합된 상태에서 등록된 특허권이나 실용신안권 중 어느 하나에 대하여 사후권리자가 그 권리를 포기했다 하더라도 경합출원으로 인한 하자가 치유된다고 보기는 어렵다.

4. 발명의 동일성[73)]

선 · 후출원관계의 판단은 "동일한 발명"을 전제로 한다. 즉 선출원주의에서 둘

73) 발명의 동일성 판단은 특허제도 전반에 있어 주요한 역할을 한다. 특허출원의 심사 과정에서는 신규성, 선후출원 관계, 확대된 선출원의 범위, 우선권, 신규사항추가 등의 여러 판단의 전제가 되며, 특허를 받은 후에는 특허무효, 권리범위확인이나 침해 여부 등을 판단하는 데 있어 역시 작용한다. 여기서는 특허청 심사기준의 편제를 따라 선후출원 관계의 판단에서 발명의 동일성 판단을 설명한다.

이상의 출원이 경합된 경우 어느 것에 특허를 부여할 것이냐의 구체적인 판단은 발명의 동일성 여부에 관한 판단(발명의 동일성 판단)을 한 후에 이루어진다.

대법원 1985.8.20. 선고 84후30 판결

[발명의 동일성에 대한 판단기준]

구 특허법(1980.12.31. 법률 제3325호로 개정되기 전의 것) 제11조는 동일한 발명에 대하여는 최선출원자에 한하여 특허를 받을 수 있다고 규정하고 있는바, 전후로 출원된 양 발명이 동일하다 함은 그 기술적 구성이 전면적으로 일치하는 경우는 물론, 그 범위에 차이가 있을 뿐 부분적으로 일치하는 경우라도 그 일치하는 부분을 제외한 나머지 부분만으로 별개의 발명을 이룬다거나, 위 일치하는 부분의 발명이 신규의 발명과 유기적으로 연결되어 일체로서 새로운 발명으로 되는 등의 특별한 사정이 없는 한 양 발명은 동일하다 할 것이고, 비록 양 발명의 구성에 상이점이 있어도 그 기술분야에서 통상의 지식을 가진 자가 보통으로 채용하는 정도의 변경에 지나지 아니하고 발명의 목적과 작용효과에 각별한 차이를 일으키지 아니하는 경우에는 양 발명은 역시 동일한 발명이라 할 것이다.

발명의 동일성은 원칙적으로 청구범위에 기재된 발명에 한정하여 판단하게 되며, 발명의 설명이나 도면에 기재한 부분을 그 대상으로 하지 않는다. 청구항이 둘 이상인 경우에는 각 청구항에 기재된 발명이 동일여부의 판단대상이 되며, 문언적·형식적으로 동일한 것은 물론 실질적으로 동일한 경우에도 발명의 동일성이 있다고 본다.

구체적으로, 동일성의 판단은 청구항에 기재된 발명과 인용발명을 발명의 구성을 대비하여 양자의 구성의 일치점과 차이점을 추출하여서 판단한다. 청구항에 기재된 발명과 인용발명의 구성에 차이점이 있는 경우에는 동일한 발명이 아니며, 차이점이 없으면 청구항에 기재된 발명과 인용발명은 동일한 발명이다. 청구항에 기재된 발명과 인용발명간 그 구성이 전면적으로 일치하는 경우는 물론 실질적으로 동일한 경우에도 동일한 발명이다.

대법원 2009.9.24. 선고 2007후2827 판결

[선출원주의에서 정한 '동일한 발명'의 의미]

구 특허법(1990.1.13.법률 제42307호로 전부 개정되기 전의 것) 제11조 제1항은 동일한 발명에 대하여는 최선출원에 한하여 특허를 받을 수 있다고 규정하여 동일한 발명에 대한 중복등록을 방지하기 위하여 선출원주의를 채택하고 있다. 전후로 출원된 양 발명이 동일하다고 함은 그 기술적 구성이 전면적으로 일치하는 경우는 물론 그 범위에 차이가 있을 뿐 부분적으로 일치하는 경우라도 특별한 사정이 없는 한, 양발명은 동일하고, 비록 양 발명의 구성에 상이점이 있어도 그 기술분야에 통상의 지식을 가진 자가 보통으로 채용하는 정도의 변경에 지나지 아니하고 발명의 목적과 작용 효과에 특별한 차이를 일으키지 아니하는 경우에는 양 발명은 역시 동일한 발명이다.

[선출원주의의 적용에 있어 대비되는 두 발명이 각각 '물건의 발명'과 '방법의 발명'인 경우, 서로 발명의 범주가 다르다는 사정만으로 곧바로 동일한 발명이 아니라고 단정할 수 있는지 여부(소극)]

구 특허법(1990.1.13.법률 제42307호로 전부 개정되기 전의 것) 제11조 제1항을 적용하기 위한 전제로서 두 발명이 서로 동일한 발명인지 여부를 판단함에 있어서는 대비되는 두 발명의 실체를 파악하여 따져보아야 할 것이지 표현양식에 따른 차이가 있는지 여부에 따라 판단할 것은 아니므로, 대비되는 두 발명이 각각 물건의 발명과 방법의 발명으로 서로 발명의 범주가 다르다는 사정만으로 곧바로 동일한 발명이 아니라고 단정할 수 없다.

[등록된 특허발명이 선출원주의 위반인 경우 그 권리범위를 인정할 수 있는지 여부(소극)]

등록된 특허발명이 그 출원 전에 국내에서 공지되었거나 공연히 실시된 발명으로서 신규성이 없는 경우에는 그에 대한 등록무효심판이 없어도 그 권리범위를 인정할 수 없으며, 특허무효사유에 있어서 신규성 결여와 선출원주의 위반은 특허발명 내지 후출원발명과 선행발명 내지 선출원발명의 동일성 여부가 문제된다는 점에서 다르지 않으므로, 위 법리는 후출원발명에 선출원주의 위반의 무효사유가 있는 경우에도 그대로 적용된다.

[특허발명의 청구범위 제1항 "암로디핀의 베실레이트염"과 선출원발명의 청구범위 제1항 "암로디핀 염기를 불활성 용매 중에서 벤젠설폰산 또는 그의 암모늄염의 용액과 반응시킨 후 암로디핀의 베실레이트염을 회수함을 특징으로 하여 암로디핀의 베실레이트염을 제조하는 방법"은 암로디핀 염기와 벤젠설폰산의 반응에 의하여 생성되는 암로디핀의 베실레이트염을 내용으로 하는 동일한 발명이라고 한 사례]

특허발명의 청구범위 제1항 "암로디핀의 베실레이트염"과 선출원발명의 청구범위 제1항 암로디핀 염기를 불활성 용매 중에서 벤젠설폰산 또는 그의 암모늄염의 용액과 반응시킨 후 암로디핀의 베실레이트염을 회수함을 특징으로 하여 암로디핀의 베실레이트염을 제조하는 방법"은 암로디핀 염기와 벤젠설폰산의 반응에 의하여 생성되는 암로디핀의 베실레이트염을 내용으로 하는 점에서 동일하고, 비록 양 발명에 다소 상이한 부분이 있더라도 이는 단순한 범주의 차이에 불과하거나 통상의 기술자가 보통으로 채용할 수 있는 정도의 변경에 지나지 않고 발명의 작용효과에 특별한 차이를 일으킨다고 할 수 없으므로, 양 발명은 서로 동일한 발명이라고 한 사례.

발명이 실질적으로 동일한 경우[74)]

발명이 실질적으로 동일한 경우란 인용발명과 청구범위에 기재된 발명이 단순한 표현의 상위, 단순한 효과의 인식의 상위, 단순한 목적의 상위, 단순한 구성의 변경, 단순한 용도의 상위 및 단순한 용도한정의 유무 등 발명의 사상으로서 실질적으로 아무런 영향을 미치는 일이 없는 비본질적 사항(부수사항)에 차이가 있는데 불과한 경우이다.

단순한 표현의 상위

단순한 표현의 상위란, 청구범위의 표현은 다르지만, 실질이 모두 동일한 것을 말하며, 단순한 카테고리의 상위도 역시 단순한 표현의 상위에 속한다. 예 해수 중에 해수에 용해되지 않는 냉각제를 불어넣어, 해수 중의 수분을 분리함으로써 '해수를 담수화하는 방법'과 '해수를 농축화하는 방법'.

단순한 효과의 인식의 상위

단순한 효과의 인식상위란, 두 발명을 비교했을 경우 구성이 동일하기 때문에, 사용에 있어 동일한 작용효과를 이루는 것인데, 단지 작용효과의 인식에서 상위함에 불과한 것을 말한다. 예 폴리에틸렌으로 피복한 전선을 요지로 하는 발명이면서, 선출원은 절연성에 뛰어난 효과가 있다고 하고 후출원은 고주파특성이 좋다고 하여, 양자의 효과인식에 상위가 있는 경우.

단순한 목적의 상위

단순한 목적의 상위란, 구성이 동일하면서 목적이라는 주관적인 의도의 상위에 불과한 것을 말한다.

단순한 구성의 변경

단순한 구성의 변경이란, 어떤 발명에 대하여 그 구성을 변경하여서 구성이 다른 발명으로 하였을 경우에 그 변경이 목적달성을 위한 구체화 수단으로서 그 기술분야에서 통상의 지식을 가진 자에 의하여 일반적으로 채용될 수 있는 정도의 기술수단의 치환, 부가 또는 삭제 등에 해당하는 것이고 그 변경에 의하여 발명의 목적 및 효과에 각별한 차이가 생기지 않는 경우를 말하며 다음에 표시하는 바와 같은 '단순한 관용수단의 전환', '단순한 관용수단의 부가 또는 삭제', '단순한 재료변환 또는 균등물 치환', '단순한 균등수단의 전환', '단순한 형상, 수 또는 배열의 한정이나 변경', '단순한 수치의 한정 또는 변경' 등이 포함된다.

(a) 단순한 관용수단의 전환

어떤 발명에 대하여 그 구성을 변경하여서 구성이 다른 발명으로 하였을 경우에 그 변경이 관용수단의 전환에 해당하는 것이고 그 변경에 의하여 발명의 목적 및 효과에 각별한 차이가 생기지 않는 경우, 이와 같은 구성의 변경은 단순한 관용수단의 전환이다. 예 '천연과즙을 벤트나이트를 사용해서 청징한 후, 이것을 진공동결건조하는 분말천연과즙의 제법'과, '천연과즙을 규조토를 사용해서 청징한 후, 이것을 진공동결건조하는 분말천연과즙의 제법'.

74) 특허청, 특허 · 실용신안 심사기준(특허청 예규 제131호), 2023, 3410~3414면.

(b) 단순한 관용수단의 부가 또는 삭제

어떤 발명에 대하여 그 구성을 변경하여서 구성이 다른 발명으로 하였을 경우에 그 변경이 관용수단의 부가 또는 삭제에 해당하는 것이고 그 변경에 의하여 발명의 목적 및 효과에 각별한 차이가 생기지 않는 경우, 이와 같은 구성의 변경은 단순한 관용수단의 부가 또는 삭제이다. 예 '톨루엔을 니트로화하는 것을 특징으로 하는 P-니트로톨루이딘의 제법'과 '톨루엔을 니트로화하여 P-니트로톨루엔으로 하고 이어서 이것을 환원하는 것을 특징으로 하는 P-톨루엔의 제법'(단, 'P-니트로톨루엔을 환원하는 것을 특징으로 하는 P-톨루이딘의 제법'은 관용수단으로 한다).

(c) 단순한 재료변환 또는 균등물 치환

어떤 발명에 대하여 그 구성을 변경하여 구성이 다른 발명으로 하였을 경우에 그 변경이 호환성을 가지고 또한 동일기능을 가진 공지인 재료 또는 물건의 치환에 해당하는 것이고 그 변경에 의하여 발명의 목적 및 효과에 각별한 차이가 생기지 않는 경우 이와 같은 구성의 변경은 단순한 재료변환 또는 균등물 치환이다. 예 '콘크리트제 말뚝외주에 날을 만든 기초말뚝'과 '말뚝외주에 날을 만든 기초말뚝'.

(d) 단순한 균등수단의 전환

어떤 발명에 대하여 그 구성을 변경하여서 구성이 다른 발명으로 하였을 경우에 그 변경이 호환성을 가지고, 또한 동일기능을 가진 공지인 수단의 전환에 해당하는 것이고 그 변경에 의하여 발명의 목적 및 효과에 각별한 차이가 생기지 않는 경우, 이와 같은 구성의 변경은 단순한 균등수단의 전환이다.

(e) 단순한 형상, 수 또는 배열의 한정이나 변경

어떤 발명에 대하여 그 구성을 변경하여서 구성이 다른 발명으로 하였을 경우에 그 변경이 목적 및 타 구성으로 보아 그 기술분야에서 통상의 지식을 가진 자에 의하여 보통으로 채용된다고 인정되는 정도의 형상, 수 또는 배열의 한정이나 변경에 해당하는 것이고, 그 변경에 의하여 발명의 목적 및 효과에 각별한 차이가 생기지 않는 경우, 이와 같은 구성의 변경은 단순한 형상, 수 또는 배열의 한정이나 변경이다.

(f) 단순한 수치의 한정 또는 변경

어떤 발명에 대하여 그 구성을 변경하여서 구성이 다른 발명으로 하였을 경우에 그 변경이 목적 및 효과로 보아 그 기술분야에서 통상의 지식을 가진 자에 의하여 보통 채용된다고 인정되는 정도의 수치의 한정 또는 변경에 해당하는 것이고, 그 변경에 의하여 발명의 목적 및 효과에 각별한 차이가 생기지 않는 경우, 이와 같은 구성의 변경을 단순한 수치의 한정 또는 변경이라고 한다.

단순한 용도의 상위

단순한 용도의 상위란 구성의 차이가 있는 2 발명에 있어서 그 차이가 용도의 상위로서만 표시되어 있고, 그 용도의 상위가 타 구성으로부터 도출되는 용도 상호간의 상위에 불과한 경우를 말한다. 예 '화합물 B로 되는 염화비닐수지의 가소제'와 '화합물 B로 되는 염화비닐수지의 변색방지제', '화합물 A를 산야에 산포하는 들토끼의 기피방법'(들토끼기피제 A)과 '화합물 A를 산야에 살포하는 사슴의 기피방법'(사슴기피제 A).

단순한 용도한정의 유무

단순한 용도한정의 유무란 2 발명에 있어서 그 차이가 용도한정의 유무로서만 표시되어 있고 그 용도가 타 구성으로부터 당연히 도출되는 용도의 한정에 불과한 경우를 말한다. 예 '단면이 평평한 실로 구성된 망'과 '단면이 평평한 실로 구성된 어망'.

V. 확대된 범위의 선출원(공지 등의 의제)

1. 의 의

명세서 또는 도면에 기재되어 있는 발명은 청구범위 이외에 기재되어 있어도 등록공고 또는 출원공개에 의하여 그 내용이 공개된다. 따라서 선출원이 등록공고 또는 출원공개되기 전에 출원된 후출원일지라도 그 발명이 선출원의 명세서 또는 도면에 기재된 발명과 동일한 경우에는 이를 후에 등록공고 또는 출원공개하여도 새로운 기술을 공개하는 것은 아니며, 이와 같은 발명에 대해 특허권을 부여하는 것은 새로운 발명에 대한 공개의 대가로 일정 기간 동안 독점권을 부여하는 특허제도의 취지에도 부합되지 않는다. 이에 특허법에서는 선출원이 공개되어 있는 경우 그 출원서에 최초로 첨부된 명세서 또는 도면에 기재되어 있는 발명 또는 고안과 동일한 출원은 특허를 받을 수 없도록 하고 있다(제29조 제3항). 즉 후출원이 선출원 공개 후에 출원된 것이라면 간행물 게재에 의해 후출원이 거절되지만(제29조 제1항 2호), 후출원이 선출원의 공개 전에 출원된 것이라면 선출원의 명세서는 특허청 내부에서 비밀로 보관하는 상태에 있기 때문에 공지라고는 할 수 없으나, 이것을 공지로 의제하는데 "확대된 범위의 선출원" 혹은 "공지의 의제(준공지)"라고 한다.

특허법원 1999.5.28. 선고 98허7110 판결

[확대된 선출원]

구 특허법(1998.9.23. 법률 제5576호로 개정되기 전의 것) 제29조 제3항은 "특허 출원한 발명이 당해 출원을 한 날 전에 특허출원 또는 실용신안등록출원을 하여 당해 특허출원을 한 날 후에 출원공개 또는 등록공고된 타 특허출원 또는 실용신안등록출원의 출원서에 최초로 첨부한 명세서 또는 도면에 기재된 발명 또는 고안과 동일한 경우에 그 발명에 대하여는 제1항의 규정에 불구하고 특허를 받을 수 없다."라고 규정하고 있는바, 위 규정의 취지는 같은 법 제36조 소정의 선출원주의가 청구범위에 기재된 발명만을 기준으로 선후출원의 동일성 여부를 판단하므로, 선출원의 청구범위에는 기재되지 아니하였으나 발명의 설명이나 도면에는 기재된 기술내용에 대하여 아무런 발명적 기여도 없는 제3자가 후출원으로 특허를 받을 수 있는 경우가 생길 수 있어 그러한 부분을 누구나 자유롭게 실시할 수 있는 공공의 영역으로 두려는 선출원자의 의사에 반하여 부당하고, 출원공개기간이 길어짐으로써 발명적 업적이 없는 자가 특허를 받게 되는 불공평이 초래될 우려도 있으므로, 선출원의 범위를 확대하여 선출원이 출원공개 또는 출원공고된 경우 최초 명세서 및 도면에 기재된 발명내용 전부에 비추어 동일성이 있다고 판단되면 특허를 받을 수 없도록 한 것이므로, 어떠한 발명이 같은 법 제29조 제3항에 해당하는지를 판단하기 위하여는 그 전제로서 선출원의 존재와 그 선출원이 출원공개 또는 등록공고될 것이 요구되고, 그 경우 대비되는 발명은 후에 보정되었는지에 관계없이 선출원의 최초 명세서 및 도면에 기재된 발명이다.

2. 입법취지

종래 특허법에서는 선출원의 청구범위에 기재되어 있는 발명과 동일한 후출원만이 거절되었지만, 심사청구제도와 출원공개제도가 도입되면서 선출원의 범위도 확대되었다. 즉 심사청구제도 이전에는 선출원의 청구범위에만 후출원배척의 효력이 인정되어 선출원의 심사절차가 종료되지 않은 상태에서는 청구범위가 확정되지 않은 상태라 후출원을 배척하는 범위도 확정되지 않았다. 그러나 심사청구제도 하에서는 원칙적으로 심사청구순으로 심사가 행해지나 반드시 선출원이 먼저 심사된다고 할 수 없으므로 종래의 제도는 유지될 수 없게 되었다. 이에 출원공개제도를 도입하여 출원 후 1년 6개월이 지나면 모든 출원을 공개하고, 또한 특허법 제29조 제3항의 규정을 신설하여 후출원배척의 범위를 청구범위에서 명세서와 도면에까지 확대시켰다. 이로서 후출원배척의 범위는 심사와 분리되어 선출원의 청구범위가 확정되지 않고도 후출원배척의 범위가 확정되도록 하였다.

한편 종전의 특허법하에서는 선출원자는 독점하려는 의도가 없는 발명에 대해서까지 방어적으로 출원할 필요가 있었다. 즉 청구범위에 기재되어 있지 않지만 명세서나 도면에 기재되어 있는 발명에 대해서도 방어출원하여 두지 않으면 후출원에 의하여 실시(實施)할 수 없는 사태도 생길 수 있었다. 그러나 특허권이 미치는 범위가 청구범위에 기재된 사항에 한정되고, 그 이외의 명세서상에 기재된 사항은 자유로이 실시될 수 있다는 점에서 그에 대한 신중한 판단으로서 출원인이 청구범위에 기재하지 않은 명세서상의 발명은 사회에 대가없이 공여한 발명이라 할 수 있다. 그런데 이러한 발명에 대하여 출원이 공개되기 전에 누군가가 혼자만의 독점을 위해 특허출원을 하였는데 이에 대하여 특허를 부여하여 주면 불합리한 결과가 된다. 또한 이는 특허제도가 실질적으로 새로운 발명을 한 자에게 권리를 부여하여 발명을 보호하는 것에도 반(反)한다. 이에 특허법은 선출원이 출원공개 또는 등록공고가 되어 출원인의 공여의도의 목적이 완성되었다면 해당 후출원을 거절시킬 수 있도록 하고 있으며, 이로써 필요없는 방어출원을 억제할 수 있다는 효과도 기대할 수 있다.[75)]

한편 선출원이 후출원을 배척하는 특허법 제29조 제3항 내지 제7항의 규정이 신설됨에 따라 선후출원 관계를 규정하고 있는 특허법 제36조와의 관계가 문제된다. 그 시간적 범위와 관련하여 선출원 규정(제36조)은 같은 날 행하여진 출원에 대하여서도 적용되지만, 특허법 제29조 제3항(확대된 선출원)의 규정은 후출원의 출원일 이전의 출원에만 적용이 된다. 그 물적 적용범위와 관련하여서도 선출원 규정은 청구범위에 기재된 발명에 한정되지만, 특허법 제29조 제3항(확대된 선출원)의 규정은 출원서에 최초로 첨부된 명세서 또는 도면에 기재되어 있는 발명을 포함한다. 후출원을 배척할 수 있는 조건 역시 다르다. 특허법 제29조 제3항은 선출원이 출원공개될 경우에만 적용되지만 선출원 규정은 그와 같은 한정이 없다. 반대로 특허법 제29조 제3항의 규정은 선출원이 출원공개 또는 등록공고된 경우에는 그 선출원이 취하된다든지 무효로 된 경우에도 적용이 있지만, 선출원 규정은 그와 같은 경우에는 적용되지 않는다. 따라서 특허법 제29조 제3항의 규정은 특허법 제36조의 선출원 규정을 보충하는 규정이기보다는 그 조문의 위치에서도 볼 수 있듯이 신규성 요건과 관련된 독립한 하나의 판단 규정이라 하겠다.

75) 서울중앙지방법원 2005.6.17. 선고 2002가합75716 판결(2005.7.18. 항소되어 2005나62015로 계속 중, 2008.6.26. 소 취하)은 "구 특허법(1997.4.10. 법률 제5329호로 개정되기 전의 것)에는, 특허출원한 발명이 당해 특허출원을 한 날 전에 특허출원을 하여 당해 특허출원을 한 날 후에 출원공개된 타특허출원의 출원서에 최초로 첨부된 명세서 또는 도면에 기재된 발명과 동일한 경우에 그 발명에 대하여는 특허를 받을 수 없고(제29조 제3항), 이에 위반한 특허에 관하여는 무효심판을 청구할 수 있다(제133조 제1항 1호)고 규정되어 있다. 위 규정의 취지는, 구 특허법 제36조에 정한 선출원주의가 특허청구의 범위에 기재된 발명만을 기준으로 선후출원의 동일성 여부를 판단하므로, 선출원의 청구범위에는 기재되지 아니하였으나 발명의 설명이나 도면에는 기재된 기술내용에 대하여 아무런 발명적 기여도 없는 제3자가 후출원으로 특허를 받을 수 있는 경우가 생길 수 있는바, 이는 그러한 부분을 누구나 자유롭게 실시할 수 있는 공공의 영역으로 두려는 선출원자의 의사에 반하여 부당하고, 출원공개기간이 길어짐으로써 발명적 업적이 없는 자가 특허를 받게 되는 불공평이 초래될 우려도 있으므로, 선출원의 범위를 확대하여 선출원이 출원공개된 경우 최초 명세서 및 도면에 기재된 발명 내용 전부에 비추어 동일성이 있다고 판단되면 특허를 받을 수 없도록 한 것이다"라고 제도의 취지를 설시하였다.

대법원 1992.5.8. 선고 91후1656 판결

[선출원 또는 확대된 선출원의 지위를 갖는 발명]

구 특허법(1990.1.13. 법률 제4207호로 개정되기 전의 것) 제6조의2 제1항(현행법 제29조 제3항에 유사)은 특허출원한 발명이 당해 특허출원을 한 날 전에 한 타특허출원으로서 당해 특허출원 후에 출원공고 또는 출원공개된 출원서에 최초에 첨부한 명세서 또는 도면에 기재된 발명과 동일한 때에 그 발명에 대하여는 같은 법 제6조 제1항의 규정에 불구하고 특허를 받을 수 없다고 규정하고 있는바, 여기에서 타특허출원서에 첨부한 명세서 또는 도면에 기재된 발명이란 그 기술내용이 타특허출원서에 첨부한 명세서 또는 도면에 기재되어 있는 것으로서 그 기재정도는 해당 기술분야에 있어서 통상의 지식을 가진 자가 반복실시하여 목적하는 기술적 효과를 얻을 수 있을 정도까지 구체적, 객관적으로 개시되어 있는 완성된 발명을 말한다.

3. 요 건

확대된 선출원의 지위를 인정하기 위해서는

① 선출원(제29조 제3항·제4항의 다른 특허출원 또는 다른 실용신안등록출원)이 후출원의 출원일 이전에 출원되어 있어야 한다.

ⓐ 단, 선출원이 분할·분리·변경출원된 새로운 출원인 경우에는 다른 출원의 출원일은 소급되지 않으며, 분할·분리·변경출원일이 다른 출원의 출원일이 된다(제52조 제2항 1호, 제52조의2 제2항, 제53제 제2항 1호). 분할·분리·변경출원된 때에는 원칙적으로 분할·분리·변경출원일이 원출원일로 소급되지만, 분할·분리·변경출원에 의해 새로운 특허출원을 하는데 있어서는 원출원 최초의 명세서 또는 도면에 기재되지 않은 기술적인 사항을 첨가하는 경우가 있어, 이것까지 출원일을 소급 인정해 주면 원출원과 분할·분리·변경출원 사이의 출원이 불측의 손해를 입을 수 있다는 판단에 따른 것이다. 즉, 분할·분리·변경출원은 특허법 제29조 제3항 적용시 출원일이 소급되지 않으므로 그 출원보다 출원일이 늦을 경우 선행기술로 사용할 수 없다.

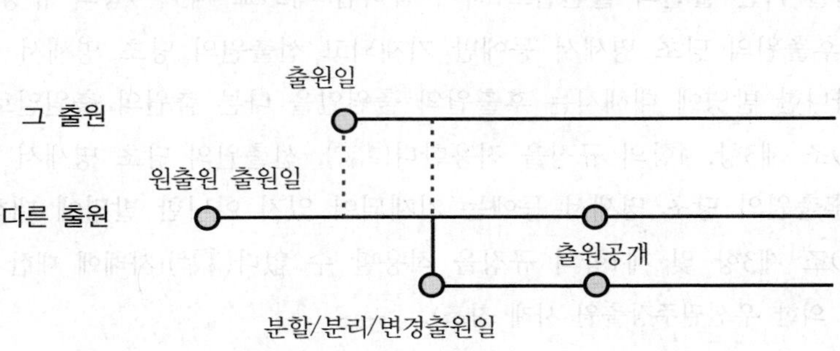

ⓑ 다른 출원이 파리조약에 의한 우선권주장을 수반하는 출원으로서 우선기간 내에 우리나라에 출원되고 우선권증명서류가 제출된 경우에는 제1국 출원의 명세서 또는 도면(이하 출원의 최초 명세서 또는 도면은 "당초 명세서 등"이라 한다)과 우선권주장수반출원의 당초 명세서 등에 공통으로 기재된 발명에 대하여는 제1국 출원일을 다른 출원의 출원일로 인정한다. 아래의 사례에서 제1국 출원에 기재된 발명 A는 특허법 제29조 제3항 적용시 제1국 출원일을 출원일로 보므로 우선권주장출원을 다른 출원의 선행기술로 사용할 수 있으나 제1국 출원에 기재되지 아니한 B발명은 출원일이 실제 우리나라에 출원한 날이므로 다른 출원의 선행기술자료로 사용할 수 없다.

한편, 제1국 출원에는 기재되어 있었으나 우선권주장출원에 포함되지 아니한 C 발명은 우리나라에 출원된 출원이 아니므로 선행기술로 볼 수 없다.

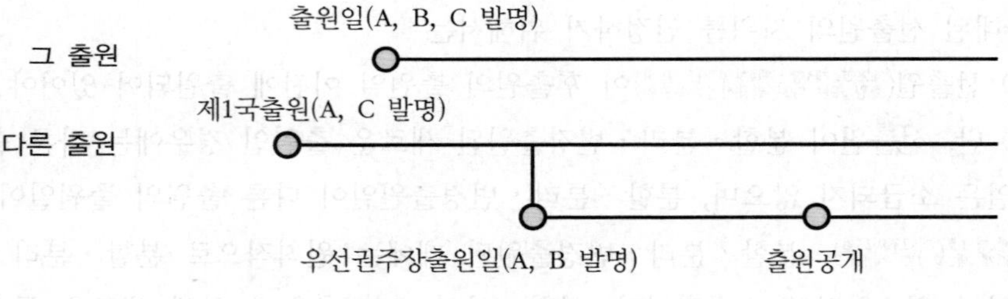

ⓒ 국내 우선권주장의 기초가 된 선출원의 당초 명세서에 기재된 발명 또는 해당 우선권의 주장을 수반하는 출원(이하 "후출원"이라 한다)의 당초 명세서 등에 기재된 발명을 특허법 제29조 제3항·제4항의 다른 출원으로 할 경우에는

(a) 후출원과 선출원 모두의 당초 명세서 등에 기재된 발명에 관해서는 선출원의 출원일을 다른 출원의 출원일로 하여 특허법 제29조 제3·4항의 규정을 적용한다(제55조 제4항). 후출원의 당초 명세서 등에만 기재되고 선출원의 당초 명세서 등에는 기재되지 아니한 발명에 대해서는 후출원의 출원일을 다른 출원의 출원일로 하여 특허법 제29조 제3항, 4항의 규정을 적용한다(제55조 제4항). 선출원의 당초 명세서 등에만 기재되고, 후출원의 당초 명세서 등에는 기재되어 있지 아니한 발명에 대하여는, 특허법 제29조 제3항 및 제4항의 규정을 적용할 수 없다(제55조 제4항)(사례에 대한 설명은 상기 조약에 의한 우선권주장출원 사례 참조).

또한, 후출원과 선출원의 당초 명세서 등에는 기재되어 있지 않으나 보정에 의하여 새로이 기재된 발명에 대해서는 동 규정이 적용되지 아니하고, 선출원의 당초 명세서 등에는 기재되어 있으나 후출원의 당초 명세서 등에 기재되어 있지 아니한 발명에 대하여는 출원공개된 것으로 보지 않는다. 따라서 이러한 발명에 대하여도 특허법 제29조 제3항 · 제4항의 규정은 적용되지 않는다.

(b) 위와 같은 (a)의 경우에 있어서, 선출원이 국내우선권주장을 수반하는 출원(파리조약에 의한 것을 포함한다)일 경우에는 후출원과 선출원 모두의 당초 명세서 등에 기재된 발명 중, 해당 선출원의 우선권주장의 기초가 되는 출원의 당초 명세서 등에 기재된 발명에 관해서는 특허법 제29조 제3항 · 제4항의 규정을 적용할 수 없다(제55조 제5항).

아래의 사례 ①과 같이 후출원이 선출원만을 기초로 우선권주장출원을 하였다면 선출원에 기재된 A, C발명 중 제1국 출원에 기재된 A발명은 특허법 제29조 제3항 적용시 출원일 소급에서 제외되어(제55조 제3항) 후출원일에 출원한 것으로 보므로 그 출원에 A발명이 기재되어 있더라도 후출원을 선행기술자료로 사용할 수 없고 C발명에 대하여만 선행기술로 사용할 수 있다.

한편 아래의 사례 ②와 같이 후출원이 제1국출원과 선출원을 기초로 우선권주장출원을 하였다면 A발명도 법 제29조 제3항 적용시 다른 출원으로 하여 선행기술로 사용할 수 있다.

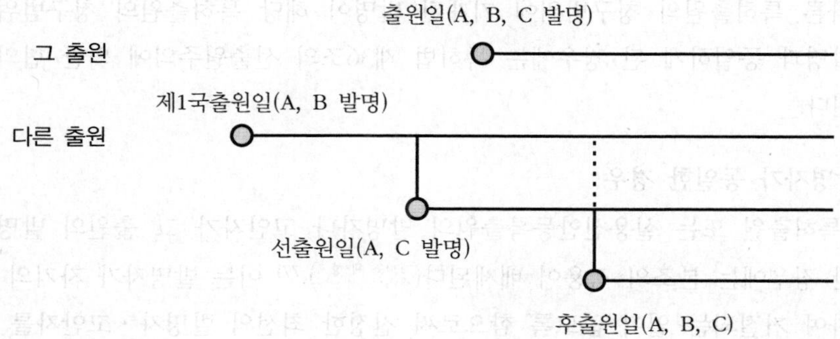

사례 ①: 후출원이 선출원만을 기초로 우선권주장출원을 한 경우
사례 ②: 후출원이 선출원과 제1국출원을 기초로 우선권주장출원을 한 경우

② 그 출원의 출원 후에 다른 출원이 출원공개 또는 등록공고되어야 한다. 다른 출원이 일단 출원공개 또는 등록공고된 후에는 다른 선출원에 대하여 특허여부 결

정, 무효, 취하 또는 포기 등이 있다 하더라도 다른 출원으로서의 지위는 유지된다.

③ 그 출원의 청구항에 기재된 발명이 다른 출원의 당초 명세서 등에 기재된 발명 또는 고안과 동일하여야 한다.

한편, 다른 출원의 당초 명세서 등에는 기재되어 있으나 출원 이후의 보정에 의하여 삭제된 사항에 대하여도 특허법 제29조 제3항이 적용된다.

4. 적용의 예외

특허출원된 발명이 그 특허출원 후에 출원공개·등록공고된 다른 특허출원 또는 실용신안등록출원의 출원서에 최초로 첨부된 명세서·도면에 기재된 발명과 동일한 경우에는 특허법 제29조 제3항 또는 제4항에 의하여 거절됨이 원칙이다. 그러나 일정한 경우에는 그 적용이 제외된다.

(1) 동일출원

특허법은 제36조의 선후출원 판단과 관련하여 '日'을 기준으로 한 것과 같이 확대된 선출원과 관련하여서도 '그 특허출원일 전에 특허출원하여'라고 규정하고 있어 그 시기적 기준을 '日'로 규정하고 있다.[76] 따라서 특허출원한 발명이 다른 특허출원 또는 실용신안등록출원과 같은 날에 출원된 경우에는 특허법 제29조 제3항은 적용되지 않는다. 그러나 다른 특허출원의 명세서 또는 도면을 보정하는 등으로 인하여 다른 특허출원의 청구범위에 기재된 발명이 해당 특허출원의 청구범위에 기재된 발명과 동일하게 된 경우에는 특허법 제36조의 선출원주의에 의한 협의제가 적용된다.

(2) 발명자가 동일한 경우

다른 특허출원 또는 실용신안등록출원의 발명자나 고안자가 그 출원의 발명자와 동일한 경우에는 본조의 적용이 배제된다(제29조 제3항·제4항 단서).[77] 이는 발명자가 자기의 발명에 의하여 거절되는 일이 없도록 함으로써 진정한 최선의 발명자·고안자를 보호하기 위한 것이다. 여기서 발명자·고안자의 동일은 출원서상의 동일은 물론 진정한 발명자·고안자가 동일한 경우를 포함한다. 또한 발명자가 수인(數人)인 경우에는 발명자 모두가 동일해야 한다.

---

76) 이는 또한 실무상 번잡을 피하기 위한 것이기도 하다.

77) 본조에 의하여는 거절되지 아니하나 특허법 제36조의 선출원주의 규정에 의해 거절될 수 있음은 물론이다.

(3) 출원인이 동일한 경우

오늘날 발명은 집단연구에 의한 것이 많고 또한 집단구성원의 경우 그 인원 변동이 빈번해 발명자가 동일한 경우만으로는 그 구제가 불충분하다 하겠다. 이에 특허법은 제29조 제3항 및 제4항의 적용과 관련하여 발명자·고안자의 동일뿐만 아니라 출원인이 동일한 경우에까지 그 예외를 인정하고 있다. 즉 다른 특허출원 또는 실용신안등록출원의 출원인과 그 특허출원의 출원할 때의 출원인이 동일한 경우에는 본조의 적용이 배제된다.

그 특허출원의 출원할 때를 기준으로 하기 때문에 그 특허출원할 때는 출원인이 달랐으나 그 특허출원후에 출원인이 동일하게 된 경우에는 예외가 인정되지 않는다. 반면 그 특허출원할 때 출원인이 동일하였으나 그 후에 동일하지 않게 된 경우에도 관계없다. 회사의 합병·상속 등의 경우에는 출원인이 동일한 것으로 취급되나 양도 등의 경우에는 동일로 보지 않는다.

(4) 보정에 의하여 추가된 발명

확대된 선출원의 지위가 주어지는 발명은 출원시에 최초로 첨부된 명세서 또는 도면에 기재된 발명에 한하므로 보정에 의하여 새로이 추가된 발명은 확대된 선출원의 지위가 주어지지 아니하나, 최초 첨부된 명세서나 도면에는 있었으나 후에 삭제 보정된 발명에는 확대된 선출원의 지위가 주어진다.

5. 동일성의 판단

특허법 제29조 제3항 및 제4항의 적용을 위해서는 그 출원의 '청구항에 기재된 발명'과 다른 출원의 최초출원시 출원서에 첨부된 명세서 또는 도면에 기재된 발명 또는 고안이 동일한가에 대한 판단을 하게 된다. 청구항에 기재된 발명과 인용발명을 대비하여 구성의 일치점과 차이점을 명확히 하여, 그 구성의 차이가 없으면 청구항에 기재된 발명과 인용발명은 동일하다. 이때 2 이상의 인용발명을 조합하여 청구항에 기재된 발명과 대비해서는 아니되며, 이 경우의 동일은 실질동일을 포함한다. 즉 양자의 구성에 차이가 있는 경우라도 그 차이가 발명의 과제해결을 위한 구체화 수단에 있어서 미소한 차이에 불과한 경우에도 동일한 것으로 판단한다.

대법원 2011.4.28. 선고 2010후2179 판결

[확대된 선출원의 지위에서 동일성 판단기준(진보성과 구별)]

청구범위의 청구항에 기재된 사항과 공지기술을 대비하여 구성요소가 동일한가 여부에 의하여 판단하고 발명의 효과도 참작하되, 구성요소에 차이가 있더라도 그 차이가 과제 해결을 위한 구체적 수단에서 주지·관용기술의 삭제, 변경 등으로 새로운 효과의 발생이 없는 정도의 미세한 차이에 불과하다면 서로 실질적으로 동일하다고 할 것이나, 두 발명의 기술적 구성의 차이가 위와 같은 정도를 벗어난다면 설사 그 차이가 해당 발명이 속하는 기술분야에서 통상의 지식을 가진 사람이 쉽게 도출할 수 있는 범위 내라고 하더라도 두 발명을 동일하다고 할 수 없다.

대법원 2013.2.28. 선고 2012후726 판결

[확대된 선출원의 지위에서 동일성의 판단기준(부분적 일치)]

특허출원한 발명이 그보다 먼저 출원된 다른 발명의 특허출원서에 최초로 첨부된 명세서에 기재된 청구범위나 발명의 설명 또는 도면의 내용과 동일성이 인정될 경우에는 선출원된 발명이 나중에 공개된 경우에도 특허를 받을 수 없다. 이 경우 전후로 출원된 양 발명의 기술적 구성이 전면적으로 일치하는 경우는 물론 부분적으로만 일치하더라도 그 차이가 발명의 포섭 범위를 달리한 데 지나지 아니하는 때에는 양 발명은 특별한 사정이 없는 한 실질적 동일성이 있다 할 것이다. 또한 양 발명의 구성의 차이가 그 기술분야에서 통상의 지식을 가진 사람에게는 이미 널리 알려져 활용되고 있는 기술을 부가·삭제·변경한 것에 지나지 아니하여 새로운 작용효과가 발생한다고 보기 어려운 경우에도 마찬가지라 할 것이다.

제2장

특허를 받을 수 없는 발명

Ⅰ. 의　　의

우리 특허법은 민법의 가족법(屬人主義)과 달리 속지주의(屬地主義)를 채택하고 있다. 특허는 발명자가 발명을 완성하여 특허등록을 받고자 하는 국가의 특허청에 출원하여 심사를 거쳐 등록이 되면, 그 나라에서만 독점배타적인 권리를 행사할 수 있는 권리이다. 그러므로 어떤 국가에서 특허권을 보호할 것인가의 여부와 보호한다면 어느 것을 어떻게 보호할 것인가의 판단은 각국의 경제적 · 사회적 · 시대적 상황을 전제로 한 정책적 판단에 의해 결정되어 왔다.

이러한 특허법은 발명이라고 하여 모두 특허권을 허여하는 것이 아니라 각 국가마다 일정한 요건을 갖춘 경우에만 독점배타적인 권리를 허여하고 있다. 우리나라도 발명이 특허를 받기 위해서는 먼저 발명의 성립성이 있어야 하고, 그 다음에는 절차적인 요건과 실체적인 요건을 갖추어야 한다(제29조 등). 이러한 요건을 갖추어도 국가의 산업정책적 또는 공익적인 견지에서 특허를 허여하지 않는 경우가 있을 수 있다. 특히 이는 우리나라의 산업발전에 이바지함을 목적으로 한다는 특허법 제1조의 목적조항과의 관계에서도 당연한 규정이다. 우리의 특허법도 공공의 질서 또는 선량한 풍속에 어긋나거나 공중의 위생을 해칠 우려가 있는 발명에 대하여는 특허를 받을 수 없다고 규정하고 있다(제32조).

어떠한 발명이 불특허사유에 해당하는 것인가는 국가와 시대[1]에 따라 다르다.

즉 이것은 각국의 경제적 · 사회적 · 시대적 배경에 따라 다르게 정하여지고 있다. 우리의 특허법 역시 특허대상으로서 일정 발명에 대한 태도를 변경해 왔으며, 지금은 특허를 받을 수 없는 발명 규정(제32조)만을 두고 있다. 이와 같이 불특허사유에 해당하는 발명은 거절이유(제62조 1호)가 될 뿐만 아니라 특허결정 이후에도 특허의 무효사유(제133조 제1항 1호)가 된다.

Ⅱ. 특허를 받을 수 없는 발명의 변천

(1) 1946.10.5. 군정법률 제91호

1) 의약 또는 그 조합법

2) 질서와 풍기를 문란하거나 위생을 해하고 공중을 기만할 염려가 있는 물품 또는 방법

3) 괴경(塊莖)으로 번식하는 식물

4) 국기 또는 외국기와 동일 또는 유사한 형상을 가진 산업적 물품 또는 미장

(2) 1961.12.31. 법률 제950호

1) 음식물 또는 기호물

2) 의약 또는 그 조합법

3) 화학방법에 의하여 제조할 수 있는 물질

4) 질서 또는 풍속을 문란하게 하거나 위생에 해가 있을 염려가 있는 것(위 제1호 내지 제3호의 물질을 제조할 수 있는 방법에 관한 발명은 예외임)

(3) 1973.2.8. 법률 제2505호

1) 음식물 또는 기호물의 발명

2) 의약 또는 2 이상의 의약을 혼합하여 1의 의약을 조제하는 방법의 발명

3) 화학방법에 의하여 제조될 수 있는 물질의 발명

4) 원자핵 변환방법에 의하여 제조될 수 있는 물질의 발명

5) 물질자체가 지니는 성질에 따르는 용도의 발명

---

1) 불특허사유와 관련하여 우리나라는 1987년 특허법 개정시 의약 또는 2 이상의 의약을 혼합하여 하나의 의약을 조제하는 방법발명, 화학물질발명 및 그 용도발명을, 1990년 개정시에는 음식물 또는 기호물의 발명을, 1995년 특허법 개정에서는 WTO/TRIPs 제27조 제1항을 반영하여 원자핵 변환방법에 의하여 제조될 수 있는 물질의 발명을 불특허사유에서 삭제하여 특허대상의 범위가 확대되었다.

6) 공공의 질서 또는 선량한 풍속을 문란하게 하거나 공중의 위생을 해할 염려가 있는 발명

(4) 1986.12.31. 법률 제3891호

1) 음식물 또는 기호물의 발명

2) 원자핵 변환방법에 의하여 제조될 수 있는 물질의 발명

3) 공공의 질서 또는 선량한 풍속을 문란하게 하거나 공중의 위생을 해할 염려가 있는 발명

(5) 1990.1.13. 법률 제4207호

1) 원자핵 변환방법에 의하여 제조되는 물질의 발명

2) 공공의 질서 또는 선량한 풍속을 문란하게 하거나 공중의 위생을 해할 염려가 있는 발명

(6) 1995.12.29. 법률 제5080호

공공의 질서 또는 선량한 풍속을 문란하게 하거나 공중의 위생을 해할 염려가 있는 발명[2)]

Ⅲ. 공공의 질서 또는 선량한 풍속에 어긋나거나 공중의 위생을 해칠 우려가 있는 발명(제32조)

1. 의의 및 취지

WTO/TRIPs협정 제27조 제2항에서는 불특허대상으로서 공서양속(good public order and customs) 혹은 인간, 동물, 식물의 생명, 건강의 보호 또는 환경에의 심각한 피해를 예방하기 위해 필요한 경우에는 해당 발명을 특허대상에서 제외할 수 있다고 규정하고 있으며, 이러한 경우를 제외하고 그 발명의 이용이 국내법에 금지되어 있다는 이유만으로 특허대상에서 제외해서는 안 된다고 명시하고 있다. 이러한 WTO/TRIPs협정의 반영과 더불어 공익을 위한 불특허 대상을 규정한 것이 우리 특허법 제32조에 "공공의 질서 또는 선량한 풍속에 어긋나거나 공중의 위생을 해칠 우려가 있는 발

2) 2014년 6월 11일 개정(법률 제12753호)에서 현재와 같이 '공공의 질서 또는 선량한 풍속에 어긋나거나 공중의 위생을 해칠 우려가 있는 발명'으로 표현을 수정하였다.

명은 특허를 받을 수 없다"라고 규정하고 있다.

구체적으로 이러한 공서양속에 반하여 불특허대상이 되는 것으로는 화폐변조기,[3] 아편(마약) 흡입도구, 인체에 유해한 완구 · 피임기구 등을 들 수 있다.[4]

이때 공서양속의 개념은 각 이해당사국에 따라 다르며, 동일 국가 내에서도 시대적 배경을 이유로 달리 판단될 수 있겠다. 이에 WTO/TRIPs협상 과정에서는 그 내용을 구체화하기 위하여 많은 논의가 이루어지기도 했다. 예컨대 미국이나 스위스, EU 등의 국가는 개도국이 동 개념을 확대해석하여 광범위한 불특허대상의 근거규정으로 활용할 우려가 있다면서 '국제적으로 인정된 공서양속(internationally accepted order public or morality)'으로 규정하여야 한다고 주장하기도 했다.

견해에 따라서는 이러한 입법에 대하여 부정적인 견해도 있다. 즉 특허법이 그 실시를 저지할 힘이 없는 가운데[5] 공서양속 혹은 공중위생을 해할 우려가 있다는 이유로 발명을 인정하지 않는 것은 부당하다는 것이다. 특허를 부여한다고 하는 것은 단지 그 출원에 거절해야 할 이유를 발견할 수 없는 것일 뿐 정부에 의한 은혜를 베푸는 것은 아니라는 것이다. 따라서 그 실시의 인정여부에 대한 문제는 다른 법령에 맡기면 충분할 것이며, 이를 특허능력의 문제로서 다룰 필요는 없다는 주장이다. 나아가 공서양속 혹은 공중위생에 관한 판단을 한다면 특허청 나아가 법원으로 하여금 매우 주관적이고 미묘한 문제의 판단을 떠안게 해 많은 시간과 노력을 기울이지 않으면 안 된다는 지적을 하고 있다. 또한 사카린과 같이 유해하다고 금지된 후에 금지가 해제되는 경우도 있고, 후에 무해한 사용방법이 개발되는 경우도 있을 수 있어 특허청이 이와 같은 장래 상황의 변화까지 판단하는 것은 불가능하다는 것이다. 이러한 지적들은 명문의 규정이 있는 가운데 입법론에 불과한 주장이라 하겠다. 다만 이를 법률의 해석에 반영함으로써 동조의 적용에 신중해야 할 것이다.

---

3) 東京高裁 昭和61.12.25. 無体集 18巻3号, 579頁(지폐사건)는 본문 기재의 취지하에 펀치구멍을 뚫은 지폐(맹인을 위해 화폐식별을 가능케 한 것)의 고안은 공서위반이 되지 않는 것으로 한다.

4) 이와 관련하여 근거 단속법규라고 약사법, 마약단속법 등을 설명하기도 하는데, 이는 파리협약 제4조의4가 "특허의 대상인 物의 판매나 특허의 대상인 방법으로 생산되는 물의 판매가 국내법령상의 제한을 받는 것을 이유로 특허를 거절하거나 무효로 할 수 없다"라고 규정하고 있다는 점에서 문제가 있는 설명이라 하겠다.

5) 오히려 불특허사유로 함으로써 모든 사람이 실시할 수 있게 하였다.

2. 공서양속에 어긋난 발명

공공의 질서 또는 선량한 풍속에 어긋난 발명, 즉 공서양속에 어긋난 발명이 불특허 사유로 되어 있다. '공공의 질서'는 국가사회의 일반적 이익을 의미하고, '선량한 풍속'은 사회의 일반적·도덕적 관념을 가리킨다고 할 수 있을 것이다.

발명 본래의 목적이 공서양속을 해치는 발명은 특허를 받을 수 없다.[6] 발명 본래의 목적이 공서양속을 해칠 염려가 없다 해도, 발명의 목적과 구성에서 보아, 누구든 극히 쉽게 공서양속을 해칠 목적에 사용할 가능성을 발견할 수 있고, 또 실제로 그 같이 사용될 우려가 다분히 있다고 인정되는 것도 이에 해당한다. 그러나 발명 본래의 목적에 공서양속을 해칠 염려는 없지만, 사용법이 이상하기 때문에 공서양속을 해칠 염려가 있는 것은 이것에 해당하지 않는다. 예를 들면 발명에 관계되는 기구(빙고)가 순수한 오락용으로 제공되는 것을 목적으로 한 것이고, 도박행위 그 밖의 공서양속을 해칠 목적으로 제공한 것이 아님이 명세서의 기재내용상 분명하고, 또한 발명의 내용에 비추어 그 장치를 순수한 오락용으로 제공하고 부정행위용으로 제공하지 않는 것이 가능하다고 인정되는 경우에는 해당 장치가 부정행위의 용도로 제공될 수 있다는 이유만으로 공서양속을 해칠 염려가 있다고는 할 수 없다.[7]

3. 공중의 위생을 해칠 우려가 있는 발명

공중위생을 해칠 우려가 있는 발명도 공서양속에 어긋난 발명의 경우와 동일하게 취급되며 이에 해당하는지 아닌지의 판단도 전술한 공서양속에 어긋난 경우에 준하여 고려해야 할 것이다.

해당 발명이 제조방법인 경우 그 방법 자체가 공중위생을 해칠 우려가 있는지 아닌지를 판단하여야 할 뿐만 아니라 그 제조방법의 목적생성물이 공중위생을 해칠 우려가 있는지 아닌지에 대해서도 고려하여야 한다. 해당 발명의 방법에 의해 얻어진 물건이 학술서에서 유해하다고 되어 있는 경우라도 복지부가 약사법에 근거해 제조를 허가하고 있는 경우에는 해당 학술서의 기재로 인해 공중위생을 해칠 우려가 있는 것에 해당한다고 할 수 없다. 발명 본래의 유익한 목적을 달성하는데

6) 예컨대 지폐위조기계나 금괴밀수용 조끼, 아편흡식구 등이다.

7) 東京高裁 昭和31.12.15. 行政集 7巻12号, 3133頁(빙고사건).

도 불구하고 사용결과 공중위생을 해칠 우려가 있는 것에 대해서는 그 해를 제거할 수단이 있는 경우에는 위생을 해칠 우려가 없는것으로 해석할 것이나,[8] 그 해를 제거할 수단이 없는 경우에는 득실을 비교해서 판단한다.[9] 한편 심사시에 사용결과의 염려유무가 불명한 발명에 대해서는 그 유무가 분명해질 때까지 기다릴 것인지 유무불명인 채 심사할 것인지가 문제된다. 제품의 안전성·품질을 확보하는 것은 다른 법률의 문제이고, 특허법은 발명을 장려하기 위한 법률이므로 유무불명인 채 심사를 하여야 한다는 것이 유력한 견해이다. 그러나 이 견해는 본조의 의의에 대하여 적극적인 태도를 갖는 설명들과는 상반된 태도이다. 오히려 본조에 대하여 부정적인 견해에 따라 설명하는 태도가 보다 일관된 태도라 하겠다.

또한, 발명 본래의 유익한 목적은 달성되지만 그 결과 공중의 위생을 해칠 우려가 있는 경우에는 그 해를 제거하는 수단은 있는지 아닌지 또는 그 효과의 증감을 비교 형량하는 것도 필요할 것이다.

대법원 1991.11.8. 선고 91후110 판결

[공중의 위생을 해할 염려가 있는 발명]

철분이 30-50 중량% 함유되어 이것이 식품으로서의 기능을 갖는다고 볼 수 없을 뿐만 아니라 복용량에 대한 구체적인 언급이 없으며 철분분말을 단독으로 배합하였고, 그 혼합비율 역시 너무 과다하여 인체에 유해한 결과를 초래하리라는 것을 일반적인 상식을 가진 자라면 예측할 수 있어서 안정성 시험성적표를 제시하여야 함에도 이를 제출하지 아니한 본원 발명은 공중의 위생을 해할 우려가 없다고 단정할 수는 없다. 또한 특허출원이 공중의 위생을 해할 우려가 있는 때에는 거절결정하여야 하는 것이므로 발명이 공중위생을 해할 우려가 있는지 여부는 특허절차에서 심리되어야 할 것이고 이것이 단순히 발명의 실시단계에 있어 제품에 대한 식품위생법 등 관련제품 허가법규에서만 다룰 문제가 아니다.

---

8) 예컨대 결핵치료약 스트렙토마이신의 대량투여로 생기는 난청이 소위 활성 비타민 B1제에 의해 방지되는 경우.

9) 예컨대 의약발명에서 그 의약품이 인명에 직접 관계되는 질병에 유효한 치료약인 경우에는 설령 그 부작용이 있을지라도 그것이 인용할 수 있는 것이라면 그 발명은 전체로서 위생을 해칠 우려가 없는 것으로 판단하는 반면 부작용으로 인용할 수 없는 질병을 수반할 염려가 있을 때에는 위생을 해칠 우려가 있는 것으로 판단해야 한다는 견해이다. 그러나 특허법이 그러한 사항까지 판단해야 하는지 의문이다.

특허법원 2014.12.4. 선고 2014허4555 판결

[출원발명(2모드 진동 장신구)이 공공의 질서 또는 선량한 풍속을 문란하게 하거나 공중의 위생을 해할 염려가 있는 발명에 해당하는지 여부(소극)]

특허법 제32조에서는 "공공의 질서 또는 선량한 풍속을 문란하게 하거나 공중의 위생을 해할 염려가 있는 발명에 대하여는 제29조 제1항 및 제2항의 규정에 불구하고 특허를 받을 수 없다"고 규정하고 있는데, ① 특허법 제32조의 '선량한 풍속'은 불확정 개념으로 위 나.항에서 본 바와 같이 형법, 관세법, 상표법 등의 다수의 법령에 포함되어 있는바, 비록 형법, 관세법 등은 특허법과 달리 규제법의 영역이기는 하나, 대법원은 형법, 관세법 등에서의 '음란'의 의미에 대하여 같은 취지로 해석하고 있고, 그 구체적인 의미에 대하여 "사회통념상 일반 보통인의 성욕을 자극하여 성적 흥분을 유발하고 정상적인 성적 수치심을 해하여 성적 도의관념에 반하는 것"이라고 일관되게 해석하고 있는바(성적 도의관념에 반한다는 것은 결국 선량한 풍속에 반한다는 것과 같은 의미로 보인다), 같은 용어가 여러 법령에 사용된 경우 입법 취지를 고려하여 달리 해석해야 할 특별한 사정이 없는 한 관련 법령과의 조화로운 해석을 위하여 통일적으로 해석되어야 할 것인 점, ② 특허법에서는 "발명을 보호·장려하고 그 이용을 도모함으로써 기술의 발전을 촉진하여 산업발전에 이바지함을 목적으로 한다"고 규정하고 있는바(제1조), 성기구 등 성 관련 발명이 기술의 발전을 촉진할 수 있고 관련 산업발전에 이바지할 수 있다면, 성기구 등 성 관련발명에 대하여 특허등록을 허용하더라도 위와 같은 특허법의 입법취지에 반한다고 단정하기 어려운바(헌법 제22조에서는 모든 국민은 학문과 예술의 자유를 갖고, 발명가·과학기술자의 권리는 법률로써 보호하도록 규정하고 있고, 특허법은 이와 같은 헌법의 취지에 따라 제정된 법률로 보아야 할 것이므로, 학문과 예술의 자유 및 발명가·과학기술자의 권리는 헌법에서 유래하는 권리로 볼 것이다), 그렇다면 선량한 풍속을 문란하게 할 염려가 없어야 한다는 취지의 특허법 제32조를 다른 법령과 달리 해석해야 할 특별한 사정으로 보기 보다는 성 관련 발명에서 특허법에 의한 보호를 할 것인지의 한계를 정하는 소극적 의미로 작용한다고 보는 것이 합리적인 해석이라고 할 것인 점, ③ 성기구 등 성 관련 기술분야에서도 발기부전치료제, 조루치료제 등 신체적 장애가 있는 사람들에게 필요한 의약·물건 등에 관한 발명에 대하여 특허를 부여하는 것이 위와 같은 특허법의 입법취지에 반한다고 단정하기 어려운 점, ④ 특허법 제32조가 도덕적 차원에서 발명을 규제하기 위한 조항이라고 보기는 어려운 점(따라서, 피고 주장과 같이 무익하게 성욕을 흥분시키거나 성기 등에 필요 이상의 자극을 주어 성감을 증대시키기만 하면 '선량한 풍속'을 문란하게 할 염려가 있는 경우에 해당한다고 단정하기 어렵다), ⑤ 남용의 우려가 있다거나 청소년을 보호해야 한다는 등을 이유로 발명의 실시를 제한할 필요성이 있는 경우에는 시대의 변화에 따라 탄력적으로 개별 법령을 제·개정함으로써 충분히 그와 같은 필요에 효율적으로 대처할 수 있을 것으로 보이는 점[성기구 등 성관련 물건으로부터 청소년을 보호해야 할 필요성이 있다는 등의 공익적 목적의 실현은 청소년보호법(제2조, 제28조, 제58조), 학교보건법(제6조, 제19조) 등 개별 법령의 규제에 의하여 달성할 수 있을 것으로 보인다] 등에 비추어 보면, 특허발명의 대상인 물건이 노골적으로 사람의 특정 성적 부위 등을 적나라하게 표현 또는 묘사하는 음란한 물건에 해당하거나, 발명의 실시가 공연한 음란행위를 필연적으로 수반할 것이 예상되거나(따라서, 공연성이 인정되지 않는 사적인 공간에서 음란행위가 수반되는 것이 예상되는 경우는 제외된다고 할 것이다), 이에 준할 정도로 성적 도의 관념에 반하는 발명의 경우에만 특허법 제32조에 의하여 특허출원을 한 때에 특허를 받을 수 없다고 보아야 할 것이다.

특허법원 2016.7.8. 선고 2016허229 판결

[‘은(Ag) 이온 성분이 포함된 은수를 이용하여 김치를 제조하는 방법’에 관한 출원발명이 공중의 위생을 우려가 있는 발명에 해당하여 특허를 받을 수 없다고 한 사례]

출원발명은 다음과 같은 이유로 특허법 제32조에서 정한 공중의 위생을 해할 염려가 있는 발명에 해당하여 특허를 받을 수 없다.

1) 은(Ag)은 식품, 음용수 등을 통해 인체에 노출될 수 있는 오염물질로, 의도적으로 장기간 섭취할 경우 은피증(argyria)과 같은 피부변색증, 면역기능 이상, 신경조직 병변 등 유해영향이 발생하는 것으로 알려져 있어 식품원료로 사용하는 것이 불가능하다.

2) 또한 김치는 전 국민이 거의 매일 섭취하는 주요 식품으로 안정성에 의문이 제기되는 성분이 포함되어서는 안 되는데, 안정성에 대한 의문을 해소할만한 자료가 제출되지 않았다.

[신뢰보호의 원칙에 반하는 위법한 행정처분인지 여부]

다음과 같은 이유로 이 사건 출원발명에 대한 거절결정이 신뢰보호 원칙에 위배되어 위법하다고 할 수는 없다.

1) 즉, 행정상의 법률관계에 있어서 행정청의 행위에 대하여 신뢰보호의 원칙이 적용되기 위해서는, 행정청이 개인에 대하여 신뢰의 대상이 되는 공적인 견해표명을 한 바 있어야 하고, 위 견해 표명에 따른 행정처분을 할 경우 이로 인하여 공익 또는 제3자의 정당한 이익을 현저히 해할 우려가 있는 경우가 아니어야 한다.

2) 그런데 갑9~11, 14호증의 각 기재에 의하면, ‘은 이온을 함유한 음용수를 이용하여 마늘소금을 제조하는 방법’(등록번호 제10-513249호), ‘은 이온수 제조기’(등록번호 제20-471625호), ‘은 이온수 제조장치’(등록번호 제20-330784호), ‘은 이온수를 함유한 건강기능성 음료’(등록번호 제10-1127707호)에 관한 특허 또는 실용신안등록이 이루어진 사실은 인정이 된다.

3) 그러나 위와 같은 사정만으로 특허청이 이 사건 출원발명과 같이 은 또는 은용액을 함유하는 식품 관련 발명에 대하여 공중의 위생을 해할 염려가 있는 발명에 해당하지 않는 것으로 본다는 취지의 공적인 견해를 원고에게 직접 표명한 것이라고 볼 수 없다. 특허청은 각각의 출원에 관하여 특허법에 정한 요건에 맞는지를 개별적으로

심사하여 등록 여부를 결정하는 것이므로, 원고가 제시한 갑9~11, 14호증의 각 특허 등 등록사례에 특허청이 구속될 이유도 없다.

4) 무엇보다 원고가 내세우는 신뢰보호의 원칙이 국민의 건강에 대한 국가의 보호 의무를 규정한 헌법 제36조 제3항에 우선할 수 없다. 이는 신뢰보호를 위한 행정처분을 할 경우 이로 인하여 공익 또는 제3자의 정당한 이익을 현저히 해할 우려가 있어서는 아니 된다는 신뢰보호의 원칙 자체에 내재된 한계이기도 하다.

Ⅳ. 동식물에 관한 발명

종래에는 동식물은 살아 있는 것이라는 이유만으로 특허요건을 만족하지 않는다는 견해도 있었다. 그러나 현재는 생물에 관하여 일률적으로 특허능력을 부정하는 견해는 없고, 개개의 경우에 따라 특허법이 요구하는 요건을 충족하고 있는가의 여부가 검토되고 있다. 즉 유전적으로 신규하지 않으나 생물의 생산이나 이용 등에 신규성이 있는 발명에 대하여는 일반발명과 특히 다를 바 없이 그 특허능력을 인정하고 있다. 동식물의 성질을 이용하는 방법의 발명은 물론 동식물에 인공적 수단을 써서 하는 형질개량방법에 대해서도 마찬가지이다. 반면 생물 그 자체의 발명에 대하여는 아직도 그 특허능력에 대한 논의가 있다.

동식물 그 자체에 대하여는 전통적으로 특허성을 부정하였다. 그러나 매우 좁은 범위이긴 하지만 특정한 신품종의 발명에 대해 특허성을 인정하는 입법례가 나타났다. 1930년 미국에서는 식물특허제도가 창설되었고, 같은 시기 독일·프랑스·이탈리아 등에서도 종래의 특허법하에서 식물신품종의 발명에 대한 특허성을 인정하게 되었다. 식물 신품종 보호의 기운이 고조됨에 따라 서독은 특허법과 병행하여 식물신품종 보호를 위한 특별법을 제정하였고(1953년), 이어서 유럽 각국은 동맹을 형성하여 식물의 신품종보호에 관한 국제조약(UPOV조약)을 체결하였다. 어쨌든 동물에 대해서는 논란이 있으나 식물에 대해서는 특허권 또는 특별법에 의해 독점권을 인정하는 것이 지금의 추세이다. 우리의 특허법은 2006년 개정법 이전에는 "무성적으로 반복 생식할 수 있는 변종식물을 발명한 자는 그 발명에 대하여 특허를 받을 수 있다"라고 규정하고 있었으나 2006년 3월 3일 개정 특허법(법률 제7871호)에서 제31조 규정을 삭제하였다.

이로써 식물발명의 특허요건에서 생식방법 요건이 제외되어 미국, 유럽, 일본 등과 같이 식물발명에 대한 특허도 다른 기술분야와 동일하게 특허요건을 적용함으로써 식물특허제도는 국제적으로 조화를 이루게 되었다.

V. 국방상 필요한 발명

1. 의의 및 취지

특허법 제32조 외에도 우리 특허법은 특허출원한 발명이 국방상 필요한 것일 때에는 특허를 허여하지 아니하거나, 특허를 받을 수 있는 권리를 정부에서 수용할 수 있다고 규정(제41조 제2항)함으로써 공용징수에 해당되는 것도 광의의 불특허사유(넓은 의미로는 특허를 받을 수 없는 발명)라고 할 수 있다. 다만 '국방상 필요한 경우에는 특허하지 아니하거나 특허를 받을 수 있는 권리를 수용할 수 있다'라고 규정한 구법과는 달리, 현행법은 TRIPs협정 제73조를 반영하여 "전시 · 사변 또는 이에 준하는 비상시에 있어서 국방상 필요한 경우"에 한정하여 수용할 수 있도록 그 범위를 한정하고 있다. 그리고 이러한 경우 정부가 정당한 보상금을 지급해야 한다고 규정하고 있다(제41조 제4항).

국방상 필요한 발명에 대하여 특정인에게 독점권을 부여하여 지나치게 사익만을 추구하는데도 이를 규제할 방법이 없거나, 국방상 필요하여 비밀로 분류되어야 할 발명이 아무런 제약없이 공개되어 노출되는 경우 우리의 안보에 지대한 영향을 줄 수 있게 된다. 따라서 그러한 경우에 적절히 대처할 수 있도록 특허법 제41조를 둔 것이다. 한편 헌법 제23조 제3항에서 보장하는 사익인 개인의 재산권을 제한하는 것은 법률로 규정된 사항만이 가능하도록 하는 한편, 공익에 의해서 제한되는 국방상 필요한 발명에 관한 권리의 제한도 그 제한할 수 있는 내용을 법률로 정하여야 한다. 이에 특허법 제41조 제1항 및 제2항에서는 국방상 필요하다고 인정되는 발명에 관하여는 외국에의 특허출원 금지를 명할 수 있고, 해당 발명을 비밀로 취급할 의무를 부여할 수 있으며, 특허하지 않을 수 있다. 또한 전시 · 사변 또는 이에 준하는 비상시에 있어서 국방상 필요한 경우에는 특허받을 수 있는 권리를 수용할 수 있도록 그 발명에 대한 권리를 제한하는 규정을 두고 있다.

2. 외국에의 특허출원금지

특허법은 국방에 관련된 기술이 외국으로 누출되는 것을 방지하기 위하여 국방상 필요한 발명은 외국에의 특허출원을 금지시킬 수 있도록 하고 있다. 다만 정부의 허가를 얻은 때에는 외국에 특허를 출원할 수 있으며(제41조 제1항), 외국에의 특허출원 금지에 따른 손실에 대하여 정부는 정당한 보상금을 지급하여야 한다(제41조 제3항).

외국에의 특허출원을 신청하고자 하는 자는 특허청장에게 소정의 신청서를 제출하여야 한다. 신청서의 제출이 있는 경우에 특허청장은 외국에의 특허출원 허가를 하기 전에 방위사업청장과 협의를 하여야 한다(시행령 제16조). 정부의 허가없이 외국에 특허출원되면 그 발명에 대하여 특허를 받을 수 있는 권리를 포기한 것으로 본다(제41조 제5항). 또한, 외국에의 특허출원 금지에 따른 손실보상금의 청구권을 포기한 것으로 본다(제41조 제6항).

정부는 국방상 필요한 발명에 대하여 그 발명을 비밀로 취급할 것을 명할 수 있다. 비밀로 취급할 것으로 인정된 출원발명은 출원공개 또는 등록공고를 보류하여야 하고, 비밀취급이 해제된 때에는 지체없이 출원공개 또는 등록공고를 하여야 한다. 다만, 그 특허출원이 설정등록된 경우에는 출원공개를 하지 아니한다(제64조 제3항, 제87조 제4항).

3. 비밀취급

국방상 필요한 발명이 국내에 특허출원된 경우에 정부는 해당 출원에 대한 발명의 내용에 대해서 발명자, 출원인 및 대리인에게 그 발명을 비밀로 취급하도록 명령할 수 있다. 물론 그것을 비밀로 취급함에 있어서 손실이 있다면 정부에서 보상을 하여야 한다(제41조 제3항). 이러한 정부의 비밀취급명령을 위반한 경우에는 그 특허를 받을 수 있는 권리는 포기한 것으로 보며, 또한 해당 발명의 비밀취급에 따른 손실보상금의 청구권 역시 포기한 것으로 본다(제41조 제5항 · 제6항).

특허청장은 국방상 필요한 발명으로서 비밀로 분류하여 취급하여야 하는 발명의 선별에 필요한 기준을 방위사업청장과 협의하여 정한다(시행령 제11조). 발명이 비밀분류기준에 해당되는 경우에 특허청장은 방위사업청장에게 해당 발명을 비밀로 취급할 필요가 있는지 여부를 조회하며, 그 특허출원의 발명자 · 출원인 · 대리인 및 그 발명을 알고 있다고 인정되는 자에게 그 사실을 통보하고 보안유지를 요청해야 한다. 한편 조회를 의뢰받은 방위사업청장은 그 특허출원에 대하여 비밀취급이 필요하다고 인정되는 경우에는 특허청장에게 비밀로 분류하여 취급하도록 요청하여야 한다. 조회에 대한 회신은 2월 이내에 하도록 되어 있다. 방위사업청장에게서 비밀로 분류하여 취급할 것을 요청받은 특허청장은 보안업무규정에 따라 필요한 조치를 취하고 그 특허출원의 발명자등에게 비밀로 분류하여 취급하도록 명하여야 하며, 비밀로 분류하여 취급할 것을 요청받지 아니한 경우에는 그 특허출원의 발명자등에게 보안유지요청의 해제통지를 한다(시행령 제12조).

특허청장은 비밀로 분류하여 취급할 것을 명한 특허출원에 대하여는 비밀에서의 해제, 비밀보호기간의 연장 또는 비밀등급의 변경 여부를 연 2회 이상 방위사업청장과 협의하여 필요한 조치를 하여야 한다. 비밀로 분류하여 취급할 것을 명령받은 발명자등은 특허청장에게 비밀에서의 해제 또는 비밀등급의 변경이나 특허출원된 발명의 일정범위의 공개 또는 실시의 허가를 청구할 수 있다(시행령 제13조).

4. 불특허 및 특허를 받을 수 있는 권리의 수용

정부는 특허출원한 발명이 국방상 필요한 경우에는 특허를 하지 아니할 수 있으며, 전시 · 사변 또는 이에 준하는 비상시에 있어서 국방상 필요한 경우에는 특허를 받을 수 있는 권리를 수용할 수 있다(제41조 제2항). 구법에서는 국방상 필요한 발명으로 인정되면 특허를 받을 수 있는 권리를 수용할 수 있도록 규정하고 있었으나, 권리의 수용이 개인의 권리에 대한 심각한 제한이라는 면에서 그 요건을 강화하였다. 즉 특허를 받을 수 있는 권리를 수용할 수 있는 경우를 "전시 · 사변 또는 이에 준하는 비상시에 있어서 국방상 필요한 경우"로 한정하였다.

발명이 국방상 필요한 발명에 해당하여 수용하기로 결정된 발명에 대하여 주무부장관은 그 신청서를 작성하여 특허청장에게 처분을 신청할 수 있고, 이 경우 특허청장은 일정한 절차를 거쳐 이를 처분하여야 한다(특허권의 수용 · 실시에 관한 규정 제2조, 제5조).

5. 보 상

국방상 필요한 발명으로 인정되어 외국에의 특허출원금지 또는 비밀취급명령에 따른 손실이 발생하거나, 특허를 하지 아니하거나 특허를 받을 수 있는 권리를 수용한 경우 정부는 정당한 보상금을 지급하여야 한다(제41조 제3항 · 제4항).

특허출원인은 외국에의 특허출원금지 또는 비밀로 분류되어 취급된 특허출원에 대하여 방위사업청장에게 비밀로 규정함에 따른 손실에 대한 보상금을 청구할 수 있다. 보상금 청구방식은 보상금청구서와 손실을 증명할 수 있는 증거자료를 제출한다.

이 보상금 지급은 특허출원인 또는 특허를 받을 수 있는 권리자의 청구에 의해서 방위사업청장이 한다. 방위사업청장은 보상금 청구를 받은 경우에는 보상액을 결정하여 지급하여야 한다. 이때에 필요한 경우에는 특허청장과 협의할 수 있다. 특허를 받을 수 있는 권리의 수용에 대한 보상금을 결정할 때에는 특허출원인의 의견을 참작하여야 한다. 보상금 결정은 특허청장이 하며, 특허청장은 보상금을 결정하기 위하여 필요하다고 인정할 때에는 「발명진흥법」 제41조에 따른 산업재산권 분쟁조정위원회 및 관계 중앙행정기관의 장의 의견을 들을 수 있고, 보상금의 결정에 그 의견을 고려할 수 있다.

제3장

특허를 받을 수 있는 자

발명을 한 사람 또는 그 승계인은 특허법에서 정하는 바에 따라 특허를 받을 수 있는 권리를 가진다(제33조 제1항 본문).

Ⅰ. 특허를 받을 수 있는 권리

발명을 한 사람은 그 발명의 완성에 의해 특허를 받을 수 있는 권리를 갖는다. 즉 법정(法定)의 요건을 충족시키는 한 발명자는 권리로서 특허를 받는 것이 가능하다. 특히 이때 발명을 한 자의 특허권 요구에 대하여 특허를 부여할 것인가 안 할 것인가 하는 것은 국가의 재량에 의한 것이 아니다. 따라서 발명자는 특허청의 행정처분에 불복하는 경우에는 처분의 유효성을 법원에서 다투는 것이 가능한데, 이를 권리주의라고 한다.[1)]

발명을 한 자는 국가에 대하여 특허를 청구함으로써 그 보호를 받을 수 있으나, 현행법상 출원에서 등록에 이를 때까지 소정의 절차를 밟지 않으면 독점배타적 효력을 가지는 특허권이 발생하지 아니하므로 발명의 완성시부터 설정등록될 때까지 발명자를 보호할 수단이 필요하게 된다. 이에 특허법은 이러한 상태를 양도성을 가지는 재산권으로 보아 그 이전 및 공용수용 등에 관한 규정 및 정당한 권리자에

1) 이러한 권리주의가 역사상 당연한 것은 아니다. 이전에는 국왕 등에 의해 은혜적으로 독점이 부여되었으나, 발명자의 권리를 중시하게 되면서 현재는 권리주의가 일반적으로 정착하게 된 것이다.

관한 보호규정 등을 두고 있다.

1. 발 생

발명을 한 자는 발명의 완성과 동시에 자신의 발명에 대하여 법령에서 금지되어 있지 않고 타인의 권리를 침해하지 않는 한 실시·수익·양도를 할 수 있다. 이러한 지위는 구체적으로 특허능력이 있는가에 구속되지 않는 자연적인 권리이다. 특히 특허법은 이러한 지위에 대하여 출원을 전제로 한 하나의 권리로서 인정하고 이를 '특허를 받을 수 있는 권리'라고 부르고 있다. 나아가 발명에 대한 발명자의 권리는 단순히 특허를 취득할 수 있다는 것에 국한되지 않는다 하겠다.[2)]

한편 특허를 받을 수 있는 권리의 발생과 관련하여 발명자가 기술적 사상의 창작에 의한 정신적 행위와 구체적 행위로 이루어지는 발명행위의 완성에 의해 산업상 이용할 수 있는 새로운 발명을 발명자의 주관에 의해서 인식했을 때 특허를 받을 수 있는 권리가 발생한다는 견해와 발명자의 주관에 의해서만 인식할 정도로는 부족하고, 특허를 받을 수 있는 권리는 발명자가 객관적으로 보아서 산업상 이용가능성이 있는 새로운 발명을 완성했을 때에 비로소 발생한다는 견해가 있다. 그러나 이 견해들은 발명의 완성으로 생기는 특허를 받을 수 있는 권리와 그 발명이 특허를 받기 위한 특허요건은 무관함을 이해하지 못한 견해이다. 즉 특허를 받을 수 있는 권리가 발명의 완성과 동시에 발명자에 원시적으로 귀속되지만, 특허법상 어떠한 보호를 받기 위해서는 특허출원을 하여 심사를 거쳐 등록될 필요가 있다. 그렇지만 발명완성시의 발명 내용과 등록된 특허권의 내용이 반드시 일치한다고는 할 수 없다. 발명의 완성으로부터 특허등록에 이르기까지 그 내용은 항상 변화할 가능성을 가지고, 발명과 등록의 관계는 물권변동에 있어서 원인사유의 발생 및 이에 관한 등기·등록과는 다른 관계에 있는 것이다. 따라서 특허를 받을 수 있는 권리는 아무런 조건없이 발명자가 발명을 완성한 그 상태에서 발생한다.

2. 법적 성질

특허를 받을 수 있는 권리의 성질에 관한 논의는 고전적인 것으로 실제로 큰 실익이 있는 것은 아니다. 그러나 아직도 그 논의가 이루어지고 있어, 여기서도 간

---

2) 이러한 의미에서 '발명자권'이라 용어를 사용하는 견해도 있다(中山信弘 著, 한일지재권연구회 譯, 「特許法」, 법문사, 2001, 165면).

단히 그 논의를 소개하고 사견을 추가하도록 하겠다. 이 특허를 받을 수 있는 권리의 성질에 관하여는 크게 공권(公權)설, 사권(私權)설, 절충설로 나누어지고 있다.

공권설은 특허를 받을 수 있는 권리를 국가에 대하여 특허권의 부여를 청구할 수 있는 공법상의 권리라 본다. 특허를 받을 수 있는 권리의 중심은 국가에 대한 행정처분청구권이며, 특허출원 이전에 발명자가 자신의 발명을 실시할 수 있음은 행정처분청구권의 반사적 이익에 불과하다고 본다. 또한 그 권리의 이전가능성 내지 질권 설정가능성의 판단은 특허법(제37조)이 특별히 규정한 바에 따르는 것이다. 이를 '특허청구권설'이라고도 한다.

반면, 사권설은 발명자는 발명의 완성과 함께 발명자권이라는 권리를 원시적으로 취득한다고 본다. 이 견해는 발명자가 스스로 그 발명을 사용·수익·양도할 수 있는 점, 즉 재산권적 측면을 중시하는 것으로 특허의 출원권은 그 한 측면에 불과하다고 본다. 이를 '발명권설'이라고도 한다.

한편 다수의 학설은 특허를 받을 수 있는 권리를 일면적으로만 취급하지 않고 국가에 대하여 특허를 부여하는 행정처분을 청구하는 권리는 공권(公權)이지만, 한편 발명의 완성과 함께 발명자권리라는 사권(私權)을 원시적으로 취득한다고 본다. 즉 이 설은 공권과 사권이 병존하는 것이므로 두 권리가 병존한다는 설이다.

발명자가 자신의 발명에 대하여 어떤 일정한 권능을 갖는 것과 그 권능을 제도적으로 확인받기 위하여 국가에 대하여 일정 행위를 요구할 수 있는가의 문제는 구분되어 생각되어야 할 것이다. 먼저 발명이라는 사실행위로서 해당 발명을 한 자는 이를 실시할 수 있으며, 다른 이로 하여금 발명의 실시를 허락할 수도 있는 권리를 가지며, 이러한 권리는 자연법적인 권리이다. 반면 발명자가 자신의 발명에 대하여 적극적으로 독점배타적인 특허권을 얻고자 국가를 상대로 특허부여를 청구하는 행위(특허출원행위)는 공법적인 성질의 것이다. 이에 단순히 특허를 받을 수 있는 권리를 특허출원권만으로 이해한다면 일응 특허를 받을 수 있는 권리는 공법적인 성질의 것이다. 그러나 자신의 발명에 대하여 실시, 수익할 수 있으며 양도할 수 있는 것이 특허출원권에 따른 반사적 이익에 불과하다고 함은 긍정하기 어려운 주장이라 하겠다. 따라서 적어도 특허를 받을 수 있는 권리를 발명자가 자신의 발명으로부터 얻는 일정의 권리로 파악하는 한 이는 사권(私權)적인 성질과 공권(公權)적인 성질을 모두 포함하고 있는 것이라 하겠다.

3. 내 용

특허를 받을 수 있는 권리는 발명의 완성과 동시에 발명자에게 원시적으로 발생하여 설정등록 전까지의 모든 단계에서 존재하는 권리이다. 그 구체적인 내용과 관련하여서는 발명의 완성시부터 출원 전까지의 경우와 출원 후 설정등록 전까지의 경우로 나누어 설명하는 견해도 있으나,[3] 여기에서는 다만 발명을 완성한 자가 설정등록 이전까지 자신의 발명을 자유롭게 사용·수익하고 특허출원을 할 수 있는 권리로서 이해하고, 나아가 함께 특허출원을 받는 과정에서 발현되는 발명자 인격권을 포함하고자 한다.

(1) 실 시

명문의 규정은 없으나 스스로 발명을 한 사람 또는 승계인은 그것이 특허를 받을 수 있는지 여부와는 관계없이 자신의 발명을 실시할 수 있다. 또한 특허출원 전에도 제3자에게 그 발명을 실시할 수 있도록 허락할 수 있다. 다만 이러한 실시권의 인정이 대상 발명에 대한 독점적 실시를 보장하거나, 제3자의 행위를 금지시키는 것을 가능케 하는 것은 아니며, 나아가 해당 발명이 타인의 특허권과 저촉하는 경우에는 스스로도 실시할 수 없다. 즉 특허를 받을 수 있는 권리를 가지고 있어도 실시에 관하여 특별한 권리가 발생하는 것은 아니다.

(2) 특허출원

발명을 한 사람은 자신의 발명에 대하여 특허를 받을 수 있는 권리, 즉 특허출원권을 갖는다.

1) 양도성

특허출원권은 재산권으로 양도할 수 있다.[4] 재산권이라 하여 당연히 그 양도성이 인정되는 것은 아니나,[5] 세계적인 추세는 그 권리의 양도성을 인정하는 것이며, 우리의 특허법 역시 특허를 받을 수 있는 권리의 양도성을 인정하고 있다(제37조 제1항). 특허출원 전의 권리의 양도에는 아무런 양식도 필요로 하지 않고 합의에 의해서 양

3) 이기수 외 6인, 「지적재산권법」, 한빛지적소유권센터, 1996, 137면.

4) 특허법이 특허를 받을 수 있는 권리를 이전할 수 있도록 한 것은 인격적인 요소를 포함하지 않는 순수한 재산권으로 보기 때문이라는 견해는 부적절한 설명이라 하겠다.

5) 영국에서는 전매조례(Statute of Monopolies, 1624) 이후 특허출원권의 양도는 인정되지 않았으나 1949년 개정 특허법에서 그 양도를 인정하였다.

도의 효과가 발생한다. 다만 양수인이 출원하지 않는 한 제3자에게 대항할 수 없다(제38조 제1항). 특허출원 후의 권리의 양도는 특허청에의 신고가 효력발생요건이다(제38조 제4항).

특허를 받을 수 있는 권리가 공유인 경우에는 각 공유자는 다른 공유자 모두의 동의를 받아야만 그 지분을 양도할 수 있다(제37조 제3항). 이러한 규정에 대하여 민법규정의 중대한 예외로서 이해하는 견해가 있다. 우리의 민법은 공동소유(민법 제262조~제278조)와 관련하여 공유 외에 합유와 총유라는 소유 형태를 규정하고 있다. 공동소유 형태에 대한 이러한 상세한 구분 규정은 외국의 입법례에서는 볼 수 없는 하나의 특색이라 하겠다. 예컨대 일본 민법은 공유(일본 민법 제249조~제264조)만을 규정하고 있다. 그러나 이러한 우리 민법의 규정 태도에도 불구하고 다른 법률에서는 수인(数人)이 관여하는 소유관계를 규정함에 있어 민법에서와 같은 세심한 배려를 하고 있지 않다. 우리 특허법상의 공유를 해석함에 있어서도 이러한 사정을 이해해야 하지 않는가 한다.

특허를 받을 수 있는 권리의 공유는 공동발명의 경우와 특허를 받을 수 있는 권리의 지분권의 이전이 있는 경우에 발생한다. 따라서 하나의 발명에 대하여 특허를 받을 수 있는 권리를 공유하는 수인의 관계는 아무런 결합관계 없이 우연히 하나의 물건을 소유한 것에 불과하다기보다는 상호간에 신뢰관계가 있다고 하겠다. 이에 특허법은 그러한 수인 사이에서의 신뢰관계를 유지하고 나아가 특허권 설정등록 후의 복잡한 법률분쟁을 방지하고자 특허를 받을 수 있는 권리가 공유인 경우에는 각 공유자는 다른 공유자의 동의를 받아야만 그 지분을 양도할 수 있도록 규정하였다. 나아가 이 경우 공유자 전원으로 하지 않으면 출원할 수 없고(제44조), 공유자 1인에 의한 출원은 거절되며(제62조 1호) 등록되어도 무효사유가 된다(제133조 제1항 1호).

특허출원 전 특허를 받을 수 있는 권리의 이전은 따로 공시방법이 없으므로 제3자에게 대항하기 위해서는 승계인이 특허출원을 하여야 한다(제38조 제1항). 이중양도 등에 의해 여러 사람이 특허출원을 하면 제3자 대항력에 의하여 일반적으로 맨 먼저 출원한 자가 권리를 취득하며, 같은 날에 출원이 경합하였을 경우에는 관계자의 협의에 의하고, 협의가 이루어지지 않으면 모두에게 그 이전의 효력이 발생하지 아니한다(제38조 제2항). 이는 특허와 실용신안의 출원이 경합하는 경우에도 마찬가지이다(제38조 제3항). 여기서, '제3자'란 특허를 받을 수 있는 권리에 관하여 승계인의 지위와 양립할 수 없는 법률상 지위를 취득한 사람을 말한다. 무권리자의 특허로서 특허무효사유가 있는 특허권을 이전받은 양수인은 특허법 제38조 제1항에서 말하는 제3자에 해당하지 않는다.[6)]

6) 대법원 2020.5.14. 선고 2020후10087 판결.

특허출원 후에는 특허를 받을 수 있는 권리의 승계는 상속, 그 밖의 일반승계의 경우를 제외하고는 특허출원인변경신고를 하여야만 그 효력이 발생한다(제38조 제4항). 특허출원인변경신고를 하려는 자는 특허출원인변경의 원인을 증명하는 서류 등을 첨부한 변경신고서를 그 특허출원의 등록 전까지 특허청장에게 제출하여야 한다(시행규칙 제26조). 권리자가 이 신고에 협력하지 아니하면 승계인등은 민사소송으로 명의변경절차의 이행을 청구할 수 있을 것이다.

2) 질권의 설정

특허법은 비록 특허를 받을 수 있는 권리의 양도성은 인정하고 있으나, 질권의 설정은 인정하지 않고 있다(제37조 제2항). 이에 그 입법취지를 설명하려는 견해로는 i) 특허를 받을 수 있는 권리가 확정적인 것이 아니어서 제3자에게 예측하지 못한 불이익을 줄 우려가 있다는 견해, ii) 특허를 받을 수 있는 권리는 불확정적인 것이므로 발명자는 그 발명을 싼 가격에 자본가에게 빼앗길 우려가 있다는 견해, iii) 질권의 실행에 있어서 경매에 의해 권리가 공개되어 권리 자체가 훼손된다는 견해, iv) 특허를 받을 수 있는 권리에 관하여는 공시방법이 없으며 또 특허출원 중의 명세서 또는 도면의 보정에 관하여서도 질권의 승인을 필요로 하지만 이 경우의 절차가 복잡해진다는 견해 등이 있다.

특허법이 이미 특허를 받을 수 있는 권리의 양도성을 인정한 이상 단순히 공시방법이나 보정 규정에 대한 미비가 질권 설정 부정의 근거가 될 수는 없다. 이에 질권 설정을 인정하지 않는 것이 오히려 발명자가 융자를 받을 수 있는 길을 막는다고 보고, 벤처기업의 육성이라는 관점에서 기술의 담보화를 인정하여 적어도 특허출원 후의 특허를 받을 수 있는 권리에 대해서 질권을 인정하자는 입법론도 제시되고 있다.[7] 한편 질권이 인정되지 않는 이유로서 질권 실행에 의한 신규성 상실을 지적한 견해에 의할 때, 특허법의 규정은 특허를 받을 수 있는 권리에 대한 질권 설정의 금지이므로 양도담보의 설정은 가능하다.[8]

3) 저당권

특허를 받을 수 있는 권리의 저당권 설정에 대해서 특허법은 어떠한 규정도 없고, 따라서 공시방법도 없으므로 저당권의 설정은 불가능하다고 본다.

---

7) 中山信弘 著, 한일지재권연구회 譯, 「特許法」, 법문사, 2001, 167면.

8) 東京地裁 昭和31.9.24. 下民 7巻9号, 2593頁(슈퍼베어링 사건)의 평석은 飯島久雄, ジリスト 197号, 83頁; 中山信弘 著, 한일지재권연구회 譯, 「特許法」, 법문사, 2001, 167~168면.

4) 강제집행

공장저당법은 '공장재단(工場財團)'이라 하여 일단의 기업재산을 소유권과 저당권의 목적이 되도록 하고 있으며, 이에 지적재산권을 포함하고 있다(공장 및 광업재단 저당법 제13조 6호). 따라서 특허권, 실용신안권, 디자인권, 상표권 등은 공장재단을 구성한다. 또한 재산적 가치가 인정된다는 점에서 특허를 받을 수 있는 권리 역시 이를 구성한다고 할 것이다. 이러한 면에서 일본의 통설은 특허를 받을 수 있는 권리에 대한 강제집행을 긍정한다.

그러나 실제 이를 강제집행하는 과정에 있어서는 그 대상의 확정이나 집행의 방법이 용이한 문제가 아니다. 단순히 대상 확정이나 집행 과정의 불편이 곧 강제집행을 부정할 근거가 될 수는 없을 것이다. 그러나 강제집행의 과정 중에서 특허를 받을 수 있는 권리와 관련하여 그 내용이 공개되어 그 가치를 상실할 수 있으며, 공개되지 않은 상태에서의 강제집행으로 해당 권리에 대한 경락인에게 불측의 손해를 낳을 수도 있을 것이다. 따라서 아직 공개되지 않은 발명에 대한 특허를 받을 수 있는 권리는 강제집행의 대상이 되지 아니한다 할 것이다. 또한 이러한 해석이 '공표(公表)[9]되지 아니한 저작 또는 발명에 관한 물건'의 압류가 금지된다고 규정하고 있는 민사집행법(제195조 12호)의 취지와도 일치한다고할 것이다.[10]

한편 특허를 받을 수 있는 권리와 사실상 중복되는 것이 많은 영업비밀이 현실적으로 거래의 대상이 되고 있음을 들어 강제집행을 인정하지 않는 것이 부당하다고 하는 견해도 있다. 이와 함께 법인 파산의 경우에 파산 후의 특허를 받을 수 있는 권리의 처리에 대한 곤란을 지적하고 있다. 그러나 특허를 받을 수 있는 권리는 발명자라고 하는 자연인을 전제로 하는 것이다. 따라서 법인 파산으로 특허를 받을 수 있는 권리의 처리가 곤란해진다는 것은 옳지 못하다. 또한 채무자 회생 및 파산에 관한 법률(이하 '채무자회생법'이라 한다)은 파산재단에 속하는 재산에 관하여 파산선고 당시에 행정청에 계속하는 사건이 있는 때에는 그 절차는 수계

---

9) 여기에서 말하는 공표의 의미가 반드시 명확한 것은 아니다. 특허출원을 하지 않고 간행물에 게재한 것과 같은 경우가 공표에 해당하는 것은 틀림이 없다. 그러나 특허출원한 발명에 관한 물건의 경우 특허출원, 출원공개, 등록 중에서 어느 것을 가지고 공표라고 할 것인지 공표가 가지고 있는 통상의 의미로부터 말하면 출원공개를 가지고 공표로 해야 될 것이나 압류의 可否를 출원공개의 전후에서 구별해야 할 합리적인 이유는 없다 하겠다(中山信弘 著, 한일지재권연구회 譯, 「特許法」, 법문사, 2001, 169면).

10) 물론 민사집행법상의 압류(押留) 금지물은 창작물 자체이며 따라서 특허를 받을 수 있는 권리의 강제집행을 부정할 수는 없다는 견해도 있다. 그러나 이는 너무나도 형식논리적인 설명이라 하겠다.

또는 파산절차의 해지에 이르기까지 중단되도록 하고(채무자회생법 제350조 제1항), 파산관재인 또는 상대방이 이를 수계할 수 있도록 있다(채무자회생법 제347조 제1항). 이에 적어도 특허출원이 계속되는 발명에 관련하여서는 파산과정에서 파산관재인이나 상대방에 의한 특허절차 수행을 의지할 수 있으나, 특허출원 이전의 발명에 대한 강제집행이란 생각할 여지가 없다.

(3) 발명자인격권

발명은 발명자의 사상으로 이에는 발명자의 인격이 포함되어 있다. 이러한 발명자인격권은 발명과 동시에 발명자에게 원시적으로 귀속되는 권리로 양도할 수 없다.[11] 이는 발명자게재권(파리협약 제4조의3), 출원인의 발명자 표시의무(제42조 제1항 4호) 등과 같은 방법으로 구현된다. 비록 이는 특허청 절차를 통하여 이루어지며 따라서 특허출원 전에 있어서는 구체적인 모습을 지니는 것은 아니나 발명자인격권 자체는 출원 전부터 존재한다고 볼 수 있다.

출원인의 발명자 표시의무와 관련하여 발명자의 기재 오기 자체는 출원거절의 이유나 특허무효의 이유가 되지 않는다. 발명자에 관하여 출원거절이나 특허무효의 이유가 되는 것은 타인의 발명을 훔쳐 자기나 제3자를 발명자라고 한 특허출원(소위 모인(冒認)출원)이나 또는 이 모인출원에 의해 얻은 특허인 경우에 한하기 때문이다. 따라서 특허를 받을 수 있는 권리를 발명자로부터 적법하게 승계한 자가 스스로 발명자라고 기재하여 출원했을 경우에도 출원거절이유나 특허무효이유가 되지 않는다고 해석해야 할 것이다. 특허증에 발명자로 표시되는 것은 직무발명의 보상과 같이 당사자의 개인적인 만족을 넘어서 입시, 인사 등에서 사회적으로 유의미한 이익을 누리도록 하는 기능이 있고, 자유로운 추가 또는 정정은 확대된 범위의 선출원을 회피할 목적으로 악용될 여지가 있으므로 제한할 필요가 있다. 따라서, 특허권 설정등록 후에 발명자를 추가 또는 정정하기 위해서는 정정발급신청서를 특허청장에게 제출하여야 하며, 정정발급신청서를 제출할 때에는 발명자의 기재가 누락(특허출원서에 적은 발명자의 누락에 한정한다) 또는 잘못 적은 것임이 명백한 경우를 제외하고는 특허권자 및 신청 전·후 발명자 전원이 서명 또는 날인한 확인서류를 첨부하여야 한다(시행규칙 제28조).[12] 한편, 누락된 발명자는 특허증에 발명

11) 이러한 발명자인격권을 어떤 학자는 "발명자 명예권"이라고도 한다(中山信弘 著, 한일지재권연구회 譯, 「特許法」, 법문사, 2001, 171~172면).

12) 특허권 설정등록 전에는 보정서 제출을 통해 자유로이 추가 또는 정정할 수 있으나 출원인이 확대된 선출원의 지위에 위반된 것을 염려하여 발명자의 추가나 정정신청을 한 경우 심사관은 진정한

자로 기재될 권리를 제한받았기 때문에 특허권자에게 발명자 인격권의 침해에 대한 손해배상을 청구할 수 있을 것이다.[13)]

대법원 2018.7.20. 선고 2015후1669 판결

구 디자인보호법(2013.5.28. 법률 제11848호로 전부 개정되기 전의 것, 이하 같다) 제3조 제1항 본문은 디자인을 창작한 자 또는 그 승계인은 디자인보호법에서 정하는 바에 의하여 디자인등록을 받을 수 있는 권리를 가진다고 규정하고, 제68조 제1항 제2호는 제3조 제1항 본문의 규정에 의한 디자인등록을 받을 수 있는 권리를 가지지 아니한 자가 출원하여 디자인등록을 받은 경우를 등록무효사유의 하나로 규정하고 있다. 따라서 디자인을 창작한 자가 아니라도 그로부터 디자인등록을 받을 수 있는 권리를 승계한 자가 직접 출원하여 디자인등록을 받은 경우에는 그러한 등록무효사유에 해당한다고 볼 수 없다.

(4) 제3자와의 관계

발명자 또는 그 승계인(정당한 권리자)은 타인의 권리 또는 법에 저촉하지 않는 한 스스로의 발명을 자유로이 실시할 수 있으며 국가에 대하여 특허를 출원할 수 있다. 그러면 특허권을 부여받기 이전에 발명자가 갖는 이러한 권리가 제3자와의 관계에서는 어느 정도로 보호될 것인가를 살펴보지 않을 수 없다. 다만 특허부여 전이라도 출원공개(제64조) 이후에 관하여는 특허법이 일정 규정을 두고 있는바 여기에서는 특허출원 전과 출원에서 출원공개까지의 권리를 살펴보겠다.

발명에 관한 독점권은 특허등록에 의해 생기는 것이므로 출원 전의 발명자에게 배타권을 인정하게 되면 특허제도의 존재이유가 없어져 버린다 하겠다. 따라서 단지 특허를 받을 수 있는 권리에 기한 금지청구권이란 인정되지 않으며, 영업비밀의 효력과 유사한 제3자적 효력에 지나지 않는다. 즉 출원 전 및 출원공개까지 특허를 받을 수 있는 권리는 비밀로 유지되는 범위 내에서 재산적 가치를 지니며, 스스로 그것을 실시하며 출원을 할 수 있지만 배타권은 없다. 따라서 제3자가 단순히 해당 발명을 실시한다고 하는 것만으로 불법행위가 성립하는 것은 아니다. 또한 제3자가 별개로 완성한 동일발명의 출원을 방지할 수 없다는 것은 선출원(先出願)주의의 원칙에서도 당연한 것이다. 물론 해당 발명의 개시에 대한 제3자 또는 해당 발명을 불법으로 입수한 제3자가 해당 발명을 권리자의 허락없이 무단으로 실시하

발명자인지 여부를 증명할 수 있는 서류를 출원인에게 요구할 수 있다.

13) 서울행정법원 2011.11.4. 선고 2011구합21942 판결. 따라서 시행규칙 제28조가 발명자 인격권의 본질적인 부분을 침해하는 것으로 보기는 어렵다.

면 그 행위 형태에 따라 부정경쟁방지법의 금지대상행위가 될 수 있으며, 또한 그 침해가 불법행위가 될 수 있음에도 이론이 없다. 다만 이 경우에도 제3자의 모든 실시행위에 대하여 정당한 권리자가 손해배상청구를 할 수 있는 것은 아니다.[14)]

타인이 정당한 권리자의 특허를 받을 수 있는 권리를 침해하는 불법적 행위로서는 모인(冒認)출원, 무단공표, 무단실시(實施)행위 등이 있다.

1) 모인출원

정당한 권리자는 자신의 발명에 대하여 출원을 할 것인가 또는 영업비밀로서 유지할 것인가의 결정권을 갖는다. 그러나 모인(冒認)자의 출원에 의하여 그 선택의 여지를 잃어버리게 되며, 진정한 권리가 회복되지 않는 경우에는 발명자의 인격권도 침해받게 된다. 따라서 모인(冒認)출원 행위는 원칙적으로 정당한 권리자에 대한 불법행위가 된다. 이에 모인출원은 거절이유(제62조 2호)이고, 등록 후에는 무효사유가 된다(제133조 제1항 2호).

특허를 받을 수 있는 권리의 승계인이 아닌 자 또는 특허를 받을 수 있는 권리를 모인한 자(무권리자)가 한 특허출원으로 인하여 특허를 받지 못하게 된 경우에는 그 무권리자가 특허출원한 후에 한 정당한 권리자의 특허출원은 무권리자가 특허출원한 때에 특허출원한 것으로 본다.[15)] 즉 무권리자의 특허출원이 거절된 경우 그 무권리자의 특허출원 후에 한 정당한 권리자의 출원에 대하여 무권리자가 특허출원한 때에 특허출원한 것으로 본다. 다만 무(無)권리자가 특허를 받지 못하게 된 날로부터 30일이 지난 후에 정당한 권리자가 특허출원을 한 경우에는 그러하지 아니하다(제34조). 이 규정의 취지는 무권리자의 출원은 정당한 권리자와의 관계뿐만 아니라, 제3자와의 관계에 있어서도 선출원권을 인정하지 않는다는 것이다.

무권리자에 대하여 특허된 것을 이유로 그 특허를 무효로 한다는 무효심결(審決)(제133조 제1항 2호)이 확정된 경우에는 그 특허출원 후에 한 정당한 권리자의 특허출원은 무효로 된 특허의 출원시에 특허출원한 것으로 본다. 다만 특허무효심결이 확정된 날로부터 30일이 지난 후에 특허출원을 한 경우에는 그러하지 아니하다(제35조).[16)] 한

---

14) 이러한 효력은 특허의 등록에 의해 비로소 발생한다. 한편 발명자가 영업비밀로서 그 보호를 선택한다면 논의는 달라질 것이다.

15) 무권리자의 출원이라 함은 진정한 발명자가 아닌 자로서 특허를 받을 수 있는 권리를 승계하지 아니한 자(이하 "무권리자"라 한다)가 정당한 권원없이 특허출원(이를 "모인출원"이라 한다)하는 형태를 말한다.

16) 정당한 권리자의 출원의 취급

특허법 제34조 및 제35조의 규정에 따라 정당한 권리자의 출원으로 인정된 출원은 무권리자가 출원

편, 무권리자 출원을 거절결정시키거나 무권리자 특허를 무효로 하지 않고, 정당한 권리자는 이전청구(등록전에는 민사소송으로 명의변경절차의 이행)를 통해 권리를 이전받을 수도 있다(제99조 의2). 무단공표의 경우에도 일정한 조건하에서 구제방법이 있으며(제30조 제1항 2호), 모인(冒認)출원과 같이 정당한 권리자에 대한 불법행위가 된다고 할 것이다.

대법원 2011.9.29. 선고 2009후2463 판결

특허법 제33조 제1항 본문은 발명을 한 사람 또는 그 승계인은 특허법에서 정하는 바에 따라 특허를 받을 수 있는 권리를 가진다고 규정하고, 제133조 제1항 2호는 제33조 제1항 본문의 규정에 의한 특허를 받을 수 있는 권리를 가지지 아니한 사람이 출원하여 특허받은 경우를 특허무효사유의 하나로 규정하고 있다. 한편 특허법 제2조 제1호는 '발명'이란 자연법칙을 이용하여 기술적 사상을 고도로 창작한 것을 말한다고 규정하고 있으므로, 특허법 제33조 제1항에서 정하고 있는 '발명을 한 자'는 바로 이러한 발명행위를 한 사람을 가리킨다고 할 것이다. 따라서 발명자가 아닌 사람으로서 특허를 받을 수 있는 권리의 승계인이 아닌 사람(이하 '무권리자'라 한다)이 발명자가 한 발명의 구성을 일부 변경함으로써 그 기술적 구성이 발명자가 한 발명과 상이하게 되었다 하더라도, 그 변경이 그 기술분야에서 통상의 지식을 가진 사람(이하 '통상의 기술자'라고 한다)이 보통으로 채용하는 정도의 기술적 구성의 부가·삭제·변경에 지나지 아니하고 그로 인하여 발명의 작용효과에 특별한 차이를 일으키지 아니하는 등 기술적 사상의 창작에 실질적으로 기여하지 않은 경우에는 그 특허발명은 무권리자의 특허출원에 해당하여 그 등록이 무효라고 할 것이다.

① 정당한 권리자의 출원　　모인자로부터 정당한 권리자를 보호하기 위해 특

한 때 출원한 것으로 본다. 따라서, 이 경우 정당한 권리자의 출원은 특허요건의 판단, 기간의 계산, 관련 규정의 적용 등에 있어 무권리자가 출원한 날을 기준으로 한다.

예로서 무권리자의 출원과 정당한 권리자의 출원 사이에 동일한 발명에 대한 제3자의 출원이 있는 경우 정당한 권리자의 출원의 출원일은 소급되어 제3자의 출원의 출원일보다 앞서므로 정당한 권리자의 출원은 제3자의 출원으로 인하여 거절결정되지 않으나 제3자의 출원은 정당한 권리자의 출원에 의하여 거절결정될 수 있다.

또한, 상기의 특허요건 이외에 기간의 계산이나 관련규정의 적용도 무권리자 출원의 출원일을 기준으로 적용한다.

한편, 정당한 권리자의 출원의 출원일이 무권리자가 출원한 날로부터 3년이 경과한 경우에도 정당한 권리자의 출원한 날로부터 30일 이내 심사청구한 경우에는 그 심사청구는 유효한 것으로 인정한다. 이는 정당한 권리자가 무권리자의 출원이 거절결정이나 무효되는 것과 관계없이 특허법 제34조, 제35조 단서규정에 의한 기간 이내에 출원한 후 심사청구하고 이후 그 출원이 정당한 권리자의 출원이라는 주장을 할 수 있기 때문이다.

허법은 제36조 제5항에서 무권리자에 의한 출원에 대하여 선출원의 지위를 인정하지 않는다. 또한 정당한 권리자의 보호라는 측면에서 모인자의 출원이 특허를 받을 수 있는 자 규정에의 위반을 이유로 거절결정을 받거나 무효로 한다는 심결이 확정된 때에는 그 특허출원 후에 한 정당한 권리자의 특허출원은 거절 또는 무효로 된 그 특허의 출원시에 특허출원한 것으로 본다(제34조, 제35조). 다만 이러한 의제를 받기 위하여 정당한 권리자의 출원은 무권리자가 특허를 받지 못하게 된 날(거절결정이 확정된 날)로부터 30일 또는 심결이 확정된 날부터 30일을 경과하여서는 아니 된다.

② **정당한 권리자에 대한 통보** 특허법 시행규칙은 보다 효과적인 정당한 권리자의 보호를 위하여 동시행규칙 제33조에 '특허청장 또는 특허심판원장은 특허출원이 무권리자가 한 특허출원이라는 이유로 그 특허출원에 대하여 특허거절결정, 특허거절결정의 불복심판에 대한 기각심결 또는 특허무효심결의 확정이 있는 때에는 이를 정당한 권리자에게 서면으로 통지하여야 한다'라고 규정하고 있다.

따라서 심사관은 무권리자가 한 특허출원이라는 이유로 특허거절결정을 한 경우에는 그 결정이 확정되었음을 확인하여 이를 정당한 권리자에게 서면으로 통지하여야 한다. 특히 정당한 권리자의 출원은 심결이 확정된 날부터 30일을 경과하여서는 아니 된다는 측면에서 조속히 통보가 이루어져야 한다.

③ **정당한 권리자에 의한 출원 절차** 특허법 제34조 또는 제35조의 규정에 의하여 정당한 권리자가 특허출원을 하고자 할 때에는 별지 제14호 서식의 출원서에 명세서·요약서 및 도면, 정당한 권리자임을 증명하는 서류, 대리권 증명서류(대리인이 있는 경우)를 첨부하여 특허청장에게 제출하여야 한다(시행규칙 제31조).

정당한 권리자의 특허출원에 대하여 특허법 제34조 및 제35조의 규정에 의하여 특허된 경우 정당한 권리자의 특허권존속기간은 정당한 권리자의 특허권이 설정된 날부터 무권리자의 특허출원일의 다음날부터 기산하여 20년이 되는 날까지로 한다. 즉 정당한 권리자의 특허권존속기간은 정당한 권리자의 특허권이 설정등록된 날부터 무권리자의 특허출원 후 20년이 되는 날까지로 한다(제88조 제2항).

④ **특허권의 이전청구**

ⓐ 이전청구 ⅰ) 제33조 제1항 본문의 특허를 받을 수 있는 권리를 가지지 아니하거나, ⅱ) 제44조의 특허를 받을 수 있는 권리가 공유인데 공동출원하지 아니하여 특허무효사유(제133조 제1항 2호)에 해당하는 경우에 특허를 받을 수 있는 권리를 가진 자는 법원에 해당 특허권의 이전(특허를 받을 수 있는 권리가 공유인 경우에는 그 지

분의 이전을 말한다)을 청구할 수 있다(제99조의2 제1항).

ⓑ 권리의 귀속시기　특허를 받을 수 있는 권리를 가진 자의 이전청구(특허를 받을 수 있는 권리가 공유인 경우에는 그 지분의 이전청구)에 기초하여 특허권이 이전등록된 경우에는 해당 특허권과 보상금청구권(제65조 제2항, 제207조 제4항)은 그 특허권이 설정등록된 날부터 이전등록을 받은 자에게 있는 것으로 본다(제99조의2 제2항). 이는 처음부터 특허권을 취득할 수 있었던 자는 특허를 받을 수 있는 권리를 가진 자이고, 해당 특허발명이 공개됨에 따라 산업발달에 이미 기여하였다는 점에서 특허를 받을 수 있는 권리를 가진 자에게 권리의 행사를 처음부터 인정함이 타당하기 때문이다. 따라서 前 특허권자가 특허권, 보상금청구권의 행사를 통해 받은 이익은 부당이득으로 이전등록된 특허권자에게 반환해야 할 대상이 될 것이다. 또한, 이전등록이 있기 전의 前 특허권자와 실시권자의 실시권 허락 계약도 무효로 될 것이나 일정한 경우 후술하는 특허권의 이전청구에 따른 이전등록 전의 실시에 의한 통상실시권(제103조의2)에 의해 실시권자의 보호가 가능하다.

ⓒ 권리가 공유인 경우　이전청구에 따라 공유인 특허권의 지분을 이전하는 경우에 특허권이 공유인 경우에는 각 공유자는 다른 공유자의 동의를 받아야만 지분을 양도할 수 있다는 제99조 제2항에도 불구하고 다른 공유자의 동의를 받지 아니하더라도 그 지분을 이전할 수 있다(제99조의2 제3항).

ⓓ 무효사유에서 제외　이전청구에 기초하여 특허를 받을 수 있는 권리를 가진 자에게 이전등록(제99조의2)이 있으면 이전등록된 특허권(특허를 받을 수 있는 권리가 공유인 경우에는 그 지분의 이전을 말한다)은 특허무효심판을 청구할 수 있는 대상에서 제외된다(제133조 제1항 2호 단서). 이는 이전청구에 의하여 특허를 받을 수 있는 권리를 가진 자에게 이전등록된 특허권이 애초에 특허를 받을 수 있는 권리를 가진 자의 출원이 아니라는 점을 이유로 무효로 되는 것을 방지하기 위함이다.

ⓔ 특허권의 이전청구에 따른 이전등록 전의 실시에 의한 통상실시권　ⅰ) 이전등록된 특허의 원(原)특허권자, ⅱ) 이전등록된 특허권에 대하여 이전등록 당시에 이미 전용실시권이나 통상실시권 또는 그 전용실시권에 대한 통상실시권을 취득하고 등록을 받은 자(다만, 제118조 제2항에 따른 통상실시권을 취득한 자는 등록을 필요로 하지 아니한다) 중 어느 하나에 해당하는 자가 특허권의 이전청구에 기초하여 특허권의 이전등록이 있기 전에(제99조의2 제2항) 해당 특허가 ⅰ) 제33조 제1항 본문의 특허를 받을 수 있는 권리를 가지지 아니하거나, ⅱ) 제44조의 특허를 받을 수 있는 권리가 공유인데 공동출원하지 아니하여 특허무효사유(제133조 제1항 2호)에 해당하는 것을

알지 못하고 국내에서 해당 발명의 실시사업을 하거나 이를 준비하고 있는 경우에는 그 실시하거나 준비를 하고 있는 발명 및 사업목적의 범위에서 그 특허권에 대하여 유상의 통상실시권을 가진다(제103조의2). 이는 자신의 등록이 적법한 것으로 믿는 선의의 무권리자를 보호하는 한편 그 실시를 통하여 갖추어진 산업설비가 산업발전에 이바지라는 법 목적에 비추어 보호해 줄 가치가 있으며, 또한 정당한 권리자가 별도의 특허출원(제35조)을 하여 특허권을 획득하였을 때 선의의 무권리자에게 인정되는 중용권(제104조)과의 형평성을 고려한 것이다.

2) 무단실시행위

무단실시자가 진정한 발명자와 무관하게 실시하고 있는 경우에는 불법행위가 되지 않는다. 무단실시자란 예를 들면 특허를 받을 수 있는 권리자와 무관하게 개발한 자이거나, 특허를 받을 수 있는 권리자로부터 알게 된 자로부터 정당한 방법에 의하여 알게 되어 실시하고 있는 자를 지칭한다. 또한 무단실시자가 단순히 정당한 권리자로부터 발명의 내용을 알게 되었다는 것만으로 불법행위의 성립을 인정할 수는 없다. 즉 알게 된 수단이나 방법이 두드러지게 부당한 경우에 한하여 그 알게 된 행위와 더불어 실시(實施)행위도 불법행위가 된다고 할 것이다.

4. 소　　멸

특허를 받을 수 있는 권리는 ① 특허권의 설정등록, ② 거절결정의 확정, ③ 상속인의 부존재, ④ 권리능력의 상실 및 ⑤ 권리의 포기[17] 등에 의해 소멸된다.

특허권은 상속인이 부존재하는 경우에 소멸한다고 하는 규정은 있으나(제124조 제1항), 특허를 받을 수 있는 권리에 대하여는 그러한 취지의 규정을 두고 있지 않다. 이에 민법의 일반원칙에 의해 상속인이 없는 경우 국고에 귀속시킬 수 있겠으나, 특허를 받을 수 있는 권리에 대하여는 그 실익이 없고 오히려 특허권과 마찬가지로 소멸시킴으로써 누구라도 실시할 수 있도록 하는 것이 특허법의 목적에도 부합하며, 또한 그러한 해석이 통설이다. 특허에 관한 개별적 권리능력을 가지고 있는 외국인이 후에 조약의 파기 등에 의하여 그 능력을 상실한 때에는 특허를 받을 수 있는 권리도 이와 동시에 소멸한다.

권리는 원칙적으로 포기할 수 있다. 따라서 특허를 받을 수 있는 권리 역시 포

17) 공권이므로 포기할 수 없다는 견해도 있으나, 공권이라는 전제 역시 의문될 뿐만 아니라 공권이라 하여 포기할 수 없다는 주장 역시 근거가 빈약하다.

기가 가능하며 이로써 소멸된다. 특허출원 전에 권리를 행사하지 않거나 출원 후에는 포기서를 제출함으로써 포기할 수 있으며, 권리를 포기하면 그 권리는 장래에 향하여 소멸한 것으로 된다. 또한 국방상 필요한 발명 등에 대한 외국특허출원 금지나 비밀취급명령을 위반한 경우에는 그 발명에 대해 특허를 받을 수 있는 권리를 포기한 것으로 본다(제41조 제5항).

Ⅱ. 특허를 받을 수 있는 권리자

1. 발명자주의

특허권을 취득할 수 있는 권리주체는 진실한 발명자 및 그 승계인에 한한다는 발명자주의와 누가 발명한 것인가라는 것과 관계없이 최초에 발명을 국내에 도입해서 출원한 사람에게 특허를 부여한다는 출원자주의가 있다. 출원자주의는 누가 진짜 발명자인가라고 하는 것을 묻지 않고, 최초의 출원자에 대하여 특허를 부여한다고 하는 사고방식으로, 일찍이 많은 나라에서 존재하고 있었던 수입특허는 출원자주의적 사고방식에 근거하고 있다. 이러한 출원자주의는 이념적으로 발명자의 보호라고 하는 점을 전면에 내지 않고, 사회에 파묻혀 있는 발명 혹은 외국에서 이루어진 발명을 일찍 출원시켜 자국의 기술수준을 급속히 끌어올린다는 목적 아래 출원의 촉진을 도모할 수 있는 제도라 하겠다. 그러나 기술수준의 발달과 함께 현재는 발명자주의가 세계적인 추세라고 할 수 있다.

우리의 특허법 역시 발명자주의를 직접적으로 규정한 조문은 없으나, 특허법 제33조에서 "발명을 한 사람… 특허를 받을 수 있는 권리를 가진다"라고 규정되어 있어 발명자주의를 추측할 수 있다. 또한 발명자 또는 그 승계인이 아닌 제3자에 의한 출원은 거절되며(제62조 2호), 등록되어도 무효사유(제133조 제1항 2호·3호)에 해당하게 된다.

2. 발 명 자

특허를 받을 수 있는 권리는 발명의 완성과 함께 실제로 그 발명을 완성한 자에게 인정된다. 발명은 사실행위인바 대리인에 의한 발명이나 법인 자체에 의한 발명이란 있을 수 없다. 또한 발명은 법률행위가 아닌바 특허법상의 행위능력 내지 권리능력을 필요로 하지 않는다. 따라서 법정대리인 또는 특허관리인에 의하지 아니하면 특허법에 정한 출원 · 심사청구 기타의 절차를 밟을 수 없는 미성년자 내지 재외자(在外者)도 발명자가 되는 것에는 문제가 없다. 다만 발명자란 해당 발명의 창작행위에 실질적으로 가담한 자만을 가리키고, 단순한 보조자 · 조언자 · 자금의 제공자 혹은 단순히 명령을 내린 사람은 발명자가 될 수 없다.[18]

한편 특허법은 제33조 제1항 단서에서 "특허청 직원 및 특허심판원 직원은 상속이나 유증의 경우를 제외하고는 재직 중 특허를 받을 수 없다"라고 제한규정을 두고 있다. 이 규정은 재직 중의 출원에 의하여 심사의 공정을 해할 염려를 방지하는데 그 취지가 있다.

이러한 특허를 받을 수 있는 권리가 인정되는가의 여부는 실제로 그에게 특허권을 부여하는가의 문제와는 별개의 것이다. 즉 동일한 발명이 각기 독립된 수인(數人)에 의해 이루어진 경우 모든 자가 해당 발명에 대하여 특허를 받을 수 있는 권리를 갖는다. 하지만 우리 나라의 특허법은 실제 발명 완성시기의 선후에 관계없이 이러한 정당한 권리자 중 최선으로 특허출원을 한 자에게 특허를 부여하는 선출원주의를 취하고 있다(제36조).[19]

대법원 2012.12.27. 선고 2011다67705 판결

[특허법 제33조 제1항 '발명을 한 자'의 의미 및 화학발명의 경우 발명자인지를 결정하는 기준]

특허법 제33조 제1항 본문은 발명을 한 자 또는 그 승계인은 특허법에서 정하는 바에 의하여 특허를 받을 수 있는 권리를 가진다고 규정하고 있는데, 특허법 제2조 제1호는 '발명'이란 자연법칙을 이용한 기술적 사상의 창작으로서 고도한 것을 말한다고 규정하고 있으므로, 특허법 제33조 제1항에서 정하고 있는 '발명을 한 자'는 바로 이러한 발명행위를 한 사람을 가리킨다. 따라서 발명자(공동발명자를 포함한다)에 해당한다고 하기 위해서는 단순히 발명에 대한 기본적인 과제와 아이디어만을 제공하였거나 연구자를 일반적으로 관리하고 연구자의 지시로 데이터의 정리와 실험만을 한 경우 또는 자금 · 설비 등을 제공하여 발명의 완성을 후원 · 위탁하였을 뿐인 정도 등에 그치지 않고, 발명의 기술적 과제를 해결하기 위한 구체적인 착상을 새롭게 제시 · 부가 · 보완하거나, 실험 등을 통하여 새로운 착상을 구체화하거나, 발명의 목적 및 효과를 달성하기 위한 구체적인 수단과 방법의 제공 또는 구체적인 조언 · 지도를 통하여

---

18) 단순히 지시를 받아 발명에 관계된 장치의 제작도면을 작성한 사람이나, 과제와 관련하여 극히 소박한 아이디어를 제공한 사람은 발명자라고 할 수 없다. 반면 구체적인 착상을 한 사람과 이것을 구체화해서 발명을 완성시킨 사람은 공동발명자가 된다.

19) 미국은 입법례로서는 유일하게 동일 내용의 발명이 수개인 경우 최초에 발명을 완성한 자에게 특허권을 부여하는 선(先)발명주의를 취하고 있었다가, 2013년에 선출원주의로 바뀌었다.

발명을 가능하게 한 경우 등과 같이 기술적 사상의 창작행위에 실질적으로 기여하기에 이르러야 한다. 한편 이른바 실험의 과학이라고 하는 화학발명의 경우에는 해당 발명 내용과 기술수준에 따라 차이가 있을 수는 있지만 예측가능성 내지 실현가능성이 현저히 부족하여 실험데이터가 제시된 실험예가 없으면 완성된 발명으로 보기 어려운 경우가 많이 있는데, 그와 같은 경우에는 실제 실험을 통하여 발명을 구체화하고 완성하는데 실질적으로 기여하였는지의 관점에서 발명자인지 여부를 결정해야 한다.

[특허를 받을 수 있는 권리를 이전하기로 하는 계약을 묵시적으로도 할 수 있는지 여부(적극) 및 그러한 계약에 따라 특허등록을 공동출원한 경우 출원인이 발명자가 아니라도 등록된 특허권의 공유지분을 가지는지 여부(적극)]

특허를 받을 수 있는 권리는 발명의 완성과 동시에 발명자에게 원시적으로 귀속되지만, 이는 재산권으로 양도성을 가지므로 계약 또는 상속 등을 통하여 전부 또는 일부 지분을 이전할 수 있고(특허법 제37조 제1항), 그 권리를 이전하기로 하는 계약은 명시적으로는 물론 묵시적으로도 이루어질 수 있고, 그러한 계약에 따라 특허등록을 공동출원한 경우에는 출원인이 발명자가 아니라도 등록된 특허권의 공유지분을 가진다.

대법원 2022.11.17. 선고 2019후11268 판결

[특허를 받을 수 있는 권리를 가지지 아니한 사람의 특허출원을 무효사유로 한 특허무효심판 및 그에 따른 심결취소소송에서 무효사유에 관한 증명책임의 소재(=무효라고 주장하는 당사자)]

구 특허법(2006.3.3. 법률 제7871호로 개정되기 전의 것, 이하 같다) 제33조 제1항 본문은 발명을 한 사람 또는 그 승계인은 특허법에서 정하는 바에 따라 특허를 받을 수 있는 권리를 가진다고 규정하고, 제133조 제1항 제2호는 제33조 제1항 본문의 규정에 의한 특허를 받을 수 있는 권리를 가지지 아니한 사람(이하 '무권리자'라고 한다)이 출원하여 특허받은 경우를 특허무효사유의 하나로 규정하고 있다. 무권리자의 출원을 무효사유로 한 특허무효심판 및 그에 따른 심결취소소송에서 위와 같은 무효사유에 관한 증명책임은 무효라고 주장하는 당사자에게 있다. 한편 특허법 제2조 제1호는 '발명'이란 자연법칙을 이용하여 기술적 사상을 고도로 창작한 것을 말한다고 규정하고 있으므로, 특허법 제33조 제1항에서 정하고 있는 '발명을 한 자'는 바로 이러한 발명행위를 한 사람을 가리킨다(대법원 2011.9.29. 선고 2009후2463 판결 등 참조).

3. 공동발명자

2인 이상이 공동으로 발명한 경우에는 특허를 받을 수 있는 권리를 공유[20]한다(제33조 제2항). 발명이 여러 사람에 의해 공동으로 이루어졌을 때는 공동자 전원이 발명자

20) 발명자가 특허를 받을 수 있는 권리의 일부를 양도한 경우에도 공유관계가 발생한다.

이므로 특허를 받을 수 있는 권리는 공동발명자 전원에게 있으며, 공유자 전원이 아니면 특허출원을 할 수 없다. 따라서 공유자의 한 사람이라도 반대한다면 다른 공유자는 특허출원을 할 수 없다. 이와 관련하여 다른 공유자에게 지분매입청구권을 인정하도록 하자는 입법론도 있다.

공동발명은 2인 이상의 자 사이에 실질적인 상호협력에 의해 이루어진다는 공통의 인식 아래 기술문제 해결을 위한 연구가 이루어진 경우에 인정된다. 따라서 비록 다수의 자가 관계하여 발명이 이루어진 경우라 할지라도 단순한 협력자인지 실질적인 협력자인지를 판단하기가 그리 쉽지는 않다. 이와 관련하여 발명은 기술적 사상의 창작이므로, 사상의 창작 자체에 관계하지 않는 자, 예컨대 단순한 관리자·보조자 또는 후원자 등은 공동발명자가 아니다. 즉 부하인 연구자에 대해 일반적 관리를 한 자, 예컨대 구체적 착상을 제시하지 않고 단지 통상의 테마를 주거나 발명과정에서 단순히 일반적인 조언·지도를 한 자(단순 관리자), 연구자의 지시로 단순히 데이터를 정리하거나 또는 실험한 자(단순 보조자), 발명자에게 자금을 제공하여 설비이용의 편의를 주는 등 발명의 완성을 원조하거나 위탁한 자(단순 후원자·위탁자)는 공동발명자가 아니다. 반면, 물리적으로 함께 또는 동시에 연구하지 않았거나, 관계자 사이에 동종 또는 대등한 기여가 없었다는 등의 이유로 공동발명이 인정되지 않는 것은 아니다.

제공한 착상이 새로운 경우 착상 제공자는 발명자이다. 단, 착상자가 착상을 구체화하지 못하고 그대로 공표하였을 때에는 그 후에 다른 사람이 이것을 구체화시켜 발명을 완성했다 해도 착상자는 공동발명자가 될 수 없다. 양자간에는 일체적·연속적인 협력관계가 없기 때문이다. 따라서 이 경우는 공지의 착상을 구체화하여 발명을 완성한 자만이 발명자이다. 한편 새로운 착상을 구체화한 자는 그 구체화가 통상의 기술자에게 있어 자명한 정도의 것에 속하지 않는 한 공동발명자이다.

특허법은 공동발명의 특허를 받을 수 있는 권리에 대하여 그 공동소유의 형태가 공유라고 규정하고 있다. 그러나 특허를 받을 수 있는 권리의 지분 양도에 있어 다른 공유자의 동의를 요건으로 하거나(제37조 제3항), 특허를 받을 수 있는 권리 자체의 분할이 불가능하다는 점에서 합유적인 성격을 갖는다. 특허를 받을 수 있는 권리가 공유인 경우 공유자 전원이 공동으로 출원하여야 하며(제44조), 공유자의 일부에 의한 출원은 거절되며(제62조), 심판의 당사자가 되는 경우에도 전원이 하여야 한다(제139조 제2항·제3항).

대법원 2001.11.27. 선고 99후468 판결

[공동출원]

발명의 공동고안자가 되기 위해서는 발명의 완성을 위하여 실질적으로 상호 협력하는 관계가 있어야 할 것인바, 같은 취지에서 원심이, 이 사건 등록고안이 완성되는 과정에서 소외 C의 노력 외에 소외 K의 협력이 있었다는 점에 부합하는 듯한 증인 K의 증언은 증인 C의 증언 등에 비추어 선뜻 믿기 어렵고 달리 이를 인정할 아무런 증거가 없으므로 이 사건 등록고안이 공동고안이라고 할 수 없다는 취지로 판단한 것은 옳다.

東京地裁 平成17.9.13. 判例時報 1916号, 133-134頁

[특허권양도대금청구사건(기각)]

[특허소송 중에 발명자란에 기재되어 있는 자가 특허법 제35조에서 규정한 소정의 발명자에 해당하지 않는다고 한 사례]

본건은, 원고가 피고에 대하여, 본건 발명은 원고가 B와 동시에 그 직무상 행한 것으로 직무발명에 속한 점, 피고의 발명고안 규정에 근거하여, 본건 발명에 근거한 특허를 받는 권리를 피고에게 양도하였다고 주장하여, 특허법 제35조에 근거하여, 양도의 대가 53억 9,665만 5,000엔의 일부청구로서, 10억 엔 및 이것에 대한 2004년 7월 15일(소장송달의 날(해)의 다음 날)일부터 완제일까지 연 5%의 비율에 의한 지연 손해금의 지불을 구한 사안이다.

"발명"이란 "자연법칙을 이용한 기술적 사상의 창작 중 고도의 것"을 말하기 때문에(특허법 제2조 제1항), 진정한 발명자(공동 발명자)라고 할 수 있기 위해서는, 해당 발명에 있어서 기술적 사상의 창작 행위에 현실에 가담한 것이 필요하다.

따라서, ① 발명자에 대하여 일반적 관리를 한 것에 지나지 않는 자(단순한 관리자), 예를 들면, 구체적 착상을 나타내지 않고, 단지 통상의 연구 테마를 주거나, 발명의 과정에 있어 단지 일반적인 지도를 주거나, 과제의 해결을 위한 추상적 조언을 준 것에 지나지 않는 자, ② 발명자의 지시에 따라 보조한 것에 지나지 않는 자(단순한 보조자), 예를 들면, 단순히 데이터를 정리하거나, 문서를 작성하거나, 실험을 행한 것에 지나지 않는 자, ③ 발명자에 의한 발명의 완성을 원조한 것에 지나지 않는 자(단순한 후원자), 예를 들면, 발명자에게 자금을 제공하거나, 설비 이용의 편리를 준 것에 지나지 않는 자 등은, 기술적 사상의 창작 행위에 실제로 가담하였다고는 말할 수 없어 공동 발명자라고 말할 수는 없다.

4. 승 계 인

발명자의 특허를 받을 수 있는 권리는 재산권이며 양도성을 지닌다. 그러므로 이러한 권리는 계약 또는 상속 등을 통하여 그 전부 또는 일부를 이전할 수 있다(제37조 제1항). 다만 특허를 받을 수 있는 권리가 2인 이상의 자에게 공유된 상태에서는 각 공유자는 다른 공유자의 동의를 받아야만 그 지분을 양도할 수 있다(제37조 제3항). 이러한 특허를 받을 수 있는 권리의 이전은 특허출원의 전후를 불문한다. 또한 특허를 받을 수 있는 권리의 일부만의 이전도 가능하다.

특허출원 전의 특허를 받을 수 있는 권리는 재산권으로서 유효하게 공시할 방법이 없다. 따라서 특허출원 전에 승계된 경우에는 승계인이 특허를 받을 수 있는 권리의 적법한 권리자라는 것을 공시하는 방법은 특허청에 승계인의 이름으로 특허출원을 하는 것이다. 이에 특허법은 "특허출원 전에 이루어진 특허를 받을 수 있는 권리의 승계는 그 승계인이 특허출원을 하여야 제3자에게 대항할 수 있다(제38조 제1항)" 라고 규정하고 있다. 한편 특허출원 후에는 특허를 받을 수 있는 권리는 특허권 설정등록 전까지 제3자에게 승계될 수 있는데, 이 경우에는 권리의 승계가 상속 그 밖의 일반승계에 의한 경우를 제외하고는 출원인의 명의변경신고를 함으로써 승계의 효력이 발생한다. 즉 특허출원 후의 권리이전은 상속 그 밖의 일반승계의 경우를 제외하고는 특허출원인변경신고를 하여야만 효력이 발생한다(제38조 제4항). 명의변경신고는 양도인이나 승계인이 단독으로 할 수 있으며, 승계인이 단독으로 명의변경신고를 할 때에 특허청장은 필요하다고 인정되는 경우에는 승계인임을 증명하는 서면의 제출을 명할 수 있다(시행규칙 제7조 제1항). 한편 특허를 받을 수 있는 권리의 승계가 상속 그 밖의 일반승계에 의해서 이루어진 경우에는 명의변경신고는 필요없지만 그 승계인은 그 취지를 특허청장에게 지체없이 신고하여야 한다(제38조 제5항). 이를 특허청장에게 지체없이 신고하지 않은 때에는 특허청 관련 절차를 밟음에 있어서 문서송달 등에서 오는 불이익은 승계인이 감수해야 한다.

특허출원 전에 권리의 승계가 있으면 승계인은 해당 발명에 대하여 특허출원할 수 있는 정당한 권리자가 된다. 특허출원 후에 권리의 승계가 있으면 승계 전에 수행된 특허에 관한 절차의 효과는 승계인에게 당연히 미치는 것이고, 또 경우에 따라서는 특허청장의 명령에 의해서 절차를 속행시켜야 하는 의무를 질 수도 있다. 한편 발명자는 특허를 받을 수 있는 권리를 이전했다고 해도, 그 성명은 출원서, 특허공보 및 특허증에 발명자로서 게재된다.

특허에 관한 권리의 승계 효과와 관련하여 특허를 받을 수 있는 권리의 승계인은 동시에 외국특허를 받을 수 있는 권리도 승계한 것으로 해석할지 여부가 문제된다. 이에 소극설은 "특허권이 국가마다 별개로 성립하고, 출원절차도 국가마다 밟아야 하는 상황에서는 특허출원을 하는 권리나 특허를 받을 수 있는 권리는 국가마다 별개의 독립된 것으로 이해해야 한다고 보고, 따라서 발명자와의 특약이 없는 한 승계인의 특허출원할 수 있는 권리는 그 국가에 국한된다"라고 한다. 반면 적극설은 "본래 발명은 모든 국가에서 보호·이용되어야 하므로 발명과 동시에 발명을 보호하는 모든 국가에의 출원권이 일체적·불가분적으로 발생한다. 또 기업활동이 국제적이어서 발명이용 무대가 국내에 한정되지 않는 오늘날에 있어서는 승계대상에 외국에의 출원권이 포함되어 있다고 해석하는 것은 오히려 사회통념에 합치한다'고 하면서 '특허를 받을 수 있는 권리의 승계인은 원권리자와의 아무런 특약 없이도 외국에 대하여 특허출원을 자유롭게 할 수 있는 권리를 당연히 향유한다"라고 본다.

긍정설은 부정설이 일면 양도인의 경제적 이익면에서 유리하게 보이나, 실질적으로 승계인이 외국출원권까지 생각하고 계약할 경우에 비해 국내에만 출원할 수 있는 권리를 양도받은 경우에 그 가액이 저렴할 수밖에 없기 때문에 양도인에게 큰 이득이 되는 것도 아니라고 지적한다. 그리고 계약자유를 원칙으로 하는 우리나라에서 부정설과 긍정설의 구별 실익이 크지 않으므로 특약이 없는 한 외국에의 특허출원에 관한 권리도 포함하여 승계하는 긍정설이 타당하다고 한다. 그러나 긍정설과 부정설이 나누어지는 부분은 그러한 명시적인 특약이 없는 상태를 보충하기 위한 견해의 차이이지, 명시적인 특약이 있는 가운데 그를 인정하거나 부정하려는 견해의 차이가 아니다.

기본적으로 계약의 체결에 따른 효력은 계약의 당사자를 구속하지만, 당사자의 합의가 없는 사항에까지 계약의 당사자에게 그 효력을 강요할 수는 없다. 특히 전통적으로 특허권이 국가마다 별개로 성립하고, 출원절차도 국가마다 밟아야 하는 상황에서는 특허출원을 하는 권리나 특허를 받을 수 있는 권리는 국가마다 별개의 독립된 것으로 이해되어진 것으로 볼 때, 당사자 사이의 계약을 해석함에 있어 당연히 승계한 것으로 인정하는 긍정설은 타당하지 않다고 생각된다. 즉 구체적인 계약 내용에 따라 파악할 것이며, 승계인이 외국특허도 받고 싶을 때는 승계계약에서 이 점을 분명히 해야 한다고 하겠다. 다만, 상속 그 밖의 일반승계의 경우에는 1국가뿐만 아니라 모든 국가에 출원할 권리를 이전한 것으로 본다.

Ⅲ. 종업원의 발명[21)]

1. 의 의

종래 발명은 창조적인 한 개인의 지적 호기심과 이를 충족하기 위한 일련의 과정에서 얻어진 소산물이었다. 따라서 발명은 작은 규모의 것이었으며, 그에 따른 발명의 혜택을 누릴 수 있는 사회 내지 시장 역시 작은 것이었다. 그러나 오늘날의 발명은 그것을 이루어내는 과정뿐만 아니라 이를 이용하는 시장의 규모 역시 과거와 비교되지 않을 만큼 복잡화되고 광범위해졌다. 특히 급속하게 기술이 발전된 상황에서 한 개인의 재능과 노력만으로 새로운 발명을 하는 것도, 그러한 발명이 사회의 요구를 충족하기도 힘들어졌다. 이에 오늘날 개인의 재능과 자력만으로 발명을 한다는 것은 드물고, 다른 기관(기업, 단체, 국가 등)으로부터 지적·금전적 원조를 받든지, 설비를 이용하든지 또는 타인과 공동으로 연구를 하여 발명을 완성하는 경우가 일반적인 형태가 되었다. 즉 오늘날에 있어서의 발명은 개인중심의 것에서 조직중심의 것으로 변화하고 있다.[22)]

특허법을 비롯하여 발명을 보호하고 장려하고자 하는 여러 법제의 전통적인 태도는 개인 발명자를 전제로 한 것이다. 그러나 기술환경의 변화를 고려한다면 개인 발명자의 발명의욕을 자극하는 것만으로는 발명진흥에 있어서 충분하지 못하다고 할 것이며, 조직과의 관점에서 발명자의 지위를 파악하는 것이 중요한 과제라 하겠다. 비록 발명에 대한 권리는 그 발명을 한 자에 대하여 인정되는 것이 특허법의 기본적 태도일지라도[23)] 직무발명에 이르는 과정을 판단하면 일반원칙을 그대로 적용시키는 것이 타당하다고는 할 수 없다. 즉 직무발명에 있어 사용자 등은 발명자에게 직무발명을 하게 된 행위를 직무로서 부여함과 동시에 그 직무를 수행하는 데 필요한 설비·자재·비용을 제공함으로써 발명의 완성을 위한 물리적 기

21) 윤선희, "종업원발명(상, 하)", 법조, 통권 556호, 557호에 게재된 것을 재정리한 것임.

22) 오늘날 대부분의 신기술은 조직화된 기업체에 의해 개발되고 있다. 이는 산업이 고도화되고 이를 뒷받침해주는 기술이 고도로 복잡·다양해짐에 따라 기존의 기술(prior art)을 뛰어넘는 새로운 기술의 개발은 대규모 연구시설과 인력 및 막대한 연구비의 지원이 없이는 사실상 불가능하기 때문이다. 따라서 오늘날에는 에디슨과 같은 뛰어난 개인발명가에 의한 발명은 소수에 불과하고 기업체에 의해 이루어지는 직무발명이 대부분이며, 기술이 고도화될수록 기업체에 의한 직무발명의 비중은 더욱 높아지고 있다.

공동발명 내지 공동출원에 대한 규정을 마련한 특허법의 규정(제33조 제2항, 제44조) 역시 이러한 변화를 반영한 것이라 하겠다.

23) 발명에 대한 발명자를 확정하는 과정 역시 쉬운 문제는 아니다.

반을 제공하였다. 또한 종업원 등은 기업에서 많은 지식·기능을 체득할 수 있고, 이것이 발명을 완성하는 데 중요한 도움이 되고 있음을 고려할 때 직무발명에 대해 사용자 등이 하는 역할이 대단히 크다. 이에 발명에 이르는 과정에 기여한 기업을 막상 발명의 완성에 따른 혜택을 누리는 과정에서 배제하는 것은 합리적이라고는 할 수 없을 것이다. 한편 사용자 등의 역할이 있다고 해도 직무발명은 그것만으로 완성되는 것이 아니라 종업원 등의 발명적 능력과 노력이 있어야 비로소 가능해지는 것이다. 이러한 가운데 종업원[24]이 이루어낸 발명에 대한 권리귀속 관계를 사용자[25]와 사적 자치에 일임한다면 사회적·경제적 지위에 있어 약자라 할 수 있는 노동자의 권리를 보호할 수 없을 것이다.

이에 발명진흥법에서는 기존의 특허법과 발명진흥법에서 규정하고 있는 직무발명에 관한 규정을 통합하여 규정하고 있다. 직무발명과 관련하여 발명진흥법 제2조 제2호에 직무발명의 개념과 성립요건을, 제2장 제2절에서는 직무발명의 활성화라는 제하에 권리귀속(발명진흥법 제10조), 직무발명보상제도의 실시와 지원시책(발명진흥법 제11조), 직무발명 완성사실의 통지(발명진흥법 제12조), 사용자의 승계여부의 통지(발명진흥법 제13조), 공동발명에 대한 권리의 승계(발명진흥법 제14조), 직무발명에 대한 보상(발명진흥법 제15조), 출원 유보시의 보상(발명진흥법 제16조), 직무발명 심의기구(발명진흥법 제17조), 직무발명 관련 분쟁의 처리방법(발명진흥법 제18조), 비밀유지의 의무(발명진흥법 제19조) 등을 규정하고 있다.[26]

(1) 종업원과 사용자

원칙적으로 발명에 대한 권리는 그 발명을 만들어낸 사람에게 속한다고 하여야 할 것이며 그것은 특허법의 기본적인 태도이기도 하다. 그러한 가운데 발명진흥법의 직무발명 규정은 타인과 근로의 공급을 내용으로 하는 계약을 맺고 있는 자가 발명을 한 경우에 그 발명에 대한 권리 귀속 등을 규정하기 위한 것이다. 따라서 직무발명을 이해하기 위해서는 먼저 여러 근로공급계약을 이해해야 할 것이다.[27]

---

24) 이 외에도 근로자, 노동자 등의 개념이 있겠으나, 본서에서는 특별한 경우가 아닌 한 '종업원'이란 용어를 사용한다.

25) 고용주, 고용자, 사용자 등의 여러 개념이 있겠으나, 본서에서는 특별한 경우가 아닌 한 '사용자'란 용어를 사용한다.

26) 이러한 종업원 발명제도의 문제는 특허를 받을 수 있는 발명에 한정되는 것이 아니다. 특허출원을 하지 않고 기업 내의 노하우로서 축적하는 경우, 특허를 받을 수 없는 개량제안이나 영업상의 제안의 경우, 나아가 컴퓨터·소프트웨어처럼 저작권이 관계된 경우에 있어서도 이와 유사한 상황은 발생할 수 있다(中山信弘 著, 한일지재권연구회 譯, 「特許法」, 법문사, 2001, 73면).

27) 특히 종업원 발명에 대하여 간략히 규정된 발명진흥법의 규정이 적용되는 이외의 사용자와 종업원의 관계를 파악하기 위해서는, 당사자간의 계약관계를 파악하지 않을 수 없겠다.

이는 종업원 발명에 대한 발명진흥법의 규정이 간략한 가운데, 발명진흥법의 규정이 적용되지 않는 부분에서의 사용자 · 종업원의 관계는 당사자간의 계약관계에 따라 판단될 수밖에 없기 때문이다. 근로공급계약으로서 민법은 15개 전형계약 중 고용, 도급, 현상광고, 위임, 임치 등을 규정하고 있으며, 근로기준법 등의 노동법에서도 노무공급계약이라 하여 일정한 권리관계를 상정하고 있다.

근로공급계약의 가장 기본적인 형태는 고용계약이라 하겠으며, 이는 당사자 일방이 상대방에 대하여 노무를 제공할 것을 약정하고 상대방이 이에 대하여 보수를 지급할 것을 약정함으로써 그 효력이 생긴다(민법 제655조). 이러한 민법상의 고용계약이 노동법상의 근로계약과 동일한가에 대하여 민법 학자와 노동법 학자의 태도는 다르다. 즉 대체적으로 민법학자는 민법의 고용은 모두 근로계약이며, 일정한 고용에는 근로기준법의 적용이 배제됨으로써 근로고용이 되지 못하고 민법상의 고용에 해당된다고 보는 반면, 노동법 학자는 고용은 시민법인 민법상의 개념으로서 사회법인 노동법상의 개념인 근로계약과 엄격히 구별된다고 한다. 이에 민법과 노동법이 정의한 종업원 · 사용자 개념을 살펴보면 노동법상의 근로계약은 민법상의 고용관계 등을 전제로 한 설명들이라 하겠다. 즉 노동법에서는 근로자란 '직업의 종류와 관계없이 임금을 목적으로 사업이나 사업장에 근로를 제공하는 자'[28] 내지 '직업의 종류를 불문하고 임금 · 급료 기타 이에 준하는 수입에 의하여 생활하는 자'[29]를 말하며, 사용자란 '사업주 또는 사업 경영 담당자, 그 밖에 근로자에 관한 사항에 대하여 사업주를 위하여 행위하는 자'[30]로 정의하고 있는데 이는 독자적으로 사용자 · 종업원의 법률적 개념을 내린 것이라 볼 수 없으며, 민법상의 고용계약 등이 전제된 것이라 하겠다. 이에 민법상의 사용자 · 종업원의 개념을 살펴보면 '고용계약에 있어서 노무를 제공할 것을 약정한 자'와 '고용계약(근로계약)에 있어서 노무를 제공할 것을 약정한 상대방(근로자)에 대하여 보수(임금)를 지급할 것을 약정하는 자'라 하겠다.

이러한 민법상의 고용관계나 노동법상의 근로관계에 발명진흥법이 규정하는 직무발명에서의 '종업원'과 '사용자'의 관계는 구속되지 않는다. 즉 직무발명 규정의 의의를 판단컨대, 직무발명에 있어서의 '사용자'는 민법이나 노동법적 관점에서의 고용관계를 전제로 한 사용자가 아니라 종업원이 한 발명에 대하여 형평의 관점에

---

28) 근로기준법 제2조 제1항 1호.
29) 노동조합 및 노동관계조정법 제2조 1호.
30) 근로기준법 제2조 제1항 2호.

서 일정한 이익을 정당하게 가질 수 있는 자라면 사용자로서 인정할 수 있다는 것이 일반적인 견해이다. 따라서 자연인뿐만 아니라 법인이나 국가·지방자치단체도 사용자가 될 수 있다. 한편 '종업원'이란 통상의 의미에서의 기업의 종업원뿐만 아니라 회사의 이사, 공무원 등 고용관계에 있는 모든 자를 포함하는 개념으로, 상근인지 비상근인지는 문제되지 않으며 일용이나 파트타임제도 고용계약이 있는 경우에는 종업원에 포함된다.

하지만 이러한 설명이 적절한 것인지 살펴볼 문제가 있다. 먼저 위 설명은 '사용자' 개념의 정의에 있어서는 직무발명을 염두하고 종업원이 한 발명에 대하여 형평의 관점에서 일정한 이익을 정당하게 가질 수 있는 자라고 설명하고 있다. 한편 '종업원'의 개념 정의에 있어서는 직무발명에 한정되지 않고 그 근무형태에 관계없이 고용관계에 있는 자라면 그 지위가 인정된다고 설명하고 있다. '사용자'의 용어 개념과 '종업원'의 용어 개념이 설명되어져야 하는데, '사용자'의 개념은 '종업원' 개념을 전제로 한 직무발명 관점에서 설명하고 '종업원' 개념은 종업원 발명이라는 관점에서 설명하는 불균형을 보이고 있다. 이는 직무발명에 대한 설명에 집착하면서 평형감각을 잃은 설명이라 하겠다. 이에 '사용자'와 '종업원'은 근로의 공급을 내용으로 한 계약관계를 맺고 있는 자라고 설명하는 것이 타당하며, 이러한 관계에 있는 자의 발명에 대해서는 종업원 발명이라 설명하면 충분하겠다. 그리고 다시 이러한 종업원 발명이 인정되는 가운데 직무발명인가의 여부는 직무해당성 등의 다른 요건으로서 판단할 것이다.

종업원 발명에 있어 '사용자'는 타인의 근로공급을 받을 권리를 갖는 자라면 자연인뿐만 아니라 법인, 국가 및 지방자치단체도 사용자가 될 수 있다. 오히려 직무발명은 대부분 법인격을 갖춘 대규모 기업체에서 발생하므로 사용자의 대부분은 자연인보다는 법인이 되겠다. 다만 영리나 비영리를 불문하고 법인격이 없는 단체는 설령 그 대표자 또는 관리인이 정해진 경우에도 여기에서의 사용자 등에는 포함되지 않는다고 본다. 따라서 법인격을 갖추지 못한 단체의 경우 그 사용자는 단체가 아니라 대표자가 된다. 한편 그 근무형태나 지위에 상관없이 타인에게 근로를 공급할 것을 의무로 하는 자는 '종업원'이 될 것이다. 따라서 회사의 임원이나 교원이 '종업원'에 해당됨에는 의심할 여지가 없으며, 다만 그러한 종업원의 지위에서 완성해 낸 종업원 발명이 직무발명에 해당하는가는 별개의 문제라 하겠다.[31]

31) 이러한 점에서 이사가 한 발명이 직무발명에 해당하는가에 대한 문제는 이사가 종업원인가라는 문제에 따라 판단되는 것이 아니다. 즉 종업원발명이나 다만 그것이 직무발명에 해당하는가의 문제와

(2) 종업원 발명의 분류

일반적으로 종업원의 발명은 자유발명, 업무발명 및 직무발명으로 나뉜다. 즉 사용자의 업무범위에 해당하지 않는 자유발명과 사용자의 업무범위에는 해당하나 직무발명에는 해당하지 않는 업무발명 그리고 직무발명으로 나뉘어 설명된다. 이와 같이 종업원의 발명을 나누어 설명하는 것은 종업원이 이루어낸 발명에 대한 사용자의 사전승계 내지 권리귀속을 인정할 수 있는가의 문제에서 비롯한 것이다. 즉 '직무발명'의 경우 미리 정한 승계의 계약에 의해 직무발명에 의한 권리를 사용자에게 귀속시킬 수 있는 반면,[32] '직무발명'에 해당하지 않는다면 이를 목적으로 한 사전승계계약이나 사용자 등을 위하여 정한 전용실시권 설정계약 등은 무효가 된다(발명진흥법 제10조 제3항).

한편 견해에 따라서는 경영발명(공장발명) 개념을 인정하여, 종업원의 발명을 직무(근무)발명, 경영(공장)발명 및 자유발명으로 분류[33]하거나, 직무발명, 자유발명, 업무발명 및 경영발명(공장발명)으로 분류[34][35]하기도 하며, 공동발명과 직무발명으로 분류하는 견해[36]도 있다.[37] 경영발명 개념을 인정하는 견해는 구일본의 학자들에 영향받은 것으로, '경영발명'을 다수의 피용자의 협력에 의하여 기존 공장의 설비와 경험 등을 이용하여 서서히 이루어지는 발명으로서 개개의 피용자가 발명에 관여했는가의 여부가 불분명한 경우로 정의한다.[38] 그러나 이러한 '경영발명'이 종업원의 발명을 설명하는 분류 개념으로서 적절한 것인지 의심스럽다. 즉 정의 자체가 불분명할 뿐만 아니라, 그 정의에 따른다 할지라도 그것을 직무발명으로서 이해할 것인지 아니면 업무발명으로 판단할 것인지에 대한 태도가 불분명하다. 이에 결

회사의 임원과 회사간의 거래에 있어서는 이사회의 승인이 필요하다는 상법과의 관계를 어떻게 이해할 것인가의 문제에 따라 이를 해결해야 할 것이다.

32) 이 경우에도 원시취득은 불가능하고 승계취득만이 가능하다.

33) 정윤진, 「공업소유권법론」, 등용출판사, 1976, 119면.

34) 송영식 · 이상정 · 황종환 · 이대희 · 김병일 · 박영규 · 신재호, 「지적소유권법(上)」(제2판), 육법사, 2013, 414~415면은 직무발명, 자유발명으로 구분하되 참고개념으로 경영발명(공장발명)을 설명한다.

35) 종업원의 발명을 세분화하여 자유발명, 근무발명, 업무발명, 직무발명으로 분류하는 견해도 있다(江夏弘, 「わが国における被用者発明制度の沿革とその法的解釈: 各国との比較法的考察」, 第一法規出版株式會社, 1990, 450頁).

36) 정상조 · 박준석, 「지식재산권법」(제5판), 홍문사, 2020, 129면은 공장이나 연구소 등에서 많은 사람들이 다년간에 걸쳐서 하나의 발명을 완성하는 소위 집단발명 또는 공장발명에 관한 문제를 공동발명 또는 직무발명의 법리에 의하여 해결해야 한다고 설명한다.

37) 그 외에도 법인발명, 집단발명 등도 있다.

38) 자유발명은 피용자가 그 임무와 관계없이 한 발명이라고 한다(정윤진, 「工業所有權法論」, 등용문출판사, 1976, 120면 인용; 清水幸雄 編, 「知的所有権法入門(第2版)」, 中央経済社, 1998, 39頁).

국에 있어서는 직무발명에 해당하는가를 다시 판단해야 하는 불합리한 견해이다.

현행법상의 발명을 직무발명과 공동발명만으로 분류할 수 있다는 견해 역시 타당하지 않다. 직무발명은 종업원 한사람에 의하는 경우도 있겠지만 대부분은 기업 내의 여러 직원들과 공동으로 연구하는 것[39]이 일반적이라고 보기 때문에 공동발명과 직무발명의 구별의 실익이 없다고 본다.

2. 직무발명의 취급

우리의 특허법[40]은 직무발명에 대하여 그 특허를 받을 수 있는 권리를 사용자와 종업원 중 어느 한 쪽에 단정적으로 귀속하는 것이 아니라 어느 한 쪽에 특허를 받을 수 있는 권리를 부여하면서 상대방에게는 이것에 상응하는 보상적 권리를 부여하도록 하고 있다. 그러나 이러한 특허법의 태도가 직무발명에 대한 유일한 것은 아니다. 예컨대 독일은 직무발명을 특허법과 노동법과의 중간영역의 것으로 취급하여 특허법이 아닌 '종업원발명에 관한 법률(Gesetz über Arbeit-nehmererfin-dungen, BGBl I 1957, 756)'을 따로 두고 있으며, 미국의 경우는 계약의 문제로 다루어 해당 계약의 해석 혹은 그 유효성에 대한 논의로서 직무발명을 다루고 있다.[41] 이에 직무발명에 대한 사용자주의와 발명자주의의 태도를 살펴보고, 우리 특허법의 기본 구조 및 그 연혁이 된 일본 특허법의 관계 규정을 살펴보도록 하겠다.

(1) 사용자주의와 발명자주의

전통적으로 직무발명에 대하여는 사용자를 중심으로 생각하는 사용자주의와 발명자를 중심으로 생각하는 발명자주의로 나누어진다. 민법상의 고용관계에 근거한 사용자주의는 직무발명에 관한 권리는 모두 사용자에 귀속하며 직무발명 규정은 불필요하다고 본다. 또한 종업원이 행한 발명에 대한 출원은 사용자가 행하고, 사용자가 종업원에게 지불하는 대가는 보상과 장려에 불과하다고 본다. 반면 발명자주의는 발명은 개인의 지적 산물이고, 그 권리는 원시적으로 발명자에게 있다고 본다. 이에 직무발명 규정은 필요하며 종업원에게 지불되는 대가는 종업원이 권리

39) 타기업과 공동으로 연구개발하는 경우도 동일.

40) 종래에는 직무발명에 관한 규정을 특허법과 발명진흥법에서 각각 규정하고 있었다가 2006년 개정에 의해 발명진흥법에서 통일적으로 규정하게 되었다. 따라서 2006년 이후로는 직무발명에 관한 법률은 발명진흥법이 타당하나, 논의의 편의상 이하에서는 '특허법' 또는 '발명진흥법'을 병행하여 사용하기로 한다.

41) 다만 공무원의 발명에 대하여는 달리 법률을 두고 있다.

로서 받는 보상이다. 또 출원은 사용자 또는 발명자가 행한다.

이러한 사용자주의와 발명자주의에 대하여 대부분 국가의 특허법은 자국의 산업이 발달되기 전에는 사용자주의의 입장을 취하지만 산업과 기술이 발달하면 발명자주의를 취하게 된다고 설명하기도 한다.[42]

1) 사용자주의

사용자주의의 기본적 이념은 민법상 고용계약의 원칙에 근거한다. 즉 민법 제655조는 고용은 당사자 일방이 상대방에 대하여 노무를 제공할 것을 약정하고 상대방이 이에 대하여 보수를 지급할 것을 약정함으로써 그 효력이 생긴다고 규정하고 있어 사용자는 종업원의 노무결과 여부에 관계없이 약속한 보수를 지급할 의무가 있으나, 종업원의 노무 급부의 결과로서 생기거나 취득된 결과물은 모두 사용자의 소유로 돌아갈 수 있다고 할 수 있다. 이에 사용자주의는 고용계약의 원칙을 종업원이 행한 발명에 대하여 그대로 적용하고자 하는 것으로 종업원이 행한 발명을 고용계약의 목적, 즉 노무의 제공 그 자체로 보며, 종업원이 직무상 행한 발명은 모두가 당연히 사용자에게 귀속된다고 한다.

사용자주의에 의하면 사용자는 기업 내에서 생산된 발명에 대한 취급규정에 대하여 일방적으로 제도화하거나 개정할 수 있는 권한을 갖는다. 즉 종업원 발명과 관련하여 그 발명에 관한 권리의 귀속이나 그 방법, 종업원(발명자)에 대한 포상금의 지급, 표창 등의 사항에 대하여 사용자는 종업원과 어떤 형태의 협의를 하거나 동의를 받지 않고 일방적으로 제도화하는 권한을 갖는다. 이에 발명에 관한 권리는 모두 일방적으로 사용자에게 귀속시키고 보상금은 물론 포상금조차 지급하지 않는 기업도 상당히 있으며, 종업원 발명의 취급 규정을 둔 경우에도 직접적으로 발명 행위에 대한 것이라기보다는 종업원 전반의 표창규정[43] 중에서 운용되는 것이 실제이다. 예컨대 영국은 특허법에 종업원이 창작한 직무발명은 사용자에게 귀속한다고 정하고 있으며, 사용자에게 양도절차는 필요없다고 한다. 한편 사용자가 이익을 얻은 경우에는 종업원이 사용자에게 공평한 배분을 요구할 수 있지만, 노동조합과 사용자 간에 보상제외를 정한 포괄계약을 체결한 경우에는 요구할 수 없으며, 대부분의 기업에서 보상금을 지불하지 않고 있다. 중국의 경우 대륙법계의

42) 杉林信義, 「職務発明における対価に関する考察」, 日本法學, Vol.60 No.2, 日本大法學會(1994. 11.), 292頁; 다만 이러한 설명이 전적으로 옳은지는 의문이다.

43) 예컨대 근무성적이 좋은 자, 장기근속자 등의 일반적 표창규정 중에서 발명자를 표창하고 금일봉을 보내는 등.

영향을 받아 특허법에 직무발명의 규정을 두고 있으며 실시료는 세 공제 후 2% 이하 또는 실시료 수입의 10% 이하의 보상금을 발명자에게 지급해야 한다고 규정하고 있지만 실제로는 보상금을 지급하는 경우가 많지 않다고 한다.[44]

2) 발명자주의

발명자주의는 자기 노동의 과실인 발명 또는 관념은 원시적으로 본인에게 귀속하므로 그 자신이 가질 자연권을 가진다는 자연권사상[45]에 기초한다.[46] 이에 종업원이 행한 발명에 대해서도 민법 제655조의 고용계약의 원칙과는 별도로 예외적으로 생각해야 한다고 한다. 즉 발명은 발명자의 특별한 능력과 노력에 의해 비로소 이루어진 것으로 고용계약상의 의무를 넘긴 것이므로 발명에 관한 권리는 사용자가 아닌 발명자에게 속해야 한다고 한다. 다만 종업원 발명에 대하여 배타적 독점권(특허권)을 취득할 권리는 발명을 이루게 된 사정에 따라서 그리고 사용자로부터의 요청이 있어야 비로소 사용자에게 승계되고 해당 발명은 사용자에게 귀속된다고 한다.

예컨대 미국의 경우 일반적인 원칙에서는 발명이 고용기간 중에 착상 또는 실시화된 때에도 종업원인 발명자가 특허를 받을 수 있는 권리를 갖는다.[47] 다만 2개의 예외를 두고 있어 ① 종업원이 처음부터 특정의 과정을 해결하기 위하여 혹은 발명하고자 하는 기술을 완성하기 위하여 고용되었거나 또는 후에 이를 명령받은 경우 종업원은 특허권을 사용자에 양도하지 않을 수 없으며,[48] ② 종업원이 고용기간 중에 개발된 발명의 특허를 받을 수 있는 권리를 양도하는 취지를 규정한 고용계약에 서명한 경우 종업원이 특허를 받을 수 있는 권리를 사용자에 양도하여야

---

44) 岡本清秀, 「企業の多国籍化に伴う知的財産戦略と留意点」, 知財管理, Vol.50 No.1, 73~74頁.

45) 발명자주의의 그 기본적 이념은 1776년 제퍼슨의 미국독립선언 중에서 그 사상을 찾아 볼 수 있다. 즉 독립선언 중에서는 공공에게 영향을 준 기술적 고안에 관해서는 이것을 고안한 발명자 자신에게 귀속하는 자연권이 존재한다는 생각을 밝히고 있어 발명자주의의 근원이 된다. 이는 루소(Jean J. Rousseau)의 사회계약설과 함께 각국 특허제도의 발명자주의의 근원을 이루게 되며, 특히 1789년의 프랑스혁명의 사상에 의거하여 발명자의 발명에 대한 원시 취득의 관념이 생기게 되는데, 1791년 프랑스 특허법에 의해 법률로서 반영되게 된다.

46) 仙元隆一郎, 「特許法講義」, 悠々社, 1998, 34頁.

47) United States v. Dubilier Condenser Corp., 289 U.S. 178 17 U.S.P.Q. 154 (1933).

48) Standard Parts Co. v. Peck, 264 U.S. 52 (1924); Teets v. Chromalloy Gas Turbine Corp., 83 F.3d 403, 38 U.S.P.Q.2d 1695 (fed. Cir. 1996), cert. denied, 117 S. Ct. 513 (1996)(종업원이 사실상 암묵의 계약하에서 발명에 관한 특허권을 양도하게 되는 때가 있다. 왜냐하면 종업원이 특정의 프로젝트를 명령받아 종업원 노동시간의 70%를 그 프로젝트에 사용하여 발명을 실시화하고자 하기 위해 사용자의 자산을 이용하였고, 사용자가 특허출원 비용 및 심사료를 지급하였으며, 그리고 최고로 중요한 것으로는 종업원이 발명의 개발에 관하여 사용자의 역할을 반복적으로 인식하고, 다른 종업원을 공동 발명자로서 열거하였기 때문이다; National Development Co. v. Gray, 55 N.E.2d 783, 62 USPQ 205(1944).

한다. 특히 이와 같은 계약조항은 연구개발을 행하고 있는 회사에서 통상 사용되고 있다.[49] 한편, 특허능력이 있는 발명 이외에 그러한 능력이 없는 기술상의 개량제안(Technische Verbesserungsvorschläge)[50]까지도 적용범위에 포함하고 있는 독일의 종업원발명법은 사용자에게 발명보고의 의무, 양도, 양도할 때의 보상조건, 양도된 발명을 사용자가 실시한 경우의 발명자에 대한 실시료, 비밀유지의무 등을 구체적으로 정하고 있다.

	사용자주의	발명자주의
기본 이념	고용의 원칙(민법 제655조)	발명은 개인의 지적 산물
권리	모든 사용자	원시적으로는 발명자
직무발명 규정	불요	필요
출원	사용자	사용자 또는 발명자
대가	보상	보상

(2) 은혜주의와 권리주의

직무발명제도의 이념은 은혜주의와 권리주의에서도 찾을 수 있다. 은혜주의는 발명은 사용자가 제공한 은혜에 의해서만이 가능하며, 은혜 없이는 발명자가 발명활동을 할 수 없다는 것이다. 즉 은혜주의는 발명자나 연구원이 발명을 하게 된 동기는 어디까지나 사용자가 제작·설치한 연구소나 회사에 고용되고 만들어 놓은 연구시설, 자료, 기계·기구 등을 이용함으로서만이 가능하기 때문에 이러한 사용자의 은혜 없이는 발명을 창작할 수 없다는 데에 근거한다. 따라서 이 은혜주의는 사용자주의와 같은 시각을 가지고 있다. 이에 발명은 종업원의 지적 활동에 의해 창작한 것이기 때문에 그 노력의 보답으로 사용자는 종업원에게 승진기회부여, 보상금지급, 각종 혜택을 부여하는 대신 사용자는 발명을 계속해서 장려하고 이용함

---

49) 예컨대 United Aircraft Products, Inc. v. Warrick, 79 Ohio App. 165, 72 N.E.2d 669, 73 U.S.P.Q. 128 (1945). Carroll Touch, Inc. v. Electro Mechanical Systems, Inc., 3 F.3d 404, 27 U.S.P.Q. 2d 1836(Fed. Cir. 1993)과 비교(고용관계, 급여 및 상여는 종업원의 특허를 받을 수 있는 권리의 양도에 대하여 전적으로 유효한 대가이다).

이와 같은 계약조항은 사적으로 작성되어 합의된 사항으로 그 내용이 다양하다.

일부 주에서는 직무발명의 양도계약을 제한하는 특별법률을 두고 있다. 예컨대 Cal. Labor Code §§2870-72; Wash. Rev. Code §§49.44.140-.150; Minn. Stat. Ann. §181.78; N.C. Gen. Stat. §66.57.1-2 참조. 이러한 법률은 종업원이 개인 시간에 이루어낸 발명 및 사용자의 업무 또는 사용자의 실제 혹은 명확하게 예기한 연구개발과 관계가 없는 발명의 양도를 요구하는 계약을 무효라고 한다.

50) ArbnErfG §3 Technische Verbesserungsvorschläge

Technische Verbesserungsvorschläge im Sinne dieses Gesetzes smd Vorschläge für sonstige technische Neuerungen, die nicht patent - order gebrauchsmusterfähig sind.

으로써 많은 이익을 가져오게 해서 회사를 발전시키게 된다.

이에 대하여 권리주의는 발명자주의와 동일한 시각을 가지고 있다. 즉 권리주의는 발명은 발명자가 창작한 것이고 창작한 발명은 원시적으로 발명자에게 귀속되므로 특허를 받을 수 있는 권리도 당연히 발명자에게 귀속한다는 주장이다. 따라서 직무발명은 통상의 발명과 같이 원시적으로 발명자가 특허를 받을 수 있는 권리를 가지고 있으며, 사용자는 종업원과의 관계에 의해서 승계받을 수 있는 권리만 가지게 된다.

(3) 특허법의 태도

1) 기본구조

직무발명에 대한 입법례는 다양하다. 예컨대 직무발명을 인정하는 경우도 ① 근무중에 행해진 발명일 경우, ② 근무중에 행해지고, 또한 해당 발명이 사용자의 업무(영업)범위에 속하는 경우, ③ 발명이 근무중에 행해지고 사용자의 업무(영업)범위에 속하면서 종업원의 직무(職務)에 속하는 경우, 그리고 ④ 계약에 의해 연구가 이루어져 발명이 생긴 경우 등의 여러 형태를 생각할 수 있으며, 그를 취급하는 태도 역시 각국의 사회적·노동법적 상황이나 경제정책 등의 이유로 다양하다.

우리나라의 특허법은 종업원이 한 발명 중에서 종업원의 현재 또는 과거의 직무에 속하고 사용자의 업무범위에 속하는 것을 직무발명이라 칭하고, 이러한 발명에 관한 모든 권리는 해당 발명자인 종업원에게 원시적으로 귀속되며 사용자는 이에 상응하여 무상의 통상실시권을 취득한다고 규정하고 있다. 또한 직무발명에 대해서 특허를 받을 수 있는 권리 또는 특허권의 사용자에의 양도나 전용실시권의 설정을 사전에 정해두는 것이 가능하고, 이러한 양도나 설정이 있었던 경우에 종업원은 정당한 보상을 받을 권리를 가진다. 또한 종업원인 발명자가 스스로 출원하는 경우는 물론 사용자가 출원하는 경우에도 발명자로 게재될 권리가 있는 등, 특허를 받을 수 있는 권리를 사용자가 승계한 후에도 발명자의 보호 또는 보장이 고려된다(파리조약 제4조의3).

2) 연 혁

우리 특허법은 주지하는 바와 같이 일본 특허법을 계수한 것이며, 지금도 개정과정에서는 일본 특허법을 염두하고 있다. 직무발명에 대한 규정 역시 특허법이 제정될 당시부터 존재하였으나 그에 대한 특별한 입법취지를 확인할 수 없다. 이에 제정 특허법 이전의 직무발명규정은 일본 특허법에서의 직무발명 규정을 확인하고, 함께 직무발명 규정을 개정한 우리 특허법의 개정과정을 살펴보도록 한다.

일본 특허법이 처음부터 직무발명에 대한 규정을 마련하고 있었던 것은 아니다. 즉 明治 4年(1871년)의 전매규칙이나 明治 18年(1885년)의 전매특허조례에는 종업원 발명에 관한 규정을 마련하고 있지 않았다. 종업원 발명에 관한 규정을 처음 둔 것은 明治 42年(1909년)의 특허법으로 제3조 제1항에서 '특단의 정함이 없는 한 사용자에게 귀속한다'라고 규정하여 종업원의 발명은 사용자에게 귀속된다는 사용자주의를 원칙으로 채택하였으며, 종업원의 직무발명에 대한 보상금청구권 역시 존재하지 않았다. 다만 직무상 이루어진 것이 아닌 발명에 대해서 미리 특허의 양도를 정해두는 것은 무효라고 규정하였다.

지금의 직무발명 규정과 같은 태도를 취하게 된 것은 大正 10年(1921년)의 특허법에서이다. 즉 동법 제14조 제1항에서는 '특허를 받을 수 있는 권리는 발명자에게 귀속한다'라고 정하면서 종업원의 발명에 대한 권리 귀속을 사용자가 아닌 발명을 행한 종업원에게 인정하였다. 그리고 사용자는 직무발명에 관하여 무상의 통상실시권을 가지게 되었으며, 사전에 양도하는 규정을 두는 경우에는 종업원에게 상당한 보상을 하여야 한다는 규정을 두게 되었다.[51] 그 후 직무발명에 대한 개정 규정은 이를 보다 명확히 하기 위한 것들에 불과하다.

이러한 일본법의 규정은 우리의 특허법에 영향을 주었다. 다만 차이가 있다면 일본의 특허법이 보상방법과 관련하여 '상당한 대가(일본 특허법 제35조 제4항)'로 정하고 있는데 반하여, 우리의 발명진흥법에서는 '정당한 보상(발명진흥법 제15조)'으로 규정하고 있다.[52] 과거 특허법에서는 직무발명의 보상에 대하여 "종업원 등이 정당한 결정방법을 제시한 때에는 이를 참작하여야 한다"라고 규정하고 있었으나 현행법에서는 발명과 기술혁신에 대한 정당한 보상체계의 확립을 유도하여 신기술개발 촉진 및 국가산업경쟁력을 제고하고 종업원·연구원의 연구개발 의욕 증대를 한다는 취지에서 "사용자 등이 협의하여야 하거나 동의를 받아야 하는 종업원등의 범위, 절차 등 필요한 사항은 대통령령으로 정한다"라는 규정을 두어 직무발명 보상체계 구축을 위해 필요한 사항을 발명진흥법 시행령에서 규정할 수 있는 근거규정을 마련하고 있다.

---

51) Yoshinobu Someno, "The Transition of the Inventor's Right in the Legislation Process of the Japanese Patent Law", Patent Studies, No.3(1987.3), pp. 39～40; 高橋甫・畔上隆治,「発明者へのインセンティブ 一報償制度のあり方一」, 知財管理, Vol.50 No.1, 40頁.

52) 다만, 그 의미는 동일한 것으로 해석하고 있다.

3. 직무발명의 요건

발명진흥법 제2조 제2호에서는 직무발명을 다음과 같이 규정하고 있다. 즉 직무발명이란 '종업원, 법인의 임원 또는 공무원(이하 "종업원등"이라 한다)이 그 직무에 관하여 발명한 것이 성질상 사용자·법인 또는 국가나 지방자치단체(이하 "사용자등"이라 한다)의 업무 범위에 속하고 그 발명을 하게 된 행위가 종업원등의 현재 또는 과거의 직무에 속하는 발명(발명진흥법 제2조 2호)'을 말한다. 이에 직무발명은 ① 종업원등이 행한 발명일 것, ② 발명이 성질상 사용자등의 업무(영업)범위에 속할 것, ③ 발명을 하게 된 행위가 종업원등의 현재 또는 과거의 직무에 속할 것과 같은 3가지의 요건을 충족하여야 한다.

(1) 종업원등이 행한 발명일 것

직무발명은 종업원등이 행한 발명이다. 이때 종업원등이라 함은 발명진흥법의 규정에서 보는 바와 같이 공무원이어도 상관이 없으며, 임원이라고 해서 그 지위가 부정되지도 않는다. 즉 계약의 종류나 내용에 상관없이 타인에게 근로를 공급할 것을 의무로 하는 자는 '종업원'이 된다. 즉 민법상의 고용계약이 노무의 제공이라는 목적과 보수의 지급이라는 목적을 위한 계약으로 법률상 유효한 계약을 의미하는 데 반하여, 직무발명에 있어 종업원은 사실관계에 있어서 타인에게 노무를 제공한다는 목적만 있으면 그 타인과 적격한 사용자와 종업원 관계가 성립한다. 즉 발명진흥법은 사용자와 종업원의 고용관계에 대한 적법 여부를 문제로 하지 않고, 발명을 한 종업원의 지위가 사용자에게 실시된 노무를 제공하고 있는 자인가에 주목한다.

종업원의 지위라는 사실관계가 존재하면 고용이 계속적·계획적이지 않고, 일시적·임시적으로 이루어진 경우에도 상관없다. 따라서 촉탁, 고문 등을 포함한 상근(常勤), 비상근(非常勤)도 이에 해당한다고 보는 것이 통설이다. 또한 파견[53]이나 기능 습득 중인 양성공 및 수습공을 포괄한다.

---

53) 종업원이 명령에 의하여 타 회사로 파견되어 직무발명을 한 경우 그 소속 확정이 문제될 수 있는데, 일반적으로 급여를 파견지에서 받는가 파견을 보낸 회사에서 받는가에 따라 정하게 된다. 즉 파견기간 중 그 회사의 사원이 되어 그 회사에서 급여를 받고 있는 경우에는 그 회사의 종업원이고, 그 반대인 경우에는 파견을 보낸 회사의 종업원으로 보게 된다. 다만, 연구개발의 지휘 내지 명령이 급여 지급측에 없는 특수한 경우는 지휘 내지 명령하는 측의 종업원이라고 해석해야 할 것이다.

1) 법인의 임원

'법인의 임원' 역시 직무발명상의 종업원이 된다. 이때 '법인의 임원'은 법인의 업무를 운영·감독하는 자를 말하므로 일반적 이사급 이상의 직에 있는 사람을 말한다. '임원'의 발명이 직무발명이 될 수 있는 것은 의심할 여지가 없다.[54] 일본판례도 '임원' 내지 '중역'이라는 이유 자체로 직무발명임을 인정하는 것[55]도 있다. 반면 독일 '종업원발명에 관한 법률(Gesetz über Arbeitnehmererfindungen)'은 법인의 대표자는 종업원에 해당되지 않는다고 정하고 있다. 회사의 대표이사 등과 같은 임원의 경우 근로공급의 의무를 지는 종업원임에는 틀림이 없으나, 그 지위 자체만으로 그 행위가 직무행위에 해당하는가에 대하여는 구체적으로 판단하여야 할 것이다. 전통적으로 회사의 대표이사는 회사의 업무전반을 집행하는 권한과 직책을 가지기 때문에 회사의 업무범위에 속하는 발명을 하는 것은 당연히 대표이사의 직무에 속하는 것이라 하겠으나, 오늘날에 있어서는 여러 다양한 형태의 이사가 존재하는바 비교적 완화된 요건 아래 구체적인 판단을 하여야 할 것이다.

東京地裁 昭和36.11.20. 下級民集 12巻11号, 2808頁

[인정판례]

원고 田渡는 원고회사의 대표이사(사장)이고, 원고 山田은 원고회사의 이사·기술부장으로 본건 실용신안의 고안은 그 성질상 원고회사의 업무범위에 속하고 그 고안을 하기에 이른 행위가 원고회사에서의 위 두 사람 고안 당시의 직무에 속하는 것이 인정된다.

東京地裁 昭和38.9.21. 判タ 154号, 138頁

[인정판례]

원고 安藤은 원고회사 설립이래 그 대표이사로서 경영일반을 맡는 한편 원고회사의 연구기관으로서 설립된 앤드카드 경영연구소의 소장에 취임하여 昭和 21年(1946년) 4월 이후 원고회사가 영업목적으로 하고 있는 사무용 기기의 제조에 관하여 여러 가지 발명, 고안을 하는 것을 그 임무로 해 온 것 및 본건 실용신안이 원고 安藤의 위 임무로서의 행위에 의하여 고안되기에 이른 사정을 인정해야 한다.

---

54) 대법원 2008.12.24. 선고 2007다37370 판결.

55) 大阪地裁 昭和47.3.31. 判時 678号, 71頁(내압호스사건); 神戸地裁 平成元年12.12. 無体裁集 21巻3号, 1002頁(유압식 게이트사건). 반면 중역이기 때문에 즉시 직무발명으로 되지 않는다고 한 사례로서, 東京地裁 昭和40.6.8. 判タ 180号, 182頁(서류보자기사건), 東京高裁 昭和44.5.6. 判タ 237号, 305頁(법랑욕조사건).

神戶地裁 平成元年12.12. 無體裁集 21卷3号, 1002頁

회사의 설립 당초부터 계속하여 대표이사로서 회사의 경영에 임함과 동시에 회사의 기술부문 최고 담당자였던 자는, 후자의 지위에 기초하여 회사의 인적·물적 자원을 총동원하여도 생산기술의 개량고안을 시험하여 그 효율을 높이도록 노력해야 할 구체적 임무를 갖고 있다고 해석되기 때문에 상기인이 상기 기술에 대해 고안의 창작을 완성한 경우에는 구체적인 편익공여의 유무 정도에 대해 검토할 필요도 없이 상기 고안은 회사의 임원으로서의 직무에 속하는 행위라고 추정해야 한다.

한편 회사의 이사는 '이사회의 승인이 없으면 자기 또는 제3자의 계산으로 회사의 영업부류에 속한 거래를 하거나 동종영업을 목적으로 하는 다른 회사의 무한책임사원이나 이사가 되지 못한다(상법 제397조)'는 경업금지의 의무를 진다. 따라서 업무와 관련한 발명과 그를 이용하고자 하는 일련의 행위가 경업금지 의무에 위반될 가능성이 있다. 또한 이사는 이사회의 승인이 있는 때에 한하여 자기 또는 제3자의 계산으로 회사와 거래를 할 수 있으므로(상법 제398조), 이사회의 승인이 없는 상태에서 직무발명에 대한 권리귀속을 약정하는 것이 문제될 수 있을 것이다. 이에 일본의 다수설[56]과 판례[57]는 승인을 받아야 한다는 입장을 취하고 있어 회사가 소유하는 권리를 이사에게 양도하는 경우에 이사회의 승인을 받지 않으면 그 양도는 무효라고 보고 있다. 반면 특허출원은 긴급을 요하는 것이 많으며, 통상 매월 1회나 2회 개최되는 이사회를 기다린다고 하는 것은 특허출원의 기회를 잃어버리기 쉬울 뿐만 아니라 회사에 손해를 줄 가능성이 크므로 회사를 지킨다는 상법 제398조의 취지에도 반한다는 근거에서 임원의 발명에 있어서도 다른 종업원과 같은 규정에 의해서 처리되는 한 이사회의 승인은 필요없다고 해석해야 한다는 부정설도 있다.[58]

2) 공무원

'공무원'도 직무발명상의 종업원이 된다. 이때 '공무원'은 국가공무원법상의 공무원과 지방자치단체의 경비로써 부담하는 지방공무원법상의 '공무원'을 의미한다. 따라서 기술·연구 또는 행정일반에 대한 업무를 담당하는 일반직 공무원과 법관·검사·외무공무원·경찰공무원·소방공무원·교육공무원·군인·군무원 및 국가정보원장의 직원 등과 같은 특정직 공무원, 기능적인 업무를 담당하며 그 기능별로 분류되는 기능직 공무원은 직무발명상의 종업원이 된다. 한편, 국가나 지방자치단체

56) 豊崎光衛, 「工業所有権法」, 有斐閣, 1980, 149頁; 紋谷暢男, 「商標法50講」, 有斐閣, 1989, 48頁.
57) 東京地裁 昭和58.12.23. 無体裁集 15卷3号, 844頁.
58) 中山信弘 著, 한일지재권연구회 譯, 「特許法」, 법문사, 2001, 96면.

에 소속되어 있으나 공무원이 아닌 자, 예를 들어 국가의 채용계약에 의하여 일정한 기간 전문지식이 요구되는 업무에 종사하는 계약직도 직무발명상의 종업원이 된다.

발명진흥법은 공무원의 직무발명에 대하여 다른 일반의 직무발명과는 다른 규정을 마련하고 있다. 즉 '공무원 또는 국가나 지방자치단체에 소속되어 있으나 공무원이 아닌 자(이하 "공무원등"이라 한다)의 직무발명에 대한 권리는 국가나 지방자치단체가 승계할 수 있으며, 국가나 지방자치단체가 승계한 공무원등의 직무발명에 대한 특허권등은 국유나 공유로 한다. 다만, 「고등교육법」 제3조에 따른 국·공립학교(이하 "국·공립학교"라 한다) 교직원의 직무발명에 대한 권리는 「기술의 이전 및 사업화 촉진에 관한 법률」 제11조 제1항 후단에 따른 전담조직(이하 "전담조직"이라 한다)이 승계할 수 있으며, 전담조직이 승계한 국·공립학교 교직원의 직무발명에 대한 특허권등은 그 전담조직의 소유로 한다'라고 규정하고 있다(발명진흥법 제10조 제2항). 특히 국유로 된 특허권등의 처분과 관리(특허권등의 포기를 포함한다)는 「국유재산법」 제8조에도 불구하고 특허청장이 이를 관장하며, 그 처분과 관리에 필요한 사항은 대통령령으로 정하도록 하여(발명진흥법 제10조 제4항) 특허권 관리의 효율성을 높이고자 하고 있다.

공무원등의 직무발명에 대한 특허권의 국유와 함께 보상규정으로서 법은 국가공무원 등 직무발명의 처분·관리 및 보상 등에 관한 규정(대통령령, 이하 '공무원직무발명보상규정'이라 함) 및 그 시행규칙을 두고 있다. 또한 지방공무원등의 직무발명에 대해서는 각급 지방자치단체에서 조례나 규칙으로 '공무원직무발명보상규정'에 준하여 보상요령을 정하고 소속 공무원등의 발명에 대하여 시행하게 하고 있다.

3) 대학의 교수

지금까지는 대부분의 학자들은 독일 구 종업원발명에 관한 법률 제42조의 사상을 따라 대학교수의 발명은 직무발명으로 보지 않은 것이 통설이었다.[59] 그러나 국가공무원에 해당하는 국·공립학교의 교원이나 국공립학교 교원에 준하여 대우받은 사립학교의 교원에 대한 직무발명에 대하여 단순히 독일 특허법에 따라 교수의 발명은 직무발명으로 보지 않는다는 설명은 충분하다고 할 수 없다. 특히 발명진흥법은 개정을 통하여 국공립학교의 교직원이 한 직무발명에 대하여 '「고등교육법」 제3조에 따른 국·공립학교(이하 "국·공립학교"라 한다) 교직원의 직무발명에 대한 권리는 「기술의 이전 및 사업화 촉진에 관한 법률」 제11조 제1항 후단에 따른 전담

---

59) 이수웅, 「특허법」, 한국지적재산권법학연구소, 2000, 199면; 황종환, 「특허법(전정판)」, 한빛지적소유권센터, 1997, 108면.

조직(이하 "전담조직"이라 한다)이 승계할 수 있으며, 전담조직이 승계한 국·공립학교 교직원의 직무발명에 대한 특허권등은 그 전담조직의 소유로 한다'는 특별규정(발명진흥법 제10조 제2항)까지 마련하고 있어 더 이상 대학교수가 종업원에 해당하지 않는다는 설명은 현실적이지 못하며 대학 교수의 연구활동에 따른 발명에 대한 보다 진지한 접근이 필요하게 되었다.

전통적으로 대학교수의 발명이 직무발명에 해당하지 않는다고 설명하는 견해는 대학은 학술적인 연구가 목적이라 대학에 투자한 자본에 대한 수익을 얻는 것이 아니고 교육 및 학술연구에 있으며, 대학교수의 본래의 직무는 학생의 지도와 학술연구에 있으므로 대학교수의 발명에 대하여 이를 직무발명으로 볼 것인가에 대하여는 기업체 종업원의 경우와 다르게 보아야 한다고 설명하고 있다. 즉 일반 기업의 종업원은 자신이 고용되어 있는 기업을 위하여 연구개발하고 발명이라고 하는 재산적 가치가 있는 결과를 생산해내야 할 의무를 가지고 있는데 반하여, 대학교수는 대학을 위하여 연구하는 것이 아니라 일반적으로 인류의 지식축적에 기여하기 위하여 연구하고 그 연구결과를 널리 출판 등의 방법으로 공개하고 강의에 활용할 의무를 가지는 것과 같이 대학교수의 연구의무는 상사기업의 종업원이 가지는 연구개발의무와 구별된다고 한다. 그러나 이러한 설명은 직접 대학의 교수가 종업원에 해당하는가에 대한 설명은 될 수 없으며, 오히려 대학교수는 종업원에 해당하나 대학의 목적상 직무발명으로 이해할 수 없다는 것으로 보인다.

직무발명 제도의 취지상 대학과 교수와의 사이에는 적용될 수 없다는 견해 역시 다를 바 없다. 즉 직무발명이라는 개념이 발명을 가져다주게 된 연구개발의 비용과 시설 등을 제공한 사용자와 창조적인 노력을 제공한 종업원과의 사이에 합리적인 이익배분을 함으로써 사용자로 하여금 보다 적극적인 투자를 하도록 유도하고 종업원으로 하여금 보다 창조적인 발명을 할 인센티브를 제공하기 위하여 특허권의 귀속과 실시허락에 관한 특별규정이 마련된 가운데 생겨난 기능적 개념이므로, 사용자와 종업원 사이의 이익배분의 기능을 하기 위하여 생겨난 직무발명의 개념은 상사기업에서와 같은 특별한 투자가 존재하지 아니하는 대학과 교수와의 사이에는 적용될 수 없는 개념이라고 설명하는데, 대학이 특정 교수와의 사이에 특정 연구과제를 정하고 상응하는 연구비를 제공하여 그 결과로 발명이 만들어지게 된 경우에 있어 이익배분이라는 직무발명의 이념이 관여할 수 없는지 의문이다. 또한 학문의 연구교수라는 구체적 업무 목적을 갖는 자와 근로관계를 맺는 대학의 교수가 종업원에 해당하지 않는다고 하면 국가나 지방자치단체와 같이 그 업무범위 활동이 광범위한 사용자의 종업원인 공무원도 종업원이라고 이해하기 힘들 것이다. 따라서 대학교수의 발명이 직무발명에 해당하는가에 대한 논의에 관계없이 대학의 교수 역시 종업원임을 부정할 수 없을 것이다. 즉 대학의 교수 역시 학문의 연구이든 교육이든 일정한 근로의 공급을 의무로 하고 있는 자라는 점에서 종업원임을 부정할 수 없으며, 이는 사립학교의 교수이든 국공립학교의 교수이든 상관없다 하겠다.

4) 종업원에 의한 발명

직무발명은 종업원에 의한 발명이어야 한다. 그런데 실제적으로 연구소 · 기업 등에서 발명이 이루어진 경우 누구를 발명자로 결정할 것인가의 어려운 문제가 발생할 수 있다. 특히 연구소 등의 기존설비나 축적된 지식 경험 등을 이용해서 다수의 협력자에 의해 발명이 완성된 경우에는 발명자가 누구인지 특정하기 쉽지 않으며, 단순한 보조자 · 조언자 역시 발명자가 될 수 없다. 이에 발명자 결정기준을 살펴보면 다음과 같다.

① 특허발명자로서의 요건 원칙적 요건으로서 어떤 문제를 해결하기 위하여 기술적 수단을 새로 착상하여 표현한 자 또는 실현가능한 기술적 수단을 새로 착상한 자가 특허의 발명자가 된다. 특히 특허의 발명자는 청구범위에 기재되어 있는 발명 구성요소의 전부 또는 일부에 관하여 착상한 자이어야 하며, 발명의 구성요소 이외의 것을 새롭게 착상한 자는 이 발명의 발명자가 아니라 다른 발명의 발명자이다. 다만 상기 발명의 구성요소의 다른 일부를 별도로 착상하고 동시에 특허부문에 제출된 경우, 특허법 제44조 공동출원으로 정리된 경우가 있다. 이 경우는 엄밀한 의미에서의 공동발명자는 아니지만 "특허출원서" 중의 발명자로서는 나열적으로 기재되어 적어도 특허공보의 기재면에서는 공동발명자와 같은 형식이 된다. 따라서 이러한 공동출원의 경우는 기업 등의 내부에서 그 발명의 청구항마다 발명자의 구분을 명료히 하여(발명의 지분도 기재하여) 보상금의 지불 등에 관한 기준으로 할 필요가 있다. 또한 공동발명의 경우에는 발명 완성에 기여한 정도의 비율에 따라 지분의 비율을 정하고 신분상 지위의 고하에 관계없이 합의하여 정하도록 하여 상기 비율을 정하는 것이 현저히 곤란한 때에는 균분으로 해야 한다. 한편 특허의 발명자는 발명의 요지 및 이 발명과 다른 유사한 발명 또는 기술과의 관련에 관하여 이해하고 있어야 한다. 즉 특허법상의 해석 또는 그 관련성에 관하여 충분히 이해할 필요는 없으나 예컨대 거절이유의 인용예의 증거에 대하여 본발명의 요지와의 유사 또는 상이에 대하여 기술적으로 판단할 수 있어야 한다.

② 발명자 결정의 판단기준

ⓐ 일반적인 경우

발명자인 경우	① 구체화하기 위해서는 약간 불완전한 새로운 착상을 하고, 타인에 의해 일반적 지식의 조언 또는 지도를 얻어 발명을 완성한 자 ② 구체화하기 위해서는 충분하지 않고 불완전한 타인의 착상에 대하여 다시 별도의 새로운 착상을 가미한 발명을 완성한 자(공동발명자) ③ 타인의 발명에 힌트를 얻고 다시 그 발명의 범위를 확대(개량)하는 발명을 한 자 ④ 도저히 구체화할 수 없는 정도의 타인의 착상에 대하여 그것을 구체화하는 기술적 수단을 생각하여 발명을 완성한 자
발명자가 아닌 경우	① 구체화하기 위해서는 약간 불완전한 착상을 한 자에 대하여 단지 일반적인 지식의 조언 또는 지도를 해주어 그 발명을 완성시킨 자 ② 단지 해결해야 할 문제를 제시했을 뿐으로서 그것을 해결하는 기술적 수단을 구체적으로 제시하지 않았던 자 – 타인의 착상을 구체화하기 위하여 단지 제도, 시작, 실험 등만을 한 자 – 타인의 발명 결과를 정리하여 적당히 문서화한 자 ③ 타인이 어떤 발명에 힌트를 얻고 다시 그 발명의 범위를 확대(개량)한 발명을 한 경우가 원인이 된 발명의 발명자 ④ 추상적인 착상만 한 채 그것을 구체화할 어떤 수단을 생각지 못하고 방임해 둔 자(타인이 별개로 그 착상을 이용하여 발명을 완성한 경우, 원래의 추상적인 착상을 한 자는 발명자가 아니다)

ⓑ 관리자와 발명자

발명자인 경우	① 구체적인 착상을 부하에게 지시하여 그 발전 및 실현을 명한 자 ② 부하가 제출하는 착상에 보충적 착상을 가한 자(공동발명자) ③ 부하가 행한 실험, 실험의 중간적 결과를 종합적으로 판단하여 새로운 착상을 가한 발명을 완성한 자 ④ 소속부서 내의 연구가 혼미하고 있을 때 구체적인 지도를 하여 활로를 주어 발명을 완성시킨 자
발명자가 아닌 경우	① 발명을 한 부하의 업무에 대하여 단지 일상의 일반적 관리를 한 자. 부하의 착상에 대하여 단지 일상의 일반적 관리를 한 자 ② 구체적인 착상을 나타내지 않고 단지 어떤 테마를 주어 발명자인 부하에 대하여 일상의 일반적 관리를 한 자 ③ 부하의 착상에 대하여 단지 좋고 나쁨만의 판단을 하여 그 방향을 지시한 자 ④ 부하의 발명에 의한 결과를 관리직자의 업무로서 단지 종합적으로 정리하여 문서화한 자

ⓒ 공동발명자 공동발명자인가의 판단, 즉 실질적인 공동발명자에 해당하는지 단지 협력자인지의 여부에 대한 판단은 다음과 같이 할 수 있다. 발명은 기술적 사상의 창작이기 때문에 실질상의 협력 유무에 대해서도 이러한 관점에서 판

단할 것이다.[60] 따라서 사상의 창작 자체에 관계하지 않은 자, 예컨대 단순한 관리자, 보조자 또는 후원자 등은 공동발명자가 아니다. 즉 i) 부하 연구자에 대하여 일반적 관리를 한 자, 예컨대 구체적 착상을 나타내지 않고 단지 일반적 조언, 지도를 해준 자(단순한 관리자), ii) 연구자의 지시에 따라 단지 데이터를 종합하거나 실험을 행한 자(단순한 보조자), iii) 발명자에게 자금을 제공하여 설비 이용의 편의를 주어 발명의 완성을 원조 또는 의뢰한 자(단순한 후원자) 등은 공동연구자가 아니다.

한편 발명자의 성립과정을 "착상(과제)"과 "착상의 구체화"라는 2단계로 나누고 각 단계에서 실질상 협력자의 유무를 판단한다. 즉 i) 착상이 새로운 경우 착상자는 발명자이다. ii) 새 착상을 구체화한 자는 그 구체화가 당사자에게 있어 자명하지 않는 한 공동발명자이며, iii) 착상이 새롭지 않을 경우에는 착상을 구체화한 자만이 발명자이다.

③ **발명자의 보정** 정당한 발명자를 판단하는 것은 오류가 발생하기 쉬운 어려운 작업이며, 발명자의 기재에 오류가 있을 때에는 오기가 사기적인 의도에서 이루어진 것이 아닌 때에는 발명자의 명의로 정정할 수 있다. 즉 발명자의 기재 오기 자체는 출원거절의 이유나 특허무효의 이유가 되지 않으며, 타인의 발명을 훔쳐 자기나 제3자를 발명자라고 한 특허출원(즉 모인출원)이나 또는 이 모인출원에 의해 얻은 특허인 경우에 한하여 출원거절이나 특허무효의 이유가 된다. 따라서 예컨대 발명 X에 관한 특허가 A에 부여되었지만 실제는 (A의 동료) B가 발명 X의 정당한 단독발명자인 경우, 특허를 정정하여 발명자의 기재를 A에서 B로 변경할 수 있다. 이때 정정 가능한 오류는 판단의 오류와 그 기초가 된 사실의 인식의 오류가 포함된다.[61]

한편 平成 5年 개정법 이전의 일본 특허법은 발명자 표시의 보정[62]은 특허출원의 요지(일본 구특허법 시행규칙 제11조 제1항)를 변경하는 것으로서 인정되지 않는다고 하였다. 반면 보정이 가능한 범위에 관하여 요지변경이 되지 않는 한 보정을 할 수 있다고 규정한 과거의 특허법에 비하여 현행법에서는 '명세서 또는 도면의 보정'은 출원서에 최초로 첨부된 명세서 또는 도면에 기재된 사항의 범위 내에서 하여야 한다고 되어 있어 명세서와 도면에 대해서는 원칙적으로 신규사항의 추가가 없는 한 보정이 인정된

60) 대법원 2011.7.28. 선고 2009다75178 판결.
61) In re Schmidt, 293 F.2d 274, 130 U.S.P.Q. 404(CCPA 1961).
62) 誤記의 정정은 제외함.

다고 해석된다(제47조 제2항).[63] 이에 공동발명의 경우에 한하여 출원공고의 결정 전에 발명자 표시의 보정을 인정해야 한다는 견해가 제시되었으며, 특허청의 실무도 잠시 공고결정 전으로 한정하는 운영이 이루어졌다. 그러나 발명자의 보정이 필요한 경우가 생기는 것은 공고결정 전후에 따른 변화가 없으며 진정한 발명자가 아닌 자를 발명자로 하는 것은 후에 무효로 될 우려가 있다. 따라서 '출원이 심사, 심판 또는 재심에 계속되어 있는 경우' 보정은 인정된다.[64] 즉 ⅰ) 정정원서, ⅱ) 양도증서, ⅲ) 발명자 상호의 선정서, ⅳ) 변경(추가, 삭제)의 이유를 기재한 서면, ⅴ) 그 이유를 명백히 하는 서면(예컨대 연구보고서, 출원의뢰서, 고정증서 등) 등을 제출할 때에는 발명자를 변경(추가, 삭제)할 수 있다.

미국의 특허법도 제116조에서 미국 특허상표청(PTO: Patent and Trademark Office)에 계속중인 출원의 발명자 오기를 정정할 수 있도록 규정하고 있으며,[65] 우리의 특허법도 시행규칙(시행규칙 제28조)에서 '발명자의 추가 등'라는 제하에 '특허출원인 또는 특허권자가 착오로 인하여 특허출원서에 발명자 중 일부 발명자의 기재를 누락하거나 잘못 적은 때에는 추가 또는 정정할 수 있다. 특허권 설정등록 전까지는 보정서를, 특허권 설정등록 후에는 정정발급신청서를 특허청장에게 제출하여야 하며, 정정발급신청서를 제출할 때에는 발명자의 기재가 누락(특허출원서에 적은 발명자의 누락에 한정한다[66]) 또는 잘못 적은 것임이 명백한 경우를 제외하고는 특허권자 및 신청 전·후 발명자 전원이 서명 또는 날인한 확인서류를 첨부하여야 한다'라고 규정하고 있다.

대법원 2011.7.28. 선고 2009다75178 판결

[공동발명자에 해당하는지에 관한 판단 기준]

공동발명자가 되기 위해서는 발명의 완성을 위하여 실질적으로 상호 협력하는 관계가 있어야 하므로, ⅰ) 단순히 발명에 대한 기본적인 과제와 아이디어만을 제공하였거나, ⅱ) 연구자를 일반적으로 관리하였거나, ⅲ) 연구자의 지시로 데이터의 정리와 실험만을 하였거나, ⅳ) 자금·설비 등을 제공하여 발명의 완성을 후원·위탁하였을 뿐인 정도 등에 그치지 않고, ⅰ) 발명의 기술적 과제를 해결하기 위한 구체적인 착상을 새롭게 제시·부가·보완하거나, ⅱ) 실험 등을 통하여 새로운 착상을 구체화하거

---

63) 신규사항의 추가금지. 여기서 '신규사항'은 출원서에 최초로 첨부된 명세서 또는 도면에 기재된 사항으로부터 통상의 기술자가 직접적이고 일의적으로 도출할 수 있는 사항을 말한다.

64) 昭和 42년(1967년)의 例記 第1号(特總 1234号).

65) 35 U.S.C. §116; 37 C.F.R. §1.48.

66) 예를 들어 출원서에는 발명자가 甲과 乙이었으나, 특허증에는 발명자가 甲으로 표시된 경우 乙을 추가할 수 있다.

나, iii) 발명의 목적 및 효과를 달성하기 위한 구체적인 수단과 방법의 제공 또는 구체적인 조언·지도를 통하여 발명을 가능하게 한 경우 등과 같이 기술적 사상의 창작행위에 실질적으로 기여하기에 이르러야 공동발명자에 해당한다. 한편 이른바 실험의 과학이라고 하는 화학발명의 경우에는 해당 발명 내용과 기술수준에 따라 차이가 있을 수는 있지만 예측가능성 내지 실현가능성이 현저히 부족하여 실험데이터가 제시된 실험예가 없으면 완성된 발명으로 보기 어려운 경우가 많이 있는데, 그와 같은 경우에는 실제 실험을 통하여 발명을 구체화하고 완성하는데 실질적으로 기여하였는지의 관점에서 공동발명자인지를 결정해야 한다.

[직무발명보상금청구권의 소멸시효 기간(=10년)과 기산점]

직무발명보상금청구권은 일반채권과 마찬가지로 10년간 행사하지 않으면 소멸시효가 완성하고, 기산점은 일반적으로 사용자가 직무발명에 대한 특허를 받을 권리를 종업원한테서 승계한 시점으로 보아야 하나, 회사의 근무규칙 등에 직무발명보상금 지급시기를 정하고 있는 경우에는 그 시기가 도래할 때까지 보상금청구권 행사에 법률상 장애가 있으므로 근무규칙 등에 정하여진 지급시기가 소멸시효의 기산점이 된다.

[구 특허법 제40조 제2항에서 직무발명 보상액 결정시 고려하도록 정한 '사용자가 얻을 이익'의 의미]

구 특허법(2001.2.3. 법률 제6411호로 개정되기 전의 것, 이하 '구 특허법'이라 한다) 제40조 제2항은 사용자가 종업원에게서 직무발명을 승계하는 경우 종업원이 받을 정당한 보상액을 결정하면서 발명에 의하여 사용자가 얻을 이익액과 발명의 완성에 사용자가 공헌한 정도를 고려하도록 하고 있는데, 구 특허법 제39조 제1항에 의하면 사용자는 직무발명을 승계하지 않더라도 특허권에 대하여 무상의 통상실시권을 가지므로, '사용자가 얻을 이익'은 통상실시권을 넘어 직무발명을 배타적·독점적으로 실시할 수 있는 지위를 취득함으로써 얻을 이익을 의미한다. 한편 여기서 사용자가 얻을 이익은 직무발명 자체에 의하여 얻을 이익을 의미하는 것이지 수익·비용의 정산 이후에 남는 영업이익 등 회계상 이익을 의미하는 것은 아니므로 수익·비용의 정산 결과와 관계없이 직무발명 자체에 의한 이익이 있다면 사용자가 얻을 이익이 있는 것이고, 또한 사용자가 제조·판매하고 있는 제품이 직무발명의 권리범위에 포함되지 않더라도 그것이 직무발명 실시제품의 수요를 대체할 수 있는 제품으로서 사용자가 직무발명에 대한 특허권에 기해 경쟁회사로 하여금 직무발명을 실시할 수 없게 함으로써 매출이 증가하였다면, 그로 인한 이익을 직무발명에 의한 사용자의 이익으로 평가할 수 있다.

대법원 2011.12.13. 선고 2011도10525 판결

[甲 주식회사 직원인 피고인이 대표이사 乙 등의 직무발명을 특허로 출원하면서 임의로 특허출원서 발명자란에 乙 외에 피고인 성명을 추가로 기재하여 공동발명자로 등재되게 한 사안에서, 위 행위만으로 甲 회사에 재산상 손해가 발생하였다거나 재산상 손해발생의 위험이 초래되었다고 볼 수 없어 업무상배임죄가 성립하지 않는다고 본 원심판단을 수긍한 사례]

甲 주식회사 직원인 피고인이 대표이사 乙 등이 직무에 관하여 발명한 '재활용 통합 분리수거 시스템'의 특허출원을 하면서 임의로 특허출원서 발명자란에 乙 외에 피고인의 성명을 추가로 기재하여 공동발명자로 등재되게 한 사안에서, 발명자에 해당하는지는 특허출원서 발명자란 기재 여부와 관계없이 실질적으로 정해지므로 피고인의 행위만으로 곧바로 甲 회사의 특허권 자체나 그와 관련된 권리관계에 어떠한 영향을 미친다고 볼 수 없어, 결국 그로 인하여 甲 회사에 재산상 손해가 발생하였다거나 재산상 손해발생의 위험이 초래되었다고 볼 수 없고, 달리 공소사실을 인정할 증거가 없으므로 업무상배임죄가 성립하지 않는다.

(2) 발명이 성질상 사용자등의 업무(영업)범위에 속할 것

'사용자등'이란 타인의 근로공급을 받을 권리를 갖는 자라면 자연인뿐만 아니라 법인, 국가 및 지방자치단체도 사용자가 될 수 있다. 오히려 직무발명은 대부분 법인격을 갖춘 대규모 기업체에서 발생하므로 사용자의 대부분은 자연인보다는 법인이 되겠다. 다만 영리나 비영리를 불문하고 법인격이 없는 단체는 설령 그 대표자 또는 관리인이 정해진 경우에도 여기에서의 사용자등에는 포함되지 않는다고 본다. 따라서 법인격을 갖추지 못한 단체의 경우 그 사용자는 단체가 아니라 대표자가 된다. 개인회사의 대표자인 경우에는 일률적으로 단정할 수는 없으나, 개인회사가 독립한 법인인가에 따라 판단하여야 할 것이다. 즉 법인격을 갖춘 개인회사인 경우에는 대표자(자연인)와 회사(법인)는 각각 법률상 독립된 별개의 인격체로서 대표자라 할지라도 사용자가 아니라고 보아야 하나,[67] 법인격을 갖추지 못한 소규모의 개인회사인 경우에는 대표자가 당연히 사용자가 되어야 한다.

직무발명의 요건으로서 사용자는 해당 직무발명의 완성에 있어서 중심적인 도움을 준 자가 된다. 특히 고용관계에 있어 사용자 여부는 급여의 실질적 지급자인가에 좌우되며, 연구시설의 제공·연구보조자의 제공·지휘명령관계 등을 종합적으로 감안해서 사용자를 결정하게 된다. 또한 직무발명 규정이 자금이나 자재 등의 물적 제공자와 기술적 사상의 제공자간의 이익조정을 어떻게 도모하면 발명의 장려

---

67) 이 경우에는 법인이 사용자이다. 大阪地裁 昭和47.3.31. 참조.

라고 하는 목적에 부합하는가라는 관점에서 고용관계의 유무를 판단하여야 한다.[68)]

1) 정관과 업무범위

직무발명은 그 성질상 사용자등의 업무범위에 속한 것이어야 한다. '업무범위'란 사용자의 사업의 범위로 현재 행하고 있거나 또는 장래에 행할 수 있는 것이 구체적으로 예정되어 있는 업무를 가리킨다.[69)] 현재도 행하지 않고 장래도 행할 예정이 없는 업무는 여기에 해당되지 않는다.

법인 사용자의 경우 '정관'에 정하여진 목적 범위가 업무범위를 판단함에 있어 주요한 근거가 될 수 있다(정관설). 그러나 정관에 정하여진 목적 범위가 업무범위를 판단함에 있어 유력한 근거가 될 수 있으나, 그 자체가 업무범위가 된다거나 그에 구속되어야 함을 의미하지는 아니 한다. 원래 정관에서 정하고 있는 회사의 목적은 주주를 보호하기 위해 회사와 그 거래 상대방 사이에 있어서 갖는 회사의 권리능력을 확정하는 것이다.[70)] 즉 정관목적은 회사와 종업원 사이의 권리관계를 조정하는 기능을 예정하는 것이 아니며 또한 그렇게 해석해야 할 합리적인 이유도 없다. 예컨대 비록 정관목적에서 정하고 있지 아니한 사업이라 할지라도 회사로서는 그 분야에 진출할 수 있으며 기술적으로도 목표를 정한 후 정관을 개정하는 경우도 있을 수 있다. 따라서 법인의 업무범위를 판단함에 있어서는 정관에서 정한 목적 그 자체가 법인의 업무범위를 결정하는 것은 아니라 할 것이다.[71)] 또한 이렇게 해석하는 것이 그 업무범위와 관련하여 정관을 두지 아니하는 국가 또는 개인 사용자와의 관계에 있어서도 합리적이다.

한편 정관의 판단과 관련하여, 일반적으로 정관에서는 구체적인 사업내용을 기재한 다음 "기타 이에 부수하는 사업"이라고 기재하고 있어 이를 어느 정도로 해석할 것인가가 문제되는데, 여기에는 학설이 나누어지고 있다. 즉 ① 본래의 업무수행상 필요한 직・간접적인 것을 불문하고, 기술적 문제를 해결하는 데 필요한 사업(연구사업)까지 포함한다고 해석하는 통설적인 견해[72)]와 ② 정관기재의 목적에는 구속되지 않고, 객관적으로 업무수행과 기술적인 관련성이 있는 범위라고 해석

68) 中山信弘 著, 한일지재권연구회 譯, 「特許法」, 법문사, 2001, 77~78면.

69) 仙元隆一郎, 「特許法講義」, 悠々社, 1998, 78頁.

70) 仙元隆一郎, 「研究者の発明保護の諸問題」, 日本工業所有權法學會, 年報 第4号, 有斐閣, 1981, 166頁.

71) 中山信弘 著, 한일지재권연구회 譯, 「特許法」, 법문사, 2001, 78면; 豊崎光衛, 「工業所有權法」, 有斐閣, 1980, 145頁; 滝野文三, 「新工業所有權法講義」, 中央大学出版部, 1969, 38頁; 滝井朋子, 企業法研究, Vol.190, 19頁; 紋谷暢男, 「商標法50講」, 有斐閣, 1989, 96頁.

72) 吉藤幸朔, 「特許法概說」, 有斐閣, 1989, 171頁.

하는 견해[73] 및 ③ 기술적으로 전혀 다른 업무도 포함한다고 해석하는 견해[74] 등이 있다. 직무발명의 취지가 사용자와 종업원간의 이익조정을 도모하기 위한 것에 있으므로 형식적인 정관의 목적에 한정하여 판단하는 것이 반드시 옳다고는 할 수 없을 것이며 업무범위는 객관적으로 보아 업무수행에 관련된 기술적인 전 범위라고 보아야 할 것이다.[75]

大阪地裁 昭和47.3.31. 判時 678号, 71頁
[인정판례]

원고는 회사대표자로서 경영방침결정, 신제품개발, 생산방법개량 등 회사의 업무전반을 집행하는 권한과 책임을 가지고 있었으므로, 본 발명을 하게 된 행위는 피고회사에서의 동 원고의 직무에 속하는 것이라고 해야 한다.

東京高裁 昭和44.5.6. 判タ 237号, 305頁

에나멜욕조 판매회사의 개발부장 겸 이사(피항소인)가 한 욕조에 관한 고안이 직무에 속하는가에 대해 개발부장이라고 해도 시장개발·판매기획이 직무내용임을 고려하고 그 고안은 피항소인이 직무의 한편에서 한 것이라고 하여 그 고안은 기업의 업무범위에 속하는 것이라고는 해도 피항소인의 직무에 속하는 것이라고는 할 수 없다.

2) 국가의 업무범위

법인의 업무범위를 파악하는 것과 같이 국가의 업무범위를 이해하게 된다면 국가의 업무범위는 모든 국가기관의 업무범위를 포괄하는 것으로 이해하게 된다. 하지만 이와 같이 해석하게 된다면 업무범위에 속하는 발명이 넓어져 국가공무원에게 부당한 의무 내지 불이익을 줄 우려가 있다. 이에 직무발명과 관련한 국가의 업무범위는 좁게 해석하는 것이 타당하며, 발명한 공무원이 소속된 기관의 업무범위로 국가의 업무범위를 한정하여야 할 것이다. 공무원의 직무발명과 관련하여 해당 직무발명이 소속기관의 업무범위에 속하는지 여부와 그 직무발명을 하게 된 행위가 발명자의 직무에 속하는지 여부에 대한 의견을 기재하도록 한 공무원직무발명보상규정 시행규칙 제2조 제2항 3호의 규정 역시 이러한 태도의 반영이라 하겠다.

---

73) 豊崎光衛, 「工業所有権法」, 有斐閣, 1980, 145頁.
74) 紋谷暢男, 「特許法50講」, 有斐閣, 1989, 8頁.
75) 윤선희, 「지적재산권법(19정판)」, 세창출판사, 2022, 64면.

3) 대학의 업무범위

고등교육법에서는 "대학은 인격을 도야하고, 국가와 인류사회의 발전에 필요한 심오한 학술이론과 그 응용방법을 가르치고, 국가와 인류사회에 공헌함을 목적으로 한다"라고 규정하고 있다(고등교육법 제28조).[76] 이러한 고등교육법의 규정에 대학의 목적이 한정된다고는 할 수 없으나 대학의 목적을 이해함에는 일응 기준이 될 수 있을 것이며, 대학의 목적은 일반 기업과 같이 어떤 이익을 추구하는 것이 아니라 학술의 심오한 이론과 그 응용방법을 연구하는 것이라 하겠다. 이에 대학의 직원인 교수가 학술연구나 실험의 결과 이루어낸 발명과 관련하여서도 일반 법인이나 국가기관에 속한 종업원의 발명 행위와 같이 이해하는 것은 타당하지 않다는 것이 전통적인 견해였다. 그러나 오늘날에 있어서는 강의를 하지 않고 연구만을 행하는 연구교수제도와 같이 대학이 여러 새로운 제도를 도입하고 있으며, 특정한 연구과제에 대하여 연구비를 지급받고 연구를 완성한 결과로서의 발명이나, 특정의 연구목적을 위하여 설치한 연구설비를 이용하여 연구한 결과 완성된 발명과 같이 직무발명으로 보아야 할 경우 등이 있다.[77] 이에 대학교수가 자신의 학과와 관련하여 완성한 발명은 다음과 같이 나누어 생각해 볼 수 있겠다.

① 특정한 연구과제와 연구비의 지원 없이 대학에서 자신의 전공과 관련하여 발명을 완성한 경우, 이는 대학교수의 본래의 직무는 학생을 가르치고 자신의 전공과 관련된 학문의 연구에 있으므로 비록 대학교수가 자신의 전공과 관련하여 발명을 완성했더라도 이 경우는 자유발명에 해당한다. 그러나 이 경우에도 대학교수가 발명을 사용자(국립대학의 경우 국가, 사립대학의 경우 재단)에게 넘겨준다면 사용자는 승계획득여부를 결정하여 그 발명의 권리를 획득할 수 있다.

② 대학교수가 외부 기업체의 연구개발의뢰에 의하여 연구과제와 연구비를 지급받고 연구하여 발명을 완성한 경우, 이 경우 완성된 발명에 대한 권리귀속 문제는 대학교수와 연구개발을 의뢰한 외부 기업간에 체결한 계약서에 의해 처리될 사안이므로 대학(사용자)측의 관여가 배제되는 자유발명이라고 보아야 할 것이다. 다만, 대학의 연구시설과 연구보조원 등을 이용한 경우라면 대학은 연구계약, 학칙,

---

76) 이외에도 고등교육법에서는 산업대학, 전문대학, 통신대학 등의 여러 대학을 규정하고 각각의 목적을 규정하고 있다.

77) 예컨대 대학교수가 한 발명을 자유발명으로 규정하는 독일의 '종업원발명에 관한 법률'에서도 발명이 이루어진 연구소의 소장이 특히 자금을 투입했을 경우 대학교수 등은 발명의 실시보고서를 소장에게 제출할 의무가 있고, 소장은 발명 이익의 적당한 분배를 청구할 권리를 갖는다는 규정을 마련하고 있다.

교수의 직무발명규정 등에 따라 일부 권리를 주장할 수 있다.

③ 대학교수가 외부 기업체의 기술고문으로 재직중 그 기술분야의 발명을 완성한 경우, 대학교수는 외부 기업체와의 계약에 의해 기술고문 즉 종업원의 지위에서 완성한 발명이므로 대학교수가 기술고문으로 재직중인 기업의 직무발명에 해당한다.

이상으로 나누어 보았듯이 교수가 발명을 하게 된 동기와 모든 상황을 고려하여 종합적으로 판단하여야 할 것이다. 특히 이러한 문제를 해결하기 위하여 많은 대학들이 교직원의 직무발명규정을 제정하기 시작했다.

(3) 발명을 하게 된 행위가 종업원등의 현재 또는 과거의 직무에 속하는 것일 것

직무발명의 성립요건으로서 종업원이 발명을 하게 된 행위는 종업원등의 현재 또는 과거의 직무에 속하여야 한다. '발명을 하게 된 행위'란 발명을 하는 것이 직무인 경우 즉, 구체적 과제를 부여받고 발명을 명받은 경우의 행위를 말하는 것에 한하는 것이 아니고 널리 발명을 완성하기까지의 행위를 말한다.[78] 따라서 발명을 의도했는지의 여부는 문제되지 않는다.

1) 직무에 속하는 것일 것

직무발명과 관련하여 발명을 하게 된 행위는 종업원등 직무에 속하는 것이어야 한다. 여기서 '직무'란 종업원등이 사용자등의 요구에 따라 사용자의 업무의 일부를 담당하는 것을 말한다. 구체적으로 발명을 하게 된 행위가 직무에 속하는가의 판단은 기술적 사상의 제공자로서의 종업원과 자금·자재의 제공자로서의 사용자 사이의 이익조정이라는 종업원발명제도의 취지에 비추어 이루어져야 할 것이다. 즉 기술자의 지위, 급여, 직종 및 기업이 그 발명완성 과정에 관여한 정도 등 사용자와 종업원 사이의 구체적인 관계를 감안하여 개별적으로 판단하여야 할 것이다. 이에 종업원이 발명에 대한 구체적인 과제를 부여받지 않았지만 그 종업원이 담당하도록 정해진 직무내용 또는 책임범위가 당연히 발명을 할 것으로 예정되거나 기대되는 경우[79]에는 직무발명에 속한다 하겠다. 반면 예컨대 단순히 회사의 사장이 모든 종업원에게 '21세기에 살아남기 위해서는 발명이 중요하다'라고 훈시를 한 결과 자기의 직무와 관계없는 영업적 · 사무적 · 기계적 · 육체적 노동을 직무로 하고

78) 東京高裁 昭和42.2.28. 判例 タイムズ 207号, 147頁(窒化爐事件); 名古屋地裁 平成4.12.21. 判タ 814号, 219頁(傾床型自走式立體주차장의 플로어구조사건).

79) 대법원 1991.12.27. 선고 91후1113 판결.

있는 종업원이 발명하였을 경우까지 직무발명으로 보지는 않는다.

한편 직무발명의 요건과 관련하여 일본의 구 특허법 제14조가 '임무에 속하는' 경우라 규정하고 있던 것에 대하여 현행법에서는 '직무'라는 보다 넓은 개념으로 바뀌었기 때문에 구체적인 발명의 과제가 주어지고 그것에 의거하여 발명활동이 있은 경우보다 넓게 직무발명의 성립이 인정되게 되었다고 해석된다는 견해가 있다. 그러나 법률의 개정 여부에 상관없이 직무발명의 요건으로 직무에 속함은 구체적인 발명과제를 준 경우에만 한정되지 않고 사용자등에 의해 객관적으로 기대되어야 할 직책범위에 관한 발명행위는 직무에 속하는 발명으로 해석해야 할 것이다.[80]

앞에서 살펴 본 바와 같이 종업원등이 한 발명이 모두 직무발명이 되는 것은 아니고, 발명진흥법 제2조 제2호 소정의 요건을 구비한 발명만이 직무발명으로서의 취급을 받게 되는데, 이 요건 중 발명을 하기에 이른 행위가 종업원등의 직무에 속하느냐 속하지 않느냐가 논의의 핵심이 된다. 이에 종업원등이 한 발명과 그 직무와의 관계를 보면 대략 다섯 가지 경우를 생각할 수 있다. 즉 ① 그 발명을 완성하라는 명령 내지 지시가 있었을 경우, ② 구체적인 명령 또는 지시는 없었지만 발명을 한 종업원등이 회사의 연구소 기타에서 시험연구 등을 행하는 것을 직무로 하고 있었을 경우, ③ 생산 및 그 관련부문의 관리직에 있는 종업원등이 그 담당하고 있는 직무에 관하여 한 경우, ④ 현업종업원이 그 담당하고 있는 일의 개량에 관하여 한 경우, ⑤ 담당부문 또는 총무부문의 종업원이 우연히 착상해 완성한 경우 등이다. ①의 발명이 직무에 속한다고 해석하는 데에는 이론의 여지가

---

80) 이는 일본 구 특허법이 적용되던 시기의 판례에서도 확인할 수 있다. 즉 東京地裁 昭和38.7.30.(下級民集 14卷7号, 1505頁)사건에서 법원은 "原告先代는 당시 피고회사의 기술담당중역으로서 관리직적인 입장에서 일반적으로 기술면의 관리감독에 임명되는 동시에 회사의 업무범위에 속하는 기술문제에 대해서는 그 연구 내지 진보 개량을 지도하는 일반적 직책을 가지고 특히 당시 석탄질소의 증산이라는 피고회사의 경영방침을 수행함에 있어서는 기술담당의 최고책임자로서 窯化爐를 증설하거나 이것을 개조함으로써 석탄질소 생산의 향상발전을 도모해야 할 구체적 임무를 갖고 있었다고 추측하기 어렵지 않다. 그렇게 보면 原告先代가 석탄질소 증산이라는 피고회사의 경영방침에 따라 그 기술부문의 최고책임자인 原告先代의 임무에 속하는 것이었다고 해야 한다"라고 판시하였다. 이에 공소심에서 공소대리인은 고안하기에 이른 행위가 그 임무에 속하기 위해서는 그 고안해야 할 명령 내지는 지시가 있을 것을 요하는 바, 공소인 先代에 이와 같은 명령 내지 지시가 없었기 때문에 본건에서는 고안을 하기에 이른 행위는 控訴人 先代의 임무에 속한다고 하는 요건을 충족시킨 것이라고는 할 수 없다고 항소한다. 그러나 이에 대하여 공소심은 "공소대리인의 주장은 옹색하며, 개량고안을 시도함으로써 공소회사의 경영에 기여해야 하는 것은 직접 위 고안의 작업을 담당하건 이를 지도·감독하건 불문하고 그 기술면에서의 최고책임자의 지위에 있었던 控訴人 先代의 당연한 책무가 되는 것은 당연하다"라고 판단하고 있다.

없을 것이며, ②의 발명에 대해서도 직무에 속한다고 하는 것이 다수설이라 해도 좋을 것이라고 생각한다. 그리고 ④ 또는 ⑤의 발명은 직무발명에 속하지 않는다고 해석하는 데에도 아마 이론이 없을 것으로 생각한다. 문제는 ③의 경우이다. 이것은 구체적인 사안마다 그 결론을 달리한다. 그런데 사용자로서는 시험연구원 이외의 자에 대해서도 그 담당하는 직무사항에 관한 사색행위를 직무행위의 일부로 기대하는 일은 적지 않기 때문에 일반적으로 관리적 직무에 있는 자에 대해서는 그 자가 담당하는 직무에 관한 사색행위의 결과로서 완성한 발명은 직무에 속하는 발명이라 해석해도 좋다고 생각한다.

2) 현재 또는 과거의 직무에 속할 것

직무발명은 종업원등이 현재 담당하고 있는 직무에 속하는 발명은 물론이고 과거에 담당했던 직무에 속하는 발명도 포함된다. '과거'란 동일 기업 내에서 해당 종업원이 담당했던 과거의 직무로 해석하는 데에는 이설이 없다. 다만 이는 사용자등과 고용관계에 있는 경우에 대한 과거의 직무만을 말하고, 고용관계가 끝난 경우에 있어서 과거의 직무를 말하지 않는다고 해석하는 것이 일본의 통설이며,[81] 우리의 견해도 일본의 통설을 그대로 받아들여 종업원이 퇴직 전의 직무에 속하는 발명을 퇴직 후 발명하였을 때는 고용관계가 종료된 상태에서의 발명이므로 '자유발명'에 속한다고 보고 있다. 이는 퇴직 후 타기업에 취직한 후의 발명은 前기업과 새로운 기업과의 관계에서 종업원은 이중 직무발명의 문제가 생기고, 또 종업원의 생계를 위협하기 때문에 직업선택의 자유를 박탈하는 결과를 초래할 수 있다는 우려에서 비롯한 설명이다.[82] 그러나 종업원이 발명을 완성하기 직전에 퇴직하였을 경우[83]와 재직기간에 체득한 지식과 경험이 바탕이 되어 발명을 완성하는 데 큰 역할을 한 경우 등, 특별한 사정이 있는 경우에까지 전(前)사용자등에 아무런 권리가 없다는 것은 형평을 잃는 견해라 하겠다. 따라서 일정한 경우에는 '퇴직 후'라도 '과거'의 직무에 속한다고 보아야 할 것이다. 다만 부정경쟁방지법에서도 퇴직한 자

81) 吉藤辛朔, 「特許法概說」, 有斐閣, 1989, 75頁.

82) 中山信弘, 「工業所有權法 上(第二版 增補版)」, 弘文堂, 2000, 71~72頁; 仙元隆一郎, 「特許法講義」, 悠々社, 1998, 79頁(퇴직후의 발명을 사전에 사용자에게 승계한다는 계약은 무효라고 한다); 中山信弘 編, 「注解特許法上卷 第二版」, 青林書院, 1989, 295~296頁.

83) 大阪地裁 昭和54.5.18. 判例 工業所有權, 2113, 54頁(連續混練機事件): 퇴직 11일 후 특허출원한 전종업원의 발명에 대해 재직중의 행위를 포함한 제반사정을 고려해서 퇴직 전에 이미 완성하고 있었던 것이라고 해석해야 할 것이라고 판시했다. 한편, 우리나라 헌법재판소 결정에서는 1998.3. 경 퇴사한 후 1998. 6-7.경 시제품을 완성하고 같은 해 11.17. 등록고안의 출원을 한 사안에서 직무발명을 부정한 바 있다(헌법재판소 2004.12.16. 선고 2002헌마511 결정).

의 책임을 제한적으로 인정하는 것과 같이 퇴직한 자의 발명에 대하여 직무발명을 인정하는 것은 엄격하게 해석하여야 할 것이다. 또한 종업원이 퇴직 후에도 일정 기간 비밀유지의무나 경업금지의무를 부담할 수 있다는 점에서 제한된 범위 내에서 퇴직자가 퇴직 후에 완성한 발명에 대한 사용자와 종업원의 약정을 인정할 수 있겠다.[84] 사용자로서는 연구일지작성의 의무화와 그 체크 등과 같은 연구관리를 통하여 퇴직 직원의 발명행위에 관련하여 발생할 수 있는 직무발명 논란에 대비할 수 있겠다.

발명을 하게 된 행위는 반드시 근무시간 중에 이루어질 필요가 없으며, 발명한 장소도 근무지이든 가정이든 전혀 문제되지 않는다. 이는 직무발명이 종업원등의 담당 직무와 관련된 발명이므로 비록 퇴근 후 가정에서 직무와 관련된 발명을 했더라도 직무에서 터득한 지식과 경험 및 발명완성시까지의 사용자 등의 지원(설비, 자원, 급여 등)을 부정할 수 없기 때문이다.

대법원 1991.12.27. 선고 91후1113 판결

[직무발명]

'발명을 하게 된 행위가 피용자 등의 현재 또는 과거의 업무에 속하는 것'이라 함은 피용자가 담당하는 직무내용과 책임범위로 보아 발명을 꾀하고 이를 수행하는 것이 당연히 예정되거나 또는 기대되는 경우를 뜻하고, 악기 회사의 공작과 기능직 사원으로 입사하여 회사를 퇴직할 때까지 공작과 내 여러 부서에 숙련공으로 근무하여서 금형제작, 센터핀압입기제작, 치공구개발 등의 업무에 종사한 자가 피아노 부품의 하나인 플랜지의 구멍에 붓싱을 효과적으로 감입하는 장치를 고안한 경우, 위 근무기간 중 위와 같은 고안을 시도하여 완성하려고 노력하는 것이 일반적으로 기대되므로 위 고안은 직무발명에 해당한다.

4. 직무발명의 권리귀속

위에서 본 바와 같이 우리의 특허법은 직무발명과 관련하여 발명자주의를 취하고 있다. 즉 직무발명에 대하여 특허를 받을 수 있는 권리는 원시적으로 발명자에게 귀속하며, 사용자는 그에 상응하여 무상의 통상실시권을 갖도록 하고 있다. 이에 구체적으로 직무발명과 관련한 사용자·종업원 각 당사자들의 권리·의무 관계를 살펴보도록 한다.

---

84) 예컨대 퇴직자가 퇴직 후에 완성한 발명에 대하여 유상의 통상실시권을 설정한다는 취지의 계약을 생각할 수 있다.

(1) 사용자등이 받을 수 있는 권리와 의무

1) 사용자등이 받을 수 있는 권리

종업원이 이루어낸 직무발명은 사용자로부터 연구개발을 수행하도록 급여와 사용자의 기자재 등의 설비, 연구비 등을 받지 않았으면 발명을 완성하지 못할 여건, 즉 특별한 조건하에서 완성된 발명이므로 일반원칙을 그대로 적용시키는 것은 타당하지 않다. 그리하여 법에서 형평성을 고려하여 사용자에게도 일부의 권리를 인정하고 있다.

① 무상의 법정 통상실시권[85] 미국은 종업원이 직무발명을 한 경우에는 계약서가 없더라도 사용자는 비독점의 무상실시권을 가진다는 것을 판례로 인정하고 있다. 즉 발명을 하기 위하여, 또는 발명을 실시화하기 위하여 종업원이 사용자의 자산을 사용한 경우, 그 종업원이 사용자에게 그 발명을 실시하는 비배타적, 실시료 무료의 이전불가능한 실시권을 허락하여야 한다.[86] 독일의 '종업원발명에 관한 법률' 역시 종업원이 발명한 경우에는 사용자에게 발명보고의 의무, 양도, 양도할 때의 보상조건, 양도된 발명을 사용자가 실시한 경우의 발명자에 대한 실시료, 비밀유지의무 등을 구체적으로 정하고 있다.[87]

우리의 발명진흥법 역시 직무발명에 있어 종업원등이 특허를 받았거나, 특허를 받을 수 있는 권리를 승계한 자가 특허를 받았을 때에는 사용자등은 그 특허권에 대하여 통상실시권을 가진다(발명진흥법 제10조 제1항)고 규정하고 있다.[88] 이 통상실시권은 등록하

85) 岡本清秀,「企業の多国籍化に伴う知的財産戦略と留意点」, 知財管理, Vol.50 No.1, 73~74頁.

86) Mc Elmurry v. Arkansas Power & Light Co., 995 F.2d 1576, 27 U.S.P.Q. 2d 1129(Fed. Cir. 1993); Wommack v. Durham Pacan Co., Inc., 715 F.2d 962, 219 U.S.P.Q. 1153(5th Cir. 1983).

이때 통상실시권의 범위는 전상황을 고려하여 결정하므로, 반드시 발명자의 고용기간 중에 발명을 위해 사용된 특정의 기계에 관하여 발생한 것에 한정되지는 않는다. Tin Decorating Co. of Baltimore v. Metal Package Corp., 29 F.23 1006(S.D.N.Y. 1928), aff'd on other grounds, 37 F.2d 5, 4 U.S.P.Q. 253(ed Cir. 1930), cert. denied, 281 U.S. 759(1930).

87) 독일에서는 종업원은 직무발명에 대하여 사용자에게 즉시 서면으로 보고해야 할 의무를 가지며, 이 보고를 받은 사용자는 해당 직무발명에 대한 권리를 서면으로 선언할 수 있다. 즉 사용자는 서면 선언에 의하여 특허받을 권리를 가질 수 있는 것이다. 그러나 사용자가 그러한 권리를 포기한다는 명시적인 선언을 하거나 또는 종업원으로부터 직무발명에 관한 서면 보고를 받은 날로부터 4개월 이내에 사용자가 권리를 주장하는 서면 선언을 하지 아니한 경우에는 해당 직무발명은 자유발명으로 되고 해당 종업원에 의하여 자유롭게 이용 또는 처분될 수 있게 된다. 사용자가 직무발명에 대한 권리를 선언하여 가지게 되면 해당 직무발명을 한 종업원은 그에 상응한 보상을 받게 되고, 그 보상액은 해당 발명의 상업적 유용성, 해당 종업원의 직무와 지위, 그리고 해당 직무발명이 이루어지는데 대한 사용자의 자금제공 등 기여부분을 종합적으로 고려하여 산정하게 된다.

88) 다만, 단서에서는 일정한 예외 규정을 두고 있다.

제10조(직무발명) ① 직무발명에 대하여 종업원등이 특허, 실용신안등록, 디자인등록(이하 "특허등"

지 않아도 그 특허권 또는 전용실시권을 취득한 자에 대하여 효력이 발생한다(제118조 제2항). 다만 사용자가 가지는 통상실시권이 제3자에 대한 효력에 있어서는 문제가 있다. 즉 우리 특허법은 사용자가 가지는 통상실시권을 허락에 의한 통상실시권과 동일하게 취급하고 있어, 제3자가 종업원이 발명한 권리를 침해하는 경우에 특허법 제126조, 제128조에 의해 직접 침해금지청구권이나 손해배상청구권을 행사할 수 없고, 오로지 특허권자나 전용실시권자만이 권리를 행사할 수 있도록 되어 있어 그 한계가 있다. 한편 이러한 통상실시권은 특허권자의 동의를 받아야만 그 실시권을 이전할 수 있다(제102조 제5항).

대법원 1997.6.27. 선고 97도516 판결

[직무발명과 관련한 통상실시권]

구 특허법 제39조 제1항에 의하면, 직무발명에 관한 통상실시권을 취득하게 되는 사용자는 그 피용자나 종업원이 직무발명을 완성할 당시의 사용자이고, 그에 따른 특허권의 등록이 그 이후에 이루어졌다고 하여 등록 당시의 사용자가 그 통상실시권을 취득하는 것은 아니다.

② 발명완성 전의 예약승계에 의한 특허권 및 전용실시권 종업원등이 한 직무발명에 대하여 미리 특허를 받을 수 있는 권리를 사용자등에게 승계시키는 예약승계의 경우나 전용실시권 설정계약 또는 근무규정이 있는 경우에는 특허권 또는 전용실시권을 사용자가 취득할 수 있다. 이러한 경우 사용자는 발명자에게 정당한 보상을 하여야 한다(발명진흥법 제15조 제1항).

특허를 받을 수 있는 권리를 승계취득할 경우 특허출원 전일 때에는 사용자 명의로 특허출원을 하지 아니하면 제3자에게 대항할 수 없으며, 특허출원 후에는 출원인이 명의변경신고를 하지 않으면 그 효력이 발생하지 않는다(제38조). 이 경우 사후의 문제발생을 예방하기 위하여 종업원등으로부터 양도증서를 받아놓는 것이 좋으

이라 한다)을 받았거나 특허등을 받을 수 있는 권리를 승계한 자가 특허등을 받으면 사용자등은 그 특허권, 실용신안권, 디자인권(이하 "특허권등"이라 한다)에 대하여 통상실시권(通常實施權)을 가진다. 다만, 사용자등이 「중소기업기본법」 제2조에 따른 중소기업이 아닌 기업인 경우 종업원등과의 협의를 거쳐 미리 다음 각 호의 어느 하나에 해당하는 계약 또는 근무규정을 체결 또는 작성하지 아니한 경우에는 그러하지 아니하다. <개정 2013.7.30.>

1. 종업원등의 직무발명에 대하여 사용자등에게 특허등을 받을 수 있는 권리나 특허권등을 승계시키는 계약 또는 근무규정
2. 종업원등의 직무발명에 대하여 사용자등을 위하여 전용실시권을 설정하도록 하는 계약 또는 근무규정

며, 특허권의 승계취득 또는 전용실시권을 취득하고자 할 경우 등록해야만 효력이 발생한다(제101조). 또한 종업원이 타인(자연인 또는 다른 회사의 종업원)과 공동으로 직무발명을 한 경우 특허를 받을 수 있는 권리 또는 특허권은 공유로 되며, 각 공유자는 다른 공유자의 동의를 받아야만 그 지분을 양도할 수 있으나(제37조 제3항, 제99조), 사용자등은 계약이나 근무규정에 의하여 그 직무발명에 대한 권리를 승계하기 때문에 해당 종업원등이 가지는 권리의 지분을 가지게 된다(발명진흥법 제14조).

완성된 직무발명과 관련하여 이루어진 권리귀속 관계는 발명자가 사용자와의 근로계약 관계의 존속 여부에 영향받지 않는다. 즉 발명자가 직무발명에 대한 특허권을 취득한 후 퇴사한 경우에도 계약 또는 근무규정 등에 특허권의 사용자 귀속에 대한 약정이 존재하는가에 상관없이 사용자는 무상의 법정 통상실시권을 가지며, 권리귀속에 관한 다른 약정이 있는 경우에는 종업원등은 사용자등에게 계약상의 책임을 진다.

③ **직무발명 승계사실의 통지** 한편 사용자는 직무발명의 완성에 대한 통지를 종업원으로부터 받은 경우에는 대통령령으로 정하는 기간(4개월) 이내에 그 발명에 대한 권리의 승계여부를 종업원등에게 서면(「전자문서 및 전자거래 기본법」 제2조제1호에 따른 전자문서를 포함한다. 이하 같다)으로 알려야 한다. 사용자등이 승계여부를 일정 기간 내에 알리지 않은 경우에는 사용자등은 그 발명에 대한 권리의 승계를 포기한 것으로 본다. 즉 해당 직무발명을 자유발명으로 간주하기 때문에 그 발명을 한 종업원등의 동의를 받지 아니하고는 통상실시권을 가질 수 없다. 다만, 예약승계 계약이 없는 경우에는 사용자등이 종업원등의 의사와 다르게 그 발명에 대한 권리의 승계를 주장할 수 없다(발명진흥법 제13조). 즉, 종업원등의 직무발명에 대한 권리의 승계는 계약 또는 근무규정을 통해 가능하므로, 이를 정하지 아니한 경우 종업원등의 의사와 다르게 그 승계를 주장할 수 없다.

2) 사용자등의 의무

사용자등이 계약이나 근무규정에 의하여 종업원등이 행한 직무발명에 대하여 특허를 받을 수 있는 권리 또는 그 특허권을 승계취득하거나 전용실시권을 설정한 경우 종업원등에게 정당한 보상을 할 의무가 있다. 종업원등의 정당한 보상을 지급받을 권리는 임금채권과 구별되는 일종의 법정채권이므로 발명을 한 종업원이 타부서로 전출가거나 자의로 퇴직한 경우에도 사용자등은 보상금을 지급할 의무가 있다.

(2) 종업원등이 받을 수 있는 권리와 의무

1) 종업원등이 받을 수 있는 권리

원래 특별한 조건하에서 발명을 완성하더라도 특허를 받을 수 있는 권리는 발명자인 종업원에게 귀속한다. 따라서 종업원은 특허를 받을 수 있는 권리를 이전할 수 있으며(제37조), 특허권을 취득한 후 권리행사도 자유롭게 할 수 있다.[89] 그러므로 종업원등은 자기자신이 발명(직무발명)한 기술에 대하여 그 권리를 사용자에게 승계하거나 전용실시권을 설정한 대가로 정당한 보상을 받을 권리를 가진다(발명진흥법 제15조, 제16조).

종업원등이 정당한 보상을 지급받을 수 있는 권리에 대한 발명진흥법의 규정은 경제적 약자인 종업원을 보호하기 위한 규정으로 강행규정이다. 그러므로 사용자등이 보상금청구권을 부인하거나 지급을 거절 또는 유보시키는 계약은 무효라고 할 수 있으며, 계약 또는 근무규정에 보상금 지급에 관한 규정이 없는 경우에도 종업원등은 발명진흥법 제15조 및 제16조의 규정에 의하여 보상금청구권을 당연히 취득한다. 따라서 종업원이 갖는 정당한 보상을 받을 권리는 무체재산권인 특허권 등의 승계에 대한 대가이고, 발명진흥법에 의하여 당연히 발생하는 법률상의 채권적 권리이기 때문에 노동의 대가인 임금과 구분되며 사망시 상속의 대상이 될 수 있다.

대법원 2008.12.24. 선고 2007다37370 판결

구 특허법(2006.3.3. 법률 제7869호로 개정되기 전의 것) 제39조 제1항의 직무발명에 해당하는 회사 임원의 발명에 관하여 회사와 그 대표이사가 임원의 특허를 받을 수 있는 권리를 적법하게 승계하지 않고 같은 법 제40조에 의한 보상도 하지 않은 상태에서 위 임원을 배제한 채 대표이사를 발명자로 하여 회사 명의의 특허등록을 마침으로써 임원의 특허를 받을 수 있는 권리를 침해한 경우, 위 임원이 입은 재산상 손해액은 임원이 구 특허법 제40조에 의하여 받을 수 있었던 정당한 보상금 상당액이다. 그 수액은 직무발명제도와 그 보상에 관한 법령의 취지를 참작하고 증거조사의 결과와 변론 전체의 취지에 의하여 밝혀진 당사자들 사이의 관계, 특허를 받을 수 있는 권리를 침해하게 된 경위, 위 발명의 객관적인 기술적 가치, 유사한 대체기술의 존재 여부, 위 발명에 의하여 회사가 얻을 이익과 그 발명의 완성에 위 임원과 회사가 공헌한 정도, 회사의 과거 직무발명에 대한 보상금 지급례, 위 특허의 이용 형태 등 관련된 모든 간접사실들을 종합하여 정함이

89) 그러나 특허를 받을 수 있는 권리 또는 특허권이 공유인 경우 다른 공유자의 동의를 받아야만 그 지분을 양도할 수 있다(제37조, 제99조).

상당하고, 등록된 특허권 또는 전용실시권의 침해행위로 인한 손해배상액의 산정에 관한 특허법 제128조 제2항을 유추적용하여 이를 산정할 것은 아니다.

대법원 2012.11.15. 선고 2012도6676 판결

발명진흥법 제2조는 '직무발명'이란 종업원, 법인의 임원 또는 공무원(이하 '종업원 등'이라 한다)이 그 직무에 관하여 발명한 것이 성질상 사용자 · 법인 또는 국가나 지방자치단체(이하 '사용자 등'이라 한다)의 업무 범위에 속하고 그 발명을 하게 된 행위가 종업원 등의 현재 또는 과거의 직무에 속하는 발명을 말한다고 규정하면서, 제10조 제3항에서 "직무발명 외의 종업원 등의 발명에 대하여 미리 사용자 등에게 특허 등을 받을 수 있는 권리나 특허권 등을 승계시키거나 사용자 등을 위하여 전용실시권을 설정하도록 하는 계약이나 근무규정의 조항은 무효로 한다"고 규정하고 있고, 위 조항은 직무발명을 제외하고 그 외의 종업원 등의 발명에 대하여는 그 발명 전에 미리 특허를 받을 수 있는 권리나 장차 취득할 특허권 등을 사용자 등에게 승계(양도)시키는 계약 또는 근무규정을 체결하여 두더라도 위 계약이나 근무규정은 무효라고 함으로써 사용자 등에 대하여 약한 입장에 있는 종업원 등의 이익을 보호하는 동시에 발명을 장려하고자 하는 점에 그 입법 취지가 있다. 위와 같은 입법 취지에 비추어 보면, 계약이나 근무규정이 종업원 등의 직무발명 이외의 발명에 대해서까지 사용자 등에게 양도하거나 전용실시권의 설정을 한다는 취지의 조항을 포함하고 있는 경우에 그 계약이나 근무규정 전체가 무효가 되는 것은 아니고, 직무발명에 관한 부분은 유효하다고 해석하여야 한다. 또한 발명진흥법 제15조 제1항은 "종업원 등은 직무발명에 대하여 특허 등을 받을 수 있는 권리나 특허권 등을 계약이나 근무규정에 따라 사용자 등에게 승계하게 하거나 전용실시권을 설정한 경우에는 정당한 보상을 받을 권리를 가진다"고 규정하고 있으므로, 계약이나 근무규정 속에 대가에 관한 조항이 없는 경우에도 그 계약이나 근무규정 자체는 유효하되 종업원 등은 사용자 등에 대하여 정당한 보상을 받을 권리를 가진다고 해석해야 할 것이나, 직무발명에 대한 특허 등을 받을 수 있는 권리나 특허권 등의 승계 또는 전용실시권 설정과 위 정당한 보상금의 지급이 동시이행의 관계에 있는 것은 아니다.

2) 종업원등의 의무

직무발명과 관련하여 종업원등은 협력의무와 비밀유지의무를 진다. 즉 종업원등이 직무에 관하여 발명을 했을 경우 계약 또는 근무규정에 의하여 사용자등에게 특허를 받을 수 있는 권리 또는 특허권을 양도할 의무가 있으며, 특허출원 및 등록시 또는 특허권의 실시나 처분시 협력할 의무를 가진다. 또한 사용자등이 직무발명을 승계하여 특허출원하였을 경우 종업원등은 출원 공개시까지 그 내용에 관하여 비밀을 유지하여야 하며(발명진흥법 제19조), 이를 위반하여 부정한 이익을 얻거나 사용자

등에게 손해를 가할 목적으로 직무발명의 내용을 공개한 자는 사용자의 고소가 있을 경우 3년 이하의 징역 또는 3천만원 이하의 벌금에 처한다(발명진흥법 제58조).

한편 직무발명과 관련하여 사용자는 통상실시권을 가지고 종업원은 그 특허권에 관하여 경쟁사에 대하여 실시권을 설정하거나 특허권 그 자체를 양도하는 것이 가능하다. 그러나 이러한 가능성은 종업원의 직무발명이 사용자등의 경영활동에 방해 요인이 될 수 있으며, 사용자등으로서는 그 발명을 독점하여 자신의 경영활동에 봉사시키려 할 것이다. 이에 사용자등은 고용계약이나 근무규정 등을 통하여 미리 종업원등의 직무발명에 대한 권리승계나 전용실시권을 설정하는 계약을 하며, 직무발명이 있을 경우 종업원등은 이에 협조할 의무를 진다. 한편 직무발명의 권리귀속에 대한 약정이 없었거나 이에 관한 다툼이 있는 경우 종업원등은 사용자등에게 협조할 의무가 있는지, 나아가 사용자등은 종업원등의 비협조를 이유로 해고할 수 있는지가 문제될 수 있을 것이다.

원칙적으로 종업원등의 직무발명에 대하여 사용자등은 무상의 통상실시권을 갖는다. 나아가 정당한 보상을 제시한다면 사용자등은 종업원등에 대하여 권리승계나 전용실시권의 설정을 요구할 수 있으며, 종업원등은 이에 협조할 의무를 진다고 보아야 할 것이다. 즉 종업원등이 사용자등에 대하여 업무와 관련하여 충성의무 등을 지는 가운데 직무발명과 관련하여 사용자가 정당한 보상을 제시하였다면 종업원등은 특별한 이유가 없는 한 이에 협조하여야 한다고 보아야 할 것이다. 또한 이러한 협조를 하지 않는 종업원등을 사용자는 해고할 수도 있을 것이다.

사용자등은 모든 실정법상의 제한에 위반하지 않는 한 자유로이 종업원등을 해고할 수 있으며,[90] 판례 역시 권리남용의 법리를 원용하여 해고를 제한하는 가운데 해고자유설의 입장을 취하고 있다. 따라서 직무발명의 권리귀속과 관련하여 다툼이 있다면 사용자등의 행위가 권리남용에 해당하지 않는 한 종업원등을 해고할 수 있다고 할 것이다.[91]

---

90) 해고의 자유. 다만 이러한 '해고의 자유'에 대해서는 ① 생존권, 노동권, 노동권보장의 규정에 의한 것, ② 기업의 사회적 책임의 입장에서의 것, ③ 임대차법의 해약의 정당사유를 인용하는 등의 여러 근거로 제한하려는 주장들이 있다.

91) 東京地裁 昭和34.7.14. 労働民集 10巻4号, 645頁. 다만 본 판결은 원·피고간의 계약상 원고가 피고의 직무상 행한 발명에 관하여 특허를 받을 수 있는 권리가 피고에게 이전된다는 내용의 명시적인 계약이 있었다는 증명이 없기 때문에 원고가 자기에게 위 특허를 받아야 할 권리가 귀속한다고 생각한 것은 전혀 이유가 없다고 할 수는 없지만, 피고로서도 원고에게 그 발명에 관련된 연구를 위탁하고 그 때문에 급여를 지급하고 연구에 필요한 자재, 기계설비를 제공하고 보조원 등의 비용도 부담했으며, 또한 피고회사에서는 전부터 종업원인 발명자와 회사가 특허의 공동출원을 해 와서 원고 자신도 전에 인정한 대로 회사에서 특허를 받으면 어떻겠느냐고 한 것으로 보아도 피고회사가 원고와의 계약

대법원 2014.11.13. 선고 2011다77313,77320 판결

[직무발명의 완성 사실을 사용자에게 통지하지 아니한 채 발명자인 종업원이 그의 특허를 받을 수 있는 권리를 공동발명자인 제3자와 공모하여 위 제3자에게 양도하고 위 제3자가 단독으로 특허출원, 등록받도록 한 행위가 사용자에 대하여 배임행위인지 여부(적극)]

직무발명에 대한 특허를 받을 수 있는 권리 등을 사용자, 법인 또는 국가나 지방자치단체(이하 “사용자 등”이라 한다)에게 승계시킨다는 취지를 정한 약정 또는 근무규정의 적용을 받는 종업원, 법인의 임원 또는 공무원(이하 “종업원 등”이라 한다)은 사용자 등이 이를 승계하지 아니하기로 확정되기 전까지 임의로 위 약정 등의 구속에서 벗어날 수 없는 상태에 있는 것이고, 위 종업원 등은 사용자 등이 승계하지 아니하는 것으로 확정되기까지는 그 발명의 내용에 관한 비밀을 유지한 채 사용자 등의 특허권 등 권리의 취득에 협력하여야 할 신임관계에 있다고 봄이 상당하다. 따라서 종업원 등이 이러한 신임관계에 의한 협력의무에 위배하여 직무발명을 완성하고도 그 사실을 사용자 등에게 알리지 아니한 채 그 발명에 대한 특허를 받을 수 있는 권리를 제3자에게 이중으로 양도하여 제3자가 특허권 등록까지 마치도록 하였다면, 이는 사용자 등에 대한 배임행위로서 불법행위가 된다고 할 것이다.

[이 경우 사용자가 배상받을 수 있는 손해배상액의 산정 방법(=종업원 지분 상당액이되 종업원과 제3자 사이 지분비율은 균분 추정)]

2인 이상이 공동으로 발명한 때에는 특허를 받을 수 있는 권리는 공유로 하는데(특허법 제33조 제2항), 특허법상 위 공유관계의 지분을 어떻게 정할 것인지에 관하여는 아무런 규정이 없으나, 특허를 받을 수 있는 권리 역시 재산권이므로 그 성질에 반하지 아니하는 범위에서는 민법의 공유에 관한 규정을 준용할 수 있다고 할 것이다(민법 제278조 참조). 따라

내용은 적어도 원고의 직무상 행한 발명에 관하여 특허를 받을 권리의 지분 이전을 받아 피고와 공동으로 특허출원을 한다는 약속의 내용도 포함하고 있다고 생각한 것을 반드시 부당한 것이라고 할 수는 없기 때문에 이와 같이 원·피고간에 원고가 피고의 직무상 행한 발명의 취급에 관한 後術과 같이 중요한 계약내용에 대하여 의견이 대립한 이상 피고로서 원고와의 고용계약을 해고하고자 하는 것이 사회적으로 부적당한 조치라고 말하기 어려운 바이다. 원고는 특허출원을 하는 것은 원·피고간의 계약과는 무관한 것이라고 하지만, 피고가 원고를 고용한 까닭은 원고에 의한 연구의 성과를 피고의 상품생산에 도움이 되게 하는데 있기 때문에 그 연구성과에 대하여 설령 피고가 실시권을 얻었다 해도 원고가 단독 특허권자가 되어 타인에게 그 실시를 허락하느냐 않느냐의 여부는 원·피고간의 계약내용상 중요한 사항이라 해야 한다고 판시하고 사용자등의 해고행위가 권리남용에 해당하지 않는다 하였다. 즉 예약승계 계약의 존재여부에 대해서는 어느 쪽으로도 단정하지 않고 다만 해고권 남용의 유무 판단의 한 가지로서 회사측이 예약승계 계약이 유효하다고 생각한 것도 무리가 아니라고 판단하고 있는 듯하다. 그러나 본건의 사실관계를 보면 이미 종업원등이 사용자등에 대하여 공동출원을 제안하였으나 사용자등이 이를 거부하여 종업원이 단독출원한 것이며, 다시 사용자등이 공동출원으로 전환할 것을 주장한 것에 대하여 종업원은 대가를 얻고 권리를 양도하거나 실시료를 받기를 원한 것이다. 따라서 해고에 이르는 과정에 있어 사용자의 행위가 정당한지 또는 해고행위가 권리남용에 해당하지 않는지에 대한 결론에는 의문이 없지 않다.

서 특허를 받을 수 있는 권리의 공유자 사이에 지분에 대한 별도의 약정이 있으면 그에 따르되, 그 약정이 없는 경우에는 민법 제262조 제2항에 의하여 그 지분의 비율은 균등한 것으로 추정된다고 봄이 상당하다. 사용자의 손해배상액은 기술료 가운데 종업원의 지분에 상응하는 금액이다.

(3) 대학교수 발명의 권리귀속과 보상

1) 입법례

① 미국 특허법 미국은 일찍부터 대학에서의 연구개발에 대한 연방정부 지원의 중요성을 인식하고 연방정부가 대학에 지급하는 연구비를 계속적으로 증액해 왔다. 대학에서의 연구개발성과를 보다 효율적으로 활용하기 위해 1980년도에는 특허법을 개정하여, 전부 또는 일부라도 연방정부로부터 그 자금을 지원 받아서 이루어진 연구개발의 결과 만들어진 발명에 대하여 대학이 특허권을 취득할 수 있도록 하고 연방정부는 무상의 통상실시권(non-exclusive license)을 가지는 것으로 하여 대학에 의한 특허권 취득을 제도적으로 뒷받침 해주게 되었다. 즉 정부소유의 경우에는 특허권 등의 관리가 비효율적으로 이루어지게 되고, 일반 공중의 공유로 하는 경우에도 특허발명이 곧바로 상품화되는 것이 아니라 상품화에 필요한 안정성 시험과 설비투자 및 시장개척 등의 투자가 필요한데 반해서 특허권의 보호 없이 그러한 투자를 하고자 하는 민간기업이 없는 경우가 많다는 지적에 따라, 1980년의 특허법 개정은 연방정부의 지원을 받아 대학에서 이루어진 발명에 대해서 원칙적으로 해당 연구개발을 수행한 대학이 특허권을 취득하도록 해서 특허발명의 상업화를 수행하도록 하는 반면, 연방정부와 기타의 기업들은 대학으로부터 강제실시권(compulsory licence)을 취득해서 발명을 실시할 수 있도록 함으로써 특허발명이 사장되는 것을 방지하고자 하였다.

② 영국 특허법 영국의 1977년 특허법은 종업원이 통상적인 업무의 수행과정에서 행한 발명에 대한 특허권은 그 법인 등의 사용자에게 귀속된다고 규정하고 있고, 영업비밀에 대해서도 마찬가지로 해석되고 있다. 이러한 법규정은 종전까지 존재해 온 판례를 그대로 받아들여 성문법화한 것으로 이해되고 있지만, 대학의 교수들의 연구결과에 관한 지적재산권의 귀속에 관해서는 종전의 판례와 1977년 특허법과의 사이에는 상당한 차이가 있다. 즉 종전의 판례에 의하면 대학 교수들의 연구결과에 대한 지적재산권은 교수들 자신에게 귀속되는 것으로 보고 있었으나, 1977년 특허법이 제정됨에 따라서 대학총장 등을 비롯한 대학측은 교수들이 강의뿐만 아니라 연구를 수행해야 할 계약상 의무를 가지고 있고 그러한 계약상

업무로서 연구를 수행한 결과 나오게 된 발명은 특허법 규정에 따라서 대학에 귀속되는 것이라고 선언하고 있어 교수들의 발명에 대해서도 상이한 귀속이 인정될 수 있게 되었다.

대학을 통하여 또는 대학에 의하여 자금이 제공되고 특정 연구과제가 교수에게 부과된 경우에 해당 연구의 결과로 만들어진 발명에 대해서 대학이 특허권을 가지게 된다는 것은 1977년 특허법의 해석상 이론의 여지가 없다. 그러나 그러한 특정 연구과제의 부과나 자금제공이 없는 가운데 교수의 일상적인 학술적 연구의 결과로 만들어진 발명에 대해서까지 대학이 특허권을 가지게 된다고 해석될 수는 없는 것이 아닌가 하는 견해도 유력하다. 즉 대학과 교수간의 계약은 강의 이외에 불특정의 연구를 하기로 하는 것인데, 그러한 계약하에서 교수가 만들게 된 발명에 대한 특허권이 항상 대학에 귀속된다고 해석해야 할 것인지는 의문시되고 있다. 더구나 영국 특허법은 직무발명의 요건으로서 발명을 하게 된 연구개발이 종업원의 직무범위 내에 속하고 해당 종업원으로부터 발명이 예상 · 기대되는 경우이어야 할 것이 요구되고 있는데, 대학 교수의 발명이 그러한 두 가지 요건을 모두 충족시키고 있다고 보기 어려운 경우가 많기 때문이다.

③ 독일에서의 종업원발명 독일의 종업원발명에 관한 법률은 국가 연방정부나 주정부 또는 공기업의 종업원 즉 공무원의 발명에 대해서도 해당 정부나 공기업이 권리를 취득할 수 있도록 하고 있으면서도, 또한 해당 정부나 공기업은 권리이전 대신에 사전계약에 의하여 단순히 공무원의 직무발명에 대한 일정한 보상만을 청구할 수도 있다. 이러한 공무원발명에 관한 규정에도 불구하고, 대학 등 고등교육기관의 교수, 강사 또는 연구보조원이 만든 발명은 직무발명으로 취급하지 아니하고, 교수 등의 발명은 일반 종업원의 자유발명과 달리 사용자에의 통지의무나 통상실시허락의무에 관한 규정도 적용받지 않는다고 하는 특칙이 마련되어 있다. 즉 교수 등의 발명에 대해서는 직무발명 또는 자유발명에 관한 규정들에 대한 특칙으로서 대학 등이 해당 교수 등에게 해당 발명을 가져다 준 연구작업에 필요한 자원을 제공해준 경우에 한하여 해당 교수 등은 해당 대학측에 해당 발명의 이용에 관하여 서면으로 통지해야 할 의무를 부담하고 그러한 서면통지를 받은 날로부터 3개월 이내에 대학측은 해당 발명이용에 대한 분배금을 청구할 수 있을 뿐이다. 후자의 경우에도 교수가 대학측에 지급해야 할 분배금은 대학측이 교수에게 제공한 연구자원의 총액을 초과하지 않는 금액에 한정된다.

2) 발명진흥법의 태도

대학교수의 발명과 관련하여 우리나라의 통설은 대학교수(국립대 포함) 발명은 자유발명이라고 보거나,[92] 자유발명으로 간주하는 규정이 마련되어야 하며 교수명의로 특허출원이 가능하고 특허권처분이 자유로워져야 만이 우수발명의 발굴이 가능하게 된다고 보고 있다. 즉 대학교수의 연구결과(성과)는 연구비지급 또는 특허비용지급의 결과이기도 하지만 교수가 되기까지 오랜 기간 사비지출을 통한 대학 및 대학원교육, 외국유학, 산업체 경험 등 개인의 노력에 기인한 노하우의 결과물임을 인정해야 하며, 더욱이 대학연구의 목적이 교육 및 학술연구에 있기 때문에 대학교수의 발명에 대하여는 자유발명으로 보아야 한다는 것이 통설적인 견해이다. 하지만 특허법은 이러한 학계의 주장에 무관하게 적어도 국공립학교 교수의 발명이 직무발명이 될 수 있다는 입장을 견지하고 있다. 즉 '공무원등의 직무발명에 대한 권리는 국가나 지방자치단체가 승계할 수 있고, 국가나 지방자치단체가 승계한 공무원등의 직무발명에 대한 특허권등은 국유나 공유로 한다'라고 규정하고 있는 가운데 특히 '「고등교육법」 제3조에 따른 국·공립학교(이하 "국·공립학교"라 한다) 교직원의 직무발명에 대한 권리는 「기술의 이전 및 사업화 촉진에 관한 법률」 제11조 제1항 후단에 따른 전담조직(이하 "전담조직"이라 한다)이 승계할 수 있으며, 전담조직이 승계한 국·공립학교 교직원의 직무발명에 대한 특허권등은 그 전담조직의 소유로 한다'라고 규정하고 있다(발명진흥법 제10조 제2항). 또한 '공무원등의 직무발명에 대하여 제10조 제2항에 따라 국가나 지방자치단체가 그 권리를 승계한 경우에는 정당한 보상을 하여야 한다. 이 경우 보상금의 지급에 필요한 사항은 대통령령이나 조례로 정한다(발명진흥법 제15조 제7항)'라고 규정하고 있어 국공립대학 교수의 지위와 관련하여서도 이를 공무원등으로 이해하고 있음을 확고히 하고 있다. 특히 현행법이 국·공립학교 교직원의 직무발명과 관련하여 기술의 이전 및 사업화 촉진에 관한 법률과 관련한 규정을 둔 것은 대학교수의 발명을 자유발명으로 보아 기술발전 및 이전을 제고해야 한다는 학계의 주장을 받아들이지 않겠다는 의사로 파악할 수 있다. 따라서 법이 이와 같이 대학교수의 발명에 대한 입장을 확고히 하고 있는 가운데, 대학교수의 발명은 자유발명이어야 한다는 주장은 입법론에 불과할 수밖에 없다 하겠다.

---

92) 김창종, "직무발명", 법관연수자료 지적소유권에 관한 제문제(상), 사법연수원, 139면; 황종환, 「특허법(전정판)」, 한빛지적소유권센터, 1997, 107면; 김병일, "직무발명제도와 종업원과 사용자간의 법률관계", 지적소유권법연구(제4집), 2000, 379면.

대학교수 발명을 직무발명제도의 예외 영역으로 두자는 견해는 교육기관의 공익성 내지 특수성, 기술개발 촉진과 관련한 필요성 등을 제기한다. 그러나 교육기관의 공익성을 강조한다면 오히려 대학교수의 발명은 한 개인의 자유발명으로 발명자인 교수에 귀속시키는 것보다는 국가기관이나 공공단체의 것으로 하는 것이 보다 타당한 주장일 수도 있다. 다만 그것이 개인 교수발명의 발명 의욕의 제고나 기술개발·이전에 대하여 긍정적인 영향을 미칠지에 대해선 의문이다. 하지만 이러한 상황은 일체의 교수발명을 자유발명으로 보게 되는 상황에서 역시 쉽게 해결될 수 있는 문제는 아니다. 한편 대학교수의 발명을 직무발명으로 이해할 수 있다는 견해 역시 교수가 일상적인 학술활동의 과정에서 만들어낸 발명에까지 직무발명임을 인정하는 것은 아니다. 대학교수의 발명이 직무발명으로서 성립하기 위해서는 다시 대학의 업무에 속하며 또한 직무에 속하여야 한다는 구체적인 요건을 충족하여야 한다. 그리고 그러한 요건을 충족하는 직무발명에 대하여 기술이전을 위한 여러 제도를 마련하고 또 함께 직무발명에 대한 여러 보상제도를 마련하는 것으로 대학교수의 발명에 대한 논의가 충분해지지 않을까 생각된다.[93]

5. 직무발명한 것을 영업비밀로 관리하는 경우

새로운 발명을 이루어 낸 발명자는 이를 출원하여 특허권 등의 권리를 취득할 것인지 아니면 영업비밀로서 유지·관리할 것인지의 선택권을 갖는다. 종업원등으로부터 직무발명에 관한 권리를 승계한 사용자등도 직무발명을 영업비밀로 유지·관리할 수 있는데, 이 경우에도 사용자등은 종업원등에게 정당한 보상을 하여야 한다. 이 경우 그 발명에 대한 보상액을 결정할 때에는 그 발명이 산업재산권으로 보호되었더라면 종업원등이 받을 수 있었던 경제적 이익을 고려하여야 한다(발명진흥법 제16조).

東京地裁 昭和58.12.23.

[노하우의 직무발명 성립여부]

노하우(Know-how)가 그 내용이 발명의 실질을 갖추고 있으면, 특허법에 의한 직무발명으로 될 수 있다.

---

93) 이와 관련하여 ① 대학지침의 정비를 통한 금전보상의 실현, ② 세법상의 조치, ③ 지적재산권 등의 무상양여규정의 활용, ④ 출원비용 등에 대한 지원, ⑤ 교원업적평가시의 연구실적으로의 반영 등을 보상책으로 설명하는 견해도 있다; 김선정, "교수의 발명을 활성화하기 위한 대학의 역할과 법적 과제", 한국지적재산권학회, 2000, 34~40면.

6. 직무발명에 대한 보상[94)]

(1) 보상의 종류

직무발명에 대한 보상은 일반적으로 금전적 보상의 형태를 취하는 가운데, 기업체에서 실시하고 있는 종업원 등의 직무발명에 대한 대가(보상)의 종류로는 발명보상, 출원보상, 등록보상, 실적보상, 처분보상, 출원유보보상 등이 있다.[95)]

1) 발명(제안)보상

발명보상은 종업원등이 고안한 발명을 특허청에 출원하기 전에 받는 보상으로 출원유무에 관계없이 종업원등의 아이디어와 발명적 노력에 대한 일종의 장려금적 성질을 가진 보상이다.

2) 출원보상

출원보상은 종업원등이 한 발명을 사용자등이 특허받을 수 있는 권리를 승계하여 특허청에 출원함으로써 발생하는 보상으로 미확정 권리에 대한 대가이기 때문에 장려금적 성질을 가지며, 특허성과 경제성이 있다고 판단해서 출원한 것이고, 일단 출원 후에는 후출원배제의 효과와 출원공개시 확대된 선출원의 지위를 가질 수 있기 때문에 지급하는 보상이다.

3) 등록보상

사용자등이 승계받은 발명이 등록결정되었거나 특허등록되었을 때 지급하는 보상으로 기업마다 천차만별이다. 국가공무원의 경우 특허등록시 50만원, 실용신안등록시 30만원, 디자인등록시 20만원씩 지급된다.

4) 실적(실시)보상

사용자등이 출원중인 발명 또는 특허등록된 발명을 실시하여 이익을 얻었을 경우 지급하는 보상금으로 사용자등이 얻은 이익의 액에 따라 차등 지급된다.

5) 처분보상

사용자등이 종업원등의 직무발명에 대하여 특허받을 수 있는 권리 또는 특허권을 타인에게 양도하거나 실시를 허여했을 경우 받는 보상으로 처분금액에 따라 차

94) 특허청, 「직무발명제도」, 2012, 87~89면.

95) 발명의 보호 장려라는 측면에서 종업원등이 사용자로부터 지급받은 특허·실용신안에 관한 직무발명보상금은 소득세법 제12조에 의하여 소득세가 면제된다.

등 지급된다.

6) 출원유보보상

사용자등이 종업원의 직무발명을 노하우(Know-How)로 보존하는 경우 또는 공개시 중대한 손해가 발생할 우려가 있다고 판단되어 출원을 유보하는 경우 지급하는 보상으로, 이 경우 보상의 액은 해당 발명이 산업재산권으로 보호되지 아니함으로써 종업원등이 받게 되는 경제적 불이익을 고려하여 결정하여야 한다. 즉, 직무발명이 산업재산권으로 보호되었더라면 종업원등이 받을 수 있었던 경제적 이익을 고려하여야 한다(발명진흥법 제16조).

7) 기타보상

이 밖에도 출원발명의 심사청구시에 보상하는 심사청구보상, 자사의 업종과 관련 있는 타인의 출원발명에 대하여 심판에 참여하여 무효시켰을 경우나 자사의 특허에 대한 침해적발시 지급하는 방어보상, 명예보상, 직무발명한 종업원의 전직이나 퇴직, 사후 등의 보상 등 그 형태가 다양하다.

대법원 2017.1.25. 선고 2014다220347 판결

[사용자가 직무발명을 직접 실시하지 않는 경우에도 직무발명으로 인한 사용자의 이익이 있는지 여부]

사용자가 제조·판매하고 있는 제품이 직무발명의 권리범위에 포함되지 않더라도 그것이 직무발명 실시제품의 수요를 대체할 수 있는 제품으로서 사용자가 직무발명에 대한 특허권에 기해 경쟁 회사로 하여금 직무발명을 실시할 수 없게 함으로써 그 매출이 증가하였다면, 그로 인한 이익을 직무발명에 의한 사용자의 이익으로 평가할 수 있다.

[특허무효사유와 사용자의 독점적·배타적 이익의 존부]

사용자가 종업원으로부터 승계하여 특허등록을 한 직무발명이 이미 공지된 기술이거나 공지된 기술로부터 통상의 기술자가 쉽게 발명할 수 있는 등의 특허무효사유가 있고 경쟁관계에 있는 제3자도 그와 같은 사정을 용이하게 알 수 있어서 사용자가 현실적으로 그 특허권으로 인한 독점적·배타적 이익을 전혀 얻지 못하고 있다고 볼 수 있는 경우가 아닌 한 단지 직무발명에 대한 특허에 무효사유가 있다는 사정만으로는 특허권에 따른 독점적·배타적 이익을 일률적으로 부정하여 직무발명보상금의 지급을 면할 수는 없고, 이러한 무효사유는 특허권으로 인한 독점적·배타적 이익을 산정할 때 참작요소로 고려할 수 있을 뿐이다.

(2) 정당한 보상을 받을 권리(보상금청구권)의 법적 성격

종업원등은 직무발명에 대하여 일정한 경우 사용자등으로부터 정당한 보상을 받을 권리(보상금청구권)를 가진다(발명진흥법 제15조). 이와 같이 발명진흥법이 직무발명에 관하여 종업원으로 하여금 일정한 권리를 인정하는 것은 약자의 지위에 있는 종업원을 보호하기 위한 것으로, 이러한 규정에 반하여 사용자등이 보상금청구권을 부인하거나 지급을 거절 또는 유보시키는 계약은 무효이다. 따라서 계약이나 근무규정에 보상금 지급에 관한 규정이 없는 경우에도 종업원등은 발명진흥법의 규정(발명진흥법 제15조)을 근거로 정당한 보상금의 지급을 청구할 수 있다.

이러한 종업원이 갖는 정당한 보상을 받을 권리는 무체재산권인 특허권 등에 대한 대가이고, 발명진흥법에 의하여 당연히 발생하는 법률상의 권리이다. 따라서 노동의 대가인 임금과 구분되며 사망시 보상금청구권은 당연히 상속이 된다고 본다. 또 소멸시효는 일반채권과 마찬가지로 10년간 행사하지 않으면 완성되며, 보상금청구권의 발생시(승계 또는 설정시)로부터 진행된다.

보상금청구권과 관련하여 사용자가 발명의 가치를 잘못 평가하여 과도하게 종업원에게 보상금을 지급하였더라도 사용자는 이미 지급한 보상금에 대해 반환을 청구할 수 없다. 사용자등이 그 발명의 가치에 대해 잘못판단한데에 대한 위험부담은 사용자가 부담한다고 보아야 한다. 그 이유는 보상금청구권과 관련한 보상금액은 승계시 일정액이 확정적으로 발생한 것이며, 분할지급하기로 규정한 경우에도 이것은 어디까지나 승계시 확정된 일정액의 보상금을 분할지급방법에 의하여 지급하기로 한 것에 불과하기 때문이다. 다만 실적보상은 판매실적에 의하기 때문에 승계시에 확정이 된다면 추후, 그 발명이 표준화가 되거나 실용화에의 성공 등으로 발명의 승계시에 예상하지 못한 판매실적이 있을 수 있다. 이러한 경우에는 사용자와 종업원 간의 형평을 고려하여 승계시 실적보상에 대해서는 “판매액의 몇 %를 지불한다”는 계약을 하는 것이 바람직하며, 만약 이러한 규정이나 계약을 체결하지 않으면 사용자와 종업원간의 분쟁이 발생할 수도 있다.[96]

보상금액에 관하여 다툼이 있을 경우 보상금청구권은 사법(私法)상의 권리이기 때문에 법원의 판결에 의하여 해결해야 한다. 그러나 법원에서 분쟁을 해결하려면 많은 시간과 비용이 소요되므로 화해나 중재 등의 방법으로 해결하는 것이 시간적 · 경제적으로 유리하다.

---

96) 東京地裁 平成16.1.30. 平成 13年(ワ) 17772号 事件.

(3) 직무발명에 대한 종업원의 보상금청구권의 소멸시효 기산점

직무발명에 대한 종업원의 보상금청구권은, 종업원이 직무발명에 관하여 특허를 받을 수 있는 권리 또는 특허권을 사용자에게 승계한 때에 발생하고, 계약 등에 특단의 정함이 없고 보상금청구권을 방해하는 특단의 사정이 없는 한, 종업원은 승계시 행사할 수 있는 것이기 때문에, 보상금청구권의 소멸시효는 특단의 사정이 없는 한 승계시부터 진행하는 것이라고 해야 한다.[97][98]

종업원이 한 발명을 사용자가 영업상의 이익을 지키기 위하여 노하우(Know-How)로서 비닉(祕匿)하고, 해당 사용자만 독점적으로 실시한다는 취지의 합의가 사용자와 종업원과의 사이에 있는 경우에는, 특단의 사정이 없는 한, 합의시에 특허받을 권리의 승계로 보아 보상금청구권이 발생한다고 할 수 있으므로 동 청구권의 소멸시효는 해당 합의시로부터 진행된다.[99]

(4) 보상금액의 결정기준

구 특허법 제40조는 "보상의 액을 결정함에 있어서는 그 발명에 의하여 사용자등이 얻을 이익의 액과 그 발명의 완성에 사용자등 및 종업원등이 공헌한 정도를 고려하여야 한다"라고 규정하였으나 이는 기준이 추상적이어서 문제가 있었다.

이에 2013년 개정전 발명진흥법 제15조 제2항[100] 및 제3항[101]에서 보상에 관한 규정이 있는지 여부와 그 규정이 합리적인지 여부를 기준으로 보상금액을 결정하도록 규정하였다.

이후 2013년 7월 30일 개정법(법률 제11960호)에서는 정당한 직무발명보상 문화의 확산을 이유로 제15조를 개정하였고, 그 이후 2022년 11월 15일 개정법(법률 제19036호)에서 다시

---

97) 最高裁 平成6.5.27.

98) 대법원 2011.7.28. 선고 2009다75178 판결(직무발명보상금청구권은 일반채권과 마찬가지로 10년간 행사하지 않으면 소멸시효가 완성하고, 기산점은 일반적으로 사용자가 직무발명에 대한 특허를 받을 수 있는 권리를 종업원한테서 승계한 시점으로 보아야 하나, 회사의 근무규칙 등에 직무발명보상금 지급시기를 정하고 있는 경우에는 그 시기가 도래할 때까지 보상금청구권 행사에 법률상 장애가 있으므로 근무규칙 등에 정하여진 지급시기가 소멸시효의 기산점이 된다).

99) 東京地裁 昭和58.12.23.

100) 제15조(직무발명에 대한 보상) ② 사용자등은 제1항에 따른 보상에 대하여 보상형태와 보상액을 결정하기 위한 기준, 지급방법 등이 명시된 보상규정을 작성하고 종업원등에게 서면으로 알려야 한다. <개정 2013. 7. 30., 2022. 11. 15.>

101) 제15조(직무발명에 대한 보상) ③ 제1항에 따른 보상에 대하여 계약이나 근무규정에서 정하고 있지 아니하거나 제2항에 따른 정당한 보상으로 볼 수 없는 경우 그 보상액을 결정할 때에는 그 발명에 의하여 사용자등이 얻을 이익과 그 발명의 완성에 사용자등과 종업원등이 공헌한 정도를 고려하여야 한다.

개정된 제15조[102] 의하면 사용자등은 제1항에 따른 보상에 대하여 보상형태와 보상액을 결정하기 위한 기준, 지급방법 등이 명시된 보상규정을 작성하고 종업원등에게 서면으로 알려야 하고(발명진흥법 제15조 제2항), 사용자등은 제2항에 따른 보상규정의 작성 또는 변경에 관하여 종업원등과 협의하여야 한다. 다만, 보상규정을 종업원등에게 불리하게 변경하는 경우에는 해당 계약 또는 규정의 적용을 받는 종업원등의 과반수의 동의를 받아야 한다(발명진흥법 제15조 제3항). 사용자등은 제1항에 따른 보상을 받을 종업원등에게 제2항에 따른 보상규정에 따라 결정된 보상액 등 보상의 구체적 사항을 서면으로 알려야 하고(발명진흥법 제15조 제4항), 사용자등이 제3항에 따라 협의하여야 하거나 동의를 받아야 하는 종업원등의 범위, 절차 등 필요한 사항은 대통령령으로 정한다(발명진흥법 제15조 제5항).[103] 그리고 사용자등이 제2항부터 제4항까지의 규정에 따라 종업원등에게 보상한 경우

---

102) 제15조(직무발명에 대한 보상) ① 종업원등은 직무발명에 대하여 특허등을 받을 수 있는 권리나 특허권등을 계약이나 근무규정에 따라 사용자등에게 승계하게 하거나 전용실시권을 설정한 경우에는 정당한 보상을 받을 권리를 가진다.

② 사용자등은 제1항에 따른 보상에 대하여 보상형태와 보상액을 결정하기 위한 기준, 지급방법 등이 명시된 보상규정을 작성하고 종업원등에게 서면으로 알려야 한다. <개정 2013. 7. 30., 2022. 11. 15.>

③ 사용자등은 제2항에 따른 보상규정의 작성 또는 변경에 관하여 종업원등과 협의하여야 한다. 다만, 보상규정을 종업원등에게 불리하게 변경하는 경우에는 해당 계약 또는 규정의 적용을 받는 종업원등의 과반수의 동의를 받아야 한다. <개정 2013.7.30>

④ 사용자등은 제1항에 따른 보상을 받을 종업원등에게 제2항에 따른 보상규정에 따라 결정된 보상액 등 보상의 구체적 사항을 서면으로 알려야 한다. <신설 2013. 7. 30., 2022. 11. 15.>

⑤ 사용자등이 제3항에 따라 협의하여야 하거나 동의를 받아야 하는 종업원등의 범위, 절차 등 필요한 사항은 대통령령으로 정한다. <신설 2013.7.30>

⑥ 사용자등이 제2항부터 제4항까지의 규정에 따라 종업원등에게 보상한 경우에는 정당한 보상을 한 것으로 본다. 다만, 그 보상액이 직무발명에 의하여 사용자등이 얻을 이익과 그 발명의 완성에 사용자등과 종업원등이 공헌한 정도를 고려하지 아니한 경우에는 그러하지 아니하다. <신설 2013.7.30>

⑦ 공무원의 직무발명에 대하여 제10조제2항에 따라 국가나 지방자치단체가 그 권리를 승계한 경우에는 정당한 보상을 하여야 한다. 이 경우 보상금의 지급에 필요한 사항은 대통령령이나 조례로 정한다. <개정 2013.7.30>

103) 시행령 제7조의2(협의하거나 동의를 받아야 하는 종업원등의 범위 등) ① 사용자·법인 또는 국가나 지방자치단체(이하 "사용자등"이라 한다)가 법 제15조제3항에 따라 협의하거나 동의를 받아야 하는 종업원, 법인의 임원 또는 공무원(이하 "종업원등"이라 한다)의 범위는 다음 각 호의 구분에 따른다.

1. 협의: 새로 작성하거나 변경하려는 보상규정의 적용을 받게 되는 종업원등(변경 전부터 적용 받고 있는 종업원등을 포함한다)의 과반수

2. 동의: 불리하게 변경하려는 보상규정의 적용을 받고 있는 종업원등의 과반수

② 사용자등은 새로 작성하거나 변경하는 보상규정(불리하게 변경하는 보상규정을 포함한다)을 적용하려는 날의 15일 전까지 보상형태와 보상액을 결정하기 위한 기준 및 지급방법 등에 관하여 종업원등에게 알려야 한다.

③ 사용자등은 법 제15조제3항에 따라 협의하거나 동의를 요청하는 경우 성실한 자세로 임하여야 한다.

에는 정당한 보상을 한 것으로 본다. 다만, 그 보상액이 직무발명에 의하여 사용자등이 얻을 이익과 그 발명의 완성에 사용자등과 종업원등이 공헌한 정도를 고려하지 아니한 경우에는 그러하지 아니하다(발명진흥법 제15조 제6항).

현행 발명진흥법의 보상기준은 구 특허법의 규정에 비해 구체적 기준을 제시한 것으로 볼 수 있으나 여전히 그 기준이 추상적인 면이 남아 있어 명확한 기준으로 보기 어렵다. 또한 일률적으로 정하여진 보상기준으로는 각각의 사용자등과 종업원등에 합리적 보상이 되기가 현실적으로 어렵다. 따라서 보상금액의 결정기준은 각각의 사용자등과 종업원등의 개별적 사정을 종합적으로 고려하여 탄력적인 운영이 필요하다고 본다.

(5) 보상금의 산정방법

1) 정액법

보상금액을 발명마다 일정액으로 지급하는 방법으로 가장 많이 사용하고 있으며, 국가공무원 직무발명의 경우 등록보상금(특허: 건당 50만원, 실용신안: 건당 30만원, 디자인: 건당 20만원)이 이에 해당된다.

2) 평가점수법

발명을 경제적 가치, 기술적 수준, 착상의 정도, 발명자의 지위 등 평가요소별로 평가하여 평가점수가 높은 발명에 대해서는 보상금을 높게 하고, 평가점수가 낮은 발명에 대해서는 보상금을 낮게 하는 방법이다.

3) 슬라이드법

발명에 의하여 얻어지거나 얻어질 모든 이익을 기준으로 하여 일정한 산출방법에 따라 지급액을 결정하는 방법으로 국가공무원의 직무발명에 대한 처분보상금 지급시 이용되고 있다.[104)]

104) 슬라이드법 예시

1. 특허권의 양도대금 또는 실시료의 연간 수입금이 1,000만원 이하일 때에는 그 양도대금이나 실시료의 100분의 30에 해당하는 액

2. 특허권의 양도대금 또는 실시료의 연간 수입금이 1,000만원 초과 5,000만원 이하일 때에는 다음의 방법으로 계산한 액(해당 양도대금 또는 실시료−1,000만원)×20/100+300만원

3. 특허권의 양도대금 또는 실시료의 연간 수입금이 5,000만원을 초과할 때에는 다음의 방법으로 계산한 액(해당 양도대금 또는 실시료−5,000만원)×10/100+1,100만원

대법원 2011.9.29. 선고 2010다26769 판결

[특허를 받을 수 있는 권리를 묵시적으로 양도한 경우 그 양도대금에 대한 당사자 의사의 해석방법]

회사 임원으로 근무하던 중 '폴리테트라메틸렌 에테르글리콜'(PTMEG: Polytetramethylene Etherglycol)의 중간 물질인 '폴리테트라메틸렌 에테르글리콜 디에스테르'(PTMEA: Polytetramethylene Etherglycol Diester)를 제조하는 방법에 관한 발명을 완성한 원고가 그 발명에 관하여 특허를 받을 권리를 위 회사가 PTMEG 제조를 위하여 별도로 설립한 회사에 묵시적으로 양도할 당시 양수인으로부터 그 권리 양도에 따른 양도대금을 지급받기로 하는 묵시적 약정이 있었고, 일반적으로 자유발명의 양도대가는 직무발명의 양도대가보다 크므로 자유발명을 양도하면서 그 양도대금에 관하여 명시적인 약정이 없는 경우에는 특별한 사정이 없는 한 최소한 직무발명 보상금 상당액은 양도대금으로 지급하기로 하였다고 봄이 논리와 경험의 법칙, 그리고 사회일반의 상식과 형평의 이념에도 부합하는 점 등에 비추어, 위 권리의 양도 당시 양수인으로부터 적어도 '위 발명을 직무발명으로 가정하여 산정한 직무발명 보상금 상당액'을 양도대금으로 지급받기로 하는 묵시적인 약정이 있었다는 사례

[사용자가 직무발명을 제3자에게 양도한 경우 사용자가 양도시까지 얻은 이익액만을 참작하여 종업원에게 지급하여야 할 직무발명 보상금의 산정을 해야 한다는 사례]

사용자가 직무발명을 제3자에게 양도한 이후에는 더 이상 그 발명으로 인하여 얻을 이익이 없을 뿐만 아니라, 직무발명의 양수인이 직무발명을 실시함으로써 얻은 이익은 양수인이 처한 우연한 상황에 따라 좌우되는 것이어서 이러한 양수인의 이익액까지 사용자가 지급해야 할 직무발명 보상금의 산정에 참작하는 것은 불합리하므로, 사용자가 직무발명을 양도한 경우에는 특별한 사정이 없는 한 그 양도대금을 포함하여 양도시까지 사용자가 얻은 이익액만을 참작하여 양도인인 사용자가 종업원에게 지급해야 할 직무발명 보상금을 산정해야 한다.[105)]

종업원 직무발명에 대한 정당한 보상액 산정 판례

① 타사에 실시허락을 하여 실시료를 얻은 경우의 보상액(東京地裁 昭和58.9.28)

본건 고안에 대한 실시허락을 통해 피고가 기술협력비를 수수할 수 있었던 것은 피고회사의 직무발명규정이 정하는 바에 따라 원고 등 고안자가 직무고안에 대한 실용신안 등록을 받을 권리를 피고에게 양도한 것에 기인하는 것이 명백하다. 한편 피고가 원고 등이 본건 고안을 완성하는 데 있어 많은 연구비를 내어 그 연구설비, 직원을 최대한으로 활용토록 지원한 것은 원고도 분명히 다툴 수 없는 부분이다. 이러한 사실 등을 종합해 볼 때,

105) 이 외에 우리나라 최근 직무발명보상액 산정 사례에 대해서는 특허법원 국제지식재산권법연구센터, 「각국의 직무발명제도에 대한 비교법적 연구」, 2022, 334~397면 참조.

피고 회사의 직무발명규정에 의한 본건 고안자가 받아야 하는 실시보상금액은 피고가 수령한 기술협력비의 5%를 가지고 상당하다고 인정되고, 위 실적보상금에 대한 다른 2명의 기여율과 비교하여 원고의 기여율은 70%라고 인정된다.

이 사건에서 피고 기업은 실용신안권을 다른 회사에 실시허락함으로써 타사로부터 약 2억4천만엔의 기술협력비를 지급받았으며, 이에 근거해서 피고 기업이 고안자인 원고에게 지급해야 하는 실적보상금은 약 840만엔이라고 판시하였다. 그 산정식은 다음과 같다.

840만엔	=	2억4천만엔	×	5%	×	70%
(보상액)		(기술협력비)		(공헌도)		(공동고안자에 대한 지분)

② 자사의 실시에 의한 경우의 보상액(東京地裁 昭和58.12.23.)

피고 회사가 본건 발명을 스스로 실시하지 않고 제3자에게 실시허락하여 시계밴드재료와 공업재료를 제조하여 판매했다고 가정하면 위 제3자는 적어도 피고와 동액의 매출액을 얻을 수 있다고 추인할 있으며, 또한 그 실시료율은 매출액의 2%에 상당한다고 인정되기 때문에 시계밴드재료와 공업재료의 판매에 의해 얻어진 매출액의 100분의 2를 곱하여 얻어지는 6,000만엔을 본건 발명에 대해 피고가 그 실시를 배타적으로 독점할 수 있는 지위를 얻는 것에 의해 받게 된다고 예상되는 이익이라고 추인할 수 있다. 그리고 동 발명에 피고가 공헌한 정도 등 기타 제반 사정을 고려하면 발명자가 피고에 대해 특허를 받을 권리를 양도한 것에 대한 대가는 위 6,000만엔의 총 10% 정도에 해당하는 금액으로 하는 것이 알맞으며, 원고들은 위 대가액 중 각 25%를 지불받을 권리를 가지므로 각 150만엔의 대가 청구권을 가진다고 볼 수 있다.

150만엔	=	30억엔	×	1	×	2%	×	10%	÷	4
(보상액)		(기술협력비)		(A)		(실시료율)		(공헌도)		(공동발명자수)

※ (A) = 독점적 지위에 의한 비율

7. 특허를 받을 수 있는 권리의 승계

발명은 발명자 개인의 창의적 노력에 의한 것이지만 사회 현실은 발명이 개인의 노력에 의해서만 이루어지는 것이 아니며, 직무발명 규정은 이러한 현실을 반영한 것이다. 특히 우리 발명진흥법은 발명은 그를 이루어낸 발명자 개인에게 귀속한다는 개념을 전제로 일정한 요건을 충족한 직무발명에 대하여 사용자에게 일정한 권리를 마련하고 있다. 따라서 직무발명 규정 자체는 개인의 발명의지를 저해하는 것이라기보다는 직무발명과 관련하여 사용자와의 관계를 조율하는 최소한의 기준을 마련하여 직무발명자를 보호한다는 의의를 갖는다 하겠다. 이에 대학교수의 발명 역시 무조건 자유발명이 아니라 직무발명일 수 있음을 인정하였으며, 아울러 사용자의 이익분배라는 측면에서 직무발명에 관한 한 종업원은 사용자에 충성할 의무를 갖는다는 입장을 취하였다.

(1) 특허를 받을 수 있는 권리의 승계

우리나라의 발명진흥법은 직무발명에 관한 특허를 받을 수 있는 권리를 종업원등에게 귀속시킴으로써 종업원등이 직무발명에 관한 특허를 받을 수 있는 권리를 확보하는 한편, 형평의 원칙에 따라 사용자등에게는 종업원등이 행한 직무발명에 관한 법정실시권 이외에 미리 특허를 받을 수 있는 권리 혹은 특허권을 사용자에게 승계시키거나 전용실시권을 사용자등을 위하여 설정한다는 내용을 정한 계약, 근무규칙 등에 의해 이상의 권리를 유효하게 승계할 수 있는 이른바 예약승계를 인정하고 있다. 이 권리 승계에 대해서 살펴보기로 한다.

1) 직무발명의 경우

직무발명에 대한 예약승계의 의미에 대하여는 견해가 나뉜다. 즉 ① 발명완성과 동시에 그 권리가 당연히 사용자에게 양도된다고 이해하는 견해(정지조건부 양도계약)와 ② 종업원이 발명완성과 동시에 사용자에게 양도할 의사표시를 하여야 한다는 견해 및 ③ 사용자가 본 계약 체결 신청권을 가지며 종업원은 승낙 의무를 진다는 견해(편무예약) 등이 있다. 이에 ②의 해석을 취하면 예약완결권의 행사 전에, 또 ③의 해석을 취한다면 계약체결신청 전에 혹은 신청 후의 승낙의무에 위반해서 무단으로 발명자가 제3자에게 권리를 양도해 버린 경우에는 이미 발명자에 대한 채무불이행에 의한 손해배상청구(민법 제390조) 이외에 구제의 방법은 없다고 해석된다. 다만 사용자는 법정통상실시권을 가지므로 그 발명의 실시에 지장은 없으나 통상실시권과 배타적 독점권은 그 가치에 있어서는 현저한 차가 있으므로 사용자는 예약승계가 어떻게 해석되어도 지장이 없도록 계약 또는 근무규칙과는 별도로 직무발명의 완성과 동시에 양도증서를 작성하여 장래의 분쟁을 미연에 방지하기 위한 권리이전의 대항요건을 갖추어 둘 필요가 있다.[106]

대법원 1991.12.27. 선고 91후1113 판결

실용신안법은 발명자주의를 취하기 때문에 본건 고안의 실용신안을 받을 권리는 당연히 그 고안자인 심판청구 외 甲 및 심판청구인이라 하겠으므로 그 사용자인 피심

---

106) 윤선희, "從業員의 發明에 대한 고찰(上)", 변시연구, 1996.4, 12~13면.

판청구인이 본건고안의 출원을 하기 위하여는 미리 그 고안자로부터 실용신안을 받을 권리를 양도받아야 할 것이다.

그런데 이 점에 대하여 원심결은 구체적인 이유 설시도 없이 본건 고안은 고안자를 위 甲 및 심판청구인으로 하여 출원등록된 것으로서 모인출원으로 보여지지 아니한다고 판단하였을 뿐인바, 을 제2호증(인사관리규정)의 기재에 의하면 의장등록을 받을 수 있는 고안은 회사에 귀속시키고 이로 인하여 회사에 이익이 발생되었을 때에는 이사회 결의에 의하여 제안자에 상당한 보상을 할 수 있다고 규정되어 있기는 하나 위 인사관리규정은 작성일자도 없는 것이어서 심판청구인이 본건 고안을 완성할 당시 과연 위 인사관리규정이 적용되고 있었는지 알 수가 없고, 또한 을 제2호증(진술서)의 기재에 의하면 위 甲은 본건 고안은 심판청구인이 고안한 것이 아니고 오히려 피심판청구인 회사에서 고안한 것이라고 진술하면서 본건 고안의 실용신안에 관한 권리의 승계여부에 대하여는 진술하고 있지 아니한 데다가 심판청구인은 위 인사관리규정은 본건 고안이 완성된 훨씬 후에 제정된 것이라고 이를 다투고 있으므로 이와 같은 경우 원심으로서는 마땅히 심판청구인이 본건 고안의 실용신안에 관한 권리를 미리 피심판청구인에게 승계시켰는지 여부를 가리기 위하여 본건 고안이 완성될 당시의 인사관리규정의 원본을 제출받는 등 이 점에 대하여 좀 더 심리를 하였어야 할 것이다.

2) 직무발명 이외의 종업원 발명의 경우

종업원의 직무발명 이외의 발명 즉 자유발명과 업무발명에 있어서는 미리 사용자로 하여금 특허를 받을 수 있는 권리나 특허권을 승계시키거나 전용실시권을 설정할 것을 하는 내용으로 하는 약정(계약 또는 근무규정)은 금지되며 이러한 약정조항은 무효로 한다(발명진흥법 제10조 제3항).[107] 그러나 사용자가 종업원이 발명을 완성한 것을 특허출원공개공보 등에 의해 알게 된 후 사용자가 종업원과 개별 계약에 의해 통상실시권이나 권리 등을 취득하는 것은 문제가 되지 않는다고 보고 있다. 이는 고용관계에서 종업원이 불리한 처우를 받지 않도록 하기 위하여 규정한 것이기 때문에 발명 완성 이후 사용자와 유상통상실시권을 가지도록 하는 계약이나 근무규정은 유효하다고 볼 수 있을 것이다. 우리 특허법상의 통상실시권은 독점적인 권리가 아니며, 유상통상실시권은 특허법 제102조의 적용을 받기 때문에 이는 다시 업무발명과 자유발명으로 분류하여 판단할 필요가 있다고 본다. 한편 사용자가 유상통

107) 대법원 1977.2.8. 선고 76다2822 판결(직무발명을 제외하고 그 외의 피용자등의 근무에 관하여 한 발명에 대하여는 그 발명 전에 미리 특허를 받을 수 있는 권리나 장차 취득할 특허권등을 사용자등에게 승계(양도)시키는 계약 또는 근무규정을 정하여 두더라고 동계약이나 근무규정은 무효라고 규정하여 사용자에 대하여 약한 입장에 있는 피용자의 이익을 보호하는 동시에 발명을 장려하고자 하는 점에 그 입법취지가 있다할 것이고, 피용자가 발명한 이후의 양도행위까지를 금지한 규정은 아니라고 할 것이므로… 이 건 고안을 한 이후에 행한 이 건 양도행위는 유효하다).

상실시권을 가지는 경우에도 정당한 대가가 아니라면 이러한 계약은 불공정거래행위로 독점규제 및 공정거래에 관한 법률 제45조가 적용될 수도 있다.[108]

(2) 공동개발에 있어서 관련기업으로부터의 권리 승계

1) 공동개발에 있어서 기업상호간의 관계

일반적으로 기업에서는 직무발명에 대하여 기업마다 독자적인 규정을 가지고 있는 곳이 대부분이다. 이 독자규정을 가지는 복수 기업 간에 공동으로 연구개발이 이루어지고 그 개발성과가 각 공동개발담당자의 직무발명에 속하는 경우에는 특허를 받을 수 있는 권리는 실제로 공동개발에 종사한 종업원등의 공유로 된다. 그러나 특허법 제37조 제3항과 제99조 제2항에 의하면 특허를 받을 수 있는 권리가 공유인 경우에는 각 공유자는 다른 공유자의 동의를 받아야만 그 지분을 양도할 수 있다. 또한 특허권이 공유로 된 때에는 각 공유자는 다른 공유자의 동의를 받아야만 그 지분을 양도하거나 그 지분을 목적으로 질권을 설정할 수 있다고 되어 있다. 따라서 공동개발의 성과로 된 발명이 직무발명에 속하는 경우 공동개발에 종사한 종업원은 그 지분을 자기의 사용자에게 양도하여 권리를 승계할 수 있도록 사전에 다른 공유자의 동의를 얻어 둘 필요가 있다.[109] 그 외에 공동개발의 경우에는 발명에 대한 참여도, 연구개발비의 분담, 특허관리경비의 분담, 이익의 배분방법 등 해결해야 할 복잡한 법률적·실무적 문제가 생긴다. 이러한 것들을 생각하면 미리 공동연구계약을 체결하고 그 안에 연구성과의 취급에 대한 결정을 해 두어 후에 문제를 남기지 않도록 하는 것이 필요하다.

2) 권리의 취급

공동개발에 의거한 발명의 특허를 받을 수 있는 권리의 취급에는 공동으로 출원하여 관리하는 방식과 다른 공유자의 지분을 전부 양도받아 단일기업이 관리하는 방식을 생각할 수 있다. 일반적인 경향으로는 계열기업에서의 출원은 본사(발주처)에서 관리하고 있는 기업이 많고, 하청관계에서는 공동출원하고 있는 기업이 많다.

---

108) 帖佐隆,「特許法35条についてのさらなる考察」, パテント, Vol.52 No.5; 帖佐隆,「特許法35条と非職務発明について」, パテント, Vol.51 No.5 참조.

109) 계약이나 근무규정에 의한 승계의 경우에는 발명진흥법 제14조 참고.

제 3 편

특허출원절차

제1장

총 설

발명은 저작권법과 달리 발명의 완성과 동시에 권리인 특허권이 허여되는 것이 아니라 발명자 또는 그 승계인이 그 발명에 대해 독점배타적인 특허권을 취득하겠다는 의사표시를 관할관청에 하여야 한다. 이러한 의사표시의 방법이 특허청에 특허출원 등의 절차이다.

특허출원은 일정한 법률적인 형식과 절차, 그리고 법률행위능력 등의 요건을 갖추어 특허청에 서면으로 출원하여야 한다. 즉 발명을 한 사람 또는 그 승계인은 원칙적으로 해당 발명에 대하여 특허를 받을 수 있는 권리를 취득하나(제33조 제1항), 특허등록을 받기 위해서는 특허를 받을 수 있는 권리를 가진 자, 즉 발명자 또는 그 승계인이 발명의 공개를 전제조건으로 하여 독점적 사용권인 특허권과 선출원(先出願)의 지위를 얻고자 하는 의사를 객관적으로 표시하는 행위가 있어야 한다.

이러한 형식과 절차는 발명이라는 사실행위와 달리 법률행위로 행정의 효율성과 발명의 권리화에 따른 제3자와의 이해관계 등을 고려하여 일정한 형식과 요건을 필요로 한다. 이에 특허법은 제42조 이하에서부터 제78조까지의 특허출원과 관련한 규정을 두고 있다. 또한 국제출원절차와 관련하여서는 PCT(특허협력조약)에 기초하여 특허법 제192조, 제193조 등의 규정을 마련하고 있다.

제2장

절차상의 능력

특허권은 발명을 완성하였다고 하여 부여되는 것이 아니고, 일정한 절차를 거쳐 권리를 등록받아야 한다. 이 경우 절차를 수행할 수 있는 자는 발명자 또는 승계인이어야 하는 것이 원칙이나, 발명자 또는 승계인이 미성년자이거나 피한정후견인 등인 경우에는 발명행위를 할 수 있으나 법률행위는 할 수 없다. 여기서는 이러한 절차행위에 대한 것만 살펴보기로 한다.

제 1 절 특허법상의 절차능력

Ⅰ. 권리능력

1. 의　의

권리능력(權利能力)[1]이란 권리의 주체가 될 수 있는 추상적 · 잠재적인 법률상의 지위를 말하며, 특허법상의 권리능력이란 특허에 관한 권리를 향유할 수 있는 특허법상의 지위 또는 자격으로 해석할 수 있다. 다만 그 구체적인 내용과 관련하여

1) 견해에 따라서는 권리능력과 당사자 능력이 동일한 것으로 보고 설명하는 것도 있다. 그러나 비록 당사자능력이 소송상의 권리능력이라고도 불리기는 하나, 양자가 반드시 일치하는 것이 아니라는 점에서 이러한 태도는 옳지 않다.

법률은 명확한 규정을 두고 있지는 않다. 예컨대 민법은 "사람은 생존한 동안 권리와 의무의 주체가 된다(민법 제3조)"라고 규정하고 있으며, "법인은 법률의 규정에 좇아 정관으로 정한 목적의 범위 내에서 권리와 의무의 주체가 된다(민법 제34조)"라고 규정하고 있어, 사람(자연인)과 일정한 사람의 집단(사단) 및 일정한 목적을 가진 재산의 집단(재단)에 대하여 그 권리능력을 인정하고 있다. 특허법 역시 법인이 아닌 사단 등 규정(제4조)과 외국인의 권리능력 규정(제25조)을 두고 있는 것 이외에는 특별히 그 권리능력에 관한 규정을 두고 있지 않으나, 이러한 민법상의 권리능력 규정이 적용될 것이다. 따라서 자연인과 법인은 특허법상의 권리능력이 인정될 것이다.

2. 법인 등 단체의 권리능력

(1) 법인의 권리능력

법인은 구성원과는 독립되어 법률에 의해 부여받은 권리·의무의 주체로서의 법인격을 갖는다. 그러나 법인은 권리·의무의 주체가 될 수 있지만 자연인처럼 스스로 행동할 수 없기 때문에 기관(예 대표이사)을 선정하고 그 기관의 행위를 곧 법인의 행위로 간주하는 방식을 취하고 있다.

특허법에서도 법인의 권리능력은 민법에서의 권리능력과 같으며, 법인이 특허에 관한 절차를 밟을 경우 법인의 명칭과 영업소의 소재지를 기재하여야 한다.

한편, 국가의 권리능력은 법률에 특별한 규정은 없지만 법인으로 의제되어 권리주체가 된다. 입법부, 사법부 및 행정각부는 물론, 그 산하기관과 소속기관, 국립연구기관, 국립대학 등은 법인격이 없으므로 특허에 관한 권리의 주체가 될 수 없다. 다만, 국립대학교 자체는 권리능력이 없지만, 국립대학교 내에 설치된 산학협력재단은 별도 법인이므로 권리능력이 인정된다. 또한, 국립대학이라고 할지라도 별도의 법률에 의하여 국립대학법인(예를 들어, 국립대학법인 서울대학교, 인천대학교)이 된 경우에는 권리능력이 인정될 수 있다.

대법원 1997.9.26. 선고 96후825 판결

[국립대학의 권리능력]

특허법에서 특허출원의 주체가 될 수 있는 자나 당사자 능력에 관한 규정을 따로 두고 있지 아니하므로, 특허권과 특허법의 성질에 비추어 민법과 민사소송법에 따라 거기에서 정하고 있는 권리능력과 당사자능력이 있는 자라야 특허출원이나 그 심판, 소송의 당사자가 될 수 있다고 할 것인 바, 이 사건 출원인(항고심판청구인, 상고인)

인 경북대학교는 국립대학으로서 민사법상의 권리능력이나 당사자 능력이 없음이 명백하므로 특허출원인이나 항고심판청구인, 상고인이 될 수 없다 할 것이다.

대법원 1993.11.23. 선고 93후275 판결

[정부기관의 권리능력에 관한 판례]

구 특허법(1990.1.13. 법률 제4207호로 전문 개정되기 전의 것) 제97조 제2항, 제1항에 의하면 특허무효심판은 이해관계인 또는 심사관에 한하여 청구할 수 있다고 규정되어 있는데 행정관청인 철도청장은 권리의무의 주체가 아니므로 이해관계인이라고 볼 수 없다.

대법원 2016.12.29. 선고 2014후713 판결

[회생절차개시결정이 있는 경우 특허의 등록무효심판을 청구할 권한이 누구에게 있는지(=관리인)]

채무자 회생 및 파산에 관한 법률에 의한 회생절차개시결정이 있는 때에는 채무자의 업무의 수행과 재산의 관리 및 처분을 하는 권리는 관리인에게 전속하고(제56조 제1항), 채무자의 재산에 관한 소송에서는 관리인이 당사자가 되며(제78조), 이 조항의 '재산에 관한 소'에는 회생회사와 관련된 특허의 등록무효를 구하는 심판도 포함된다고 할 것이므로, 그러한 심판에서 회생회사에게는 당사자적격이 없고 관리인에게만 당사자적격이 있다.

[심판청구인이 당사자적격 없는 회생회사를 당사자로 표시한 경우 특허심판원이 취할 조치와 특허심판원이 당사자 확정과 당사자 표시를 보정하는 등의 조치를 간과하고 회생회사를 당사자로 하여 심결을 하고 심결상의 당사자가 심결취소의 소를 제기한 경우 특허법원이 취할 조치]

심판청구인이 당사자적격이 없는 회생회사를 당사자로 표시하였다면 특허심판원은 심판청구서의 당사자 표시만에 의할 것이 아니고 심판청구의 내용을 종합하여 당사자를 확정하여야 한다. 그리하여 확정된 당사자가 관리인이라면 당사자의 표시를 관리인으로 보정하게 한 다음 심리판단하여야 하고, 확정된 당사자가 회생회사라면 당사자적격이 없으므로 심판청구를 각하하여야 한다(대법원 1995.1.12. 선고 93후1414 판결, 대법원 1999.1.26. 선고 97후3371 판결, 대법원 2013.8.22. 선고 2012다68279 판결 등 참조). 또한 특허심판원이 이와 같은 조치를 취하지 아니한 채 만연히 회생회사를 당사자로 하여 심결을 함으로써 심결상의 당사자가 심결취소의 소를 제기한 경우에 심결취소소송의 사실심리를 담당하는 특허법원으로서는 소장의 당사자 표시만에 의할 것이 아니고 청구의 내용을 종합하여 당사자를 확정하여야 한다. 그리하여 확정된 당사자가 관리인이라면 당사자의 표시를 관리인으로 정정하게 한 다음 심리판단하여야 하고, 확정된 당사자가 회생회사라면 당사자적격이 없어 심결이 위법하다고 판단하여야 한다.

(2) 법인이 아닌 사단 등의 권리능력

민법은 법인이라 하여 일정한 사람의 조직체나 재산에 권리능력을 인정하고 있다. 한편 이러한 법인 이외에도 현실적으로 사단의 실질을 갖추고 있으나 법인등기를 하지 아니하여 권리능력을 가지지 않는 단체나 재단법인으로서의 실질, 즉 목적재산은 존재하되 아직 등기를 하지 아니하여 법인격을 취득하지 못한 재단이 있는데, 이들을 법인이 아닌 사단·재단 또는 법인격 없는 사단·재단이라 한다.[2] 현실적으로 이러한 법인격 없는 사단·재단과 관련하여 모든 거래관계에서 그 주체성을 부인하면 불합리한 결과가 발생할 수 있다. 이에 특허법에서는 일정한 경우 절차수행의 주체가 될 수 있도록 허용하고 있다. 즉 특허법 제4조(법인이 아닌 사단 등)에서는 법인이 아닌 사단 등의 규정을 두어 일정한 경우 그 이름으로 청구인 및 피청구인이 될 수 있도록 하고 있다. 이러한 규정은 민사소송법이 비법인의 당사자능력 규정(민소 §52)을 두고 있는 것과 비교할 수 있다. 즉 민사소송법이 민법의 규정과는 달리 법인격 없는 사단이나 재단이라 하여도 대표자나 관리인이 있어서 외부에 대해 명확한 조직을 갖고 있는 경우에는 당사자능력을 인정하여 그 자체의 이름으로 원고나 피고가 될 수 있도록 한 것과 비교할 수 있겠다.

법인이 아닌 사단 등의 권리능력을 규정한 특허법 제4조의 "법인이 아닌 사단[3] 또는 재단[4]으로서 대표자나 관리인이 정하여져 있는 경우에는 그 사단 또는 재단의 이름으로 출원심사의 청구인, 특허취소신청인, 심판의 청구인·피청구인 또는 재심의 청구인·피청구인이 될 수 있다"는 규정은 이상과 같은 판단에 따라 원칙적으로 권리능력을 인정할 수 없는 법인이 아닌 사단 등에 대하여 예외를 규정한 것이라 하겠다. 따라서 그 적용의 범위는 특허법 제4조의 규정 범위에 제한된다 하겠다.

누구나 출원심사의 청구, 취소신청을 할 수 있다. 이에 권리능력이 없는 사단 등도 그 사단 등의 이름으로 심사청구, 취소신청을 할 수 있다. 함께 특허법은 법인이 아닌 사단등은 심판청구인 및 피청구인이 될 수 있다고 규정하고 있다. 따라서 특허무효심판, 권리범위확인심판 등을 청구할 수 있고, 법인격 없는 사단 등이

---

2) 법인격 없는 단체란 법인설립등기 등을 하지 아니하여 법인격을 부여받지 못한 단체로 종친회, 동창회, 교회, 학회 등이 이에 속한다.

3) "사단"이란 일정한 목적을 위하여 조직된 다수인의 결합체로서 구성원 개개인의 생활활동으로부터 독립된 사회활동을 영위하는 것으로 인정되는 정도에 달한 단체를 말한다.

4) "재단"이란 일정한 목적을 가지고 관리되는 재산의 집합을 말한다.

피청구인이 될 수도 있겠다. 그러나 실제로 법인격 없는 사단 등은 특허권자가 될 수 없음을 전제로 할 때 특허권자로서 밟을 수 있는 특허심판의 절차는 불가능하다 하겠다. 즉 특허절차와 관련한 법인격 없는 사단등의 권리능력은 능동적으로 ① 심사청구, ② 취소신청, ③ 특허무효심판 · 특허권존속기간의 연장등록무효심판 · 정정무효심판 및 국제특허출원 고유의 무효심판에 대한 청구, ④ 소극적 권리범위확인심판의 청구 및 ⑤ 이러한 심판의 확정심결에 대한 재심의 청구 등에 한정된다. 그리고 특허심판의 피청구인이 될 수 있는 경우는 적극적 권리범위확인심판의 피청구인과 같이 특허권의 주체가 아닌 심판에 한정된다.

대법원 1997.12.9. 선고 97다18547 판결

[비법인 사단의 당사자능력의 인정근거, 요건]

민사소송법 제52조가 비법인 사단의 당사자능력을 인정하는 것은 법인이 아니라도 사단으로서의 실체를 갖추고 그 대표자 또는 관리인을 통하여 사회적 활동이나 거래를 하는 경우에는, 그로 인하여 발생하는 분쟁은 그 단체가 자기 이름으로 당사자가 되어 소송을 통하여 해결하도록 하기 위한 것이다. 그러므로 여기서 말하는 사단이라 함을 일정한 목적을 위하여 조직된 다수인의 결합체로서 대외적으로 사단을 대표할 기관에 관한 정함이 있는 단체를 말하고, 어떤 단체가 비법인사단으로서 당사자능력을 가지는가 하는 것은 소송요건에 과한 것으로서 사실심의 변론종결일을 기준으로 판단하여야 한다.

3. 외국인의 권리능력

헌법 제6조 제1항에 "헌법에 의하여 체결 · 공포된 조약과 일반적으로 승인된 국제법규는 국내법과 같은 효력을 가진다"라고 규정함으로써 조약이 국내법과 동일한 효력을 가지는 것으로 규정하고 있다. 그러나 조약이 국내법과 충돌할 때에는 어떠한 효력을 가지는가에 대하여 학설간 견해가 일치하지 않고 있다. 종래의 특허법 제26조(조약의 효력)는 특허법과 조약이 상충할 경우 조약이 우선함을 명확히 하였으나, 2011년 12월 2일 개정 특허법(법률 제1117호)에서는 제26조를 삭제하여 특허법과 조약이 동등하게 적용될 수 있도록 하였다.

현재 우리나라가 특허제도와 관련하여 가입한 조약은 WIPO 설립조약(1979.3.1.), 파리협약(1980.5.4.), 특허협력조약PCT(1984.8.10.), 미생물 기탁에 관한 부다페스트 조약(1988.3.28.), Strasbourg 협정(1999.10.8.) 등이며, 2000.6.1. 채택된 특허법조약(PLT)에의 가입을 검토 중에 있다.

(1) 국내에 주소나 영업소를 가진 외국인

파리협약에서는 내외국민 평등주의를 원칙으로 하고 있다(파리협약 제2조 제1항 (a)). 또한 무역관련 지적재산권(WTO/TRIPs) 협정의 기본정신으로도 내외국민 평등주의를 표방하고 있다. 즉 "각 회원국은 지적재산권보호에 관하여 자국민에 대하여 부여하는 것과 최소한 동등한 대우를 타회원국의 국민에게 하여야 한다"라고 규정하고 있다. 이에 원칙적으로 특허법은 외국인의 특허에 관한 권리능력을 내국인의 그것과 구별하고 있지 않다. 다만 일정한 경우의 외국인에 대하여 그 권리능력을 부정하고 있다. 즉 특허법 제25조(외국인의 권리능력)는 "재외자 중 외국인은 ① 그 외국인이 속하는 국가에서 대한민국 국민에 대하여 그 국가의 국민과 같은 조건으로 특허권 또는 특허에 관한 권리를 인정하는 경우, ② 대한민국이 그 외국인에 대하여 특허권 또는 특허에 관한 권리를 인정하는 경우에는 그 외국인이 속하는 국가에서 대한민국 국민에 대하여 그 국가의 국민과 같은 조건으로 특허권 또는 특허에 관한 권리를 인정하는 경우, ③ 조약 또는 이에 준하는 것(이하 "조약"이라 한다)에 따라 특허권 또는 특허에 관한 권리가 인정되는 경우를 제외하고 특허권 또는 특허에 관한 권리를 누릴 수 없다"라고 규정하고 있다.

(2) 국내에 주소나 영업소가 없는 외국인

국내에 주소 또는 영업소[5]를 갖고 있지 아니한 외국인은 특허에 관한 권리능력을 상호주의[6]에 의해서만 향유할 수 있다. 즉 ① 상대국에서 우리나라 국민에게 권리능력을 인정해 주는 경우, ② 우리나라에서 상대국민의 권리능력을 인정해 주면 상대국에서도 그 나라 국민과 같은 조건으로 우리나라 국민에게 권리능력을 인정해 주는 경우 및 ③ 조약[7]으로 상호인정을 정한 경우에만 재외 외국인은 특허절차상의 권리능력을 인정받을 수 있다.

외국인이란 대한민국 국적을 가지지 않은 자로 자연인은 물론 외국에서 인가된 법인을 포함한다. 대한민국의 국적은 물론 외국의 국적도 가지지 아니한 무국적자

---

5) 영업소는 반드시 주된 영업소일 필요는 없고, 지점·공장 등도 포함되는 것으로 해석된다. 다만 출원서에는 법인의 주된 사무소의 주소를 기재해야 한다.

6) 외국인의 권리능력에 대하여는 그 나라가 자국민에게 대하여 어떠한 대우를 하느냐에 관계없이 자국민과 평등하게 권리능력을 인정하는 평등주의와 그 나라가 자국민에 대하여 인정하는 것만큼 인정하는 상호주의가 있다. 전통적으로 이러한 상호주의는 자국민의 이익을 최대한 보장하기 위한 외국인에 대한 조건부 권리부여라 하겠다.

7) 이때 조약은 특허에 관한 다자조약뿐만 아니라 국가 대 국가의 조약 등도 포함하는 의미이다.

역시 외국인이며, 그 권리능력은 준동맹국 국민에 준하여 인정된다. 따라서 국내에 주소 또는 영업소를 가졌거나 조약 협정국의 국내에 주소 또는 영업소를 가진 자는 무국적자라도 우리나라에서 특허에 관한 권리능력이 인정된다.

내외국민을 불문하고 권리능력이 없는 상태에서 밟은 특허에 관한 절차는 그 절차가 지속될 수 없다. 따라서 외국인이 특허법 제25조에서 규정하는 바에 의한 권리능력이 없는 상태에서 특허출원을 했다면 거절이유 및 무효사유가 된다. 다만 권리능력이 없는 자가 특허출원 절차를 밟았을 경우 출원서에 대한 방식심사단계에서 그 특허출원에 대한 처리방법에 대하여는 견해가 대립하고 있다. 즉 ① 불수리처분해야 한다는 견해, ② 심사관의 실질적 심사에 맡겨야 한다는 견해, ③ 절차보정 후 무효처분해야 한다는 견해 등이 있다.[8)]

무효심결이 확정되면 특허는 처음부터 없었던 것으로 보나, 특허등록 후에 특허에 관한 권리를 향유하는 것이 불가능하게 된 경우에는 그 시점으로부터 특허권은 무효로 된다(제133조 제3항). 한편 특허권자로부터 권리의 향유가 인정되지 않는 외국인에게 특허권이 양도된 경우에는 특허권 자체가 무효가 되는 것이 아니고, 해당 양도가 무효로 된다고 해석해야 할 것이다.

대법원 1982.9.28. 선고 80누414 판결

[권리능력이 없는 외국인 출원의 처리]

이 사건 처분 당시에 시행하던 특허법 시행규칙(1980.12.31. 상공부령 제616호로 개정되기 전의 것) 제14조 제1항은, 특허청장은 다음 각호의 1에 해당하는 경우에는 법령에 특별한 규정이 있는 경우를 제외하고는 그 출원, 청구 기타의 절차에 관한 서류, 견본 또는 기타의 물건을 수리하지 아니한다고 규정하고, 그 제11호로서, 출원, 청구 기타의 절차를 밟는 서류가 방식에 적합하지 아니한 경우를 들고 있는바, 위에 규정된 서류가 '방식에 적합하지 아니한 경우'라 함은 서류의 기재사항에 흠결이 있거나 구비서류가 갖추어져 있지 아니하는 경우 등 서류가 법령상 요구되는 형식적인 방식에 적합하지 아니한 경우를 뜻하고, 위와 같은 형식적인 문제를 벗어나서 출원이나 발명자가 제40조에 규정된 권리능력을 가지는가 또는 출원인이 같은 법 제2조 제1항에 규정된 특허를 받을 수 있는 자인가의 여부 등 실질적인 사항에 관한 것을 포함하지 아니한다고 볼 것이며, 따라서 그와 같은 실질적인 사항에 관한 것은 위 특허법 시행규칙 제14조 제1항 11호에 의거하여

8) 실무상 방식심사 단계에서도 권리능력 유무에 관한 판단을 하여야 하며, 절차를 밟는 자의 구체적인 확인이 필요한 경우에는 관련 증명서류를 제출하도록 명령한다. 그 결과, 특허청장 또는 특허심판원장은 특허절차를 밟는 자가 국적·법인증명서류 등의 제출명령을 받고 소명기간에 제출하지 아니한 경우 불수리한다(시행규칙 제8조, 제11조).

바로 이를 수리하지 아니하는 처분을 할 수는 없고, 일단 출원서류를 수리하여 심사관으로 하여금 실질적인 심사를 하게 하여야 한다고 해석함이 타당하다.

Ⅱ. 행위능력

1. 의 의

행위능력이란 단독으로 유효한 법률행위를 할 수 있는 능력을 의미한다. 이러한 행위능력과 관련하여 민법은 적극적으로 규정하고 있지 않고, 대신 제한능력제도를 두어 획일적으로 규정하고 있다. 특허법 역시 제3조에서 민법의 규정을 기초로 하여 특허에 관한 절차 수행에 관한 제한능력자의 행위능력에 대하여 규정하고 있다. 즉 특허에 관한 절차가 복잡하고 그 진행을 예측하기 쉽지 않으므로 이를 스스로 행할 수 있는 능력이 없는 자는 법정대리인 등 능력이 있는 제3자에 의하여 특허절차를 수행하도록 함으로써 자기의 권리주장 또는 방어를 제대로 하지 못하는 자를 보호하고 있다. 다만 특허법에서는 '행위능력'이란 표제를 사용하고 있으나, 특허절차과정에서의 수행능력을 의미하게 된다. 따라서 민법상의 행위능력과는 반드시 일치한다고는 볼 수 없다. 이에 절차능력이라 표현을 쓰기도 한다. 다만 본서에는 민법상의 제한능력제도를 전제로 특허법상의 행위능력제도를 파악하도록 한다.

2. 특허법상 행위능력이 없는 자(제한능력자)

민법에서는 미성년자, 피한정후견인 또는 피성년후견인을 제한능력자로 규정하고 이들 제한능력자가 법률행위를 하기 위해서는 법정대리인의 동의를 얻도록 규정하고 있다(민법 제5조). 즉 민법의 규정에 의한 제한능력자는 ① 만 19세가 되지 않은 자(미성년자), ② 질병, 장애, 노령, 그 밖의 사유로 인한 정신적 제약으로 사무를 처리할 능력이 부족한 사람으로서 가정법원으로부터 한정후견개시 심판을 받은 사람(피한정후견인), ③ 질병, 장애, 노령, 그 밖의 사유로 인한 정신적 제약으로 사무를 처리할 능력이 지속적으로 결여된 사람으로서 가정법원으로부터 성년후견개시 심판을 받은 사람(피성년후견인)이다.

특허법 제3조 제1항 본문에서는 "미성년자 · 피한정후견인 또는 피성년후견인은 법정대리인에 의하지 아니하면 특허에 관한 출원 · 청구, 그 밖의 절차(이하 "특허에 관한 절차"라 한다)를 밟을 수 없다"라고 규정하고 있어, 제한능력자는 법정대리인에 의해서만 특허에 관한 절차를 밟을 수 있다.

다만, 특허법 제3조 제1항 단서에서는 "다만, 미성년자와 피한정후견인이 독립하여 법률행위를 할 수 있는 경우에는 그러하지 아니하다"라고 규정하여 미성년자 및 피한정후견인이 법정대리인에 의하지 아니하고 직접 특허에 관한 절차를 밟을 수 있는 경우를 규정하고 있다.

이와 같은 예로서 제한능력자가 독립하여 법률행위를 할 수 있는 경우는 권리만 얻거나 의무만 면하는 행위(민법 제5조 제1항), 처분이 허락된 재산의 처분행위(민법 제6조), 영업의 허락을 받은 경우 그 영업에 관한 행위(민법 제8조 제1항), 대리행위(민법 제117조), 유언행위(민법 제1062조) 등이 있다.

특허에 관한 절차와 관련하여 예상되는 행위는 영업에 관한 행위와 만 19세에 달하지 않았으나 혼인하여 성년으로 의제된 자의 행위 등이 있을 수 있다.

(1) 미성년자

민법에서는 만 19세가 되지 아니한 자를 미성년자로 본다. 이때 연령의 계산은 민법 제155조 이하의 기간의 계산에 관한 규정에도 불구하고, 출생일을 산입한다(민법 제158조). 한편 특허법은 독립하여 법률행위를 할 수 있는 경우에는 단독으로 절차를 유효하게 수행할 수 있다고 규정하고 있다. 즉 ① 법정대리인으로부터 허락을 얻은 특정한 영업에 관한 행위, ② 혼인을 한 미성년자의 행위, ③ 법정대리인의 허락을 얻어 회사의 무한책임사원이 된 미성년자가 그 사원자격에 기하여 행하는 행위 등의 경우에는 행위능력이 인정된다.

(2) 피한정후견인

질병, 장애, 노령, 그 밖의 사유로 인한 정신적 제약으로 사무를 처리할 능력이 부족한 사람으로서 일정한 자의 청구에 의해 가정법원으로부터 한정후견개시 심판을 받은 사람을 말한다. 정신적 제약의 상태가 경미한 경우로서 그 능력이 지속적으로 결여된 성년후견과 다르다. 본인, 배우자, 4촌 이내의 친족, 미성년후견인, 미성년후견감독인, 성년후견인, 성년후견감독인, 특정후견인, 특정후견감독인, 검사 또는 지방자치단체의 장은 피한정후견개시 심판을 청구할 수 있으며, 이러한 요건이 충족되면 가정법원은 한정후견개시의 심판을 하여야 한다.

가정법원은 피한정후견인이 한정후견인의 동의를 받아야 하는 행위의 범위를 정할 수 있는데, 그 이외의 행위에 대해서는 피한정후견인이 단독으로 할 수 있다

(민법 제13조).

(3) 피성년후견인

질병, 장애, 노령, 그 밖의 사유로 인한 정신적 제약으로 사무를 처리할 능력이 지속적으로 결여된 사람으로서 가정법원으로부터 성년후견개시 심판을 받은 사람을 말한다. 정신적 제약이 아닌 신체적 장애만으로는 이에 해당하지 않으며, 미성년자가 피한정후견인에 대해서도 성년후견이 개시될 수 있다. 본인, 배우자, 4촌 이내의 친족, 미성년후견인, 미성년후견감독인, 한정후견인, 한정후견감독인, 특정후견인, 특정후견감독인, 검사 또는 지방자치단체의 장은 피성년후견개시 심판을 청구할 수 있으며 이러한 요건이 충족되면 가정법원은 한정후견개시의 심판을 하여야 한다.

가정법원은 피성년후견인이 단독으로 할 수 있는 법률행위의 범위를 정할 수 있는데, 그러한 경우가 아닌 한 피성년후견인이 한 법률행위는 취소할 수 있다 (민법 제10조).

3. 제한능력자의 대리 및 추인

특허법은 민법의 제한능력자 제도에 근거를 두고 특허행정의 특성에 맞는 규정을 두고 있다. 즉 특허법은 제3조에서 미성년자 등의 행위능력 규정을 두고 있어, 제한능력자가 특허에 관한 절차를 수행함에 있어서는 법정대리인에 의해서만 행할 수 있다고 하고 있다. 따라서 특허법상의 제한능력자는 법정대리인의 동의하에서도 특허에 관한 절차를 직접 수행할 수 없다. 즉 특허법상의 법정대리인의 권한은 민법상 법정대리인이 제한능력자에 대한 동의권을 행사할 수 있는 것과는 달리 동의권은 존재하지 않고 대리권만을 인정하고 있다. 이는 민사소송법상의 제한능력자에 대한 법정대리인의 권한과 동일하다.

(1) 법정대리인의 권한

미성년자의 법정대리인은 1차로 친권자이고 다음은 후견인이다. 즉 미성년자는 1차로 친권자가 법정대리인이 되고 친권자가 없거나 친권을 행사할 수 없을 때 후견인을 두어야 한다. 피한정후견인과 피성년후견인의 법정대리인은 한정후견인 또는 성년후견인이다. 민법상 법정대리인의 권한에는 제한능력자의 법률행위에 대한 동의권과 이들에 대한 법률행위의 대리권, 그리고 제한능력자의 행위와 동의에 대한 취소권이 있다.

한편 특허법은 법정대리인의 권한과 관련하여 "후견감독인의 동의 없이 제132조의2에 따른 특허취소신청(이하 "특허취소신청"이라 한다)이나 상대방이 청구한 심판 또는 재심에 대한 절차를 밟을 수 있다(제3조 제2항)"라고 규정하고 있다. 즉 특허법상의 심판은 일종의 행정소송과 유사한 것으로 원칙적으로 제한능력자를 위해서는 후견감독인의 동의를 받아야 한다. 그러나 법정대리인이 직접 능동적·적극적으로 심판을 청구하는 것이 아니라 심판의 상대방이 청구한 사항에 대하여 수동적·소극적으로 절차를 밟는 것이고, 직권주의와 같은 특허심판에 관한 절차의 특수성을 고려하여 후견감독인의 동의를 요하지 않는다고 규정하고 있다.

대법원 2004.2.13. 선고 2001다57709 판결

[법정대리인의 권한]

[1] 민법 제126조 소정의 권한을 넘는 표현대리 규정은 거래의 안전을 도모하여 거래상대방의 이익을 보호하려는 데에 그 취지가 있으므로 법정대리라고 하여 임의대리와는 달리 그 적용이 없다고 할 수 없고, 따라서 한정치산자의 후견인이 친족회의 동의를 얻지 않고 피후견인의 부동산을 처분하는 행위를 한 경우에도 상대방이 친족회의 동의가 있다고 믿은 데에 정당한 사유가 있는 때에는 본인인 한정치산자에게 그 효력이 미친다.

[2] 한정치산자의 후견인이 친족회의 동의 없이 피후견인인 한정치산자의 부동산을 처분한 경우에 발생하는 취소권은 민법 제146조에 의하여 추인할 수 있는 날로부터 3년 내에, 법률행위를 한 날로부터 10년 내에 행사하여야 하지만, 여기에서 '추인할 수 있는 날'이라 함은 취소의 원인이 종료한 후를 의미하므로, 피후견인이 스스로 법률행위를 취소함에 있어서는 한정치산선고가 취소되어 피후견인이 능력자로 복귀한 날로부터 3년 내에 그 취소권을 행사하여야 한다.

(2) 추 인

행위능력이 없는 자가 밟은 절차는 효력이 발생하지 아니하고 무효이며, 그 절차에 의하여 성립한 행위도 무효로 되는 것이다. 다만 당사자나 법정대리인의 추인이 있을 때에는 행위시에 소급하여 효력이 발생하며 이러한 추인은 해당 절차를 무효로 하기 전까지 언제든지 할 수 있다(제7조의2).

민법은 추인제도라 하여 취소할 수 있는 권리에 대하여 포기의사를 밝힘으로써 법률관계를 확정시키기 위한 제도를 운용하고 있다. 즉 취소할 수 있는 제한능력자의 법률행위로 인한 불안한 법률상태로부터 가급적 빨리 벗어나고자 하는 방안

중의 하나로서 추인제도를 두고 있다. 특허법에서도 역시 제한능력자등의 특허절차등에 대하여 추후에 행위시까지 소급하여 절차효력을 인정받을 수 있도록 제한능력자의 행위를 인정해 주는 제도를 두고 있다.

즉 특허법 제7조의2에서는 “행위능력 또는 법정대리권이 없거나 특허에 관한 절차를 밟는 데 필요한 권한의 위임에 흠이 있는 자가 밟은 절차는 보정(補正)된 당사자나 법정대리인이 추인하면 행위를 한 때로 소급하여 그 효력이 발생한다”라고 규정하고 있어, 제한능력자 · 무권대리인 또는 기타 특허에 관한 절차를 밟음에 필요한 수권이 없는 자가 특허청에 대하여 밟은 절차는 추후에 한 보정에 의하여 적법한 절차로서 인정되도록 하고 있다. 다만 특허법상 행위능력 또는 법정대리권이 없거나 대리권에 관한 수권이 흠결된 자가 밟은 절차는 취소할 수 있는 행위가 아니고, 그 절차의 효과는 무효로 보아야 한다. 따라서 특허법상의 “추인” 개념은 취소권을 포기하는 의미보다는 무효인 절차를 특별히 행위개시시부터 유효한 것으로 인정하는 의사표시로 보아야 한다.

대법원 1980.4.22. 선고 80다308 판결
[무권대리에 의한 소송행위를 묵시적으로 추인한 경우의 효력]

피고 A가 1960.5.28.생으로 현재에도 미성년자이므로 이 사건의 제1심에서 소송행위를 위한 대리인을 그 법정대리인으로 하여금 선임케 하여야 할 것인데 그렇지 아니하고 같은 피고가 직접 변호사를 소송대리인으로 선임하여 제1심의 소송수행을 한 것은 위법이라 할 것이다. 그러나 같은 피고는 원심에 이르러서 친권자 법정대리인인 피고 B로 하여금 다시 소송대리인을 선임케 하고 그 대리인이 원심에서의 모든 소송행위를 하면서도 아무런 이의를 제기한 바 없이 제1심의 소송결과를 진술한 것으로 보아 논지에서 말하는 무권대리에 의한 소송행위는 묵시적으로 추인된 것이라 볼 수 있다.

4. 제한능력자가 밟은 절차의 처리

특허청장 또는 특허심판원장은 특허에 관한 절차가 행위능력이 없는 자가 절차를 밟았거나, 절차를 밟음에 필요한 수권(授權)이 흠결된 경우에는 상당한 기간을 정하여 그 보정을 명하여야 한다(제46조, 제141조). 특허청장 또는 특허심판원장은 출원인 등에게 보정을 명하였으나 이에 불응하거나 또는 흠결을 보정할 수 없을 때에는 출원 및 기타 절차를 무효로 할 수 있다(제16조).

심판장은 심판청구인 등 당사자가 밟은 절차에 대하여 행위능력 흠결을 이유로 보정을 명하였음에도 이에 불응하거나 또는 흠결을 보정할 수 없을 때에는 심판청구서를 결정으로 각하하여야 한다(제141조).

대법원 1997.3.14. 선고 96다25227 판결

[대표자 자격이 없는 대표자가 행한 소송행위에 대한 적법한 대표자의 추인시 효력]

적법한 대표자 자격이 없는 비법인 사단의 대표자가 한 소송행위는 대표자 자격을 적법하게 취득한 대표자가 그 소송행위를 추인하면 행위시에 소급하여 효력을 갖게 되고, 이러한 추인은 상고심에서도 할 수 있다.

제 2 절 대 리

1. 의의 및 취지

계약에 관한 법리를 지배하는 원칙 중의 하나는 계약의 구속력, 즉 계약으로부터 발생하는 법률의 효과는 의사표시를 한 당사자에게만 미친다는 것이다. 타인이 한 의사표시에 의하여 내가 구속을 받을 이유가 없는 것이다. 이러한 계약법상의 원칙은 다른 많은 원칙들과 마찬가지로 민법 정면에 명백하게 규정되어 있는 것은 아니고, 다만 그에 대한 예외가 특히 규정됨으로써 간접적으로 선언되고 있다. 그리고 그 예외 중에 중요한 하나가 대리제도이다.

계약은 반드시 본인이 스스로 하여야 할 필요는 없다. 본인이 다른 사람에게 계약을 체결하도록 맡겨서 그 맡은 사람이 본인을 대리하여 상대방과의 사이에 계약을 체결한 경우에도 그 계약의 효과가 본인에게 돌아갈 수 있다. 민법은 이와 같이 대리인이 본인을 대리하여 체결한 계약의 효과가 직접 본인에게 돌아가고, 대리인 자신은 그 계약으로부터는 아무런 권리나 의무도 취득하지 않는 제도를 마련하고 있다. 또한 대리제도는 제한능력자로 하여금 권리를 취득하고 의무를 부담할 수 있게 하고, 이로써 법의 세계에서 하나의 온전한 사람으로 위치할 수 있도록 보조하여 준다.

이러한 대리제도는 특허법에서도 역시 사용된다. 특히 특허법은 그 원활한 제도 운영과 권리자 보호를 위해 전문지식을 갖춘 대리인제도가 요구되기도 한다. 즉 모든 출원인으로 하여금 자신의 기술적 사상에 대한 권리범위의 설정을 비롯한 여러 특허절차 행위의 완벽한 수행을 기대할 수 없고, 대리인으로 하여금 출원인을 대리하도록 하는 것이 국가와 본인을 위해 유익하다고 판단한 점에서 대리제도를 채택하였다. 즉 발명가의 기술적 사상에 대한 권리범위의 설정과 이를 위한 표현의 전문가, 기술적 사상의 내용을 표현하는 방법 내지 기술하는 방법의 전문가 그리고 특허권에 대한 침해 등에 대한 소송을 대리할 수 있는 기술적 · 법률적인 전문가로 하여금 특허절차를 대리할 수 있도록 하고 있다.[9)]

특허법은 대리제도와 관련하여 제3조의 법정대리제도, 제5조의 재외자의 특허관리인제도, 제6조의 대리권의 범위, 제7조의 대리권의 증명, 제7조의2의 행위능력 등의 흠에 대한 추인, 제8조의 대리권의 불소멸, 제9조의 개별대리, 제10조의 대리인의 개임 등에 관한 규정을 두고 있으며, 제12조에서는 민사소송법상의 대리제도를 준용하도록 규정하고 있다. 그리고 실용신안법 제3조에서는 특허법의 대리제도를 준용하도록 하고 있다.

2. 대리인의 종류

대리인은 본인의 이름으로 법률행위를 수행하여 그 법률효과가 직접 본인에게 생기게 하는 행위를 수행하는 자이다. 이러한 대리인과 관련하여 특허절차상의 대리인은 대리권의 발생근거에 따라 법정대리인[10)]과 임의대리인[11)]으로 나누어지며, 임의대리인은 다시 재외자의 특허관리인과 위임계약 등에 의한 통상의 대리인으로 구별된다. 법정대리인은 제한능력자를 보호하기 위하여 본인의 의사에 의하지 아니하고 본인과 일정한 신분관계에 있음으로써 당연히 또는 법원의 선임에 의하여 성립하는 대리인이다. 미성년자의 법정대리인으로는 친권자와 후견인이 있으며, 피한정후견인과 피성년후견인의 법정대리인은 한정후견인 또는 성년후견인이다. 특허관리인은 재외자, 즉 국내에 주소 또는 영업소를 가지지 아니하는 자에 의하여 특허절차를 밟기 위해 선임된 임의대리인[12)]이며, 통상의 대리인은 본인에 의사에 의해 선임된 그 밖의 임의대리인이다. 한편 2019년 1월 8일 개정법(법률 제16208호)에서는 특허심판에서 국선대리인 선임 근거 규정을 마련하면서, 국선대리인 선임 사건에 대

---

9) 특히 특허법은 행정상의 편의와 본인의 이익 도모라는 취지에서 재외자의 특허관리인 선임을 강제하고 있다(제5조).

10) 법정대리인은 본인의 의사에 의하지 아니하고 법률규정 등에 의하여 대리인이 된 자를 말한다.

11) 임의대리인은 본인의 의사에 의해 대리권이 발생하는 경우로 임의대리인은 「위임에 의한 대리인」 이외에 특허관리인(제5조) 및 지정대리인(국가를당사자로하는소송에관한법률 제6조)이 있다.

12) 그 선임이 법률에 의하여 강제되는 대리인이나, 그 대리권이 본인의 자유의사에 의해 대리인에게 부여하는 수권행위에 의해 발생하는 임의대리인이다.

해 수수료를 감면할 수 있도록 하였다(제139조의2).

3. 특허절차상의 대리인

(1) 일반적인 대리

민법상의 대리인은 그 자격에 제한이 없다. 즉 법률효과가 직접 본인에게 생기고 대리인 자신은 아무런 권리·의무를 취득하지 않는다는 점에서 행위능력이 필수적으로 요구되지는 않는다. 그러나 특허법에서는 그 대리인이 절차수행능력이나 구술심리능력이 없다고 인정될 때에는 특허청장 또는 심판장은 그 대리인의 개임을 명할 수 있는 규정(제10조 제2항)이 있다는 점에서, 원칙적으로 제한능력자는 특허법상의 대리인이 될 수 없다.

특허에 관한 절차를 밟는 자의 대리인이 2인 이상이면 특허청장 또는 특허심판원장에 대하여 각각의 대리인이 본인을 대리한다(제9조). 능동대리뿐만 아니라 수동대리의 경우도 마찬가지로 각자 대리의 원칙이 적용되며, 이는 민사소송법상의 소송행위 대리와 동일한 취지이다(민사소송법 제93조). 특허법의 대리제도가 민사소송법상의 소송대리제도와 입장을 같이 하고 있음은 대리인에 관하여 특별한 규정이 있는 것을 제외하고는 민사소송법 제1편 제2장 제4절의 규정을 준용하도록 한 특허법 제12조의 규정에서도 파악할 수 있다.

특허에 관한 절차를 밟고자 하는 자가 대리인에 의하여 그 절차를 밟고자 하는 경우에는 특허청 소정양식의 위임장을 특허청장 또는 특허심판원장에게 제출하여야 한다. 또한 특허에 관한 절차를 밟고 있는 자가 대리인을 선임하고자 할 때 또는 대리인이 사임을 하고자 할 때에는 선임 또는 사임신고서를 제출하여야 한다. 그러나 출원, 심판청구 또는 재심청구시에 제출서류에 위임장을 첨부하여 대리인이 제출하는 경우에는 선임신고를 할 필요가 없다. 또한 대리인의 선임신고, 이들의 변경·해임, 대리권의 내용을 변경하는 경우에 특허청 소정양식에 그 내용을 증명하는 서류를 첨부하여 제출하여야 한다.

(2) 변리사에 의한 출원의 대리

변리사는 특허, 실용신안, 디자인 또는 상표에 관하여 특허청 또는 법원에 대하여 하여야 할 사항의 대리 및 그 사항에 관한 감정 기타의 사무를 행함을 업으로 한다(변리사법 제2조). 변리사의 자격을 가진 자의 경우에도 등록을 하지 아니하고 업으로서 변리사의 업무를 행한 자는 처벌의 대상이 된다(변리사법 제25조).

또한 변리사는 상대방의 대리인으로서 취급한 사건에 대하여는 그 업무를 행하지 못하며(변리사법 제7조), 변리사가 아닌 자는 변리사의 명칭 또는 이와 유사한 명칭을 사용할 수 없다(변리사법 제22조).

대법원 1982.4.27. 선고 81후51 판결

[변리사가 취급하지 못할 사건-쌍방대리]

변리사법 제7조에 "변리사는 상대방의 대리인으로서 취급한 사건에 대하여는 그 업무를 행하지 못한다"라고 한 규정은 변리사가 동일한 사건에 대하여 어느 일방 당사자를 대리하여 업무를 취급하였다가 그 후 또 다시 다른 당사자를 대리하여 종전 당사자의 이익과 반대되는 입장에서 업무를 취급하여서는 안 된다는 취지로 해석하여야 한다. 변리사 L씨가 종전에 (갑)의 A상표에 대하여 출원 및 등록에 관한 대리행위를 하였다 하더라도 (갑)이 자신의 A상표와 (을)의 B상표가 유사하다는 이유로 무효심판을 청구한 사건에서 L씨가 (을)의 대리인이 되어 행하는 대리행위를 가리켜 변리사법 제7조에 저촉되는 것이라고는 볼 수 없다.

(3) 특허관리인

1) 의 의

국내에 주소 또는 영업소를 가지는 자는 대리인을 선임하지 아니하여도 특허에 관한 절차를 밟을 수 있지만 재외자(우리나라 국민 중 재외자 포함)는 국내에 체류하는 경우를 제외하고는 반드시 대리인을 선임하여야 한다(제5조, 실용신안법 제3조).[13]

2) 재외자의 절차 능력

재외자는 재외자(법인의 경우에는 그 대표자)가 국내에 체류하는 경우를 제외하고는 그 재외자의 특허에 관한 대리인으로서 국내에 주소 또는 영업소가 있는 자(이하 "특허관리인"이라 한다)에 의해서만 특허에 관한 절차를 밟거나 이 법 또는 이 법에 따른 명령에 따라 행정청이 한 처분에 대하여 소(訴)를 제기할 수 있다(제5조 제1항, 실용신안법 제3조). 그러나 재외자가 국제특허 또는 국제실용신안등록의 출원을 하는 경우에는 특허법 제5조 제1항(실용신안법 제3조)의 규정에 불구하고 기준일까지는 대리인에 의하지 아니하고 출원번역문의 제출 등 특허 또는 실용신안등록에 관한 절차를 밟을 수 있다(제206조, 실용신안법 제41조).

---

13) 특허법 제5조 제1항: 국내에 주소 또는 영업소가 없는 자(이하 "재외자"라 한다)는 재외자(법인의 경우에는 그 대표자)가 국내에 체류하는 경우를 제외하고는 그 재외자의 특허에 관한 대리인으로서 국내에 주소 또는 영업소가 있는 자(이하 "특허관리인"이라 한다)에 의해서만 특허에 관한 절차를 밟거나 이 법 또는 이 법에 따른 명령에 따라 행정청이 한 처분에 대하여 소(訴)를 제기할 수 있다.

이 경우에는 기준일이 지난 후 2월 이내에 대리인을 선임하여 특허청장에게 신고하여야 하며, 기간 내에 선임신고가 없는 경우 그 국제특허출원은 취하된 것으로 본다(제206조 제2항 · 제3항, 시행규칙 제116조, 실용신안법 제41조, 실용신안법 시행규칙 제17조, 제12조).

3) 특허관리인의 대리권의 범위

특허관리인은 위임된 권한의 범위에서 특허에 관한 모든 절차 및 이 법 또는 이 법에 따른 명령에 따라 행정청이 한 처분에 관한 소송에서 본인을 대리한다. 기존에는 특허관리인이 별도의 특별한 수권이 없어도 출원의 취하 등의 불이익 행위를 할 수 있어서 통상의 위임에 의한 대리인과 대리권 범위에서 차이가 있었으나 2014년 6월 11일에 개정된 특허법(법률 제12753호)은 재외자인 본인의 특허절차에 대한 권리 보호를 강화하기 위해 특허관리인도 통상의 위임에 의한 대리인과 마찬가지로 특별한 수권을 받도록 하게 되었다. 따라서 현재는 특허관리인의 대리권 범위는 통상의 위임에 의한 대리인과 차이가 없다.

대법원 2005.5.27. 선고 2003후182 판결

[1] 출원발명의 공동출원인에 대한 공시송달의 요건: 공동출원인에 대하여 특허법 제219조 제1항에 의한 공시송달을 실시하기 위해서는 '공동출원인 전원의 주소 또는 영업소가 불분명하여 송달받을 수 없는 때'에 해당하여야 하고, 이러한 공시송달 요건이 구비되지 않은 상태에서 공동출원인 중 1인에 대하여 이루어진 공시송달은 부적법하고 그 효력이 발생하지 않는다.

[2] 특허청장이 특허관리인에 의하지 아니한 채 제출된 재외자의 서류를 반려하지 않고 특허에 관한 절차를 진행한 경우, 사후에 그 절차상 하자를 주장할 수 있는지 여부(소극): 특허청장은 특허관리인에 의하지 아니한 채 제출된 서류를 반려하지 아니하고 이를 수리하여 특허에 관한 절차를 진행한 이후에는 특허법 제5조 제1항에 위반된다는 이유로 제출된 서류의 절차상 하자를 주장할 수는 없다.

4. 대 리 권

(1) 대리권의 발생

법정대리인의 대리권이 법률의 규정 등에 의해 발생하는 데 반하여, 임의대리인은 본인의 의사에 의한다. 특허에 관한 절차를 밟는 자의 대리인은 대체로 임의대리인으로서 본인의 의사에 의한 수권행위에 기초하여 그 대리권이 발생한다. 그러나 본인의 절차능력 때문에 행정절차 수행상 지장이 있을 때에는 본인으로 하여금 대리인을 선임하여 대리인으로 하여금 절차를 수행토록 하는 대리인 선임의 강제 등에 관한 규정을 두고 있다(제10조).

국내에 있는 출원인은 대리인을 선임하지 아니하여도 무방하지만, 재외자는 반드시 대리인을 선임하여야 한다. 즉 국내에 주소 또는 영업소가 없는 자(이하 "재외자"라 한다)는 재외자(법인의 경우에는 그 대표자)가 국내에 체류하는 경우를 제외하고는 그 재외자의 특허에 관한 대리인으로서 국내에 주소 또는 영업소가 있는 자(이하 "특허관리인"이라 한다)에 의해서만 특허에 관한 절차를 밟거나 이 법 또는 이 법에 따른 명령에 따라 행정청이 한 처분에 대하여 소(訴)를 제기할 수 있다.

(2) 대리권의 범위

법정대리인은 미성년자·피한정후견인 및 피성년후견인 등의 대리인으로 법률의 규정 등에 의해서 그 대리권이 발생한다. 법정대리인은 본인과의 신분적 관계가 깊다는 점에서 본인에게 불이익을 초래할 우려가 적다고 하여 특허절차 전반에 있어 상당히 넓게 대리권이 인정되며, 복대리인을 선임할 수도 있다. 다만 후견인이 법정대리인인 경우 심판·재심·소송에 관한 절차를 밟을 때에는 후견감독인의 동의를 요한다.[14] 이러한 법정대리인의 대리권은 법령에 의하여 정해지는 것이므로 대리권의 범위도 법령에서 정한 범위 내에서 대리행위를 할 수 있으며, 본인도 이를 제한하지 못한다.

대법원 1997.6.27. 선고 97다3828 판결
[가정법원이 소집하지 아니한 친족회의의 효력]

구 민법 제966조에 의하면, 친족회는 본인 기타 이해관계인 등의 청구에 의하여 가정법원이 이를 소집하도록 규정되어 있으므로, 가정법원이 소집하지 아니한 친족회의 결의는 중대한 절차상의 하자가 있어 부존재 내지는 무효이다.

한편 임의대리인은 본인의 신임에 의해, 그리고 경제적인 거래 등의 내부관계가 포함되면서 본인의 위임에 의해 대리인이 된다. 즉 본인과 임의대리인 사이에는 법률적 신뢰관계만이 존재할 뿐 그 신분적인 유대관계는 희박하다고 하겠다. 이에 특허법은 임의대리인의 대리권 범위를 제한하여 일정한 행위는 본인의 특별한 수권에 의해서만 행사할 수 있도록 하고 있다. 즉 특허법 제6조(대리권의 범위)는 "국

---

14) 법정대리인은 후견감독인의 동의 없이 제132조의2에 따른 특허취소신청이나 상대방이 청구한 심판 또는 재심에 대한 절차를 밟을 수 있다.

내에 주소 또는 영업소가 있는 자로부터 특허에 관한 절차를 밟을 것을 위임받은 대리인은 특별히 권한을 위임받아야 특허출원의 변경·포기·취하, 특허권의 포기, 특허권 존속기간의 연장등록출원의 취하, 신청의 취하, 청구의 취하, 제55조 제1항에 따른 우선권 주장 또는 그 취하, 제132조의17에 따른 심판청구 또는 복대리인[15]의 선임을 할 수 있다. 특허관리인의 경우에도 또한 같다"라고 규정하고 있다.

이와 같이 임의대리인에 대하여 특별수권 사항을 규정한 것은 불이익 등 위임자에게 중대한 영향을 미칠 만한 사항에 대하여는 본인의 명확한 의사를 확인함으로써 위임자를 보호하고 대리권의 범위를 명확히 하여 절차의 원활을 기하기 위해서이다. 특히 현행법에서는 종전의 법률과는 달리 특허권의 포기도 특별한 수권을 얻지 아니하면 위임받은 대리인이 할 수 없는 것으로 규정하고 있다. 따라서 이러한 특허법 제6조의 특별수권 대상행위 외의 행위에 대하여 임의대리인은 일반적인 수권행위에 의하여 대리권을 갖는다.[16]

특허에 관한 절차를 밟는 자의 대리인이 2인 이상이면 특허청 또는 특허심판원에 대하여 각자가 본인을 대리한다(제9조). 즉 위임에 의해 선임된 다수의 대리인이 공동하여 하나의 의사표시로서 본인을 대리하는 것이 아니라, 각자가 본인에 대한 대리권을 가지고 각자가 자신의 의사에 의해 대리권을 행사한다. 나아가 본인을 위한 대리행사에 있어서 수인의 대리인이 다른 약정을 하여도 이는 효력이 없다.

대리권은 해당 심급에 한하므로 출원대리인이 거절결정불복심판을 청구하거나 심판사건 대리인이 특허심판원의 심결에 불복하여 특허법원에 특허소송 등을 제기하는 경우에는 본인으로부터 그에 따른 별도의 위임을 새로이 받아야 한다. 그러나 심판의 청구에 관한 특별수권을 위임받았을 때에는 대리권이 존속한다고 봄이 일반적이다. 한편 해당 사건이 상급심에서 파기 환송되어 다시 원심에 계속하게 된 때에는 소송대리권이 부활된다. 반면 재심의 경우에는 전혀 별개의 사건이므로 다시 대리권의 위임을 받아야 한다.

---

15) 복대리인이란 대리인이 그의 권한 내의 행위를 행하게 하기 위하여 대리인 자신의 이름으로 선임한 본인의 대리인을 의미한다. 복대리인은 대리인의 복임권에 기하여 선임된 자이므로 대리인의 감독을 받고, 또 대리인의 대리권에 기하여 생긴 권한이므로 대리인의 대리권의 존재 및 범위에 의존한다. 따라서 대리인의 대리권보다 그 범위가 넓을 수 없으며, 대리인의 대리권이 소멸하면 복대리인의 복대리권도 소멸한다. 다만 복대리인도 본인의 대리인으로 대리권의 행사에 있어서는 대리인과 동등한 지위에 있고, 특허에 관한 절차는 민사소송법(민사소송법 제95조, 제96조)의 취지에 따라 대리인의 사망에 의하여 소멸하지 않는 것으로 본다.

16) 다만 견해에 따라서는 그것이 대리권 행사의 결과 본인에게 불이익한 것이 아니라야 한다는 단서를 두고 있는데, 그러한 제한을 인정해야 할지는 의문이다.

포괄위임등록신청을 하여 포괄위임등록번호를 부여받은 포괄위임등록대리인은 현재 및 장래 사건에 대하여 미리 사건을 특정하지 아니하고 별도의 위임없이 대리행위를 할 수 있는데, 본인은 특정한 사건에 대하여 포괄위임의 원용을 제한하거나 포괄위임을 철회할 수 있다. 포괄위임등록대리인의 포괄대리권은 사건에 대한 포괄위임을 의미하며 그 대리행위의 포괄위임을 의미하는 것은 아니다. 포괄위임등록대리권의 내용은 특허법 시행규칙 제5조의2에서 규정한 별지 제3호의 서식(포괄위임등록신청서)에서 정하고 있다. 한편 포괄위임등록신청을 한 대리인이 전대리인을 해임할 수 있는지에 대하여 의문이 있으나 해임할 수 없다고 보아야 할 것이다.

특허법원 2006.4.13. 선고 2006허978 판결

[심결취소되어 개시된 심판절차에서 원심결에서의 대리권이 부활한다는 사례]

심판절차에서의 대리인의 대리권은 다른 사정이 없는 한 특허심판원이 심결을 하고 그 심결에 대하여 취소소송을 제기할 때까지 존속하는바, 심결취소소송에서 심결을 취소하는 판결이 확정됨에 따라 특허심판원이 심판사건을 다시 심리하게 되는 경우 아직 심결이 없는 상태이므로 종전 심판절차에서의 대리인의 대리권은 다시 부활하고, 당사자가 심결취소소송에서 다른 소송대리인을 선임하였다고 하여 달라지는 것은 아니다. 따라서 심결의 취소에 따라 다시 진행된 심판절차에서 종전 심판절차에서의 대리인에게 한 송달은 당사자에게 한 송달과 마찬가지의 효력이 있다(대법원 1984.6.14. 선고 84다카744 판결 참조).

(3) 대리권의 증명

특허에 관한 절차를 밟는 자의 대리인(특허관리인 포함)의 대리권은 이를 서면으로써 증명하여야 한다(제7조). 특히 과거 특허법은 특허관리인의 대리권 증명과 관련하여서는 특별한 규정을 두었으나, 현행 특허법 아래에서는 특허관리인을 통상의 대리인과 구별하고 있지 않다. 포괄위임등록신청을 한 대리인은 제출하는 서류에 포괄위임등록번호만 기재하면 된다. 특허출원, 특허취소신청, 심판 청구 또는 재심청구시에 대리인에 의하여 절차를 밟는 경우에는 그 출원서, 취소신청서, 심판청구서에 위임장만 제출하면 되나, 출원 후에 대리인을 선임·변경·해임·사임하는 경우에는 대리인 선임·변경·해임·사임 선고서도 함께 제출해야 한다(시행규칙 제5조).

특허법원 1998.9.10. 선고 98허1839 판결

[정당한 대리권의 증명]

원고소송대리인의 대리권의 존부에 관하여 직권으로 살펴보건대, 원고소송대리인은 대리권을 증명하기 위하여 甲 주식회사 대표이사 乙 명의의 1996.9.22. 소송대리위임장을 당원에 제출한 바 있으나, 원고의 법인등기부등본의 기재에 의하면 1996.6.18. 원고의 상호가 甲 주식회사에서 A 주식회사로 변경됨과 동시에 대표이사 乙이 사임하고 B이 취임한 사실을 인정할 수 있는바, 위 인정사실에 의하면 원고소송대리인이 제출한 위임장은 대표권한 없는 자에 의하여 작성된 것으로서 소송대리권을 증명하고 있지 못하다.

(4) 대리권의 소멸

특허법상의 법정대리인의 대리권은 민법 제127조가 규정하는 것처럼 본인의 사망, 법정대리인의 사망, 파산, 성년후견의 개시에 의해 소멸한다. 임의대리인의 경우도 본인의 대리인에 대한 대리권 계약의 해지, 대리인에게 부여한 특별한 수권의 철회 등으로 대리인의 대리권은 소멸한다 하겠다. 반면 통상(임의)대리인의 대리권은 법정대리권의 경우와는 달리 본인의 사망이나 행위능력의 상실, 본인인 법인의 합병에 의한 소멸, 본인인 수탁자의 신탁임무의 종료, 법정대리인의 사망이나 행위능력의 상실 또는 법정대리인의 대리권 소멸이나 변경으로 인하여 소멸하지 아니한다(제8조). 이는 특허에 관한 절차를 밟는 자의 위임에 의한 대리인은 제3자와의 관계에서 첨예한 이해관계가 있는 사건을 대리하는 것이 아니라, 다만 특허청에 대한 행정상의 절차를 대신하여 수행하는 것이 주요한 업무이고, 또한 본인측에 문제가 발생한 경우에도 특허에 관한 절차를 계속 진행시키는 것이 본인에게 유리하다는 생각에 따른 규정이라 하겠다.

복대리권도 직접 본인에 대한 대리권이므로, 대리권의 불소멸의 원칙에 따른다. 다만 대리인, 복대리인 사이의 수권관계의 소멸에 의해 복대리권은 소멸한다. 그 밖에 모권인 대리인의 대리권이 소멸하면 역시 소멸하게 된다. 그러나 특허법상 특허에 관한 절차를 밟을 것을 위임받은 자의 복대리인은 대리인의 사망, 사임에 의하여 복대리인의 대리권이 당연히 소멸되는 것이 아니다. 특허행정의 절차수행상 본인에게 복대리인의 대리권의 존속이 유리하기 때문이다.

5. 대리제도 규정의 문제점

특허법 제12조에서는 특허법에서 대리인에 관하여 특별한 규정이 있는 것을 제외하고는 민사소송법 제1편 제2장 제4절의 규정을 준용하도록 하고 있다. 즉 특허절차에서의 대리인에 관하여는 민사소송법의 규정이 준용된다. 그리고 이에 준용되는 민사소송법의 규정을 살펴보면, 소송대리인의 자격(민사소송법 제87조), 소송대리권의 증명(민사소송법 제89조), 소송대리권의 범위(민사소송법 제90조), 법률에 의한 소송대리인의 권한(민사소송법 제92조), 개별대리의 원칙(민사소송법 제93조), 당사자의 경정권(민사소송법 제94조), 소송대리권의 불소멸(민사소송법 제95조, 제96조), 법정대리인에 관한 규정의 준용(민사소송법 제97조) 등이 있다.

한편 대리인과 관련하여 민사소송법 규정을 적용한다는 제12조의 규정과 병행하여, 특허법에서는 제6조 이하에서 대리인에 관한 규정을 두고 있다. 즉 대리권의 범위(제6조)·증명(제7조)·불소멸(제8조)과 개별대리(제9조), 대리인의 개임(제10조) 등의 개별 규정을 두고 있다. 그리고 이러한 우리 특허법의 입법태도는 특허절차상의 대리제도에 관하여 개별규정을 두고 있는 일본 특허법 제9조 내지 제13조의 규정과 일치한다. 그런데 이러한 개별규정의 내용을 살펴보면 그 일부는 제12조의 규정에 의하여 준용되는 민사소송법의 규정과 특별히 다른 규정이라 할 수 없는 것이 있다 하겠다. 즉 특허법 제7조 대리권의 증명 규정은 민사소송법 제89조의 규정과 중복되고, 특허법 제8조의 대리권의 불소멸 규정은 민사소송법 제95조의 규정과 중복되며, 특허법 제9조의 개별대리 규정 역시 민사소송법 제93조의 규정과 중복된다. 그렇다면 그 중복이 인정되는 개별규정을 살펴보고, 다시 민사소송법 규정을 적용하도록 하는 제12조의 규정을 판단함으로써 특허법 제12조의 입법적 문제점을 파악하고자 한다.

먼저 특허법 제7조의 대리권 증명 규정을 판단하면, 일반적으로 본조의 의의는 특허절차상의 법정대리인 및 임의대리인의 대리권에 관하여 그 대리권의 증명방법을 규정한 것으로 설명된다. 그러나 본조를 이와 같이 이해한다면 굳이 개별 규정을 두는 것보다는 특허법 제12조의 규정만으로 충분하다고 하겠다. 즉 임의대리인에 대하여는 특허법 제12조의 규정에 의하여 민사소송법 제89조 규정을 준용하면 될 것이다. 또한 법정대리인에 대하여는 특허법 제12조 규정에 의하여 민사소송법 제97조를 준용하고, 다시 이 규정에 의하여 민사소송법 제58조 규정을 적용하면 충분할 것이다. 특히 특허법 제12조가 있는 가운데 특허법 제7조의 의의를 판단하고자 한다면 2001년 개정전 구 특허법이 제5조 제3항에 규정하는 자는 서면으로써 그 대리권을 증명할 필요가 없다고 규정한 것에서 찾을 수도 있었다.[17]

---

17) 그러나 이 경우에도 특허법 제5조 제3항의 규정을 특허법 제12조에서 말하는 특별한 규정이라고 판단한다면 제7조 규정의 존재의의는 상실될 것이라 하겠다.

다음으로 특허법 제9조의 개별대리 규정을 판단하면, 본조의 의의와 관련하여서는 공동대리를 요구하는 것은 절차행위의 명확성에서 보아 그 실익이 적고, 또한 절차의 신속성에 반하므로 수인의 대리인이 각자 그 대리권을 행사할 수 있도록 하는 것이라고 설명된다. 그러나 이러한 규정은 민사소송법 제93조 제1항의 규정의 준용만으로 충분하다. 오히려 본인이 공동 또는 협의해서 대리해야 한다는 취지를 정한 경우와 관련하여서는 그 약정의 효력을 인정하지 않는 민사소송법 제93조 제2항의 규정을 준용할 수 있는 제12조의 규정이 있어 보다 명확하다고 할 수 있겠다. 따라서 특허법 제12조의 규정에 의해 이미 적용되고 있는 규정을 다시 특별한 의의 없이 중복하여 규정하고 있는 태도는 옳지 못하다 하겠다.

그나마 특허법상의 개별규정에 대한 의의를 인정할 수 있는 것이 특허법 제10조의 대리인 개임 등의 규정이다. 소송상의 대리에 있어서는 변호사 대리의 원칙이 적용되나, 특허절차에 있어서의 대리는 변호사가 아닌 변리사도 대리인이 될 수 있음을 규정하고 있다. 다만 이러한 규정이 변리사 대리를 간접적으로 강제하는 규정이라 파악하기에는 무리가 있다 하겠다.

규정의 중복이라는 입법상의 문제를 해결하기 위해서는 특허법 제12조 규정 자체를 삭제하고 독자적으로 특허법이 대리규정을 마련하는 방법과 특허법 제12조 규정을 존치하고 대리와 관련한 특허법상의 개별 규정을 삭제하는 방법이 있을 것이다. 전자의 태도는 독자적 운영제도로서의 특허제도의 의의를 확인할 수 있다는 점에서 매력이 있어 보이기도 하다. 그러나 그러한 매력에 앞서 우리는 이미 특허법이 규정한 개별 규정을 살펴보면서 그 규정이 제12조에 의할 때 오히려 보다 명확하게 판단될 수 있음을 보았다. 따라서 대리제도와 관련한 특허법의 개별규정은 불필요한 규정들이라 하겠다.

6. 복수당사자의 대표자

2인 이상이 특허청 또는 특허심판원에 대하여 특허에 관한 절차를 밟을 때에는 원칙적으로 각자가 모두를 대표한다. 즉 복수인 중의 한 사람이 밟은 절차는 타당사자 전원에 대하여 효과가 있다. 그러나 특허법은 ① 특허출원의 변경·포기·취하, ② 특허권 존속기간의 연장등록출원의 취하, ③ 신청의 취하, ④ 청구의 취하, ⑤ 제55조 제1항의 규정에 따른 우선권 주장 또는 그 취하, ⑥ 특허법 제132조의17에 따른 심판청구의 경우에는 복수당사자 각자가 전원을 대표하지 못하도록 하고 있다(제11조).

한편 복수당사자 각자는 자기의 대표자를 선정하여 그로 하여금 절차를 밟도록 할 수 있다. 즉 대표자를 선정하고자 하는 타당사자는 복수당사자 중에서 1인을 선정하여 자기의 대표자로 할 수 있다. 이러한 복수당사자의 대표자는 외형상 마치 타당사자의 대리인과 같은 지위를 갖고 있으나 대리인은 아니며, 민사소송법상의 선정당사자와 유사한 지위를 갖는다. 다만 민사소송법상의 선정당사자는 당사자 중에서 선정되며 당사자가 선정되면 선정당사자만이 당사자로서 남고 나머지는 당사자의 지위에서 탈퇴하는 반면, 특허법에서는 대표자 이외의 당사자도 그 당사자로서의 지위를 유지한다.

대표자를 선정한 당사자는 절차를 유효하게 밟을 수 있다. 다만 그 절차의 효과는 전원을 대표하지 못하고, 본인에게만 미친다. 한편 대표자는 절차수행에 있어서 본인의 지위와 타당사자의 대표자라는 지위를 동시에 갖는다. 따라서 자기를 대표자로 선정한 타당사자를 대표하여 또한 본인의 지위에서도 전원을 대표하는 절차를 수행할 수 있다.

한편 대표자의 권리 범위와 관련하여 견해가 나누어진다. 즉 특허법 제11조 제1항 각호의 사항에 대하여 절차를 밟음에 있어 선정대표자가 밟을 수 있는지 아니면 전원에 의하여 절차를 밟아야 하는지 견해가 대립한다. 전원에 의해서 절차를 밟아야 한다는 견해에 의하면 특허법 제11조 제1항 단서 규정은 대표자를 정하여 특허청에 신고했을 때에는 그 대표자만이 전원을 대표하고 그 이외의 자는 대표할 권한이 없다는 취지를 규정한 것이지, 출원의 포기 · 취하, 심판청구 등 특허법 제11조 제1항 각호에서 규정하는 절차에 관해서 그 대표자가 전원을 대표할 수 있다는 취지를 정한 것은 아니라는 태도이다. 이에 대표자의 권리범위 역시 특허법 제11조 제1항 본문 규정의 절차에서 각자대표의 원칙이 적용되는 범위 내이며, 특허법 제11조 제1항 각호의 사항은 전원에 의하여서만 밟아야 한다는 태도이다.

특허법 제11조 제1항 단서의 취지는 단순히 대표자만이 전원을 대표하고 그 외의 자는 대표할 권한이 없다고 하는 것이 아니라 이해관계인이 다수 있을 경우에 대표자를 선정하여 그 절차를 단순화할 수 있고 또 절차에 드는 비용이나 노력을 절약할 수 있도록 하기 위한 규정이라 할 수 있다. 또한 특허법 제20조에서 복수당사자 대표의 사망 또는 자격상실을 절차의 중단사유로 규정하고 있고 특허법 제21조에서 새로운 대표자 또는 각 당사자가 절차를 수계할 수 있도록 하고 있음에 비추어 특허법 제11조에서의 대표자는 절차의 대표로 해석할 것이다. 따라서 대표자를 선정하여 특허청에 신고한 때에는 특허법 제11조 제1항 각호의 사항은 이를 대표자가 할 수 있는 것으로 봄이 타당할 것이다. 또한 특허법 제197조 제1항에서 "2인 이상이 공동으로 국제출원을 하는 경우에 출원인의 대표자가 국제출원절차를 밟을 수 있다"라고 규정한 것과 비교하여서도 대표자가 특허법 제11조 제1항 각호에서 규정한 사항에서 절차를 밟을 수 있다고 봄이 타당하겠다. 심사 실무[18]는 원칙적으로 대표자의 절차수행독점을 인정하고 있으나, 대표자는 다른 당사자의 동의(특별수권)를 받아야만 법 제11조제1항 각호에 규정된 행위를 할 수 있다는 입장이다.

제 3 절 기일 및 기간

Ⅰ. 기 일

1. 의 의

기일(期日)이란, 미리 정해 놓은 일시(日時)를 말한다. 예컨대 심판기일(제154조 제4항)과 같이, 당사자와 심사관 또는 심판관이 특허절차를 밟기 위하여 일정한 장소에서 모이는 일정한 시점을 말한다. 기일은 미리 지정하여 통지하지만 심판장은 청구에 따라 또는 직권으로 그 기일을 변경할 수 있다(제15조 제3항).

2. 특허법에서의 기일을 정할 수 있는 자

기일을 지정할 수 있는 자는 심판장이다(제15조 제3항). 기일을 지정한 경우 당사자 등에게 통보하여야 한다(제154조 제4항 등).

Ⅱ. 기 간

1. 의 의

기간(期間)이란 어느 시점에서 어느 시점까지의 계속된 시간을 말한다. 기일이

---

18) 특허청, 특허 · 실용신안 심사기준(특허청 예규 제131호), 2023, 1216면.

특정의 시점을 가리키는 것과 달리 기간은 일정하게 계속되는 시간의 흐름을 나타낸다는 점에서 양자는 구별된다. 특허법상의 기간은 당사자 또는 이해관계인이 출원·심사·심판 등과 관련한 일련의 절차를 밟을 수 있도록 주어지거나 당사자, 이해관계인의 이익을 보호할 목적으로 어느 행위를 할 것인가에 관하여 숙고와 준비를 위해 주어진다. 이러한 기간에는 기간의 길이가 법규에 의하여 정하여져 있는 법정기간과 심사관·심판장·특허청장 등이 재량에 의하여 지정하는 지정기간이 있다.

2. 기간의 종류

기간에는 법정기간과 지정기간이 있다. 법정기간이란 특허법 또는 특허법에 의거한 명령에 규정된 기간을 말한다.

지정기간이란 출원·청구·기타의 절차를 밟는 자에 대하여 특허청장, 심판원장, 심판관 또는 심사관이 특허법 또는 특허법에 근거하여 정한 기간을 말한다.

특허출원의 심사와 관계가 깊은 법정기간 및 지정기간은 다음과 같다.

지정기간에는 특허청장이 지정하는 지정기간과 심사관이 지정하는 지정기간으로 나누어 볼 수 있다.

법 정 기 간	지 정 기 간
• 절차의 무효처분 취소청구기간(제16조) • 정당한 권리자의 출원일 소급인정기간(제34조, 제35조) • 공지 등이 되지 아니하는 출원으로 보는 경우의 기간(제30조) • 명세서 또는 도면의 보정기간(제47조) • 분할출원기간(제52조), 분리출원기간(제52조의2), 변경출원기간(제53조) • 우선권주장 관련 기간(제55조) • 심사청구기간(제59조) • 출원의 공개(제64조) • 특허권존속기간 연장등록출원(제90조) • 공시송달 효력발생시기(제219조)	• 절차의 보정기간(제46조) • 동일발명 등에 대한 협의를 명하는 경우(제36조, 제38조) • 당사자에게 서류·물건의 제출을 명하는 경우(제222조) • 거절이유를 통지하여 의견서를 제출시키는 경우(제63조) • 증거조사와 관련한 지정기간(제157조)

특허청장이 지정하는 지정기간	심사관이 지정하는 지정기간
• 출원·청구 등 절차의 보정을 명하는 경우(제46조, 실용신안법 제11조) • 동일발명 등에 대하여 같은 날에 2 이상의 출원이 있어 출원인에게 협의를 명하는 경우(제36조 제2항, 실용신안법 제7조 제2항) • 동일한 내용의 발명과 고안이 같은 날에 출원되어 출원인에게 협의를 명하는 경우(제36조 제3항, 실용신안법 제7조 제3항) • 동일인으로부터 승계한 동일한 특허를 받을 수 있는 권리에 대하여 같은 날에 2 이상의 출원이 있어 승계인에게 협의를 명하는 경우(발명과 고안의 내용이 동일한 경우 포함)(제38조 제2항·제7항, 실용신안법 제11조) • 출원 후 동일인으로부터 승계한 동일한 특허(실용신안등록)를 받을 권리에 대하여 같은 날에 2 이상의 신고가 있어 신고인에게 협의를 명하는 경우(제38조 제6항·제7항, 실용신안법 제11조) • 특허취소신청, 심판 또는 재심에 관한 절차 외의 절차를 처리하기 위하여 필요한 서류나 그 밖의 물건의 제출을 명하는 경우(제222조, 실용신안법 제44조)	• 거절이유를 통지하여 의견서를 제출시키는 경우(제63조) • 특허취소신청, 심판 또는 재심에 관한 절차 외의 절차를 처리하기 위하여 필요한 서류나 그 밖의 물건의 제출을 명하는 경우(제222조, 실용신안법 제44조)

3. 기간의 계산

(1) 의 의

기간의 계산에는 특별한 경우를 제외하고는 일반적으로 민법의 규정(민법 제155조)에 의하나 특허법 제14조에서 특허법 및 특허법에 따른 명령에서 정한 기간의 계산방법을 별도로 정하고 있으므로 특허법상 기간의 계산은 특허법 제14조를 우선적으로 적용하고 민법의 규정은 보충적으로 적용한다.

기간의 계산방법에는 자연적 계산방법과 역에 의한 계산방법이 있으며 자연적인 계산방법은 정확한 반면 불편하고 역에 의한 계산방법은 다소 부정확하나 간편하다.

(2) 기간 계산방법

기간의 계산방법에는 자연적 계산방법과 역법적 계산방법의 두 가지가 있다. 특허법은 역에 따라 계산하는 방법만을 규정하고 있다(제14조). 즉 특허법 제14조(기간의 계산)에서는 이 법 또는 이 법에 따른 명령에서 정한 기간의 계산은 "① 기간의 첫 날은 계산에 넣지 아니한다. 다만, 그 기간이 오전 0시부터 시작하는 경우에는 계산에 넣는다. ② 기간을 월 또는 연(年)으로 정한 경우에는 역(曆)에 따라 계산한다. ③ 월 또는 연의 처음부터 기간을 기산(起算)하지 아니하는 경우에는 마지막의 월 또는 연에서 그 기산일에 해당하는 날의 전날로 기간이 만료한다. 다만, 월 또는 연으로 정한 경우에 마지막 월에 해당하는 날이 없으면 그 월의 마지막 날로 기간이 만료한다. ④ 특허에 관한 절차에서 기간의 마지막 날이 공휴일(「근로자의날제정에관한법률」에 따른 근로자의 날 및 토요일을 포함한다)에 해당하면 기간은 그 다음 날로 만료한다"라고 규정하고 있다.

다만 특허법상의 기간 규정은 그 의의를 파악하기 힘들다는 문제점이 있다. 기간이란 어느 시점에서 어느 시점까지의 계속된 시간을 말하며, 그 계산과 관련하여 민법 제155조에서는 "기간의 계산은 법령, 재판상의 처분 또는 법률행위에 다른 정한 바가 없으면 본장의 규정에 의한다"라고 규정하고 있어, 비록 강행 규정은 아니나 민법의 규정에 의하도록 하고 있다. 그리고 이러한 민법의 기간에 관한 규정은 사법관계뿐만 아니라 공법관계에도 적용된다. 한편 민법 제155조에서 규정에서 '다른 정한 바'의 법률 규정으로는 '상표법 제106조, 어음법 제36조 · 제37조, 제72조 내지 제74조, 제77조 제1항, 수표법 제30조 · 제60조 · 제62조, 민사소송법 제170조 내지 제173조, 비송사건절차법 제10조, 형법 제83조 내지 제86조, 형사소송법 제66조 · 제67조 규정' 등을 들 수 있다. 또한 특허법 제14조에서도 위와 같이 규정하고 있는바 민법의 규정이 적용되지 않는다. 그러나 특허법 제14조의 규정을 살펴보면, 민법에서 규정하고 있는 기간의 계산규정과 그 내용이 다를 바 없다. 제14조 1호의 규정은 민법 제157조의 규정과 일치하며, 제2호의 규정은 민법 제160조 제1항의 규정과, 3호의 규정은 민법 제160조 제2항 및 제3항의 규정과, 4호의 규정은 민법 제161조의 규정과 다를 바 없다. 따라서 굳이 특허법 제14조의 규정은 필요한 것이라 할 수는 없다.

1) 초일 불산입

특허법은 기간의 계산에 있어서 초일은 이를 산입하지 않는다는 원칙을 규정하고 있다(제14조 1호 본문). 초일을 산입할 경우에는 정확한 기산시점 및 만료시점의 판단과 증명에 어려움이 있으므로, 초일이 전일(全日, 24시간)에 미달하는 경우에는 이를 버리고 익일부터 계산하는 '초일불산입' 원칙을 정한 것이다. 예를 들어 2001년 8월

20일 특허거절결정등본의 송달이 있었을 경우, 8월 21일부터 기산하여 3개월인 11월 20일까지 거절결정불복심판을 청구할 수 있다.

단서는 오전 0시부터 시작하여 초일이 전일(全日)인 경우에는 초일부터 산입한다는 취지를 규정하고 있다. 오전 0시부터 시작하여 초일이 산입되는 기간으로는 최초 기간의 만료일과 연속되는 '법정·지정기간의 연장기간'(제15조) 등이 있다. 예를 들어 2001년 4월 15일 특허거절결정등본의 송달이 있었고 제15조에 의하여 거절결정불복심판 청구기간이 2개월 연장된 경우 심판청구기간의 만료일은 9월 15일이 된다. 즉, 본래의 기간은 초일불산입원칙에 따라 4월 16일부터 기산하여 7월 15일 만료되고, 연장기간은 초일이 산입되므로 7월 16일부터 2개월인 9월 15일 만료된다.

2) 역(歷)에 의한 계산 역사

기간의 계산방법에는 자연적 계산방법과 역법적 계산방법이 있다. 역법적 계산방법은 자연적 계산방법에 비하여 정확하지는 않지만 편리하다. 특허절차에 있어서 월 또는 연 단위로 하는 기간의 계산은 역법적 계산방법에 따르도록 하고 있다(제14조 2호). 따라서 1월, 5년 등으로 정하여진 기간은 태양력에 따라 큰 달인지 작은 달인지 또는 윤년인지 여부에 관계없이 역(曆)에 따라 일률적으로 계산하게 된다.

3) 기간의 만료

① **원 칙** 월 또는 연의 처음부터 기간을 기산(起算)하지 아니하는 경우에는 마지막의 월 또는 연에서 그 기산일[19]에 해당하는 날의 전날로 기간이 만료한다. 다만, 월 또는 연으로 정한 경우에 마지막 월에 해당하는 날이 없으면[20] 그 월의 마지막 날로 기간이 만료한다(제14조 3호).

---

19) 기간의 기산일이란 기간의 계산에 산입하는 최초의 날이고 만료일이란 기간의 계산에 산입하는 최후의 날이다.

20) 최종월일에 해당하는 경우

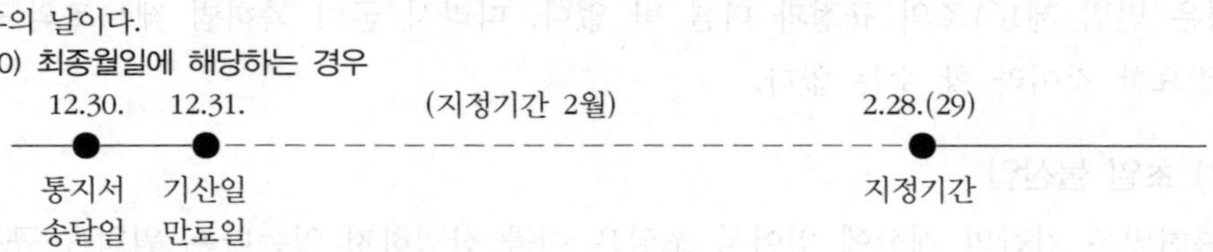

특허법상 기간의 계산에 있어서 초일은 불산입한다. 다만, 기간의 시작이 오전 0시부터 시작한 경우에는 기산일이 다음날부터 시작하는 것이 아니라 초일부터 시작한다. 상기 예에서 통지서 발송을 12.30. 오전 0시에 한 경우에는 기간의 기산일은 12.30.이 되고 0시부터 시작하지 않은 경우에는 기산일은 12.31.이 된다.

또한 최종월에 해당일이 없는 경우 그 월의 말일로 기간이 만료한다. 즉 상기 예에서 2.30.이 없으므로 2월의 말일인 2.28.(2.29.까지 있는 경우에는 2.29.)로 지정기간이 만료한다.

예를 들어 2000년 11월 29일에 분할출원을 한 경우, 제52조 제4항에 의한 우선권증명서류 제출기간(출원일로부터 3월)은 2001년 2월 28일까지이다. 초일불산입원칙에 따라 2000년 11월 30일이 기산일이 되고 최종의 월인 2001년 2월에 기산일의 전일(前日)인 29일이 없으므로 2월의 말일인 28일에 기간이 만료된다.

② 예 외　특허에 관한 절차에 있어서 기간의 마지막 날이 공휴일(「근로자의날제정에관한법률」에 따른 근로자의 날 및 토요일을 포함한다)에 해당하면 기간은 그 다음 날로 만료한다(제14조 4호).[21] 한편 기간의 기산일이 공휴일인 경우 기간의 기산일은 공휴일부터 시작된다.

즉, 기간의 말일이 공휴일인 경우 그 다음날로 기간의 말일이 만료하기 위하여는 그 기간이 특허에 관한 절차와 관련된 법정기간이나 지정기간이어야 한다. 따라서 특허에 관한 절차가 아닌 법정기간이나 지정기간은 특허법 제14조 제4호의 적용을 받지 않는다.

예를 들면, 심사와 관련이 깊은 기간으로서 국내우선권 주장에 있어서 선출원의 취하로 보는 때, 출원을 공개하여야 할 때, 공시송달의 효력이 발생한 때 등은 기간의 말일이 공휴일이라 하더라도 기간의 말일은 그 다음날로 연장되지 않는다.

기간연장일이 월 또는 연의 초일부터 기간을 기산하는 경우

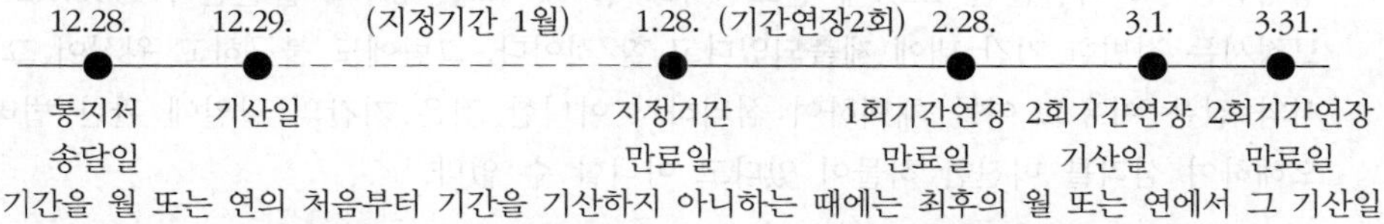

기간을 월 또는 연의 처음부터 기간을 기산하지 아니하는 때에는 최후의 월 또는 연에서 그 기산일에 해당하는 날의 전일로 기간이 만료한다(지정기간 만료일). 또한 기간연장 기산일이 월 또는 연의 초일부터 기산한 때에는 최후의 월 또는 연의 말일로 기간이 만료한다(2회의 기간연장 만료일).

21) 지정기간 만료일이 공휴일인 경우로 기간연장하는 경우

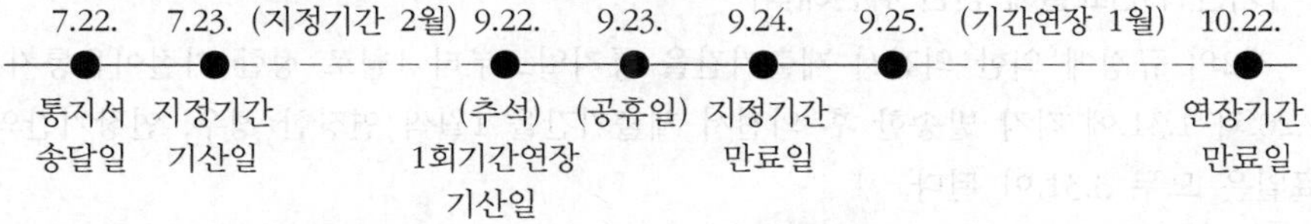

특허에 관한 절차에 있어서 기간의 말일이 공휴일인 경우에는 기간은 그 다음날로 만료한다. 따라서 상기에서 기간연장이 없었다면 기간은 9.25.로 만료된다. 기간의 기산일이 공휴일인 경우 기간의 기산일은 공휴일부터 시작된다. 따라서 기간연장의 만료일은 10.22.이 된다.

또한 상기 예에서 지정기간 만료일이 9.25.로 된 경우 9. 25.까지 지정기간 연장 신청을 할 수 있으며, 신청이 비록 9.25.에 있었다 하더라도 기간연장의 기산일은 9.22.가 되고 기간연장 만료일은 10. 22.가 된다.

대법원 2000.9.5. 선고 2000므87 판결

[판결정본 등이 공시송달된 경우, 추완항소 가능여부 및 그 제기기간의 기산점]

소장부본과 판결정본 등이 공시송달의 방법에 의하여 송달되었다면, 특별한 사정이 없는 한, 피고는 과실 없이 그 판결의 송달을 알지 못한 것이고, 이러한 경우 피고는 그 책임을 질 수 없는 사유로 인하여 불변기간을 준수할 수 없었던 때에 해당하여 그 사유가 없어진 후 2주일(그 사유가 없어질 당시 외국에 있었던 경우에는 3주일) 내에 추완항소를 할 수 있는바, 여기에서 '사유가 없어진 후'라 함은 당사자나 소송대리인이 단순히 판결이 있었던 사실을 안 때가 아니고 나아가 그 판결이 공시송달의 방법으로 송달된 사실을 안 때를 가리키는 것으로서, 다른 특별한 사정이 없는 한 통상의 경우에는 당사자나 소송대리인이 그 사건기록의 열람을 하거나 또는 새로이 판결정본을 영수한 때에 비로소 그 판결이 공시송달의 방법으로 송달된 사실을 알게 되었다고 보아야 할 것이다.

대법원 1991.2.8. 선고 90후1680 판결

[기간의 만료일이 공휴일인 경우]

구 특허법(1990.1.13. 법률 제4207호로 개정되기 전의 것) 제16조 제1호, 제4호에 의하면 이 법에 의한 기간을 계산함에 있어 기간의 초일은 산입하지 아니하고, 특허에 관한 출원·청구 기타의 절차에 관한 기간의 말일이 공휴일에 해당될 때에는 그 익일을 기간의 말일로 한다고 규정하고 있는 바, 1990년 역에 의하면 원심이 명세서 보정기간이 만료되었다고 인정한 1990.1.27.은 설날 연휴이고, 1.28.은 일요일로서 공휴일에 해당함이 명백하므로 위 보정기간은 그 다음날인 1.29.에 만료된다고 할 것이고, 따라서 출원인의 1990.1.29.자 보정서는 적법한 기간 내에 제출되었다고 할 것이다. 그럼에도 불구하고 원심이 그 설시와 같은 이유로 이를 채택하여 심리하지 아니한 것은 기간의 말일에 관한 법리를 오해하여 심리를 미진한 허물이 있다고 아니할 수 없다.

법무부 법심 61010-221호, 1995.4.24.

[기간의 만료일에 관한 유권해석]

제2의 규정에 의한 의견서 제출기간을 통지일로부터 1월로 정한 거절이유통지서를 1.28.과 1.31.에 각각 발송한 후 의견서 제출기간을 1월씩 연장한 경우, 연장기간의 만료일은 모두 3.31.이 된다.

"지정기간을 연장하는 연장기간은 지정기간에 별도로 추가하여 의견서 제출기간을 연장하는 것이어서 본래의 지정기간과는 다른 기간이며, 본래의 기간이 만료한 다음날부터 기산하여야 할 것이다(형사소송규칙 제98조 참조). 기간의 계산을 정한 제14조는 기간의 초일은 산입하지 아니하며, 기간을 월 또는 연의 처음부터 기간을 계산하지 아니하는 때에는 최후의 월 또는 연에서 그 기산일에 해당하는 날의 전일로 기간이 만료하되 최종의 월에 해당일이 없을 때에는 그 월의 말일로 기간이 만료한다고 규정하고 있으므로 통지일이 1.28.과 1.31.인 경우 1월의 기간 만료일은 모두 2.28.이 되고 다시 1월의 연장기간이 만료가 된 경우 연장기간의 기산일은 모두 3.1.이 되어 연장기간의 만료일은 모두 3.31.이 된다할 것이다.

대법원 1995.6.16. 선고 95누3336 판결

[국제출원: 특허청장이 출원일을 잘못 통지한 경우]

특허청장이 출원인의 대리인에게 그 출원인의 번역문제출에 대하여 출원번호통지서를 발송하면서 앞면에는 그 출원일자를 번역문 제출일로 개재하고, 뒷면에서는 인쇄된 부동문자로 '출원일로부터 특허출원은 5년 이내에 소정 서식에 의한 출원심사청구를 하지 않으면 출원은 취하한 것으로 됩니다'라고 기재하여 통지한 경우, 특허법상의 출원일은 특허법의 규정에 의하여 확정되는 것이지 특허청장의 통지에 의하여 정하여지는 것은 아니며, 출원인으로서는 그 출원번호통지서상의 출원일자는 번역문제출일자의 오기임을 충분히 알 수 있었으므로 행정청의 행위를 신뢰한 국민을 보호하기 위한 특허규정인 행정심판법 제18조 제5항을 적용할 수 없다는 취지 아래, 위와 같이 특허청장이 잘못 통지한 날짜를 출원일자로 믿고 그날로부터 5년 이내에 제출한 출원심사청구를 반려한 것이 신뢰보호원칙에 반한다는 출원인의 주장을 배척한 원심판은 정당하다.

대법원 2014.2.13. 선고 2013후1573 판결

['근로자의 날'을 공휴일로 보는 구 특허법 제14조 제4호 소정의 '특허에 관한 절차'에 심결취소소송도 포함되는지 여부(소극)]

구 특허법(2006.3.3. 법률 제7871호로 개정되기 전의 것. 이하 같다) 제14조 제4호는 "특허에 관한 절차에 있어서 기간의 말일이 공휴일(「근로자의 날 제정에 관한 법률」에 의한 근로자의 날을 포함한다)에 해당하는 때에는 기간은 그 다음날로 만료한다"고 규정하고 있다. 구 특허법 제3조 제1항에 의하면 '특허에 관한 절차'란 '특허에 관한 출원 · 청구 기타의 절차'를 말하는데, ① 구 특허법 제5조 제1항, 제2항에서 '특허에 관한 절차'와 '특허법 또는 특허법에 의한 명령에 의하여 행정청이 한 처분에 대한 소의 제기'를 구별하여 규정하고 있는 점, ② '특허에 관한 절차'와 관련된 구 특허법의 제반 규정이 특허청이나 특허심판원에서의 절차에 관한 사항만을 정하고 있는 점, ③ 구 특허법 제15조에서 '특허에 관한 절차'에 관한 기간의 연장 등을 일반적으로 규정하고 있음에도, 구 특허법 제186조에서 '심결에 대한 소'의 제소기간과 그에 대하여 부가기간을 정할 수 있음을 별도로 규정하고 있는 점 등에 비추어 보면, 여기에는 '심결에 대한 소'에 관한 절차는 포함되지 아니한다고 할 것이다. 따라서 '심결에 대한 소'의 제소기간 계산에는 구 특허법 제14

조 제4호가 적용되지 아니하고, 그에 관하여 특허법이나 행정소송법에서 별도로 규정하고 있는 바도 없으므로, 결국 행정소송법 제8조에 의하여 준용되는 민사소송법 제170조에 따라 "기간의 말일이 토요일 또는 공휴일에 해당한 때에는 기간은 그 익일로 만료한다"라고 규정한 민법 제161조가 적용된다고 할 것이다. 그리고 구 실용신안법(2006.3.3. 법률 제7872호로 전부 개정되기 전의 것. 이하 같다)은 구 특허법의 위 규정들을 모두 준용하고 있으므로, 위와 같은 법리는 실용신안에 관하여도 마찬가지로 적용된다고 할 것이다.

4) 기간을 연장하는 경우의 기간의 계산

특허법 제15조(기간의 연장 등)의 규정에 의하여 기간이 연장되는 경우 기간의 말일이 공휴일인 경우에도 당초 기간은 공휴일로 만료되고 연장기간은 지정기간이 만료된 날의 다음날부터 기산한다. 또한 2회 이상의 기간연장신청을 한 경우에는(1회의 기간연장신청이란 1월의 기간연장신청을 의미한다. 이하 같다) 각 회마다 기간의 계산은 상기와 같다.

4. 기간의 연장(제15조 제1항 · 제2항)

(1) 의의 및 취지

법정기간 또는 지정기간 내에 특허에 관한 절차를 밟아야 할 자가 교통이 불편한 지역에 거주하거나 그 절차를 밟기 위하여 상당한 준비기간이 소요되는 경우에 법정기간이나 특허청장 또는 심사관이 지정한 지정기간을 연장함으로써 절차를 제대로 밟도록 하기 위한 제도이다.

즉 특허에 관한 절차를 밟는 과정에서 요구되는 절차수행상의 법정기간 또는 지정기간은 준수되어야 하며, 이러한 기간을 준수하지 못한 절차행위는 대부분 불수리 사항으로서 그 절차에 의해 제출된 서류 등은 이를 채택하지 않는 것이 일반적이다. 그러나 특허제도는 발명을 보호하기 위한 제도라는 측면에서 행정청이 법으로 정해진 기간을 고집하면 발명이 제대로 보호되지 못하는 경우가 있음을 시인하고 기간의 연장 규정을 마련하고 있다.

(2) 기간의 연장 대상 및 요건

특허법은 특허청장은 청구에 따라 또는 직권으로 제132조의17에 따른 심판의 청구기간을 30일 이내에서 한 차례만 연장할 수 있고 다만, 도서 · 벽지 등 교통이 불편한 지역에 있는 자의 경우에는 산업통상자원부령으로 정하는 바에 따라 그 횟수 및 기간을 추가로 연장할 수 있도록 규정하고 있다(제15조 제1항). 또한 특허청장 · 특허심판원장 · 심판장 또는 제57조 제1항에 따른 심사관(이하 "심사관"이라 한다)은 이 법에 따라 특허에 관한 절차를 밟을 기간을 정한 경우에는 청구에 따라 그 기간을 단축 또는 연장하거나 직권으로 그 기간을 연장할 수 있다. 이 경우 특허청장 등은 그 절차의 이해관계인의 이익이 부당하게 침해되지 아니하도록 단축 또는 연장 여부를 결정하여야 한다(제15조 제2항).

특허청장이 심판청구기간을 연장하는 때에는 재내자 30일, 재외자 60일로 하여 연장승인한다(심판사무취급 규정 제21조). 다만 재외자가 희망하는 경우 30일, 추가 30일로 연장승인할 수 있다. 법정기간 경과 후에 법정기간연장신청서가 제출된 경우에는 기간연장을 승인하지 아니한다.[22]

지정기간은 특허법 제15조 제2항(실용신안법 제3조, 디자인보호법 제17조, 상표법 제17조)의 규정에 의거하여 모두 연장이 가능하다. 특허심판원장 또는 심판장이 관련 법령에 의하여 지정하는 지정기간의 연장기간은 1개월 이내로 한다. 지정기간에 대한 연장신청이 있는 경우에는 불가피성을 소명한 경우에 한하여 그 기간의 연장을 승인하고 이를 통지하여야 한다. 다만, 답변서 제출기간에 대한 최초 연장신청의 경우에는 그 기간의 연장에 대한 불가피성을 소명하지 않아도 1개월의 기간을 연장할 수 있다. 연장은 2회에 한함을 원칙으로 하나 재연장 신청의 불가피성을 소명한 경우에 이를 승인할 수 있다(심판사무취급 규정 제22조). 다만, 신속심판 또는 우선심판의 경우에는 지정기간연장신청이 1회로 제한된다(심판사무취급규정 제22조 제2항). 최종 기간연장 승인시에는 "지정 기간의 재연장은 승인하지 않음"이라는 예고문을 지정기간 연장승인서에 기재하도록 한다. 기간연장신청서가 제출되었을 경우 심판정책과는 방식 및 수수료납부에 대한 점검을 하고 흠결이 없으면 기간연장승인절차를 밟는다. 지정기간 또는 연장기간 경과 후에 지정기간 연장신청서가 제출된 경우에는 기간연장신청서를 반려한다.[23]

5. 기간의 해태와 구제

기간의 해태(懈怠)란 당사자 기타 이해관계인이 소정의 절차를 밟지 아니하고 기간을 경과한 것을 말하며, 특허청장 · 특허심판원장은 이러한 경우 그 특허에 관한 절차를 무효로 할 수 있다. 즉 제46조에 따른 보정명령을 받은 자가 지정된 기간에 그 보정을 하지 아니하면 특허에 관한 절차를 무효로 할 수 있다. 다만, 제82조 제2항에 따른 심사청구료를 내지 아니하여 보정명령을 받은 자가 지정된 기간

22) 특허심판원, 심판편람(제12판), 2017, 440면.
23) 특허심판원, 심판편람(제12판), 2017, 442면.

에 그 심사청구료를 내지 아니하면 특허출원서에 첨부한 명세서에 관한 보정을 무효로 할 수 있다(제16조 제1항).

東京地裁 昭和50.4.30. 判タ 326号, 324頁

[지정기간 경과 후 무효처분 전에 보정이 이루어진 경우]

출원무효처분이 행정처분으로서 효력을 발생하기 전에 보정이 되어 하자가 치유된 경우에는 내부적으로 성립되어 있던 출원무효처분을 철회하고 절차를 속행해야 한다.

특허청장 또는 특허심판원장은 제1항에 따라 특허에 관한 절차가 무효로 된 경우로서 지정된 기간을 지키지 못한 것이 보정명령을 받은 자가 정당한 사유에 의한 것으로 인정될 때에는 그 사유가 소멸한 날부터 2개월 이내에 보정명령을 받은 자의 청구에 따라 그 무효처분을 취소할 수 있다(제16조 제2항 본문). 다만, 지정된 기간의 만료일부터 1년이 지났을 때에는 그러하지 아니하다(제16조 제2항 단서).

제4절 절차의 효력과 정지

I. 절차 효력의 승계 및 속행

특허권 또는 특허에 관한 권리에 관하여 밟은 절차의 효력은 그 특허권 또는 특허에 관한 권리의 승계인에게 미친다(제18조). 이는 특허절차를 밟는 도중에 권리관계에 변동이 생긴 경우 동일한 절차를 반복하는 불편과 낭비를 피하기 위해 행정편의상 인정된 제도이다. 여기에서 절차의 효력이란 당사자(또는 출원인)가 특허청에 대하여 밟은 절차 외에도 특허청이 당사자에게 취한 제반절차의 효력을 모두 포함하는 의미하며, 특허청이 특허권 등의 승계 이전에 양도인에게 행한 절차의 효력 역시 당연히 승계인에게 미친다.

또한 특허청장 또는 심판장은 특허에 관한 절차가 특허청 또는 특허심판원에 계속(係屬) 중일 때 특허권 또는 특허에 관한 권리가 이전되면 그 특허권 또는 특허에 관한 권리의 승계인에 대하여 그 절차를 속행(續行)하게 할 수 있다(제19조). 이 역시 권리관계의 변동에 따라 같은 절차를 거듭 반복하게 하는 번잡을 피하기 위한 것이며, 원권리자에 대하여 절차의 속행을 금하려는 취지가 아니므로 어느 누구에 대해서도 절차를 속행하게 할 수 있다. 판례 역시 등록무효심판 계속중 피심판청구인의 등록권리가 제3자에게 이전되었다 하더라도 당사자로서의 지위에는 아무런 영향이 없다고 한다.[24]

대법원 1995.8.22. 선고 94후1268,1275 판결

[심판 계속중에 권리의 이전이 있는 경우]

특허청에 사건이 계속중에 특허권 또는 특허에 관한 권리의 이전이 있는 때에는 특허청장 또는 심판장은 승계인에 대하여 그 절차를 속행하게 할 수 있다는 규정이나 구 특허법 제37조 및 이에 따른 구 특허법 시행령(1990.8.29. 대통령령 제13079호로 개정되기 전의 것) 제9조에서 특허청에 계속중인 절차의 수계에 관한 규정을 두고 있음에 비추어 보아도 이를 요지의 변경이라고 할 수는 없다. 그렇다면 원심으로서는 심판청구인이 소송 계속중 승계되었음을 전제로 본안에 대한 판단을 하고 있는 환송판결의 취지에 따라 그 심판절차를 진행하여 본안에 관하여 판단을 하여야 할 것인데, 원심은 요지의 변경이 있었다고 하여 이 사건 청구를 각하하였는 바, 이러한 원심결에는 심판청구의 요지의 변경 및 환송판결의 기속력에 관한 법리를 오해한 위법이 있다.

특허심판원 1998.5.30.자 96당848 심결

[심판 계속중에 권리의 이전이 있어 양수인이 수계하여 절차를 속행한 경우, 이해관계존부에 관한 심결례]

청구인은 전 의장권자인 A로부터 이건 등록의장권의 침해중지에 관한 통고문을 받은 사실이 있고 1996.7.2.자 의장등록원부등본에도 등록권리는 A로 기재되어 있으며 당 심판부에서 양수인인 피청구인에게 1996.12.20. 심판절차속행통지를 한 사실이 있고 양수인인 B도 스스로 심판절차를 수계하여 1996.12.20. 답변서를 제출하였으므로 이건 심판청구는 적법한 이해관계인에 의한 청구라 인정된다.

대법원 1967.6.27. 선고 67후1 판결

[심판 계속중에 권리의 이전이 있는 경우에도 전 권리자의 당사자 적격에는 영향이 없다고 본 판례]

특허법이나, 민사소송법상 사건 계속중 그 등록 권리의 특별승계가 있는 경우 승계인으로 하여금 당사자의 지위를 당연히 승계케 하는 규정이 없으므로 위와 같은 특허사건의 피심판청구인은 계쟁중인 등록권리를 타인에게 양도함으로써 심판청구인으로 하여금 속수무책으로 패배케 하는 불합리한 결과에 이르게 하는 사례가 없지 않을 것인 즉, 이러한 결과를 막기 위하여 특허법 제32조(현 특허법 제19조)의 취지를 감안하여 위와 같

---

24) 대법원 1967.6.27. 선고 67후1 판결.

은 권리양도의 경우에는 그 양도가 피심판청구인의 당사자로의 지위에는 아무런 영향도 미치는 것이 아니고, 일방 본인에 관한 심결 또는 판결의 효력은 승계인에게도 미치는 것이므로, 당초에 피심판청구인은 그 사건이 종국에 이르기까지 당사자로서 자기 또는 승계인을 위하여 제반의 행위를 할 적격을 가지는 것이라고 해석하지 않을 수 없다.

Ⅱ. 절차의 정지

1. 정지의 의의 및 종류

특허절차의 정지란 특허절차가 특허청 또는 특허심판원에 계속된 뒤 아직 절차가 종료되기 전에 법률상 진행할 수 없는 상태를 말한다. 따라서 특허청 또는 당사자가 절차의 진행을 꾀하지 않기 때문에 사실상 정지하고 있는 경우와 구별된다. 이러한 특허절차의 정지에는 민사소송법상의 정지와 마찬가지로 "중단"과 "중지"가 있다. '절차의 중단'이란 당사자나 그 법정대리인 등 특허절차를 수행할 자가 사망 등 절차수행을 할 수 없는 사유가 발생하였을 경우에 새로운 절차수행자가 나타나 절차를 수행할 수 있을 때까지 절차의 진행을 법률상 당연히 정지하는 것을 말한다(제20조). 한편 '절차의 중지'란 특허청이나 당사자에게 절차의 진행을 곤란하게 하거나 부적당한 사유가 발생한 경우 법률상 당연히 또는 특허청장·심판관의 결정으로 절차를 정지하는 것을 말한다(제23조).

특허절차 정지제도의 취지는 특허절차의 계속 후 특허절차가 불가능하게 되거나 곤란하게 될 경우에도 특허청이 특허절차를 진행시키면 절차에 관여할 수 없는 당사자에게 선의의 피해를 줄 수 있으므로 이러한 선의의 피해를 막는데서 찾을 수 있다. 또한 일정한 경우 특허절차의 정지를 통해 심사·심판 및 재판의 공정을 기할 수 있다 하겠다.

2. 절차의 중단

(1) 중단사유

특허법 제20조는 절차의 중단에 관한 규정이다. 즉 특허에 관한 절차가 다음 각 호(① 당사자가 사망한 경우, ② 당사자인 법인이 합병에 따라 소멸한 경우, ③ 당사자가 절차를 밟을 능력을 상실한 경우, ④ 당사자의 법정대리인이 사망하거나 그 대리권을 상실한 경우, ⑤ 당사자의 신탁에 의한 수탁자의 임무가 끝난 경우, ⑥ 특허법 제11조 제1항 각 호 외의 부분 단서에 따른 대표자가 사망하거나 그 자격을 상실한 경우, ⑦ 파산관재인 등 일정한 자격에 따라 자기 이름으로 남을 위하여 당사자가 된 자가 그 자격을 잃거나 사망한 경우)의 어느 하나에 해당하는 경우에는 특허청 또는 특허심판원에 계속중인 절차는 중단된다. 다만, 절차를 밟을 것을 위임받은 대리인이 있는 경우에는 그러하지 아니하다.

상속 및 기타 일반승계가 발생할 경우에는 그 승계인이 승계사실을 알고 있는지에 상관없이 승계의 효과가 발생한다. 하지만 그 승계인이 즉시의 당사자로 하여 그 사건의 절차를 계속하는 것은 그 승계인이 아직 사건의 내용과 진행사항을 파악하지도 못한 채 절차를 진행하게 되어 승계인이 대단히 불리한 입장에 놓이게 된다. 이에 특허법은 승계인의 보호차원에서 법률로 일반승계의 경우에는 승계의 발생과 동시에 절차의 중단을 인정하고 있다. 당사자의 사망에는 실종선고에 의한 사망간주도 포함되며, 특허절차 계속 후에 당사자가 사망하였을 것을 요한다. 법인이 합병 이외의 사유로 해산된 때에는 청산법인으로 존속하기 때문에 중단하지 않으며, 단순히 당사자인 법인으로부터 영업양도를 받았다는 것만으로는 중단되지 않는다. 법정대리인의 사망이나 대리권의 상실은 상대방에게 통지하여야 효력이 생기므로 통지가 있어야 중단된다.

(2) 중단의 해소

1) 신청에 의한 수계

중단된 절차를 수계하여야 할 새로운 당사자에 대하여 규정하고 있다. 당사자가 사망한 경우 상속인, 상속재산관리인, 또는 법률에 따라 절차를 속행할 자가 수계하여야 한다. 상속인은 민법에 의하여 정하여지며 상속인은 상속을 포기할 수 있을 때까지 절차를 수계할 수 없다. 상속인은 상속개시가 있음을 안 날로부터 3월 이내에 상속을 포기할 수 있으므로 그 기간 내에는 절차를 수계할 수 없도록 한 것이다. 법률에 의하여 절차를 수계할 자에는 유언집행자, 파산관리인 등이 있다.

중단된 절차를 수계하여야 할 당사자에 대하여는 민사소송법을 준용하다가 1973년 12월 31일 개정 특허법 시행령(대통령령 제6978호)에서 처음으로 규정하였으며, 그 이후 연혁은 특허법 제20조와 같다.

특허절차의 중단은 당사자로부터 수계신청이나 특허청의 속행명령에 의하여 해소되며, 절차의 중단이 해소되면 절차의 진행이 재개된다. 수계신청은 새로운 수계자[25]가 할 수 있다. 이 경우 그 상대방은 특허청장 또는 심판관에게 수계자에 대하여 수계신청할 것을 명하도록 요청할 수 있다(제22조 제1항). 특허청장 또는 심판장은 중단된 절차에 관한 수계신청이 있으면 그 사실을 상대방에게 알려야 한다(제22조 제2항). 수계신청에 대하여는 직권으로 조사하여 이유없다고 인정한 때에는 결정으로 기각하고, 수계를 인정할 경우에는 (결정 없이) 당사자에게 수계통지를 하고 절차를 진행하게 된다. 다만, 결정 또는 심결의 등본이 송달된 후에 중단된 절차의 수계신청에 대하여는 수계할 것인지 여부를 결정하여야 한다(제22조 제3항 · 제4항).

2) 명령에 의한 수계

특허청장 또는 심판관은 수계자가 중단된 절차를 수계하지 아니하면 직권으로 기간을 정하여 수계를 명하여야 하며(제22조 제5항), 그 기간에 수계가 없는 경우에는 그 기간이 끝나는 날의 다음날에 수계가 있는 것으로 본다(제22조 제6항). 이 경우 특허청장 또는 심판장은 그 사실을 당사자에게 통지하여야 한다(제22조 제7항). 수계자가 있음에도 불구하고 수계를 하지 않았다는 이유로 절차의 진행이 계속적으로 정지되어 있는 것은 절차의 안정성을 해하게 되므로 명령에 의한 수계를 인정하고 있다.

(3) 중단의 예외

중단사유에 해당하더라도 절차를 밟을 것을 위임받은 대리인이 있는 경우에는 절차가 중단되지 아니한다(제20조 단서). 절차의 중단사유가 발생하여도 당사자의 대리인이 있으면 그 대리권이 계속 존재하여 대리인이 절차를 계속 진행할 수 있기 때문이며, 아울러 수계자를 위한 것이기 때문이다. 이때 대리인은 수계절차를 밟지 아니하여도 새로운 절차수행자(당사자)의 대리인이 된다.

---

25) 제21조(중단된 절차의 수계) 제20조에 따라 특허청 또는 특허심판원에 계속 중인 절차가 중단된 경우에는 다음 각 호의 구분에 따른 자가 그 절차를 수계(受繼)하여야 한다.

1. 제20조제1호의 경우: 사망한 당사자의 상속인 · 상속재산관리인 또는 법률에 따라 절차를 속행할 자. 다만, 상속인은 상속을 포기할 수 있을 때까지 그 절차를 수계하지 못한다.
2. 제20조제2호의 경우: 합병에 따라 설립되거나 합병 후 존속하는 법인
3. 제20조제3호 및 제4호의 경우: 절차를 밟을 능력을 회복한 당사자 또는 법정대리인이 된 자
4. 제20조제5호의 경우: 새로운 수탁자
5. 제20조제6호의 경우: 새로운 대표자 또는 각 당사자
6. 제20조제7호의 경우: 같은 자격을 가진 자.

3. 절차의 중지

(1) 중지사유

1) 당연히 중지되는 경우

특허청장 또는 심판관이 천재지변이나 그 밖의 불가피한 사유로 그 직무를 행할 수 없으면 절차중지의 결정이 필요 없이 절차중지사유가 없어질 때까지 당연히 그 절차는 중지된다(제23조 제1항).

2) 결정에 의해 중지되는 경우

당사자에게 일정하지 아니한 기간 동안 특허청 또는 특허심판원에 계속 중인 절차를 속행할 수 없는 장애사유가 생긴 경우에는 특허청장 또는 심판관은 결정으로 장애사유가 해소될 때까지 그 절차의 중지를 명할 수 있는데 이를 결정중지라 한다(제23조 제2항).

(2) 절차의 중지

심사관은 특허출원의 심사에 필요한 경우에는 특허취소신청에 대한 결정이나 심결이 확정될 때까지 또는 소송절차가 완결될 때까지 그 심사절차를 중지할 수 있다(제78조 제1항). 심판장은 심판에서 필요하면 직권 또는 당사자의 신청에 따라 그 심판사건과 관련되는 특허취소신청에 대한 결정 또는 다른 심판의 심결이 확정되거나 소송절차가 완결될 때까지 그 절차를 중지할 수 있다(제164조 제1항). 법원도 소송에 필요한 경우에는 직권 또는 당사자의 신청에 따라 특허출원에 대한 특허여부결정, 특허취소신청에 대한 결정이나 특허에 관한 심결이 확정될 때까지 그 소송절차를 중지할 수 있다(제78조 제2항, 제164조 제2항).

(3) 중지의 해소

중지의 결정은 특허청장·심판장 등의 재량권을 행사하는 방법의 하나이므로 이러한 중지결정은 사정변경이 발생한 경우에는 취소할 수 있다. 다만, 천재·지변 등과 같은 당연중지사유에 있어서는 중지결정의 취소 없이도 직무집행 불능상태가 소멸함과 동시에 중지도 해소된다.

4. 절차 중단 · 중지의 효과

특허절차에 정지사유가 있으면 그 절차는 정지되며, 기간의 진행 역시 그 절차의 수계통지나 속행이 있을 때까지 정지된다. 즉 이 경우 진행기간은 절차의 중지나 중단 전 잔여기간의 진행으로 지정기간이나 법정기간이 완성되는 것이 아니라 중단 전 진행된 기간이 무시되고 다시 처음부터 전 기간이 진행된다(제24조).

절차가 중단 또는 중지되는 동안에는 특허청장 또는 심사관은 물론 당사자도 원칙적으로 절차를 진행할 수 없다.

Ⅲ. 서류의 제출 및 송달

1. 제도의 취지

특허에 관한 절차를 밟는 자가 특허청에 제출하는 서류는 특허청에 도달된 날부터 그 효력이 발생하는 것을 원칙으로 하되(제28조 제1항), 서류를 우편으로 제출하는 경우에는 특허청과 당사자 사이의 지리적 거리의 차이 때문에 불평등의 문제를 야기할 수 있으므로 이를 해소하기 위해 우체국에서 접수한 시기를 특허청에 도달한 시기로 간주하고 있다. 다만, 특허권 및 특허에 관한 권리의 등록신청서류와 PCT 출원에 관한 서류를 우편으로 제출하는 경우에는 그러하지 아니하다(제28조 제2항).

또한 특허넷시스템의 개통으로 특허에 관한 절차를 정보통신망 등을 통하여 밟을 수 있게 되었으며, 특허청에서도 정보통신망을 통하여 각종 통지 · 송달 등을 할 수 있게 되었다.

2. 서류제출의 효력발생시기

특허청장 또는 특허심판원장에게 제출하는 출원서, 청구서, 그 밖의 서류(물건을 포함)는 특허청장 또는 특허심판원장에게 도달한 날부터 제출의 효력이 발생한다(제28조 제1항, 실용신안법 제3조).

전자문서는 종이로 제출된 서류와 동일한 효력을 가지며, 정보통신망을 이용하여 제출된 전자문서는 그 문서의 제출인이 정보통신망을 통하여 접수번호를 확인할 수 있는 때에 특허청 또는 특허심판원에서 사용하는 접수용 전산정보처리조직의 파일에 기록된 내용으로 접수된 것으로 본다(제28조의3 제3항).

3. 서류송달

(1) 의의 및 취지

특허법 및 그 하위 법령에서는 특허에 관한 절차의 심사결과가 당사자의 특허권의 득실이나 이해에 영향을 미치는 경우 심사결과 서류를 일정한 절차에 따라 당사자에 통보(송달 및 발송)하도록 하고 있는바, 이는 서류를 수령하여야 할 자에게 확실히 서류 교부함으로써 후일에 일어날 분쟁을 미연에 방지하는데 그 목적이 있다.

특허법 및 특허법 시행령에서는 특허에 관한 절차와 관련하여 권리의 득실에 중요한 영향을 미치는 서류를 송달대상서류로 규정하고 이들 서류의 송달방법을 규정하고 있으며, 송달대상서류 이외의 서류의 발송 등에 대하여는 대통령령으로 규정하고 있다(제218조, 시행령 제18조).

(2) 대상 및 대상서류

특허법 시행령 제18조는

① 법에 따라 송달할 서류는 특허청 또는 특허심판원에서 당사자 또는 그 대리인이 이를 직접 수령하거나 정보통신망을 이용하여 수령하는 경우를 제외하고는 등기우편으로 발송하여야 한다.

② 특허청장 또는 특허심판원장은 제1항의 규정에 의하여 서류를 송달한 경우에는 다음 각호에 정하는 바에 따라 수령증 또는 그 내용을 보관하여야 한다.

1. 당사자 또는 대리인이 특허청 또는 특허심판원에서 직접 수령하는 경우에는 수령일자 및 수령자의 성명이 기재된 수령증

2. 당사자 또는 대리인이 정보통신망을 이용하여 수령하는 경우에는 특허청 또는 특허심판원이 운영하는 발송용 전산정보처리조직의 파일에 기록된 내용

3. 등기우편으로 발송하는 경우에는 등기우편물 수령증

③ 심판·재심·통상실시권 설정의 재정 및 특허권의 취소에 관한 심결 또는 결정의 등본을 송달하는 경우에는 우편법령에 따른 특별송달의 방법으로 하여야 한다. 다만, 법 제28조의4 제1항에 따른 전자문서 이용신고를 한 자에게 송달하는 경우에는 정보통신망을 이용하여 할 수 있다.

④ 송달에 있어서는 법 또는 이 영에 특별한 규정이 있는 경우를 제외하고 송

달을 받는 자에게 그 서류의 등본을 교부하여야 하며, 송달할 서류의 제출에 갈음하여 조서를 작성한 때에는 그 조서의 등본이나 초본을 교부하여야 한다.

⑤ 법 제3조 제1항의 본문에 해당하는 자에 대한 송달은 그 법정대리인에게 하여야 한다.

⑥ 수인이 공동으로 대리권을 행사하는 경우에는 그 중 1인에게 송달한다.

⑦ 교도소 또는 구치소에 구속된 자에 대한 송달은 그 소장에게 한다.

⑧ 당사자 또는 그 대리인이 2인 이상인 경우로서 서류를 송달받기 위한 대표자 1인을 선정하여 특허청장 또는 특허심판원장에게 신고한 경우에는 그 대표자에게 송달한다.

⑨ 송달할 장소는 이를 받을 자의 주소 또는 영업소로 한다. 다만, 송달을 받고자 하는 자가 송달을 받고자 하는 장소(국내에 한한다)를 특허청장 또는 특허심판원장에게 미리 신고한 경우에는 그 장소로 한다.

⑩ 송달을 받을 자가 그 장소를 변경한 때에는 지체없이 그 취지를 특허청장에게 신고하여야 한다.

⑪ 송달을 받는 자가 정당한 사유없이 송달받기를 거부함으로써 송달할 수 없게된 때에는 발송한 날에 송달된 것으로 본다.

⑫ 법에 따라 송달할 서류외의 서류의 발송등은 특허청장이 정하는 방법에 따른다.

그리고 실용신안등록에 관한 서류의 송달에 대해서는 특허법 시행령 제18조가 준용된다(실용신안법 시행령 제9조, 시행령 제18조).

특허법 및 그 하위법령에 따라 송달하여야 할 대상서류 중 심사와 관계 깊은 것은 다음과 같다. 즉 특허여부결정의 등본(제67조 제2항), 증거조사나 증거보전의 결과(제157조 제5항), 특허법 제16조 제1항의 규정에 의한 무효처분 통지서(시행령 제18조), 특허법 제214조 제3항에 의한 결정 등본(시행령 제18조)이 있다.

(3) 서류의 송달 및 발송방법

서류를 송달하는 방법에는 교부에 의한 송달, 우편에 의한 송달 및 공시송달이 있으며 이들 서류의 송달방법은 특허법 시행령 제18조에 규정되어 있다.

한편 특허법 시행령 제18조 제12항의 규정에 의하면 법에 따라 송달할 서류 외의 서류의 발송 등은 특허청장이 정하도록 규정되어 있으나, 현재 특허청 실무 및 특허청 송달함설치 운영규정, 심사사무취급규정, 출원관계사무취급규정 및 특허넷

시스템 등에는 송달대상서류의 발송과 차이가 없이 운영되고 있으므로 이들 서류도 송달대상서류와 동일하게 취급한다.

대법원 1992.3.27. 선고 91누3819 판결; 대법원 1992.12.11. 선고 92누13127 판결
[등기취급방법으로 발송된 서류]
우편법 등 관계규정의 취지에 비추어 볼 때 우편물이 등기취급의 방법으로 발송된 경우 반송되는 등의 특별한 사정이 없는 한 그 무렵 수취인에게 배달되었다고 보아야 한다.

그 외에 재외자로서 특허관리인이 있으면 그 재외자에게 송달할 서류는 특허관리인에게 송달하여야 한다(제220조 제1항, 실용신안법 제44조). 재외자로서 특허관리인이 없으면 그 재외자에게 송달할 서류는 항공등기우편으로 발송할 수 있으며, 서류를 항공등기우편으로 발송한 경우에는 그 발송일에 송달된 것으로 본다(제220조 제2항 · 제3항, 실용신안법 제44조). 즉, 재외자에 대한 우편송달에는 발신주의가 채택되고 있다.

한편 전자문서에 의한 송달과 관련하여 특허청에 전자문서 이용신고를 한 자에게 서류의 통지 및 송달(이하 "통지등"이라 한다)을 하려는 경우에는 정보통신망을 이용하여 통지등을 할 수 있으며, 정보통신망을 이용하여 한 서류의 통지등은 서면으로 한 것과 같은 효력을 가진다(제28조의5, 실용신안법 제3조).

또한, 전자문서에 의한 통지대상 서류는 특허법 시행규칙 제9조의8에서 규정되어 있는 통지서 등 특허에 관한 절차와 관련된 제반서류를 포함한다.

제3장

특허출원상의 제원칙

1. 서면양식주의

특허 등의 산업재산권을 등록받기 위해서는 특허청에 권리를 취득하겠다는 의사표시를 하여야 한다. 이 경우에 의사표시는 구술이 아닌 서면으로 하여야 한다.

산업재산권에 있어서 권리를 취득하고자 하는 모든 출원인이 동등한 지위에서 특허 허부를 심사받도록 하기 위하여 특허출원은 일정한 양식에 따른 서면으로 제출하도록 하고 있다. 즉 출원서, 명세서, 도면 등의 특허출원서류는 소정의 양식으로 작성한 서면에 의하지 않으면 안 된다. 특히 1건 1통주의라 하여 특허청에 제출하는 모든 서류는 1건마다 별도의 서면으로 작성하여야 하며, 서면은 법령에서 정한 양식에 따라 작성하여야 하는 양식주의를 취하고 있다. 이에 특허법 시행규칙 제2조는 서면주의를 규정하고 있으며,[1] 특허법 제42조는 특허출원서 및 명세서의 기재사항과 기재방법을 법정하고, 동시행령 제5조에서는 청구범위의 기재방법을 명시하고 있다. 나아가 이러한 서면주의는 발명이 갖는 기술적 사상의 명확한 구현과 권리 명확화에 유리하다는 판단에 따른 것이라 하겠다. 즉 발명의 내용을 서면으로 특정함으로써 심사의 편의나 적정화는 물론 특허권의 권리내용을 명확히 할 필요가 있을 뿐만 아니라 발명을 사회일반에 널리 공개하여 이를 타인으로 하

1) 이러한 서면주의는 특허출원에 있어서뿐만 아니라, 특허출원 중의 모든 절차에 대해서 원칙적으로 채택된다.

여금 이용하게 하기 위해서는 서면에 의하도록 하는 것이 적절하다는 판단에 따른 원칙이라 하겠으며, 이러한 서면주의는 심판·청구·등록에 있어서도 일반적으로 적용되는 원칙이다.

구술에 의한 설명이나 발명품 등의 제출에 의하여 서면의 제출을 생략하거나 이미 제출한 서면의 기재불비를 보충할 수 없다. 다만 미생물의 발명이나 미생물을 이용한 발명은 명세서의 기재가 아무리 상세하고 완벽하여도 타(他)사업자가 해당 발명을 쉽게 실시할 수 없는 경우가 있다. 이에 특허법 시행령(시행령 제2조, 제3조)은 미생물을 이용한 발명을 출원하고자 할 때에는 미생물을 기탁하고 명세서에 그 기탁기관 또는 국제기탁기관에서 부여받은 수탁번호를 기재하도록 하여 서면주의를 보완하고 있다. 또한 심사·심판의 심리에 참고하기 위하여 실물견본이나 모형을 제출하거나 심판에서의 구술심리도 서면주의에 대한 예외가 된다.

서면양식주의를 위반하여 작성된 제출서류는 부적법한 서류에 해당되어 출원이 반려된다(시행규칙 제11조). 또한 명세서 중 발명의 설명 난의 기재가 불비한 경우에는 거절이유나 무효사유에 해당된다.

특허출원의 서면주의와 관련하여 특허청에 제출하는 모든 서류는 법령에 특별한 규정이 있는 경우를 제외하고는 특허청장 또는 특허심판원장을 수신인으로 하여야 한다(시행규칙 제3조 제1항).

2. 전자출원제도

전자출원제도란 특허출원인 등이 특허청을 직접 방문하여 출원서류를 접수하거나 중간서류 또는 등록서류 등을 제출하지 않고, 출원인 등이 전자적 기록매체에 수록하여 제출하거나 정보 통신망을 이용하여 특허 및 실용신안에 관한 서류를 제출할 수 있도록 한 것을 말한다(제28조의3, 제28조의5).[2]

종전의 서면출원제도에서는 매 출원시마다 반복적으로 인적정보를 기재하도록 하였는데, 이 전산정보에 출원번호 등을 연결·관리하기 위하여 출원인 및 대리인에게 고유의 번호를 부여하고 이 고유번호로 출원인 및 대리인의 정보를 관리함으로써 주소 등의 정보변동이 있는 경우에 한 번의 절차로 특허청에서 밟고 있는 모든 절차에 관한 정보가 변경되는 효과를 거둘 수 있게 되었다.

2) 다만 그 효력발생시기에 대하여는 전자문서의 제출인이 전산망을 통하여 접수번호를 확인한 때에 특허청 또는 특허심판원에서 사용하는 접수용 전산정보처리조직의 파일에 기록된 내용으로 접수된 것으로 본다.

전자문서에 의하여 특허에 관한 절차를 밟고자 하는 자는 미리 특허청장 또는 특허심판원장에게 전자문서 이용신고[3]를 하여야 하며, 특허청 또는 특허심판원장에게 제출하는 전자문서에 제출인을 식별할 수 있도록 전자서명을 하여야 한다(제28조의4). 여기서 "전자문서"란 특허법 시행규칙 제1조의2 제2호에서 규정한 것과 서면으로 제출한 전자화대상서류[4]를 전자화한 문서를 말한다(전자문서규정 제5조 2호).

전자문서는 특허청에서 제공하는 소프트웨어 또는 특허청 홈페이지를 이용하여 특허법 시행규칙 제9조의3 각호의 어느 하나에 해당하는 전자서명을 하여 제출하여야 한다. 다만, 국제출원의 경우에는 국제사무국에서 제공하는 소프트웨어 또는 국제사무국 홈페이지를 이용하여 「특허협력조약 시행세칙」(이하 "조약시행세칙"이라 한다) 703에 따른 전자서명을 하여 제출하여야 한다. 전자문서를 전자적기록매체에 수록하여 제출하는 경우에는 별지 제7호서식의 전자문서첨부서류등 물건제출서를 특허청장 또는 특허심판원장에게 제출하여야 하고, 이 경우 전자적기록매체에 수록하여 제출할 수 없는 서류는 전자문서첨부서류등 물건제출서에 첨부하여 제출하여야 한다. 그리고 전자문서를 제출하고자 하는 자가 그 전자문서를 기한 전에 정보통신망을 이용하여 발송하였으나 정보통신망의 장애, 특허청이 사용하는 컴퓨터 또는 관련장치의 장애(정보통신망, 특허청이 사용하는 컴퓨터 또는 관련장치의 유지·보수를 위하여 그 사용을 일시 중단한 경우로서 특허청장이 사전에 공지한 경우에는 이를 장애로 보지 아니한다)로 인하여 기한 내에 제출할 수 없었던 경우에는 그 장애가 제거된 날의 다음 날에 그 기한이 도래한 것으로 본다(시행규칙 제9조의4).

특허에 관한 서류를 정보통신망을 이용하여 제출하는 경우에 있어서 제출서류의 효력발생시기 및 그 내용확정이 특히 중요한 문제로서 이를 명확히 하기 위하여 '제출인이 정보통신망을 통하여 접수번호를 확인할 수 있는 때'를 서류의 제출시점으로, '특허청 또는 특허심판원에서 사용하는 접수용 전산정보처리조직의 파일에 기록된 내용'을 제출서류의 내용으로 하였다(제28조의3 제3항). 이와 함께 특허청장·특허심판원장·심판장·심판관 또는 심사관은 제28조의4 제1항에 따라 전자문서 이용신고를 한 자에게 서류의 통지 및 송달("통지등")을 하려는 경우에는 정보통신망을

---

3) 전자문서 이용신고는 특허법 시행규칙 별지 제6호 서식에 의한다.

4) 산업재산권관련서류전자화 사무취급규정 제5조 5호 "전자화대상서류라 함은 특허법 시행규칙 제120조의5, 실용신안법 시행규칙 제17조제1항, 디자인보호법 시행규칙 제98조 및 상표법 시행규칙 제97조에서 규정한 서면 서류로서 접수 이후 업무처리를 특허넷시스템에서 전자문서 기반으로 수행할 수 있도록 전자화가 필요한 특허, 실용신안, 디자인 및 상표에 관한 출원서류, 중간서류, 등록서류, 심판서류, 기타서류 및 전자문서의 재전자화를 말한다."

이용하여 통지등을 할 수 있고, 이에 따라 정보통신망을 이용하여 한 서류의 통지등은 서면으로 한 것과 같은 효력을 가진다(제28조의5).

3. 국어주의

발명자가 발명을 완성하여 그 발명에 대해 특허를 받고자 하는 경우에는 그 국가의 법률에 의한 형식과 요건을 갖추어 출원하여야 하고, 출원시에는 그 국가의 법령에 의한 서면방식으로 출원하여야 할 것이다. 그리하여 우리 특허법도 특허청에 제출하는 서류는 특별히 정한 경우를 제외하고 국어로 기재하여야 하며(시행규칙 제4조 제1항), 위임장·국적증명서등 외국어로 기재한 서류(우선권증명한 서류는 제외함)에는 그 서류의 제출시에 국어로 번역한 번역문을 첨부하여야 한다(시행규칙 제4조 제2항).

한편 국제출원을 하고자 하는 자는 산업통상자원부령이 정하는 언어로 작성한 출원서, 발명의 설명, 청구범위, 필요한 도면 및 요약서를 특허청장에게 제출하여야 한다(제193조 제1항). 여기서 산업통상자원부령이 정하는 언어라 함은 국어, 영어 또는 일본어를 말한다(시행규칙 제91조). 국제출원에 관하여 특허청장에게 제출하는 서류는 국제출원의 발명의 설명 및 청구범위를 적은 언어로 작성하여야 하며, 다만 국적증명서, 법인증명서, 그 밖에 특허청장이 지정하는 서류는 그러하지 아니하다(시행규칙 제75조).

대법원 1985.5.28. 선고 84후43 판결

[특허출원시 사용언어]

원래 특허관계서류는 국어로 기재하여야 하므로(특허법 시행규칙 제4조 참조) 영어원문을 첨부하였다고 하여도 국어로 기재된 출원서 기재 자체에 의하여 발명의 내용을 명확히 파악할 수 없다면 그러한 발명은 통상의 기술자가 용이하게 실시할 수 있는 발명이라고 볼 수 없을 것이다.

4. 도달주의

발명자 또는 그 승계인이 특허를 받으려고 하는 경우에는 출원에 관한 서류를 특허청에 제출하여야 한다. 이 경우 출원인이 직접 특허청 출원과에 직접 출원할 수도 있고, 아니면 온라인상으로 출원할 수도 있다.

특허법 또는 이 법에 따른 명령에 따라 특허청장 또는 특허심판원장에게 제출하는 출원서, 청구서, 그 밖의 서류(물건을 포함한다. 이하 이 조에서 같다)는 특허청장 또는 특허심판원장에게 도달한 날부터 제출의 효력이 발생한다(제28조 제1항). 즉 특허청에 제출하는 서류에 대한 효력발생시기는 도달주의를 원칙으로 한다. 다만 특허청과 당사자간의 지리적 거리의 원근에 따른 불공평한 결과를 방지하고자 출원서, 청구서, 그 밖의 서류를 우편으로 특허청장 또는 특허심판원장에게 제출하는 경우에 우편물의 통신일부인(通信日附印)에 표시된 날이 분명한 경우에는 그 표시된 날, 그 표시된 날이 분명하지 아니한 경우에는 우체국에 제출한 날을 우편물의 수령증에 의하여 증명한 날에 특허청장 또는 특허심판원장에게 도달한 것으로 본다(발신주의). 다만, 특허권 및 특허에 관한 권리의 등록신청 서류와 PCT 제2조 7호의 규정에 의한 국제출원에 관한 서류를 우편으로 제출하는 경우에는 그러하지 아니하다(제28조 제2항).

한편, 특허에 관한 서류를 정보통신망을 이용하여 제출하는 경우에 있어서 제출서류의 효력발생시기 및 그 내용확정이 특히 중요한 문제로서 이를 명확히 하기 위하여 '제출인이 정보통신망을 통하여 접수번호를 확인할 수 있는 때'를 서류의 제출시점으로, '특허청 또는 특허심판원에서 사용하는 접수용 전산정보처리조직의 파일에 기록된 내용'을 제출서류의 내용으로 하였다(제28조의3 제3항).

일본의 특허법은 도달주의의 예외와 관련하여 출원서 및 제출기간이 정해진 서류 등에 한하고, 달리 제출기간이 정해져 있지 않은 서류에 대하여는 도달주의에 의하도록 하고 있다. 그러나 우리 특허법은 제출기간이 정해진 서류에 한정하고 있지 않은 바, 우편으로 제출한 일체의 서류와 관련하여 도달주의의 예외를 인정하고 있다 하겠다.

일본의 유력설은 PCT에 입각한 국제출원과 관련하여 국제출원이 특허청에 도달한 날을 국제출원일으로 인정해야 한다고 규정하고 있으나, 제출기간이 정해져 있는 것인 한 발신주의가 적용되어야 한다고 한다.[5] 그러나 이러한 주장은 일본의 견해일지 모르나, 우리 특허법 아래에서는 명문의 법규에 배치되는 주장으로 채택할 수 없을 것이다.

5. 수수료납부주의

수수료란 발명을 한 자(者) 또는 그 승계인 및 대리인이 특허등록을 받기 위해서 행정관청인 특허청에 심사절차를 진행시키기 위하여 내야 하는 금원을 말한다. 즉 특허출원절차에서부터 권리(단, 특허등록료는 제외한다)의 관리에 이르기까지 출

5) 吉藤幸朔 著, YOU ME 특허법률사무소 譯, 「특허법개설(제13판)」, 대광서림, 2000, 413면.

원인 및 대리인이 수수료를 지불하지 않으면, 절차의 진행에서부터 권리의 관리까지 진행 및 보호를 하여 주지 않는다. 특허법은 "특허에 관한 절차를 밟는 자는 수수료를 내야 한다"(제82조 제1항)고 규정하고 있으며, 또한 출원시 수수료를 내지 않은 경우는 보정(補正)명령의 대상이 되며(제46조 3호) 이에 불응한 경우 절차무효의 대상이 된다(제16조 제1항).

여기서 '수수료'란 특허에 관한 출원·청구 기타 절차를 밟는 자로부터 징수하는 것으로 국가의 서비스제공에 대한 반대급부 또는 보수를 말하며, 개개의 특정 이용자로부터 징수하는 것이 일반조세와 다른 점이다. 특허법상 수수료에는 출원료, 심사청구료, 심판청구료, 보정료 등이 있다.

국가가 출원료, 심사청구료 등의 수수료를 징수하는 취지는 국가의 서비스제공에 대한 반대급부로서 수익자부담의 원칙에 의거하여 해당 업무의 난이도에 따라 징수하는 것이다.

수수료, 그 납부방법 및 납부기간, 그 밖에 필요한 사항은 산업통상자원부령인 특허료 등의 징수규칙에 위임하고 있다(제82조 제3항).

6. 1발명 1특허출원의 원칙

특허를 받고자 하는 자는 특허출원을 함에 있어 하나의 특허출원에는 하나의 발명을 개시(開示)하여야 한다. 즉 출원서에 첨부한 명세서에 기재되는 발명이 여러 개일지라도 출원인이 특허로서 보호받고자 하는 발명은 1발명이어야 한다. 이에 특허법 제45조 제1항에서는 "특허출원은 하나의 발명마다 하나의 특허출원으로 한다. 다만, 하나의 총괄적 발명의 개념을 형성하는 일 군(群)의 발명에 대하여 하나의 특허출원으로 할 수 있다"라고 규정하고 있다. 또한 특허법 시행령 제6조[6]에서 그 구체적인 요건을 정하고 있다. 이러한 1출원의 범위는 하나의 출원서에 여러 청구항을 기재할 수 있는 발명의 범위를 말하며, EPC 및 PCT의 "발명의 단일성(unity of invention)" 및 일본 특허법의 "출원의 단일성"과 동일한 개념이다.[7]

---

6) 제6조(1군의 발명에 대한 1특허출원의 요건) 법 제45조제1항 단서의 규정에 의한 1군의 발명에 대하여 1특허출원을 하기 위하여는 다음 각호의 요건을 갖추어야 한다.

1. 청구된 발명간에 기술적 상호관련성이 있을 것
2. 청구된 발명들이 동일하거나 상응하는 기술적 특징을 가지고 있을 것. 이 경우 기술적 특징은 발명 전체로 보아 선행기술에 비하여 개선된 것이어야 한다.

7) 선출원주의가 특허출원절차에 대한 원칙이라면 발명의 단일성은 특허명세서의 기재요건의 범위에 관한 것으로 청구범위 기재요건과는 구분된다.

이러한 1특허출원 원칙의 제도적 취지는 심사절차상의 경제성과 효율적인 특허문헌 및 정보제공에서 찾을 수 있다. 즉 출원내용이 과다한 분야에 직접적인 관련이 없는 내용까지를 포함한 경우에는 특허출원에 대한 심사 등에 있어 자료조사 등에 많은 시간이 낭비되고 비경제적인 결과를 초래하게 된다. 따라서 발명의 단일성 요구[8]는 그 범위 내에서 보다 완벽한 자료심사를 할 수 있다는 장점을 갖는다. 또한 발명의 단일성에 대한 판단기준에 따라 출원인이 제공한 전반적인 정보를 구체화함으로써 굳이 제3자가 다시 자신이 목적하는 기술정보를 분류할 필요가 없게 한다. 이와 함께 1특허출원 원칙의 제도적 취지로서 특허청의 재정자립효과 또는 출원인의 경비절감의 효과 등을 들기도 한다.

8) 이 때 단일한 발명이란 물리적 개념의 1발명은 물론 그 발명의 목적·구성 및 효과 등이 상호유기적인 관계에 있어 비록 복수의 발명이라도 단일한 발명개념을 형성하는 일군(一群)의 발명까지를 포함하는 개념이다.

제4장

특허출원절차

본 장에서는 우리나라의 특허출원 절차를 그림으로 요약하였다.

특허출원에서 권리소멸까지 절차도

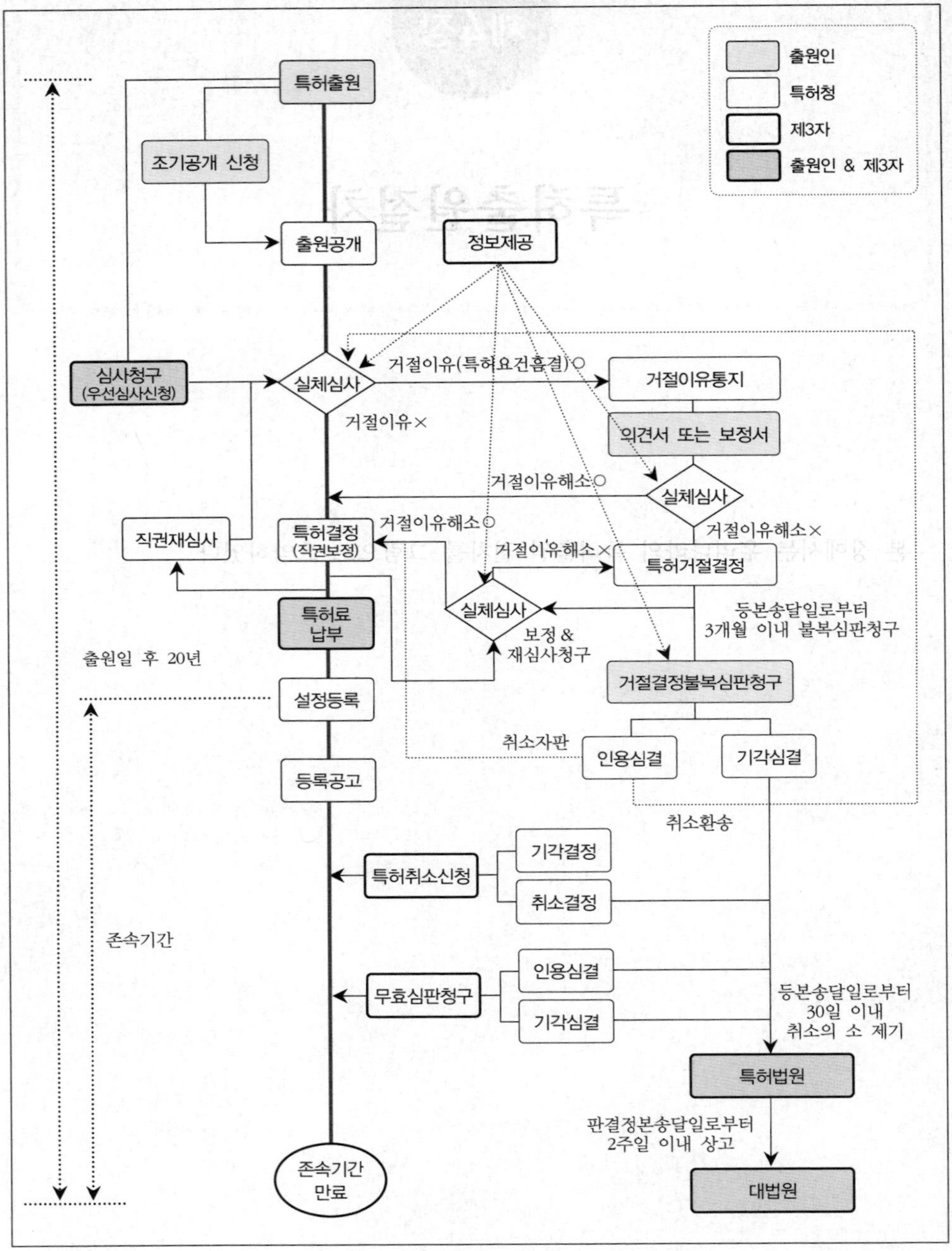

제5장

출원적격자

Ⅰ. 출원적격자의 공통적 사항

특허출원의 절차 중의 하나가 특허를 받을 수 있는 자의 문제이다. 즉 특허출원을 할 수 있는 자는 출원적격을 갖춘 자이어야 한다. 이에 특허법상의 출원적격자는 ① 권리능력이 있는 자로, ② 특허를 받을 수 있는 권리자이며, ③ 출원절차를 밟을 수 있는 행위능력이 있거나 대리권이 있어야 한다. 이러한 출원적격을 갖추지 못한 자의 출원은 출원시 불수리처리, 보정(補正)명령(제46조) 및 거절결정의 대상(제62조)이 된다. 또한 착오로 특허가 된 경우에도 특허무효의 대상(제133조)이 된다. 특허를 받을 수 있는 권리자는 발명자 또는 그 승계인으로 이미 설명한 바 있으므로 여기에서는 간단히 살펴보기로 한다.

먼저 발명한 자, 즉 자연인은 권리능력과 행위능력이 없어도 사실행위인 발명을 할 수 있다. 그러나 법인은 절차 등의 일부 법률행위는 할 수 있지만, 발명 그 자체는 할 수 없다. 특허를 받을 수 있는 자는 사실행위인 발명을 하거나 그 승계인이어야 하고, 권리능력과 행위능력이 있어야 한다.

여기서 "권리능력(權利能力)"은 특허를 받을 수 있는 권리 또는 특허권을 가질 수 있는 자격을 말하며, 민법의 일반원리에 따라 원칙적으로 자연인(민법 제3조) 및 법인(민법 제34조)에게 인정된다. 다만 외국인은 특허법에서 규정하는 일정한 경우를 제외하고는 특허권 또는 특허에 관한 권리를 향유할 수 없다(제25조). 즉 외국인은 일정한 경우에 한하여 권리능력이 인정된다.

"행위능력(行爲能力)"이란 독립하여 유효한 법률행위를 할 수 있는 법률상의 자격을 말한다. 특허법상 행위능력이란 자연인·법인이 독자적으로 특허를 비롯한 산업재산권에 관한 출원심사절차를 직접 행할 수 있는 것을 말한다. 이러한 행위능력을 가진 자는 자연인과 법인이다. 그러나 자연인이라고 모두 행위능력을 가지는 것은 아니라 미성년자·피한정후견인·피성년후견인(제3조 제1항 본문)은 특정의 경우를 제외(제3조 제1항 단서)하고는 행위능력이 없다. 한편 법인은 법인격이 있는 사단 및 재단법인은 행위능력을 가지나 법인이 아닌 사단 및 재단은 권리능력이 없으므로 권리의 주체가 될 수 없고 행위능력도 없다. 그러나 대표자나 관리인이 정해져 있는 경우에는 권리의 주체로서 행하지 아니하는 일정한 절차를 그 사단 또는 재단의 이름으로 직접 행할 수 있다(제4조).

제한능력자의 특허절차 능력과 관련하여 일본 특허제도와 한국의 특허제도는 약간의 차이점을 보인다. 일본 특허법 제7조에서는 미성년자 및 성년피후견인은 원칙적으로 법정대리인에 의하지 아니하면 절차를 밟을 수 없는 반면, 피보좌인은 보좌인의 동의를 얻으면 절차를 밟을 수 있도록 규정하고 있다. 특히 상대방이 청구한 심판 또는 재심의 절차를 밟는 경우에는 보좌인의 동의 없이도 피보좌인은 그 절차를 수행할 수 있다. 반면 한국의 특허법은 일본법상의 피보좌인에 해당하는 피한정후견인의 절차능력을 규정함에 있어 다른 제한능력자와 구별하지 않고 법정대리인에 의하지 아니하면 특허절차를 밟을 수 없도록 하고 있다.

이는 기본적으로 행위능력과 관련한 우리나라 민법과 일본 민법의 규정의 차이에서 비롯한다 하겠다. 즉 일본 민법은 피보좌인에 대하여는 그 행위능력의 제한이 느슨하여 원칙적으로 모든 법률행위를 단독으로 할 수 있고, 다만 일본 민법 제13조 제1항 각호에 열거한 행위에 한하여 보좌인의 동의를 얻도록 규정하고 있다. 반면 한국의 민법은 피한정후견인이 한정후견인의 동의를 받아야 하는 행위의 범위를 정할 수 있도록 규정하고 있다. 이에 일본의 특허법이 피보좌인을 다른 제한능력자와 구분하여 규정하는 데 반하여, 한국의 특허법은 원칙적으로 제한능력자를 동일하게 취급하고 있다.

구체적으로 제한능력자의 행위능력범위를 살펴보면 다음과 같은 차이가 있다. 피보좌인은 단독으로 특허절차를 수행할 수 있으며, 다만 보좌인의 동의를 받지 않은 경우에는 그 절차가 무효가 된다. 반면 우리나라 특허법에 의하면 원칙적으로 피한정후견인은 단독으로 특허절차를 수행할 수 없으며, 법정대리인에 의하지 않으면 안 된다. 즉 특허절차에 관하여는 법정대리인의 동의권은 존재하지 않고 대리권만이 인정되는 것이다. 다만 피한정후견인이 독립하여 법률행위를 할 수 있는 경우에는 특허절차를 밟을 수 있다.

법정대리인의 권한과 관련하여 원칙적으로 법정대리인은 친족회의 동의 없이는 특허절차를 수행할 수 없다. 즉 한국 민법은 후견인이 피후견인을 대리하거나 미성년자로 하여금 부동산 또는 중요한 재산에 관한 권리의 득실변경을 목적으로 하는 행위를 하는 경우에는 후견감독인의 동의를 얻도록 하고 있다(민법 제950조 제1항 4호). 다만 특허법이 "법정대리인은 후견감독인의 동의없이 제132조의2에 따른 특허취소신청이나 상대방이 청구한 심판 또는 재심에 대한 절차를 밟을 수 있다"라고 규정하고 있어, 취소신청이나 수동적·소극적 절차행위는 후견감독인의 동의 없이 수행할 수 있다. 일본 특허법 역시 특허이의신청 또는 상대방이 청구한 심판 혹은 재심에 관하여 절차를 밟을 때는 후견감독인의 동의를 얻을 필요가 없다고 규정하고 있다.

일본 특허법 제16조(절차를 밟을 능력이 없는 경우의 추인)에 해당하는 규정을 우리나라 특허법은 제7조의2에서 규정하고 있다. 특히 일본 특허법 제16조의 규정이 추인의 효력발생시기와 관련하여 명문의 규정을 두고 있지 않는 가운데 추인의 대상이 된 절차행위의 시점에서 소급하여 그 절차가 효력을 발생하는 것으로 해석하는 반면, 한국 특허법 제7조의2에서는 명문으로 추인의 효력이 행위시에 소급함을 밝히고 있다.

특허법은 특허절차를 수행할 수 있는 절차능력과 관련하여 '재외자의 특허관리인(제5조)'과 '법인이 아닌 사단 등(제4조)' 규정을 두고 있다. 재외자의 절차능력과 관련한 한국 특허법의 규정은 구 일본 특허법 제8조에 해당하는 규정이라 하겠다. 다만 그 규정에 있어 한국 특허법은 주소 없이 거소만을 갖는 자에 대하여 일본 특허법과는 달리 특허관리인을 두도록 하고 있다.

한편 현행 일본 특허법 제8조는 특허관리인의 대리 범위와 관련하여 "특허관리인은 일체의 절차 및 이 법률 또는 이 법률에 기한 명령의 규정에 의한 행정청이 한 처분을 불복하는 소송에 관하여 본인을 대리한다. 단 재외자가 특허관리인의 대리권의 범위를 제한하는 때에는 그러하지 않다"라고 규정하고 있다. 이는 현행 법률에 도입된 규정으로 단서조항을 두어 재외자가 특허관리인의 대리권 범위를 제한할 수 있도록 하고 있다.

일본 특허법 제6조에서는 법인이 아닌 사단 등의 절차 능력과 관련하여 그 대표자 또는 관리인이 할 수 있는 절차는 ① 출원심사의 청구, ② 특허이의의 신청,

③ 제123조 제1항(특허무효심판) 또는 제125조의2 제1항(존속기간연장등록무효심판)의 심판 청구, ④ 제171조 제1항의 규정(재심의 청구)에 의하여 제123조 제1항 또는 제125조의2 제1항의 심판 확정심결에 대한 재심 청구, ⑤ 제123조 제1항 또는 제125조의2 제1항의 확정심결에 대한 재심의 피청구인으로 규정하고 있다.

원칙적으로 법인이 아닌 사단 또는 재단은 그 권리능력이 인정되지 않으므로 특허권의 주체가 될 수 없다. 따라서 예외적으로 그 절차능력이 인정되는 범위는 제6조에서 명문으로 규정한 것에 한정된다. 반면 우리나라 특허법은 광범위하게 그 절차능력을 인정하고 있다. 즉 특허법 제4조에서 심판의 청구인 및 피청구인이 될 수 있다고 규정하고 있다. 일본의 특허법에 의하면 특허무효심판, 존속기간연장등록무효심판의 신청인 및 그 재심의 신청인 · 피신청인이 될 수 있데 반하여, 한국 특허법에 의하면 제한없이 일체의 특허심판의 청구인 및 피청구인이 될 수 있도록 규정하고 있다.

특허절차와 관련한 절차능력을 판단함에 있어 판례는 민사소송법상의 당사자 규정을 전제적으로 판단하고 있다. 즉 국가기관의 절차능력을 판단함에 있어 "국립대학은 민사법상의 권리능력이나 당사자능력이 없음이 명백하므로 특허출원인 · 심판청구인 및 소송청구인이 될 수 없다"라고 판시하고 있다.[1)]

Ⅱ. 특허를 받을 수 없는 자

상기의 출원적격자의 공통적 사항에서 살펴본 바와 같이 발명을 한 자 또는 그 승계인은 특허법이 정하는 바에 따라 특허를 받을 수 있는 권리를 가지는 것이 원칙이다. 그러나 특허청에 대하여 적법하게 특허출원을 했다 하더라도 그 출원인이 특허를 받을 수 없는 자라면 부적격한 출원으로 특허를 받을 수 없다. 이와 같이 특허를 받을 수 없는 자는 법률이 직접 그 권리를 인정하지 않는 자와 정당하게 특허를 받을 수 있는 자가 아닌 경우가 있다.

1. 특허청 및 특허심판원 직원

특허청 직원 및 특허심판원 직원은 상속이나 유증의 경우를 제외하고는 재직 중 특허를 받을 수 없다(제33조 제1항 단서). 이는 일반 특허출원인의 기술의 보호와 특허출원

1) 대법원 1997.9.26. 선고 96후825 판결.

등의 심사·심판의 공정성을 보장하기 위한 규정이다. 즉 일반국민의 권익 보호와 공공업무의 공정성이란 사회 공공이익을 위하는 측면에서 특허법은 공무원인 특허청 및 특허심판원 직원의 권리를 제한하고 있다. 즉 특허청 직원은 업무상 특허관계 업무를 다루고 있으므로 타인의 출원내용을 모인(冒認)할 가능성이 있을 뿐더러, 심사관으로서의 직책을 수행하고 있는 직원은 자기가 출원을 하여 자기에게 특허를 허여할 가능성도 있으므로 이러한 폐해를 미연에 방지하기 위한 것이라고 본다.

2. 무권리자

발명자 또는 그 승계인으로부터 특허를 받을 수 있는 권리를 적법하게 승계받지 아니한 자는 해당 발명에 대하여 무권리자로, 이러한 무권리자에는 특허를 받을 수 있는 권리를 정당하게 승계받지 못한 자가 마치 정당한 승계인처럼 주장하는 자인 "모인자(冒認者)"와 이러한 모인자로부터 특허를 받을 수 있는 권리를 양도받은 선의의 승계인인 "선의의 무권리자"가 있다. 무권리자의 출원이라 함은 진정한 발명자가 아닌 자로서 특허를 받을 수 있는 권리를 승계하지 아니한 자(이하 "무권리자"라 한다)가 정당한 권원없이 특허출원(이를 "모인출원"이라 한다)하는 형태를 말한다. 상세한 것은 앞의 "특허를 받을 수 있는 자"에서 살펴보았기 때문에 생략하기로 한다.

Ⅲ. 공동출원

1. 의 의

발명은 자연인에 의하여 창조되는데, 이러한 경우에 한 사람에 의한 경우도 있으나 최근에는 1인에 의한 경우보다 기업의 연구소나 대학 등의 연구집단에 의해 만들어지는 것이 많다. 이렇게 만들어진 발명을 특허를 받고자 하는 경우에 1인의 명의로 출원할 것인가 아니면 발명에 관여한 자 모두의 공동의 이름으로 출원할 것인가 등의 문제가 발생한다.

공동출원이란 2인 이상이 공동으로 특허출원하는 것을 말한다. 2인 이상이 공동으로 발명한 경우 특허를 받을 수 있는 권리는 공동발명자 전원의 공유로 되는데 (제33조 제2항), 이와 같이 특허를 받을 수 있는 권리가 공유인 경우에는 공유자 모두가 공동으로 특허출원을 하여야 한다(제44조). 한편 발명자가 특허를 받을 수 있는 권리를 일부 이전한 경우에도 공동으로 특허출원을 하여야 한다.

2. 공동출원할 수 있는 자

공동발명자란 발명을 완성함에 있어 단순한 협력이 아니고 실질적으로 협력한 자를 말한다. 특허를 받을 수 있는 권리는 이를 타인에게 전부 또는 일부를 이전할 수 있는데, 특허를 받을 수 있는 권리를 일부 이전한 경우 발명자와 승계인이 공동으로 특허출원을 하여야 한다.

3. 공동출원절차

특허출원 전에 특허를 받을 수 있는 권리를 이전한 경우에는 그 이전 사실을 증명하는 서류의 제출이 생략되나, 출원 후에 특허를 받을 수 있는 권리 일부를 타인에게 이전한 경우에는 특허청장에게 출원인명의변경신고서를 제출해야 한다(제38조 제1항, 제4항). 이러한 출원인명의변경신고는 특허권설정등록 전까지 할 수 있다.

출원인 전원이 발명자이고 상호간에 특별히 지분을 정하지 아니한 때에는 각 공동출원인간의 지분은 균등한 것으로 보나, 공동출원인간에 특허를 받을 수 있는 권리에 대하여 특별히 지분을 정하고 있는 때에는 각 공동출원인 간의 지분은 약정으로 정한 바에 따른다.

대법원 2014.11.13. 선고 2011다77313,77320 판결

2인 이상이 공동으로 발명한 때에는 특허를 받을 수 있는 권리는 공유로 하는데(특허법 제33조 제2항), 특허법상 위 공유관계의 지분을 어떻게 정할 것인지에 관하여는 아무런 규정이 없으나, 특허를 받을 수 있는 권리 역시 재산권이므로 그 성질에 반하지 아니하는 범위에서는 민법의 공유에 관한 규정을 준용할 수 있다고 할 것이다(민법 제278조 참조). 따라서 특허를 받을 수 있는 권리의 공유자 사이에 지분에 대한 별도의 약정이 있으면 그에 따르되, 그 약정이 없는 경우에는 민법 제262조 제2항에 의하여 그 지분의 비율은 균등한 것으로 추정된다고 봄이 상당하다.

4. 각자 대표의 원칙

2인 이상이 공동으로 특허출원을 하였을 때에는 ① 특허출원의 변경・포기・취하, ② 특허권 존속기간의 연장등록출원의 취하, ③ 신청의 취하, ④ 청구의 취하, ⑤ 제55조 제1항에 따른 우선권 주장 또는 그 취하, ⑥ 제132조의17에 따른 심판청구를 제외하고는 각자가 모두를 대표한다. 다만, 대표자를 선정하여 특허청장 또는 특허심판원장에게 신고하면 그 대표자만이 모두를 대표할 수 있는데, 대표자를 선정하여 특허청에 신고하는 경우에는 대표자로 선임된 사실을 서면으로 증명하여야 하며, 이때 대표자는 당사자 중에서 선정하여야 한다(제11조).

5. 공동출원 위반의 효과

공동출원에 위반하여 특허출원이 되었을 때에는 거절이유가 되며 이미 특허가 허여된 때에는 특허무효사유가 된다(제133조 제1항). 또한 공동출원이 거절되었을 경우 이에 대한 거절결정불복심판청구는 공동출원인 전원에 의한 것이어야 하며(제139조 제3항), 그 일부 출원인만으로 청구되었을 때에는 부적법한 청구로서 심결각하된다.

제6장

특허출원시의 제출서류

발명자가 발명을 완성한 것만으로는 특허권이라는 독점배타권이 주어지는 것이 아니라 특허청에 특허를 받겠다는 의사표시를 하여야 한다. 이러한 의사를 표시한 것이 특허출원서이다. 특허청에 특허출원을 하기 위해서는 먼저 출원서에 명세서, 도면 및 요약서 등을 첨부하여 특허청에 제출하여야 한다. 특허출원 서류의 제출방법[1]은 서면으로 제출하는 방법(출원규정 제5조, 제8조)과 특허청 전자출원 시스템을 이용하여 온라인으로 전자문서를 전송하는 방법과 전자적 기록매체에 수록하여 제출하는 방법(출원규정 제6조)이 있다.[2]

특허에 관한 절차를 밟고자 하는 자는 특허청 또는 특허심판원에 자신의 고유번호(특허고객번호)의 부여를 신청하여야 한다. 특허청장, 심판원장은 신청을 받으면 고유번호를 부여하고 그 사실을 알려야 한다. 또한 출원인, 특허를 받을 수 있는 권리의 승계인, 심사청구인, 정정청구인, 우선심사신청인 또는 공개된 출원에 대한 정보제공인 등이 절차를 밟으면서 고유번호를 신청하지 않은 경우에는 특허청장 또는 특허심판원장이 직권으로 고유번호를 부여하고 그 사실을 알려야 한다(제28조의2). 고유번호를 부여받은 자는 주소, 인감 등의 변경신고서를 제출하여 이를 변

1) 출원관계사무취급규정(2020.8.25. 특허청 훈령 제1015호) 제4조 제1항은 "출원과(고객지원실) 및 서울사무소 출원등록과는 서면서류 접수 전에 산업재산권관련서류전자화 사무취급규정 제6조에 의한 전자화 적합 여부를 판단하여 당해 서류가 전자화에 적합하지 않다고 확인된 때에는 출원인에게 정정할 수 있는 기회를 부여하여야 한다"라고 규정하고 있다.

2) 다만 비밀취급명령을 받은 발명의 경우에는 전자문서로 제출할 수 없다.

경할 수 있고 또한 고유번호를 이중으로 부여받았거나 잘못 부여받은 경우에도 이를 신청에 따라 정정할 수 있다(시행규칙 제9조 제3항·제4항).

Ⅰ. 특허출원서

특허출원서는 특허출원의 본체(本體)라고 할 수 있는 것으로 특허출원의 주체 및 그 절차를 밟는 자를 명확히 하여 특허를 받고자 하는 취지의 의사표시를 기재하는 서면이다. 특허출원서가 제출되면 특허청장은 출원인에게 출원번호를 부여하고(시행규칙 제24조), 제출된 날을 출원일로 인정하게 되지만, 특허출원료를 납부하지 않았다든가 특허출원의 방식이 규정에 위배된 경우에는 보정이 명해지고 보정이 되지 않으면 해당 특허출원은 무효가 된다(제46조, 제16조). 또한 출원서류가 현저히 불비한 경우에는 반려한다(시행규칙 제11조).

출원일은 해당 특허출원에 관한 발명의 신규성 등의 특허요건 판단의 기준시가 되고, 선출원 판단의 기준이 될 뿐만 아니라, 특허법상 각종 기간의 기산일의 기준이 되므로 출원일을 확정하는 것은 대단히 중요하다.

출원서에는 ① 특허출원인의 성명 및 주소(법인인 경우에는 그 명칭 및 영업소의 소재지), ② 특허출원인의 대리인이 있는 경우에는 그 대리인의 성명 및 주소나 영업소의 소재지(대리인이 특허법인·특허법인(유한)인 경우에는 그 명칭, 사무소의 소재지 및 지정된 변리사의 성명), ③ 발명의 명칭, ④ 발명자의 성명 및 주소를 기재하여야 한다(제42조 제1항).

이 밖에 조약에 의한 우선권, 국내출원에 의한 우선권주장 수반의 출원일 경우에는 그 우선권주장 사실을 기재하여 특허청장에게 제출하여야 한다(제54조, 제55조).

특허출원인은 특허출원서에 부여받은 고유번호(특허고객번호)를 기재하여야 한다. 출원서에 고유번호를 기재한 경우에는 출원인의 주소를 기재하지 아니할 수 있다(제28조 제4항). 특허출원을 대리인에 의해 할 경우에도 그 대리인은 고유번호(대리인번호)를 부여받고 그 고유번호를 특허출원서에 기재하여야 한다(제28조 제5항).

Ⅱ. 명 세 서

1. 의의 및 취지

특허제도는 새로운 기술을 개발하여 그것을 공개한 자에 대하여 일정 기간 · 조건하에서 특허권이라는 독점권을 부여함으로써 발명의 보호를 도모하고 한편 제3자에 대해서는 그 공개에 의해 발명의 기술내용을 알려서 그 발명을 이용할 기회를 제공하는 것이다. 그리고 발명에 관한 이와 같은 보호 및 이용은 발명의 기술적 내용을 공개하는 기술문헌으로서의 사명 및 특허발명의 보호범위를 정확히 명시하는 권리로서의 사명을 가진 명세서에 의하여 이루어지게 된다. 즉 기술의 공개는 명세서의 발명의 설명에 의하여 이루어지고, 청구범위에 기재된 사항에 의하여 권리로서의 한계가 정해진다. 따라서 출원서에 첨부되는 명세서는 기술문헌으로서의 역할을 함과 동시에 권리로서의 역할을 하는 대단히 중요한 서류가 된다(특허를 받은 후에 명세서는 특허등록원부의 일부로 간주된다(제85조 제4항)). 특히, 특허권으로서 보호받는 발명의 보호범위는 청구범위에 적혀 있는 사항에 의하여 정해지기 때문에(제97조) 청구범위는 더더욱 중요한 의미를 갖는다.

이러한 기능을 달성하기 위해 명세서에는 ① 발명의 설명, ② 청구범위를 법령의 요건을 갖추어 기재하여야 한다(제42조 제2항). 이상의 요건을 모두 갖추지 않으면 특허부여가 거절(제62조 4호)되고,[3] 만약 특허로 등록되었다 하더라도 특허무효사유(제133조 제1항 1호)가 된다. 특히 특허법은 제42조 제3항에서 발명의 설명의 기재요령을 두어 기술문헌으로서의 소임을 달성하며, 제42조 제4항에서는 청구범위의 기재요령을 두어 특허발명의 보호범위를 특정하고자 하였다.

청구범위의 기재방법에 관한 사항은 대통령령으로 정하고 있다(제42조 제8항). 여기에서 주의해야 할 점은 도면 및 요약서는 명세서의 일부가 아니라는 것이다(제42조 제2항).

발명의 설명의 기재와 관련하여 실시예는 필요가 있을 때에 해당 발명의 구성이 실제로 어떻게 구체화되는가를 나타내기 위해 기재된다. 이 실시예는 특허출원인이 가장 좋은 결과라고 생각되는 것을 가능한 한 여러 종류 들어서 기재하고 필요에 따라 구체적 숫자에 근거하여 사실을 기재하는 것이다. 예에 따라서 실시예(해당 발명)인가 또는 비교예: 응용예 등인가의 구별을 명확하게 해두는 것이 해당

---

3) 이 외에도 명세서가 기재불비나 하자가 있는 경우에는 불수리처리(시행규칙 제11조), 절차무효(제16조)가 된다.

발명의 범위를 명확하게 하기 위하여 필요하다. 비교예로서는 해당 발명에 가까운 것을 들어야 한다.

실시예는 출원인이 최량의 결과를 나타낸다고 생각한 것을 기재해야 하는 것이기 때문에 출원인이 실시예로서 보여준 효과보다 뛰어난 효과를 발생하는 발명은 자기의 발명으로서 인식하지 않았다고 할 수 있고 소위 선택발명이 허여되는 여지가 생기게 된다. 또 가능한 한 여러 종류를 기재한다는 것은 유사내용의 실시예를 다수 드는 것이 아니라 발명의 내용을 보다 구체적으로 파악할 수 있게 내용이 다른 실시예를 다수 들어서 그 내포하는 범위를 확실하게 하는 것이 바람직하다는 것이다.

일반적으로 화학분야에서 실시예가 요구되는 경우가 많다. 이것은 화학 방정식은 현실적으로 일어날 수 있는 반응을 기존의 화학이론을 기초로 하여 기호로서 나타낸 것이지만, 이렇게 하여도 화학반응이 현실적으로 일어난다고는 할 수 없는 경우가 많기 때문이다.

대법원 2002.6.14. 선고 2000후235 판결

[명세서의 기재가 불분명한 경우의 보호범위]

특허발명의 특허청구의 범위 기재나 발명의 설명 기타 도면의 설명에 의하더라도 특허출원 당시 발명의 구성요소의 일부가 추상적이거나 불분명하여 그 발명 자체의 기술적 범위를 특정할 수 없을 때에는 특허권자는 그 특허발명의 권리범위를 주장할 수 없는 것이고, 특허발명의 기술적 범위를 특정할 수 있는지 여부는 당사자의 주장이 없더라도 법원이 직권으로 살펴 판단하여야 하는 것이므로(대법원 1983.1.18. 선고 82후36 판결; 대법원 1989.3.28. 선고 85후109 판결; 대법원 2001.12.27. 선고 99후1973 판결 등 참조), 이 사건 특허발명의 명세서 기재 중 면삭기의 재질에 대하여까지 기재 불비 여부를 판단한 원심이 변론주의에 위배된 것이라는 취지의 상고이유의 주장은 받아들일 수 없다.

특허법원 2001.7.20. 선고 2000허8420,7052,7038 판결

[발명의 완성여부와 명세서 기재불비와 관계]

특허여부의 요건으로서 발명의 완성여부와 명세서 기재요건의 충족여부는 구별되어야 하는 것으로서, 미완성 발명인 경우에는 제29조 제1항에 의하여 거절되나 명세서 기재불비에 해당되는 경우에는 같은 법 제42조 제3항에 의하여 거절되어 그 적용 법조가 상이할 뿐 아니라, 미완성 발명에 해당되는 경우에는 보정에 의해서도 그 하자를 치유할 수 없는 것임에 비하여 명세서 기재불비에 해당되는 경우에는 보정에 의하여 그 하자를 치유할 수도 있는 것이어서 출원인의 대응에 있어서도 상이하고, 완성되지 않은 발명으로 거절된 경우에는 선출원으로서의 지위도 인정되지 않는 등(대법원 1992.5.8. 선고 91후1656 판결 참조) 미완성 발명으로 거절되느냐 명세서 기재불비로 거절되느냐에 따른 법률적 효과도 상이한 것이므로 미완성발명에 해당한다는 조문을 적용하던지 명세서 기재불비에 해당하는 조문을 적용하던지 이 사건 심결은 적법하다는 피고의 주장은 이유 없다.

2. 명세서에 기재할 사항

특허법 제42조 제2항은 "… 특허출원서에는 발명의 설명 · 청구범위를 적은 명세서와 필요한 도면 및 요약서를 첨부하여야 한다"라고 규정하여, 특허출원시에는 출원서에 명세서, 필요한 도면 및 요약서를 첨부할 것을 규정하고 있다.

(1) 발명의 설명

발명의 설명은 기술문헌으로서의 역할과 아울러 청구범위를 해설하는 권리해설서로서의 역할을 담당한다. 따라서 발명의 설명의 기재는 ① 그 발명이 속하는 기술분야에서 통상의 지식을 가진 사람이 그 발명을 쉽게 실시할 수 있도록 명확하고 상세하게 적을 것 및 ② 그 발명의 배경이 되는 기술을 적을 것의 요건을 충족하여야 한다(제42조 제3항). 즉, 발명의 설명은 발명의 공개성, 재현성, 특정성을 달성하기 위한 수준으로 기재되어야 한다.[4] 한편, 발명의 설명의 기재방법에 관하여 필요한 기재사항은 산업통상자원부령으로 정하고 있다(제42조 제9항). 제42조 제3항은 실시가능요건, 제42조 제9항은 기재방법요건이라고 할 수 있다.

1) 실시가능요건(제42조 제3항)

① 그 발명이 속하는 기술분야에서 통상의 지식을 가진 사람이 그 발명을 쉽게 실시할 수 있도록 명확하고 상세하게 적을 것(제42조 제3항 1호)

ⓐ 의 의　　발명의 설명은 그 발명이 속하는 기술분야에서 통상의 지식을 가진 사람(통상의 기술자)이 그 발명을 쉽게 실시할 수 있도록 명확하고 상세하게 적어야 한다(제42조 제3항 1호). 이는 특허출원된 발명의 내용을 제3자가 발명의 설명만으로 쉽게 알 수 있도록 공개하여 특허권으로 보호받고자 하는 기술적 내용과 범위를 명확하게 하기 위한 것이므로, 위 조항에서 요구하는 기재의 정도는 통상의 기술자가 출원 시의 기술 수준으로 보아 과도한 실험이나 특수한 지식을 부가하지 않고서도 발명의 설명의 기재에 의하여 그 발명을 정확하게 이해할 수 있고 동시에 재현할 수 있는 정도를 말한다.[5]

---

4) 이종완, 「특허법론」, 대한변리사회, 2004, 339면.

ⓑ 통상의 기술자 통상의 기술자란 그 출원이 속하는 기술분야에서 보통 정도의 기술적 이해력을 가진 자, 즉 평균적 기술자를 말한다.[6] 이러한 정의는 표현상으로는 진보성(제29조 제2항)에서의 통상의 기술자와 동일하나, 발명의 설명은 기술문헌의 역할을 하기 때문에 통상의 기술자의 수준을 낮게 보아야 하고 진보성은 비약적이고 누진적인 발명만 보호하기 위한 규정이라는 취지에 비추어 볼 때 통상의 기술자의 수준을 높게 보아야 한다.[7]

ⓒ 과도한 실험이나 특수한 지식 과도한 실험이나 특수한 지식이라는 기준은 그 의미가 개념적으로는 이해가 가지만 어느 정도까지 통상의 기술자에게 기대할 수 있는 것인가에 대한 객관성을 담보하는 구체적인 기준이 필요하다고 할 것이다.[8]

ⓓ 그 발명 실시의 대상이 되는 그 발명은 청구항에 기재된 발명으로 해석된다. 따라서 발명의 설명의 기재에 오류가 있다고 하더라도 i) 그러한 오류가 청구항에 기재되어 있지 아니한 발명에 관한 것이거나 ii) 청구항에 기재된 발명의 실시를 위하여 필요한 사항 이외의 부분에 관한 것이어서 그 오류에도 불구하고 통상의 기술자가 청구항에 기재된 발명을 정확하게 이해하고 재현하는 것이 용이한 경우라면 제42조 제3항 1호 위반이 되지는 아니한다.[9] 다만, 청구범위에 기재된 발명과 직접적 관련은 없으나 발명을 이루는 구성요소의 일부를 실시하는 데 필요한 사항에 기재불비가 있는 경우 제42조 제3항 1호 위반으로 하여 거절이유를 통지한다.

ⓔ 정확하게 이해할 수 있고 동시에 재현할 수 있는 정도[10] 발명을 이해하고 재현할 수 있는 정도인지 여부는 발명의 성격이나 기술내용, 발명의 설명의 기재 등 제반 사정을 참작하여 결정해야 한다. 예를 들어, 일반적으로 기계장치 등에 관

---

5) 대법원 2006.11.24. 선고 2003후2072 판결; 대법원 2011.10.13. 선고 2010후2582 판결 등 참조.

6) 대법원 1996.6.28. 선고 95후95 판결.

7) 다만 이 점에 관하여는 법문상 같은 표현을 사용하고 있다는 점 등에서 학설과 실무상 논의가 이루어지고 있다.

8) 미국에서는 '과도한 실험'인지 여부를 판단하기 위한 '완즈요건'이라는 8개의 요건이 있다. 즉 ① 청구항의 폭, ② 발명의 성질, ③ 선행기술의 상황, ④ 통상의 기술자의 기술수준, ⑤ 해당 분야의 예측성의 수준, ⑥ 발명자가 제공하는 지시의 양, ⑦ 실시예의 유무, ⑧ 개시내용에 기초하여 발명을 제작 또는 사용하기 위해 필요한 실험의 양이 그것이라 한다(김용덕, "특허법 제42조 제3항(상세한 설명)의 기재요건", 「특허소송연구(제6집)」, 특허법원, 2013, 262~263면).

9) 대법원 2012.11.29. 선고 2012후2586 판결.

10) 이 항목의 내용은 구민승, "물건의 발명의 실시가능 요건에 있어서 발명의 효과의 재현 정도(대법원 2016.5.26. 선고 2014후2061 판결)", 대법원판례해설 제108호, 법원도서관, 2016, 357~366면을 참조하여 정리한 것임을 밝혀둔다.

한 발명에 있어서는 특허출원의 명세서에 실시예가 기재되지 않더라도 통상의 기술자가 발명의 구성으로부터 그 작용과 효과를 명확하게 이해하고 용이하게 재현할 수 있는 경우가 많으나, 이와는 달리 이른바 실험의 과학이라고 하는 화학발명의 경우에는 해당 발명의 내용과 기술수준에 따라 차이가 있을 수는 있지만 예측가능성 내지 실현 가능성이 현저히 부족하여 실험데이터가 제시된 실험예가 기재되지 않으면 통상의 기술자가 그 발명의 효과를 명확하게 이해하고 용이하게 재현할 수 있다고 보기 어려워 완성된 발명으로 보기 어려운 경우가 많다.[11] 한편, 그 발명이 이용하고 있는 어떤 기술수단이 특허출원 당시의 기술수준에 속하는 범용성이 있는 것으로서 그 구성을 명시하지 아니하더라도 이해할 수 있는 것일 때는 구태여 그 기술수단의 내용을 적을 필요가 없다.[12]

'재현'이란 물건발명에서는 그 물건을 생산, 사용 등을 할 수 있고, 방법발명에 있어서는 그 방법을 사용할 수 있고, 물건을 생산하는 방법의 발명에 있어서는 그 방법에 의하여 그 물건을 생산할 수 있을 정도를 말한다. 여기서, 물건발명의 경우 '생산, 사용 등'의 의미에 관하여 i) 단순히 물건 자체의 생산, 사용 등을 의미한다는 형식적 재현설, ii) 발명의 설명에 기재된 효과를 가지는 물건의 생산, 사용 등을 의미한다는 실질적 재현설을 상정해볼 수 있다. 이러한 견해의 차이는, 발명의 설명 또는 도면으로부터 물건을 생산하고 이를 사용할 수는 있으나, 그로부터 얻어지는 효과가 구체적 실험 등으로 증명이 되지 않고 통상의 기술자 입장에서 그러한 효과가 발생되리라고 충분히 예측할 수도 없는 경우, 과연 제42조 제3항 1호 위반으로 볼 수 있는지에 그 구별의 실익이 있다.[13] 이와 관련하여 대법원 2016.5.26. 선고 2014후2061 판결에서는 "물건발명의 경우 그 발명의 '실시'라고 함은 그 물건을 생산, 사용하는 등의 행위를 말하므로, i) 물건발명에서 통상의 기술자가 특허출원 당시의 기술수준으로 보아 과도한 실험이나 특수한 지식을 부가하지 않고서도 발명의 설명에 기재된 사항에 의하여 물건 자체를 생산하고 이를 사용할 수 있고,

---

11) 특히 약리효과의 기재가 요구되는 의약의 용도발명에 있어서는 그 출원 전에 명세서 기재의 약리효과를 나타내는 약리기전이 명확히 밝혀진 경우와 같은 특별한 사정이 있지 않은 이상 특정 물질에 그와 같은 약리효과가 있다는 것을 약리데이터 등이 나타난 시험예로 기재하거나 또는 이에 대신할 수 있을 정도로 구체적으로 기재하여야만 비로소 발명이 완성되었다고 볼 수 있는 동시에 명세서의 기재요건을 충족하였다고 볼 수 있을 것이다(대법원 2001.11.30. 선고 2001후65 판결).

12) 대법원 1992.7.28. 선고 92후49 판결.

13) 예를 들어, 살충작용을 갖는 화합물의 발명의 경우, 청구항에 나타난 화학식의 물질을 생산할 수 있을 뿐만 아니라, 그 화합물이 실제로 살충작용을 나타내지 않으면 아니 될 것이다(사단법인 한국특허법학회 역, 특허판례백선(知財高裁 平成22.1.28. 제10033호 판결의 해설 부분), 박영사, 2014, 136면).

ii) 구체적인 실험 등으로 증명이 되어 있지 않더라도 특허출원 당시의 기술수준으로 보아 통상의 기술자가 발명의 효과의 발생을 충분히 예측할 수 있다면, 위 조항에서 정한 기재요건을 충족한다고 볼 수 있다"라고 하여 실질적 재현설의 취지와 부합한다고 보인다.[14] 발명의 설명에 기재된 효과가 발명으로부터 도출될 수 없음이 명백한 경우에 제42조 제3항 1호 위반이라고 할 것이다.

다만 실질적 재현설을 취하더라도, 문제가 되는 구성요소로 인한 효과가 실제로 발휘되는지를 파악하는 것으로 충분하다고 할 것이고, 효과의 정도가 미미하다고 하여 섣불리 제42조 제3항 1호 위반으로 판단해서는 안 될 것이며, 이는 진보성 판단의 영역에 관한 사항으로 보아야 한다. 즉 통상의 기술자가 발명의 설명의 기재로부터 효과가 우수하다는 것을 인식할 수 있는지 여부가 법 제42조 제3항 1호의 기재요건이고, 발명의 설명에 기재된 효과가 특별하거나 현저한 가치를 가지는 진정한 것인지 여부는 진보성 판단에서 다루어져야 한다(진정성 여부에 다툼이 있는 경우 추후 실험자료 등을 통해 증명하는 것이 가능하다).

② **배경기술을 적을 것**(제42조 제3항 2호)

구 특허법(2007.1.3. 법률 제8197호로 개정되기 전의 것) 제42조 제3항은 "발명의 상세한 설명에는 그 발명이 속하는 기술분야에서 통상의 지식을 가진 자가 용이하게 실시할 수 있을 정도로 그 발명의 목적·구성 및 효과를 기재하여야 한다"라고 규정하고 있었고, 위 법 시행당시 특허법 시행규칙 제21조 제2항은 그 별지 제11호 서식에 따라 '발명(고안)의 상세한 설명' 중 '발명(고안)의 목적'에 '종래기술의 문헌 정보'와 '발명(고안)이 속하는 기술분야 및 그 분야의 종래기술'을 기재하도록 정하였다. 당시 심사지침은 "발명의 배경이 되는 종래기술에 대하여 그 내용을 구체적으로 기재하여야 하며, 문헌이 있는 경우에는 원칙적으로 문헌명도 함께 기재하여야 한다"라고 규정하면서,[15] '종래기술이 기재되어 있지 않거나 불명료한 경우'를 발명의 상세한 설명 기재불비 유형으로 제시하고 있었다.[16] 다만 같은 취지의

---

14) '물건의 발명'의 경우 그 발명의 '실시'라고 함은 그 물건을 생산, 사용하는 등의 행위를 말하므로, 그 발명의 청구범위에 특정된 물건 전체의 생산, 사용 등에 관하여 위와 같은 정도의 명세서 기재가 없는 경우에는 위 조항에서 정한 기재요건을 충족한다고 볼 수 없다. 따라서 구성요소의 범위를 수치로써 한정하여 표현한 물건의 발명에서도 그 청구범위에 한정된 수치범위 전체를 보여주는 실시예까지 요구되는 것은 아니지만, 통상의 기술자가 출원 시의 기술 수준으로 보아 과도한 실험이나 특수한 지식을 부가하지 않고서는 명세서의 기재만으로 위 수치범위 전체에 걸쳐 그 물건을 생산하거나 사용할 수 없는 경우에는, 위 조항에서 정한 기재요건을 충족하지 못한다고 보아야 한다(대법원 2015.9.24. 선고 2013후518 판결).

15) 특허청, 특허·실용신안 심사지침서(2006년판), 4111면 이하 참조.

16) 위의 심사지침서, 4115면 이하 참조.

실용신안법령 규정 아래서 대법원 1986.9.9. 선고 85후68 판결은 "일반적으로 설명서 또는 도면에 신규의 기술방법에 관한 기재를 누락한 것이 아니라 단지 종래의 공지된 기술방법의 기재를 누락한 것에 지나지 아니하여 그 기재누락 여부에 불구하고 그 고안이 속하는 기술분야에서 통상의 지식을 가진 자는 누구나 용이하게 실시할 수 있을 정도라면 등록고안의 목적, 구성, 작용 및 효과를 기재한 것이라고 할 것이어서 그 등록을 무효로 할 수는 없다고 봄이 상당하다"라고 판시하여, 종래기술 미기재 자체만으로 명세서 기재불비 사유가 되지는 아니함을 밝혔다.

위 구 특허법 제42조 제3항은 2007년 1월 3일 법률 제8197호로 개정되면서 "발명의 상세한 설명에는 그 발명이 속하는 기술분야에서 통상의 지식을 가진 자가 그 발명을 쉽게 실시할 수 있도록 산업자원부령이 정하는 기재방법에 따라 명확하고 상세하게 기재하여야 한다."라고 변경되었고,[17] 이에 맞추어 2007년 6월 29일 개정된 특허법 시행규칙 제21조 제2항은 그 별지 제15호 서식에 따라 '발명(고안)의 상세한 설명' 중 '발명(고안)의 목적'이 아니라 '기술분야' 다음에 독립된 항목으로 '배경기술'을 기재하도록 정하였다.[18] 당시 심사지침은 '배경기술' 기재방법에 관하여 "종래의 기술을 기재하고, 출원인이 종래기술의 문헌 정보를 알고 있는 때에는 이를 함께 기재한다"라고 규정하였는데, 종전 지침과는 달리 배경기술의 미기재를 기재불비 유형으로 기재하고 있지는 않다.[19]

그런데 2011년 5월 24일 법률 제10716호로 개정된 특허법 제42조 제3항은 종전의 규정내용을 1호에 규정하면서 2호를 신설하여 "그 발명의 배경이 되는 기술을 기재할 것"을 발명의 상세한 설명 기재요건으로 명시하였다.[20] 법률로 정한 기재요건이 되었으므로 명세서에 배경기술이 기재되어 있지 않으면 거절이유가 된다(특허법 제62조 4호가 제42조 제3항 위반을 거절이유로 열거한다).[21] 다만 배경기술 미기재 상태로 등록되더라도 무효사유로는 되지 않는다(특허법 제133조 제1항 1호가 제42조 제3항 2호 위반은 무효사유로 열거하지 않는다). 이에 맞추어 2011년 6월 23일 개정된 특허법 시행규칙 별지 15호 서식은 '발명(고안)의 배경이 되는 기술'을 기재하는 외에 '선행기술문헌'이라는 항목으로 그 문헌 정보를 '가급적' 기재하되 이를 '특허문헌'과 '비특허문헌'으로 구분하여 기재하도록 정하였다.[22]

---

17) 위 개정법 시행일인 2007.7.1. 후 출원하는 특허출원부터 적용한다(위 개정법 부칙 제1조, 제2조).

18) '종래기술' 대신 '배경기술'로 용어를 바꾸었고, '문헌 정보' 기재에 대한 언급이 없어졌다. 다만 위 별지 제15호 서식의 기재요령에는 '문헌 정보'를 기재하도록 권고하고 있다.

19) 특허청, 특허 · 실용신안 심사지침서(2007년판), 4110~1면 이하 참조.

20) 위 개정법 시행일인 2011.7.1. 후 출원하는 특허출원부터 적용한다(위 개정법 부칙 제1항, 제2항).

21) 위와 같은 법률 내용은 이후 약간의 자구수정만 거쳐 현행법에도 유지되고 있다.

22) 약간의 자구수정이 있을 뿐 현행 시행규칙에서도 마찬가지이다.

또한 심사기준도 개정되어 배경기술 기재 요건과 거절이유로 되는 경우 등에 관하여 아래와 같은 규정이 마련되었다.[23] 발명의 배경이 되는 기술(배경기술)이란 발명의 기술상의 의의를 이해하는 데에 도움이 되고 선행기술 조사 및 심사에 유용하다고 생각되는 종래의 기술(종래기술)을 말한다.[24] 출원인은 '발명의 설명'의 '발명의 배경이 되는 기술' 항목에 배경기술의 구체적 설명을 기재해야 하고, 가급적 그러한 배경기술이 개시된 선행기술문헌 정보도 기재해야 한다. 선행기술문헌 정보는 특허문헌의 경우 발행국, 공보명, 공개번호, 공개일 등을 기재하고, 비특허문헌의 경우 저자, 간행물명(논문명), 발행처, 발행연월일 등을 기재한다.[25] 기존의 기술과 전혀 다른 신규한 발상에 의해 개발된 발명이어서 배경기술을 특별히 알 수 없는 경우에는, 인접한 기술분야의 종래기술을 기재하거나 적절한 배경기술을 알 수 없다는 취지를 기재함으로써 해당 발명의 배경기술 기재를 대신할 수 있다.[26] 배경기술의 기재가 부적법하여 거절이유 통지의 대상이 되는 유형으로는 '배경기술을 전혀 적지 않은 경우', '특허를 받고자 하는 발명과 관련성이 없는 배경기술만을 적은 경우', '청구범위에는 기재되지 않고 발명의 설명에만 기재된 발명의 배경기술을 적은 경우', '기초적인 기술에 불과하여 발명의 배경기술을 적은 것으로 볼 수 없는 경우' 등이 있다.[27]

2) 기재방법요건(제42조 제9항)

① 의 의 발명의 설명에는 i) 발명의 명칭, ii) 기술분야, iii) 발명의 배경이 되는 기술, iv) 발명의 내용, v) 도면의 간단한 설명, vi) 발명을 실시하기 위한 구체적인 내용 및 vii) 그 밖에 그 발명이 속하는 기술분야에서 통상의 지식을 가진 사람이 그 발명의 내용을 쉽게 이해하기 위하여 필요한 사항을 포함하여야 한다. 다만, ii), iv), v) 및 vii)의 사항은 해당하는 사항이 없는 경우에는 그 사항을 생략할 수 있다(제42조 제9항, 시행규칙 제21조 제3항 · 제4항). 이와 같이 발명의 설명의 기재방법을 규정하여, 다양하고 편리하게 발명의 설명을 적을 수 있도록 함으로써 출원인의 편익을 도모함

23) 특허청은 2014년 종전의 심사지침서를 심사기준으로 명칭 변경하고 예규화하는 작업을 추진하여 2014.7.1. 특허청예규 제76호로 특허 · 실용신안 심사기준을 제정하였다. 배경기술 기재에 관하여는 심사지침서 시절 2013년에 최종 개정되었는데 그 내용이 심사기준에 반영되어 2018.8.1. 특허청예규 제104호에 이르고 있으므로 이하에서는 위 심사기준의 해당 부분 주요 내용을 인용한다.

24) 특허청, 특허 · 실용신안 심사기준(특허청 예규 제131호), 2023, 2315면 참조.

25) 위의 심사기준, 2315~2316면.

26) 위의 심사기준, 2316면.

27) 위의 심사기준, 2316~2317면.

과 동시에[28] 특허협력조약에서 규정한 기재형식과 일치시킴으로써 국내출원을 한 후 이를 바탕으로 쉽게 국제출원을 할 수 있게 하였다. 한편, 2020년 3월 30일에 시행된 특허법 시행규칙(산업통상자원부령 제368호) 제21조 제5항과 제6항에서는 청구범위제출유예제도를 이용하는 경우에, 출원서에 취지를 기재한다면 형식적 기재방법을 따르지 않고 발명의 설명을 적은 명세서(임시 명세서)를 제출할 수 있도록 하고, 임시명세서를 보정할 때 보정서에 형식적 기재방법을 따른 명세서, 요약서 및 필요한 도면을 첨부하여 특허청장에게 제출하도록 하였다. 이는 형식적 기재방법에 맞추어 명세서를 작성하는 데 상당한 시간이 소요됨에 따라 출원이 지연되는 문제점을 해결하기 위함이다.

② 발명의 명칭 '발명의 명칭'란에는 발명의 명칭이 발명의 표제일 뿐만 아니라 출원발명을 분류하여 기술분야를 특정하고 정리·검색을 쉽게 하려고 적는 것이기 때문에, 발명내용을 고려하여 카테고리가 구분되도록 간단·명료하게 적는다. 발명의 기술분야는 발명의 명칭뿐만 아니라 발명의 구성 및 효과 등을 모두 감안하여 결정하게 되나 일반적으로 발명의 명칭을 주로 참조하여 결정하고 있다.

③ 기술분야 '기술분야'란에는 특허를 받으려는 발명의 기술분야를 명확하고 간결하게 적어야 한다.[29] 기술분야를 적어도 1개 이상 적어야 하나, 명시적 기재가 없더라도 통상의 기술자가 기술상식으로 그 발명이 속하는 기술분야를 이해할 수 있을 때에는 적지 아니하여도 된다. 출원인이 발명이 속하는 특허분류(IPC, CPC)를 알고 있는 경우에는 참조하여 적을 수 있다.

④ 배경기술 '배경기술'란에는 발명의 이해, 조사 및 심사에 유용하다고 생각되는 종래의 기술을 명시한다. 다만, 종래기술과 전혀 다른 신규한 발상에 의하여 개발된 발명으로 배경이 되는 기술을 알 수 없는 경우에는 그 취지를 기재함으로써 배경기술 기재를 대신할 수 있다.[30]

---

28) 이는 IT, BT, NT 등 새로운 기술분야가 등장하였고, 이러한 기술들이 기존의 기술들과 복합되어 발달되면서 발명의 내용을 종전의 출원서 형식에 맞출 수 없는 경우가 발생하고 있어 발명을 권리로 설정하는데 장애요인으로 작용하고 있음을 감안한 것이다. 예를 들어, 종래기술과 전혀 다른 신규의 발상으로 개발된 개척발명의 경우에는 종래기술의 문제점을 해결(목적에 해당)하기 위해 개발된 것이 아니어서, 목적이나 종래기술에 비해 상승된 효과를 기재하기 곤란하였다. 또한, 시행착오 결과에 의한 발견으로부터 얻어지는 발명(신규화합물질, 바이오기술의 성과물 등)의 경우에는 목적 및 효과의 관점보다는 발명의 구조, 용도, 유용성 등의 관점에서 기술하는 것이 그 발명을 이해하기에 더 쉬운 경우가 있다.

29) 예를 들면, 「본 발명은 …… 하기 위한 …… 에 관한 ……… 것이다.」와 같이 적어야 한다.

30) 배경기술의 기재가 부적법한 예로는 i) 배경기술을 전혀 적지 않는 경우, ii) 특허를 받고자 하는 발명에 관한 배경기술이 아닌 경우, iii) 기초적인 기술에 불과하여 배경기술을 적은 것으로 볼

문제가 되는 것은 배경기술(종래기술)에 기재된 경우 이를 신규성, 진보성을 부정하는 공지기술로 볼 수 있느냐는 것이다.[31] 기존 대법원 2005.12.23. 선고 2004후2031 판결 등은 특별한 사정이 없는 한 공지기술로 보아야 한다는 입장이었으나, 대법원 2017.1.19. 선고 2013후37 전원합의체 판결은 이러한 종래의 판결을 변경하면서 명세서에 배경기술로 기재되어 있다고 하여 그 자체로 공지기술로 볼 수 없다고 판시하였다. 이는 출원 전 공지된 것인지는 사실인정의 문제인데 배경기술이라는 항목(명세서의 기재형식)에 기재했다는 것에 근거하여 공지기술로 간주하는 태도는 객관적 진실에 반하는 결과를 낳을 수 있고, 더욱이 배경기술이란 공개 여부는 묻지 않고 출원 전 존재한 기술을 말하는 것이기 때문이다. 예를 들어, 실제로는 출원 당시 아직 공개되지 아니한 선출원발명이나 출원인의 회사 내부에만 알려져 있었던 기술을 배경기술에 기재할 수 있는데, 이를 공지기술이라고 단정할 수는 없는 것이다.

⑤ 발명의 내용 '발명의 내용'란은 원칙적으로 해결하고자 하는 과제, 과제 해결 수단 및 효과란으로 구분하여 적는다. 다만, 구분하여 기재하기 어려운 경우에는 별도로 나누어 적지 아니하여도 된다.

'해결하고자 하는 과제'란에는 배경기술(종래기술)의 문제점을 분석하여 그 문제점으로부터 발명이 해결하려는 과제를 배경기술과 관련하여 적는다.

'과제 해결 수단'란에는 청구항에 기재된 발명에 의하여 어떻게 해당 과제가 해결되었는지를 적는다. 일반적으로는 청구항에 기재된 발명이 해결수단 그 자체가 되므로 청구항에 기재된 발명을 기재하면 된다.

'효과'란에는 특허를 받으려는 발명이 배경기술과 관련하여 가지는 유리한 효과를 적는다. 발명의 설명에 기재된 효과는 그 발명의 신규성, 진보성의 존재를 추인하는 하나의 요소로 될 수 있으므로 출원인이 아는 한도 내에서 충분히 적을 필요가 있다.

⑥ 도면의 간단한 설명 출원된 발명을 설명하는 데 필요한 경우, 명세서에 기재된 발명의 구성을 보다 잘 이해할 수 있도록 보충하기 위해 도면을 첨부할 수

수 없는 경우 등이 있다(특허청, 특허청, 특허 · 실용신안 심사기준(특허청 예규 제131호), 2023, 2316~2317면).

31) 「공지기술」이란 특허출원 전 공개된 기술을 의미하고, 「배경기술(종래기술)」이란 특허출원 전 공지 여부를 불문하고 존재한 기술을 의미한다. 한편, 「선행기술」이란 해당 특허출원의 특허요건의 심사를 위해 인용된 기술을 의미한다(박태일, "출원경과 중 출원인이 공지기술이라는 취지로 전제부에 기재한 구성요소의 평가", 사법(40호), 사법발전재단(여름호), 2017, 350~351면).

있다.[32] 도면을 첨부한 경우에는 '도면의 간단한 설명란'을 만들고 도면 각각에 대하여 각 도면이 무엇을 표시하는가를 예를 들면, '도1은 전체를 조립한 평면도, 도2는 어느 부분을 보인 정면도, 도3은 어느 부분의 종단면도'와 같이 기재하여야 한다.[33] 또한 '부호의 설명란'에는 도면의 주요 부분을 나타내는 부호들에 대한 설명을 기재한다. 해당 부호들은 발명의 설명 및 도면에 같이 기재하여야 하며, 청구범위를 적을 경우에도 가급적 해당 부호를 병기하는 것이 바람직하다.[34)]

⑦ **발명을 실시하기 위한 구체적인 내용** '발명을 실시하기 위한 구체적인 내용'란에는 통상의 기술자가 그 발명이 어떻게 실시되는지를 쉽게 알 수 있도록 그 발명의 실시를 위한 구체적인 내용을 적어도 하나 이상, 가급적 여러 형태로 적는다. 필요한 경우에는 '실시예'란을 만들어 기재하고, 도면이 있으면 그 도면을 인용하여 적는다.

대법원 2003.2.26. 선고 2001후1617 판결

[발명의 설명이 특허법 제42조 제3항 소정의 명세서 기재요건에 위배된다고 한 사례]

명칭을 "소수력 발전을 위한 하수처리장 방류수의 이용방법"으로 하는 이 사건 출원발명의 1999.6.23.자 명세서 등 보정서에는 폐수 및 하수 처리장에서 처리된 물의 자원을 활용하여 유실되고 있는 에너지 자원을 회수, 재활용함으로써 자원의 재생효과와 전력수급에 기여하고자 한다는 발명의 목적과 하수처리장의 방류수를 거의 무기한 사용할 수 있고, 댐 조성에 따른 공사비를 절감할 수 있으며, 조력발전의 경우보다 훨씬 양호한 내구성을 유지할 수 있다는 발명의 효과를 기재해 놓았지만, 이러한 발명의 목적을 달성하기 위한 기술적 구성으로 하수처리장 방류지점의 연결수로와 터빈을 나열하고, 그 실시예로 소수력 발전 추정 제원 검토에 따른 정격낙차, 사용수량, 수차의 종류와 출력 및 연간 발전량 등을 기재하는 외에 단순히 소수력 발전의 원리 정도만 기재하였을 뿐, 더 나아가 발전을 위한 방류수의 저장 또는 유도에 대한 기술구성, 하수처리장과 연결수로와의 관계, 위치 조건에 적합한 수차 선정을 위한 기술적 내용, 수차와 전력을 생산하는 발전설비와의 결합관계 등의 소수력 발전을 위한 구체적 구성과 개개의 구성 사이의 작용관계를 방법발명에 적합하도록 시계열적으로 기재하지 않았으므로 이 사건 출원발명의 기술분야에서 통상의 지식을 가진 자가 상세한 설명에 기재되어 있는 구성만으로 하수처리장의 방류수를 이용하여 발전을 할 수 있다고 보이지 않는다고 한 다음, 이 사건 출원발명의 위 일자 보정서의 상세한 설명은 특허법

32) 특허출원은 필요한 경우에만 도면을 첨부하도록 규정하고 있으나, 실용신안등록출원의 경우에는 반드시 도면을 첨부하여야 한다.

33) 특허청, 특허 · 실용신안 심사기준(특허청 예규 제131호), 2023, 2206면 참조.

34) 특허법 시행규칙 별지 15호 서식(명세서) 참조.

제42조 제3항이 정하고 있는 명세서 기재요건에 위배된 것이라는 취지로 판단하였다.

특허법원 2000.1.20. 선고 99허4361 판결

[명세서 기재불비여부에 대한 판단]

이 건 특허에서의 면삭공정에 관한 명세서의 기재는 그 기술적 구성에 관한 기재가 불분명하여 통상의 기술자가 용이하게 실시할 수 있을 정도로 기재하지 못한 것이라고 할 것이고, 이와 같은 면삭공정은 제2, 3, 4항 발명의 모두에 포함되어 있는 첫 단계의 공정이고 또한 생략될 수 없는 필수적인 공정이라고 할 것이므로, 위 면삭공정에 관한 명세서의 기재가 불명료하여 통상의 기술자가 용이하게 실시할 수 없다고 인정되는 이상, 나머지 공정의 명세서 기재불비여부나 원고들이 주장하는 다른 무효사유에 관하여 나아가 판단할 필요 없이 이건 특허의 제2항 내지 제4항 발명은 그 명세서가 특허법 제42조 제3항의 명세서 기재요건을 위반한 것이어서 같은 법 제133조 제1항 1호의 규정에 의하여 그 등록이 무효로 되어야 할 것이다.

대법원 2001.11.13. 선고 99후2396 판결

[명세서 기재불비에 대한 판단(부정)]

구 특허법(1990.1.13. 법률 제4207호로 전문 개정되기 전의 것, 이하 같다) 제8조 제3항에 의하면, 특허출원서에 첨부하여 제출하여야 하는 명세서에 기재될 발명의 상세한 설명에는 그 발명이 속하는 기술분야에서 통상의 지식을 가진 자가 용이하게 실시할 수 있을 정도로 그 발명의 목적 · 구성 · 작용 및 효과를 기재하여야 한다고 규정되어 있는 바, 이와 같은 규정의 취지는 특허출원된 발명의 내용을 제3자에게 공개하여 특허권으로 보호받고자 하는 기술적 내용과 범위를 명확하게 하기 위한 것이며, 위 규정상 '그 발명이 속하는 기술분야에서 통상의 지식을 가잔 자가 용이하게 실시할 수 있을 정도'라 함은 그 출원에 관한 발명이 속하는 기술분야에서 보통 정도의 기술적 이해력을 가진 자, 평균적 기술자가 해당 발명을 명세서 기재에 의해서 출원시의 기술수준으로 보아 특수한 지식을 부가하지 않고서도 정확하게 이해할 수 있고 동시에 재현할 수 있는 정도를 뜻하는 것이라고 할 것이다(대법원 1999.12.10. 선고 97후2675 판결 참조). ……(중략)…… 이 사건 연구보고서와 당사자 사이에 다툼이 없는 실물실험결과를 종합하면, 이 사건 특허발명의 상세한 설명의 내용이 자연법칙에 위배되는 내용을 기재하고 있는 것이 아니라고 할 것이므로, 비록 이 사건 특허발명의 상세한 설명에 유도관(3)(4)에서 발생되는 자력선이 용수관 내부를 흐르는 유체의 흐름방향에 대해서 직각이 되게 180° 직선으로 유도되게 하는 작용원리에 대해 구체적인 기재가 없어 다소 미흡한 점이 있으나, 상세한 설명에 기재된 발명의 구성 그대로 실시할 경우에 그러한 작용효과가 있다고 보여지므로 이 사건 특허발명의 상세한 설명에 그 발명이 무효로 될 정도로 기재불비가 있다고 볼 수는 없다고 할 것이다.

특허법원 2001.3.15. 선고 2000허2736 판결

[명세서 기재불비에 대한 판단(인정)]

이 사건 특허의 유일한 실시예에 의하면 경소 마그네시아 슬러리의 농도가 60% 이상인 경우는 수산화마그네슘 슬러리의 제조가 불가능함은 앞서 본 바와 같으므로 이 사건 특허의 청구범위 제1항 및 제1항에 사용되는 경소 마그네시아의 입도, 안정제의 종류, 분산제의 종류를 한정하는 종속항으로 되어 있는 이 사건 특허의 청구범위 제2, 3, 4항은 이와 같은 종속항에 기재되어 있는 구체적인 재료를 사용한 실시예와 같은 내용이므로 이 사건 특허의 청구범위 전부는 모두 발명의 상세한 설명에 의하여 뒷받침된다고 할 수 없다(일반적으로 경소 마그네시아의 입도가 작을수록 수화반응 및 습식분쇄가 용이하다고 할 것인바, 을1, 2호증의 기재에 의하면 위의 두 재현실험에서는 200메시의 경소 마그네시아를 사용하면서도 이 사건 특허가 목적하는 유동성이 있는 수산화마그네슘수화물 슬러리를 제조할 수 없었다). 이 사건 특허는 명세서의 상세한 설명에서 통상의 기술자가 용이하게 실시할 수 있도록 실시예가 기재되어 있지 않고, 그 결과 청구범위가 상세한 설명에 의하여 뒷받침되지도 못하는 것으로서 특허법 제42조 제3항 및 제4항에 기하여 무효로 되어야 할 것이다.

특허법원 2001.12.28. 선고 2000허7649 판결

[명세서 기재불비에 대한 판단(인정)]

이 사건 등록고안 제1항의 주요 구성요소에 해당되는 매개부재는 그에 관한 구체적인 내용이 제시되어 있지 않은 채, 그 물질의 성질 또는 그 물질을 통해 이루고자 하는 목적 정도만이 기재되어 있는 구성요소이며, 이러한 정도로 기재된 명세서의 내용만으로는 해당 기술분야의 평균적 기술자가 출원시의 기술수준으로 보아 특수한 지식을 부가하지 않고서도 그 고안을 정확하게 이해할 수 있고 동시에 재현할 수 있다고 볼 수 없다. 이 사건 등록고안 제2, 3항은 제1항의 종속항으로서 매개부재를 분포시키는 형태를 달리하도록 구성된 고안들이나, 이들 청구항의 경우에도 명세서의 상세한 설명에 매개부재에 관한 구체적인 사항이 기재되어 있지 않을 뿐만 아니라, 또한 기재불비에 해당되는 1항을 인용하고 있으므로, 이 사건 등록고안 제2, 3항도 제1항과 동일하게 기재불비의 무효사유가 있다.

특허법원 1999.9.30. 선고 99허3177 판결

[화학분야의 명세서]

특허법이 화학분야에 관한 발명의 출원명세서에 특별히 실시예를 기재하여야 함을 규정하고 있지는 아니하나, 화학분야의 발명은 다른 분야의 발명과 달리 직접적인 실험과 확인, 분석을 통하지 아니하고는 그 발명의 실체를 파악하기 어렵고 또한 그에 따른 효과를 예측하기 곤란한 경우가 많으므로, 이러한 경우에는 명세서에 특정의 출발물질, 온도, 압력, 유입, 유출량 등 해당 발명을 실시하는데 필요한 구체적인 반응조건과 공정하에서 직접 실시한 결과인 실시예를 기재하는 것이 요구된다고 할 것이다.

대법원 1991.11.12. 선고 90후2256 판결

[미생물발명의 명세서]

구 특허법 시행령 제1조 제2항에서 미생물을 이용한 발명에 있어서 출원인에게 이용 미생물을 기탁하도록 한 취지는 그 미생물 자체가 특허청구의 범위에 속한 경우에 한정되는 것이 아니고 그 미생물 자체가 특허청구의 범위에 속하는 것은 아니지만 그 명세서에 의하여 특허청구 범위를 재현할 수 있기 위해서는 미생물을 반드시 이용하여야 하는 경우에도 그 발명의 분야에서 통상의 기술을 가진 자의 실시가능성 및 반복가능성을 확보하기 위해서는 그 미생물은 반드시 필요하다 할 것이므로 이러한 경우에도 이용 미생물의 기탁요건을 충족시켜야 한다는 것으로 볼 것인바, 본원 발명의 특허청구의 범위(최종적으로 정리된 것) 기재에 의하면 본원발명은 출발 DNA를 플라스미드에 재조합한 다음 숙주세포를 형질 전환시켜 생성한 폴리펩티드를 제조해 내는 방법 그 폴리펩티드로 생성한 약학적 조성물 등 플라스미드와 숙주세포를 이용하여 재조합 및 형질전환시켜서 생성되는 물질 및 제조방법 등이 청구범위에 포함되어 있음을 알 수 있으며 이와 같은 청구범위를 실시하기 위해서는 반드시 플라스미드 및 숙주세포의 기탁요건을 충족하여야 한다고 할 것이다.

특허법원 2000.3.30. 선고 99허1263 판결

[유전공학발명의 명세서]

이 사건 출원발명의 청구범위 제1 내지 3항, 제5 내지 18항에 기재된 올리고뉴클레오티드는 변형된 뉴클레오티드를 이용하는데 특징이 있는 발명이라 할 것인데, 을 제1호증의 1, 2, 3의 기재에 의하면 특정한 염기서열을 가지고 있는 변형된 올리고뉴클레오티드는 자동화된 DNA합성기를 이용하면 쉽게 합성할 수 있는 사실이 인정되고, 표적 유전자(DNA 또는 RNA)가 정해지면 그 표적 유전자에 상보적인 염기서열은 쉽게 정해지는 것이므로 이 사건 출원발명의 대상이 되는 올리고뉴클레오티드의 염기서열을 청구범위의 항에 구체적으로 기재해 놓지 않았다는 사정만으로 그 청구범위가 특정되지 않은 것이라고 할 수는 없다.

특허법원 2001.12.28. 선고 2000허297 판결

[유전공학발명의 명세서]

하이브리도마를 숙주동물의 복막 내에 넣어 복막 내에서 병원체에 대한 단일클론 항체 시료를 얻고 있는데, 많은 수의 항체 생산 B세포, 골수종의 세포 및 하이브리도마가 관여하여 원하는 소수의 하이브리도마를 얻는 과정을 거치게 되므로 많은 실험과 시행착오를 거쳐야 할 뿐 아니라, 극미의 세계에 존재하는 미생물의 성질상 사소한 조건에 의해서도 결과에 영향을 미치는 것이므로 통상의 기술자가 용이하게 실시할 수 있기 위해서는 명세서에 항체 생산 세포(하이브리도마)의 제조방법 및 선택·채취 방법, 모노클로날 항체의 확인수단(항원과의 반응성, 비반응성)등이 기재되어야 할 것이다.

대법원 2001.11.30. 선고 2001후65 판결

[의약품발명의 명세서]

일반적으로 기계장치 등에 관한 발명에 있어서는 특허출원의 명세서에 실시예가 기재되지 않더라도 통상의 기술자가 발명의 구성으로부터 그 작용과 효과를 명확하게 이해하고 용이하게 재현할 수 있는 경우가 많으나, 이와는 달리 이른바 실험의 과학이라고 하는 화학발명의 경우에는 해당 발명의 내용과 기술수준에 따라 차이가 있을 수는 있지만 예측가능성 내지 실현가능성이 현저히 부족하여 실험데이터가 제시된 실험예가 기재되지 않으면 통상의 기술자가 그 발명의 효과를 명확하게 이해하고 용이하게 재현할 수 있다고 보기 어려워 완성된 발명으로 보기 어려운 경우가 많고, 특히 약리효과의 기재가 요구되는 의약의 용도발명에 있어서는 그 출원 전에 명세서 기재의 약리효과를 나타내는 약리기전이 명확히 밝혀진 경우와 같은 특별한 사정이 있지 않은 이상 특정 물질에 그와 같은 약리효과가 있다는 것을 약리데이터 등이 나타난 시험예로 기재하거나 또는 이에 대신할 수 있을 정도로 구체적으로 기재하여야만 비로소 발명이 완성되었다고 볼 수 있는 동시에 명세서의 기재요건을 충족하였다고 볼 수 있을 것이며, 이와 같이 시험예의 기재가 필요함에도 불구하고 최초 명세서에 그 기재가 없던 것을 추후 보정에 의하여 보완하는 것은 명세서에 기재된 사항의 범위를 벗어난 것으로서 명세서의 요지를 변경한 것이라 할 것이다.

대법원 2015.4.23. 선고 2013후730, 2015후727 판결

약리효과의 기재가 요구되는 의약의 용도발명에서는 그 출원 전에 명세서 기재의 약리효과를 나타내는 약리기전이 명확히 밝혀진 경우와 같은 특별한 사정이 없다면 특정 물질에 그와 같은 약리효과가 있다는 것을 약리데이터 등이 나타난 시험 예로 기재하거나 또는 이에 대신할 수 있을 정도로 구체적으로 기재하여야만 명세서의 기재요건을 충족하였다고 볼 수 있다. 약리효과의 기재가 요구되는 의약의 용도발명에서 약리데이터 등이 나타난 시험 예 또는 이에 대신할 수 있을 정도의 구체적인 사항의 기재가 필요함에도 최초 명세서에 그 기재가 없었다면, 이를 보완하는 보정은 명세서에 기재된 사항의 범위를 벗어나는 것으로 되어 허용되지 아니하므로, 위와 같은 명세서의 기재요건 위반은 보정에 의하여 해소될 수 있는 기재불비 사유가 아니다.

서울중앙지방법원 2021.9.30. 선고 2018가합542057 판결

[투여용법・투여용량을 부가한 의약용도발명의 명세서 기재요건]

명세서 중 발명의 설명은 통상의 기술자가 그 발명을 쉽게 실시할 수 있도록 명확하고 상세하게 적어야 한다(특허법 제43조 제3항 제1호). 동일한 의약이라도 투여용법・투여용량의 변경에 따라 약효의 향상이나 부작용의 감소 또는 복약 편의성의 증진 등과 같이 질병의 치료나 예방 등에 예상하지 못한 효과를 발휘할 수 있고, 의약이 부작용을 최소화하면서 효능을 온전하게 발휘하기 위해서는 투여용법과 투여용량을 적절하게 설정할 필요가 있어 투여용법・투여용량은 의약물질이 가지는 특정의 약리효과라는 미지의 속성의 발견에 기초하여 새로운 쓰임새를 제공하는 구성요소로서의 의미를 갖는다(대법원 2015.5.21. 선고 2014후768 전원합의체판결 참조). 따라서 투여용법・투여용량을 부가한 의약용도발명에서는 그 출원 전에 명세서 기재의 투여용법・투여용량으로써 발휘될 수 있는 약리기전이 명확히 밝혀진 경우와 같은 특별한 사정이 없다면 특정 투여용법・투여용량에 그와 같은 약리효과가 있다는 것을 약리데이터 등이 나타난 시험예로 기재하거나 또는 이에 대신할 수 있을 정도로 구체적으로 기재하여야만 명세서의 기재요건을 충족하였다고 볼 수 있다.

특정 유효성분을 개시하고 그 약리효과를 정성적으로 기재한 것만으로는 통상의 기술자가 당해 의약용도발명을 쉽게 실시할 수 없다고 본 일련의 대법원판결들은 예측가능성 또는 실현가능성이 현저히 부족한 의약용도발명의 본질적 특성상 실험데이터 등이 기재되지 않으면 통상의 기술자가 그 의약용도발명의 효과를 명확하게 이해하고 용이하게 재현할 수 있다고 보기 어렵다는 점을 근거로 한다. 이러한 본질적 특성으로 인하여 의약용도발명에서는 단순히 특정 유효성분을 개시하고 그 약리효과를 정성적으로 기재한 것만으로는 통상의 기술자로서는 과연 당해 의약용도발명이 진정으로 완성된 것인지조차 알기 어렵다. 특허권자가 어떤 이유로 특정 유효성분이 그러한 약리효과를 가진다고 결론을 내렸는지 그 과정을 확인하여야 비로소 당해 의약용도발명을 이해하고 실시할 수 있게 된다. 이 때문에 개발한 기술의 내용을 성실히 공개하고 그 대가로 독점배타권인 특허권을 부여받는다는 특허제도의 기본원리가 실현되려면 약리효과의 기재가 요구되는, 즉 의약물질과 함께 의약용도 자체도 발명의 구성요소로 하는 물건발명인 의약용도발명에서는 그 출원 전에 명세서 기재의 약리효과를 나타내는 약리기전이 명확히 밝혀진 경우와 같은 특별한 사정이 없다면 특정 물질에 그와 같은 약리효과가 있다는 것을 약리데이터 등이 나타난 시험예로 기재하거나 또는 이에 대신할 수 있을 정도로 구체적으로 기재하여야만 명세서의 기재요건을 충족하였다고 본 것이다.

그리고 위와 같은 명세서의 기재요건 위반은 보정에 의하여 해소될 수 있는 성격의 것이 아니라고 보는 태도는, 선출원주의에 따라 먼저 출원한 사람에게 우선적으로 특허권을 받을 수 있는 자격을 주는 법제상, 만일 출원 당시의 명세서에 이러한 과정까지 설명하지 않더라도 보정으로 그 흠결이 치유될 수 있도록 허용한다면, 일단 추상적인 예측결과만으로 특허출원을 한 다음 사후에 그러한 확인 과정을 거친 사람이 그보다 앞서 확인 과정을 수행하느라 특허출원이 늦어진 사람보다 우선하여 특허권을 인정받게 되는 부당한 결과가 발생하기 때문이다(모인출원이 있었던 경우가 아니라면 일반적으로는 누가 진정으로 당해 의약용도발명을 완성한 사람인지를 사후에라도 가려내어 그 사람에게 특허권을 부여할 수 있는 법제가 아니기 때문이다).

이러한 성격은 투여용법 · 투여용량이 구성요소로 부가된 경우에도 마찬가지로 드러난다. 대법원 2015.5.21. 선고 2014후768 전원합의체판결이 투여용법 · 투여용량을 발명의 구성요소로 인정하는 의미에 관하여 설시한 바와 같이, 의약으로 사용될 수 있는 물질은 사용태양에 따라서 약(藥)이 될 수도 있고 독(毒)이 될 수도 있는 양면성을 가지고 있다. 동일한 유효성분이라고 하더라도 적절한 투여용법과 투여용량으로 사용되면 질병의 치료나 예방 등에 효과를 발휘하지만 과도하거나 부적절하게 사용되면 오히려 인체에 해를 끼칠 수 있는 것이다. 따라서 비록 통상의 기술자가 당해 유효성분이 당해 질병에 효능을 발휘할 수 있음을 알고 있다고 하더라도 어떠한 투여용법 · 투여용량으로 투여하더라도 그 유효성분이 그 질병에 효능을 가질 것인지의 여부까지 당연히 알고 있다고 볼 수는 없다.

애초에 특허법 제42조 제3항 제1호가 규정하는 발명의 설명 기재요건은 특허출원된 발명의 내용을 제3자가 명세서만으로 쉽게 알 수 있도록 공개하여 특허권으로 보호받고자 하는 기술적 내용과 범위를 명확하게 하기 위한 것이다(대법원 2011.10.13. 선고 2010후2582 판결, 대법원 2015.9.24. 선고 2013후525 판결 등 참조). 그리고 '물건의 발명'의 경우 그 발명의 '실시'란 그 물건을 생산 · 사용하는 등의 행위를 말하므로, 물건의 발명에서 통상의 기술자가 특허출원 당시의 기술수준으로 보아 과도한 실험이나 특수한 지식을 부가하지 않고서도 발명의 설명에 기재된 사항에 의하여 물건 자체를 생산하고 이를 사용할 수 있고, 구체적인 실험 등으로 증명이 되어 있지 않더라도 특허출원 당시의 기술수준으로 보아 통상의 기술자가 발명의 효과의 발생을 충분히 예측할 수 있다면, 위 조항에서 정한 기재요건을 충족한다고 볼 수 있을 것이다(대법원 2016.5.26. 선고 2014후2061 판결 참조). 그런데 통상의 기술자에 해당하는 제3자가 기존에 알지 못했던 새로운 투여용법 · 투여용량이 기술적 특징으로 부가되어 있는 의약용도발명의 명세서를 보고서 정성적으로만 기재된 당해 발명의 약리효과를 명확하게 이해하기 위하여 제3자 자신이 비로소 실험을 설계하고 수행하여야 한다면, 이는 통상의 기술자가 특허출원 당시의 기술수준으로 보아 과도한 실험이나 특수한 지식을 부가하지 않고서도 발명의 설명에 기재된 사항에 의하여 물건 자체를 생산하고 이를 사용할 수 있고, 구체적인 실험 등으로 증명이 되어 있지 않더라도 특허출원 당시의 기술수준으로 보아 통상의 기술자가 발명의 효과의 발생을 충분히 예측할 수 있는 경우에 해당한다고 평가하기 어렵다.

더구나 제시된 투여용법·투여용량이 해당 유효성분을 투여하는 용법과 용량에 관한 기존의 인식과 괴리되는 것이라면, 예를 들어 투여주기를 줄이기 위하여 통상의 기술자가 알고 있던 안전한 범위를 초과하는 용량의 유효성분을 일시에 투여하도록 한 투여용법·투여용량 구성요소를 제시한 발명이라면, 그런데도 명세서에는 기존의 인식과 다르게 과도한 용량을 일시에 투여하는 구성요소를 기재하였을 뿐 실제로 의미 있는 실험을 수행한 결과 우려할 정도의 부작용이 나타나지 않거나 오히려 부작용이 감소하였다는 정량적 데이터 등에 의한 실증적인 설명조차 없다면, 이러한 명세서를 두고 통상의 기술자가 당해 투여용법·투여용량 발명의 효과를 명확하게 이해하고 용이하게 재현할 수 있다고 보기는 어렵다고 하지 않을 수 없다.

특허법원 2005.11.3. 선고 2004허6521 판결

[선택발명의 명세서에 있어서 효과의 기재요건]

선택발명자는 선행발명에 비하여 이질적인 효과를 가지는 선택발명의 경우에는 그 이질적인 효과의 구체적 내용을 기재하고, 동질이면서 현저한 효과를 가지는 선택발명의 경우에는 선행발명에 비하여 우수한 효과를 객관적으로 인식할 수 있는 적어도 하나의 구체적 대비 결과를 명세서에 제시함으로써, 자신이 선택발명의 출원 당시에 실제로 발명의 완성에 이르렀음을 그 발명이 속하는 기술 분야에서 통상의 지식을 가진 자가 알 수 있도록 해야 한다.

비교대상발명의 하위개념에 해당하는 화합물로 이루어진 선택발명인 특허발명의 제16항 발명에 대하여, 발명의 상세한 설명에 효과의 기재가 불충분하여 명세서의 기재요건을 충족하지 못하였을 경우, 그 등록은 무효로 되어야 한다.

대법원 1996.6.14. 선고 95후1159 판결

[명세서의 기재불비]

명세서 기재의 오류는 해당 분야에서 통상의 지식을 가진 자가 극히 용이하게 알 수 있는 것이어서 그 오기에도 불구하고 평균적 기술자라면 누구나 이 사건 발명을 정정된 내용에 따라 명확하게 이해하고 그 재현할 수 있는 정도에 불과한 것이라고 하더라도 이를 가리켜 명세서의 기재불비가 아니라고 할 수는 없다.

대법원 2012.11.29. 선고 2012후2586 판결

[구 특허법 제42조 제3항에서 정한 '발명이 속하는 기술분야에서 통상의 지식을 가진 이가 용이하게 실시할 수 있을 정도'의 의미 및 발명의 설명의 기재에 오류가 있더라도 통상의 기술자가 청구항에 기재된 발명을 정확하게 이해하고 재현하는 것이 용이한 경우 구 특허법 제42조 제3항 위배 여부(소극)]

구 특허법(2007.1.3. 법률 제8197호로 개정되기 전의 것. 이하 같다) 제42조 제3항은 발명의 설명에는 그 발명이 속하는 기술분야에서 통상의 지식을 가진 이(이하 '통상의 기술자'라고 한다)가 용이하게 실시할 수 있을 정도로 그 발명의 목적·구성 및 효과를 기재하여야 한다고 정하고 있다. 이는 특허출원된 발명의 내용을 제3자가 명세서만으로 쉽게 알 수 있도록 공개하여 특허권으로 보호받고자 하는 기술적 내용과 범위를 명확하게 하기 위한 것이므로, 위 조항에서 요구하는 명세서 기재의 정도는 통상의 기술자가 출원시의 기술수준으로 보아 과도한 실험이나 특수한 지식을 부가하지 아니하고서도 명세서의 기재에 의하여 해당 발명을 정확하게 이해할 수 있고 동시에 재현할 수 있는 정도를 말한다. 여기에서 실시의 대상이 되는 발명은 청구항에 기재된 발명을 가리키는 것이라고 할 것이므로, 발명의 설명의 기재에 오류가 있다고 하더라도 그러한 오류가 청구항에 기재되어 있지 아니한 발명에 관한 것이거나 청구항에 기재된 발명의 실시를 위하여 필요한 사항 이외의 부분에 관한 것이어서 그 오류에도 불구하고 통상의 기술자가 청구항에 기재된 발명을 정확하게 이해하고 재현하는 것이 용이한 경우라면 이를 들어 구 특허법 제42조 제3항에 위배된다고 할 수 없다.

대법원 2015.9.24. 선고 2013후518 판결

[청구범위에 기재된 물성 편차의 수치범위 전체에 걸쳐 생산하거나 사용할 수 있도록 명세서에 기재되지 아니한 발명은 기술적 범위를 특정할 수 없어 권리범위를 인정할 수 없다는 사례]

구 특허법(2007.1.3. 법률 제8197호로 개정되기 전의 것, 이하 같다) 제42조 제3항은 발명의 설명에는 그 발명이 속하는 기술분야에서 통상의 지식을 가진 자(이하 '통상의 기술자'라고 한다)가 용이하게 실시할 수 있을 정도로 그 발명의 목적·구성 및 효과를 기재하여야 한다고 규정하고 있다. 이는 특허출원된 발명의 내용을 제3자가 명세서만으로 쉽게 알 수 있도록 공개하여 특허권으로 보호받고자 하는 기술적 내용과 범위를 명확하게 하기 위한 것이므로, 위 조항에서 요구하는 명세서 기재의 정도는 통상의 기술자가 출원 시의 기술 수준으로 보아 과도한 실험이나 특수한 지식을 부가하지 않고서도 명세서의 기재에 의하여 해당 발명을 정확하게 이해할 수 있고 동시에 재현할 수 있는 정도를 말한다(대법원 2006.11.24. 선고 2003후2072 판결, 대법원 2011.10.13. 선고 2010후2582 판결 등 참조). 그리고 '물건의 발명'의 경우 그 발명의 '실시'라고 함은 그 물건을 생산, 사용하는 등의 행위를 말하므로, 그 발명의 청구범위에 특정된 물건 전체의 생산, 사용 등에 관하여 위와 같은 정도의 명세서 기재가 없는 경우에는 위 조항에서 정한 기재요건을 충족한다고 볼 수 없다. 따라서 구성요소의 범위를 수치로써 한정하여 표현한 물건의 발명에서도 그 청구범위에 한정된 수치범위 전체를 보여주는 실시예까지 요구되는 것은 아니지만, 통상의 기술자가 출원 시의 기술 수준으로 보아 과도한 실험이나 특수한 지식을 부가하지 않고서는 명세서의 기재만으로 위 수치범위 전체에 걸쳐 그 물건을 생산하거나 사용할 수 없는 경우에는, 위 조항에서 정한 기재요건을 충족하지 못한다고 보아야 한다. 한편 특허발명의 청구범위 기재나 발명의 설명 기타 도면의 설명에 의하더라도 발명의 구성요소 일부가 추상적이거나 불분명한 등으로 그 발명 자체의 기술적 범위를 특정할 수 없을 때는 그 특허발명의 권리범위를 인정할 수 없다(대법원 2002.6.14. 선고 2000후235 판결, 대법원 2001.12.27. 선고 99후1973 판결 등 참조).

대법원 2016.5.26. 선고 2014후2061 판결

[특허법 제42조 제3항 1호의 기재요건을 충족한다고 하는 법리]

구 특허법(2007.1.3. 법률 제8197호로 개정되기 전의 것, 이하 같다) 제42조 제3항은 발명의 설명에는 그 발명이 속하는 기술분야에서 통상의 지식을 가진 자(이하 '통상의 기술자'라고 한다)가 용이하게 실시할 수 있을 정도로 그 발명의 목적 · 구성 및 효과를 기재하여야 한다고 규정하고 있는데, 이는 특허출원된 발명의 내용을 제3자가 명세서만으로 쉽게 알 수 있도록 공개하여 특허권으로 보호받고자 하는 기술적 내용과 범위를 명확하게 하기 위한 것이다(대법원 2011.10.13. 선고 2010후2582 판결, 대법원 2015.9.24. 선고 2013후525 판결 등 참조). 그런데 '물건의 발명'의 경우 그 발명의 '실시'라고 함은 그 물건을 생산, 사용하는 등의 행위를 말하므로, 물건의 발명에서 통상의 기술자가 특허출원 당시의 기술수준으로 보아 과도한 실험이나 특수한 지식을 부가하지 않고서도 발명의 설명에 기재된 사항에 의하여 물건 자체를 생산하고 이를 사용할 수 있고, 구체적인 실험 등으로 증명이 되어 있지 않더라도 특허출원 당시의 기술수준으로 보아 통상의 기술자가 발명의 효과의 발생을 충분히 예측할 수 있다면, 위 조항에서 정한 기재요건을 충족한다고 볼 수 있다.

또한, 구 특허법 제42조 제4항 1호는 청구범위에 보호받고자 하는 사항을 기재한 청구항이 발명의 설명에 의하여 뒷받침될 것을 규정하고 있는데, 이는 특허출원서에 첨부된 명세서의 발명의 설명에 기재되지 아니한 사항이 청구항에 기재됨으로써 출원자가 공개하지 아니한 발명에 대하여 특허권이 부여되는 부당한 결과를 막으려는 데에 취지가 있다. 따라서 구 특허법 제42조 제4항 1호가 정한 위와 같은 명세서 기재요건을 충족하는지는 위 규정 취지에 맞게 특허출원 당시의 기술수준을 기준으로 하여 통상의 기술자의 입장에서 청구범위에 기재된 발명과 대응되는 사항이 발명의 설명에 기재되어 있는지에 의하여 판단하여야 하므로, 특허출원당시의 기술수준에 비추어 발명의 설명에 개시된 내용을 청구범위에 기재된 발명의 범위까지 확장 또는 일반화할 수 있다면 그 청구범위는 발명의 설명에 의하여 뒷받침된다고 볼 수 있다(대법원 2006.5.11. 선고 2004후1120 판결, 대법원 2014.9.4. 선고 2012후832 판결 등 참조).

(2) 청구범위

특허법 제42조 제4항은 청구범위에는 보호를 받고자 하는 사항을 청구항으로 기재하도록 하고 있다. 즉 출원인은 발명의 설명에 기재한 발명 중 특허권으로 보호받고자 하는 사항을 선택하여 청구범위에 청구항으로서 기재하여야 한다. 이에 청구범위는 특허발명의 보호범위를 확정하는 중요한 근거가 되며, 심사관으로서도 어떤 범위까지 독점적 실시권을 허여할 것인지에 대한 판단기준이 된다. 따라서 이러한 청구범위는 무엇보다 출원인이 보호받고자 하는 내용이 어떠한 것인지 누구나 쉽게 알 수 있도록 특정화하여 발명자의 의사와 심사관의 특허허여의사 및 분쟁시 그 보호의 범위를 판단하는 제3자의 해석이 일치할 수 있도록 명확히 기재되어야 한다. 이와 같은 청구범위에 대한 상세한 내용은 뒤에서 설명하도록 한다.

특허법원 2001.1.19. 선고 2000허1658 판결

[청구범위의 기재]

특허발명의 범위는 특허청구의 범위에 기재된 것뿐 아니라 발명의 상세한 설명과 도면의 간단한 설명의 기재 전체를 일체로 하여 그 발명의 성질과 목적을 밝히고 이를 참작하여 그 발명의 범위를 실질적으로 판단하여야 할 것이므로, 특허출원된 발명의 내용이 해당 기술분야에서 통상인 지식을 가진 자에 의하여 용이하게 이해되고 재현될 수 있다면 부분적으로 불명확한 부분이 있다고 하더라도 적법한 청구범위의 기재라고 보아야 할 것이다(대법원 1995.10.13. 선고 94후944 판결 등 참조). 그러므로 이 사건 특허발명 청구범위가 발명의 상세한 설명 및 도면에 의하여 명확히 될 수 있는지에 관하여 보기로 한다. 따라서, 이사건 출원발명의 청구범위는 발명의 상세한 설명 및 도면 등을 참작하더라도 각 구성요소간의 유기적인 결합관계를 명확하게 나타내지 못하므로, 특허법 제42조 제4항의 규정에 의한 요건을 충족하지 못하였다 할 것이다.

특허법원 2001.9.13. 선고 2001허1433 판결

[청구범위의 기재]

이 사건 출원발명의 청구범위 제4항이 위 시행령 규정에 위배되었다고 할 수 있지만, 위 시행령 제5조 제6항은 그 문리해석상 문제가 된 청구항 자체가 '2 이상의 항을 인용하는 종속항'이어야 한다는 조건과 인용되는 종속항이 '2 이상의 항을 인용하는' 것이어야 한다는 2가지 조건을 동시에 만족하는 경우에만 위 규정에 위배된 것으로 보아야 할 것이고, 형식적으로 1개의 항만을 인용하고 있는 청구항에 있어서 인용된 종속항이 위 조항에 위배되는 경우에는 그 종속항만을 인용하는 청구항도 위 규정에 위배된 것이 된다고 확대해석하여야 할 아무런 근거가 없으므로 피고의 위 주장은 이유가 없다(인용되는 종속항이 위 시행령 규정에 위배된 경우에는 출원인에게 그 인용되는 종속항이 위 시행령 규정에 위배되었다는 내용의 거절이유를 통지하면 될 것이다).

3. 기타 명세서 기재상의 유의사항[35)]

(1) 특허법 제42조의3 제1항에 따른 외국어출원의 명세서를 제외하고 명세서에 기재된 용어가 국어로 기재되어 있지 않아서 그 기재 사항이 불명확한 경우에는 특허법 시행규칙 제11조 제1항 4호를 이유로 소명 기회를 부여한 후 반려한다. 다만, 명세서의 일부가 외국어로 기재되어 있고 이를 제외하고도 출원 내용을 이해하기에 어려움이 없는 경우에는 반려하지 않고 특허법 제46조 위반으로 보정을 요구한다.

(2) 외국어출원을 기초로 한 조약우선권주장출원 등에 번역 오류가 있는 경우, 그 조약우선권주장출원 등의 명세서만으로 기재불비 여부를 판단하여 기재불비가 있는 때에 한해 특허법 제42조 제3항 1호 또는 제4항으로 거절이유를 통지한다. 번역이 잘못되어 제1국 출원의 내용과 달라졌거나 명세서의 기재내용이 불명확한 경우라도 번역 오류를 이유로 거절이유를 통지해서는 안 된다는 점에 유의하여야 한다.

이 경우, 보정서 제출로 인해 ① 제1국 출원의 명세서에만 기재되고 조약우선권주장출원의 최초 명세서에는 기재되지 않은 기술내용이 추가되거나, ② 조약우선권주장출원의 명세서에 기재된 사항만으로는 실시가 불가능하였던 발명이 실시 가능하게 되는 등, 신규사항이 추가될 가능성이 높으므로 세심하게 검토하여야 한다.

(3) 발명의 설명 내에서 기술 용어가 통일되지 않아 발명이 쉽게 실시될 수 없는 경우에는 특허법 제42조 제3항 1호 위반으로 거절이유를 통지한다. 발명의 설명과 청구범위에 기재된 기술용어가 다르거나 청구범위에 기재된 기술용어가 서로 달라 불명료한 경우에는 특허법 제42조 제4항 1호 위반으로 거절이유를 통지한다.

(4) 관용적으로 사용되고 있지 않는 기술용어 또는 학술용어에 대하여 발명의 설명에서 정의하지 않고 사용하고 있어서 그 의미가 불명확한 경우 또는 한글로 이해하기 어려운 용어에 대해 ( )안에 한자 또는 원어를 병기하지 않아 발명을 명확하게 파악하기 곤란한 경우에는 특허법 제42조 제3항 1호 위반으로 거절이유를 통지한다.

(5) 명세서에 상표 또는 제품명을 기재하는 것은 원칙적으로 허용하지 않으나 상표 또는 제품명을 기재하더라도 그 상표 또는 제품명의 물건을 쉽게 입수할 수

---

35) 특허청, 특허 · 실용신안 심사기준(특허청 예규 제131호), 2023, 2319～2322면 이하 참조.

있고, 그 상표 또는 제품명의 품질이나 조성 등의 변화로 발명의 내용이 변경될 가능성이 적으며, 그 상표 또는 제품명의 물건을 명확히 확정할 수 있는 경우에는 예외적으로 상표 또는 제품명을 기재할 수 있다.

(6) 발명의 설명에 발명의 효과가 기재되어 있으나 발명의 설명의 전체 기재로부터 그 효과를 예측할 수 없거나 그 효과 유무에 합리적인 의심이 드는 경우(기술상식에 어긋나는 의학적 효과나 비상식적인 효과 등), 그 효과가 청구항에 기재된 발명과 관련된 효과라면 특허법 제42조 제3항 1호 위반으로 거절이유를 통지할 수 있다. 의견제출통지서를 통해 거절이유를 통지할 때에 발명의 효과를 확인할 수 있는 실험성적서 등의 자료를 제출하도록 명할 수 있다.

발명의 설명에 기재된 발명의 효과가 청구항에 기재된 발명과 관련된 효과인지 판단할 때에는 문언적 · 형식적으로만 볼 것이 아니라 청구항 발명에 내재된 사항과의 관련성을 고려하여 폭넓게 살펴보고 판단한다. 발명의 효과에 대한 입증 요구에 대해 출원인은 의견서나 실험성적서 등의 자료를 제출하여 발명의 해당 효과를 입증하거나 발명의 설명에 기재된 검증되지 않은 해당 효과의 기재를 삭제하는 보정을 할 수 있다. 출원인이 발명의 효과를 입증할 수 있는 의견서나 자료를 제출하지 아니하여 해당 효과를 확인할 수 없을 때에는 심사관은 기 통지한 거절이유에 의해 거절결정하거나, 다른 거절이유가 없는 경우로서 쉽게 직권보정이 가능한 경우에는 명세서(발명의 설명, 청구범위 등)에서 해당 효과 기재를 직권보정에 의해 삭제한 후 등록결정할 수 있다. 이때 출원인이 직권보정을 받아들일 수 없어 의견서를 제출하는 경우에는 직권보정 사항은 처음부터 없었던 것으로 보고 등록결정도 취소된 것으로 보므로, 기 통지한 거절이유에 의해 거절결정할 수 있다.

(7) 발명의 설명에 기재된 발명의 효과 중에 청구항에 기재된 발명과 관련되지 않은 효과에 대해서도 그대로 등록공보에 게재되면 허위 · 과대광고에 이용되거나 일반인에게 오인 · 혼동을 일으켜 피해를 줄 우려가 있다고 판단되는 경우(기술상식에 어긋나는 의학적 효과, 비상식적인 효과 등)에는 그 효과에 대한 입증을 요구할 수 있다. 이 경우에는 의견제출통지서의 '참고사항'에 기재하거나, '참고자료제출요청서'에 발명의 효과를 확인하기 어렵다는 취지를 기재하여 발명의 효과를 확인할 수 있는 실험성적서 등의 자료를 제출하도록 명할 수 있다. 출원인이 해당 효과 기재를 보정에 의해 삭제하지도 않고, 입증할 수 있는 의견서나 자료를 제출하지 아니하여 해당 효과를 확인할 수 없는 경우에는, 자료 등이 제출되어 입증될 때까지 심사를 보류하거나, 쉽게 직권보정할 수 있는 경우에는 해당 효과의 기재를 직권

보정에 의해 삭제하면서 등록결정할 수 있다. 이때 출원인이 직권보정을 받아들일 수 없어 의견서를 제출하면 직권보정 및 등록결정이 취소된 것으로 보므로, 입증될 때까지 심사를 보류할 수 있다. 한편 출원인이 이전 직권보정을 받아들인다는 의사를 표시하는 경우에는 다시 해당 효과 기재를 삭제하는 직권보정을 하면서 등록결정할 수 있다.

(8) 효과 입증을 요구하는 자료 제출을 명할 때에는 '거짓자료를 제출하여 등록결정을 받은 경우 특허법 제229조나 실용신안법 제49조의 거짓행위의 죄에 해당될 수 있음'을 의견제출통지서나 참고자료제출요청서에 기재하여 고지할 수 있다.

대법원 1995.10.13. 선고 94후944 판결

구 특허법(1990.1.13. 법률 제4207호로 전문 개정되기 전의 것) 제8조 제3항에 의하면, 특허출원서의 발명의 상세한 설명에는 그 발명이 속하는 기술분야에서 통상의 지식을 가진 자가 용이하게 실시할 수 있을 정도로 그 발명의 목적, 구성, 작용 및 효과를 기재하여야 한다라고 되어 있고, 제8조 제4항에 의하면 특허청구의 범위에는 명세서에 기재된 사항 중 보호를 받고자 하는 사항을 1 또는 2 이상의 항으로 명확하고 간결하게 기재하여야 한다라고 되어 있는바, 이와 같은 규정의 취지는 특허출원된 발명의 내용을 제3자에게 공표하여 그 기술적 범위를 명확하게 하기 위한 것이므로 특허출원 당시의 기술수준을 기준으로 하여 그 발명과 관련된 기술분야에서 평균적 기술능력을 가진 자라면 누구든지 출원된 발명의 내용을 명확하게 이해하고 이를 재현할 수 있는 정도의 기재가 있으면 충분하다 할 것이고, 특허발명의 범위는 특허청구의 범위에 기재된 것뿐 아니라 발명의 상세한 설명과 도면의 간단한 설명의 기재 전체를 일체로 하여 그 발명의 성질과 목적을 밝히고 이를 참작하여 그 발명의 범위를 실질적으로 판단하여야 할 것이므로 특허출원된 발명의 내용이 해당 기술분야에서 통상의 지식을 가진 자에 의하여 용이하게 이해되고 재현될 수 있다면 부분적으로 불명확한 부분이 있다고 하더라도 적법한 청구범위의 기재라고 보아야 할 것이다.

대법원 1998.12.22. 선고 97후990 판결

특허의 명세서에 기재되는 용어는 그것이 가지고 있는 보통의 의미로 사용하고 동시에 명세서 전체를 통하여 통일되게 사용하여야 하나, 다만 어떠한 용어를 특정한 의미로 사용하려고 하는 경우에는 그 의미를 정의하여 사용하는 것이 허용되는 것이므로 용어의 의미가 명세서에서 정의된 경우에는 그에 따라 해석하면 족하다.

대법원 1996.1.26. 선고 94후1459 판결

[명세서 기재불비]

포장도로의 미끄럼방지 시공방법에 관한 특허출원 명세서에 그 특징이 되는 제철 슬래그를 노면에 적절히 접착시키기 위한 불소-에폭시 변성수지 접착제에 관하여 각종의 다양한 에폭시 수지와

불소수지 중에서 어떠한 구조와 성분을 지닌 수지를 선택한 것인지, 에폭시와 불소수지의 조성비율을 어떻게 한 것인지, 에폭시와 불소수지의 변성 조건인 압력, 온도, 시간에 대한 언급이 없고, 양 물질을 섞기 위하여 이를 저어 주는 방법 등에 대한 언급이 없으므로 불소-에폭시 변성수지 접착제는 특정되었다고 할 수 없고, 따라서 그 출원에 관한 발명이 속하는 기술분야에서 보통 정도의 기술적 이해력을 가진 자, 즉 평균적 기술자가 해당 발명을 명세서 기재에 기하여 출원시의 기술수준을 보아 특수한 지식을 부가하지 않고서도 그 발명을 정확하게 이해할 수 있고 동시에 재현할 수 있는 정도의 설명이 있다고 할 수 없다.

대법원 1997.3.25. 선고 96후658 판결

[미생물 기탁]

구 특허법 시행령(1987.7.1. 대통령령 제12199호로 개정되기 전의 것) 제1조 제3항의 규정 취지는 극미의 세계에 존재하는 미생물의 성질상 그 미생물의 현실적 존재가 확인되고 이를 재차 입수할 수 있다는 보장이 없는 한 그 발명을 산업상 이용할 수 있는 것이라 할 수 없기 때문에 신규의 미생물은 이를 출원시에 기탁하게 하고, 다만 그 존재가 확인되고 용이하게 입수할 수 있는 미생물은 기탁할 필요가 없게 한 것인바, 따라서 미생물을 이용한 발명의 출원에 있어서는 그 명세서에 관련 미생물을 용이하게 입수할 수 있음을 증명하거나, 또는 특허청장이 지정한 기탁기관에 관련 미생물을 기탁하였다는 서면을 첨부하여야 하고, 그렇지 아니한 경우에는 이 발명은 미완성 발명으로 인정될 뿐이므로 특허청장이 반드시 그 관련미생물의 기탁에 대하여 보정을 명하여야 하는 것은 아니다.

Ⅲ. 도 면

발명의 구성은 문자에 의하여 명세서에 기재되어야 하며, 도면은 발명의 실시례를 구체적으로 표시하여 명세서에 기재된 발명의 구성을 보다 잘 이해할 수 있도록 보조하여 주는 기능을 가지는 것이다. 따라서 도면은 명세서의 보조수단으로 이용된다.

특허에 있어서 도면은 실용신안이나 디자인과는 달리 임의서류로서의 역할만을

한다.

출원서에 첨부되는 도면은 특허법 시행규칙 별지 제17호 서식에 의하여 작성하며(시행규칙 제21조), 제도법에 따라 평면도 또는 입면도를 흑백으로 선명하게 도시하며, 필요한 경우에는 사시도 및 단면도를 사용할 수 있다. 다만, 발명의 내용을 표현하기 위하여 불가피한 경우에만 그레이스케일 또는 칼라이미지의 도면을 사용할 수 있다. '도면'에 관한 설명은 '도면' 내용 중에 적을 수 없으며, 명세서에 기재한다. 다만, 도표, 선도 등에 꼭 필요한 표시, 골조도, 배선도, 공정도 등의 특수한 '도면'에 있어서 그 부분 명칭이나 절단면을 표시하는 것은 무방하다.[36)]

Ⅳ. 요 약 서

특허출원 건수의 증가로 인하여 특허기술정보의 양이 많아지고, 기술 내용의 고도화·복잡화에 따라 명세서의 두께가 두꺼워짐에 따라, 보다 효율적인 특허기술정보의 이용에 대한 요청이 대두되었다. 이에 그 기술정보를 필요로 하는 사람이 용이하고 신속하게 특허정보를 이용할 수 있으면 동일 내용의 중복출원을 억제하게 되고, 심사부담을 경감시킬 수 있어, 관련분야의 기술개발을 촉진시키는 역할도 함께 하게 될 뿐 아니라, 심사관의 선행기술조사에도 큰 도움이 될 것이기 때문이라는 취지에서 요약서 제도가 도입되었다고 한다.

그리하여 우리 특허법은 출원서에 첨부하여 요약서(abstract)를 제출하도록 하고 있다. 이는 기술의 고도화·복잡화 등으로 필요한 공보(公報)에 정확하게 접근하는 것이 곤란하기 때문에 출원인으로 하여금 발명의 내용을 요약하여 제출하게 함으로써 출원된 발명이 기술정보로서 쉽게 활용될 수 있게 한 것이다. 그러나 그 기재가 매우 간략히 표현되고 있기 때문에 기술정보로서의 용도로 사용하여야 하며, 특허발명의 보호범위를 정하는 데 사용되어서는 안 된다(제43조). 이러한 특허법 제43조의 규정은 특허법 제42조 제2항에서 출원서에 첨부하도록 한 요약서의 용도에 대한 규정이다.

요약서는 출원인이 발명의 내용을 간단히 요약한 기술정보로서 이를 공개하여 요약서만 보아도 출원 발명의 내용을 용이하게 파악할 수 있도록 하기 위한 것이다. 이 제도는 종전에는 청구범위만 공개하고 있었기 때문에 발명의 내용을 명확

---

36) 이상의 내용은 특허법 시행규칙 별지 17호 서식 참조.

히 파악하려고 할 때에는 별도로 명세서 전문을 보아야 하는 불편을 초래하는 상황에서 더욱 요청되었다. 현재는 컴퓨터 관련 기술의 발달과 함께 정보검색이 용이해짐에 따라 요약서의 내용뿐 아니라 명세서 전문이 데이터베이스화되어 보다 효율적인 검색에 제공되고 있다.

요약서는 기술정보로서의 용도로 사용되어야 하며, 특허발명의 보호범위를 정하는 데에는 사용될 수 없다. 특허발명의 보호범위는 청구범위에 적혀 있는 사항에 의하여 정하여진다는 규정이 별도로 있을 뿐 아니라(제97조), 요약서는 보호범위를 정할 때 사용되는 명세서와 달리 오직 발명의 개요를 나타내는 기술정보로 제출되는 것이기 때문이다. 따라서 요약서에만 기재되어 있는 사항은 확대된 선출원(제29조 제3항) 규정이 적용되지 않으며, 최초 명세서 또는 도면에 명시적인 기재가 없더라도 그 발명이 속하는 기술분야에서 통상의 지식을 가진 사람이라면 출원시의 기술상식에 비추어 보아 기재되어 있는 것과 마찬가지라고 이해할 수 있는 사항이 아닌 내용이[37] 요약서에만 기재되어 있는 경우에는 이를 보정에 의하여 명세서에 추가하면 신규사항 추가로 취급될 수 있음을 주의하여야 한다.

특허출원시 요약서의 제출이 없는 경우에 특허청장은 요약서의 제출에 대한 보정을 명하고, 이를 이행하지 않는 경우 해당 특허출원절차를 무효로 할 수 있다. 그러나 요약서가 형식상으로 문제는 없지만 내용이 제도의 취지에 부합되지 못할 정도로 빈약하게 기재되고 있을 경우 그 요약서의 기재에 대한 보정을 명령하든지, 아니면 특허청에서 관계규정에 맞게 재작성한 후 출원인으로부터 수수료 납부를 명하는 등의 후속 처리절차가 문제가 될 수 있다. 따라서 요약서는 특허기술정보의 가치를 감안하여 정성스럽게 작성하여야 한다.[38]

요약서는 명세서 또는 도면에 기재된 발명에 개요를 표현할 수 있도록 가능한 한 간결하게 ① 청구범위에 기재된 발명이 속한 기술분야, ② 그 발명이 해결하려고 하는 기술적 목적과 과제 그리고 구성, ③ 그 발명의 해결효과 등에 관한 사항을 기재하여야 한다.

Ⅴ. 기타의 첨부서류

위의 서류 외에도 법령에 규정된 서류들을 첨부하여야 한다. 여기에서는 반드시

37) 대법원 2007.2.8. 선고 2005후3130 판결 참조.
38) 김원준, 「특허법」, 박영사, 2009, 252면.

제출해야 하는 서류와 필요한 경우에 한하여 제출하는 서류로 나누어 볼 수 있다.

1. 반드시 제출해야 하는 서류

(1) 공동출원의 경우 공동출원인이 대표자를 선정한 때에는 대표자를 증명하는 서류를 첨부하여야 한다.

(2) 대리인이 있는 경우에는 대리권을 증명하는 서류(즉 위임장)를 첨부하여야 한다.

(3) 우선권을 주장하는 경우에는 우선권을 증명하는 서류를 출원과 동시에 제출하지 않은 경우에는 최우선일로부터 1년 4월 이내에 제출하여야 한다.

(4) 신규성(新規性) 상실에 대한 예외를 적용받고자 하는 경우에는 그 취지를 기재한 서류를 첨부하여야 한다.

(5) 특허관리인이 출원, 청구 등의 절차를 밟을 때는 그 특허관리인임을 증명하는 서류를 제출하여야 한다.

(6) 미생물에 관계되는 발명에 대하여 특허출원을 하는 경우에는 미생물기탁사실 증명서류를 첨부하여야 한다.

2. 필요한 경우에 한하여 제출하는 서류

특허를 받을 수 있는 권리를 승계한 자가 출원청구 등의 절차를 밟을 때는 ① 승계인의 자격증명, ② 외국인인 경우에는 국적증명, ③ 법인인 경우에는 법인증명, ④ 상호평등보호를 인정하고 있는 국가의 국민이 출원하는 경우에는 그 취지를 증명하는 호혜주의 인정서를 제출하여야 한다.

3. 특허출원 후 양도하는 경우

이 경우에도 그 승계인임을 증명하는 서류를 제출하게 할 수 있다.

Ⅵ. 청구범위

1. 의 의

발명은 유체물과 달리 그 범위나 한계가 명확하지 않다. 따라서 발명의 내용이 명세서에 기재되어 있어도 그 특허권이 미치는 범위가 불명확하고 제3자 및 특허권자에게 있어서도 예견가능성이 낮아 법적 안정성을 해치고 무의미한 분쟁을 야기하는 경우도 있다. 이에 특허법은 명세서 중에 '청구범위(claim)'이라는 항목을 두어 발명자가 그 발명을 권리로서 획득하려고 하는 기술적 사항을 기재하도록 하고 있다. 특히 특허발명의 보호범위가 청구범위에 적혀 있는 사항에 의하여 정하여지므로 발명자에게 이해관계가 걸린 중요한 부분이기도 할 뿐만 아니라, 심사관으로서도 어떤 범위까지 독점적 실시권을 허여할 것인지에 대한 판단기준이 되는 부분이므로, 청구범위의 작성은 명세서를 작성하는 과정에서 가장 중요한 과정이라 하겠다.

이러한 청구범위가 우리 특허법에 등장한 것은 "특허발명의 기술적 범위는 특허출원서에 첨부한 명세서의 특허청구의 범위의 기재내용에 의하여 정하여진다"라고 규정한 1973년 2월 8일 개정 특허법(동법 제57조)에서라고 하겠다. 이 특허법은 1973년 12월 31일 다시 개정되었으며, 그 특허법 시행령[39] 제1조에서 '특허청구의 범위'를 명세서에 기재하도록 규정하고 그 '특허청구의 범위'를 하나의 항으로 기재하도록 규정하였다. 이때부터 우리나라는 중심한정주의와 유사한 개념을 갖는 단항제의 청구범위를 채택하게 되었다. 그 후 1980년 12월 31일 특허법(법률 제3325호)이 개정되면서 주변한정주의와 유사한 개념을 갖는 다항제의 청구범위가 채택되어 오늘날에 이르고 있다.[40]

2. 청구범위의 기능

청구범위의 본질적인 기능은 보호범위적 기능과 구성요소적 기능으로 구분된다.

(1) 보호범위적 기능

특허발명은 청구범위에 기재된 사항에 한하여 법률의 보호를 받을 수 있는데 이를 청구범위의 보호범위적 기능이라 한다. 이는 특허법 제42조 제4항에서 청구범위는 '보호받으려는 사항'을 기재하도록 하고 있으며, 제97조에서 '특허발명의 보호범위는 청구범위에 적혀 있는 사항에 의하여 정하여진다'라고 한 규정들에서 파악할 수 있다. 따라서 특허권과 관련한 분쟁이 있을 경우 권리침해 여부의 판단은 청구범위에 기재된 사항을 침해했는가에 따르게 되며, 새로운 발명으로서 특허받

39) 대통령령 제6978호.

40) '특허청구의 범위'란 용어는 1990년 특허법에서 '특허청구범위'로 개정되었다. 또한 2014년 특허법에서 '청구범위'로 변경되었다.

을 만한 발명이라 하더라도 그것이 발명의 설명에만 기재되고 청구범위에 기재되지 아니한 경우에는 보호를 받을 수 없다 할 것이며, 단지 타인이 특허받는 것을 저지할 수 있을 뿐이다.

한편 이러한 청구범위의 보호범위적 기능은 소극적으로 청구범위에 기재되지 아니한 사항은 보호될 수 없음을 의미한다. 즉 비록 타인이 특허받을 수 있는 것을 저지할 수 있을지라도 그것이 발명의 설명에만 기재되고 청구범위에 기재되지 아니한 경우에는 보호를 받을 수 없다 하겠다. 따라서 청구범위의 이러한 기능 때문에 출원인은 청구범위 작성에 신중하여야 하며 제3자는 이를 침해하여서는 안 된다.

(2) 구성요소적 기능

제42조 제4항 2호의 '발명이 명확하고 간결하게 적혀 있을 것'이라는 요건이 구성요소적 기능을 의미하고 있는 것으로 해석된다. 즉 발명의 명확성과 간결성을 청구범위의 구성요소적 기능으로 인정하고 있다. 또한 발명의 구성에 없어서는 아니 되는 사항 전부, 즉 어떤 발명이 A, B 및 C 세 가지의 구성요소로 결합된 A+B+C로 된 발명인 때 청구범위에는 이 A, B 및 C의 모든 구성요소를 기재하지 않으면 안 된다.

대법원 1998.10.2. 선고 97후1337 판결
[청구범위에 발명의 구성을 불명료하게 표현하는 용어나 기능적 표현의 기재가 허용되는지 여부(소극)]

특허법 제42조 제4항에 의하면, 특허출원서에 첨부되는 명세서의 기재에 있어서 청구범위의 청구항은 발명의 상세한 설명에 의하여 뒷받침되고, 발명이 명확하고 간결하게 기재되며 발명의 구성에 없어서는 아니되는 사항만으로 기재되어야 하고, 같은 법 제62조 제4호에 의하면, 그러한 요건을 갖추지 아니한 경우 이는 특허출원에 대한 거절이유가 되도록 되어 있는바, 이 점에서 청구범위에는 발명의 구성을 불명료하게 표현하는 용어는 원칙적으로 허용되지 아니하고, 발명의 기능이나 효과를 기재한 이른바 기능적 표현도 그러한 기재에 의하더라도 발명의 구성이 전체로서 명료하다고 보이는 경우가 아니면 허용될 수 없다.

3. 기재요령

청구범위는 명세서・도면의 보정의 적법 여부의 판단 기준이 될 뿐만 아니라 청구범위가 발명의 설명에 의하여 뒷받침되지 않을 경우에는 거절이유, 무효사유가 되며, 특허 후에는 특허권의 권리범위나 특허발명의 보호범위를 정하는 기준으로서 특허권 침해 여부를 청구범위에 적혀 있는 사항을 토대로 판단하게 된다. 따라서 청구범위의 적정기재 여부는 출원인에게 매우 중요한 문제가 되며, 그 기재에 적정을 기할 필요가 있다. 이에 현행 특허법에서는 명세서에 발명의 명칭, 발명의 내용(해결하려는 과제, 과제의 해결 수단, 발명의 효과), 도면의 간단한 설명 등을 포함하는 발명의 설명 및 청구범위를 기재하도록 규정하고 있으며(제42조 제2항), 특별히 청구범위를 기재하는 방법에 관하여 규정하였다(제42조 제4항). 즉 청구범위에는 보호를 받고자 하는 사항을 기재한 항(청구항)이 하나 이상 있어야 하며, 그 청구항은 '발명의 설명에 의하여 뒷받침될 것' 및 '발명이 명확하고 간결하게 적혀 있을 것'이라는 요건을 모두 충족하여야 한다.

(1) 청구범위 기재시 유의사항

1) 가급적 넓게 기재할 것

청구범위에 기재되지 아니한 사항은 보호를 받지 못하며 또한 청구범위를 해석함에 있어서는 비교적 청구범위에 기재된 것에 비하여 좁게 해석하는 경향이 있으므로 청구범위는 발명의 설명에 의하여 뒷받침되는 범위 내에서 가급적 넓게 기재하여야 할 필요가 있다. 그러나 너무 넓게 기재하여 발명의 설명의 범위를 벗어나거나 공지기술이 청구범위에 포함되는 경우에는 공지를 이유로 거절될 우려가 있으므로 이에 대한 기재는 꼭 필요한 경우에 한하여야 할 것이다.

2) 쉽게 실시할 수 있도록 기재할 것

청구범위는 해당 기술분야에서 통상의 지식을 가진 사람이라면 그 기재로부터 기술을 쉽게 실시할 수 있도록 기재하여야 하며, 그 용어는 난해한 전문용어나 일부 특정계층간에만 사용되는 용어가 아닌 표준용어로 기재할 필요가 있다.

3) 하나의 발명만을 기재할 것

하나의 청구항에는 하나의 발명만을 기재하여야 하며 하나의 청구항에 물건의 발명과 방법의 발명을 동시에 기재하는 등 2 이상의 발명을 함께 기재하여서는 안 된다. 또한 청구항은 발명이 물건의 발명인가 방법의 발명인가에 따라 그 카테고리를 정확하게 표현하여 기재하여야 하며 카테고리를 잘못 기재할 경우 특허를 받을 수 있는 발명이 거절되는 경우가 있다.

4) 청구항 수를 적정하게 할 것

다항제하에서의 청구범위의 기재는 출원인의 의사에 따라 2 이상의 여러 항으로 기재할 수 있다. 그러나 항의 수가 많다고 출원인에게 유리한 것은 아니므로 그 각각의 청구항은 발명의 성질이나 기술적 관련사실에 따라 적정한 수로 기재하는 것이 좋으며 불필요하게 항 수를 늘리는 것은 청구항 상호간의 기술관계가 복잡하고 불명료할 뿐만 아니라 수수료 부담만 가중시킬 뿐이다.

(2) 청구범위의 기재방식

청구범위의 기재방식으로 Jepson Type와 Markush Type를 살펴볼 필요가 있다. Jepson Type 청구항은 종래의 물건, 방법 또는 조성물 등으로부터 개량된 부분을 청구하는 경우 종래기술과 해당 출원발명을 명확하게 구분하고 종래기술로부터 개량되거나 신규한 구성요소를 부각시키고자 할 때 사용된다. 전체 구성요소 중 종래기술에 속하는 사항은 청구항의 전제부에 기재하고 개량된 부분은 본체부(특징부)에 기재하는 형식이다.[41] 이러한 형식의 청구범위는 주로 선행기술이 공지된 상태에서 그의 개량발명을 기재하는 경우에 주로 사용된다. 즉 이러한 선행공지사항을 기재하지 않으면 청구범위를 올바로 명확하게 나타낼 수 없을 때 사용된다. 다만 이러한 Jepson Type 기재방식은 우리 특허법 제42조 제4항의 규정의 해석과 대치되는 것으로 볼 위험이 있다. 현행의 이 규정은 엄밀히 적용하면 청구범위에 기재된 선행공지사항은 권리범위로서 주장할 수도 없고 청구범위에 기재되어서도 안 되는 것처럼 해석하기 쉽기 때문이다. 그러나 발명을 명확하고 간결하게 기재하기 위하여 이러한 공지사항의 기재가 반드시 필요한 경우에는 이를 거절할 수 없다는 것이 Jepson Type 기재방식의 정당성이다. 따라서 Jepson Type 기재방식의 경우에는 특허법 제42조 제4항은 보다 유동적으로 해석되어야 한다. 가능한 한 청구범위는 신규의 기술사상의 창작만을 기재하여 보호받을 수 있도록 기재되어야 하지만 선행의 공지기술의 기재가 필요한 경우에 그리고 그 기재가 청구범위에서 명확히 구분되는 한 적법하게 인정되어야 할 것이다.

Markush Type 기재방식은 미국의 화학관련특허에 사용되는 청구범위의 표현형식으로서 둘 이상의 물질의 명칭을 열기하고 '그 중에서 선택된 하나(or)'라고 하는 형태로 물질을 표현하는 것이다. 원래 청구범위에 기재된 발명의 구성요소가 '…또

41) 이창훈 · 김인순, 「미국특허청구범위 작성과 해석(제2판)」, 한빛지적소유권센터, 2015, 47, 124면 참조.

는…' 형태의 선택적으로 기재된 청구범위는 청구범위로서 채택될 수 없다. 이는 선택적으로 기재된 발명의 구성요소가 서로 다른 구성요소로 이루어질 때 하나의 발명으로 간주될 수 없기 때문이다. 즉 'A 또는 B'라는 형식의 선택적 청구범위에서 A와 B가 발명의 서로 다른 구성요소일 때 이들은 각각 서로 다른 기술사상으로서 별개의 발명을 구성하게 된다. 그러나 각각의 물질들이 서로 다른 특허를 지지할 수 있을 정도의 서로 밀접한 공통성을 가질 때에는 그 기재를 부정할 필요가 없으며, 나아가 각각의 발명을 출원해야 한다는 불합리까지 있다 하겠다. 이에 Markush Type 기재방식이라 하여 청구범위의 선택적 기재를 인정하였다.

본래 Markush Type 기재방식은 다수의 물질을 포함하는 속명이 존재하지 않을 때, 또는 그 屬名이 본래의 발명의 의미보다 넓은 의미로 사용될 때 이러한 발명을 보호하기 위하여 亞屬名으로서 열거하여 표현함으로써 기재되는 것을 가리킨다. 특히 야금, 내화물, 세라믹, 약품, 생화학 등의 화학기술분야의 발명에서 속명에 의하여 발명을 명확히 정의할 수 없을 때 인정되는 특수한 형태의 청구범위라 할 수 있다. 나아가 Markush Type 기재방식은 화학발명의 경우만이 아니라 기계, 제조물, 방법발명 등에서도 사용될 수 있다.

(3) 특허법 제42조 제4항에 의한 기재요건

청구범위에는 보호를 받고자 하는 사항을 기재한 항이 하나 이상 있어야 하며, 그 청구항은 '발명의 설명에 의하여 뒷받침될 것' 및 '발명이 명확하고 간결하게 적혀 있을 것'이라는 요건을 모두 충족하여야 한다.

1) 발명의 설명에 의하여 뒷받침될 것(제42조 제4항 1호)

발명의 설명에 기재하여 공개하지 않은 사항을 청구범위에 청구항으로 기재하여 특허권이 부여되면 공개하지 않은 발명에 대하여 특허권이 부여되는 결과가 되므로 특허법 제42조 제4항 1호는 이와 같은 문제를 방지하기 위한 규정이다. 특허를 받고자 하여 청구항에 기재한 발명이 발명의 설명에 기재한 것인가는 그 발명이 속하는 기술분야에서 통상의 지식을 가진 사람의 입장에서 청구항에 기재된 발명과 대응되는 사항이 발명의 설명에 기재되어 있는가에 의하여 판단한다. 한편 발명의 발명에 기재되지 아니한 사항, 즉 발명의 설명의 범위를 넘어서 청구범위를 기재한 경우에는 특허법 제42조 제4항의 위반을 이유로 거절이유, 무효사유가 된다.

과거의 판례 중에는 특허발명의 권리범위를 판단함에 있어 청구범위의 기재사항뿐만 아니라 다른 명세서의 기재사항을 함께 판단하여야 한다는 것도 있었다.[42]

그러나 이는 특허법 제97조와 같은 내용의 조문이 입법되기 전의 사안에 관한 것이다.[43] 이후의 주류적인 판례는 청구범위에서의 기재사항 이외의 명세서 기재내용은 청구범위를 판단함에 있어 보충적인 판단 사항에 불과하며, 나아가 청구범위를 확장 내지 제한 해석하는 근거가 될 수도 없음을 밝히고 있다.[44]

대법원 2003.8.22. 선고 2002후2051 판결

[청구범위가 발명의 설명에 의해 뒷받침되고 있는지 여부]

구 실용신안법(1998.9.23. 법률 제5577호로 전문 개정되기 전의 것) 제8조 제4항은 "제2항 4호의 규정에 의한 실용신안등록청구범위에는 보호를 받고자 하는 사항을 기재한 항(이하 '청구항'이라 한다)이 1 또는 2 이상 있어야 하며, 그 청구항은 다음 각 호에 해당하여야 한다"고 규정하고 있고, 제1호에서 고안의 상세한 설명에 의하여 뒷받침될 것을 들고 있는데, 이 조항의 취지는 실용신안 등록출원된 고안의 내용을 제3자가 명세서만으로 쉽게 알 수 있도록 공개하여 실용신안권으로 보호받고자 하는 기술적 내용과 범위를 명확하고 하는 데 있으므로, 실용신안 등록청구범위가 고안의 상세한 설명에 의하여 뒷받침되고 있는지 여부는 실용신안 등록출원 당시의 기술수준을 기준으로 하여 그 고안과 관련된 기술분야에서 평균적 기술 능력을 가진 사람의 입장에서 볼 때, 그 등록청구범위와 고안의 상세한 설명의 각 내용이 일치하여 그 명세서만으로 등록청구범위에 속한 기술구성이나 그 결합 및 작용효과를 일목요연하게 이해할 수 있는가에 의하여 판단하여야 한다.

대법원 2014.9.4. 선고 2012후832 판결

특허법 제42조 제4항 1호는 청구범위에 보호받고자 하는 사항을 기재한 청구항이 발명의 상세한 설명에 의하여 뒷받침될 것을 규정하고 있는데, 이는 특허출원서에 첨부된 명세서의 발명의 상세한 설명에 기재되지 아니한 사항이 청구항에 기재됨으로써 출원자가 공개하지 아니한 발명에 대하여 특허권이 부여되는 부당한 결과를 막으려는 데에 그 취지가 있다. 따라서 특허법 제42조 제4항 1호가 정한 위와 같은 명세서 기재요건을 충족하는지 여부는, 위 규정취지에 맞게 특허출원 당시의 기술수준을 기준으로 하여 그 발명이 속하는 기술 분야에서 통상의 지식을 가진 자(이하 '통상의 기술자'라고 한다)의 입장에서 청구범위에 기재된 사항과 대응되는 사항이 발명의 상세한 설명에 기재되어 있는지 여부에 의하여 판단하여야 하고(대법원 2011.10.13. 선고 2010후2582 판결 등 참조), 그 규정취지를 달리하는 특허법 제42조 제3항 1호가 정한 것처럼 발명의 상세한 설명에 통상의 기술자가 그 발명을 쉽게 실시할 수 있도록 명확하고 상세하게 기재되어 있는지 여부에

---

42) 대법원 1973.5.23. 선고 72후4 판결; 대법원 1973.7.10. 선고 72후42 판결.
43) 특허법 제97조의 효시는 1973.2.8. 법률 제2505호로 전부개정된 특허법 제57조이다.
44) 대법원 1997.5.28. 선고 96후1118 판결; 대법원 1993.10.12. 선고 91후1908 판결.

의하여 판단하여서는 아니 된다(출원발명의 청구범위에 기재된 '전송된 펄스의 위상이 결정되도록 하는 코드'라는 구성에 대응되는 사항이 발명의 설명에 동일하게 기재되어 있어서 위 구성이 발명의 설명에 의하여 뒷받침되므로 특허법 제42조 제4항 1호에 반하는 기재불비가 있다고 할 수 없다는 원심판단이 정당하다고 본 사례).

2) 발명이 명확하고 간결하게 적혀 있을 것(제42조 제4항 2호)

청구항의 기재가 불명확하거나 그 기재내용이 간결하지 않은 발명에 대하여 특허권이 부여되면 발명의 보호범위가 불명확하여 특허발명의 보호범위를 결정하는 권리서로서의 사명을 다할 수 없으며, 또한 특허요건의 판단 등도 불가능하게 된다. 특허법 제42조 제4항 2호는 이와 같은 문제를 방지하기 위한 규정이라고 할 수 있다.

청구항에 기재된 발명이 명확하고 간결하게 기재되어 있는가의 여부는 원칙적으로 청구항의 기재를 기준으로 판단하며, 발명의 설명 및 도면의 기재, 출원시의 기술상식 등을 고려하여 그 발명이 속하는 기술분야에서 통상의 지식을 가진 사람의 입장에서 판단하여야 한다. 그러나 청구항의 기재를 무시하고 다른 부분만에 의하여 판단해서는 안 된다.

발명이 간결하게 기재되어야 한다는 취지는 청구항의 기재 그 자체가 간결하여야 한다는 것이며, 그 발명의 개념이 간결하여야 한다는 것은 아니다.

대법원 2006.11.24. 선고 2003후2072 판결

특허발명의 청구항에 '발명이 명확하고 간결하게 기재될 것'을 요구하는 특허법 제42조 제4항 2호의 취지는 같은 법 제97조의 규정에 비추어 청구항에는 명확한 기재만이 허용되는 것으로서 발명의 구성을 불명료하게 표현하는 용어는 원칙적으로 허용되지 않으며, 나아가 청구범위의 해석은 명세서를 참조하여 이루어지는 것에 비추어 청구범위에는 발명의 상세한 설명에서 정의하고 있는 용어의 정의와 다른 의미로 용어를 사용하는 등 결과적으로 청구범위를 불명료하게 만드는 것도 허용되지 않는다는 것이다.

대법원 2017.4.7. 선고 2014후1563 판결

['바람직하게'라는 표현이 기재된 경우 법 제42조 제4항 2호의 명확성 요건을 충족하는지 여부]

특허법 제42조 제4항 2호는 청구범위에는 발명이 명확하고 간결하게 적혀야 한다고 규정하고 있다. 그리고 특허법 제97조는 특허발명의 보호범위는 청구범위에 적혀있는 사항에 의하여 정하여진다고 규정하고 있다(2007.1.3. 법률 제8197호로 개정되기 전의 구 특허법에도 자구는 다르지만 동일한 취지로 규정되어 있다). 따라서 청구항에는 명확한 기재만이 허용되고, 발명의 구성을 불명료하게 표현하는 용어는 원칙적으로 허용되지 않는다(대법원 2006.11.24. 선고 2003후2072 판결, 대법원 2014.7.24. 선고 2012후1613 판결 등 참조). 또한 발명이 명확하게 적혀 있는지 여부는 그 발명이 속하는 기술분야에서 통상의 지식을 가진 사람이 발명의 설명이나 도면 등의 기재와 출원 당시의 기술상식을 고려하여 청구범위에 기재된 사항으로부터 특허를 받고자 하는 발명을 명확하게 파악할 수 있는지에 따라 개별적으로 판단하여야 하고, 단순히 청구범위에 사용된 용어만을 기준으로 하여 일률적으로 판단하여서는 안 된다.

(4) 청구범위 기재방법의 위반

청구범위의 기재가 특허법 제42조 제4항의 규정에 위반된 경우에는 거절이유나 무효사유가 된다. 그러나 특허법 제42조 제8항에서 정한 기재방식에 위반된 경우에는 거절이유는 되나 무효사유는 되지 않는다.

4. 청구항의 구성

청구항은 독립항과 종속항으로 구성된다. 독립항이란 발명의 문제 해결에 필요한 모든 구성요소를 기재한 것으로 타청구항을 인용하지 않는 청구항을 말하며, 종속항은 독립항 또는 종속항에서 인용하는 모든 구성요소를 포함하고 이러한 구성요소들 중 일부를 다시 더 구체적으로 한정하거나 부가하여 구체화한 청구항을 의미한다. 즉 종속항은 '선행하는 독립항이나 종속항을 인용하고 그 선행하는 청구항을 기술적으로 한정하거나 부가하여 구체화한 청구항'이라고 정의할 수 있다. 이와 같이 특허법이 청구범위의 기재와 관련하여 독립항과 종속항으로 구별하고, 각 적정수로 나누어 기재하도록 한 취지는 발명자의 권리범위와 일반인의 자유기술영역과의 한계를 명확하게 구별하고 나아가 특허분쟁의 경우 특허침해여부를 명확히 하고 신속하게 표현할 수 있도록 함에 있다.

특히 현재의 다항제에서는 하나의 발명에 대하여 독립형식이든지 종속형식이든지 자유로운 표현으로 복수의 청구항으로 기재하는 것이 가능하고, 그 유효성에 대해서는 각 청구항마다 독립해 판단하며 무효의 판단도 청구항마다 행하여지고, 청구항들이 동일한 청구범위로 기재되는 것이다. 또한 동일한 발명이 아니라도 하나의 청구항과 일정의 관계에 있는 발명에 대해서는 하나의 출원서로 출원할 수도 있다.

5. 다 항 제

(1) 의 의

과거 우리나라 특허법은 일본의 구제도에 따라 1특허출원에 하나의 청구항만을 기재하도록 하는 소위 단항제를 채택하고 있었으나, 1980년 법률 제3325호부터 1 특허출원, 즉 발명의 단일성이 인정되는 범위 내에서 복수개의 청구항 기재를 허용하는 다항제로 바꾸었다. 이에 현행 특허법에서는 '청구범위에는 보호를 받고자 하는 사항을 기재한 항이 하나 이상 있어야 하며'라고 규정하고 있으며, 이는 일본 특허법 제36조 제5항이 '청구범위에는 청구항을 구분하여, 각 청구항마다에 특허출원인이 특허를 받고자 하는 발명을 특정하기 위해 필요하다고 인정되는 사항 전부를 기재하여야 한다. 이 경우에 하나의 청구항에 관련된 발명과 다른 청구항에 관련된 발명이 동일한 기재이어도 무방하다'라고 규정한 것과 같이 다항제를 도입한 것이라 하겠다.

다항제는 발명마다 각각 별개의 항으로 기재함으로써 출원인이 보호받고자 하는 발명의 내용이 명확해질 뿐만 아니라 독립항 또는 다른 종속항을 기술적으로 한정하거나 부가하여 구체화하는 종속항을 기재할 수 있도록 함으로써 발명의 이해를 빠르게 해준다. 또한 발명의 일부에 거절이유나 무효사유가 있는 경우 그 거절이유나 무효사유가 있는 항만을 삭제하거나 감축함으로써 특허출원이 거절되거나 특허발명 모두가 무효되는 것을 방지할 수 있어 출원인·특허권자에게 권리의 취득, 유지 및 행사 등에 유리하다. 다항제는 단항제에 비하여 특허발명의 기술적 관계가 보다 명확하게 기재되기 때문에 특허권의 권리범위가 명확하며 또한 제3자는 자기가 실시하거나 실시하고자 하는 기술이 타인의 특허권을 침해하는가 여부를 판단하기가 보다 용이하다.

반면 다항제는 청구범위의 항수가 과다하게 되어 발명의 중복기재를 초래하거나 번잡성이 뒤따르며 청구범위의 기재방법이 어려워 출원인에게 불편하다. 또한 심사에 있어서는 청구범위에 기재되는 기술의 분야가 비교적 넓어지고 청구항 간에 기술의 상호관련성 파악이 어려워 심사에 어려움이 뒤따르며 많은 시간이 소요된다.

(2) 청구항의 다항제 기재방법

1) 특허법 시행령 제5조에서는 청구범위의 독립항 및 종속항의 기재방법에 대

하여 다음과 같이 규정하고 있다.

① 청구범위의 청구항을 기재할 때에는 독립청구항(이하 “독립항”이라 한다)을 기재하여야 하며 그 독립항을 한정하거나 부가하여 구체화하는 종속청구항(이하 “종속항”이라 한다)을 기재할 수 있다. 이 경우 필요한 때에는 그 종속항을 한정하거나 부가하여 구체화하는 다른 종속항을 기재할 수 있다.

② 청구항은 발명의 성질에 따라 적정한 수로 기재하여야 한다.

③ 다른 청구항을 인용하는 청구항은 인용되는 항의 번호를 적어야 한다.

④ 2 이상의 항을 인용하는 청구항은 인용되는 항의 번호를 택일적으로 기재하여야 한다.

⑤ 2 이상의 항을 인용한 청구항에서 그 청구항의 인용된 항은 다시 2 이상의 항을 인용하는 방식을 사용하여서는 아니 된다. 2 이상의 항을 인용한 청구항에서 그 청구항의 인용된 항이 다시 하나의 항을 인용한 후에 그 하나의 항이 결과적으로 2 이상의 항을 인용하는 방식에 대하여도 또한 같다.

⑥ 인용되는 청구항은 인용하는 청구항보다 먼저 기재하여야 한다

⑦ 각 청구항은 항마다 행을 바꾸어 기재하고, 그 기재하는 순서에 따라 아라비아숫자로 일련번호를 붙여야 한다.

2) 독립항은 다음과 같이 기재한다.

① 독립항은 다른 청구항을 인용하지 않는 형식, 즉 독립형식으로 기재한다. 다만, 독립항의 경우에도 동일한 사항의 중복기재를 피하기 위하여 발명이 명확하게 파악될 수 있는 범위 내에서 다른 청구항을 인용하는 형식으로 기재할 수 있다.[45)]

② 발명이 선행기술과 다른 특징적인 면에서 복수의 실시예들을 포함하고 있는데, 이들을 포괄하는 하나의 독립항을 작성하는 것이 불가능한 경우에는 복수의 독립항을 기재할 수 있다.

3) 종속항은 다음과 같이 기재한다.

① 종속항은 독립항 또는 다른 종속항을 인용하여 기재하는 형식의 청구항으로 인용되는 항의 특징을 모두 포함하며, 인용되는 항의 기술적 사항을 한정하거나 부가하여 구체화하는 청구항이다.

따라서, 다음과 같은 경우에는 종속항으로 기재할 수 없다.

ⓐ 발명의 효과나 용어만을 한정하는 경우

ⓑ 인용되는 항의 구성요소를 감소시키는 형식으로 기재하는 경우

45) 특허청, 특허 · 실용신안 심사기준(특허청 예규 제131호), 2023, 2419면 이하 참조.

ⓒ 인용되는 항에 기재된 구성을 다른 구성으로 치환하는 형식으로 기재하는 경우

② 종속항은 독립항 또는 다른 종속항 중에서 1 또는 2 이상의 항을 인용하여야 하며, 이 경우 인용되는 항의 번호를 기재하여야 한다.

③ 2 이상의 항을 인용하는 청구항은 인용되는 항의 번호를 택일적으로 기재하여야 한다.

④ 2 이상의 항을 인용하는 청구항은 2 이상의 항을 인용한 다른 청구항을 인용할 수 없다(시행령 제5조 제6항 위배).[46] 2 이상의 항을 인용하는 종속항은 2 이상의 항을 인용한 항을 인용하고 있는 다른 청구항을 인용할 수 없다(시행령 제5조 제6항 위배).[47] 2 이상의 다수인용항 세트[48]로 기재된 종속항은 인정할 수 없다.

⑤ 종속항은 그 종속항과 카테고리가 상이한 독립항 또는 다른 종속항을 인용하여 기재하여서는 안 된다(제5조 제2항 위배).

예: 허용되지 않는 예(청구항 3 및 청구항 4)

【청구항 1】 … 방법

---

46) 2 이상의 항을 인용하는 종속항은 2 이상의 항을 인용한 다른 청구항을 인용할 수 없도록 규정한 이유는 심사관 또는 제3자가 하나의 청구항을 해석하기 위하여 너무 많은 수의 다른 청구항을 참조하여야 하는 어려움을 방지하기 위한 것이다.

예) 2 이상의 항을 인용하는 종속항이 2 이상의 항을 인용한 다른 청구항을 인용하고 있는 예(청구항 4)

【청구항 1】 …… 장치

【청구항 2】 제1항에 있어서, …… 장치

【청구항 3】 제1항 또는 제2항에 있어서, …… 장치

【청구항 4】 제2항 또는 제3항에 있어서, …… 장치

<설명> 청구항 4는 2 이상의 항을 인용하는 종속항으로서 2 이상의 항을 인용한 다른 청구항(청구항 3)을 인용하고 있어 청구범위 기재방법에 위배된다.

47) 2 이상의 항을 인용하는 종속항은 2 이상의 항을 인용한 다른 청구항을 인용할 수 없도록 한 이유와 같은 취지이다.

예) 2 이상의 항을 인용하는 종속항이 2 이상의 항을 인용한 항을 인용하고 있는 다른 청구항을 인용한 예(청구항 5)

【청구항 1】 …… 장치

【청구항 2】 제1항에 있어서, …… 장치

【청구항 3】 제1항 또는 제2항에 있어서, …… 장치

【청구항 4】 제3항에 있어서, …… 장치

【청구항 5】 제2항 또는 제4항에 있어서, …… 장치

<설명> 청구항 5는 2 이상의 항을 인용하는 종속항으로서, 2 이상의 항을 인용하고 있는 제3항을 인용한 제4항을 인용하고 있어 청구범위 기재방법에 위배된다.

48) 「2 이상의 다수인용항 세트」라 함은 예를 들어 「제○항 또는 제○항의 방법으로 제조되는 제○항 또는 제○항의 물건」과 같은 것을 말하며, 이는 마치 종속항이 2 이상의 항을 인용한 타종속항에 인용된 것과 같은 혼란을 야기하므로 배제하는 것으로 한다.

【청구항 2】 제1항에 있어서, … 방법

【청구항 3】 제2항에 있어서, … 물건

【청구항 4】 제2항 또는 제3항에 있어서, … 방법(또는 물건)

<설명> 종속항이 다른 카테고리에 속하는 청구항을 인용하는 경우에는 종속항과 다른 카테고리에 속하는 청구항을 한정하거나 부가하여 구체화하는 것으로 인정되지 아니한다.

대법원 1995.9.26. 선고 94후1558 판결

[청구항의 중복기재가 적법하다는 사례]

동일한 발명사상의 내용이 청구항을 달리하여 중복하여 기재되어 있다고 하더라도 특허청구의 범위가 명확하고 간결하게 기재되어 있어 해당 기술분야에서 통상의 지식을 가진 자가 그 내용을 명확하게 이해하고 인식하여 재현할 수 있다면 그 명세서의 기재는 적법하다.

대법원 2001.5.29. 선고 98후515 판결

[청구범위의 기재에 있어서 다항제를 채택한 취지 및 거절이유의 통지에 있어서 거절 대상으로 되는 청구항을 구체적으로 특정하여야 하는지 여부(적극)]

구 특허법(1990.1.13. 법률 제4207호로 전문 개정되기 전의 것) 제8조 제4항은 "특허청구의 범위는 명세서에 기재된 사항 중 보호를 받고자 하는 사항을 1 또는 2 이상의 항으로 명확하고 간결하게 기재하여야 한다"라고 규정하고 있는바, 이러한 다항제를 채택한 취지는 발명을 여러 각도에서 다면적으로 기재하여 발명을 충실히 보호할 수 있도록 하고, 발명자의 권리범위와 일반인의 자유기술영역과의 한계를 명확하게 구별하여 특허분쟁의 경우 특허침해 여부를 명확하고 신속하게 판단할 수 있도록 하기 위한 것으로서, 청구항은 독립항이든 종속항이든 상호 독립되어 있어 각 청구항마다 특허요건을 구비하여야 하고, 심사도 청구항별로 행해지는 것이므로 거절이유를 통지함에 있어서는 거절의 대상으로 되는 청구항을 구체적으로 특정하여야 한다.

(3) 1특허출원 범위와의 관계

특허법은 1군의 발명을 하나의 출원으로 할 수 있도록 1발명의 범위를 1군의 발명으로까지 확대하고 또 그 발명을 보호받기 위한 청구범위의 기재방식을 다항제의 형식을 취함으로써 발명자와 출원인 보호에 적정을 기하고 있다. 특히 1특허출원의 범위를 채택하고 있는 현행 법제하에서 그 청구범위의 기재형식을 다항제에 의하지 아니할 경우 1군의 발명을 하나의 특허출원으로 하기 어려울 뿐만 아니라 그 발명의 보호에도 적정을 기할 수 없다 하겠다.

Ⅶ. 발명의 단일성(1발명 1특허출원의 원칙)

1. 의의 및 취지

우리 특허법에서는 특허를 받고자 하는 자는 1특허출원에는 하나의 발명만을 권리범위로서 청구할 수 있다. 특허법 제45조 제1항에서는 "특허출원은 하나의 발명마다 하나의 특허출원으로 한다. 다만, 하나의 총괄적 발명의 개념을 형성하는 일 군의 발명에 대하여 하나의 특허출원으로 할 수 있다"라고 규정하고 있다. 또한 특허법 시행령 제6조에서 그 구체적인 요건을 정하고 있다. 특허법 시행령 제6조는 "법 제45조 제1항 단서의 규정에 의한 1군의 발명에 대하여 1특허출원을 하기 위하여는 ① 청구된 발명간에 기술적 상호관련성이 있을 것, ② 청구된 발명들이 동일하거나 상응하는 기술적 특징을 가지고 있을 것. 이 경우 기술적 특징은 발명 전체로 보아 선행기술에 비하여 개선된 것이어야 한다"라고 규정하고 있다. 이러한 1특허출원의 범위는 하나의 특허출원서에 여러 청구항을 기재할 수 있는 발명의 범위를 말하며, EPC 및 PCT의 "발명의 단일성(unity of invention)" 및 일본 특허법의 "출원의 단일성"과 동일한 개념이다.[49]

이러한 1특허출원의 제도적 취지는 심사절차상의 경제성, 특허발명의 명확화, 특허문헌관리 및 정보검색상의 효율화에서 찾을 수 있다. 일반적으로 출원인은 출원비용의 절감을 위하여 또는 넓은 의미의 특허권을 받기 위하여 하나의 특허출원서에 복수의 발명을 기재하여 출원하려고 한다. 이러한 경우, 심사관은 보호받고자 하는 발명의 내용을 명확히 파악하기가 어려워 관련 선행기술문헌을 조사하여 비교하는 것에도 많은 시간과 노력이 필요하므로 심사절차의 간편화가 요구되었고, 또한 제3자는 등록된 특허발명의 권리범위를 정확히 판단하기가 용이하지 아니하므로 침해의 유무를 판단하기가 어려울 뿐만 아니라 개량기술을 개발하는 데 있어서도 저해요소가 되므로 특허발명의 명확화가 필요하고, 또 복수의 발명을 포함하는 특허출원을 기술문헌으로 분류하여 정리하기도 힘들 뿐만 아니라 문헌검색을 하는데 있어서도 정확성을 기할 수 없게 된다. 따라서 발명의 단일성 요구[50]는 심

---

49) 발명의 단일성은 특허명세서의 기재에 있어서 발명의 범위에 관한 것으로 특허법 제42조 제8항에서 규정하는 청구범위의 기재방법(다항제)과는 구분된다.

50) 이때 단일한 발명이란 물리적 개념의 1발명은 물론 그 발명의 목적·구성 및 효과 등이 상호유기적인 관계에 있어 비록 복수의 발명이라도 단일한 발명개념을 형성하는 일군(一群)의 발명까지를 포함하는 개념이다.

사의 정확성을 기할 수 있고, 특허발명을 명확히 함으로써 제3자와의 특허분쟁을 미연에 방지할 수 있으며, 특허문헌의 관리 및 검색을 효율적으로 할 수 있게 하는 제도적 취지를 가지고 있다. 더불어 1발명 1출원주의에 입각하여 하나의 총괄적 발명의 개념을 형성하는 1군의 발명에 대하여 1특허출원으로 할 수 있으므로, 출원인은 오히려 출원비용의 절감효과를 얻을 수 있고, 또 넓고 강력한 권리범위의 특허권을 얻을 수 있는 이점을 가지고 있다. 즉, 발명의 단일성은 상호 기술적으로 밀접한 관계를 가지는 1군의 발명에 대하여 그들을 하나의 출원서로 출원할 수 있도록 하여 출원인 및 제3자, 특허청의 심사편의를 도모하고자 하는 제도적 취지를 가지고 있다.[51)]

2. 1특허출원의 요건

(1) 1발명의 1출원과 1군발명의 1출원

1발명 1특허출원의 원칙을 예외없이 적용하는 경우에는 동일한 기술사상 속하는 복수의 발명을 각각 특허출원을 하여야 한다. 이러한 경우, 출원인은 각각의 특허출원에 따른 비용이 소요되어야 하고, 한편 심사관은 동일한 기술사상에 속하는 특허출원을 각각 심사하여야 하고 또 그 행정절차에 따른 불필요한 비용이 소요되는 등의 문제점이 있다. 그리고 특허권을 각각 취득한 경우에는 상호관련의 유사성이 있음에도 불구하고 각각 하나의 권리로서만 법적 지위를 가지고 있으므로 실시하는 데 불편함 점이 있을 수 있다. 예를 들면, 동일한 기술사상에 속하는 복수의 발명에 대하여 발명의 카테고리를 달리해서 특허출원하는 경우, 즉 물건의 발명에 대한 특허와 그 물건을 생산하는 방법의 발명을 1발명 1특허출원의 원칙에 따라 각각 특허출원하여 특허권을 받았을 경우에는 각각의 특허권이 서로 밀접한

51) 원래 특허법은 일발명일출원주의(一發明一出願主義)를 채택하고 있으나 기술적으로 관련된 몇 가지 발명을 각 독립항으로 하여 한꺼번에 출원할 수 있도록 하는 것이 바람직한 면도 있기 때문에, 서로 기술적으로 밀접한 관계를 가지는 발명들에 대하여 그들을 하나의 출원으로 출원할 수 있도록 함으로써 출원인, 제3자 및 특허청의 편의를 도모하고자 하는 것이 특허법 제45조 규정의 취지이다. 그러므로 위 규정을 해석함에 있어서는 출원료나 특허관리면에서의 유리함 때문에 서로 관련성이 없는 복수의 발명을 하나의 출원서에 다수 포함시키고자 하는 출원인과 이것을 허용할 경우 타인의 권리에 대한 감시나 선행기술 자료로서의 이용 또는 심사에 대한 부담 때문에 불이익을 받게 되는 제3자 및 특허청과의 사이에 균형을 도모함이 필요하다. 이러한 관점에서 보면 "하나의 총괄적 발명의 개념을 형성하는 1군의 발명"에 해당하는가 여부는 각 청구항에 기재된 발명들 사이에 하나 또는 둘 이상의 동일하거나 또는 대응하는 특별한 기술적인 특징들이 관련된 기술관계가 존재하는가(즉 기술적으로 밀접한 관계가 존재하는가)에 달려있고, 특별한 기술적인 특징이란 각 발명에서 전체적으로 보아 선행기술과 구별되는 개량부분을 말한다 할 것이다(특허법원 1999.1.14. 선고 98허5145 판결(확정) 참조).

관계에 있음에도 불구하고 분리하여 실시를 하여야 하는 제도적 모순이 있다. 특허법에는 이러한 점을 보완하기 위하여 1발명 1특허출원의 예외로서 '하나의 총괄적 발명의 개념을 형성하는 1군의 발명'을 1특허출원할 수 있도록 규정하고 있다. 여기서 "1군의 발명"이란 하나의 총괄적 발명의 개념을 가지는 것을 의미하고 있다. 하나의 총괄적 발명의 개념은 단항제에서의 1카테고리로 청구하는 것에 대응하는 논리로서 다수의 카테고리를 다항제로 기재하여 1발명으로 청구할 수 있는 발명의 영역으로 볼 수 있다. 바꾸어 말하면, 과제 해결이 동일한 물건의 발명과 그 물건의 제조 또는 사용하는 방법의 발명 등을 1특허출원으로 할 수 있다는 발명의 영역을 의미하는 것이다. 어느 카테고리에 속하는 특정한 기술요부가 다른 카테고리에 필수구성요소에 해당하는 경우에 서로 동일한 발명의 영역을 가지고 있다고 할 수 있고, 이러한 경우에는 각각의 카테고리의 발명을 하나의 총괄적 발명의 개념에 해당하여 1군의 발명으로 보고 있다.

(2) 1특허출원의 요건

1) 청구된 발명간에 기술적 상호관련성이 있을 것

1군의 발명에 해당하기 위한 제1요건은, 우선 청구된 제1발명과 제2발명간에 기술적 상호관련성(technical relationship)이 있어야 한다. 여기서 기술적 상호관련성이 있다고 하는 것은 산업상 기술분야에 있어 동일한 기술구성을 가지고 해결하려고 하는 과제가 동일한 경우를 말한다. 즉, 제2발명이 기본이 되는 제1발명과 기술사상이 일치하거나 중복하여 직접적으로 서로 관련성을 가지는 경우에는 제1발명과 제2발명이 기술적 상호관련성이 있는 것으로 인정하여 1특허출원할 수 있다.

2) 청구된 발명들이 동일하거나 상응하는 기술적 특징을 가지고 있을 것

1군의 발명에 해당하기 위한 제2요건은, 청구된 제1발명과 제2발명이 동일하거나 상응하는 기술적 특징을 가지고 있어야 한다. 즉, 제1발명과 제2발명이 동일한 또는 상응하는 '특별한 기술적 특징(special technical features)'을 하나 또는 둘 이상을 포함하고, 그 발명들 사이에 기술적 관계가 있는 경우에만 발명의 단일성을 충족시켜 1특허출원을 할 수 있다. 여기서, '특별한 기술적인 특징'은 '각 발명에서 전체적으로 보아 선행기술과 구별되는 개선된 부분'을 말한다. 즉, '특별한 기술적인 특징'은 발명의 단일성을 판단하기 위하여 특별히 제시된 개념으로서 선행기술에 비해 신규성과 진보성을 구비하게 되는 기술적 특징이며 발명을 전체로서 고려한 후에 청구된 발명간에 동일하거나 상응하는 기술적 특징이 있는지를 판단하여야 한다. 다만, 각 발명의 '특별한 기술적인 특징'은 동일하지 않더라도 상응하기만 하면 된다. 예를 들면, 하나의 청구항에서 탄성을 주는 '특별한 기술적인 특징'은 스프링인데 반해, 다른 청구항에서는 탄성을 주는 '특별한 기술적인 특징'이 고무블록인 경우에는 서로 상응하는 기술적 특징을 가지고 있는 것으로 보아서 1특허출원을 할 수 있다.

3. 발명의 단일성을 충족하지 아니한 경우

특허법 시행규칙에서 규정하는 1특허출원의 요건을 만족하지 아니한 특허출원은 특허법 제45조의 발명의 단일성규정에 위배되어 특허거절의 이유에 해당하게 된다. 그러나 발명의 단일성은 특허행정의 간편화 및 발명영역의 명확화라는 관점에서 출발한 개념이기 때문에 무효사유에는 해당하지 않는다. 즉, 1특허출원의 요건을 만족하지 아니한 특허출원이라 하더라도, 일단 심사관의 심사결과 등록공고를 하면 그 이후부터는 발명의 단일성에 대하여 다툴 수 없게 된다. 따라서 발명의 단일성은 특허를 받기 위한 심사요건에만 해당한다고 할 수 있고, 출원인은 발명의 단일성을 충족하지 않는다고 판단되는 경우에 그 내용을 분할출원함으로써 해소할 수 있다.[52)]

Ⅷ. 출원일 선점을 위한 명세서 기재·언어 요건 명확화 및 완화

2014년 6월 11일에 법률 제12753호로 개정되어 2015년 1월 1일부터 시행된 특허법은 청구범위제출유예의 경우 특허출원일을 명확히 하는 제42조의2와 외국어출원을 허용하는 제42조의3을 신설하였다. 먼저 출원한 사람에게 특허권을 부여하는 선출원제도 하에서는 빠른 출원일 확보가 무엇보다 중요하므로 명세서에 발명의 설명만을 적어 출원하더라도 출원일을 인정받을 수 있다는 것을 명확히 하고, 명

52) PCT출원에 있어서 발명의 단일성을 만족하지 않는 경우에는 우리나라와 같이 거절이유를 통지하지 않고 추가수수료의 지불을 요구하고 있다. 즉, 국제조사기관은 발명의 단일성을 만족하지 않는다고 판단되는 경우에 출원인에게 근거이유와 추가납부하여야 할 수수료를 제시하게 된다. 이에 대하여 출원인은 발명의 단일성을 충족시키고 있다거나 또는 요구된 추가수수료가 너무 많다는 취지의 이의신청을 할 수 있다. 그리고 출원인이 추가수수료를 납부(일부납부 포함)하지 않는 경우, 국제조사기관은 출원자체를 불인정하는 것이 아니라 관련한 특정부분을 조사하지 않는다. 즉, 국제조사기관은 국제출원의 특정부분에 관한 조사결과를 국제조사보고서에 기재하지 않고 제출하지만, 국제출원의 유효성에는 아무런 영향을 미치지 않고 지정관청에 송달되어 지정국에서 절차가 진행되게 된다.

세서를 국어가 아닌 산업통상자원부령으로 정하는 외국어로 적어 특허출원서에 첨부하여 제출하더라도 특허출원일을 인정받을 수 있도록 특허출원의 언어 요건을 완화함으로써 출원인의 편의를 도모한 개정이다.[53]

즉 특허출원일은 명세서 및 필요한 도면을 첨부한 특허출원서가 특허청장에게 도달한 날로 하되, 이 경우 명세서에 발명의 설명이 적혀 있으면 청구범위는 적지 아니하였더라도 출원일을 인정받게 된다(제42조의2 제1항). 다만 심사청구의 취지를 통지받은 날부터 3개월이 되는 날까지 또는 우선일 등으로부터 1년 2개월까지는 보정을 통해 청구범위를 기재하여야 한다(제42조의2 제2항).[54] 특허출원인이 제2항에 따른 보정을 하지 아니한 경우에는 제2항에 따른 기한이 되는 날의 다음 날에 해당 특허출원을 취하한 것으로 본다(제42조의2 제3항).

또한, 특허출원인이 명세서 및 도면(도면 중 설명부분에 한정한다)을 국어가 아닌 산업통상자원부령으로 정하는 언어로 적겠다는 취지를 특허출원을 할 때 특허출원서에 적은 경우에는 그 언어로 적을 수 있다(제42조의3 제1항). 여기의 언어는 영어를 말한다(시행규칙 제21조의2 제1항). 다만 외국어로 적은 명세서 등은 출원일 인정을 위해 허용하는 것일 뿐이며, 심사 및 권리설정의 대상은 국어로 된 명세서이므로 보정, 심사청구, 출원공개, 분할출원 및 변경출원 등을 위해서는 일정 기간 이내에 반드시 외국어명세서에 대한 국어번역문을 제출하여야 한다. 그리고 외국어특허출원이라도 출원서 및 요약서는 일반출원과 마찬가지로 국어로 작성해서 제출하여야 한다.[55]

---

53) 위 개정에 관한 특허법일부개정법률안검토보고서(2013.12. 국회 산업통상자원위원회 전문위원 이동근) 참조.

54) 특허법 제64조(출원공개) ① 특허청장은 다음 각 호의 구분에 따른 날부터 1년 6개월이 지난 후 또는 그 전이라도 특허출원인이 신청한 경우에는 산업통상자원부령으로 정하는 바에 따라 그 특허출원에 관하여 특허공보에 게재하여 출원공개를 하여야 한다.

1. 제54조제1항에 따른 우선권 주장을 수반하는 특허출원의 경우: 그 우선권 주장의 기초가 된 출원일
2. 제55조제1항에 따른 우선권 주장을 수반하는 특허출원의 경우: 선출원의 출원일
3. 제54조제1항 또는 제55조제1항에 따른 둘 이상의 우선권 주장을 수반하는 특허출원의 경우: 해당 우선권 주장의 기초가 된 출원일 중 최우선일
4. 제1호부터 제3호까지의 어느 하나에 해당하지 아니하는 특허출원의 경우: 그 특허출원일

55) 특허청, 특허·실용신안 심사기준(특허청 예규 제131호), 2023, 5502면 참조.

제7장

출원의 효과

출원이 수리되면 출원은 출원번호가 부여되며 출원번호통지서가 출원인에게 통지된다. 특허청에 계속되는 동안 그 출원일을 기준으로 하여 출원인은 선출원(先出願)의 지위가 생기고 이에 후출원배제의 효과가 생긴다. 또한 특허출원시는 신규성 등의 특허요건 판단의 기준시점이 되고 출원심사청구기간(3년: 제59조 제2항)이나 특허권의 존속기간(20년: 제88조 제1항), 조약에 의한 우선권주장 기간(1년: 제54조 제2항) 등의 기산점이 된다.

특허출원에 대하여 거절결정 또는 심결이 확정되거나 특허권이 설정등록되면 출원계속의 효과는 소멸한다. 또한 출원의 취하나 포기가 있는 출원의 출원계속의 효과도 소멸한다.

우리나라와 같이 선출원(先出願)주의를 취하고 있는 국가에서는 발명자들이 타인들보다 먼저 출원하려고 서두르는 까닭에 출원서의 기재 표현, 명세서의 청구범위의 내용 등을 출원시에 완전하게 갖추지 못하는 경우가 있다. 이에 특허법에서 출원일 소급과 관련한 제도로는 보정, 분할출원, 분리출원, 변경출원 등의 제도가 있으며, 특허요건 판단일 소급과 관련하여서는 조약우선선권주장출원과 국내우선권주장출원 등의 제도가 있다. 이러한 제도들은 「출원의 보완제도」들이라고 할 수 있다.

제1절 보정제도

1. 의의 및 취지

특허출원의 보정은 선출원주의제도하에서는 서둘러서 특허출원하다가 발생할 수 있는 명세서의 부실, 당초 포함되어야 할 사항의 누락, 잘못기재 등의 경우가 있어서 선출원의 결점(출원절차에 하자가 있거나 명세서 또는 도면의 내용에 불비(不備)가 있는 경우)을 특허출원 후 일정한 기간 및 조건하에서 그 절차 또는 내용을 명확하게 하여 줄 기회, 즉 보정할 기회를 주며, 제3자에게는 침해하지 않아야 할 경계를 명확히 해주기 위한 제도이다. 이렇게 보정한 명세서 등의 서류를 출원일로 소급하여 인정하는 제도이다. 그러나 보정은 당초의 출원일로 소급하여 효과가 발생되는 것이므로 제3자와의 관계 등을 고려하여, 특히 명세서 또는 도면의 보정은 그 시기 및 내용면에서 엄격한 제한을 두고 있다. 이를 보정제한주의(補正制限主義)라고도 한다.

보정이란, 특허출원의 내용이나 형식에 하자가 있는 경우에 일정한 범위 내에서 이를 법령에서 정한 요건에 맞게 고치거나 출원인의 의사대로 바로잡는 것을 말하며, 그에 대한 정정·보완을 인정하고 적법하게 한 보정의 경우 그 효력을 출원시까지 소급하여 인정하는 제도이다. 이러한 보정은 절차적 보정과(제46조) 실체적 보정(제47조) 그리고 특허청의 명령에 의한 보정과 자발적 보정 및 심사관의 직권에 의한 보정으로 나누어진다.

출원절차는 매우 복잡하므로 사소한 불비를 이유로 전부 불수리처분(반려)을 하는 것은 출원인에게 매우 가혹하다. 또한 출원서류는 출원 당시 완벽하게 구비되어 있는 것이 바람직하지만, 선출원주의하에서는 가능한 한 빨리 출원을 하여야 한다는 부담을 갖게 된다. 이러한 가운데 출원 후 일체의 보정을 인정하지 않는 것은 타당하지 않다. 특히 선구적인 발명일수록 출원시에 완전한 형태의 명세서나 도면을 요구하는 것은 현실적으로 어렵다. 이에 대부분의 국가에서 출원 후의 보정을 인정하고 있으며, 우리의 특허제도 역시 그러하다.

비록 보정제도는 원칙적으로 선출원주의의 단점을 보완하기 위한 제도이나 아무런 제한 없이 출원인이 자유롭게 보정할 수 있다면 여기에도 갖가지 폐해가 생길 수 있다. 무제한적인 보정의 인정은 선출원주의에 반하며 제3자의 이익을 해친다. 또한 절차를 복잡하게 하고 혼란을 초래할 수도 있다. 이에 보정은 사건이 특허청에 계속중인 경우에 한하여 할 수 있는 것이 원칙이다. 실체적 보정과 관련하여 특허출원인은 특허결정의 등본을 송달하기 전까지 특허출원서에 첨부된 명세서 또는 도면을 보정할 수 있으며, 특허등록 후의 보정(補正)은 원칙적으로는 정정심판(제136조 제1항)에 의한다.

2. 보정의 일반 요건

(1) 보정의 절차적 요건

1) 보정할 수 있는 자의 요건

보정할 수 있는 자는 특허출원인이다. 특허출원인은 특허출원인의 정당한 승계인을 포함한다.

또한 출원인이 복수인 경우 보정은 출원인 모두가 절차를 밟지 않아도 되며 출원인 각자가 보정할 수 있다.

단 특허법 제66조의2의 규정에 의한 보정은 심사관의 직권으로 보정할 수 있다.

2) 보정대상출원이 특허청에 계속중에 있을 것

명세서를 보정하기 위해서는 보정대상 출원이 특허청에 계속중이어야 한다. 따라서 출원의 포기, 취하, 무효되거나 특허여부 결정이 확정된 경우는 보정할 수 없다.

3) 보정기간 이내에 보정서를 제출할 것

특허출원서에 첨부된 명세서 또는 도면을 보정할 수 있는 보정기간은 특허법 제47조 제1항의 각호에서 정하는 경우를 제외하고는 특허결정의 등본을 송달하기 전까지의 기간 이내에 제출할 수 있다. 한편, 최초거절이유통지에 따른 의견서 제출기간 또는 최후거절이유통지에 따른 의견서 제출기간에 보정을 하는 경우에는 각각의 보정절차에서 마지막 보정 전에 한 모든 보정은 취하된 것으로 본다(제47조 제4항). 다만, 최초거절이유통지를 받기 전의 자진보정의 경우는 이를 종합하여 보정 명세서를 인정한다.

(2) 보정의 실체적 요건

특허출원의 보정의 범위는 특허법 제47조 제2항 및 제3항의 규정에 의거 보정기간에 따라 달리 규정하고 있다. 즉, 자진보정기간 및 최초거절이유 통지에 대한 의견서 제출기간 이내의 보정은 신규사항추가가 금지되며, 최후거절이유통지에 대한 의견서 제출기간 이내의 보정은 신규사항 추가금지뿐만 아니라 청구범위를 감축하는 등 보정의 범위가 더욱 제한된다.

3. 보정기간

(1) 특허법 제47조 제1항 본문의 기간(자진보정기간)

자진보정기간은 특허법 제47조 제1항에 의한 보정기간 중 특허결정의 등본을 송달하기 전까지의 기간으로 특허법 제47조 제1항 각호의 기간을 제외한 기간이므로 심사관이 최초 거절이유를 통지한 후 출원인이 그 거절이유를 받기 전까지는 자진보정기간에 해당된다.

여기서 심사관이 특허결정의 등본을 송달한 때라 하면 특허결정의 등본을 발송한 때를 말한다. 따라서 심사관이 특허결정 등본을 발송한 이후 출원인이 특허결정의 등본을 받지 않은 기간 중에 보정서를 제출한 경우 그 보정은 인정되지 않는다.[1]

(2) 특허법 제47조 제1항 1호 및 2호의 기간

특허출원인은 특허법 제63조의 규정에 의한 거절이유통지를 최초로 받거나 특허법 제47조 제1항 2호의 거절이유통지(최후거절이유통지)가 아닌 거절이유통지를 받은 경우에는 해당 거절이유통지에 의한 의견서 제출기간 내에는 보정서를 제출할 수 있다.

여기서 의견서 제출기간은 2개월 이내로 지정하되(시행규칙 제16조 제1항) 이 기간은 지정기간이므로 특허법 제15조 제2항의 규정에 의하여 출원인의 지정기간연장신청이 있는 경우 연장이 가능하다.

또한 특허법 제47조 제1항 1호에서의 의견서 제출기간이란 특허법 제63조 규정에 의한 의견서 제출기간에 한정되므로 특허법 제36조 제6항 규정에 의한 협의명령기간 또는 특허법 제46조 규정에 의한 보정기간 등은 여기에 해당되지 않는다.

한편 특허법 제47조 제1항 2호의 거절이유통지(최후거절이유통지)의 경우에도 의견서 제출기간 이내에는 최초거절이유에 대한 의견제출통지기간에서와 같이 보정이 가능하다. 다만 이 기간 중의 보정은 후술하는 바와 같이 보정할 수 있는 범위가 더욱 제한되는 점에서 차이가 있다.

---

1) 특허청, 특허 · 실용신안 심사기준(특허청 예규 제131호), 2023, 4104면 참조.

(3) 특허법 제47조 제1항 3호의 기간

특허출원인은 그 특허출원에 관하여 특허결정의 등본을 송달받은 날부터 제79조에 따른 설정등록을 받기 전까지의 기간 또는 특허거절결정등본을 송달받은 날부터 3개월(제15조제1항에 따라 제132조의17에 따른 기간이 연장된 경우 그 연장된 기간을 말한다) 이내에 그 특허출원의 명세서 또는 도면을 보정하여 해당 특허출원에 관한 재심사를 청구할 수 있다 즉, 출원인은 재심사를 청구할 때 명세서 또는 도면을 보정할 수 있다.

4. 보정의 범위

(1) 의의 및 취지

보정의 범위를 제한하는 이유는 행정절차의 간소화를 기하기 위한 면도 있으나, 보정의 범위를 지나치게 확대하면 선출원주의 하에서 선출원의 지위를 확보하기 위하여 완전하지 못한 발명을 출원한 후에 발명을 신규한 발명을 추가함으로써 후출원자나 선의의 제3자의 이익을 침해할 수 있기 때문이다.

과거의 특허법이 요지변경이 되지 않는 한 보정을 할 수 있었던 것으로 그 보정의 범위를 제한하였던 것에 비하여,[2] 현행 특허법에서는 특허출원서에 최초로 첨부한 명세서 또는 도면에 기재된 사항의 범위로 한정된다(제47조 제2항). 최초에 첨부한 명세서 또는 도면에 기재되어 있는 한 비록 그 발명이 청구범위에 기재되어 있지 않았더라도 그 발명을 청구범위에 새로이 추가하거나 다른 구성요소로 대체하거나 또는 그 내용을 변경하는 것이 신규사항 추가로 되지는 않는다.

이 때 '명세서 또는 도면에 기재한 사항의 범위'란 '명세서 또는 도면에 실제로 기재되어 있는 사항 및 명시적인 기재가 없더라도 그 발명이 속하는 기술분야에서 통상의 지식을 가진 사람이라면 출원시의 기술상식에 비추어 보아 보정된 사항이 최초 명세서 등에 기재되어 있는 것과 마찬가지라고 이해할 수 있는 사항'을 의미

---

2) 예컨대 출원당초의 명세서 또는 도면에 기재되어 있지 않은 사항을 추가하는 보정이라도 명세서 또는 도면의 요지를 변경하지 않는 한 자유로운 보정이 가능하였다. 그러나 신규사항을 추가하는 보정을 인정하면 불충분한 채로 출원을 하여 후에 보정을 하는 출원인과 최초에 완벽한 명세서를 작성하기 위한 노력을 기울인 출원인과의 사이에 불평등의 문제가 야기된다. 그 결과 최초에는 불충분한 명세서를 제출하고 그 후에 보정을 하는 악습을 조장하게 된다. 게다가 보정의 범위를 넓게 인정함으로써 심사의 지연을 초래하는 일본과 우리에만 특유한 제도였다. 이에 일본 특허법이 1993년 이를 개정하였고, 우리 역시 2001년 2월 3일 개정법으로 변경하였다.

한다.[3] 따라서 명세서 또는 도면에 기재한 사항에서 보아 직접적 또한 일의적으로 도출되지 않을 경우에는 신규사항을 추가하는 것으로 취급된다.

한편 외국어특허출원에 대한 보정은 최종 국어번역문(제42조의3 제6항 전단에 따른 정정이 있는 경우에는 정정된 국어번역문을 말한다) 또는 특허출원서에 최초로 첨부한 도면(도면 중 설명부분은 제외한다)에 기재된 사항의 범위에서도 하여야 한다(제47조 제2항 후단).

대법원 2007.2.8. 선고 2005후3130 판결

특허법 제47조 제2항에서 최초로 첨부된 명세서 또는 도면(이하 '최초 명세서 등'이라 한다)에 기재된 사항이란 최초 명세서 등에 명시적으로 기재되어 있는 사항이거나 또는 명시적인 기재가 없더라도 그 발명이 속하는 기술분야에서 통상의 지식을 가진 사람이라면 출원시의 기술상식에 비추어 보아 보정된 사항이 최초 명세서 등에 기재되어 있는 것과 마찬가지라고 이해할 수 있는 사항이어야 한다.

[특허발명의 특허출원서에 최초로 첨부된 명세서에는 눈 감지 센서와 관련하여 '텅레일과 고정레일 사이에 존재하는 눈을 감지할 수 있는 센서(또는 눈을 감지하기 위한 인디케이터)'라는 기재만이 있을 뿐이었다가 최후 보정에 이르러 '눈감지센서는 리액턴스 방식으로 작동되는 센서로서 한 쌍의 금속성판 사이에 눈이 존재하면 유전율의 변화로 한 쌍의 금속성판으로 형성된 평행판 축전기의 정전용량이 변하게 되고, 이에 따른 교류회로의 전류변화 값을 측정하는 것'이라는 취지의 기재가 추가된 경우 이는 특허출원서에 최초로 첨부된 명세서에 기재된 범위를 벗어난 것으로서 신규사항의 추가에 해당하여 특허법 제47조 제2항에 위배된다고 한 사례]

(2) 보정의 제한[4]

1) 자진보정 및 최초거절이유통지에 대응한 보정

특허법 제47조 제1항 본문과 동항 제1호에 의한 명세서 또는 도면의 보정은 특허법 제47조 제2항의 규정에 따라 '특허출원서에 최초로 첨부된 명세서 또는 도면에 기재된 사항의 범위 이내에서 이를 할 수 있다'라고 규정하여 신규사항 추가를 금지하고 있다.

보정의 판단대상은 보정된 명세서 또는 도면이며 이 중 어떤 곳에도 신규사항

---

3) 대법원 2007.2.8. 선고 2005후3130 판결 참조.

4) 특허에 관한 절차가 특허법 및 특허법에 의한 명령이 정하는 방식에 적합한지 여부를 심사한 후 방식에 부적합한 경우 특허법 시행규칙 제11조 또는 특허법 제46조 규정에 따라 소명의 기회를 부여하거나 절차의 보정을 명하고 지정된 기간 이내에 흠결을 해소하지 못한 경우에는 제출된 서류 반려하거나 해당 절차를 무효처분한다.

방식심사 결과 방식에 흠결이 없거나, 보정명령 후 지정된 기간이내에 흠결이 치유된 출원에 대하여 심사를 진행한다.

을 추가하는 보정은 허용되지 아니한다. 즉 명세서 등의 보정은 출원서에 최초로 첨부된 명세서 또는 도면을 기준으로 하여 신규사항 추가여부를 판단한다.

2) 최후거절이유통지에 대응한 보정(재심사 청구시 보정도 동일 적용)

최후거절이유 통지후 보정은 최초거절이유통지후 보정보다 보정요건이 엄격하다. 즉, 거절이유통지후 보정이 ① 신규사항이 추가되거나 새로운 거절이유가 발생한 경우 최초거절이유통지후 보정이라면 다시 거절이유를 통지하여야 하나, 최후거절이유통지후 보정이라면 보정각하후 보정전 명세서로 심사하여야 하며, ② 청구범위가 확장되거나 변경된 경우 최초거절이유통지후 보정이라면 적합한 보정으로 인정되나, 최후거절이유통지후 보정에 대하여는 보정각하후 보정전 명세서로 다시 심사하여야 한다.

한편 특허법 제47조 제3항의 보정요건은 형식적으로 보정한 청구항에 대하여서만 적용한다.[5] 특허법 제47조 제1항 2호 및 3호의 규정에 의한 보정 중 청구범위에 대한 보정은 ① 청구항을 한정 또는 삭제하거나 부가하여 청구범위를 감축하는 경우,[6)7)] ② 잘못 기재된 사항을 정정하는 경우,[8)] ③ 분명하지 아니하게 기재된 사

---

5) 청구범위를 보정한 사항이 제47조 제3항 각호의 어느 하나에 해당하는지 여부는 최후거절이유통지시 심사의 대상이 된 청구항과 같은 번호의 청구항을 비교하여 판단한다. 다만, 번호가 다르더라도 보정전의 청구항이 다른 번호의 청구항이라는 것이 자명한 경우에 한하여 번호가 다른 청구항으로 비교하여 보정의 적합성을 판단한다.

또한 출원인이 하나의 청구항을 하나의 어구만 보정하든 아니면 청구항을 전반적으로 보정하든 관계없이 그 청구항에 관한 보정이 제47조 제3항의 각호의 어느 하나에 해당되는 경우 그 보정은 특허법 제47조 제3항의 보정으로 적합한 것으로 한다. 다만 이 경우에도 하나의 청구항에 2 이상의 발명이 있는 경우(마쿠쉬 타입이나 복수의 항을 인용한 청구항) 각 발명마다 판단하도록 한다.

이와 같이 취급하는 이유는 하나의 청구항에 기재된 사항을 보정 전후 어구나, 보정 개소별로 판단할 경우 ① 청구항을 전반적으로 보정한 보정(기재된 발명을 다시 서술하는 경우)과 보정부분을 여러 개소로 나누어 보정한 보정이 형평성의 문제를 야기할 뿐만 아니라 ② 특허법 제47조 제3항 규정은 보정의 내용을 실질적으로 제한하기 위한 것이 아니라, 지나친 보정으로 인한 심사의 어려움을 감안하여 각호 중 하나 이상을 목적으로 하는 보정만을 허용하기 위한 것이기 때문이다)이상의 내용은 특허청, 특허·실용신안 심사기준(특허청 예규 제131호), 2023, 4207면 참조).

6) 청구항을 한정 또는 삭제하거나 부가하여 청구범위를 감축하는 경우

특허법 제47조 제3항의 청구범위를 감축하는 경우는 청구항을 한정하는 경우, 청구항을 삭제하는 경우 및 청구항에 부가하는 경우로 제한된다.

① 청구항을 한정하는 경우

청구항을 한정하는 것은 청구항에 기재된 발명의 범위를 내적으로 제한하는 것으로서 수치범위의 축소, 상위개념에서 하위개념의 기재로의 변경 등이 있다.

(i) 수치범위의 축소

당초 청구항에 기재된 범위 내에서 수치한정의 범위를 축소하는 경우이다.

(ii) 상위개념의 기재로부터 하위개념의 기재로의 변경

예로서 필기구를 만년필로 보정하는 경우이다.

항을 명확하게 하는 경우[9]의 보정, ④ 신규사항을 추가한 보정에 대하여 그 보정

(iii) 택일적으로 기재된 요소의 삭제

다수의 구성요소가 택일적으로 기재된 경우 그 중 일부를 삭제하는 보정은 청구범위의 감축에 해당되어 적법한 보정으로 인정된다. 예를 들면 「A 또는 B」라고 하는 택일적 기재 요소 중 A를 삭제하거나 B를 삭제하는 경우이다.

(iv) 다수항을 인용하는 청구항에서 인용항의 수를 감소

다수의 다른 항을 인용하는 청구항에서 인용항의 일부를 삭제하는 것은 선택적 구성요소를 삭제하는 경우와 같이 청구항을 한정하여 감축하는 보정으로 본다.

② 청구항을 삭제하는 경우

청구항을 삭제하는 것은 청구범위의 감축에 해당되므로 적법한 보정으로 인정한다.

한편 청구항을 삭제한 후 삭제된 청구항을 인용하는 다른 청구항의 인용번호를 변경하거나 인용내용을 추가하는 보정은 잘못된 기재를 정정하는 보정으로 본다.

③ 청구항에 부가하는 경우

발명의 설명 또는 청구범위에 기재되어 있던 새로운 구성요소를 직렬적으로 부가함으로써 발명의 범위가 축소되는 경우이다. 예를 들면 "A에 B를 부착시킨 병따개"라는 기재를 "A에 B를 부착시키고 다시 B에 C를 부착시킨 병따개"로 하는 것과 같은 경우이다(이상의 내용은 특허청, 특허·실용신안 심사기준(특허청 예규 제131호), 2023, 4208~4209면 참조).

7) 특허법 제47조 제3항 1호에 해당되지 않는 청구범위 보정

① 발명을 추가하는 경우

• 청구항의 신설

• 택일적으로 기재된 구성요소의 추가

• 인용항의 추가

② 청구범위가 당초 범위를 벗어난 경우

• 하위개념의 기재로부터 상위개념의 기재로의 변경

예) 당초: … … 스프링으로 지지되는 … … → … … 탄성체로 지지되는 … …

• 직렬적 구성요소의 삭제

예) 당초: A, B, C, D로 구성된 자동차 → A, B, C로 구성된 자동차

• 직렬적 구성요소의 가감

예) 당초: A, B, C로 구성된 장치 → B, C, D, E로 구성된 장치

• 수치범위의 확장

예) 당초: 10℃~50℃의 온도에서 … … → 10℃~70℃의 온도에서 … …

• 구성요소의 치환

예) 당초: 볼트로 결합시킨 … … → 리벳으로 결합시킨 … …

• 수치범위의 변경

예) 당초: 10℃~20℃의 온도에서 … … → 30℃~50℃의 온도에서 … …(이상의 내용은 특허청, 특허·실용신안 심사기준(특허청 예규 제131호), 2023, 4209~4210면 참조)

8) 잘못된 기재를 정정하는 경우란 정정 전의 기재내용과 정정 후의 기재내용이 동일함을 객관적으로 인정할 수 있는 경우로서, 청구범위의 기재가 오기인 것이 명세서의 기재 내용으로 보아 자명한 것으로 인정되거나, 주지의 사항 또는 경험칙으로 보아 명확한 경우에 그 오기를 정확한 내용의 자구나 어구로 고치는 것을 말한다(이상의 내용은 특허청, 특허·실용신안 심사기준(특허청 예규 제131호), 2023, 4210면 참조).

9) 분명하지 아니한 기재를 명확하게 하는 경우

분명하지 않은 기재란 문리상 그 자체 의미가 분명하지 않은 기재로 청구항의 기재 그 자체가, 문언상 의미가 불명료한 것, 청구항 자체의 기재 내용이 다른 기재와의 관계에 있어서 불합리한 것 또는, 청구항 자체의 기재는 명료하지만 청구항에 기재한 발명이 기술적으로 정확하게 특정되지 않고 불명료한 것 등을 말한다.

전 청구범위로 되돌아가거나 되돌아가면서 특허법 제47조 제3항 1호부터 3호까지의 규정에 따라 보정하는 경우[10] 중 어느 하나에 해당하는 경우에만 보정할 수 있

실체적으로는 달라지지 않으면서 청구항을 전반적으로 재기재하는 보정은 다른 사정이 없는 한 분명하지 아니한 기재를 명확하게 하는 경우로 보아 특허법 제47조 제3항 3호에 해당하는 보정으로 취급한다(이상의 내용은 특허청, 특허·실용신안 심사기준(특허청 예규 제131호), 2023, 4210~4211면 참조).

10) 특정 보정단계에서 신규사항이 추가된 경우에 이를 신규사항이 추가되기 이전 청구범위 내용으로 되돌리는 보정은 허용한다. 이를 허용하지 않을 경우 거절이유를 해소하기 위해 신규사항을 삭제하는 보정을 하더라도 특허법 제47조 제3항에 위배되어 보정각하(제51조 제1항)될 것이고, 그에 따라 거절결정으로 이어져 출원인에게 너무 가혹하기 때문이다.

신규사항이 추가되기 이전 청구범위 내용으로 되돌아가는 보정뿐만 아니라, 되돌아가면서 청구범위를 특허법 제47조 제3항 1호 내지 3호의 규정에 따라 보정하는 경우도 허용한다. 심사관은 신규사항이 추가되기 이전의 청구범위와 보정된 청구범위를 상호 대비하여 보정의 적법 여부를 판단한다.

적용예)

청구항 1: A+B로 이루어진 장치

청구항 2: A+B+C로 이루어진 장치

[최초거절이유통지] 청구항 1은 인용발명에 의해 진보성 없음

[최초보정 후의 명세서]

청구항 1: A+B+D로 이루어진 장치(D는 신규사항, 진보성은 인정됨)

청구항 2: A+B+C로 이루어진 장치

[최후거절이유통지] 청구항 1의 D는 신규사항임

(예1)

[최후보정 후의 명세서]

청구항 1: A+B로 이루어진 장치

청구항 2: A+B+C로 이루어진 장치

[보정인정] 신규사항이 추가되기 직전의 청구범위로 되돌아갔으므로 보정은 인정됨

[거절결정] 청구항 1은 진보성 없으므로 거절결정

(예2)

[최후보정 후의 명세서]

청구항 1: A+b로 이루어진 장치(b는 B의 하위개념, 진보성은 인정됨)

청구항 2: A+B+C로 이루어진 장치

[보정인정] 청구항 1은 신규사항이 추가되기 직전의 청구범위로 되돌아가면서 청구항을 한정하여 청구범위를 감축하는 경우이므로 보정은 인정됨

[특허결정] 청구항 1, 2는 거절이유를 발견할 수 없으므로 특허결정함

(예3)

[최후보정 후의 명세서]

청구항 1: 삭제

청구항 2: A+B+C로 이루어진 장치

[보정인정] 청구항 1은 신규사항이 추가되기 직전의 청구범위로 되돌아가면서 청구항을 삭제하는 경우이므로 보정은 인정됨

[특허결정] 청구항 2는 거절이유를 발견할 수 없으므로 특허결정함

(예4)

[최후보정 후의 명세서]

청구항 1: A+B+E로 이루어진 장치(A+B+E는 최초 명세서 등의 범위 내 발명이고 진보성은 인정됨)

청구항 2: A+B+C로 이루어진 장치

다(제47조 제3항).

최후거절이유 통지에 대응한 보정 심사의 흐름도[11)]

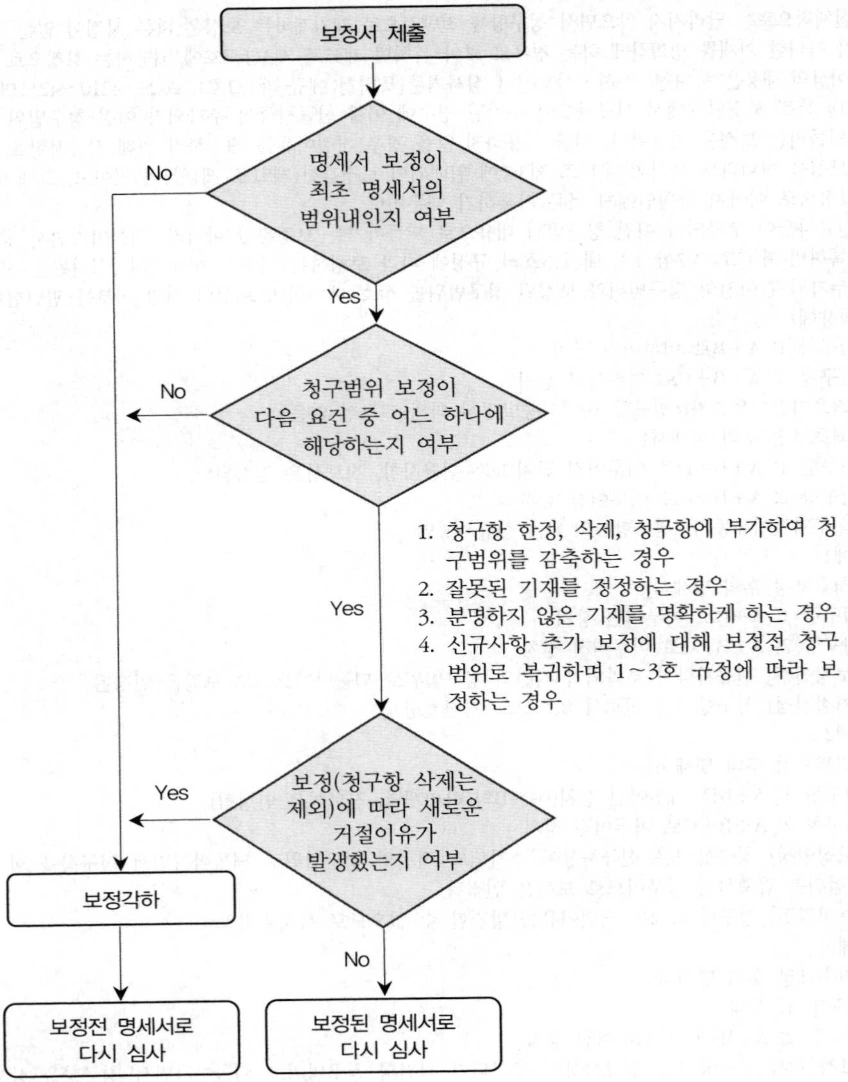
보정서 제출
명세서 보정이 최초 명세서의 범위내인지 여부
No
Yes
청구범위 보정이 다음 요건 중 어느 하나에 해당하는지 여부
No
Yes
1. 청구항 한정, 삭제, 청구항에 부가하여 청구범위를 감축하는 경우
2. 잘못된 기재를 정정하는 경우
3. 분명하지 않은 기재를 명확하게 하는 경우
4. 신규사항 추가 보정에 대해 보정전 청구범위로 복귀하며 1~3호 규정에 따라 보정하는 경우
보정(청구항 삭제는 제외)에 따라 새로운 거절이유가 발생했는지 여부
Yes
No
보정각하
보정전 명세서로 다시 심사
보정된 명세서로 다시 심사

[보정인정] 청구항 1은 신규사항이 추가되기 직전의 청구범위로 되돌아가면서 청구항에 부가하여 청구범위를 감축하는 경우이므로 보정은 인정됨

[특허결정] 청구항 1, 2는 거절이유를 발견할 수 없으므로 특허결정함(이상의 내용은 특허청, 특허·실용신안 심사기준(특허청 예규 제131호), 2023, 4211~4212면 참조)

11) 아래의 흐름도는 특허청, 특허·실용신안 심사기준(특허청 예규 제131호), 2023, 4304면 참조.

5. 심사관의 직권에 의한 보정

명세서에 경미한 하자가 있는 경우 종전에는 거절이유를 통지하여 출원인이 보정을 통해 하자를 해소하도록 유도했으나, 거절이유에 해당하지 않는 경미한 오류나 누락만을 이유로 의견제출통지하는 사례가 증가함으로써 심사절차가 지연되는 문제가 있었다.

이에 2009년 1월 30일 개정된 특허법(법률 제9381호)은 심사관의 직권에 의한 보정제도(특허법 제66조의2)를 신설하였다. 심사관의 직권에 의한 보정제도는 출원에 대해 심사한 결과 특허결정이 가능하나 명백한 오탈자, 참조부호의 불일치 등과 같은 명백히 잘못 기재된 내용[12)13)]만 존재하는 경우, 의견제출통지를 하지 않고도 보다 간편한 방법

---

12) 특허법 제66조의2에서 말하는 명세서, 도면 또는 요약서에 "명백히 잘못 기재된 내용"이란 거절이유에는 해당하지 않으면서 해당 특허출원의 실체적인 권리범위에 영향을 주지 아니하는 사항으로, 그 부분의 앞뒤 문맥으로 판단컨대 달리 해석할 여지가 없어 청구범위를 특정하거나 발명을 실시하는 데 있어서 전혀 문제가 없는 사항을 의미한다.

13) 직권보정 대상의 구체적인 예

직권보정의 대상은 국어표준 용어 또는 맞춤법상의 단순한 오자, 탈자 또는 도면부호의 불일치 등으로 구체적인 예는 다음과 같다.

(1) 국문법에 어긋난 오자
 (a) 반도테 → 반도체
 (b) 기판는 → 기판은
(2) 국문법상 해석이 분명한 탈자
 (a) 라인에 전달하○신호 → 라인에 전달하는 신호
 (b) 리니어 터 → 리니어 모터
(3) 참조부호의 불일치
 (a) 상세한 설명 중 [도2] 버퍼부(115) vs. 도면 [도2] 버퍼부(15)
(4) 반복된 기재
 (a) 특허청 특허청은 → 특허청은
(5) 도면의 간단한 설명부분의 오류
 (a) 도면 번호의 오기
  도 1은 재생기기의 단면도
  도 1은 재생기기의 측면도 → 도 2는 재생기기의 측면도
  도 3은 재생기기의 사시도
 (b) 도면 부호의 오기
  3···치차 3···모터 → 3···치차 4···모터
(6) 대표도의 오기

발명의 설명으로 파악해 본바 명백히 잘못 기재된 대표도

(7) 명세서상의 발명의 명칭이 출원서와 일치하지 않는 경우

명세서의 발명의 명칭을 출원서에 기재된 발명의 명칭으로 직권보정할 수 있다. 만약, 출원서에 기재된 발명의 명칭이 발명의 명칭 기재요건을 충족하지 못하는 경우에는 출원서와 명세서 모두를 적절하다고 인정되는 발명의 명칭으로 직권보정할 수 있다(이상의 내용은 특허청, 특허·실용신안 심사기

으로 단순한 기재 잘못을 수정할 수 있도록 함으로써 심사 지연을 방지하고 등록 명세서의 완벽을 기하고자 마련된 제도이다. 그러나 거절이유가 명백히 잘못 기재된 내용만을 보정할 수 있을 뿐이어서 아무리 사소한 거절이유라도 직권보정이 불가능하여 활용도 및 실효성이 저하되었고, 특히 마지막 보정 단계에서 명백히 잘못 기재된 내용이지만 거절이유가 실수로 포함되면 그 보정은 각하되어 결국 거절결정되는 문제가 여전히 존재하였다. 이러한 문제점을 해결하기 위해, 출원인이 직권보정에 동의하지 않으면 특허결정을 취소한다는 조건으로, 사소한 오탈자 외에도 거절이유에 해당하는 기재불비 사항도 명백히 잘못 기재된 경우 심사관이 직권보정할 수 있도록 2017년 3월부터 직권보정범위를 확대하였다. 다만, 명세서 등을 명확하게 기재할 책임은 원칙적으로 출원인에게 있고, 특허법 제47조에서 보정할 수 있는 자, 보정이 가능한 기간 및 범위를 엄격하게 정하고 있는 점을 고려할 때, 심사관에 의한 직권보정제도는 출원인에 의한 보정의 예외로서 제한된 범위 내에서 보충적으로 운영될 필요가 있다.[14] 또한, 심사관의 직권보정은 신규사항이 추가되지 않는 범위에서 하여야 한다.

6. 보정의 심사 및 보정각하

보정은 자진보정기간 또는 최초거절이유통지에 대한 의견서 제출기간 내의 보정에 신규사항이 추가된 경우 특허법 제62조 5호에 따라 거절이유를 통지하고 거절이유통지에도 불구하고 지정기간 이내에 거절이유를 해소하지 못한 경우 거절결정을 하여야 하며, 최후거절이유통지에 대한 의견서 제출기간 이내의 보정이 특허법 제47조 제2항 및 제3항의 규정을 위반하거나 그 보정(청구항을 삭제하는 보정은 제외)에 따라 새로운 거절이유가 발생한 것으로 인정되는 때에는 특허법 제51조 제1항에 따라 보정각하하고, 보정전의 명세서로 거절결정 등 심사를 진행한다.

한편 특허법 제51조의 보정각하란 제47조 제1항 2호 및 3호에 따른 보정이 같은 조 제2항 또는 제3항을 위반하거나 그 보정에 따라 새로운 거절이유가 발생한 경우 그 보정을 각하하는 처분을 말한다. 즉 최후거절이유통지에 대한 보정이 신규사항을 추가하고 있거나 청구범위의 감축, 잘못된 기재의 정정, 분명하지 아니한 기재를 명확하게 하는 경우, 신규사항을 추가한 보정에 대하여 그 보정전 청구범

준(특허청 예규 제131호), 2023, 8202~8203면 참조).

14) 이상의 내용은 특허청, 특허・실용신안 심사기준(특허청 예규 제131호), 2023, 8201~8202면 참조.

위로 되돌아가거나 되돌아가면서 특허법 제47조 제3항 1호부터 3호까지의 규정에 따라 보정하는 경우가 아닌 보정 및 그 보정에 따라 새로운 거절이유가 발생한 경우에 관한 규정이다.

동법 동조 제1항은 심사관이 최후거절이유통지에 대한 보정이 신규사항을 추가하고 있거나, 청구범위를 감축하는 경우 · 잘못 기재된 사항을 정정하는 경우 · 분명하지 아니하게 기재된 사항을 명확하게 하는 경우 · 신규사항을 추가한 보정에 대하여 그 보정 전 청구범위로 되돌아가거나 되돌아가면서 특허법 제47조 제3항 1호부터 3호까지의 규정에 따라 보정하는 경우가 아니거나, 그 보정에 따라 새로운 거절이유가 발생한 경우 결정으로 그 보정을 각하하되, 직권보정을 하는 경우 그 직권보정 전에 한 보정, 직권 재심사를 하는 경우 취소된 특허결정 전에 한 보정, 재심사의 청구가 있는 경우 그 청구 전에 한 보정은 각하하지 못하도록 규정하고 있으며, 동법 동조 제2항에서는 위 각하결정은 서면으로 하여야 하며, 그 이유를 붙여야 한다고 규정하고 있다.

동법 동조 제3항에서는 위 보정각하결정에 대해서는 불복할 수 없으나 특허거절결정에 대한 심판에서 그 각하결정(직권 재심사를 하는 경우 그 청구 전에 한 각하결정과 재심사의 청구가 있는 경우 그 청구 전에 한 각하결정은 제외한다)에 대하여 다투는 경우에는 그러하지 아니하다고 규정하고 있다.

7. 보정의 효과

보정이 적법한 것으로 인정되면 그 보정된 내용은 최초 출원시에 출원한 것과 같이 취급된다.[15] 보정이 그 보정의 기간이 경과 후에 있은 경우에는 제출된 보정서류는 출원인에게 반려된다(시행규칙 제11조). 보정이 부적법한 경우 특허결정등본송달 전 또는 최초거절이유통지에 대한 명세서 또는 도면의 보정은 거절이유, 무효사유가 된다. 다만 심사관의 최후 거절이유통지에 대한 보정이 특허법 제47조 제2항 또는 제3항의 규정에 위반하거나 그 보정에 따라 새로운 거절이유가 발생한 것으로 인정될 때에는 그 보정은 각하된다. 2001년 2월 3일 개정 전의 구 특허법에서는 요지가 변경되는 보정은 각하하고 이에 불복할 때에는 별도의 보정각하불복심판을 청구할 수 있도록 하였다. 그러나 현행법에서는 보정이 가능한 범위를 최초 명세

15) 특허법에 명시적 규정은 없으나, 보정제도의 취지와 특허등록 후 정정심결 확정의 소급효(제136조 제10항)가 있음을 고려할 때 보정의 소급효를 인정하는 것으로 해석한다.

서 또는 도면에 신규사항을 추가할 수 없도록 하면서, 보정각하결정에 대하여는 별도의 불복절차를 두지 않고, 다만 특허거절결정에 대한 심판으로서 다툴 수 있다(제51조 제3항).

신규사항을 추가하는 부적절한 보정은 거절이유(제62조 5호), 무효사유(제133조 제1항 6호)가 된다. 다만 외국어특허출원의 경우 원문의 범위는 만족하나 국어번역문 범위를 벗어난 경우에는 거절이유(제62조 5호)에는 해당하나 무효사유는 아니다.[16]

8. 국제특허출원의 특례

(1) 국제단계에서의 보정

1) 국제조사보고서를 받은 후의 보정

국제특허출원의 출원인은 국제조사보고서를 받은 후 국제조사보고서의 송부일로부터 2개월 또는 우선일로부터 16개월 중 늦게 만료되는 기간 내에 국제특허출원에 관련한 보정을 할 수 있다. 이때 국제특허출원인이 보정할 수 있는 범위는 청구범위에 국한되며 그 횟수도 1회에 한한다(PCT 제19조(1), PCT 규칙 제46.1조).

국제특허출원의 출원인이 「특허협력조약」 제19조(1)에 따라 국제조사보고서를 받은 후에 국제특허출원의 청구범위에 관하여 보정을 한 경우 기준일까지(기준일이 출원심사의 청구일인 경우 출원심사의 청구를 한 때까지), 외국어로 출원한 국제특허출원인 경우에는 그 보정서의 국어번역문을, 국어로 출원한 국제특허출원인 경우에는 그 보정서의 사본을 특허청장에게 제출하여야 한다(제204조 제1항). 이에 따라 보정서의 국어번역문 또는 사본이 제출되었을 때에는 그 보정서의 국어번역문 또는 사본에 따라 청구범위가 보정된 것으로 본다(제204조 제2항 본문).[17] 국제특허출원의 출원인이 기준일까지 제1항에 따른 절차를 밟지 아니하면 「특허협력조약」 제19조(1)에 따른 보정서는 제출되지 아니한 것으로 본다(제204조 제4항 본문).[18] 국제특허출원을 외국어로 출원한 출원인은 「특허협력조약」 제2조(xi)의 우선일부터 2년 7개월 이내에 '국제출원일까지 제출한 발명의 설명, 청구범위 및 도면(도면 중 설명부분에 한정한다)의 국어번역문', '국제특허출원의 요약서의 국어번역문'을 특허청장에게 제출하여야 한다(제201조 제1항 본문).

---

16) 제133조 제1항 6호가 제47조 제2항 후단은 언급하고 있지 않다.

17) 다만, 「특허협력조약」 제20조에 따라 기준일까지 그 보정서(국어로 출원한 국제특허출원인 경우에 한정한다)가 특허청에 송달된 경우에는 그 보정서에 따라 보정된 것으로 본다(제204조 제2항 단서).

18) 다만, 국어로 출원한 국제특허출원인 경우에 「특허협력조약」 제20조에 따라 기준일까지 그 보정서가 특허청에 송달된 경우에는 그러하지 아니하다(제204조 제4항 단서).

다만 국제특허출원을 외국어로 출원한 출원인이 특허협력조약 제19조(1)에 따라 청구범위에 관한 보정을 한 경우에는 국제출원일까지 제출한 청구범위에 대한 국어번역문을 보정 후의 청구범위에 대한 국어번역문으로 대체하여 제출할 수 있다(제201조 제2항). 이에 따라 보정 후의 청구범위에 대한 국어번역문을 제출하는 경우에는 특허법 제204조 제1항 및 제2항을 적용하지 아니한다(제201조 제8항).

2) 국제예비심사보고서 작성 전의 보정

국제특허출원의 출원인은 국제예비심사청구시 또는 국제예비심사보고서가 작성될 때까지 국제특허출원에 관련된 보정을 할 수 있다. 이때 국제특허출원인은 명세서·청구의 범위·도면에 관하여 보정할 수 있으며, 국제예비심사기관은 출원인의 요청에 따라 보정서 또는 의견서의 제출을 위한 1회 또는 2회 이상의 추가기회를 줄 수 있다(PCT 제34조(2)(b), PCT 규칙 제66.4조(b)).

국제특허출원의 출원인이 「특허협력조약」 제34조(2)(b)에 따라 국제특허출원의 발명의 설명, 청구범위 및 도면에 대하여 보정을 한 경우 기준일까지(기준일이 출원심사의 청구일인 경우 출원심사의 청구를 한 때까지), 외국어로 작성된 보정서인 경우에는 그 보정서의 국어번역문을, 국어로 작성된 보정서인 경우에는 그 보정서의 사본을 특허청장에게 제출하여야 한다(제205조 제1항). 이에 따라 보정서의 국어번역문 또는 사본이 제출되었을 때에는 그 보정서의 국어번역문 또는 사본에 따라 명세서 및 도면이 보정된 것으로 본다(제205조 제2항 본문).[19] 국제특허출원의 출원인이 기준일까지 제1항에 따른 절차를 밟지 아니하면 「특허협력조약」 제34조(2)(b)에 따른 보정서는 제출되지 아니한 것으로 본다(제205조 제3항 본문).[20]

(2) 국내단계에서의 보정

1) 보정의 시기

국제특허출원에 관하여는 특허법 제82조 제1항에 따른 수수료 납부, 제201조 제1항에 따른 국어번역문의 제출(다만, 국어로 출원된 국제특허출원인 경우는 제외), 기준일(기준일이 출원심사의 청구일인 경우 출원심사를 청구한 때)의 도과라는 요건을 모두 갖추지 아니하면 제47조 제1항에도 불구하고 보정(제204조 제2항 및 제205조 제2항에 따른 보정은 제외)을 할 수 없

19) 다만, 「특허협력조약」 제36조(3)(a)에 따라 기준일까지 그 보정서(국어로 작성된 보정서의 경우만 해당한다)가 특허청에 송달된 경우에는 그 보정서에 따라 보정된 것으로 본다(제205조 제2항 단서).

20) 다만, 「특허협력조약」 제36조(3)(a)에 따라 기준일까지 그 보정서(국어로 작성된 보정서의 경우만 해당한다)가 특허청에 송달된 경우에는 그러하지 아니하다(제205조 제3항 단서).

다(제208조 제1항).

2) 보정의 범위

외국어로 출원된 국제특허출원의 출원인은 국제출원일까지 제출한 발명의 설명, 청구범위 또는 도면에 기재된 사항의 범위에서만 보정할 수 있다(제208조 제3항). 이 경우, 외국어로 출원된 국제특허출원에 대한 보정은 특허법 제201조 제5항에 따른 최종 국어번역문(제201조 제6항 전단에 따른 정정이 있는 경우에는 정정된 국어번역문을 말한다) 또는 국제출원일까지 제출한 도면(도면 중 설명부분은 제외한다)에 기재된 사항의 범위에서도 하여야 한다(제208조 제4항).

대법원 2018.6.28. 선고 2014후553 판결

[특허청 심사관의 보정각하결정이 구 특허법 제51조 제1항 본문이 규정한 '청구항을 삭제하는 보정에 따른 거절이유'에 해당하는지 여부에 관한 판단기준]

구 특허법(2014.6.11. 법률 제12753호로 개정되기 전의 것, 이하 '구 특허법'이라 한다) 제51조 제1항 본문은 "심사관은 제47조 제1항 2호 및 3호에 따른 보정이 같은 조 제2항 및 제3항을 위반하거나 그 보정(같은 조 제3항 1호 및 제4호에 따른 보정 중 청구항을 삭제하는 보정은 제외한다)에 따라 새로운 거절이유가 발생한 것으로 인정하면 결정으로 그 보정을 각하하여야 한다"라고 규정하고 있고, 제47조 제3항은 "제1항 2호 및 3호에 따른 보정 중 청구범위에 대한 보정은 다음 각 호의 어느 하나에 해당하는 경우에만 할 수 있다"면서 그 1호에는 '청구항을 한정 또는 삭제하거나 청구항에 부가하여 청구범위를 감축하는 경우'를, 4호에는 '제2항에 따른 범위를 벗어난 보정에 대하여 그 보정 전 청구범위로 되돌아가거나 되돌아가면서 청구범위를 1호부터 3호까지의 규정에 따라 보정하는 경우'를 각 규정하고 있다. 구 특허법 제51조 제1항이 위와 같이 보정에 따라 새로운 거절이유가 발생한 것으로 인정되면 그 보정을 각하하도록 하면서도 '청구항을 삭제하는 보정'의 경우를 그 대상에서 제외하고 있는 취지는, 보정에 따라 새로운 거절이유가 발생한 경우에는 그 보정을 각하함으로써 새로운 거절이유에 대한 거절이유통지와 또 다른 보정이 반복되는 것을 배제하여 심사절차의 신속한 진행을 도모하되, '청구항을 삭제하는 보정'의 경우에는 그로 인하여 새로운 거절이유가 발생하더라도 위와 같은 보정의 반복에 의하여 심사관의 새로운 심사에 따른 업무량 가중이나 심사절차의 지연의 문제가 거의 생기지 아니하는 데 반해 그에 대하여 거절이유를 통지하여 보정의 기회를 다시 부여함으로써 출원인을 보호할 필요성이 크다는 데 있다(대법원 2014.7.10. 선고 2013후2101 판결 등 참조). 이러한 규정의 취지에 비추어 볼 때, 구 특허법 제51조 제1항 본문이 규정하는 청구항을 삭제하는 보정에 따라 발생한 새로운 거절이유에는 단순히 '청구항을 삭제하는 보정을 하면서 그 삭제된 청구항을 인용하던 종속항에서 인용번호를 그대로 둠으로써 명세서 기재요건을 충족하지 않은 기재불비가 발생한 경우'뿐만 아니라, '청구항을 삭제하는 보정을 하면서 그 삭제된 청구항을 직·간접적으로 인용하던 종속항을 보정하는 과정에서, 그 인용번호를 잘못 변경하거나, 종속항이 2 이상의 항을 인용하는 경우에 인용되는 항의 번호 사이의 택일적 관계에 대한 기재를 누락함으로써 위와 같은 기재불비가 발생한 경우'도 포함된다고 보아야 한다.

대법원 2018.7.12. 선고 2015후2259 판결

[특허청 심사관의 보정각하결정이 구 특허법 제51조 제1항 본문이 규정한 '청구항을 삭제하는 보정에 따른 거절이유'에 해당하는지 여부에 관한 판단기준]

원고의 특허출원에 적용되는 구 특허법(2009.1.30. 법률 제9381호로 개정되기 전의 것을 말하고, 개정 이후의 특허법을 이하 '2009년 개정 특허법'이라고 한다) 제174조는 '보정각하에 관한 제51조의 규정을 제173조의 심사전치절차에서의 심사에 준용한다'고 규정하였지만, 2009년 개정 특허법 부칙 제3조는 '개정된 제51조 제1항 본문을 법 시행 후 최초로 보정하는 것부터 적용한다'고 규정하고 있다. 따라서 원고의 특허출원이 2009년 개정 특허법 시행 전에 이루어졌다 하더라도 원심 판시 이 사건 심사전치보정이 그 시행 후에 이루어진 이상, 이에 따른 심사전치절차에서의 보정각하에 관해 적용될 규정은 2009년 개정 특허법의 제51조 제1항 본문이다. 이러한 2009년 개정 특허법 제51조 제1항 본문은 "심사관은 제47조 제1항 2호 및 3호에 따른 보정이 같은 조 제2항 및 제3항을 위반하거나 그 보정(같은 조 제3항 1호 및 4호에 따른 보정 중 청구항을 삭제하는 보정은 제외한다)에 따라 새로운 거절이유가 발생한 것으로 인정하면 결정으로 그 보정을 각하하여야 한다"라고 규정하고 있고, 제47조 제3항은 "제1항 2호 및 3호에 따른 보정 중 청구범위에 대한 보정은 다음 각 호의 어느 하나에 해당하는 경우에만 할 수 있다"면서 그 1호에는 '청구항을 한정 또는 삭제하거나 청구항에 부가하여 청구범위를 감축하는 경우'를, 4호에는 '제2항에 따른 범위를 벗어난 보정에 대하여 그 보정 전 청구범위로 되돌아가거나 되돌아가면서 청구범위를 1호부터 3호까지의 규정에 따라 보정하는 경우'를 각 규정하고 있다.

2009년 개정 특허법 제51조 제1항이 위와 같이 보정에 따라 새로운 거절이유가 발생한 것으로 인정되면 그 보정을 각하하도록 하면서도 '청구항을 삭제하는 보정'의 경우를 그 대상에서 제외하고 있는 취지는, 보정에 따라 새로운 거절이유가 발생한 경우에는 그 보정을 각하함으로써 새로운 거절이유에 대한 거절이유통지와 또 다른 보정이 반복되는 것을 배제하여 심사절차의 신속한 진행을 도모하되, '청구항을 삭제하는 보정'의 경우에는 그로 인하여 새로운 거절이유가 발생하더라도 위와 같은 보정의 반복에 의하여 심사관의 새로운 심사에 따른 업무량 가중이나 심사절차의 지연의 문제가 거의 생기지 아니하는 데 반해 그에 대하여 거절이유를 통지하여 보정의 기회를 다시 부여함으로써 출원인을 보호할 필요성이 크다는 데 있다(대법원 2014.7.10. 선고 2013후2101 판결 참조).

이러한 규정의 취지에 비추어 볼 때, 청구항을 삭제하는 보정을 하였더라도 삭제된 청구항과 관련이 없는 부분에서 새롭게 발생한 거절이유는 심사관에게 새로운 심사에 따른 업무량을 가중시키고, 심사절차가 지연되는 결과를 가져오게 하는 등 달리 취급하여야 할 필요가 없으므로 2009년 개정 특허법 제51조 제1항 본문이 규정하는 청구항을 삭제하는 보정에 따라 발생한 새로운 거절이유에 포함된다고 할 수 없다.

대법원 2014.7.10. 선고 2012후3121 판결

[기재불비 극복을 위한 보정에 대해 진보성 부정을 새로운 거절이유로 볼 것인지(원칙적 소극)]

2009.1.30. 법률 제9381호로 개정된 특허법 부칙 제3조와 그 개정 전의 구 특허법 제174조에 의하여 구 특허법 제173조의 심사전치절차에서의 심사에 준용되는 특허법 제51조 제1항에 의하면, 심사관은 심사전치보정에 따라 새로운 거절이유가 발생한 것으로 인정하면 결정으로 그 보정을 각하하여야 한다. 위 규정에서 '새로운 거절이유가 발생한 것'이란 해당 보정으로 인하여 이전에 없던 거절이유가 새롭게 발생한 경우를 의미하는 것으로서, 이러한 경우에 그 보정을 각하하도록 한 취지는 이미 거절이유가 출원인에게 통지되어 그에 대한 의견제출 및 보정의 기회가 충분히 부여되었음에도 그 보정으로 인하여 거절이유가 새롭게 발생하여 그에 대한 거절이유통지와 또 다른 보정이 반복되는 것을 배제함으로써 심사절차의 신속한 진행을 도모하는 데에 있다고 할 것이다. 이러한 취지에 비추어 보면, 심사관이 '발명이 명확하고 간결하게 기재되지 아니하여 특허법 제42조 제4항 2호의 명세서 기재요건을 구비하지 못한 기재불비가 있다'는 거절이유를 통지함에 따라 이를 해소하기 위한 보정이 이루어졌는데, 그 보정 이후 발명에 대한 심사 결과 신규성이나 진보성 부정의 거절이유가 발견된다고 하더라도, 그러한 거절이유는 보정으로 청구항이 신설되거나 실질적으로 신설에 준하는 정도로 변경됨에 따라 비로소 발생한 경우와 같은 특별한 사정이 없는 한 보정으로 인하여 새롭게 발생한 것이라고 할 수 없으므로, 심사관으로서는 그 보정에 대한 각하결정을 하여서는 아니 되고, 위와 같은 신규성이나 진보성 부정의 거절이유를 출원인에게 통지하여 의견제출 및 보정의 기회를 부여하여야 한다.

제 2 절 분할출원

1. 의 의

분할출원이란 2 이상의 발명을 포함하는 특허출원(이하 "원출원"이라 한다)에 대하여 그 일부를 1 또는 2 이상의 새로운 출원으로 하고, 이 새로운 특허출원이 적법한 출원으로 인정되면 원출원과 동시에 출원한 것과 같은 출원일의 소급효과를 부여하는 것을 말한다.

특허출원이 특허법 제45조의 1특허출원의 범위에 관한 요건을 만족하지 않는 발명을 포함하는 경우에는 거절이유를 포함하게 된다. 그러나 단순히 1출원에 2 이상의 발명이 포함되었다는 형식위반으로 거절한다면 출원인에게 가혹할 수 있다. 특히 어떠한 발명이 1특허출원의 범위에 적합한 발명인지 여부는 그 판단이 매우 어려울 뿐만 아니라 출원인의 착오에 의해서 1특허출원 범위를 벗어나는 발명까지도 1특허출원에 포함시키는 경우가 있는데, 이러한 출원을 무조건 거절하게 된다면 이는 발명을 보호, 장려하고자 하는 특허제도의 목적에 반할 수 있다. 특히 출원인은 이를 다시 출원해야 하므로 선출원의 지위를 상실할 수 있으며 또한 재출원에 따르는 절차의 복잡화로 인한 부담 가중 등 폐해가 크다. 이에 특허법은 2 이상의 발명을 포함하는 원특허출원의 일부를 새로운 특허출원으로서 출원할 수 있는 기회를 주고 이 새로운 특허출원이 적법한 것이면 원특허출원과 동시에 출원하는 효과를 인정하는 분할출원제도를 두었다.

이러한 분할출원제도는 출원당시의 청구범위에는 기재되어 있지 않으나 발명의 설명 또는 도면에 기재되어 있는 발명을 포함하는 경우 이들 발명을 보호하고자 할 때도 이용되는데, 이들 발명도 출원에 의해서 공개되므로 공개의 대가로 일정 기간 독점권을 부여한다고 하는 특허제도의 취지에도 반하지 않는다 하겠다. 또한, 특허결정등본이 송달된 후라도 청구범위를 재조정하여 심사를 받고자 하는 경우 분할출원제도를 이용할 수 있다.

2. 분할출원의 요건

특허출원의 분할요건은 형식적인 요건과 실체적 요건으로 나누어서 살펴보기로 한다.

분할출원이 형식적 요건과 실체적 요건을 충족한 경우 분할출원은 통상의 출원으로 보고 보정에 대한 적합성을 판단한다. 이 경우 최초의 분할출원서가 보정의 실체적 요건을 판단하는 최초의 출원명세서 또는 도면에 기재된 사항의 범위가 된다.

따라서 분할출원 이후 보정에 의하여 분할출원의 최초 명세서 또는 도면에 포함되어 있지 않은 발명이 신규로 추가되었다면, 신규사항 추가금지 규정에 따라 심사를 진행한다.

(1) 형식적 분할요건

형식적 분할요건은 ① 분할하려고 할 때에, 원출원이 특허청에 적법하게 계속

중이고, ② 원특허출원인과 분할출원인이 동일하여야 하며, ③ 원출원은 분리출원이 아닐 것, ④ 보정가능한 기간, 거절결정등본을 송달받은 날로부터 30일(거절결정불복심판청구를 할 수 있는 기간이 연장된 경우에는 연장된 기간) 또는 제66조에 따른 특허결정 또는 제176조 제1항에 따른 특허거절결정 취소심결(특허등록을 결정한 심결에 한정하되, 재심심결을 포함한다)의 등본을 송달받은 날부터 3개월 이내의 기간, 다만 제79조에 따른 설정등록을 받으려는 날이 3개월보다 짧은 경우에는 그 날까지의 기간 내에 분할출원서를 제출한 것, ⑤ 분할출원서에 그 취지 및 원출원을 표시할 것을 만족하여야 한다.

1) 원출원이 특허청에 계속 중일 것

적법한 분할출원이 되기 위해서는 분할출원시에 원출원이 특허청에 계속 중에 있어야 한다. 따라서, 원출원이 취하, 포기, 무효 또는 거절결정이 확정된 때에는 분할출원을 할 수 없다.

원출원이 특허청에 계속하지 않게 된 날과 같은 날에 분할출원이 있은 경우에도 원출원이 특허청에 계속하지 않게 된 때보다 분할출원절차가 늦은 것이 명백한 때에는 이러한 요건을 충족하지 못하는 것으로서 취급하여야 할 것이다. 그러나 실무적으로 원출원의 취하 또는 포기절차와 분할출원절차가 같은 날에 이루어지는 경우에는 통상 동시에 절차를 밟게 되므로 출원의 취하 또는 포기와 분할출원에 관한 절차의 선후를 구분하기 곤란하며, 또한 출원을 분할한다는 것은 원출원이 특허청에 계속하고 있다는 출원인의 인식하에 절차가 이루어진 것으로 생각하는 것이 타당하고 하여, 출원의 취하 또는 포기와 분할출원이 같은 날에 있은 경우에는 그 분할출원은 적법한 것으로 취급한다. 한편 원출원이 특허법 제16조 제1항의 규정에 의하여 무효가 된 경우로 무효처분등본의 송달일과 같은 날에 분할출원에 관한 절차가 이루어진 때에는 적법한 분할출원으로 인정하지 않는다.

2) 원출원의 출원인과 분할출원의 출원인이 동일할 것(적법한 승계인 포함)

특허법 제52조 제1항은 '특허출원인은 …… 분할할 수 있다'고 하여 분할출원을 할 수 있는 자는 특허출원인으로 규정하고 있다. 따라서 분할출원을 할 수 있는 권리를 가진 자는 원출원을 한 자이다. 원출원을 한 자와 분할출원인이 동일인임을 인정받기 위해서는 ① 출원인의 주소 또는 영업소가 일치될 것, ② 출원인의 성명 또는 명칭이 일치될 것, ③ 출원인의 인장이 일치될 것이 필요하다.

또한, 공동출원의 경우에도 원출원과 분할출원의 출원인은 완전히 일치하여야 한다. 따라서 원출원이 공동출원인 경우 원출원의 출원인 전원의 이름으로 분할출원을 하여야만 적법한 분할출원으로 인정받을 수 있다.

3) 원출원은 분리출원이 아닐 것

원출원은 분리출원이 아니어야 한다(제52조의2 제4항). 분리출원이 거절결정불복심판에서의 기각심결이 있는 후 제한된 범위인 거절결정되지 아니한 청구항에 대해서 신속히 권리획득기회를 주는 제도임을 고려할 때, 이를 기초로 다시 분할출원하는 것은 적절치 않다.

4) 분할출원할 수 있는 시기

분할출원은 ① 특허법 제47조 제1항의 규정에 의하여 보정을 할 수 있는 기간, ② 특허거절결정등본을 송달받은 날부터 30일(제15조 제1항에[21] 따라 제132조의17에[22] 따른 기간이 연장된 경우 그 연장된 기간을 말한다) 이내의 기간, ③ 제66조에[23] 따른 특허결정 또는 제176조 제1항에[24] 따른 특허거절결정 취소심결(특허등록을 결정한 심결에 한정하되, 재심심결을 포함한다)의 등본을 송달받은 날부터 3개월 이내의 기간(다만, 제79조에 따른 설정등록을 받으려는 날이 3개월보다 짧은 경우에는 그 날까지의 기간) 중 어느 하나에 해당하는 기간에 할 수 있다(제52조 제1항).

5) 분할출원서에 그 취지 및 원출원을 표시할 것

특허법 제52조 제3항 규정에 의하여 분할출원을 하는 자는 분할출원서에 그 취지 및 분할의 기초가 된 특허출원의 표시를 하여야 한다. 따라서 분할출원시에 원출원을 표시하지 않거나 잘못 표시한 경우에는 그 분할출원은 적법한 분할출원으로 인정되지 않는다.

또한 분할출원후 분할출원서의 원출원의 표시를 보정하여 원출원을 변경하는

---

21) 제15조(기간의 연장 등) ① 특허청장은 청구에 따라 또는 직권으로 제132조의17에 따른 심판의 청구기간을 30일 이내에서 한 차례만 연장할 수 있다. 다만, 도서 · 벽지 등 교통이 불편한 지역에 있는 자의 경우에는 산업통상자원부령으로 정하는 바에 따라 그 횟수 및 기간을 추가로 연장할 수 있다.

22) 제132조의17(특허거절결정 등에 대한 심판) 특허거절결정 또는 특허권의 존속기간의 연장등록거절결정을 받은 자가 결정에 불복할 때에는 그 결정등본을 송달받은 날부터 30일 이내에 심판을 청구할 수 있다.

23) 제66조(특허결정) 심사관은 특허출원에 대하여 거절이유를 발견할 수 없으면 특허결정을 하여야 한다.

24) 제176조(특허거절결정 등의 취소) ① 심판관은 제132조의17에 따른 심판이 청구된 경우에 그 청구가 이유 있다고 인정할 때에는 심결로써 특허거절결정 또는 특허권의 존속기간의 연장등록거절결정을 취소하여야 한다.

보정은 허용하지 않는 것으로 운용되고 있다.[25] 다만 원출원의 표시가 오기로 자명한 것이라면 그 보정은 인정된다.

(2) 실체적인 요건

특허법 제52조 제1항에는 '2 이상의 발명을 하나의 특허출원으로 한 경우에는 그 특허출원의 출원서에 최초로 첨부된 명세서 또는 도면에 기재된 사항의 범위에서…… 그 일부를 하나 이상의 특허출원으로 분할할 수 있다'라고 하여 분할출원이 적법한 출원으로 인정받기 위한 실체적 요건을 규정하고 있다.

1) 원출원에 2 이상의 발명이 포함되어 있고, 원출원의 출원서에 최초로 첨부된 명세서 또는 도면에 기재된 사항의 범위일 것

적법한 분할출원으로 인정받기 위하여 2 이상의 발명이 하나의 특허출원서에 기재되어 있어야 하며, 원출원의 최초로 첨부된 명세서 또는 도면에 기재된 발명의 일부를 분할출원으로 하여야 한다. 이때 분할출원의 명세서 또는 도면에 포함된 발명 모두는 원출원의 명세서 또는 도면에 포함되어 있어야 하며, 분할출원에 포함된 발명 중 일부라도 원출원에 포함되어 있지 않다면 그 분할출원은 부적합한 것으로 인정한다.

대법원 1986.9.9. 선고 84후71 판결

분할출원이란 단일발명, 단일출원의 원칙 아래 2 이상의 발명을 1출원으로 한 경우 이를 2 이상의 출원으로 분할하는 것으로서 2 이상의 발명을 1출원으로 한 경우란 2 이상의 발명이 특허청구의 범위에 기재된 경우는 물론 발명의 상세한 설명이나 도면에 기재되어 출원된 경우까지 포함하는 것이므로 분할출원을 하면서 원출원당시 제출한 발명의 상세한 설명이나 도면을 다시 사용할 수도 있다.

2) 분할출원한 발명과 원출원발명이 동일하지 아니할 것

분할출원한 청구범위에 기재된 발명과 분할 후의 원출원의 청구범위에 기재된 발명은 동일하지 않아야 한다. 분할출원에 관한 발명과 분할 후의 원출원에 관한 발명이 동일한 경우에는 특허법 제36조 제2항의 규정을 적용할 수 있다. 이는 분할출원시에는 동일하지 않았으나, 원출원의 명세서 또는 도면이 보정되어 양자의 발명이 동일하게 된 경우에도 마찬가지이다. 반면 원출원의 명세서 또는 도면이 보정되어 양자의 발명이 동일하지 않게 된 때에는 분할출원은 적법한 것으로 본다.

25) 특허청, 특허 · 실용신안 심사기준(특허청 예규 제131호), 2023, 6105면 참조.

원출원에 기재된 발명과 분할출원에 기재된 발명이 동일한지 여부는 특허법 제36조에서 설명한 동일성 판단 방법과 대체로 같다.

특허법원 2017.10.12. 선고 2017허1021 판결

특허출원인은 둘 이상의 발명을 하나의 특허출원으로 한 경우에는 그 특허출원의 출원서에 최초로 첨부된 명세서 또는 도면에 기재된 사항의 범위에서 그 일부를 하나 이상의 특허출원으로 분할할 수 있는데, 이에 있어서도 분할출원된 발명과 원출원 발명이 동일하면 특허법 제36조 제2항의 같은 날에 2 이상의 특허출원이 있는 경우에 해당한다. 분할출원된 발명과 원출원 발명이 동일한지 여부는 청구범위에 기재된 양 발명의 기술적 구성이 실질적으로 동일한지 여부를 기준으로 하여야 하며, 청구범위의 기재가 문언적으로 일치하지 않더라도 그 차이가 동일한 기술적 구성에 대해 기능・성질・효과 등으로 표현을 달리한 것에 불과하거나 기술적 과제를 해결하기 위한 구체적 수단에서 주지관용기술을 부가・삭제・변경한 것 또는 단순히 수치 범위를 달리한 것에 지나지 아니하여 새로운 효과가 발생하지 않는 정도의 미세한 차이에 불과하다면 양 발명은 실질적으로 동일한 발명에 해당한다.

3. 분할출원절차

분할출원의 절차를 취할 때에는 특허법 시행규칙 제29조의 규정의 제14호서식의 분할출원서에 명세서 등 각호의 서류를 첨부하여 새로이 출원하여야 한다.

이 경우 일반적으로 새로운 출원과 동시에 원출원에 대하여 보정서를 제출하여 원출원과 분할출원의 청구범위에 기재된 발명을 다르게 하여야 하나, 분할출원의 청구범위에 기재된 발명이 원출원의 발명의 설명이나 도면에만 기재되어 있고 청구범위에 기재되어 있지 않은 경우에는 원출원을 보정하지 않아도 된다.

즉 분할출원은 특허출원의 일부에 대하여 별개의 새로운 특허출원을 하는 것이다. 따라서 2 이상의 발명 중 하나의 발명에 대하여 새로운 출원서를 제출하여야 하며, 아울러 출원료납부, 위임장, 우선권증명서류의 제출 등 출원에 따른 모든 절차를 새로이 밟아야 한다.

출원인은 분할출원에 따른 특허출원서 등 출원에 필요한 모든 서류를 새로이 제출하여야 함이 원칙이나 제출하는 증명서의 내용이 동일하여 이를 원용하고자 하는 경우에는 그 취지를 명기하고 그 사본을 제출할 수 있다. 그러나 우선권 증명서류, 신규성의제를 받기 위한 증명서, 대리권을 증명하는 위임장 등의 제출은 이를 이미 원출원서에 제출한 것을 원용하고 그 사본의 제출을 생략할 수 있다(시행규칙 제10조 제1항・제2항).

분할의 기초가 된 특허출원(원출원)이 조약 또는 국내우선권을 주장한 특허출원인 경우에는 분할출원을 한 때에 그 분할출원에 대해서도 우선권주장을 한 것으로 보며, 분할의 기초가 된 특허출원(원출원)에 대하여 제54조 제4항의 조약우선권주장의 증명서류 제출기간 내 제출된 서류 또는 서면이 있는 경우에는 분할출원에 대해서도 해당 서류 또는 서면이 제출된 것으로 본다(제52조 제4항). 2021년 10월 19일에 개정된 특허법(법률 제18505호)에서는 출원인의 실수 등으로 분할출원 시 우선권주장을 하지 않아서 등록이 거절되는 사례가 발생하는 문제점을 해소하기 위해 분할출원 시 우선권주장을 자동으로 인정하고, 증명서류 제출을 생략함으로써 출원인의 편의를 제고하고 있다.[26] 제52조 제4항에 따라 우선권을 주장한 것으로 보는 분할출원에 관하여는 우선권주장의 보정 또는 추가의 기한(제54조 제7항, 제55조 제항)이 지난 후에도 분할출원을 한 날부터 30일 이내에 그 우선권주장의 전부 또는 일부를 취하할 수 있다(제52조 제5항). 이는 우선권주장의 자동간주(제52조 제4항)를 원칙으로 하면서도 우선권주장을 원하지 않은 사항에 대해서는 의사에 따라 배제할 수 있도록 하려는 것이다.[27]

한편 제54조의 규정에 의한 우선권을 주장하는 자는 제54조 제5항에서 규정한 기간에 불구하고 우선권주장 증명서를 분할출원을 한 날로부터 3월 이내에 특허청장에게 제출할 수 있다(제52조 제6항). 이는 원출원에서 조약우선권주장을 하였으나 증명서류를 제출하지 않은 경우, 분할출원에서 조약우선권증명서류를 제출할 수 있는 기회를 주기 위한 규정이다.

4. 분할출원의 효과

분할된 출원은 새로운 별개의 출원으로서 취급되지만, 그 출원일은 원칙적으로 원출원일로 소급된다(제52조 제2항).[28] 다만 특허법 제52조 제2항 각호에 해당하는 경우에는 분할출원시에 출원한 것으로 본다. 즉 특허출원이 특허법 제29조 제3항에서 규정하는 타특허출원 또는 실용신안법 제4조 제4항에서 규정하는 특허출원에 해당하여

26) 채수근 수석전문위원, 특허법 일부개정법률안, 디자인보호법 일부개정법률안, 상표법 일부개정법률안 검토보고(송갑석 의원 대표발의(의안번호 제2104891호, 제2104892호 및 제2104893호)), 산업통상자원중소벤처기업위원회, 2021.2, 20면.

27) 채수근 수석전문위원, 특허법 일부개정법률안, 디자인보호법 일부개정법률안, 상표법 일부개정법률안 검토보고(송갑석 의원 대표발의(의안번호 제2104891호, 제2104892호 및 제2104893호)), 산업통상자원중소벤처기업위원회, 2021.2, 20면.

28) 이와 같이 소급효가 인정되는 것은 분할출원의 경우(제52조 제1항) 외에도 분리출원의 경우(제52조의2), 변경출원의 경우(제53조), 출원보정의 경우(제47조), 정당한 권리자 출원의 경우(제34조, 제35조)가 있다. 즉, 선출원주의 예외라고 할 수 있다.

후출원을 배척하는 규정, 신규성 상실의 예외규정(제30조 제2항), 조약에 의한 우선권 주장의 절차규정(제54조 제3항), 국내우선권 주장의 절차 규정(제55조 제2항) 등을 적용하는 경우에는 소급하지 않는다.

분할된 출원은 새로운 별개의 출원으로서 취급되므로, 원특허출원과 별도로 절차가 진행됨은 물론 원특허출원에 대한 심사결과나 원특허출원의 취하·포기 등은 분할출원에 영향을 미치지 않는다. 원출원에 대해서 행해지는 절차상의 효력도 당연히 분할된 출원에 미치는 것이 아니므로, 원특허출원과는 별도로 신규성의제, 우선권 주장, 심사청구 등 필요한 모든 절차를 새로이 밟아야 한다. 다만 심사청구는 출원일로부터 3년 이내에 해야 함이 원칙이나 분할출원의 경우에는 원출원일로부터 3년이 지난 후라도 분할출원일로부터 30일 내에 심사청구를 할 수 있다(제59조 제3항).[29]

---

29) 분할출원의 심사

(1) 분할출원 심사의 일반원칙

분할출원이 제출되면 분할출원의 방식요건의 충족여부를 먼저 심사한다. 분할출원할 수 있는 자가 분할출원을 했는지 여부, 분할출원이 분할출원을 출원할 수 있는 기간 내에 제출되었는지 여부, 분할출원에서 선출원의표시 등이 적절한지 여부 등에 대하여 심사한다.

분할출원할 수 없는 자가 분할하였거나 분할출원이 기간을 경과하여 제출되거나 원출원의 절차가 종료된 이후에 제출된 경우에는 특허법 시행규칙 제11조 제1항 7호 또는 11호 위반으로 보아 소명기회를 부여한 후 이 기간 이내에 소명하지 못한 경우 분할출원서를 반려한다. 분할출원과 관련한 기재사항의 보정은 출원절차가 계속 중인 한 가능하나 보정할 수 있는 내용은 당초 표시에 오기가 있거나 자명한 흠결을 바로 잡는 보정에 한하며, 기재내용을 변경하는 보정은 인정되지 않으므로 필요한 경우 보정이 가능한 범위를 보정요구서에 병기하여 통보한다.

(2) 분할출원의 출원범위에 관한 심사는 다음과 같이 출원시기를 구분하여 한다.

① 원출원이 2006.9.30. 이전 출원인 경우

원출원에 기재되지 않은 발명을 분할출원한 경우 분할출원에 대하여 기간을 정하여 불인정예고통지한다. 제출된 의견서에 의하여도 분할출원을 인정할 수 없는 경우 분할출원 불인정통지를 하고 출원일을 소급하지 않고 분할출원한 날을 기준으로 심사한다. 분할출원의 출원일을 소급할 수 없는 경우 원출원의 공개특허공보 등이 신규성 또는 진보성을 부정하기 위한 인용문헌으로 사용될 수 있다는 점에 유의하여야 한다. 분할출원 심사시 분할불인정사유와 거절이유가 동시에 있는 경우 분할출원의 인정여부를 확정한 후 거절이유통지를 한다. 다만, 그 거절이유가 출원일의 소급여부(분할출원의 인정여부)와 관계없는 경우에는 분할출원불인정예고통지와 거절이유통지를 각각 별도의 통지서로 동시에 통지할 수 있다.

한편, 출원일을 소급하지 않고 심사하던 중 분할출원의 명세서 또는 도면을 보정하여 원출원에 기재되지 않은 발명을 삭제한 경우에는 다시 출원일을 소급하여 심사하여야 한다. 분할출원을 인정할 수 없어 출원일을 소급하지 않는 경우에도 다른 거절이유가 없는 경우에는 분할출원불인정통지 후 특허결정하는 것도 가능하다.

② 원출원이 2006.10.1. 이후 출원인 경우

원출원에 기재되지 않은 발명을 분할출원한 경우 분할출원에 대하여 거절이유를 통지하고 제출된 의견서 또는 보정서에 의하여도 분할출원을 인정할 수 없는 경우에는 특허거절결정한다(이상의 내용은 특허청, 특허·실용신안 심사기준(특허청 예규 제131호), 2023, 6109~6110면 참조).

대법원 1985.7.23. 선고 83후26 판결

[원출원을 정정없이 한 분할출원이 적법하다고 본 예]

구 특허법(1963.3.5. 법률 제1293호) 제9조 및 같은법 시행규칙(1970.3.23. 상공부령 제314호) 제45조 제1항에 따라 2 이상의 발명을 1 출원으로 한 자가 2 이상의 출원으로 분할출원할 경우 원출원 중 일부 발명이 상세한 설명이나 도면에 기재된 경우에는 분할출원을 위하여 원출원을 하나의 발명에 대한 출원으로 정정할 필요가 없는 경우도 있어 이러한 경우에는 원출원을 정정함이 없이 신규출원만을 하여도 적법하다고 보아야 할 것이다.

대법원 2022.8.31. 선고 2020후11479 판결

[원출원 시에 공지예외주장을 하지 않은 경우 분할출원에서 공지예외주장을 하여 원출원일을 기준으로 한 공지예외의 효과를 인정받을 수 있는지(적극)]

구다음과 같은 공지예외 및 분할출원 관련 규정의 문언과 내용, 각 제도의 취지 등에 비추어 보면, 원출원에서 공지예외주장을 하지 않았더라도 분할출원에서 적법한 절차를 준수하여 공지예외주장을 하였다면, 원출원이 자기공지일로부터 12개월 이내에 이루어진 이상 공지예외의 효과를 인정받을 수 있다고 봄이 타당하다.

1) 특허법 제30조 제1항 제1호는 특허를 받을 수 있는 권리를 가진 자에 의하여 그 발명이 특허출원 전 국내 또는 국외에서 공지되었거나 공연히 실시되는 등으로 특허법 제29조 제1항 각 호의 어느 하나에 해당하게 된 경우[이하 '자기공지(自己公知)'라고 한다], 그날로부터 12개월 이내에 특허출원을 하면 그 특허출원된 발명에 대하여 특허발명의 신규성 또는 진보성(특허법 제29조 제1, 2항) 규정을 적용할 때 그 발명은 제29조 제1항 각 호의 공지된 발명에 해당하지 않는 것으로 본다고 하여 공지예외 규정을 두고 있다. 그리고 같은 조 제2항은 같은 조 제1항 제1호의 적용을 받고자 하는 자는 특허출원서에 그 취지를 기재하여 출원하여야 하고, 이를 증명할 수 있는 서류를 특허출원일부터 30일 이내에 특허청장에게 제출하여야 한다고 하여, 공지예외 적용을 위한 주장의 제출 시기, 증명서류 제출 기한 등 절차에 관한 규정을 두고 있다.

한편, 특허법 제52조 제2항은 적법한 분할출원이 있을 경우 원출원일에 출원한 것으로 본다는 원칙과 그 예외로서 특허법 제30조 제2항의 공지예외주장의 제출 시기, 증명서류의 제출 기간에 관하여는 분할출원일을 기준으로 한다고 정하고 있을 뿐(이는 공지예외주장의 시기 및 증명서류 제출 기한을 원출원일로 소급하여 산정하면 분할출원 시 이미 그 기한이 지나있는 경우가 많기 때문이다), 원출원에서 공지예외주장을 하지 않고 분할출원에서만 공지예외주장을 한 경우에는 분할출원일을 기준으로 공지예외주장의 요건 충족 여부를 판단하여야 한다거나 원출원에서의 공지예외주장을 분할출원에서의 공지예외주장을 통한 원출원일을 기준으로 한 공지예외의 효과 인정 요건으로 정하고 있지 않다. 결국 위 규정들의 문언상으로는 원출원 시 공지예외주장을 하지 않았더라도 분할출원이 적법하게 이루어지면 특허법 제52조 제2항 본문에 따라 원출원일에 출원한 것으로 보게 되므로, 자기공지일로부터 12개월 이내에 원출원이 이루어지고, 분할출원일을 기준으로 공지예외주장의 절차 요건을 충족하였다면, 분할출원이 자기공지일로부터 12개월을 도과하여 이루어졌다 하더라도 공지예외의 효과가 발생하는 것으로 해석함이 타당하다.

2) 분할출원은 특허법 제45조 제1항이 정하는 1발명 1출원주의를 만족하지 못하는 경우뿐만 아니라, 원출원 당시 청구범위에는 기재되어 있지 않으나 원출원의 최초 첨부 명세서 및 도면에 기재되어 있는 발명에 대하여 후일 권리화할 필요성이 생긴 경우 이들 발명에 대해서도 이 새로운 특허출원이 적법한 것이면 원출원과 동시에 출원한 것과 같은 효과를 인정하는 것도 허용하여 특허제도에 의해 보호될 수 있도록 하고 있다. 따라서 원출원 당시에는 청구범위가 자기공지한 내용과 무관하여 공지예외주장을 하지 않았으나, 분할출원시 청구범위가 자기공지한 내용에 포함되어 있는 경우가 있을 수 있고, 이와 같은 경우 원출원 시 공지예외주장을 하지 않았더라도 분할출원에서 공지예외주장을 하여 출원일 소급의 효력을 인정할 실질적 필요성이 있다.

3) 분할출원은 특허에 관한 절차에서 보정의 대상이 되는 어떤 절차와 관련하여 기재사항의 흠결, 구비서류의 보완 등을 목적으로 이루어지는 보정과는 별개의 제도로, 보정 가능 여부와 무관하게 특허법 제52조의 요건을 충족하면 허용되는 독립된 출원이다. 따라서 특허출원서에 공지예외주장 취지를 기재하도록 한 특허법 제30조 제2항을 형해화할 우려가 있다는 점에서 출원 시 누락한 공지예외주장을 보정의 형식으로 보완하는 것은 허용되지 않지만(대법원 2011.6.9. 선고 2010후2353 판결 등 참조), 이 점이 원출원 시 공지예외주장을 하지 않은 경우 분할출원에서의 공지예외주장을 허용하지 않을 근거가 된다고 보기 어렵다.

4) 위 2010후2353 판결 이후 출원인의 권리 보호를 강화하기 위하여 특허법 제30조 제3항을 신설하여(2015.1.28. 법률 제13096호로 개정된 것) 출원인의 단순한 실수로 출원 시 공지예외주장을 하지 않더라도 일정 기간 공지예외주장의 취지를 적은 서류나 이를 증명할 수 있는 서류를 제출할 수 있는 공지예외주장 보완 제도를 도입하였다. 그런데 특허 절차에서의 보정과 분할출원은 그 요건과 취지를 달리하는 별개의 제도라는 점에서, 원출원에서 공지예외주장을 하지 않은 경우 분할출원에서의 공지예외주장으로 원출원일을 기준으로 한 공지예외의 효과를 인정받을 수 있는지의 문제는 특허법 제30조 제3항의 신설 전후를 불문하고 일관되게 해석함이 타당하다.

5) 여기에 공지예외 규정은 특허법 제정 이후 현재에 이르기까지 그 예외 인정 사유가 확대되고, 신규성뿐만 아니라 진보성과 관련해서도 이를 적용하며, 그 기간이 6개월에서 1년으로 확대되는 등의 개정을 통해 특허제도에 미숙한 발명자를 보호하기 위한 제도를 넘어 출원인의 발명자로서의 권리를 실효적으로 보호하기 위한 제도로 자리 잡고 있다는 점까지 더하여 보면, 분할출원에서 공지예외주장을 통해 원출원일을 기준으로 한 공지예외 효과를 인정받는 것을 제한할 합리적 이유를 찾기 어렵다.

제3절 분리출원

1. 의 의

분리출원이란 특허거절결정을 받은 자가 거절결정불복심판청구가 기각된 경우 그 심결의 등본을 송달받은 날부터 30일(제186조제5항에 따라 심판장이 부가기간을 정한 경우에는 그 기간을 말한다) 이내에 그 특허출원의 출원서에 최초로 첨부된 명세서 또는 도면에 기재된 사항의 범위에서 그 특허출원의 일부를 새로운 특허출원으로 분리하는 것으로서, 이 새로운 특허출원이 적법한 출원으로 인정되면 원출원과 동시에 출원한 것과 같은 출원일의 소급효과를 부여하는 것을 말한다.

기존에는 특허거절결정불복심판에서 기각심결이 있는 후에는 분할출원을 할 수 없으므로 거절결정 대상이 되지 않은 청구항, 즉, 청구범위 중 특허가능한 청구항을 포함하는 특허출원이 구제받지 못하는 경우가 발생하는 문제점이 있었다. 이에 2021년 10월 19일에 개정된 특허법(법률 제18505호)에서는 기각심결이 있는 후 심결취소의 소 제기 전까지 그 특허가능한 청구항을 새로운 특허출원으로 분리하여 신속하게 추가적인 권리를 획득할 기회를 제공하고 있다.

2. 분리출원의 요건

특허출원의 분리요건은 형식적인 요건과 실체적 요건으로 나누어서 살펴보기로 한다.

(1) 형식적 분리요건

형식적 분리요건은 ① 분리하려고 할 때에, 원출원이 특허청에 적법하게 계속 중이고, ② 원특허출원인과 분리출원인이 동일하여야 하며, ③ 원출원은 분리출원이 아닐 것, ④ 특허출원에 대한 거절결정불복심판청구가 기각된 경우 그 심결의 등본을 송달받은 날부터 30일 이내에 분리출원서를 제출할 것, ⑤ 분리출원서에 그 취지 및 원출원을 표시할 것을 만족하여야 한다.

1) 원출원이 특허청에 계속 중일 것

적법한 분리출원이 되기 위해서는 분리출원시에 원출원이 특허청에 계속 중에 있어야 한다. 따라서, 원출원이 취하, 포기, 무효 또는 심판청구의 취하에 의한 거절결정이 확정된 때에는 분리출원을 할 수 없다.

2) 원출원의 출원인과 분리출원의 출원인이 동일할 것(적법한 승계인 포함)

특허법 제52조의2 제1항은 '특허거절결정을 받은 자는 …… 분리할 수 있다'라고 하여 분리출원을 할 수 있는 자는 특허거절결정을 받은 자, 즉 특허출원인으로 규정하고 있다. 따라서 분리출원을 할 수 있는 권리를 가진 자는 원출원을 한 자이다.

3) 원출원은 분리출원이 아닐 것

원출원은 분리출원이 아니어야 한다(제52조의2 제4항). 분리출원이 거절결정불복심판에서의 기각심결이 있는 후 제한된 범위인 거절결정되지 아니한 청구항에 대해서 신속히 권리획득기회를 주는 제도임을 고려할 때, 이를 기초로 다시 분리출원하는 것은 적절치 않다.

4) 분리출원할 수 있는 시기

특허출원에 대한 거절결정불복심판청구가 기각된 경우 그 심결의 등본을 송달받은 날부터 30일(심결취소의 소 제기기간에 대하여 심판장이 부가기간을 정한 경우에는 그 기간을 말한다) 이내에 분리출원할 수 있다(제52조의2 제1항).

5) 분리출원서에 그 취지 및 원출원을 표시할 것

특허법 제52조의2 제2항 규정에 의하여 분리출원을 하는 자는 분리출원서에 그 취지 및 분리의 기초가 된 특허출원의 표시를 하여야 한다. 따라서 분리출원시에 원출원을 표시하지 않거나 잘못 표시한 경우에는 그 분리출원은 적법한 분리출원으로 인정되지 않는다.

(2) 실체적인 요건

특허법 제52조의2 제1항에는 "그 특허출원의 출원서에 최초로 첨부된 명세서 또는 도면에 기재된 사항의 범위에서 그 특허출원의 일부를 새로운 특허출원으로 분리할 수 있다. 이 경우 새로운 특허출원의 청구범위에는 ① 그 심판청구의 대상이 되는 특허거절결정에서 거절되지 아니한 청구항, ② 거절된 청구항에서 그 특허거절결정의 기초가 된 선택적 기재사항을 삭제한 청구항, ③ 제1호 또는 제2호에 따른 청구항을 제47조제3항 각 호(같은 항 제4호는 제외한다)의 어느 하나에 해당하도록 적은 청구항, ④ 제1호부터 제3호까지 중 어느 하나의 청구항에서 그 특허출원의 출원서에 최초로 첨부된 명세서 또는 도면에 기재된 사항의 범위를 벗어난 부분을 삭제한 청구항에 해당하는 청구항만을 적을 수 있다."라고 하여 분리출원이 적법한 출원으로 인정받기 위한 실체적 요건을 규정하고 있다.

1) 원출원의 출원서에 최초로 첨부된 명세서 또는 도면에 기재된 사항의 범위일 것

적법한 분리출원으로 인정받기 위하여 원출원의 최초로 첨부된 명세서 또는 도면에 기재된 발명의 일부를 분리출원으로 하여야 한다. 이때 분리출원의 명세서 또는 도면에 포함된 발명 모두는 원출원의 명세서 또는 도면에 포함되어 있어야 하며, 분리출원에 포함된 발명 중 일부라도 원출원에 포함되어 있지 않다면 그 분리출원은 부적합한 것으로 인정한다.

2) 분리출원의 청구범위 요건을 만족할 것

분리출원의 청구범위에는 다음의 어느 하나에 해당하는 청구항만을 적을 수 있다(제52조의2 제1항 후단).

① 그 심판청구의 대상이 되는 특허거절결정에서 거절되지 아니한 청구항[30]

② 거절된 청구항에서 그 특허거절결정의 기초가 된 선택적 기재사항을 삭제한 청구항[31][32]

③ ① 또는 ②에 따른 청구항을 제47조제3항 각호(같은 항 제4호는 제외한다)의 어느 하나에 해당하도록 적은 청구항

④ ①부터 ③까지 중 어느 하나의 청구항에서 그 특허출원(원출원)의 출원서에 최초로 첨부된 명세서 또는 도면에 기재된 사항의 범위를 벗어난 부분을 삭제한 청구항[33]

---

30) 한편, 거절결정서나 의견제출통지서에 「참고사항」으로 기재된 사항은 거절이유에 해당된다고 하더라도 거절결정의 이유나 거절이유가 제시된 것이 아니므로, 「참고사항」에만 기재된 청구항은 특허거절결정에서 거절되지 아니한 청구항에 해당한다(특허청, 특허·실용신안 심사기준(특허청 예규 제131호), 2023, 6504면).

31) 하나의 청구항을 선택적으로 기재(예를 들어, 2이상의 항을 인용하거나 마쿠쉬 형식으로 기재)하여 하나의 청구항에 여러 발명이 있는 경우 발명 단위로 거절이유를 판단하여, 하나의 발명이라도 거절이유가 있으면 청구항 전체에 거절이유가 있는 것으로 보기 때문에 이로 인해 특허출원 전체가 특허거절결정되고 기각심결이 될 수 있다. 이 경우 거절이유가 있는 발명을 삭제한 청구항을 분리출원하여 특허등록받을 수 있도록 하고 있다.

32) 구체적인 [예]는 다음과 같다(특허청, 특허·실용신안 심사기준(특허청 예규 제131호), 2023, 6504~6505면).

3. 분리출원절차

분리출원할 때는 분리출원서에 명세서, 필요한 도면 및 요약서의 서류를 첨부하여 새로이 출원하여야 한다. 분리출원은 특허출원의 일부에 대하여 별개의 새로운 특허출원을 하는 것이다. 따라서 출원료납부, 위임장, 우선권증명서류의 제출 등 출원에 따른 모든 절차를 새로이 밟아야 한다.

분리의 기초가 된 특허출원(원출원)이 조약 또는 국내우선권을 주장한 특허출원인 경우에는 분리출원을 한 때에 그 분리출원에 대해서도 우선권주장을 한 것으로 보며, 분리의 기초가 된 특허출원(원출원)에 대하여 제54조 제4항의 조약우선권주장의 증명서류 제출기간 내 제출된 서류 또는 서면이 있는 경우에는 분리출원에 대해서도 해당 서류 또는 서면이 제출된 것으로 본다(제52조의2 제2항). 제52조 제4항에 따라

[예1]	거절결정 당시 청구항	[청구항 1] A를 포함하는 장치 [청구항 2] 청구항 1에 있어서, B를 더 포함하는 장치 [청구항 3] 청구항 1 또는 2에 있어서, C를 더 포함하는 장치
	거절결정서의 [거절결정의 이유]	− 청구항 1은 D1에 의해 진보성 부정 − 청구항 3에서 청구항 1을 인용하는 발명(A+C)은 D1+D2에 의하여 진보성이 부정됨
	분리출원이 인정되는 청구항	[청구항 1] A, B를 포함하는 장치 → 특허거절결정에서 거절되지 않은 청구항 2에 해당 [청구항 2] A, B, C를 포함하는 장치 → 거절된 청구항 3에서 특허거절결정의 기초가 된 선택적 기재사항인 인용되는 항 '청구항 1'을 삭제한 청구항에 해당
[예2]	거절결정 당시 청구항	[청구항 1] A는 a, b, c 중 어느 하나로 구성된 장치
	거절결정서의 [거절결정의 이유]	− 청구항 1 발명 중에 'A는 a로 구성된 장치' 발명과 'A는 b로 구성된 장치' 발명은 D1에 의하여 진보성이 부정되므로, 청구항 1은 특허받을 수 없음
	분리출원이 인정되는 청구항	[청구항 1] A는 c로 구성된 장치 → 거절된 청구항 1에서 특허거절결정의 기초가 된 선택적 기재사항인 'a, b'를 삭제한 청구항에 해당

33) 구체적인 [예]는 다음과 같다(위의 심사기준, 6506면).

거절결정 당시 청구항	[청구항 1] A, B, C로 구성된 장치 [청구항 2] A, B, C, D, E로 구성된 장치
거절결정서의 [거절결정의 이유]	− 청구항 1은 D1에 의하여 진보성 부정 (참고사항) 보정에 의하여 청구항 2는 기통지된 거절이유를 해소하여 거절결정 대상 청구항에 포함시키지 않았으나, E는 신규사항에 해당함
분리출원이 인정되는 청구항	[청구항 1] A, B, C, D로 구성된 장치 → 특허거절결정에서 거절되지 않은 청구항 2에서 신규사항을 삭제한 청구항에 해당

우선권을 주장한 것으로 보는 분리출원에 관하여는 우선권주장의 보정 또는 추가의 기한(제52조의2 제2항)이 지난 후에도 분리출원을 한 날부터 30일 이내에 그 우선권주장의 전부 또는 일부를 취하할 수 있다(제52조의2 제2항).

4. 분리출원의 효과

분리출원은 새로운 별개의 출원으로서 취급되지만, 그 출원일은 원칙적으로 원출원일로 소급된다(제52조의2 제2항). 다만 특허법 제52조 제2항 각호에 해당하는 경우에는 분리출원시에 출원한 것으로 본다.

분리출원은 새로운 별개의 출원으로서 취급되므로, 원특허출원과 별도로 절차가 진행됨은 물론 원특허출원에 대한 심사결과나 원특허출원의 취하·포기 등은 분리출원에 영향을 미치지 않는다. 원출원에 대해서 행해지는 절차상의 효력도 당연히 분리출원에 미치는 것이 아니므로, 원특허출원과는 별도로 신규성의제, 우선권 주장, 심사청구 등 필요한 모든 절차를 새로이 밟아야 한다. 다만 심사청구는 출원일로부터 3년 이내에 해야 함이 원칙이나 분리출원의 경우에는 원출원일로부터 3년이 지난 후라도 분리출원일로부터 30일 내에 심사청구를 할 수 있다(제59조 제3항).

분리출원을 하는 경우에는 특허출원서에 최초로 첨부한 명세서에 청구범위를 적지 아니하여 청구범위제출을 유예하거나 명세서 및 도면(도면 중 설명부분에 한정한다)을 국어가 아닌 언어로 적어 외국어출원을 할 수 없다(제52조의2 제3항). 그러나 원출원이 청구범위제출유예한 출원이거나 외국어출원인 경우에는 이를 기초로 분리출원을 할 수 있다.

분리출원은 새로운 분리출원, 분할출원 또는 변경출원의 기초가 될 수 없다(제52조의2 제4항). 또한 분리출원은 국내우선권주장출원의 기초가 되는 선출원이 될 수 없으며(제55조 제1항 2호), 분리출원인 경우에는 재심사를 청구할 수 없다(제67조의2 제1항 3호).

제 4 절 변경출원

1. 의의 및 취지

변경출원(變更出願)이란 최초 출원의 동일성을 유지하면서 그 형식을 변경하는 것을(실용신안등록출원 → 특허출원, 특허출원 → 실용신안등록출원) 말한다(제53조 제1항). 즉, 실용신안등록출원 또는 특허출원을 한 자는 원출원의 최초로 첨부된 명세서 또는 기재된 사항의 범위 안에서 출원의 형식을 변경할 수 있다.

이는 특허출원의 대상인 발명과 실용신안등록출원의 대상인 고안은 모두 자연법칙을 이용한 기술적 사상이기 때문에 출원인이 진보성을 잘못 판단하거나 출원형식을 잘못 선택한 경우에 이를 변경할 수 있게 함으로써 출원인이 적절한 권리를 부여받을 수 있는 권리를 보장해주는 제도이다.

2. 변경출원의 요건

여기서는 변경출원의 요건을 형식적인 요건과 실체적인 요건으로 나누어 살펴보기로 한다.

(1) 형식적 요건

1) 원출원이 특허청에 계속중일 것

변경출원시에 원출원이 취하, 무효, 포기 등의 이유로 소멸된 경우에는 이를 근거로 한 변경출원을 할 수 없다.

2) 출원인이 동일할 것

변경출원인은 원출원인 또는 그 승계인과 동일인이어야 한다. 임의대리인은 특별수권이 있어야 할 수 있다(제6조). 이는 변경출원을 하는 경우 원출원이 취하간주되기 때문이다.

3) 원출원은 분리출원이 아닐 것

원출원은 분리출원이 아니어야 한다(제52조의2 제4항).

4) 변경출원할 수 있는 기간 내에 변경출원한 것일 것

원출원이 있는 후 변경출원을 할 수 있으나 최초의 거절결정등본을 송달받은 날부터 3개월이 지난 후에는 변경출원을 할 수 없다(제53조 제1항, 실용신안법 제10조 제1항). 다만, 거절결정불복심판의 청구기간이 연장된 경우에는 그 연장된 기간에 따라 변경출원을 할 수 있는 기간도 연장된다(제53조 제1항, 실용신안법 제10조 제1항).[34)]

---

34) 한편 실용신안법 제8조의3 제2항에 따른 외국어실용신안등록출원인 경우에는 같은 항에 따른 국어번역문이 제출된 후에만 특허출원으로 변경할 수 없다(제53조 제1항 2호). 외국어특허출원을 실용신안등록출원으로 변경하려는 경우에도 같다(실용신안법 제10조 제1항 2호).

5) 변경출원서에 그 취지 및 원출원을 표시할 것

특허법 제53조 제3항 및 실용신안법 제10조 제3항 규정에 의하여 변경출원을 하는 자는 변경출원서에 그 취지 및 변경출원의 기초가 된 원출원을 표시하도록 규정되어 있다. 따라서 변경출원시에 원출원을 표시하지 않거나 잘못 표시한 경우에는 그 변경출원은 적법한 변경출원으로 인정되지 않는다.

또한 이후 변경출원서의 원출원의 표시를 보정하여 원출원을 변경하는 보정은 허용하지 않는 것으로 운용되고 있다.[35] 다만 원출원의 표시가 오기로 자명한 것이라면 그 보정은 인정된다.

(2) 실체적 요건

특허법 제53조 제1항은 "원출원의 출원서에 최초로 첨부된 명세서 또는 도면에 기재된 사항의 범위안에서 그 실용신안등록출원을 특허출원으로 변경할 수 있다"라고 하여 변경출원은 "최초로 첨부된 명세서 또는 도면에 기재된 사항의 범위안"을 요구하고 있다. 즉, 변경출원은 원출원과 기술적 동일성이 유지되어야 한다.

3. 변경출원절차

변경출원은 새로운 출원에 해당하므로 변경출원을 하는 자는 법정 양식의 변경출원서를 특허청장에게 제출하여야 한다. 이 경우 변경출원서에는 그 취지 및 변경출원의 기초가 된 실용신안등록출원의 표시를 하여야 한다(제53조 제3항). 변경출원에 있어서 특허법 제54조의 규정에 의한 우선권을 주장하는 자는 제54조 제4항의 규정에 의한 서류를 제5항에서 규정하는 기간에 불구하고 변경출원을 한 날부터 3월 이내에 특허청장에게 제출할 수 있다(제53조 제6항).

4. 변경출원의 효과

변경출원은 실용신안등록출원을 한 때에 특허출원한 것으로 본다. 단, 변경출원이 확대된 선출원의 지위를 갖는 경우, 공지예외적용 취지 및 증명서류 제출기간 기산시, 조약우선권 주장 및 증명서류 제출기간 기산시, 국내우선권 주장 취지를 기재한 서류 제출기간 기산시에는 소급의 예외로 한다(제53조 제2항).

---

35) 특허청, 특허 · 실용신안 심사기준(특허청 예규 제131호), 2023, 6204면 참조.

심사청구는 출원일부터 3년 이내에 할 수 있다. 하지만 변경출원의 경우에 3년이 경과하더라도 변경출원일로부터 30일 이내에 심사청구가 가능하다(제59조 제3항).

5. 국제출원의 특례

우리나라를 지정관청으로 한 국제실용신안등록출원을 기초로 하여 특허출원으로 변경출원하는 경우에는 우선일로부터 2년 7월 내에 국제출원서 고안의 설명·청구범위 및 도면의 번역문을 제출하고(국어로 출원한 국제특허실용신안등록출원은 제외) 수수료를 납부한 후가 아니면 특허출원으로 변경출원을 할 수 없다(제209조).

제5절 우 선 권

우선권이란 어떤 A발명을 출원한 후, 그 후 동일발명 A를 동일국 또는 제3국에 출원하게 되면 후출원의 신규성·진보성 등의 실체심사의 판단에 있어서 후(제2)의 특허출원의 출원일을 최초의 출원일로 소급하여 판단하는 것을 말한다.

이러한 우선권제도에는 조약에 의한 우선권(제54조)과 국내우선권(제55조)이 있으며, 양제도는 그 대상(특허 및 실용신안출원에 한정여부, 선출원에의 종속여부, 선출원의 취하여부, 선출원인과 동일인 여부, 우선권증명서제출여부 등)과 절차에는 차이가 있지만 선후출원간에 동일성이 인정되면 특허요건의 판단에서는 후(後)출원의 출원일을 선(先)출원의 출원일로 소급적용한다는 점과 출원인의 이익을 보호함에는 동일하다.

1. 조약에 의한 우선권(제54조)

(1) 의의 및 취지

세계 각국은 선출원주의를 채택함과 더불어 특허권을 부여함에 있어 발명의 신규성·진보성을 판단하며, 이러한 판단은 특허출원시를 기준으로 이루어진다. 이러한 것들로 인하여 외국출원은 거리가 멀고, 언어나 절차 등이 다르기 때문에 출원서류의 작성이 곤란하고 시간적으로도 불리하다. 이러한 불합리한 것을 해소하기 위해 우선권제도를 두게 되었다.

조약에 의해 우리나라 국민에게 우선권을 인정하는 다자간 국제조약으로서는 산업재산권 보호를 위한 파리협약(Paris Convention for the Protection of Industrial Property, 이하 본 조약 명칭은 "산업재산권 보호를 위한 파리협약" 또는 "파리협약"이라 한다)과 이 협약에 기초한 WTO/TRIPs 협정이 있으며, 양국간 조약으로서는 우리나라와 캐나다(1979. 2.13.), 핀란드(1979.9.13.), 스페인(1975.8.15.), 스위스(1977.12.12.), 영국(1978.2.19.) 및 미국(1978.2.30.)간의 우선권 주장을 상호 인정하는 조약이 있다. 그러나 이들 양국간 조약은 우리나라가 1980.5.4. 파리협약에 가입함에 따라 그 의미가 퇴색되었다.

한편, 특허법조약은 2000.6. 타결되었으나 아직까지 발효되지 않았고, 특허실체법조약은 현재 논의가 진행되고 있다.

조약에 의한 우선권(Right of Priority)이란 조약 당사국의 1국에 특허출원을 한 자가 그 출원발명과 동일한 발명을 1년 이내에 다른 당사국에 특허출원하는 경우, 후에 한 특허출원은 이를 최초 당사국에 특허출원한 날에 출원된 것과 동일하게 취급하여 주는 것을 말하며, 이에 관한 주장을 우선권주장이라 한다.

하나의 발명을 여러 나라에서 특허를 받으려 할 때 이를 동시에 출원한다는 것은 거리・언어・비용 또는 상이한 절차 등의 여러 이유로 사실상 불가능하다 할 것이다. 이에 발명의 국제적 보호를 위해 파리협약(파리협약 제4조B)에서는 동맹국에 한 최초의 출원에 근거하여 그것과 동일 발명을 일정한 기간(우선기간) 내에 다른 동맹국에 출원을 한 경우에도 최초의 동맹국에서 출원한 날에 출원한 것과 같이 보고 있으며, 이를 기초로 우리 특허법에서도 조약에 의한 우선권주장을 인정하고 있다(제54조 제1항).

(2) 우선권의 특성

조약에 의한 우선권은 그 특성상 독립성, 복수성, 잠재성, 부속성, 한시성, 동일성 등의 속성을 갖는다. 우선권은 동맹국에 출원한 최초 출원에 의해 발생하나, 우선권이 발생한 후에는 최초출원과는 분리하여 별개의 존재로 되는데 이를 우선권의 독립성이라 한다. 출원에 의하여 발생하는 우선권은 하나이지만 그 우선권에 기초하여 모든 동맹국에 우선권을 주장할 수 있다. 우선권은 불가분적이 아니고 여러 복수우선권의 집합으로 보는데 이를 우선권의 복수성이라 한다. 이러한 복수의 우선권은 일시에 행사되지 않고 행사될 때까지 잠재해 있으며 또 동맹국에 모두 행사되는 것은 아니고 그대로 소멸되기도 하는데 이를 우선권의 잠재성이라 한다. 동맹국 제2국에 우선권을 주장하여 출원한 경우 그 후부터 우선권은 동맹국에 출원한 출원과 운명을 같이하고 독립성을 잃는데 이를 우선권의 부속성이라 한다.

이러한 우선권은 최초출원의 발명과 제2국의 발명이 동일하여야 하며(同一性),

또 우선권주장의 기초가 되는 출원이 계속 유지되더라도 우선기간이 종료함과 동시에 소멸되는 한시적인 권리이다(限時性).

(3) 우선권을 주장할 수 있는 자

파리협약 또는 기타 협정 등에 의하여 대한민국 국민에게 특허출원에 대한 우선권을 인정하는 당사국 국민[36]은 그 당사국 또는 다른 당사국에 특허출원을 한 후 동일 발명을 대한민국에 특허출원하는 경우 특허법 제54조에 의한 우선권을 주장할 수 있으며 그 승계인도 또한 같다. 대한민국 국민도 당사국의 어느 1국에 특허출원을 한 후 그와 동일한 발명을 대한민국에 특허출원하는 경우 특허법 제54조에 의한 우선권을 주장할 수 있다.[37] 예를 들어, 우리나라 사람이 영국에 최초로 출원한 다음, 그 출원을 기초로 하여 우리나라에 우선권주장 출원을 할 수 있다.

따라서 발명자라 할지라도 특허출원할 권리를 타인에게 양도하여 자신의 제1국에 특허출원을 하지 않는 자는 제2국에 우선권주장을 수반하는 특허출원(이하 "우선권주장출원"이라 한다)을 할 수는 없다.

공동출원의 경우에는 출원인 중 적어도 1인 이상이 당사국 국민 또는 당사국에 주소 또는 진정하고 실효적인 산업상 또는 상업상 영업소를 가지는 비당사국 국민이어야 한다.

제2국에 우선권주장출원을 할 수 있는 권리는 각기 다른 승계인에게 이전할 수 있다.

우선권주장출원을 할 수 있는 권리의 승계인은 선출원의 출원시와 후출원의 출원시 모두 당사국의 국민이어야 한다. 그러나 이 조건은 선출원시부터 후출원시 기간까지 모두 만족하여야 하는 것은 아니다. 즉, 우선권주장출원을 할 수 있는 권리를 승계받은 자가 선출원의 출원시에는 당사국 국민이 아니었으나 이후 후출원

36) 특허법 제54조에는 우선권주장을 할 수 있는 자는 조약 당사국 국민에 대하여만 규정되어 있으나, 비당사국 국민도 조약당사국에 거소나 영업소 등이 있는 경우에는 우리나라에 조약우선권주장을 할 수 있는 것으로 취급한다. 무국적자도 비당사국 국민으로 보아 동일하게 취급한다. 이는 파리조약 제3조에 당사국에 거소(domicile) 또는 진정하고 실효적인 산업상 또는 상업상 영업소를 가지는 비동맹국 국민도 동맹국 국민과 같이 취급하도록 규정되어 있기 때문이다(특허청, 특허·실용신안 심사기준(특허청 예규 제131호), 2023, 6304면 참조).

37) 특허법 제54조에 의한 우선권을 주장할 수 있는 자는 ① 대한민국 국민, ② 조약에 의하여 대한민국 국민에게 특허출원을 인정하는 당사국 국민(파리협약의 동맹국 국민; 파리협약 제2조), ③ 그리고 비동맹국 국민으로서 어느 동맹국 영역 내에 주소 또는 진정하고 실효적인 산업상 또는 상업상 영업소를 가지는 비당사국 국민(파리협약 제3조)이 제1국(당사국 또는 동맹국)에 특허·실용신안이나 디자인등록한 자(준동맹국 국민)이다(제54조).

의 출원전에 당사국 국민이 된 자라면 그 권리의 승계는 유효하다. 또한, 당사국 국민이 비당사국 국민에게 우선권을 양도하고, 양수인은 그 권리를 다시 당사국 국민에게 양도할 수 있는데 이러한 경우에도 우선권은 유효하게 주장될 수 있다.

조약당사국은 파리협약의 동맹국 및 WTO의 회원국을 포함한다. 또한 유럽특허청(EPO, 서유럽국가 중심 20개국 회원국), 유라시아특허청(EAPO, 구 소련 중심 9개 회원국), 아프리카지적재산권기구(OAPI, 아프리카 15개 회원국), 아프리카산업재산권기구(ARIPO, 아프리카 10개 회원국)의 가맹국들은 모두 파리협약의 동맹국이므로 이들 지역 특허청의 출원을 기초로 우선권 주장을 할 수 있다.[38]

(4) 우선권 주장의 요건

우선권이 유효하게 성립하기 위해서는 ① 동맹국에서 정규(正規)로 된 최초의 출원이어야 하며(파리협약 제4조A 제3항), ② 최초의 출원자 또는 그 승계인이어야 한다(파리협약 제4조A 제1항). ③ 출원내용은 최초의 출원과 동일하여야 하며(파리협약 제4조FH), ④ 우선권주장은 최초의 출원일로부터 1년 이내에 하는 경우(제54조 제2항, 파리협약 제4조C 제1항)만이 가능하다.

1) 출원의 정규성과 최선성

우선권을 주장하기 위해서는 파리협약 동맹국 중 어느 나라에 출원한 것이 전제되며, 그 출원은 그 나라에서 정규의 출원[39]으로서 인정된 것이어야 한다.[40] 그러므로 PCT, 유럽특허조약 등에 의하여 국내출원으로 인정되는 출원도 이를 기초로 하여 파리협약에 의한 우선권주장을 할 수 있다. 정규출원으로 인정된 후, 우선권의 기초가 되는 최초출원의 계속중일 필요여부는 우선권 효력에 영향을 미치지 않는다. 따라서 최초출원이 무효·취하·포기 또는 거절되어도 이를 기초로 하여 우선권을 주장할 수 있다. 심지어는 최초출원이 이루어지는 국가로부터 특허를 받을 수 없는 발명과 관계된 출원이라도 우선권은 유효하다. 즉 정규출원으로 수리된 후 그 출원의 결과는 문제되지 않는다. 한편 발명자증 제도만을 채택하고 있는 나라에 한 출원을 기초로 해서 동맹국 어느 나라에 우선권을 주장하여 출원할 수 있는지에 대하여 의문이 있으나 우선권을 주장하여 출원할 수 없다고 보아야 하며, 그 반대의 경우도 마찬가지다. 그러나 특허출원과 발명자증 중 어느 하나를 신청

---

38) 특허청, 특허·실용신안 심사기준(특허청 예규 제131호), 2023, 6303면 참조.

39) 파리협약 가맹국 1국에 있어서 최초의 정규출원으로 인정된 것 또는 동맹국 사이에서 체결된 2국간 또는 다수국간의 조약에 의해 인정되는 정규국내출원(파리협약 제4조A(1)(2)C).

40) 정규의 출원인지 여부의 결정은 제1국에서의 출원이 파리협약에 의한 우선권주장의 기초가 되는 정규출원인지는 제1국의 관련법이 결정한다(파리협약 제4조A(2)).

할 수 있도록 한 국가에서 행하여진 발명자 증명의 출원은 우선권 주장의 기초로 할 수 있다(파리협약 제4조 I (1)).

우선권주장의 기초로 할 수 있는 출원은 동일한 동맹국에서의 한 출원 중 최선의 출원에 한한다.[41] 만약 제2, 3의 출원에 대해서도 이를 우선권 주장의 기초로 할 수 있도록 한다면 우선권을 주장할 수 있는 기간이 실질적으로 연장되는 결과가 되기 때문에 이를 금지하고 있는 것이다. 다만 조약 당사국에서의 제1출원이 공중의 열람에 제공된 바 없으며 출원에 따른 여하한 권리도 존속되어 있지 아니하고 후 출원일 당시에 취하·포기·거절 결정되어 있으며, 또 우선권 주장의 기초로 이용되지 않은 경우에는 제2출원은 최초 출원으로 간주되므로 이 출원을 우선권 주장의 기초로 할 수 있다. 이후에는 앞에 먼저 한 제1출원은 우선권 주장의 근거가 될 수 없다.

특허법이나 파리협약에는 특허출원할 수 있는 제1국출원의 종류를 명확히 제시하고 있지는 않으나 파리협약 제4조E 및 제4조I 등을 참고하면, 제2국에 특허출원할 수 있는 제1국출원은 특허출원, 실용신안등록출원, 디자인등록출원 또는 발명자증 등으로 해석된다. 그러나 상표등록출원이나 서비스마크는 성격상 특허의 우선권주장의 기초출원으로 인정할 수 없다고 한다.[42][43]

---

41) 최초출원으로 간주되는 후출원인 경우

파리협약 제4조C(4)에 의하면, 우선권의 기초가 되는 최초출원(전출원)과 동일한 대상에 대하여 같은 당사국에 출원된 후속출원은 후속출원일 당시에 선출원이 공개되지 않았으며, 어떠한 권리도 존속시키지 않고 취하, 포기 또는 거절되었으며 또한 동 전출원이 아직 우선권주장의 근거로 되지 아니한 경우에는 최초출원으로 간주되어 그 출원을 기초로 우선권을 주장을 할 수 있다.

후속출원이 최초출원으로 간주되기 위해서는 아래 요건을 모두 충족하여야 하며, 어느 하나라도 충족되지 않으면 우선권주장은 인정되지 않는다.

㉠ 후속출원이 같은 국가에서 같은 대상에 대하여 출원되어야 한다.

㉡ 후속출원이 출원되기 전에 전출원이 취하, 포기 또는 거절되어야 한다.

㉢ 전출원이 공개된 것이어서는 안 된다.

㉣ 전출원이 어떠한 권리도 존속시켜서는 안 된다.

㉤ 전출원이 같은 국가 혹은 타국에서 아직 우선권주장의 기초로 되지 않아야 한다. 심사관은 심사시 제1국출원이 정규의 국내출원에 기초한 최초출원인지 여부를 판단함에 있어 특별한 이유가 있는 경우를 제외하고 우선권주장 증명서류에 파리협약에 의한 우선권주장증명서류라는 취지의 표시가 있는 경우 그 출원이 제1국출원의 정규의 출원으로서 최초출원인지 여부를 추가로 조사하지 않고 그대로 인정한다(특허청, 특허·실용신안 심사기준(특허청 예규 제131호), 2023, 6305~6306, 6312면 참조).

42) 특허청, 특허·실용신안 심사기준(특허청 예규 제131호), 2023, 6305면 참조.

43) 미국에서 한 출원을 기초로 조약우선권주장출원을 한 경우에는 다음과 같이 심사한다.

① 미국의 일부계속출원(Continuation-in-part application, 이하 'CIP출원'이라 한다)만을 조약우선권주장의 기초로 하고 있는 경우

CIP출원만을 우선권주장의 기초로 하고 우선권증명서류도 CIP출원의 명세서만을 제출한 경우에는 우선 모든 발명에 대하여 특허요건 판단일을 소급하지 않고 심사하며, 이후 원출원의 명세서 등이 제

2) 출원인의 동일

우선권주장의 기초가 되는 출원의 출원인과 우선권 주장을 하는 출원의 출원인은 동일인이거나 그 승계인이어야 한다. 그러나 승계인의 경우에 있어서는 그 승계인이 우선권을 주장할 수 있는 권리를 당연히 갖는 것은 아니며, 그 승계인은 특허를 받을 수 있는 권리뿐만 아니라 우선권까지도 승계받아야 한다. 이는 특허를 받을 수 있는 권리와 우선권은 별개의 권리로 이해되기 때문이다.

출되는 때에는 아래와 같이 취급한다. 조약우선권주장출원된 발명이 CIP출원의 명세서 또는 도면(이하 '명세서 등'이라 한다)에만 기재되어 있는 경우에는 그 발명의 특허요건 판단일은 CIP출원의 출원일이다. 조약우선권주장출원된 발명이 미국의 원출원 및 CIP출원의 명세서 등에 공통으로 기재되어 있는 경우에는 그 발명의 특허요건 판단일은 조약우선권주장출원일이다.

② 미국의 원출원 및 이에 대한 CIP출원 모두를 조약우선권주장의 기초로 하는 경우

조약우선권주장출원일이 미국의 원출원일부터 1년 이내인 경우에는 우리나라에 출원된 발명 중 원출원 및 CIP출원의 명세서 등에 공통으로 기재되어 있는 사항에 대해서는 원출원의 출원일을, CIP출원의 명세서 등에만 기재되어 있는 사항에 대해서는 CIP출원의 출원일을 특허요건 판단일로 한다. 조약우선권주장출원일이 미국의 원출원일부터 1년을 경과한 경우에는 우리나라에 출원된 발명 중 원출원 및 CIP출원의 명세서 등에 공통으로 기재되어 있는 사항에 대해서는 특허요건 판단일을 소급하지 않고, CIP출원의 명세서 등에만 기재되어 있는 사항에 대해서는 특허요건 판단일을 CIP출원의 출원일로 한다. 파리조약에서 규정하는 우선권은, 동맹국 중 어느 한 나라에 한 최초의 출원에 의해서만 발생하는 것이다. 따라서 CIP출원 및 그 원출원의 명세서 등에 공통으로 기재되어 있는 사항에 대해서는 CIP출원이 파리조약 제4조C(2)에서 말하는 최초의 출원이라고 인정되지 않으므로 상기와 같이 취급한다.

CIP출원은 그 원출원 명세서 등의 기재를 기초로 하여 출원된 것이어서 파리조약 제4조C(2)에서 말하는 최초의 출원으로 인정되지 않으므로 그 조약우선권주장은 원칙적으로 이를 인정할 수 없으나, 원출원(번호를 기재함) 명세서 등의 사본(출원일, 출원번호, 증명의 내용을 확인할 수 있는 것)을 제출하고, 해당 조약우선권주장출원이 CIP출원의 명세서에만 기재되어 있는 사항에 대하여 우선권주장을 한 출원임을 명확히 하는 경우에는 예외로 한다.

③ 미국의 가출원(provisional application) 또는 정규출원(non-provisional application)을 조약우선권주장의 기초로 하는 경우

미국 특허법상 가출원에 의한 정규출원은 미국특허법 제111조 제b항에 의한 가출원의 이익(우선권)을 청구하는 정규출원과 제119조 제e항에 의한 가출원으로부터 전환된 정규출원이 있고 그에 따라 우선권주장의 기초가 될 수 있는 출원이 달라지는바, 미국특허상표청이 어떤 출원에 대하여 우선권증명서류(priority document, certified copy of the original application)를 발급하였는지로 적법 여부를 판단한다. 미국특허상표청이 가출원에 대한 우선권증명서류를 출원인에게 발급하였다는 사실은 미국특허상표청이 가출원을 파리조약에 의한 우선권의 근거가 되는 정규국내출원으로 인정했다는 것을 뒷받침한다.

일반적으로 가출원 후 정규출원이 없는 경우에는 가출원이 우선권 주장의 기초가 되며, 가출원으로부터 전환하여 정규출원한 경우에는 가출원은 가출원으로서의 지위가 상실되므로 파리조약에 의한 우선권주장의 기초출원은 정규출원이고 그 우선기간의 시작일은 정규출원의 출원일로 인정되는 가출원의 출원일이다. 가출원의 이익(우선권)을 주장하며 정규출원한 경우에는 가출원이 기초출원이 되고 우선기간의 시작일은 가출원의 출원일이다(특허청, 특허·실용신안 심사기준(특허청 예규 제131호), 2023, 6315~6317면 참조).

3) 발명의 동일성

우선권주장의 기초가 되는 출원의 발명과 우선권 주장을 하는 출원의 발명은 발명의 동일성이 인정되어야 한다. 발명의 동일성이 인정되는 한 출원의 형식, 즉 제1국은 특허출원으로 하고 제2국은 실용신안등록출원이나 디자인등록출원으로 하여도 관계없다. 다시 말해 디자인등록출원을 기초로 하여 특허나 실용신안에 관한 우선권주장 출원도 가능하다. 여기서 발명의 동일성은 최초출원의 명세서 · 도면의 완전일치나 청구범위의 완전일치를 요하는 것은 아니며, 우선권주장출원의 청구범위의 청구항에 기재된 발명과 제1국출원의 명세서 또는 도면 등으로부터 파악되는 발명이 동일하면 된다. 즉 제1국 출원의 청구범위에 기재되지 않은 발명이라도 그 발명이 제1국에서 한 출원의 명세서 · 도면에 개시되어 있는 한 우리나라에 특허출원을 하면서 그 부분을 청구범위로 하여 출원할 수 있음은 물론이다. 또한 다음의 경우에도 제1국출원과 우선권주장출원에 기재된 발명은 동일한 것으로 인정된다.

① 제1국출원 내용의 일부에 대하여 우선권주장출원을 하는 경우

② 제1국출원을 분할하여 2 이상의 우선권주장출원을 하는 경우

③ 2 이상의 제1국출원에 대하여 하나의 우선권주장출원을 하는 경우

④ 우선권주장출원에 우선권의 기초가 되는 제1국출원에 포함되어 있지 않은 발명을 포함하는 경우에도 제1국출원에 포함된 발명에 대해서는 우선권이 인정된다. 즉, 발명별로 우선권의 인정과 불인정을 판단하는 것이다.[44]

특허법원 2000.7.14. 선고 98허8120 판결

[우선권 인정을 위한 실체적 요건의 판단기준]

우선권 인정을 위한 실체적 요건은 최초 출원과 제2국 출원 사이의 발명의 동일성을 기준으로 판단하여야 하고, 이 경우 법정기간 내에 제출된 우선권 증명서류에 의하여 최초 출원의 내용을 파악하기 어려운 경우에는 법정기간이 지난 이후라도 제출된 우선권 증명서류의 범위 내에서 그 불명료한 내용을 보완하는 자료를 추가로 제출하여 최초 출원의 내용을 확인함으로써 발명의 동일성 여부를 판단할 수 있다고 하여야 할 것이다. 특히, 특허권자가 최초 출원국에서 발급하여 준 우선권 증명서류를 그대로 우리나라 특허청에 제출하였는데, 그 서류의 등본 또는 사본의 복사 상태가 불량하거나 복사의 크기가 작아서 그 일부 내용을 확인하기가 어려운 경우 특허권자가 최초 출원국으로부터 당초 발급받은 증명서류에 대하여 복사배율을 달리 하거나 명료하게 복사된 서류를 다시 발급받았다면 이는 법정기간 내에 제출된 우선권 증명서류와 동

44) 특허청, 특허 · 실용신안 심사기준(특허청 예규 제131호), 2023, 6313~6314면 참조.

일한 것으로 봄이 상당하고, 따라서 이를 기초로 발명의 동일성 여부를 판단함이 옳다고 할 것이다.

대법원 2021.2.25. 선고 2019후10265 판결

[구 특허법 제54조 제1항에 따라 특허요건 적용의 기준일이 우선권 주장일로 소급하는 발명의 범위]

이 사건 특허발명이 출원될 당시 적용되던 2001.2.3. 법률 제6411호로 개정되기 전의 구 특허법(이하 '2001년 개정 전 특허법'이라고 한다) 제54조에 따라 「공업소유권의 보호를 위한 파리협약(Paris Convention for the Protection of Industrial Property)」의 당사국에 특허출원을 한 후 동일한 발명을 대한민국에 특허출원하여 우선권을 주장하는 때에는, 진보성 등의 특허요건에 관한 규정을 적용할 때 그 당사국에 출원한 날(이하 '우선권 주장일'이라고 한다)을 대한민국에 특허출원한 날로 보게 된다. 그런데 이와 같은 조약우선권 제도에 의하여 대한민국에 특허를 출원한 날보다 앞서 우선권 주장일에 특허출원된 것으로 보아 그 특허요건을 심사하게 되면, 우선권 주장일과 우선권 주장을 수반하는 특허출원일 사이에 특허출원을 한 사람 등 제3자의 이익을 부당하게 침해할 우려가 있다. 따라서 특허법 제55조 제1항의 국내우선권 규정의 경우와 같이, 2001년 개정 전 특허법 제54조 제1항에 따라 특허요건 적용의 기준일이 우선권 주장일로 소급하는 발명은, 조약우선권 주장을 수반하는 특허출원된 발명 가운데 조약우선권 주장의 기초가 된 특허출원서에 최초로 첨부된 명세서 또는 도면(이하 '우선권 주장의 기초가 된 선출원의 최초 명세서 등'이라고 한다)에 기재된 사항의 범위 안에 있는 것으로 한정된다고 봄이 타당하다. 여기서 '우선권 주장의 기초가 된 선출원의 최초 명세서 등에 기재된 사항'이란, 우선권 주장의 기초가 된 선출원의 최초 명세서 등에 명시적으로 기재되어 있는 사항이거나 또는 명시적인 기재가 없더라도 그 발명이 속하는 기술분야에서 통상의 지식을 가진 사람이라면 우선권 주장일 당시의 기술상식에 비추어 보아 우선권 주장을 수반하는 특허출원된 발명이 선출원의 최초 명세서 등에 기재되어 있는 것과 마찬가지라고 이해할 수 있는 사항이어야 한다(대법원 2015.1.15. 선고 2012후2999 판결 등 참조).

4) 복합우선·부분우선

특허출원 후에 발명을 개량하거나 추가하여, 그것이 최초출원과 일체(하나)가 되어 보다 더 완전한 발명으로 발전하는 것이다. 이러한 경우에 대응하여 파리협약은 복합우선, 부분우선 제도를 인정하고 있다(파리협약 제4조F).

복합우선[45]이란 파리협약의 동맹국이나 다른 동맹국에 2 이상의 출원을 한 자

45) 최덕규, 「특허법(전정판)」, 세창출판사, 1996, 410면. 이하에서는 "복수우선권"이라고도 사용

가 최선의 출원일로부터 1년 이내에 2 이상의 발명을 제1국출원에서 따로따로 되어진 복수출원을 제2국에서 묶어서 하나의 출원을 하고, 복수의 우선권을 주장하는 것이다. 이처럼 2 이상의 우선권을 주장할 수 있는 경우를 복합우선이라 한다.[46] 예를 들면 A발명과 B발명의 출원이 각각의 출원에 근거하여 우선권을 주장하고, A와 B를 합하여(묶어서)출원하는 경우이다. 2 이상의 우선권이 각각의 우선기간 내에 있고, 출원의 단일성을 충족하는 경우에는 가능하다. 이 경우 최초의 출원국은 동일국이나 다른 나라이라도 무방하다. 부분우선이란 제1국에 출원한 자가 최선의 출원일로부터 1년 이내에 제1국의 출원에는 포함되지 아니한 발명이나 새로운 발명을 추가하여 제2국에 조약우선권을 주장 출원한 경우에 제1국에 포함된 내용에 한하여 일정한 요건에 대한 판단시점을 소급하여 주는 것(권리)을 말한다. 예를 들면 우선권주장의 기초로 된 제1국 출원의 A발명에 포함되어 있지 않던 새로운 구성의 C발명을 포함(추가)하여 A와 C에 대해 제2국에 특허출원한 경우에 우선권을 주장할 수 있는 것은 제1국 출원에 포함된 A발명에 한한다. 그러나, 새로 추가된 C발명의 구성부분에 관한 출원은 출원일을 소급하지 아니한다.

우선권주장출원에 제1국출원에 포함되지 않은 발명이 있고, 그 발명에 관하여 제1국출원일과 우선권주장출원일 사이에 선행기술이 있는 경우 해당 청구항에 대

하고 있으나, 여기에서는 복합우선권이라 칭한다.

46) 2 이상의 우선권주장(복합우선권)을 포함하는 조약우선권주장출원은 다음과 같이 취급한다.

① 복수의 제1국출원을 하나의 우선권주장출원으로 한 경우에 2 이상의 제1국출원을 기초로 우선권주장출원을 하였다는 이유로 우선권을 부인하거나 해당 출원을 거부할 수 없다. 다만, 우선권주장출원이 발명의 단일성이 인정되지 아니할 때에는 특허법 제45조 위반으로 거절이유를 통지할 수 있다.

② 출원을 심사한 결과 발명의 단일성의 요건을 충족하지 않는 경우 출원인은 그 출원을 분할할 수 있고, 이 경우에도 분할된 각각의 출원에 대하여 우선권의 이익을 향유할 수 있다.

③ 우리나라에 출원한 특허출원이 2 이상의 제1국출원을 우선권주장한 출원인 경우 특허법 제29조 및 제36조의 규정을 적용함에 있어서 각각의 발명이 속하는 최선의 제1국 출원일을 기준으로 심사한다.

④ 2 이상의 제1국출원을 기초로 하여 우선권주장을 하고 있음에도 불구하고, 우리나라에 한 특허출원에 관한 발명이 제1국출원 중 하나의 출원만을 기초로 하고 있는 경우에는 그 발명에 대하여 발명이 기재된 제1국 출원일로 특허요건 판단일을 소급하여 심사한다.

⑤ 2 이상의 제1국출원을 기초로 한 우선권주장출원에 있어서 각각의 출원에 따로 기재되어 있는 구성요소를 가져와 도출한 발명에 대하여는 실제 우리나라에 출원한 출원일을 기준으로 심사한다. 예를 들어, A출원과 B출원을 기초로 복합우선권을 주장한 C출원에서 A출원에만 기재된 a와 B출원에만 기재된 b를 모아 a+b로 청구범위에 기재한 경우, 발명, a+b의 특허요건은 C출원의 출원일을 기준으로 판단하여야 한다.

⑥ 2 이상의 우선권주장 중 최선의 제1국 출원의 우선권주장이 취하된 경우에는 남은 우선권주장 중 최선 출원의 출원일을 최선일로 본다. 다만, 이 경우 심사관은 새롭게 최선 출원이 된 제1국 출원이 파리조약상 우선권주장의 기초가 될 수 있는 최선 출원의 요건이 되는지 여부를 심사하여야 한다(특허청, 특허·실용신안 심사기준(특허청 예규 제131호), 2023, 6314~6315면 참조).

한 의견제출통지시 우선권주장을 소급할 수 없는 이유와 함께 거절이유를 기재하여 발송하여야 한다.[47)]

이러한 복합우선이나 부분우선은 출원인의 출원비용절감과 상호 관련된 발명에 대한 심사 및 권리 행사의 용이성을 가지고 있다. 우선권주장 출원의 요건은 동일성과 단일성이 있어야 한다. 제1국 출원의 최초명세서 또는 도면에 기재된 내용과 우선권 주장출원의 청구범위에 기재된 내용은 동일성이 있어야 한다. 다만 부분우선권의 경우 동일성이 없는 발명은 청구범위에 기재된 발명 중 우선권의 이익이 인정된 발명만 우선권의 이익을 향유한다.

우선권 주장출원한 발명은 발명의 단일성의 범위 내에 있는 것이어야 한다(파리협약 제4조F). 제2국에 출원한 발명이 발명의 단일성의 범위 내에 해당하지 않고 2 이상의 발명이 포함된 출원인 경우에는 이를 분할출원하지 않으면 거절결정된다(파리협약 제4조G).

복합우선권과 부분우선권의 차이점은 복합우선권의 경우 2 이상의 발명이 각각 제1국 출원일이 다른 경우 각각 발명의 내용을 포함하는 제1국 출원일로 판단시점이 소급된다. 그러나 부분우선권의 경우는 제2국 출원당시 새로 추가된 내용은 판단시점이 소급되지 않고, 제2국에 출원한 출원일이 기준이 된다.

5) 우선권주장출원을 할 수 있는 기간

우선권을 주장하기 위해서는 제2국에의 출원은 이를 우선권 주장기간 내인 12개월 내에 하지 않으면 아니 된다. 이와 같이 우선권 주장기간을 12개월로 한 것은 제2국 출원을 하는 데 필요한 준비 자료조사기간 등을 감안한 것이다. 우선권 주장기간은 제1국에 특허출원·실용신안등록출원으로 한 것을 우리나라에 특허출원·실용신안등록출원으로 출원하는 경우에는 제1국 출원일로부터 12개월 내에 하여야 하나, 제1국에 디자인등록출원하고 그 디자인등록출원을 기초로 하여 우리나라에 실용신안등록출원을 하는 경우에는 제1국 출원일로부터 6개월 내에 하여야 한다(파리협약 제4조C(1)).

우선권주장출원을 할 수 있는 기간의 계산은 제1국 출원일의 다음날부터 기산한다(파리협약 제4조C(2)). 기간계산은 우선권주장증명서류에 표시된 날을 기준으로 계산한다.

(5) 우선권 주장의 절차

우선권의 이익을 향유하고자 할 때는 파리협약 제4조D 제1항의 규정에 의거한

---

47) 특허청, 특허·실용신안 심사기준(특허청 예규 제131호), 2023, 6311면 참조.

우리 특허법 제54조 제3항에 따라 특허출원시 특허출원서에 그 취지, 최초로 출원한 국명(國名) 및 출원의 연월일을 기재하여(제54조 제3항), 최우선일부터 1년 4월이내(제54조 제5항) 우선권증명서류(최초로 출원한 국가의 정부가 인정하는 서류로서 특허출원의 연, 월, 일을 기재한 서면, 발명의 명세서 및 도면의 등본(산업통상자원부령이 정하는 국가인 경우에는 최초로 출원한 국가의 특허출원의 출원번호 및 그 밖에 출원을 확인할 수 있는 정보 등 산업통상자원부령으로 정하는 사항을 적은 서면을 제출 가능)을 특허청장에게 제출하여야 한다[48](제54조 제4항, 파리협약 제4조D 제3항). 이러한 것은 위의 기간 내에 제출하지 않으면 우선권주장의 효력을 상실하나(제54조 제6항, 파리협약 제4조D 제4항), 최초 출원일로부터 1년 이내에 일정 요건을 갖추어 출원된 경우에는 최우선일부터 1년 4월 이내에 우선권주장을 보정하거나 추가할 수 있다(제54조 제7항).

우선권주장의 보정 또는 추가는 특허법 제54조 제2항의 요건을 갖춘 자에 한하여 할 수 있으므로 우선권 주장의 기초가 되는 출원일로부터 1년 내에 우리나라에 특허출원을 하지 아니하면 우선권주장에 관한 보정이나 추가를 할 수 없다.[49][50] 우선권 주장의 보정이란 우선권 주장의 취지, 국가명, 출원일자, 출원번호 등의 기재가 명확히 오기로 인정되는 경우는 보정에 의해 바로잡는 것을 인정해 주는 것을

48) 특허법 제54조 제4항 단서 규정에 따라 산업통상자원부령이 정하는 국가는 특허법 시행규칙 제25조 제2항에 특허청장이 고시하도록 규정되어 있다. 우선권증명서류의 전자적 교환에 관한 고시(특허청고시 제2020-15호, 2020.6.11. 개정된 것)에 세계 지식 재산권 기구(「세계지식소유권기구 설립협약」 제1조에 따라 설립된 세계지식소유권기구를 말한다.이하 같다)의 전자적 접근 서비스(DAS, Digital Access Service)을 통하여 우선권 증명서류를 전자적으로 송달 하기로 세계 지식 재산권 기구와 합의한 국가(특허청장이 우선권증명서류 제출기간내에 전자적 교환방법으로 해당 우선권증명서류를 세계 지식 재산권 기구로부터 제공받을 수 있는 상태였음을 확인할 수 있는 경우에 한정한다)로서 특허청장이 특허청 홈페이지에 게시하는 국가, 대만이 고시되어 제1국출원이 상기 국가에 출원된 경우에만 본조의 규정이 적용된다.

고시에서 정한 국가와 그러하지 않은 국가에 출원한 출원을 기초로 한 복합우선권을 주장하는 경우에는 고시에서 정한 국가에 제출한 우선권주장증명서류만 출원번호를 기재한 서면으로 갈음할 수 있고 그렇지 않은 국가에 제출한 출원에 대하여는 우선권주장증명서류는 종전과 같이 특허법 제54조 제1항 1호에 규정된 우선권증명서류를 제출하여야 한다(특허청, 특허・실용신안 심사기준(특허청 예규 제131호), 2023, 6308면 참조).

49) 조약에 의한 우선권증명서류가 최선일부터 1년 4월 이내에 제출되지 않은 경우 그 우선권주장은 효력을 상실한다. 여기서 우선권증명서류가 제출되지 않은 경우는 우선권증명서류제출서만 제출하고 명세서 및 도면의 등본을 제출하지 않은 경우를 포함한다. 우선권증명서류가 1년 4월이 경과할 때까지 제출되지 않은 경우 심사관은 보정을 요구하고 해당 우선권주장절차를 무효로 한다. 이 경우 우선권증명서류를 제출하지 않았다는 절차상 흠결은 치유될 수 없다. 왜냐하면 우선권증명서류의 법정제출기간이 경과되었으므로 보정요구의 지정기간 이내에 우선권증명서류가 제출되더라도 반려대상이 되기 때문이다(특허청, 특허・실용신안 심사기준(특허청 예규 제131호), 2023, 6319면 참조).

50) 2001년 2월 3일 전 특허법에서는 우선권주장의 기재가 명백한 오기로 판단되는 경우를 제외하고는 우선권주장의 보정이 허용되지 않았다.

말하며, 우선권주장에 관한 기재내용이 우선권서류와 일치하지 아니한 것을 일치시키는 것 등을 말한다. 또한 우선권주장의 추가라 함은 2 이상의 발명에 대한 우선권주장을 함에 있어 그 중 어느 하나 누락된 발명을 우선권 주장에 추가하거나 2 이상의 우선권주장을 수반하여 복합 우선권 주장을 하는 경우 누락된 우선권 주장을 추가하는 것을 말한다. 이와 같은 우선권 주장의 추가는 우리나라 특허출원시에 첨부된 명세서 또는 도면에 기재되어 있어야 할 수 있으며, 비록 제1국의 출원에 기재된 발명이라 하더라도 우리나라 특허출원시에 특허법 제54조 제7항의 "제2항의 요건", 즉 명세서·도면에 기재되지 아니한 경우에는 우선권 주장의 추가가 인정되지 않는 것으로 해석한다.

한편 존재하지 않는 가공(架空)의 출원, 타인의 출원 또는 특정할 수 없는 출원을 기초로 우선권주장을 한 경우, 그 우선권주장은 원칙적으로 무효이므로 인정되지 않으며, 이 경우 우선권주장을 보정하거나 추가할 수 없다.

우선권주장의 보정 또는 추가범위는 우선권주장의 전부 취하, 복합우선권주장에 있어서 일부 우선권주장의 취하 및 우선권주장의 명백한 오기를 정정하는 보정은 물론 우선권주장을 추가하는 보정도 가능하다. 다만 최우선일로부터 1년 4월 내에 우선권주장을 취하(일부취하 포함)하고 추가하는 보정을 하는 경우 출원인의 편의를 고려하여 취하서를 별도로 제출하지 않고 1건의 보정서에 기재하여 제출하여도 유효한 것으로 인정한다.

최우선일로부터 1년 4월 후의 우선권주장의 보정은 우선권주장에 관한 기재사항에 명백한 오기가 있는 경우와 이와 같은 오기를 바로잡는 보정에 한하여 허용된다.[51)]

이(우선권증명서류 제출) 외에도 우선권주장의 절차에는 우선권주장신청시 산업통상자원부장관이 정하는 수수료를 납부하여야 한다. 특허청장 또는 심판원장은 심사·심판을 위하여 필요한 경우 우선권증명서류에 대한 국어번역문을 제출하도록 명할 수 있다. 다만, 우선권주장에 관한 서류 중 발명의 명세서 및 도면의 기재내용이 특허출원서에 첨부된 명세서 및 도면의 기재내용과 동일한 부분에 대해서는 그 취지를 기재하고 국어번역문의 제출을 생략할 수 있다(파리협약 제4조D(3), 시행규칙 제25조 제1항·제3항·제4항).

(6) 우선권 주장의 효과

최초의 출원국(제1국)에 출원한 날과 다른 나라(제2국)에 출원한 날 사이에 제3

51) 특허청, 특허·실용신안 심사기준(특허청 예규 제131호), 2023, 6309~6310면 참조.

자가 동일발명을 출원하거나 그 기간 내에 신규성을 상실하는 사유가 생기더라도 제2국 이후의 출원도 처음의 출원국(제1국)에 출원한 것으로 보므로 거절이유가 되지 아니한다(제54조 제1항, 파리협약 제4조B). 즉 우선권주장이 인정된 출원은 특허법 제29조 및 제36조 등의 적용에 있어서 제1국의 최초 출원일까지 소급한다. 다만 이는 특허법 제29조, 제36조를 적용함에 있어서 제1국 출원일을 기준으로 한다는 것이지 제1국에서 한 출원일이 우리나라에서 실제 출원일이 되는 것은 아니다. 예를 들면 특허법 제30조의 공지예외주장 출원에 관한 규정을 적용함에 있어 공지후 12개월 이내에 우리나라에 우선권주장출원을 하지 않으면 비록 제1국출원일로부터 1년 내에 우선권주장출원을 하였다 하더라도 자신이 공지한 발명에 의하여 신규성이 상실될 수 있다. 우선권주장출원의 출원일은 제2국(우리나라)의 출원일이다. 존속기간, 출원심사의 청구기간 등은 제2국의 출원일을 기준으로 한다.

특허법 제54조에서 규정한 우선권 주장의 효과는 예시적으로 해석함이 타당하다 할 것이며, 특허법 제29조, 제36조 외에도 출원공개의 1년 6개월의 기산일(제64조 제1항 각호), 특허법 제96조 제1항 3호(특허출원을 한 때부터 국내에 있는 물건), 제103조(선사용권), 제129조(생산방법의 측정) 등의 적용에 있어서도 제1국 출원일을 기준으로 하여 적용판단하여야 한다.

최초의 출원과 대상의 동일성을 유지하는 한 제2국의 출원시에 특허 · 실용신안의 출원변경(파리협약 제4조H)이 인정되며, 2 이상의 발명을 포함하고 있을 때는 출원을 분할할 수 있다(제52조 제2항 3호 · 제4항, 파리협약 제4조G). 또한, 특허거절결정을 받은 자가 거절결정불복심판청구가 기각된 경우 기각심결등본을 송달받은 날로부터 30일 이내 분리출원할 수 있다(제52조 제1항). 이때 그 분할출원이나 분리출원, 변경출원은 우선권의 이익을 보유한 채 분할출원 · 분리출원 · 변경출원을 할 수 있다. 즉 우선권주장을 수반한 출원이 분할출원 · 분리출원 · 변경출원인 경우 그 분할 · 분리 · 변경출원에 대한 특허법 제29조, 제36조 등의 적용은 제1국 출원시를 기준으로 한다.

분할출원, 분리출원, 변경출원이 조약우선권주장을 수반하는 경우 조약우선권주장출원의 취지(제54조 제3항) 기재가 원출원일의 출원일로 소급효가 인정된다면 해당 절차를 밟을 수 없으므로 현실의 분할출원일, 분리출원일, 변경출원일을 기준으로 한다(제52조 제2항 3호, 제52조의2 제2항, 제53조 제2항 3호). 이에 더하여 분할출원, 분리출원의 경우 원출원이 조약우선권을 주장한 특허출원이면 분할출원, 분리출원을 한 때에 그 분할출원, 분리출원에 대해서도 우선권주장을 한 것으로 본다(제52조 제4항, 제52조의2 제2항). 우선권을 주장한 것으로 보는 분할출원, 분리출원에 관하여는 우선권주장의 보정 또는 추가의 기한(제54조 제7항)이 지난 후에도 분할출원, 분리출원을 한 날부터 30일 이내에 그 우선권주장의 전부 또는 일부를 취하할 수 있다(제52조 제5항, 제52조의2 제2항).

조약우선권주장의 취지를 기재하면서 분할출원, 변경출원하는 경우에는 최우선일로부터 1년 4개월의 기간이 지난 후에도 분할출원, 변경출원을 한 날부터 3개월 이내에 특허청장에게 증명서류를 제출할 수 있다(제52조 제6항, 제53조 제6항). 한편, 2021년 10월 19일에 개정된 특허법(법률 제18505호) 제52조의2 제2항 준용 제52조 제4항에 의하면 원출원에 대하여 조약우선권주장의 증명서류 제출기간 내 제출된 서류 또는 서면이 있는 경우에는 분리출원에 대해서도 해당 서류 또는 서면이 제출된 것으로 본다.

(7) 국제출원의 경우

국제출원에 있어서 우선권 주장은 특허협력조약 제8조(2)에서 정한 바에 따르며 대한민국을 지정관청으로 하는 국제특허출원에 대하여는 특허법 제54조가 적용되지 않는다(제199조 제2항). 그러나 파리협약에 의한 우선권주장절차에서 국제출원을 우선권주장의 기초로 할 수 있으며, 국내우선권주장을 하는 경우에도 국제특허출원을 우선권주장의 기초로 할 수 있다(PCT 제8조). 또한 국제출원에 있어서도 국내출원을 기초로 하여 우선권을 주장할 수 있는데, 이 경우 최우선일로부터 1년 4개월 내에 우선권서류를 특허청장에게 제출하여야 한다(제54조 제5항).

2. 국내우선권(제55조)

(1) 의 의

국내우선권제도(internal priority right)란 우리나라에 특허출원 또는 실용신안등록출원을 한 자가 먼저 한 특허출원 또는 실용신안등록출원을 기초로 하여 우선권주장을 하면서 특허출원을 하는 경우 그 먼저 한 출원의 발명 또는 고안에 대하여 특허법 제29조 제1항 · 제2항 및 제3항 본문, 제36조 제1항 내지 제3항 등의 적용에 있어 먼저 출원한 때 출원한 것으로 취급하여 주는 것을 말한다. 기본발명을 출원한 출원인이 그 후 기본발명에 대한 내용을 개량 · 보충 · 추가한 경우 선출원의 발명에 포함시켜 하나의 특허를 취득할 수 있도록 함으로써 발명자 및 그 승계인의 권익을 보호하는 제도이다. 즉 이 제도는 '신규사항 추가 보정'으로 거절되는 것을 보완하는 제도이다.[52]

---

52) 미국은 우리나라의 국내우선권제도와 비슷한 일부계속출원 제도를 두고 있다. 일부계속출원

(2) 제도적 취지

국내우선권제도는 1990년 1월 13일 개정법률 제4207호에 의해 채택되었다. 이 개정법률 이전에 의하면 선출원을 기초로 하여 해당 선출원을 보다 구체화하거나 선출원의 명세서·도면을 보정하는 경우 요지변경으로 취급되거나, 선출원발명에 대한 개량발명이나 추가발명을 출원하는 경우 선출원발명과 저촉을 이유로 거절될 우려가 있었다. 그러나 국내우선권제도가 채택됨으로써 출원인은 선출원발명에 미비한 점이 있거나 명세서나 도면의 기재가 불비하여 이를 보정하는 경우 명세서 요지 변경으로 될 우려가 있는데 이때 출원인은 이를 보정에 의하지 않고 국내우선권을 주장하여 새로운 별개의 출원을 함으로써 등록받을 수 있다. 또한 출원 후에 선출원발명을 개량한 개량발명이나 선출원발명을 추가하여 발명을 새로이 한 경우 이를 별도의 출원으로 하는 경우에는 자기의 선출원발명을 이유로 거절될 우려가 있고 또 각각 별도의 특허권이 주어짐으로 인하여 권리의 행사 등에 있어 불편하였는바, 선출원발명과 개량발명·추가발명을 하나로 묶어 출원하여 하나의 권리로 취득이 가능토록 함으로써 권리의 행사에 편리함은 물론 자기의 선출원발명에 의하여 거절되지 않는 등 국내우선권제도의 채택으로 내국인의 기술개발의욕을 고취하고 발명자 및 출원인의 편익보호에 보다 충실할 수 있게 하였다.

외국인의 경우 자국에 특허출원을 한 후 우리나라에 특허출원을 하면서 조약우선권 주장을 수반하여 출원함으로써 권리를 취득함에 있어 여러 이점을 향유할 수 있었다. 반면 국내인의 경우 국내출원을 기초로 한 우선권 주장이 인정되지 않아 외국인에 비해 상대적으로 내국인의 지위가 불리하였다. 국내우선권제도의 도입은 이러한 불합리를 해소한다는 취지를 갖는다. 특히 미국·독일·일본·EPO 등 대부분의 선진국이 국내우선권제도를 두고 있으며, PCT 제8조에서 국제출원이 자국에 한 출원을 기초로 하여 우선권을 주장할 수 있는 것을 규정하고 있고 이를 위해서는 국내우선권제도의 채택이 선행되어야 한다는 점에서 이러한 입법은 국제적 추세에도 부응한 것이라 하겠다. 특히 국내우선권이 인정되지 않는 상태에서는 국제출원절차에서 국내에 먼저 한 선출원을 우선권주장의 기초로 할 수 없었는데 국

(continuation-in-part application: CIP)이란 동일출원인에 의한 후출원이 선출원의 요부(要部)의 전부 또는 일부를 포함하고 있으며, 나아가 선출원에 없었던 새로운 사항을 후출원에 추가한 출원을 말한다. 미국 특허법에서는 동일인에 의한 계속발명을 보호하기 위해 새로운 사항을 부가한 명세서를 일부계속출원으로 간주하여 선출원과의 공통된 사항에 대해서는 선출원의 출원일과 동일한 출원일을 인정하고 있다.

내우선권제도를 채택함으로써 국내에 먼저 한 출원도 국제출원절차에서 우선권주장의 기초로 할 수 있는 소위 자기지정을 할 수 있게 되어 국제출원절차의 이용촉진이 기대된다.

(3) 우선권주장의 범위

국내우선권을 주장할 수 있는 출원은 특허출원 및 실용신안등록출원뿐이다. 이 점에 조약에 의한 우선권과 차이가 있다. 또한 선출원은 제55조 제5항의 규정에 의해서 알 수 있듯이 국내우선권을 수반하거나 조약에 의한 우선권을 수반하는 출원일 수 있다.

국내우선권주장의 기초로 할 수 있는 발명은 국내에 출원된 특허출원서 또는 실용신안등록출원서에 최초로 첨부된 명세서 또는 도면에 기재된 발명이다. 따라서 국내우선권주장을 하고자 하는 자는 선출원의 출원서에 최초로 첨부된 명세서 또는 도면에 기재된 발명을 기초로 하여 우선권주장을 할 수 있으므로 비록 청구범위에 기재되어 있지 않고 출원서의 발명의 설명에 기재된 것이라도 우선권주장의 기초가 될 수 있다. 또한 선출원에 기재되어 있지 않은 발명이 후출원에 기재되어 있다 하더라도 우선권주장이 부적합한 것으로 하여 심사하는 것이 아니라 추가된 발명에 대하여는 특허요건 판단시 출원일을 실제 출원일로 하여 심사한다.[53)]

한편 우선권주장으로 되는 발명은 청구범위에 기재된 발명에 한하므로 그 우선권주장을 하는 발명은 종국적으로 우선권주장을 하는 해당 특허출원의 청구범위에 기재되어 있지 아니하면 안 된다. 따라서 우선권 주장을 수반하는 특허출원시에 우선권 주장의 기초가 되는 발명을 그 출원의 청구범위에 기재하여야 한다. 그러나 출원시에 청구범위에 기재하지 않았다 하더라도 후출원시에 명세서 또는 도면을 보정하여 청구범위에 포함시킴으로써 우선권의 이익을 누릴 수 있다.

선출원의 출원서에 최초로 첨부된 명세서 · 도면에 기재된 것이 아니고, 출원 후 보정에 의하여 새로이 추가된 발명은 우선권주장의 기초로 할 수 없으며, 보정이 우선권 주장을 하는 출원에 앞서 행해진 경우도 마찬가지다. 또한 디자인등록출원은 우선권 주장의 기초로 할 수 없다. 이는 디자인등록출원은 특허, 실용신안과 달리 최종제품만을 대상으로 하고 있어 기본발명 · 개량발명을 하나로 묶어 출원할 수 있도록 하는 국내우선권과 친하지 않으며 또한 특허, 실용신안등록출원과는 선후출원관계에 있지 않기 때문이다.

53) 특허청, 특허 · 실용신안 심사기준(특허청 예규 제131호), 2023, 5306~5307면 참조.

(4) 우선권주장의 요건

국내우선권의 이익을 향유하기 위해서는 ① 우선권주장시 선출원이 출원계속중이어야 하고(제55조 제1항 3호, 4호), ② 출원인이 동일하여야 하고, ③ 출원내용도 동일하여야 하며, ④ 선출원이 분할, 분리 또는 변경출원이 아니어야 하며(제55조 제1항 2호), ⑤ 우선권주장은 선출원의 출원일로부터 1년 이내에 출원(후출원시)하여야 한다(제55조 제1항 1호).

1) 우선권주장시 선출원이 출원계속중일 것

국내우선권주장의 기초가 되는 선출원은 첫째, 해당 특허출원시에 이미 포기·무효·취하되지 않았을 것, 둘째, 해당 특허출원시에 선출원이 설정등록되었거나 특허거절결정, 실용신안등록거절결정 또는 거절한다는 취지의 심결이 확정된 경우[54]가 아니어야 한다.

2) 출원인의 동일

특허를 받으려는 자가 우선권주장을 할 수 있다(제55조 제1항). 따라서 우선권주장출원 당시 후출원의 출원인이 선출원의 출원인과 일치해야 하는 것은 아니다. 이 경우 특허청장 등은 그 승계인임을 증명하는 서류를 제출하게 할 수 있다(특허법 시행규칙 제7조 제1항). 선출원 발명을 개량하여 후출원 발명을 하는 과정에서 선출원의 출원인 중 일부만 후출원의 출원인에 포함되거나, 선출원에 대한 특허를 받을 수 있는 권리를 양도하여 양수인이 후출원을 한 경우 선출원과 후출원의 출원인이 달라질 수 있기 때문이다.

한편 조약에 의한 우선권주장을 하는 경우에는 우선권의 독립성으로 인하여 그 승계인은 출원의 승계는 물론 우선권도 승계받을 것을 요구하고 있으나 국내우선권에 있어서 우선권의 승계는 이를 필요로 하지 않는다.[55]

국내우선권 주장의 후출원은 선출원에 포함되어 있지 않았던 발명을 포함하여 우선권(부분우선권)을 주장할 수 있음은 물론, 2 이상의 선출원을 근거로 우선권(복합우선권)을 주장할 수도 있다. 또 파리협약에 의한 우선권과의 복합우선권을 주장할 수도 있다.

---

54) 구법에서는 선출원에 대한 특허결정이 확정된 경우 국내우선권주장출원을 할 수 없었으나, 2021년 10월 19일 개정법(법률 제18505호)에서는 설정등록 전까지는 변경하였다. 선출원이 빠르게 특허결정확정된 경우에는 이를 개량하는 발명을 출원하더라도 우선권주장을 할 수 없는 문제점을 해소하기 위함이다. 따라서 개정법에 의하면 출원인은 다양한 특허관리 전략을 수립할 수 있고, 기술개발의 속도가 빠른 현 실정에서 발명의 누락을 방지할 수 있을 것이다.

55) 이인종, 「특허법개론」, 법연출판사, 2001, 354면.

대법원 2019.10.17. 선고 2017후1274 판결

[우선권주장이 적법하기 위한 주체적 요건]

우리나라에서 먼저 특허출원을 한 후 이를 우선권 주장의 기초로 하여 그로부터 1년 이내에 특허협력조약(Patent Cooperation Treaty, 이하 'PCT'라 한다)이 정한 국제출원(이하 'PCT 국제출원'이라 한다)을 할 때 지정국을 우리나라로 할 수 있다(이하 'PCT 자기지정출원'이라 한다). 이 경우 우선권 주장의 조건 및 효과는 우리나라의 법령이 정하는 바에 의한다[PCT 제8조 (2)(b)].

특허를 받으려는 사람은 자신이 특허를 받을 수 있는 권리를 가진 특허출원으로 먼저 한 출원(이하 '선출원'이라 한다)의 출원서에 최초로 첨부된 명세서 또는 도면에 기재된 발명을 기초로 그 특허출원한 발명에 관하여 우선권을 주장할 수 있다(특허법 제55조 제1항). 우선권 주장을 수반하는 특허출원된 발명 중 해당 우선권 주장의 기초가 된 선출원의 최초 명세서 등에 기재된 발명(이하 '선출원 발명'이라 한다)과 같은 발명에 관하여 신규성, 진보성 등의 일정한 특허요건을 적용할 때에는 그 특허출원은 그 선출원을 한 때(이하 '우선권 주장일'이라 한다)에 한 것으로 본다(같은 조 제3항). 따라서 발명자가 선출원 발명의 기술사상을 포함하는 후속 발명을 출원하면서 우선권을 주장하면 선출원 발명 중 후출원 발명과 동일한 부분의 출원일을 우선권 주장일로 보게 된다. 이러한 국내우선권 제도의 취지는 기술개발이 지속적으로 이루어지는 점을 감안하여 발명자의 누적된 성과를 특허권으로 보호받을 수 있도록 하는 것이다.

발명을 한 자 또는 그 승계인은 특허법에서 정하는 바에 의하여 특허를 받을 수 있는 권리를 갖고(특허법 제33조 제1항 본문), 특허를 받을 수 있는 권리는 이전할 수 있으므로(특허법 제37조 제1항), 후출원의 출원인이 후출원 시에 '특허를 받을 수 있는 권리'를 승계하였다면 우선권 주장을 할 수 있고, 후출원 시에 선출원에 대하여 특허출원인변경신고를 마쳐야만 하는 것은 아니다. 특허출원 후 특허를 받을 수 있는 권리의 승계는 상속 기타 일반승계의 경우를 제외하고는 특허출원인변경신고를 하지 아니하면 그 효력이 발생하지 아니한다고 규정한 특허법 제38조 제4항은 특허에 관한 절차에서 참여자와 특허를 등록받을 자를 쉽게 확정함으로써 출원심사의 편의성 및 신속성을 추구하고자 하는 규정으로 우선권주장에 관한 절차에 적용된다고 볼 수 없다. 따라서 후출원의 출원인이 선출원의 출원인과 다르더라도 특허를 받을 수 있는 권리를 승계받았다면 우선권 주장을 할 수 있다고 보아야 한다.

① PCT 자기지정출원 과정에서 후출원인이 선출원인으로부터 특허를 받을 수 있는 권리를 실질적으로 승계받았는지 여부에 대한 실체심사는 PCT 제8조 (2)(b)에 따라 국내단계에 진입한 이후에 우리나라의 법령에 따라 해야 한다. 특허청장은 특허를 받을 수 있는 권리를 승계한 자가 특허에 관한 절차를 밟고자 하는 경우에는 그 승계인임을 증명하는 서류를 제출하게 할 수 있으므로(특허법 시행규칙 제7조 제1항), 필요한 경우 보완을 요구함으로써 권리의 승계 여부를 심사할 수 있다. 그리고 특허법 제38조 제4항을 특허를 받

을 수 있는 권리를 승계한 후출원인이 PCT 국제출원을 하기 전에 그 후출원인에게 국내에서 특허출원인변경신고를 마칠 것을 요구하는 것으로 해석한다면, 후출원인은 국내단계에서 절차상 하자를 보완할 기회를 상실하게 되므로 국내우선권 제도의 취지에 부합된다고 볼 수 없다. 또한 선출원 발명을 개량하여 후출원 발명을 하는 과정에서 선출원의 출원인 중 일부만 후출원의 출원인에 포함되거나 선출원의 출원인과 후출원의 출원인이 달라질 수 있고, 후출원 시에 출원인명의변경 절차를 정당하게 마칠 수 없는 경우도 생기게 된다. 이러한 경우에도 선출원의 출원인과 후출원의 출원인이 다르다는 이유로 우선권 주장의 효력을 부정하는 것은 우선권 주장 제도의 취지에 반하게 된다.

② 특허법 제55조 제1항은 우선권 주장을 할 수 있는 자는 '특허를 받으려는 자'라고 규정하고 있을 뿐이다. 이는 특허법이 분할출원(제52조)과 실용신안등록출원의 변경출원(제53조)을 할 수 있는 자는 '출원인'이라고 규정함으로써 분할출원인 또는 변경출원의 명의인이 일치할 것을 요구하는 것과 대비된다. 발명을 한 자의 승계인도 특허를 받을 수 있는 권리를 가지므로(특허법 제33조 제1항), 특허를 받을 수 있는 권리를 양수한 자는 특허법 제55조 제1항의 '특허를 받으려는 자' 및 '자신이 특허를 받을 수 있는 권리를 가진 자'에 해당한다고 봄이 문리해석에 부합한다. 특허출원인변경신고를 특허등록 전까지 하도록 규정한 특허법 시행규칙 제26조 제1항도 이러한 해석을 뒷받침한다.

3) 발명의 동일성

우선권주장출원의 청구범위에 기재된 발명이 선출원의 출원할 때 최초로 첨부한 명세서 또는 도면이 기재된 사항의 범위 이내이어야 한다.

대법원 2015.1.15. 선고 2012후2999 판결

국내 우선권 제도에 의하여 실제 특허출원일보다 앞서 우선권 주장일에 특허출원된 것으로 보아 그 특허요건을 심사함으로써 우선권 주장일과 우선권 주장을 수반하는 특허출원일 사이에 특허출원을 한 사람 등 제3자의 이익을 부당하게 침해하는 결과가 일어날 수 있음은 특허법 제47조 제1항의 규정에 의한 명세서 또는 도면의 보정이 받아들여져 그 효과가 출원 시로 소급하는 경우와 별다른 차이가 없으므로, 이러한 보정의 경우와 같은 관점에서, 우선권 주장일에 특허출원된 것으로 보아 특허요건을 심사하는 발명의 범위를 제한할 필요가 있다.

따라서 특허법 제55조 제3항에 따라 특허요건 적용의 기준일이 우선권 주장일로 소급하는 발명은 특허법 제47조 제2항과 마찬가지로 우선권 주장을 수반하는 특허출원된 발명 가운데 우선권 주장의 기초가 된 선출원의 최초 명세서 등에 기재된 사항의 범위 안에 있는 것으로 한정된다고 봄이 타당하다. 그리고 여기서 '우선권 주장의 기초가 된 선출원의 최초 명세서 등에 기재된 사항'이란, 우선권 주장의 기초가 된 선출원의 최초 명세서 등에 명시적으로 기재되어 있는 사항이거나 또는 명시적인 기재가 없더라도 그 발명이 속하는 기술분야에서 통상의 지식을 가진 사람(이하 '통상의 기술자'라 한다)이라면 우선권 주장일 당시의 기술상식에 비추어 보아 우선권 주장을 수반하는 특허출원된 발명이 선출원의 최초 명세서 등에 기재되어 있는 것과 마찬가지라고 이해할 수 있는 사항이어야 한다.

4) 선출원은 분할출원·분리출원·변경출원이 아닐 것

국내우선권주장의 선출원은 분할출원, 분리출원 또는 변경출원이 아니어야 한다(제55조 제1항 2호). 선출원이 분할출원, 분리출원 또는 변경출원인 경우는 심사의 어려움을 줄이기 위해 우선권주장을 할 수 있는 출원에서 제외시키고 있다.

5) 우선권기간 내의 출원일 것

국내우선권제도는 1990년에 도입목적은 조약에 의한 우선권 주장과 균형을 유지하기 위하여 도입한 제도이다. 국내우선권을 수반하는 특허출원은 우선권 주장의 기초가 되는 선출원의 출원일로부터 1년 내의 출원이어야 한다. 선출원 후에 선출원의 발명에 관련한 개량발명, 새로운 발명을 추가하여 제2의 출원을 하거나 제1출원, 제2출원을 묶어 제3출원을 하면서 부분우선, 복합우선을 주장하는 경우 그 제2의 출원은 물론 제3의 출원은 제1의 선출원일로부터 1년을 넘지 않아야 한다. 이와 같이 해석하는 것은 제2출원일로부터 1년의 기간으로 하는 경우 제3출원의 출원일이 제1의 선출원일로부터 1년을 넘는 경우도 있어 이는 실질적으로 우선권 주장을 연장하는 결과가 될 뿐만 아니라 타우선권과의 균형이 맞지 않기 때문이다.

(5) 우선권주장의 절차

내외국인을 물론하고 국내에서 특허출원 또는 실용신안등록출원을 한 자는 국내우선권 주장을 할 수 있다. 국내우선권을 주장하고자 하는 자는 특허출원시 그 특허출원서에 그 우선권주장의 취지 및 선출원의 표시를 하여야 한다(제55조 제2항).[56] 그러나 조약에 의한 우선권 주장과는 달리 우선권 인정에 필요한 증명서류는 제출하지 않아도 된다. 다만, 선출원의 출원서 등에 의하여 우선권주장의 적합성 여부를 심

---

56) 우선권주장을 수반하는 특허출원에 대해서도 선출원시에 주장한 특허법 제30조의 규정을 적용받으려고 할 경우에는 그 취지를 기재한 서면을 그 출원과 동시에 특허청장에게 제출하고, 또한 소정기간 이내에 특허법 제30조 제2항에서 규정하는 증명서류를 제출하여야 한다. 다만, 그 증명서의 내용이 이미 제출된 증명서의 내용과 동일한 때에는 그 취지를 기재하고 이를 원용할 수 있다.

참고로 조약우선권의 경우는 특허법 제30조 적용에 있어 출원일이 소급되지 않으나 국내우선권은 출원일이 소급된다.

사하여야 한다. 우선권 주장을 한 자는 최선출원일로부터 1년 4월 이내[57]에 우선권 주장을 보정하거나 추가할 수 있다(제55조 제7항).[58] 이러한 우선권주장의 보정·추가는 특허법 제55조 제1항의 요건을 갖춘 경우[59]에 할 수 있으므로 특허출원시에 우선권 주장을 하지 아니한 경우에는 우선권주장에 관한 보정·추가는 인정되지 않는다. 특히 조약우선권주장의 경우와 같이 그 우선권주장을 추가하고자 하는 발명이 우선권주장을 수반하는 특허출원의 최초 명세서·도면에 기재되지 않으면 우선권주장을 추가할 수 없는 것으로 해석된다.

이러한 우선권의 주장은 그 내용에 따라 부분우선, 복합우선으로 구분할 수 있다.

부분우선은 선출원발명의 미비점을 보완하여 개량 또는 추가발명을 한 경우 이들을 하나로 묶어서 출원할 수 있으며 이는 조약에 의한 우선권에서의 부분우선과 같게 되는 것이다. 그러나 선출원에 기재된 발명을 우선권주장의 기초로 할 수 있는 것은 1회에 한하며 한번 우선권주장의 기초로 인용된 바 있는 발명은 다시 계속적으로 우선권주장의 기초로 할 수 없다. 따라서 선출원발명에 대하여 계속적인 보완·개량·추가발명을 한 경우 계속적인 우선권주장은 인정되지 않는다 하겠다. 그러나 국내우선권주장의 기초로 인용되지 않았던 선출원발명, 조약우선권주장을 하면서 조약우선권주장에 포함되지 않았던 발명에 대하여는 이를 국내우선권 주장의 기초로 할 수 있다.

복합우선이라 하여 국내우선권 주장을 하고자 하는 자는 국내에 먼저 한 2 이

---

57) 특허법 제55조 제7항의 규정에 따라 선출원일(선출원이 2 이상인 경우에는 최선출원일)부터 1년 4월 이내에 해당 우선권주장을 보정하거나 추가할 수 있다.

즉 외국에 출원한 제1국출원과 국내에 출원한 선출원을 기초로 우선권 주장을 한 경우, 외국출원을 우선권주장에 추가하는 것은 특허법 제54조 제7항의 규정에 따라 제1국 출원일과 국내선출원의 출원일 중 최선일로부터 1년 4월 이내에 할 수 있는데 비하여, 국내출원을 우선권주장에 추가하는 것은 국내선출원의 출원일 중 최선일로부터 1년 4월 이내에 할 수 있다.

이는 특허법 제55조 제7항에서 말하는 선출원이 동조 제1항에 의한 우선권주장 즉 국내 우선권주장 출원을 의미하기 때문이다(특허청, 특허·실용신안 심사기준(특허청 예규 제131호), 2023, 6408면 참조).

58) 우선권의 보정이란 우선권주장에 관한 기재가 불비한 것을 바로 잡는 것을 말하며, 우선권의 추가란 누락된 사항을 우선권주장에 새로이 추가하는 것이다.

59) 국내 우선권주장을 추가할 수 있는 출원은 특허법 제55조 제1항에 의한 요건을 갖추어야 한다. 이 요건을 충족하였는지 여부는 ① 선출원이 후출원의 출원일 이전 1년 이내에 출원된 출원일 것. ② 선출원이 분할출원, 분리출원이나 변경출원이 아닐 것. ③ 우선권주장출원의 출원시에 선출원의 절차가 계속중일 것. ④ 우선권 주장을 특정할 수 있을 정도로 우선권주장 관련 기재사항이 명확할 것 등을 기준으로 판단하여야 한다.

요건의 충족여부의 판단시점은 관련 규정의 취지를 감안하여 달리 적용하여야 한다. 즉, 상기요건 중 ①의 요건(우선권주장기간 1년)의 판단시점은 후출원시이고, ③요건(절차의 계속요건)은 국내우선권주장을 보정하거나 추가하는 시점을 기준으로 판단한다.

상의 선출원을 하나로 묶어 우선권주장을 할 수 있다. 이때 2 이상의 선출원의 명세서 또는 도면에 기재된 발명은 특허법 제45조에서 규정한 1군의 발명의 요건을 충족하는 발명이어야 하며, 그렇지 아니한 경우에는 각각에 상응하는 우선권 주장을 별개로 하여야 한다. 또한 국내우선권주장을 하면서 파리협약에 의한 우선권을 수반한 국내출원도 함께 국내우선권주장의 기초에 포함시킬 수는 있는데, 그 발명 간에는 1군의 발명관계가 성립하여야 한다. 이때 파리협약에 의한 우선권을 주장한 국내출원에 대한 우선권주장에 따른 소급효는 제1국 출원일이 아닌 국내에서의 선출원일이 된다(제55조 제5항).

우선권의 주장은 그 이용하는 양태에 따라 실시예 보충형, 상위개념 추출형 및 출원의 단일성 제도 이용형으로 구분하기도 한다. 실시예 보충형은 어떤 착상을 하였을 때 이것을 출원하고, 그 후 실증을 통해 실시예가 갖추어지는 대로 이를 보충하여 국내우선권을 주장하여 출원하는 경우이다. 상위개념 추출형은 착상이 얻어지는 대로 출원해 놓고 이들을 기초로 하여 새로운 착상이 얻어지는 경우 이들을 묶어서 출원함으로써 보다 넓은 권리를 획득하는 경우이다. 출원의 단일성제도 이용형은 물과 그 물을 생산하는 방법 등 얻어진 발명간에 출원의 단일성 요건을 충족하는 경우에 우선권을 주장하여 이들을 하나로 묶어 출원하는 형을 말한다(시행령 제6조). 이를 「1군의 발명형」이라고도 한다.[60]

(6) 우선권주장의 효과

1) 소급효의 발생

국내우선권주장의 효과는 파리협약의 우선권 주장의 효과와 거의 동일하다. 우선권 주장의 기초가 된 선출원의 출원서에 첨부된 명세서와 도면에 기재되어 있는 발명에 대해서는 특허요건의 판단 시점에 대하여 선출원시에 행해지는 것으로 보게 된다. 다만 국내 우선권의 효과는 출원시에 전면적으로 소급하는 것이 아니라 조문에 열거된 사항에 한정된다. 즉 파리협약은 각국 국내법이 상이하기 때문에 막연하게 규정하고 있는 데 반하여, 특허법은 그 효과를 명확히 규정하고 있어 다음의 경우에는 선출원의 출원시에 특허출원한 것으로 본다(제55조 제3항). 특히 신규성 상실의 예외(제30조 제1항) 규정은 파리협약에는 없는 것이다.

① 신규성과 진보성 및 선출원의 지위 확대(제29조)

② 신규성이 있는 발명으로 보는 경우(제30조 제1항)

---

60) 천효남, 「특허법」, 법경사, 2003, 395면.

③ 선출원의 지위(제36조)

④ 특허권의 효력이 미치지 않는 범위(제96조 제1항 3호)

⑤ 타인의 특허권 등과의 이용저촉관계(제98조)

⑥ 선사용에 의한 통상실시권(제103조)

⑦ 디자인권의 존속기간 만료후의 통상실시권(제105조 제1항 · 제2항)

⑧ 생산방법의 추정(제129조)

⑨ 정정심판(제136조 제5항) 등의 경우에는 선출원의 출원시에 특허출원한 것으로 본다.

이러한 특허법의 규정은 제한적 열거규정이므로 이에 규정하지 아니한 사항에는 적용이 없다. 따라서 심사청구기간이나 존속기간의 기산점 등에 대해서는 후출원의 실제 출원시가 기준이 된다. 또한 후출원시에서 새로이 추가된 신규사항에 대해서는 우선권 주장은 인정되지 않으며, 후출원시에 행해지는 것으로 된다.

한편 국내우선권주장의 선출원이 국내우선권주장 또는 조약우선권주장을 수반하면 그 선출원의 출원서에 최초로 첨부한 명세서 또는 도면에 기재된 발명 중 그 선출원에 관하여 우선권 주장의 기초가 된 특허출원의 출원의 출원서에 최초로 첨부한 명세서 또는 도면에 기재된 발명에 대해서는 우선권의 효과를 인정하지 않고 선출원에 대하여 새로 추가된 사항에 대해서만 우선권의 효과를 인정한다(제55조 제5항). 따라서 이와 같은 발명에 대하여 우선권 주장의 효과를 가지기 위하여는 선출원의 기초출원을 복합적으로 우선권주장을 하여야 한다.

또한 우선권의 이익을 수반하는 선출원을 기초로 하여 분할출원, 분리출원 또는 변경출원을 할 수 있다(제52조 제2항, 제52조의2 제2항, 제53조 제2항). 분할출원, 분리출원, 변경출원이 국내우선권주장을 수반하는 경우 국내우선권주장출원의 취지(제55조 제2항) 기재가 원출원일의 출원일로 소급효가 인정된다면 해당 절차를 밟을 수 없으므로 현실의 분할출원일, 분리출원일, 변경출원일을 기준으로 한다(제52조 제2항 4호, 제52조의2 제2항, 제53조 제2항 4호). 이에 더하여 분할출원, 분리출원의 경우 원출원이 국내우선권을 주장한 특허출원이면 분할출원, 분리출원을 한 때에 그 분할출원, 분리출원에 대해서도 우선권주장을 한 것으로 본다(제52조 제4항, 제52조의2 제2항). 우선권을 주장한 것으로 보는 분할출원, 분리출원에 관하여는 우선권주장의 보정 또는 추가의 기한(제55조 제7항)이 지난 후에도 분할출원, 분리출원을 한 날부터 30일 이내에 그 우선권주장의 전부 또는 일부를 취하할 수 있다(제52조 제5항, 제52조의2 제2항).

2) 선출원의 등록불가

우선권주장의 기초가 된 선출원은 제79조에 따른 설정등록을 받을 수 없다. 다만, 해당 선출원을 기초로 한 우선권주장이 취하된 경우에는 설정등록을 받을 수 있다(제55조 제8항). 선출원의 특허결정이 확정된 후 설정등록 전에 국내우선권 주장을 한 경우에는 선출원에 대한 심사를 보류할 수 없으므로 2021년 10월 19일 개정법(법률 제18505호)에서는 선출원을 설정등록받을 수 없도록 규정하였다.

3) 우선권주장 출원의 공개와 확대된 범위의 선출원

우선권주장을 수반한 출원은 당연히 공개가 되어야 하나 그 출원공개의 시점은 기초출원의 출원일로부터 1년 6월이 경과한 때이고 복합우선권주장 출원인 경우에는 최우선일로부터 1년 6월이 경과한 때에 공개한다(제64조 제1항).

특허법 제55조 제4항은 “국내우선권주장을 수반하는 특허출원(후특허출원)의 출원서에 최초로 첨부한 명세서 또는 도면에 기재된 발명 중 해당 우선권주장의 기초가 된 선출원의 출원서에 최초로 첨부한 명세서 또는 도면에 기재된 발명은 그 특허출원(후특허출원)이 출원공개되거나 등록공고된 때에 그 선출원에 관하여 출원공개가 된 것으로 보고 확대된 범위의 선출원(제29조 제3항 본문, 같은 조 제4항 본문 또는 실용신안법 제4조 제3항 본문, 같은 조 제4항 본문)의 규정을 적용한다”라고 규정하고 있다. 특허법 제55조 제4항은 국내우선권 주장출원의 선출원이 제56조의 규정에 의해서 출원일로부터 1년 3월이 경과한 때에 취하된 것으로 간주됨에 따라, 선출원의 명세서에 기재된 내용과 동일한 내용의 후출원이 있을 경우 이 후출원에 대하여 선출원의 명세서에 기재된 내용을 근거로 확대된 범위의 선출원 규정인 제29조 제3항의 규정을 적용하기 위한 규정이다. 국내우선권주장출원의 경우 선출원은 출원일로부터 1년 3월이 경과한 때에 취하된 것으로 되고, 1년 6월 후에 공개되는 명세서는 선출원의 명세서가 아니라 후출원의 명세서이므로 이와 같은 규정을 두지 않으면 그 후출원을 거절할 수 없게 되는 불합리한 점이 있기 때문이다.

4) 선출원의 취하 간주

① 선출원이 취하된 것으로 보는 시기 국내우선권주장의 기초가 된 선출원이 특허출원 또는 실용신안등록출원인 경우에는 그 출원일부터 1년 3월을 경과한 때에 취하된 것으로 본다(제56조 제1항). 따라서 국내우선권주장출원의 기초가 된 출원에 대하여는 심사를 진행하지 않고 보류한다. 선출원에 대한 우선심사 청구가 있는 경우에도 또한 같다.[61]

61) 특허청, 특허 · 실용신안 심사기준(특허청 예규 제131호), 2023, 5307～5308면 및 6412면 참조.

여러 개의 특허출원을 기초로 한 복합우선권주장출원에 있어서 선출원은 최우선일부터 1년 3월이 경과한 때에 선출원이 일괄적으로 취하되는 것으로 보는 것이 아니라 각각의 선출원의 출원일부터 1년 3월이 경과한 때에 취하되는 것으로 본다. 다만, 선출원이 특허출원으로 다음에 해당하는 경우에는 최우선일로부터 1년 3월이 경과한 때 취하된 것으로 보지 않는다.

ⓐ 선출원이 포기·무효·취하되거나 설정등록되거나 거절한다는 취지의 심결이 확정된 경우(제56조 제1항 1호·2호) 즉, 선출원이 취하로 간주되기 이전에 포기나 무효되었다면 취하간주할 대상이 없게 된다.

ⓑ 해당 선출원을 기초로 한 우선권주장이 취하된 경우(제56조 제1항 3호)

선출원을 기초로 한 우선권주장이 선출원일부터 1년 3월 이전에 취하된 경우에는 선출원일로부터 1년 3월이 경과하여도 선출원은 취하간주되지 않는다.

② **우선권주장의 취하** 제56조 제2항에는 선출원일부터 1년 3월이 경과한 후에는 우선권주장을 취하할 수 없도록 규정하고 있다.

③ **우선권주장출원의 취하** 특허법 제56조 제3항 규정에 따라 후출원이 1년 3월 이내에 취하된 때에는 우선권주장도 동시에 취하된 것으로 본다.

따라서 선출원이 특허출원 또는 실용신안출원인 경우에는 선출원일부터 1년 3월 이내에 후출원이 취하되면 그 우선권주장도 동시에 취하되므로 선출원일부터 1년 3월이 경과하여도 선출원은 취하 간주되지 아니한다.

3. 조약에 의한 우선권과 국내우선권과의 비교

(1) 정 의

국내우선권제도는 파리협약 제4조에서 규정하고 있는 우선권제도나 특허협력조약 제8조에서 규정하고 있는 우선권제도와 그 취지나 요건, 효과, 절차 등에 있어 다소 차이는 있기는 하나, 국내우선권제도는 이들 양협약에 의한 우선권제도에 기초하여 마련된 제도로서 이들 조약에 의한 우선권의 기본이념을 그대로 도입하였으며 그 근간을 이들 조약에서 정한 우선권에 기초하고 있다.

파리협약에 의한 우선권주장과 국내우선권주장은 우선권주장의 기초가 되는 출원이 파리협약 당사국에 출원한 것이냐 우리나라에 출원한 것이냐에 의하여 구별되며, 출원인의 내외국민 여부는 문제되지 않는다. 그러므로 외국인도 우리나라에 먼저 한 출원을 기초로 하여 우선권주장을 하는 경우에는 국내우선권주장이 되며,

반면 내국인이라도 우리나라가 아닌 파리협약 동맹국의 어느 한 국가에 특허출원을 하고 그것을 기초로 하여 우선권주장을 하는 경우에는 파리협약에 의한 우선권주장이 되는 것이다.

특허협력조약에서 정한 우선권제도는 파리협약에 의한 우선권제도와 우선권주장의 기초가 되는 출원에서만 차이가 있을 뿐 그 조건과 효과는 파리협약에 의한 우선권과 같으므로(PCT규칙 제8조(1)·(2)) PCT 우선권과 국내우선권의 구별 또한 파리협약 우선권과 국내우선권의 구별에서와 같다 하겠으며 상호관련성도 깊다. 국내우선권은 국내에 먼저 한 출원을 국내우선권주장의 기초로 할 수 있는 데 반하여 PCT우선권은 먼저 한 국제출원은 물론 파리동맹국에 한 출원 및 우리나라에 먼저 한 국내출원을 PCT 우선권의 기초로 할 수 있다. 또한 조약에 의한 우선권주장을 수반한 출원이나 국내출원 및 PCT절차에 의한 국제특허출원을 묶어 이를 기초로 하여 국내우선권을 주장할 수 있으며, 파리협약 당사국에 출원하는 경우에도 국내출원과 PCT출원을 묶어 함께 우선권 주장을 할 수 있다.

한편 국내우선권은 우리나라에 한 선출원을 기초하여 그 후 우리나라에서 다시 출원한 것을 소정의 요건하에서 선출원시에서 출원된 것으로 취급하는 것이다.

(2) 요 건

파리협약에 의한 우선권은 최초의 출원이 동맹국에서 정규로 동맹국민에 의한 출원이어야 한다(파리협약 제4조A(1)). 그러나, 국내우선권은 선(최초)출원은 우리나라에서 행해진 출원이어야 한다(제55조 제1항).

파리협약의 우선권은 파리협약의 동맹국에서 최초의 출원이어야 한다(파리협약 제4조A(1), C(2)). 이는 우선기간이 부당하게 연장되지 않도록 하기 위함이다. 다만, 후출원일지라도 최초의 출원으로 보게 되는 경우가 있다(파리협약 제4조C(4)). 한편 국내우선권에 대해서는 이와 같은 제한이 없지만, 누적적 주장은 판단시점의 소급효가 인정되지 아니한다(제55조 제5항). 또한 분할·분리·변경출원을 기초로 해서 국내우선권을 주장할 수는 없다(제55조 제1항 2호). 분할·분리·변경출원의 요건을 판단해야 하는 부담을 과하기 때문이다.

여기서 정규의 국내출원이란 효과의 여하를 불문하고 출원의 일자를 확정하기 위해서 충분한 모든 출원을 말한다. 따라서 출원일자가 확정되었다면 우선권주장 이전에 취하·무효 등이 되었어도 좋다. 한편 국내우선권에 있어서는 선출원이 후출원시에 포기·무효 또는 취하되거나 설정등록 또는 거절한다는 취지의 심결이 확정된 경우가 아니어야 한다(제55조 제1항 3호·4호).

또, 범위에 대해서는 조약에 의한 우선권은 특허 · 실용신안 · 디자인 · 상표 및 소정의 요건을 충족한 발명자 중 출원(파리협약 제4조A(1), I (1)) 등으로 할 수 있으나, 국내우선권에서는 특허출원, 실용신안등록출원이어야 한다(제55조 제1항). 디자인 · 상표는 대상이 아니다.

후출원은 파리협약에 의한 우선권은 동맹국 중 어느 국가에나 출원하면 가능하나(파리협약 제4조(1)) 국내우선권에 있어서는 후출원을 우리나라에 하여야 한다.

파리협약에 의한 우선권과 국내우선권 모두 선출원과 주체가 동일하여야 하나, 승계가 인정된다(파리협약 제4조(1), 제55조 제1항). 즉, 승계인이 우선권주장출원을 할 수 있다.

후출원은 제1국 출원과 객체가 동일하여야 한다. 제1국 출원의 목적물 보호를 위한 것이기 때문이다. 그러나 너무 엄격하게 해석한다면 우선권제도의 실효를 기할 수 없으므로 완화규정을 두고 있다(파리협약 §4F). 또한 부분우선 · 복합우선도 인정된다(파리협약 제4조F). 한편 국내우선권은 부분우선 · 복합우선이 가지는 일련의 관련 발명에 대해서 포괄적이고도 누락없이 원활하게 권리를 취득하기에 적합하도록 하는 기능에 착안해서 설정된 것이고, 파리협약에 의한 우선권 제도와 그 객체가 동일하여야 한다는 것을 같이 한다.62)

또 조약에 의한 우선권이나 국내우선권이나 우선권주장의 절차를 밟아야 하나(제55조 제2항, 파리협약 제4조D) 조약에 의한 우선권주장의 경우 소정의 신청과 우선권증명서류를 최우선일로부터 1년 4월 내 특허청에 제출하여야 한다. 다만, 산업통상자원부령이 정하는 국가의 경우에는 출원번호 및 그 밖에 출원을 확인할 수 있는 정보 등 산업통상자원부령으로 정하는 사항을 적은 서면을 제출할 수 있다. 한편 국내우선권은 선출원도 국내출원이므로 이를 증명할 필요가 없기 때문에 우선권증명서류의 제출은 필요하지 않다. 또한 조약상에 우선권의 취하에 관한 규정은 없지만, 국내우선권에 대해서는 취하효과와의 관련상(제56조 제1항) 선출원일로부터 1년 3월 이내에 국내우선권주장을 취하할 수 있다(제56조 제2항).

(3) 효 과

조약에 의한 우선권이나 국내우선권이나 모두 절차와 요건이 충족되면, 후출원이 선출원시에 출원된 것과 같은 효과를 얻을 수 있다(제55조 제3항, 파리협약 제4조B). 그리고 국내우선권의 기초가 된 선출원은 1년 3월이 경과되면 취하된 것으로 본다(제56조 제1항).

---

62) 이종일, 「특허법」, 한빛지적소유권센터, 2000, 509~510면.

제6절 출원의 포기 및 취하

1. 의 의

발명자가 발명을 완성하여 특허출원을 하면 특허결정이나 거절결정에 의해 출원절차가 종료되는 것이 원칙이나 출원인이 특허심사진행중에 어떠한 사정 등으로 심사진행중인 절차를 종료시킬 수도 있다. 이러한 행위는 출원인의 의사표시로서 출원을 취하하거나 포기할 수 있다. 이때 출원의 취하와 포기란 특허출원절차를 종료시키는 법률효과를 발생시키는 출원인의 자발적인 의사표시를 말한다.

한편 특허법은 이와 같은 출원인, 청구인의 자발적인 의사에 의한 취하·포기 이외에 법률의 의제에 의한 취하·포기를 규정하고 있다. 예컨대 일정기간 내에 출원심사청구가 없는 때(제59조 제5항), 외국어출원으로서 법정기간 내에 번역문의 제출이 없을 때(제201조 제4항) 특허출원을 취하한 것으로 보며, 최초특허료를 일정한 기간 내에 납부하지 않는 경우에는 특허출원을 포기한 것으로 본다(제81조 제3항).

출원의 취하와 포기를 한 경우 출원이 처음부터 없었던 것으로 보기 때문에 선출원의 지위가 없어지게 된다(제36조 제4항). 따라서 출원공개 전에 출원을 취하하거나 포기하였다면 재출원하여 특허를 받을 수도 있다.

2. 취하·포기를 할 수 있는 자와 시기

특허출원인은 법령에서 특별히 제한하고 있는 경우를 제외하고 그 특허출원이 계속중인 동안 언제든지 그 출원을 취하·포기할 수 있다. 여기서, 출원이 계속중이란 출원에 대하여 특허청이 특허를 허여(제87조 제2항에 따른 설정등록을 말한다)하는데 필요한 행정행위를 할 수 있는 상태를 말하는 것으로, 출원이 무효, 취하, 포기 또는 특허거절결정이 확정되기 전이나 설정등록되기 전을 말한다.[63] 특허관리인(제5조)을 비롯한 위임을 받은 대리인 역시 본인의 특별한 수권을 받은 경우에는 출원을 취하·포기할 수 있다.[64]

출원취하는 출원인의 자유로운 의사에 입각한 것이지만, 출원인이 특정한 절차를 밟거나 특허법이 요구하는 특정한 절차를 밟지 않음으로써 출원의 취하·포기

63) 특허청, 특허·실용신안 심사기준(특허청 예규 제131호), 2023, 4103면.
64) 복수당사자의 대표에 관하여는 박희섭·김원오, 「특허법원론」, 세창출판사, 2009, 361~364면 참조.

가 의제되기도 한다. 즉 국내우선권주장의 경우 우선권주장의 기초가 된 선출원이 출원일로부터 1년 3월을 경과한 때에 취하된 것으로 보거나(제56조 제1항), 출원의 심사를 청구할 수 있는 기간 내에 출원심사의 청구가 없는 때에는 그 특허출원은 취하한 것으로 보며(제59조 제5항), 특허권 설정등록료 납부기간 내에 특허료를 납부하지 않은 경우에는 그 특허출원은 포기한 것으로 본다(제81조 제3항). 또한 특허출원시 청구범위를 기재하지 아니한 명세서를 특허출원서에 첨부한 후 특허법 제42조의2 제2항의 기간 내에 청구범위를 기재하는 보정을 하지 아니한 경우에는 기한이 되는 날의 다음 날에 그 특허출원은 취하된 것으로 본다(제42조의2 제2항 · 제3항).

3. 취하 · 포기의 절차

특허출원을 취하 또는 포기하고자 하는 자는 그 취지를 기재한 취하서 · 포기서를 특허청장에게 제출하여야 한다.

특허출원의 취하 · 포기는 그 취하서 · 포기서가 특허청에 도달되어 적법하게 된 때 취하 · 포기의 효과가 발생한다. 출원이 취하 · 포기되면 출원의 절차는 종료된다. 다만 출원공개 또는 등록공고 후 출원이 취하 · 포기된 경우에는 특허법 제29조 제3항에 의한 선출원의 지위를 갖는다. 조약에 의한 우선권주장을 하는 경우에는 제1국에 한 출원이 취하 · 포기되더라도 이를 기초로 하여 우선권을 주장할 수 있다.

4. 취하의 금지

특허출원인은 특허행정의 원활한 수행을 위하여 출원심사의 청구는 취하할 수 없고, 특허법 제55조 제1항의 규정에 의한 우선권주장을 수반하는 특허출원의 출원인은 선출원의 출원일로부터 1년 3월을 경과한 후에는 그 우선권주장을 취하할 수 없다.

특허법원 1999.7.15. 선고 98허10611 판결

[일부 취하 · 포기: 거절이유를 통지받은 후에 분할출원 등의 절차를 통하여 구제받지 않은 경우 일부 취하 · 포기]

특허출원에 있어서 청구범위가 둘 이상의 항인 경우에 하나의 항이라도 거절이유가 있는 경우에는 그 출원은 전체로서 등록이 거절되어야 할 것이고(대법원 1995.12.26. 선고 94후203 판결; 대법원 1993.9.14. 선고 92후1615 판결 참조), 나아가 위 청구항 제8항은 인용발명 1에 의하여 공지된 알부민과 동일한 물을 청구한 것이어서 신규성을 찾아볼 수 없으므로 특허를 받을 수 없는 것이라고 거절이유를 통지받고서도 분할출원 등의 절차를 통하여 이를 구제받지 아니한 채 만연히 이 건 심판절차까지 거친 뒤 이 사건 소송에 이르러서야 비로소 헌법상의 발명가의 보호규정을 근거로 특허성이 없는 청구항을 제외한 나머지 청구항들에 대하여 특허권의 부여를 주장할 수는 없으므로 비록 제8항에는 거절사유가 있더라도 특허성이 인정되는 제1항 내지 제7항의 발명에 대해서는 특허를 부여하는 것이 타당하다는 원고의 예비적 주장도 이유 없다.

대법원 2003.3.25. 선고 2001후1044 판결

[특허출원서의 보정기간 경과 후에 특허출원의 일부 취하가 허용되는지 여부(소극)]

특허출원의 일부 취하는 취하하고자 하는 부분을 제외한 나머지 부분만으로 특허출원을 감축하여 그 효과를 특허출원시에 소급시킴으로써 감축된 부분만을 특허출원으로 삼고자 하는 것인바, 특허법에는 이와 같은 목적을 달성하기 위한 절차로 특허출원서에 첨부된 명세서와 도면 의 보정이라는 제도 및 그 보정의 시기와 범위를 제한하는 규정을 두고 있을 뿐 특허사정이 되기 전에 특허출원의 일부를 취하할 수 있다고 규정해 놓은 바 없으며, 특허법에 정해진 보정기간 경과 후에도 특허출원의 일부 취하를 허용하는 것은 특허출원의 보정에 엄격한 시기적 제한을 두고 있는 특허법의 취지에도 반하므로 특허출원인이 출원의 일부 취하라는 이름의 서류를 제출하였다고 하더라도 보정과 같은 목적을 달성하고자 하는 것이라면 특허법상 보정과 마찬가지로 보아야 한다. 따라서 특허청장이 특허법상의 보정기간 경과 후에 출원취하서라는 이름으로 제출된 서류를 원고에게 반려한 것은 결과적으로 정당하고, 특허청장이 위와 같이 출원취하서를 반려함으로써 위 출원의 일부 취하에 의하여 달성하고자 한 절차의 성립 자체도 부정되므로(만일, 특허청장이 위 출원취하서를 수리하였다고 하더라도 위 출원취하서는 보정기간이 경과한 후 제출된 보정서와 마찬가지이므로 제19항 발명을 삭제한 보정으로서의 효과가 생기지 않음은 물론이다), 원심이 제19항 발명이 여전히 이 사건 출원발명의 청구범위에 포함되어 있음을 전제로 이 사건 출원발명의 특허출원에 대한 거절결정이 정당한 것인지에 관하여 판단한 것은 정당하고 거기에 특허출원의 일부 취하와 보정에 관한 법리를 오해한 위법이 없다.

제 4 편

특허출원의 심사절차

제1장

출원심사제도

특허출원인이 특허청에 특허출원하면 특허청은 출원인이 출원한 발명에 대하여 특허를 부여할 것인가 말 것인가를 결정하는 데는 크게 두 가지 제도가 있다.

이 제도가 심사주의제도와 무심사주의제도이고, 이를 심사방식에 따라 방식심사 또는 형식심사제도와 실체심사제도로 나누어 부르기도 한다. 즉 특허부여에 있어 출원된 발명에 대하여 형식(방식)심사뿐만 아니라 특허를 받는 데 필요한 모든 법정요건의 유무를 행정관청인 특허청이 심리한 후 특허성이 있는지 없는지를 심사하는 것을 심사주의라고 하며, 특허를 받는 데 필요한 형식적 요건만 완비되면 실체적 요건에 대하여는 심리하지 아니하고 특허허여 후 그 요건의 유무에 대하여 분쟁이 발생하였을 경우 심판이나 재판에서 특허성의 유무를 심리하는 것을 무심사주의라고 한다.

심사주의하에 있어서는 특허의 유효성에 대하여 특허청의 심사를 거치므로 특허권의 신뢰성과 법적 안정성이 높고 부실특허를 예방할 수 있어 특허권의 유·무효를 둘러싸고 벌이는 특허분쟁을 사전에 방지할 수 있으며 또한 권리의 존재가 안정되고 재산적 가치를 높게 평가받을 수 있다. 또 주저할 필요없이 권리행사할 수 있는 등의 장점이 있으나, 심사에 많은 인력과 시간, 비용이 소요되며, 기술의 진보로 심리판단기관인 특허청 심사관의 혁신적인 기술에 대한 판단능력과 외국어 능력, 선행 기술조사의 어려움 등과 출원급증으로 심사가 적체되므로 특허허여 결정이 지연되고 발명이 사회에 공개되는 것이 늦추어짐으로써 중복연구·중복투자로 이어질 수 있으므로 특허제도의 목적인 산업발전에 역행할 수도 있다.

한편 무심사주의에서는 특허출원의 형식적인 사항이나 구비서류가 갖추어져 있는지 여부만을 심사하여 특허를 부여하므로 심사절차에 많은 시간이 들지 않아 신속하게 권리가 부여될 수도 있고, 발명이 조기에 사회에 공개될 수 있어 중복투자나 중복연구가 이루어지지 않으며, 실체심사를 행하지 않으므로 심사적체의 우려도 없어 심사에 많은 인력과 경비가 투입되지 않아도 된다는 장점이 있다. 그러나 권리의 법적 안정성과 신뢰성, 권리의 유·무효를 둘러싸고 다툼이 잦아질 수 있는 단점이 있다. 즉 실체심사를 하지 않고 특허를 부여하기 때문에 부실특허가 많아질 우려가 있으며 또한 특허권을 둘러싼 유·무효의 분쟁이 많이 발생하여 권리의 안정성·신뢰성을 기하기 어려울 뿐만 아니라 특허권의 재산적 가치가 낮게 평가되어 권리행사를 하는 경우에는 산업질서를 어지럽혀 오히려 특허제도의 발전을 저해하는 결과까지 초래할 수 있다.

이러한 양 제도의 장·단점이 동시에 존재하므로 어떤 제도가 좋다라고 단정하기는 어렵다. 그러나 오늘날 대부분의 국가는 법정 안정성·신뢰성 등을 이유로 심사주의를 채택하고 있으며, 우리나라 역시 심사주의를 채택하고 있다(제57조, 실용신안법 제15조).

이상에서 살펴본 바와 같이 심사주의나 무심사주의가 일장일단이 있으나, 우리나라는 심사주의를 채택하고 있어, 그 단점을 보완하기 위하여 출원의 조기공개제도,[1] 심사청구제도[2] 및 확대된 범위의 선출원[3] 등의 제도를 도입하였으며, 출원공고제도[4]를 폐지하고 등록공고제도로 바꾸었다.[5]

---

1) 출원공개제도는 1980.12.31. 법률 제3325호에서 채택된 것으로서 모든 출원에 대하여 심사여부에 관계없이 그 출원내용을 사회일반에게 조기에 공개함으로써 기술개발의 촉진을 도모하는 한편 그 출원에 대하여는 공개의 대가로 보상금청구권, 확대된 선출원의 지위 등의 일정한 법률적 보호를 인정하는 제도이다. 다만 이러한 출원공개제도는 조기에 기술을 공개함에 따라 기술개발의 촉진과 중복연구, 중복투자 등의 폐단을 피할 수 있다 하겠으나 심사 자체의 촉진까지도 기대할 수 있는 것은 아니다.

2) 심사청구제도란 출원된 것을 일률적으로 모두 심사하는 것이 아니라 일정 기간 내에 심사청구가 있는 출원에 대하여만 심사하는 제도이다. 이 심사청구제도 역시 1980.12.31. 법률 제3325호에서 채택된 것으로서 출원공개제도에 의한 기술의 조기공개가 특허출원에 대한 심사적체를 해소하는 수단은 아님에 비추어 보완적 조치로서 채택된 제도라 하겠다. 특히 이 제도는 이른바 특허출원이 현실적으로 방어출원도 많이 존재하여 출원의 목적과 가치는 반드시 일치하지 않는다는 경험적 사실에 기초하여 마련된 제도이다.

3) 1980.12.31. 법률 제3324호에서 출원공개제도 및 심사청구제도와 함께 채택된 규정으로서 선출원범위의 확대 규정이 있다. 이는 사회일반에 공개된 출원발명에 대하여는 선출원의 지위를 출원서에 첨부된 명세서·도면에까지 확대하여 줌으로써 후출원이 먼저 심사청구되어 선출원보다 앞서서 심사하게 된다 하더라도 공개된 선출원에 저촉되는 발명은 이를 특허받을 수 없도록 하여 출원공개제도 및 심사청구제도의 채택에 따라 생길지도 모르는 불합리를 해소하고자 한 규정이다.

4) 출원공고제도란 심사관이 특허출원 내용을 심사한 결과, 거절할 만한 이유가 없을 때에는 그 내

용을 특허공보에 게재하여 일반공중에게 알려 중복연구 · 중복투자 등을 하지 않도록 함과 동시에 심사의 공정성과 안정성을 확보하기 위한 제도이다. 이 제도는 구법(1997년이전 법)에서 존재하였으나, 심사기간이 지연된다는 이유로 등록공고제도로 바뀌었다.

5) 특허권 발생을 조금이라도 앞당기고자 하는 제도로서 1997.4.10. 법률 제5329호에는 특허등록공고제도가 도입되었다. 즉 이 제도의 도입으로 특허권을 먼저 등록한 다음에 특허등록공고를 인정함에 따라 모든 특허권은 적어도 2개월 이상 그 권리설정을 앞당길 수 있게 되었다. 다만 특허등록공고제도의 채택으로 권리설정기간은 다소 앞당길 수 있게 되었으나 심사촉진까지 기대할 수는 없다 하겠다.

제2장

심사의 주 · 객체(대상)

발명자가 발명한 것을 발명자 자신 또는 그 승계인은 특허등록을 받을 수 있다. 이때 정당한 출원인이 출원한 경우, 특허청장은 심사관으로 하여금 특허출원을 심사하게 한다(제57조 제1항). 여기서 심사라 함은 특허청에서 출원을 심사하는 지위에 있는 심사관이 출원에 대하여 각각의 법령의 규정에 의하여 특허여부를 결정하기 위하여 그 내용을 심리 · 판단하는 행위를 말한다. 즉 심사관은 특허출원에 대하여 실질적인 권한을 특허청장으로부터 위임받아 독립적으로 심사의 업무를 수행한다. 우리나라는 위에서 살펴본 바와 같이 심사주의를 취하고 있기 때문에 심사라 함은 방식심사와 실체심사를 말하며, 방식심사는 출원단계에서 그 발명의 내용이 아니라 출원의 방식만 심사하고, 실체심사는 심사청구가 있는 경우에 심사관이 그 기술적인 사항인 명세서와 도면 등을 심사한다.

또한 심사에서 밟은 특허에 관한 절차는 특허거절결정, 특허존속기간의 연장등록출원의 거절결정에 대한 심판에서도 그 효력이 있다(제172조).

제 1 절 심사의 주체

1. 심 사 관

심사관의 자격에 관하여 필요한 사항은 대통령령으로 정한다(제57조 제2항). 시행령은 심사관을 특허청 또는 그 소속기관의 고위공무원단에 속하는 일반직공무원, 5급 이상의 일반직 국가공무원, 공무원임용령 별표 4의2에 따른 가급 또는 나급의 자격기준에 해당하는 전문임기제공무원, 6급 일반직 국가공무원(공무원임용령 별표 4의2에 따른 전문임기제공무원 가급 또는 나급의 자격기준에 해당하는 자격을 갖춘 사람으로 한정한다)으로서 국제지식재산연수원에서 소정의 심사관 연수과정을 수료한 자로 한정하고 있다(시행령 제8조 제1항). 다만, 국가공무원법 제28조의4 제1항에 따른 개방형 직위로 지정된 심사관으로 임용될 수 있는 사람은 같은 조 제2항에 따라 설정된 직무수행요건을 갖춘 사람으로 하고, 같은 법 제28조의5 제1항에 따른 공모 직위로 지정된 심사관으로 임용될 수 있는 사람은 같은 조 제2항에 따라 설정된 직무수행요건을 갖춘 사람으로 한다.[1]

이는 심사관의 직무의 중요성을 감안하여 자격을 법령으로 정하고 있는 것이다.

---

1) 국가공무원법 제28조의4(개방형 직위) ① 임용권자나 임용제청권자는 해당 기관의 직위 중 전문성이 특히 요구되거나 효율적인 정책 수립을 위하여 필요하다고 판단되어 공직 내부나 외부에서 적격자를 임용할 필요가 있는 직위에 대하여는 개방형 직위로 지정하여 운영할 수 있다. 이 경우 정부조직법 등 조직 관계 법령에 따라 1급부터 3급까지의 공무원 또는 이에 상당하는 공무원으로 보할 수 있는 직위(고위공무원단 직위를 포함하며, 실장·국장 밑에 두는 보조기관 또는 이에 상당하는 직위는 제외한다) 중 임기제공무원으로도 보할 수 있는 직위(대통령령으로 정하는 직위는 제외한다)는 개방형 직위로 지정된 것으로 본다.

② 임용권자나 임용제청권자는 제1항에 따른 개방형 직위에 대하여는 직위별로 직무의 내용·특성 등을 고려하여 직무수행요건을 설정하고 그 요건을 갖춘 자를 임용하거나 임용제청하여야 한다.

③ 삭제

④ 개방형 직위의 운영 등에 필요한 사항은 대통령령 등으로 정한다.

제28조의5(공모 직위) ① 임용권자나 임용제청권자는 해당 기관의 직위 중 효율적인 정책 수립 또는 관리를 위하여 해당 기관 내부 또는 외부의 공무원 중에서 적격자를 임용할 필요가 있는 직위에 대하여는 공모 직위(公募 職位)로 지정하여 운영할 수 있다.

② 임용권자나 임용제청권자는 제1항에 따른 공모 직위에 대하여는 직위별로 직무의 내용·특성 등을 고려하여 직무수행요건을 설정하고 그 요건을 갖춘 자를 임용하거나 임용제청하여야 한다.

③ 삭제

④ 중앙인사관장기관의 장은 공모 직위를 운영할 때 각 기관간 인력의 이동과 배치가 적절한 균형을 유지할 수 있도록 관계 기관의 장과 협의하여 이를 조정할 수 있다.

⑤ 공모 직위의 운영 등에 필요한 사항은 대통령령 등으로 정한다.

여기서 심사관이라 함은 특허청에서 특허·디자인·상표 등의 출원을 심사하는 지위에 있는 자가 출원인이 출원한 해당발명 및 출원방식에 대하여 각각의 법령의 규정에 의하여 특허등록여부를 결정하기 위하여 그 내용을 심리·판단하는 행위를 하는 자를 말한다. 심사에는 방식심사와 실체심사가 있는데 여기서는 실체심사를 중심으로 살펴본다.

실체심사는 새로운 기술에 대하여 특허허여여부를 판단하는 것이므로 고도(高度)의 전문지식을 바탕으로 하여야 한다. 이러한 직무의 중요성을 감안하여 특허청장은 심사관으로 하여금 독립적으로 특허출원을 심사하게 한 것이다.

2. 심사관의 보조원 및 보조기관

특허청장은 특허출원이 있는 때부터 누구든지 그 특허출원이 거절이유에 해당되어 특허를 받을 수 없다는 취지의 정보제공을 받을 수 있으며, 또 특허출원의 심사를 촉진하고 심사의 질을 향상시키기 위하여 특허출원의 심사에 있어 필요하다고 인정할 때에는 전문기관[2]에 미생물의 기탁·분양, 선행기술의 조사, 국제특허분류의 부여 등을 의뢰할 수 있으며, 업무를 효과적으로 수행하기 위하여 필요하다고 인정하는 경우에는 대통령령으로 정하는 전담기관으로 하여금 전문기관 업무에 대한 관리 및 평가에 관한 업무를 대행하게 할 수 있다(제58조 제1항, 제3항). 또한 특허청장은 특허출원의 심사에 필요하다고 인정하는 경우에는 관계 행정기관, 해당 기술분야의 전문기관 또는 특허에 관한 지식과 경험이 풍부한 사람에게 협조를 요청하거나 의견을 들을 수 있다. 이 경우 특허청장은 예산의 범위에서 수당 또는 비용을 지급할 수 있다(제58조 제4항).

3. 심사관의 결정

특허청의 심사착수 및 처리의 순서는 일반적인 기준과 특수한 출원의 경우로 나누어 보기로 한다.

(1) 심사착수 및 처리 일반기준

특허출원에 대한 심사는 특허법 제59조 제1항의 규정에 의한 심사청구가 있는 출원에 한하며, 심사순서는 특허법 시행규칙 제38조의 규정에 의한 심사청구의 순

2) 선행기술조사 등 특허심사지원 사업 관리에 관한 고시(2021.12.27. 개정 특허청 고시 제2021-26호)가 전담기관 및 전문조사기관의 등록요건 등을 규정하고 있다.

위에 의한다.

1) 심사착수란 심사관이 심사관명의 또는 특허청장명의로 출원인에 거절이유통지, 보정명령 또는 협의명령이나 특허결정서 등을 최초로 통보하는 것을 말한다.

심사착수순서는 심사관별, 기술분류별(서브클래스)로 심사청구 순서에 의하되, 심사국장은 심사관별, 기술분류별 심사착수시기가 지나치게 차이나지 않도록 출원에 대한 담당심사관을 지정하여야 한다.

2) 심사관별, 기술분류별로 심사청구일이 동일한 경우에는 특허출원이 실용신안출원보다 우선하며, 출원의 종류가 같은 때에는 출원번호순으로 한다.[3]

심사가 착수된 후의 심사는 기술내용이 난해하다고 인정하는 것을 제외하고, 조속히 처리하도록 한다.

(2) 특수한 출원의 심사착수순서 및 처리

1) 분할출원 및 변경출원은 원출원의 심사청구순서에 따라 심사착수하되,[4] 심사에 착수 후 적법하게 분할 또는 변경되고 심사청구된 분할출원 또는 변경출원에 대하여 심사관은 분할출원 또는 변경출원의 심사청구일부터 8월과 출원서류를 이송받은 날부터 2월 중 늦은 날이 속하는 달의 마지막 날(그 마지막 날이 특허법 제14조에 따른 공휴일이더라도 그 날. 이하 같다)까지 심사에 착수하여야 한다(심사사무취급규정 제21조 제1항).

2) 적법하게 분리되고 심사청구된 분리출원에 대하여 심사관은 분리출원의 심사청구일부터 3월과 출원서류를 이송받은 날부터 2월 중 늦은 날이 속하는 달의 마지막 날까지 심사에 착수하여야 한다(심사사무취급규정 제21조 제3항).

3) 우선심사신청된 출원에 대하여 원칙적으로 우선심사여부 결정은 우선심사신청서를 받은 날로부터 7일 이내(심사사무취급규정 제59조 제1항), 심사착수는 우선심사결정통지서 발송일로부터 2개월 내지 8개월 이내에 처리하여야 한다(심사사무취급규정 제66조 제1항).

4) 출원에 대한 방식심사 결과 흠결이 있는 경우 그 방식상 흠결이 치유된 후 실체심사에 착수하는 것을 원칙으로 한다. 다만 그 흠결이 경미하여 용이하게 해소될 수 있는 경우에는 보정명령과 거절이유를 동시에 통지할 수 있다.

심사관은 심사를 종료한 경우에는 특허여부결정을 하여야 한다.

---

3) 특허청, 특허 · 실용신안 심사기준(특허청 예규 제131호), 2023, 5130면.
4) 특허 · 실용신안 심사사무취급규정(2022.4.20. 개정 특허청 훈령 제1077호) 제20조.

제2절 심사의 객체

심사에는 출원인이 청구한 순서에 따라 특허·실용신안등록출원에 대하여 이루어지는 심사 외에도 특허결정의 등본을 송달받은 날부터 제79조에 따른 설정등록을 받기 전까지의 기간 또는 특허거절결정등본을 송달받은 날부터 3개월(제15조제1항에 따라 제132조의17에 따른 기간이 연장된 경우 그 연장된 기간을 말한다) 이내에 보정과 함께 재심사 청구한 출원에 대한 심사, 특허법 제176조의 규정에 의한 취소·환송심결에 따른 심사 등이 있다. 심사의 객체는 특허출원의 출원서와 명세서, 도면, 요약서 등과 보정된 출원이다.

특허출원의 심사는 심사청구된 출원을 대상으로 그 청구항을 심사하며, 심사관은 제62조 소정의 거절이유를 중심으로 심사하게 된다.

제3절 심사절차의 중지

특허출원의 심사에 필요한 경우에는 특허취소신청에 대한 결정이나 심결이 확정될 때까지 또는 소송절차가 완결될 때까지 그 심사절차를 중지할 수 있다(제78조 제1항).[5]

---

5) 특허·실용신안 심사사무취급규정(2022.4.20. 개정 특허청 훈령 제1077호) 제7조(심사보류 등) ① 심사관은 출원이 다음 각 호의 어느 하나에 해당하는 경우에는 2개월 이내의 기간을 정하여 심사를 보류하거나 처리기간을 연장(이하 "심사보류 등"이라 한다)할 수 있다. 다만, 특허청장 또는 심사관이 해당 출원에 대하여 특허에 관한 절차를 밟을 기간을 정한 때에는 그 기간에는 심사보류 등을 할 수 없다.

1. 선출원이 공개되지 않은 경우
2. 전문기관에 선행기술조사를 의뢰한 경우
3. 제71조에 따라 심사의견 문의를 한 경우
4. 해당 출원과 관련된 심판이나 소송이 계류중인 경우
5. 제14조 제5항에 따라 협의심사하기로 결정한 경우
6. 동일한 발명에 대하여 같은 날에 출원된 출원이 공개되지 않거나 심사청구되지 않은 경우
7. 특허법 제55조 제1항에 따른 선출원이 동법 제56조 제1항의 본문에 따른 기간을 경과하지 않은 경우
8. 특허법 제54조 제5항에 따른 기간이 경과하지 않은 경우
9. 공중위생을 해칠 우려가 있는 발명으로 의심되나 이에 대한 심사 처리지침이 마련되어 있지 아니하여 협의가 필요한 경우
10. 심사에 필요한 참고자료제출을 재요구하였으나 출원인이 제출하지 않은 경우
11. 처리기한 만료일 전 30일 이내에 의견서나 정보제출서가 담당심사관에게 이관되어 담당심사관

즉 심사절차 중에 있는 해당 사건과 관련있는 다른 사건이 심판 또는 소송에 계속 중인 경우에는 관련 있는 다른 사건이 완결될 때까지 해당 사건의 심사절차의 진행을 중지할 수 있다. 또한 법원은 소송에 필요한 경우에는 특허출원에 대한 특허여부결정이 확정될 때까지 그 소송절차를 중지할 수 있다(제78조 제2항). 즉 소송절차 중에 있는 해당 사건과 관련있는 다른 사건이 특허출원에 계속중인 경우에는 관련 있는 다른 사건이 완결될 때까지 해당 사건의 소송절차의 진행을 중지할 수 있으며, 이러한 중지결정에 대하여는 불복할 수 없다(제78조 제3항).

대법원 1992.1.15.자 91마612 결정

[소송절차의 중지에 관한 판례]

법원이 소송절차중지의 결정을 할 것인지의 여부는 법원이 합리적인 재량에 의하여 직권으로 정하는 것으로서 그 소송절차를 중지한다는 결정에 대하여는 당사자가 항고(재항고)에 의하여 불복할 수 없다.

대법원 1990.3.23. 선고 89후2168 판결

[심사절차의 중지에 관한 판례]

상표법(1990.1.13. 법률 제4210호로 개정되기 전) 제18조에 의하여 준용되는 특허법(1990.1.13. 법률 제4207호로 개정되기 전) 제96조 제1항에서 심사에 있어서 필요한 때에는 심결이 확정 또는 소송절차가 완결될 때까지 그 심사의 절차를 중지할 수 있다고 규정한 것은 임의규정으로서 심사절차를 꼭 중지하여야 하는 것은 아니므로 이 사건 상표와 유사하다고 한 인용상표에 대한 등록무효 심결이 대법원에 계속중인데도 이사건 심사절차를 중지하지 아니하고 심사 및 심리를 한 것이 위법하다고 할 수 없다.

제4절 심사절차의 진행

특허청장 또는 심사관은 당사자에게 특허취소신청, 심판 또는 재심에 관한 절차 외의 절차를 처리하기 위하여 필요한 서류나 그 밖의 물건의 제출을 명할 수 있다(제222조).

이 추가검토가 필요한 경우

12. 그 밖에 심사보류 등이 필요하다고 인정되는 경우

② 심사관은 제1항의 규정에 의하여 심사보류 등을 하고자 하는 경우에는 특허팀장에게 보고하여야 한다. 다만, 당월에 심사 착수하는 출원으로서 심사청구순서가 빠른 출원을 심사청구순서가 늦은 출원보다 늦게 심사하는 경우에는 그러하지 아니하다(이 규정에 따라 심사착수기간이 정해진 경우에는 제외)

이는 심사 등에 관한 절차를 신속·정확하게 처리하기 위하여 필요한 서류 등의 제출 등에 관한 규정이다. 심판 및 재심을 제외한 것은 특허법 제147조 제3항에서 "심판장은 심판에 관하여 당사자를 심문할 수 있다"라고 규정하고 있고, 이것은 다시 특허취소신청 및 재심의 경우에도 준용되고 있기 때문이다(제132조의15, 제184조).

위와 같은 서류의 제출명령 등은 심사의 과정에 있어서 설명서나 실험성적증명서 등 참고자료를 제출시킴으로써 심사의 효율성·적정성을 높이고자 하는 것이므로, 제출명령을 받고 제출하지 아니한 경우에도 이에 대한 제재조치는 없다.

심사관이 서류의 제출을 명하는 경우로는 ① 발명의 기술내용이 난해하거나 명세서의 분량이 방대하여 그 발명을 이해하기 곤란한 때에 그 발명에 대한 설명서의 제출을 요구하는 경우, ② 명세서에 기재되어 있는 작용·효과 등의 확인을 위하여 필요한 모형·견본 또는 실험성적증명서 등의 제출을 명하는 경우 등을 들 수 있다.

제3장

심사절차상의 여러 제도

제 1 절 방식심사

발명자가 발명을 완성하여 그 발명으로 특허등록을 받으려고 할 때에 발명자 또는 그 승계인이 특허청에 특허출원을 하면, 특허청은 출원의 주체, 법령이 정한 방식상의 요건 등의 절차의 흠결 유무를 점검하게 된다. 이처럼 특허법상 출원인·심사청구인 등이 특허에 관하여 제출하는 특허출원서, 심사청구서 등이 법령에서 정한 소정의 요건에 적합한지 여부를 심사하는 것을 방식심사라고 말한다. 이와 같은 방식심사는 특허요건 등을 심사하는 실체심사와는 구분되는 절차로서 특허에 관한 모든 절차에서 행해지는데, 법령에서 이와 같이 출원인·심사청구인 등에게 특허에 관한 절차를 밟음에 있어 일정한 방식에 의할 것을 요구하는 것은 특허에 관한 방식과 절차를 통일함으로써 특허행정의 원활을 기하기 위함이다.

방식심사는 절차의 보정명령을 규정한 특허법 제46조(절차의 보정)와 서류의 반려사항을 규정한 특허법 시행규칙 제11조(부적법한 출원서류등의 반려)에 근거하고 있다.

특허에 관한 절차와 관련한 제출서류에 대한 방식심사결과 흠결이 있는 경우 그 흠결의 내용에 따라 다음과 같이 취급한다. 즉 그 흠결이 ① 특허법 시행규칙 제11조 제1항 각호의 1에 해당되는 경우에는 기간을 정하여 소명기회를 부여한 후 그 서류를 반려(다만 동조 동항 제14호 위반 사항에 대하여는 소명기회를 부여하지 않고 반려)하고, ② 특허법 제46조(절차의 보정) 1호 내지 3호에 해당하는 경우에는

기간을 정하여 보정을 명한 후 기간 내 흠결을 해소하지 못한 경우 그 절차를 무효처분한다.[1)]

1. 절차의 무효

(1) 의 의

특허법상 절차의 무효란 특허청에 대한 절차에 흠결이 있는 경우에 그 절차의 효력을 처음부터 없었던 것으로 하는 처분을 말한다. 이는 당사자를 위한 것이기보다는 행정의 편의상이나 절차의 안정을 위하여 행정절차의 신속한 결말을 위해 행정청에게 절차의 무효를 결정할 수 있도록 한 것이다. 따라서 이러한 절차의 무효처분은 특허청장·특허심판원장 또는 심판장이 필요하다고 인정하는 경우에 행할 수 있는 직권사항이며, 일정한 법률요건에 해당되면 절차를 무효시킬 수 있다고 규정하고 있기 때문에 법률상 재량행위라고 할 수 있다. 물론 무효처분을 하지 아니하였다고 하여 법률 요건을 결한 특허절차가 유효한 것으로 되는 것은 아니다.

(2) 절차의 무효사유

절차의 무효와 관련하여 특허법은 제16조에 의한 경우와 제10조에 의한 경우를 두고 있다. 특허청장 또는 특허심판원장은 일정한 경우[2)] 기간을 정하여 보정을 명하여야 하는데, 그럼에도 불구하고 보정을 하지 않은 경우나 보정을 할 수 없는 때에 그 절차를 무효로 할 수 있다(제16조). 즉 특허에 관한 절차에 있어 특허법상의 행위능력이 결여된 제한능력자가 절차를 수행하기 위해서는 법정대리인에 의해서만 할 수 있는데 이 규정에 위배한 경우와 대리인이 대리권의 범위를 벗어나서 대리행위를 한 경우, 즉 특별수권을 얻지 않은 대리행위를 한 경우에는 특허청장 또는 특허심판원장은 기간을 정하여 그 절차의 보정을 명령하여야 한다. 이 경우에는 법정대리인 또는 보정된 당사자의 추인이 없거나 지정된 기간 내에 적법한 보정이 없으면 특허청장 또는 특허심판원장은 특허에 관한 절차를 무효로 할 수 있

---

1) 방식심사는 특허청장 또는 특허심판원장의 명의로 방식심사 담당부서(출원과, 국제출원과, 등록과 또는 심판정책과)가 하는 것을 원칙으로 한다. 다만, 방식심사에 따른 흠결 사항이 실체심사와 밀접한 관련이 있어 서류를 접수한 부서에서 처리하기에 부적절한 경우(공지예외주장 관련, 진정한 발명자 기재 여부 등)에는 심사관이 방식심사를 한다(특허청, 특허·실용신안 심사기준(특허청 예규 제131호), 2023, 1405면).

2) 보정명령의 대상
┌ 특허법 제3조 제1항 또는 제6조의 위배
├ 방식위반
└ 수수료 불납

다. 또한 특허를 받을 수 있는 권리를 가진 자가 특허를 받기 위해서 따라야 할 특허법 또는 특허법의 명령에 의해 규정된 방식에 위배된 절차는 보정명령을 받으며, 특허청에 납부하여야 할 수수료를 납부하지 않은 경우 역시 보정명령의 대상이 된다. 이러한 보정명령의 대상이 되는 결함이 있는 절차가 접수된 경우에는 특허청장, 특허심판원장 또는 심판장은 기간을 정하여 보정을 명할 수 있다. 이 경우 지정되는 기간은 1개월 이내로 하며, 이 지정기간은 연장할 수 있다(시행규칙 제16조 제1항).

특허청장 또는 심판장의 대리인 선임 또는 교체명령이 있는 후 그 선임 또는 교체 전 특허에 관한 절차를 밟은 자가 특허청 또는 특허심판원에 대하여 한 행위 역시 이를 무효로 할 수 있다(제10조 제4항). 특히 보정명령 없이 특허청장 · 심판장의 판단에 의하여 무효처분이 이루어진다.

(3) 절차무효에 대한 구제

특허청장의 절차무효처분에 대하여 불복이 있는 자는 행정심판을 청구할 수 있으며, 이에 불복하거나 일정한 경우에는 재결을 기다리지 않고 행정소송을 제기할 수 있다. 절차가 무효로 된 경우에는 지정된 기간을 지키지 못한 것이 보정명령을 받은 자가 정당한 사유에 의한 것으로 인정될 때에는 그 사유가 소멸한 날부터 2개월 이내에 보정명령을 받은 자의 청구에 따라 그 무효처분을 취소할 수 있다. 다만, 지정된 기간의 만료일부터 1년이 지났을 때에는 그러하지 아니하다(제16조 제2항). 한편 민사소송에 있어 판례[3]가 해외거주자의 경우에 국제우편 도달기간을 2주일의 추후보완기간에서 제외시키고 있다는 점에서, 특허법의 운용에도 참고할 만하다.

특허청장의 보정명령에 따라 보정을 하면 절차무효가 되지 않고, 행위능력 또는 법정대리권이 없거나 특허에 관한 절차를 밟는 데 필요한 권한의 위임에 흠이 있는 자가 밟은 절차는 보정(補正)된 당사자나 법정대리인이 추인하면 행위를 한 때로 소급하여 그 효력이 발생한다(제7조 의2).

(4) 절차무효의 효과

절차무효가 확정되면 출원절차 또는 해당 개별적 행위는 처음부터 없었던 것으로 본다. 따라서 출원절차무효가 확정되면 선출원의 지위도 상실되어, 신규성 등 다른 요건을 충족하는 한 누구든지 출원할 수 있으며, 원출원인도 물론 재출원할 수 있다. 또한 보상금청구권은 처음부터 발생하지 아니한 것으로 본다(제65조 제6항).

---

3) 대법원 1974.9.24. 선고 74다865 판결.

2. 절차의 불수리(반려)

(1) 의 의

"반려"란 어떠한 행위를 할 권한이 있는 사인(私人)이 행정청에 대하여 행한 청구 또는 신청 등의 행위가 절차 또는 형식상으로 이를 보정하기 어려운 중대한 하자가 있을 경우 그 청구서·신청서 등을 수리하지 않기로 하는 행정청의 거부처분을 말한다. 과거 반려는 특허법상의 근거 규정없이 관행상 이루어졌다. 그러나 반려는 서류·견본 등의 수리 자체를 거부하는 것으로서 보정으로 그 하자를 치유할 수 없는 사항인 경우를 그 대상으로 하고 있는데 출원인 등에게 보정의 기회를 준 후에 그 절차를 무효로 하는 절차의 무효와는 그 대상이나 절차에서 구별된다. 특히 반려는 출원인 등에게 변명의 기회조차 주지 아니하고 절차를 밟을 기회를 박탈하는 것이므로 극히 제한적인 사항에 한하여야 할 것이다. 이에 현행 특허법 시행규칙(시행규칙 제11조)은 특허출원 및 심판에 관한 서류·견본 등을 반려할 수 있는 경우를 명시하였으며, 특허청장 또는 특허심판원장이 특허관련서류를 반려를 하고자 하는 경우 당사자에게 소명의 기회를 주도록 하였다.

(2) 불수리(반려)사유

특허법은 특허출원 및 심판 등의 서류·견본에 대한 반려에 관한 사항을 직접 규정하지 않고, 특허법 시행규칙 제11조와 등록령 제29조에서 규정하고 있다. 이때 불수리 사유는 출원인에게 보정 기회조차 주지 않는 것이라는 것을 고려하였을 때 제한열거적으로 운영하는 것이 바람직하다고 보인다.

1) 출원에 관한 서류의 불수리(반려) 사유(시행규칙 제11조)

특허청장 또는 특허심판원장은 특허법 제42조·제90조·제92조의3·제132조의4·제140조 또는 제140조의2에 따른 특허출원, 특허권의 존속기간의 연장등록출원, 특허취소신청 또는 심판에 관한 서류·견본이나 그 밖의 물건이 다음 각 호의 어느 하나에 해당하는 경우에는 법령에 특별한 규정이 있는 경우를 제외하고는 적법한 출원서류등으로 보지 아니한다.

① 시행규칙 제2조의 규정에 위반하여 1건마다 서면을 작성하지 아니한 경우

② 출원 또는 서류의 종류가 불명확한 것인 경우

③ 특허에 관한 절차를 밟는 자의 성명(법인의 경우에는 명칭) 또는 특허고객번

호[특허고객번호가 없는 경우에는 성명 · 주소(법인의 경우에는 그 명칭 및 영업소의 소재지)]가 기재되지 아니한 경우

④ 국어로 적지 아니한 경우(시행규칙 제4조제1항 각 호에 해당하는 서류의 경우는 제외한다)

⑤ 출원서에 명세서(명세서에 발명의 설명이 기재되어 있지 아니한 경우를 포함한다)를 첨부하지 아니한 경우

⑥ 청구범위를 기재하지 아니한 명세서를 특허출원서에 첨부하여 특허출원한 정당한 권리자의 출원으로서 그 특허출원 당시에 이미 법 제42조의2제2항에 따른 명세서의 보정기간이 경과된 경우

⑦ 특허출원서에 시행규칙 제21조제5항 전단에 따른 임시 명세서를 첨부한 출원의 보정 전에 명세서, 요약서 또는 도면을 보정한 경우

⑧ 법 제52조의2제1항에 따라 분리출원을 하려는 경우로서 특허출원서에 최초로 첨부한 명세서에 청구범위를 적지 않거나 명세서 및 도면(설명 부분만 해당한다)을 국어가 아닌 언어로 적은 경우

⑨ 법 제52조의2제2항에 따른 분리출원을 기초로 새로운 분할출원, 분리출원 또는 변경출원을 하는 경우

⑩ 국내에 주소 또는 영업소를 가지지 아니하는 자가 법 제5조제1항에 따른 특허관리인에 의하지 아니하고 제출한 출원서류등인 경우

⑪ 이 법 또는 이 법에 의한 명령이 정하는 기간 이내에 제출되지 아니한 서류인 경우

⑫ 이 법 또는 이 법에 의한 명령이 정하는 기간중 연장이 허용되지 아니하는 기간에 대한 기간연장신청서인 경우

⑬ 법 제132조의17에 따른 심판의 청구기간 또는 특허청장 · 특허심판원장 · 심판장 또는 심사관이 지정한 기간을 경과하여 제출된 기간연장신청서인 경우

⑭ 특허에 관한 절차가 종료된 후 그 특허에 관한 절차와 관련하여 제출된 서류인 경우

⑮ 당해 특허에 관한 절차를 밟을 권리가 없는 자가 그 절차와 관련하여 제출한 서류인 경우

⑯ 시행규칙 별지 제2호서식의 신고서(포괄위임 원용제한에 한한다), 별지 제3호서식의 포괄위임등록 신청서, 포괄위임등록 변경신청서 또는 포괄위임등록 철회서, 별지 제4호서식의 특허고객번호 부여신청서 또는 직권으로 특허고객번호를 부여하

여야 하는 경우로서 당해서류가 불명확하여 수리할 수 없는 경우

⑰ 정보통신망이나 전자적기록매체로 제출된 특허출원서 또는 기타의 서류가 특허청에서 제공하는 소프트웨어 또는 특허청 홈페이지를 이용하여 작성되지 아니하였거나 전자문서로 제출된 서류가 전산정보처리조직에서 처리가 불가능한 상태로 접수된 경우

⑱ 시행규칙 제3조의2제2항의 규정에 의하여 제출명령을 받은 서류를 기간내에 제출하지 아니한 경우

⑲ 시행규칙 제8조의 규정에 의하여 제출명령을 받은 서류를 정당한 소명 없이 소명기간내에 제출하지 아니한 경우

⑳ 특허출원인이 청구범위가 기재되지 아니한 명세서가 첨부된 특허출원에 대하여 출원심사청구서를 제출한 경우

㉑ 청구범위가 기재되지 아니한 명세서를 첨부한 특허출원 또는 법 제87조제3항에 따라 등록공고를 한 특허에 대하여 조기공개신청서를 제출한 경우

㉒ 시행규칙 제40조의2제1항 각 호의 어느 하나에 해당하여 특허여부결정을 보류할 수 없는 경우

㉓ 시행규칙 제40조의3제3항 각 호의 어느 하나에 해당하여 특허출원에 대한 심사를 유예할 수 없는 경우(심사유예신청서에 한정한다)

㉔ 특허출원서에 첨부된 명세서 또는 도면의 보정 없이 재심사를 청구하거나 법 제67조의2제1항 각 호의 어느 하나에 해당하여 재심사를 청구할 수 없는 경우

㉕ 법 제47조제5항 또는 법 제52조제1항 단서에 따라 국어번역문이 제출되지 아니하거나 법 제53조제1항제2호, 법 제59조제2항제2호 또는 법 제64조제2항제2호에 해당하는 경우

㉖ 동일한 출원인등이 이미 제출한 서류와 중복되는 서류를 제출한 경우

2) 등록신청서류의 불수리(반려)사유(특허등록령 제29조)

특허청장은 다음 각호의 어느 하나에 해당하는 경우에는 등록 신청이나 촉탁을 반려하여야 한다. 다만, 그 신청의 흠이 보정될 수 있는 것으로서 보정안내서를 발송한 날부터 1개월 이내(신청인이 외국인인 경우에는 2개월 이내)에 그 흠결의 전부를 보정하였을 때에는 그러하지 아니하다.

① 등록을 신청한 사항이 등록할 수 있는 것이 아닌 경우

② 신청할 권한이 없는 자가 신청한 경우

③ 신청서가 방식에 적합하지 아니한 경우

④ 신청서에 적힌 권리의 표시가 등록원부와 맞지 아니한 경우

⑤ 신청서에 적힌 등록의무자의 표시가 등록원부와 맞지 아니한 경우. 다만, 신청인이 등록권리자 또는 등록의무자의 상속인이나 그 밖의 일반승계인인 경우는 제외한다.

⑥ 신청서에 적힌 사항이 등록의 원인을 증명하는 서류와 맞지 아니한 경우

⑦ 신청서에 필요한 서류를 첨부하지 아니한 경우

⑧ 등록에 대한 등록면허세, 인지세, 등록료 또는 등록수수료를 납부하지 아니한 경우

3) 심판에 관한 서류 · 견본의 불수리사유

심판에 관한 서류 · 기타의 물건이 특허법 시행규칙 제11조에서 규정한 사유에 해당되는 경우에는 반려의 대상이 된다. 다만 심판청구서는 반려의 대상이 아닌 것으로 운용하고 있다. 심판청구서 이외의 중간서류가 절차를 밟기 위한 시 또는 기간이 정해져 있기 때문에 해당 서류를 불수리하는 것이 현저하게 불합리한 결과로 되는 경우를 제외하고는 해당 서류를 불수리할 수 있다.[4)]

(3) 반려에 대한 구제(불복)

반려는 특허청장 · 특허심판원장이 한 행정처분이므로 특허법상 특허심판의 대상이 되지 않고 행정심판 또는 행정소송의 대상이 된다. 따라서 반려에 대하여 불복하고자 하는 자는 행정심판 또는 행정소송으로 그 당부를 다투어야 한다. 행정심판 또는 행정소송에서 불복이유가 인정되면 반려는 취소되며 그 제출서류의 효력은 처음 제출한 날에 제출된 것으로 하여 발생한다.

(4) 반려 및 효과

특허청장 · 특허심판원장은 출원서 · 신청서 · 청구서 등을 방식심사한 결과 불수리(반려) 사유에 해당되는 때는 그 서류 · 견본 기타의 물건은 그 사유를 명시하여 출원인 또는 신청인 등에게 반려하여야 한다. 즉 특허청장 또는 특허심판원장은 특허관련서류가 부적법한 것으로서 반려를 하고자 하는 경우에는 출원인등에게 출원서류등을 반려하겠다는 취지, 반려이유 및 소명기간을 기재한 서면을 송부하여야 한다. 다만 증명서류제출의 경우에는 반려이유를 고지하고 즉시 해당서류를 반

4) 특허심판원, 심판편람(제12판), 2017, 45면.

려한다. 이러한 반려이유통지를 받은 출원인 등은 소명기간 내에 소명서를 제출할 수 있다. 한편 출원인 등은 제출서류를 조기에 반환받고자 하는 경우에는 소명서 제출기간 내에 서류 등에 대한 반환요청을 하여 관련서류를 조기에 반환받을 수 있다(시행규칙 제11조 제3항). 또한 출원 또는 신청절차에서 반려해야 할 것을 간과하여 실체심사에서 발견한 경우에도 특허청장·특허심판원장 명의로 반려를 해야 한다.

특허출원에 관한 서류·견본 기타의 물건이 특허법 시행규칙 제11조에서 규정한 불합리사유에 해당하여 반려한 경우에는 출원에 관한 서류·견본 기타의 물건으로 보지 아니한다. 만일 특허출원이 불수리(반려)된 경우에는 해당 출원 자체가 처음부터 존재하지 않는 것이 되어 국내출원이 존재하지 않으므로 불수리(반려)된 출원은 조약에 의한 우선권의 기초가 될 수 없다(파리협약 제4조A(3)). 따라서 출원한 사실등이 존재하지 아니하므로 선출원의 지위가 없으며, 등록신청서가 불수리(반려)된 때에는 다시 등록신청절차를 밟아야 한다.

제 2 절 출원공개제도 및 조기공개제도

1. 의의 및 취지

최근 산업발전과 더불어 특허출원건수도 증가하며, 출원내용도 복잡화·고도화 등으로 인하여 심사처리가 날로 늦어지게 되어 이로 인한 권리화의 지연으로 출원인의 창작의욕의 감퇴를 초래하고, 발명의 공개 지연으로 중복연구·중복투자 등이 야기되게 되었다. 이로 인해 특허법은 특허출원에 대한 심사청구제도를 도입하면서 출원공개제도 또한 도입하여,[5] 특허청장으로 하여금 특허청에 계속중인 출원은 원칙적으로 출원으로부터 1년 6개월을 경과한 때에는 공개를 하고 있다. 이는 특허심사의 지연에 따른 문제를 극복하며, 조기에 발명을 공개함으로써 사회 기술수준의 향상에 이바지하고 타인의 기술상황을 조기에 파악함으로써 동일 기술에 대한 중복연구와 중복투자를 방지하고자 하는 노력이라 하겠다. 함께 도입된 심사청구제도와 관련하여서도 출원인에 의한 기술공개의 자의적 지연을 막고 모든 출원을 1년 6개월 안에 공개하도록 하여 공평을 유지하려는 판단도 있다 하겠다. 또

5) 1980년 개정시 도입한 제도이다. 국제출원공개의 특례로서 공개시기(제207조 제1항 2호), 공개효과(제207조 제2항)와 효과발생시기(PCT 제29조)를 국내법에 위임하고 있다.

한 발명이 조기에 공개되어짐에 따라 선후출원의 심사가 용이하게 되며,[6] 정보의 수집도 용이하게 되어 심사에 있어서 한층 적정화가 도모된다 하겠다. 한편 이러한 입법은 유럽특허조약이나 특허협력조약(PCT) 등의 입법과 비교한 국제적 조화규정이라 하겠다.

출원공개제도는 심사의 진행여부와 관계없이 행하여지는 강제공개로, 특허청장은 특허출원이 있으면 그 출원일로부터 1년 6개월이 경과한 때 출원을 공개한다. 우선권 주장을 수반하는 출원의 공개에 대해서는 다른 출원과 평등하게 취급할 필요가 있기 때문에 제1국 출원일(제64조 제1항 1호)이나 선출원일의 출원일로부터 기산한다(제64조 제1항 2호). 복수개의 우선권주장을 수반하는 출원인 경우에는 그 기초 또는 선출원일 중 최우선일부터 기산한다(제64조 제1항 3호). 또한 출원인은 출원공개기간(1년 6개월) 이전이라 할지라도 신청에 의하여 일반공중에게 그 특허출원을 공개할 수 있다(제64조 제1항).[7] 이를 조기공개제도라고 한다.

원래 특허제도는 발명의 공개에 대한 대가로서 독점권을 부여하는 것이나, 출원공개제도에 의하여 그 원칙에 약간의 변화가 생겼다. 즉 종래 심사주의하에서는 출원된 발명에 대한 사회일반에의 공개는 실체심사 후 출원공고에 의하여서만 가능하였다. 그러나 오늘날 기술이 급속도로 발달하고 기술경쟁이 치열해짐에 따라 특허출원건수가 급격히 증가하고 이로 인한 특허청의 심사업무가 지연되어 새로운 기술의 사회일반에의 공표가 늦어지게 되자 신기술의 조기공개가 강력히 요구되기에 이르렀다. 또한 타인이 이미 개발한 기술인지 모르고 그와 관련한 사업을 시작하거나 동기술에 대한 중복된 연구투자가 행하여지는 것은 제3자의 산업활동을 제약함은 물론 국민경제에도 마이너스 요인이 되는 것이다. 따라서 출원된 발명을 신속히 공개시킴으로써 자본의 중복투자를 막고 이를 토대로 새로운 연구개발을 유도하여 산업의 발전을 촉진할 수 있게 하는 제도적 장치로서 출원공개제도가 도입되었으며, 이로서 독점권의 부여와 공개는 직접 관련성이 적어지고 공개에 의한 산업진흥적 순기능을 보다 중시하는 제도가 되었다. 그리고 출원공개와 관련하여 보상금청구제도를 두어 공개에 의한 출원인의 불이익 회복에 노력하였다.

6) 출원이 공개된 후에는 제3자의 협력을 얻기 쉽게 되며, 또한 비밀상태가 해제되는 것에 의하여 관계 행정기관 등에 대하여 조사의뢰를 행하기 쉽게 된다.

7) 1995년 개정시 새로 도입한 제도이다.

2. 출원공개의 절차

(1) 출원공개의 시기

출원공개는 원칙적으로 특허출원일로부터 1년 6개월이 경과한 때 행해진다. 분할출원 · 변경출원은 원출원일로부터 1년 6개월을 계산하며, 원출원일로부터 1년 6개월 후에 분할출원 · 분리출원 · 변경출원이 행해진 경우에는 분할 · 분리 · 변경출원 후 지체없이 행해진다.[8)]

우선권주장을 수반한 특허출원에 있어서는 우선일(조약에 의한 우선권주장을 수반하는 경우에는 그 기초출원일, 국내우선권주장의 경우는 선출원일, 조약에 의한 우선권주장 또는 국내우선권주장의 경우에는 기초출원일 또는 선출원일 중 최우선일)에 해당하는 날로부터 1년 6개월이 경과한 때이다. 이와 같이 출원공개시기를 1년 6개월로 규정한 것은 우선권주장기간 · 증명서류 제출기간 및 출원공개를 위한 서류정리기간을 감안한 것이다.[9)]

특허출원일 또는 우선일로부터 1년 6개월이 경과하기 전에 특허출원의 공개를 신청하려는 자는 조기공개신청서를 특허청장에게 제출하여야 한다. 다만, 특허출원과 동시에 공개를 신청하려는 경우(청구범위가 기재된 명세서가 첨부된 경우만 해당한다)에는 출원서에 그 취지를 기재함으로써 신청서의 제출에 갈음할 수 있다. 그러나 외국어특허출원 또는 국제특허출원의 경우에는 특허법 제42조의3 제2항 또는 제201조 제1항에 따라 국어번역문을 제출한 후가 아니면 조기공개의 신청을 할 수 없다(시행규칙 제44조 제2항). 특허출원에 대한 조기공개는 출원인의 신청이 있는 경우에만 행해지는데, 이러한 조기공개신청은 출원과 동시에 할 수 있는 등 법률에 의한 공개 이전까지는 언제든지 할 수 있다. 한편 특허출원에 대한 조기 공개신청은 이를 취하할 수 있다. 다만 특허에 관한 절차를 밟는 자가 조기공개의 신청을 취하하고자 하는 경우에는 조기공개 신청서를 제출한 날로부터 10일 이내에 취하서를 제출하여야 한다(시행규칙 제44조 제3항).

---

8) 吉藤辛朔 著, YOU ME 특허법률사무소 譯, 「특허법개설(제13판)」, 대광서림, 2000, 458면; 이인종, 「특허법개론」, 법연출판사, 2001, 412면.

9) 吉藤辛朔 著, YOU ME 특허법률사무소 譯, 「특허법개설(제13판)」, 대광서림, 2000, 459면; 이인종, 「특허법개론」, 법연출판사, 2001, 412면.

(2) 공개의 대상

출원공개의 대상이 되는 출원은 특허출원일로부터 1년 6개월이 경과한 출원으로서 특허청에 계속중인 모든 출원이다. 다만, 명세서에 청구범위를 적지 아니한 경우, 특허법 제42조의3 제2항에 따른 국어번역문을 제출하지 아니한 경우(외국어특허출원의 경우로 한정한다), 제87조 제3항에 따라 등록공고를 한 특허의 경우에는 출원공개의 대상이 되지 않는다(제64조 제2항). 또한, 출원공개 이전에 이미 출원이 취하·포기 또는 무효로 된 것이거나, 거절결정이 확정된 출원은 특허청에 계속중인 출원이 아니므로 공개의 대상에서 제외된다.

또한 국방상 필요한 발명으로서 비밀취급을 요하는 특허출원은 비밀취급 해제시까지 출원공개가 유보되며 비밀취급이 해제된 때 출원공개된다(제64조 제3항, 제41조 제1항).

(3) 공개의 방법

출원공개의 방법에는 명세서의 전문을 인쇄하여 특허공보에 게재하는 전문공개방식과 청구범위 및 도면 등 주요사항만을 공개하는 요부공개방식이 있다. 우리나라는 과거에는 요부공개방식을 취하였으나, 현재는 전문공개방식을 채택하여 공개공보에는 출원인의 성명, 주소, 출원번호, 분류기호 및 출원연월일, 발명자의 성명 및 주소, 출원공개번호 및 공개연월일, 명세서·도면 및 요약서, 출원심사의 청구사실, 우선권주장에 관한 사항, 변경출원 또는 분할출원에 관한 사항 등을 게재하여야 한다. 다만, 공공의 질서 또는 선량한 풍속에 어긋나거나 공중의 위생을 해할 우려가 있다고 인정되는 사항은 게재하지 아니한다(제64조 제1항·제4항, 시행령 제19조 제3항). 특히 특허공보(공개공보)는 인터넷공보로만 하고 있다.

3. 출원공개의 효과

출원이 공개되면 출원인은 권원없이 자신의 특허출원인 발명을 업으로서의 실시하는 자에게 경고할 수 있으며, 손실이 발생한 경우에는 손실을 보상받을 수 있는 보상금청구권을 가지며 출원에 대하여 선출원의 범위가 확대되는 효과를 갖는다. 이에 대응하여 일반공중은 기술문헌을 제공받으며, 특허청은 출원공개된 출원에 대하여 심사에 참고할 만한 자료를 제공받을 수 있는 기회를 부여받음으로써 일반공중의 해당 출원에 대한 심사의 간접참여를 유도한다는 효과가 나타난다.

(1) 보상금청구권

1) 의의 및 취지

출원공개에 의해 발명이 공표되면 사실상 제3자에 의한 모방이 가능하게 되어 출원인은 특허출원공개일로부터 특허설정등록일까지 막대한 손해가 생길 염려가 있다. 그러나 심사를 거치지 않은 출원만을 가지고 특허침해금지청구를 인정하는 것은 아직 완벽한 권리가 아님에도 불구하고 권리를 부여하는 것이어서 법적 안정성이라는 관점에서 타당하지 않다.[10] 이에 특허법은 출원공개 후 타인이 무단으로 자신의 발명이 실시되는 상태를 구제하고, 타인의 실시가 없었다면 출원인이 얻을 수 있었을 더 많은 이익의 상실을 보상하기 위해 특허출원인에게 보상금청구권이라는 권리를 인정하고, 출원인에게 그 발명이 특허발명인 경우에 합리적으로 받을 수 있는 액수의 보상금청구권을 인정하였다(제65조 제2항).[11] 이에 '보상금청구권'이란 특허출원인이 출원공개 후에 침해자에게 경고를 한 경우에 경고 후 특허권 설정등록시까지 그 발명을 업으로서 실시한 자 또는 경고를 하지 않은 경우에도 출원공개가 된 특허출원 중에 있는 것을 알고 특허권 설정등록 전에 업으로서 그 발명을 실시한 자에 대하여 합리적으로 받을 수 있는 보상금의 지급을 청구하는 권리라 하겠다.[12]

2) 법적 성격

이러한 보상금청구권의 법적 성질과 관련하여 일본에서는 의견이 나누어진다. 즉 심사를 거치지 않은 출원은 권리라고는 말할 수 없기 때문에 제3자의 행위는 불법행위가 되지 않으며 보상금청구권은 특허법이 특별히 인정한 특별 청구권이라는 설과, 특허출원인은 설령 심사를 거치지 않고서도 어떤 종류의 권리를 가지고 있으므로 제3자의 행위는 그 권리침해로서 불법행위로 되며 따라서 보상금청구권

---

10) 출원공고제도가 존재하던 때에는 출원 공고시부터 금지청구권이 인정되었으나, 현재에는 특허의 설정등록에 의하여 발생한다 하겠다.

11) 2019.1.8. 법률 제16208호로 개정되기 전의 특허법 제65조 제2항, 제207조 제4항은 특허출원된 발명이나 특허권 등의 침해자에게 청구할 수 있는 실시료 배상금액을 "통상적으로" 받을 수 있는 금액으로 규정하였는데, 위 개정으로 "합리적으로" 받을 수 있는 금액으로 변경되었다.

이러한 개정은 종래 규정의 통상적으로 받을 수 있는 금액을 통상실시권에 준하여 판단할 경우 해당 특허발명에 대한 통상실시권 계약을 체결하지 않은 때에는 적용이 곤란할 뿐만 아니라 기술거래시장의 가격변동을 충실히 반영하기 어려운 점이 있어, 통상적으로 받을 수 있는 금액보다 해석의 범위를 확대함으로써 특허권의 경제적 가치를 높이려는 취지라고 한다(위 개정에 관한 특허법일부개정법률안 심사보고서(2018.12. 국회 산업통상자원중소벤처기업위원회) 참조).

12) 단, 선사용권과 직무발명에 대한 사용자 등 법정실시권자에 대해서는 보상금청구권의 행사는 할 수 없는 것으로 본다.

을 손해배상청구권이라고 하는 설이다. 이러한 일본의 논의는 권리의 침해를 요건으로 하는 일본 불법행위 일반론이 전제된 논의이다. 그러나 우리의 불법행위는 굳이 권리의 침해를 요건으로 하지 않으며, 그 위법성에 착안하고 있다. 따라서 보상금청구권의 법적 성질에 대한 우리의 논의는 그 권리 침해성 여부에 구속되지 않고 그 법적 근거 내지 법적 성질을 파악할 것이다.

이러한 논의는 특허를 받을 수 있는 권리의 대상이 되고 있는 기술을 제3자가 실시한다고 해서 그것만으로 손해배상청구권을 인정할 것인가에 대한 판단에서 시작하여야 할 것이다. 일반적으로 정보는 누구나 자유롭게 사용할 수 있다. 따라서 어떤 정보에 대해서 일정한 보호를 주장하는 경우에는 법적 근거가 필요하다. 예컨대 새로운 기술정보에 관한 금지 및 손해배상청구권의 행사는 특허법이나 실용신안법에 기초한다. 한편 출원공개 제도가 도입되면서 원칙적으로 모든 출원은 출원 후 1년 6개월이 지나면 공개되게 되었다. 그러나 특허법에서의 특허권이란 설정등록을 한 후에 행사할 수 있는 권리이다. 따라서 출원인으로서는 강제적으로 자신의 발명이 공개되어 자유로이 제3자가 실시할 수 있는 상태에 놓여지게 되는 결과가 된다. 이에 특허법은 출원공개 후의 제3자의 실시에 대해서 특별한 규정을 두어 출원인의 이익을 보호하게 된 것이다. 그리고 이러한 점에서 보상금청구권은 조기에 발명을 공개한다고 하는 사회적 이익을 목적으로 하는 제도에 의해 사실상 피해를 입는 출원인을 구제하기 위해서 특별히 특허법에서 마련한 것이라고 해석해야 할 것이다.[13] 이는 경고 또는 악의를 요건으로 하는 특허법의 태도에서도 파악된다. 즉 특허권이 부여되지 않은 상태의 기술정보에 대한 사용은 원칙적으로 자유로운 것이며, 출원공개된 발명일지라도 제3자는 출원공개공보의 조사와 같은 의무를 지지 않는다 하겠다.

3) 보상금청구권의 발생

특허출원된 발명임을 경고받거나 출원공개된 발명임을 알고 그 특허출원된 발명을 업으로 실시한 자에게 특허출원인은 그 경고를 받거나 출원공개된 발명임을 알았을 때부터 특허권의 설정등록을 할 때까지의 기간 동안 그 특허발명의 실시에 대하여 합리적으로 받을 수 있는 금액에 상당하는 보상금의 지급을 청구할 수 있다. 보상금을 청구하기 위해서는 해당 출원에 관한 발명을 업으로서 실시하고 있

13) 만약 보상금청구권을 손해배상청구권으로 파악하게 되면, 출원인에게 발생하게 될 손해와 출원공개와 관계없이 독자적으로 개발된 기술과의 인과관계를 인정할 수 없어 독자적으로 해당 기술을 개발한 자에 대해서는 이를 행사할 수 없게 된다고 논거를 제시하는 견해도 있다.

는 제3자에 대해서 서면으로서 경고를 하여야 하며, 또한 실제적으로 권리를 행사하기 위해서는 설정등록 후이어야 한다.

4) 보상금청구권의 대상(성립요건 및 범위)

보상금을 청구할 수 있는 경우는 자신발명이 공개된 후 타인이 그 발명을 업으로 실시함에 있어 그 발명이 출원공개된 발명임을 알고 실시하거나 출원인으로부터 서면경고를 받은 경우이다. 출원인으로부터 서면경고가 아닌 구두로 경고를 받았거나 출원된 발명임을 모르고 실시하는 경우에는 보상금청구권의 대상이 되지 아니한다. 한편 자신이 스스로 발명하여 출원공개 전부터 실시하는 경우라도 출원인으로부터 경고를 받고서도 계속 실시하거나 출원공개된 발명임을 알고도 실시하는 경우에는 보상금청구권의 대상이 된다(제3자의 인지). 또한 보상금청구권이 인정되는 발명은 청구범위에 기재된 발명이다. 따라서 특허출원시에 최초로 첨부된 명세서의 청구범위에 기재된 발명이라도 특허권 설정등록시 청구범위에 포함되지 않는 발명은 보상금청구권의 대상이 아니라 할 것이며, 반면에 출원시에 청구범위에 기재되지 아니하였던 발명이라도 보정에 의하여 청구범위에 기재된 발명인 경우에는 보상금청구권의 대상이 된다. 이 경우 보정으로 청구범위에 추가한 사항에 대하여 보상금청구권을 인정받기 위해서는 그 추가한 사항에 대한 추후경고가 뒤따라야 할 것이다.

5) 보상금청구권의 행사

보상금청구권은 특허권설정등록 전까지의 실시에 대하여 임시적으로 보호하는 권리이므로 특허권의 설정등록 후가 아니면 이를 행사할 수 없으며, 특허권설정등록일로부터 3년 내 그리고 타인이 실시한 날로부터 10년 내에 행사하여야 한다(제65조 제5항, 민법 제766조). 이는 특허출원의 심사가 미확정된 상태에서 행사하도록 하면 제3자의 이익을 부당하게 해칠 수 있으며, 특허출원이 거절결정이 되면 다시 반환하여야 하는 문제도 발생할 수 있으므로 특허권 설정등록 후로 한 것이다.

보상금청구권을 행사하는 경우에 침해로 보는 행위(제127조)와 생산방법의 추정(제129조) 및 자료의 제출(제132조) 등에 관한 규정이 준용되지만, 과실의 추정(제130조), 신용회복청구권(제131조) 등에 관한 규정은 준용되지 않는다(제65조 제5항).

특허등록 후의 침해금지와 손해배상청구권은 이러한 보상금청구권을 행사한 것에 의하여 어떠한 영향도 받지 않는다(제65조 제4항). 즉 출원공개 중에 제조된 물건은 침해물건으로 되어 설령 보상금이 지불되었다고 해도 등록 후 해당 물건의 사용 등은 침해로 된다.

해당 출원이 특허등록된 경우 그것에 대항할 수 있는 지위를 취득하고 있는 자(선사용자 · 직무발명의 경우 사용자 등)에 대해서는 보상금 청구를 할 수 없다. 반면 그 발명의 실시가 정당한 권한이 없는 한 보상금을 지급하여야 한다. 따라서 제3자가 독자적으로 행한 발명으로서 선사용권을 취득하는 것이 불가능한 경우의 실시자에 대하여는 보상금청구권을 행사할 수 있다.

6) 보상금청구권의 소멸

보상금청구권은 ① 출원공개 후 출원의 포기 · 무효 · 취하가 있을 때, ② 특허거절결정이 확정된 때, ③ 특허취소결정 또는 특허를 무효로 한다는 심결이 확정(특허된 후 그 특허권자가 권리능력을 상실하거나 그 특허가 조약을 위반하여 무효심결이 확정된 경우는 제외)된 때 등에는 소멸하게 된다(제65조 제6항). 명세서 · 도면의 보정 또는 정정으로 청구범위를 감축하거나 청구항을 삭제한 경우도 마찬가지로 해석된다. 그러나 특허권설정등록 후에 특허권을 포기하거나 일부 청구항을 포기한 경우에는 보상금청구권은 소멸하지 않는다. 한편 보상금청구권의 소멸시효는 위에서 본 바와 같이 특허권을 설정등록한 때부터 3년 및 그 실시한 날로부터 10년이다(제65조 제5항, 민법 제766조).

(2) 우선심사의 대상

출원공개에 의해 보상금청구권이 발생하지만, 출원인에 있어서 그 구체적인 행사는 설정등록을 기다려야 하며, 또한 빨리 금지청구를 하지 않는다면 실효성이 없는 경우도 있을 수 있다. 경고를 받은 제3자로서도 불안정한 상태로부터 빨리 벗어나고 싶은 경우도 있을 수 있다. 이에 특허법은 출원공개 후 특허출원인이 아닌 자가 업으로서 특허출원된 발명을 실시하고 있다고 인정되는 경우에는 특허청장은 다른 출원에 우선하여 심사관으로 하여금 심사를 명할 수 있도록 하고 있다(제61조 1호). 이것은 출원인에게 우선심사청구권을 인정한 것이 아니고, 특허청장의 재량에 의한다. 출원인은 우선심사신청서를 제출하여(시행규칙 제39조) 특허청장의 권한발동을 촉구할 수 있지만, 이에 대한 불복신청은 인정되지 않는다.

(3) 제3자에게 정보제공 및 심사에 정보제공

출원공개가 있으면 특허청장은 출원서류 및 부속물건을 공중의 열람에 제공하여야 한다. 따라서 누구든지 특허출원에 관한 서류의 열람 · 복사가 가능하다. 다만 법령에서 금지하는 경우에는 그러하지 아니하다(제216조).

출원공개는 출원내용을 일반국민에게 공표하여 널리 알리는 것이고 출원공개에 의하여 그 출원은 사회일반에 비로소 공개되는 것이므로 특허출원이 공개되면 그 출원내용은 비밀이 완전히 해제되어 공지발명이 된다. 따라서 누구나 그 내용을 열람하거나 복사할 수 있으며 심사관은 후출원에 대한 거절이유로서 인용할 수 있다. 또한 제3자에게는 공개공보가 기술정보로서의 가치를 가지고 있는 것이기 때문에 출원공개된 발명의 기술내용을 알게 되면 같은 기술을 중복 연구할 필요가 없으며, 공개된 발명을 기초로 하여 연구하여 그 기술(발명)을 개량할 수도 있고, 별도의 방법이나 수단에 의해 새로운 발명을 할 수도 있다.

정보제공이란 특허출원에 관하여 누구든지 해당 발명이 제62조 각호의 1에 해당되어 특허될 수 없다는 취지의 정보를 증거와 함께 특허청장에게 제공할 수 있도록 한 것이다. 이와 같은 정보제공에 의해 해당 심사관은 문제점을 용이하게 판단할 수 있고, 그에 대한 증거를 통하여 좀더 명확한 거절이유를 발견할 수 있게 됨으로써 심사촉진은 물론 하자있는 출원에 대해 좀더 완벽한 심사를 할 수가 있을 것이다. 특허법상 정보제공자는 그 정보제공에 따른 결과를 통지받을 권리는 없다. 그러나 실무적으로는 심사결과 및 제출정보의 활용여부를 정보제공자에게 통지해 주는 것으로 운용하고 있다.

정보제공은 해당 특허출원이 특허청에 계속중인 한 언제든지 가능하다 할 것이므로 심사가 계속중인 한 거절결정 후에도 정보제공은 할 수 있다. 또한, 정보제공은 특허출원이 심사국에 계속 중인 경우뿐만 아니라 특허심판원에 계속 중인 경우, 즉 거절결정불복심판이 청구된 경우에도 특허심판원장에게 할 수 있다(제170조 제1항, 제63조의2).

특허청장은 특허출원의 심사에 있어서 필요하다고 인정할 때에는 전문조사기관에 선행기술의 조사를 의뢰할 수도 있으나, 이것이 직접 출원공개의 효과라고 보기는 어렵다 하겠다.

(4) 확대된 범위의 선출원

출원이 공개되면 그 명세서, 도면에 기재된 내용은 확대된 선출원(先出願)의 지위를 얻을 수 있다. 즉 선출원한 발명이 출원공개 또는 등록공고된 경우 선출원의 명세서 또는 도면에 기재된 발명과 저촉되는 후출원발명은 특허를 받을 수 없도록 규정하여 발명이 공개될 경우 선출원의 지위를 청구범위에 기재된 것은 물론 발명의 설명·도면에까지 확대하여 보호하고 있다. 특히 출원서에 최초로 첨부된 명세서·도면에 기재되었던 발명은 출원공개 또는 등록공고 전후의 감축을 불문하고 확대된 선출원의 지위를 가진다. 이는 비록 출원공개 또는 등록공고 전에 명세서·도면을 감축하였다 하더라도 출원공개 또는 설정등록이 있으면 누구든지 그 출원관련 발명에 대하여 열람·복사가 가능하는 등 공지의 상태에 놓이기 때문이다.

4. 국제특허출원의 특례

국제출원에 대한 국제공개는 우선일로부터 1년 6개월이 경과하면 국제사무국에 의하여 행해진다. 그러나 출원인이 국제사무국에 그 출원의 조기공개를 요구하였을 경우에는 그와 같이 행해진다. 국제특허출원의 국내에서의 출원공개시기는 우선일로부터 2년 7월이며 그 기간 내에 출원인이 심사청구를 한 출원으로서 국제공개가 된 것은 1년 6개월을 경과한 때, 또는 출원심사의 청구일 중 늦은 때로 한다. 한편, 국어로 출원한 국제특허출원에 관하여 국내에서의 출원공개 전에 이미 「특허협력조약」 제21조에 따라 국제공개가 된 경우에는 그 국제공개 시에 출원공개가 된 것으로 본다(제207조 제1항·제2항).

국제특허출원의 출원인은 국제특허출원에 관하여 국내공개(국어로 출원한 국제특허출원인 경우 「특허협력조약」 제21조에 따른 국제공개)가 있은 후 국제특허출원된 발명을 업으로서 실시한 자에게 국제특허출원된 발명인 것을 서면으로 경고한 때에는 그 경고 후부터 특허권 설정등록시까지 그 발명을 업으로서 실시한 자에게 그 특허발명의 실시에 대하여 통상 받을 수 있는 금액에 상당하는 보상금의 지급을 청구할 수 있으며, 경고를 하지 아니하는 경우에도 국내공개된 국제특허출원 발명인 것을 알고 업으로서 그 발명을 실시한 자에 대하여도 또한 같다. 다만 그 청구권은 해당 특허출원에 대한 특허권설정등록이 있은 후가 아니면 이를 행사할 수 없다.

국제특허출원에 대하여 특허법 제29조 제3항에서 규정한 선출원의 지위가 주어지는 시기는 출원공개 또는 PCT 제21조에서 규정하는 국제공개시이다. 국제특허출원에 있어 선출원의 지위가 주어지는 범위는 국제출원일까지 제출한 발명의 설명, 청구범위 또는 도면"이다(제29조 제5항·제6항).

대법원 1992.1.17. 선고 91후806 판결

[출원공개시기]

구 실용신안법(1990.1.13. 법률 제4290호로 개정되기 전의 것) 제29조, 구 특허법(1990.1.13. 법률 제4207호로 개정되기 전의 것) 제83조의2에 의하면 특허청장은 실용신안출원에 대하여 출원일로부터 1년 6월이 경과하면 그 출원을 실용신안공보에 공개하여야 하는 것이고, 출원인이 동일한 고안에 대하여 실용신안출원을 함과 동시에 의장출원을 하였다 하더라도 이러한 사유가 실용신안출원을 공개하는데 있어 장애가 되지 아니하며, 이와 같이 실용신안출원과 의장출원을 동시에 한 경우 위 실용신안출원의 공개가 특허청 의장담당 심사관에게는 비밀로 하여 공개되는 것이라거나 실용신안공보에 의하여 공개된 고안이 의장출원인 자신의 고안임을 들어 이를 구 의장법 제5조 제1하 제2호 소정의 반포된 간행물에 기재된 의장이 아니라고 할 수 없다.

제 3 절 출원에 대한 심사청구제도

1. 의의 및 취지

특허청은 출원된 것을 모두 일률적으로 심사하지 않고, 출원과 별도로 일정한 기간 내에 심사청구절차를 밟은 것만을 심사하고, 그러하지 아니한 출원은 일정기간 출원상태를 유지시켜 주다가 취하한 것으로 보는 출원심사청구제도를 두고 있다(제59조 제1항).

종래에는 특허출원인이 출원한 모든 출원을 방식심사와 실체심사를 행하여 권리를 부여하였지만, 과학기술의 발달과 기술경쟁의 심화로 특허출원이 급증함으로써 실체심사를 행하는 경우에는 많은 문제점이 대두되었다. 예를 들면 특허출원인이 특허출원에서 특허여부결정을 받아 특허등록이 되기까지의 많은 심사인력과 시간이 소요되게 되었으나, 이에 따른 많은 문제들을 쉽게 해결하지 못함으로써 심사가 지연되어 왔다. 이에 특허법은 1961년 12월 31일부터 시행하던 특허법에서는 실체심사청구를 하지 않아도 특허청이 알아서 실체심사를 하여 주던 것을 1980년 12월 31일 개정 특허법(법률 제3325호)에서는 심사처리의 신속을 기하기 위하여 심사청구된 출원에 한하여서만 심사가 행하여지도록 하였다.

한편으로는 출원인도 출원한 모든 발명에 대하여 특허설정등록을 바라지 않은 경우도 있다. 예를 들면, 출원인이 선출원의 지위를 확보하여 다른 사람의 특허등록저지만을 목적으로 하는 방어적 출원도 있을 수 있으며, 출원시와는 달리 기술변화나 경쟁회사와의 관계상 더 이상 등록이 필요없게 된 출원도 있을 수 있기 때문이다.

2. 출원의 심사를 청구할 수 있는 자

특허출원이 있을 때에는 누구든지 그날(출원일)부터 3년 이내에 특허청장에게 그 특허출원에 관하여 출원심사의 청구를 할 수 있다. 다만, 특허출원인의 경우에는 청구범위가 기재된 명세서가 첨부된 때, 그리고 외국어특허출원인 경우에는 국어번역문을 제출한 때에 한하여 출원심사의 청구를 할 수 있다(제59조 제2항). 즉 출원인이나 이해관계인에 한하지 않고 누구나 출원된 발명에 대하여 그 심사여부를 청구할 수 있다. 여기서 '누구든지'이라 함은 출원인을 포함한 제3자를 말하는 것으로 자연인은 물론 법인, 법인이 아닌 사단 또는 재단을 말한다. 다만, 미성년자 등 행위무능력자가 심사청구를 하는 경우에는 법정대리인에 의하여 절차를 밟아야 한다.

실제로 심사를 청구하는 자는 특허출원인이 대부분이지만, 심사청구기간이 특허출원일로부터 3년 내로 정하여져 있기 때문에 제3자가 그 출원된 발명을 연구·투자하려고 하여도 선출원된 발명을 정확히 이해하지 못하고 연구·투자를 하면, 특허권침해로 제소를 당할 수 있다. 또한 특허출원과 등록 사이에 출원공개로 발생한 보상금청구권이 미확정상태로 놓여지게 되어, 동일 또는 유사기술을 이미 실시(實施)하고 있는 자나 앞으로 실시하려는 자는 불안한 지위에서 가급적이면 빨리 출원발명의 특허등록여부를 알 필요가 있기 때문에 제3자도 가능하게 하기 위하여 '누구든지'라고 표현된 것으로 해석된다. 즉 출원공개된 경우에는 제3자도 출원공개된 내용을 볼 수 있어 자신이 연구·투자한 것과 관련이 있는지를 알아보도록 하기 위하여 "누구든지"라고 한 것으로 본다.

3. 심사를 청구할 수 있는 기간

출원일로부터 3년 이내에 특허청장에게 그 특허출원에 관하여 출원심사의 청구를 할 수 있다(제59조 제2항). 여기서 '그 특허출원이 있는 날'이라 함은 특허출원이 이루어진 특허출원일, 분할출원, 분리출원, 변경출원인 경우에는 원출원의 특허출원일, 정당한 권리자출원인 경우에는 무권리자의 특허출원일, 우선권 주장을 수반하는 특허출원은 그 우선권의 기초가 되는 출원일이 아니라 실제의 특허출원일, 국제특허출원의 경우에는 국제출원일에 해당된다.

분할출원, 분리출원 또는 변경출원된 출원에 대하여는 원출원일로부터 3년 이내, 정당한 권리자 출원에 대하여는 무권리자의 출원일로부터 3년 이내 새로이 심사청구를 하여야 한다. 다만 이 기간이 경과한 후에도 그 분할출원, 분리출원, 변경출원 또는 정당한 권리자출원을 한 날로부터 30일 이내에 심사청구할 수 있도록 예외로 인정하고 있다(제59조 제3항).

한편 국제특허출원의 심사청구는 국내출원과 달리 일정한 시기적 제한이 있다. 즉 국제출원에 있어서는 해당 출원의 국내단계로의 이행절차가 확정된 후에야 심사청구를 할 수 있다. 따라서 출원인은 국제출원일에 제출한 발명의 설명·청구범위·도면 및 요약서의 국어 번역문을 제출하고 수수료를 납부한 후가 아니면 출원심사를 청구할 수 없다. 그러나 출원인 이외의 제3자는 우선일로부터 2년 7개월이 경과한 후가 아니면 그 국제특허출원에 관하여 출원심사의 청구를 할 수 없다(제210조). 즉, 국제출원의 출원인이 아닌 자는 번역문을 제출하고 수수료를 납부하였다 하더라도 국내서면 제출기간이 경과하여야 심사청구를 할 수 있도록 하고 있다.

이러한 심사청구기간 내에 출원의 심사청구가 없을 때에는 그 특허출원은 취하한 것으로 본다(제59조 제5항).

4. 심사청구의 대상

특허출원에 대한 심사는 심사청구가 있을 때에 수행하며, 심사 순서는 심사청구 순서에 의한다. 이러한 출원에 대하여 심사를 청구하기 위해서는 해당 출원의 절차가 계속 중이어야 한다.

특허청에 적법하게 계속중인 출원, 즉 명세서·도면 등이 심사청구의 대상이 되며, 출원과 동시에 심사를 청구할 수도 있다.[14] 다만 그 출원이 이미 포기되었거나 취하·무효된 출원에 대하여는 심사청구를 할 수 없다.

한편 심사청구는 하나의 출원에 한번만 인정되며, 유효하게 성립된 심사청구는 심사청구인이 사망하는 등으로 권리능력이나 행위능력을 상실하는 경우에도 유효하며, 심사청구는 취하할 수 없다(제59조 제4항).

5. 심사청구절차

특허출원심사를 위하여서는 해당 출원에 대한 출원심사청구가 있어야만 하고,

14) 특허출원과 동시에 특허출원심사의 청구를 하는 경우(청구범위가 기재된 명세서가 첨부된 경우에 한한다)에는 출원서에 그 취지를 기재함으로써 그 청구서를 갈음할 수 있다(시행규칙 제37조 제1항 단서).

심사청구를 하고자 하는 자는 심사청구서를 특허청장에게 제출하여야 한다. 심사청구서에는 ① 청구인의 성명 및 주소(법인인 경우에는 그 명칭 · 영업소의 소재지), ② 출원심사의 청구대상이 되는 특허출원의 표시를 기재한 출원심사청구서를 특허청장에게 제출하고(제60조 제1항), 원칙적으로 심사청구료[15]를 납부하여야 한다(제83조). 특허청장은 출원인이 심사를 청구하는 경우에 출원공개 전에 출원의 심사청구가 있는 때에는 출원공개시, 출원공개 후에 심사청구가 있는 때에는 지체없이 그 취지를 특허공보에 게재하여 한다(제60조 제2항). 이와 같이 심사청구사실을 공개하도록 한 것은 출원인의 해당 특허출원 관련발명의 사업화 가능성을 제3자에게 알리고 또 중복되는 심사청구를 피하기 위함이다. 특히 특허출원인이 아닌 자로부터 출원의 심사청구가 있는 때에는 그 취지를 특허출원인에게 통지하여야 한다(제60조 제3항). 즉 특허출원의 심사청구는 일반적으로는 특허출원인이지만, 예외적으로 제3자가 심사청구를 하는 경우에는 그 심사청구가 있으면 곧 심사를 착수하게 될 것이므로 명세서 또는 도면의 보정 등 출원인이 이에 대비할 수 있도록 하기 위하여 특허출원인에게 통지하는 것이다(제60조 제2항 · 제3항).[16] 심사청구료는 출원심사신청시에 있어서 발명의 청구항에 의하여 정하여지며, 제3자가 심사청구를 하는 경우에는 그 자가 부담한다(제82조). 심사청구료를 적게 납부한 경우에는 보정대상이 되며, 부족액을 납부하지 아니한 경우에는 해당 심사청구절차는 무효로 된다.

6. 심사청구의 효과

심사청구가 있으면 출원에 대한 심사는 청구순서에 따라 심사를 받게 된다.

(1) 심사의 착수

심사청구가 있으면 특허청장은 심사관에게 심사를 하게 하며, 심사관은 출원된 발명의 그 실체적 요건을 심사하게 되며, 이 출원심사는 우선심사(제61조)의 경우를 제외하고는 청구된 순서에 따라 심사를 받게 된다(시행규칙 제38조). 심사청구일이 동일한 경우에는 출원일을 기준으로 하나, 분할출원, 분리출원, 변경출원을 심사청구한 경우에

15) 다만, 특허출원인이 아닌 자가 심사청구를 한 후 명세서 등 보정서를 제출하여 청구항이 증가한 경우에는 증가된 청구항에 따른 심사청구료를 출원인이 추가로 납부하여야 한다. 이 경우 증가한 심사청구료를 출원인이 납부하지 않은 경우에는 보정명령을 하고 그 보정명령에도 불구하고 지정된 기간 이내에 심사청구료를 추가로 납부하지 않은 경우에는 그 보정명세서를 무효로 할 수 있다(제82조 제2항, 제16조 제1항).

16) 심사관은 특허출원인이 아닌 자로부터 심사청구가 있는 출원에 대한 심사결과를 심사청구인에게 통보한다(특허청, 특허 · 실용신안 심사기준(특허청 예규 제131호), 2023, 5130면).

는 원출원의 심사청구순위에 따른다.

(2) 취하금지

심사청구는 일단 청구한 후에는 취하할 수 없다(제59조 제4항). 심사청구제도 하에서의 특허출원은 심사청구가 있어야만 출원심사를 하게 되고 특허를 받으려는 의사표시로서의 심사청구는 출원심사의 개시조건에 해당된다. 출원심사를 개시한다는 조건만 인정되고 있는 심사청구절차에 대하여 취하를 인정하게 되면 심사청구절차 이후에 지금까지 한 심사청구절차의 적법 판단과 심사청구절차에 의하여 진행시킨 출원심사절차는 무의미하게 되고, 특허출원인이 한 심사청구절차에 대하여 다음 절차의 계속여부가 미정인 상태로 될 뿐만 아니라, 출원심사청구 이후에도 특허출원 자체의 취하가 가능하기 때문에 심사청구절차의 취하를 금지하고 있다.[17]

(3) 심사불청구의 효과

특허출원을 한 날로부터 3년 이내에는 자유로이 심사를 청구할 수 있으나, 동 기간 내에 심사를 청구하지 않으면, 비록 그 특허출원에 대하여 심사청구를 포기한다는 의사표시가 없다 하더라도 그 특허출원을 취하한 것으로서 해당 출원의 처리를 종결하려고 한 것이다. 그리하여 심사청구기간 내에 출원의 심사청구가 없을 때에는 그 특허출원은 취하한 것으로 본다(제59조 제5항). 이는 심사청구가 없는 출원에 대하여 출원인은 더 이상 그 특허출원에 대하여 특허를 받을 의사가 없는 것으로 보아 그 출원을 소멸시켜 정리함으로써 심사의 대상에서 제외시키고자 함이다.

제 4 절 우선심사제도

1. 의의 및 취지

우선심사제도란 국가 또는 개인의 권익보호를 위한 경우에 한하여 극히 예외적으로 운영되는 제도인 바, 이는 특허법 제61조(우선심사), 동법 시행령 제9조(우선심사의 대상), 동령 제10조(우선심사의 결정), 동법 시행규칙과 특허청 고시(특허 · 실용신안 우선심사의 신청에 관한 고시, 이하 이 절에서는 "고시"라고만 한다)에 근거하여

17) 특허청, 「지식재산제도의 실효성 제고를 위한 법제도 기초연구_특허법 조문별 해설서」, 2015, 424면.

공개된 출원을 타출원에 우선하여 심사하는 제도이다.

특허출원의 심사는 심사청구순서에 따라 하는 것이 원칙이나, 특허청장은 출원공개 후 특허출원인이 아닌 자가 업으로서 특허출원된 발명을 실시(實施)하고 있다고 인정되는 경우(제61조 1호)와 대통령령이 정하는 긴급처리가 필요하다고 인정되는 특허출원(제61조 2호) 그리고 대통령령으로 정하는 특허출원으로서 재난의 예방·대응·복구 등에 필요하다고 인정되는 특허출원(제61조 3호)에 대해서는, 심사관으로 하여금 다른 특허출원에 우선하여 심사하게 할 수 있는데, 이를 우선심사제도[18]라 한다.

이러한 우선심사제도는 발명이 방위산업에 관한 발명이거나 수출촉진에 기여한 발명 등 일정한 경우 이를 조속히 권리화함으로써 국가방위산업과 수출촉진 등에 기여하고자 인정되는 제도이기도 하다.

또한 출원인은 출원공개후에 보상금청구권을 취득하지만, 그 권리행사는 특허권 설정등록 후가 아니면 행사할 수 없기 때문에 그 사이에 제3자의 실시로 인해 특허권자가 예상외의 손해를 입을 수 있고, 또 제3자가 실시하고 있는 발명도 출원인으로부터 경고를 받았으나 그 특허출원이 특허요건을 갖추지 못한 경우나 종래기술에 불과한 경우에는, 제3자는 정보제공에 의해 출원된 발명을 빨리 거절결정할 수 있도록 한 제도이다. 따라서 이러한 우선심사제도는 특허출원인과 그 실시를 한 제3자와의 이익조정을 도모하기 위한 제도라고 볼 수 있다.

2. 우선심사의 대상요건[19]

특허출원에 있어서 우선심사 신청의 일반기준은 ① 심사청구가 있는 출원일 것,[20] ② 청구항에 기재된 발명이 우선심사 대상일 것[21]을 요한다.

(1) 출원공개 후 제3자가 업으로서 무단 실시하고 있는 출원

출원이 공개[22]된 후 특허출원인이 아닌 제3자[23]가 특허출원된 발명을 업으로서

18) 이는 다른 특허출원과의 관계에서 심사순서의 형평성을 깨뜨리는 제도이기는 하나 국가산업정책상이나 출원인 및 제3자와의 권익보호를 위하여 채택된 것으로서 선출원주의에 반하는 것은 아니다.

19) 특허법 제61조, 특허법 시행령 제9조.

20) 우선심사의 신청대상은 심사청구가 있는 출원이어야 한다(고시 제4조).

21) 우선심사를 신청한 발명은 청구항에 기재되어야 한다. 따라서 발명의 설명에만 기재되어 있고 청구범위에 기재되어 있지 않은 발명은 우선심사대상으로 할 수 없다. 또한, 청구범위에 다수의 청구항이 있고 그 청구항 중의 하나가 우선심사대상으로 인정되는 경우에는 출원 전체를 우선심사대상으로 인정한다(특허청, 특허·실용신안 심사기준(특허청 예규 제131호), 2023, 7415면).

22) "출원공개"란 특허법 제64조 규정에 의한 출원공개를 의미한다. 따라서 우선심사를 신청하는

실시[24]한다고 인정되는 경우에는 우선심사의 대상이 된다. 이때 출원공개, 제3자의 업으로서의 실시 및 협의절차가 전제되나 긴급성 여부는 문제되지 않는다. 제3자가 자신의 발명을 실시하고 있다는 사실을 이유로 한 우선심사신청은 제3자가 실시하고 있다고 주장하는 발명과 출원된 발명이 동일하여야 하며 동일여부는 우선심사신청인이 증명하여야 한다.

심사관은 우선심사신청인이 증거자료로 제출한 물건이나 사진 등을 참고하여 제3자가 실시하고 있는 발명과 청구항에 기재된 발명을 비교하여 동일 여부를 판단하되, 제출자료만으로 동일여부를 판단할 수 없는 경우에는 자료의 보완을 지시할 수 있다. 다만, 발명을 실시하고 있는 자의 비협조 등으로 신청인이 제3자가 출원인이 출원한 발명을 실시하고 있다는 사실을 증명하기 어려운 것으로 판단되고, 제3자가 실시하고 있는 발명이 출원된 발명과 동일할 가능성이 충분히 있는 경우에는 심사관은 신청인에게 추가자료의 제출을 요구하지 않고 우선심사신청을 인정할 수 있다.

한편, 제3자가 실시하고 있는 발명과 출원된 발명의 동일여부를 판단한 결과 동일 여부가 불분명한 경우에는 양 발명이 실질적으로 동일하지 않다는 것이 명백한 경우를 제외하고는 추가조사를 하지 않고 우선심사신청을 인정할 수 있다. 즉 양 발명이 명백히 상이한 경우에만 우선심사신청을 불인정하여 우선심사신청을 각하하도록 한다.

(2) 대통령령이 정하는 특허출원으로서 긴급처리가 필요하다고 인정되는 경우

긴급처리가 필요하다고 인정되는 경우 동법 시행령 제9조 제1항에서 규정한 특

시점에서 특허법 제64조에 의한 공개가 되지 않은 경우(또는 조기공개신청이 되지 않았거나, 공개가 임박하지 않은 경우)에는 조기공개를 신청하여야 한다.

23) "제3자"라 함은 특허출원인이 아닌 자로서 발명에 관한 실시허락을 얻지 아니한 자를 말한다. 실시허락을 받았는지 여부는 특별한 이유가 없는 한 추가조사를 하지 않고 우선심사신청인의 주장을 그대로 인정할 수 있다.

24) 제3자 실시에서 "실시"는 특허법 제2조 제3호의 실시로 다음에 해당하는 행위를 말한다.

가. 물건의 발명인 경우에는 그 물건을 생산·사용·양도·대여 또는 수입하거나 그 물건의 양도 또는 대여의 청약(양도 또는 대여를 위한 전시를 포함한다)을 하는 행위

나. 방법의 발명인 경우에는 그 방법을 사용하는 행위 또는 그 방법의 사용을 청약하는 행위

다. 물건을 생산하는 방법의 발명인 경우에는 나목의 행위 이외에 그 방법에 의하여 생산한 물건을 사용·양도·대여 또는 수입하거나 그 물건의 양도 또는 대여의 청약을 하는 행위

또한 '실시'는 국내에서의 실시를 말한다. 따라서, 우리나라에 출원한 발명을 외국에서만 실시하고 있는 경우는 실시에 해당하지 아니한다. 다만, 외국에서 생산된 출원발명을 국내에서 수입하고 있는 경우에는 실시로 인정한다.

허출원은 우선심사의 대상[25]이 된다. 각 경우 우선(優先)심사의 필요성이 있다고 특허청장으로부터 인정받아야 한다.

(3) 대통령령이 정하는 특허출원으로서 재난의 예방 · 대응 · 복구 등에 필요하다고 인정되는 경우

재난의 예방 · 대응 · 복구 등에 필요하다고 인정되는 경우 동법 시행령 제9조 제1항에서 규정한 특허출원은 우선심사의 대상[26]이 된다.

3. 우선심사의 신청

우선심사의 신청은 누구든지 할 수 있다. 다만 국가 또는 지방자치단체의 직무

---

25) 1. 방위산업분야의 특허출원,

2. 「기후위기 대응을 위한 탄소중립 · 녹색성장 기본법」에 따른 녹색기술과 직접 관련된 특허출원,

3. 인공지능 또는 사물인터넷 등 4차 산업혁명과 관련된 기술을 활용한 특허출원,

4. 반도체 등 국민경제 및 국가경쟁력 강화에 중요한 첨단기술과 관련된 특허출원(특허청장이 우선심사의 구체적인 대상과 신청 기간을 정하여 공고하는 특허출원으로 한정한다),

5. 수출촉진에 직접 관련된 특허출원,

6. 국가 또는 지방자치단체의 직무에 관한 특허출원(「고등교육법」에 따른 국 · 공립학교의 직무에 관한 특허출원으로서 「기술의 이전 및 사업화 촉진에 관한 법률」 제11조제1항에 따라 국 · 공립학교 안에 설치된 기술이전 · 사업화 전담조직에 의한 특허출원을 포함한다),

7. 「벤처기업육성에 관한 특별조치법」 제25조에 따른 벤처기업의 확인을 받은 기업의 특허출원,

8. 「중소기업기술혁신 촉진법」 제15조에 따라 기술혁신형 중소기업으로 선정된 기업의 특허출원,

9. 「발명진흥법」 제11조의2에 따라 직무발명보상 우수기업으로 선정된 기업의 특허출원,

10. 「발명진흥법」 제24조의2에 따라 지식재산 경영인증을 받은 중소기업의 특허출원,

11. 「국가연구개발혁신법」 제2조제1호에 따른 국가연구개발사업의 결과물에 관한 특허출원,

12. 조약에 의한 우선권주장의 기초가 되는 특허출원(당해 특허출원을 기초로 하는 우선권주장에 의하여 외국특허청에서 특허에 관한 절차가 진행중인 것에 한정한다),

13. 법 제198조의2에 따라 특허청이 「특허협력조약」에 따른 국제조사기관으로서 국제조사를 수행한 국제특허출원,

14. 특허출원인이 특허출원된 발명을 실시하고 있거나 실시준비중인 특허출원,

15. 특허청장이 외국특허청장과 우선심사하기로 합의한 특허출원,

16. 우선심사의 신청을 하려는 자가 특허출원된 발명에 관하여 조사 · 분류 전문기관 중 특허청장이 정하여 고시한 전문기관에 선행기술의 조사를 의뢰한 경우로서 그 조사 결과를 특허청장에게 통지하도록 해당 전문기관에 요청한 특허출원,

17. 65세 이상인 사람 또는 건강에 중대한 이상이 있어 우선심사를 받지 아니하면 특허결정 또는 특허거절결정까지 특허에 관한 절차를 밟을 수 없을 것으로 예상되는 사람 중 어느 하나에 해당하는 사람이 한 특허출원,

26) 1. 「감염병의 예방 및 관리에 관한 법률」 제2조제21호에 따른 의료 · 방역 물품과 직접 관련된 특허출원 또는 「재난 및 안전관리 기본법」 제73조의4에 따라 인증을 받은 재난안전제품과 직접 관련된 특허출원 중 어느 하나에 해당하는 것으로서 특허청장이 정하여 고시하는 특허출원

2. 재난으로 인한 긴급한 상황에 대응하기 위해 특허청장이 우선심사 신청 기간을 정해 공고한 대상에 해당하는 특허출원

에 관한 특허출원에 대하여는 국가 또는 해당 지방자치단체만이 우선심사신청을 할 수 있다(고시 제3조).

우선심사의 시기는 제3자가 실시하고 있는 경우에는 우선심사의 신청은 해당 특허출원이 출원공개된 후에만 할 수 있으나, 특허법 시행령 제9조에서 규정한 특허출원에 대하여는 출원공개 전에도 우선심사 신청을 할 수 있다. 특히 출원인은 타인이 자기 출원발명을 실시하는 경우에는 특허청에 대하여 조기공개를 신청하여 출원공개가 있은 후 우선심사를 신청함으로써 자기의 권리보호에 효율적으로 대처할 수 있다 할 것이다.

특허출원에 대하여 우선심사를 받고자 하는 자는 우선심사신청서, 우선심사신청 설명서 등을 특허청장에게 제출하여야 한다(시행규칙 제39조).

4. 우선심사의 결정 및 심사

특허청장은 우선심사신청이 있는 때에는 우선심사여부를 결정하여야 하며 우선심사결정에 필요한 사항은 특허청장이 정한다(시행령 제10조 제2항·제3항). 우선심사 결정업무 담당자는 우선심사여부에 대한 판단이 어려운 경우에는 관계기관에 의견문의를 할 수 있다.[27]

우선심사 결정업무 담당자는 우선심사를 하기로 결정한 출원에 대한 최종처리결과(특허결정, 실용신안등록결정, 특허거절결정, 실용신안등록거절결정, 취하·포기 등)를 우선심사신청인(우선심사신청인이 출원인이 아닌 경우에 한한다)에게 통지하여야 한다.[28] 심사관은 우선심사를 하기로 결정한 출원에 대하여 우선심사결정서 발송일부터 2개월(특허청장이 외국특허청장과 우선심사하기로 합의한 특허출원의 경우에는 4개월 또는 전문기관 선행기술조사 의뢰에 의하여 우선심사하는 출원의 경우에는 84개월) 또는 특허법 시행령 제8조의3 제2항(실용신안법제9조에서 준용하는 특허법 시행령제8조의3 제2항을 포함한다)에 따른 선행기술의 조사결과가 심사관에게 이송된 날부터 1개월 중 늦은 날이 속하는 달의 마지막 날(그 마지막 날이 특허법 제14조에 따른 공휴일이더라도 그 날. 이하 '처리기한'이라 한다)까지 심사에 착수하여야 한다.[29]

27) 특허청, 특허·실용신안 심사기준(특허청 예규 제131호), 2023, 7424면.
28) 위의 심사기준(특허청 예규 제131호), 2023, 7427면.
29) 위의 심사기준(특허청 예규 제131호), 2023, 7427면.

통상산업부 재결 국행심 97-6054 (1997.11.24.)

[대통령령이 정하는 긴급처리 필요성에 관한 재결]

"특허법 제61조 및 동법 시행령 제9조에 의하면 피청구인은 출원공개 후 긴급처리가 필요하다고 인정되는 것으로서 대통령령이 정하는 특허출원에 대하여는 심사관으로 하여금 다른 특허출원에 우선하여 심사하게 할 수 있다고 규정하고 있으며, 긴급한 처리의 필요여부에 대한 판단은 피청구인의 재량사항이라 할 것인 바, 이 건 발명보다 수년 전에 출원된 다수의 유사기술출원이 아직 심사를 기다리고 있는 점 등을 고려하여 행한 피청구인의 이 건 처분이 재량을 일탈·남용하였거나 기타 부당하게 처리하였다고 인정되지 아니하므로 이 건 처분이 위법·부당하다고는 할 수 없다."

제4장

심사에 의한 특허여부결정

제 1 절 특허여부결정의 의의 및 취지

우리나라의 특허제도는 심사주의(앞에서 설명)를 채택하고 있어 특허출원이 있으면 방식심사뿐만 아니라 실체심사에 의해 특허권이라는 권리부여를 결정하여 왔으며, 1980년 12월 31일 개정법(법률 제3325호)에서는 특허거절결정의 구체적인 이유를 열거하여 특허출원이 특허거절결정되어야 하는 이유를 보다 명확하게 하였다. 이러한 실체심사에 의한 특허여부결정은 '특허결정'과 '특허거절결정'이 있다.

특허여부결정이란 특허출원이 특허요건을 구비하고 있는지의 여부에 대한 심사관의 확인적 행정행위라 할 수 있다. 즉 심사관의 특허여부결정처분은 특허출원이 특허법상의 거절이유에 해당되는지의 여부를 확인하여 그 확인의 결과를 법규정에 따라 특허거절결정 또는 특허결정으로 확정시킨다. 따라서 심사관은 특허여부결정처분을 임의로 변경할 수 없으며, 그 특허여부결정처분에 불복하는 자는 특허법상의 불복절차를 통해서 다툴 수 있을 것이다.[1)]

특허여부의 결정은 특허출원이 특허청에 유효하게 계속중인 것으로서 특허출원일로부터 3년이내에 출원심사청구가 있는 것을 그 대상으로 한다. 따라서 특허출원이 취하 또는 무효처분됨으로써 출원의 계속이 해제된 것이나, 특허출원이 유효

1) 김원준, 「특허법」, 박영사, 2009, 392면.

하게 계속하고는 있으나 심사청구기간 내에 심사청구가 없는 것은 특허여부결정의 대상이 되지 못한다. 또한 출원인이 특허출원일부터 6개월 이내에 특허여부결정 보류신청서를 특허청장에게 제출한 경우에는 특허출원일부터 12개월이 경과하기 전까지 일정한 경우[2]를 제외하고는 특허여부결정을 보류할 수 있다(시행규칙 제40조의2 제1항).

심사관은 특허출원에 대하여 실체심사를 한다. 특허법 제62조의 각호규정에 의한 모든 거절이유에 대하여 심사를 하고, 그에 해당하는 경우에는 특허거절결정을 하며(제62조), 거절이유를 발견할 수 없는 때에는 특허결정을 하여야 한다(제67조). 특허법 제62조 규정에 의하여 특허거절결정을 하고자 할 때에는 그 특허출원인에게 거절이유를 통지하고 기간을 정하여 의견서를 제출할 수 있는 기회를 주어야 한다.[3] 특허결정 및 특허거절결정은 서면으로 하여야 하며 그 이유를 붙여야 한다. 특허청장은 특허여부결정이 있는 경우에는 그 결정의 등본을 특허출원인에게 송달하여야 한다(제67조).

제 2 절 특허거절결정

심사는 특허청 심사관에 의해 심리 · 판단되나, 거절결정불복심판에서는 심판관 합의체가 행한다. 심사관은 특허법 제62조 각호의 어느 하나(거절이유)의 규정에 의한 모든 거절이유에 대하여 심사를 하고, 거절결정을 하고자 할 때에는 그 특허출원인에게 거절이유를 통지하고 기간을 정하여 의견서를 제출할 수 있는 기회를 주어야 한다. 아울러 심사관은 청구범위에 2 이상의 청구항이 있는 특허출원에 대하여 거절이유를 통지한 때에는 그 통지서를 거절되는 청구항을 명시하고 그 청구항별로 거절이유를 구체적으로 기재하여야 한다(제63조). 이처럼 출원인에게 의견서 제출 기회를 부여하는 이유는 심사관의 판단에 대한 항변의 기회를 제공하여 심사절차의 공정성과 객관성을 담보하기 위해서이다. 심사관이 거절이유의 통지시 출원인에게 의견서의 제출기회를 주지 않을 경우에는 특허거절결정은 위법한 처분이므로 불복의 대상이 된다.

---

2) ① 특허출원이 분할출원, 분리출원 또는 변경출원인 경우, ② 특허출원에 대하여 우선심사결정을 한 경우, ③ 특허여부결정의 보류신청이 있기 전에 이미 특허거절결정서 또는 특허결정서를 통지할 경우.

3) 다만, 특허법 제51조 제1항에 따라 보정각하 결정을 하고자 하는 때에는 그러하지 아니하다.

거절결정에는 원칙적으로 최초의 거절이유통지시에 발견된 모든 거절이유를 일괄하여 통지한다. 그 이후의 거절이유통지에는 원칙적으로 보정 등에 의해서 발생된 새로운 거절이유에 대해서만 통지하는 것으로 하고, 동일한 거절이유에 대해서는 다시 거절이유를 통지하지 않고 거절결정을 한다. 거절이유통지에는 거절의 근거가 되는 법조문을 명시하고 그 이유에서만 특허거절결정을 할 수 있고 다른 이유로는 특허거절결정을 할 수 없다. 그러한 경우에는 거절결정을 위한 거절이유를 다시 통지하여야 한다.[4] 한편, 거절이유가 있는 청구항이 2 이상인 경우에는 거절이유가 있는 청구항별로 구분하여 각각의 거절이유를 명확하게 기재한다. 진보성 판단과 관련된 선행기술은 거절이유의 논리 구성에 필요한 최소의 인용문헌만을 인용하되, 인용문헌 중에 거절의 근거가 되는 부분을 명시한다. 발명이 출원전 공지되었거나 공연히 실시되었다는 점을 들어 신규성 또는 진보성을 부정하고자 하는 경우에는 공지 또는 공연히 실시된 사실을 구체적으로 지적한다. 또한, 발명의 설명의 기재가 불비하다는 이유로 거절이유를 통지하는 경우에는 그 미비한 부분 및 그 구체적인 이유를 지적한다.[5]

1. 거절이유(제62조 1호~7호)

(1) 의 의

종래 거절이유를 특허법에 명시하지 않고 오로지 심사관의 판단에 맡기는 경우도 있었으나 오늘날 특허제도를 채택하고 있는 대부분의 국가는 발명자의 보호, 심사의 통일성, 심사관의 자의성 방지를 이유로 특허법에서 거절이유를 명시하고 있다. 우리의 특허법 역시 제62조에서 그 거절이유를 규정하고 있다.[6]

---

4) 특허청, 「조문별 특허법해설」, 2007, 177면.

5) 특허청, 특허 · 실용신안 심사기준(특허청 예규 제131호), 2023, 5319면.

6) 특허법 제62조(특허거절결정) 심사관은 특허출원이 다음 각 호의 어느 하나의 거절이유(이하 “거절이유”라 한다)에 해당하는 경우에는 특허거절결정을 하여야 한다.

1. 제25조 · 제29조 · 제32조 · 제36조제1항부터 제3항까지 또는 제44조에 따라 특허를 받을 수 없는 경우
2. 제33조제1항 본문에 따른 특허를 받을 수 있는 권리를 가지지 아니하거나 같은 항 단서에 따라 특허를 받을 수 없는 경우
3. 조약을 위반한 경우
4. 제42조제3항 · 제4항 · 제8항 또는 제45조에 따른 요건을 갖추지 아니한 경우
5. 제47조제2항에 따른 범위를 벗어난 보정인 경우
6. 제52조제1항에 따른 범위를 벗어난 분할출원인 경우 또는 제52조의2제1항에 따른 범위를 벗어나는 분리출원인 경우

1) 특허출원의 객체에 관한 거절이유로 특허출원된 발명이 산업상 이용가능성·신규성·진보성 등 특허요건을 충족시키지 못할 경우(제29조), 선출원주의(제36조), 공공의 질서 또는 선량한 풍속에 어긋나거나 공중의 위생을 해칠 우려가 있는 경우(제32조), 조약의 규정에 위반된 경우(제62조 3호) 등이 있다.

2) 특허출원서류의 작성에 관한 이유로는 명세서의 기재내용 중 발명의 설명과 청구범위의 기재요건(제42조 제3항·제4항·제8항) 및 1특허출원의 범위(제45조)에 흠결이 있는 경우 등이 있다.

3) 특허출원의 주체에 관한 거절이유로는 특허출원인 권리능력이 없는 외국인인 경우(제25조), 공동출원의 요건에 위반된 경우(제44조), 발명을 한 자 또는 그 승계인이 아닌 자가 한 출원(무권리자에 의한 출원)인 경우, 특허청 직원 및 특허심판원 직원은 유증(遺贈)의 경우를 제외하고는 재직 중 특허를 받을 수 있는 권리를 가질 수 없다는 규정에 해당하는 경우(제33조 제1항) 등이 있다.

4) 특허출원의 보정에 관한 이유로는 특허출원서에 최초로 첨부된 명세서 또는 도면에 기재된 사항의 범위를 벗어난 경우(제47조 제2항)가 있다(제62조 5호).

5) 특허출원의 규정의 위반에 관한 거절이유로는 제52조 제1항의 규정에 의한 범위를 벗어난 분할출원인 경우(제62조 6호), 제52조의2 제1항의 규정에 의한 범위를 벗어난 분리출원인 경우(제62조 6호)와 제53조 제1항의 규정에 의한 범위를 벗어난 변경출원의 경우(제62조 7호)가 있다.

이러한 특허법상 거절이유는 제한열거적 이유로 해석되므로 심사관은 특허출원을 심사함에 있어 그 특허출원이 특허법 제62조에서 규정한 거절이유에 해당될 때에만 거절할 수 있으며, 특허출원을 거절하고자 할 때는 그 이유를 들어 출원인에게 거절이유를 통지하고 기간을 정하여 의견서제출의 기회를 주어야 한다.

대법원 2003.2.11. 선고 2002후2303 판결

[거절이유통지]

심결취소소송에 있어서 심리판단의 대상이 되는 것은 심결의 위법성 일반으로서 실체상의 판단의 위법과 심판절차상의 위법이 이에 포함될 것인바, 출원발명의 청구범위 제1항 발명이 통상의 기술자가 인용발명으로부터 용이하게 발명할 수 있어 진보성이 없다는 거절결정이 정당하다고 하여 심판 청구를 기각하고, 이에 대하여 출원발명자는 출원발명이 진보성이 있어 심결이 위법하다는 이유로 심결취소소송을 제기한 경

7. 제53조제1항에 따른 범위를 벗어난 변경출원인 경우

우, 그 심결취소소송에서는 출원발명이 진보성이 없다고 한 심결의 위법 여부만을 심리판단할 수 있을 뿐이고, 비록 출원발명의 명세서 기재가 특허법상 기재요건에 위배되는 것으로 인정된다 하더라도 진보성 판단에 앞서 명세서 기재요건에 대한 거절이유를 통지하지 않았다는 이유로 심결을 위법하다고 판단할 수는 없다.

대법원 2002.11.26. 선고 2000후1177 판결

[거절이유통지]

특단의 사정이 없는 한 발명에 신규성이 없다는 것과 진보성이 없다는 것은 원칙적으로 특허를 받을 수 없는 사유로서 독립되어 있는 것이라고 할 것인데, 출원발명에 대한 최초의 거절이유통지부터 심결이 내려질 때까지 특허청이 출원인에게 출원발명이 신규성이 없다는 이유로 의견서제출통지를 하여 그로 하여금 명세서를 보정할 기회를 부여한 바 없고, 심결에 이르기까지 특허청이 일관하여 출원발명의 요지로 인정하고 있는 부분에 관하여는 진보성이 있다고 여겨지는바, 법원이 출원발명의 요지를 제대로 파악한 결과 신규성이 없다고 인정되는 부분이 있다고 하더라도, 출원인에게 그 발명의 요지를 보정할 기회도 주지 않은 채 곧바로 이와 다른 이유로 출원발명의 출원을 거절한 심결의 결론이 그 결과에 있어서는 정당하다고 하여 심결을 그대로 유지하는 것은 당사자에게 불측의 손해를 가하는 것으로 부당하다고 보여지므로, 출원발명의 요지를 잘못 인정하고 그에 따른 진보성 판단도 잘못된 심결을 취소함이 상당하다.

대법원 1990.1.25. 선고 89후407 판결; 대법원 1998.10.2. 선고 97후1412 판결

[거절이유통지]

이의신청이 있는 출원인에게 출원을 거절할 이유와 필요한 증거의 표시가 함께 기재된 이의신청서의 부본이 송달되고 답변서의 제출기회가 주어짐으로써 출원인이 거절의 이유와 증거에 대하여 자기의 의견을 진술할 기회가 주어진 경우에는, 이의신청서에 기재된 출원거절이유와 같은 이유 및 증거로 거절결정을 유지할 경우에까지 따로 특허법 제63조에 의한 거절이유를 통지를 할 필요는 없다.

대법원 2003.10.10. 선고 2001후2757 판결

[거절이유통지시 의견서 제출기회]

구 특허법(2001.2.3. 법률 제6411호로 개정되기 전의 것) 제62조는 심사관은 특허출원이 소정의 거절사유에 해당하는 때에는 거절결정하여야 하고, 같은 법 제63조는 심사관은 제62조의 규정에 의하여 거절결정을 하고자 할 때에는 그 특허출원인에게 거절이유를 통지하고 기간을 정하여 의견서를 제출할 수 있는 기회를 주어야 한다고 규정하고 있으며, 같은 법 제170조 제2항은 거절결정에 대한 심판에서 그 거절결정의 이유와 다른 거절이유를 발견한 경우에 제63조의 규정을 준용한다고 규정하고 있고, 이들 규정은 이른바 강행규정이므로, 거절결정에 대한 심판 청구를 기각하는 심결 이유는 적어도 그 주지에 있어서 거절이유통지서의 기재 이유와 부합하여야 하고, 거절결정에 대한 심판에서 그 거절결정의 이유와 다른 거절이유를 발견한 경우에는 거절이유의 통지를 하여 특허출원인에게 새로운 거절이유에 대한 의견서 제출의 기회를 주어야 한다.

(2) 무효사유와의 거절이유의 상이(相異)

거절이유는 허여된 특허에 하자가 있는 경우 그 특허를 무효시키기 위한 사유인 무효사유와 대부분 같으나 약간의 차이가 있다.

1) 동일의 경우

① 제25조(외국인의 권리능력), 제29조(특허요건), 제32조(특허를 받을 수 없는 발명), 제36조 제1항 내지 제3항(선출원주의) 또는 제44조(공동출원)에 위반한 경우, ② 제33조 제1항 본문에 따른 특허를 받을 수 있는 권리를 가지지 아니하거나 같은 항 단서에 따라 특허를 받을 수 없는 경우, ③ 조약에 위반된 경우, ④ 제42조 제3항, 제4항(발명의 설명 및 청구범위 기재형식)에 위반한 경우, ⑤ 제47조 제2항(보정범위) 전단의 규정에 위반하여 보정한 경우, ⑥ 제52조 제1항의 규정에 의한 범위를 벗어난 분할출원인 경우, ⑦ 제53조 제1항의 규정에 의한 범위를 벗어난 변경출원인 경우

2) 거절이유로만 할 수 있는 것

① 제42조 제3항 2호(배경기술 기재요건)에 위반된 경우, ② 제42조 제8항(청구범위 기재방법)에 위반된 경우, ③ 제45조(1특허출원의 범위)에 위반된 경우, ④ 제47조 제2항 후단(외국어특허출원의 보정이 번역문의 범위를 벗어난 경우), ⑤ 제52조의 2 제1항 후단(분리출원이 청구범위의 요건 범위를 벗어난 경우)

3) 무효사유로만 할 수 있는 것(후발적 무효사유)

특허된 후 특허권자가 제25조의 규정에 의하여 특허권을 향유할 수 없는 자로 되거나 그 특허가 조약에 위반된 경우

2. 거절결정의 효과

심사관이 특허출원을 심사한 결과 출원에 대해 거절이유를 발견했을 때에는 그 이유를 출원인에게 거절이유통지서로 통지하여야 하고 상당기간을 정하여 의견서

를 제출할 기회를 주어야 한다.[7] 통지를 받은 출원인은 보정서(의견 · 답변 · 소명서) 등을 작성 · 제출함으로써(시행규칙 제41조) 심사관은 제출된 보정서(의견 · 답변 · 소명서)에 관하여 또 다시 심사하여야 한다. 출원인은 심사관의 의견서 제출통지가 정당한 경우 그 의견서 제출통지에 승복하는 내용의 의견서를 제출하거나 기간 내에 의견서를 제출하지 않는 등의 방법으로 심사관의 의견서 제출통지에 승복할 수 있다.

심사관은 거절이유가 해소되지 않았을 경우에는 거절결정을 하여야 하며, 거절결정을 받은 자가 거절결정 등본을 송달받은 날로부터 3개월 이내에 거절결정불복심판(제132조의17)을 청구하거나 재심사(제67조의2)를 청구하지 않으면 거절결정이 확정된다. 또 거절결정불복의 심판을 청구하였더라도 그 후에 청구를 취하하거나 그 청구가 기각의 심결이 확정될 경우에도 거절결정이 확정된다.

대법원 1997.4.11. 선고 96후1217 판결

[추상적 또는 개괄적 거절이유]

구 실용신안법시행규칙(1990.9.4. 상공부령 제751호로 전문 개정되기 전의 것) 제11조 제1항에 의하여 준용되는 구 특허법 시행규칙(1990.9.4. 상공부령 제750호로 전문 개정되기 전의 것) 제43조에서 심사관이 출원을 거절하고자 할 때에는 그 거절이유를 상세히 기재한 문서로 이를 출원인에게 통지하여야 한다고 규정하고 있는바, 이는 출원고안에 대하여 등록을 허용할 것인가에 대한 판단에는 고도의 전문 지식을 요하고, 심사관이라고 하여 그와 같은 전문지식을 두루 갖출 수 없으므로 이로 인한 과오를 예방하고, 또 출원인에게 설명하여 선출원주의 제도에서 야기되기 쉬운 과오를 보정할 기회도 주지 않고 곧 바로 거절결정함은 출원인에게 지나치게 가혹하다는 데 있으므로, 그 거절이유통지서가 어느 정도 추상적이거나 개괄적으로 기재되어 있다고 하더라도 그 고안이 속하는 기술분야에서 통상의 지식을 가진 자가 전체적으로 그 취지를 이해할 수 있을 정도로 기재하면 족한 것이다.

특허법원 2001.9.13. 선고 2001허89 판결

[거절결정의 거절이유와 다른 거절이유]

심판절차에서 거절이유를 통지하여야 하는 '거절결정의 거절이유와 다른 거절이유'라는 것은 원 거절결정의 거절이유와 조금이라도 다른 점이 있는 모든 거절이유를 일률적으로 의미하는 것이 아니라 거절결정 절차에서 신규성이나 진보성이 없다는 근거로 한 인용문헌과는 완전히 다른 문헌을 인용문헌으로 하여 신규성이나 진보성이 없다고 하는 경우나, 거절결정에서는 신규성이 없다고 하여 거절하였는데 신규성은 있으나 진보성이 없음이 발견된 경우와 같이 심판절차에서 발견된 거절이유에 대하여 심

---

7) 의견진술의 기회(대법원 1989.9.12. 선고 88후523 판결).

사절차에서 의견을 제출하거나 보정을 할 수 있는 기회를 전혀 부여받지 못한 경우를 의미하는 것이라고 할 것이다.

[일부 청구항에 대한 거절이유가 잘못된 경우]

원고는 "이 사건 심결은 사건 출원발명의 청구항 제1 내지 40항에 대해서는 원 거절결정이 잘못된 것임을 인정하였음에도 불구하고 이를 파기하지 않은 잘못이 있다" 라는 취지의 주장을 하므로 살피건대, 출원발명의 청구항이 둘 이상인 경우 하나의 청구항이라도 거절이유가 있는 경우에는 그 특허출원 전부가 거절되어야 하는 것이고, 이 사건에서와 같이 진보성이 없다고 판단된 다수의 청구항 가운데 일부의 청구항에 대해서 심결에서 진보성이 인정되었다고 하더라도 다른 청구항에 대하여 진보성이 없다고 한 거절결정의 판단이 옳다고 판단된 이상은 일부 청구항에 대한 거절이유가 잘못되었다는 사정만으로는 거절결정을 취소할 수 없는 법리라 할 것이므로 원고의 주장은 받아들일 수 없다.

대법원 2001.5.29. 선고 98후515 판결

[거절이유통지시 그 내용]

원결정에서는 특허청구의 범위 제4항의 발명이 인용발명 1로부터 진보성이 없다는 것을 거절이유로 삼은 것에 비하여, 원심은 같은 제4항에 대하여 판단하면서 인용발명 1 및 2를 합쳐 보면 제4항 발명이 진보성이 없다고 판단하였는바, 인용발명이 다른 경우에는 달리 특별한 결정이 없는 한 거절이유도 다른 것으로 보아야 할 것이어서, 비록 원결정 이유와 원심심결 이유의 요지가 다같이 발명의 진보성이 인정되지 아니한다는 것이라고 하더라도, 위와 같이 인용발명이 달라진 이상 양자는 그 거절이유의 주지에 있어서 서로 부합하지 아니한다고 할 것이다.

특허법원 2001.8.24. 선고 2000허5896 판결

[거절결정불복심판에 대한 소송 중 추가 자료 제출이 허용되는 경우]

이 사건 소송에서 제출된 을 9, 11호증의 각 1 내지 3은 이 사건 제1항 발명의 "복수개의 도체들 모두가 소성된 마이크로파 자성체 또는 유전체 내에 매설된 것"이 주지 또는 관용기술이라는 점을 인정하기 위한 증거로서, 거절이유 또는 심결에서 언급된 단순한 설계변경사항 또는 해당기술분야에서 일반적으로 언급된 단순한 설계변경사항 또는 해당기술분야에서 일반적으로 사용되고 있던 제조방법이라는 점을 뒷받침하는 자료에 불과한 것이므로, 거절결정 또는 심결에서 들고 있지 아니한 새로운 거절이유를 주장하거나 새로운 공지기술에 관한 증거를 제출하는 것이라고 할 수 없다. 따라서 인용기술 1, 2를 인용증거로 사용하는 것이 출원인인 원고에게 의견제출기회를 박탈한다고 할 수 없다.

특허법원 2002.1.17. 선고 2001허3453 판결

[심사미진을 인정하지 않은 경우]

특허법 제63조는 “심사관은 제62조의 규정에 의하여 거절결정을 하고자 할 때에는 그 특허출원인에게 거절이유를 통지하고 기간을 정하여 의견서를 제출할 수 있는 기회를 주어야 한다”고 규정하고 있을 뿐이므로 심사관은 출원인이 제출한 의견서를 검토한 후 특허의 부여 여부를 결정하면 충분하고, 심사관이 거절결정을 함에 있어서 출원인이 제출한 의견서의 내용에 대한 개별, 구체적인 답변을 거절결정서에 기재하여야 하는 것은 아니므로 이를 내세우는 원고의 주장은 이유없다.

대법원 2011.9.8. 선고 2009후2371 판결

[출원발명에 대하여 우선권주장의 불인정을 거절이유로 들어 특허거절결정을 하면서 우선권주장이 인정되지 않는다는 취지 및 그 이유가 포함된 거절이유를 통지하지 않는 것이 위법한지 여부(적극) 및 거절이유 통지에 우선권주장 불인정에 관한 이유가 포함되어 있었는지 판단하는 기준]

구 특허법(2007.1.3. 법률 제8197호로 개정되기 전의 것, 이하 '구 특허법'이라 한다) 제63조 본문에 의하면, 심사관은 구 특허법 제62조에 의하여 특허거절결정을 하고자 할 때에는 특허출원인에게 거절이유를 통지하고 기간을 정하여 의견서를 제출할 수 있는 기회를 주어야 한다고 규정하고 있는데, 출원발명에 대하여 우선권주장의 불인정으로 거절이유가 생긴 경우에는 우선권주장의 불인정은 거절이유 일부를 구성하는 것이므로, 우선권주장이 인정되지 않는다는 취지 및 그 이유가 포함된 거절이유를 통지하지 않은 채 우선권주장의 불인정으로 인하여 생긴 거절이유를 들어 특허거절결정을 하는 것은 구 특허법 제63조 본문에 위반되어 위법하다. 그리고 거절이유 통지에 위와 같은 우선권주장 불인정에 관한 이유가 포함되어 있었는지는 출원인에게 실질적으로 의견서 제출 및 보정의 기회를 부여하였다고 볼 수 있을 정도로 그 취지와 이유가 명시되었는지 관점에서 판단되어야 한다.

대법원 2019.10.31. 선고 2015후2341 판결

[거절결정불복심판 또는 그 심결취소소송에서 특허출원 심사 또는 심판단계에서 통지한 거절이유에 기재된 주선행발명을 다른 선행발명으로 변경하는 경우 특별한 사정이 없는 한 새로운 거절이유에 해당하는지 여부(적극)]

거절결정불복심판 또는 그 심결취소소송에서 특허출원 심사 또는 심판 단계에서 통지한 거절이유에 기재된 주선행발명을 다른 선행발명으로 변경하는 경우에는, 일반적으로 출원발명과의 공통점 및 차이점의 인정과 그러한 차이점을 극복하여 출원발명을 쉽게 발명할 수 있는지에 대한 판단 내용이 달라지므로, 출원인에게 이에 대해 실질적으로 의견제출의 기회가 주어졌다고 볼 수 있는 등의 특별한 사정이 없는 한 이미 통지된 거절이유와 주요한 취지가 부합하지 아니하는 새로운 거절이유에 해당한다.

한편, 특허거절결정의 경우는 2009년 1월 30일 개정법(법률 제9381호)에 의하면 출원인이 그 특허출원의 특허출원서에 첨부된 명세서 또는 도면을 보정하여 해당 특허출원에 관하여 재심사를 청구하면 종전의 특허거절결정은 취소된 것으로 보아, 특허거절결정 전으로 돌아가 보정서가 제출된 통상의 심사와 동일하게 심사를 진행한다. 이에 관해서 상세한 것은 뒤의 재심사 청구제도에서 후술한다.

제 3 절 특허결정

1. 특허결정의 의의

심사관은 특허출원의 내용을 심사한 결과, 거절할 만한 이유가 없을 때에는 특허결정을 하여야 한다(제66조). 또한 심사관이 특허결정을 하였을 때는 특허청장은 그 내용을 특허공보에 게재하여(제87조 제3항) 일반공중에게 알려서 중복연구 · 중복투자 등을 하지 않도록 함과 동시에 특허분쟁을 미연에 방지하도록 한다.

특허청장은 등록결정이 되면, 특허결정등본을 특허출원인에게 송달한 후 특허료를 납부하면 설정등록하고 특허공보에 게재하여야 한다(제67조 제2항, 제87조 제3항). 이 특허공보에는 ① 특허권자의 성명 및 주소, 법인인 경우는 그 명칭 및 영업소의 소재지, ② 출원번호 · 분류기호 및 출원연월일, ③ 발명자의 성명 및 주소, ④ 특허번호 및 설정등록연월일, ⑤ 등록공고연월일, ⑥ 우선권 주장에 관한 사항, ⑦ 변경출원 또는 분할출원에 관한 사항, ⑧ 특허출원서에 첨부된 명세서 · 도면 및 요약서, ⑨ 출원공개번호 및 공개연월일, ⑩ 특허법 제133조의2 · 제136조 또는 제137조의 규정에 의하여 정정된 내용, ⑪ 기타 특허청장이 필요하다고 인정하는 사항을 게재하여야 한다(시행령 제19조 제2항).

2. 특허등록공고

(1) 의 의

특허의 등록공고란 심사관이 특허결정한 특허출원에 대하여 특허권설정등록이 있는 경우 그 특허발명을 사회일반에 공표하는 것을 말한다.

(2) 등록공고의 성격

등록공고의 성격과 관련하여서는 공시최고설, 공중심사설 및 객관적 담보설 등이 있다. 공시최고설은 등록공고를 공시최고와 같이 이해하는 설로서 등록공고에 의하여 일반 공중에게 특허무효심판청구의 기회를 주고 특허무효심판청구가 없을 때에는 실권의 효과가 발생한다는 설이다. 공중심사설은 특허발명의 공개로 일반 공중으로 하여금 심사관의 심사에 관여할 기회를 줌으로써 심사관의 자의적인 심사를 저지하는 것을 등록공고의 본질로 이해하려는 설로서 통설이라 할 수 있다. 객관적 담보설은 특허발명을 공개하여 일반공중에게 특허무효심판청구의 기회를 주어 심사의 합리성·객관성을 담보하는 것이 등록공고의 본질이라는 설이다.

(3) 등록공고의 절차

심사관은 특허출원에 대하여 심사한 결과 거절이유를 발견할 수 없는 때에는 특허결정을 하여야 한다. 출원인은 특허결정등본을 송달받은 날로부터 3개월 내에 법령에서 정한 소정의 특허료를 납부하고, 이에 따라 특허청장은 특허권설정등록을 하여야 한다. 특허청장은 특허권설정등록이 있는 때에는 그 특허에 관하여 특허공보에 게재하여 등록공고를 하여야 한다(제87조 제3항). 다만 비밀취급을 요하는 특허발명에 대하여서는 비밀취급의 해제시까지 등록공고를 보류하여야 하며, 그 비밀취급이 해제된 때에는 지체없이 등록공고를 하여야 한다(제87조 제4항).

(4) 등록공고의 효과

특허권의 설정등록일부터 등록공고일 후 6개월이 되는 날까지는 누구든지 그 특허가 특허법 제29조(같은 조 제1항 1호에 해당하는 경우와 같은 호에 해당하는 발명에 의하여 쉽게 발명할 수 있는 경우는 제외한다)에 위반된 경우, 제36조 제1항 내지 제3항의 규정에 위반된 경우에는 특허심판원장에게 특허취소신청을 할 수 있다(제132조의2 제1항). 다만, 특허공보에 게재된 제87조 제3항 7호에 따른 선행기술에 기초한 이유로는 특허취소신청을 할 수 없다(제132조의2 제2항).

또한 특허등록공고가 있으면 해당 특허발명의 출원시 출원서에 최초로 첨부된 명세서·도면에 기재된 발명은 특허법 제29조 제3항(확대된 선출원의 지위)의 규정에 의거 선출원의 지위가 주어진다.

제 4 절 특허여부결정과 관련된 제도

1. 직권보정

심사관은 특허결정을 할 때에 특허출원서에 첨부된 명세서, 도면 또는 요약서에 적힌 사항이 명백히 잘못된 경우에는 직권으로 보정할 수 있는데 이를 직권보정이라 한다(제66조의2 제1항). 불필요한 의견제출통지로 인한 심사절차의 지연을 방지할 뿐만 아니라 하자를 치유함으로써 명세서 등의 완벽성을 높이기 위한 취지에서 2009년 1월 30일 법률 제9381호 개정으로 도입된 제도이다.[8] 2016년 2월 29일 법률 제14035호 개정에서는 출원인이 직권보정에 동의하지 않으면 특허결정을 취소한다는 조건으로 사소한 오탈자 외에도 거절이유에 해당하는 기재불비 사항도 명백히 잘못 기재된 경우 직권보정할 수 있도록 직권보정범위를 확대하였다.[9] 다만, 직권보정은 신규사항이 추가되지 아니한 범위(제66조의2 제1항 단서)에서 하여야 한다.

심사관이 직권보정을 하려면 특허결정의 등본 송달과 함께 그 직권보정 사항을 특허출원인에게 알려야 한다(제66조의2 제2항). 특허출원인은 직권보정 사항의 전부 또는 일부를 받아들일 수 없으면 특허료를 낼 때까지 그 직권보정 사항에 대한 의견서를 특허청장에게 제출하여야 한다(제66조의2 제3항). 이에 따라 특허출원인이 의견서를 제출한 경우 해당 직권보정 사항의 전부 또는 일부는 처음부터 없었던 것으로 본다. 이 경우 그 특허결정도 함께 취소된 것으로 본다(제66조의2 제4항 본문).[10] 다만, 특허출원서에 첨부된 요약서에 관한 직권보정 사항의 전부 또는 일부만 처음부터 없었던 것으로 보는 경우에는 그러하지 아니하다(제66조의2 제4항 단서).

다만, 직권보정이 신규사항을 추가하거나 명백히 잘못되지 아니한 사항을 직권보정한 경우 그 직권보정은 처음부터 없었던 것으로 본다(제66조의2 제6항). 심사관이 잘못된 방향으로 직권보정을 한 경우에 출원인이 별도의 의사표시를 하지 않으면 그 직권보정 사항이 그대로 인정되어 취소할 수 없는 문제가 발생하고 있고, 이 경우 처음부터 없던 권리가 만들어지거나 의도하지 않은 권리가 되어도 정정이 불가하거나

8) 위 개정에 관한 특허법일부개정법률안 실용신안법 일부개정법률안 검토보고서(2008.11. 국회 지식경제위원회 전문위원 이원탁) 참조.

9) 특허청, 특허·실용신안 심사기준(특허청 예규 제131호), 2023, 8201~8202면 참조.

10) 심사관이 특허결정과 함께 직권보정을 통보한 사항에 대하여 출원인이 수용하지 않을 경우에는 직권보정이 처음부터 없었던 것으로 보고, 해당 특허결정을 취소한 후 처음부터 다시 심사하도록 한 것이다(2016.2.29. 법률 제14035호 개정에 관한 특허법일부개정법률안검토보고서(2015.10. 국회 산업통상자원위원회 전문위원 송대호) 참조).

권리가 무효화될 가능성도 있는 문제점이 있어서, 2021년 8월 17일 개정법(법률 제18409호)에서는 신규사항을 추가하지 않는 범위 내에서 직권보정할 수 있는 제한을 추가하되, 신규사항을 추가하거나 명백히 잘못되지 않은 사항을 직권보정한 경우 해당 직권보정은 없었던 것으로 간주하도록 하였다.[11)]

2. 직권재심사

심사관은 특허결정된 특허출원에 관하여 명백한 거절이유를 발견한 경우에는 직권으로 특허결정을 취소하고, 그 특허출원을 다시 심사할 수 있는데 이를 직권재심사라 한다(제66조의3 제1항 본문). 종전에는 특허결정 이후부터 특허권이 발생하기 전까지 하자를 발견하더라도 다시 심사를 재개할 수 없어 하자 있는 특허가 그대로 등록되는 문제가 있었으나 이를 방지하기 위한 취지에서 2016년 2월 29일 법률 제14035호 개정으로 도입된 제도이다.[12)] 다만 특허권자가 특허료를 납부하여 특허권이 발생한 경우에 특허결정을 취소한다는 것은 권리 안정성을 해하는 것이어서 설정등록 전까지의 시기적 요건을 충족시키는 경우에 한하여 직권 재심사를 할 수 있으며, 심사관이 이미 특허결정한 특허출원에 대하여 직권으로 특허결정을 취소하는 것이어서 거절이유가 명백한 경우로 한정하여 운영될 필요가 있다.[13)]

이에 특허결정에 따라 특허권이 설정등록된 경우, 그 특허출원이 취하되거나 포기된 경우에는 직권재심사를 할 수 없다(제66조의3 제1항 단서 2호·3호, 직권재심사의 시기적 요건). 그리고 직권거절이유가 배경기술 기재요건, 청구범위 기재방법 및 단일성 위배의 경우도 직권재심사를 할 수 없다(제66조의3 제1항 단서 1호, 직권재심사의 실체적 요건). 또한 직권재심사의 요건인 '명백한 거절이유'란 특허결정된 특허출원이 무효될 가능성이 있다는 정도로는 부족하고, 그 거절이유로 인하여 특허결정된 특허출원이 무효될 것임이 명백한 경우에 한한다.[14)]

심사관이 직권 재심사를 하려면 특허결정을 취소한다는 사실을 특허출원인에게 통지하여야 한다(제66조의3 제2항). 특허출원인이 이 통지를 받기 전에 그 특허출원이 특허결정에 따라 특허권 설정등록된 경우, 또는 취하되거나 포기된 경우에는 특허결정의 취소는 처음부터 없었던 것으로 본다(제66조의3 제3항).

---

11) 채수근 수석전문위원, 특허법 일부개정법률안 검토보고(이철규 의원 대표발의(의안번호 제2105036호 및 제2105093호)), 산업통상자원중소벤처기업위원회, 2021.2, 10-11면

12) 위 개정에 관한 특허법일부개정법률안검토보고서(2015. 10. 국회 산업통상자원위원회 전문위원 송대호) 참조.

13) 특허청, 특허·실용신안 심사기준(특허청 예규 제131호), 2023, 7601~7602면 참조.

14) 특허청, 특허·실용신안 심사기준(특허청 예규 제131호), 2023, 7602면 참조.

3. 재심사청구

(1) 의의 및 취지

특허출원인이 그 특허출원에 관하여 특허결정의 등본을 송달받은 날부터 제79조에 따른 설정등록을 받기 전까지의 기간 또는 특허거절결정등본을 송달받은 날부터 3개월(제15조제1항에 따라 제132조의17에 따른 기간이 연장된 경우 그 연장된 기간을 말한다) 이내에 그 특허출원의 명세서 또는 도면을 보정하여 해당 특허출원에 관한 재심사를 청구할 수 있다(제67조의2 제1항 본문).

기존의 심사전치주의하에서는 특허거절결정을 받은 경우 심사관에게 다시 심사를 받기 위하여는 반드시 특허거절결정 불복심판을 청구하도록 하고 있어 특허출원인으로서는 불가피하게 특허거절결정 불복심판을 청구하여야 하는 불편이 있었으며, 이는 심판청구를 증가시키고 출원인에게 과도한 수수료를 부담시키는 요인이 되었다.

이러한 문제를 해소하기 위해 2009년 1월 30일 특허법 개정(법률 제9381호)을 통해 종전의 심사전치 제도를 폐지하고 재심사 청구제도를 도입하였다. 이에 특허거절결정 불복심판을 청구하지 아니하더라도 특허출원서에 첨부된 명세서 또는 도면의 보정과 동시에 재심사를 청구하면 심사관에게 다시 심사를 받을 수 있도록 재심사 청구제도를 도입한 것이다. 또한, 2021년 10월 19일 개정법(법률 제18505호)에서는 특허결정의 등본을 송달받은 날로부터 제79조에 따른 설정등록을 받기 전까지의 기간까지 재심사 청구를 할 수 있도록 하여, 특허결정등본을 송달받았을지라도 제한된 보정범위 내에서 권리범위를 재설계할 기회를 주고 있다.

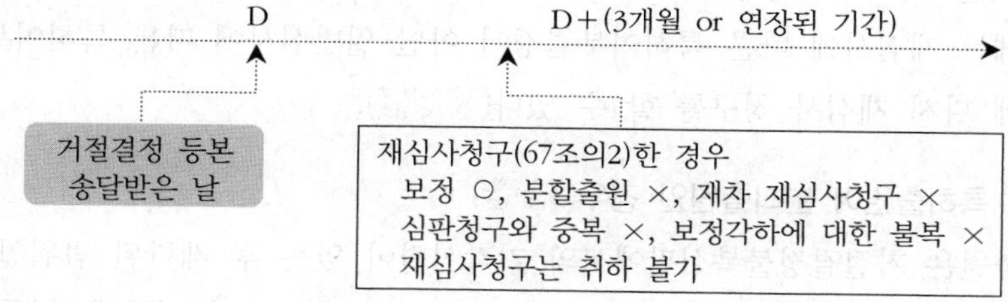

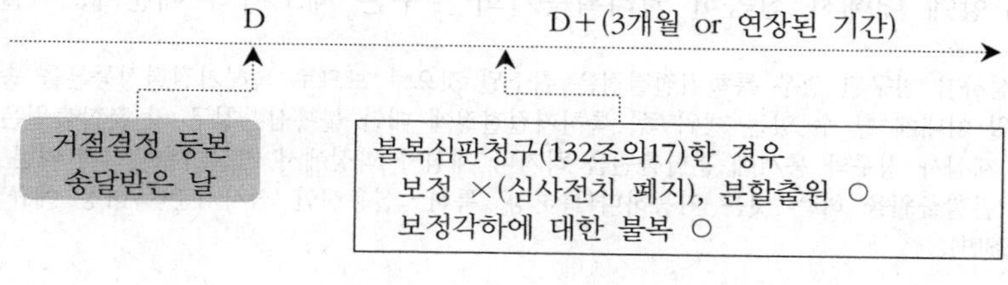

(2) 재심사 청구의 요건

1) 원 칙

그 특허출원에 관하여 특허결정의 등본을 송달받은 날부터 제79조에 따른 설정등록을 받기 전까지의 기간 또는 특허거절결정등본을 송달받은 날부터 3개월(제15조제1항에 따라 제132조의17에 따른 기간이 연장된 경우 그 연장된 기간을 말한다) 이내에 그 특허출원의 명세서 또는 도면을 보정하여야만 재심사를 청구할 수 있다(제67조의2 제1항 본문). 보정을 하지 않고 재심사를 청구하는 경우 재심사청구는 불수리된다. 여기서 보정은 형식적 보정을 의미하므로 실질적 내용을 보정하지 않은 경우에도 재심사 청구의 대상이 된다.

2) 예 외

① 재심사를 청구할 때에 이미 재심사에 따른 특허여부의 결정이 있는 경우(제67조의2 제1항 1호)

이미 재심사 청구를 하여 특허여부결정이 된 경우에는 재심사 절차의 반복으로 인해 심사가 지연되는 것을 방지하기 위해 다시 재심사 청구를 할 수 없도록 제한하고 있다.

② 거절결정불복심판청구(제132조의17)가 있는 경우(제176조제1항에 따라 특허거절결정이 취소된 경우는 제외한다)(제67조의2 제1항 2호)

거절결정불복심판청구와 재심사 청구는 선택적 사항으로서 출원인은 특허거절결정등본송달일로부터 3개월(연장된 경우에는 그 연장된 기간) 이내 둘 중에 하나를 선택하여 특허거절결정에 대하여 다툴 수 있다.[15] 다만, 거절결정불복심판에서 재심사에 따른 특허거절결정이 취소되고, 심사국으로 환송된 이후 특허여부결정이 된 경우에는 재심사에 따른 특허여부결정이 아닌 일반심사에 따른 특허여부결정이기 때문에 다시 재심사 청구를 할 수 있다(제67조의2 제1항 2호 괄호).

③ 그 특허출원이 분리출원인 경우(제67조의2 제1항 3호)

분리출원은 거절결정불복심판에서의 기각심결이 있는 후 제한된 범위인 특허가능한 청구항에 대해서 신속히 권리획득기회를 주는 제도이기 때문에, 이를 재심사

15) 재심사가 청구된 경우 특허거절결정은 취소된 것으로 보므로 특허거절결정등본을 송달받은 날부터 3개월 이내에 할 수 있는 행위 즉, 특허거절결정에 대한 불복심판청구 및 분할출원은 할 수 없다. 다만, 재심사 청구와 동시에 분할출원을 하거나 재심사 과정에서 거절이유통지에 따른 의견서 제출기간에 분할출원을 하는 것은 가능하다(특허청, 특허 · 실용신안 심사기준(특허청 예규 제131호), 2023, 5408면).

로 다투는 것을 제한하고 있다.

(3) 재심사 청구의 절차

재심사를 청구하려는 자는 보정서에 그 취지를 적어 특허청장에게 제출하여야 한다. 이때 출원인은 재심사의 청구와 함께 의견서를 제출할 수 있다(제67조의2 제2항). 한편, 재심사의 청구는 취하할 수 없다(제67조의2 제4항).

(4) 재심사 청구의 효과

1) 특허결정 또는 특허거절결정의 취소

재심사청구된 경우 종전의 특허결정 또는 특허거절결정은 취소된 것으로 본다. 이후 재심사의 결과에 따라 특허결정이 될 수도 있고, 다시 특허거절결정이 내려질 수도 있다(제67조의2 제3항).

2) 보정된 명세서 또는 도면으로 재심사

특허결정 또는 특허거절결정만 취소 간주될 뿐 그 전에 행해진 심사절차는 취소된 것이 아니므로 특허결정 또는 특허거절결정 전 진행된 특허에 관한 절차 및 심사관이 행한 절차(최초거절이유통지, 보정, 최후거절이유통지, 보정각하 등)는 재심사 과정에서 모두 유효한 것으로 보고 심사를 진행한다. 구체적으로, 재심사 청구인은 재심사 청구와 동시에 특허출원서에 첨부된 명세서 또는 도면을 보정하여야 하므로 재심사는 보정의 적법성을 먼저 판단한 후 보정이 적법하면 보정된 명세서 또는 도면으로, 보정이 부적법하면 보정을 각하한 후 보정 전 명세서 또는 도면으로 진행된다.

(5) 재심사 청구 결과에 대한 불복

재심사에 따른 특허여부결정이 있는 경우에는 다시 재심사 청구할 수 없다(제67조의2 제1항 1호). 따라서 특허출원인은 특허법 제132조의17의 규정에 따라 특허거절결정불복심판을 청구하여 심사결과를 다툴 수 있다. 이때 2009년 1월 30일 특허법 개정(법률 제9381호)에 따라 특허거절결정불복심판을 청구한 경우는 명세서 또는 도면을 보정할 수 없고 심사 결과만을 다투게 된다.

(6) 특허출원의 회복

특허출원인이 정당한 사유로 법 제59조 제2항 또는 제3항에 따라 출원심사의 청구를 할 수 있는 기간을 지키지 못하여 특허출원이 취하되거나 법 제67조의2 제

1항에 따라 재심사의 청구를 할 수 있는 기간을 지키지 못하여 특허거절결정이 확정된 것으로 인정되는 경우에는 그 사유가 소멸한 날부터 2개월 이내에 출원심사의 청구 또는 재심사의 청구를 할 수 있다. 다만, 그 기간의 만료일부터 1년이 지난 때에는 그러하지 아니하다. 이처럼, 출원심사의 청구나 재심사의 청구가 있는 경우에는 그 특허출원은 취하되지 아니한 것으로 보거나 특허거절결정이 확정되지 아니한 것으로 본다(제67조의3). 2013년 3월 22일 개정법(법률 제11654호)에서는 출원인의 권리보호를 강화하는 한편, 향후 가입할 특허법조약과의 합치를 도모하기 위해 이 규정을 신설하였다.

제 5 편

특허등록

제1장

특허료 및 수수료

제1절 의 의

특허료란 발명을 공개한 발명자에게 국가가 독점배타적인 권리인 특허권을 부여하면서 징수하는 특허등록료와 그 등록된 특허권을 유지하기 위하여 징수하는 특허유지료가 있는데, 특허권의 설정등록을 받고자 하는 자 또는 특허권자는 특허권설정등록이나 특허권의 유지를 위하여 특허료를 납부하여야 한다(제79조 제1항). 즉 특허법은 특허권 설정등록을 받고자 하는 자 또는 특허권자에게 특허료 납부의무를 부과하고, 일정한 기간 내에 납부하지 아니할 때에는 특허출원은 포기한 것으로 보며, 특허권은 낸 특허료에 해당되는 기간이 끝나는 날의 다음 날로 소급하여 소멸한 것으로 본다.

수수료란 특허에 관한 절차를 밟는 자가 그 절차에서 행정서비스를 받는 대가로 납부하는 요금을 말한다. 특허에 관한 절차를 밟는 자는 그에 따른 수수료를 납부하여야 하는데(제82조 제1항), 수수료를 납부하지 아니한 경우에는 보정명령의 대상이 되며(제46조 3호), 보정명령을 받은 자가 지정된 기간 이내에 그 보정을 하지 아니한 경우에는 특허에 관한 절차를 무효로 할 수 있다(제16조 제1항 본문). 다만, 특허법 제82조 제2항의 규정에 의한 심사청구료를 납부하지 아니하여 보정명령을 받은 자가 지정된 기간 이내에 그 심사청구료를 납부하지 아니한 경우에는 특허출원서에 첨부한 명세서에 관한 보정을 무효로 할 수 있다(제16조 제1항 단서).

제 2 절 특허료의 법적 성질

특허료의 법적 성질에 대하여는 수수료설, 조세설, 특허료설, 특허부여관리설 등이 있다. 수수료설은 영국의 은혜주의에서 유래한 견해로 국가가 특별한 사람에 대하여 특별한 행위를 한 것에 대한 대가 또는 보수로서 징수하는 것이라는 설이다. 그러나 우리나라의 경우 이와 같은 국가행위에 대한 반대급부인 수수료는 별도로 마련되어 있으며, 또 특허료는 매년 납부하도록 하고 있을 뿐만 아니라 그 액수 또한 누증제를 채택하고 있는 점 등으로 보건대 이론상 수긍하기 어렵다. 조세설은 특허료를 재산적 성질을 갖는 조세라고 보는 설이다. 그러나 특허료는 특허권에 대한 재산적 평가에 의한 차등징수도 아닐 뿐만 아니라 강제징수도 행해지지 않는다는 점에서 조세라고 보기는 어렵다. 특허료설은 특허료가 발명에 대한 독점권을 부여한 것에 대한 대가라는 설이다. 그러나 특허료설에도 국가가 개인에게 독점에 대한 대가로만 파악하고 있기 때문에 적절한 설이라고 보기 어렵다. 그러므로 국가가 개인에게 독점을 준 대가로만 보는 것은 적절하지 않으며 발명을 공개하여 그 기술을 일반 국민이 이용도모하고, 또 정부가 관리하여준 대가로 보기 때문에 특허부여 관리설로 보아야 할 것이다.

제 3 절 특허료 및 수수료의 납부

1. 특허료의 납부

특허권설정등록을 받고자 하는 자 또는 특허권자는 특허료를 납부하여야 한다(제79조). 또한 특허권에 실시권이나 질권 등이 설정되어 있는 경우에 이해관계인[1]은 특허권자의 의사에 관계없이 특허료를 낼 수 있다(제80조 제1항). 실시권 등은 특허권에 부수되는 재산권이므로 특허권자가 고의 또는 과실로 특허료를 납부하지 않음으로써

1) 여기서 이해관계인이란 납부하여야 할 자의 채권자, 전용실시권자, 통상실시권자 또는 질권자 등과 같이 특허권의 설정·존속에 법률상 또는 경제상의 이해관계를 가지는 자를 말한다.

이해관계가 있는 특허권을 소멸시켜 이해관계인의 이익을 해치는 것을 방지하기 위함이다. 이때 특허료를 낸 이해관계인은 내야 할 자가 현재 이익을 받는 한도 내에서 그 비용의 상환을 청구할 수 있다(제80조 제2항).

특허권의 설정등록을 받으려는 자는 설정등록을 받으려는 날(설정등록일)부터 3년분의 특허료를 등록결정 또는 등록심결의 등본을 받은 날부터 3개월 이내에 일시에 내야 하고(제79조 제1항, 특허료 등의 징수규칙 제8조 제5항), 특허권자는 4년차분부터의 특허료를 해당권리의 설정등록일을 기준으로 하여 매년 1년분씩 그 전년도에 내야 한다(제79조특허료 등의 징수 제1항, 규칙 제8조 제8항). 한편 4년차부터의 특허료는 그 납부연도 순서에 따라 수년분 또는 모든 연도분을 함께 낼 수도 있다(제79조 제2항).

특허권설정등록을 받고자 하는 자는 2 이상의 청구항이 있는 특허출원에 대하여 특허료 낼 때에 그 청구항별로 이를 포기할 수 있으므로(제215조의2), 필요한 경우 일부 청구항에 대하여 이를 포기하고 나머지 청구항에 대하여만 특허료를 내고 특허권설정등록을 할 수 있다.

납부기간이 지난 후에도 6개월 이내(이를 추가납부기간이라 한다)에 특허료를 추가로 낼 수 있으며, 이때에는 내야 할 특허료의 2배의 범위에서 특허료 등의 징수규칙이 정하는 금액을 납부하여야 한다(제81조 제1항 · 제2항).[2] 추가납부기간에 특허료를 내지 아니한 경우(추가납부기간이 끝나더라도 제81조의2 제2항에 따른 보전기간이 끝나지 아니한 경우에는 그 보전기간에 보전하지 아니한 경우를 말한다)에는 특허권의 설정등록을 받으려는 자의 특허출원은 포기한 것으로 보며, 특허권자의 특허권은 특허료를 납부할 기간이 끝나는 날의 다음 날로 소급하여 소멸된 것으로 본다(제81조 제3항).

한편 특허청장은 특허권의 설정등록을 받으려는 자 또는 특허권자가 특허료의 일부를 내지 아니한 경우에는 특허료의 보전(補塡)을 명하여야 한다(제81조의2 제1항). 보전명령을 받은 자는 그 보전명령을 받은 날부터 1개월 이내(이를 '보전기간'이라 한다)에 특허료를 보전할 수 있다(제81조의2 제2항).

또한 특허권의 설정등록을 받으려는 자 또는 특허권자가 정당한 사유[3]로 추가

2) 파리협약 제5조의2에는 "산업재산권의 존속을 위해서 정해지는 요금의 납부에 관해서는 적어도 6개월의 유예기간이 인정된다. 다만, "국내 법령이 할증요금을 납부해야 할 것을 정하고 있는 경우에는 그것이 납부되는 것을 조건으로 한다"라고 규정하고 있다.

3) 기존에는 절차의 무효(제16조 제2항), 특허출원의 회복(제67조의3), 특허료의 추가납부 또는 보전에 의한 특허출원과 특허권의 회복 등(제81조의3)의 규정에서 책임질 수 없는 사유를 요구하였으나 책임질 수 없는 사유는 천재지변에 한정되는 경우가 많고 실무상 매우 제한적으로 해석되고 있어, 2021년 10월 19일 개정법(법률 제18505호)에서는 이를 정당한 사유로 변경하였다. 정당한 사유로 변경할 경우 기존에 인정되지 않았던 사례 중 상당한 주의의무를 다한 것인지 여부(예를 들어, 출원인의 지병, 특허고객상담센터의 오안내, 특허료(등록료) 납부 오류 등은 정당한 사유에 포함된 것으로 판단)

납부기간에 특허료를 내지 아니하였거나 보전기간에 보전하지 아니한 경우에는 그 사유가 소멸한 날부터 2개월 이내에 그 특허료를 내거나 보전할 수 있다. 다만, 추가납부기간의 만료일 또는 보전기간의 만료일 중 늦은 날부터 1년이 지나기 전이어야 한다(제81조의3 제1항). 이에 따라 특허료를 납부하거나 보전한 자는 그 특허출원을 포기하지 아니한 것으로 보며, 그 특허권은 계속하여 존속하고 있던 것으로 본다(제81조의3 제2항). 즉 특허료의 불납으로 인하여 실효된 권리의 회복에 관한 규정이다. 추가납부기간에 특허료를 내지 아니하였거나 보전기간에 보전하지 아니하여 특허발명의 특허권이 소멸한 경우 그 특허권자는 추가납부기간 또는 보전기간 만료일부터 3개월 이내에 제79조에 따른 특허료의 2배를 내고, 그 소멸한 권리의 회복을 신청할 수 있다. 이 경우 그 특허권은 계속하여 존속하고 있던 것으로 본다(제81조의3 제3항). 회복된 특허출원 또는 특허권의 효력은 추가납부기간 또는 보전기간이 지난 날부터 특허료를 내거나 보전한 날까지의 기간(이를 '효력제한기간'이라 한다) 중에 타인이 특허출원된 발명 또는 특허발명을 실시한 행위에 대해서는 그 효력이 미치지 아니한다(제81조의3 제4항). 또한, 효력제한기간 중 국내에서 선의로 특허출원된 발명 또는 특허발명을 업으로 실시하거나 이를 준비하고 있는 자는 그 실시하거나 준비하고 있는 발명 및 사업목적의 범위에서 그 특허출원된 발명 또는 특허발명에 대한 특허권에 대하여 통상실시권을 가진다(제81조의3 제5항, 제6항).

2. 수수료의 납부

특허에 관한 절차를 밟는 자는 수수료를 내야 하는데(제82조 제1항), 일반적으로 수수료란 특허에 관한 절차를 밟음에 있어 납부하는 요금 중 특허료 및 등록료를 제외한 모든 요금을 말한다.

특허출원, 심사청구 등에 따른 특허출원료, 심사청구료 등을 그 지정된 기간 내에 납부하지 아니한 경우에는 특허청장은 그에 관한 절차를 무효로 할 수 있다. 한편 심판청구인, 심판참가인이 심판청구료, 심판참가료 등을 심판장이 지정한 기간 내에 납부하지 아니할 경우에는 그 심판청구서 및 참가신청서는 결정으로 각하한다.

에 따라 보다 많은 출원인 등의 권리를 구제할 수 있을 것으로 보인다(채수근 수석전문위원, 특허법 일부개정법률안, 디자인보호법 일부개정법률안, 상표법 일부개정법률안 검토보고(송갑석 의원 대표발의(의안번호 제2104891호, 제2104892호 및 제2104893호)), 산업통상자원중소벤처기업위원회, 2021.2, 14-15면).

제 4 절 특허료 및 수수료의 감면

1. 특허료 및 수수료의 면제의 대상

다음의 경우 특허료 및 수수료는 면제한다(제83조).

(1) 국가에 속하는 특허출원 또는 특허권에 관한 수수료나 특허료

국가 단독으로 출원하거나 특허권이 국가만에 속하는 경우에 면제된다. 따라서 국가와 국가 이외의 자가 공동출원하는 경우 등 국가와 국가 이외의 자가 특허에 관한 절차를 공동으로 밟거나 특허권을 공유하는 경우에는 일반원칙에 따라 특허료·수수료를 납부하여야 한다.[4)]

(2) 심사관의 무효심판청구에 대한 수수료

2. 특허료 및 수수료의 감면

특허청장은 「국민기초생활 보장법」에 따른 의료급여 수급자, 「재난 및 안전관리 기본법」 제36조에 따른 재난사태 또는 같은 법 제60조에 따른 특별재난지역으로 선포된 지역에 거주하거나 주된 사무소를 두고 있는 자 중 산업통상자원부령으로 정하는 요건을 갖춘 자 또는 그 밖에 산업통상자원부령으로 정하는 자가 한 특허출원 또는 그 특허출원하여 받은 특허권에 대해서는 제79조 및 제82조에도 불구하고 산업통상자원부령으로 정하는 특허료 및 수수료를 감면할 수 있다(제83조 제2항).[5)]

---

4) 특허청, 「등록업무편람」, 2016, 105면.

5) 징수규칙 제7조(특허료, 등록료 및 수수료의 감면) ① 특허료, 등록료 및 수수료의 감면에 관한 사항은 다음 각 호의 구분에 따른다. <개정 2022. 2. 18.>

1. 특허료, 등록료 및 수수료의 면제: 별표 4
2. 특허료, 등록료 및 수수료의 감경: 별표 5
3. 특허료, 등록료 및 수수료의 한시적 감면: 별표 6

② 삭제 <2022. 2. 18.>

③ 삭제 <2022. 2. 18.>

④ 삭제 <2022. 2. 18.>

⑤ 다음 각 호의 어느 하나에 해당하는 자가 공동으로 출원하여 「특허법」 제83조제1항제1호(「실용신안법」 제20조에 따라 준용되는 경우를 포함한다) 또는 「디자인보호법」 제86조제1항제1호 및 이 규칙 제7조제1항 각 호 또는 제13조제2항에 따른 감면을 받으려는 경우(공동으로 출원하는 자가 모두 해당 특허료, 등록료 또는 수수료의 감면 대상인 경우만 해당한다)에 감면율(제7조제1항 각 호에 따라

3. 부정감면에 대한 제재

특허청장은 특허료 및 수수료 감면을 거짓이나 그 밖의 부정한 방법으로 받은 자에 대하여는 산업통상자원부령으로 정하는 바에 따라 감면받은 특허료 및 수수료의 2배액을 징수할 수 있다. 이 경우 그 출원인 또는 특허권자가 하는 특허출원 또는 그 특허출원하여 받은 특허권에 대해서는 산업통상자원부령[6]으로 정하는 기간 동안 특허료 및 수수료

특허료, 등록료 및 수수료가 면제되는 경우 감면율을 100분의 100으로 한다)이 서로 다르면 각각의 감면율을 더하여 감면대상자수로 나누어 구한 평균감면율을 적용하여 감면한다. 이 경우 소숫점 이하는 올림한다. <신설 2014. 2. 21., 2015. 7. 29., 2019. 7. 9., 2022. 2. 18.>

1. 삭제 <2022. 2. 18.>
2. 별표 4부터 별표 7까지의 경우 중 어느 하나에 해당하는 자
3. 「특허법」 제83조제1항제1호에 따른 국가에 속하는 특허출원을 한 자, 「실용신안법」 제20조에 따라 준용되는 「특허법」 제83조제1항제1호에 따른 국가에 속하는 실용신안등록출원을 한 자 또는 「디자인보호법」 제86조제1항제1호에 따른 국가에 속하는 디자인등록출원을 한 자

⑥ 제1항 각 호 또는 제13조제2항에 따른 감면을 받으려는 자는 출원시의 출원서, 「특허법」 제203조의 서면, 심사청구 시의 심사청구서, 심판청구 시의 심판청구서 또는 권리설정등록 시와 4년차 분부터의 특허료 또는 등록료 납부 시의 특허(등록)료납부서 등에 감면의 사유와 그 대상 등을 적고, 다음 각 호의 구분에 따른 서류를 첨부하여 특허청장 또는 특허심판원장에게 제출하여야 한다. 다만, 제1항 제2호 · 제3호 또는 제2항제1호부터 제5호까지의 규정에 해당하는 자로서 감면대상에 해당함을 증명하는 서류를 특허청장 또는 특허심판원장에게 이미 제출한 경우에는 그 서류의 첨부를 생략할 수 있다. <개정 2008. 12. 31., 2011. 12. 2., 2014. 2. 21., 2014. 12. 31., 2015. 7. 29., 2022. 2. 18.>

1. 별표 4 제1호부터 제8호까지 및 제12호에 해당하는 자의 경우에는 그 자격을 증명하는 서류 1통
2. 별표 4 제9호에 해당하는 자의 경우에는 재학증명서 1통

2의2. 별표 4 제11호에 해당하는 자의 경우에는 복무증명서 1통

3. 별표 5부터 별표 7까지의 각 호에 해당하는 자의 경우에는 그 사실을 증명하는 서류 1통

⑦ 제6항에 따라 첨부하여야 하는 서류 중 「전자정부법」 제36조제1항에 따른 행정정보의 공동이용을 통하여 담당공무원이 확인하도록 특허청장이 정하여 고시하는 서류는 이를 첨부하지 아니할 수 있다. 다만, 신청인이 확인에 동의하지 아니하는 경우에는 해당 서류를 첨부하도록 하여야 한다. <개정 2010. 7. 27., 2010. 12. 30., 2014. 2. 21.>

⑧ 제6항에 따른 감면사유와 그 대상 등을 적지 아니하거나 이를 증명하는 서류를 첨부하지 아니한 이유 등으로 제1항 각 호 및 제13조제2항에 따른 감면을 받지 못하고 납부한 자가 감면분을 반환받으려는 경우에는 출원 · 심사청구 · 권리설정등록 · 권리범위확인심판청구 및 권리관계변경신고 등을 할 당시에 감면대상이었음을 증명하는 서류와 별지 제3호 서식의 수수료 사후 감면 신청서를 그 반환의 대상이 되는 출원료, 심사청구료, 특허료 · 실용신안등록료 · 디자인등록료, 심판청구료, 이전등록료 또는 출원인변경신고료 등을 납부한 날부터 5년 이내에 특허청장 또는 특허심판원장에게 제출하여야 한다. 이 경우 신청서를 제출받은 특허청장 또는 특허심판원장은 「전자정부법」 제36조제1항에 따른 행정정보의 공동이용을 통하여 신청인의 입금계좌정보를 확인해야 하며, 신청인이 확인에 동의하지 않는 경우에는 통장의 사본을 첨부하도록 해야 한다. <개정 2009. 7. 1., 2014. 2. 21., 2017. 2. 28., 2019. 12. 31., 2022. 2. 18.>

[전문개정 2007. 12. 21.]

[제목개정 2022. 2. 18.]

6) 특허청장은 거짓이나 그 밖의 부정한 방법으로 특허료, 등록료 및 수수료를 감면받은 사실을 출원 후 등록결정 전 또는 등록결정 이후에 확인한 경우 보정요구서 또는 보정명령 등을 통하여 해당

를 감면하지 아니한다(제83조 제4항).[7)]

제5절 특허료의 반환

납부된 특허료 및 수수료는 이를 반환하지 아니함이 원칙이다. 그러나 잘못 납부된 특허료 및 수수료, 특허취소결정이나 무효심결 또는 존속기간연장등록 무효심결이 확정된 해의 다음 해부터의 특허료 해당분, 특허출원(분할출원, 분리출원, 변경출원 및 우선심사의 신청을 한 특허출원은 제외한다) 후 1개월 이내에 그 특허출원을 취하하거나 포기한 경우에 이미 낸 수수료 중 특허출원료 및 특허출원의 우선권 주장 신청료, 출원심사의 청구를 한 이후 동일한 발명에 대한 같은 날 출원에서 협의 결과 신고 명령(동일인에 의한 특허출원에 한정한다), 거절이유통지, 특허결정의 등본 송달 중 어느 하나가 있기 전까지 특허출원을 취하(변경출원 또는 우선권 주장의 기초가 된 선출원으로서 취하된 것으로 보는 경우를 포함한다)하거나 포기한 경우 이미 낸 심사청구료, 출원심사의 청구를 한 이후 동일한 발명에 대한 같은 날 출원에서 협의 결과 신고 명령(동일인에 의한 특허출원에 한정한다) 후 신고기간 만료 전까지, 최초거절이유통지 후 의견서 제출기간 만료 전까지 특허출원을 취하하거나 포기한 경우 이미 낸 심사청구료의 3분의 1에 해당하는 금액, 특허권을 포기한 해의 다음 해부터의 특허료 해당분 등은[8)] 납부한 자의 청구에 의하여 반환한다

사실을 기재한 내용과 징수금액을 고지할 수 있다. 특허청장은 거짓이나 그 밖의 부정한 방법으로 특허료, 등록료 및 수수료를 감면받은 출원인 또는 특허권자·디자인권자가 하는 특허출원·디자인등록출원 또는 그 특허출원·디자인등록출원하여 받은 특허권·디자인권에 대하여는 그 출원인 또는 특허권자·디자인권자가 고지를 송달받은 날부터 1년간 이 규칙에서 정한 모든 감면조항을 적용하지 아니한다(징수규칙 제13조의2 제2항, 제3항).

7) 부모의 특허출원임에도 불구하고 미성년자인 자녀를 발명자로 포함하는 등 발명에 기여하지 않은 감면 대상자를 발명자에 포함하여 부당하게 수수료를 감면받은 사례가 발생하는 문제점이 있어서, 2021년 8월 17일 개정법(법률 제18409호)에서는 감면받은 특허료 및 수수료의 2배를 추징하고 일정기간 감면을 제한함으로써 제도의 악용을 방지하고 공정성을 제고하게 되었다(채수근 수석전문위원, 특허법 일부개정법률안 검토보고(이철규 의원 대표발의(의안번호 제2105036호 및 제2105093호)), 산업통상자원중소벤처기업위원회, 2021.2, 7-8면).

8) 거절결정 불복심판에 따라 특허거절결정 또는 특허권의 존속기간의 연장등록거절결정이 취소된 경우(제184조에 따라 재심의 절차에서 준용되는 경우를 포함하되, 심판 또는 재심 중 제170조 제1항에 따라 준용되는 제47조 제1항 1호 또는 2호에 따른 보정이 있는 경우는 제외한다)에 이미 낸 수수료 중 심판청구료(재심의 경우에는 재심청구료를 말한다), 심판청구가 제141조 제2항에 따라 결정으로 각하되고 그 결정이 확정된 경우(제184조에 따라 재심의 절차에서 준용되는 경우를 포함한다)에 이미 낸 심판청구료의 2분의 1에 해당하는 금액, 심리의 종결을 통지받기 전까지 제155조 제1항에 따른 참

(제84조).

잘못 납부된 특허료·수수료나 권리가 무효로 된 이후의 특허료는 국가가 부당이득을 취하는 것이 되기 때문에 반환하는 것이 당연하다. 다만, 특허권이 무효가 되는 경우도 특허권이 무효가 되기까지는 독점적으로 권리를 행사하였다고 보아 특허료를 반환하여 주지 않고 무효심결이 확정된 연도의 다음 연도부터의 특허료만 반환하여 주는 것이다. 또한 특허발명 중 일부 청구항에 대하여 특허무효심결이 확정된 경우에도 그 청구항 수에 따라 특허료를 반환한다(제84조 제1항 2호, 제215조). 특허청장 또는 특허심판원장은 납부된 특허료 및 수수료가 반환대상에 해당하는 경우에는 그 사실을 납부한 자에게 통지하여야 한다(제84조 제2항). 반환에 관한 통지를 받은 날부터 5년이 지나면 반환청구를 할 수 없다(제84조 제3항).

가신청을 취하한 경우(제184조에 따라 재심의 절차에서 준용되는 경우를 포함한다)에 이미 낸 수수료 중 참가신청료의 2분의 1에 해당하는 금액, 제155조 제1항에 따른 참가신청이 결정으로 거부된 경우(제184조에 따라 재심의 절차에서 준용되는 경우를 포함한다)에 이미 낸 수수료 중 참가신청료의 2분의 1에 해당하는 금액, 심리의 종결을 통지받기 전까지 심판청구를 취하한 경우(제184조에 따라 재심의 절차에서 준용되는 경우를 포함한다)에 이미 낸 수수료 중 심판청구료의 2분의 1에 해당하는 금액이 여기에 해당한다.

제2장

특허등록

Ⅰ. 의 의

특허법상 등록이란 특허에 관한 권리의 설정·변경·소멸 기타 특허권에 관련된 일정한 사항을 특허원부에 기재하고 기록하는 일련의 행정행위를 말한다. 특허법은 특허권 및 전용실시권의 설정, 이전 등 일정한 경우에 등록할 것을 규정하여, 특허권의 발생·변경·소멸 등의 권리 변동사항을 일반공중에게 공시함으로써 제3자에 대한 불측의 손해를 방지하고자 한다.

특허등록은 법령에 의하여 특허청장이 직권으로 하는 경우 이외에는 신청 또는 촉탁에 의하여 이루어지며(특허등록령 제13조 제1항), 특허권은 설정등록에 의하여 발생한다(제87조 제1항). 그리고 특허권 또는 전용실시권의 권리변동은 등록이 효력발생요건이며(제101조 제1항), 통상실시권의 권리변동은 등록이 제3자에 대한 대항요건이다(제118조 제3항).

특허에 관한 등록이 있으면 특허법상의 효력 이외에 등록의 추정력과 형식적 확정력이 발생한다. 그러나 특허등록원부에 등록한 사항에 대하여 공신력은 인정되지 않고 있는데 이는 거래의 안전보다는 진정한 권리를 보호하기 위함이다.

Ⅱ. 특허원부의 취지 및 의의

'특허등록원부'란 특허권 또는 그에 관한 권리관계가 기록된 공적 장부를 말하고, '특허등록'이란 특허청장(특허청장의 위임을 받은 등록공무원)이 법정절차에 따라 공부인 특허원부에 특허권의 설정·이전·소멸 또는 권리의 처분의 제한에 관한 사항 등을 기록하는 것이다.

특허원부의 유형으로는 특허등록원부 외에 특허신탁원부가 있다(특허등록령 제9조 제2항). 특허법 제85조 제4항은 특허를 받은 발명의 명세서 및 도면(특허등록령 제8조 제3항)도 특허등록원부의 일부로 보고 있다. 이 외에도 특허권 등의 등록령 제12조에서 규정하고 있는 폐쇄특허원부가 있다.

특허등록원부는 물적편성주의에 입각하여 1개의 권리에 1개의 등록번호가 부여되어 작성된다. 이는 특허권자를 기준으로 하여 편성하는 인적편성주의나 권리변동을 기재한 서면을 연대적 순서에 따라서 편성하는 연대적 편성주의와는 다른 방식이다.

등기에 공신력을 인정하고 있지 않은 부동산등기와 마찬가지로 특허등록원부에 특허에 관한 사항이 등록되어 있어도 그에 대응하는 실질적 관계가 성립되어 있지 않으면 그 등록사항은 효력이 부인될 수 있는데 이는 거래의 안정보다는 진정한 권리자를 보호하기 위한 것이라 할 수 있다.

특허권은 국가로부터 부여받은 무체재산권으로서 특허등록을 받은 타인에 대하여 독점배타적으로 권리행사를 할 수 있다. 특허권의 설정등록은 물론 권리의 존속·소멸 기타 권리의 변동사항 등을 일반공중에 공표함으로써 거래의 안전을 도모하고 선의의 제3자에 대한 불측의 손해를 미연에 방지하기 위하여 등록제도를 채택하고 있으며, 누구나 소정의 수수료만 납부하면 특허청에 비치된 원부의 열람 및 복사 신청이 가능하도록 하고 있다.

특허법은 특허권에 관한 등록제도를 효율적으로 운용하기 위하여 법에 등록의 기본규정을 두는 이외에 등록의 종류 및 구체적 절차규정은 특허권 등의 등록령에 위임하고 있다.

Ⅲ. 등록사항

특허원부는 그 전부 또는 일부를 자기문서로서 다음과 같은 사항을 기재한다.[1)]

---

1) 등록사무취급규정(2019.12.30. 개정 특허청훈령 제986호) 제5조 제1항은 "등록사무는 전산정보처리조직에 의하여 처리한다. 이 경우 등록사항이 기록된 보조기억장치(자기디스크, 자기테이프 기타 이와 유사한 방법에 의하여 일정한 등록사항을 확실하게 기록·보관할 수 있는 전자적 정보저장매체를

이러한 특허원부는 그 전부 또는 일부를 전자적 기록매체 등으로 작성할 수 있다(제85조 제2항).

1. 특허법상의 등록사항(제85조 제1항)

(1) 특허권의 설정 · 이전 · 소멸 · 처분의 제한 또는 존속기간의 연장(제85조 제1항 1호)

1) 특허권의 설정

특허권의 설정은 특허결정 또는 등록 심결의 등본을 받은 출원인이 법정기간 내에 소정의 특허료를 납부하였을 때 직권으로 특허권이 발생하도록 하는 소위 신규등록이다. 이는 특허출원에 대한 최종처분이고 특허권은 설정등록에 의하여 발생하는 것이다(제87조 제1항).

2) 특허권의 이전

특허권의 이전이란 특허권의 주체가 변경되는 것을 말한다. 상속 · 합병 등 일반승계를 제외한 특별승계(양도 등)는 등록원부에 등록함으로써 효력이 발생한다.

특허권의 이전에는 전부이전, 일부이전, 지분이전, 지분일부이전 등이 있다. 지분이전의 경우에는 다른 공유자의 동의를 요한다(제99조 제2항).

3) 특허권의 소멸

특허권의 유한성을 갖는 권리로서 일정한 소멸사유에 해당되면 소멸한다. 특허권이 소멸하는 경우로는 존속기간의 만료(제88조), 특허료의 불납(제81조), 상속인의 부존재(제124조), 특허권의 포기(제120조), 특허의 무효(제133조), 특허의 취소(제132조의13) 등이 있다.

(2) 전용실시권 또는 통상실시권의 설정 · 보존 · 이전 · 변경 · 소멸 또는 처분의 제한(제85조 제1항 2호)

1) 전용실시권의 설정

전용실시권의 설정이란 실시권자가 특허권자와의 계약(허락)에 의하여 일정기간 동안 일정한 지역에서 일정한 내용으로 특허권을 독점배타적으로 실시할 수 있는 권리를 설정하는 것을 말한다.

2) 통상실시권의 설정

통상실시권의 설정은 특허권자 또는 전용실시권자의 허락(계약), 법률의 규정,

포함한다)를 등록원부로 본다"라고 규정한다.

특허청의 재정 등에 의해서 일정기간 동안 특허발명을 실시할 수 있는 권리를 설정하는 것으로 등록신청시에는 해당서식에 실시권의 범위인 지역, 기간, 내용 등을 기재하여야 한다.

3) 실시권의 보존

실시권의 보존 등록은 법정 통상실시권을 대상으로 한다. 법령의 규정에 의한 통상실시권은 등록을 하지 않아도 특허권자 또는 전용실시권자에 대하여는 대항할 수 있으나, 법정통상실시권의 이전 · 질권의 설정 등은 등록하지 않으면 제3자에 대항할 수 없다. 따라서 법정통상실시권을 이전하거나 이에 대하여 질권을 설정함에 있어 대항요건을 구비하기 위해서는 법정통상실시권 자체가 미등록인 상태로는 불가하므로 먼저 보존등록을 하게 된다.[2)]

4) 실시권의 이전 · 변경 · 소멸 또는 처분의 제한

실시권도 이전 · 변경 · 소멸 또는 처분의 제한에 대한 등록이 가능하며 특히 실시권의 변경은 특허권 등의 등록령 시행규칙 별지 제20호 서식에 의거 등록신청하면 된다.

(3) 특허권, 전용실시권 또는 통상실시권을 목적으로 하는 질권의 설정 · 이전 · 변경 · 소멸 또는 처분의 제한(제85조 제1항 3호)

특허권 등에 대한 질권의 설정은 질권자(채권자)와 특허권자, 전용실시권자, 통상실시권자와의 질권설정계약에 의하여 이루어지는 것으로 특허권 등의 등록령 시행규칙 별지 제17호 서식에 의거 등록신청하면 된다.

1) 특허권의 설정 · 이전 · 소멸 · 회복 · 처분의 제한 또는 존속기간의 연장

2) 전용실시권 또는 통상실시권의 설정 · 보존 · 이전 · 변경 · 소멸 또는 처분의 제한

3) 특허권 · 전용실시권 또는 통상실시권을 목적으로 하는 질권의 설정 · 이전 · 변경 · 소멸 또는 처분의 제한

2. 특허권 등의 등록령의 등록사항

특허청장은 특허권의 설정등록을 한 때에는 특허청에 특허등록원부를 비치하고, 앞에서 언급한 것 외에 다음의 각호의 사항을 등록한다(제85조 제3항).

2) 특허청, 「등록업무편람」, 2016, 14~15면.

1) 특허권 등의 등록령 제3조 제1항에 열거된 사항[3]
2) 가등록(특허등록령 제8조) 및 예고등록(특허등록령 제6조)에 관한 사항
3) 부기등록에 관한 사항(특허등록령 제7조)

Ⅳ. 등록의 종류

1. 등록절차에 의한 분류

등록은 그 신청이유에 따라 신청에 의한 등록, 촉탁에 의한 등록 및 직권에 의한 등록으로 나눌 수 있다.

(1) 신청에 의한 등록

등록은 사유재산권의 보호를 목적으로 하는 것이므로 당사자의 신청에 의하는 것이 원칙이다. 이에 등록절차의 대부분이 신청에 의한 등록이며, 법령에 특별한 규정이 있는 경우를 제외하고는 등록권리자와 등록의무자가 공동으로 신청해야 한다(특허등록령 제15조 제1항).

(2) 촉탁에 의한 등록

촉탁에 의한 등록은 법원 또는 세무서 등의 촉탁에 의하여 하는 등록으로, 법원의 압류·가압류·가처분이나 국세체납처분에 의한 압류 등의 경우에 행하여진다. 촉탁에 의한 등록은 ① 특허권 또는 특허에 관한 권리의 처분제한 또는 그 제한의 해제 등의 촉탁등록, ② 특허권양도 등의 등록원인의 무효나 취소로 인한 등록의 말소 또는 회복의 소(訴)가 법원에 제기된 경우의 예고등록의 촉탁, ③ 특허신탁원부에의 등록촉탁, ④ 신탁재산관리 방법의 변경으로 인한 등록촉탁 등이 있다.

(3) 직권에 의한 등록

직권에 의한 등록은 특허청장이 직권으로 등록을 하는 것으로, 특허권 등의 등

---

3) 특허법 제106조 제1항 및 제106조의2 제1항에 따른 특허권의 수용·실시, 제107조 제1항에 따른 통상실시권 설정의 재정, 제114조 제1항에 따른 재정의 취소, 제132조의13에 따른 특허취소결정 또는 기각결정, 제132조의17(특허권의 존속기간의 연장등록거절결정에 대한 심판만 해당), '제133조 제1항, 제134조 제1항·제2항, 제135조 제1항·제2항, 제136조 제1항, 제137조 제1항 및 제138조 제1항·제3항'에 따른 심판의 확정심결, 제178조 제1항에 따른 재심의 확정심결, 제186조 제1항에 따른 특허법원의 확정판결, 제186조 제8항에 따른 대법원의 판결.

록령에서 다음과 같은 경우에 직권등록을 인정하고 있다(특허등록령 제14조).

1) 특허권의 설정 · 소멸(포기에 따른 소멸은 제외)

2) 심판 또는 재심에 의한 명세서나 도면의 정정 또는 정정의 무효나 재심에 의한 정정의 회복

3) 존속기간의 연장

4) 혼동으로 인한 전용실시권 · 통상실시권 또는 질권의 소멸

5) 특허권 등의 등록령 제3조에 따른 등록사항[4)]

2. 내용에 의한 분류

등록은 그 내용에 따라 설정등록, 변경등록, 경정등록 및 말소등록 등으로 나눌 수 있다.

(1) 설정등록

설정등록이란 새로운 등록원인의 발생에 따라 등록하는 것으로 새로이 특허원부를 작성하거나 기존의 특허원부에 기록하여 등록하는 것을 말하며, 이는 특허권의 설정등록, 전용실시권 · 통상실시권의 설정등록, 질권의 설정등록 등이 있다.

(2) 변경등록

변경등록이란 기존 등록사항의 일부가 어떠한 사유로 인하여 기존 등록 내용과 권리를 변경할 목적으로 등록하는 것을 말하며, 이러한 변경등록은 권리의 객체에 관한 것과 권리의 주체에 관한 것으로 다시 나눌 수 있다. 권리의 객체에 관한 변경등록으로는 청구범위에 있어서 청구항의 일부포기, 전용실시권 · 통상실시권의 범위나 대상의 축소변경, 질권에 관한 이자의 감축 면제시기의 변경 등이 있다. 권리의 주체에 관한 변경등록으로는 특허권자의 주소변경, 개명 등 등록명의인 표시 변경등록을 말한다.

---

4) 특허법 제106조 제1항 및 제106조의2 제1항에 따른 특허권의 수용 · 실시, 제107조 제1항에 따른 통상실시권 설정의 재정, 제114조 제1항에 따른 재정의 취소, 제132조의13에 따른 특허취소결정 또는 기각결정, 제132조의17(특허권의 존속기간의 연장등록거절결정에 대한 심판만 해당), 제133조 제1항, 제134조 제1항 · 제2항, 제135조 제1항 · 제2항, 제136조 제1항, 제137조 제1항 및 제138조 제1항 · 제3항에 따른 심판의 확정심결, 제178조 제1항에 따른 재심의 확정심결, 제186조 제1항에 따른 특허법원의 확정판결, 제186조 제8항에 따른 대법원의 판결.

(3) 경정등록

경정등록이란 등록과 사실관계의 불일치를 시정하기 위하여 하는 등록으로서 착오 또는 누락된 것을 바로잡는 등록을 말한다. 경정등록은 그 등록원인이 절차의 착오 또는 누락에 의한 원시적 불일치의 경우에 등록과 권리의 실체 등을 일치시키기 위하여 기존 등록의 일부를 변경하는 등록으로서 등록권리자의 신청이나 특허청장의 직권에 의하여 행하여진다.

(4) 말소등록

말소등록이란 기존의 등록을 말소할 것을 목적으로 하는 등록으로서 존속기간의 만료, 연차분 특허료의 불납, 상속인 부존재, 포기 등에 따른 특허권의 말소등록이 있다.

(5) 회복등록

회복등록이란 권리의 실체가 존재함에도 불구하고 부당하게 등록이 멸실 또는 말소될 경우 그 등록을 회복시킬 목적으로 하는 등록을 말한다. 이러한 회복등록의 상실원인에 따라 멸실회복등록(특허등록원부가 전부 또는 일부가 화재 등의 사고에 의해 소멸된 경우)과 말소회복등록(기존의 등록의 전부 또는 일부가 부적법하게 말소된 경우 말소 전의 등록을 회복하기 위하여 하는 등록)으로 구분한다.[5)]

3. 형식에 의한 분류

등록은 그 형식에 따라 주등록과 부기등록으로 나눌 수 있다.

(1) 주등록

주등록이란 등록사항에 있어서 주가 되는 등록을 말한다. 즉, 특허원부 중의 권리란·특허권자란 등의 사항란의 순위번호란에 기존등록의 순위번호에 계속하여 새로운 번호를 부여하여 등록을 말한다(특허등록령 제4조). 예를 들면, 특허권의 설정등록·이전등록 등이다.

(2) 부기등록

부기등록은 주등록과 동일성을 유지하거나 동일한 순위를 갖게 함을 명백히 하

5) 김원준, 「특허법」, 박영사, 2009, 458면.

고자 하는 경우에 해당 주등록사항에 관련하여 등록하는 것을 말한다(특허등록령 제7조). 예를 들면 부기등록사항으로는 특허권자가 주소를 변경하였거나 또는 특허권자가 법인인 경우 그 명칭이 변경된 경우에 그것을 일치시키기 위하여 등록명의인표시변경을 하는 등록이며 그 외에 질권의 이전, 일부가 말소된 등록의 회복 등이 있다.

4. 효력에 의한 분류

등록은 그 효력에 따라 본등록, 가등록 및 예고등록 등으로 나눌 수 있다.

(1) 본등록

본등록이란 권리의 변동을 확정적으로 할 목적으로 등록하는 것을 말한다.

(2) 가등록

가등록이란 등록의 효력발생요건이나 대항요건과 직접적인 관계는 없으나 본등록의 순위를 보전하기 위한 등록을 말하며, 다음의 경우에 할 수 있다(특허등록령 제8조).

1) 특허권이나 특허권에 관한 권리의 설정, 이전, 변경 또는 소멸에 관하여 청구권을 보전하려는 경우

2) 위 청구권이 시기부(始期附)이거나 정지조건부(停止條件附)인 경우와 그 밖에 장래에 확정될 것인 경우

(3) 예고등록

예고등록이란 제3자에게 권리변동사항을 알리기 위하여 하는 등록으로, 다음의 경우에 한한다(특허등록령 제6조).

1) 특허법 제106조 제1항 및 제106조의2 제1항에 따른 특허권의 수용·실시의 신청이 있는 경우

2) 특허법 제107조 제1항에 따른 통상실시권 설정의 재정신청, 같은 법 제114조 제1항에 따른 재정의 취소신청이 있는 경우

3) 특허법 제132조의2 제1항에 따른 특허취소신청이 있는 경우

4) 특허법 제132조의17(특허권의 존속기간의 연장등록거절결정에 대한 심판만 해당한다), 제133조 제1항, 제134조 제1항·제2항, 제135조 제1항·제2항, 제136조 제1항, 제137조 제1항 및 제138조 제1항·제3항에 따른 심판의 청구가 있는 경우

5) 특허법 제178조 제1항에 따른 재심의 청구가 있는 경우

6) 특허법 제186조 제1항에 따라 특허법원에 소가 제기된 경우

7) 특허법 제186조 제8항에 따라 대법원에 상고가 제기된 경우

Ⅴ. 등록절차

등록신청은 신청서에 필요한 기재사항과 등록원인을 증명하는 첨부서류 및 수수료를 납부한 영수증을 첨부하여 신청하게 된다. 특히 허위등록의 방지와 등록의 진정을 유지하기 위해 등록의 신청은 원칙적으로 등록권리자와 등록의무자가 공동으로 하여야 한다(특허등록령 제15조 제1항). 다만 신청서에 등록의무자의 승낙서가 첨부된 경우 또는 신청에 필요한 첨부서류에 등록의무자의 등록 승낙 의사표시가 적힌 경우의 어느 하나에 해당하거나, 상속·법인의 합병이나 그 밖의 일반승계에 따른 등록에는 등록권리자가 단독으로 신청할 수 있다(특허등록령 제15조 제2항·제4항). 또한 판결에 의한 등록은 승소한 등록권리자 또는 등록의무자만으로 신청할 수 있고(특허등록령 제15조 제3항), 등록 명의인의 표시 변경 또는 경정 등록은 등록 명의인만으로 신청할 수 있다(특허등록령 제15조 제5항).

신청에 의한 등록은 접수의 순위에 따르며, 직권에 의한 등록은 등록의 원인이 발생한 순서에 따라 한다. 다만 특허권의 설정등록은 설정등록료의 납부순서에 따른다. 주등록의 순위는 법령에 별도의 규정이 있는 경우를 제외하고는 등록의 전후에 의하며, 부기등록의 순위는 주등록의 순위에 의한다. 가등록에 대한 본등록을 할 때에 그 순위는 가등록의 순위에 의한다.

Ⅵ. 등록의 효력

특허 등록에는 특허법 제87조, 제101조 및 제118조의 규정에 의하여 다음과 같은 효력이 발생한다.

1. 효력의 발생

다음 사항의 경우에는 이를 등록하지 않으면 효력이 발생하지 않는다.

1) 특허권의 설정등록(제87조 제1항)

2) 특허권의 이전(상속이나 그 밖의 일반승계에 의한 경우는 제외)·포기에 의한 소멸 또는 처분의 제한

3) 전용실시권의 설정·이전(상속이나 그 밖의 일반승계에 의한 경우는 제외)·변

경·소멸(혼동에 의한 경우는 제외) 또는 처분의 제한

4) 특허권 또는 전용실시권을 목적으로 하는 질권의 설정·이전(상속이나 그 밖의 일반승계에 의한 경우는 제외)·변경·소멸(혼동에 의한 경우는 제외) 또는 처분의 제한(이상 제101조 제1항)

2. 대항력의 발생

다음의 사항은 등록하지 않더라도 그 효력은 발생하나 이를 등록하지 아니한 경우에는 제3자에게 대항하지 못한다.

1) 통상실시권의 설정등록(제118조 제1항)

2) 통상실시권의 이전·변경·소멸 또는 처분의 제한(제118조 제3항)

3) 통상실시권을 목적으로 하는 질권의 설정·이전·변경·소멸 또는 처분의 제한(이상 제118조 제3항)

3. 추정적 효력

등록원부에 등록된 사항은 진정한 것으로 하여 해당 원부상의 권리관계가 실지로 존재하는 것으로 추정하는 효력이 있다. 따라서 반증에 의하여 추정은 번복될 수 있으며 이때 거증책임은 이를 주장하는 자가 진다.

4. 형식적 확정력

기존의 등록에 과오의 유무를 불문하고 이후의 등록에 관하여는 현재의 등록을 무시할 수는 없는 것이므로 등록이 가지는 형식적 확정력으로부터 등록의 효력이 인정되는데 이를 등록의 형식적 확정력이라 한다.

Ⅶ. 특허증 발급

특허청장은 특허권의 설정등록을 한 때에는 특허권자에게 특허증을 발급하여야 한다(제86조 제1항). 특허증에는 특허발명이 특허법에 의하여 등록되었음을 확인하기 위하여 특허번호, 발명의 명칭, 특허권자, 발명자가 기재된다(시행규칙 제50조). 특허증의 발행은 확인행위에 불과하다. 즉, 특허증은 특허등록된 권리관계를 공적으로 확인하는 증표이상의 의미를 갖지 않는바, 특허증의 이전이나 유실 여부가 특허권에 영향을 미치는 것은 아니다. 또한 특허증의 허위 소지자를 진정한 권리자로 믿고 특허권 양도계약을 체결하였다 하여 그 계약이 유효하게 보호되는 것도 아니다.

특허청장은 특허증이 특허원부나 그 밖의 서류와 맞지 아니하면 신청에 따라 또는 직권으로 특허증을 회수하여 정정발급하거나 새로운 특허증을 발급하여야 한다(제86조 제2항). 또한 특허발명의 명세서 또는 도면의 정정을 인정한다는 취지의 결정 또는 심결이 확정된 경우, 무권리자의 특허등록을 원인으로 하여 특허권이 이전등록된 경우 중 어느 하나에 해당하는 경우에는 결정, 심결 또는 이전등록에 따른 새로운 특허증을 발급하여야 한다(제86조 제3항).

Ⅷ. 등록공고

특허청장은 특허권이 설정등록된 때에는 그 특허에 관하여 특허공보에 게재하여 등록공고를 하여야 한다(제87조 제3항). 비밀취급이 필요한 특허발명에 대해서는 그 발명의 비밀취급이 해제될 때까지 그 특허의 등록공고를 보류하여야 하며, 그 발명의 비밀취급이 해제된 경우에는 지체 없이 등록공고를 하여야 한다(제87조 제4항), 공고방법은 특허법 시행령 제19조의 규정에 따른다.

Ⅸ. 등록신청의 반려 및 보정

특허청장은 다음의 사유에 해당될 때에는 등록 신청이나 촉탁을 반려하여야 한다. 다만, 그 신청의 흠이 보정(補正)될 수 있는 것으로서 보정안내서를 발송한 날부터 1개월 이내(신청인이 외국인인 경우에는 2개월 이내)에 그 흠결의 전부를 보정하였을 때에는 그러하지 아니하다(특허등록령 제29조 제1항). 위 보정기간은 연장할 수 없으며, 보정기간 중에는 다시 보정할 수 있다(특허등록령 제29조 제4항).

1) 등록을 신청한 사항이 등록할 수 있는 것이 아닌 경우
2) 신청할 권한이 없는 자가 신청한 경우
3) 신청서가 방식에 맞지 아니한 경우
4) 신청서에 적힌 권리의 표시가 등록원부와 맞지 아니한 경우
5) 신청서에 적힌 등록의무자의 표시가 등록원부와 맞지 아니한 경우(다만, 신청

인이 등록권리자 또는 등록의무자의 상속인이나 그 밖의 일반승계인인 경우는 제외)

6) 신청서에 적힌 사항이 등록의 원인을 증명하는 서류와 맞지 아니한 경우

7) 신청서에 필요한 서류를 첨부하지 아니한 경우

8) 등록에 대한 등록면허세, 인지세, 등록료 또는 등록수수료를 납부하지 아니한 경우

특허청장은 다음의 사유에 해당하여 등록 신청이나 촉탁을 반려하려는 경우에는 신청인에게 그 이유를 알리고 1개월 이내의 소명기간(疎明期間)을 주어 소명할 수 있는 기회를 주어야 한다(특허등록령 제29조 제2항).

1) 신청기한을 넘긴 경우

2) 등록료를 전혀 납부하지 아니한 경우

3) 등록의 원인을 증명하는 서류를 전혀 제출하지 아니한 경우

4) 그 밖에 법령상 보정할 수 없는 것이 명백한 경우

제 6 편

특 허 권

제1장 특 허 권
제2장 실 시 권

제1장

특 허 권

Ⅰ. 의 의

1. 특허권의 의의

특허권이란 특허를 받은 발명을 독점적으로 이용할 수 있는 권리이고, 타인의 이용을 배제할 수 있는 권리이다. 이러한 특허권은 설정등록에 의하여 그 효력이 발생한다. 즉 특허권의 설정등록은 특허결정을 받고 특허료를 납부한 후 특허등록원부에 기재됨과 동시에 효력이 발생하며 특허권이 발생하게 된다. 특허등록은 특허청에 비치한 특허등록원부에 특허청장이 직권으로 기재하며(제85조), 특허청장은 특허권의 설정등록을 하였을 때에는 특허권자에게 특허증을 발급한다(제86조 제1항).

특허권은 특허발명을 업으로서 독점적으로 실시할 수 있는 독점권이다. 따라서 특허권이 소멸할 때까지는 전용실시권 설정 등 일정한 제한사유 외에는 누구의 방해도 받음이 없이 해당 특허발명을 전용할 수 있다. 또한 특허권은 같은 기술을 이용하는 경쟁업자를 물리칠 수 있는 배타적 효력을 가지므로 영업에 있어서 우월적 · 독점적 지위를 누리게 하여 주는 배타권을 갖는다. 이러한 특허권은 산업상의 재산권으로서 권리의 사용 · 수익 · 처분에 관한 권능이 인정되는 권리이다. 특히 특허권자의 개인적 이익을 보호하는 사권이며, 또 재산적인 가치를 가지고 경제거래의 대상이 된다. 또한 앞의 특허출원 · 심사절차에서 본 바와 같이 일정의 절차를 거쳐 특허등록된 권리라도 시간적·장소적 또는 내용적인 제한[1]이 있을 수 있으며, 또 무효가 될 수 있다. 그러므로 특허권은 민법상의 다른 소유권에 비해 불안정한 권리라고도 말할 수 있다. 특히 산업발전에 이바지한다는 정책적 판단에서 특허권의 권능은 제한된다.

2. 소유권과의 비교

특허권은 소유권과 유사한 물권적인 권리라고 일컬어진다. 이는 특허권이 갖는 방해배제청구권과 방해예방청구권 등과 같은 권능을 갖고 있음에 기인한 것일지 모르나 정확한 표현은 아니다. 특히 특허권의 대상인 발명의 성질은 소유권의 대상인 물건의 성질과 다르며, 특허법과 물권법의 존재이유도 서로 다르다. 즉 소유권이란 물건에 대한 절대적인 지배권원을 말하며, 여기서 '물건'이라 함은 유체물 및 관리가능한 자연력을 말한다(민법 제98조). 따라서 소유권의 대상은 물건이며, 소유권 침해에 대한 원상회복으로서의 전형적인 수단은 반환청구가 된다. 이에 대해서 특허권은 발명이라는 정보의 독점적 실시권원이며, 특허권 침해에 대한 원상회복은 실시의 금지가 된다. 이는 물건의 경우와는 달리 특허권의 대상인 발명에는 점유라는 개념을 생각할 수 없으며, 침해자의 실시행위를 중지시키면 특허권의 독점성은 회복되기 때문이다.

또한 소유권은 소유물이 존재하는 한 영구히 존속할 수 있지만, 특허권은 기한(期限)의 제한을 받는다. 이는 특허권이 생산·판매 등에 대한 독점권이며, 동일성 있는 기술의 실시 그 자체를 금할 수 있는 권원으로서, 이를 영구적으로 인정하게 된다면 사회 전체의 이익에 반하기 때문이다. 또한 발명이 선인(先人)의 업적 위에 성립한다는 점에서 일정한 자에 대한 영구적 특허권의 부여가 선인의 업적분까지도 독점권을 부여한다는 부당함이 있을 수 있다. 이에 특허권은 일정한 기간에만 그 독점적 지위를 갖는다.

특허권과 소유권은 그 발생형태에서도 차이가 있다. 소유권은 무주물선점·가공·부합·시효취득 등에 의해 원시적으로 취득할 수 있지만, 특허권은 특허청의 처분에 의해 발생한다.

---

1) 독점적인 특허권이 발생하였다고 하여, 타법을 배제하면서까지 그 실시를 허여하는 것은 아니다. 예를 들면 전기용품 및 생활용품 안전관리법 제5조는 공공의 이익을 위하여 일정상품에 대해서는 안전인증 등을 받도록 규정하고 있으므로, 특허발명이 이 규정의 상품에 해당될 때에는 품질검사를 받아야 실시할 수 있게 된다.

이와 같은 차이들은 특허권이 소유권과는 달리 산업정책적인 이유에서 기인하였기 때문이다. 즉 연혁적으로 특허권은 발명의 보호를 통하여 산업발전에 이바지하고자 하는 정책적 판단에서 마련되었으며, 따라서 그 권능들에 있어 소유권적의 법적 구성을 차용하였을지라도 실제 특허권의 대상·보호범위·존속기간 등은 소유권이 갖지 않는 산업정책적 요소를 갖는다. 또한 특허권에는 인격권적인 요소도 존재한다. 즉 발명자는 출원서류·특허증·특허원부에 발명자로서 성명을 게재할 수 있는 권리를 갖는다.

3. 특허권의 본질

특허권의 본질을 설명하려는 견해로서 ① 인격권설, ② 소유권설 및 ③ 무체재산권설 등이 있다. 인격권설은 특허권의 본질을 설명하려는 가장 오래된 견해로서 발명자가 갖는 독점적 권리인 특허권은 인격권으로서 그것은 인격과 구별하여 존재할 수 없다고 보는 견해이다. 그러나 특허권은 발명자만이 독점권의 주체가 되어야 하는 일신전속적인 권리는 아니며, 타인에게 승계될 수 있는 재산권이라는 점에서 이 견해는 한계가 있다.

소유권설은 17세기경 유럽에서 제창되어 18·19세기에 대륙법학을 지배했던 이론으로, 유체물을 제작한 자가 그 물건의 소유권을 취득하는 것처럼 발명자는 정신적 노력의 산물인 발명에 대하여 소유권을 가져야 한다는 견해이다. 다만 특허권은 유체물에 대한 소유권과는 달리 지적 창작에 대한 권리라는 점에서 지적소유권 또는 정신적 소유권이라 부르기도 한다. 그러나 실제 소유할 수 없고 관념상 지배가능한 무체물에 대한 지배권을 유체물의 지배권인 소유권적 개념으로 이해하는 것은 특허권의 본질을 외면한 것이라 하겠다.

무체재산권설은 19세기 독일의 콜러(Kohler) 교수가 소유권설을 비판하면서 제기한 이론이다. 콜러는 특허권은 소유권과는 달리 그 권리 존속기간이 유한하고, 국가마다 권리가 별개로 부여되고 있으며, 외형상 소재지가 없어 점유할 수 없다는 점 등을 들어 무체재산권으로 이해하고 있다. 이러한 콜러의 견해는 독일, 일본 및 우리나라에서 유력한 설로서 지지받고 있으나, 다만 특허권을 소유권과 구별하려는 의도에서 권리의 본질을 외면하고 형식에 너무 치우치고 있다는 지적을 받고 있다.

4. 특허권의 성질

특허권은 무체재산권으로서 독점배타성, 총괄적 · 전면적 지배성, 탄력성, 유한성, 제한성, 국제성 등의 성질을 갖고 있다.

(1) 독점배타성

특허권자는 업으로서 그 특허발명을 독점적으로 실시(제94조)할 수 있는 한편, 타인의 무단실시에 대하여는 배타권을 행사할 수 있다(제126조). 그러한 점에서 특허권은 특정인을 의무자로 하여 권리주장이 가능한 상대권으로서의 대인권이 아니라, 일반인을 의무자로 하여 권리 주장이 가능한 절대권으로서의 대세권이며, 물권적인 성질의 것이라고도 설명할 수 있다.

(2) 총괄적 · 전면적 지배성

특허권자는 특허발명에 대한 이용과 사용가치의 전부에 대한 포괄적 지배권을 갖는다. 즉 실시권이 제한된 범위 내에서만 객체를 지배할 수 있는 것에 반하여 특허권은 특허발명의 전 범위에 걸쳐 지배할 수 있으며, 이러한 특허권자의 발명 전부에 대한 사용 · 수익 · 처분 권능을 특허권의 총괄적 · 전면적 지배성이라 한다.

(3) 탄력성

특허권자는 특허권의 총괄적 · 전면적 지배성에 의하여 자신이 직접 특허발명을 사용 · 수익 · 처분할 수 있을 뿐만 아니라 타인으로 하여금 이를 사용 · 수익케 할 수 있다. 따라서 특허권은 이와 같은 권리를 타인이 사용하면 그 만큼 제한을 받지만 이러한 제한이 소멸되면 특허권은 당연히 원권리 상태로 복귀하는데, 이를 특허권의 탄력성이라 한다.

(4) 유한성(有限性)

특허권은 발명을 지배하는 권리이다. 이러한 발명은 그 속성상 기술수준의 변화를 요구하고 있으므로 기술적 가치의 보호기간으로서의 시간적 한계를 두는 것이 타당하다. 이에 특허법은 특허권을 일정 기간 인정하면 발명의 공개에 대한 보상이 충분하다고 보고, 또한 일정기간이 지난 후에는 이를 만인의 공유재산으로 하도록 하고 있다. 즉 그 객체가 존재하는 한 영구적으로 존속되는 소유권과는 달리 특허권은 일정기간 내에서만 권리를 향유할 수 있는 유한적(한시적) 권리이다.

(5) 제한성

특허권은 산업정책상 또는 공익상의 이유로 다른 재산권에 비하여 그 권리의 이용과 행사 등에 있어 많은 제약이 부과되는 특성이 있다. 즉 특허법은 특허권의 효력이 미치지 아니하는 범위 규정(제96조), 법정실시권의 규정(제103조) 등을 두어 특허권의 공공성을 강조하고 있다.

(6) 무체성

특허권은 민법상의 소유권과 달리 직접 지배가 가능하지 않고, 국가가 일정한 기간 동안 독점적으로 사용권리를 부여하는 것에 불과하다. 따라서 특허권자는 설정등록된 범위 내에서 실시할 수 있으나, 제3자가 무단으로 실시하는 경우에는 특허법 제126조에 의해 침해금지 또는 예방을 청구할 수 있을 뿐이다.

(7) 한정성(국내성)

특허권은 발명자가 발명을 완성한 후, 특허를 받고자 하는 국가에 출원심사를 거치거나 PCT 등에 의해 보호를 받을 수 있으나, 그 권리는 동일한 발명이라도 각 국별로 별개로 특허권이 형성되며 소멸된다.

(8) 국제성

최근 IT기술의 발달로 특정국가에 만들어진 기술이나 발명이 특정 국가에만 적용되고 그 밖의 국가에서는 활용되지 않는 것이 아니라, 도리어 탈국가주의화되어 감으로써, 특허에 있어서도 분쟁이 국제화되어가고 있다.

권리소진 문제와 도메인네임과 같은 것은 특정국가만의 문제가 아니라 국제적인 문제로 되어 가고 있다.

(9) 재산성

특허권은 발명을 공개한 대가로 국가로부터 일정한 기간 동안 독점배타적인 권리를 부여받아, 발명자 자신이 직접 실시할 수도 있다. 그러나 자신이 직접 실시하지 않고 제3자에게 양도하거나 실시허락을 한 다음에 실시료를 받을 수도 있다(제99조~제102조). 이처럼 특허권은 재산권이며, 특허권은 국가의 산업발전이라는 공익성뿐만 아니라 개인의 재산권으로서의 사익(私益)도 중요시하고 있다.

Ⅱ. 특허권의 발생

1. 특허권의 설정등록

특허권은 설정등록에 의하여 발생한다(제87조 제1항). 특허권의 설정등록은 납부기간에 특허료를 냈을 때(제79조 제1항), 추가납부기간에 특허료를 추가로 냈을 때(제81조 제1항), 보전기간에 특허료를 보전하였을 때(제81조의2 제2항), 추가납부기간이나 보전기간이 지난 후에 특허료를 내거나 보전한 때(제81조의3 제1항) 또는 특허료가 면제되었을 때(제83조 제1항 1호, 제2항)에 특허청장이 직권으로 한다.

2. 특허증의 발급

특허청장은 특허권의 설정등록을 한 때에는 특허권자에게 특허증을 발급하여야 한다. 특허증이 특허원부 기타 서류와 부합되지 아니한 때에는 신청에 의하여 또는 직권으로 특허증을 정정 발급하거나 새로운 특허증을 발급하여야 한다. 한편 정정심판청구에 대한 정정심결 등에 의하여 특허증의 발급이 필요한 때에는 특허청장은 직권으로 새로운 특허증을 발급하여야 한다(제86조).

3. 특허원부의 비치

'특허등록원부'란 특허권 또는 그에 관한 권리관계가 기록된 공적 장부를 말하고, '특허등록'이란 특허청장(특허청장의 위임을 받은 등록공무원)이 법정절차에 따라 공부인 특허원부에 특허권의 설정·이전·소멸 또는 권리의 처분의 제한에 관한 사항 등을 기록하는 것이다.

특허권의 설정은 특허결정 또는 등록 심결의 등본을 받은 출원인이 법정기간 내에 소정의 특허료를 납부하였을 때 직권으로 특허권이 발생하도록 하는 소위 신규등록이다. 이는 특허출원에 대한 최종처분이고 특허권은 설정등록에 의하여 발생하는 것이다(제87조 제1항).

Ⅲ. 특허권의 존속기간

1. 특허권의 존속기간

(1) 의 의

특허권의 존속기간(term of patent right)이란 특허권자가 특허권을 독점적으로 이용할 수 있는 기간을 말하며, 특허권자가 특허발명을 독점적으로 실시할 수 있는 기간이라고도 한다. 소유권과는 달리 특허법은 특허권에 대하여 일정의 기한 제한을 두고 있다. 이는 특허권자가 발명을 완성하기까지 많은 연구개발비가 소요되었으므로 일정기간 동안 국가가 보호하여 줌으로써 자신의 발명에 대하여 충분히 보상받을 수 있는 기회가 특허권의 존속기간이며, 그 일정기간이 경과 후에는 특허권을 소멸시켜 사회의 공동재산화(공유)함으로써 누구나 그 발명을 자유로이 이용하거나 실시토록 하는 것이 특허권자에게 그 특허발명의 실시를 무한정으로 독점시키는 것보다 국가산업발전이나 새로운 기술개발을 위하여 보다 효율적이라 판단되기 때문이다. 나아가 특허권이 생산·판매 등에 대한 독점권이며 동일성 있는 기술의 실시 그 자체를 금할 수 있는 권원으로서, 영구적으로 인정하게 된다면 오히려 사회 전체의 이익에 반할 수 있다는 염려가 있다. 또한 발명이 선인(先人)의 업적 위에 성립한다는 점에서 일정한 자에 대한 영구적 특허권의 부여가 선인의 업적분까지도 독점권을 부여한다는 부당함이 있을 수 있다. 이에 특허권은 일정한 기간 동안만 그 독점적 지위를 갖는다.

특허권의 존속기간은 그 나라의 기술수준이나 국가산업정책적 측면, 발명자와 사회일반의 이익 조화라는 여러 관점에 따라 각 나라별로 정하여진다. 우리나라도 1995.12.29. 법률 제5080호 이전의 법에서는 특허권의 존속기간은 출원공고일 또는 특허권의 설정등록일로부터 15년으로 규정하였으나, WTO/TRIPs 협상 타결을 계기로 동협정 제33조와의 균형을 맞추기 위하여 존속기간은 '특허권의 설정등록이 있는 날로부터 특허출원일 후 20년이 되는 날까지로 한다'고 규정하였다.

(2) 존속기간

특허권의 존속기간은 특허권의 설정등록이 있는 날부터 특허출원일 후 20년이 되는 날까지이다(제88조 제1항). 즉 특허권은 원칙적으로 특허권의 설정등록일로부터 발생하며 출원일을 기준으로 하여 20년이 되는 날까지이다.

전자의 경우는 무권리자의 특허출원 후에 특허법 제34조(무권리자의 특허출원과 정당한 권리자의 보호) 및 제35조(무권리자의 특허와 정당한 권리자의 보호)의 규정에 의하여 정당한 권리자의 특허출원이 설정등록 된 때에는 정당한 권리자의 특허에 대한 특허권의 존속기간은 무권리자(無權利者)의 특허출원일의 다음날부터 기산한다(제88조 제2항).

(3) 우선권주장이 있는 특허권의 경우

조약에 의한 우선권주장이 있는 경우 파리조약 제4조의2에서 "우선권의 혜택으로서 획득한 특허는 각 동맹국가에서 우선권의 혜택 없이 출원 또는 부여된 특허와 같은 존속기간을 갖는다"라고 규정하고 있으므로 그 존속기간은 특허권의 설정등록일로부터 우리나라에 특허출원일 후 20년이 되는 날까지이다.

국내우선권 주장이 있는 특허출원에 대한 특허출원일로부터 20년 기간의 계산에 있어서 특허출원일은 해당 특허출원의 출원일이 된다.

국제특허출원에 대한 특허권의 존속기간도 타출원의 경우와 똑같다. 다만 '특허출원일 후 20년이 되는 날까지로 한다'에 있어서 특허출원일은 수리관청에서 인정한 국제출원일을 말한다.

2. 특허권의 존속기간 연장

(1) 허가 등에 따른 특허권의 존속기간의 연장

1) 의의 및 취지

특허권의 존속기간은 원칙적으로 특허권의 설정등록이 있는 날로부터 특허출원 후 20년이 되는 날로 종료한다. 그러나 이러한 원칙만을 고집한다면 특허법이 인정한 법정기간을 모두 향유할 수 없는 경우가 있다. 특히 의약이나 농약에 관한 발명인 경우 그 특허발명을 실시하기 위해서는 다른 법령에 의한 허가나 등록을 받아야 하고 그 허가 또는 등록을 위해서는 유효성, 안전성 등의 시험이 필요하다. 이러한 유효성, 안전성 등의 시험에는 장기간의 기간이 소요되는데 이 기간 중에는 특허권자는 특허권을 취득하고서도 해당 특허발명을 실시하지 못하게 된다. 이러한 경우 해당 특허발명의 특허권자는 자기의 의사와 무관하게 특허발명을 실시하지 못함으로써 법이 허여한 이익을 향유할 수 없게 된다. 나아가 다른 특허발명의 특허권자에 비하여 불이익을 감수하는 결과가 되므로 이와 같은 불합리한 점을 해결하기 위하여 특허법은 일정한 경우에 한하여 그 특허권의 존속기간을 연장할 수 있도록 규정하고 있다.

특허법이 특허권의 존속기간연장제도를 채택한 것은 1987년 7월 1일 이후 물질특허의 도입된 때부터이다. 특히 특허법에서는 특허권자의 이익보다는 심사업무 등 특허행정의 절차적 부담이 가중됨을 고려하여 특허발명을 실시할 수 없었던 기간이 2년 미만인 경우에는 존속기간연장등록을 할 수 없도록 하였다. 그러나 미국,[2] EU 선진국의 요청에 의해 1998.9.23. 법률 제5576호에 의하여 특허발명을 실시할 수 없었던 기간이 2년 미만인 경우에도 그 특허권의 존속기간을 연장할 수 있도록 하였다.

한편, WTO/TRIPs협정에서 특허보호의 기간은 출원일로부터 적어도 20년으로 하고 있다(TRIPs 제33조). 그러나 WTO/TRIPs협정은 "파이프라인 프로덕트(미시판 의약품)"에 대하여 WTO/TRIPs협정 발효일 이후 5년간 독점 시판권을 보장하도록 하고 있다.

미시판 의약품은 특허의 대상이 되나 아직 개발되거나 시판되지 않은 의약품 등에 대한 보호를 "파이프라인 보호"라고 한다. WTO/TRIPs협정 제70조 제9항에 의하면 "의약 및 농약물질이 WTO회원국 내에서 특허출원의 대상이 되는 경우, 그 회원국 내에서 판매허가를 얻은 후 5년간 또는 그 회원국 내에서 물질특허가 부여되거나 거절되는 시기까지 중 짧은 것으로 동시기까지 배타적인 판매권이 부여된다"라고 규정하고 있다. 다만 WTO의 발표 이후 다른 회원국 내에서 그 물질에 대한 특허가 출원되어 특허가 부여되고 다른 회원국 내에서 판매허가를 얻은 경우에만 적용된다.

2) 연장등록의 대상

① **연장받을 수 있는 발명** 허가 등에 따른 연장등록출원의 대상은 특허법 제89조 규정에 의한 특허법 시행령 제7조 제1항 1호 및 2호에 규정된 발명이다.

특허법 시행령 제7조 제1항 각호의 어느 하나에 규정된 발명에 해당하면, 그 허가 또는 등록에 장기간이 소요된 것으로 본다.[3]

② **허가 또는 등록의 근거 법령** 허가 등에 따른 연장등록출원의 대상이 되

---

2) 미국은 1996년 6월 8일 개정법에서 선발명소송(interference) 및 기타 절차로 인하여 특허성립이 늦어지는 경우에는 특허존속기간의 연장을 인정하고(미국 특허법 제154조b(1)), 특허권의 존속기간은 출원일로부터 20년이 원칙이지만, 독점시판권 등 예외를 인정하고 있다.

주(州)간 보급을 위해 식품의약청의 행정심사를 받아야 하는 의약품, 식품관련 특허에 대해서는 식품의약청(FDA)의 심사기간 동안 특허기간이 사실상 연장된다(미국 특허법 제155조)(김원준, 「특허법」, 박영사, 2009, 548면).

3) 특허청, 특허·실용신안 심사기준(특허청 예규 제131호), 2023, 7102면.

는 발명은 "① 특허발명을 실시하기 위하여 약사법 제31조 제2항 및 제3항[4] 또는 제42조 제1항[5]의 규정에 의하여 품목허가를 받아야 하는 의약품[신물질(약효를 나타내는 유효성부분의 화학구조가 새로운 물질을 말한다)을 유효성분으로 하여 제조한 의약품으로서 최초로 품목허가를 받은 의약품으로 한정한다] 또는 마약류 관리에 관한 법률 제18조 제2항[6] 또는 제21조 제2항[7]에 따라 품목허가를 받은 마약 또는 향정신성의약품(신물질을 유효성분으로 하여 제조한 마약 또는 향정신성의약품으로서 최초로 품목허가를 받은 마약 또는 향정신성의약품으로 한정한다)의 발명"과 "② 특허발명을 실시하기 위하여 농약관리법 제8조 제1항[8]·제16조 제1항[9]·제17조 제1항[10]의

4) 약사법 제31조(제조업 허가 등) ① 의약품 제조를 업으로 하려는 자는 대통령령으로 정하는 시설기준에 따라 필요한 시설을 갖추고 총리령으로 정하는 바에 따라 식품의약품안전처장의 허가를 받아야 한다.

② 제1항에 따른 제조업자가 그 제조(다른 제조업자에게 제조를 위탁하는 경우를 포함한다)한 의약품을 판매하려는 경우에는 총리령으로 정하는 바에 따라 품목별로 식품의약품안전처장의 제조판매품목허가(이하 "품목허가"라 한다)를 받거나 제조판매품목 신고(이하 "품목신고"라 한다)를 하여야 한다.

③ 제1항에 따른 제조업자 외의 자(제4호의 경우 제91조 제1항에 따른 한국희귀·필수의약품센터만 해당한다)가 다음 각 호의 어느 하나에 해당하는 의약품을 제조업자에게 위탁제조하여 판매하려는 경우에는 총리령으로 정하는 바에 따라 식품의약품안전처장에게 위탁제조판매업신고를 하여야 하며, 품목별로 품목허가를 받아야 한다.

1. 제34조 제1항에 따라 식품의약품안전처장으로부터 임상시험계획의 승인을 받아 임상시험(생물학적 동등성시험은 제외한다. 이하 이 항에서 같다)을 실시한 의약품
2. 제1호에 따른 임상시험 외에 외국에서 실시한 임상시험 중 총리령으로 정하는 임상시험을 실시한 의약품
3. 외국에서 판매되고 있는 의약품 중 국내 제조업자에게 제제기술을 이전한 의약품으로서 총리령으로 정하는 의약품
4. 제91조 제1항에 따른 한국희귀·필수의약품센터에서 취급하는 희귀의약품 및 국가필수의약품

5) 약사법 제42조(의약품등의 수입허가 등) ① 의약품등의 수입을 업으로 하려는 자는 총리령으로 정하는 바에 따라 식품의약품안전처장에게 수입업 신고를 하여야 하며, 총리령으로 정하는 바에 따라 품목마다 식품의약품안전처장의 허가를 받거나 신고를 하여야 한다. 허가받은 사항 또는 신고한 사항을 변경하려는 경우에도 또한 같다.

6) 마약류 관리에 관한 법률 제18조(마약류 수출입의 허가 등) ① 마약류수출입업자가 아니면 마약 또는 향정신성의약품을 수출입하지 못한다.

② 마약류수출입업자가 마약 또는 향정신성의약품을 수출입하려면 총리령으로 정하는 바에 따라 다음 각 호의 허가 또는 승인을 받아야 한다. <개정 2013. 3. 23., 2014. 3. 18.>

1. 품목마다 식품의약품안전처장의 허가를 받을 것. 허가받은 사항을 변경할 때에도 같다.
2. 수출입할 때마다 식품의약품안전처장의 승인을 받을 것. 승인받은 사항을 변경할 때에도 같다.

7) 제21조(마약류 제조의 허가 등) ① 마약류제조업자가 아니면 마약 및 향정신성의약품을 제조하지 못한다.

② 마약류제조업자가 마약 또는 향정신성의약품을 제조하려면 총리령으로 정하는 바에 따라 품목마다 식품의약품안전처장의 허가를 받아야 한다. 허가받은 사항을 변경할 때에도 또한 같다.

8) 농약관리법 제8조(국내 제조품목의 등록) ① 제조업자가 농약을 국내에서 제조하여 국내에서 판매하려면 품목별로 농촌진흥청장에게 등록하여야 한다. 다만, 제조업자가 다른 제조업자의 등록된 품목을 위탁받아 제조하는 경우에는 그러하지 아니하다.

규정에 의하여 등록하여야 하는 농약 또는 원제(신물질을 유효성분으로 하여 제조한 농약 또는 원제로서 최초로 등록한 농약 또는 원제로 한정한다)의 발명"으로서, 약사법, 마약류 관리에 관한 법률 또는 농약관리법 규정에 의한 허가나 등록을 받기 위하여 일정기간 특허발명을 실시하지 못한 발명에 한한다(시행령 제7조, 허가등에 따른 특허권 존속기간의 연장제도 운용에 관한 규정 제2조).[11]

따라서 다른 법 규정에 따라 발명의 실시를 위한 허가나 등록에 일정기간 소요된 경우라 하더라도 연장등록출원은 인정되지 아니한다.

③ **특허권의 존속 여부** 허가 등에 따른 연장등록출원은 대상이 되는 발명의 특허권이 존속되는 경우에만 가능하다. 따라서 해당 특허권이 무효 또는 취소되거나 특허료를 납부하지 않아 소멸된 경우에는 연장등록출원이 인정되지 아니한다. 그러나 해당 특허권에 대하여 무효심판이 계속중인 경우에는 연장등록출원이 인정될 수 있다.

한편 연장등록출원 당시에는 연장대상이 되는 특허권이 존재하였으나 그 후 무효 또는 취소되었다면 특허법 시행규칙 제11조에 따라 소명 기회를 부여한 후 그 연장등록출원서를 반려한다.

3) 연장 가능한 기간

허가 등에 따른 특허권의 존속기간을 연장 등록할 수 있는 기간은 해당 특허발명을 실시할 수 없었던 기간으로 5년 내이다. 그 실시할 수 없었던 기간이 5년을 초과한 경우라도 연장등록을 신청할 수 있는 기간은 5년이다.[12]

여기의 '실시할 수 없었던 기간'이란 특허권 설정 등록일 이후의 기간으로서 ① 의약품(동물용 의약품은 제외한다)의 품목허가를 받기 위하여 식품의약품안전처장의 승인을 얻어 실시한 임상시험기간과 식품의약품안전처에서 소요된 허가신청 관련서류의 검토기간을 합산한 기간, ② 동물용 의약품의 품목허가를 받기 위하여 농림축산검역본부장으로부터 승인을 얻어 실시한 임상시험기간과 농림축산검역본부에서 소요된 허가신청 관련서류의 검토기간을 합산한 기간, ③ 농약 또는 농약원

9) 농약관리법 제16조(원제의 등록 등) ① 원제업자가 원제를 생산하여 판매하려면 종류별로 농촌진흥청장에게 등록하여야 한다.

10) 농약관리법 제17조(수입농약 등의 등록 등) ① 수입업자는 농약이나 원제를 수입하여 판매하려고 할 때에는 농약의 품목이나 원제의 종류별로 농촌진흥청장에게 등록하여야 한다.

11) 현재 시행되고 있는 '허가등에 따른 특허권 존속기간의 연장제도 운용에 관한 규정'은 특허청 고시 제2019-3호이다.

12) 이는 5년 이상 연장하여 주는 것은 특허권을 너무 장기간 보호하는 것이 되며, 외국의 입법례와 균형을 맞추기 위함이다.

제를 등록하기 위하여 농약관리법시행령이 정하는 시험연구기관에서 실시한 약효나 약해 등의 시험기간과 농촌진흥청에서 소요된 등록 신청 관련서류의 검토기간을 합산한 기간을 말한다. 다만, 해당 관청의 허가 또는 등록 신청 관련서류의 검토 기간 중 특허권자 또는 신청인의 책임 있는 사유로 인하여 소요된 기간은 “그 실시할 수 없었던 기간”에 포함하지 아니한다(제89조, 허가등에 따른 특허권 존속기간의 연장제도 운용에 관한 규정 제4조).

하나의 특허에 대한 특허권의 존속기간연장은 1회에 한하고, 하나의 허가 또는 등록사항에 대하여 복수의 특허가 있는 경우에는 어느 특허권도 그 존속기간의 연장등록을 개별적으로 할 수 있으나, 하나의 특허와 관련하여 복수의 허가 또는 등록이 있는 경우에는 그 중 최초의 허가 또는 등록에 의한 것만 연장등록이 인정된다(허가등에 따른 특허권 존속기간의 연장제도 운용에 관한 규정 제3조). 즉 하나의 특허권에 대한 처분이 복수인 경우에는 연장등록이 처분마다 인정되지 않고 그 중 최초의 허가 또는 등록만이 연장등록의 대상이 된다. 청구항이 복수항의 경우로서 그 허가 또는 등록이 별도로 행하여진 경우에도 연장등록은 1회만 인정된다.

4) 연장등록출원절차

① **연장등록의 출원** 연장등록출원의 출원인은 특허권자에 한하며 특허권이 공유인 경우에는 공유자 전원이 공동으로 특허권 존속기간의 연장등록출원을 하여야 한다(제91조 4호, 제90조 제3항). 특허권자가 연장등록 출원을 하지 않거나 공유자 전원이 공동으로 연장등록출원을 하지 않은 경우에는 거절이유가 된다(제91조).

연장등록출원은 허가나 등록을 받은 날로부터 3월 내에 하여야 한다. 다만 특허권의 존속기간 만료 전 6월 이후에는 할 수 없다. 즉 허가나 등록을 받은 날로부터 3월 내의 출원이라 하더라도 특허권의 존속기간 만료 전 6월 이후에는 연장등록출원을 할 수 없다(제90조 제2항). 특허법 제89조의 규정에 의한 허가 등을 받기 전이나, 받은 날부터 3월이 경과한 때 또는 존속기간 만료 전 6월부터 특허권 만료시까지, 특허권이 만료한 이후에 특허권 존속기간의 연장등록출원을 한 경우에는 특허법 시행규칙 제11조 규정에 따라 소명의 기회를 부여한 후 특허권 존속기간의 연장등록출원서를 반려한다.

② **출원서의 제출** 연장등록출원을 하고자 하는 자는 다음의 사항을 기재한 출원서를 특허청장에게 제출하여야 한다(제90조 제1항).

ⓐ 연장등록출원인의 성명 및 주소(법인인 경우에는 그 명칭 및 영업소의 소재지)

ⓑ 대리인이 있는 경우에는 그 대리인의 성명 및 주소 또는 영업소의 소재지

ⓒ 연장대상특허권의 특허번호 및 연장대상 청구범위의 표시

ⓓ 연장신청기간

ⓔ 제89조 제1항의 허가 등의 내용

ⓕ 산업통상자원부령이 정하는 연장이유(이를 증명할 수 있는 자료를 첨부해야 한다)

연장등록출원인은 특허청장이 연장등록여부결정등본을 송달하기 전까지 연장등록출원서에 기재된 사항 중 ⓒ부터 ⓕ까지의 사항(ⓒ 중 연장대상특허권의 특허번호는 제외)을 보정할 수 있다. 다만 거절이유통지를 받은 후에는 해당 거절이유통지에 따른 의견서 제출기간에만 보정할 수 있다(제90조 제6항).

③ **출원의 효과** 특허청장은 연장등록출원이 있으면 그 출원서에 기재된 사항을 특허공보에 게재하여 공시하여야 한다(제90조 제5항). 존속기간연장등록출원이 있으면 그 존속기간은 연장된 것으로 본다(제90조 제4항 본문). 즉 연장등록출원의 심사가 본래의 특허권의 존속기간이 만료된 후에 되는 경우 특허권의 효력상실을 방지하기 위하여 연장등록출원이 되면 해당 특허권의 존속기간은 연장된 것으로 간주한다. 다만 그 출원에 대하여 연장등록 거절결정이 확정된 때에는 그러하지 아니하다(제90조 제4항 단서).

연장등록거절결정은 연장등록거절결정불복심판이 없는 경우에는 연장등록거절결정의 등본이 송달된 후 3개월(연장된 경우에는 그 연장된 기간)이 경과한 시점에서 확정되며, 거절결정불복심판이 청구된 경우에는 연장등록거절결정의 심결이 확정된 때에 확정된다.

또한 연장등록출원 후 거절결정되기 이전에 출원을 취하하거나, 무효 또는 반려된 경우에도 처음부터 특허권의 존속기간이 연장되지 않았던 것으로 본다.[13]

5) 연장등록출원의 심사 및 결정

특허청장은 특허권의 존속기간 연장등록출원에 대하여 심사관으로 하여금 심사하게 한다. 심사관의 지정은 기술내용을 잘 알고 있는 특허출원의 심사관과 동일하며, 가급적 당초 사건을 심사한 심사관을 지정하도록 하고 있다. 따라서 심사관 제척사유의 준용시에는 전심관여에 해당하는 규정(제148조 6호)은 제외하고 있다. 이러한 존속기간 연장 여부는 연장등록출원에 대한 심사로 확정되며, 연장등록출원의 심사에는 특허출원에 대한 심사절차가 준용된다. 즉, 심사·심판 규정 중 제57조 제1항(심사관에 의한 심사), 제63조(거절이유통지), 제67조(특허여부결정의 방식) 및 제148조 1호 내지 5호 및 7호(심판관의 제척)는 특허권의 존속기간연장등록출원의 심

---

13) 특허청, 특허·실용신안 심사기준(특허청 예규 제131호), 2023, 7110면.

사에 관하여 이를 준용한다(제93조).

따라서 심사관은 특허권의 존속기간의 연장등록 출원의 심사 결과 연장등록거절결정의 이유에 해당되지 아니한 경우에는 연장등록결정을 하여야 하고(제92조), 특허청장은 연장등록결정이 있고 특허권의 존속기간연장을 특허원부에 등록한 때에는 그 사실을 특허공보에 게재하여야 한다(제92조 제2항 · 제3항).

한편 심사의 결과 거절이유가 있을 때에는 출원인에게 거절이유를 통지[14]하고 기간을 지정하여 의견서제출의 기회를 주어야 한다(제93조, 제63조). 거절이유가 해소되지 않으면 연장등록거절결정을 한다.

연장등록 여부의 결정은 서면으로 하되 그 이유를 붙여야 하며 특허청장은 출원인에게 그 결정의 등본을 송달하여야 한다(제93조, 제67조 제2항). 연장등록거절결정에 불복을 하고자 하는 자는 거절결정등본을 송달받은 날로부터 3개월 이내에 심판을 청구하여 거절결정에 대한 당부를 다툴 수 있다(제132조의17).

6) 연장등록거절이유

심사관은 허가등에 따른 특허권의 존속기간의 연장등록출원이 다음의 어느 하나에 해당하는 경우에는 그 출원에 대하여 연장등록거절결정을 하여야 한다(제91조). 즉, 특허권존속기간연장등록출원을 할 수 없는 자가 연장등록출원을 하는 등의 흠결이 있는 경우 심사관은 보정명령이나 반려이유통지 등을 하여서는 안 되며 거절이유를 통지하여야 한다.

① 그 특허발명의 실시가 제89조 제1항(존속기간의 연장)의 규정에 의한 허가 등을 받을 필요가 있는 것으로 인정되지 아니하는 경우(제91조 1호) 특허발명의 실시가 특허법 제89조 제1항의 규정에 의한 허가 등을 받을 필요가 있는 것으로 인정되기 위해서는 ⓐ 특허법 제89조 제1항의 규정에 의한 허가를 받은 물질을 제조 · 생산 등의 실시를 하기 위하여 허가가 필요하여야 하고, ⓑ 특허받은 물질과 허가받은 물질의 구성이 동일하여야 하며, ⓒ 또한 특허발명이 용도발명인 경우에는 특허를 받은 물질과 허가를 받은 물질의 용도도 동일하여야 한다.[15]

② 그 특허권자 또는 그 특허권의 전용실시권이나 등록된 통상실시권을 가진 자가 제89조 제1항의 규정에 의한 허가 등을 받지 아니한 경우(제91조 2호) 허가를 공동으

14) 거절이유통지시 거절이유는 출원인이 거절이유를 명확히 알 수 있도록 관련규정이나 이유를 명확하고 간결하게 기재하여야 한다.

15) 보다 세부적인 내용은 특허청, 특허 · 실용신안 심사기준(특허청 예규 제131호), 2023, 7115면 이하 참조.

로 받은 복수의 자 중 일부의 자만이 특허권에 대한 전용실시권 또는 등록된 통상실시권을 가지고 있는 경우라도 특허권자 또는 전용실시권자 또는 등록된 통상실시권자가 허가 등을 받은 것과 같기 때문에 특허법 제91조 제1항 2호의 거절이유에 해당하지 않는다. 다만, 연장등록출원시 미등록 통상실시권자 등이 허가를 받은 경우에는 특허법 제91조 제1항 2호의 거절이유에 해당한다.

그러나 이 규정의 취지는 특허권 존속기간의 연장등록을 받는 데에 필요한 허가 등을 신청할 수 있는 자의 범위에 통상실시권자도 포함되지만, 그 통상실시권의 등록이 연장등록출원서의 필수적 기재사항 및 증명자료임에 비추어 그것이 누락된 채로 연장등록이 이루어진 경우에는 적법한 연장등록 요건을 갖추지 못한 것이라고 보는 데에 있다고 봄이 타당하다. 이와 달리 반드시 허가 등을 신청한 통상실시권자가 그 신청 당시부터 통상실시권의 등록을 마치고 있어야만 한다는 취지를 규정한 것이라고 볼 수는 없다. 따라서 허가 등을 신청할 당시에는 통상실시권 등록이 마쳐져 있지 않았다 하더라도 심사관의 연장등록여부결정 등본 송달 전까지 통상실시권 등록 및 그에 관한 증명자료 제출이 모두 이루어지는 때에는 위 거절이유는 해소된다고 보아야 한다.[16)]

③ 연장신청의 기간이 그 특허발명을 실시할 수 없었던 기간을 초과하는 경우 (제91조 3호) 연장신청의 기간에 대하여는 그 기간이 특허발명을 실시할 수 없었던 기간을 초과하지 않아야 하고 양자가 일치할 필요는 없다. 즉, 연장 신청기간에 대한 산정이 다소 잘못된 경우라도 전체적으로 연장받을 수 있는 기간을 초과하지 않는 경우에는 거절이유를 통지하지 않고 그대로 인정한다. 또한 연장기간의 산정은 역에 의하여 산정하는 것을 원칙으로 한다.

④ 연장등록출원인이 해당 특허권자가 아닌 경우(제91조 4호) 특허권 존속기간의 연장등록출원인은 연장등록출원시의 특허권자이어야 한다. 따라서 그 특허권의 전용실시권자라 하더라도 연장등록출원인이 될 수 없다.

⑤ 제90조 제3항의 규정에 위반하여 연장등록출원을 한 경우(제91조 5호) 공유특허권의 연장등록출원은 공유자 모두가 공동으로 하여야 한다. 공유자 중 일부의 자만이 연장등록출원을 한 경우 그 출원은 제91조 5호의 거절이유에 해당한다.

---

16) 같은 취지를 특허권존속기간 연장등록의 무효사유로 정하고 있는 특허법 제134조 제1항 2호에 관한 대법원 2017.11.29. 선고 2017후882,899 판결 및 대법원 2017.11.29. 선고 2017후844,851,868,875 판결의 취지 참조.

7) 연장된 특허권의 효력

허가 등에 따른 특허권의 존속기간이 연장된 경우 그 특허권은 연장된 범위 내에서 존속기간이 연장되며, 연장된 특허권의 효력은 그 연장등록의 이유가 된 허가 등의 대상물건에 관한 그 특허발명의 실시행위 이외의 행위에는 미치지 아니한다(제95조). 그 허가 등에 있어 물건이 특정용도가 정해져 있는 경우에는 그 용도에 사용되는 물건의 실시에만 그 효력이 미친다. 이는 법률에 따라서 허가 또는 등록대상이 물건만 지정되고 용도는 특정되지 않기 때문에 이에 대처하기 위한 규정이다.

존속기간이 연장된 의약품 특허권의 효력이 미치는 범위는 특허발명을 실시하기 위하여 약사법에 따라 품목허가를 받은 의약품과 특정 질병에 대한 치료효과를 나타낼 것으로 기대되는 특정한 유효성분, 치료효과 및 용도가 동일한지 여부를 중심으로 판단해야 한다. 특허권자가 약사법에 따라 품목허가를 받은 의약품과 특허침해소송에서 상대방이 생산 등을 한 의약품(이하 '침해제품'이라 한다)이 약학적으로 허용 가능한 염 등에서 차이가 있더라도 통상의 기술자라면 쉽게 이를 선택할 수 있는 정도에 불과하고, 인체에 흡수되는 유효성분의 약리작용에 의해 나타나는 치료효과나 용도가 실질적으로 동일하다면 존속기간이 연장된 특허권의 효력이 침해제품에 미치는 것으로 보아야 한다.[17]

8) 연장등록의 무효심판

이해관계인 또는 심사관은 특허권의 존속기간이 연장등록된 특허권에 관하여 해당 연장등록에 무효사유가 있을 때에는 연장등록의 무효심판을 청구할 수 있다. 특허권의 존속기간의 연장등록의 무효심판에 관하여 구체적인 것은 심판에서 후술하기로 한다.

대법원 2017.11.29. 선고 2017후882,899 판결; 대법원 2017.11.29. 선고 2017후844,851,868,875 판결

[존속기간 연장제도의 취지 및 연장기간의 산정방법]

의약품 등의 발명을 실시하기 위해서는 국민의 보건위생을 증진하고 안전성 및 유효성을 확보하기 위해 약사법 등에 따라 허가 등을 받아야 하는데, 특허권자는 이러한 허가 등을 받는 과정에서 그 특허발명을 실시하지 못하는 불이익을 받게 된다. 따라서 위와 같은 불이익을 구제하고 의약품 등의 발명을 보호·장려하기 위해 … 약사법 등

17) 대법원 2019.1.17. 선고 2017다245798 판결.

에 의한 허가 등을 받기 위하여 특허발명을 실시할 수 없는 기간만큼 특허권의 존속기간을 연장해주는 제도를 마련하였다.

다만, … 허가 등을 받은 자의 귀책사유로 약사법 등에 따라 허가 등의 절차가 지연된 경우에는 그러한 귀책사유가 인정되는 기간은 특허권 존속기간 연장의 범위에 포함되어서는 안 된다. … 식품의약품안전처의 의약품 제조판매·수입품목 허가는 그 허가신청에 대하여 … 사항별로 해당 심사부서에서 심사를 진행하고 이에 따라 보완요구를 비롯한 구체적인 심사 절차도 해당 심사부서의 내부 사정에 따라 진행된다. 그런데 위 규정은 심사사항별로 분리 심사를 허용하고 있고, 해당 심사부서별 심사는 식품의약품안전처 내의 업무 분장에 불과하며, 또한 그 심사 등의 절차가 모두 종결되어야 허가가 이루어질 수 있다. 결국 심사부서별 심사 등의 절차 진행은 최종 허가에 이르는 중간 과정으로서, 전체적으로 허가를 위한 하나의 절차로 평가할 수 있다. 이러한 사정에 비추어 보면, 식품의약품안전처 내 어느 심사부서에서 보완요구가 이루어지고 그 결과 보완자료를 제출할 때까지 그 보완요구 사항에 대한 심사가 진행되지 못하였다 하더라도, 그동안 식품의약품안전처의 다른 심사부서에서 그 의약품의 제조판매·수입품목 허가를 위한 심사 등의 절차가 계속 진행되고 있었던 경우에는 다른 특별한 사정이 없는 한 그 기간 역시 허가를 위하여 소요된 기간으로 볼 수 있으므로, 이를 가지고 허가 등을 받은 자의 귀책사유로 인하여 허가 등의 절차가 지연된 기간이라고 단정할 수 없다.

대법원 2018.10.4. 선고 2014두37702 판결

[1987년 특허법상 존속기간 연장신청의 대상]

1987년 특허법 제53조는 특허청장으로 하여금 특허발명을 실시하기 위하여 다른 법령에 의하여 허가를 받거나 등록을 하여야 하고 그 허가 또는 등록을 위하여 필요한 활성·안전성 등의 시험에 장기간이 소요되는 경우에 특허권의 존속기간을 연장할 수 있도록 함으로써(제2항), 약사법 등에 의한 허가 등을 받기 위하여 실시할 수 없었던 특허발명에 대하여 특허권의 존속기간을 연장해주는 제도를 마련하면서, 존속기간을 연장할 수 있는 특허발명의 대상·요건 기타 필요한 사항은 대통령령으로 정하도록 하였다(제3항)(이하 1987년 특허법 제53조 제2, 3항을 '이 사건 위임조항'이라고 한다). 그 위임에 따라 1987년 특허법 시행령 제9조의2 제1항은 '특허권의 존속기간을 연장할 수 있는 발명은 다음 각 호의 1에 해당하는 것에 한한다'고 하면서, 제1호에서 "특허발명을 실시하기 위하여 약사법 제26조 제1항의 규정에 의하여 품목허가를 받아야 하는 의약품의 발명"을, 제2호에서 "특허발명을 실시하기 위하여 농약관리법 제8조 제1항 및 제9조 제1항의 규정에 의하여 등록을 받아야 하는 농약 또는 농약원제의 발명"을 규정하였다(이하 1987년 특허법 시행령 제9조의2 제1항 1호를 '이 사건 조항'이라고 한다).

이 사건 조항 시행 당시의 구 약사법에 따라 특허발명을 실시하기 위해서 받아야 하는 품목허가에는 '제조품목허가'(제26조 제1항)와 '수입품목허가'(제34조 제1항, 제3항)가 있었다. 이 사건

조항은 특허권 존속기간 연장신청의 대상으로 제조품목허가를 받아야 하는 의약품 발명에 관하여 규정하고 있을 뿐, 수입품목허가를 받아야 하는 의약품의 발명에 관하여 명시적 규정을 두고 있지 않다. 존속기간 연장제도의 취지를 감안해 보면, 제조품목허가를 받아야 하는 의약품과 수입품목허가를 받아야 하는 의약품은 모두 활성·안전성 등의 시험을 거쳐 허가 등을 받는 과정에서 그 특허발명을 실시하지 못한다는 점에서 차이가 없고, 이 사건 위임조항은 허가 또는 등록을 위하여 필요한 활성·안전성 등의 시험에 장기간이 소요되는 경우에 특허권의 존속기간을 연장할 수 있다고 하고 있을 뿐, 수입품목허가를 받아야 하는 의약품을 존속기간 연장대상에서 제외하지 않고 있다. 이 사건 조항 시행 이후인 1995.1.1. 발효된 세계무역기구 설립을 위한 마라케쉬 협정 부속서 1다 무역관련 지적재산권에 관한 협정'(이하 '지적재산권 협정'이라고 한다) 제27조 제1항은 "발명지, 기술분야, 제품의 수입 또는 국내 생산 여부에 따른 차별 없이 특허가 허여되고 특허권이 향유된다."라고 규정하고 있는데, 이 사건 조항과 같이 수입품목허가를 받아야 하는 의약품에 대해 존속기간 연장을 일체 허용하지 않으면 제품의 수입 또는 국내 생산 여부에 따른 차별에 해당될 수 있다. 2000년 특허법 시행령은 그 제7조 제1호에 관하여 소급적용을 금지하는 별도의 경과규정을 두고 있지 않아 지적재산권 협정 제27조 제1항의 발효 이전에 출원되어 수입품목허가를 받은 특허발명의 경우에도 위 시행령 시행일인 2000.7.1. 이후에 연장등록출원을 하면 연장대상에 포함시켰다.

위와 같은 이 사건 위임조항의 입법 취지 등에 이 사건 위임조항 시행 이후 발효된 지적재산권 협정의 내용 및 2000년 특허법 시행령의 개정 내용 등을 종합하여 보면, 이 사건 위임조항에 의하여 존속기간을 연장할 수 있는 특허발명에는 제조품목허가뿐만 아니라 수입품목허가를 받아야 하는 의약품 발명도 포함되는 것으로 해석할 수 있고, 이 사건 조항이 의약품 수입품목허가에 관한 약사법 제34조 제1항을 규정하지 않은 것은 입법의 미비로 볼 수 있다. 그렇다면 이 사건 처분사유 중 수입품목허가의 경우 1987년 특허법 시행령이 정한 연장대상에 해당하지 않는다는 부분은 이 사건 위임조항의 내용에 반하여 이루어진 것으로서 위법하다.

대법원 2019.1.17. 선고 2017다245798 판결
[존속기간이 연장된 특허발명의 효력범위]

구 특허법(2011.12.2. 법률 제11117호로 개정되기 전의 것, 이하 같다) 제89조는 "특허발명을 실시하기 위하여 다른 법령의 규정에 의하여 허가를 받거나 등록 등을 하여야 하고, 그 허가 또는 등록 등(이하 '허가 등'이라 한다)을 위하여 필요한 활성·안전성 등의 시험으로 인하여 장기간이 소요되는 대통령령이 정하는 발명인 경우에는 제88조 제1항의 규정에 불구하고 그 실시할 수 없었던 기간에 대하여 5년의 기간 내에서 당해 특허권의 존속기간을 연장할 수 있다"라고 규정하여 약사법 등에 의한 허가 등을 받기 위하여 특허발명을 실시할 수 없는 기간만큼 특허권의 존속기간을 연장해주는 제도를 두고 있다(대법원 2017.11.29. 선고 2017후882,899 판결 등 참조). 위 조항에서 말하는 '장기간이 소요되는 대통령령이 정하는 발명'의 하나로 구 특허법 시행령 제7조 제1호는 특허발명을 실시하기 위하여 구 약사법(2007.4.11. 법률 제8365호로 개정되기 전의 것) 제26조 제1항 또는 제34조 제1항의 규정에 의하여 품목허가를 받아야 하는 의약품의 발명을 들고 있다.

한편, 존속기간이 연장된 특허권의 효력에 대해 구 특허법 제95조는 '그 연장등록의 이유가 된 허가 등의 대상물건(그 허가 등에 있어 물건이 특정의 용도가 정하여져 있는 경우에 있어서는 그 용도에 사용되는 물건)에 관한 그 특허발명의 실시 외의 행위에는 미치지 아니한다.'라고 규정하고 있다. 특허법은 이와 같이 존속기간이 연장된 특허권의 효력이 미치는 범위를 규정하면서 청구범위를 기준으로 하지 않고 '그 연장등록의 이유가 된 허가 등의 대상물건에 관한 특허발명의 실시'로 규정하고 있을 뿐, 허가 등의 대상 '품목'의 실시로 제한하지는 않았다.

이러한 법령의 규정과 제도의 취지 등에 비추어 보면, 존속기간이 연장된 의약품 특허권의 효력이 미치는 범위는 특허발명을 실시하기 위하여 약사법에 따라 품목허가를 받은 의약품과 특정 질병에 대한 치료효과를 나타낼 것으로 기대되는 특정한 유효성분, 치료효과 및 용도가 동일한지 여부를 중심으로 판단해야 한다. 특허권자가 약사법에 따라 품목허가를 받은 의약품과 특허침해소송에서 상대방이 생산 등을 한 의약품(이하 '침해제품'이라 한다)이 약학적으로 허용 가능한 염 등에서 차이가 있더라도 발명이 속하는 기술분야에서 통상의 지식을 가진 사람(이하 '통상의 기술자'라 한다)이라면 쉽게 이를 선택할 수 있는 정도에 불과하고, 인체에 흡수되는 유효성분의 약리작용에 의해 나타나는 치료효과나 용도가 실질적으로 동일하다면 존속기간이 연장된 특허권의 효력이 침해제품에 미치는 것으로 보아야 한다.

(피고 제품은 이 사건 허가대상 의약품과 염에서 차이가 나지만, 통상의 기술자가 그 변경된 염을 쉽게 선택할 수 있고, 인체에 흡수되는 치료효과도 실질적으로 동일하므로, 존속기간이 연장된 이 사건 특허발명의 권리범위에 속한다고 보아 달리 판단한 원심을 파기환송한 사례)

(2) 등록지연에 따른 특허권의 존속기간의 연장

1) 의의 및 취지

위에서 살펴본 허가 등에 따른 존속기간 연장제도 외에 2011년 12월 2일 법률 제11117호로 개정된 특허법에서는 등록지연에 따른 존속기간 연장제도를 신설하여, 특허출원인의 책임이 아닌 사유로 특허권의 설정등록이 늦게 이루어지는 경우에 특허권의 존속기간을 연장할 수 있도록 하였다. 「대한민국과 미합중국간의 자유무역협정」[18]에 따라서 특허권이 일정한 기준일(특허출원일로부터 4년이 되는 날 또

18) 한-미 FTA, 2012.3.15. 발효(조약 제2081호).

는 심사청구일로부터 3년이 되는 날 중 더 늦은 날, 이하 '연장기준일'이라 한다)보다 늦게 설정등록되는 경우에는 그 지연기간만큼 특허권의 존속기간을 연장해주는 제도를 도입한 것으로, 한－미 FTA 발효일 이후에 출원된 특허출원, 즉 출원일이 2012.3.15. 이후인 특허출원에 대해서 적용된다.

2) 연장등록의 대상

즉 특허출원에 대하여 특허출원일부터 4년과 출원심사 청구일부터 3년 중 늦은 날보다 지연되어 특허권의 설정등록이 이루어지는 경우에는 그 지연된 기간만큼 해당 특허권의 존속기간을 연장할 수 있다(제92조의2 제1항). 다만 설정등록이 지연된 기간 중에서 심사처리지연 때문이 아니라 출원인으로 인하여 지연된 기간은 보상의 필요가 없으므로 이 기간은 존속기간의 연장에서 제외된다. 다만, 출원인으로 인하여 지연된 기간이 겹치는 경우에는 특허권의 존속기간의 연장에서 제외되는 기간은 출원인으로 인하여 실제 지연된 기간을 초과하여서는 아니 된다(제92조의2 제2항).[19]

분할출원, 분리출원, 변경출원 및 정당한 권리자의 출원은 출원일 자체가 원출원일 또는 무권리자의 출원일로 소급되고 국제특허출원은 국제출원일이 출원일이 되지만, 등록지연에 따른 특허권의 존속기간 연장에 있어서 '특허출원일로부터 4년이 되는 날'을 정할 때에는 실제로 분할출원을 한 날, 분리출원을 한 날, 변경출원을 한 날, 정당한 권리자 출원을 한 날 및 제203조 제1항의 서면을 제출한 날을 각각 '특허출원일'로 본다(제92조의2 제4항). 분할출원이나 국제출원일부터 국내단계에 진입한 날까지의 기간은 출원인의 사정이나 선택에 따른 것이므로, 출원인으로 인하여 지연된 기간을 연장에서 제외하는 취지와 마찬가지로 소급되지 않은 출원 날짜에 의하여 '특허출원일로부터 4년이 되는 날'을 계산하는 것이다.[20]

---

19) '출원인으로 인하여 지연'되었다는 것은 절차가 지연된 원인이 출원인에게 있는 것을 말하며, 이는 반드시 그러한 지연이 발생한 책임을 출원인에게 물을 수 있는 경우만을 의미하는 것은 아니다. 특허법 제92조의2 제3항의 위임에 따라 특허법 시행령 제7조의2에서는 특허에 관한 절차(제1항 1호), 심결등에 대한 소송절차(제1항 2호), 행정심판·행정소송절차(제1항 3호)에서 생길 수 있는 출원인으로 인한 절차지연의 유형과 지연기간을 총 44개목으로 열거하고 있다. 또한 같은 조 제1항 4호에서 위임한 특허법 시행규칙 제54조의5에서도 절차지연의 유형과 지연기간을 총 7개로 열거하고 있다. 그 밖에도 특허에 관한 절차, 심결등에 대한 소송절차 또는 행정심판·행정소송 절차에 있어서 절차의 진행이 출원인으로 인하여 지연되었으면 특허법 제92조의2 제2항 및 제3항에서 말하는 '출원인으로 인하여 지연된 기간'에 해당될 수 있다(시행규칙 제54조의5 8호).

한편 특허법 시행령 제7조의2 제1항에서 규정하고 있는 지연기간 중 하나에 해당되더라도, 해당 건의 구체적인 사정을 고려하였을 때에 그러한 지연이 출원인으로 인한 것이 아니라고 객관적으로 인정되는 경우에는 특허법 제92조의2 제2항 및 제3항에서 말하는 '출원인으로 인하여 지연된 기간'으로 보지 아니한다(시행령 제7조의2 제2항).

3) 연장등록출원절차

연장등록출원은 특허권자만이 할 수 있고 특허권이 공유인 경우에는 공유자 전원이 공동으로 출원하여야 한다(제92조의3 제3항). 출원할 수 있는 시기는 특허권의 설정등록일부터 3개월 이내로 제한된다(제92조의3 제2항).

등록지연에 따른 특허권존속기간의 연장등록출원을 하고자 하는 자는 다음의 사항을 기재한 연장등록출원서를 특허청장에게 제출하여야 한다(제92조의3 제1항).

① 연장등록출원인의 성명 및 주소(법인인 경우에는 그 명칭 및 영업소의 소재지)

② 대리인이 있는 경우에는 그 대리인의 성명 및 주소 또는 영업소의 소재지

③ 연장 대상 특허권의 특허번호

④ 연장신청기간

⑤ 산업통상자원부령이 정하는 연장이유(이를 증명할 수 있는 자료를 첨부하여야 한다)

연장등록출원인은 심사관의 연장등록여부결정 전까지 연장등록출원서에 기재된 사항 중 ④ 및 ⑤의 사항에 대하여 보정할 수 있다. 다만, 제93조에 따라 준용되는 거절이유통지를 받은 후에는 해당 거절이유통지에 따른 의견서 제출기간에만 보정할 수 있다(제92조의3 제4항).

허가 등에 따른 존속기간연장등록출원과는 달리 등록지연에 따른 존속기간연장등록출원의 경우에는 출원의 효과로 존속기간 연장이 간주되지 않는다.

4) 연장등록출원의 심사 및 거절이유

연장등록출원의 심사에는 특허출원에 대한 심사·심판 규정 중 제57조 제1항(심사관에 의한 심사), 제63조(거절이유통지), 제67조(특허여부결정의 방식) 및 제148조 1호 내지 5호 및 7호(심판관의 제척)가 준용된다(제93조).

등록지연에 따른 특허권의 존속기간의 연장등록출원의 경우는 ① 연장신청의 기간이 제92조의2에 따라 인정되는 연장의 기간을 초과한 경우, ② 연장등록출원인이 해당 특허권자가 아닌 경우, ③ 제92조의3 제3항을 위반하여 공유자 전원이 공동으로 연장등록출원을 하지 않은 경우에 한하여 연장등록거절결정을 하여야 한다(제92조의4).

---

20) 특허청, 특허·실용신안 심사기준(특허청 예규 제131호), 2023, 7210면 참조.

5) 연장된 특허권의 효력

등록지연에 따른 특허권의 존속기간이 연장된 경우 그 특허권은 제94조 제1항의 일반 효력조항의 적용을 받는다. 즉, 특허권자는 연장된 존속기간 동안 업으로서 특허발명을 실시할 권리를 독점한다. 다만, 그 특허권에 관하여 전용실시권을 설정하였을 때에는 전용실시권자가 그 특허발명을 실시할 권리를 독점하는 범위에서는 그러하지 아니하다.

6) 연장등록의 무효심판

허가 등에 따른 특허권의 존속기간 연장에서와 마찬가지로, 이해관계인 또는 심사관은 등록지연에 따른 특허권의 존속기간 연장등록에 관하여 무효사유가 있을 때에는 연장등록의 무효심판을 청구할 수 있다.

Ⅳ. 특허권의 효력

1. 의 의

특허권은 설정등록에 의하여 그 효력이 발생한다(제87조). 특허권의 설정등록은 특허청에 있는 특허등록원부(原簿)에 기재됨과 동시에 효력이 발생하고, 이러한 효력은 국내에 한하여 유효한 권리이다. 특허권은 적극적으로 특허권자가 업으로서 특허발명을 독점적으로 실시·이용할 수 있는 효력과 소극적으로 타인이 부당하게 특허발명을 실시하는 것을 배제시킬 수 있는 효력이 있다. 이에 특허법은 제94조 제1항 본문에서 "특허권자는 업으로서 그 특허발명을 실시할 권리를 독점한다"라고 규정하여 특허권의 적극적 효력을 밝히고 있으며, 그 소극적 효력에 관하여는 제97조에서 "특허발명의 보호범위는 청구범위에 적혀 있는 사항에 의하여 정하여진다"라고 규정하고 제98조에서 '타인의 특허발명 등과 저촉되는 경우'와 제126조에서 '타인이 특허권을 침해하는 경우에 침해금지를 청구'할 수 있도록 규정하고 있다.[21)]

21) 다만 상표권에 있어서는 그 양자의 범위가 달라 양자의 구별이 중요한 의미를 가지나, 특허법에 있어서 양자는 기본적으로 일치한다는 점에서 그 구별은 중요하지 않다.

2. 특허권의 효력이 미치는 범위

특허권의 효력은 설정등록에 의하여 독점적인 권리이나, 사람, 시간, 장소 그리고 내용에 따라 그 효력이 제한되기도 한다.[22] 이에 대해서는 '특허권의 효력제한'에서 후술하기로 한다.

특허권의 보호객체는 명세서 중 청구범위에 기재된 발명이다. 즉 특허발명의 보호범위는 청구범위에 적혀 있는 사항에 의하여 정하여지므로, 명세서 중 발명의 설명에 기재되고 있어도 청구범위에 기재되지 않은 발명은 원칙적으로 보호대상이 아니다.

3. 적극적 효력

특허법은 "특허권자는 업으로서 그 특허발명을 실시할 권리를 독점한다(제94조 제1항 본문)"라고 규정하여 특허발명은 특허권자만이 독점적으로 실시할 수 있음을 명시하고 있는데 이를 특허권의 적극적 효력이라 한다.

(1) 업으로서의 실시

'업으로서의 실시'란 발명자가 완성한 발명을 계속·반복적 의사를 가지고 그 발명을 실시(사용)하는 행위를 하는 것을 의미하며, 이러한 행위가 영리적 행위인지 비영리적 행위인지 명확하지 않다. 즉 "업(業)"의 의미에 대하여 특허법은 특별히 정하고 있지 않기 때문에 그 개념의 해석에 대한 학설상의 견해가 나누어진다.

첫째, 가정이나 개인적 실시 이외의 실시를 의미하는 설, 둘째, 널리 사업으로 반복·계속적인 실시를 의미하는 설, 셋째, 직·간접적으로 불특정인의 수요 또는 편의 제공을 목적으로 하는 실시를 의미하는 설, 넷째, 계속적 의사로서 행하는 경제활동으로 보는 설 등이 있다. 이러한 학설의 주장만으로 "업"의 의미를 명확히 이해하기란 쉽지 않다. 한편 실무에서는 "업"을 "사업적"으로 해석하기도 하는 것 같다.[23] 이상에서 살펴본 바와 같이 '업으로서'의 해석에는 여러 견해가 존재하지만, 산업의 발달이라는 특허법의 목적으로 판단할 때 단순히 개인적 혹은 가정적인 실시를 제외한다는 의미로 파악하는 것이 통설이다. 따라서 경제활동의 일환으

22) WTO/TRIPs협정 제27조 제1항은 "특허는 발명지, 기술분야 및 제품의 수출입에 대한 차별 없이 허여되어지고 향유되어야 한다"라고 규정하고 있다.

23) 김원준, 「특허법」, 박영사, 2009, 475면.

로서 실시되는 이상, 영리를 직접적인 목적으로 하지 않더라도 업으로서의 실시라 할 수 있으며, 영리 사업이 아닌 공공사업·의료업·변호사업 등에서 행해지는 실시도 업으로서의 실시라 할 수 있다. 나아가 시험이나 연구를 위한 실시도 업으로서의 실시로 본다.

이러한 "업(業)"은 반복계속이라는 요건이나 불특정 다수라는 요건도 필요로 하지 않는다. 따라서 업으로서의 실시인 한 그것이 반드시 수회에 걸친 실시나 계속 반복적인 실시임을 요하지 아니하며 단 1회의 실시라도 업으로서의 실시에 해당한다.

(2) 특허발명

'특허발명'이란 특허를 받은 발명을 말한다(제2조 2호). 즉 발명자가 발명을 완성한 후 특허청에 특허출원하여 모든 심사절차를 걸쳐 거절결정이 되지 아니하고 특허결정된 후 소정의 절차를 마친 것을 특허청이 특허등록 원부에 게재함과 더불어 출원인에 특허증을 발급한 발명을 말한다(제2조 2호).

(3) 실 시

'실시'[24]는 특허법 제2조 제3호에 정의된 '실시'를 의미하며,[25] 이러한, 실시에는 '물건발명의 실시', '방법발명의 실시' 및 '물건을 생산하는 방법발명'의 실시로 나눌 수 있겠다.

1) 물건발명의 실시

물건발명의 실시는 물건을 생산·사용·양도·대여 또는 수입하거나 그 물건의 양도 또는 대여의 청약(양도 또는 대여를 위한 전시를 포함한다)을 하는 행위를 말한다(제2조 3호 가목).

① 생산은 특허발명을 이용하여 동일한 물건을 만들어 내는 일체의 행위로 반드시 기술을 사용하여 물건을 만들어내는 것을 의미한다. 따라서 생산은 물건의 발명 이외의 방법 발명의 실시행위에는 해당되지 않는다.[26] 생산은 반드시 완성행위일 것을 요하지 않으며, 건조·구축·착수 등의 행위를 포함한다. 부품과 부품의

---

24) WTO/TRIPs협정 제27조 제1항은 "실시와 관련하여 제품의 경우 배타적 권리는 제3자가 특허제품을 제조·사용·판매청약·판매·수입하는 것을 금지하는 권리를 포함하며, 제법의 경우 제3자가 제법을 이용하고 그러한 제법으로 직접 생산된 제품을 이용·판매청약·판매 혹은 수입하는 것을 금지하는 것을 포함한다"라고 규정하고 있다.

25) 이와 같이 특허법이 실시에 관한 정의 규정을 두는 것은 권리가 미치는 범위를 명확히 하기 위함이다.

26) 김원준, 「특허법」, 박영사, 2009, 476면.

결합도 생산에 해당하며, 중요 부분의 수리나 개조도 생산에 해당되는 것으로 해석된다. 그러나 모형의 제작, 설계도의 작성과 같은 생산의 준비행위는 포함하지 않는다. 또, 폐기용품의 재사용은 특허법상의 실시의 생산에 해당되는지가 의문이 있으나, 중요 부분의 재사용은 특허권의 침해에 해당될 것이다.

② 사용이란 생산된 물건 또는 방법발명을 본래의 목적이나 용도 또는 작용효과를 실현하도록 하는 행위를 말한다. 즉 사용은 발명의 본래 목적을 달성하거나 효과를 나타내도록 그 물건을 사용하는 것으로, 발명의 기술적 효과를 실현시키는 일체의 행위이다. 다만 특허법의 목적인 산업발전이라는 관점에서 발명 목적과 관계없는 형태로 사용하는 것을 위법이라 할 수 없다는 점에서 발명의 목적을 달성하기 위한 방법으로 해당 특허발명에 관계되는 물건을 이용하는 것을 가리킨다 하겠다. 또한 해당 발명에 관계된 물건을 이용하여 생산된 물건의 사용은 실시에 해당되지 않는다. 한편 비록 사용할 의사로 소지하고 있더라도 소지만으로 사용에 해당되지는 않는다.

③ 양도는 생산된 발명특허품의 소유권을 타인에게 이전하는 것으로 유·무상을 가리지 않는다. 다만 직접 해외로 수출만을 하는 행위는 양도행위에 포함되지 않는다는 견해도 있다. 매수와 소지는 특허법 제2조 제3호의 실시에는 해당하지 않은 것으로 되어 있으나, 특허권을 침해한 물품을 업으로서 판매하기 위한 "매수"와 "소지"는 특허권 침해의 우려가 있는 행위에 해당되어 특허법 제126조에 의하여 예방청구의 대상이 될 수도 있을 것이다. 한편, 물건을 소지하고 양도 또는 대여의 청약을 하는 경우에는 청약행위로서 특허법상 실시에 해당된다고 본다.[27] 또 방법발명의 실시행위에는 양도가 존재하지 않으며, 물건의 발명 또는 물건을 생산하는 방법의 발명의 실시에 양도행위가 존재한다고 한다.[28]

④ 대여는 발명특허품을 일정한 시기에 반환할 것을 조건으로 타인에게 빌려주는 것으로 양도와 같이 그 유·무상을 가리지 않는다. 다만 물건의 보관을 위해서 기탁을 의뢰하는 행위는 대여에 포함되지 않는다.

⑤ 1995년 12월 29일 개정법(법률 제5080호)에 '물건의 양도 또는 대여의 청약'이라는 것을 새로 도입하였다. 즉 WTO(세계무역기구)/TRIPs(지적재산권)협정 제28조(특허권리내용)의 내용을 반영한 것으로 여기(WTO/TRIPs 협정 제28조)에서는 '판매의 청약(offering for sale)'[29]

27) 이인종, 「특허법개론」, 법연출판사, 2001, 57면.
28) 김원준, 「특허법」, 박영사, 2009, 477면.
29) 청약이란 발명특허품을 양도·대여하기 위하여 계약을 성립시킬 것을 목적으로 하는 의사표시를 말한다. 청약은 계약체결을 위한 의사표시이며, 계약이라는 법률행위를 구성하는 하나의 법률사실

이라는 용어를 사용하고 있으나 우리나라 특허법에서는 '물건의 양도 또는 대여의 청약'이라고 사용하고 있다.

물건의 양도 또는 대여의 청약이란 특허권자가 특허제품을 판매 또는 대여하기 위하여 특허품의 특징, 가격, 내용 등을 카탈로그나 팜플렛 등에 게재하여 배포하는 행위 등을 말한다. 즉, 특허 또는 실용신안 제품을 국내에서 직접 판매하지 않는 경우에도 카탈로그에 의한 권유, 팸플릿의 배포, 상품판매의 광고, 상품의 진열 등에 의해서 특허 및 실용신안 제품의 판매를 유도하는 행위자체는 청약의 유인행위이나 이러한 유인행위는 특허제품을 판매하기 위한 행위이므로 「물건의 양도 또는 대여의 청약」에 포함시켜야 할 것이다. 여기서 '물건의 양도'란 유·무상에 관계없으며(예를 들면 무상으로 시작품을 배포하는 행위도 특허법상의 실시가 된다), '대여의 청약'이란 리스의 청약과 같이 대여를 목적으로 청약하는 행위를 말한다.

⑥ 전시(展示)는 발명을 양도하거나 대여할 목적으로 불특정다수인이 인식할 수 있는 상태로 두는 것을 말하며, 양도나 대여의 목적이 아닌 단순한 전시는 특허법상의 실시에 해당하지 않는다.

⑦ 수입은 외국에서 생산된 특허품을 국내시장에 반입하는 행위를 말한다. 따라서 단순히 보세지역 내에 있는 물건은 수입물건이라 할 수 없으며, 단순한 인보이스(in-voice) 도착만으로 수입행위가 행해졌다고 할 수 없다. 한편 '수출'은 실시에 해당하지 않는다. 특허권은 국내에서만 효력을 가지며 그 효력이 외국까지는 미치지 않기 때문에 수출에 특허권의 효력은 미치지 않으나, 통상적으로 수출하기 전에 생산·판매 혹은 양도가 이루어지므로 수출 자체를 금지할 수 없다고 하더라도 문제가 된다고는 할 수 없겠다.

2) 방법발명의 실시

방법의 발명에서 '실시'란 그 방법을 사용하는 행위 또는 그 방법의 사용을 청약하는 행위를 말한다(제2조 3호 나목). 즉 기계, 설비, 장치 등의 사용방법과 측정방법 등의 사용행위가 이에 해당된다. 물건에 대한 발명의 경우와 마찬가지로 그러한 방법발명의 본래 목적을 달성하기 위한 방법의 사용만이 실시로 여겨진다. 여기서 '그 방

이다. 청약은 '청약의 유인'과 개념이 다르다. 청약은 상대방의 승낙이 있으면 계약을 성립시킬 것을 목적으로 하는 구체적·확정적 내용을 지닌 구속력 있는 의사표시인데 반하여, 청약의 유인은 청약을 구하는 의사표시에 불과하다는 점에서 근본적 차이가 있다. 예를 들어 단순히 안내를 하려는 선전용 팸플릿, 흥행광고, 신문광고, 진열장에의 진열은 청약의 유인이지 청약 그 자체는 아니다(김원준, 「특허법」, 박영사, 2009, 477면).

법의 사용을 청약하는 행위'는 2019년 12월 10일 법률 제16804호로 개정된 특허법에서 추가된 것인데, 소프트웨어 등과 같은 방법의 발명인 경우 그 방법을 사용하는 행위만을 특허를 받은 발명의 실시로 규정하고 있어 소프트웨어 등을 정보통신망을 통하여 전송하는 행위가 특허를 받은 발명의 실시에 해당하는지 불분명하여 보호하기 어려운 측면이 있다는 점을 반영한 것이다.[30]

3) 물건을 생산하는 방법발명의 실시

물건을 생산하는 방법의 발명은 물건의 발명과 방법의 발명이라는 양면성을 겸비하고 있다. 이에 물건을 생산하는 방법발명(예 보리차의 제조방법)에서 '실시'란 그 방법을 사용하는 행위 또는 그 방법의 사용을 청약하는 행위 외에 그 방법에 의하여 생산한 물건을 사용·양도·대여 또는 수입하거나 그 물건의 양도 또는 대여의 청약을 하는 행위를 말한다(제2조 3호 다목). 그러나 생산방법이 아닌 단순방법의 발명에 있어서는 그 방법의 사용 또는 사용의 청약만이 실시에 해당하고, 그 방법에 의하여 취득된 물건의 양도등은 해당 방법발명의 실시가 아니다.

(4) 독 점

특허권자는 특허발명을 독점적으로 실시할 수 있으며, 다른 사람은 정당한 이유 없이 특허를 받은 발명을 실시할 수 없다. 따라서 타인이 정당한 이유 없이 특허발명을 실시하는 경우에는 특허권을 침해하는 것이 되며 특허권자는 침해자에게 그 실시를 중지할 것을 청구할 수 있고, 침해행위로 인하여 손해가 발생한 경우에는 손해배상을 청구하는 등의 여러 구제조치를 취할 수 있다.

(5) 특허권 효력의 소진

1) 의의 및 국내 소진론

특허권 효력의 소진론(exhaustion doctrine)이란 특허품에 대한 정당한 생산·판매가 이루어진 후에는 특허권의 효력은 소진된 것으로 되어 그 생산·판매된 특허품에 대하여 다시 특허권 등을 주장할 수 없다는 것이다. 따라서 이 소진론에 따를 경우 특허권자 또는 정당한 권한이 있는 자가 생산·판매한 제품을 구입한 자가 그 제품을 스스로 사용하거나 다시 그 제품을 판매하는 경우에도 특허권의 침해가 되지 않는

---

30) 다만, 이로 인한 소프트웨어 산업의 위축을 방지하기 위하여 특허를 받은 발명의 실시가 방법의 사용을 청약하는 행위인 경우 특허권의 효력은 그 방법의 사용이 특허권 또는 전용실시권을 침해한다는 것을 알면서 그 방법의 사용을 청약하는 행위에만 미치도록 하였다(제94조 제2항).

다. 이를 "권리용진론 또는 최초판매이론(first-sale doctrine)"이라고도 한다.

이러한 소진론에는 국내적 소진론과 국제적 소진론으로 나누어 설명하는 것이 이해하는 데 도움이 된다. 즉 국내적 소진론은 특허권 효력의 소진은 국내에서만 적용된다는 주장이며, 국제적 소진론은 이러한 특허권의 소진은 국제간에도 적용된다는 견해이다. 이에 대해 국내적 소진론에 대하여는 이론(異論)이 없으나, 국제적 소진에 대하여는 견해가 대립되어 있으며, 다수설은 국제적 소진에 대하여는 부정하고 있었다. 그러나 일본의 BBS판결 이후 소진론 자체는 병행수입과 관련한 것이 아니라 주장되면서, 국제적 소진을 긍정하는 학설이 주장되기에 이르렀다.

2) 국제적 권리소진론

특허권은 특허를 받고자 하는 국가에서 특허출원을 하여 심사절차를 거쳐 설정등록이 되면, 그 국가(우리나라 헌법 제3조에 의해, 우리나라에서 특허를 받으면 한반도와 그 부속도서에서 독점으로 실시할 수 있다)에서 독점적으로 실시할 권리를 가진다. 이는 파리협약의 3대 원칙 중의 하나인 특허독립의 원칙에 의한 것이다. 따라서 특허권자가 특허제품을 적법하게 유통시킨 제품에 대하여는 다시 권리를 주장할 수 없다. 그러나 세계가 글로벌화되면서 거래가 특정지역에서만 이루어지는 것이 아니라 국제적으로 이루어지고 있다. 또 이와 더불어 국제시장에서 환율변동이 급격함에 따라 일시적으로 A국의 특허권자로부터 독점적인 전용실시권을 받아 B국에서 전용실시권을 가지고 판매 등을 하고 있는 자의 특허제품의 가격이 A국 또는 제3국인 C · D국의 소매가격에 비하여 상대적으로 높아, B국과 해외의 가격 차이가 날 수 있다. 이러한 경우 B국 이외의 국가에서 생산 · 판매된 제품을 B국에서 판매할 수 있게 되면, A국의 특허권자에게 로열티(실시료)를 지불하고 자국(B국)에서 선전 · 광고비 등의 비용을 들여 시장을 개척해 놓은 전용실시권자는 막대한 피해를 입을 수 있다.

한편, B국의 소비자의 입장에서 보면 B국의 전용실시권자로부터 구매하는 것보다 A국이나 B국보다 가격이 싼 국가의 제품을 구입하는 것이 유리할 것이다.

그러나, B국의 소비자가 하나의 제품을 구매하려고 A국이나 가격이 싼 제3국까지 가서 구매하면 도리어 항공기 · 숙박료 등의 비용이 더 많이 소모될 것이다. 그리하여 A국이나 제3국에서 유통시킨 것을 유통 · 판매 단계에서 대량으로 구매하여 B국으로 들여와 판매하여도 B국의 전용실시권자로부터 구매하는 것보다 더 싼 가격으로 판매할 수 있다. 이런 것을 병행수입이라고 한다.

또 이러한 경우 B국의 소비자들은 낮은 가격으로 특허제품을 구매할 수 있는 기회를 가지지만 B국의 전용실시권자는 판매저하로 경제적 불이익을 받게 될 것이다. 이 경우 B국의 전용실시권자는 병행수입업자에 대하여 B국의 수입단계에서 특허권의 침해행위를 이유로 소를 제기할 수 있다.

이러한 경우 법원은 권리가 소진되었다고 볼 것인가 아니면 특허독립의 원칙에 따라 B국에서의 권리는 별도이므로 권리가 소진되지 않았다고 볼 것인가가 국제적인 문제로 대두되고 있다. 이것이 국제적 권리소진에 관한 문제이다.

이와 관련하여 파리협약 제4조의2는 각국의 특허권은 그 권리의 발생·변동·소멸에 관하여 서로 독립적이라고 규정하고 있다. 즉 특허독립의 원칙은 특허권 자체의 독립은 다른 나라의 특허권의 무효·소멸·존속기간 등에 의하여 영향을 받지 아니한다는 원칙으로 특허권의 효력은 해당국의 영역 내에서만 인정될 수 있다는 속지주의의 원칙을 전제로 하고 있다.

속지주의의 원칙은 특허법령상에서 인정되는 원칙이므로 복수의 나라에서 특허를 보호받기 원하면 각국마다의 국내절차에 의하여 특허권을 취득하지 않으면 안 된다.

이렇게 각 국가에서 발생된 복수의 특허권은 완전히 별개의 독립된 권리이고, 한 나라의 특허권의 변경, 소멸 등은 다른 나라의 특허권의 존립에 영향을 받지 않고 있다. 따라서 특허권의 국제적 소진론은 속지주의의 원칙 또는 특허독립의 원칙에 의하여 받아들이기 어려운 이론이다.

EU지역에서는 상품의 유통이 자유롭게 되는 것을 원칙으로 하고 있으나[31] 지적재산권에 있어서의 속지주의는 파리조약에서 승인된 원칙이므로 EU지역 내에 있어서도 이를 인정하고 있다.

그러나 EEA협정(The European Economic Area Agreement)[32]에 지적재산권에 관한 의정서 제2조 제1항에서 '지적재산권의 소진'을 규정하고, 이 협정의 체약국 간에도 특허제품에 대하여는 EC법원이 인정한 범위 내에서 권리가 소진된다고 본다.[33] 이는 '체약국 원산의 상

31) 유럽경제공동체 설립조약(일명 EC조약 또는 로마조약이라 한다) 제30조에서 "공업·상업재산보호를 이유로서 정당화된 수출입·물품이동의 금지 또는 제한을 방해하는 것은 아니다."

32) EEA는 EFTA(유럽자유무역연합)과 EU로 구성되어, 양 체약국 간의 상품서비스 등의 자유 유통을 원칙으로 하고 있다. 1994년 1월 1일에 발효되었다.

33) 1974년 Centrafarm사건(Centrafarm v. Sterling Drug, Case 24/67 (1968)ECR55.): 영국과 네덜란드에서 Negram이라는 약에 대한 특허를 갖고 있던 특허권자로부터 약을 구입하여 네덜란드에 수출한 영국의 수출업자에 대해 특허권자가 네덜란드의 특허침해로 제소한 사건이다. EC법원은 "특허권자 스스로 영국에서 특허제품을 판매한 행위의 결과 영국특허는 물론 네덜란드 특허권도 소진하였기 때

품에만 적용된다'[34]라는 규정으로 보아, EEA 이외의 상품에는 적용되지 않는다. 즉 제3국 상품에 대하여는 특허권은 소진되지 않으므로 특허권자는 해당 상품의 EEA 역내의 이동을 저지할 수 있다.

한편, 일본에서는 상표에 대하여는 국제소진론(병행수입)을 인정하여 왔으나,[35] 특허제품에 있어서는 특허권의 속지주의와 특허독립의 원칙에 의해[36] 국제소진론을 부정하여 왔다. 그런데 BBS사건에서 제1심인 동경지방재판소에서는 국제소진을 부정하였으나, 제2심인 동경고등법원에서는 특허도 상표와 같이 국제적으로 소진한다고 인정하였다.[37] 일본 최고재판소도 '각국 특허독립의 원칙'은 국제적 소진론을 부정하는 근거가 될 수 없고, 일정한 조건하에서만 병행수입을 금지할 수 있다고 판결하였다(국제적 소진론을 명시적으로 인정한 것은 아니고, 묵시적 합의론에 따른 병행수입을 인정함).[38]

문에 특허침해에 해당하지 않는다"라고 판시하였다.

EC법원은 첫째, 산업재산권은 체약국마다 그 존재에 대하여 속지성을 인정하지만, 그 행사에 대해서는 공동시장의 원칙에 의해 제한될 수 있는 것이고, 둘째 체약국 간의 상품거래의 자유는 해당 산업재산권의 고유의 목적을 구성하는 권리를 보호하기 위해서만 제한되는 것에 불과하다고 보아 산업재산권의 권리행사를 제한하는 원칙을 분명히 하였다(김원준, 「특허법(개정판)」, 박영사, 2003, 570면, 재인용).

34) EEA협정 제8조 제2항.

35) 大阪地裁 昭和4.2.27. 無体集 2巻, 71頁(Parker 事件).

36) 東京地裁 平成6.7.22. 判例時報 1501号, 70頁.

37) 東京高裁 平成7.3.23. 判例時報 1524号, 3頁.

38) 最高裁 平成9.7.1. 判例時報 1612号, 160頁. **BBS사건의 개요** 자동차의 부품인 알루미늄호일을 생산하는 독일회사인 BBS사가 독일 및 일본에서 同一發明에 대한 특허권을 가지고 있었지만, 제3자가 이 상품을 독일에서 구입하여 일본에 수입한 것에 대하여 BBS사가 특허권 침해를 근거로 하여 병행수입업자를 상대로 제소한 사건이다.

판시사항 독일의 특허권과 일본의 특허권은 별개의 권리이므로 특허권자가 병행특허권에 관한 발명에 대해 일본의 특허권에 의거하여 권리를 행사하여도 이를 가지고 즉각 이중이득을 얻는 것이라고는 할 수 없으나, 국제무역이 매우 광범위하게 또한 고도로 진전된 현상을 고려하면, 수입을 포함한 상품의 유통의 자유는 최대한 존중되어야 하므로 일정한 조건하에서만 병행수입을 금지할 수 있다.

판결요지 특허권자가 국외에서 특허제품을 양도한 경우, 양수인 또는 그 양수인으로부터 특허제품을 양수받은 제3자가 업으로 이를 일본에 수입하여 이를 사용하고, 또한 이것을 다른 사람에게 양도하는 것은 당연히 예상되는 바이므로 특허제품을 외국에서 판매한 경우에 있어서 특허권자가 ① 양수인에 대해서 해당 제품에 대한 판매 내지 사용지역에서 일본을 제외한다는 취지를 합의한 경우, ② 양수인으로부터 특허제품을 양수받은 제3자 및 그 후의 취득자에 대해서 양수인과의 사이에 상기 ①을 합의한 뒤에 특허제품에 이것을 명확하게 표시한 경우를 제외하는 해당제품에 대하여 일본에서 특허권을 행사할 수 없다. 특허권자가 이러한 유보를 하지 않고 양도한 경우에는 양수인 및 그 후의 취득자에 대하여 일본에 있어서 양도인이 가지고 있는 특허권에 의한 해당제품을 지배할 수 있는 권리를 묵시적으로 부여하였다고 해석하여야 한다고 판단하고, 본건에 대해서는 상기 ①, ②의 어느 것도 BBS사로부터 주장·증명되어 있지 않으므로 금지 내지 손해배상청구를 허용하지 않는다.

대법원 2019.1.31. 선고 2017다289903 판결

[방법발명의 특허권 소진]

가. 특허권 소진의 인정 여부

특허법 제2조 제3호는 발명을 '물건의 발명', '방법의 발명', '물건을 생산하는 방법의 발명'으로 구분하고 있다. '물건의 발명'(이하 '물건발명'이라고 한다)에 대한 특허권자 또는 특허권자로부터 허락을 받은 실시권자(이하 '특허권자 등'이라고 한다)가 우리나라에서 그 특허발명이 구현된 물건을 적법하게 양도하면, 양도된 당해 물건에 대해서는 특허권이 이미 목적을 달성하여 소진된다. 따라서 양수인이나 전득자(이하 '양수인 등'이라고 한다)가 그 물건을 사용, 양도하는 등의 행위에 대하여 특허권의 효력이 미치지 않는다. '물건을 생산하는 방법의 발명'에 대한 특허권자 등이 우리나라에서 그 특허방법에 의하여 생산한 물건을 적법하게 양도한 경우에도 마찬가지이다.

'물건을 생산하는 방법의 발명'을 포함한 '방법의 발명'(이하 통틀어 '방법발명'이라고 한다)에 대한 특허권자 등이 우리나라에서 그 특허방법의 사용에 쓰이는 물건을 적법하게 양도한 경우로서 그 물건이 방법발명을 실질적으로 구현한 것이라면, 방법발명의 특허권은 이미 목적을 달성하여 소진되었으므로, 양수인 등이 그 물건을 이용하여 방법발명을 실시하는 행위에 대하여 특허권의 효력이 미치지 않는다.

나. 방법발명에 대한 특허권 소진의 인정 근거

방법발명도 그러한 방법을 실시할 수 있는 장치를 통하여 물건에 특허발명을 실질적으로 구현하는 것이 가능한데, 방법발명이 실질적으로 구현된 물건을 특허권자 등으로부터 적법하게 양수한 양수인 등이 그 물건을 이용하여 방법발명을 실시할 때마다 특허권자 등의 허락을 받아야 한다면, 그 물건의 자유로운 유통 및 거래안전을 저해할 수 있다. 그리고 특허권자는 특허법 제127조 제2호에 의하여 방법발명의 실시에만 사용되는 물건을 양도할 권리를 사실상 독점하고 있는 이상 양수인 등이 그 물건으로 방법발명을 사용할 것을 예상하여 그 물건의 양도가액 또는 실시권자에 대한 실시료를 결정할 수 있으므로, 특허발명의 실시 대가를 확보할 수 있는 기회도 주어져 있다. 또한, 물건발명과 방법발명은 실질적으로 동일한 발명일 경우가 적지 않고, 그러한 경우 특허권자는 필요에 따라 특허청구항을 물건발명 또는 방법발명으로 작성할 수 있으므로, 방법발명을 특허권 소진 대상에서 제외할 합리적인 이유가 없다. 오히려 방법발명을 일률적으로 특허권 소진 대상에서 제외한다면 특허권자는 특허청구항에 방법발명을 삽입함으로써 특허권 소진을 손쉽게 회피할 수 있게 된다.

다. 실질적 구현 여부의 판단 기준

어떤 물건이 방법발명을 실질적으로 구현한 것인지 여부는 사회통념상 인정되는 그 물건의 본래 용도가 방법발명의 실시뿐이고 다른 용도는 없는지 여부, 그 물건에 방법발명의 특유한 해결수단이 기초하고 있는 기술사상의 핵심에 해당하는 구성요소가 모두 포함되었는지 여부, 그 물건을 통해서 이루어지는 공정이 방법발명의 전체 공정에서 차지하는 비중 등 위의 각 요소들을 종합적으로 고려하여 사안에 따라 구체적·개별적으로 판단하여야 한다.

사회통념상 인정되는 물건의 본래 용도가 방법발명의 실시뿐이고 다른 용도는 없다고 하기 위해서는, 그 물건에 사회통념상 통용되고 승인될 수 있는 경제적, 상업적 또는 실용적인 다른 용도가 없어야 한다. 이와 달리 단순히 특허방법 이외의 다른 방법에 사용될 이론적, 실험적 또는 일시적 사용가능성이 있는 정도에 불과한 경우에는 그 용도는 사회통념상 인정되는 그 물건의 본래 용도라고 보기 어렵다(대법원 2009.9.10. 선고 2007후3356 판결 참조).

특허법원 2017.11.10. 선고 2017나1001 판결

[부품의 교체가 수리행위에 해당하여 권리가 소진되었다고 본 사례]

방법발명 제품을 적법하게 양수한 양수인 등이 이를 수리하거나 소모품 내지 부품을 교체하는 경우에 그로 인하여 원래 제품과의 동일성을 해할 정도에 이르는 때에는 실질적으로 생산행위를 하는 것과 마찬가지이므로 특허권을 침해하는 것으로 보아야 할 것이나, 그러한 수리 또는 소모품 내지 부품이 제품의 일부에 관한 것이어서 수리 또는 소모품 내지 부품의 교체 이후에도 원래 제품과의 동일성이 유지되고, 그 소모품 내지 부품 자체가 별도의 특허 대상이 아닌 한, 그러한 수리행위나 부품 교체행위는 방법발명 제품 사용의 일환으로 허용되는 수리에 해당하므로, 제3자가 업으로서 그러한 소모품 내지 부품을 생산·양도·대여 또는 수입하는 등의 경우에 특허법 제127조 제2항 소정의 간접침해가 성립하는지는 별론으로 하고, 특별한 사정이 없는 한 양수인 등의 그러한 수리행위나 부품 교체행위가 방법발명의 특허권을 직접 또는 간접적으로 침해한다고 볼 수는 없다. 이는 그러한 소모품 내지 부품이 그 특허발명의 실시에만 사용되는 것인 경우에도 마찬가지이다. 한편 수리행위 내지 부품 교체행위가 제품의 동일성을 해할 정도에 이르러 생산행위에 해당하는지 여부는 해당 제품의 객관적 성질, 이용형태 및 특허법의 규정취지 등을 종합하여 판단하여야 한다(대법원 2003.4.11. 선고 2002도3445 판결 참조).

특허법원 2009.12.18. 선고 2008허13299 판결

[경매절차에 의해 양도한 경우에도 특허권이 소진된다는 사례]

특허권 소진의 근거에 비추어 볼 때 물건의 양도가 계약에 의한 경우뿐만 아니라 경매절차에 의한 경우에도 특별한 사정이 없는 한 특허권 소진의 법리는 적용된다고 할 것이다.

4. 소극적 효력

(1) 의 의

특허권은 적극적으로 해당 특허발명을 실시할 수 있는 효력뿐만 아니라 정당한 권원이 없는 타인이 특허를 받은 발명을 업으로서 실시할 때에는 이를 특허권의 침해로 보아 해당 행위를 금지하게 할 수 있는 소극적인 효력을 갖는다. 이와 같은 특허권의 소극적 효력과 관련하여 특허권 보호의 대상 내지 보호범위의 확정문제가 논리적인 전제로서 파악되어야 할 것이다. 즉 특허법은 일정한 발명에 대하여 배타적 지배권을 행사할 수 있도록 하고 있는데, 만약 그 배타적 지배권의 범위를 확정하지 않는다면 해당 발명의 보호는 무의미해진다 하겠다. 이에 특허법은 "특허발명의 보호범위는 청구범위에 적혀 있는 사항에 의하여 정하여진다"라고 규정(제97조)함으로써 특허권이 갖는 소극적 효력의 범위대상을 확정하고 있다. 따라서 비록 발명자의 발명성과는 명세서 중 발명의 설명의 기재에 의하여 일반인에게 공개되나, 특허권의 보호대상으로 출원인이 한 해당 특허발명의 정의 내지 해당 발명내용의 집약은 청구범위가 된다 하겠다. 특허권을 침해하는 자에 대하여 특허권자는 민사적으로는 침해금지청구권, 부당이득반환청구권 내지 손해배상청구권, 신용회복청구권 등과 같은 구제수단을 사용할 수 있으며, 형사제재를 가할 수도 있다(이 부분의 상세한 것은 후술하기로 한다).

(2) 특허권의 보호범위

특허권의 객체는 발명자가 한 사회적 사실로서의 발명 그 자체가 아니라 청구범위의 기재에 의하여 문서로 표현된 객관적 존재이다. 이에 특허법 제97조는 특허의 보호범위 내지 권리범위는 특허명세서의 여러 기재 내용 중 청구범위에 적혀 있는 사항에 의하여 정한다는 원칙을 명백히 하고 있다. 특히 본조는 특허권의 범위를 명시하여 해당 특허의 기술을 이용하는 일반 공중에게 그 권리의 한계를 명백히 함과 동시에 발명자가 특허를 청구하지 아니한 것은 비록 명세서에 기재된 것이라도 보호되지 아니 함을 밝힌 것이라 하겠다. 즉 청구범위가 특허발명의 보호범위를 판단하는 데 기준이 됨은 특허법 제42조 제4항이나 청구범위의 기능상 당연한 것이라 하겠으나, 특허권 분쟁이 있을 경우 이를 어느 기준에 의하여 판단할 것인지에 대하여 명확한 객관적 기준을 제시할 필요가 있다 하겠다. 이에 특허법은 제97조에서 특허발명의 보호범위에 관한 규정을 두어 특허권 분쟁시 그 해석이나 침해여부에 대한 판단의 기준을 제시함으로써 특허법 운용의 적정과 통일을 기하고자 하고 있다.

1) 특허권 보호범위의 해석 원리

발명은 청구범위에 기재되어야 법률에 의한 보호가 가능하며, 특허를 청구하지 아니한 것, 즉 청구범위에 기재되지 아니하고 발명의 설명 등에 기재된 것은 비록 그것이 새로운 기술이라 하더라도 보호되지 아니한다. 한편 청구범위에 기재된 발명이라 하여 모두 법률에 의하여 보호되는 것은 아니며 그 청구범위에 기재된 사항에 의한 해석에 따라 보호범위가 정해진다. 다시 말하면 특허발명은 구체적인 물건으로서 존재하는 것이 아니고 명세서에 문장으로 기재되어 있다. 그러나 문장에 의해 그 보호범위를 완전하게 표현하는 것은 불가능하고, 이에 문장의 해석을 통하여 보호범위를 결정하여야 한다. 전통적으로 특허의 보호범위에 관한 해석에 대해서는 특허의 보호범위를 넓게 해석하고자 하는 독일을 중심으로 한 대륙법계의 국가가 채택했던 중심한정주의적 해석방법과 자유경쟁의 입장에서 독점을 예외로 하는 미국을 중심으로 한 영미법계의 국가가 채택한 주변한정주의적 해석방법이 있다.[39)]

전통적 의미의 주변한정주의는 특허발명의 보호범위를 해석함에 있어서는 청구범위에 기재된 문언에 집착하여 청구범위에 기재된 문언이 의미하는 범위를 문언적 · 문리적으로 해석하여야 하고 그 이외의 기재나 자료에 의한 확장해석은 인정되지 않는다는 해석방법이다. 따라서 그 범위 밖에 있는 사항에 대하여는 침해가 아닌 것으로 해석하는 방법이다. 이러한 주변한정주의에 따르면 출원인은 자기의 발명이라고 생각하는 사항을 청구범위를 작성할 때 균등범위에 속한다고 생각되는 실시예 등도 포함되도록 작성하여야 한다. 따라서 청구범위의 기재가 불명료하거나 특정화되지 않았다는 이유로 거절될 우려가 있다. 이는 일반 제3자에게 특허발명의 보호범위의 이해가 용이한 장점이 있으나, 청구범위의 문언 외의 균등범위에서 해당 특허권을 주로 침해하는 대부분의 침해자로부터 특허권자가 보호되지 못하는 단점이 있다.

중심한정주의는 청구범위에 기재된 것은 그 추상적인 사상을 구현한 전형적인 지침에 관한 것으로서 어느 정도의 확장해석을 인정하며, 청구범위의 기재에 의한

39) 청구범위의 표현양식과 그 해석방법에 차이가 있을 뿐 근본적인 차이가 존재하는 것은 아니다. 따라서 실무상 양자를 구별할 실익은 없으나 종래의 전통적 해석방법이라는 점에서 소개한다.

구체적인 문언뿐만 아니라 이 문언에 의하여 구체화된 명세서 또는 도면을 통해 발명자의 특허보호에 관한 의사까지 추측하여 보호범위를 해석하는 방법이다. 법원은 청구범위 해석시 명세서와 청구범위를 일체로 하여 발명의 핵심, 즉 발명의 밑에 깔려 있는 새로운 발명적 행위를 파악한 후 이에 상응하는 균등의 범위까지 청구범위에 대한 독점력의 범위를 확장한다. 따라서 청구범위의 기재에 대한 출원인의 책임부담이 경감되지만, 일반 제3자가 명세서의 문언을 통하여 보호범위를 정확하게 판단하기는 곤란한 결점을 가지고 있다.

한편, 우리나라의 그동안 법원의 판례와 특허심판원의 심결례를 살펴보면 '청구범위'에 기재된 것을 기본으로 하는 원칙에 따라 보호범위를 해석하되 먼저 판례 등을 참작하여 법률문제와 사실문제에 입각하여 판단하고, 그 다음에 ① 청구범위 우선의 원칙, ② 모든 구성요소 포함의 원칙, ③ 발명의 설명 및 도면의 참작원칙, ④ 균등의 원칙(균등론),[40] ⑤ 출원경과 참작의 원칙, 소송의 신의칙(금반언), ⑥ 공지사실 제외설 등의 6가지 원칙을 적용한다.[41]

이는 특허법 제97조에서 '특허권의 보호범위'를 명시하고 있지만, 법 제97조를 보다 합리적으로 해석될 수 있기 위해 보충적 자료로 활용하고 있다.[42]

2) 특허권 보호범위의 해석 기준

특허발명의 보호범위는 청구범위에 적혀 있는 사항에 의하여 정하여 진다. 다만 이는 청구범위를 출원 당시의 기술수준에 입각하여 발명의 설명 및 도면과 함께 출원의 경과 등에 비추어 그 기술적 의미를 해석한 뒤에 그 해석된 청구범위가 특허발명의 보호범위로 결정이 된다고 해석할 것이다.[43]

대법원 2003.7.11. 선고 2001후2856 판결

[권리범위 판단방법]

특허권의 권리범위는 특허출원서에 첨부한 명세서의 청구범위에 기재된 사항에 의하여 정하여지고, 청구범위의 기재만으로 기술적 범위가 명백한 경우에는 원칙적으로 명세서의 다른 기재에 의하여 청구범위의 기재를 제한 해석할 수 없지만, 청구범위에

---

40) 균등론에 대해서는 제7편 제2장 Ⅱ.4.(3)에서 상세히 살펴본다.

41) 김원준, 「특허법」, 박영사, 2009, 730면.

42) 청구범위 해석에 대해서는 제7편 제2장 Ⅱ에서 상세히 살펴본다.

43) 모든 발명은 청구범위를 기초로 이를 특정하고 그 권리범위를 확정하여야 하므로, 청구범위가 발명의 설명에 의하여 뒷받침이 되지 아니한다는 등의 예외적사정이 존재하지 않는 한 청구범위에 발명의 필수적 구성요소의 일부로 기재한 것을 무시하고 그 권리범위를 해석할 수는 없다고 할 것이다(특허법원 2002.3.22. 선고 2001허10 판결).

포함되는 것으로 문언적으로 해석되는 것 중 일부가 발명의상세한 설명의 기재에 의하여 뒷받침되고 있지 않거나 출원인이 그 중 일부를 특허권의 권리범위에서 의식적으로 제외하고 있다고 보이는 경우 등과 같이 청구범위를 문언 그대로 해석하는 것이 명세서의 다른 기재에 비추어 보아 명백히 불합리할 때에는, 출원된 기술사상의 내용과 명세서의 다른 기재 및 출원인의 의사와 제3자에 대한 법적 안정성을 두루 참작하여 특허권의 권리범위를 제한 해석하는 것이 가능하다.

대법원 2009.4.23. 선고 2009후92 판결

등록실용신안의 권리범위는 실용신안등록출원서에 첨부한 명세서의 실용신안등록청구범위에 기재된 사항에 의하여 정하여지고, 청구범위의 기재만으로 기술적 범위가 명백한 경우에는 원칙적으로 명세서의 다른 기재에 의하여 청구범위의 기재를 제한해석할 수 없지만, 청구범위에 포함되는 것으로 문언적으로 해석되는 것 중 일부가 고안의 상세한 설명의 기재에 의하여 뒷받침되고 있지 않은 경우 등과 같이 청구범위를 문언 그대로 해석하는 것이 명세서의 다른 기재에 비추어 보아 명백히 불합리할 때에는, 출원된 기술사상의 내용과 명세서의 다른 기재 및 출원인의 의사와 제3자에 대한 법적 안정성을 두루 참작하여 등록실용신안의 권리범위를 제한해석하는 것이 가능하다.

발명의 공개는 명세서 중 발명의 설명에서 이루어지는 것이기 때문에 특허발명의 보호범위는 청구범위에 기재된 사항으로 하더라도 청구범위에 기재된 발명은 상세한 발명을 참작하지 않고는 그 기술적인 의미가 이해될 수 없다. 따라서 청구범위에 기재된 사항이라도 발명의 설명 기재에 의하여 뒷받침되지 않다면 특허발명의 보호범위에 속할 수 없다. 또한 청구범위의 의의를 명확히 이해하기 위해서는 출원으로부터 특허에 이르기까지의 과정을 통하여 출원인이 표시한 의사 또는 특허청이 표시한 견해를 참작하여야 하며(출원경과참작의 원칙), 출원인이 명세서를 작성함에 있어서 청구범위에서 의식적으로 제외한 사항은 그 특허발명의 보호범위에 속하지 아니한다. 이와 함께 출원시의 기술수준, 즉 공지기술에 의해서도 해석된다. 이와 관련하여 공지기술을 포함한 특허권의 권리범위 해석을 놓고 학설과 판례가 대립되어 왔으나 대법원의 1983.7.26. 선고 81후56 전원합의체 판결 이후 공지사실 참작의 원칙이 견지되어 공지사항 제외설이 확고하게 자리 잡고 있다.

3) 유사개념과의 구별

① **보호범위와 청구범위** 청구범위는 발명자가 보호를 받고자 하는 사항을 문장으로 표현하여 특허를 요구하는 것인데 대하여, 특허발명의 보호범위는 법률

상 보호되는 범위를 의미하며, 이와 같은 보호범위는 법원에 의하여 판단되고 인정된다는 점에서 차이가 있다. 또한 특허법 제97조에 따라 특허발명의 보호범위는 청구범위에 적혀 있는 사항에 의하여 특정되어지며 청구범위에 적혀 있는 사항이라 하더라도 공지기술 등의 경우에는 보호대상에서 제외되고 균등발명 등의 경우에는 보호대상에 추가된다는 점에서 양자는 공통점과 차이가 있다.

② **보호범위와 권리범위** 특허권의 권리범위란 특허권의 효력이 미치는 범위를 의미하며, 보호범위와 같이 법률에 의하여 보호되는 범위이며 그 범위는 청구범위에 적혀 있는 사항에 의하여 정해진다.

③ **보호범위와 기술적 범위** 특허발명의 보호범위는 법에 의하여 보호되는 범위를 의미하는 데 비하여 기술적 범위란 발명의 기술적 한계를 의미하는 것으로서 순수하게 기술적인 견지에서 고찰되는 개념이다. 특허발명의 보호범위와 기술적 범위는 다 같이 청구범위에 적혀 있는 사항에 의하여 정해지며 또 특허발명의 보호범위는 기술적 범위에 의하여 정해지는 점에서 양자는 같다.

Ⅴ. 특허권의 효력제한

특허권의 효력은 특허권자가 특허권을 설정등록함으로써 독점배타적으로 실시할 수 있는 권리이나 일정한 경우 그 효력을 제한받기도 한다. 여기서 '일정한 경우'란 헌법이나 특허법 등의 법률이 정한 경우와 산업정책상 또는 공익상의 이유를 말한다. 여기서는 이러한 것들을 중심으로 살펴보기로 한다.

1. 시간적 제한

특허권의 존속기간은 법정(제88조 제1항)되어 있기 때문에 그 기간이 경과되면 당연히 소멸된다. 즉 특허권은 다른 소유권과 달리 한시적인 권리이므로 그 존속기간 중에만 그 효력이 인정되며, 그 존속기간(설정등록일부터 출원일 후 20년)이 만료되거나 특허료 불납으로 특허권이 소멸된 때에는 그때부터 특허권의 효력도 상실된다. 한편 특허무효심판에 의하여 특허권이 소멸된 때에는 해당 특허권은 처음부터 없었던 것이 되므로 특허권의 효력도 처음부터 없었던 것으로 본다.

2. 장소적 제한

모든 국내법은 속지주의 원칙에 따라 우리나라의 영토 내에서만 효력이 미친다. 특허법에 의한 특허권의 효력 역시 우리나라 영역 내에 한한다.[44] 특히 산업재산권의 하나로서의 특허권은 한 국가의 산업정책과 밀접하므로 각국은 그 산업정책상 자국에서 부여하는 권리를 보호하는 것이기 때문에 특허권의 성립·이전·소멸 등은 각국의 특허법이 별도로 정하여 그에 따르게 하고 있다. 파리협약 제4조의2 제1항 역시 "동맹국의 국민이 각 동맹국에서 출원한 특허는 동맹국 또는 비동맹국에 관계없이 동일한 발명에 대하여 타국에서 취득한 특허로부터 독립한다"라고 규정하여 각국 특허독립의 원칙을 천명하고 있다.

3. 내용적 제한

특허권 효력의 내용적 제한은 크게 재산권의 한 형태로서의 제한과 특허권의 특수성에 근거한 제한으로 나눌 수 있다. 특허권은 재산권의 한 형태로서 그 행사는 헌법 제22조 제2항, 제23조 제1항에 근거하여 재산권으로 보호받을 수 있다. 그러나 그 행사는 공공의 복리에 적합하여야 하며(헌법 제23조 제2항), 신의성실의 원칙(민법 제2조 제1항)[45]에 반한 권리행사는 권리의 남용이 되므로 당연히 제한된다. 이와 함께 특허권의 효력은 그 특수성에 근거하여 ① 권리의 한계에서 오는 제한, ② 이용저촉에 있어서의 제한, ③ 타인의 실시권과의 관계에 의한 제한 등으로 나누어 설명할 수 있다.

(1) 권리의 한계에서 오는 제한

특정물건이나 행위에 대하여 특허권의 효력이 제한되는 것으로 행위주체를 묻지 않는다. 이러한 의미에서 권리 범위의 한계를 나타내는 것이라 할 수 있다.

1) 연구 또는 시험을 하기 위한 특허발명의 실시(제96조 제1항 1호)

발명자가 발명을 완성하여 특허청에 출원하여 심사절차를 거쳐 특허등록이 되었을 경우, 해당 발명자는 물론 해당 분야의 전문가들도 그 기술(발명)에 대하여

---

44) 우리나라에서 부여된 특허권의 효력은 우리나라의 통치권이 미치는 영토 내에서만 유효하며, 외국에는 효력이 미치지 않는다. 우리나라 헌법 제3조에는 「한반도와 그 부속도서」로 규정하고 있으나, 현실적으로 북한지역에 적용하는 것이 어려워, 실제 적용은 되지 않고 있다.

45) 민법 제2조 제1항 <신의 성실의 원칙>…윤리적 규범: 모든 사람은 사회공동생활의 일원으로서 서로 상대방의 신뢰를 헛되이 하지 않도록 성의 있게 행동하여야 한다는 원칙.

기술적 효과를 확인 또는 검사하기 위하여 시험소나 연구기관에서 그 발명을 실시할 수 있다. 이 경우 발명자 자신이 해당 발명의 시험을 하는 경우에는 문제가 없겠지만, 해당분야의 전문가 또는 연구 등의 제3자가 해당발명을 실시하는 경우가 문제가 될 수 있다. 이는 발명을 이용하여 기술적으로 진보된 기술을 얻으려는 것이 특허법의 목적에 부합한 것이라 할 수 있다. 그래서 특허법이 발명을 공개하는 목적은 사회일반의 기술수준을 향상시키기 위한 것이지만, 제3자가 단순히 명세서를 보는 것만으로는 기술 향상에 크게 기여할 수 없다. 이에 해당 특허발명의 내용을 알기 위하여 제3자에 의한 추가시험을 인정할 필요가 있으며, 그 시험 결과 생긴 것이 시장에 나오지만 않는다면 특허권자로서도 직접적인 손해를 입는 것은 아니라 하겠다. 이에 특허법은 연구 또는 시험(「약사법」에 따른 의약품의 품목허가·품목신고 및 「농약관리법」에 따른 농약의 등록을 위한 연구 또는 시험을 포함한다)을 위한 실시에는 특허권의 효력이 미치지 않는다고 규정하고 있다. 여기서 '연구 또는 시험'이란 학술적 연구 또는 시험뿐만 아니라 공업적 시험과 연구도 포함된다.[46] 2010년 1월 27일 개정 특허법(법률 제9985호)은 특허권의 효력이 미치지 않는 범위에 「약사법」에 따른 의약품의 품목허가나 품목신고 또는 「농약관리법」에 따른 농약의 등록을 위한 연구 또는 시험이 포함된다는 것을 법률에 명확히 규정하였다.

반면 기술진보를 목적으로 한 것이 아니라 단지 이익을 위한 실시 행위에는 특허권의 효력이 미친다. 따라서 상품판매를 위한 시장조사 목적의 시험적 실시나 특허권이 기간 만료가 되었을 때를 대비하여 데이터를 갖출 목적으로 하는 실시 행위에는 특허권이 미친다. 또한 시험 연구를 위한 실시에 해당하는 경우라도 그 결과물을 특허권 침해가 되는 양태로 판매하는 것은 침해가 된다.

2) 국내를 통과하는 데 불과한 선박, 항공기, 차량 또는 이에 사용되는 기계, 기구, 장치 그 밖의 물건(제96조 제1항 2호)

단순히 국내를 통과하는 것에 불과한 선박·항공기·차량 및 이에 사용되는 기계·기구·장비 등에 대해서는 특허권을 침해하는 실시가 국내에서 행해져도 특허권의 효력이 미치지 않는다. 이 규정은 파리협약 제5조의3의 규정과 같은 취지로, 국제교통의 원활화를 도모하기 위한 것이다. 즉 그것을 금지했을 때 발생하는 국제교통상의 장해에 비해 단순히 국내를 통과하는 것에 불과한 교통기관은 비록 특

46) 의약품제조승인신청을 위한 시험, 東京地裁 平成9.8.29. 民事 29部 判決 平成 8年 (ワ) 10134号 특허침해금지청구사건(判例時報 1616号, 34頁; ジュリスト, 268頁).

허권을 침해하는 실시라 하더라도 단시간에 국외로 나갈 것이고 특허권자에게 주는 손해가 경미하다는 이유에서 규정된 것이다. 특히 파리협약의 규정이 동맹국의 선박·항공기 등에 제한하고 있는 반면 특허법의 규정은 그러한 제한을 두고 있지 않아 보다 넓게 해석된다 하겠다.

3) 특허출원을 한 때부터 국내에 있는 물건(제96조 제1항 3호)

특허권의 효력은 특허출원을 한 때부터 국내에 있는 물건[47]에는 미치지 않는다. 이는 선사용에 의한 통상실시권(제103조)과 유사한 취지의 규정으로, 특허출원시 이미 국내에 존재하고 있는 물건에까지 특허권의 효력이 미친다고 하는 것은 법적 안정성을 현저하게 해칠 뿐만 아니라 그로 인하여 특허권자의 이익을 특별히 해친다고 보기 어려우므로 기존상태를 보호하려는 데 그 의의가 있다. 다만 선사용권은 통상실시권으로서 구성되어 있음에 대하여 이 규정은 출원시에 현존하는 물품을 특허권의 효력범위 밖으로 함에 의하여 보호하는 규정이다. 따라서 그 물품이 멸실되면 이 규정은 적용되지 않으며, 동일한 물품을 새로 만든다면 그것은 특허권의 침해가 된다.

이 규정은 특허출원시에 공지되었던 물건뿐만 아니라 공연히 존재하는 물건도 포함된다. 견해에 따라서는 공지된 물건이 있는 경우 특허되는 일은 드물며 비록 특허되었다고 해도 그 특허는 무효가 될 것이며, 또 특허를 무효로 할 것도 없이 그 물건의 소유자는 선사용권자인 경우가 많으므로 이 규정이 실제로 적용되는 것은 그 물건이 비밀상태에 있어 물건의 특허를 무효로 할 수 없거나 선사용권의 요건에 해당되지 않는 경우라고 하는 견해도 있다.

4) 조제행위 등(제96조 제2항)[48]

이 규정은 1987년 물질특허도입에 따른 보완으로서 둘 이상의 의약이 혼합되어 제조되는 의약의 발명 또는 둘 이상의 의약을 혼합하여 의약을 제조하는 방법의 발명에 관한 특허권의 효력은 약사법에 따른 조제(調劑)행위와 그 조제에 의한 의약에는 미치지 아니한다. 이는 사람의 질병 진단, 치료 또는 예방을 위한 의사의

---

47) '물건'이란 국내에 있는 유체물에 한정된 것으로 본다. 그러므로 방법의 발명은 인정되지 않는다.

48) 특허법원 2004.5.21. 선고 2002허3962 판결(구 특허법(1986. 12. 31. 법률 제3891호로 개정되기 전의 것) 제4조 제2호 후단에서 "2 이상의 의약을 혼합하여 1의 의약을 제조하는 방법의 발명"을 불특허 사유로 규정하고 있는 취지는 위와 같이 2 이상의 의약을 혼합하여 1의 의약을 조제하는 것은 의료인의 진료행위에 속하는 것이므로 국민 복지를 위하여 위와 같은 의료인의 조제행위에 대하여는 누구도 그 권리를 독점하지 않게 함으로써 결과적으로 의사 등이 환자의 상태에 따라 행하는 치료행위 또는 의사나 치과의사의 처방에 의한 약사의 조제행위의 자유를 해치지 않기 위한 것이다).

처방이나 약사의 조제행위를 보호하기 위한 것이다. 따라서 사람의 질병치료나 예방을 위한 것이 아닌 동물치료를 위한 의약의 조제행위나 그 조제의약에는 특허권의 효력이 미치며, 또한 혼합의약이 아닌 단일물질로 된 의약이나 약사법에서 정한 이외의 조제행위에는 특허권의 효력이 미친다.

5) 재심에 의하여 회복한 특허권의 효력의 제한(제181조)

무효심판에서 특허무효심결이 확정되는 경우는 소급효가 있으므로 그 특허는 처음부터 존재하지 않은 것이 되며, 원칙적으로 모든 사람이 그 발명을 실시할 수 있게 된다. 그러나 재심에 의해 특허권이 회복되면 특허권은 소급하여 당초부터 유효하게 된다. 그렇게 되면 무효심결 확정부터 재심청구 등록 전까지 사이의 행위 등도 위법이 되지만, 그래서는 무효심결을 신뢰할 수 없게 되므로 특허권 효력에 일정한 제한을 두어 무효심결을 신뢰한 자를 보호하여야 한다. 이에 특허법(제181조)은 재심청구의 등록 전에 선의로 수입 또는 국내에서 생산하거나 취득한 물건 및 일정한 행위에는 특허권의 효력이 제한된다고 규정하고 있다.

본 규정이 적용되는 경우는 무효로 된 특허권(존속기간이 연장등록된 특허권을 포함한다)이 재심에 의하여 회복된 경우뿐만 아니라 특허권의 권리범위에 속하지 아니한다는 심결이 확정된 후 재심에 의하여 그 심결과 상반되는 심결이 확정된 경우, 거절한다는 취지의 심결이 있었던 특허출원 또는 특허권의 존속기간의 연장등록출원이 재심에 의하여 특허권의 설정등록 또는 특허권의 존속기간의 연장등록이 된 경우 및 취소된 특허권이 재심에 의하여 회복된 경우도 있다.

6) 특허료 추가 납부에 의하여 회복한 특허권의 효력의 제한(제81조의3 제4항)

위와 같은 취지로 특허료 추가납부기간 또는 보전기간이 지난 날부터 납부하거나 보전한 날까지 특허발명의 실시에 대하여는 특허권의 효력이 미치지 아니한다. 즉 특허료를 납부하지 않아 소멸된 특허권의 경우 소정의 기간 내에 특허료를 추가납부하거나 보전하면 그 특허권이 회복되는데, 이 경우 회복된 특허권의 효력은 특허권 소멸 후 특허권 회복 전의 특허발명의 실시행위에 대하여 미치지 아니한다.

(2) 이용 · 저촉에 있어서의 제한(제98조)

특허권은 특허발명을 업으로서 독점적으로 실시할 수 있는 권리로 규정되어 있으나, 타인의 권리와의 관계에 있어서 그 실시가 제한될 수 있다. 즉 특허권자는 특허발명이 그 특허발명의 특허출원일 전에 출원된 타인의 특허발명 · 등록실용신안 또는 등록디자인이나 이와 유사한 디자인을 이용하거나, 특허권이 그 특허발명의 특허출원일 전에 출원된 타인의 디자인권 또는 상표권과 저촉되는 경우에는 그 특허권자·실용신안권자·디자인권자 또는 상표권자의 허락을 받지 아니하고는 자기의 특허발명을 실시할 수 없다(제98조).

특허법은 특허발명이 선출원인 타인의 특허발명 및 등록실용신안에 저촉될 경우에는 그 특허는 무효이유를 포함하고 있는 것이 되어 무효심판에서 처리하면 족하기 때문에 이용발명에 대해서만 규정하고 있다. 이때 문제가 되는 것은 후출원 특허권이 무효로 되기 전의 실시가 저촉관계에 있는 선출원 특허권(실용신안권)의 침해가 되는지이다. 일정한 경우 후출원 특허권자에게 중용권(제104조 제1항 1호, 2호)을 인정하고 있는데 이는 침해가 성립됨을 전제로 하고 있고, 다른 이용·저촉관계와의 형평을 고려하였을 때 선출원 특허권자 또는 실용신안권자의 동의를 받지 않은 후출원 특허권자의 실시를 침해로 보는 것이 타당하다.[49]

한편, 이 규정은 특허권이 선출원된 타권리와 이용·저촉관계가 있을 때에는 선출원의 지위를 보장해 주기 위한 조치로서 선출원을 이용하고 있는 특허권자가 해당 특허발명을 실시하고자 할 때에는 이용하고 있는 타특허발명의 특허권자의 동의가 있어야 한다는 의미이다. 다만 이때 이용관계의 성립을 위하여 이용된 발명과 이용한 발명 사이의 관계를 파악함에 있어서는 견해가 나누어진다. 즉 ① 선출원 권리의 발명의 전체 구성요소 또는 그 중 일부를 채택하여 이용하면 이용발명이 성립한다는 견해, ② 선출원 권리의 발명을 개량 또는 보완한 것이 이용발명이라는 견해, ③ 선출원 권리의 발명을 전부 그대로 채택하여 타발명을 완성한 것이 이용발명이라는 견해 등이 있다.[50]

(3) 타인의 실시권과의 관계에 의한 제한

타인에게 적법한 실시권이 존재하면 그 범위 내에서 특허권의 효력이 제한된다. 실시권에는 특허권자의 자유의사에 의한 것과 특허권자의 의사에 반한 것이 있다.[51]

---

49) 대법원 2021.3.18. 선고 2018다253444 전원합의체 판결.

50) 대법원은 특허법 제98조 소정의 이용관계란 후 발명이 선 특허발명의 기술적 구성에 새로운 기술적 요소를 부가하는 것으로서, 후 발명이 선 특허발명의 요지를 전부 포함하고 이를 그대로 이용하되, 후 발명 내에서 선 특허발명이 발명으로서의 일체성을 유지하는 경우라고 보고 있다(대법원 1995.12.5. 선고 92후1660 판결, 대법원 2001.8.21. 선고 98후522 판결, 대법원 2016.4.28. 선고 2015후161 판결 등 참조).

51) 병행수입(BBS특허병행수입사건 최고재판소 판결); 最高裁 平成9.7.1. 第3小法廷 判決, 平成 7年(オ) 第1988号 특허권침해금지 등 청구사건(民集 51巻6号, 2299頁; 判例時報 1612号, 3頁; 判例 タイムズ 951号, 105頁).

1) 특허권자의 의사에 의한 실시권

특허권자의 자유의사에 의해 설정되는 실시권은 가장 전형적인 것으로, 독점권의 범위가 그만큼 축소되는 것은 특허권자 등의 의사에 의한 것이므로 당연하다 할 수 있다. 이러한 실시권은 대체로 계약에 의해 설정되며, 전용실시권(제100조)과 통상실시권(제102조)이 있다.

2) 법정실시권

법정실시권이란 공익상의 필요에 의해 특허권자의 의사와 무관하게 일정 요건을 충족하면 법률상 당연히 발생하는 실시권으로, 특허권자의 의사와는 상관없이 일방적으로 발생하여 특허권의 효력을 제한하게 된다. 또한 명세서 · 도면의 정정심판을 청구하거나 특허권을 포기하는 경우에는 직무발명에 의한 법정실시권자에게 동의를 받아야 한다(제136조 제8항, 제119조 제1항). 이러한 법정실시권에는 다음과 같은 것이 있다.

① 직무발명에 있어 사용자의 통상실시권(발명진흥법 제10조 제1항)

② 특허료 추가납부 등에 의한 효력제한기간 중 선의의 실시자에 대한 통상실시권(제81조의3 제5항)

③ 선사용에 의한 통상실시권(제103조)

④ 특허권의 이전청구에 따른 이전등록 전의 실시에 의한 통상실시권(제103조의2)

⑤ 무효심판청구등록전의 실시에 의한 통상실시권(일명 중용권, 제104조)

⑥ 디자인권의 존속기간 만료 후의 통상실시권(제105조)

⑦ 질권행사 등으로 인한 특허권의 이전에 따른 통상실시권(제122조)

⑧ 재심에 의하여 회복한 특허권에 대한 선사용자의 통상실시권(제182조)

⑨ 재심에 의하여 통상실시권을 상실한 원권리자의 통상실시권(제183조)

3) 강제실시권

강제실시권이란 특허권이 국방상 필요한 경우라든지 특허권의 불실시 혹은 불성실한 실시 등과 같은 경우에 법률상 요건을 충족한 자로부터 청구되어 설정되는 실시권이다. 이러한 강제실시권에는 불실시(제107조), 국가 비상시나 공익상 필요(제106조의2) 등이 있고, 특허권은 이러한 공익상의 제한을 받는다(타인의 실시권과의 관계에 의한 제한은 실시권에서 상세히 보기로 한다).

Ⅵ. 특허권의 공유

1. 의 의

특허권의 공유(共有)란 하나의 특허권을 2인 이상이 공동(共同)으로 갖는 것을 말한다. 특허권의 공유는 하나의 발명을 여러 사람이 공동으로 발명하고, 공동으로 출원하여 권리를 부여받을 경우에 발생한다. 이외에도 기업이 대학교수에게 연구비를 제공하고 그 교수는 연구의 결과인 발명을 완성한 경우에 교수와 기업이 공동으로 출원할 경우, 발명자는 아니나 발명자로부터 지분을 양도받아 공동으로 출원한 경우, 기업과 연구소가 공동 연구한 결과, 즉 공동발명인 경우 등이 있을 수 있다. 특허권은 재산권으로 특허권의 공유는 무체물(無體物)이 다수인(多數人)의 지분(持分)의 결합에 의하여 형성된 것이므로 강학상 준공동소유로 이해되고 민법의 공유에 관한 규정이 준용되지만(민법 제278조) 특허권은 형체가 없는 일체불가분의 무체재산권이므로 여러 사람이 동시에 이용할 수 있으나 유체재산인 토지나 금전, 물건과 같은 재산은 여러 사람이 동시에 직접 이용이 불가능한 것이므로 그 자체가 형체와 가치를 가지는 다른 재산권과는 다른 면이 있다. 이에 특허권의 특수성으로 특허권이 공유인 경우 그 권리를 사용하는 경우 등에 있어 일정한 제한이 따르는 등 민법상의 공유와는 그 내용이 크게 다르다.

즉, 민법상 공동소유의 형태는 공유,[52] 합유(合有),[53] 총유(總有)[54]의 세 가지 형

---

52) 물건이 지분(持分)에 의하여 수인(數人)의 소유로 된 때에는 공유(共有)로 한다. 공유자의 지분은 균등한 것으로 추정한다(민법 제262조). 다수인들 사이에 물건을 공동으로 소유한다는 점 외에 공동의 목적을 위한 결합관계가 존재하지 않는 이른바 持分的 組合의 소유형태가 共有이다. 개인주의적 공동소유형태인 공유에 있어서 물건에 대한 지배권능이 수인의 공유자에게 "持分"이라는 형태로 分屬되지만, 각공유자가 가지는 물건에 대한 지배권능은 완전히 상호독립적이다. 따라서 각자는 자기 지분을 자유롭게 처분할 수 있고, 물건의 분할을 청구할 수 있다(지원림, 「민법강의」, 홍문사, 2002, 530면).

53) 법률의 규정 또는 계약에 의하여 여러 사람이 조합체로서 물건을 소유할 때는 합유(合有)로 한다. 합유자의 권리는 합유물 전부에 미친다(민법 제271조 제1항). 組合(合手的 組合)의 소유형태가 합유이다(민법 제271조). 합유에 있어서도 조합의 구성원은 조합재산에 대한 "持分"을 가지지만, 수인의 조합원은 공동의 목적 하에 결합되어 있기 때문에 지분의 양도가 제한되고(지분의 양도는 조합원의 변경을 결과짓기 때문이다), 조합관계가 종료할 때까지 분할청구를 할 수 없다(지원림, 「민법강의」, 홍문사, 2002, 530~531면).

54) 다수인이 권리능력 없는 사단을 이루어 물건을 소유하는 형태가 總有이다(민법 제275조). 그런데 권리능력 없는 사단의 본질은 조합이 아니라 사단이므로 조합에서와 달리 단체로서의 단일성이 전면으로 나타나고 개개 구성원의 개성은 뒤로 물러난다. 이러한 특성이 물권의 귀속관계에 반영된 것이 바로 총유이다. 다만 사단법인에서와 달리 단체 자신이 권리능력을 가지고 있지 않기 때문에 물건에 대한 지배권능이 단체의 성원인 개인과 그 단체에 분속된다. 즉 구성원의 총합체로서 단체가 물건의

태가 있으나, 특허법상의 공동소유의 형태는 공유만을 규정(제99조 제2항~제4항, 제139조 제2항~제4항)하고 있다.

특허법상의 공유자가 그 지분[55]을 양도하거나 질권을 설정하는 경우에는 타 공유자의 동의를 받아야 하지만, 실시의 경우에는 타공유자의 동의 없이 자신이 특허발명 모두를 실시할 수 있다고 규정하고 있는 점 등으로 미루어 볼 때 특허법상 공유는 준공동소유 중 합유의 성격[56]과 공유를 혼합한 특허법상 특유한 공동소유의 형태라고 할 수 있다.[57]

2. 공유특허권의 지분

특허권이 공유인 경우 그 공유자의 특허권 지분비율은 공유관계의 발생원인에 따라 정해지는데, 법률에 의하여 발생하는 때에는 법률의 규정에 따르며 당사자의 의사에 의하여 발생하는 경우에는 공유자의 약정에 따른다. 이러한 공유자간 지분에 대한 별도의 약정이 없는 경우에는 그 지분의 비율은 균등한 것으로 추정된다(민법 제262조 제2항).

공유특허권의 지분은 타인에게 양도할 수 있는데, 상속 기타 일반승계의 경우를 제외하고는 타공유자의 동의를 받아야 한다. 특허권을 공유하는 자는 자기의 지분을 포기할 수 있으며, 특허권을 공유하는 자가 자기의 지분을 포기하거나 상속인이 없을 때에는 다른 공유자가 그 지분의 비율에 따라 이를 취득한다(민법 제267조).

대법원 1999.3.26. 선고 97다41295 판결

[특허권공유관계의 법적 성질]

특허권의 일부 공유지분의 이전청구권을 보전하기 위한 처분금지가처분 결정에 기하여 가처분등록이 경료된 후 특허권이 전부 타인에게 이전된 경우에 있어서, 가처분권자인 그 지분의 양수인이 본안소송에서 승소하여 그 지분에 대한 이전등록이 이루어졌다면, 위 가처분등록 이후의 특허권 이전은 양수인 앞으로 이전등록된 지분의 범위 내에서만 무효가 된다고 보아야 하고, 비록 특허권을 공유하는 경우에는 각 공유자는 다른 공유자의 동의를 받아야만 그 지분을 양도하거나 그 지분을 목적으로 하는 질권을 설정할 수 있고, 그 특허권에 대하여 전용실시권을 설정하거나 통상실시권을

관리·처분에 관한 권능을 가지며, 단체의 구성원은 이를 사용·수익할 수 있는 권능만 가진다(지원림, 「민법강의」, 홍문사, 2002, 531면).

55) 지분(持分)이란 공유자가 특허권에 대하여 가지는 소유의 비율을 말한다.

56) 대법원 1987.12.8. 선고 87후111 판결; 이인종, 「특허법개론」, 법연출판사, 2001, 502면.

57) 김원준, 「특허법」, 박영사, 2009, 484면.

허가할 수 없는 등(제99조 제2항, 제4항 참조) 특허권의 공유관계가 합유에 준하는 성질을 가졌다고 하더라도(대법원 1987.12.8. 선고 87후111 판결 참조), 특허권의 일부 지분을 양수하기로 한 자는 그 지분의 이전등록이 있기까지는 특허권의 공유자로서 양수의 목적이 되지 아니한 다른 지분의 양도에 대하여 동의권을 행사할 수 없는 것이므로, 다른 지분의 처분을 저지할 수 있는 특약이 존재하는 등의 특별한 사정이 있는 경우가 아니라면, 양수의 목적이 된 지분의 이전등록 이전에 그러한 동의권의 보전을 위한 가처분이나 다른 지분에 대한 처분금지의 가처분을 구하는 것은 허용되지 않는다고 할 것이다. 나아가, 가사 일부지분의 양수인인 특허권 전체에 대하여 양도인의 처분을 금하는 가처분을 할 수 있는 경우라고 하더라도, 그러한 가처분을 하지 아니하고 자기가 양수한 일부 지분에 대하여서만 처분을 금지하는 가처분신청을 하여 그 가처분결정에 기하여 가처분등록이 되었을 뿐이라면, 이로써 그 나머지 지분의 처분에 대하여도 처분금지의 효력이 있는 것이라고 할 수는 없고, 그 가처분의 피보전권리에 다른 지분의 양도 등에 대한 동의권이 당연히 포함되어 있다고 할 수도 없다고 할 것이다.

3. 공유특허권의 효력

특허권이 공유인 경우에는 위(의의)에서 살펴본 바와 같이 지분을 가진 특허권의 공유자는 그 발명을 각자가 자유롭게 실시할 수 있으나, 자신의 지분을 제3자에게 양도하거나 실시허락을 하는 경우, 질권을 설정하는 경우 등에는 이를 제한할 수도 있다.

(1) 특허발명의 실시

특허권이 공유인 경우 각 공유자는 계약으로 특별히 약정한 경우를 제외하고는 다른 공유자의 동의를 받지 아니하고 그 특허발명을 자신이 실시할 수 있다(제99조 제3항). 즉 공유특허권자는 그 특허발명에 대하여 특별한 약정이 없는 한 그 지분에 관계없이 타공유자의 동의를 받지 아니하고 전 범위, 전 기간, 전 지역에 걸쳐 실시할 수 있다. 민법상의 공유자가 그 지분에 따라 공유물을 자유로이 사용·수익할 수 있는 경우와는 다르다. 반면 공유특허권자간에 해당 특허발명의 실시에 관하여 약정으로 정한 때에는 그 약정한 범위 내에서만 특허발명을 실시할 수 있다.

여기서 공유자의 실시란 공유자가 스스로 실시하는 경우에는 문제가 없지만, 공유권자가 직접 제조하지 않고 하청을 주는 경우에는 그것을 공유자의 실시로 간주할 것인지 혹은 실시권 허락으로 볼 것인가가 문제이다.

만일 실시권 허락이라고 한다면 하청행위는 다른 공유자의 동의가 없는 한 특허권의 침해가 된다. 다만, 하청인이 공유자와의 계약에서 하청인이 제조한 전량의 물품을 공유자에 납입하고 상표등도 공유자의 것을 부착한 것이라면 하청인은 공유자의 이행보조자로 볼 수 있고, 그 실시를 공유자의 실시로 보아야 할 것이다.[58]

(2) 각자대표의 원칙과 예외

특허권이 공유인 경우 각 공유특허권자는 특허법 제11조 제1항 각호에 해당하는 사유를 제외하고 전원을 대표함이 원칙이다. 즉 특허권존속기간의 연장등록출원의 취하, 신청의 취하, 청구의 취하 등의 사유가 있을 때에는 다른 공유자에게 중대한 이해득실이 있기 때문에 전원이 공동으로 절차를 밟아야 한다(제11조 제1항). 다만 대표자를 선정하여 특허청 또는 특허심판원에 서면으로 신고한 때에는 그러하지 아니하다(제11조 제1항 단서 · 제2항).

한편 각 공유특허권자는 해당 특허권의 관리 · 보존행위를 각자 할 수 있다.[59] 따라서 특허권의 보존행위로서 특허권이 소멸되지 않도록 특허료를 납부하거나 기타 타인의 부당한 대항으로부터 방어하는 등의 행위를 할 수 있다. 또한 특허료, 수수료, 기타 심판비용에 대한 부담행위도 각자가 할 수 있는 것으로 해석된다. 다만 특허권을 타인이 침해하는 경우에 이에 대한 적절한 조치를 취하는 등의 행위로서 특허권의 관리 행위가 가능한지에는 논란의 여지가 있다. 즉 특허법은 제139조 공동심판의 청구 규정에서 공유인 특허권의 특허권자에 대하여 심판을 청구하는 때에는 공유자 전원을 피청구인으로 하여 청구하여야 하며(제139조 제2항), 특허권 또는 특허를 받을 수 있는 권리의 공유자가 그 공유인 권리에 관하여 심판을 청구하는 때에는 공유자 전원이 공동으로 청구하여야 한다(제139조 제3항)고 규정하고 있다. 나아가 공동당사자 중 1인에 관하여 심판절차의 중단 또는 중지의 원인이 있는 때에는 전원에 관하여 그 효력이 발생한다(제139조 제4항)고 규정하고 있다. 반면 특허침해소송과 관련하여서는 그러한 특별한 규정을 마련하고 있지 않으므로 1인 명의만으로 민사소송을 제기할 수 있다고 주장된다.[60][61]

---

58) 中山信弘 著, 한일지재권연구회 譯, 「特許法」, 법문사, 2001, 305면.

59) 특허법에는 특허권의 관리 · 보존 등 일반적인 사항에 관한 규정이 없어 민법의 규정을 유추적용할 수밖에 없다(민법 제278조).

60) 이인종, 「특허법개설」, 법연출판사, 2001, 592면.

61) 참고로 저작권에 관하여 대법원 1999.5.25. 선고 98다41216 판결이 공동저작물에 관한 권리가 침해된 경우에 각 저작자 또는 각 저작재산권자는 다른 저작자 또는 다른 저작재산권자의 동의 없이 저작권 등의 침해행위금지청구를 할 수 있고, 저작재산권의 침해에 관하여 자신의 지분에 관한 손해배상의 청구를 할 수 있다고 판결하였다.

4. 공유특허권의 효력에 대한 제한

공유특허권자는 자기의 지분을 타인에게 양도하거나 그 특허발명을 실시할 수 있는 등 통상의 특허권과 동일한 효력을 갖는다(제99조 제1항·제3항). 그러나 특허권의 특수성으로 인하여 그 권리를 행사함에 있어 일정한 제한이 따른다.

(1) 지분양도의 제한

특허권은 재산권이므로 미국 특허법 제262조[62]는 "계약에 별도로 정함이 없는 한, 특허권의 공유자는 다른 공유자의 동의 없이 또는 보고 없이 특허발명을 미국 내에서 생산·사용, 판매를 할 수 있다"라고 규정하고 있으며, 우리 민법 제263조는 "공유자는 그 지분을 처분할 수 있다"라고 하여 소유권의 공유지분에 대하여 자유로운 양도를 인정하고 있으나, 특허법상 특허권이 공유인 경우에는 각 공유자는 다른 공유자 모두의 동의를 받아야만 그 지분을 양도할 수 있다(제99조 제2항). 즉 다른 공유자의 동의를 얻지 아니하고 지분을 타인에게 양도한 경우에는 기존의 공유자가 특허발명을 실시하는 것에 대해서는 다른 공유자들로부터 공유자의 자본력, 그 특허발명의 관심도 등에 따라 실시규모를 예상할 수 있으나, 기존의 공유자들로부터 지분을 양도받은 새로운 공유자의 자본력, 신용 또는 사업능력 여하에 따라 다른 공유자의 지분이 실질적으로 제한을 받을 수 있기 때문이다. 따라서 우리 특허법은 공유자가 자기의 특허권 지분을 양도하고자 하거나 또는 그 지분에 대하여 질권을 설정하고자 할 때에는 공유자간의 신뢰관계를 고려하여 다른 공유자의 동의를 받도록 의무화하고 있고[63] 이러한 관점에서 판결에 의한 지분권의 양도명령을 받은 경우라도 다른 공유자의 동의가 없는 한 판결의 효과만으로는 지분권 이전의 효과는 달성될 수 없다. 이는 공유특허권자는 지분의 비율에 관계없이 특허발명 전체에 대하여 실시할 수 있기 때문에 새로운 공유자의 출현은 다른 공유자의 이익에 대한 실질적인 가치 변동을 가져올 수 있음에 마련된 규정이다.

대법원 2012.4.16.자 2011마2412 결정은 특허법이 위와 같이 공유지분의 자유로운 양도 등을 금지하는 것은 다른 공유자의 이익을 보호하려는 데 그 목적이 있으

62) 35U.S.C. 262 ≪Joint owners≫ In the absence of any agreement to the contrary, each of the joint owners of a patent may make, use, offer to sell, or sell the patented invention within the United States, or import the patented invention into the United States, without the consent of and without accounting to the other owners.

63) 김원준, 「특허법」, 박영사, 2009, 486～487면.

므로, 각 공유자의 공유지분은 다른 공유자의 동의를 얻지 않는 한 압류의 대상이 될 수 없다고 판시하여, 특허권이 공유인 경우 각 공유자의 공유지분은 다른 공유자의 동의 없이 압류의 대상이 될 수 없다고 보고 있다.[64)]

그러나, 상속 기타 일반승계의 경우에는 다른 공유자의 동의를 요하지 않는다.[65)]

(2) 실시권 설정의 제한

특허권이 공유인 경우에는 각 공유자는 다른 공유자 모두의 동의를 받아야만 그 특허권에 대하여 전용실시권을 설정하거나 통상실시권을 허락할 수 있다(제99조 제4항). 즉 다른 공유자의 동의를 받지 아니한 지분양도의 경우와 같이 다른 공유자의 허락을 얻지 아니한 실시권 설정계약은 무효이다.[66)] 이는 전용실시권을 설정하면 다른 공유자도 특허권을 실시할 수 없기 때문에 다른 공유자의 이해관계에 중대한 영향을 미치며, 통상실시권을 허락하는 경우에도 그 실시권자의 자본력, 사업능력 등에 따라 이해관계가 크게 달라질 수 있기 때문이다.

다른 공유자의 동의를 요하는 실시권 설정의 양태와 관련하여 특허청은 다음과 같은 판단을 하고 있다. 2인 이상이 상호출자하여 공동으로 사업을 실시하는 경우는 민법상 일종의 조합형태의 사업을 실시하는 것으로서 특허권을 실시하는 주체는 조합으로 볼 수 있고, 동업을 하는 각자도 실시에 참가하는 것이므로 특허법 제99조 제4항에 의하여 타인에게 통상실시권을 허락하는 경우로 볼 수 있으므로 특허권 공유자 1인이 타인과 동업으로 특허권을 실시하는 경우는 타공유자의 동의를 받아야 한다. 그러나 특허권을 갖지 않는 다른 동업자가 영업을 위해서 출자만 하고 경영에는 참여하지 않으며 이익만을 분배받는 상법 제78조의 규정에 의한 익명조합에 해당하는 경우에는 특허권을 실시하는 자는 공유자 자신이므로 특허법 제99조 제3항에 의하여 특별한 약정이 없는 한 다른 공유자의 동의가 필요없다고

64) 한편 특허법상 공동발명자 상호 간에도 특허를 받을 권리를 공유하는 관계가 성립하고(특허법 제33조 제2항), 그 지분을 타에 양도하려면 다른 공유자의 동의가 필요하다(특허법 제37조 제3항). 그러나 발명진흥법 제14조가 "종업원 등의 직무발명이 제3자와 공동으로 행하여진 경우 계약이나 근무규정에 따라 사용자 등이 그 발명에 대한 권리를 승계하면 사용자 등은 그 발명에 대하여 종업원 등이 가지는 권리의 지분을 갖는다"고 규정하고 있으므로, 직무발명이 제3자와 공동으로 행하여진 경우에는 사용자 등은 그 발명에 대한 종업원 등의 권리를 승계하기만 하면 공유자인 제3자의 동의 없이도 그 발명에 대하여 종업원 등이 가지는 권리의 지분을 갖는다고 보아야 한다(대법원 2012.11.15. 선고 2012도6676 판결, 대법원 2014.11.13. 선고 2011다77313,77320 판결 참조).

65) 송영식 · 이상정 · 황종환 · 이대희 · 김병일 · 박영규 · 신재호, 「지적소유권법(上)」(제2판)」, 육법사, 2013, 460면; 中山信弘 著, 한일지재권연구회 譯, 「特許法」, 법문사, 2001, 304면).

66) 따라서 실시권자의 실시는 무권리자의 실시로서 그 자가 생산한 제품은 침해품으로 취급되며, 특허권 공유자는 그 침해품에 대하여 권리를 행사할 수 있다.

한다.[67)]

(3) 질권설정의 제한

특허권이 공유인 경우에는 각 공유자는 다른 공유자 모두의 동의를 받아야만 그 지분을 목적으로 하는 질권을 설정할 수 있다(제99조 제2항). 질권설정의 제한은 지분양도의 제한과 같은 취지라고 본다.

(4) 심판청구상의 제한

공유특허권에 대하여 심판을 청구하는 때에는 공유자 전원을 피청구인으로 하여야 하며(제139조 제2항), 또 공유특허권자가 특허에 관한 심판을 청구하는 때에도 공유자 전원으로 청구하여야 한다(제139조 제3항). 이 경우 위 피청구인이나 청구인 중 1인에 관하여 심판절차의 중단 또는 중지의 원인이 있으면 전원에 대하여 그 효력이 발생하므로(제139조 제4항), 이는 고유필수적 공동심판이 된다. 심결취소소송의 경우에 대해서는 규정이 없는데, 실무상 원고적격에 관하여는 보존행위설 또는 유사필수적 공동소송설에 따라 공유자 중 1인이 단독으로 심결취소의 소를 제기할 수 있다고 보고 있다.[68)] 또한 공유자가 심결취소소송의 피고인 경우에도 마찬가지로 볼 수도 있겠으나, 한편 이때에는 상대방인 원고로서는 공유자의 비협조로 인해 특허권을 보존하지 못하게 되는 불합리가 없고 공유자 전원을 상대로 심결취소소송을 제기함에 아무런 장애가 없기 때문에 공유자가 원고인 경우와 달리 피고인 경우에는 고유필수적 공동소송으로 취급하더라도 무방하다는 견해도 가능하다.[69)]

---

67) 특허청, 산업재산권질의해석집, 1991(법무 01254 3919. 1985.9.3).

68) 상표권에 관한 대법원 2004.12.9. 선고 2002후567 판결을 근거로 한다("심결취소소송절차에 있어서도 공유자들 사이에 합일확정의 요청은 필요하다고 할 것인데, 이러한 합일확정의 요청은 상표권의 공유자의 1인이 단독으로 심결취소소송을 제기한 경우라도 그 소송에서 승소할 경우에는 그 취소판결의 효력은 행정소송법 제29조 제1항에 의해 다른 공유자에게도 미쳐 특허심판원에서 공유자 전원과의 관계에서 심판절차가 재개됨으로써 충족되고, 그 소송에서 패소하더라도 이미 심판절차에서 패소한 다른 공유자의 권리에 영향을 미치지 아니하므로, 어느 경우에도 합일확정의 요청에 반한다거나 다른 공유자의 권리를 해하지 아니하는 반면, 오히려 그 심결취소소송을 공유자 전원이 제기하여야만 한다면 합일확정의 요청은 이룰지언정, 상표권의 공유자의 1인이라도 소재불명이나 파산 등으로 소의 제기에 협력할 수 없거나 또는 이해관계가 달라 의도적으로 협력하지 않는 경우에는 나머지 공유자들은 출소기간의 만료와 동시에 그 권리행사에 장애를 받거나 그 권리가 소멸되어 버려 그 의사에 기하지 않고 재산권이 침해되는 부당한 결과에 이르게 된다. 따라서 상표권의 공유자가 그 상표권의 효력에 관한 심판에서 패소한 경우에 제기할 심결취소소송은 공유자 전원이 공동으로 제기하여야만 하는 고유필수적 공동소송이라고 할 수 없고, 공유자의 1인이라도 해당 상표등록을 무효로 하거나 권리행사를 제한·방해하는 심결이 있는 때에는 그 권리의 소멸을 방지하거나 그 권리행사방해배제를 위하여 단독으로 그 심결의 취소를 구할 수 있다고 할 것").

69) 특허법원 지적재산소송실무연구회, 「지적재산소송실무(제4판)」, 박영사, 2019, 31면 참조.

(5) 특허권존속기간의 연장등록출원의 제한

특허권이 공유인 경우에는 공동으로 특허권의 존속기간의 연장등록출원을 하여야 한다(제90조 제3항, 제92조의3 제3항). 이 규정에 위반한 경우에는 연장등록출원 거절결정의 이유가 되고(제91조 제1항 5호, 제92조의4 3호), 연장등록무효의 이유가 된다(제134조 제1항 5호·제2항 3호).

대법원 2014.8.20. 선고 2013다41578 판결

[특허권 공유자에게 공유물분할청구권이 인정되는지]

특허권이 공유인 경우에 각 공유자는 다른 공유자의 동의를 얻지 아니하면 그 지분을 양도하거나 그 지분을 목적으로 하는 질권을 설정할 수 없고 또한 그 특허권에 대하여 전용실시권을 설정하거나 통상실시권을 허락할 수 없는 등(특허법 제99조 제2항, 제4항 참조) 그 권리의 행사에 일정한 제약을 받아 그 범위에서는 합유와 유사한 성질을 가진다. 그러나 일반적으로는 특허권의 공유자들이 반드시 공동 목적이나 동업관계를 기초로 조합체를 형성하여 특허권을 보유한다고 볼 수 없을 뿐만 아니라 특허법에 특허권의 공유를 합유관계로 본다는 등의 명문의 규정도 없는 이상, 특허법의 다른 규정이나 특허의 본질에 반하는 등의 특별한 사정이 없는 한 공유에 관한 민법의 일반규정이 특허권의 공유에도 적용된다고 할 것이다(상표권의 공유에 관한 대법원 2004.12.9. 선고 2002후567 판결 등 참조).

그런데 앞에서 본 특허법 제99조 제2항 및 제4항의 규정 취지는, 공유자 외의 제3자가 특허권 지분을 양도받거나 그에 관한 실시권을 설정받을 경우 그 제3자가 투입하는 자본의 규모·기술 및 능력 등에 따라 그 경제적 효과가 현저하게 달라지게 되어 다른 공유자 지분의 경제적 가치에도 상당한 변동을 가져올 수 있는 특허권의 공유관계의 특수성을 고려하여, 다른 공유자의 동의 없는 지분의 양도 및 실시권 설정 등을 금지한다는 데에 있다. 그렇다면 특허권의 공유자 상호 간에 이해관계가 대립되는 경우 등에 그 공유관계를 해소하기 위한 수단으로서 각 공유자에게 민법상의 공유물분할청구권을 인정하더라도 공유자 이외의 제3자에 의하여 다른 공유자 지분의 경제적 가치에 위와 같은 변동이 발생한다고 보기 어려워서 위 특허법 제99조 제2항 및 제4항에 반하지 아니하고, 달리 분할청구를 금지하는 특허법 규정도 없으므로, 특허권의 공유관계에 민법상 공유물분할청구에 관한 규정이 적용될 수 있다. 다만 특허권은 발명실시에 대한 독점권으로서 그 대상은 형체가 없을 뿐만 아니라 각 공유자에게 특허권을 부여하는 방식의 현물분할을 인정하면 하나의 특허권이 사실상 내용이 동일한 복수의 특허권으로 증가하는 부당한 결과를 초래하게 되므로, 특허권의 성질상 그러한 현물분할은 허용되지 아니한다고 봄이 상당하다.

Ⅶ. 특허권자의 의무

특허법은 특허권자에게는 업으로 특허발명을 독점적으로 실시할 권리를 부여하지만, 이에 상응하여 특허권이 갖는 사회성·공익성 등으로 인하여 일정한 의무가 주어진다. 이러한 의무는 각국의 산업정책에 따라 다르다. 예를 들면, 우리나라는 특허료 납부의무, 실시의무 등의 의무를 부과하고 있다. 또한 특허권의 행사는 공공복리에 적합하지 않으면 안 된다(헌법 제23조 제2항).

1. 특허료의 납부의무(제79조)

특허권은 국가가 새로운 발명을 한 자에게 공개를 유도하고 일정한 기간 독점배타권을 주어 발명자를 보호하는 제도이다. 특허법은 이러한 보호관리를 위한 비용, 즉 특허료를 발명자에게 요구하고 있다. 특허료는 특허권 설정등록을 받고자 하는 자 또는 특허권자가 국가에 납부하여야 하는 일정 금액[70]이다. 특허권의 설정등록시에는 등록결정 또는 등록심결의 등본을 받은 날부터 3개월 이내에 최초 3년분의 특허료를 미리 내야 하며, 그 다음 해부터의 특허료를 해당 권리의 설정등록일에 해당하는 날을 기준으로 매년 1년분씩 내야 한다(제79조 제1항, 특허료 등의 징수규칙 제8조 제5항). 납부기간이 지난 후에도 6개월 이내(이를 추가납부기간이라 한다)에 특허료를 추가로 낼 수 있으며, 이때에는 내야 할 특허료의 2배의 범위에서 특허료 등의 징수규칙이 정하는 금액을 납부하여야 한다(제81조 제1항·제2항). 추가납부기간에 특허료를 내지 아니한 경우(추가납부기간이 끝나더라도 제81조의2 제2항에 따른 보전기간이 끝나지 아니한 경우에는 그 보전기간에 보전하지 아니한 경우를 말한다)에는 특허권의 설정등록을 받으려는 자의 특허출원은 포기한 것으로 보며, 특허권자의 특허권은 낸 특허료에 해당하는 기간이 끝나는 날의 다음 날로 소급하여 소멸된 것으로 본다(제81조 제3항). 특허권의 설정등록을 받으려는 자 또는 특허권자가 정당한 사유로 추가납부기간에 특허료를 내지 아니하였거나 보전기간에 보전하지 아니한 경우에는 그 사유가 소멸한 날부터 2개월 이내에 그 특허료를 내거나 보전할 수 있다. 다만, 추가납부기간의 만료일 또는 보전기간의 만료일 중 늦은 날부터 1년이 지난 때에는 그러하지 아니하다(제81조의3 제1항 본문).[71]

---

70) 출원료, 심사청구료, 심판청구료 등의 수수료(제82조)와 구별되는 개념이다.

71) 다만 이 경우에도 일정한 제한들이 규정되어 있다.

제81조의3(특허료의 추가납부 또는 보전에 의한 특허출원과 특허권의 회복 등) ① 특허권의 설정등록을 받으려는 자 또는 특허권자가 정당한 사유로 추가납부기간에 특허료를 내지 아니하였거나 보전기간에 보전하지 아니한 경우에는 그 사유가 소멸한 날부터 2개월 이내에 그 특허료를 내거나 보전할

2. 특허발명의 실시의무(제107조)

특허권자는 자신의 특허발명을 직접 실시하거나 제3자에게 실시하게 할 수 있다. 그러나 독점배타적인 권리를 가진 자(특허권자)가 권리를 취득한 후에 실시하지 않는다면 다른 사람의 기술에까지 영향을 미치게 된다. 이러한 권리자를 내버려둔다면 권리 위에서 잠자는 것을 특허법이 묵인하는 결과가 된다. 이에 특허법은 특허발명의 불실시 또는 부적당한 실시에 대하여 강제적으로 실시권을 설정하는 제도를 두어 특허발명의 실시를 확보하려 한다. 즉 정당한 이유없이 계속하여 3년 이상 국내에서 실시되고 있지 않거나(제107조 제1항 1호), 상당한 영업적 규모로 실시되지 아니하거나 적당한 규모와 조건으로 국내 수요를 충족시키지 못한 경우(제107조 제1항 2호)의 어느 하나에 해당하고, 그 특허발명의 특허권자 또는 전용실시권자와 합리적인 조건으로 통상실시권 허락에 관한 협의를 하였으나 합의가 이루어지지 아니하는 경우 또는 협의를 할 수 없는 경우에는 특허청장에게 통상실시권 설정에 관한 재정(裁定)을 청구할 수 있다. 공공의 이익을 위하여 비상업적으로 실시하려는 경우에는 협의 없이도 재정을 청구할 수 있다. 다만 특허출원일로부터 4년이 지나지 아니한 특허발명에 관하여는 이 규정을 적용하지 아니한다(제107조 제2항).

2011년 12월 2일 법률 제11117호로 개정되기 전 특허법 제116조[72]는 특허발명

수 있다. 다만, 추가납부기간의 만료일 또는 보전기간의 만료일 중 늦은 날부터 1년이 지난 때에는 그러하지 아니하다.

② 제1항에 따라 특허료를 내거나 보전한 자는 제81조제3항에도 불구하고 그 특허출원을 포기하지 아니한 것으로 보며, 그 특허권은 계속하여 존속하고 있던 것으로 본다.

③ 추가납부기간에 특허료를 내지 아니하였거나 보전기간에 보전하지 아니하여 특허발명의 특허권이 소멸한 경우 그 특허권자는 추가납부기간 또는 보전기간 만료일부터 3개월 이내에 제79조에 따른 특허료의 2배를 내고, 그 소멸한 권리의 회복을 신청할 수 있다. 이 경우 그 특허권은 계속하여 존속하고 있던 것으로 본다.

④ 제2항 또는 제3항에 따른 특허출원 또는 특허권의 효력은 추가납부기간 또는 보전기간이 지난 날부터 특허료를 내거나 보전한 날까지의 기간(이하 이 조에서 "효력제한기간"이라 한다) 중에 타인이 특허출원된 발명 또는 특허발명을 실시한 행위에 대해서는 그 효력이 미치지 아니한다.

⑤ 효력제한기간 중 국내에서 선의로 제2항 또는 제3항에 따른 특허출원된 발명 또는 특허발명을 업으로 실시하거나 이를 준비하고 있는 자는 그 실시하거나 준비하고 있는 발명 및 사업목적의 범위에서 그 특허출원된 발명 또는 특허발명에 대한 특허권에 대하여 통상실시권을 가진다.

⑥ 제5항에 따라 통상실시권을 가진 자는 특허권자 또는 전용실시권자에게 상당한 대가를 지급하여야 한다.

⑦ 제1항 본문에 따른 납부나 보전 또는 제3항 전단에 따른 신청에 필요한 사항은 산업통상자원부령으로 정한다.

72) 제116조(특허권의 취소) ① 특허청장은 제107조 제1항 1호의 사유로 인한 재정이 있은 날부터

의 불실시를 이유로 한 특허권의 취소에 관하여 규정하고 있었으나, 「대한민국과 미합중국간의 자유무역협정」[73]의 합의사항을 반영한 위 개정으로 폐지되었다.

3. 정당한 권리행사의 의무

특허권은 독점배타적인 권리이기 때문에 특허권자는 이를 자유로이 행사할 수 있으나, 우월적인 지위를 이용하여 부당한 거래 등을 행한 경우는 민법 제2조의 권리남용에 해당되는 것은 물론이고, 독점규제 및 공정거래에 관한 법률(이하 "독점규제법"이라고 한다)상의 불공정거래행위에도 해당된다(독점규제법 제45조 제1항, 제117조). 따라서 특허발명의 독점적 실시가 보장된 특허권자라고 하더라도 그 권리를 정당하게 행사하여야 할 의무가 있다. 특허권자가 그의 우월한 지위를 남용하여 이루어질 수 있는 불공정거래행위로는 무효인 특허의 존속 등을 위하여 부당하게 실시권자가 관련 특허의 효력을 다투는 것을 금지하는 행위, 특허권이 소멸된 후에 실시권자가 해당 특허발명을 실시하는 것을 제한하는 행위 등이 있으며, 공정거래위원회는 '지식재산권의 부당한 행사에 대한 심사지침'을 마련·운영하면서 이러한 행위들을 규제하고 있다.

WTO/TRIPs협정 제40조는 회원국이 지적재산권의 남용에 대한 입법과 기타 조치를 취할 수 있는 권한을 부여하고 있으며(TRIPs 제40조 제2항), 어느 회원국의 국민이 다른 회원국의 관할지역 내에서 반경경쟁적 행위를 하였다고 제소당하는 경우, 어느 일방의 신청에 따라 당사국간에 의무적인 협의를 할 것을 규정하고 있다(TRIPs 제40조 제2항·제3항). 그러나 파리협약에는 이에 상응하는 규정이 없다.

4. 특허표시의무(제223조)

특허권자, 전용실시권자, 통상실시권자는 물건의 특허발명에 있어서는 그 물건에, 물건을 생산하는 방법의 특허발명에 있어서는 그 방법에 의하여 생산된 물건에 특허표시를 할 수 있으며, 물건에 특허표시를 할 수 없을 때에는 그 물건의 용기(容器)나 포장에 특허표시를 할 수 있다(제223조). 규정 자체에서 알 수 있듯이 특허

계속하여 2년 이상 그 특허발명이 국내에서 실시되고 있지 아니하는 경우에는 이해관계인의 신청에 의하여 또는 직권으로 그 특허권을 취소할 수 있다.

② 제108조·제109조·제110조 제1항 및 제111조 제1항의 규정은 제1항의 경우에 이를 준용한다.

③ 제1항의 규정에 의한 특허권의 취소가 있는 때에는 특허권은 그때부터 소멸된다.

73) 한-미 FTA, 2012.3.15. 발효(조약 제2081호)

표시는 특허권자 등의 권리일 뿐 의무가 아니며,[74] 1990.1.13. 법률 제4207호 개정법에서 신설된 것이다. 특허표시는 특허권자는 물론이고 전용실시권자, 통상실시권자도 할 수 있다. 그러나 이 외의 자가 특허표시를 하는 것은 금지되며(제224조), 이에 위반한 자는 허위표시의 죄에 해당하게 되어 형사책임(제228조)을 지게 된다.

5. 비밀유지의무

정부는 국방상 필요한 경우 발명자·출원인 및 대리인에게 그 발명을 비밀로 취급하도록 명할 수 있고(제41조 제1항), 특허출원된 발명이 국방상 필요한 경우 특허를 하지 아니할 수 있으며, 전시·사변 또는 이에 준하는 비상시에 국방상 필요한 경우에는 특허를 받을 수 있는 권리를 수용할 수 있다(제41조 제2항). 이 경우 정부는 비밀취급, 특허불허 또는 수용에 따른 손실에 대하여 정당한 보상금을 지급해야 한다(제41조 제3항·제4항). 즉, 우리 헌법 제23조에서 보장하는 국민개인의 재산권이라는 사익(私益)과 국방상 필요하다는 공익(公益)과의 형평을 고려하여 정당한 대가가 지급되어야 한다는 것을 함께 천명하고 있다. 특허법은 이와 같이 출원중의 비밀취급규정만을 명문화하고 있으나, 설정등록된 특허권 역시 비밀유지의무가 인정된다 하겠다.

6. 실시보고의 의무

특허청장은 특허권자·전용실시권자 또는 통상실시권자에게 특허발명의 실시여부 및 그 규모 등에 관하여 보고하게 할 수 있다(제125조). 이러한 특허발명 실시보고 의무는 산업부문의 동향을 파악하고 국가의 산업정책 수립 등을 점검·반영토록 하기 위한 규정이다.

Ⅷ. 특허권의 변동

특허권의 변동에는 그 소유주체가 변동되어 특허권이 제3자에게 이전되는 경우와 특허권 자체가 일정한 사유로 소멸해 버리는 경우가 있다.

---

74) 파리협약 제5조에서는 "보호받을 권리를 인정할 조건으로 상품에 특허표시 등을 할 것을 요구할 수 없다"라고 규정하고 있다.

1. 특허권의 이전

(1) 의 의

특허권의 이전이란 특허권의 내용의 동일성을 유지하면서 특허권의 주체가 변경되는 것을 말한다. 특허권은 재산권이므로 당연히 상거래의 대상이 되며, 재산권으로서 이전할 수 있고 담보권 또는 용익권(用益權)의 대상도 된다. 특허권의 양도성에 관해서는 특허법 제99조 제1항에 "특허권은 이전할 수 있다"라고 규정하고 있으며, 동조 제2항에서는 "특허권이 공유인 경우에는 각 공유자는 다른 공유자 모두의 동의를 받아야만 그 지분을 양도하거나 그 지분을 목적으로 하는 질권을 설정할 수 있다"라고 하고 있다.

(2) 이전의 유형[75)]

이전에는 당사자의 의사에 기한 이전행위인 양도와 법률의 규정에 의한 일반승계가 있다. 양도는 다시 전주(前主)가 갖는 모든 권한을 승계하는 전부양도와 특허권자 등으로부터 실시권·담보권 등을 설정하는 것과 같이 전주(前主)의 권리내용의 일부를 승계하는 일부양도가 있다. 특허권의 일부양도는 특허권의 지분의 양도를 의미하는 것이며, 특허발명 중의 일부발명 또는 일부청구항의 이전을 의미하는 것은 아니다. 이는 설정등록 후에는 청구항별 일부이전이 허용되지 않기 때문이다. 그리고 일반승계에는 상속이나 회사합병·포괄유증 등이 있다.[76)] 특히 공유특허권의 경우 특허권의 일부가 이전되면 기존의 다른 공유자에게 지대한 영향과 불측의 손해를 입힐 우려가 있다. 이에 특허권이 공유인 경우에는 각 공유자는 다른 공유자 모두의 동의를 받아야만 그 지분을 양도할 수 있다(제99조 제2항).

이 외에도 질권(質權)에 의한 경락, 강제집행에 의한 이전, 판결,[77)] 공용수용에 의한 이전(제106조)이 있다. 질권이 설정된 특허권이 경매 등 질권의 행사로 인하여 이전되었을 경우에 그 특허권은 경락자에게 이전한다. 특허권은 신탁법에 의하여도

---

75) 이전
- 양도(특정승계)
  - 일부양도
  - 전부양도
- 일반승계
  - 상속
  - 회사합병

76) 특허권은 상속·기타 일반승계에 의하여 이전된다. 이 경우는 단일의 원인, 즉 사망 또는 회사의 합병 등에 의하여 이전 권리자가 갖는 권리·의무가 포괄적으로 승계인에게 이전되는 경우이다.

77) 특허권의 권리귀속에 관하여 분쟁이 발생한 경우 법원의 이전 판결의 확정에 의하여 특허권은 이전될 수 있다.

이전될 수 있다. 특허권자인 위탁자는 수탁자로 하여금 일정한 목적 범위 내에서 특허권을 관리・처분하도록 할 수 있으며, 신탁법에 의한 특허권의 이전은 특허신탁원부에 등록하여야 제3자에게 대항할 수 있고(신탁법 제4조), 특허권등이나 특허권등에 관한 권리의 신탁등록은 수탁자가 단독으로 신청하되(특허권 등의 등록령 제49조), 수익자나 위탁자는 수탁자를 대위하여 신탁의 등록을 신청할 수 있다(특허권 등의 등록령 제52조). 여기서 "신탁"이란 신탁설정자가 법률행위에 의하여 신탁인수자에게 재산권을 이전하는 동시에, 재산권을 일정한 목적에 따라 자기 또는 제3자를 위하여 관리・처분하게 하는 법률관계를 말한다. 이 신탁을 설정하는 계약 또는 유언이 신탁행위이다.

또한 무권리자의 특허권 등록에 대한 정당한 권리자의 이전청구를 인정하는 규정이 2016.2.29. 법률 제14035호로 입법되었다.[78] 즉 정당한 권리자는 법원에 모인출원에 의하여 등록된 특허권(공유인 경우 그 지분)의 이전을 청구할 수 있고, 특허권이 이전등록된 경우에는 특허권은 특허권이 설정등록된 날부터 이전등록을 받은 자에게 있는 것으로 간주되며, 공유지분을 이전하는 경우 다른 공유자의 동의를 받지 않아도 된다(제99조의2).

(3) 이전절차

특허권을 이전하고자 하는 자는 이전등록신청서를 특허청장에게 제출하여야 하며(특허권 등의 등록령 제20조 제1항, 특허권 등의 등록령 시행규칙 제13조 제1항 3호), 이전등록신청은 양수인인 등록권리자와 양도인인 등록의무자가 공동으로 신청함을 원칙으로 하되(특허권 등의 등록령 제15조 제1항), 판결에 의한 등록은 승소한 등록권리자 또는 등록의무자만으로 신청할 수 있고, 상속, 법인의 합병이나 그 밖의 일반승계에 따른 등록은 등록권리자만으로 신청할 수 있다(특허권 등의 등록령 제15조 제3항・제4항).

한편, 이전등록신청서에는 '등록의 원인을 증명하는 서류'와 필요한 첨부서류(특허권 등의 등록령 제22조)를 갖추어 제출하여야 한다.

(4) 효력발생요건

특허법은 특허권의 이전은 이를 외부에서 인식할 수 있도록 그 이전을 공시토록 하여 이를 강제하고 있다. 특허권의 이전은 상속 기타 일반승계의 경우를 제외하고 특허원부에 등록을 하지 않으면 효력을 발생하지 아니한다(제101조 제1항 1호). 반면 일반승계의 경우는 등록을 효력발생요건으로 하지 아니하고, 상속이나 회사의 합병과

78) 부칙 제8조에 의하여 개정법 시행일인 2017.3.1. 이후 설정등록된 무권리자의 특허권부터 적용된다.

동시에 그 이전의 효력이 발생하며, 새로운 권리자는 지체없이 특허청장에게 그 사실을 신고하여야 한다(제101조 제2항).

한편, 특허권자(공유인 특허권을 분할청구한 경우에는 분할청구를 한 공유자를 제외한 나머지 공유자를 말한다)는 특허권을 목적으로 하는 질권설정 또는 공유인 특허권의 분할청구 이전에 그 특허발명을 실시하고 있는 경우에는 그 특허권이 경매 등에 의하여 이전되더라도 그 특허발명에 대하여 통상실시권을 가진다. 이 경우에는 특허권자는 경매 등에 의하여 특허권을 이전받은 자에게 상당한 대가를 지급하여야 한다(제122조).

(5) 이전의 효력

특허권이 이전하는 경우 그 위에 존재하는 모든 법정실시권 및 등록된 담보권은 특허권에 부수하여 이전한다. 또한 특허권분쟁사건이 계속중에 특허권 또는 특허에 관한 권리의 이전이 있는 때에는 그 절차는 새로운 특허권자에게 승계되며 특허청장 또는 심판장은 승계인에 대하여 그 절차를 속행하게 할 수 있다(제19조).

특허법원 2018.7.19. 선고 2017허8404 판결

[심판절차 진행 중 권리 이전 시 절차 속행 재량 여부]

심판절차 계속 중 권리가 이전된 경우의 처리에 관하여 구 상표법(2016.2.29. 법률 제14033호로 개정되기 전의 것) 제5조의18은 "특허청장 또는 심판장은 상표에 관한 절차가 특허청 또는 특허심판원에 계속 중에 상표권 또는 상표에 관한 권리가 이전되면 그 상표권 또는 상표에 관한 권리의 승계인에 대하여 그 절차를 속행하게 할 수 있다"고 규정하고 있다. …… 심판 계속 중 권리 이전에도 불구하고 당사자로서의 지위에 영향이 없는 것으로 보는 당사자 항정주의는 특허청 내지는 특허심판원의 편의를 위한 것이거나 처분금지가처분의 규정이 없는 심판절차의 약점을 극복하기 위한 방편일 뿐으로서, 상표등록의 취소에 관하여 가장 밀접한 이해관계를 가지는 자는 권리를 이전한 양도인이 아니라 그 양수인인 승계인이므로, 그 승계인을 심판 내지 소송의 절차에 참가시킬 필요성이 있는 점, 그런데 민사소송법 제81, 82조의 규정에 의한 승계참가, 인수참가는 소송이 법원에 계속되어 있는 동안에 제3자가 소송목적인 권리 또는 의무의 전부나 일부를 승계한 때에 인정되는 것일 뿐이어서, 심결취소소송의 단계에 이르러서는 특허심판원의 심판절차 진행 중에 심판물에 관한 승계가 있었음을 원인으로 한 승계참가, 인수참가를 인정할 수 없게 되는 점 등을 고려할 때, 구 상표법 제5조의18에서의 특허청장 또는 심판장의 승계인에 대한 절차 속행 여부는 기속재량행위로 봄이 상당하다. 즉, 심판절차 진행 중 상표권 또는 상표에 관한 권리가 이전되면 심판장으로서는, 그 권리 이전의 내용이 심판과정에서 현출되지 않아 그 승계사실을 알지 못한 경우, 처분금지가처분에 관한 규정이 없는 심판절차의 약점을 악용하여 권리 이전한 것으로 의심되는 사정이 엿보이는 경우, 승계인의 소재를 파악할 수 없는 등 승계인에 대한 절차의 속행이 사실상 불가능한 경우 등 극히 예외적인 경우를 제외하고는, 원칙적으로 승계인에 대하여 절차를 속행하여야 하는 것으로 구 상표법 제5조의18의 규정을 해석함이 상당하다.

2. 특허권의 소멸

특허권의 소멸이란 일단 유효하게 발생한 효력이 일정한 소멸원인에 의하여 그 효력이 상실되는 것을 말한다. 이러한 특허권의 소멸에는 일정한 기간이 지나면 자동적으로 소멸되는 경우와 특허권의 존속기간 내에 다른 사유로 인하여 소멸되는 경우가 있다.

특허권의 소멸원인에는 ① 존속기간의 만료, ② 특허료의 불납, ③ 상속인의 부존재, ④ 특허권의 포기 그리고 ⑤ 특허권의 무효, ⑥ 특허권의 취소 등이 있다.[79)]

1) 특허권 존속기간의 만료(제88조 제1항)

소유권은 동산, 부동산과 같이 소유권자의 자유의사에 따라 무한하게도 존속할 수 있지만 특허권은 유한한 권리이다. 특허권의 존속기간은 일정한 기간으로 한정하여 특허권자의 사익과 일반공중의 공익을 조화시켜 적절한 기간 동안 특허권을 인정하고, 그 기간이 경과하면 특허권을 소멸시켜 일반공중이 자유롭게 실시할 수 있도록 한 것이다. 특허는 산업발전에 기여하도록 일정의 기간에 있어 독점성을 보장하고, 그 후는 누구나 실시(實施)하도록 하여 보다 나은 기술을 기대하기 위한 제도이다.[80)] 여기서 '일정의 기간'이란 특허출원일 후 20년이 되는 날까지를 말한다(제88조 제1항). 다만 앞서 살펴본 바와 같이, 허가등에 따른 존속기간의 연장이나(제89조), 등록지연에 따른 존속기간 연장이 가능하다(제92조의2).

2) 특허료의 불납

특허권자는 소정의 기간 내에 일정의 특허료를 납부할 의무가 있다(제79조 제1항). 이를

---

79) 특허발명의 불실시를 이유로 한 특허권의 취소를 규정한 제116조가 2011년 12월 2일 개정 특허법(법률 제11117호)에서 삭제되었다. 다만 개정 특허법 시행일 전 특허권의 취소사유가 발생한 경우에는 종전 규정에 따라 취소될 수 있다.

80) WTO/TRIPs협정 제33조 "보호기간은 출원일로부터 20년이 경과하기 전에는 종료되지 않는다"라는 규정을 두고 있다.

태만히 한 때는 그 특허권이 소멸한다. 추가납부기간에 특허료를 내지 아니한 경우(추가납부기간이 끝나더라도 보전기간이 끝나지 아니한 경우에는 그 보전기간에 보전하지 아니한 경우를 말한다)에는 낸 특허료에 해당되는 기간이 끝나는 날의 다음 날로 소급하여 소멸된 것으로 보며(제81조 제3항), 특허청장은 직권으로 소멸등록을 하여야 한다(특허권 등의 등록령 제14조 제1항 1호).

다만, 특허료를 추가납부하거나 보전한 경우는 "특허권의 소급소멸(제81조 제3항)"의 규정에 불구하고 그 특허출원은 포기되지 아니한 것으로 보며, 그 특허권은 계속하여 존속하고 있던 것으로 본다(제81조의3 제2항, 제3항 후단).

3) 상속인의 부존재

일반 소유권의 경우에 상속인이 없으면 그 재산은 국가에 귀속된다(민법 제1058조). 그러나 특허권은 상속인이 없을 때에는 소멸되며(제124조 제1항), 청산절차가 진행 중인 법인의 특허권은 법인의 청산종결등기일(청산종결등기가 되었더라도 청산사무가 사실상 끝나지 아니한 경우에는 청산사무가 사실상 끝난 날과 청산종결등기일부터 6개월이 지난 날 중 빠른 날)까지 그 특허권의 이전등록을 하지 아니한 경우에는 청산종결등기일의 다음 날에 소멸한다(제124조 제2항). 이는 특허발명을 일반공중에 개방하여 자유로이 실시하게 하는 것이 산업정책상 보다 유리하다고 생각되어 특허법에서 상속인이 없는 경우는 소멸시킨 것이라고 볼 수 있겠다. 그러나 공유인 경우에는 소멸되지 않고 타(他)공유자에게 귀속된다.

4) 특허권의 포기

특허권은 재산권이므로 특허권자 자신의 의사표시로 포기할 수 있지만, 그 특허권의 포기로 인하여 선의의 제3자, 즉 실시권자, 공유자, 질권자의 권리나 이익을 해쳐선 안 된다. 따라서 전용실시권, 질권, 직무발명의 통상실시권, 특허권자 또는 전용실시권자의 허락에 의한 통상실시권이 있는 때에는, 이러한 권리를 가진 자의 동의를 받아야만 그 특허권을 포기할 수 있다(제119조). 포기에 따른 등록의 말소는 등록 명의인만으로 신청할 수 있다(특허권 등의 등록령 제43조).

특허청구의 범위에 2 이상의 청구항이 기재된 특허에 대해서는 청구항마다 특허권이 있는 것으로 보기 때문에 청구항마다 포기하는 것이 가능하다(제215조의2).

포기의 경우에는 특허원부에 말소등록이 됨으로써 포기에 의한 특허권 소멸의 효력이 발생한다. 즉 포기의 의사를 표명하더라도 포기에 따른 특허권말소등록이 되지 않으면 특허권은 소멸되지 않는다(제101조 제1항). 특허권의 포기가 있는 때에는 특허권의 포기시점부터 권리가 소멸된 것으로 본다.

5) 특허권의 무효

특허권의 무효란 발명이 특허로서 등록되어 유효하게 성립한 권리가, 일정한 무효사유에 해당되어(제133조 제1항) 특허청의 심판이나 판결에 의해 그 심결 또는 판결이 확정된 때에는, 그 특허권의 효력이 처음부터 존재하지 아니하게 되는 것을 말한다(제133조 제3항). 즉, 특허권이 유효하게 성립하였다 하더라도 하자가 있는 특허권을 그대로 유지시킬 경우 특허권자를 부당하게 보호하게 되고 그 결과 공중에 피해를 끼침은 물론 산업발달에 지장을 초래할 수 있으므로 하자 있는 특허권을 무효로 할 수 있는 무효심판제도를 두고 있다. 특허권에 무효사유가 존재한다고 해서 당연히 무효로 되는 것은 아니고 이해관계인 또는 심사관의 무효심판청구에 의해 특허심판원의 심결이나 특허법원의 판결에 의해서만 무효가 될 수 있다. 그리고 심결이나 판결에 의하여 무효로 확정된 때에는 그 특허권은 처음부터 없었던 것으로 본다. 그러나 그 특허권자가 외국인으로서의 권리능력을 상실하였거나 또는 그 특허가 조약에 위반하게 되었을 때는 그러한 사유가 발생된 때부터 특허권은 소멸한다(제133조 제1항 4호 · 제3항).

또한, 특허존속기간의 연장이 잘못된 경우에는 그 연장등록의 무효심판을 청구할 수 있다. 심판에 의해서 연장등록을 무효로 하는 심결이 확정된 때에는 그 연장등록에 의한 존속기간의 연장은 처음부터 없었던 것으로 본다. 따라서 특허권의 존속기간은 만료시에 만료된 것으로 본다(제134조 제3항).

6) 특허권의 취소

2016년 2월 29일 법률 제4035호로 개정된 특허법은 누구든지 하자가 있는 특허에 대하여 선행문헌에 기초한 특허취소사유(신규성 부정, 진보성 부정, 확대된 범위의 선출원 위배, 선출원주의 위배)를 특허심판원에 제공하면 심판관이 해당 특허의 취소여부를 신속하게 결정하는 것을 내용으로 하는 특허취소신청 제도를 도입하여 특허검증을 강화하였다(제132조의2 제1항).[81] 특허취소신청에 대하여는 3명 또는 5명의 심판관으로 구성되는 합의체가 심리하여 결정하고(제132조의7), 이를 '결정계' 제도로 운용하여 법원에 불복 시 소송절차까지 특허청이 수행한다(제186조 제1항, 제187조).

---

81) 개정법 시행일(2017년 3월 1일) 이후 설정등록된 특허권부터 적용된다(부칙 제10조).

제2장

실 시 권

제 1 절 실시권의 일반론

특허법은 특허발명의 실시를 의무로 하고 있지 않으나, 발명은 발명자가 자신의 사업 또는 관심이 있는 분야를 연구한 결과로서의 발명이기 때문에 실시함으로 비로소 그 의미를 갖는다 하겠다. 즉 발명은 실시되지 않더라도 공개에 의해 사회의 기술수준 향상에 공헌한다는 점도 무시할 수 없으나, 역시 실시에 의한 기술보급의 의미가 크다. 특허발명에 대하여 이러한 업(業)으로서 실시할 수 있는 권리를 독점하는 자는 원칙적으로 특허권자(제94조)이다.

한편 특허권자 자신이 그 특허발명을 실시하는 것보다도 제3자가 실시하는 것이 유리하다고 판단되는 경우에는 제3자에게 그 특허발명을 실시허락할 수 있고, 그 외의 특별한 사정으로 인하여 그 특허발명을 실시할 수 없거나 실시하더라도 경제적으로 이익이 없는 경우라면 특허권의 '실시할 수 있는 권리'를 일반 소유권과 같이 제3자에게 실시허락을 할 수 있다. 이러한 실시권은 특허권에 수반된 권리이나 특허권과 분리하여 존재할 수 있도록 한 것이다. 즉 특허법은 특허권자의 편익은 물론 산업발전도 아울러 도모하고자 특허권자 이외의 자에게도 특허발명을 적법하게 업(業)으로서 실시할 수 있도록 하는 제도적 장치를 마련하고 있다(제100조 제1항, 제102조 제1항). 이를 실시권이라 한다.

1. 실시권의 내용

실시권은 특허권자가 실시할 수 있는 권리와 특허권자 이외의 자가 특허발명을 업으로서 실시할 수 있는 권리를 말하며, 후자를 일반적으로 실시권이라 한다. 따라서 실시권은 특허법 제2조 제3호에서 규정한 발명의 실시양태, 즉 ① 물건의 발명인 경우에는 그 물건을 생산·사용·양도·대여 또는 수입하거나 그 물건의 양도 또는 대여의 청약을 하는 행위, ② 방법의 발명인 경우에는 그 방법을 사용하는 행위 또는 그 방법의 사용을 청약하는 행위, ③ 물건을 생산하는 방법의 발명인 경우에는 그 방법을 사용하는 행위 또는 그 방법의 사용을 청약하는 행위 외에 그 방법에 의하여 생산한 물건을 사용·양도·대여 또는 수입하거나 그 물건의 양도 또는 대여의 청약을 하는 행위의 전부 또는 그 일부를 업으로 할 수 있는 권리이다.

2. 실시권의 효력과 범위

법정실시권이나 강제실시권과 같이 특허법의 규정에 의하여 설정되는 실시권이 아닌 그 밖의 실시권은 특허권자와 실시권자간의 실시계약에 의해서 성립된다. 이때 실시계약의 효력으로서 발생하는 실시권은 특허권자가 실시권자에 대하여 해당 특허발명을 실시할 수 있도록 허락하는 것이다. 따라서 특허권자는 그 특허발명에 관하여 실시계약을 체결함에 있어서 앞에서 말한 모든 실시행위나 그 일부에 대하여 실시권자에 실시권을 허락할 수 있다.

특허권자는 실시권의 설정계약에 의하여 특허발명에 대한 실시권자의 실시범위를 제한할 수 있다. 즉 실시의 장소적 범위, 기간의 범위 및 실시내용의 범위 등에 대하여 제한할 수 있다.

특허권자는 실시계약에 의하여 실시권자가 특허발명을 실시할 수 있는 기간을 제한할 수 있다. 그러나 실시계약에 실시기간에 관한 내용이 없는 경우에는 특별한 사항이 없는 한 해당 특허권의 전존속기간 동안 실시를 허락한 것으로 해석해야 할 것이다.

특허권자는 실시계약에 의하여 특허발명을 실시할 수 있는 장소적 범위를 한정하여 실시를 허락할 수 있다. 예컨대 실시의 장소를 '서울특별시'로 한정하여 실시를 허락할 수 있다. 다만 이와 관련하여 실시계약에서 실시의 장소적 범위에 관한 언급이 없는 경우에는 그 범위를 판단함에는 사안별로 판단하여 결정하여야 한다는 것이 유력하다. 즉 사회통념상 인정되는 합리적인 장소로 제한 해석하여야 한다고 한다. 그러나 실시기간에 관한 합의사항이 없는 실시계약의 해석과 달리 이해할 근거를 인정하기 힘들다 하겠다.[1)]

특허권자는 실시계약에 의해서 실시양태에 관하여 그 범위를 제한할 수 있다. 즉 실시양태 중 생산·사용으로 제한하거나, 여러 종류의 재료를 사용할 수 있는 발명에 대하여 그 중 하나의 재료로 한정하는 것과 같이 발명의 구체적인 실시형태의 하나로 특정할 수 있다. 다만 실시계약의 실시내용의 범위에 관한 언급이 없을 경우에 당연히 특허법 제2조 제3호에 열거된 실시양태 전체에 관하여 허락한 것으로 해석할 것인지 의문이다. 또한 실시계약에 실시내용에 관하여 구체적으로 열거한 경우 역시 실시권자의 실시범위 해석에 의문이다. 즉 원칙적으로 실시권자는 특허권자가 적극적으로 허락한 실시행위만을 할 수 있는 것으로 해석되나, 반드시 그렇게 한정적으로 해석하면 곤란한 경우가 있다. 이에 실시권자의 실시 내용에 관한 제한은 계약의 해석 문제로서 이해하고 파악하여야 할 것이다.

3. 실시권의 종류

실시권이란 일반적으로 특허권자 이외의 자가 특허발명을 업으로서 실시할 수 있는 권리를 말하는데, 이는 그 효력에 따라 전용실시권과 통상실시권으로 나눌 수 있다. 즉 그 실시권자에게 독자적인 소권(訴權)이 인정되는냐에 따라 독자적인 소권을 실시할 수 있는 전용실시권과 그러하지 않은 통상실시권으로 나눌 수 있다. 또한 실시할 수 있는 권리를 한 사람에게만 주는지에 따라 독점적 실시권과 비독점적 실시권으로 나눌 수 있다. 여기에서는 우리 특허법상의 분류방법에 따라 전용실시권과 통상실시권으로 나누어서 보기로 한다.

(1) 전용실시권

전용실시권(exclusive license)은 특허권자와의 계약에 의한 일정한 범위 내에서 그 특허발명을 업으로서 독점배타적으로 실시할 수 있는 권리를 말한다. 따라서 전용실시권은 중복하여 설정할 수 없으며, 특허권자일지라도 전용실시권자의 허락이 없는 한

---

1) 예컨대 실시권자가 전국적인 영업망을 가지고 사업하는 자인 경우에는 해당 특허발명의 실시범위는 전국적으로 인정하는 것이 바람직하나, 실시권자가 지역단위에만 영업활동을 하는 자라면 그 활동범위도 제한적으로 해석하여야 할 것이다.

전용실시권자의 권리 범위 내에서 실시하면 전용실시권을 침해하는 것으로 된다(제94조 제1항 단서).

(2) 통상실시권

통상실시권(non exclusive license)이란 특허발명을 실시하고자 하는 자가 특허권자와의 실시계약이나 법률의 규정에 의하거나 또는 행정청의 강제처분에 의하여 일정한 범위 내에서 특허발명을 실시할 수 있는 권리를 말한다. 이러한 통상실시권은 전용실시권과 달리 그 통상실시권을 설정한 후에도 특허권자 자신도 실시할 뿐만 아니라 제3자에게 똑같은 통상실시권을 2 이상 허락할 수도 있다. 즉 통상실시권은 해당 특허발명을 실시할 수 있는 권원이지만, 독점성 · 배타성이 제도상 보장되지 않는다는 점에서 전용실시권과 구별된다. 이에 통상실시권은 중첩적으로 존재할 수 있으며, 계약상의 구속을 받지 않는 한 특허권자는 실시권자의 의사에 상관없이 수인(數人)에게 동일한 내용의 통상실시권을 허락할 수 있다.

이러한 통상실시권은 그 권원에 따라 허락실시권, 법정실시권, 강제실시권 등으로 설명할 수 있다.

1) 허락실시권

이는 특허권자나 전용실시권자의 허락에 의하여 실시할 수 있는 실시권을 말하며, 특허권자나 전용실시권자와 제3자와의 실시계약에 의하여 발생한다.

2) 법정실시권

법정실시권은 산업정책상이나 공익상 필요에 의하여 인정되는 실시권으로서 특허권자의 의사와 무관하게 법에서 정한 요건만 충족되면 법률에 의하여 그 권능이 원시적으로 발생한다.

① 직무발명에 있어 사용자의 통상실시권

② 특허료 추가납부 등에 의한 효력제한기간 중 선의의 실시자에 대한 통상실시권

③ 선사용에 의한 통상실시권(일명 선사용권)

④ 특허권의 이전청구에 따른 이전등록 전의 실시에 의한 통상실시권

⑤ 무효심판청구등록전의 실시에 의한 통상실시권(일명 중용권)

⑥ 디자인권의 존속기간 만료 후의 통상실시권

⑦ 질권행사 등으로 인한 특허권의 이전에 따른 통상실시권

⑧ 재심에 의하여 회복한 특허권에 대한 선사용자의 통상실시권(일명 후용권)

⑨ 재심에 의하여 통상실시권을 상실한 원권리자의 통상실시권

3) 강제실시권

강제실시권이란 국방상이나 산업정책상 등의 이유에서 인정되는 실시권으로서 특허청장의 결정 또는 재정이나 심판에 의하여 발생하는 통상실시권을 말한다.

① 국가 비상시나 공익상 필요에 의한 통상실시권

② 재정에 의한 통상실시권

③ 통상실시권 허락의 심판에 의한 통상실시권

4. 당사자의 변동

(1) 실시권설정자(원권리자)의 변동

특허권자는 실시권을 설정, 허락한 이후라 할지라도 특허권을 양도할 수 있다. 전용실시권은 등록이 효력발생요건이므로 등록한 전용실시권자는 특허권의 양수인에 대하여 대항할 수 있다. 다만 특허권의 양도인과 전용실시권자의 사이에 체결된 전용실시권 설정계약의 효력과 관련하여서는 견해가 나뉜다. 즉 특허권의 양수인은 실시권 설정계약 때부터 생기는 권리의무를 승계하므로 그 계약은 그대로의 형태로 신특허권자에게 이전된다고 해석하는 설과, 특허권의 양도는 자유로이 할 수 있으나 설정권자라는 지위는 권리 외에 의무도 포함하고 있으므로 일방적 행위에 의하여 양도할 수 없다고 해석하는 설이 대립하고 있다.

실시권 설정자의 중심된 의무는 특허권의 유지이고, 특허권이 양도된 이상 이와 같은 의무만이 남아 있어도 의미는 없다. 결국 구특허권자의 의무 이행은 불가능하고, 전용실시권자는 계약의 해제가 가능할 뿐이 된다. 이렇게 된다면 전용실시권이 설정된 상태에서의 특허권 양도란 불가능하게 된다. 따라서 전용실시권의 내용으로서 등록되어 있는 사항은 새로운 특허권자에게 이전된다고 해석하는 것이 타당할 것이다. 즉 특허원부에 등록되어 있는 전용실시권의 내용은 새로운 특허권자에 대하여 효력을 갖게 된다. 반면 계약상의 의무이지만 등록되어 있지 않은 것 또는 등록이 불가능한 것에 대하여는 그 의무가 구특허권자에게 남고, 그 결과 계약이 이행되지 않으면 채무불이행의 문제만이 남는다. 통상실시권의 경우에는 등록을 대항요건으로 하고 있는데, 미등록의 통상실시권자는 새로운 특허권자나 전용실시권자에게 대항할 수 없으며, 구특허권자에 대하여 채무불이행에 의한 손해

배상청구만이 가능하다.

(2) 실시권자의 변동

실시권은 재산권이므로 자유로이 이전을 인정해야 할 것이나, 특허권자에게 있어서는 누가 실시권자인가 하는 점에 중대한 이해관계가 있다 할 것이다. 이에 특허법은 특허의 공유지분 양도에 제한을 두는 것과 같이 실시권의 이전에 있어서도 일정한 제한을 두고 있다. 즉 실시사업과 같이 이전하는 경우 또는 상속 그 밖의 일반승계의 경우를 제외하고는 특허권자의 동의를 받아야만 그 전용실시권이나 통상실시권을 이전할 수 있다(제100조 제3항, 제102조 제5항). 특히 재정에 의한 통상실시권은 사업과 같이 이전하는 경우에 한하여 이전할 수 있으며(제102조 제3항), 통상실시권 허락의 심판에 의한 통상실시권은 그 특허권과 함께 이전하여야 한다(제102조 제4항).

특허권자의 동의가 있는 경우나 일반승계의 경우 이전이 인정되는 것은 당연하다. 문제가 되는 것은 사업과 함께 이전하는 경우이다. 이것은 사업이 이전되었는데 실시권이 이전되지 않는 것은 결국 사업을 계속할 수 없게 되어 그 설비를 포기하게 되므로 국민경제상 바람직하지 않아 만들어 놓은 규정이다. 이 경우 사업의 개념은 반드시 명확한 것은 아니나, 해당 특허발명의 실시에 충분할 정도의 사업이라고 해석해야 할 것이고, 그 구체적인 규모는 해당 특허발명의 내용에 따라 개별적으로 판단해야 할 것이다.

5. 실시권의 소멸

실시권은 특허권에 부수하는 권리이므로 특허권이 소멸하면 당연히 소멸한다. 즉 무효심결의 확정, 특허존속기간의 만료, 특허권의 포기, 상속인의 부존재, 특허권의 취소 등에 의하여 실시권도 소멸한다. 또한 통상실시권이 전용실시권자에 의해 설정된 때에는 그 전용실시권의 소멸에 의해 통상실시권도 소멸한다.

실시권은 그 자체의 소멸사유가 있으면 소멸한다. 즉 당사자의 계약관계 소멸(설정기간의 만료, 해제 등), 실시권의 포기, 실시권의 취소 등에 의하여 실시권은 소멸한다. 또한 특허권자와 실시권자가 동일인이 된 경우에 실시권은 혼동에 의해 소멸한다.

제 2 절 전용실시권

1. 의 의

전용실시권(exclusive license)이란 특허권자 이외의 자가 특허권자와의 계약에 의해 내용·지역·기간을 정하여 그 범위 내에서 특허발명을 독점적으로 실시(實施)할 수 있는 권리를 말한다(제100조 제2항). 전용실시권의 설정 후에는 그 설정의 범위 내에서는 전용실시권자의 허락이 없는 한 특허권자도 실시할 수 없다(제94조 제1항 단서). 이에 전용실시권이 설정되는 것은 양당사자가 특수한 관계에 있는 경우가 많을 것이라 하겠다.

2. 전용실시권의 성립

전용실시권 계약에 의해 성립하지만, 유언에 의해서도 성립할 수 있으며 또 직무발명인 경우에는 근무규칙 등에 의해서도 성립할 수 있다. 이러한 전용실시권은 제3자에게 미치는 영향이 크다는 점에서 등록을 그 효력발생요건으로 하고 있다. 즉 전용실시권은 특허권자와의 계약에 의하여 발생되는 허락실시권으로 설정등록을 하지 않으면 그 효력이 발생하지 않는다(제101조 제1항 2호). 다만 이는 등록하지 않으면 특허법에 규정되어 있는 전용실시권으로서의 효력이 발생하지 않는다는 것뿐이다. 즉 당사자간에 있어서는 강행법규에 저촉되지 않는 한 당사자의 의사에 가까운 효과가 인정된다. 예컨대 계약에 의한 전용실시권 설정계약을 체결했으나 미등록인 경우에 당사자간에는 독점적인 실시권을 부여한다고 하는 합의는 성립하고 있으므로 독점적 통상실시권으로 취급할 수 있겠다. 또한 전용실시권에 대하여는 설정뿐만 아니라 일반승계를 제외한 이전·변경·소멸(혼동에 의한 경우는 제외)·처분의 제한·질권의 설정 등에 관해서도 등록하지 않으면 효력이 생기지 않는다(제101조 제1항 2호·3호).

특허권이 공유인 경우에는 각 공유자는 다른 공유자 모두의 동의를 받아야만 전용실시권을 설정할 수 있다(제99조 제4항).

3. 전용실시권의 성질

일반적으로 전용실시권과 통상실시권을 설명함에 있어, 전용실시권을 물권적 권리로서, 통상실시권을 채권적 권리로서 설명하고 있다. 그러나 전용실시권과 통상실시권의 차이는 복수의 실시권 설정을 인정하느냐의 여부에 있다. 구체적으로 전용실시권은 설정 범위내에서의 독점적 실시권으로 실시권자는 직접 침해자에 대하여 권리행사를 할 수 있다는 점에서 특허권자와 유사한 지위를 가지는 데 반하여, 통상실시권은 동일한 허락 범위가 중첩적으로 성립할 수 있으며, 단지 특허권자로부터 금지나 손해배상청구를 받지 않는 데 불과하다. 즉 통상실시권은 특허권자에 대하여 금지청구권과 손해배상청구권을 행사할 수 없게 하는 부작위청구권이라 할 수 있다.

4. 실시의 범위

전용실시권자는 그 설정행위로 정한 범위 내에서 업으로서 그 특허발명을 실시할 권리를 독점한다(제100조 제2항). 전용실시권의 범위는 특허권자와의 계약으로 정한 범위 내이다. 이에 전용실시권자는 특허권자와의 계약에 의하여 특허권자가 갖는 모든 권리를 행사할 수 있으며, 일정한 범위내로 한정된 실시권을 가질 수도 있다. 특히 시간적 범위(특허권의 존속기간 내에서 특정의 기간), 장소적 범위(국내의 특정지역에 한하여 제한할 수 있으나 해외는 제외된다고 본다), 내용적 범위(우리나라에 있어서 특정의 분야, TV와 VTR에 이용할 수 있는 발명을 VTR에 한하여 실시하도록 하는 경우 등과 수입·생산·판매에 한하는 경우, 예를 들면, 특정청구범위에 A 및 B의 두 발명이 기재되어 있는 경우에 그 중 A발명에 대해서만 전용실시권을 허락할 수 있다)를 정하여 하는 것이 일반적이며, 특허권자가 업으로 실시할 수 있는 전범위를 전용실시권자에게 허락한 경우는 특허권자는 ① 특허권자로서의 명예적 지위를 유지하면서 ② 특허권침해에 대한 소권(訴權)을 행사할 수 있고, ③ 전용실시권의 이전(제100조 제3항)이나 ④ 통상실시권 및 질권의 설정(제100조 제4항)에 대한 동의권만을 갖는다.

실시권의 범위를 초월한 실시는 단순한 계약위반이 될 뿐만 아니라 특허권의 침해가 된다. 전용실시권은 그 등록이 효력발생요건이듯, 그에 대한 범위제한 역시 등록되어야 한다. 따라서 범위제한의 등록이 없으면 무제한의 실시권이 된다. 따라서 당사자간에 제한의 합의가 있으면 계약으로서의 효력은 존재하기 때문에 채무불이행의 문제가 생길 수 있으나, 실시권자가 그 제한을 초과하여 실시를 한다고 하더라도 특허권 침해의 문제가 생기지 않는다.

대법원 2013.1.24. 선고 2011도4645 판결

[전용실시권 설정계약 상의 제한을 특허원부에 등록하지 않은 경우, 그 제한을 위반하여 특허발명을 실시한 전용실시권자가 특허권 침해의 책임을 지는지 여부(소극)]

특허법 제101조 제1항은 "다음 각 호에 해당하는 사항은 이를 등록하지 아니하면 그 효력이 발생하지 아니한다"고 하면서, 제2호에 "전용실시권의 설정 · 이전(상속 기타 일반승계에 의한 경우를 제외한다) · 변경 · 소멸(혼동에 의한 경우를 제외한다) 또는 처분의 제한"을 규정하고 있다. 따라서 설정계약으로 전용실시권의 범위에 관하여 특별한 제한을 두고도 이를 등록하지 않으면 그 효력이 발생하지 않는 것이므로, 전용실시권자가 등록되어 있지 않은 제한을 넘어 특허발명을 실시하더라도, 특허권자에 대하여 채무불이행 책임을 지게 됨은 별론으로 하고 특허권 침해가 성립하는 것은 아니다.

제한의 형태로는 시간적 제한과 장소적 제한 및 내용적 제한이 있을 수 있다. 시간적으로는 특허권 존속기간 중이라면 어떠한 제한을 하든 특허법상 가능하다. 다만 극단적으로 짧은 기간 설정은 경우에 따라서는 공서양속에 반하거나 우월적 지위의 남용이 될 가능성도 있다. 장소적 제한에 대하여서도 국내를 벗어나지 않는 한 어떠한 제한을 하건 특허법상 유효하다. 행정구역에 의해 제한하는 것도 가능하고, 특정 공장 내에서만의 제조, 일정 구역에서만의 판매 등으로 제한하는 것도 가능하다. 특허권은 국내에서만 효력을 가지고 있으며, 특허권의 효력이 미치지 않는 외국에 대해 제한하는 것, 즉 수출지를 제한하는 것은 불가능하다. 다만 이는 특허법상 허락되지 않는다는 즉 전용실시권의 범위제한으로서 등록될 수 없다는 것을 의미할 뿐 당사자간에 그와 같은 계약을 체결하는 것은 원칙적으로 자유이다.

5. 실시권의 효력

전용실시권자는 설정행위로 정한 범위 내에서 특허권자와 동등한 권리를 갖는다. 즉 전용실시권은 그 설정등록된 범위 내에서 그 특허발명을 실시할 수 있는 권리를 독점하며, 특허권자 자신도 전용실시권의 범위 내에서 그 특허발명을 실시할 경우에는 전용실시권을 침해하는 것이 된다. 이에 전용실시권자는 자기의 이름으로 침해자에게 금지청구와 손해배상청구 등을 할 수 있다. 즉 전용실시권의 침해에 대해서는 특허권과 마찬가지로 소권(訴權)을 행사할 수 있다(제126조~제132조).

전용실시권은 독점권이므로 특허권자는 그 이후에 중첩적으로 동일한 내용의 전용실시권이나 통상실시권을 허락할 수 없다. 또한 전용실시권은 통상실시권이 존재하는 경우에도 이를 설정할 수 있는데, 통상실시권에 관한 설정등록이 되어 있지 않는 한 이러한 통상실시권의 실시는 전용실시권에 대한 침해가 된다. 만약 전용실시권의 설정 전에 허락된 통상실시권이 등록되어 있으면 전용실시권자에 대하여도 그 효력을 가지며, 전용실시권자는 설정행위에서 정한 범위 내에서 특허권자와 동일지위에 서게 된다. 다만 이 경우 법정실시권이나 강제실시권은 등록없이도 전용실시권자에 대하여 그 효력을 가진다(제118조 제1항·제2항).

특허권자와 전용실시권자는 권리의 내용이 변경되는 사항에 대하여는 서로 동의를 필요로 한다. 즉 특허권의 포기, 정정심판의 청구, 전용실시권의 양도·질권의 설정·재실시권의 설정 등의 경우에는 상대방의 동의가 필요하다.

6. 전용실시권 설정계약에 따른 의무

특허권자가 특허를 받은 전범위에 대하여 전용실시권을 허락하는 경우에는 전용실시권자가 그 특허발명을 독점적으로 실시할 수 있는 반면에, 전용실시권자는 특허권자를 대신하여 실시의무를 부담하고, 특허권자는 특허권자의 명예권, 특허권의 침해시에 소권, 전용실시권자의 전용실시권 이전 및 통상실시권 허락시 동의권 등을 가진다.

(1) 특허권자의 의무

전용실시권은 등록에 의해 발생하므로 특허권자에게는 당연 등록의무가 생긴다. 구체적으로 공동으로 등록을 하거나, 등록의무자의 승낙서를 첨부하여 등록권리자가 등록하게 하여야 한다. 또한 특허권자는 특허권을 유지하여 그 가치를 보존할 의무를 갖는다.[2)]

설정계약과 관련하여 특허권자가 법정실시권의 존재를 알고 있으면서 그것을 숨겨둔다면 담보책임이 발생할 것이다. 따라서 그와 같은 법정실시권이 존재하는 경우에는 전용실시권자에게는 실시료 감액청구권이 인정되고 그 하자가 중대할 때에는 해제할 수 있는 경우도 많을 것이다. 다만 특허의 유효성에 대해서는 특허권자는 원칙적으로 담보책임을 지지 않는다. 즉 특허권은 무효가 될 위험성을 항상 안고 있고 있으며 또한 특허권자는 그것을 알지 못하는 경우가 많기 때문에, 특허 유효성을 담보한다거나 제반사정으로 담보했다고 해석되지 않는 한 일반적으로는 담보책임의 부담이 없는 것으로 해석해야 할 것이다. 다만 무효심판에 의해 특허

2) 구체적으로 특허료를 납부하는 것, 특허권의 포기나 정정심판의 청구에는 실시권자의 승낙을 얻는 것, 무효심판에 적절히 대응하는 것 등을 들 수 있다.

가 무효가 되면 전용실시권자는 독점적 실시를 할 수 없으므로 계약을 해제할 수 있다.

(2) 실시권자의 의무

실시권자는 실시료 지불의무를 지는데, 이것도 계약에 의하므로 무상으로 하는 것도 가능하다. 한편 실시권자는 실시할 권리는 가지고 있으나 당연히 실시의무가 생기는 것은 아니다. 다만 전용실시권자가 특허권자가 갖고 있는 전 범위(지역, 시간, 내용 등)에 걸쳐 실시허락을 받은 의무라면 실시의무가 있다고 볼 수 있지만, 이는 계약 해석의 문제이다. 또한 특허권자로부터 실시권을 허락받은 실시권자가 특허발명의 무효주장을 할 수 없는 등의 부쟁의무(不爭義務)를 지는가에 대하여는 논의가 있다. 이는 실시권자가 한편으로는 특허가 유효하다는 것을 전제로 이익을 누리면서 다른 한편으로는 그 효력을 다투는 것이 신의성실원칙에 반하지 않는가 하는 문제이다. 실시권자는 해당 특허권의 유효성을 믿고 계약을 체결하는 경우가 대부분이나 후일 제3자가 전용실시권을 받은 특허발명에 대하여 무효이유를 발견한 경우에까지 특허권의 유효성을 전제로 하여 실시료를 계속 지불하게 하는 것은 가혹하다 할 수도 있다. 또 계약 당시에 유효성에 대하여 의문을 가졌다 해도 실시권 설정계약을 체결하지 않고 무효심판을 청구하는 것은 시간적으로나 금전적 상황 등으로 곤란할 경우도 있다. 이러한 경우 전용실시권을 계약하려던 자가 처음부터 무효심판을 청구할 수 없을 것이다. 그러므로 전용실시권설정계약을 체결하였다는 것만으로 특허권의 유효성을 묵인했다고까지 말할 수 없는 경우도 있다. 따라서 원칙적으로 전용실시권자에게 무효심판의 청구인적격이 없다고는 할 수 없다.[3]

다만 특수한 경우에는 부쟁의무가 인정되어야 할 것이다. 예컨대 무효이유가 존재하는 것을 알고 실시권 설정계약을 체결한 경우, 당사자간에 특수한 관계가 있을 경우에는 부쟁의무를 인정하는 것이 타당할 것이다. 또한 특허권의 유효성을 다투지 않는다는 취지의 계약은 원칙적으로 유효하다고 해야 할 것이다. 한편 공정거래위원회의 '지식재산권의 부당한 행사에 대한 심사지침'(공정거래위원회 예규 제389호) Ⅲ의 3의 라의 (6)은 실시허락 시 조건으로 부쟁의무를 부과하는 것에 관하여 '무효인 특허의 존속 등을 위하여 부당하게 실시권자가 관련 특허의 효력을 다투는 것을 금지하는 행위'를 부당한 조건 부과의 유형으로 들고 있다. 참고로 미국에서는 과거 보통법(Common Law)상 실시권자 금반언(Licensee Estoppel) 원칙에 의해 실시권을 허락받은 자가 해당

3) 이는 전용실시권과 통상실시권을 구별하지 않는다.

특허권에 대해 무효를 주장하는 것은 형평에 어긋난다는 입장[4]이었으나, 1969년 Lear v. Adkins 판결[5]로 실시권자 금반언(Licensee Estoppel) 원칙이 폐기되고 실시권자도 해당 특허의 무효를 주장할 수 있음이 명확하게 되었다.[6]

7. 전용실시권의 이전 · 포기

전용실시권의 자유양도는 금지되나, ① 실시(實施)하는 사업과 함께 하는 경우, ② 상속 그 밖의 일반승계의 경우, ③ 특허권자의 동의를 받은 경우에 한해서 이전할 수 있다(제100조 제3항). 다만 상속 그 밖의 일반승계의 경우가 아닌 이전은 등록하지 않으면 그 효력이 발생하지 않으며(제101조 제1항 2호 제), 상속 그 밖의 일반승계의 경우는 지체 없이 그 취지를 특허청장에게 신고하여야 한다(제101조 제2항).

전용실시권에 대하여 자유양도를 인정하지 아니하는 것은 특허발명에 대하여 어느 정도의 자본을 가지고 어떠한 경우에 실시를 하는가 하는 것이 특허권자에 있어서도 중대한 이해관계를 가지기 때문이다.

실시사업과 같이 이전하는 경우에도 특허권자의 동의를 받지 아니하면 전용실시권을 이전할 수 없다고 한다면 실시사업을 이전하여도 실시권을 이전할 수 없는 경우가 발생할 수 있고, 그렇다면 실시사업의 설비가 가동될 수 없는 경우가 발생하여 국가경제상으로도 손실이 되기 때문에 이 경우는 특허권자의 동의를 받아야만 그 전용실시권을 이전할 수 있게 하였다.

일반승계의 경우에는 승계인의 범위가 한정되고 특허권자가 불측의 피해를 입을 우려도 적고 피승계인의 권리가 포괄적으로 이전되기 때문에 특허권자의 동의를 받을 필요가 없다고 한 것이다.

전용실시권은 전용실시권 계약기간의 만료, 계약의 해제 · 취소 등의 경우에는 소멸되며, 전용실시권의 근원인 특허권이 소멸하는 경우에도 당연히 소멸된다. 또한 전용실시권자가 전용실시권을 포기할 수 있다. 그러나 전용실시권이 공유이거나 그 전용실시권에 전용실시권자가 허락한 통상실시권이나 질권이 설정되어 있는 경우에는 그 다른 공유자나 통상실시권자, 질권자의 동의를 받아야만 그 전용실시권을 포기할 수 있다(제119조 제2항). 이는 전용실시권자가 통상실시권을 설정한 경우나 질

---

4) Automatic Radio Manufacturing Co. v. Hazeltine Research, Inc., 339 U.S. 827(1950).
5) Lear v. Adkins, 395 U.S. 653 (1969).
6) 김동준, "실시권자의 무효심판청구", 한국특허법학회 편, 「특허판례연구(제3판)」, 박영사, 2017, 658~659면 참조.

권이 설정된 경우에는 전용실시권을 포기함으로써 예상치 못한 손해를 입지 않도록 하기 위하여 사전에 이들에게 동의를 받도록 한 것이다.

8. 전용실시권자의 재실시권 및 질권

재실시권(sub license)이란 실시권자가 특허권자로부터 실시허락을 받은 발명특허를 제3자에게 다시 실시허락하는 것이다. 이러한 경우에는 특허권자의 동의가 원칙적으로 필요하며, 재실시권의 범위는 원실시권계약의 범위 내로 한정된다. 또한 이러한 재실시권은 원실시권 계약이 종료됨과 동시에 소멸되는 것으로 보나 특단의 사유가 있는 경우에는 그러하지 않다고 본다. 전용실시권자는 특허권자의 동의를 받아야만 질권(質權)을 설정하거나 통상실시권을 허락할 수 있다(제100조 제4항). 후자의 통상실시권을 재실시권이라고 한다.

9. 전용실시권의 소멸

전용실시권은 ① 특허권의 소멸, ② 전용실시권 계약에 의한 설정기간의 만료, ③ 계약의 해제·취소, ④ 권리의 포기(단, 질권이나 통상실시권이 설정되어 있는 경우에는 질권자, 통상실시권자의 동의가 필요하다(제119조 제2항)), ⑤ 특허권의 수용(제106조 제2항), ⑥ 상속인의 부존재 등에 의하여 소멸한다. 혼동에 의한 경우를 제외하고는 전용실시권의 소멸은 등록하여야만 효력이 발생한다(제101조 제1항 2호).

제 3 절 통상실시권

Ⅰ. 통상실시권의 의의

통상실시권(通常實施權)이란 특허발명을 실시하고자 하는 자가 특허권자와의 실시계약이나 법률의 규정에 의하거나 또는 행정청의 강제처분에 의하여 일정한 범위 내에서 특허발명을 실시할 수 있는 권리를 말한다. 다만 특허권이 공유인 경우 통상실시권을 허락하기 위해서는 다른 공유자의 동의가 필요하다(제99조 제4항). 이러한 통상실시권은 전용실시권과는 달리 그 통상실시권을 설정한 후에도 특허권자 자신도 실시할 뿐만 아니라 제3자에게 똑같은 통상실시권을 2 이상 허락할 수도 있다. 이러한 통상실시권은 전용실시권과 달리 독점실시할 수 없는 권리이므로 채권적인 성질을 가지고 있다.

Ⅱ. 통상실시권의 성질

통상실시권의 본질에 관하여 학설상 여러 가지 논의가 있겠으나, 통상실시권이 채권적인 권리라고 하는 점에는 거의 일치하고 있다.[7] 즉, 법정실시권과 강제실시권을 제외한 허락에 의한 통상실시권은 허락자(특허권자 또는 전용실시권자)에 대하여 어떠한 행위의 이행청구를 내용으로 하는 권리가 아니라 허락자와 통상실시권자 간의 계약에 의해 일정한 기간 동안 특허권을 적법하게 사용할 수 있는 권리이므로 채권이라기보다는 채권적인 권리로 이해되며, 그 구체적 내용은 당사자간의 계약에 따라 결정된다. 따라서, 그 내용은 계약마다 다른 것이며 반드시 획일적이지도 않다. 그러나, 모든 것이 계약에 맡겨져 있다는 뜻이 아니라, 특허법상 일정한 규정에 의해 제한을 받기도 한다. 이에 특허법에 규정된 통상실시권은 어떠한 성질을 가지고 있는지를 검토하여야 한다.

실제 허락에 의한 통상실시권계약에는, 등록의무, 노하우 공여의무, 기술지도의무, 침해배제의무, 부쟁의무 등을 포함하고 있음을 종종 볼 수 있다. 또, 양 당사자가 긴밀한 관계인 경우에는 조합과 유사한 관계가 될 수도 있다. 그러나, 가장 극단적인 경우에는 어떤 명시적인 계약이 없더라도, 특허권자가 권원없는 실시자의 행위를 묵인함으로써 통상실시권이 성립할 수도 있다. 이 양 극단의 중간에 여러 가지 유형이 있을 수 있다. 예컨대, 특허권의 유효성을 다투고 있는 두 당사자가 화해하여 통상실시권 허락을 하는 경우도 있을 것이고, 또 통상실시권자가 사실상의 실시능력을 가지고 있지만 오로지 허락자의 특허권이 장해가 되기 때문에 통상실시권을 취득하는 경우, 다시 말하자면 특허권자가 눈감아 주면 좋겠다는 식으로 취득하는 경우도 있을 수 있을 것이다. 이 모두가 통상실시권이고, 특허법에서 말하는 통상실시권은 이들의 공통적인 것이 될 것이다.

그렇게 생각하면 특허법상 통상실시권이란 해당 특허발명을 업으로 실시함으로써, 특허권자 등으로부터 방해배제 또는 손해배상청구를 받지 않을 권원, 다시 말

7) 佐藤義彦, 「特許実施権の性質」, 於保不二雄先生還暦記念 『民法学の基礎的課題 下巻』에서는 이러한 설에 대하여 의문을 제시하고 있다.

해 특허권자등에 대하여 위의 2가지 청구권을 행사하게 할 수 없는 부작위청구권이라고도 할 수 있겠다. 大阪地裁 昭和59.4.26. 無体集 16巻1号, 271頁＝判タ 536号, 379頁은, 이 점에 관하여 「통상실시권의 허락자는 통상실시권자에 대하여 해당 실용신안을 업으로서 실시하는 것을 용인할 의무, 즉 실시권자에 대하여 위 실시에 의한 금지・손해배상 청구권을 행사하지 않는다고 하는 부작위의무를 지는 데 그치며 그 이상으로 허락자가 실시권자에 대하여 다른 무승락 실시자의 행위를 배제하고 통상실시권자의 손해를 금지할 의무까지 당연히 지게 되는 것은 아니다」라고 하였다.[8] 이 견해가 타당한 해석이라 생각되며, 이 이외의 해석은 오류라 하겠다. 물론, 현실적으로 체결되어 있는 통상실시권 허락 계약에는 여러 가지가 있고, 단순히 부작위청구권에 그치지 않는다는 의견도 많다.

그러나, 그러한 것들은 당사자간의 계약에 따라 특허법에 규정되어 있는 통상실시권에 부가된 것이다. 그것은 공서양속위반이나 독점금지 및 공정거래에 관한 법률 위반 등과 같은 강행법규에 반하지 않는 한 유효하다.

또, 통상실시권자의 등록청구권에 관한 사례로 最高裁 昭和48.4.20. 民集 27巻3号, 580頁은, 「허락에 의한 통상실시권 설정을 받은 자는, 실시계약에 따라 정해진 범위 내에서 해당 발명을 실시할 수 있으나, 그 실시권을 專有할 수 있는 것은 아니며, 단순히 특허권자에 대하여 위 실시를 용인한다는 것을 청구할 권리를 가지는 데 지나지 않는다고 할 수 있다」고 한다.

방론이기는 하나, 大阪地裁 昭和39.12.26. 下民 15巻12号, 3121頁[9]은, 「실시허락자는 통상실시권자가 그 특허발명을 실시하는 것을 용인할 의무(부작위의무)를 짐과 동시에, 나아가 발명의 실시를 실질적으로도 완전하게 한다는 의미에서, 제3자의 위법한 특허침해를 금지할 의무(작위의무)를 부담하는 것이 상당하다」라고 하여, 통상실시권자와 그 재실시권자에 대하여, 특허권자의 가처분신청에의 보조참가를 인정하고 있다. 본건에 있어서의 통상실시권허락계약에 「특허권자는 실질적 침해를 방지하기 위하여 필요에 따라 특허권침해에 대한 소송을 제기하고 성의를 다하여 이를 수행한다」는 조항이 존재하고 있었던 것으로 보이는데, 그 한도에서 실

---

8) 본건은 大阪高裁 昭和59.12.21. 無体集 16巻3号, 843頁에서 항소가 기각되어 확정되었다. 같은 취지의 판결로서는, 大阪地裁 昭和59.12.20. 無体集 16巻3号, 803頁＝判時 1138号, 13頁＝判タ 543号, 304頁 [評釈] 盛岡一夫・特許判例百選(第二版) 82事件 및 그 항소심 大阪高裁 昭和61.6.20. 無体集 18巻2号, 210頁.

9) [評釈] 紋谷暢男・商判研 昭和 39年 417頁; 野口良光＝雨宮正彦・工業研究 9号, 21頁; 染野義信・判時 438号, 167頁; 特許判例百選(第二版) 101事件; 渋谷達紀・特許判例百選 73事件.

시권 허락자에게 작위의무를 인정한 본건 판시는 타당한 것으로 생각된다. 그러나, 본건 판시의 일반론은 부주의한 것으로, 판시를 일반론으로 부연하는 것은 위험하다. 본건 판시는 어디까지나 본건사실을 전제로 한 것이고, 또 본건은 보조참가 사례라는 점을 잊어서는 안 될 것이다.

학설 중에는 특허법 제102조 제2항의 「통상실시권자는 ……업으로서 특허발명을 실시할 수 있는 권리를 가진다」라는 문언으로부터, 또는 특허권의 본질은 배타권이 아니라 전용권이라는 이유로부터, 통상실시권 허락자의 작위의무를 인정하고자 하는 경우도 있다.[10] 그러나 이러한 논의는 의미가 없다. 특허권은 기술적 정보의 독점적 실시권으로 전용권이라고 말한 데에서 그것은 배타권으로서의 의미밖에 없다. 그리고 특허권의 독점권을 어떤 특정인에게 면제한다고 하는 것은, 그 사람 쪽에서 보면 해당 특허발명을 실시할 권리를 부여받은 것과 같은 뜻이며, 이러한 논의으로부터 통상실시권의 내용을 이끌어낼 수는 없다. 특허법이 예정하고 있는 통상실시권은 특허권자에 대한 부작위청구권으로, 그 이상의 것은, 당사자의 명시 또는 묵시의 합의의 효과로서 인정되어야 하는 것으로 해석해야 마땅하다.

이상과 같이, 특허법상의 통상실시권이라 함은 실시허락자에 대한 부작위청구권이지만, 가장 큰 특징은 임차권과는 달리 허락자가 복수의 실시권을 중복하여 허락할 수 있다는 점에 있다. 이는 소유권과 대비하여 지적재산권의 두드러진 특징이라고 할 수 있겠다. 즉, 유체물의 사용에는 그 물건의 점유를 수반하지만, 발명이라는 정보의 사용에는 점유라는 것이 있을 수 없으며, 이론상으로 만인이 동시에 해당 발명을 실시할 수 있다. 따라서 특허권이라 함은 해당 발명이라는 정보를 독점적으로 사용할 수 있는 권원, 즉 제3자의 실시를 배제할 수 있는 권원이 된다. 실시권 허락이라 함은, 그 독점의 일부를 면제하는 것에 불과하며 허락자로부터 실시권자에게 어떠한 적극적 급부 없이, 실시권자의 실시를 방해하지 않는다고 하는 소극적 급부에 지나지 않는다. 소극적 급부이기 때문에 원리적으로 복수의 실시권이 존재할 수 있다. 통상실시권은 임차권과의 대비로 논의되는 경우도 많은데, 이런 의미에서 그 비유는 정확하지 않다.

그리고 통상실시권은 특허권의 존재를 근거로 성립하므로 특허권이 소멸하면 통상실시권도 소멸되며, 설정행위로 정한 범위 내에서 특허발명을 실시할 권리를 가진다.

---

10) 小島庸和, 「通常実施権の不可侵性」, 亜細亜法学 19巻1・2合併号, 155頁.

Ⅲ. 통상실시권의 종류

통상실시권은 그 발생원인에 따라 ① 약정에 의한 허락실시권, ② 법령의 규정에 의하여 당연히 발생하는 법정실시권 및 ③ 권한있는 기관의 처분에 의하여 발생하는 강제실시권이 있다.

1. 허락실시권

(1) 의 의

허락실시권이란 특허권자와 특허발명을 실시하고자 하는 자간에 계약에 의하여 발생하는 실시권을 말하며, 이는 서면계약에 의하여 발생함은 물론 구두로도 성립된다. 이러한 허락실시권의 내용은 계약에 의해 자유로이 정할 수 있다. 통상실시권도 전용실시권에서와 같이 실시기간, 실시지역, 실시내용을 특정할 수 있다. 즉 전용실시권과 같이 다른 실시허락을 하지 않는다는 특약을 체결할 수도 있으며(독점적 통상실시권), 나아가 독점적 통상실시권을 허락하면서 그 허락 이후에는 특허권자도 그 실시권을 행사하지 않는다는 취지의 특약을 체결하는 것도 가능하다(완전독점적 통상실시권). 다만 이는 계약의 문제이고 독점적이라는 취지의 등록을 하는 것은 불가능하다. 따라서 특허권자가 계약에 반하여 다른 실시허락을 한 경우 실시권자는 특허권자에 대하여 채무불이행의 책임을 물을 수 있을 뿐이지, 그 독점성에 대하여 제3자에 대하여 대항할 수도 없다.

그 외에는 순수한 통상실시권으로 특정다수인에게 같은 내용을 허락하는 경우이다. 이를 비독점적 통상실시권이라 한다.

(2) 범 위

허락실시권의 범위에 대하여는 전용실시권과 마찬가지로 계약으로 결정할 수 있다. 설정해야 할 통상실시권의 범위는 통상실시권의 등록을 신청할 때에 기재하지 않으면 안 된다. 전용실시권과는 달리 통상실시권의 등록은 효력발생요건이 아니라 대항요건이므로 그 범위에 관한 등록도 대항요건이다.

통상실시권의 재실시허락에 대하여는 전용실시권의 경우와는 달리 특허법에 규정이 없으므로, 재실시허락은 인정되지 않는다는 학설도 있다.[11] 그러나 현실에서

---

11) 특히 통상실시권자가 다시 통상실시권의 허락을 해도 그 등록을 할 수가 없다.

는 재실시허락이 행하여지고 있다. 재실시허락에서 이해관계를 갖는 것은 특허권자뿐이므로 그 승낙을 얻는다면 재실시허락을 인정하는 데 문제가 없을 것이다.

(3) 효 력

통상실시권자는 설정범위 내에서 특허발명을 업으로서 실시할 수 있다(제102조 제2항). 한편 통상실시권자가 제3자의 실시권 침해[12]에 대하여 손해배상과 금지청구권 등의 소권을 행사할 수 있는지에 대하여 논의가 있다. 원칙적으로 비독점적 통상실시권자는 권원없는 제3자가 실시를 한 후에도 자신들의 실시 자체는 방해받지 않고 계속할 수 있으므로, 통상실시권의 침해가 있다고 보기 힘들다. 특히 특허권자는 제3자에게 실시허락을 하는 것도 가능하고 또한 제3자의 실시를 묵인하는 것도 가능하다는 점에서 권원없는 제3자의 실시는 통상실시권에 대하여 경제적인 이해관계는 있다 하더라도 법적으로는 이해관계가 없으므로 통상실시권자에 대한 권리침해가 되지 않는다. 한편 독점적 통상실시권과 관련하여 제3자가 권원없이 실시하면 형식적으로는 독점성이 해를 입었다 할 것이며, 일본의 판례는 그 실시권자에게 손해배상청구권을 인정하고 있다.[13] 이때 불법행위의 성립은 등록과는 관계가 없으며 독점적 통상실시권 침해에 의한 불법행위의 경우도 등록을 필요로 하지 않는다. 반면 불법행위에 의거한 금지청구권은 현실에서는 원칙적으로 인정되지 않기 때문에 독점적 통상실시권 침해에 대해서도 판례는 인정하지 않는다.

특허법원 2018.2.8. 선고 2017나2332 판결

[독점적 통상실시권에 의한 손해배상청구]

특허권자는 제3자에게 특허발명의 실시를 허락할 수 있는데, 특허권자가 상대방과 사이에 실시권허락계약을 체결하면서 상대방 외의 타인에게 실시할 권리를 부여하지 않겠다는 취지의 약정을 한 경우 실시권자가 갖는 계약상의 권리를 그렇지 않은 경우와 구분하여 통상 독점적 통상실시권이라 부른다. 독점적 통상실시권을 부여하는 계약이 체결된 경우 특허권자는 계약상 실시권자 외의 제3자에게 실시권을 부여하지 아니할 의무를 부담하고, 실시권자는 시장에서 해당 특허발명을 독점적으로 실시할 권리를 가진다. 그로 인해 독점적 통상실시권자는 비독점적 통상실시권자와 달리 ……독점적

12) 여기서 통상실시권의 침해란 실시의 권원을 갖지 않는 제3자가 해당 특허발명을 실시하는 경우로, 제3자가 통상실시권의 실현을 사실상 방해하거나 원재료나 자금의 공급을 중단하여 실시를 방해하거나 수송을 방해하여 실시를 방해하는 행위는 특허권이나 실시권의 침해의 문제가 아니라 불법행위나 형법상의 문제가 된다.

13) 大阪地裁 昭和54.2.28. 無体財集 11巻1号, 92頁; 大阪地裁 昭和59.12.20. 無体財集 16巻3号, 803頁; 神戸地裁 昭和62.3.18. 判タ 645号, 234頁; 東京地裁 昭和62.12.21. 特許と企業 230号, 79頁.

> 실시로 향유하는 경제적 이익을 침해하는 제3자에 대하여 그 침해로 인한 손해배상을 청구할 수 있게 된다.……특허권자와 실시권자 사이에 체결된 계약이 독점적 통상실시권을 부여하는 계약에 해당하기 위해서는 계약의 내용상 특허권자가 실시권자 외의 제3자에게 통상실시권을 부여하지 아니할 의무를 부담하여야 하고, 단지 특허권자가 어느 한 실시권자에게만 실시권을 부여함에 따라 그 실시권자가 사실상 독점적인 지위를 향유하고 있다는 사정만으로 그러한 계약이 있었다고 보기 어렵다. 그러나 등록하여야만 그 효력이 발생하는 전용실시권 설정과 달리, 독점적 통상실시권의 허락은 당사자 간 의사의 합치만 있으면 성립되고, 이러한 의사의 합치는 명시적으로는 물론 묵시적으로도 이루어질 수 있다.……특허권자는 업으로서 특허발명을 실시할 권리를 독점하고(특허법 94조), 그 특허권에 대하여 타인에게 전용실시권을 설정할 수 있으며, 전용실시권의 설정은 등록하여야 만 효력이 발생하고, 전용실시권자는 그 설정행위로 정한 범위에서 그 특허발명을 실시할 권리를 독점한다(특허법 100조 1, 2항, 101조 1항 2호). 특허권자로부터 독점적으로 특허발명을 실시할 권리를 부여받은 독점적 통상실시권자는 독점적 권리인 점을 등록할 수 없고 그로 인해 특허권자로부터 실시허락을 받은 제3자에 대항할 수 없는 점에서는 전용실시권자와 차이가 있으나, 계약에서 정한 바에 따라 특허발명을 독점적으로 실시할 권리를 가지고 그로 인한 경제적 이익을 향유하는 점에서는 전용실시권자와 다르지 않다. 독점적 통상실시권자가 특허권자로부터 부여받은 권리에 의해 누리는 이러한 경제적 이익은 결국 특허법에 의해 보호되는 특허권자의 독점적·배타적 실시권에 기인하는 것으로서 법적으로 보호할 가치가 있는 이익에 해당하고, 제3자가 독점적 통상실시권자를 해한다는 사정을 알면서 법규를 위반하거나 선량한 풍속 또는 사회질서를 위반하는 등 위법한 행위를 함으로써 이러한 이익을 침해하였다면 이로써 불법행위가 성립한다.[14)]

한편 제3자의 위법실시에 대하여 통상실시권자에게 특허권자가 갖는 금지청구권 등을 대위하여 인정되는지에 대하여는 긍정설과 부정설이 있다. 통상실시권에 손해배상청구권이나 금지청구권을 인정하는 학설의 대부분은 채권자대위권의 적용을 생각하고 있다. 즉 특허권자는 통상실시권자에 대하여 특허발명을 실시할 수 있도록 협력하여야 할 의무가 있으므로 이로부터 통상실시권자는 특허권자의 금지청구권을 대위하여 행사할 수 있다고 본다. 반면 부정설은 제3자가 특허권을 침해하여도 통상실시권자는 자기의 실시권을 행사함에 아무런 방해를 받지 아니하므로 금지청구권의 대위행사가 부정된다고 한다.

---

14) 다만, 대법원 2020.11.26. 선고 2018다221676 판결에서 특허권자가 원고에 대하여 원고 외의 제3자에게 통상실시권을 부여하지 않을 부작위 의무를 부담하기로 명시적 또는 묵시적으로 약정하였다고 볼 수 없다는 이유로 원고의 독점적 통상실시권자로서의 지위를 인정하지 않았다.

원래 민법은 모든 채권에 대하여 대위를 인정하고 있지는 않다. 즉 채권자대위권제도는 특정채권의 보전을 위한 제도가 아니라 채무자의 변제능력의 결여를 요건으로 하였다. 다만 학설과 판례에서 부동산과 관련한 특정채권의 보전을 채권자대위 규정의 적용을 인정하고 있는 것이다. 한편 특허발명과 관련하여 특허권자는 재차 다른 제3자에게 실시권을 허락할 자유가 있고, 특약이 없는 한 통상실시권자에게는 특허권자에 대하여 침해를 배제하도록 청구할 권리도 없다. 이러한 상황에서 채권자 대위를 인정하면 특허권자의 자유를 부당하게 해치는 결과가 되어 통상실시권자의 권리를 지나치게 확장하는 것이 된다. 또한 권원없는 제3자 실시에 의해 통상실시권자의 실시 자체가 방해받는 일은 없으므로 실시권 침해를 인정할 필요도 없다.

(4) 등록 통상실시권의 효력

통상실시권은 이를 등록하지 아니하여도 특허권자와의 관계에서는 그 효력이 발생한다. 그러나 특허법은 제118조 제1항에서 통상실시권을 등록한 때에는 그 후에 특허권 또는 전용실시권을 취득한 자에 대하여도 그 효력이 발생한다고 규정하고 있어 통상실시권을 등록한 경우에는 전의 특허권자 또는 전용실시권자와 통상실시권자간에 체결한 통상실시권에 관한 계약관계는 그대로 새로운 특허권자 등에 대하여 그 효력을 주장할 수 있다. 한편 등록은 단지 제3자에 대한 대항요건으로 규정되어 있음에 통상실시권 계약의 당사자가 그 등록에 제한되는가 논란이 있다. 예컨대 특허권자가 아직 설정기간이 만료되지 아니한 등록된 허락통상실시권에 관한 일방적인 해지통지를 한 경우 그 통상실시권이 소멸되어 특허권자가 통상실시권자에 대하여 특허권침해주장을 할 수 있는지 의문이다. 이는 실시권설정계약의 구속력 문제로 이해해야 할 것이다. 즉 기간을 정하여 허락실시권을 설정한 경우에는 다른 약정이 없는 한 특허권자는 일방적으로 통상실시권에 관한 계약의 해지통고를 할 수 없다.

통상실시권의 이전·변경·소멸 또는 처분의 제한, 통상실시권을 목적으로 하는 질권의 설정·이전·변경·소멸 또는 처분의 제한은 이를 등록하지 아니하면 제3자에게 대항할 수 없다(제118조 제3항).

(5) 통상실시권 허락에 따른 의무

1) 특허권자의 의무

허락통상실시권의 설정계약의 체결에 따른 당사자의 의무 중 가장 기본적인 의무는 특허권자가 실시권자에게 실시를 허락할 의무이고, 이와 관련하여 특허권자가 설정계약 후 특허청에 등록의무를 부담하는지가 문제된다. 일본의 판례[15]는 일관하여 등록의무를 부정하고 있다. 반면 일본의 학설은 등록청구권을 인정하는 설, 특약이 없는 한 인정하지 않는 설, 당사자의 의사를 합리적으로 해석하여 묵시의 합의를 인정할 수 있는 경우에는 등록청구권을 인정하는 설 등이 있다.

등록청구권이 통상실시권의 허락에서 필연적으로 파생한다고 해석할 수는 없다. 즉 등록청구권이 발생한다면 이는 당사자간의 특별한 계약의 효과이다. 물론 이러한 합의는 반드시 명시적인 것일 필요는 없으며, 당사자의 합리적인 의사를 탐구하고 등록한다는 취지의 합의를 인정한다면 등록청구권은 인정되어야 한다. 즉 이는 계약의 해석문제로 구체적 사안에 따라 개별적으로 판단하게 된다. 이외에 특허권자에게 특허권을 유지하고 그 가치를 유지할 의무가 있다는 점도 기본적으로 특별한 계약의 문제이다. 묵시에 의한 통상실시권의 경우는 특허권자에게 특허권 유지의 의무는 없는 경우가 많을 것이다. 역으로 통상실시권 허락계약을 체결하는 경우에 명시적 혹은 묵시적으로 특허권의 유지를 의무화하지 않는 경우는 거의 없을 것이다.

2) 실시권자의 의무

실시권자의 기본적인 의무는 실시료 지불의무이지만 이것 역시 계약의 문제이며 무상인 경우도 있을 수 있다. 부쟁의무에 대해서는 전용실시권의 경우와 마찬가지다.

(6) 이전 및 포기

일반적으로 통상실시권은 ① 특허권자 또는 전용실시권자의 동의를 받아서 이전하거나, ② 실시사업과 같이 이전하는 경우, ③ 상속 그 밖의 일반승계의 경우 이전할 수 있다. 또한 통상실시권이 공유인 경우에는 다른 공유자의 동의를 받아야만 이전할 수 있다(제102조 제5항 · 제7항).

통상실시권은 이를 포기할 수 있으나 질권이 설정되어 있을 때에는 질권자의 동의를 받아야만 그 통상실시권을 포기할 수 있다(제119조 제3항).

(7) 통상실시권의 변경 및 소멸

허락에 의한 통상실시권의 내용(기간, 지역, 실시범위 등)에 변경이 있을 때에는

15) 最高裁 昭和48.4.20. 民集 27卷3号, 580頁.

변경된 사항을 등록할 수 있으며, 이 경우 제3자에 대하여 대항력을 갖는다(제118조 제3항).

허락에 의한 통상실시권은 특허권에 부수된 권리이므로, ① 특허권의 소멸, ② 실시권의 설정기간의 만료, ③ 실시계약의 해제 · 취소, ④ 포기, ⑤ 상속인의 부존재, ⑥ 특허권의 수용 등에 의하여 통상실시권이 소멸된다.

2. 법정실시권

(1) 의의 및 취지

법정실시권은 특허권자의 의사와 관계 없이 법령의 규정에 의해 당연히 발생하는 실시권이다. 이와 같이 법정실시권을 특허법에서 명문화한 것은 기존 산업질서의 유지와 산업정책상의 이유에서이다. 즉 특허제도의 목적을 달성하기 위한 수단인 특허발명의 실시를 활성화시키고자 하는 산업정책적 측면과 제3자와 특허권자의 권리 공평을 기하기 위하여 특허법은 특허권자의 의사에 의하지 않고 법정에 의해서 통상실시권이 성립되도록 하고 있다.

이는 공지된 발명이어서 거절결정되거나 무효된 것인 줄 믿고 그 발명을 실시하였는데, 나중에 그 권리가 유효한 것이 되어 그 발명의 실시가 타인의 특허권을 침해한 것이라 하여 선의로 그 발명을 실시한 자가 계속 실시할 수 없게 한다면 이 실시자들 개인에 대한 재산적 손실은 물론 국가산업정책적인 면에서도 막대한 손실을 가져오는 결과가 되어 특허법 목적에 위배된다. 특허법은 이러한 실시자가 벌려 놓은 사업을 계속할 수 있도록 하기 위하여 위와 같은 제도적 장치를 마련한 것이다.[16)]

따라서 이러한 법정실시권은 허락실시권이나 강제실시권과 그 효력, 성립요건 등에 있어 차이가 있다.

(2) 대가의 지급

법정실시권 중 ① 효력제한기간 중 선사용자의 통상실시권, ② 특허권의 이전청구에 따른 이전등록 전의 실시에 의한 통상실시권, ③ 무효심판청구등록전의 실시에 의한 통상실시권, ④ 디자인권의 존속기간 만료 후의 원디자인권자의 등록된 실시권자의 통상실시권, ⑤ 질권행사 등으로 인한 특허권의 이전에 따른 통상실시권, ⑥ 재심에 의하여 통상실시권을 상실한 원권리자의 통상실시권의 경우 그 통상

16) 이인종, 「특허법개론」, 법연출판사, 2001, 525면.

실시권자는 특허권자 또는 전용실시권자에게 상당한 대가를 지급하여야 한다. 이 때 '상당한 대가'는 당사자간의 합의에 의하여 정해지게 된다. 반면 ① 직무발명에 대한 사용자의 통상실시권, ② 선사용에 의한 통상실시권, ③ 디자인권 존속기간만료 후의 원디자인권자의 통상실시권의 경우 그 통상실시권자는 특허권자 또는 전용실시권자에게 대가를 지급하지 않는다. ④ 재심에 의하여 회복한 특허권에 대한 선사용자의 통상실시권의 경우 이를 무상실시권이라고 주장하는 견해도 있다.[17][18]

(3) 효 력

법정실시권도 통상실시권이지만 각각 특수한 필요에 따라서 특허권자와의 합의에 의하지 아니하고 발생 또는 설정되므로 등록이 없더라도 그 이후의 특허권·전용실시권을 취득한 제3자에게 대항할 수 있다(제118조 제2항). 즉 발명진흥법 제10조 제1항(직무발명에 대한 사용자의 통상실시권), 제81조의3 제5항(효력제한기간중 선사용자의 통상실시권), 제103조(선사용에 의한 통상실시권), 제103조의2(특허권의 이전청구에 따른 이전등록 전의 실시에 의한 통상실시권), 제104조(무효심판청구등록 전의 실시에 의한 통상실시권), 제105조(디자인권의 존속기간 만료 후의 통상실시권), 제122조(질권행사 등으로 인한 특허권의 이전에 따른 통상실시권), 제182조(재심에 의하여 회복한 특허권에 대한 선사용자의 통상실시권), 제183조(재심에 의하여 통상실시권을 상실한 원권리자의 통상실시권)에 의한 통상실시권은 등록이 없더라도 효력이 발생한다(제118조 제2항).

(4) 법정실시권의 내용

1) 직무발명에 대한 사용자의 통상실시권(발명진흥법 제10조 제1항)

① **의의 및 취지** 종업원·법인의 임원 또는 공무원이 한 직무발명에 대하여 종업원등이 특허를 받았거나 특허를 받을 수 있는 권리를 승계한 자가 특허를 받았을 경우 사용자등은 그 특허발명을 실시할 권리를 갖는데, 이를 직무발명에 대한 통상실시권이라 한다. 원칙적으로 직무발명은 기업체 내에서 사적인 권리관계로 법으로 규제한다든지 강제규정을 두어 운용할 성질의 것이 아니다. 그러나 특허제도를 통해 산업발전을 꾀하고자 하는 국가의 입장에서는 사용자와 종업원의 법률관계라 해서 방관만을 하고 있을 수 없어 발명진흥법이 최소한의 규정을 두고 있다. 즉 발명진흥법은 직무발명에 대한 특허를 받을 수 있는 권리를 발명자인 종

17) 이인종, 「특허법개론」, 법연출판사, 2001, 524면.

18) 특허권이 무효가 되어 재심에 의하여 회복하기 전까지는 무상이 당연하나 특허권이 회복되었을 때에도 계속 사용할 수 있으므로 유상으로 보아야 할 것이다.

업원등에게 원시적으로 귀속시킴은 물론 정당한 보상을 받을 권리를 보장하면서, 아울러 사용자등에게는 그 특허발명을 실시할 수 있는 권리를 인정하여 양자의 이익을 균형 있게 조정하고자 하였다.

앞의 "종업원 발명"에서 살펴본 바와 같이 직무발명의 경우 그 발명을 완성함에 있어서는 종업원등의 연구노력이 있어야 함은 물론이거니와 사용자등의 자금이나 설비, 인력 등의 지원도 필요하다. 이와 같이 발명이 완성된 경우에는 발명자와 사용자의 정신적·물질적 희생에 기인한 것이기 때문에 형평의 이론을 적용한 것이다.

그리하여, 직무발명에 대한 통상실시권은 그 특허발명을 실시함에 따른 대가를 지불하지 않는다.

② **성립요건** 　직무발명에 대한 사용자의 통상실시권이 성립하기 위해서는 먼저 해당 발명이 직무발명이어야 하며 특허를 받아야 한다. 직무발명이기 위해서는 종업원·법인의 임원 또는 공무원이 그 직무에 관하여 발명한 것으로 성질상 사용자·법인 또는 국가나 지방자치단체의 업무범위에 속하고, 그 발명을 하게 된 행위가 종업원등의 현재 또는 과거의 직무에 속하는 발명이어야 한다. 또한 직무발명에 대한 사용자의 통상실시권은 종업원이 특허를 받았거나 또는 종업원으로부터 특허를 받을 수 있는 권리를 승계한 자가 특허를 받았을 때 발생한다. 따라서 직무발명이 특허를 받지 못하였을 때에는 직무발명에 대한 통상실시권은 발생하지 않는다.[19] 한편, 사용자 등이 「중소기업기본법」 제2조에 따른 중소기업이 아닌 기업인 경우 종업원 등과의 협의를 거쳐 미리 종업원 등의 직무발명에 대하여 사용자 등에게 특허등을 받을 수 있는 권리나 특허권등을 승계시키는 계약 또는 근무규정, 종업원 등의 직무발명에 대하여 사용자 등을 위하여 전용실시권을 설정하도록 하는 계약 또는 근무규정 중 어느 하나에 해당하는 계약 또는 근무규정을 체결 또는 작성하지 아니한 경우에는 사용자등에게 법정실시권을 인정하지 않는다. 이는 대기업의 직무발명보상제도 도입을 적극적으로 유도함으로써 기업 전반에 정당한 보상문화를 정착시키기 위함이다.

③ **효 력** 　직무발명에 대한 통상실시권의 효력은 특허권설정등록이 있는 때부터 발생하며, 이 실시권은 등록이 없어도 효력이 발생한다. 직무발명에 대한 통상실시권이 공유인 경우에는 실시권의 범위, 이전, 질권의 설정 등에 대하여 특허권의 공유규정이 준용된다.

실시권자인 사용자는 해당 특허발명의 전기간, 전범위 내에서 그 특허발명을 업

19) 이때 누가 특허권자이냐 하는 것은 문제되지 않는다.

으로서 실시할 수 있다. 직무발명에 대한 통상실시권자는 종업원인 특허권자의 동의를 받은 경우 통상실시권을 목적으로 하는 질권을 설정할 수 있으며, 한편 특허권자는 직무발명에 대한 통상실시권자의 동의를 받지 아니하면 특허권의 포기 및 정정심판을 청구할 수 없다.

④ 실시권의 이전·포기　직무발명에 대한 통상실시권은 ⓐ 사업과 같이 이전하거나, ⓑ 상속 그 밖의 일반승계의 경우, ⓒ 특허권자의 동의를 받은 경우에 이전할 수 있다. 직무발명에 대한 실시권은 이를 포기할 수 있으며, 해당 실시권에 질권이 설정되어 있는 경우에는 질권자의 동의를 받아야만 그 실시권을 포기할 수 있다.

2) 특허권 효력제한기간 중 선사용자의 통상실시권(제81조의3 제5항)

① 의의 및 취지　특허료의 추가납부 또는 보전에 의하여 회복한 특허출원 또는 특허권의 효력제한기간 중 국내에서 선의로 특허출원된 발명 또는 특허발명의 실시사업을 하거나 그 사업의 준비를 한 자는 그 실시 또는 준비를 하고 있는 발명 또는 사업목적의 범위 안에서 통상실시권을 가진다(제81조의3 제5항). 즉 특허료 불납 또는 미납으로 포기된 특허출원, 소멸된 특허권이 추가납부 또는 보전에 의하여 회복된 경우 특허출원을 포기하지 않은 것으로 보며, 그 특허권은 계속하여 존속하고 있던 것으로 되지만, 그 사이의 해당 발명의 실시는 자유로 되어 있었기 때문에 그러한 선의의 자를 보호하기 위한 규정이다.

파리협약 제5조의2 제2항은 "동맹국은 요금의 불납에 의해 효력을 상실한 특허의 회복에 대해서 정하는 것이 가능하다"라고 규정하고 있고, 또 미국, 일본 등 여러 국가에서도 이 규정에 상당하는 특허료 불납에 의해 실효한 특허권의 회복을 인정하는 제도가 마련되어 있을 뿐만 아니라 우리나라도 불가피하게 특허료납부기간을 도과한 출원인과 특허권자를 보호해야 한다는 요청이 대두되어지고 있는 등의 상황을 감안하여 2001년 2월 3일(법률 제6411호) 개정으로 실효한 특허권의 회복을 인정하면서 소멸된 특허권회복에 따른 선의의 실시자를 보호하기 위한 규정을 마련한 것이다.

② 성립요건　특허료의 추가납부 또는 보전에 의하여 회복한 특허출원 또는 특허권의 효력제한기간 중이어야 한다. 회복한 특허출원 또는 특허권이란 특허권의 설정등록을 받으려는 자 또는 특허권자가 정당한 사유로 추가납부기간에 특허료를 내지 아니하였거나 보전기간에 보전하지 아니하였는데 그 사유가 소멸한 날로부터

2개월 및 추가납부기간의 만료일과 보전기간의 만료일 중 늦은 날로부터 1년 이내에 그 특허료를 내거나 보전하여 특허출원이 설정등록되거나 또는 특허권이 회복된 경우(제81조의3 제1항, 제2항) 또는 추가납부기간에 특허료를 내지 아니하였거나 보전기간에 보전하지 아니하여 특허발명의 특허권이 소멸하였는데 추가납부기간 또는 보전기간 만료일부터 3개월 이내에 특허료의 2배를 납부하여 특허권이 회복된 경우를 의미한다(제81조의3 제3항).

특허료 추가납부기간 또는 보전기간이 지난 날부터 특허료를 내거나 보전한 날까지의 기간을 효력제한기간이라 하며 이 기간 중에 다른 사람이 특허발명을 실시한 행위에 대하여는 특허권의 효력이 미치지 않는다(제81조의3 제4항).

여기서 선의란 추가납부기간 또는 보전기간 내의 특허료의 불납이 특허권자 등이 책임질 수 없는 사유로 인한 것임을 알지 못한 것으로 해석된다. 다만 이에 대한 증명은 특허권자 등이 실시자의 악의를 증명하는 것이 타당할 것으로 본다.

효력제한기간 중 발명에 대하여 실시사업을 하거나 사업의 준비를 하고 있어야 한다. 실시사업 및 사업의 준비는 선사용권의 경우와 같다.

③ 실시권의 범위 및 실시료 효력제한기간 중 국내에서 선의로 특허법 제81조의3 제2항 또는 제3항의 규정에 의한 특허출원된 발명 또는 특허권에 대하여 그 발명의 실시사업을 하거나 그 사업의 준비를 하고 있는 자는 그 실시 또는 준비를 하고 있는 발명 또는 사업의 목적의 범위 안에서 그 특허출원된 발명에 대한 특허권에 대하여 통상실시권을 가진다(제81조의3 제5항). 이러한 경우 통상실시권자는 특허권자 또는 전용실시권자에게 상당한 대가를 지급하여야 한다(제81조의3 제6항).

3) 선사용에 의한 통상실시권(선사용권: 제103조)

① 의의 및 취지 특허출원 시에 그 특허출원된 발명의 내용을 알지 못하고 그 발명을 하거나 그 발명을 한 사람으로부터 알게 되어 국내에서 그 발명의 실시사업을 하거나 이를 준비하고 있는 자는 그 실시하거나 준비하고 있는 발명 및 사업목적의 범위에서 그 특허출원된 발명의 특허권에 대하여 통상실시권을 가진다. 이를 선사용에 의한 통상실시권이라 하며 강학상 선사용권(先使用權)이라 한다.

여기서 "발명의 내용을 알지 못하고"란 특허출원을 한 발명에 대해서 그것을 완성한 발명자와 그 기원을 달리하는 독립된 별개의 발명자 또는 승계인에 한하여 선사용권을 인정하는 것으로, 선사용권에 의한 보호를 소위 이중발명의 경우로 한정하는 것이다.

그러므로 특허출원발명의 발명자와 특허법 제103조의 권리를 주장하는 자가 발명이 완성되는 도중의 단계까지는 공동으로 연구하여 왔으나 도중에 각각 헤어져 연구를 하여 완성된 발명이 동일한 것이라고 하는 경우, 즉 발명의 기원이 동일한 경우는 어떠한 단계까지 공동으로 연구하였는가라고 하는 사실을 구체적으로 검토하여 판단하여야 한다.

"발명의 범위"란 자신이 현실적으로 실시하고 있는 발명이 특허출원발명의 일부에 지나지 않는 경우는 그 일부에 대해서만 특허법 제103조의 통상실시권을 갖는 것이고, 특허출원에 포함된 발명의 전부에 대하여 통상실시권을 가지는 것은 아니라는 취지이다.

"사업의 목적범위"란 예를 들어 가성소오다의 제조를 위하여 해당 발명을 실시하고 있던 경우는 그 가성소오다 제조업의 범위 안에서 통상실시권을 가지는 것이고 해당설비를 제철사업에 사용하는 경우까지 통상실시권을 가지는 것은 아니라는 취지이다. 다만 가성소오다 제조업에 사용하는 한에서는 그 제조규모를 확대하는 것도 허여된다.

서울민사지방법원 1984.4.26. 선고 83가합7487 판결

[선사용자의 통상실시권이 인정되는 경우]

피고가 본건 디자인(의장)등록출원 이전에 타회사로부터 납품의뢰를 받고 그 회사로부터 교부받은 제작도면에 의거하여 본건 제품을 제조납품하였고 한편 위 회사가 교부한 제작도면은 그 소속직원이 유사한 외국제품을 모방하여 만든 것이라면 피고는 본건 디자인(의장)등록 출원 당시에 선의로 국내에서 그 디자인(의장)의 실시사업을 한 자라고 할 것이므로 그 사업의 목적범위 내에서는 통상실시권을 가진다.

발명의 공개에 의해 사회의 기술수준을 향상시키는 것에 대한 대가로 독점권을 부여한다고 하는 특허제도는 특허권 부여에 대한 선출원주의로서 발명의 공개를 독려하고 출원에 의해 발명을 공개한 특허권자를 충실히 보호하려 하고 있다. 그러나 발명을 한 자에게 출원을 강제하는 것도 바람직하지 못하며, 선출원주의의 고집은 진정한 최선의 발명자가 갖는 고유의 권리를 부정하는 결과를 가져올 수 있다는 점에서 이는 산업발전에도 바람직하지 못하다. 이에 특허법은 특허출원 당시에 선의로 국내에서 이미 그와 같은 발명을 사업으로 실시하거나 사업설비를 하고 있는 자에게는 그 특허발명에 대하여 발명 및 사업목적의 범위 안에서 계속 실시할 수 있도록 법적으로 보장함으로써 최선발명자와 선출원자간의 권리관계를 균형있게 조정함은 물론 기존의 산업질서를 그대로 유지하고자 선사용권제도를 마련하였다. 다만 이러한 선사용권은 특허권의 효력에 기초하여 발생 또는 파생되거나 특허발명을 실시할 수 있는 권리가 아니라 단지 특허권의 효력을 배제 또는 제한하는 권리이다. 즉 선사용권의 문제는 특허권자가 이를 인정치 않고 특허권침해임을 주장하는 경우에 비로소 대두되는 문제라 하겠다.

한편 선사용권은 특허권자에게 실시료를 지불할 필요없이 실시할 수 있는 무상의 법정실시권이다.

② **논리적 근거** 특허권이 성립된 특허발명의 특허출원 전에 선의로 실시하고 있는 자에게 특허권의 효력이 미치지 않고, 오히려 특허발명을 업으로 실시할 수 있는 통상실시권 설정을 법정한 취지에 대하여는 선발명보호설,[20] 교사설,[21] 공평설,[22] 경제설,[23] 노하우설[24] 등 여러 견해들이 있다.[25]

③ **성립요건** 특허출원 시에 그 특허출원된 발명의 내용을 알지 못하고 그 발명을 하거나 그 발명을 한 자로부터 알게 되어 국내에서 그 발명의 실시사업을 하거나 그 사업의 준비를 하고 있는 자는 그 실시 또는 준비를 하고 있는 발명 및 사업의 목적의 범위 안에서 그 특허출원된 발명에 대한 특허권에 대하여 통상실시권을 가진다.

ⓐ 특허출원 시에 사업실시나 준비를 하고 있을 것 실시권자는 특허출원 시에 해당 발명에 대해서 국내에서 실시사업을 하거나 그 실시사업의 준비를 하고 있어야 한다. '실시사업'이란 발명의 실시를 의미하며, '사업의 준비'라 함은 어느 정도의 단계까지의 준비를 일컫는 것인가가 문제가 될 수 있으나 적어도 그 준비

20) 선발명보호설은 선사용권을 인정하는 이유가 선출원주의를 취함으로써 생기는 불합리한 점을 시정하기 위한 것으로서 선출원주의 그 자체가 갖는 결함을 보완하고 선발명자와 선출원자의 보호의 균형을 도모하기 위한 것이라는 설이다.

21) 교사설은 발명자는 국민의 교사라는 이론에 입각한 이론으로서 선사용자는 특허권자의 발명에서 배운 것이 없으므로 특허권에 복종할 필요가 없다는 설이다.

22) 공평설은 특허출원 당시에 실시하고 있거나 또는 실시준비를 하고 있던 선의의 사업자가 그 후의 특허출원에 관계되는 특허권 때문에 그가 영위하여 오던 사업을 계속할 수 없게 된다는 것은 발명을 출원 전에 이미 점유하고 있는 것이 객관적으로 명확한 선의의 선사용자를 희생시키고 특허권을 과잉으로 보호하게 되어 공평의 관념에 현저히 반한다는 설이다.

23) 경제설은 특허출원 당시에 실시 또는 실시준비를 하고 있던 사업의 계속을 불가능하게 하는 것은 선의의 사업자에게 가혹할 뿐만 아니라 국민경제상 또는 산업정책상으로도 바람직하지 못하다는 설이다.

24) 노하우설은 노하우에 법률상 보호를 부여하는 것은 필요하며 선사용권은 그 하나의 발로라고 보아야 한다는 설이다.

25) 최근 들어서는 공평설과 경제설을 합한 공평·경제설이 지지를 받고 있다. 박희섭·김원오, 「특허법원론」, 세창출판사, 2009, 525~526면; 김원준, 「특허법」, 박영사, 2009, 511면.

가 객관적으로 인정될 수 있는 정도의 것을 필요로 한다고 할 수 있다.

따라서 단지 머릿속에서 발명의 실시를 하려고 생각하였다든가, 실시에 필요한 기계구입을 위하여 은행에 자금대출의 신청을 하였다고 하는 정도로는 사업의 준비라고 할 수 없을 것이다. 그렇지만 그 사업에 필요한 기계를 발주하여 이미 설비를 갖추었다든가 고용계약을 체결하여 상당한 선전활동을 하고 있는 경우는 사업의 준비중에 포함될 것이다. 특히 특허권의 효력이 국내에만 미치기 때문에 발명의 실시사업이나 준비는 국내에서 이루어진 것이어야 한다.

이러한 '실시사업' 이나 '실시사업의 준비'는 출원당시에 하고 있으면 충분하고, 그 후에 이를 일시중지한 경우에도 인정된다. 반면 일시적으로 사업을 실시한 바 있다거나 실시사업을 폐지 또는 포기한 경우에는 인정되지 않는다.

大阪地裁 昭和46.10.29.

[사업실시 또는 사업준비중이 아닌 자]

일반적으로 선전용 팜플렛에는 발행자의 사업내용을 다소 과장되게 기재해서 선전하는 경우가 흔하고, 또 선전용 팜플렛에는 주문이 있으면 다른 곳에서 구입하여 판매할 예정의 물건도, 마치 자기가 제조하고 있는 것처럼 기재하는 경우도 종종 있으므로 선전용 팜플렛에 기재가 있다 해서, 그것만으로 그 물건들이 모두 출원전에 그 팜플렛의 발행자가 제조하고 있었다고 단정할 수 없다.

ⓑ 사업의 실시나 준비가 선의일 것 여기서 사업의 실시나 사업준비는 선의일 것을 요한다. 이 선의는 타인의 특허출원에 관한 발명의 내용을 모르고 스스로 발명을 하거나, 그 발명을 한 자로부터 알게 되어 발명의 실시사업 또는 준비를 한 경우를 말한다. 특히 1990년 1월 13일 법률 제4207호 이전의 법에서는 본규정을 '선의'라고 규정하였으나, 현재와 같이 개정하여 규정하고 있다.[26] 이러한 특허법의 규정을 그대로 해석하면 지득경로를 문제로 하고 있어 특허발명과 선사용권자의 발명은 서로 다른 계통의 발명(이중발명)이라는 것이 필요하고 동일 계통 발명의 경우에는 선사용권은 인정되지 않게 된다. 즉 선사용권자의 실시발명과 특허출원된 발명은 별도로 독립된 것으로 선사용권자가 그 발명을 지득한 경로와 특허출원인이 지득한 경로가 달라야 함을 뜻한다. 그러나 발명이 같은 계통의 것인가 아니면 다른 계통의 것인가 하는 점에 따라 선사용권의 성립에 대하여 차별할 실

26) 2014년 6월 11일 개정으로 자구가 수정되었으나 같은 취지이다.

질적인 이유가 없다 하겠다. 따라서 법문의 문리에 구애받지 않고 조리에 따라 동일계통의 발명에 관해서도 선사용권의 성립을 인정해야 할 것이다.

이러한 점에서 그 선의만이 인정된다면, 특허출원 전의 비밀실시자뿐만 아니라 공연실시자에 대하여서도 선사용권을 인정할 수 있겠다. 즉 이 경우에는 그 특허발명에 대하여는 특허무효심판에 의하여 무효로 할 수 있고 또 특허가 무효로 되었을 때에는 그 특허권은 처음부터 존재하지 않았던 것으로 되므로 구태여 선사용권을 인정할 필요가 없다는 이유에서 선사용권은 인정되지 않는다는 견해도 있으나, 그러한 방법이 있다 하여 선사용권의 존재를 부정할 이유는 되지 않는다. 무효심판의 청구와 선사용권의 주장은 그 요건도 다르고 또 그 증명의 용이성도 다르다. 게다가 무효심판의 심결이 확정되기까지는 특허권은 유효하다고 되어 침해가 성립하지만, 선사용권이 존재한다면 특허권이 유효하게 존재하는 동안이라도 선사용권의 주장을 하게 됨으로써 침해를 면할 수 있어 두 가지 수단을 병존시킬 의의가 있다.

대법원 2015.6.11. 선고 2014다79488 판결

[선사용권 성립요건으로 다른 계통의 발명일 것을 요하는지]

식물신품종 보호법 제64조는 "품종보호 출원 시에 그 품종보호 출원된 보호품종의 내용을 알지 못하고 그 보호품종을 육성하거나 육성한 자로부터 알게 되어 국내에서 그 보호품종의 실시사업을 하거나 그 사업을 준비하고 있는 자는 그 실시 또는 준비를 하고 있는 사업의 목적 범위에서 그 품종보호 출원된 품종보호권에 대하여 통상실시권을 가진다"라고 규정하고 있다. 위 규정은 같은 품종에 대하여 먼저 품종보호 출원을 한 자만이 품종보호를 받을 수 있는 선출원제도 아래에서 품종보호 출원 시에 그 대상인 보호품종의 실시사업을 하거나 그 사업을 준비하고 있는 선사용자와 품종보호권자 사이의 공평의 관점에 따른 이해관계 조정 등을 위한 것이다. 이와 같은 규정 취지와 그 문언의 내용 등에 비추어 볼 때, 특별한 사정이 없는 한 위 규정에 따라 선사용에 의한 통상실시권을 취득할 수 있는 선사용자는 품종보호 출원된 보호품종의 육성자와는 기원을 달리하는 별개의 육성자이거나 이러한 별개의 육성자로부터 보호품종을 알게 된 자를 의미한다고 보는 것이 타당하다(법리내용상 그 취지가 특허권에 대하여도 공통적으로 적용될 수 있음).

대구고등법원 1992.6.26.자 92라7 결정

[선사용에 의한 통상실시권의 불인정]

피신청인이 신청인 특허출원 당시(또는 그 이전)에 실시했던 사업은 수작업에 의한 방식이었고, 신청인은 수작업을 기계작업으로 전환시킨 후 특허출원하여 특허권을 획득하였으므로 피신청인은 신청인의 특허출원 당시에 특허발명을 실시한 것이 아니었기 때문에 통상실시권이 인정되지 않는 사례이다.

④ 선사용권의 범위 선사용권자는 특허권자의 발명의 전부에 대하여 실시할 수 있는 것이 아니라, 그 실시하거나 준비하고 있는 발명 및 사업목적의 범위에서 그 특허출원된 발명의 특허권에 대하여 통상실시권을 가진다(제103조).

선사용자가 계속적으로 실시할 수 있는 발명의 범위는 특허출원시 실제로 실시 또는 준비를 하고 있던 발명에 한하며, 선사용자가 계속적으로 발명을 실시할 수 있는 사업의 범위는 특허출원 당시의 사업목적의 범위 내에 한정된다. 따라서 동일한 사업목적의 범위 내에서라면 사업규모를 확장하는 것은 상관없다.[27)]

⑤ 선사용권의 효력 선사용에 의한 통상실시권은 법정요건을 충족한 때 효력이 발생하며, 등록하지 아니하여도 그 후에 특허권·전용실시권을 취득한 특허권자·전용실시권자나 질권자 등에 대하여도 효력이 있다. 이러한 선사용권은 통상실시권이기는 하지만, 항상 특허발명과 동일한 범위가 되는 것은 아니며 사업목적의 범위 내에서 실시 또는 실시준비를 하고 있던 발명에 한정된다. 따라서 특허발명의 일부밖에 실시하지 않았던 경우에는 선사용권도 일부로 한정된다.

발명의 실시에 관해서는 항상 같은 형태로 이루어지지 않고 조금씩 그 형태를 바꾸는 것이 일반적이다. 이에 선사용권자가 실시형태를 변경하여 실시하는 것이 허락되는가 하는 점이 문제된다. 이에 관해서는 실시 또는 실시준비를 하고 있던 실시 형식에 한정된다는 설(실시형식설)과 실시 또는 실시의 준비를 하고 있던 발명의 범위까지 미친다는 설(발명사상설 또는 발명범위설)이 대립하고 있다. 설비의 폐기를 막는다는 경제적 관점에서만 본다면 출원 시 실시하고 있던 형식을 그대로 실시하는 것만을 인정하면 충분하다는 결론이 될 것이다. 그러나 출원 시에 실시하고 있던 발명과 동일한 범위 내에서의 변경을 인정하지 않는 것은 너무나 선사용권자에게 불리하며 타당하지 않다. 특히 특허법 제103조에서 규정하고 있는 것은 '발명의 범위'이지 '발명의 태양 또는 형식의 범위'가 아니라는 점에서 그 태양이나 형식의 변경이 이른바 균등의 범위에 속하는 경우에는 그것은 발명의 범위에 속하는 것으로 해석하여 선사용권의 범위에 속한다고 보며 그렇지 아니한 경우에는 선사용권 범위 밖으로 보아야 할 것이다.

---

27) 김원준, 「특허법」, 박영사, 2009, 513면.

⑥ **선사용에 의한 실시권의 이전 · 포기** 선사용권의 이전에 대해서는 일반승계를 제외하고 특허권자의 동의가 있을 경우와 실시사업과 함께 할 경우에는 이전할 수 있다. 특히 특허권의 성립 이전에도 선사용권자의 지위는 이미 존재하므로 실시사업과 함께 이를 이전하는 것은 당연하다.

선사용에 의한 통상실시권은 이를 포기할 수 있다. 다만 질권이 설정되어 있는 경우에는 질권자의 동의를 받아야만 이를 포기할 수 있다.

4) 특허권의 이전청구에 따른 이전등록 전의 실시에 의한 통상실시권(제103조의2)

① **의의 및 취지** 특허권의 이전청구에 기초하여 특허권의 이전등록이 있기 전에(제99조의2) 해당 특허가 제33조 제1항 본문의 특허를 받을 수 있는 권리를 가지지 아니하거나 법 제44조의 특허를 받을 수 있는 권리가 공유인데 공동출원하지 아니하여 특허무효사유(제133조 제1항 2호)에 해당하는 것을 알지 못하고 국내에서 해당 발명의 실시사업을 하거나 이를 준비하고 있는 자에게 그 실시하거나 준비하고 있는 발명 및 사업목적의 범위에서 그 특허권에 대하여 인정되는 통상실시권을 말한다.

특허권의 이전청구를 인정하는 규정인 제99조의2가 2016.2.29. 법률 제14035호로 입법되면서 무효사유에 해당하는 것을 알지 못하는 선의의 실시자를 구제하고, 그 실시자가 갖추어 놓은 산업설비를 폐기하지 않고 계속 이용할 수 있도록 하기 위하여 법정실시권을 인정하는 제도가 함께 신설되었다.

② **성립요건** i) 특허권의 이전청구에 기초하여 특허권의 이전등록이 있기 전(제99조의2)이어야 하고, ii) 선의로 국내에서 해당 발명의 실시사업을 하거나 이를 준비하고 있어야 한다.

제33조 제1항 본문의 특허를 받을 수 있는 권리를 가지지 아니하거나 법 제44조의 특허를 받을 수 있는 권리가 공유인데 공동출원하지 아니하여 특허무효사유(제133조 제1항 2호)에 해당하는 경우에 특허를 받을 수 있는 권리를 가진 자는 법원에 해당 특허권의 이전(특허를 받을 수 있는 권리가 공유인 경우에는 그 지분의 이전을 말한다)을 청구할 수 있고, 이전청구에 기초하여 특허권이 이전등록된 경우에는 해당 특허권과 보상금 지급 청구권(제65조 제2항, 제207조 제4항)은 그 특허권이 설정등록된 날부터 이전등록을 받은 자에게 있는 것으로 보는데(제99조의2 제1항, 제2항), 이러한 이전청구에 기초하여 이전등록이 있기 전의 실시이어야 한다.

선의란 해당 특허가 특허무효사유(제133조 제1항 2호)에 해당하는 것을 알지 못하는 것을 말한다. 또한 선사용권에서와 같이 사업실시나 사업준비가 국내에서 행하여져야 한다.

③ **실시권을 갖는 자**

ⓐ 원특허권자 제33조 제1항 본문의 특허를 받을 수 있는 권리를 가지지 아니하거나 제44조의 특허를 받을 수 있는 권리가 공유인데 공동출원하지 아니하였음에도 불구하고 착오로 특허권이 발생하였고, 특허를 받을 수 있는 권리를 가진 자의 법원에의 이전청구(특허를 받을 수 있는 권리가 공유인 경우에는 그 지분의 이전청구)에 기초하여 특허권이 이전등록된 경우 이전등록된 특허의 원(原)특허권자가 통상실시권을 가진다.

이때 원특허권자라 함은 특허를 받은 원특허권자뿐만 아니라 그 특허권을 양도받은 특허권자도 포함한다.

ⓑ 실시권자 특허권의 이전청구에 기초하여 특허권이 이전등록된 경우에 특허권은 처음부터 이전등록을 받은 자에게 있는 것으로 보기 때문에(제99조의2 제2항), 기존 특허권자로부터 허락받은 전용실시권이나 통상실시권은 효력이 없으나 실시권자가 갖추어 놓은 산업설비를 보호하기 위해 법정실시권을 인정하고 있다.

다만 특허법 제118조 제2항의 규정에 해당하는 경우(법정실시권)에는 등록하지 않은 경우에도 실시권이 인정된다.

④ **효력의 범위** 실시권자는 제99조의2 제2항에 따른 특허권의 이전등록이 있기 전에 실시하고 있거나 준비를 하고 있는 발명 및 사업목적 범위 내에서 실시할 수 있다.

⑤ **실시료의 대가** 통상실시권은 선출원된 특허권자 이익의 고려 및 공평의 견지보다는 무권리자로 된 자의 설비 또는 사업을 보호한다는 산업정책적인 견지에서 인정되는 제도이므로 통상실시권자는 특허권자에게 상당한 대가를 지급하여야 한다(제103조의2 제2항).

5) 무효심판 청구등록 전의 실시에 의한 통상실시권(중용권: 제104조)[28]

① **의의 및 취지** 이 실시권은 특허발명 또는 등록실용신안이 동일한 발명(고안)에 대한 것임에도 이를 간과하여 권리가 부여되었으나(이중특허) 특허 또는 실용신안등록에 대한 무효심판청구의 등록 전에 자기의 특허발명 또는 등록실용신안이 무효사유에 해당하는 것을 알지 못하고 국내에서 그 발명 또는 고안의 실시사업을 하거나 이를 준비하고 있는 경우 그 실시 또는 준비를 하고 있는 발명 또

28) 이 실시권은 특허출원 후에 생긴 일정한 사실에 의하여 발생하는 실시권이라는 점에서 중용권이라고 한다.

는 고안 및 사업의 목적의 범위 안에서 인정되는 통상실시권을 말하며, 강학상 중용권이라고도 한다.

무효심판의 심결이 확정되어 특허가 무효로 되면 무효로 된 특허권자를 포함하여 일반적으로 만인이 그 특허발명을 이용할 수 있으므로 문제가 생기지 않는다. 그러나 이중특허나 그와 유사한 경우에 무효가 된 특허의 특허권자는 해당 특허발명을 실시할 수 없는 낭패를 보게 된다. 특히 이 경우 무효가 된 특허의 특허권자는 자신의 특허발명이 심사관 등에 의한 실체심사를 거친 것으로 국가로부터 정당성이 인정된 권리이므로 그 권리의 정당성을 믿고 해당 특허발명의 실시사업을 하거나 사업준비를 함이 일반적이다. 그렇다면 특허청의 처분을 신뢰하여 실시를 하거나 실시준비를 하고 있는 자는 설비의 폐기 등 막대한 손해를 입을 수 있으며, 이는 특허법이 도모하는 산업발전에도 도움이 되지 않는다. 이에 특허법은 그와 같은 경우의 구제책으로서 법정실시권을 규정하고 있다.

② **성립요건** 무효심판청구등록 전의 실시에 의한 통상실시권이 성립되기 위해서는 i) 그 실시권자가 무효사유가 있음을 알지 못하였으며, ii) 무효심판청구등록 전에 사업의 실시나 준비가 국내에서 이루어져야 한다.

무효로 된 특허 또는 실용신안의 특허권자 또는 실용신안권자는 자기의 특허 또는 실용신안에 무효사유가 있는 것을 모르고 있어야 한다. 따라서 모인특허권자에 의한 실시 등 무효사유가 있음을 알고 발명의 실시사업을 한 경우에는 인정되지 않는다.[29] 자신의 특허권 또는 실용신안권에 무효사유가 있다는 것을 모른 것에 과실이 있더라도 무방하다.

따라서 무효심판 청구 전이라고 하더라도 선출원되어 등록된 특허권자로부터 경고장을 받은 경우에는 선의실시자에 해당되지 않는다.

무효심판의 청구가 이루어지면 직권으로 그 취지의 예고등록이 이루어지는데 무효심판청구등록 전이란 이러한 무효심판청구에 대한 예고등록을 말하며, 발명에 대한 실시사업 또는 사업준비는 무효심판청구등록 전에 이미 그와 같은 사실이 객관적으로 인정되어야 한다. 또한 선사용권에서와 같이 사업실시나 사업준비가 국내에서 행하여져야 한다.

③ **실시권을 갖는 자**

ⓐ 원특허권자 동일한 발명에 대한 2 이상의 특허 중 하나를 무효로 한 경우의 원특허권자는 통상실시권을 갖는다. 이때 무효로 한 경우는 주로 특허법 제

29) 그러나 모인특허권자로부터 선의로 특허권을 양도받은 자는 선의자에 해당한다.

29조 제1항 1호 · 2호, 제29조 제3항, 제36조의 위반을 이유로 무효되는 경우들이다. 예컨대 동일한 발명이 복수인에 의해서 출원일을 달리하여 각각 출원된 경우 비록 모든 출원에 대하여 특허가 등록된 때에도 후출원은 무효사유가 있는 특허권이 된다. 이 경우 후출원의 특허권에 대하여 무효심판이 청구되어 그 심판청구의 등록 전에 특허권자가 해당 특허발명에 대해 실시사업 중이거나 사업준비 중인 경우에는 산업정책상 무효로 되는 후출원의 특허권자는 계속 실시할 수 있도록 선출원 특허발명에 대하여 통상실시권을 갖는다.

또한 특허를 무효로 하고 그 발명과 동일한 발명에 관하여 정당한 권리자에게 특허를 부여한 경우의 원특허권자에 대하여도 통상실시권이 주어진다. 이 경우는 동일발명에 대하여 선출원이 있음에도 불구하고 후출원에 대하여 특허권이 설정된 후 그 특허권이 무효로 되고 선출원자에게 특허권이 형성된 경우 등을 들 수 있다.

이때 원특허권자라 함은 특허를 받은 원특허권자뿐만 아니라 그 특허권을 양도받은 특허권자도 포함한다.

ⓑ 실시권자 무효로 된 특허권에 대하여 무효심판청구등록당시에 이미 전용실시권 또는 통상실시권을 취득하고 그 등록을 받은 자는 통상실시권을 갖는다. 다만 특허법 제118조 제2항의 규정에 해당하는 경우(법정실시권)에는 등록하지 않은 경우에도 실시권이 인정된다.

④ **효력의 범위** 실시권자는 무효심판청구등록 당시에 실시하고 있거나 준비를 하고 있는 발명 및 사업목적 범위 내에서 실시할 수 있으며 특허발명의 전범위에 대하여 실시할 수 있는 것은 아니다.

⑤ **실시료의 대가** 선사용권은 당사자의 형평이라는 관점에서 무상의 실시권으로 되어 있다. 그러나 중용권은 본래 실시할 수 없는 것이지만 특허청의 처분을 신뢰한 자를 구제하고 기존 설비의 폐기를 방지한다는 경제상의 이유에 의해 규정된 것이므로 상당한 대가를 지불하지 않으면 안 된다(제104조 제2항). 실시료에 관한 기준은 명확히 되어 있지 않으나 허락에 의한 비독점적 통상실시권의 실시료가 기준이 될 것이다.

6) 디자인권의 존속기간 만료 후의 통상실시권(제105조)

① **의의 및 취지** 특허권과 디자인권은 그 보호대상을 달리 하고 있어 특허출원과 디자인출원간의 선후출원 심사는 행하여지지 않다. 그러나 양자가 사실상 저촉되는 경우가 드물게 발생하며, 쌍방 모두가 권리가 되는 경우도 있을 수

있다. 예컨대 자동차 타이어의 홈과 관련하여 이는 미끄럼 방지라는 기술적 관점에서 특허권의 대상이 될 수도 있으며, 타이어의 디자인이라는 관점에서 디자인권의 대상이 될 수도 있다. 이와 같이 특허권과 디자인권이 저촉하는 경우에 있어 디자인등록출원이 특허출원보다 먼저이거나 또는 동일(同日)인 경우 디자인권자는 특허권자로부터 제약을 받지 않고 자유로이 자기의 등록디자인을 실시할 수 있다. 그런데 디자인권의 존속기간은 만료하고 특허권은 존속하고 있는 때에는[30] 그 디자인권자이었던 자는 자기 자신이 실시하던 디자인을 실시할 수 없게 된다. 여기서 특허법은 이러한 불합리를 시정하기 위하여 본 조항을 만들어 원디자인권의 실시를 확보하려 하고 있다. 특허출원일전 또는 특허출원일과 같은 날에 출원되어 등록된 디자인권이 특허권과 저촉되는 경우 그 디자인권의 존속기간이 만료되는 때에는 그 디자인권자 및 그 디자인권의 전용실시권자, 설정등록된 통상실시권자는 원디자인권의 범위 또는 원실시권의 범위 내에서 특허발명을 실시할 수 있는 권리를 갖는다.

② **성립요건** 특허권 또는 특허권에 존재하는 전용실시권에 대하여 존속기간 만료 후에 통상실시권을 갖기 위해서는 디자인등록출원이 특허출원보다 선출원이거나 최소한 같은 날의 출원이어야 한다(디자인권과 특허권 간의 저촉관계). 디자인출원이 후출원인 경우에는 처음부터 디자인권자에게 실시권이 없으므로 문제되지 않을 것이다.

원디자인권자에게 기득권을 인정하기 위해서는 디자인권이 정상적인 디자인권 존속기간의 만료에 의해 소멸된 것이어야 하며, 그 이외의 이유로 디자인권이 소멸한 경우에는 통상실시권이 인정되지 아니한다. 따라서 디자인권이 포기, 등록료 불납, 등록무효 등으로 소멸하는 경우에는 통상실시권이 주어지지 않는다.

③ **실시권을 갖는 자** 디자인권의 존속기간 만료 후의 통상실시권의 주체는 원디자인권자와 그 전용실시권자 그리고 등록되어 있는 통상실시권자(등록하지 않아도 동일한 효력을 가지는 법정실시권자 포함)이다(제105조 제1항 · 제2항).

④ **효력의 범위** 이 법정실시권을 인정하는 이유는 원디자인권자가 그 디자인권의 범위 전체에 대하여 실시할 수 있는데, 같은 날 또는 후의 특허출원이

30) 디자인권의 존속기간은 설정등록한 날부터 발생하며 디자인등록출원일 후 20년이 되는 날까지이다(디자인보호법 제91조 제1항). 따라서 디자인등록출원이 특허출원보다 먼저인 경우에는 디자인권 존속기간이 먼저 만료한다. 한편, 디자인등록출원일과 특허출원일이 동일인 경우에는 특허권 존속기간이 연장된 경우에 한해 디자인권 존속기간이 먼저 만료될 수 있다.

있었기 때문에 디자인권의 존속기간 만료와 동시에 실시할 수 없게 되는 것은 부당하다는 점에 있으므로 디자인권자가 현실적으로 실시하고 있었는지 여부와는 관계없이 원디자인권자가 본래 실시해 온 범위, 즉 원디자인권의 범위 전체에 대하여 실시권이 발생한다. 선사용권의 경우와는 달리 국민경제적 고려를 할 필요는 없다. 이에 비하여 원디자인권의 전용실시권자 또는 등록한 통상실시권자의 경우 디자인권의 범위 전체에서의 실시권을 인정할 필요는 없고 원디자인권의 범위 내에 있고 또한 원실시권의 범위 내에서의 법정실시권을 인정하면 충분하다. 즉 본래 실시했던 범위 내에서의 실시권 이상의 것은 인정할 필요가 없다.

⑤ 대 가　　원디자인권자에게 설정되는 통상실시권에 대하여는 그 설정원인이 권리의 공평에 있으므로 통상실시권의 실시료인 대가를 지급할 필요가 없다. 그러나 소멸 당시 디자인권에 존재하던 전용실시권자, 등록한 통상실시권자 등에게 성립된 특허권에 대한 통상실시권에 대하여는 특허권자 또는 특허권의 전용실시권자에게 대가를 지급하여야 한다(제105조 제3항).

7) 질권행사 등으로 인한 특허권의 이전에 따른 통상실시권(제122조)

① 의의 및 취지　　특허권은 약정담보물권의 일종인 질권의 목적물이 될 수 있는데, 특허권자는 특허권을 목적으로 하는 질권설정 이전에 그 특허발명을 실시하고 있는 경우에는 그 특허권이 경매 등에 의하여 이전되더라도 그 특허발명에 대하여 통상실시권을 갖는다.

즉 질권의 실행으로 특허권이 경매되어 이전되는 경우 질권설정 이전에 특허발명을 실시하였던 특허권자는 특허발명에 대하여 통상실시권을 가지도록 한 규정이다. 채무불이행으로 질권이 실행되어 특허권이 경락, 이전되면 특허권자는 그 발명의 실시권을 상실하게 되어 그동안 자본과 노력을 투하하여 설치한 사업설비 등을 폐기할 수밖에 없고, 특허권의 경락인은 발명의 실시를 위하여 새로이 생산설비를 갖추어야 한다. 이는 사회경제적으로 손실일 뿐만 아니라 특허권의 경락인이 발명을 실시할 준비를 갖출 때까지 발명의 실시가 중단되는 문제가 발생하며, 또한 발명을 실시중이던 특허권자에게는 매우 가혹한 결과라 하겠다.

따라서 특허권자가 질권설정 이전에 그 특허발명을 실시하고 있었다면 특허권이 질권의 행사로 인해 경매 등에 의해 이전되는 경우에 특허권자가 특허권을 이전받은 자에게 상당한 대가를 지급한다는 조건하에 특허권자가 그 특허권에 대해 계속 통상실시권을 가지도록 한 것이다. 그리고 2021년 10월 19일 법률 제18505호 개정법에서는 공유물분할청구로 공유특허권이 타인에게 이전되더라도 실시중인 타 공유특허권자에게 통상실시권을 부여하여 실시사업을 계속할 수 있도록 하는 내용을 추가하였다.

질권행사로 인한 특허권의 이전에 따른 통상실시권도 다른 법정 통상실시권과 마찬가지로 등록을 효력발생 요건으로 하지 않으므로 특허권이 이전되는 때에 등록없이 발생한다.

② 성립요건 특허권자(공유인 특허권을 분할청구한 경우에는 분할청구를 한 공유자를 제외한 나머지 공유자를 말한다)는 i) 질권설정 또는 공유인 특허권의 분할청구 이전에 자신의 특허발명을 실시하고 있어야 하며, ii) 특허권자 자신의 채무에 대한 담보로 자신의 특허권에 대해 질권을 설정하고 있어나 특허권에 대한 공유물분할청구가 있어야 한다. 특허권에 대한 질권은 특허등록원부에 설정등록되어 있지 않으면 그 효력이 발생하지 않으므로 반드시 설정등록이 되어야 한다. 그리고, iii) 특허권자가 채무를 변제하지 못하여 질권자가 특허권에 대한 질권을 실행하는 등으로 특허권이 이전되어야 한다.

③ 효력의 범위 질권행사 등으로 이전된 특허권에 대하여 전특허권자가 갖는 법정실시권은 그 실시범위가 법으로 정해져 있지 않다. 실시기간과 실시장소에 관한 범위는 그 제한이 없다고 보는데 이론이 없으나, 질권행사로 인한 경우 실시내용의 범위에 대하여는 특허권자가 질권 설정 이전에 실시하고 있던 실시내용의 범위로 한정되어야 한다는 의견(실시제한설)과 특허권자가 실시하고 있었으므로 그 실시내용의 범위는 제한없이 전범위에 걸쳐서 실시(실시무제한설)할 수 있어야 한다는 의견 사이에 논의가 있다.[31)]

④ 대 가 이는 실시의 계속을 위해서 산업정책상 주어지는 통상실시권이기 때문에 질권행사 등으로 이전된 특허권에 통상실시권을 갖는 전특허권자는 그 실시의 대가를 새로운 특허권자에게 지불하여야 한다(제122조).

---

31) 질권행사로 이전된 특허권에 대하여 전특허권자가 가지는 법정실시권은 그 실시범위가 법으로 규정되어 있지 않으므로 전특허권자가 질권설정 이전에 현실적으로 실시하고 있던 범위로 한정해야 한다는 견해(제한설)와 제한이 없이 특허발명의 전 범위에 걸쳐 실시할 수 있다는 견해(무제한설)가 대립될 수 있다. 제한설의 논거는 질권설정 전 자신의 특허발명을 실시하고 있는 것이 실시권 발생의 요건이므로 실시권의 범위도 이에 한정되어야 한다는 것이며, 무제한설의 논거는 실시권의 범위에 대하여 특허법상 특별한 제한을 두고 있지 않다는 점, 원래 특허권자였다는 점, 그리고 상당한 대가를 지불한다는 점 등을 들고 있다. 무제한설이 다수설이지만 제한설도 타당한 면이 있으므로 앞으로 이에 대한 법원의 입장이 주목된다(박희섭 · 김원오, 「특허법원론」, 세창출판사, 2009, 535면).

8) 재심에 의하여 회복한 특허권에 대한 선사용자의 통상실시권(후용권: 제182조)

① 의의 및 취지 특허권이 무효 또는 취소로 확정되거나 또는 특허권의 설정이 거절결정된 발명 등 누구라도 실시할 수 있다는 상태가 확정된 경우라면 해당 발명의 실시에 대하여 누구한테도 권리의 대항을 받지 않고 자유롭게 실시할 수 있다. 이러한 상태에서 어떠한 자가 선의로 해당 발명을 실시한 경우 그 특허권 등이 재심에 의하여 회복되면 위의 실시는 권원없는 실시가 되어 특허권의 침해로 된다. 그러나 특허의 무효 등이 확정됨으로써 자유롭게 그 발명을 실시할 수 있다고 믿고 실시한 자가 소급해서 침해자가 되는 것은 사회공평의 원칙에 맞지 않는다. 이에 특허법 제182조에서는 재심에 의해서 회복한 특허권은 이러한 실시자에게는 그 효력이 미치지 않도록 규정하고 있다. 즉 i) 무효가 된 특허권(존속기간이 연장등록된 특허권을 포함한다)이 재심에 의하여 회복된 경우, ii) 특허권의 권리범위에 속하지 아니한다는 심결이 확정된 후 재심에 의하여 그 심결과 상반되는 심결이 확정된 경우, iii) 거절한다는 취지의 심결이 있었던 특허출원 또는 특허권의 존속기간의 연장등록출원이 재심에 의하여 특허권의 설정등록 또는 특허권의 존속기간의 연장등록이 된 경우, ⅳ) 취소된 특허권이 재심에 의하여 회복된 경우 중 어느 하나에 해당하는 경우에 해당 특허취소결정 또는 심결이 확정된 후 재심청구 등록 전에 국내에서 선의로 그 발명의 실시사업을 하고 있는 자 또는 그 사업을 준비하고 있는 자는 실시하고 있거나 준비하고 있는 발명 및 사업목적의 범위에서 그 특허권에 관하여 통상실시권을 가진다.

② 성립요건 재심청구등록 전에 실시자는 해당 특허발명을 선의로 실시하고 있어야 한다. 여기에서 '선의'의 의미는 실시발명의 소멸된 권리에 재심사유가 있다는 것을 모르는 것 또는 장래에 재심사유가 생김으로써 재심청구를 한다는 사정이 있다는 것을 알지 못하는 것을 의미한다. 또한 선의의 실시자는 재심청구등록 전에 국내에서 그 발명의 실시사업을 하거나 그 사업의 준비를 하고 있는 자이어야 한다.

③ 효 력 재심에 의하여 회복한 특허권 등에 대하여 갖는 통상실시권은 선사용에 의한 통상실시권(제103조)과 같은 취지의 조문으로, 사업의 개념, 통상실시권의 범위 등도 그 내용이 다르지 않다.[32)]

---

32) 특허청, 「조문별 특허법해설」, 2007, 414면; 특허청 · 한국지식재산연구원, 「지식재산제도의 실효성 제고를 위한 법제도 기초연구-특허법 조문별 해설서-」, 2014, 1126면.

④ 대 가 　대가의 지급과 관련하여서는 견해가 나뉜다. 즉 대가의 지급이 필요없다고 하는 견해는 특허권의 소멸이라는 완결된 절차를 믿고 실시한 자에게 대가지급을 조건으로 실시권이 설정되도록 하는 것은 절차의 안정이 특허권의 효력에 의해 희생되는 결과가 되기 때문이라고 한다.[33] 반면 대가의 지급이 있어야 한다는 견해는 특허권이 무효가 되어 재심에 의하여 회복하기 전까지는 무상(無償)이 당연하나, 특허권이 회복되었을 때에는 유상으로 사용하여야 한다고 한다. 이러한 실시권자는 특허권자 또는 전용실시권자에게 상당한 대가(對價)를 지급하지 않으면 안 된다(제104조 제2항)는 규정이 있으므로 특허법 제104조를 준용하지 않더라도 당연히 실시권자는 회복된 특허권자에게 대가를 지불하고 사용하여야 할 것이다.[34]

9) 재심에 의하여 통상실시권을 상실한 원권리자의 통상실시권(제183조)

① 의의 및 취지 　재심에 의하여 통상실시권을 상실한 원권리자의 통상실시권이란 특허법 제138조의 규정에 의하여 통상실시권 허락의 심결이 확정(강제실시권의 발생)된 후 재심에 의하여 통상실시권이 소멸된 경우, 재심청구 등록 전에 선의로 특허발명의 실시 등을 하고 있는 자를 위하여 인정되는 법정실시권을 말하는데 이는 확정된 심결을 신뢰하여 발명의 실시사업 등을 하고 있는 자를 보호하고 사업설비의 유지라고 하는 사회경제적인 견지를 고려하여 선의의 실시자에게 통상실시권을 인정하여 주는 것이다.

이 조에 의하여 발생하는 통상실시권은 법정의 통상실시권으로 등록하지 아니하여도 제3자에 대항할 수 있으나(제118조 제2항), 특허권자 또는 전용실시권자에게 상당한 대가(실시료)를 지급하여야 한다.

유효하게 설정된 선후권리가 이용·저촉관계에 있는 경우에 후출원의 권리자가 자신의 특허발명을 실시하기 위해서는 이용되고 있는 선출원의 권리자에게 동의를 구해야 한다. 그 동의가 여의치 않을 때에는 특허청에 심판을 청구하여 해당 권리에 대해 통상실시권을 허락받아야 자신의 특허발명을 유효하게 실시할 수 있다. 동의를 받지 못하거나 심판에 의해서 실시 허락을 받지 않고 자신의 특허발명을 업으로 실시하면 선권리자의 권리를 침해하는 것이 되어 권리의 대항을 받는다. 이에 후권리자가 통상실시권 허락의 심판을 청구하여 통상실시권을 허락한다는 심결이 확정된 후 재심에 의하여 이에 상반되는 심결이 확정이 있는 경우에 재심청

---

33) 박희섭·김원오, 「특허법원론」, 세창출판사, 2009, 537면; 김원준, 「특허법」, 박영사, 2009, 519면.
34) 윤선희, 「지적재산권법(19정판)」, 세창출판사, 2022, 126면.

구등록 전에 선의로 국내에서 그 발명의 실시 사업을 하고 있는 자 또는 그 사업의 준비를 하고 있는 자는 원통상실시권의 사업의 목적 및 발명의 범위 안에서 그 특허권 또는 재심의 심결의 확정이 있는 당시에 존재하는 전용실시권에 대하여 통상실시권을 갖는다.

② 성립요건[35)]

ⓐ 통상실시권 허락의 심결이 재심에 의해 상반된 심결로서 확정될 것

i) 이용 · 저촉관계에 의하여 통상실시권 허락의 심판이 심결로서 확정되어야 한다. 따라서 선출원(또는 크로스라이선스의 경우에는 후출원)특허권에 대한 강제실시권이 발생하여야 한다.

ii) 재심에 의해 상기 통상실시권 허락의 심결이 상반된 심결로써 확정되어야 한다. 따라서 상기의 강제통상실시권이 없었던 것으로 간주된다.

ⓑ 선의의 실시 '선의'라 함은 상기의 강제실시권을 상실한 실시권자가 통상실시권 허락의 심결에 재심사유가 있었음을 몰랐던 경우를 말한다.

ⓒ 재심청구의 등록 전의 실시 상기의 강제실시권을 상실한 실시권자가 재심청구의 예고등록 전에 이미 실시하고 있어야 한다.

ⓓ 국내에서의 실시 이는 선사용에 의한 통상실시권의 경우와 동일하다.

③ 효력의 범위 재심에 의하여 통상실시권을 상실한 원권리자의 통상실시권도 다른 법정실시권과 그 실시권의 내용이 다르지 않다. 그러나 이 경우에는 그 실시내용에 관한 범위가 재심에 의해 상실된 원통상실시권의 사업의 목적 및 발명의 범위로 제한된다. 즉 통상실시권의 실시권의 내용은 심판에 의해서 허락된 통상실시권의 범위로 한정된다.

④ 실시권의 대가 해당 법정통상실시권의 설정원인이 심판에 의해 허락된 통상실시권에 의한 실시의 계속상태를 중시한 산업정책의 측면에 있으므로 통상실시권자는 특허권자 또는 전용실시권자에게 대가를 지급하여야 한다(제183조 제2항).

3. 강제실시권

(1) 의 의

강제실시권(compulsory licence)이란 일정의 사유가 있을 때 행정기관의 처분이나 심판에 의해 강제적으로 설정되는 실시권을 말한다. 특허권자는 자기의 특허발명을 스스로

35) 김원준, 「특허법」, 박영사, 2009, 520면.

실시하거나 그렇지 못할 경우 타인으로 하여금 실시케 할 의무가 있다.[36] 그런데 특허권자가 자신의 특허발명을 정당한 사유 없이 실시하지 않고 사장시키거나 특허권을 남용하는 경우 또는 국가 비상시나 공익상 필요가 있는 경우에도 그 특허발명의 실시여부를 오로지 특허권자에게만 맡기는 것은 공익에 반함은 물론 국가 산업정책적 이유에서도 바람직하지 못하다. 이에 특허법은 일정한 경우 제3자로 하여금 해당 특허발명을 실시할 수 있도록 함으로써 특허제도 본래의 목적을 달성하고자 강제실시권제도를 두고 있다.

이러한 강제실시권은 특허청의 재정(裁定)에 의해 이루어지는 재정실시권과 국가 비상사태, 극도의 긴급상황 또는 공공의 이익을 위하여 비상업적으로 실시할 필요가 있다고 인정되는 경우, 그리고 통상실시권 허락의 심판에 의한 경우로 나누어 볼 수 있다. 이러한 것을 합하여 광의의 강제실시권이라 한다.

(2) 정부 등에 의한 통상실시권(제106조의2)

1) 의의 및 취지

특허발명은 특허권자만이 독점적으로 실시할 수 있음이 원칙이다. 그러나 이 원칙만을 고집하다 보면 국가 비상시나 긴급하게 특허발명의 실시가 필요한데도 이를 실시할 수 없는 경우가 있다. 이에 국가안보에 중요한 영향을 미치는 국가 비상사태와 극도의 긴급상황 또는 공공의 이익을 위하여 비상업적으로 실시할 필요가 있는 경우에는 특허발명을 정부에서 직접 실시하거나 정부 이외의 제3자로 하여금 실시하게 할 수 있도록 한 것이다(제106조의2 제1항). 종래에는 특허권의 수용과 특허발명의 정부실시에 관한 사항이 모두 제106조에 규정되어 있었으나, 양 제도는 특허권 및 전용실시권 등에 미치는 효력에 차이가 있으므로, 2010년 1월 27일 법률 제9985호로 개정된 특허법에서 분리하여 규정하게 되었다.

본조에 따라 강제실시권을 허여받아 그 특허발명을 실시하는 경우에는 특허권자·전용실시권자 또는 통상실시권자에게 정당한 보상금을 지급하여야 한다(제106조의2 제3항). 특허권의 수용이나 실시권허여는 특허권의 수용·실시 등에 관한 규정이 정하는 절차에 따라 주무부장관의 신청에 의한 특허청장의 결정이라는 행정처분에 의하여 이루어지는데 대가와 함께 결정되어야 한다. 처분내용에 따라서 전용실시권 또는

---

36) 다만 특허권자는 원래 비밀로 해 둘 수 있는 발명을 특허출원하여 공개함으로써 사회의 기술수준을 높이고 있으며, 자신이 실시하지 않더라고 사회에 대하여 어느 정도의 공헌을 하고 있다. 이에 모든 특허발명에 대해 실시를 의무화한다면 기술은 몰래 감추어져 버릴 우려가 있으며, 이러한 관점에서 강력한 실시의무는 바람직하지 않다.

통상실시권이 허용된다.

2) 성립요건

특허발명의 정부실시를 인정하기 위해서는 국가 비상사태, 극도의 긴급상황 또는 공공의 이익을 위하여 비상업적으로 실시할 필요가 있을 때이어야 한다. 종래에는 비상시라는 요건과 공공의 이익이라는 요건이 모두 충족되는 경우로 제한하여 운영하던 특허발명의 정부실시 요건을 2010년 1월 27일 개정 특허법에서는 세계무역기구(WTO) 무역관련 지적재산권 협정(TRIPs)과 동일하게 국가 비상사태, 극도의 긴급상황 또는 공공의 이익을 위하여 비상업적으로 실시할 필요가 있다고 인정되는 경우로 완화하여 규정하였다.

정부 또는 정부 외의 자는 타인의 특허권이 존재한다는 사실을 알았거나 알 수 있을 때에는 제106조의2 제1항에 따른 실시 사실을 특허권자, 전용실시권자 또는 통상실시권자에게 신속하게 알려야 한다(제106조의2 제2항).

3) 실시권의 허여절차

① 처분의 신청　특허발명이 국가 비상사태, 극도의 긴급상황 또는 공공의 이익을 위하여 비상업적으로 실시할 필요가 있다고 인정하는 경우 주무부장관은 특허청장에게 특허법 제106조의2 제1항의 규정에 따른 처분을 신청할 수 있다(특허권의 수용·실시에 관한 규정 제2조 제1항). 이러한 처분의 신청이 있는 경우 특허청장은 특허권자·전용실시권자·통상실시권자·질권자에게 그 부본을 송달하고 기간을 정하여 의견서 제출의 기회를 주어야 한다(특허권의 수용·실시에 관한 규정 제4조 제1항). 또한 특허청장은 위의 신청을 받은 때에는 그 뜻을 특허공보에 공고하여야 한다(특허권의 수용·실시에 관한 규정 제4조 제3항).[37] 특허권자 등으로부터 의견서 제출이 있는 때에는 그 의견서 부본을 신청인에게 송달하여야 한다(특허권의 수용·실시에 관한 규정 제4조 제2항).

② 처분의 결정　특허청장은 의견서 제출기간이 경과한 후에 위 신청에 따른 처분의 결정을 하여야 하고(특허권의 수용·실시에 관한 규정 제5조 제1항), 그 결정서의 등본을 신청인·특허권자 등에게 각각 송달하고 그 결정의 요지를 특허공보에 공고하여야 한다. 다만 특허발명이 국방상 비밀을 요하는 때에는 이를 공고하지 아니할 수 있다(특허권의 수용·실시에 관한 규정 제8조). 또한 처분의 결정을 할 때에는 그 처분에 대한 보상금도 산정기준[38] 등에 따라 함

37) 다만 특허발명이 국방상 비밀을 요하는 때에는 이를 공고하지 아니할 수 있다(같은 조항 단서).

38) 특허권의 수용·실시 등에 관한 규정 제5조의2(보상금액의 산정기준 등) ① 법 제106조 제3항에 따른 보상금의 산정은 다음 각 호의 금액을 기준으로 한다.

1. 특허권의 존속기간 중의 실시료 추정총액
2. 제1호에 따라 보상금을 정할 수 없는 경우에는 유사 특허권의 매매실례가격

께 결정하여야 한다(특허권의 수용·실시에 관한 규정 제5조 제2항). 보상금을 결정할 때에는 신청인·특허권자 등의 의견을 참작하여야 한다(특허권의 수용·실시에 관한 규정 제5조 제3항).

(3) 재정에 의한 실시권(제107조)

1) 의 의

특허법은 특허권자가 특허권을 부여받은 후 그 특허발명을 정당한 이유없이 일정기간 동안 실시하지 않거나 불성실하게 실시하는 경우, 공익을 위하여 특히 실시할 필요가 있는 경우, 사법적·행정적 절차에 의하여 불공정거래행위로 판정된 사항을 바로잡기 위하여 특허발명을 실시할 필요가 있는 경우 또는 수입국에 의약품을 수출할 수 있도록 특허발명을 실시할 필요한 경우에 이를 실시하려는 자의 청구가 있을 때 재정에 의하여 그 특허발명을 타인이 실시할 수 있도록 하는 제도이다. 이러한 경우에는 재정절차에 의해 실시권을 허여하는 것을 재정제도라고 하며, 이 제도에 의하여 인정되는 실시권이 재정에 의한 통상실시권(제107조)이다.

이 제도는 물질특허의 도입과 더불어 1986년 12월 31일 법률 제3891호에서 새로이 채택된 제도로서 선진국과의 이해대립에 따른 타협에 의한 산물로서의 법적인 규정이라는 점과 외국인이 갖고 있는 특허권에 대한 국내기업의 실시를 용이하게 하고 불실시와 특허권 남용에 대한 제재목적으로서의 성격을 아울러 띠고 있는 제도라 할 수 있다.

2) 취 지

특허발명이 특허법의 목적에 합치되게 적절하게 실시될 수 있도록 하기 위한

---

② 법 제106조의2 제3항에 따른 보상금이나 법 제107조 제5항에 따른 대가의 산정은 다음의 계산식에 따른다.

보상금액 또는 대가의 액 = 총판매예정수량 × 제품의 판매단가 × 점유율 × 기본율

③ 제2항의 산식에 따른 총판매예정수량, 제품의 판매단가, 점유율 및 기본율은 다음 각 호와 같다.

1. 총판매예정수량: 실시기간 중 매 연도별 판매예정수량을 합한 것
2. 제품의 판매단가: 실시기간 중 매 연도별 공장도가격의 평균
3. 점유율: 단위제품을 생산하는 데에 해당 특허권이 이용되는 비율
4. 기본율: 3퍼센트. 다만, 해당 특허권의 실용적 가치 및 산업상 이용성 등을 고려하여 2퍼센트 이상 4퍼센트 이하로 할 수 있다.

④ 제1항부터 제3항까지의 규정에 따라 보상금액이나 대가의 액을 정할 수 없는 경우에는 특허청장이 따로 정하여 고시하는 기준에 따라 정한다.

⑤ 제2항부터 제4항까지의 규정에 따른 보상금액이나 대가의 액은 실시기간 내의 총액으로 한다. 다만, 전용실시권을 설정하거나 통상실시권을 허락하는 경우 총판매예정수량을 미리 예측할 수 없는 때에는 다음의 계산식에 따라 제품단위당 보상금액이나 대가의 액을 정할 수 있다.

제품단위당 보상금액 또는 대가의 액 = 제품의 판매단가 × 점유율 × 기본율

취지에서 규정한 것이다.

특허권은 보유하고 있는 것만으로는 타인의 실시를 방해할 뿐 그 사회적 의의를 충분히 달성하고 있다고 할 수 없다. 물론 그 특허발명이 실시되지 않더라도 그 기술을 공개하는 것에 의해 사회의 기술수준을 향상시킨다고 하는 의미는 있으나, 그것만으로는 충분하지 않는 것으로 특정의 경우에 특허발명을 타인에게 실시케 하는 규정이다.

우리 특허법에서 특허발명의 불실시나 상당한 영업적 규모로 실시하지 않는 데 따른 규제조치로서 재정제도를 둔 것은 파리협약 제5조A[39]의 규정에 따른 것이다. 재정실시권에 관하여 국내법은 파리협약 제5조A 제2항 · 제3항에 기초를 두고 있는데, 파리협약에서 규정하고 있는 강제실시권에 대한 규정은 선진국에게 불리하게 작용하여 개발도상국이나 후진국들은 각 나라마다 동협약에 근거하여 국내법에 강제실시권에 관한 규정을 마련하여 선진국에 대한 국내산업보호의 수단으로 삼았다. 따라서 선진국들은 이러한 불리한 점을 극복하고자 재정실시권의 설정조건에 국내수용을 위한 공급을 주목적으로 실시되어야 함을 조건으로 부과하는 등 재정실시권설정의 요건을 강화하는 내용을 WTO/TRIPs 협정 제31조에 포함시키게 되었다.[40]

3) 재정청구의 대상 및 성립요건

① 불실시에 의한 재정청구의 대상 및 성립요건 특허발명의 실시를 원하는 자는 해당 특허발명이 천재지변이나 그 밖의 불가항력 또는 대통령령이 정하는 정당한 이유 없이 계속하여 3년 이상 국내에서 실시되고 있지 아니한 경우에는 특허청장에게 통상실시권 허락의 재정을 청구할 수 있다(제107조 제1항 1호). 이 경우 재정을 청구하기 전에 실시를 원하는 자가 특허권자 또는 전용실시권자에게 협의[41]를 구했으나 협의를 할 수 없거나, 협의의 결과 합의가 이루어지지 않은 상태에서만 재정을

39) 각 동맹국은 불실시와 같은 특허에 의하여 부여되는 배타적 권리의 행사로부터 발생할 수 있는 남용을 방지하기 위하여 강제실시권의 부여를 규정하는 입법조치를 취할 수 있다(파리협약 제5조A 제2항).

강제실시권의 부여가 그러한 남용을 방지하기에 충분하지 아니한 경우를 제외하고는 특허의 몰수를 규정할 수 없다. 최초의 강제실시권의 부여로부터 2년이 만료되기 전에는 특허의 몰수 또는 철회를 위한 절차를 진행시킬 수 없다(파리협약 제5조A 제3항).

40) 김원준, 「특허법(개정판)」, 박영사, 2003, 549~550면 참조.

41) 재정실시권을 청구하기 위해서는 협의가 원칙이지만 공공의 이익을 위하여 비상업적으로 실시하고자 하는 경우와 불공정한 거래행위의 시정을 위한 재정의 청구에는 협의를 하지 않아도 재정을 청구할 수 있다.

청구할 수 있다. 다만 특허권자에게 사업의 실시를 위한 검토와 준비기간 등을 보장하기 위해, 특허출원일로부터 4년을 경과하지 아니한 경우에는 이를 적용하지 아니한다(제107조 제2항).

여기서 "대통령령에서 정하는 정당한 이유"란 특허권의 수용·실시 등에 관한 규정 제6조 제1항 1호 내지 5호에서 정하고 있는 ① 특허권자가 심신장애로 인한 활동불능으로 그 특허발명을 실시하지 못한 경우(다만 의료기관의 장이 증명한 경우에 한함), ② 특허발명의 실시에 있어서 정부기관이나 타인의 허가·인가·동의 또는 승낙을 필요로 할 경우에 그 허가·인가·동의 또는 승낙을 받지 못함으로 인하여 그 특허발명을 실시하지 못한 경우, ③ 특허발명의 실시가 법령에 의하여 금지 또는 제한되어 그 특허발명을 실시하지 못한 경우, ④ 특허발명의 실시에 필요한 원료 또는 시설이 국내에 없거나 수입이 금지되어 그 특허발명을 실시하지 못한 경우, ⑤ 특허발명의 실시에 따른 물건의 수요가 없거나 그 수요가 적어 이를 영업적 규모로 실시할 수 없어 그 특허발명을 실시하지 못한 경우 등이 이에 해당된다. 그리고 특허권 설정의 등록이 된 후 계속하여 3년 이상 그 특허발명의 실시에 착수하지 아니한 때에는 이를 특허발명의 불실시로 본다(특허권의 수용·실시에 관한 규정 제6조 제2항).[42]

특허발명을 실시하고자 하는 자는 먼저 특허권자나 전용실시권자에 대하여 통상실시권 허락에 관한 협의를 구하고 협의를 할 수 없거나 협의결과 합의가 이루어지지 않은 경우에 특허청장에게 통상실시권을 설정할 것을 요구하는 재정을 청구할 수 있다. 따라서 협의절차를 거치지 아니한 재정신청은 각하의 대상이 된다. 특히 현행법에서는 협의를 청구할 수 있는 시기에 관하여 제한을 두고 있지 않고 있다(제107조 제1항 1호).

② 불성실한 실시에 의한 재정의 청구 특허발명의 실시가 상당한 영업적 규모로 실시되지 아니하거나 적당한 정도와 조건으로 국내수요를 충족시키지 못하는 경우에는 재정의 대상이 된다. 어느 정도의 실시가 '상당한 영업적 규모'로의 실시인지, '적당한 정도와 조건으로 국내수요를 충족'시키는지 여부를 일률적으로 단정짓기는 어렵다 하겠으나, 이는 발명의 유형이나 성질 또는 거래사회의 거래실정에 따라 결정하여야 할 것이며, 명목적인 실시이거나 수요가 활발한데도 이의 생

42) 한편 위 규정은 '통상실시권이 허여된 후 계속하여 2년 이상 그 특허발명의 실시에 착수하지 아니한 때' 역시 특허발명의 불실시로 보고 있으나 이 부분은 2년 이상 특허발명의 불실시를 이유로 한 특허권의 취소(2011.12.2. 법률 제11117호로 개정되기 전의 구 특허법 제116조)가 폐지된 이후에는 의미가 없다고 할 것이다.

산·판매를 의식적으로 제한하거나 독과점을 목적으로 의도적으로 제품의 출고를 제한하는 등의 경우는 여기에 해당된다 할 것이다.

이 경우에도 재정을 청구하기 전에 실시를 원하는 자가 특허권자 또는 전용실시권자에게 협의를 구했으나 협의를 할 수 없거나 협의의 결과 합의가 이루어지지 않은 상태에서만 재정을 청구할 수 있다(제107조 제1항 2호). 또한 특허발명이 특허출원일로부터 4년을 경과하여야 한다(제107조 제2항).

③ **공익상 필요한 발명의 재정의 청구** 공공의 이익을 위하여 특허발명의 실시가 특히 필요한 경우(제107조 제1항 3호) 그 특허발명을 실시하고자 하는 자는 특허청장에 대하여 재정을 신청할 수 있다.

특허발명의 실시가 공공의 이익을 위하여 특히 필요한 경우 그 발명은 사회이익을 위해서 실시되어야 한다. 그런데 특허권자가 이를 실시하지 않는다면 이는 사회적으로 커다란 손실이며 특허제도의 존재의미 역시 약해진다. 이에 특허법은 이를 실시하고자 하는 자가 해당 특허발명에 대하여 통상실시권 설정의 재정을 청구하여 통상실시권을 획득함으로써 해당 특허발명이 실시되도록 하고 있다.

이때 발명이 공익상 필요한 사유는 극히 제한적이며, '무엇보다 더 공익상 필요하다'란 상대적 의미의 공익이기보다는 '공익상 꼭 필요하다'라고 하는 절대적 의미의 공익이다. 이와 같이 특허발명이 공익상 필요한 것인 경우에는 그 발명이 특허권자로 인하여 실시되고 있는지 여부는 고려되지 않고, 청구의 시기도 제한이 없다. 따라서 단순히 공익에 필요하다는 이유로 개인의 특허권을 제한하고 타인의 재산권의 행사에 개입되는 것이므로 그 대상의 선정에는 더욱 신중을 기하여야 할 것이다.

④ **불공정한 거래행위를 바로 잡기 위한 재정의 청구** 사법적 절차 또는 행정적 절차에 의하여 불공정거래행위[43]로 판정된 사항을 바로 잡기 위하여 특허발명을 실시할 필요가 있는 경우에는 통상실시권에 관한 재정을 청구할 수 있다(제107조 제1항 4호).

이 규정은 WTO/TRIPs 협정 제31조 (k)항의 규정에 따른 것인데, 특허권자 등의 불공정거래행위가 사법적 절차 또는 행정적 절차에 의하여 판정된 경우에는 건전한 거래질서를 위하여 반경쟁적인 관행을 바로잡을 필요가 있다 할 것이며 이를

43) 불공정거래행위란 부당하게 거래를 거절하거나 거래의 상대방의 사업활동을 부당하게 구속하는 조건으로 거래하는 행위 등을 말하며, 법원 또는 행정기관에서 특허권자 등의 행위에 대하여 불공정거래행위로 판정된 경우이다.

위하여 제3자에게 특허발명의 실시를 허용할 필요가 있는 것이다.

WTO/TRIPs 협정 제31조 (f)의 강제실시권에 관한 규정을 반영한 것으로 권리자의 권리남용으로 불공정한 거래행위가 발생했을 경우 이를 구제하기 위하여 '사법적 절차 또는 행정적 절차에 의하여 불공정거래행위로 판정된 사항을 시정하기 위하여 특허발명을 실시할 필요가 있는 경우'에 해당 특허발명을 실시하고자 하는 자가 특허청장에게 통상실시권 설정의 재정을 청구할 수 있다. 이때 재정의 청구를 위한 전 단계로서 협의를 요건으로 하지 않으며, 청구의 시기 역시 제한을 받지 않는다.

다른 통상실시권의 재정은 국내수요를 위한 공급으로 그 범위를 제한하고 있으나, 불공정거래행위를 바로 잡기 위해 재정을 하는 경우에는 국내수요를 위한 공급에만 한정되지 않는 것으로 하여 예외적인 규정을 하고 있다. 이는 특허권이 설정등록되지 않은 국가에 수출을 할 수 있도록 하여 반경쟁적 관행을 시정하고자 한 것으로, 1995년 12월 29일 개정법(법률 제5080호)에서 도입되었다.

⑤ **반도체기술에 대한 통상실시권 설정의 재정의 청구** 반도체기술의 경우는 일반 특허발명과는 달리 i) 공공의 이익을 위하여 비상업적으로 실시할 필요가 있거나, 또는 ii) 사법적 절차 또는 행정적 절차에 의하여 불공정거래행위로 판정된 사항을 바로 잡기 위하여 실시할 필요가 있는 경우에 한하여 재정실시권을 청구할 수 있다(제107조 제6항). 반도체기술분야의 특수성을 감안하여 반도체 기술에 대한 재정청구를 제한한 것이다.

⑥ **수입국에 의약품을 수출하기 위한 재정의 청구** 자국민 다수의 보건을 위협하는 질병을 치료하기 위하여 의약품(의약품 생산에 필요한 유효성분, 의약품 사용에 필요한 진단키트를 포함)[44]을 수입하고자 하는 국가[45]에 그 의약품을 수출할 수 있도록 특허발명을 실시할 필요가 있는 경우에 그 특허발명을 실시하고자 하는 자는 특허청장에게 통상실시권 허락의 재정을 청구할 수 있다(제107조 제1항 5호).

---

44) ① 특허된 의약품, ② 특허된 제조방법으로 생산된 의약품, ③ 의약품 생산에 필요한 특허된 유효성분, ④ 의약품 사용에 필요한 특허된 진단키트(제107조 제8항).

45) 수입국은 세계무역기구회원국 중 세계무역기구에 다음 각 호의 사항을 통지한 국가 또는 세계무역기구회원국이 아닌 국가 중 대통령령이 정하는 국가로서 다음의 사항을 대한민국정부에 통지한 국가에 한한다. ① 수입국이 필요로 하는 의약품의 명칭과 수량, ② 국제연합총회의 결의에 따른 최빈개발도상국이 아닌 경우 해당 의약품의 생산을 위한 제조능력이 없거나 부족하다는 수입국의 확인, ③ 수입국에서 해당 의약품이 특허된 경우 강제적인 실시를 허락하였거나 허락할 의사가 있다는 그 국가의 확인(제107조 제7항).

4) 재정의 절차

해당 특허발명을 실시하고자 하는 자는 누구든지 재정을 청구할 수 있으며, 이 때 재정의 피청구인은 특허권자가 된다.[46)]

특허청장은 재정을 함에 있어 매청구별로 통상실시권설정의 필요성을 검토하며(제107조 제3항), 재정청구가 있더라도 재정 전에 특허권자가 적절한 실시를 개시했을 때에는 재정청구를 기각한다. 또한 특허청장은 재정을 할 때 필요하다고 인정하는 경우에는 발명진흥법 제41조에 따른 산업재산권분쟁조정위원회 및 관계 부처의 장의 의견을 들을 수 있고, 관계 행정기관이나 관계인에게 협조를 요청할 수 있다(제109조).[47)]

① 재정에 의하여 통상실시권을 설정받고자 하는 자는 필요한 서류를 첨부하여 일정한 사항을 기재한 신청서를 특허청장에게 제출하여야 한다(제110조).[48)]

② 특허청장은 재정의 청구가 있은 때에는 그 청구서의 부본을 그 청구에 관련된 특허권자·전용실시권자 기타 그 특허에 관하여 등록을 한 권리를 가지는 자(예를 들면 통상실시권자, 질권자)에게 송달하고 기간[49)]을 정하여 답변서를 제출할 수 있는 기회를 주어야 한다(제108조).

③ 특허청장은 재정을 함에 있어 특허법 제107조 제1항 1호 내지 3호의 경우에는 통상실시권이 국내수요를 위한 공급을 주목적으로 실시되어야 함을 조건으로 부과하여야 하며, 5호의 경우에는 생산된 의약품 전량을 수입국에 수출하여야 하는 조건을 부과해야 한다(제107조 제4항). 특허청장은 상당한 대가가 지급될 수 있도록 하여야 하는데 불공정거래행위를 시정하기 위한 취지나 특허발명을 실시함으로써 발생하는 수입국에서의 경제적 가치를 참작할 수 있다(제107조 제5항).

④ 특허청장은 재정을 한 때에는 당사자 및 그 특허에 관하여 등록을 한 권리를 가지는 자에게 재정서 등본을 송달하여야 하며(제111조 제1항), 재정서 등본이 송달된 때에는 재정서에 명시된 바에 따라 당사자 사이의 협의가 성립된 것으로 본다(제111조 제2항). 따라서 재정서 등본이 송달된 때부터 재정에 의한 통상실시권의 효력은 발생하는 것이며, 재정에 의한 통상실시권자는 재정에서 정해진 바에 따라 그 특허발명을 업으로서 실시할 수 있다.

---

46) 해당 특허권에 전용실시권이 설정되어 있는 경우에는 전용실시권자를 피청구인으로 하여야 한다.

47) 이 절차는 필요적 절차이기는 하나 특허청장은 위원회의 의견에 구속되지는 않는다.

48) 구체적인 기재사항과 필요 서류는 특허권의 수용·실시 등에 관한 규정(대통령령 제23488호) 제3조에서 규정하고 있다.

49) 답변서의 제출기간은 특허법 시행규칙 제16조에서 2월 이내로 규정하고 있다.

⑤ 재정을 받은 자는 특허법 제112조 각호에서 정한 경우를 제외하고는 재정에서 정한 바에 따라 특허권자 등에게 그 대가를 지급하여야 한다. 한편 재정이 있은 후 재정에 의한 실시권자가 일정한 시기까지 대가를 지급하지 아니하거나 공탁을 하지 않은 경우에는 그 재정은 효력을 상실한다(제113조). 한편 재정을 받은 자는 일정한 경우[50] 그 대가를 공탁하고 특허발명을 실시할 수 있다(제112조).

5) 재정의 취소

① 의 의　재정에 의한 통상실시권을 설정해 주었는데, 그 재정에 의한 통상실시권자에 의해서도 실시가 되지 않는다면 재정행위의 목적이 소멸해 버린다. 이에 재정결정에 대한 원인무효를 시킬 필요가 있는데, 특허청장은 재정을 받은 자가 그 특허발명을 재정의 목적에 적합하지 않게 실시하는 등 일정한 경우[51]에는 직권으로 또는 이해관계인의 신청에 의하여 재정을 취소할 수 있다. 이때 재정의 취소를 함에 있어서는 재정절차인 답변서제출, 산업재산권심의위원회의 의견청취, 재정의 방식, 재정서 등본의 송달에 관한 규정이 준용되며, 재정의 취소가 있는 때에는 통상실시권은 그때부터 소멸한다(제114조).

② 취 지　재정제도의 목적은 특허발명이 일정기간 불실시되거나 국내수요를 충족시킬 정도로 실시되지 않은 경우 제3자에 의한 특허발명의 실시를 허락하여 특허법의 궁극적인 목적인 산업발전에 이바지하고자 함에 있으므로, 재정실시권자가 이러한 재정의 목적에 부합하도록 실시를 하지 않는다면 사유재산권인 특허권을 제한한 재정실시권은 소멸된다. 또한 특허권자 등이 재정사유를 해소하여 충분한 실시를 하거나 불공정거래행위를 종료한 경우에도 재정실시권자의 정당한 이익이 보호된다면 재정처분을 유지할 이유가 없다. 이러한 경우 통상실시권 재정의 취소와 그 절차 및 효과에 대하여 규정한 것이다.

③ **재정취소의 요건**　재정실시권자의 불실시(제114조 제1항 제1호)에는 재정실시권자가 특허발명을 실시하지 않는 경우뿐만 아니라 그 실시가 재정의 목적에 부합하여 국내수요를 충족시키지 못한 경우를 포함한다.

재정사유의 해소(제114조 제1항 제2호)는 특허권자 등이 재정사유인 불실시 또는 불충분한 실

50) ① 대가를 받을 자가 수령을 거부하거나 수령할 수 없는 경우, ② 대가에 대하여 제190조 제1항의 규정에 의한 소송이 제기된 경우, ③ 해당 특허권 또는 전용실시권을 목적으로 하는 질권이 설정되어 있는 경우. 다만, 질권자의 동의를 얻은 때에는 그러하지 아니하다.

51) ① 재정을 받은 목적에 적합하도록 그 특허발명을 실시하지 아니한 경우, ② 통상실시권을 재정한 사유가 없어지고 그 사유가 다시 발생하지 아니할 것이라고 인정되는 경우, ③ 정당한 사유없이 재정서에 명시된 특허법 제110조 제2항 3호 또는 4호의 사항을 위반하였을 경우.

시(상당한 영업적 규모로 실시되지 못하여 국내수요를 충족시키지 못하는 경우)를 해소하거나 불공정거래행위를 종료하고 그러한 행위를 재발할 우려가 없다고 인정되는 경우를 의미한다. 이러한 사유의 발생은 재정실시권자의 귀책사유로 인한 것은 아니므로 재정실시권자의 정당한 이익이 보호될 수 있는 경우에 한하여 취소할 수 있는 것으로 규정되어 있다(제114조 제1항 단서).

또한 정당한 사유없이 재정서에 명시된 특허법 제110조 제2항 3호 또는 4호의 사항을 위반하였을 경우(제114조 제1항 3호)에도 재정을 취소할 수 있다.

④ **재정취소의 절차** 재정의 취소절차는 이해관계인의 신청 또는 직권에 의해 개시된다. 재정의 취소에 관한 절차는 재정의 절차를 준용한다. 재정취소의 신청이 있는 때에는 재정취소신청서 부본을 재정실시권자에게 송달하고 기간을 정하여 답변서를 제출할 수 있는 기회를 주어야 하며, 재정의 취소는 서면으로 이유를 붙여서 하여야 하고 그 결정에 필요한 경우에는 산업재산권분쟁조정위원회의 의견을 들을 수 있다. 또한 재정취소결정서의 등본을 당사자 및 특허에 관한 등록권리자에게 송달하여야 한다.

⑤ **재정취소의 효과** 재정취소의 효과는 장래를 향하여 발생한다. 즉 재정의 취소가 있는 때에는 통상실시권은 그 때부터 소멸되며 재정이 있는 때로 소급하여 소멸되지 않는다. '재정의 취소가 있는 때'는 재정의 취소의 처분이 확정된 때를 의미한다.

6) 재정에 대한 불복

재정은 특허청장의 행정처분으로서 이에 대한 불복은 행정심판법에 의하여 행정심판을 제기하거나 행정소송법에 의하여 취소소송을 제기하여 다툴 수 있는데, 이 경우에 재정으로 정한 대가만을 불복이유로 할 수 없다(제115조). 이는 대가와 같은 재정의 부수적인 사항을 가지고 불복이유로 삼는다면 행정의 절차만 지연되므로, 이를 방지한다는 취지에서이다.

7) 이전 및 질권설정

통상실시권의 재정제도는 특허발명의 불실시란 문제를 제거하여 실시를 활성화하는 데 그 목적이 있으며 통상실시권자에게 실시 이외의 다른 권리를 인정하지는 않는다. 이에 재정에 의한 통상실시권은 다른 통상실시권과는 달리 통상실시권의 이전 및 질권 설정이 제한된다. 즉 재정에 의한 통상실시권의 이전은 해당 특허발명의 실시사업과 같이 이전하는 경우에 한하며, 특허권자 또는 전용실시권자의 동의가 있어도 이를 다른 통상실시권과 같이 이전할 수 없다(제102조 제3항). 이러한 이유에서 재정에 의한 통상실시권을 목적으로 하는 질권의 설정도 할 수 없다.

(4) 통상실시권 허락의 심판에 의한 실시권(제138조)

1) 의 의

특허발명이 이용발명인 경우에는 선출원의 권리자를 보호하기 위하여 특허발명의 실시에 그 선출원 권리자의 동의를 받도록 하고 있다. 그러나 선출원 발명의 보호에만 치우쳐 그 실시허락을 전적으로 선출원자에게 맡긴다면, 실시를 통하여 산업발전이라는 특허제도의 목적을 달성하고자 하는 노력이 무산될 수 있겠다. 이에 특허법은 심판이라는 국가 개입을 통하여 선출원자를 보호하고 아울러 선행기술을 바탕으로 하여 기술 개발을 하는 자를 보호함으로써 기술개발촉진을 도모하고 또한 당사자간의 이해관계를 조정하려 하였다. 즉 특허권자 · 전용실시권자 또는 통상실시권자는 해당 특허발명이 특허법 제98조의 타인의 권리와 이용 · 저촉관계에 해당하여 그 타인에게 실시의 허락을 받고자 하는 경우에 그 타인이 정당한 이유없이 허락하지 아니하거나 그 타인의 허락을 받을 수 없는 때에는 자기의 특허발명의 실시에 필요한 범위 안에서 통상실시권허여의 심판을 청구할 수 있도록 하고 있다.

2) 취 지

특허법 제98조는 타인의 특허발명과 이용 또는 저촉관계에 있는 발명의 실시에 관한 규정이다.

통상적으로 특허발명은 그 특허발명의 특허출원일전에 출원된 다른 특허발명 등을 개량하는 형식으로 이루어진다. 그러므로 어느 특허발명이 그 특허발명의 특허출원일 전에 출원된 다른 특허발명을 개량하여 특허되었다 하더라도 그 개량된 발명은 타인의 다른 특허발명 · 등록실용신안 · 등록디자인 등을 이용한 경우이거나, 또는 그 특허권에 선행하는 디자인권 또는 상표권과 저촉되는 경우가 있을 수 있다.

이러한 경우에 이용 또는 저촉관계에 있는 발명을 실시하고자 하는 자는 선행하는 특허 등의 권리자(특허권자, 실용신안권자, 디자인권자 또는 상표권자)의 허락을 받지 아니하고는 자기의 특허발명을 업으로서 실시할 수 없는데 이는 특허법의 선출원 우선의 원칙 등에 비추어 당연한 것으로 이를 명확하게 한 것이다.

3) 성립요건

선출원된 권리에 대하여 통상실시권의 허락을 받기 위해서는 이용·저촉의 관계에 있어야 하며, 실시하고자 하는 특허발명의 기술수준이 선출원된 특허발명 또는 등록실용신안의 내용에 비하여 상당한 경제적 가치가 있는 중요한 기술적 진보를 가진 것이어야 한다(제138조 제2항).

① 이용·저촉관계가 있을 것 특허발명이 그 특허발명의 특허출원일 전에 출원된 타인의 특허발명·등록실용신안 또는 등록디자인이나 그 디자인과 유사한 디자인을 이용하거나 특허권이 그 특허발명의 특허출원일 전에 출원된 타인의 디자인권과 저촉관계가 있어야 한다.[52] '이용관계'란 후출원발명이 선출원발명의 모든 구성요소를 포함하고 있음으로 해서 후출원발명을 실시하는 경우 선출원발명의 전부를 실시하게 되는 경우를 말함이 일반적이고, '저촉관계'란 어느 한쪽의 권리를 실시할 경우 다른 한쪽의 권리를 그대로 실시하는 것과 같게 되는 소위 권리간의 충돌관계가 성립되는 경우를 말한다.[53] 이때 이용·저촉관계의 여부는 심판관이 심리·판단한다.

② 정당한 이유 없이 실시허락을 아니하거나 실시허락을 받을 수 없을 것

통상실시권 허락의 심판은 당사자간에 실시를 위한 협의가 성립되지 아니하거나 협의를 할 수 없을 때에만 청구하여야 한다. 이 제도는 당사자간의 해결이 실패로 돌아간 경우 최후수단으로서 인정되기 때문에 우선 당사자간의 협의과정이 중요하다.

'정당한 이유'란 제3자가 납득할 수 있을 정도로 충분하고 객관적인 이유를 말하며, '실시허락을 받을 수 없을 때'란 선출원의 특허권자·실용신안권자·디자인권자 또는 각 공유자의 동의를 받을 수 없거나 권리자의 소재가 불명하여 실시허락을 받을 수 없는 경우를 말한다. 이 심판은 당사자간에 협의가 성립되지 않는 경우에 한하여 청구할 수 있는 심판이므로 통상실시권 허락을 받고자 하는 자는

---

52) 비록 특허법 제138조의 법문에서 선출원의 상표권과의 관계를 배제하고 있지는 않으나 상표는 통상실시권이 아니라 통상사용권의 대상이 되는 것인 점, 상표는 출처표시로서의 기능이 본질이므로 통상사용권 허락의 심판과는 어울리지 않는 점, 상표법에는 특허법 제138조에 대응되는 규정이 없는 점 등을 고려하면, 상표권과의 관계에서도 통상사용권 허락을 받을 수 있는가에 관하여는 의문이 있다(이 문제는 디자인과 상표의 관계에서도 일어나는데 이 점에 관한 설명으로 정상조·설범식·김기영·백강진 공편(박태일 집필부분), 「디자인보호법 주해」, 박영사, 2015, 662~663면 참조).

53) 특허청·한국지식재산연구원, 「지식재산제도의 실효성 제고를 위한 법제도 기초연구-특허법 조문별 해설서」, 2014, 910~911면.

특허청에 대하여 통상실시권 허락의 심판을 청구하기 전에 먼저 선출원의 특허권자 등과 통상실시권 허락에 관한 협의를 가져야 한다.[54] 만약, 사전에 협의 없이 실시권을 청구하면 당연히 각하된다.

③ 경제적 가치가 있는 중요한 기술상의 진보를 가져올 것　통상실시권을 허여하기 위해서는 그 특허발명이 타인의 특허발명·등록실용신안보다 상당한 경제적 가치가 있고 또한 중요한 기술적 진보를 가져오는 것이 아니면 안 된다(제138조 제2항). 여기서 '진보'의 의미를 판단함에는 특허요건으로서의 진보성 판단시의 진보 개념과 같이 볼 수 있다는 견해도 있으나, 선출원의 권리내용을 그대로 채용하여 다른 발명을 한 것이 실시하고자 하는 특허발명임을 감안할 때 진보성 판단시의 개념처럼 선출원 발명의 구성과 다른 발명의 구성의 결합의 용이성 등에 의해서만 정해질 수는 없다 하겠다. 따라서 선출원 권리의 발명의 구성을 전부 채용하여 한 이용발명은 이용한 발명을 제외한 나머지 발명의 구성만으로도 기술상으로 상당한 정도의 진보된 것을 의미하고, 이와 같은 상태의 '진보된 발명'을 판단하기가 곤란할 경우에는 상기한 진보성 판단시의 진보처럼 양발명의 구성의 결합 용이성 여부로서 진보의 여부를 판단해야 할 것이다.

4) 절　차

후출원특허권자는 먼저 선출원특허권자 등에게 자기의 특허발명을 실시하기 위한 협의를 구해야 한다. 이러한 협의절차를 거치지 아니한 통상실시권 허락 심판의 청구는 부적법한 청구로서 각하된다.

심판의 청구는 타인의 특허발명·등록실용신안·등록디자인과 이용관계 또는 등록디자인과 저촉관계에 있는 특허발명의 특허권자·전용실시권자·통상실시권자가 하며, 피청구인은 선출원의 권리자이다. 선출원의 권리가 특허인 경우에는 특허권자가 그 피청구인이 되며, 전용실시권이 설정된 경우에는 특허권자와 전용실시권자가 그 피청구인이 된다. 이때 심판의 청구는 자기의 특허발명을 실시하기에 필요한 범위 내에서 청구할 수 있다.

5) 통상실시권의 범위 및 청구기간

후출원 권리자인 이용발명의 특허권자가 취득한 통상실시권의 범위는 실시시간 및 실시장소에 관한 범위의 제한은 없다고 보지만, 그 실시내용에 관하여는 자기

54) 이인종, 「특허법개론」, 법연출판사, 2001, 550면 인용.

의 특허발명의 실시에 필요한 범위로 한정된다.

통상실시권 허락의 심판은 특허권의 존속기간 중에 서로 이용·저촉되는 권리를 실시하는 과정에서 그 이용·저촉관계를 해결하기 위한 제도이므로 심판청구는 권리존속기간 중에만 청구할 수 있다.

6) 대가의 지급

심판에 의해서 통상실시권을 취득한 이용발명의 권리자 또는 선출원권리자는 특허권자·실용신안권자·디자인권자 또는 그 전용실시권자에 대하여 대가를 지급하여야 한다. 다만, 자기가 책임질 수 없는 사유에 의하여 지급할 수 없는 때에는 그 대가를 공탁하여야 한다(제138조 제4항). 이 통상실시권자는 그 대가를 지급하지 아니하거나 공탁을 하지 아니하면 그 특허발명·등록실용신안 또는 등록디자인이나 이와 유사한 디자인을 실시할 수 없다(제138조 제5항).

실시권 허락의 심판을 청구하는 자는 심판청구시 심판청구서에 그 대가에 대한 사항도 기재하여야 한다. 따라서 대가 및 그 대가의 지급방법 등은 심결로서 결정된다. 만약 대가에 대하여 심결을 받은 자가 그 대가에 불복이 있을 때에는 심결문의 등본이 송달된 날로부터 30일 이내에 법원에 소송을 제기할 수 있다.

7) 통상실시권의 이전

심판에 의한 통상실시권은 그 통상실시권자의 특허권등을 전제로 이를 실시할 수 있도록 부여된 것이므로, 심판에 의한 통상실시권은 통상실시권자의 특허권등과 분리될 수 없는 성질의 것이다. 따라서 심판에 의한 통상실시권은 그 통상실시권자의 특허권·실용신안권·디자인권에 따라 이전되고 또한 소멸된다. 즉 심판에 의한 통상실시권은 통상실시권자의 특허권과 함께가 아니면 이를 분리하여 이전할 수 없다(제102조 제4항).

8) 심결확정의 효과

통상실시권을 허락한다는 취지의 심결이 확정되면 통상실시권이 발생한다. 상세한 것은 뒤 "심판제도"에서 살펴보기로 한다.

제 7 편

특허권의 침해

제1장

총 설

Ⅰ. 의 의

특허권은 특허법 제87조 제1항(설정등록)에 의해 그 권리가 “발생”하며, 특허권자는 특허법 제94조에 의해 “업으로서” 그 특허발명을 “실시할 권리”를 “독점”한다. 즉 특허권의 효력이란 특허권자가 등록된 특허발명을 독점적으로 실시할 수 있는 권리(제94조)와 특허권자 이외의 자가 정당한 권원 없이 등록된 특허발명을 업으로서 실시하는 행위를 민법 제750조의 불법행위로 보고 권리의 침해자에게 그 권리의 침해금지 또는 예방청구, 손해배상청구 등을 할 수 있는 권리(제126조, 제128조)가 있다. 전자를 적극적 효력이라 하고, 후자를 소극적 효력이라 한다.

이러한 특허권의 보호범위는 특허법 제97조에 의해 “청구범위에 적혀 있는 사항”에 의하여 정하여진다.

Ⅱ. 특허권침해의 특수성

특허권은 재산권의 일종이기 때문에 공공복지 등의 경우를 제외하고는 특허권자가 그 특허발명을 업(業)으로서 실시(實施)할 권리를 독점하지만(적극적 효력), 이와 함께 타인이 그 특허발명을 실시할 수 없도록 할 권리(소극적 효력)를 가진다. 즉 특허권의 침해를 배제하는 것이 가능하다. 특허권의 객체가 무체물이기 때문에 점유가 불가능하므로 침해가 용이하며, 침해가 있다 하더라도 그 사실의 발견이 어렵고, 또 침해의 판단 및 증명이 곤란하며, 침해라고 인정되었다 하더라도 그 손해액 산정이 곤란하다. 그리하여 특허법은 이러한 침해에 대한 구제를 위해 여러 가지 제도를 두고 있다.

특허권침해에 대한 침해금지청구권을 현실적으로 특허권을 침해한 자는 물론 침해할 우려가 있는 자에 대하여도 권리를 행사할 수 있도록 하였으며, 침해행위가 특허발명을 업으로서 실시하는 것에만 한하지 않고 그 이외에도 침해행위로 보는 행위를 규정하고 있다. 또한 손해액의 추정, 생산방법의 추정, 과실의 추정 규정 등을 두어 침해금지청구권을 행사함에 있어 권리자의 권리행사를 용이하게 하고 있다.

제2장

권리침해의 성립요건 및 판단

Ⅰ. 성립요건

1. 서

특허권의 침해가 성립하기 위해서는 ① 유효한 특허권의 존재를 전제로, ② 그 보호범위에 속하는 발명을 ③ 업으로서 실시하고 있으며, ④ 그 실시자가 실시에 관하여 정당한 권원을 가지고 있지 않아야 한다.

2. 특허권의 존재

특허권의 침해는 특허권의 효과에 관한 것이므로 특허권의 존재를 전제로 한다. 특허권은 설정등록에 의해 발생하며, 일단 발생한 특허권은 무효원인이 포함되어도 무효심판에서 무효의 심결이 확정될 때까지 특허권으로 유효하게 존재한다.[1] 그러나 무효로 확정됨으로써 처음부터 존재하지 아니한 것으로 된다. 또한 특허료의 불납, 상속인의 부존재 등의 경우에는 특허권은 존재하지 않은 것으로 되어 침해의 문제가 생기지 않는다.

---

1) 단 침해소송을 당한 피고가 특허무효사유를 주장・증명하여 침해 책임으로부터 벗어날 수는 있다.

3. 특허발명 보호범위의 실시

특허권 침해는 '청구범위의 발명'을 업으로서 실시할 때 발생한다. 즉 명세서 중의 발명의 설명 또는 도면에만 기재되고 있는 발명의 실시는 원칙적으로 특허권의 침해를 구성하지 않는다. 이는 "특허발명의 보호범위는 청구범위에 적혀 있는 사항에 의하여 정하여진다"라고 규정한 특허법의 규정에서도 이해할 수 있다. 다만 이때 특허발명의 보호범위를 판단함에 있어서는 청구범위에 기재된 사항에만 구애되지 않는다. 즉 청구범위에 기재된 것뿐만 아니라 발명의 설명과 도면의 기재 전체를 실질적으로 판단하여야 할 것이다.[2] 특히 침해의 성립여부를 판단하기 위해 발명의 구성·목적 및 효과를 종합적으로 대비하게 된다.

발명에 있어 구성이란 어떠한 목적 달성을 해결하기 위하여 제시된 구체적 수단을 말하는데, 발명의 구성상 필수요건이 동일할 때에는 그 두 발명은 동일한 것으로 판단한다. 해당 발명이 속하는 기술분야에서 통상의 지식을 가진 자가 일반적으로 원용할 수 있는 정도의 단순한 관용수단의 전환·부가·삭제, 단순한 재료변경, 균등물치환, 균등수단의 전환, 단순한 수치의 한정·변경의 경우에는 발명의 구성이 동일한 것으로 본다. 발명의 구성과 함께 그 목적·효과 등의 동일여부가 판단된다. 다만 목적이나 효과가 동일하다 하여 반드시 동일한 발명이라고 할 수는 없다. 즉 목적이 동일할지라도 구성을 전혀 달리 하거나 효과가 동일할지라도 공정에서 현저한 차이가 있거나 자연법칙의 이용방법이 다를 때에는 발명은 동일한 것으로 보지 않는다.[3]

4. 업으로서의 실시

특허권의 침해 행위는 해당 특허발명을 업으로서 실시하고 있는 것을 필요로 한다. '업으로서'라고 하기 위해서는 그 영리성 여부와 상관없이 적어도 직업 또는 영업적으로 타인의 수요에 응하여 특허발명을 실시함을 의미한다. 따라서 업으로서의 실시가 아닌 가정적·개인적 사용을 목적으로 한 실시나 시험·연구를 위한

---

2) 청구범위에 기재된 문언의 의미내용을 해석함에 있어서는 문언의 일반적인 의미내용을 기초로 하면서도 고안의 설명의 기재 및 도면 등을 참작하여 객관적·합리적으로 하여야 한다(대법원 2006. 12.22. 선고 2006후2240 판결 등 참조).

3) 특허발명 보호범위를 파악하기 위해서는 청구범위 해석이 필요하다. 청구범위 해석에 대해서는 아래 Ⅱ에서 상세히 살펴본다.

실시는 특허권을 침해하지 않는 것으로 된다. 일반적으로 업으로서의 실시행위는 그 반복을 수반하나 반드시 그러한 것은 아니므로, 1회적 실시라도 업으로서 실시가 될 수 있다.

특허권침해로 되는 '실시' 행위는 특허법 제2조 제3호 각목(各目)의 것을 말한다. 여기서 말하는 행위는 일련의 행위로서 행하는 것에 의해 실시되는 것만이 아니고, 행위가 각각 독립해서 실시되어도 침해행위가 된다.[4)]

5. 무권리자에 의한 실시

특허권자 이외의 자라도 특허권자로부터 실시허락을 받아서 실시하거나 법정실시권에 의하여 실시하는 자, 즉 그 특허발명의 실시에 대하여 정당한 지위를 갖는 자의 실시행위는 특허권의 침해행위를 구성하지 않는다. 따라서 실시권의 취득이나 혼동과 같은 특허권의 승계가 있는 경우에는 타인의 침해가 되지 않는다. 그러나, 실시자가 그 발명의 실시에 관하여 정당한 권원을 가지고 있지 않을 때에는 특허권의 침해가 된다.

이와 관련하여 특허권자로부터 구입하는 등 적법하게 판매된 특허품을 자신이 사용·재판매하는 것은 특허권침해에 해당되지 않는다고 생각된다.[5)] 침해의 실시행위로서 문제가 되는 것은 특허품의 수리이다. 특허품의 요부를 수리 또는 개조하여 회복하는 경우에는 새로운 특허품이 만들어지는 것과 같으므로 생산행위에 해당된다고 볼 수 있다.[6)] 즉 특허부분을 분해하거나 재조립하는 경우에는 새로운 '생산'이라고 볼 수 없으나, 특허부분을 전부 교체한 경우라면 새로운 '생산'이라고 볼 수 있을 것이다. 또 개조인 경우도 특허부분을 개조하거나 전부 교체한 경우라면 새로운 '생산'으로 볼 수 있으나 일부의 부품을 제거하는 경우라면 새로운 '생산'이라고 볼 수 없을 것이다. 그러므로 이러한 것은 구체적 상황에 따라 판단하여

---

4) 이를 「실시행위 독립의 원칙」이라 한다.

5) 용진설(소진설): 특허는 국가마다 독립하여 존립하므로, 권리를 부여받은 국가의 법률에 의하여 소진된다. 그러나 甲국에서 그 특허제품을 적법하게 확포(擴布)한 경우, 甲국에서 甲국 특허권은 소진하는 것이지만, 甲국 특허권의 소진은 甲국 특허권과 동일 발명인 乙국에 있는 특허권에는 아무런 영향을 주지 않고, 甲국에서 적법하게 확포한 특허제품이 乙국에 수입되었다고 하더라도 乙국 특허권 침해에 근거하여 수입을 중지하는 것은 가능하다. 이를 국제적 소진설이라고 한다(윤선희, "특허법의 병행수입에 관한 고찰", 창작과 권리(겨울호), 1995 참조).

WTO/TRIPs 第6条, 最高裁 平成9.7.1. 第3小法廷 判決, 平成 7年(オ) 第1988号 특허권침해금지 등 청구사건(民集 51巻6号, 2299頁; 判例時報 1612号, 3頁; 判例 タイムズ 951号, 105頁).

6) 橋本良郎, 『特許法(第3版)』, 有斐閣, 1991, 273頁.

야 할 것이다.[7)]

Ⅱ. 청구범위 해석[8)9)]

1. 서 설

발명자는 특허출원시에 특허명세서 중 '발명의 설명'에는 그 발명이 속하는 기술분야에서 통상의 지식을 가진 사람이 그 발명을 쉽게 실시할 수 있도록 명확하고 상세하게 적어야 하고, '청구범위'는 발명의 설명에 의하여 뒷받침되고 발명이 명확하고 간결하게 적혀 있어야 한다. 즉, 발명자는 발명의 기술적 사상을 발명의 설명의 기재에 의하여 일반 공중에게 공개를 하고, 그 중에서 실질적으로 자기의 권리라고 주장하는 부분을 청구범위에 기재하며, 그 기재된 내용에 의하여 특허발명의 보호범위가 결정되고 있다.

이와 같이 청구범위를 기준으로 특허발명의 보호범위를 확정하는 것이 원칙이지만, 일반적으로 특허권자는 특허발명의 보호범위를 확정하는 데 있어서 가급적이면 자기의 권리범위를 확대 해석하고자 하는 반면에 제3자 또는 침해자는 가급적이면 한정적, 제한적으로 해석하려는 경향이 있다. 최근 특허침해소송 및 권리범위확인심결취소소송에 의하면, 청구범위에 기재되어 있지 아니한 사항에도 특정한 요건을 만족하는 경우에는 특허발명의 보호범위가 미치는 것으로 보고 있다. 이러한 판례의 경향, 즉 청구범위에 기재된 사항보다 넓게 판단하는 균등론적 해석은

---

7) 침해로 인정된 사례(Sandvik Aktieborg Ltd v. E. J. Company, CAFC No.97-1168, 1997.8.6), 침해로 인정하지 않은 사례(Hewllet-packard Ltd v. Repeat-O-Type Stonce'l Meg. corp. CAFC No.96-1379, 1997.8.12.).

특허법원 2017.11.10. 선고 2017나1001 판결은 수리행위 내지 부품 교체행위가 제품의 동일성을 해할 정도에 이르러 생산행위에 해당하는지 여부는 해당 제품의 객관적 성질, 이용형태 및 특허법의 규정취지 등을 종합하여 판단하여야 한다고 판단기준을 설시하였다("방법발명 제품을 적법하게 양수한 양수인이 수리하거나 소모품 내지 부품을 교체하는 경우에 그로 인하여 원래 제품과의 동일성을 해할 정도에 이르는 때에는 실질적으로 생산행위를 하는 것과 마찬가지이므로 특허권을 침해하는 것으로 보아야 할 것이나, 그러한 수리 또는 소모품 내지 부품이 제품의 일부에 관한 것이어서 수리 또는 소모품 내지 부품의 교체 이후에도 원래 제품과의 동일성이 유지되고, 그 소모품 내지 부품 자체가 별도의 특허 대상이 아닌 한, 그러한 수리행위나 부품 교체행위는 방법발명 제품 사용의 일환으로 허용되는 수리에 해당한다"). 이 판결은 대법원 2019.1.31. 선고 2017다289903 판결로 상고기각 확정되었는데, 이 부분은 상고심 쟁점으로 되지 않아 대법원의 판단은 이루어지지 않았다.

8) 이 부분은 권태복 변리사의 도움으로 작성된 것임.

9) 우리 판례의 청구범위 해석 법리에 관한 상세한 설명은 박태일, "청구범위 해석 실무", 「특허법원 개원 20주년 기념논문집」, 2018, 251~295면 참조.

현행 특허법상의 발명의 보호범위 규정과 어떠한 관계를 가지고 있고, 또 그러한 해석이 가능한지에 대한 법률적인 개정도 요구되고 있다고 할 수 있다. 또한 실무에 있어서도 특허발명의 권리범위를 어떻게 해석하느냐에 따라 특허권자와 제3자와의 분쟁을 야기할 수도 있고, 또 당사자의 분쟁을 미연에 방지할 수도 있다.

특허발명이 속하는 기술분야에 있어 통상의 지식을 가진 자(소위 통상의 기술자라고 한다)는 타인의 특허발명의 청구범위에 기재된 발명의 구성요소로부터 그 기술적 사상을 분석하여 자기의 지식과 경험을 통하여 그 기술사상을 구현하는 것을 상상할 수 있다. 즉, 통상의 기술자로서의 제3자는 타인 특허발명의 청구범위에 기재된 발명의 구성요소로부터 ① 단순한 관용수단의 전환 및 부가, 삭제, ② 단순한 형상 및 배열의 한정 내지 변경, ③ 구성요소의 일부의 치환 또는 대체, ④ 단순한 수치의 한정 내지 변경, ⑤ 단순한 용도의 변경 등에 의하여 특허권의 침해회피를 꾀하고 있다. 반면, 특허출원인에게는 이와 같은 제3자의 의도적인 침해행위를 방지할 수 있는 완벽한 청구범위의 작성이 요구되고 있다. 그러나 특허발명의 보호범위를 규정하고 있는 특허법 제97조의 규정에 의하면, 특허출원인에게 완벽한 청구범위를 작성하도록 강제적인 의무를 규정한 것은 아니다. 또한 특허출원인으로서는 발명이라고 하는 무형의 기술적 사상을 문언에 의해 명확히 표현한다고 하는 그 자체가 매우 어려운 작업이고, 장래에 일어날지도 모를 제3자의 모방행위까지를 방지할 수 있도록 완벽하게 청구범위를 작성한다는 것은 특허전문가에게도 불가능한 것이다.

따라서, 특허침해소송 등의 특허분쟁에 있어서 청구범위의 해석은 매우 중요한 의미를 가진다고 볼 수 있다. 청구범위의 해석은 제3자가 침해회피를 위한 모방의 용이성과, 특허출원인이 모방의 형태에 대처할 수 있는 완벽한 청구항 작성의 곤란성과의 조화를 꾀할 수 있어야 한다. 만약 제3자의 침해회피 행위를 청구범위에 기재되어 있지 아니하다고 하는 이유로 방치하게 되면, 특허제도의 취지에 위배될 뿐만 아니라 정의와 형평의 개념에도 반하게 된다. 그러므로 청구범위는 특허권자와 제3자와의 이익의 조화를 도모할 수 있는 범위 내에서 해석돼야 한다.

2. 청구범위해석에 관한 법적 규정의 변천과 의의

(1) 특허법 제97조의 변천

현행 특허법 제97조에는 '특허발명의 보호범위는 청구범위에 적혀 있는 사항에 의하여 정하여진다'라고 규정되어 있으므로 특허발명의 보호범위는 청구범위에 기준하여 해석하여야 한다고 할 수 있다.[10)]

특허법 제97조의 취지는 특허발명의 권리범위를 명시하여 해당 특허발명을 이용하는 일반 공중에게 그 권리의 한계를 명백히 함과 동시에 출원자가 특허를 청구하지 아니한 내용을 비록 발명의 설명에 기재되어 있거나 청구범위에 의도적으로 기재하지 않은 기술내용까지 보호하는 것은 아니라고 할 수 있다.

이와 같이 제97조의 취지에 따라 특허발명의 보호범위를 해석하여야 하는 것을 명문화 하였다고 할 수 있으며 이러한 법규정은 특허법 개정시마다 용어의 표현이 아래와 같이 조금씩 변천되어 왔다.

1) 1973년 개정법

1973년 2월 8일 법률 제2505호로 공포되고 1974년 1월 1일부터 시행된 개정특허법 제57조에는 '특허발명의 기술적 범위는 특허출원서에 첨부한 명세서의 특허청구의 범위에 기재된 내용에 의하여 정한다'라고 규정하였다.

2) 1980년 개정법

1980년 12월 31일 법률 제3325호로 공포되고 1981년 9월 1일부터 시행된 개정특허법 제57조에는 개정 전의 관련조문 중 '기술적 범위'를 '보호범위'로, '특허청구의 범위에 기재된 내용에 의하여'를 '~기재된 사항으로' 변경하였다. 즉, "특허발명의 보호범위는 특허출원서에 첨부한 명세서의 청구범위에 기재된 사항으로 한다"라고 개정하였다.

3) 현행법

1990년 1월 13일 법률 제4207호로 공포되고 1990년 9월 1일부터 시행된 개정특허법 제97조에 있어서는 개정전의 관련조문 중 '특허출원서에 첨부한 명세서의'

---

10) 미국에 있어서의 청구범위해석은 판례법에 의하여 확립되어 있지만, 미국 특허법 제112조(6)에는 "결합발명의 클레임 중 하나의 구성요소는 그것을 지지하는 구조, 재료 혹은 행위로서 기재하는 것이 아니라 특정한 기능을 달성하는 수단 혹은 공정으로 기재할 수 있다. 이 경우에는 그 클레임은 명세서 중에 기재되어 있는 것과 동일의 구조, 재료, 혹은 행위와 더불어 그들의 균등물에도 미치는 것으로 해석하여야 한다"라고 규정하고 있다. 또 제271조에는 "Except as otherwise provided in this title, whoever without authority makes, uses or sells any patented invention, within the United States during the term of the patent therefor, infringes the patent"라고 규정하고 있다. 비록 이 규정에는 문언해석이라고 하는 명문의 규정은 없지만, "patented invention"라고 하는 표현은 "claimed invention"과 동일한 의미이므로 결국은 청구범위에 클레임된 사항으로부터 특허발명의 보호범위를 해석하여야 한다.

를 삭제하였으며, 또 '~기재된 사항으로 한다'를 '~기재된 사항에 의하여 정하여진다'로 하였다. 즉, '특허발명의 보호범위는 청구범위에 기재된 사항에 의하여 정하여진다'로 개정하였다. 나아가 2014년 6월 11일 법률 제12753호로 공포된 현행법 제97조는 '특허청구범위'를 '청구범위'로, '기재된'을 '적혀 있는'으로 바꾸었으나, 이는 실질적인 내용에 관한 개정은 아니다.

(2) 법적 의의

1) '적혀 있는 사항에 의하여'의 의의

특허발명의 보호범위를 청구범위에 '적혀 있는 사항에 의하여' 정한다고 하는 것은 청구범위에 적혀 있는 내용을 그대로 해석하느냐 그렇지 않으면 청구범위를 중심으로 확대해석할 수 있느냐의 법조문해석에 관한 문제점이 제기되어 오고 있다.

일반적으로 특허권자는 청구범위에 적혀 있는 사항 그대로 해석하는 경우가 거의 없고, 보다 청구범위를 확장 해석하여 자기의 권리를 최대한으로 주장하고 있는 반면에 제3자(권리침해자)는 어디까지나 한정적이고 제한적으로 생각하고 최소한도 청구범위에 적혀 있는 문언 그대로 해석하되 내용이 불명확하거나 해석상 논쟁의 소지가 있는 부분에 대해서는 권리를 인정하지 않으려는 경향이 강하다.

따라서 특허침해소송 또는 권리범위확인심판에 있어서 특허권침해인가의 여부를 판단하기 위해서는 특허출원서에 첨부된 명세서상의 청구범위에 적혀 있는 사항을 그대로 해석하느냐, 그렇지 않으면 청구범위에 적혀 있는 문구 이외에 발명의 설명, 도면 또는 발명의 동기 등 제반사항을 고려하여 해석하느냐에 따라 침해냐 아니냐에 대한 결과가 달라지기 때문에 법 제97조의 '적혀 있는 사항에 의하여'의 해석에 신중을 기하지 않으면 아니 된다.

2) '적혀 있는 사항에 의하여'의 법조문 표현으로 확장해석은 가능한가?

특허법 제97조의 규정 중 '~적혀 있는 사항에 의하여 정하여진다'에 있어서 '~의하여'의 법적 해석문제를 둘러싸고 이론이 분분하며 또한 이에 대한 정통한 이론, 학설이 정립되어 있지 않으며 판례에 있어서도 확립되어 있지 않으므로 해석하는 자에 따라 특허권침해의 유무가 달라진다고 할 수 있다.

앞에서 설명한 것과 같이 구 특허법 제57조에 있어서는 '~적혀 있는 사항으로 한다'고 규정되어 있었으나 현행법 제97조에서는 '~적혀 있는 사항에 의하여 정하여진다'로 개정되었다. 여기서 '~으로'와 '~에 의하여'의 법적 의미에는 차이가 있다고 할 수 있다. 즉, '~으로'에 의하여 특허발명의 보호범위를 해석하는 경우에는

① 문언상 특허청구의 범위에 포함되어 있는 기술사상이 명세서에 개시되어 있지 아니하거나 발명의 설명에서 제한 또는 배제되고 있는 요소

② 심사미진에 의하여 출원전 공지·공용된 선행기술

③ 출원과정, 심사과정, 소송 또는 심결에서 출원인 또는 특허권자가 의도적으로 제외 또는 포기, 제한된 요소 등의 특별한 사유가 있는 일부요소가 특허청구의 범위에 기재되어 있으면 무효심판에 의하여 특허권이 무효가 되지 않는 한 그 일부요소에도 보호범위가 있는 것으로 해석함이 타당하다.

그러나, 현행법상의 '~에 의하여 정하여진다'로 해석하는 경우에는 특허발명의 보호범위가 반드시 청구범위에 적혀 있는 사항 그대로 정하여진다고는 할 수 없다. 즉, 특허발명의 보호범위는 앞에서 설명한 ①②③ 등의 특별한 사유가 있는 일부요소들을 제외 또는 참작하여 판단해야 한다고 하는 의미로 볼 수 있다. 이와 같이, 청구범위를 해석함에 있어 청구범위에 적혀 있는 사항 이외에 발명의 설명을 참작하여 위에서 설명한 ①②③과, 청구범위의 기재가 불명료하거나 발명의 설명의 기재와 모순하는 경우 및 그 내용을 명확히 파악할 수 없는 경우에는 명세서의 발명의 설명을 참작하여 해석하고 있으므로 우리나라도 현행법에 의하여 확장해석은 가능하다고 할 수 있다. 즉, 청구범위에 기재되어 있지 않지만 발명의 설명 및 도면에 개시된 것 또는 명세서 및 도면에 비록 기재되어 있지 않은 사항이라 할지라도 제3자에게 불측의 손해를 줄 염려가 없는 일정한 범위의 기술요소를 특허발명의 보호범위에 포함시켜서 확장 해석하는 것은 가능하다고 볼 수 있다.[11]

(3) '보호범위' 용어의 의의

현행 특허법 제97조에는 청구범위의 해석에 의한 특허발명의 보호대상을 "보호범위"라고 정의하고 있지만, 1980년 12월 31일자 개정 전에는 "기술적 범위"라고 정의하고 있었다. 그리고, 이와 관련한 WIPO 특허법통일화조약안(PLT)에서도 보호범위(Extent of Protection)라는 용어를 사용하고 있고,[12] 동조에는 직접적으로 표현하고 있지 않으나, 동법 제135조의 권리범위확인심판에서는 "권리범위"라고 하는 용어를 사용하고 있고, 일부의 심결문 또는 판결문에서도 사용하고 있다.

그러나 우리 특허법상 권리범위는 권리범위확인심판제도를 두고 있고 또 법률상 어떤 권리를 판단함에 있어서 '보호범위'는 일반적으로 권리범위와 같이 法의

11) 대법원 1996.12.6. 선고 95후1050 판결에서는 "명세서 중의 다른 기재에 의하여 실용신안등록청구의 범위를 확장해석하는 것은 허용될 수 없다"라고 판시하여 반대하는 입장이다.

12) 특허청, 특허법 통일화 조약안, 1993, 1~15면.

근거에 의하여 주어지는 것이 통례이므로 권리범위와 보호범위의 관념은 동의어라고 할 수 있으나, 권리범위, 보호범위와 기술적 범위는 엄밀한 의미에서 상이하다고 본다. 우리 특허법상 기술적 범위는 전혀 사용되고 있지 않은 용어로서 발명이 특허를 얻었거나, 또는 특허를 얻기 전이라도 분쟁사건(침해사건)·발명의 동일성 판단 등의 문제에 있어서는 기술적 문제가 제기되므로 기술적 범위는 반드시 권원이 법원을 전제로 하지 않아도 성립되는 용어라고 보기 때문에 권리범위·보호범위와 기술적 범위는 다르다고 본다. 그러나 심결문 또는 판결문에 있어서 간혹 권리범위와·보호범위, 기술적 범위를 혼용 사용하고 있기 때문에 큰 차이는 없다고 할 수 있지만 보다 명확한 용어의 정의가 필요하다고 할 수 있다.

3. 청구범위 해석의 일반원칙

대법원 2003.5.16. 선고 2001후3262 판결

[실용신안권의 권리범위의 해석]

실용신안권의 권리범위 내지 실질적 보호범위는 실용신안 등록출원서에 첨부한 명세서의 청구범위에 기재된 사항에 의하여 정하여지는 것이 원칙이고, 다만 그 기재만으로 실용신안의 기술적 구성을 알 수 없거나 알 수는 있더라도 기술적 범위를 확정할 수 없는 경우에는 명세서의 다른 기재에 의한 보충을 할 수는 있으나 그 경우에도 명세서의 다른 기재에 의하여 실용신안권 범위의 확장 해석은 허용되지 아니한다.

(1) 청구범위기준의 원칙

특허법에는 "특허발명의 보호범위는 청구범위에 적혀 있는 사항에 의하여 정하여진다"라는 조문(제97조)에 규정하고 있는 바와 같이 특허발명의 보호범위는 특허청구의 범위에 '적혀 있는' 사항을 중심으로 결정된다. 특허출원인은 명세서를 작성함에 있어서 보호받고자 하는 사항을 적정한 용어를 사용하여 표현하여야 한다. 적정한 용어의 선택은 특허권을 취득한 후에 특허발명의 보호범위를 넓게 또는 좁게 해석하는 데 기본이 되기 때문이다.

우리나라 판례 및 학설에 있어서는 이러한 청구범위상의 문언을 중심으로 특허발명의 보호범위를 결정하고 있다. 다만, 특히 청구범위의 문언 내용이 불분명한 경우에 청구범위 이외의 명세서상의 기재를 보충하여 전체적으로 보호범위를 해석하고 있다. 예컨대 대법원은, "특허권의 권리범위 내지 실질적인 보호범위는 특허명세서의 여러 기재내용 중 청구범위에 적혀 있는 사항에 의하여 정하여지는 것이 원칙이고, 그 기재만으로는 특허의 기술구성을 알 수 없거나 알 수는 있더라도 그 기술적 범위를 확정할 수 없는 경우에는 청구범위에 발명의 설명이나 도면 등 명세서의 다른 기재 부분을 보충할 수 있지만 그 경우에도 명세서 중의 다른 기재에 의하여 청구범위를 확장해석하는 것은 특허권을 확장해석하는 것이어서 허용될 수 없다"라고 설시하고 있다.[13)]

그러나 청구범위에 적혀 있는 사항이 특허발명의 보호범위를 정하는 중심기준이 되지만, 그 보호범위의 해석에 있어서는 다음에서 보게 되는 바와 같이 공지기술 등 출원당시의 기술수준에 입각하여 발명의 설명 및 도면 등이 종합적으로 고려되는 것이다.

결론적으로 청구범위가 명세서의 다른 부분과 모순이 존재할 때는 보통 청구범위가 우선한다. 적어도 순리적으로는 항상 그러하다. 그러나 실제상의 해석이라는 수단을 매개로 하여 청구범위는 보통 발명의 설명 등에 의하여 지배되는 것이 많고, 발명의 설명에 의하여 지지되지 않는 것은 가령 형식적으로는 청구범위에 포함되어 있는 사항이어도 청구범위의 표현이 일의적으로 다른 해석의 여지가 없는 등의 특별한 사유가 없는 한 모두 특허발명의 보호범위로부터 제외되는 것이다. 환언하면 청구범위는 보호범위결정의 기준이라고 말하더라도 그것은 표면상의 것으로서, 가령 문언상은 청구범위에 포함되어 있는 기술사상이어도 명세서에 개시되어 있지 않는 것, 발명의 설명에서 제한 또는 배제되고 있는 것, 출원의 과정이나 심판 또는 소송에 있어서 출원인 또는 특허권자에 의해 의식적으로 포기 또는 제한된 것, 및 출원전 공지인 부분 등의 특별한 사유가 있는 것은 모두 특허권의 보호범위로부터 제외되는 것이다.

(2) 발명의 설명 참작의 원칙

특허법은 출원서류에 발명의 설명을 기재한 명세서를 첨부하도록 하고 있고, 발명의 설명에는 그 발명이 속하는 기술분야에서 통상의 지식을 가진 자가 그 발명을 쉽게 실시할 수 있도록 명확하고 상세하게 적도록 규정하고 있다(제42조 제2항 · 제3항).

특허발명의 보호범위를 확정함에 있어는, 청구범위에 적혀 있는 사항이 그 기준이 되는 것은 분명하지만, 청구범위는 발명의 설명에 적혀 있는 발명의 구성에 없어서는 아니 되는 사항만으로 명확히 기재되어야 하고, 이를 위반하였을 때에는 특허거절결정의 이유가 되므로 청구범위의 기재만으로는 발명의 목적, 구성, 효과

13) 대법원 1992.6.23. 선고 91후1809 판결.

를 충분히 파악하기 어렵다. 이러한 이유에서 특허발명의 보호범위는 명세서 중 발명의 설명 또는 도면의 기재 내용을 참작하여 청구범위를 해석하여야 한다고 하는 논리를 '발명의 설명 참작의 원칙'이라고 하고 있다. 이 원칙은 특허법상 명문의 규정에 의하여 인정된 것이 아니라 판례 및 학설에 의하여 인정된 원칙이다.[14] 형식 논리적으로는 발명의 설명이 청구범위의 기재보다 우위에 있을 수 없는 것이지만, 실제에 있어서 청구범위의 해석은 항상 발명의 설명의 기재에 의하여 지배되고 있다고도 볼 수 있다.

특허법은 청구범위에 적혀 있는 사항은 '발명의 설명에 의하여 뒷받침될 것'을 요구하고 있기 때문에, 특히 침해소송에서 청구범위를 해석함에 있어서는 항상 발명의 설명이 참작되어야 하며, 청구범위를 발명의 설명에 적혀 있는 것, 즉 개시된 발명의 범위를 넘어서서 확장해석하는 것은 허용되지 않는다.

판례에 있어서도 같은 맥락으로 청구범위가 해석되고 있다. 즉, 대법원의 아미노산유도체의 제조방법 사건[15]을 검토하여 보면, 본건 특허명세서의 발명의 설명에는 (2)+(4)→(5), (5)+(6)→(1)의 방법이 기재되어 있고 청구범위에는 일반식 (2)의 케톤을 환원제의 존재하에 일반식 (3)의 디펩티드와 반응시켜서 일반식 (1)의 화합물을 제조하는 방법, 즉 (2)+(3)→(1)의 방법만이 기재되어 있다.

이 경우 특허청구의 권리범위를 발명의 설명에만 기재되어 있는 (5)+(6)→(1)의 방법에까지 확장해석할 수 있는가 하는 점이 판결의 쟁점이었다.

대법원은 '특허권의 권리범위 내지 실질적인 보호범위는 특허명세서의 여러 기재내용 중 특허청구의 범위에 기재된 사항에 의하여 정하여지는 것이 원칙이고, 그 기재만으로는 특허의 기술구성을 알 수 없거나 알 수는 있더라도 그 기술적 범위를 확정할 수 없는 경우에는 특허청구의 범위에 발명의 설명이나 도면등 명세서의 다른 기재부분을 보충하여 명세서 전체로서 특허의 기술적 범위 내지 권리범위를 확정하여야 하는 것이지만 그 경우에도 명세서 중의 다른 기재에 의하여 청구범위를 확장해석하는 것은 특허권을 확장하는 것이어서 허용될 수 없는 것'이라고 설시하여, 발명의 설명에는 있고 청구범위에는 없는 (5)+(6)→(1)의 방법은 특허발명의 보호범위에 포함되지 않는다고 하였다.

따라서 본건의 판결은 청구범위를 해석함에 있어 발명의 설명을 보충하여 전체

14) 그러나 유럽특허조약(EPC)에는 명문의 규정이 있다. 즉 동 조약 제69조 제1항에는 "유럽특허출원에 의하여 주어지는 발명의 보호범위는 청구범위에 의하여 정하여진다. 단, 청구범위를 해석하기 위하여 발명의 설명 및 도면이 참작되지 않으면 안 된다"다고 규정하고 있다.

15) 대법원 1993.10.12. 선고 91후1908 판결.

적으로 판단하여야 하지만, 청구범위에 기재되어 있지 않은 기술사상에까지 확대 해석하지는 않았다고 할 수 있다.

(3) 구성요소 완비(All Element Rule)의 원칙

발명의 구성이 복수의 요소들로 이루어져 있는 경우, 이들 복수의 구성요소를 어떤 특정 대상물과 대비하여 유사성을 판단함에 있어서 각각의 구성요소가 서로 대비되고 또한 서로 유사성의 범주에 속하는 경우에는, 양자는 서로 동일하다고 판단하고 있다. 이와 같이 복수의 구성요소를 가지는 청구범위의 해석은 각각의 구성요소를 기본으로 하여 피고실시발명의 각각의 구성요소와 대비하여 판단하는 기법을 구성요소 완비의 원칙(All Element Rule: AER)이라고 한다. 따라서 물건의 발명에 대한 특허침해분쟁에 있어서는 양자의 모든 구성요소를 서로 대비하여 동일성 유무를 판단하는 것이고, 방법의 발명에는 양자의 모든 방법 및 수단(step 또는 process)을 서로 대비하여 동일성 유무를 판단하는 것이다.

이 원칙에 따르면, 청구범위의 a, b, c, 및 d로 이루어져 있는 특허발명과, 구성요소 a, b, c 및 f로 이루어져 있는 피고실시발명을 서로 대비함에 있어서, 양자의 d와 f는 서로 상이하므로 문언상으로 차이점이 있다고 할 수 있다. 이러한 차이점을 판단하는 데 있어서도 판례 및 학설이 서로 대립하고 있다. 즉, 특허발명과 피고실시발명의 각 구성요소를 대비함에 있어서 차이점이 있는 d와 f를 어떠한 논리로 접근하여 대비하는가에 따라 다른 결론이 나올 수 있다. 일부의 판례 및 학설에 의하면, All Element Rule의 원칙을 구성요소마다 대비하여 판단하는 것으로 인식하는 경우에는 당연히 d와 f가 차이점을 가지므로 양자는 서로 상이하다고 판단할 수 있고, 반면에 구성요소 전체를 대비하여 판단하는 것으로 인식하는 경우에는 비록 d와 f가 차이점이 있지만, 구성요소 전체를 관점으로 d와 f가 본질적인 구성요소(발명의 요부)이면 양자는 서로 상이하고, 비본질적인 구성요소(발명의 비요부)이면 양자는 서로 동일한 범주에 속하는 것으로 보아 유사하다고 판단할 수 있다.

이와 같은 판단방법에 있어서, 전자를 소위 구성요소대비(Element by Element)라고 하고 있고, 후자를 발명전체대비(Invention as a Whole)라고 하고 있다. 이러한 해석기법은 미국의 판례에 의하여 전개되어 왔다. 특히 미국에서는 양자가 실질적으로 동일인가 아닌가를 판단하는 방법으로 발명의 구성요소를 중시하여 판단하는 방법과 발명전체를 중시하여 판단하는 방법이 대립하고 있다.[16] 청구범위에 적혀 있는 발명과 피고실시발

16) Toshiko Takenaka, Comparative Study of Patent Claim Interpretation in the United States,

명과의 기능·방법·결과의 실질적 동일성을 판단하는 데 있어 발명의 구성요소를 중시하는 Element by Element의 원칙에 의해 대비하는 경우에는 대응하는 요소에 클레임 한정의 내용이 없으면 문언상은 침해가 되지 않지만, 발명전체를 중시하는 Invention as a Whole의 원칙을 고려하는 경우에는 그들은 실질적으로 동일한 균등물에 해당되어 침해로 될 수 있다.[17] 여기서 엄격한 균등성이 요구되고 있는 Element by Element에 의한 대비는 요소의 1 대 1의 대비를 행하고 있으므로 판단의 용이화, 명확화는 기할 수 있지만 클레임의 문언상의 침해판단과의 차가 없어지게 되어 실질적인 기술범위의 변환을 수반하지 않은 모방자를 배제할 수 없어 특허권자를 유효하게 보호하는데 있어서는 문제가 될 수 있다. 한편, Invention as a Whole에 의한 대비는 클레임된 발명의 모든 것으로부터 균등이 판단되어지기 때문에 제3자보다 특허권자의 권리범위가 넓게 해석될 수 있으므로 법적 안정성에 문제가 있다. 따라서 후술하는 균등론하에서의 균등의 판단은 특허권자와 제삼자와의 이익의 형평이 고려되고, 또 특허법 운용의 안정성을 도모하는 산업정책적인 측면이 고려되고 있으며, 균등론의 적용에 관한 균등요건의 판단기준으로서 양자의 대비수법을 조화하는 통일적 접근론의 출현이 요구되고 있다.[18]

(4) 출원경과 금반언의 원칙(Prosecution history estoppel)

출원인은 심사관의 거절이유에 대하여 의견서 및 보정서를 제출하고, 인용된 선행기술에 의해 거절결정을 피하기 위하여 넓은 범위로 작성된 청구범위를 감축하여 좁은 범위의 청구범위로 보정을 하기도 하고, 또한 특허권자는 무효심판의 무효사유에 대한 반박 및 주장을 하고 있고, 권리범위확인심판에 있어서도 권리범위의 해석을 자기에게 유리한 방향으로 주장을 할 수 있다. 이와 같이 출원인 또는 특허권자가 출원경과 과정에 있어서 주장한 사항을 특허분쟁에 있어서 다른 방향으로 주장 및 논리전개를 하는 것은 인정받을 수 없다고 하는 것을 출원경과 금반언의 원칙이라고 한다. 이 원칙은 청구범위를 해석함에 있어서 출원심사과정을 단순히 참고함에 그치는 것이 아니라, 출원인이 출원심사과정에서 본인이 수행한 행

Federal Republic of Germany, and Japan, 224~225(unpublished thesis of Doctor of Philosophy Washington University, 1992).

17) 권태복, "특허클레임해석에 있어 균등의 판단기준－미국판례를 중심으로", 특허정보 No.10, 특허청, 1994.

18) Pennwalt Corp. v. Durand-Wayland Inc., 833 F. 2d 931 (Fed. Cir. 1987) 사건에서는 Element by Element의 원칙에 의해 對比가 타당하다고 언급하고 있지만, Invention as a Whole의 원칙을 부정하고 있지는 않다.

위와 모순되는 주장을 하는 것을 금지하는 것으로, 전통적인 형평법상의 금반언의 개념이 특허법에 수용된 것이며 주로 영미법 계통에서 발달하여 왔다.[19)]

출원경과 금반언은 청구범위의 해석을 위하여 특허출원으로부터 특허권종료에 이르기까지의 전 과정을 통하여 출원인 또는 특허권자가 표시한 의사 또는 특허청이 표시한 견해를 참작하여야 한다는 원칙이다. 소위 출원경과에 관련한 모든 서류는 누구라도 열람 또는 복사를 할 수 있고, 여기에 기재된 출원인 또는 특허권자의 주장은 특허침해소송에 있어서도 참고로 될 수 있다고 하는 의미이다. 즉, 출원인이 구성요소 a, b, c로 구성된 청구범위를 심사관의 거절이유에 대응하기 위하여 a, b, c′(c를 c′로 보정)로 보정하여 특허를 받았다. 그 후에 a, b, c로 구성된 제3자의 실시행위에 대하여 특허권을 침해하였다고 주장하는 것은 출원경과금반언의 원칙에 의하여 허용되지 않는다. 다만, c를 c′로 축소 또는 한정하는 보정인 경우에 침해주장은 허용되지 않는 것이며, c와 c′가 균등물인 경우에는 특허권자의 주장이 허용될 수도 있다.

출원경과 금반언의 원칙은 후술하는 균등론의 법리와 함께 특허침해유무의 판단를 판단하는 하나의 기법이라고 할 수 있다. 이 원칙은 균등론의 적용을 제한하

---

19) 출원경과 금반언의 논리는 1889년 미국 Roemer Case판결에 의하여 전개되었고, 그 후 많은 특허침해소송의 판례에서 인용되고 있다. 이 논리를 인정하는 이유로서는

① 금반언(Estoppel)설

금반언설은 출원인이 단독으로 출원행위를 한다는 점을 그 전제로 하고 있고, 출원인은 특허를 얻는 과정에서 제3자와 신뢰관계에 놓여 있는 것이 아니므로 출원경과 금반언의 원리를 제3자의 주장이나 증거 없이도 적용할 수 있다는 이론이다. 이 설은 출원경과 금반언원칙의 이론적 근거를 전통적인 민사법상의 금반언 이론에서 찾는 것이다.

② 권리포기설

권리포기설의 논리는, 새로운 보정서의 제출은 구체적인 행위로 보정 전에 포기하겠다는 의사가 내재하는 것으로 판단하여 출원경과 금반언을 인정하려고 하는 것이다. 즉, 출원경과 금반언 원칙의 근거를 '권리의 포기'에서 찾는 이론이다. 그러나 출원경과 금반언의 원칙을 적용함에 있어서는 특허권자에게 권리의 포기의사가 있었는지의 여부를 불문하고 있지만, 이 설은 포기행위와 포기 의사 두 가지가 존재할 것이 요구되므로 이론적 근거로 하기에는 약간의 의문점이 있다.

③ 행정절차 구제권의 소진설

행정절차 구제권의 소진설은 명세서의 보정서에 의하여 특허를 받은 이상, 그 전에 취해진 행정적 절차행위가 포기된 것으로 보고 심사경과금반언의 원리를 인정할 수 있다는 학설이다. 출원인이 특정한 청구항에 관한 심사과정에서 스스로 청구범위를 감축 또는 한정하는 보정을 하였다면, 그 청구항의 심사에 관한 사항을 쟁점으로 할 수 있는 권리는 소멸한다는 이론이다. 즉, 출원인으로서는 심사관의 거절이유가 부당하다고 생각되면 보정을 하지 아니하고 심판 등 다른 절차에 의하여 다투는 길이 있는데, 이러한 방식을 취하지 아니하고 스스로 감축 또는 제한하는 보정을 함으로써 특허를 받은 이상 보정의 부당성을 다툴 수 있는 절차적 권리는 이미 소멸하고, 특허분쟁에 있어서 보정에 의하여 감축한 사항에까지 청구범위의 확장해석을 주장할 수는 없다는 것으로, 이설이 일반적으로 통설로 인식되고 있다.

는 것이므로 서로 충돌이 생기게 되지만, 균등론의 적용함에 있어서 먼저 출원경과 금반언원칙에 의하여 보정 등의 결과사항을 확인한 후에 균등론의 적용유무를 판단하고 있다. 여기서 출원경과 금반언 원칙이 우선 적용된다는 것은 청구범위를 해석하는 판단과정에 있어서 균등론보다 위 원칙을 시간적으로 먼저 판단하여야 한다는 의미는 아니다. 일반적으로 특허침해소송에 있어서 청구범위의 해석은 먼저 청구범위에 적혀 있는 문언만의 의미를 명확히 한 후에 소위 All Element Rule의 원칙을 적용하여 특허발명의 구성요소 중에서 침해자의 물건이 결여하고 있는 구성요소가 있는가를 판단하고, 만약 결여된 구성요소가 있으면 이때 균등론을 적용하여 그 결여된 구성요소와 특허발명의 구성요소가 균등물에 속하는지를 판단하여 침해의 유무를 결정하고 있는 것이 일반적이다. 따라서 특허발명의 구성요소와 침해자의 구성요소가 차이가 있고, 그 차이가 있는 구성요소의 양자가 서로 균등물이 아닌 경우에는 출원경과 금반언의 원칙을 적용할 것도 없이 침해는 부정된다. 그러나 양자가 균등물인 경우에는 침해의 유무를 판단하기 전에 출원경과 금반언의 원칙을 적용하여 그 균등물이 출원심사과정에서 감축된 요소가 아닌지를 판단하게 되므로, 결국 청구범위 해석 판단과정의 기간적 선후에 있어서는 균등론이 출원경과 금반언의 원칙에 앞서서 적용된다고 할 수 있다.

대법원 2002.9.6. 선고 2001후171 판결

[출원경과 금반언의 원칙]

[1] 확인대상발명이 특허발명의 권리범위에 속한다고 할 수 있기 위해서는 특허발명의 각 구성요소와 구성요소 간의 유기적 결합관계가 확인대상발명에 그대로 포함되어 있어야 할 것이고, 다만 확인대상발명에 구성요소의 치환 내지 변경이 있더라도 양 발명에서 과제의 해결원리가 동일하며, 그러한 치환에 의하더라도 특허발명에서와 같은 목적을 달성할 수 있고 실질적으로 동일한 작용효과를 나타내며, 그와 같이 치환하는 것을 그 발명이 속하는 기술 분야에서 통상의 지식을 가진 자(통상의 기술자)가 용이하게 생각해 낼 수 있을 정도로 자명하다면, 확인대상발명이 특허발명의 출원시에 이미 공지된 기술 내지 공지기술로부터 통상의 기술자가 용이하게 발명할 수 있었던 기술에 해당하거나 특허발명의 출원절차를 통하여 확인대상발명의 치환된 구성요소가 청구범위로부터 의식적으로 제외된 것에 해당하는 등의 특별한 사정이 없는 한, 확인대상발명의 치환된 구성요소는 특허발명의 대응되는 구성요소와 균등관계에 있는 것으로 보아 확인대상발명은 여전히 특허발명의 권리범위에 속한다고 보아야 한다.

[2] 특허발명의 출원과정에서 어떤 구성이 청구범위로부터 의식적으로 제외된 것인지 여부는 명세서뿐만 아니라 출원에서부터 특허될 때까지 특허청심사관이 제시한

견해 및 출원인이 심사과정에서 제출한 보정서와 의견서 등에 나타난 출원인의 의도 등을 참작하여 판단하여야 하고, 특허청구의 범위가 수 개의 항으로 이루어진 발명에 있어서는 특별한 사정이 없는 한 각 청구항의 출원결과를 개별적으로 살펴서 어떤 구성이 각 청구항의 권리범위에서 의식적으로 제외된 것인지를 확정하여야 한다.

[3] 출원인이 특허발명의 청구범위 제1항에 DNA 서열의 기재를 추가하여 보정을 함에 있어서 추가된 DNA 서열과 균등관계에 있는 것을 자신의 권리범위에서 제외할 의도였다고 단정하기 어렵다고 본 사례.

(5) 공지기술 제외의 원칙

특허발명은 출원서의 기술적 과제를 해결하려는 수단이므로 보호범위는 해당 특허발명에 대한 출원시의 기술수준에서 판단하여야 한다. 이는 특허발명의 요지가 명세서 또는 도면만으로는 충분히 이해할 수 없는 경우 출원당시의 기술수준이 보충적으로 활용되는 경우에 효과적이다. 만약 청구범위에 공지기술이 포함되어 있는 경우 그 부분을 제외하고 특허발명의 보호범위를 인정할 것인지에 있어서도 출원시의 기술수준을 참작하여 할지가 문제가 되며, 이에 대해 적극설과 소극설이 있다.[20] 이를「공지사실 참작의 원칙」또는「출원시의 기술수준 참작의 원칙」이라고도 한다.

1) 공지기술과 보호범위

출원발명의 청구범위에 공지기술이 있는 경우, 그 출원은 신규성이 없어 거절결정되어야 하나 심사미진에 의해 그대로 특허등록되는 사례가 있다. 이와 같이 등록된 특허발명에 공지기술이 포함되어 있는 경우, 그 공지부분에 대한 특허무효심판이 확정되지 않은 상태에서 그 발명의 보호범위를 정함에 있어 공지기술 부분을 제외하여야 할 것인가, 아니면 공지기술까지를 포함한 전체를 보호범위로 인정하여야 할 것인가가 쟁점이 되고 있다.

일반적으로 특허 출원된 발명의 청구범위에 신규성이 없는 부분, 즉 공지의 기술 부분이 있는 경우에는 그 공지의 기술 부분을 삭제하는 보정을 하지 않으면 이 출원은 신규성이 없는 발명으로 거절결정된다. 그러나 그러한 발명이라도 출원되어 거절결정 없이 일단 설정 등록되게 되면, 이는 이른바 행정청의 권리설정행위로서 특허법이 특별히 규정하고 있는 특허무효심판절차에 의하여 무효로 되지 않는 한 유효한 권리로 취급되어야 한다. 따라서 침해소송의 법원은 이미 설정 등록

---

20) 천효남,「특허법」, 법경사, 2001, 613면.

된 특허발명의 청구범위에 공지부분이 있는 경우 또는 청구범위 전부가 공지인 경우 청구범위를 어떻게 해석하여 그 보호범위를 정하는가에 따라 침해의 인정이 다르게 된다.[21)]

일반적으로는 공지사실만을 참작하는 것은 물론이고 이를 해석하는 데 있어서는 발명의 설명 및 출원경과참작의 원칙과 함께 공지기술을 참작하는 것이 판례 및 학설의 통설이다.

2) 특허발명의 일부가 공지기술인 경우

청구범위 일부가 공지기술인 특허발명의 보호범위는 그 공지기술 부분을 제외하고 특허발명의 보호범위를 정하여야 한다는 공지기술제외설과 공지기술까지를 포함한 전체로서 발명의 보호범위를 정하여야 한다는 공지기술포함설로 대립하고 있다.

우리나라 대법원은 1964.10.22. 전원합의체 판결[22)]이 "청구범위의 일부에 공지사유가 있는 경우 그 공지부분이 신규의 발명과 유기적으로 결합되어 있는 때에는 그 공지부분에까지 권리범위가 미치고, 신규의 발명에 유기적으로 결합된 것으로 볼 수 없는 공지사유에 대해서까지 그 권리범위를 확장할 수 없다"라고 판시한 이래, 신규의 발명과의 유기적 결합 여부에 따라 보호범위의 확장 여부를 구별하는 이른바 절충설을 취하고 있었다.

그러나 최근에는 "특허발명의 청구항이 복수의 구성요소로 되어 있는 경우에는 그 각 구성요소가 유기적으로 결합된 전체로서의 기술사상이 보호되는 것이지, 각 구성요소가 독립하여 보호되는 것은 아니므로, 특허발명의 청구항에 적혀 있는 필수적 구성요소들 중의 일부만을 갖추고 있고 나머지 구성요소가 결여된 경우에는 원칙적으로 특허발명의 권리범위에 속하지 않는다"[23)]고 해석하여 유기적 결합여부에 따라 발명의 구성요소별로 판단하지 않고, 발명을 구성요소들이 결합된 전체로

---

21) 특허법 제133조, 제29조에 의하면 발명이 그 특허출원 전에 국내에서 공지되거나 공연히 실시됨으로써 신규성이 없는 경우에는 심판에 의하여 그 등록을 무효로 할 수 있다고 하여 특허의 무효심판을 규정하고 있고, 이와는 별도로 제126조에 의한 침해금지청구소송 등, 제128조 제1항(민법 제750조)에 의한 손해배상청구, 제135조에 의한 특허권의 권리범위확인심판 규정을 두고 있기 때문에, 특허침해소송이나 특허권리범위확인심판에서는 상대방 특허가 공지기술을 포함하고 있는 경우에 특허무효심판을 거치지 아니한 상태에서 그 부분 또는 전부가 당연무효, 또는 권리자의 권리행사가 권리남용에 해당하므로 비침해라고 주장하고 있다.

22) 대법원 1964.10.22. 선고 63후45 전원합의체 판결. 이 판결 이후에 같은 취지의 판결로서, 대법원 1977.12.27. 선고 74후1574 판결 및 대법원 1990.9.28. 선고 89후1851 판결 등 다수가 있다.

23) 대법원 2000.11.14. 선고 98후2351 판결 및 대법원 2001.6.15. 선고 2000후617 판결 참조.

서 파악하여 보호범위를 결정하고 있다. 이와 같이 판례의 태도는 현재까지도 일관된 모습을 보이지 않고 있다. 생각건대 이러한 경우는 구체적 사정에 따라 특허법 취지를 고려하여 합목적적으로 해석하여야 할 필요가 있다고 생각된다.

3) 특허발명의 전부가 공지기술인 경우

종전 우리나라 판례는 특히 특허발명의 전부가 공지기술인 경우, 특허의 권리범위를 정함에 있어서는 무효심결이 확정될 때까지 해당 특허는 유효하다고 보아야 한다는 것이 주류였다.

그러다가 대법원은 1983.7.26. 선고 81후56 전원합의체 판결로, "등록된 특허의 일부에 그 발명의 기술적 효과발생에 유기적으로 결합된 것이 아닌 공지사유가 포함되어 있는 경우, 그 공지부분에까지 권리범위가 확장되는 것이 아닌 이상 그 등록된 특허무효의 심결의 유무에 관계없이 그 권리범위를 인정할 근거가 상실된다는 것은 논리상 당연한 이치라고 보지 않을 수 없고, 이를 구별하여 그 일부에 공지사유가 있는 경우에는 그 권리범위에 속한다고 해석하여야 할 근거도 찾아볼 수 없으며, 특허권은 신규의 발명에 대하여 부여되는 것이고 그 권리를 정함에 있어서는 출원 당시의 기술수준이 무효심판의 유무에 관계없이 고려되어야 한다"라고 공지사실 제외설에 입각하여 판시하면서, 이와 배치되는, 등록된 기술적 고안의 일부가 아닌 전부가 공지공용에 속하는 경우에는 그 무효심결이 없는 한 무효를 주장할 수 없다고 한 종전 판례들을 폐기하고 있다.

이 판결 이후 대부분의 사건에 있어서는 특허발명이 공지기술인 경우, 그 권리로서는 인정하지만, 그 권리범위가 존재하지 않으므로 침해를 인정하지 않고 있다.[24] 이 경우에도 피고의 당연무효 주장설과, 해당 특허권은 유효하지만 공지공용

---

24) 초창기의 주요 사례로 서울민사지방법원 1993.12.9. 선고 92가합27732 판결을 들 수 있다. 그 내용은 아래와 같다.

(1) 사건개요

원고 X는, 全自動洗濯機의 탈수조역회전방지장치에 관한 실용신안권자로서, 본건실용신안의 기술사상에 의한 전자동세탁기를 제조하여 국내·외의가전시장에 판매하고 있고, 피고 Y는, 원고 X의 실용신안권과 그 형상 및 작용이 유사한 탈수조역회전방지장치를 사용한 전자동세탁기를 제조·판매하고 있었다. 원고 X는, 피고 Y의 실시고안은 본건 등록실용신안과 그 형상·구조 또는 이들의 조합에 있어 단순히 설계 변경한 정도의 동일한 고안으로 본건 등록실용신안권을 침해하고 있는다고 주장하여 서울지방법원에 침해금지 청구소송을 제기 하였다.

(2) 판결요지

이사건 등록고안을 출원할 당시의 실용신안 등록청구의 범위는 하부기어하우징의 외측부에 플렌지를 갖는 클러치하우징을 관설하여 그 플렌지를 동력구분 전달장치의 몸체에 고정시키고, 상기한 클러치 하우징의 내측에는 복수개의 라쳇트홈과 원주상 로울러에 의하여 일방향으로만 회전하도록 동작되

기술이므로 그 기술은 만인공유의 재산이므로 독점적 권리행사를 할 수 없다는 자유기술의 항변설과, 특허발명이 공지기술인 경우에는 권리범위가 존재하지 않으므로 제3자에게 권리행사하는 것은 권리남용에 해당한다는 설[25]과, 청구범위의 문언을 글자 그대로 가장 좁게 해석하여야 한다는 권리범위축소해석설 등으로 견해가 나누어져 있다.

4. 청구범위의 해석론

대법원 2011.2.10. 선고 2010후2377 판결

[청구범위의 해석 기준]

특허발명의 보호범위는 청구범위에 기재된 사항에 의하여 정하여지는 것이 원칙이고, 다만 그 기재만으로 특허발명의 기술적 구성을 알 수 없거나 알 수는 있더라도 기술적 범위를 확정할 수 없는 경우에는 명세서의 다른 기재에 의한 보충을 할 수는 있으나, 그 경우에도 명세서의 다른 기재에 의하여 청구범위의 확장 해석은 허용되지 아니함은 물론 청구범위의 기재만으로 기술적 범위가 명백한 경우에는 명세서의 다른 기재에 의하여 청구범위의 기재를 제한 해석할 수 없다.

는 로울러클러치를 압입하여 그 원주상 로울러가 하부기어하우징의 외주벽에 외접되게 하여서 기어하우징에 역회전 억지력을 부여할 수 있게 함을 특징으로 하는 전자동 전기세탁기의 탈수조역회 전방지장치로 기재되어 있음이 명백하고, 실용신안권은 산업상 이용할 수 있는 물품의 형상, 구조 또는 조합에 관한 신규의 고안을 보호의 객체로 하는 것으로 특허권과 같이 신규의 기술적 작용 및 효과의 창출에 관한 발명을 보호객체로 하는 것이 아니므로 등록고안의 권리범위는 그 물품의 형상·구조 또는 조합의 외형적조직이 나타내는 기술사상에 의하여 권리범위를 판단하여야 할 것이며, ……그런데 일방향(역회전방지용) 로울러클러치는 국내 기계공학 교과서에……미국 특허공보 등의 간행물에 이미 기재되어 있어서 그 기술사상이 공지되어 있었으며, 독일 슈티버(Stieber)사의 카달로그에도……역회전 방지용으로 세탁기에 적용하여 사용 가능하다고 기재되어 있으며, ……이에 비추어 보면 세탁기의 탈수조축의 역회전방지를 위하여 로울러클러치가 사용될 수 있다는 기술사상은 원고의 등록고안 출원 전부터 국내·외 간행물을 통하여 널리 알려진 공지·공용의 기술이라 할 것이므로 원고의 이건 등록고안의 기술사상에 관한 권리범위는 세탁기에 로울러클러치를 부착하여 역회전 기능을 방지하는 것 자체, 즉 세탁기의 탈수조축에 역회전방지를 위한 로울러클러치를 장치하는 모든 고안을 전부 포함하는 것으로 볼 수는 없고, 세탁기의 탈수조 역회전방지기능을 발휘하게 하기 위하여 세탁기의 탈수조축에 역회전 방지용 로울러클러치를 구체적으로 등록고안과 같은 방법에 따른 형상·구조 또는 조합으로 장치하여 세탁기의 탈수조 역회전을 방지하는 구체적인 하나의 고안 그 자체라고 보아야 할 것이며, 이와 달리 원고의 이사건 등록고안의 범위가 세탁기의 탈수조축에 역회전방지를 위한 로울러클러치를 장치하는 모든 고안임을 전제로하여 피고의 실시고안이 원고의 등록고안을 침해하고 있다는 원고의 이 부분 주장은 받아들이지 아니한다.

25) 最高裁 平成12.4.11. 平成 10年 第364号 채무 부존재확인 청구사건에서, 특허권에 근거한 금지청구, 손해배상청구는 해당 특허에 무효가 존재하는 것이 명백할 때는 특단의 사정이 없는 한 권리남용으로 허락할 수 없다고 판시하고 있다.

(1) 보호범위 해석의 태양

특허발명의 보호범위를 판단하는 데 있어서 기준이 되는 요소는 청구범위에 기재되어 있는 내용이며, 그 청구범위의 해석은 특허발명의 기술적 범위가 어디까지 미치는가를 판단하는 것이다. 청구범위의 해석을 출원인 또는 발명가의 입장보다는 제3자의 입장으로서 법적 안정성을 중시하여 판단되는 문언해석과 특허명세서와 청구범위를 완전하게 작성하는 것은 곤란하다는 생각에서 출원인 또는 발명가의 입장이 보다 중시되어 판단되는 균등해석이 있다. 이러한 청구범위의 해석기법은 개개의 특허, 침해제품 및 침해방법, 또는 당사자에 따라 다를 수 있지만 기본적인 원리(rule 또는 doctorine)는 판례를 통하여 확립되어 오고 있다.

이 원칙은 나중에 확립된 판례, 학설 그리고 법 개정에 의하여 평가 내지 비판을 받아서 수정되게 되며, 그 결과 한정된 수의 원칙만이 특허침해의 실무에 있어서 중요한 이론적 근거가 되어 오고 있는 것이 특허침해판결의 근원이다.

일반적으로 판례의 경향을 보면 특허권의 침해소송에 있어 청구범위에 기준해서 특허발명의 보호범위를 결정하는 것으로 청구범위의 기재와 피고가 실시하고 있는 발명(accused device or process)을 비교하여 피고실시발명이 청구범위에 적혀 있는 구성요소를 문언상으로 만족하고 있으면, 피고실시발명은 특허발명의 권리범위에 속하고, 피고의 실시행위는 특허권의 문언상의 침해(literal infringement)로 되는 문언해석이 행하여진다. 한편, 피고가 실시하고 있는 피고실시발명이 청구범위에 적혀 있는 청구요소 중에서 하나의 요소라도 만족하지 않으면 피고의 실시행위는 특허발명의 문언상의 침해로는 되지 않지만, 청구범위를 만족하지 아니하는 피고실시발명의 구성요소가 특허발명과 균등의 기술사상을 가지는 경우에는 균등론(doctrine of equivalents)에 기준해서 해석되어, 침해의 유무가 판단된다.

이와 같이 청구범위 해석의 광협은 결국 청구범위와 발명의 설명에 의하여 이루어지고 있다. 청구범위와 발명의 설명(실시예)의 관계에 대하여, 대법원은 오메프라졸(Omeprazol) 사건[26]에서 "특허의 청구범위에는 반응매질이 수용성인지 비수용성인지에 대하여는 아무런 기재가 없고 다만 이 사건 특허의 발명의 설명의 항에 난중양이온 A를 형성할 수 있는 염기와 반응조건의 예에 대한 기재부분에 의하면 A(양이온 생성가능한 염기)가 Na^+인 오메프라졸염은 오메프라졸을 수용성 또는 비수용성매질에서 NaOH와 반응시키거나, 비수용성매질에서 NaOH와 반응시키거나, 비

26) 대법원 1993.10.12. 선고 91후1908 판결.

수용성매질 내에서 NaOR, $NaNH_2$, $NaN(R)_2$(여기서 R은 탄소원자수가 1-4인 알칼기) 등과 반응시켜 제조된다는 부분에 의하여 이 사건 특허의 청구범위를 보충해석하여 보아도 이 사건 특허의 경우 반응매질이 수용성이거나 비수용성인 경우를 모두 포함함을 알 수 있으며, 반면 피고실시발명에 있어서는 CH_3SOCH_3에 NaH분사액을 가하여 생성된 화합물 즉 $NaCH_2SOCH_3$에 직접 오메프라졸을 가형 교반을 계속하므로 반응매질은 비수용성이어서 반응매질의 성질에 있어서도 양 발명이 상이하다고 할 수 없는데도 원심은 이 사건의 특허의 권리범위를 실시예 1 및 2에 기재한 NaOH를 반응물질로 하고 수용성 매질을 반응매질로 하는 방법에 이 사건 특허의 권리범위를 한정시켜 해석하고, 여기에 피고실시발명과 대비하여 양자가 서로 다른 발명이라고 판단하였으니, 이 점에 있어서 원심은 특허의 권리범위에 관한 법리를 오해한 위법이 있다고 할 것이다"라고 설시하고 있다.

우리나라에서는 특허발명의 보호와 산업발전의 조화를 도모하기 위하여 특허발명의 권리범위를 특허공보에 기재되어 있는 문언대로 그 내용을 좁게 한정하여 해석하여야 한다고 판시한 판례가 많았다. 즉, 법원은 특허발명의 권리범위를 청구범위와의 관계에서 엄격히 기재되어 있는 실시예와 일치하는 대상에 한정하는 것으로 좁게 해석하여 권리범위를 부정하려고 하는 것이지만, 실시예와 동일의 기술사상을 실시하고 있는 자에 대해서는 권리침해를 인정할 수밖에 없다고 하는 것이 종래의 판례경향이라고 할 수 있다. 그러나 상기 판례에서는 이와 같은 종래의 경향과 달리, 명세서의 실시예에 적혀 있는 사항을 근거로 한정적으로 해석하여서는 아니 된다고 판시한 최초의 판례라고 할 수 있다. 일반적으로 발명의 설명에 적혀 있는 구체적인 기술사상이라고 하는 것은 물리적 기술분야에 있어서는 도면을 참조하여 설명한 실시예를 말하고 화학적 기술분야에서는 기본적으로 화학물질의 생성과정을 설명한 실시예를 의미하지만, 발명의 구성과 그 작용을 설명한 실시예 및 출원시의 기술수준에 따라 제3자에게 불측의 손해를 주지 않는 기술사상도 포함되는 것이다.

일반적으로 특허발명의 권리범위해석에 있어 실시예의 기재는 발명의 완성상 청구범위의 광협이 관계가 있고, 또한 실시예가 그 자체의 하나의 발명을 구성하여 클레임화하고 그것이 실시예로서 발명의 설명에 기재되어 있는 경우에는 그 실시예에 상당하는 피고실시발명의 침해유무를 좌우하는 결과를 가져오게 된다.

이와 같이 발명의 설명에 적혀 있는 실시예는 특허발명이 해결하려고 하는 구체적인 수단을 기재하고 또 출원시의 시점에 있어서 출원인이 가장 좋은 결과를 가져온다고 생각되는 실험예를 될 수 있는 한 다양하게 기재하고, 그 필요에 따라 구체적인 숫자에 근거한 사실을 기재하는 것이다.

우리나라에서는 특허발명의 권리범위를 확정하는 해석방법론으로서는, 케이스에 따라 다양한 방법이 적용될 수 있지만, 청구범위와의 관계에 있어 실시예로서 발명의 설명에 기재되어 있지 않는 균등물을 권리범위에 포함시켜 해석하는 방법론에 의하여 실제로 판례에서 균등이 성립된 경우는 거의 없었다고 할 수 있다. 그런데, 이 판결에서는 "특허의 권리범위를 실시예 1 및 실시예 2에 기재한 NaOH를 반응매질로 하고 수용성매질을 반응매질로 하는 방법에만 한정하여 해석해 양발명이 서로 상이하다고 판단한 것은 특허발명의 권리범위에 관한 법리를 오해한 위법이 있다"라고 설시하고 있으므로, 청구범위에 상위개념의 용어를 기재하고 그 용어의 넓은 의미를 그대로 해석하여 침해를 인정할 수 있다는 선례가 되었다고 할 수 있다. 우리나라에서도 이와 같은 판결이 권리범위의 해석방법론으로서 확립되어 소위 균등론의 이론전개가 최근 판례를 통하여 나타나고 있다.

(2) 문언해석

1) 현행법상의 기본원리

All Element Rule을 만족하는 경우, 즉 청구범위에 적혀 있는 특허발명의 구성요소와 침해대상물의 구성요소를 대비한 결과 각 구성요소의 동일유사성이 있다고 판단되는 경우에는 청구범위에 적혀 있는 사항을 기준하여 특허발명의 보호범위를 해석하는 이론을 문언해석이라고 한다.

우리나라에 있어서는 특허법 제97조에 특허발명의 보호범위는 청구범위에 적혀 있는 사항에 의하여 정하여진다고 규정하고 있으므로 청구범위에 적혀 있는 사항만이 보호범위의 판단기준이 되어야 한다. 즉 청구범위에 적혀 있는 사항을 판단기준으로 하여야 하고 발명의 설명 또는 도면에만 기재되어 있는 발명을 특허발명의 보호범위의 판단기준으로 하여서는 아니된다.

청구범위는 특허권자가 특허출원 당시 특허보호를 받고자 하는 범위를 설정한 기술적 사항이므로 타인이 이 기술적 사항을 침해하게 되면 당연히 특허권을 침해하는 것이 된다. 따라서 특허법 제97조에서는 이러한 사실을 염두에 두고 명확하게 한 것이라고 할 수 있기 때문에 발명의 설명이나 도면에만 기재되어 있고 청구범위에 기재되어 있지 않은 발명 또는 청구범위에서 의식적으로 제외한 부분에까지 특허발명의 보호범위의 판단기준으로 하여서는 아니 된다. 즉 청구범위에 적혀 있는 사항에 의하여 판단하는 문언해석을 하여야 한다.

2) 청구범위 문언의 축소해석(침해판단에 있어)

① 청구범위에 공지기술이 포함되어 있는 경우

② 청구범위가 명세서의 개시보다 넓은 경우

ⓐ 청구범위의 개념이 명세서의 개시에 의하여 지지되지 아니하는 경우

ⓑ 지나치게 추상적인 구성으로 기재되어 있는 경우

ⓒ 구성이 불명확한 경우

③ 피고의 실시발명이 특허발명의 주요한 작용·효과보다 우수한 경우

④ 진보성이 없는 경우

⑤ 실시불가능한 경우

3) 문언해석시 고려하여 할 사항

① **발명의 설명 참작** 청구범위는 명세서에 적혀 있는 사항 중 보호받고자 하는 사항을 기재한 것이므로 그 기재가 불명료하거나 발명의 설명에 개시된 내용과 모순되는 경우 또는 사용된 용어만으로는 특허발명이 나타내는 기술적인 의미를 분명하게 파악할 수 없는 경우에는 발명의 설명을 참작하여 해석할 수 있다.

② **출원경과의 기록 참작** 보호범위결정의 기준으로 되는 특허청구의 범위는 특허출원에서 특허허여까지의 과정에 있어서 이루어진 사실, 즉 출원인이 특허청에 자진하여 제출한 명세서나 도면의 보정서·의견서 기타 문서 또 특허청이 출원인에게 지시한 보정서·거절이유에 대한 의견서·출원인의 답변서 및 거절결정 불복심판청구 등을 참작함으로써 청구범위의 의의를 참작하여 특허발명의 보호범위를 해석할 수 있다.

③ **출원시의 기술수준 참작** 특허출원당시의 기술수준은 그 청구범위의 의의를 명확히 하는 데 일조됨은 말할 필요가 없다. 그러나 출원시의 기술수준 즉 공지기술을 당연히 참작할 필요는 없고 청구범위의 의의가 명확하게 기재되어 있지 아니하거나 불명인 경우에 한하여 출원시의 기술수준을 보충적으로 참작하여 해석할 수 있다고 생각된다.

④ **의식적 제외사실의 참작** 청구범위의 기재내용 중 출원인 자신이 의식적으로 권리로서 제외한 사항의 기재는 '있어…', '…공지(또는 통상)의 것에 있어서…' 등으로 표현하고 있으며, 이러한 내용까지 보호범위를 확대 해석할 필요는 없다.

출원인이 의식적으로 제외한 것인지 아닌지 분명치 않을 때에는 출원인(권리자)과 제3자간의 형평을 유지하는 선에서 해석하여야 할 것이고 권리자를 부당하게 이롭게 하여 제3자에게 불측의 손해를 줌으로써 법적 안정성을 해치는 일이 있어서는 아니 되고, 반대로 권리자에게 부당한 손해를 입히면서까지 특허발명의 보호범위를 확대 또는 축소해석을 하여서는 안 된다.

대법원 2017.1.19. 선고 2013후37 전원합의체 판결

특허발명의 신규성 또는 진보성 판단과 관련하여 해당 특허발명의 구성요소가 출원 전에 공지된 것인지는 사실인정의 문제이고, 그 공지사실에 관한 증명책임은 신규성 또는 진보성이 부정된다고 주장하는 당사자에게 있다. 따라서 권리자가 자백하거나 법원에 현저한 사실로서 증명을 필요로 하지 않는 경우가 아니라면, 그 공지사실은 증거에 의하여 증명되어야 하는 것이 원칙이다.

그리고 청구범위의 전제부 기재는 청구항의 문맥을 매끄럽게 하는 의미에서 발명을 요약하거나 기술분야를 기재하거나 발명이 적용되는 대상물품을 한정하는 등 그 목적이나 내용이 다양하므로, 어떠한 구성요소가 전제부에 기재되었다는 사정만으로 공지성을 인정할 근거는 되지 못한다. 또한 전제부 기재 구성요소가 명세서에 배경기술 또는 종래기술로 기재될 수도 있는데, 출원인이 명세서에 기재하는 배경기술 또는 종래기술은 출원발명의 기술적 의의를 이해하는 데 도움이 되고 선행기술 조사 및 심사에 유용한 기존의 기술이기는 하나 출원 전 공지되었음을 요건으로 하는 개념은 아니다. 따라서 명세서에 배경기술 또는 종래기술로 기재되어 있다고 하여 그 자체로 공지기술로 볼 수도 없다.

다만 특허심사는 특허청 심사관에 의한 거절이유통지와 출원인의 대응에 의하여 서로 의견을 교환하는 과정을 통해 이루어지는 절차인 점에 비추어 보면, 출원과정에서 명세서나 보정서 또는 의견서 등에 의하여 출원된 발명의 일부 구성요소가 출원 전에 공지된 것이라는 취지가 드러나는 경우에는 이를 토대로 하여 이후의 심사절차가 진행될 수 있도록 할 필요가 있다.

그렇다면 명세서의 전체적인 기재와 출원경과를 종합적으로 고려하여 출원인이 일정한 구성요소는 단순히 배경기술 또는 종래기술인 정도를 넘어서 공지기술이라는 취지로 청구범위의 전제부에 기재하였음을 인정할 수 있는 경우에만 별도의 증거 없이도 전제부 기재 구성요소를 출원 전 공지된 것이라고 사실상 추정함이 타당하다. 그러나 이러한 추정이 절대적인 것은 아니므로 출원인이 실제로는 출원 당시 아직 공개되지 아니한 선출원발명이나 출원인의 회사 내부에만 알려져 있었던 기술을 착오로 공지된 것으로 잘못 기재하였음이 밝혀지는 경우와 같이 특별한 사정이 있는 때에는 추정이 번복될 수 있다.

그리고 위와 같은 법리는 실용신안의 경우에도 마찬가지로 적용된다.

대법원 2015.1.22. 선고 2011후927 전원합의체 판결

[제조방법이 기재된 물건발명의 특허요건을 판단하면서 제조방법의 기재를 포함하여 특허청구범위의 모든 기재에 의하여 특정되는 구조나 성질 등을 가지는 물건으로 파악하여 신규성, 진보성 등이 있는지를 살펴야 하는지 여부(적극)]

특허법 제2조 제3호는 발명을 '물건의 발명', '방법의 발명', '물건을 생산하는 방법의 발명'으로 구분하고 있는바, 특허청구범위가 전체적으로 물건으로 기재되어 있으면서 그 제조방법의 기재를 포함하고 있는 발명(이하 '제조방법이 기재된 물건발명'이라고 한다)의 경우 제조방법이 기재되어 있다고 하더라도 발명의 대상은 그 제조방법이 아니라 최종적으로 얻어지는 물건 자체이므로 위와 같은 발명의 유형 중 '물건의 발명'에 해당한다. 물건의 발명에 관한 특허청구범위는 발명의 대상인 물건의 구성을 특정하는 방식으로 기재되어야 하는 것이므로, 물건의 발명의 특허청구범위에 기재된 제조방법은 최종 생산물인 물건의 구조나 성질 등을 특정하는 하나의 수단으로서 그 의미를 가질 뿐이다.

따라서 제조방법이 기재된 물건발명의 특허요건을 판단함에 있어서 그 기술적 구성을 제조방법 자체로 한정하여 파악할 것이 아니라 제조방법의 기재를 포함하여 특허청구범위의 모든 기재에 의하여 특정되는 구조나 성질 등을 가지는 물건으로 파악하여 출원 전에 공지된 선행기술과 비교하여 신규성, 진보성 등이 있는지 여부를 살펴야 한다.

한편 생명공학 분야나 고분자, 혼합물, 금속 등의 화학 분야 등에서의 물건의 발명 중에는 어떠한 제조방법에 의하여 얻어진 물건을 구조나 성질 등으로 직접적으로 특정하는 것이 불가능하거나 곤란하여 제조방법에 의해서만 물건을 특정할 수밖에 없는 사정이 있을 수 있지만, 이러한 사정에 의하여 제조방법이 기재된 물건발명이라고 하더라도 그 본질이 '물건의 발명'이라는 점과 특허청구범위에 기재된 제조방법이 물건의 구조나 성질 등을 특정하는 수단에 불과하다는 점은 마찬가지이므로, 이러한 발명과 그와 같은 사정은 없지만 제조방법이 기재된 물건발명을 구분하여 그 기재된 제조방법의 의미를 달리 해석할 것은 아니다.

이와 달리, 제조방법이 기재된 물건발명을 그 제조방법에 의해서만 물건을 특정할 수밖에 없는 등의 특별한 사정이 있는지 여부로 나누어, 이러한 특별한 사정이 없는 경우에만 그 제조방법 자체를 고려할 필요가 없이 특허청구범위의 기재에 의하여 물건으로 특정되는 발명만을 선행기술과 대비하는 방법으로 진보성 유무를 판단해야 한다는 취지로 판시한 대법원 2006.6.29. 선고 2004후3416 판결, 대법원 2007.5.11. 선고 2007후449 판결, 대법원 2007.9.20. 선고 2006후1100 판결, 대법원 2008.8.21. 선고 2006후3472 판결, 대법원 2009.1.15. 선고 2007후1053 판결, 대법원 2009.3.26. 선고

2006후3250 판결, 대법원 2009.9.24. 선고 2007후4328 판결 등을 비롯한 같은 취지의 판결들은 이 판결의 견해에 배치되는 범위 내에서 모두 변경하기로 한다.

대법원 2019.7.10. 선고 2017다209761 판결

[특허청구범위에 기재된 문언의 의미내용을 해석하는 방법 및 특허의 명세서에서 하나의 용어가 청구범위나 발명의 설명에 다수 사용된 경우, 동일한 의미로 해석해야 하는지 여부(원칙적 적극)]

특허발명의 보호범위는 특허청구범위에 기재된 사항에 의하여 정하여야 한다. 거기에 기재된 문언의 의미내용을 해석할 때 문언의 일반적인 의미내용을 기초로 하면서도 발명의 설명 및 도면 등을 참작하여 객관적·합리적으로 하여야 한다. 그리고 특허청구범위에 기재된 문언으로부터 기술적 구성의 구체적 내용을 알 수 없는 경우에는 명세서의 다른 기재 및 도면을 보충하여 그 문언이 표현하고자 하는 기술적 구성을 확정하여 특허발명의 보호범위를 정하여야 한다(대법원 2006.12.22. 선고 2006후2240 판결, 대법원 2009.10.15. 선고 2007다45876 판결 등 참조). 특허의 명세서에 기재된 용어는 명세서 전체를 통하여 통일되게 해석할 필요가 있으므로(대법원 2005.9.29. 선고 2004후486 판결 등 참조), 하나의 용어가 청구범위나 발명의 설명에 다수 사용된 경우 특별한 사정이 없는 한 동일한 의미로 해석해야 한다.

(3) 균등해석(균등론)

1) 균등론의 이론전개

특허침해소송에 있어서 균등론(doctrine of equivalents)이라고 하는 것은 침해로 주장된 피고실시발명이 청구범위의 문언상으로는 특허발명과 동일하지 않지만, 청구범위에 내재하고 있는 특허발명의 기술사상과 실질적으로 균등물(등가물)인 경우에는 해당 특허권을 침해하였다고 판단하는 법리이다. 즉, 균등론은 청구범위를 해석하여 발명의 보호범위를 정함에 있어 단순히 청구범위의 문언기재만에 의한 문언해석의 범위를 넘어 문언과 균등 내지 등가의 발명도 해당 특허발명의 보호범위에 속한다고 하는 것으로 침해소송의 경험칙으로부터 발전하여 온 이론이다. 다시 말해서 균등론은, 원고의 특허발명과 피고의 실시형태를 비교하여, 피고의 실시형태가 원고 청구범위의 문언기재와 일치하는 것은 아니지만, 그 일치하지 않은 기술이 원고의 특허발명에 개시된 내용으로부터 그 분야에 종사하는 전문가가 용이하게 치환하여 동일한 효과를 얻을 수 있는 것일 때에는 이는 원고 특허발명의 기술사상과 균등한 것으로서 보아서 양자는 동일하다고 하는 형평의 원리에 입각한 이론이다.[27)]

---

27) Robert L. Harmon, PATENT AND THE FEDERAL CIRCUIT, §6.3(a)(ii) (2nd ed., BNA Inc., 1991).

이 이론은 미국의 판례 및 학설에 의하여 확립되어 오고 있다고 할 수 있다. 미국에서는 특허발명의 보호범위를 결정하는 데 있어 첫째, 피고가 실시하고 있는 피고실시발명이 특허클레임의 문언상의 침해로 되는가 되지 않는가의 판단과 둘째, 문언상의 침해가 부정되는 경우에 균등론의 법리가 적용되는 2단계 테스트(two-step tests)가 행해지고 있다.

미국 특허법의 역사에 있어 균등론을 인정한 최초의 연방대법원판결은 1853년의 Winas V. Denmead 사건이다.[28] 이 판결 후에 균등론의 성립요건에 관한 대표적인 케이스로서 가장 새롭게 언도된 연방대법원의 판결은 1950년의 Graver Tank 사건[29]으로 지금까지도 대법원에 의해 변경되지 않고 대부분이 특허 침해소송에 적용되고 있는 판례법으로 확립됐다. Graver Tank 사건에 있어 연방대법원은 '피고장치 또는 피고조성물이 유효한 특허권을 침해하는가 아닌가를 판단하는 데는 우선 클레임의 문언에 그의 단서를 요구할 뿐이다. 만약 피고제품이 분명하게 클레임의 문언에 해당하게 되면 특허권을 침해하게 되고 그의 판단은 종료한다'라고 판시했으며, 균등의 성립요건으로서는 "무엇이 균등물이 되는가는 특허의 내용, 선행기술, 해당 사건의 개별사정으로부터 결정하지 않으면 안 된다. 특허법에서의 균등성은 어떤 공식에 얽매이는 것이 아니고, 진공하에서 생각되어지는 절대적인 것도 아니다. 균등성은 모든 목적과 모든 점에 있어서 완전히 일치하는 것까지 요구하지 않는다. 특허조성물 중 인 성분을 사용한 목적, 그의 성분이 타의 성분과 조합되는 경우에의 성질, 그래서 그의 성분을 사용한 목적, 그래서 그의 성분에 의해 달성되는 기능에 관해서 고려하지 않으면 안 된다"라고 판시했다. 또 Sanitary Refrigerator 사건[30]에서 판시된 '피고장치가 특허에 관련된 장치와 실질적 동일한 방법(way)으로, 실질적 동일한 기능(function)을 수행하여 실질적 동일한 결과(result)를 달성하는 경우'에는 특허권자는 피고장치의 제조자에 대해 균등론을 적용할 수가 있다고 하는 3요소 테스트(three-part test)를 재확인함으로써 균등의 성립요건이 확립되었던 것이다. 3요소 테스트는 그 후에 CAFC의 판례에 의해 구체적으로 전개되어 오고 있다.

미국에 있어 균등론을 적용한 판례에는 3요소테스트의 '실질적 동일(substantilly same)'의 원칙이 특허 클레임의 해석에 탄력성을 부여하고 있다. 즉, 균등의 범위결정에 있어서의 일반원칙은 동일과제에 관한 최초의 발명은 균등의 범위가 넓게 해석되고,

---

28) Winas v. Denmead, 14 Led 717, 15 Howard 330 (1853).
29) Graver Tank & Manufacturing Co. v. Linde Air Prod. Co., 339 U.S. 605 (1950).
30) Sanitary Refrigerator Co. v. Winter, 280 U.S. 30, 42(1929).

이미 타의 해결수단이 존재하는 분야에서의 기본발명 이후의 발명은 좁게 해석되는 것이 일반적이다. 여기서 실질적 동일의 판단은 첫째로 기본발명(pioneer invention)은 선행기술(prior art)에 있어 나타나지 않는 기능을 처음으로 가능하게 하는 발명이다. 그래서 개량발명의 평가기준으로서는 기능에 있어 선행기술과 비교해서 어느 정도의 개선을 나타내고 있는가를 고려한다. 둘째, 특허발명의 구성요소의 대체가 당업계의 기술상식에 의해 인식할 수 있었는가 없었는가를 고려한다. 셋째, 기능 및 방법과의 인과관계를 확인해서 결과의 동일성을 판단한다.

Winans v. Denmead, 56 U.S. (15 How) 342 (1853)

1) 이 사건에서 연방대법원은, '기계에 관한 특허에 있어서 특허의 보호범위는 특허청구항에 기재된 형상에만 한정되는 것은 아니며, 이때 특허청구항의 기재는 그 발명을 구체화하기 위한 모든 형상을 염두에 두고 기재된 것이라고 해석하여야 한다. 단순한 형상 변경에 의하여 발명의 원리를 도용하는 것이 허용된다면 특허권은 공허한 권리로 전락하고 말 것이다'라고 판시하여, 균등론에 근거하여 침해를 인정하였다.

2) 이것은 균등론을 인정한 미국 최초의 연방 대법원 판결이다. 당시 미국은 1836년 특허법이 정하는 바에 따라 중심한정주의를 취하고 있어서, 실제 침해소송 등에서 청구범위의 해석이 문제로 되는 청구범위의 기재 내용을 어느 정도까지 확장 해석하여 줄 것인가의 여부가 주된 쟁점이 되곤 하였는데, 이와 관련하여 일반론으로서 적용을 제시한 것이 바로 Winans 사건이다.

Winans 판결은 그 후의 침해소송에 큰 영향을 미쳐, 균등론이 중심한정주의하에서 청구범위 확장해석의 기준으로서 중요한 기능을 하는 계기가 되었다.

Festo Corp. v. Shoketsu Kinzoku Kogyo Kabushiki Co. Ltd., certiorari to the united states court of appeals for the federal circuit, No.001543 (2002), (Decided May 28, 2002)

1) 법원은 오랫동안의 경험에 비추어 보면, 제한적 금지로 보는 경우에는 실질적으로 권리 포기의 범위를 확정하기가 어려워 균등론을 제한하는 출원경과참작의 원칙이 기능을 제대로 발휘할 수 없고, 오히려 절대적 금지의 원칙이 특허청구항의 공시 및 제한기능에 가장 잘 부합하고, 권리범위의 불확실성으로 인한 제비용을 감소시키기 때문에 제한적 금지의 원칙을 파기한다고 하면서, 수정된 청구항의 요소에 관하여 출원경과참작의 원칙이 적용된다면, 그 수정된 요소에 대하여는 균등론의 적용이 완전히 금지된다고 판시하였다. 또한 위 법원은 청구항의 수정사유가 불분명하여 출원경과참작의 원칙의 적용을 받는 경우에도 수정된 청구항의 요소에 대하여는 균등론을 적용할 수 없다고 판시하였다.

2) 이 판결로 인하여 출원과정에서의 수정은 그 사유가 특허부여와 무관하다는 점이 출원기록상 분명히 나타나지 않는 한, 원래의 청구보다 축소된 범위는 모두 출원인이 포기한 것으로 보기 때문에 균등론의 범위가 크게 제한되게 되었고, 실무상으로도 출원과정에서의 수정에 더욱 유의하지 않으면 안 되게 되었다.

2) 균등론의 필요성

특허발명의 보호범위는 결국 청구범위를 기준으로 확정되므로, 특허출원인은 발명의 모든 기술적 사상을 빠뜨리지 않고 청구범위에 문언의 형식으로 기재하는 것이 매우 중요하지만, 실제로 완벽한 청구범위를 작성하기란 쉬운 것은 아니다. 일반적으로 침해하려고 하는 자는 특허발명의 구성요소를 그대로 모방하여 침해하는 경우도 있지만 많은 경우에 있어서는 특허발명의 구성요소 중 비교적 경미한 구성의 부가 또는 삭제, 변경을 가하는 것에 의하여 청구범위에 적혀 있는 기술사상의 범위로부터 일탈을 기도하곤 한다. 그런데 이와 같이 특허발명의 구성요소의 부가 또는 삭제, 변환을 가하는 행위형태를 모두 예측하여 청구범위의 문언을 기재하도록 출원인에게 요구하는 것은 지나친 강요에 해당하고, 또한 청구범위를 엄격하게 문언에만 한정하여 해석하게 되면 특허의 구성요소를 특별한 노력 없이 부가 또는 삭제, 변환을 교묘하게 함으로써 특허권자의 정당한 보호가 이루어질 수 없게 된다.

이와 같이 청구범위를 중시하면서도, 특허발명의 보호범위를 문언적 기재에만 엄격하게 한정하지 않고 그 문언적 기재에 내재하고 있는 기술사상을 주기능으로 하여 양자의 실질적 동일성이 있는지의 유무를 판단할 필요성이 요구되고 있다고 할 수 있다.

東京高裁 平成6.2.3.

발명의 기술적 범위의 확대해석에 속할 것인가 아닌가는 법적 안정성의 견지로부터 원칙적으로는 발명의 구성에 없어서는 아니 되는 사항만이 기재된 청구범위에 기재된 구성에 의해 정해야 할 것이다. 예를 들면 물건에 영향을 미치는 특허발명과 침해를 주장하는 물품이 그 일부의 구성이 다를 경우에는 해당 물품은 해당 발명의 기술적 범위에 속할 수 없는 것이라고 해야 한다. 그러나 그 경우일지라도 해결해야 할 기술적 과제 및 그 기초가 되는 기술적 사상이 특허 발명과 침해를 주장하는 물품에서 달라지지 않고 침해를 주장하는 물품이 특허 발명이 구사하는 핵심적인 작용효과를 모두 실현할 수 있게 되는 반면, 이에 관련되는 일부의 다른 구성에 대해서 이에 근거하여 현저한 효과를 보이는 등의 각별한 기술적 의의가 인정을 받지 못하며 또 해당 특허 발명의 출원당시의 기술수준에 근거할 때 해당 일부 다른 구성으로 치환하는 것이 가능함과 동시에 용이하게 이런 치환이 가능한 경우에는 예외로서 침해를 주장하는 물품은 특허 발명의 기술적 범위에 속하는 것으로서 침해를 구성하는 것이라고 해석하는 것이 상당하다고 해야 할 것이다.

3) 균등론의 적용요건

① 우리나라 판례에 있어서의 균등요건　　대법원은 균등론의 적용요건을 다음과 같이 설시하고 있다. 즉, 자동차찌그러짐 사건[31]에서 "어떤 발명(아래에서는 "피고실시발명"이라 한다)이 특허등록된 발명(아래에서는 "특허발명"이라 한다)의 권리범위에 속한다고 하기 위하여는 원칙적으로 특허발명의 각 구성요소와 구성요소간의 유기적 결합관계가 피고실시발명에 그대로 포함되어 있어야 할 것이고, 다만 피고실시발명에 있어서 구성요소의 치환 내지 변경이 있더라도 양 발명에 있어서의 과제의 해결원리가 동일하며, 그러한 치환에 의하더라도 특허발명에서와 같은 목적을 달성할 수 있고 실질적으로 동일한 작용효과를 나타내며, 그와 같이 치환하는 것을 그 발명이 속하는 기술분야에서 통상의 지식을 가진 자(아래에서는 "통상의 기술자"라 한다)가 용이하게 생각해낼 수 있을 정도로 자명하다면, 피고실시발명이 특허발명의 출원시에 이미 공지된 기술 내지 공지기술로부터 통상의 기술자가 용이하게 발명할 수 있었던 기술에 해당하거나 특허발명의 출원절차를 통하여 피고실시발명의 치환된 구성요소가 청구범위로부터 의식적으로 제외된 것에 해당하는 등의 특단의 사정이 없는 한, 피고실시발명의 치환된 구성요소는 특허발명의 대응되는 구성요소와 균등관계에 있는 것으로 보아 피고실시발명은 여전히 특허발명의 권리범위에 속한다고 보아야 할 것이다"라고 설시하고 있고, 또 대법원은 피페라진 사건[32]에서 "이 사건과 같이 피고실시발명이 특허발명과, 출발물질 및 목적물질은 동일하고 다만 반응물질에 있어 특허발명의 구성요소를 다른 요소로 치환한 경우라고 하더라도, 양 발명의 기술적 사상 내지 과제의 해결원리가 공통하거나 동일하고, 피고실시발명의 치환된 구성요소가 특허발명의 구성요소와 실질적으로 동일한 작용효과를 나타내며, 또 그와 같이 치환하는 것 자체가 그 발명이 속하는 기술분야에서 통상의 지식을 가진 자(이하 "통상의 기술자"라 한다)이면 당연히 용이하게 도출해 낼 수 있는 정도로 자명한 경우에는, 피고실시발명이 해당 특허발명의 출원시에 이미 공지된 기술이거나 그로부터 통상의 기술자가 용이하게 도출해 낼 수 있는 것이 아니고, 나아가 해당 특허발명의 출원절차를 통하여 피고실

31) 대법원 2001.6.12. 선고 98후2016 판결.
32) 대법원 2000.7.28. 선고 97후2200 판결.

시발명의 치환된 구성요소가 특허청구의 범위로부터 의식적으로 제외되는 등의 특단의 사정이 없는 한, 피고실시발명의 치환된 구성요소는 특허발명의 그것과 균등물이라고 보아야 할 것이다"라고 설시하고 있고, 또 대법원은 피라졸유도체 사건[33]에서 '피고실시발명이 특허발명의 권리범위에 속한다고 할 수 있기 위하여는 특허발명의 각 구성요소와 구성요소 간의 유기적 결합관계가 피고실시발명에 그대로 포함되어 있어야 할 것이고, 다만 피고실시발명에 구성요소의 치환 내지 변경이 있더라도 양 발명에서 과제의 해결원리가 동일하며, 그러한 치환에 의하더라도 특허발명에서와 같은 목적을 달성할 수 있고 실질적으로 동일한 작용효과를 나타내며, 그와 같이 치환하는 것을 그 발명이 속하는 기술분야에서 통상의 지식을 가진 자(이하 "통상의 기술자"라 한다.)가 용이하게 생각해 낼 수 있을 정도로 자명하다면, 피고실시발명이 특허발명의 출원시에 이미 공지된 기술 내지 공지기술로부터 통상의 기술자가 용이하게 발명할 수 있었던 기술에 해당하거나 특허발명의 출원절차를 통하여 피고실시발명의 치환된 구성요소가 청구범위로부터 의식적으로 제외된 것에 해당하는 등의 특별한 사정이 없는 한, 피고실시발명의 치환된 구성요소는 특허발명의 대응되는 구성요소와 균등관계에 있는 것으로 보아 피고실시발명은 여전히 특허발명의 권리범위에 속한다고 보아야 할 것이다'라고 설시하고 있다.

그리고 최근 과제해결원리의 동일성에 관하여 대법원 2019.1.31. 선고 2017후424 판결(관련사건 대법원 2019.1.31.자 2016마5698 결정), 작용효과의 실질적 동일성에 관하여 대법원 2019.1.31. 선고 2018다267252 판결 및 대법원 2019.2.14. 선고 2015후2327 판결, 판단시점에 관하여 대법원 2023.2.2. 선고 2022후10210 판결 등이 중요한 법리를 선언하였다.

따라서 우리나라에서의 균등론의 적용요건은 다음과 같이 정리할 수 있다.

ⓐ 과제해결원리가 동일할 것

ⓑ 작용효과가 실질적으로 동일할 것(치환가능성이 있을 것)

ⓒ 변경용이성(치환용이성)이 있을 것

ⓓ 피고실시발명이 출원시에 공지기술이 아닐 것

ⓔ 판단시점은 출원시로 보는지 침해시로 보는지 명확하지 않았으나 침해시로 정리됨

ⓕ 권리자가 의식적으로 제외한 사항은 적용제외(출원경과금반언)

② 과제해결원리 동일성 대법원 2009.6.25. 선고 2007후3806 판결, 대법원

---

33) 대법원 2001.8.21. 선고 98후522 판결.

2014.7.24. 선고 2013다14361 판결을 거쳐 과제해결원리 동일성 요건은 "'양 발명에서 과제의 해결원리가 동일'한지 여부를 가릴 때에는 특허청구범위에 기재된 구성의 일부를 형식적으로 추출할 것이 아니라, 명세서의 발명의 상세한 설명의 기재와 출원 당시의 공지기술 등을 참작하여 선행기술과 대비하여 볼 때 특허발명에 특유한 해결수단이 기초하고 있는 기술사상의 핵심이 무엇인가를 실질적으로 탐구하여 판단하여야 한다."로 정리되었다. 나아가 대법원 2019.1.31. 선고 2017후424 판결(관련사건 대법원 2019.1.31.자 2016마5698 결정)로 "특허법이 보호하려는 특허발명의 실질적 가치는 선행기술에서 해결되지 않았던 기술과제를 특허발명이 해결하여 기술발전에 기여하였다는 데에 있으므로, 확인대상 발명의 변경된 구성요소가 특허발명의 대응되는 구성요소와 균등한지를 판단할 때에도 특허발명에 특유한 과제 해결원리를 고려하는 것이다. 그리고 특허발명의 과제해결원리를 파악할 때 발명의 상세한 설명의 기재뿐만 아니라 출원 당시의 공지기술 등까지 참작하는 것은 전체 선행기술과의 관계에서 특허발명이 기술발전에 기여한 정도에 따라 특허발명의 실질적 가치를 객관적으로 파악하여 그에 합당한 보호를 하기 위한 것이다. 따라서 이러한 선행기술을 참작하여 특허발명이 기술발전에 기여한 정도에 따라 특허발명의 과제 해결원리를 얼마나 넓게 또는 좁게 파악할지 결정하여야 한다. 다만, 발명의 상세한 설명에 기재되지 않은 공지기술을 근거로 발명의 상세한 설명에서 파악되는 기술사상의 핵심을 제외한 채 다른 기술사상을 기술사상의 핵심으로 대체하여서는 안 된다. 발명의 상세한 설명을 신뢰한 제3자가 발명의 상세한 설명에서 파악되는 기술사상의 핵심을 이용하지 않았음에도 위와 같이 대체된 기술사상의 핵심을 이용하였다는 이유로 과제 해결원리가 같다고 판단하게 되면 제3자에게 예측할 수 없는 손해를 끼칠 수 있기 때문이다."라고 법리가 보완되었다.

③ **치환가능성** 대법원의 판결에 나타난 것과 같이, 균등론에 의한 침해의 주장이 인정되기 위한 대전제로서는 치환가능성(置換可能性)이 인정되어야 한다. 즉, 치환가능성이 없다고 하는 의미는 균등물이 아니므로 침해의 부정이라는 결론에 직결되는 것이어서, 치환가능성의 유무가 침해여부의 결론을 결정짓는 중대한 쟁점이 된다는 것은 의심의 여지가 없다. 그러므로 어떠한 경우에 치환가능성이 있는 것인가에 대한 판단이 균등론의 적용에 의한 침해의 유무를 예측하는 한 요소로서 반드시 검토되어야만 하는 것이다.

치환가능성이라 함은 특허발명의 구성요소의 일부를 다른 방법이나 물건으로 치환 내지는 대체하여도 해당 발명의 목적을 달성하고, 얻어지는 작용효과도 동일한 것을 말한다. 바꾸어 말하면, 피고실시발명의 기술적 사상 내지 과제의 해결원리가 해당 특허발명과 동일하고 뿐만 아니라 그 기능 및 작용효과도 동일할 것, 즉 해당 발명과 실질적으로 동일한 경우를 말한다. 이는 미국에서의 균등론의 성립요건으로 두 개의 물질이 실질적으로 동일한 기능(Function)을, 실질적으로 동일한 방식(Way)으로 행하고, 실질적으로 동일한 결과(Result)를 얻을 수 있는 경우에 균등물로 보는 소위 Graver Tank의 기능 및 방법, 결과의 3요소 동일성(Triple Identity)과 동일하다.

미국에 있어서 3요소 테스트에서 가장 중요한 의미를 갖는 것은 '기능'의 요소로서, 양자의 기능이 실질적으로 동일한 기능을 수행하는가의 여부이다.[34] 따라서 단순한 위치변경, 비율 등의 단순한 수치변경, 방향역전, 구성요소의 분할이나 결합 등의 경우에도 기능이 실질적으로 변하지 않는 한 균등한 발명으로 인정되고 있다. 여기서 '실질적으로 동일한 방식'은 후술하는 치환용이성에서 보게 되는 '그 분야에서 종사하는 기술자가 그 대체성을 인식할 수 있는가'의 문제와 같은 맥락에서 파악하는 것이 일반적이다. 또 '실질적으로 동일한 결과'의 테스트는 일종의 확인적 의미를 갖는다. 균등물인가 유무를 판단하는 중심적 사항은 양자의 실질적으로 동일한 기능과 방식에 있고, 실질적으로 양자의 동일한 결과는 그것들과 일종의 인과적 연계에 있기 때문이다. 따라서 결과의 동일성을 인정함에 있어서는, 기능 및 방식으로 인하여 나타난 결과의 동일성과 우연의 일치에 의하여 나타난 결과의 동일성과는 구별하지 않으면 아니 된다. 균등론의 적용에 의하여 침해의 유무를 판단하기 위하여서는 특허발명과 피고실시발명이 실질적으로 동일한 기능 및 방식으로 이루어져 있으므로 양자는 실질적으로 동일한 결과를 얻는다고 하는 인과관계가 요구된다고 할 수 있다.

최근 대법원 2019.1.31. 선고 2018다267252 판결 및 대법원 2019.2.14. 선고 2015후2327 판결은 "작용효과가 실질적으로 동일한지 여부는 선행기술에서 해결되지 않았던 기술과제로서 특허발명이 해결한 과제를 침해제품 등도 해결하는지를 중심으로 판단하여야 한다. 따라서 발명의 상세한 설명의 기재와 출원 당시의 공지기술 등을 참작하여 파악되는 특허발명에 특유한 해결수단이 기초하고 있는 기술사상의 핵심이 침해제품 등에서도 구현되어 있다면 작용효과가 실질적으로 동일하다고 보는 것이 원칙이다. 그러나 위와 같은 기술사상의 핵심이 특허발명의 출

34) 竹田稔, 「知的財産権侵害要論(不正競業編)」, 発明協会, 1997, 85~86頁에 의하면, 일본에서도 우리와 같이 균등론의 적용요건으로 치환가능성을 설시하고 하고 있고, 치환가능성의 유무를 판단하는 데 있어 기능의 요소가 실질적으로 동일한가가 가장 중요하다고 기술하고 있다.

원 당시에 이미 공지되었거나 그와 다름없는 것에 불과한 경우에는 이러한 기술사상의 핵심이 특허발명에 특유하다고 볼 수 없고, 특허발명이 선행기술에서 해결되지 않았던 기술과제를 해결하였다고 말할 수도 없다. 이러한 때에는 특허발명의 기술사상의 핵심이 침해제품 등에서 구현되어 있는지를 가지고 작용효과가 실질적으로 동일한지 여부를 판단할 수 없고, 균등 여부가 문제되는 구성요소의 개별적 기능이나 역할 등을 비교하여 판단하여야 한다."라고 작용효과의 실질적 동일성(치환가능성) 판단방법을 설시하였다.

④ 치환용이성

ⓐ 치환용이성의 의의 균등론의 또 하나의 요건으로 치환용이성이 있어야 한다. 여기서 치환용이성이라고 하는 것은 특허발명의 구성요소의 일부를 다른 방법이나 물건으로 치환하는 것이 통상의 기술자라면 용이하게 생각해 낼 수 있는 것을 말한다. 실질적으로 동일한 목적과 효과를 얻기 위하여 특허발명의 구성요소를 치환하는 그 자체가 통상의 기술자에 의하여 용이하게 이루어질 수 있다고 하는 것이다. 일반적으로 그 분야에 종사하는 기술자라면, 특허발명의 구성요소를 용이하게 치환할 수 있는 것으로 인식되어 있어야 하고, 그와 같은 치환에 의하여 얻어지는 작용효과도 거의 동일하다는 것이 통상의 기술자간에 알려져 있으면 치환용이성이 있는 것으로 인정된다.

ⓑ 치환용이성과 진보성의 관계 특허침해소송에 있어서의 치환용이성과 특허심사단계에서의 진보성과는 어떠한 차이점이 있는 것인가, 또 치환용이성의 판단 내지 정도를 특허요건인 진보성과 동일한 기준으로 판단할 수 있는 것인가 쟁점이라고 할 수 있다.

일반적으로 진보성이란 출원발명이 그 출원 전에 존재하고 있는 공지기술과 비교하여 특허를 부여해야 할 가치가 있는 것인가 아닌가를 판단하는 척도이고, 반면에 균등론의 성립요건으로서의 치환용이성은 권리가 부여된 특허발명과 침해로 된 피고실시발명과의 구성의 차이가 침해시점에서의 기술수준에 비해서 용이하게 치환가능한 것인가 아닌가를 판단하는 기준이다. 따라서 진보성은 출원발명과 공지기술과의 대비이고, 치환용이성은 특허발명과 피고실시발명과의 대비이므로 양자는 평가의 대상 및 척도에서는 차이점이 있지만, 기본적으로 양자의 구성요소가 서로 균등한가 아닌가를 판단하는 기법은 서로 유사하다고 할 수 있다. 이런 관점에서 본다면, 양자의 침해유무를 판단하는 치환용이성은 특허권이라고 하는 독점배타적인 권리의 부여유무를 판단하는 진보성보다 더 용이한 것, 즉 기술적으로 더 낮은 수준의 것으로 볼 수 있다. 바꾸어 말하면, 특허심사단계에 있어서 어떤 출원발명이 선행하는 주지 기술 등으로부터 용이하게 추측할 수 있는 것이라고 할 때에는, 그 추측이 발명을 도출하는 숙고에까지는 이르지 아니할지라도 어느 정도의 실험 및 연구만을 한 경우에는 진보성을 결여하였다고 보지만, 특허침해소송에 있어서는 해당 특허발명으로부터 보아 특단의 실험 및 연구를 거칠 필요도 없이 통상의 기술자라면 누구나 쉽게 당연히 추측할 수 있는 정도의 용이성이라면 치환용이성이 있다고 보는 것이다.

그러나, 치환용이성이 진보성에서 말하는 발명의 용이성보다 기술적으로 낮은 수준의 것이라고 한다면, 치환용이성은 벗어났으나 발명의 용이성은 벗어나지 못함으로써 특허로 보호될 수 없으나 그렇다고 균등영역에서의 침해도 아닌 그야말로 특허법이 제대로 기능할 수 없는 '회색의 기술영역(Gray Arts Zone)'이 존재하게 될 수 있다. 실제의 특허소송에 있어서는 피고실시발명이 특허권으로는 보호되지 아니하나, 그렇다고 공지기술도 아니고 특허발명의 권리범위에 속하지 않은 기술영역이 존재하게 되는 사건이 있다. 따라서 특허침해소송에서의 치환용이성을 특허심사단계에서의 진보성과 같은 맥락으로 보는 것이 타당하다고 생각된다. 특허침해소송에 있어서는 심사관이 진보성을 인정하여 권리를 부여한 특허발명의 권리범위를 넘어서 청구범위의 한정사항을 확장해석하는 것을 막을 수 있고, 또한 특허심사와 특허침해소송에 있어서의 용이성의 개념을 통일화함으로써 판단의 보편성을 가질 수 있기 때문이다.

⑤ **피고실시발명이 출원시에 공지기술이 아닐 것** 본원발명과 피고실시발명의 구성에 차이가 있고, 그 차이점이 나는 구성요소를 포함하는 피고실시발명은 본원발명의 출원시점에 있어서 공지기술이 아니어야 한다는 조건이다. 만약 피고실시발명이 비록 본원발명의 구성요소와 차이가 나지만, 출원시점에 공지기술이었다면, 피고실시발명은 누구나 사용할 수 있는 만인의 기술이 되기 때문에 균등론의 적용에 의하여 균등물로 볼 수 없기 때문이다. 즉, 균등론이 청구범위의 권리범위를 확장하는 개념이라 하더라도 공지기술에까지 균등론을 적용하여서는 아니 되고, 그러한 공지기술 또는 이로부터 용이하게 생각할 수 있는 기술은 만인의 공유재산으로 어느 누구라도 자유로이 실시할 수 있는 영역에 속하므로 여기에까지 균등개념을 도입할 수 없다고 하는 논리이다. 비록, 본원발명과 비교해 피고실시발명의 구성요소가 치환가능성 및 치환용이성의 요건을 충족하고 있다고 하여도 공지기술에까지 균등론의 적용에 의하여 해당 특허발명의 보호범위를 확장 해석하여서

는 아니 된다.

⑥ **침해시점을 기준으로 판단** 　급속한 기술발달에 따라 발명 당시에는 생각지도 못하였던 물건이 나중에 가서는 단순한 대체물로서 균등물로 되는 것을 예측할 수 있다. 즉, 출원시점에서는 대체물로서의 균등물을 예상하지 못하였지만, 침해시점에서는 통상의 기술자라면 용이하게 치환할 수 있는 경우를 가정할 수 있으므로, 치환용이성을 판단하는 기준시점을 어디에 둘 것인가의 여부가 쟁점이 되고 있다.

예를 들면, 갑이라고 하는 발명자는 자동절첩식 텐터의 구성요소 A와 구성요소 B를 결합시키는 수단의 탄성매체로서 스프링을 사용하였는데, 그 당시에는 유연성이 매우 좋은 고무밴드의 탄성매체가 발명되기 전이였다고 하자. 그 후 몇 년이 지나서 제3자가 고무밴드의 탄성매체에 의하여 같은 목적과 효과를 얻었다고 하는 경우, 특허권자와 제3자의 관계는 적용시점을 어디에 두고 판단하는가에 따라 다른 결과를 나올 수 있다. 즉, 출원시점을 기준으로 균등물인가 아닌가를 판단하는 경우에는 당연히 비침해가 되지만, 제3자의 침해시점을 기준으로 하는 경우에는 스프링과 고무밴드는 실질적으로 동일한 탄성매체에 해당하여 침해를 구성하게 된다.

균등론의 적용요건으로서 치환용이성의 판단은 특허출원후의 기술수준의 향상을 감안하여 제3자의 침해시점에서의 통상의 기술자수준을 기준으로 판단하여야 한다. 특허발명의 청구범위는 공개로서 공시기능을 중시한다고 하여도 침해자는 침해시의 모든 사정을 감안하여 그 기술을 실시할지 여부를 판단할 수 있고, 침해시점의 기술상황으로 치환용이성을 판단하여도 양자의 형평성의 원칙이 합당하기 때문이다.[35)]

우리 판례상 판단시점을 출원시로 보는지 침해시로 보는지 명확하지 않았으나 최근 대법원 2023.2.2. 선고 2022후10210 판결은 "특허의 보호범위가 청구범위에 적혀 있는 사항에 의하여 정하여짐에도(특허법 제97조) 위와 같이 청구범위의 구성요소와 침해대상제품 등의 대응구성이 문언적으로 동일하지는 않더라도 서로 균등한 관계에 있는 것으로 평가되는 경우 이를 보호범위에 속하는 것으로 보아 침해를 인정하는 것은, 출원인이 청구범위를 기재하는 데에는 문언상 한계가 있기 마련인데 사소한 변경을 통한 특허 침해 회피 시도를 방치하면 특허권을 실질적으로 보호할 수 없

35) 미국은 판례에 의하여 침해시점으로 균등요건을 판단하고 있고(Warner-Jenkinson Co., Inc. v. Hilton Davis Chemical Co. 41 USPQ 2d 1865 (1997)), 일본도 출원시점과 침해시점이 서로 대립하였으나 最高裁 平成10.2.24. 特許ニュース 9779号, 1~6頁에 의하여 침해시점으로 확립되었다.

게 되기 때문이다. 위와 같은 균등침해 인정의 취지를 고려하면, 특허발명의 출원 이후 침해 시까지 사이에 공지된 자료라도 구성 변경의 용이성 판단에 이를 참작할 수 있다고 봄이 타당하다."라고 침해시설로 정리하였다. 또한 위 판결은 "권리범위 확인심판에서는 확인대상 발명에 특허발명의 청구범위에 기재된 구성 중 변경된 부분이 있는 경우 심결시를 기준으로 하여 특허발명의 출원 이후 공지된 자료까지 참작하여 그와 같은 변경이 통상의 기술자라면 누구나 쉽게 생각해 낼 수 있는 정도인지를 판단할 수 있다고 봄이 타당하다."라고 밝혔다.

⑦ **권리자가 의식적으로 제외한 사항은 적용제외** 이 요건은 앞에서 설명한 청구범위 해석의 일반원칙에서 출원경과금반언의 원칙과 같은 의미로서, 출원인이 명세서의 기재로부터 의식적으로 제외한 사항에도 균등론의 적용은 제외된다. 출원심사단계에서 심사관의 거절이유를 극복하기 위하여 자신의 발명을 좁게 설명하거나 축소 또는 제한하는 보정을 한 경우, 그 후에 특허권을 취득하고 나서 권리분쟁단계에서 축소 또는 제한하는 보정의 범위도 자신의 발명범위에 포함된다는 등 균등의 주장을 하는 것은 허용되지 않는다. 특허무효심판이나 정정심판의 과정에서 의식적으로 제외한 사항에 대하여도 마찬가지이다.

다만, 선행기술과 충돌을 피하기 위하여 보정을 하였다면 당연히 출원경과금반언의 원칙이 적용되지만, 특허성과는 무관한 자진으로 감축보정을 한 경우에도 상기 원칙이 적용되는 것인가 하는 데는 쟁점의 소지가 있다. 그러나 보정 및 의견 그 자체만으로 무조건 출원경과금반언의 원칙을 적용하는 것보다는 실제로 특허성과 직접 관련되는 경우에만 상기 원칙을 적용하는 것이 타당하다.

대법원 2014.7.24. 선고 2012후1132 판결

[균등침해의 판단기준]

특허발명과 대비되는 확인대상발명이 특허발명의 권리범위에 속한다고 할 수 있기 위해서는 특허발명의 청구범위에 기재된 각 구성요소와 그 구성요소 간의 유기적 결합관계가 확인대상발명에 그대로 포함되어 있어야 한다. 한편 확인대상발명에서 특허발명의 청구범위에 기재된 구성 중 변경된 부분이 있는 경우에도, 양 발명에서 과제의 해결원리가 동일하고, 그러한 변경에 의하더라도 특허발명에서와 실질적으로 동일한 작용효과를 나타내며, 그와 같이 변경하는 것이 그 발명이 속하는 기술분야에서 통상의 지식을 가진 자(이하 '통상의 기술자'라고 한다)라면 누구나 용이하게 생각해 낼 수 있는 정도라면, 특별한 사정이 없는 한 확인대상발명은 특허발명의 청구범위에 기재된 구성과 균등한 것으로서 여전히 특허발명의 권리범위에 속한다고 보아야 한다. 그리고 여기서 '양 발명에서 과제의 해결원리가 동일'한지 여부를 가릴 때에는 청구범위에 기재된 구성의 일부를 형식적으로 추출할 것이 아니라, 명세서의 발명의 상세한 설명의 기재와 출원 당시의 공지기술 등을 참작하여 선행기술과 대비하여 볼 때 특허발명에 특유한 해결수단이 기초하고 있는 기술사상의 핵심이 무엇인가를 실질적으로 탐구하여 판단하여야 한다.

대법원 2017.4.26. 선고 2014후638 판결

[의식적 제외의 판단기준]

특허발명의 출원과정에서 어떤 구성이 청구범위에서 의식적으로 제외된 것인지 여부는 명세서뿐만 아니라 출원에서부터 특허될 때까지 특허청 심사관이 제시한 견해 및 출원인이 출원과정에서 제출한 보정서와 의견서 등에 나타난 출원인의 의도, 보정이유 등을 참작하여 판단하여야 한다(대법원 2002.9.6. 선고 2001후171 판결 참조). 따라서 출원과정에서 청구범위의 감축이 이루어졌다는 사정만으로 감축 전의 구성과 감축 후의 구성을 비교하여 그 사이에 존재하는 모든 구성이 청구범위에서 의식적으로 제외되었다고 단정할 것은 아니고, 거절이유통지에 제시된 선행기술을 회피하기 위한 의도로 그 선행기술에 나타난 구성을 배제하는 감축을 한 경우 등과 같이 보정이유를 포함하여 출원과정에 드러난 여러 사정을 종합하여 볼 때 출원인이 어떤 구성을 권리범위에서 제외하려는 의사가 존재한다고 볼 수 있을 때에 이를 인정할 수 있다. 그리고 이러한 법리는 청구범위의 감축 없이 의견서 제출 등을 통한 의견진술이 있었던 경우에도 마찬가지로 적용된다.

(4) 역균등론(逆均等論)[36)]

출원인은 가능한 한 넓은 범위의 청구범위를 작성하고자 노력하게 되는 것은 당연하고, 발명자가 발명한 범위보다도 더 넓은 범위로 기재된 청구범위도 일단 등록이 되게 되면 무효심판절차 등에 의하여 무효로 되지 않는 한 유효한 권리로서 보호되고 있다. 이와 같이 지나치게 넓은 청구범위를 본래의 발명이 내재하는 보호범위로 축소하기 위한 기준이 요구되고 있다. 일반적으로 청구범위가 상위개념으로 기재되어 있어서 그 구성요소의 의미를 명확히 확정할 수 없는 경우에는 발명의 설명이나 발명자의 인식을 참작하여 해석할 수 있다. 이러한 논리는 균등론에 의하여 지나치게 넓게 해석되는 것을 방지한다고 하는 의미에서 역균등론의 법리가 나타나게 되었다. 이러한 청구범위는 후술하는 기능 및 수단을 청구요건으로 하는 이른바 기능적 표현의 청구항의 해석에 이용되고 있다.

---

36) 이를 "소극적 균등론"이라고도 한다(송영식 · 이상정 · 황종환 · 이대희 · 김병일 · 박영규 · 신재호, 「지적소유권법(上)」(제2판)」, 육법사, 2013, 605면).

이 법리는 미국에서 발전해 온 것으로 넓은 의미의 기능적 표현을 청구항으로 기재할 수 있지만, 그의 보호범위는 발명의 설명에 적혀 있는 구체적 실시예와 동일 내지는 등가물에 한정하여 해석되고 있다. 이와 같이 기능적 표현의 청구항에 있어서 침해대상이 비록 문언침해에는 해당한다고 하더라도 곧바로 특허침해로 인정하지 아니하고, 오히려 그 보호 범위를 특허청구항의 문언기재보다도 더욱 축소하여 발명의 설명이나 도면에 나타난 구체적인 실시예를 기준으로 그 실시예와 등가한 경우에만 한정하여 침해를 인정하는 원칙을 역균등론(제한적 균등론)이라고 한다.

특허심사단계에 있어서는 청구범위에 발명의 구성이 아니라 기능이나 효과만을 기재한 경우 원칙적으로 특허권의 등록이 허용될 수 없다고 할 것이나 발명의 설명 등에서 그 기능을 완전히 달성할 수 있는 구체적인 수단의 기재가 있으면 특허를 받을 수가 있다. 이러한 청구범위를 해석함에 있어서는 기능적 표현의 청구항을 그대로 해석하는 것이 아니라 발명의 설명과 도면, 특히 실시예에 한정하여 해석하는 것이 특허권자와 제3자의 형평의 원칙에 합당하다고 할 수 있다. 만약 청구범위상의 기능적 표현의 문언 그자체로 하여 균등론을 적용하는 경우에는 지나치게 넓은 의미의 보호범위가 설정되어 침해로 될 확률이 매우 높게 되므로 제3자의 피해가 우려 된다. 따라서, 넓은 상위개념의 기능적 표현은 문언 그대로 해석하지 않고 발명의 설명 및 도면을 참작하여 역으로 균등론을 적용하여 보호범위를 축소 해석할 필요성이 있는 것이다. 다만, 우리나라에서는 역균등론이란 용어를 사용하여 보호범위를 축소 해석한 사례는 아직 없지만, 유사한 개념으로 발명의 보호범위를 축소 해석하여 비침해로 인정하는 논리는 타당하다고 할 수 있다.

(5) 균등에 준하는 기술사상의 해석론(準均等論)

1) 불완전이용론(구성요소삭제론)

불완전이용론이라 함은 피고실시발명이 특허발명의 구성요소 일부를 생략 내지는 결여하고 있더라도 일정의 요건을 갖추고 있으면 해당 발명의 보호범위에 속하는 것으로 보고자 하는 이론이다. 용어상으로는 불완전실시론, 개악실시론, 생략발명론, 개악발명론이라고도 한다. 이 이론은 특허발명의 구성요소 일부를 생략하여 특허발명이 목적과 효과를 충분히 발휘할 수 없는 기술을 말하는 것으로, 후술하는 우회발명, 즉 특허발명과 동일한 효과를 나타내고 동일목적을 얻을 수 있는 소위 '우회발명'과는 다르다.

피고실시발명이 특허발명의 불완전이용발명에 해당하기 위해서는, 피고실시발명이 특허발명과 기술적 사상이 동일하며, 청구범위에 적혀 있는 사항 중 비교적 그 중요도가 낮은 것을 생략(또는 대체)하고 있어야 하고, 또 청구범위를 알고 고의로 이것을 회피하기 위해 기술적으로 열등한 것을 생략(또는 대체)한 것이 명백하게 인정되는 경우는 불완전이용론의 법리에 의하여 침해로 판단되고 있다.

2) 부가기술론(구성요소부가론)

여기서 부가라고 하는 의미는 특허침해를 회피하기 위하여 특허발명의 작용효과에 직접적으로 영향을 미치지 않는 별개의 구성을 덧붙인 경우를 말한다. 특허발명에 새로운 구성요소를 추가함으로서 진보개량이 이루어져 특허성을 만족하는 경우에는 이용발명에 해당되지만, 단순한 부가에 불과하여 나중 발명이 따로 특허요건을 갖추지 않았다면 그러한 발명의 실시를 선행 특허권의 침해로 인정하는 논리를 부가기술론이라 한다. 즉, 피고실시발명은 특허발명의 구성요소와 비교하여 차이점이 있지만, 그 차이점이 나는 구성요소는 특허발명의 작용효과에 영향을 미치지 아니하는 단순한 부가에 지나지 않으므로 침해로 인정하는 수단이다.

3) 우회방법론

우회발명이라 함은 특허발명의 구성요소 중 출발요소와 최종요소는 동일하게 하면서도 그 중간에 객관적으로 보아 무용하면서도 용이한 요건을 실시한 것, 즉 특허에 저촉하는 것을 피하기 위하여 불필요한 부가 또는 변경을 한 것을 말한다.

이와 같은 우회발명을 특허발명의 구성과 균등한 것으로 보아 그 권리범위에 속한다고 보는 것이 우회방법론이다. 우회방법론에 의하여 침해가 인정되기 위해서는 청구범위에 적혀 있는 문언상의 구성과 피고실시발명의 구성이 상당한 차이가 있고 이 때문에 양자는 차이점이 있어 문언상 침해라고 할 수는 없지만, 그 차이점은 단지 중간에 무용 또는 용이한 요건을 부가하였기 때문에 발생한 것으로 전체적으로 보면 실질적으로 특허발명의 구성요소와 동일하고, 이 경우에도 피고실시발명은 공지된 특허발명으로부터 통상의 기술자라면 용이하게 생각해 낼 수 있어야 하며, 특허발명에 비하여 기술적 가치가 명백하게 열등한 경우이다. 또한 우회방법론의 논리는 피고가 특허청구의 범위를 알고 이것을 회피하기 위하여 억지로 그러한 수단을 취하였다고 인정되고 그것이 기술적으로 열등한 것이어야 하는 것이다.

이상의 이유에 의하여 피고실시발명을 우회발명이라고 하여 특허발명의 권리범위에 속한다고 판단하는 것은 공평의 원칙에 합당함은 물론이고 발명보호를 목적으로 하는 특허법의 이념에도 합치되는 것이다. 다만, 우리나라에서는 이러한 우회방법론의 법리를 적용하여 침해를 인정한 판례는 보이지 않는다.

4) 독자개발

특허침해소송에서 독자개발(independent development)론은 종래 균등론의 밑에서 침해의 문제에는 직접적으로 관련이 없지만, 피고의 방어수단으로 이용되어 왔다. 특허발명의 보호범위가 논해지는 경우, 즉 문언침해의 경우(동일영역)에는 비록 독자개발하였다고 하더라도 이는 항변으로서 인정될 여지도 없이 특허권침해로 된다.[37] 이 논리는 미국에서 발전된 것으로 특허권이란 독점 배타적인 권리라는 인식하에서 먼저 특허출원을 한 자만이 특허권자로서 보호될 뿐이고, 그 이후의 개발자는 보호를 받을 수 없는 것은 특허법상 당연한 것이다.

그러나 동일영역에서와 달리 균등영역에서 독자개발을 한 자는 보호를 받을 수 있는가 하는 문제가 생긴다. 이는 균등론이 적용되는 영역에서는 독자개발이 독립의 항변으로 허용되는가 하는 문제로서, 균등론의 본질과도 관련이 있다. 본래 균등론을 침해자의 주관적 악의 등을 고려하여 부정경쟁적인 관점에서 파악하여 독자개발은 침해자측의 악의가 없는 경우에 해당되므로 이는 균등론의 소극적 요건으로서 독립한 항변으로 허용된다는 견해도 있고, 한편으로는 특허발명의 보호범위를 확장하는 입장에서 침해자측의 독자개발이라도 이는 균등론의 적용을 배제할 항변으로는 되지 않는다는 견해도 있다. 비록 침해자측의 실시행위가 독자개발에 의하여 이루어졌다고 하더라도, 공개를 요건으로 주어진 특허권의 권리행사에는 대항할 수 없다고 하는 관점에서 보면, 균등침해의 경우에도 독자개발이라는 것은 특허권자에게 항변할 수 있는 것으로 볼 수 없다.

5. 기능식 청구범위의 해석

(1) 기능식 청구범위

기능식 청구범위란 "원격전송된 제1신호에 응답하여 소정의 온도 및 습도를 조절하는 수단" 등과 같이 다른 기술적 특징이 기재됨이 없이 전적으로 해당 구성요소가 기능에 의해서만 한정된 청구항의 형태를 말한다.

---

37) See, e.g., Kewanee Oil Co. v. Bicron Corp., 416 U.S. 470 (1974).

청구범위의 기재에서 구성요소를 한정하기 위하여, 예를 들면, "소정의 온도와 습도를 조절하는 항온항습장치"라고 기재하지 않고, 소위 "소정의 온도와 습도를 조절하는 수단"과 같은 기재형식으로 그 구성요소를 한정하는 것은 기능적 클레임의 전형적인 기재방식이다. 여기서 기능적 표현인 "온도와 습도를 조절하는 수단"과 장치발명의 기재형식인 "항온항습장치"는 특허발명의 보호범위로서 차이가 있는가 하는 것이다. 현행 법규상 특별히 구별하여 해석해야 하는 근거는 없다.[38] 다만, 특허심사단계 및 특허분쟁에서는 동일한 범위의 명확한 유개념적 단어가 있을 때 그 구성을 명확히 하기 위하여 기능적인 표현을 피하는 것이 좋다. 예를 들면, "온도와 습도를 조절하는 수단"보다는 "온도와 습도를 조절하는 항온항습장치"라고 표현하는 것이 바람직하다. 이는 특허심사단계에 있어서 청구범위의 명확성 요건을 충족하기 위함이고, 또한 명확하고 간결하게 표현할 수 있음에도 불구하고 복잡한 기능적 표현을 사용함으로써 제3자에게 청구범위의 해석을 어렵게 하여 분쟁이 발생할 수 있게 된다.

특히, 청구범위 전체가 기능적으로 한정되어 있는 경우는 발명의 과제가 어떠한 수단과 방법을 통하여 구체적으로 달성되는지에 대한 기술적 과제 해결수단이 명확히 제시되어 있다고 보기 힘들다. 단 2007년 1월 3일 개정으로 특허법 제42조 제4항 3호[39]를 삭제하고 제42조 제6항[40]을 신설하면서 청구항의 기재형식을 제한하지 않고, 보호범위를 명확히 특정할 수 있는지 여부에 따라 기재불비 여부를 판단한다. 따라서 일반적으로 청구범위의 전체가 기능적 표현으로 기재되어 있는 경우로서 특허발명의 보호범위를 명확히 특정할 수 없는 경우에는 특허심사단계에서 기재불비로 거절된다. 특허의 대상은 물건발명 또는 방법발명이고 기능 그 자체는 물건 또는 방법과 결합되어 있지 않는 한 특허가 부여되지 않으므로, 기능만의 표현 그 자체는 특허의 대상이 될 수 없다고 볼 수 있다.

한편, 기능적 표현은 청구범위를 지나치게 넓게 해석할 수 있으므로 보호범위를 명확히 특정할 수 없어 허여될 수 없다고 할 수 있다. 그러나 특허발명의 보호범위가 넓다는 것 그 자체는 거절이유가 되지 아니하며 구체적으로는 기재불비이거

---

38) 기능적 클레임의 표현이 보편화되어 있는 미국에서는 "means for converting…"와 "converting means…"의 차이를 그들의 각 구성요소가 기능적으로 표현되어 있는 것에 불가하므로 실질적으로 동일하다고 보고 있다(Exparte Klumb 159 USPQ 694(BdPatApp & Int., 1967).

39) 발명의 구성에 없어서는 아니 되는 사항만으로 기재될 것(2007.1.3. 법률 제8197호로 개정되기 전의 구 특허법 제42조 제4항 3호).

40) 청구범위에는 보호받으려는 사항을 명확히 할 수 있도록 발명을 특정하는 데 필요하다고 인정되는 구조·방법·기능·물질 또는 이들의 결합관계 등을 적어야 한다(제42조 제6항).

나, 발명의 신규성, 진보성이 없는 발명으로 이해하여야 할 것이다. 왜냐하면, 출원발명의 거절이유는 법에 열거되어 있는 사항에 제한되기 때문이다. 기능적으로 기재되어 있어서, 선행기술과 해당 발명의 구별이 명확하지 않거나 해당 발명의 기술적 과제가 성립되지 않는 경우에는 기재불비로 보아야 하며, 기재불비라고 볼 수는 없으나 출원시 기술수준에 비추어 새로운 것이 없거나 통상의 기술자에게 자명한 경우에는 신규성 및 진보성이 부정되어야 할 것이다. 따라서 우리 법에 의해서도 기능적 표현의 청구범위는 특별한 문제가 없지만,[41] 그러한 청구범위의 해석에는 논란의 여지가 있다고 할 수 있다.

(2) 기능식 청구범위의 해석

1) 해석의 광협

청구범위의 구성요소가 기능적으로만 한정되어 있는 경우에 문언적 해석에 의하면, 해당 구성요소는 동일한 기능을 행하는 모든 기술수단을 포함하게 되어 넓은 의미의 해석이 가능하다. 최근 국내외의 특허출원에는 보호범위를 확대하려고 기능식 청구범위의 표현을 사용하고 있다. 이와 같은 특허발명은 기능적 표현만에 의해 구성요소를 한정하고 있으므로 종종 지나치게 넓은 보호범위 또는 청구범위의 명확성에 관련된 문제를 일으키고 있지만, 기능적 표현 자체가 문제가 되는 것은 아니다. 다만, 보호범위의 광협은 신규성 및 진보성의 판단을 근거로 조율되어야 하고, 명확성은 해당 구성요소가 채택된 근거가 구성요소의 기능이 아닌 다른 기술적 특징을 결합관계에서 종합적으로 해석하여야 할 것이다. 그러나 대다수의 특허권자는 특허침해사건에서 기능적 표현이 기술발전과 설계변경을 포함할 수 있으리라는 기대를 하지만, 그러한 기대와는 달리 기능식 청구항은 오히려 출원인의 예상보다는 좁게 해석될 수 있는 가능성도 있다.

특히, 기능적 표현의 청구항을 폭넓게 인정하고 있는 미국은 "means for function" 형태로 구성요소를 한정하는 클레임의 경우, 해당 수단은 동일한 기능을 수행하는 발명의 설명에 기재된 구조와 그의 균등물을 포함하는 것으로 해석하고 있다. 이는 문언침해를 탐구하는 단계에서 수행되고 있으므로, 결국은 기능적 표현의 청구항은 발명의 설명에 적혀 있는 실시예에 한정되어 해석되고 있다.[42]

---

41) 제42조 제6항으로 이를 명확히 하였다.

42) 미국은 심사관의 심사단계에서 기능식 표현의 청구범위를 어떻게 해석할 것인가를 두고 의견이 대립되고 있었다. 미국 특허청은 심사단계에서는 청구범위의 범위를 폭넓게 볼 수 있다는 기존의 일반 청구범위에 적용되어 왔던 기준을 그대로 적용하여 심사단계에서는 명세서에 기재된 상응한 구조로

2) 해석기법

기능식 특허청구항의 보호범위를 확정하는 작업은 일반적으로 세 단계의 절차를 거치고 있다. 청구범위에서 말한 기능적 청구항과 피고의 실시제품의 기능을 비교하는 1단계와, 명세서에서 직접적으로 연결하는 관련구조와 피고의 실시제품의 구조를 비교하는 2단계, 양자가 균등물인가에 해당하는지의 관점에서 상기 구조의 범위를 넓혀서 비교하는 3단계가 있다.

① 동일한 기능 양자가 동일한 기능이라고 하기 위한 조건은 균등론의 기능의 동일과 달리, 기능식 청구항의 기능과 피고의 실시제품의 기능이 완전히(exactly) 동일하여야 한다. 즉, 균등론에서는 침해의 판단시 침해판단의 대상이 되는 제품이 청구범위의 기능과 '실질적으로 동일한 기능'(substantially the same function)을 가질 것을 요구한다. 여기서 실질적으로의 의미는 완전히 동일한 기능을 가질 필요는 없고 동일한 범주에 속하는 동일한 정도에 해당하면 침해하였다고 판단하고 있는 것이지만, 기능식 청구항에서는 피고의 실시제품의 기능과 완전히 동일하여야 침해로 보고 있다.

② 상응하는 구조(corresponding structure) 양자가 서로 상응하는 구조를 가지고 있는 경우에 한해 특허침해가 인정되고 있다. 즉, 특허발명의 청구항에 "재료 A와 소스 C를 소정의 비율로 배합하는 수단, 재료 B와 소스 C를 소정의 비율로 배합하는 수단, 재료 A와 재료 B를 소스 C로 배합하여 연질의 음식을 제조하는 수단"을 기재하고 있고, 발명의 설명에는 실시예로서 소스 C는 소고기소스로 기재되어 있는 경우는 소위 기능적 표현으로 기재되어 있다고 할 수 있고, 또 그 해석에도 수단에 대응되는 구조를 어떻게 판단하는 것인가에 따라 달라질 수 있다. 만약 피고의 피고실시발명이 소스 C를 소고기소스가 아니라 생선소스라고 한 경우, 본원발명의 청구범위에는 소스 C로 기재하고 있으므로 문언해석에 의해서는 소고기소스와 생선소스는 서로 상이하므로 비침해라고 할 수 있지만, 소위 균등론에 의하여 소고기소스와 생선소스는 실질적으로 동일한 목적과 효과를 얻어지는 균등물이라고 하여 침해로 인정할 수 있다. 그러나, 본원발명의 청구범위가 소위 말하는 기능적 표현의 청구항인 경우에는 다른 결과를 얻어질 수 있다. 즉, 기능적

청구의 범위를 한정할 필요가 없다고 주장하였었다. CAFC는 1994년 Donaldson사건에서 특허청의 주장이 잘못되었다고 판결하였다. 즉 심사단계에서도 제112조 6단의 해석이 적용되어야 하고 심사관은 심사단계에서부터 명세서에 기재된 상응하는 구조에 한정하여 청구의 범위를 상정하고 그 범위에 근거하여 특허요건을 판단하여야 한다고 설시하였고, 그 후 미국 특허청은 Donaldson 판결을 반영하여 심사편람(MPEP)을 개정하였다.

표현의 청구항 해석은 기본적으로 발명의 설명에 적혀 있는 실시예에 한정하여 해석되어야 하기 때문에 소고기소스와 생선소스가 비록 실질적으로 동일한 물질이라고 하여도 본원발명의 설명에는 소고기소스를 매체로 하는 수단을 클레임화하고 있으므로, 이는 피고의 생선소스로 하는 수단과 상응하는 구조라고 볼 수 없다. 바꾸어 말하면, 본원발명이 기능적 표현의 청구항으로 기재되어 있지 않으면, 당연히 일반적 균등론에 의해 침해로 인정된다고 해석될 수 있지만, 본원발명은 기능적 표현의 청구항으로 실시예의 소고기소스를 한정하고 있으므로, 피고의 피고실시발명에는 이에 상응하는 기술수단이 없는 것으로 판단할 수 있다.

③ **균등물** 특허발명의 실시예에 상응하는 기능적 구조와 피고의 피고실시발명의 구조가 서로 동일하면 당연히 문리해석에 의하여 침해로 인정되지만, 보통의 경우는 약간이나마 차이가 있게 마련이다. 이 경우 피고의 동제품의 구조가 실시예의 상응하는 구조와 균등한지 여부를 따지게 된다.

미국 특허법 제112조(제6단)[43]에서의 균등물은 법정청구범위의 해석방법이고 문언적인 침해의 판단이며 또한 출원 시점을 기준으로 균등의 여부를 판단한다. 소위 일반적으로 말하는 균등론은 법원의 판결에 의해 형성된 청구범위해석의 방법이고 문언상의 침해판단을 한 후에 투스텝으로서 특허권자의 권리를 정당하게 보호하기 위해 하는 판단이며, 또한 침해 당시를 기준으로 균등의 여부를 판단한다. 이런 차이점에도 불구하고 기능적 청구범위의 균등물과 균등론상의 균등물은 소위 양자가 균등한가 아닌가의 해석방법상으로 서로 유사하고, 판례 및 학설에 의하여 오랜 과정을 통하여 정립된 균등론의 이론적 기법이 기능적 표현의 청구항의 해석에 많은 부분이 그대로 채용되고 있다.

---

43) 미국 특허법 제112조 제6항(An element in a claim for a combination may be expressed as a means or step for performing a specified function without the recital of structure, material, or acts in support thereof, and such claim shall be construed to cover the corresponding structure, material, or acts described in the specification and equivalents thereof.)은 기능 및 수단 청구항의 기재를 명문화한 것으로 복수의 구성요소의 결합을 내용으로 하는 발명에 대하여 그것을 실현하는 기능을 클레임화하고 있다. 원래 미국 연방대법원은 1946년 기능 및 수단 청구항은 권리범위의 한정이 불명료하다는 이유로 무효라고 판시하였으나 이를 계기로 1952년의 특허법 개정(당초는 제112조 제3단)에서 기능 및 수단 청구항을 명문으로 도입하였다. 이에 의하면, 청구범위의 권리범위는 문자 그대로 기능만으로 한정되므로 그 기능을 갖추기만 하면 특허침해가 성립될 것이지만, 동조항의 하단은 나아가 이러한 기능 표현의 청구항은 그 기능을 전부를 포함하는 것이 아니라 발명의 설명의 실시예와 등가인 것만을 한정하여 포함한다는 취지이다. 즉, 피고실시발명이 특허발명과 같은 기능을 가지고 있어도 명세서 중에 기재된 실시예와 균등인 구성을 갖추고 있지 않는 경우에는 침해가 성립되지 않는다고 보는 것이 법적 취지이며 또한 미국의 판례의 흐름이다.

3) 우리나라에 있어서의 기능식 청구범위

우리 법에는 기능식 표현의 청구항에 관하여 이를 명문화되어 있지 않지만, 외국으로부터의 출원이든 내국인에 의한 출원이든 많은 특허출원에는 기능식 표현으로 청구항이 작성되어 있다. 미국의 특허법에 기원을 둔 기능식 표현의 청구항을 우리 법으로 해석하는 데에는 논리적으로 무리가 있을 수 있지만, 같은 맥락에서 기능식 청구범위를 인정하고 있고, 또 유사한 개념으로 해석되어 오고 있다고 말할 수 있다.[44)]

특허심사단계에서의 해석이 해당 발명이 특허성을 판단하고 적절한 보호범위를 부여하기 위하여 행해지는 것임에 반하여, 특허침해소송에서의 해석은 문언으로 표현되어 있는 청구범위를 판단하고 그 보호범위를 구체적인 경우에 적용하여 확정하는 것이다. 특허침해소송에서는 확정된 청구범위에 의해 표상되는 발명의 대상을 그 보호범위로 하고 있고, 특히 청구범위의 문언적 해석 외에도 출원인 및 특허를 부여한 특허청의 심사경과를 참작하며, 특허권자와 제3자의 공평을 도모하기 위하여 균등론을 적용한다. 따라서, 우리나라에서는 청구범위의 해석에 적용되는 일반적 원칙이 기능적 표현의 청구항 해석에도 그대로 적용된다고 볼 수 있다.

특허발명의 구성요소가 기능적 표현에 의해서만 한정되어 있는 경우, 해당 구성요소는 발명의 설명의 실시예 및 출원시의 기술수준을 참작하여 파악한 후, 피고 실시발명의 기능을 수행하는 부분과 대비하여 판단하여야 할 것이다. 피고가 특허발명의 실시예와 동일한 구성요소를 실시하고 있는 경우에는 침해가 되는 것은 당연하나, 기능적 동일성만이 인정되는 경우에는 해당 구성요소와 발명의 기술적 과제와의 관계를 고려하여 침해여부를 판단하여야 할 것이다. 따라서, 구성요소를 한정하는 기능적 표현을 청구항으로 기재한 출원인의 의도가 특허권을 획득하기 위하여 의도적이고 자발적으로 기술하였다면, 당연히 제한적 범위로 해석되어져야 한다. 즉, 제3자의 침해를 주장하기 위해서 청구항에 적혀 있는 표현이 비의도적이고 비자발적으로 기술하였다는 취지는 특허권자가 증명해야 하며 객관적으로 인정될 수 있어야 한다.

44) 2007년 1월 3일 개정된 특허법의 제42조 제4항 3호의 삭제에 관하여 기능적 청구항에 대한 법적 제한을 삭제하였다고 주장하는 실무가가 있지만(이창훈, "미국특허법상 기능적 한정(Functional Limitation)", 특허와 상표 제661호, 2007.3.5), 주기동판사는 법원이 기능적 청구항을 인정하지 않았다는 평가는 오해가 있는 듯하다고 한다(주기동, "특별한 특허청구항의 권리범위" 법조 제609호, 2007, 99면 각주 51) 참조).

아울러 판례를 살펴보아도 기능적 표현이 사용되더라도 일정한 기준을 만족하면 특허기재요건을 충족시키는지 여부는 타 청구항과 동일한 원칙하에 판단하여야 할 것이다.45)

대법원 2009.7.23. 선고 2007후4977 판결

[기능식 청구항의 해석방법]

특허출원된 발명이 특허법 제29조 제1항, 제2항에서 정한 특허요건, 즉 신규성과 진보성이 있는지를 판단할 때에는, 특허출원된 발명을 같은 조 제1항 각 호에서 정한 발명과 대비하는 전제로서 그 발명의 내용이 확정되어야 한다. 따라서 청구범위는 특허출원인이 특허발명으로 보호받고자 하는 사항이 기재된 것이므로, 발명의 내용의 확정은 특별한 사정이 없는 한 청구범위에 기재된 사항에 의하여야 하고 발명의 상세한 설명이나 도면 등 명세서의 다른 기재에 의하여 청구범위를 제한하거나 확장하여 해석하는 것은 허용되지 않으며, 이러한 법리는 특허출원된 발명의 청구범위가 통상적인 구조, 방법, 물질 등이 아니라 기능, 효과, 성질 등의 이른바 기능적 표현으로 기재된 경우에도 마찬가지이다. 따라서 특허출원된 발명의 청구범위에 기능, 효과, 성질 등에 의하여 발명을 특정하는 기재가 포함되어 있는 경우에는 청구범위에 기재된 사항에 의하여 그러한 기능, 효과, 성질 등을 가지는 모든 발명을 의미하는 것으로 해석하는 것이 원칙이나, 다만, 청구범위에 기재된 사항은 발명의 상세한 설명이나 도면 등을 참작하여야 그 기술적 의미를 정확하게 이해할 수 있으므로, 청구범위에 기재된 용어가 가지는 특별한 의미가 명세서의 발명의 상세한 설명이나 도면에 정의 또는 설명이 되어 있는 등의 다른 사정이 있는 경우에는 그 용어의 일반적인 의미를 기초로 하면서도 그 용어에 의하여 표현하고자 하는 기술적 의의를 고찰한 다음 용어의 의미를 객관적, 합리적으로 해석하여 발명의 내용을 확정하여야 한다.

Ⅲ. 침해의 판단

1. 판단의 기본원칙

특허권은 무체재산이므로 침해가 용이하지만, 막상 특허권자 또는 전용실시권자가 상대방의 실시에 대하여 침해를 주장하는 경우에는 그 사실을 명확하게 밝히기도 쉽지 않다. 따라서 특허권이 침해되는 각각의 유형과 그에 앞서는 특허침해의

45) 대법원 1998.10.2. 선고 97후1337 판결; 대법원 2004.12.23. 선고 2003후1550 판결; 특허법원 2006.11.23. 선고 2005허7354 판결; 대법원 2006.11.24. 선고 2003후2072 판결(주기동, "특별한 특허 청구항의 권리범위" 법조(제609호), 2007, 91~93면 참조).

판단에 적용할 수 있는 공통적인 기본원칙이 필요하다.

(1) 구성요소완비의 원칙[46]

구성요소완비의 원칙이란 청구항에 구성의 요소로 기재된 구성요소의 모두를 실시하는 것을 특허침해의 성립요건으로 하는 원칙이다. 만일, 청구항에 기재된 구성요소의 어느 하나가 발명의 기능상 불필요한 것으로 인정되더라도 침해판단에 있어서 그 불필요하게 인정된 요소를 결여하는 경우에는 침해를 인정하지 않는다. 이러한 구성요소완비의 원칙은 특허법 제42조 제6항[47]에서 청구항에 기재된 모든 구성요소를 발명의 필수적 구성요소로 해석하는 것을 근거로 할 수 있다.

이 경우 청구항에 기재된 구성요소 중 일부 구성요소를 생략한 실시가 침해인지가 문제된다. 삭제된 구성요소가 발명에 필수적 구성요소인 경우는 문제의 여지가 없으나 발명의 부수적인 구성요소를 삭제한 발명의 실시에 대하여는 침해 여부의 판단에 견해 대립이 있다. 실시발명에서 생략된 부분이 필수적 구성요소가 아닌 경우는 침해가 성립되지 않는다는 견해와 청구항에 기재된 구성요소 모두를 필수적 구성요소로 보아 특별한 사정이 없는 한 침해가 아니라고 보는 견해가 있다.[48]

청구항에 기재된 구성요소를 생략한 발명을 특허권의 보호범위에 포함하게 되면 보호범위의 해석에 혼란을 초래하게 되므로 원칙적으로 특허발명의 침해가 아닌 것이다. 그러나 발명의 본질적 부분과 무관한 일부 구성요소를 삭제한 발명의 실시를 허용할 경우 악용될 우려가 있으므로 사안에 따라 탄력적으로 해석할 필요가 있다고 판단된다.

(2) 균등론[49]

구성요소완비의 원칙을 지나치게 고집한다면 선행발명에 대한 작은 변경만으로도 특허의 침해를 면할 수 있어 선출원 특허권의 효력이 미약해지는 결과가 발생

46) 청구범위 해석의 가장 기초적인 이론으로 주변한정주의를 배경으로 탄생 발전한 것이다.

47) 청구범위를 기재할 때에는 보호받고자 하는 사항을 명확히 할 수 있도록 발명을 특정하는 데 필요하다고 인정되는 구조·방법·기능·물질 또는 이들의 결합관계 등을 기재하여야 한다(제42조 제6항).

48) 대법원 2000.11.14. 선고 98후2351 판결 등이 구성요소완비의 원칙을 법리로 설시하였고, 최근 대법원 2020.7.23. 선고 2019도9547 판결도 "등록고안의 청구범위에 기재된 구성요소는 모두 그 등록고안의 구성에 없어서는 안 되는 필수적 구성요소로 보아야 하므로, 구성요소 중 일부를 권리행사의 단계에서 등록고안에서 비교적 중요하지 않은 사항이라고 하여 무시하는 것은 사실상 청구범위의 확장적 변경을 사후에 인정하는 것이 되어 허용될 수 없다"라고 하여 이 법리를 재확인하였다.

49) 이는 청구범위 해석론 중 중심한정주의에서의 청구범위 확장해석의 기준으로 채용되었으며, 인위적으로 정립된 이론이기보다는 계속된 판례에 의해 축적된 경험칙이다.

한다. 이에 구성요소완비의 원칙에 대한 예외적인 사항으로서 특허발명의 구성요소와 실질적으로 동일하다고 인정되는 경우에는 특허침해로 인식되어야 한다는 이론으로서 균등론이 채용되었다.

특허침해에 대한 판단기준으로서 균등론의 적용기준은 두 가지로 나눌 수 있다. 첫째, 양발명의 전체구성 중 일부인 구성요소 A와 B가 실질적으로 동일한 방식에 의해서 실질적으로 동일한 기능을 갖고 실질적으로 동일한 결과를 낳는 것이면 양 구성요소는 균등하다. 둘째, 양 발명의 전체구성 중 일부인 구성요소 A와 B가 대체성이 있는 것을 이 기술분야에서 통상의 지식을 가진 자가 알 수 있는 상태에 있는 경우 양자는 균등물이다.[50)]

(3) 금반언의 원칙

특허침해에 관한 금반언의 원칙이란 침해소송에서 출원 중에 본인이 수행한 절차와 모순되는 주장을 하는 것을 금지하는 원칙이다. 즉 특허출원 중 출원인이 행한 청구범위의 감축보정과 관련하여 후에 침해소송에서 청구범위의 감축보정 전의 넓은 청구범위에 의한 확장해석을 금지하는 원칙으로 균등론에 의한 보호범위의 지나친 확장해석을 억제하기 위한 것이다.[51)52)]

2. 판단의 주체

특허권 침해와 관련한 민·형사소송은 법원이 이를 전담하므로 침해판단의 주체는 법원이라 할 수 있다. 그러나 권리범위확인심판이 특허분쟁을 해결하는 역할을 수행한다는 점에서 특허심판원도 특허권 침해여부를 판단하는 주체가 된다 하겠다.

3. 판단의 기준

특허법 제97조에서는 "특허발명의 보호범위는 청구범위에 적혀 있는 사항에 의하여 정하여진다"라고 규정하고 있다. 즉 특허권침해여부에 대한 판단은 청구범위를 기준으로 하여 판단하여야 한다. 이러한 청구범위 해석에 관한 이론으로서는 주변한정주의·중심한정주의·균등론 등이 있으며, 공지발명에 대하여는 그 특허

50) 균등론에 관한 상세한 내용은 위 Ⅱ.4.(3) 참조.
51) CAFC, 1998.4.7. In re Hughes Aircraft Co.
52) 금반언(의식적 제외)에 관한 상세한 내용은 위 Ⅱ.4.(3)3)⑥ 참조.

가 무효심판에 의하여 무효가 되기 이전이라도 그 특허권의 효력이 부인된다.

4. 판단의 시점

특허권 침해여부의 판단시점은 특허발명이 권리로서 판단되는 출원시(時)로 판단하는 것이 이론적으로는 타당하다. 왜냐하면 권리부여시 기술수준(신규성과 진보성)을 기준으로 특허성이 판단되기 때문이다. 그러나, 실제 특허권의 침해여부의 판단은 특허권의 침해소송이 제기되었을 경우에 행하여지기 때문에 침해 당시의 청구범위를 기준으로 보호범위를 해석한다. 그렇기 때문에 특허권 침해의 판단시점은 침해시(時)로 보는 것이 타당하다고 생각된다.[53)]

5. 판단의 수단

(1) 침해소송

특허권침해 여부에 대한 판단은 특허권 침해소송이 제기되었을 경우에 비로소 이를 판단하게 된다. 침해소송이 민사로 제기되었을 경우에는 민사소송절차에서 이를 판단하게 되며, 형사로 제기되었을 경우에는 형사소송절차에서 이를 판단하게 된다. 다만 특허권침해성립 여부에 대한 판단은 기술에 대한 판단이 선행되어야 하므로 특허법은 특허권침해소송과 별도로 권리범위확인심판제도를 두고 있다.

(2) 권리범위확인심판

특허분쟁을 해결하기 위한 하나의 수단으로서 특허권침해소송과는 별도로 특허청에 권리범위확인심판을 청구할 수 있다. 즉 특허발명은 그 기술의 전문성 · 고도성 등으로 인하여 침해여부에 대한 판단이 쉽지 않아 특허발명의 보호범위를 확인하는 심판제도를 마련하고 있으며, 특허권 침해여부를 가리는 수단으로서 권리범위확인심판제도가 이용되고 있다.

53) 송영식 · 이상정 · 황종환 · 이대희 · 김병일 · 박영규 · 신재호, 「지적소유권법(上)」(제2판)」, 육법사, 2013, 603~604면.

제3장

권리침해의 유형

Ⅰ. 직접침해(제126조)

특허권의 직접침해란 특허권자 이외의 자가 정당한 권한 없이 특허발명을 업으로서 실시하는 행위를 말한다. 이러한 특허권의 직접침해 여부는 청구범위에 기재된 발명과 동일한 발명을 실시하는 경우에 문제되는데, 그 침해양태에 따라 다음과 같이 구별할 수 있다.

1. 동일영역에서의 침해

이는 해당 특허발명을 그대로 동일하게 사용하거나 특허발명의 청구범위에 기재된 구성요소의 전부 또는 일부[1]를 그대로 사용하는 경우를 말한다. 따라서 특허구성요소 중 중요하지 아니한 사항을 삭제하거나 부가한 발명 또는 부가부분에 특징이 있는 발명[2]이라면 그 발명의 실시는 특허권 침해가 된다. 그러나 특허발명이 전부공지된 경우 그 공지된 발명을 실시하는 것은 특허권을 침해하는 것으로 되지 아니한다.[3]

---

1) 청구범위에 기재된 구성요소의 일부만을 실시한 경우에 생략된 구성요소가 필수적 구성요소인 경우는 침해가 성립되지 않으나, 생략된 구성요소가 부수적 구성요소인 경우는 침해여부에 견해의 대립이 있다. 이 경우 구체적 사정에 따라 개별적으로 침해여부를 판단해야 할 것이다.

2) 부가된 구성요소로 인해 별도의 특허를 받은 경우에도 이는 이용 발명으로서 선권리자의 허락없는 실시는 선권리자의 특허발명의 침해가 된다.

2. 균등영역에서의 침해

'균등'이란 실시하는 발명이 특허발명과 동일하지는 않지만 두 발명을 비교할 경우 기술적으로 등가(等價)로 평가되는 발명을 말하며, 기술적·기능적으로 동일하거나 작용효과 등에서 차이가 없는 것을 말한다. 따라서 실시하는 발명이 특허발명과 구성요소 등에서 차이가 있기는 하나 그 구성요소의 차이가 단순히 설계변경에 불과하거나 치환 또는 재료의 한정 등에 불과한 것으로서 작용효과 또는 기능이 동일한 것으로 인정이 되고 통상의 기술자라면 특허발명으로부터 당연히 예측가능하고 치환가능성이 인정될 때에는 그 발명의 실시는 특허권을 침해하는 것이 된다.[4)]

대법원 2001.8.21. 선고 98후522 판결; 대법원 2001.6.15. 선고 98후836 판결; 대법원 2001.6.12. 선고 98후2016 판결

[균등물의 치환 또는 설계변경의 경우]

어떤 발명(아래에서는 '특허발명'이라 한다)의 권리범위에 속한다고 하기 위하여는 원칙적으로 특허발명의 각 구성요소와 구성요소간의 유기적 결합관계가 확인대상발명에 그대로 포함되어 있어야 할 것이고, 다만 확인대상발명에 있어서 구성요소의 치환 내지 변경이 있더라도 양 발명에 있어서의 과제의 해결원리가 동일하며, 그러한 치환에 의하더라도 특허발명에서와 같은 목적을 달성할 수 있고 실질적으로 동일한 작용효과를 나타내며, 그와 같이 치환하는 것이 그 발명이 속하는 기술분야에서 통상의 지식을 가진 자(아래에서는 '통상의 기술자'라 한다)가 용이하게 생각해낼 수 있을 정도로 자명하다면, 확인대상발명이 특허발명의 출원 시에 이미 공지된 기술 내지 공지기술로부터 통상의 기술자가 용이하게 발명할 수 있었던 기술에 해당하거나 특허발명의 출원절차를 통하여 확인대상발명의 치환된 구성요소가 청구범위로부터 의식적으로 제외된 것에 해당하는 등의 특단의 사정이 없는 한, 확인대상발명의 치환된 구성요소는 특허발명의 대응되는 구성요소와 균등관계에 있는 것으로 보아 확인대상발명은 여전히 특허발명의 권리범위에 속한다고 보아야 할 것이다(대법원 2000.7.28. 선고 97후2200 판결 참조).

3. 이용·저촉관계에 의한 침해

이용발명은 타인의 특허발명과 동일하지는 않지만 이용발명의 주요 특징부분이

3) 대법원 1983.7.26. 선고 81후56 전원합의체 판결.
4) 균등론에 관한 상세한 내용은 위 Ⅱ.4.(3) 참조.

기본발명인 타인의 특허발명의 전부와 동일한 것을 말한다. 따라서 타인의 선출원에 관련된 특허발명, 등록실용신안, 등록디자인의 기술적 사상을 이용하여 성립한 발명은 그것이 비록 특허를 받은 경우라 하더라도 이를 무단으로 실시하면 기본발명을 실시하는 것으로 되어 타인의 특허권을 침해하는 것이 된다. 이 경우 선출원 특허발명의 완전이용은 물론 불완전이용,[5] 우회방법발명[6]의 경우에도 그 실시는 타인의 특허권침해가 되는 것으로 봄이 일반적이다. 또한 저촉이란 발명의 완전동일을 말하는 것으로 특허권침해를 중심으로 서술해야 된다.

대법원 2021.3.18. 선고 2018다253444 전원합의체 판결

[후출원등록권리의 항변 허용 여부(소극)]

(가) 상표법은 저촉되는 지식재산권 상호 간에 선출원 또는 선발생 권리가 우선함을 기본원리로 하고 있음을 알 수 있고, 이는 상표권 사이의 저촉관계에도 그대로 적용된다고 봄이 타당하다. 따라서 상표권자가 상표등록출원일 전에 출원·등록된 타인의 선출원 등록상표와 동일·유사한 상표를 등록받아(이하 '후출원 등록상표'라고 한다) 선출원 등록상표권자의 동의 없이 이를 선출원 등록상표의 지정상품과 동일·유사한 상품에 사용하였다면 후출원 등록상표의 적극적 효력이 제한되어 후출원 등록상표에 대한 등록무효 심결의 확정 여부와 상관없이 선출원 등록상표권에 대한 침해가

---

5) 생략발명으로 구성요소의 일부를 생략함으로써 특허발명이 목적으로 하는 효과를 충분히 발휘할 수 없는 상태의 발명을 의미한다. 불완전이용발명을 특허발명의 보호범위에 속한다고 하기 위해서는 통상의 균등론 성립요건 외에 다음의 요건이 필요하다.

① 특허발명과 동일한 기술사상에 의거하면서 청구범위 중 비교적 중요도가 낮은 것을 생략하는 것일 것.

② 특허발명이 이미 공지이기 때문에 이것에 의하여 생략하는 것이 극히 용이할 것.

③ 생략함으로써 특허발명보다도 효과가 뒤떨어지는 것이 자명할 것. 따라서 기술적 완전을 기하는 한 그러한 생략을 할 까닭이 없다고 생각되는 것, 바꾸어 말하면 특허청구의 범위를 알면서 이를 피하기 위하여 억지로 기술적으로 뒤떨어지는 것이 분명한 수단을 채용했다고 생각할 수밖에 없는 것일 것.

④ 그렇게 개조하여도 역시 특허발명 출원 전의 기술에 비하여 작용효과상 특히 우수한 것일 것.

6) 우회방법 발명이란 특허발명과 기본적으로 동일한 기술사상에 의거하면서 청구범위 중의 구성요소 중 출발적 요건과 최종적 요건을 동일로 하면서 그 중간에 객관적으로 보아 무용하거나 용이한 요건을 덧붙인 것을 말한다. 이는 화학방법의 특허에서 특히 문제되는 것으로 다음의 요건에 해당하여야 한다.

① 발명의 구성에 있어서 청구범위에 기재된 구성과 문언상 상당한 차이를 갖고, 이 때문에 보호범위에 속한다고 하는 것이 문리상 곤란하지만 그 차이는 단지 중간에 여분의 구성을 덧붙였기 때문에 생긴 것으로 전체적으로 보아 실질상 특허발명과 기술적 사상에서 일치하고 있을 것.

② 우회발명 출원시에 특허발명은 이미 공지되어 있고 이것에 의거하여 그 기술분야의 통상의 기술자가 극히 용이하게 발명할 수 있는 것에 불과한 것일 것.

③ 특허발명에 비하여 기술적 가치에서 뒤떨어짐이 그 기술분야의 통상의 기술자에게 자명한 것일 것. 따라서 만일 특허발명이 공지가 아니라면 그 기술분야의 통상의 기술자가 그러한 수단을 취할 이유가 없다고 인정되는 것.

성립한다.

① 상표권자는 지정상품에 관하여 그 등록상표를 사용할 권리를 독점하는 한편(상표법 제89조), 제3자가 등록상표와 동일·유사한 상표를 그 지정상품과 동일·유사한 상품에 사용할 경우 이러한 행위의 금지 또는 예방을 청구할 수 있다(상표법 제107조, 제108조 제1항).

② 상표법은 동일·유사한 상품에 사용할 동일·유사한 상표에 대하여 다른 날에 둘 이상의 상표등록출원이 있는 경우에는 먼저 출원한 자만이 그 상표를 등록받을 수 있도록 하고 있고(제35조 제1항), '선출원에 의한 타인의 등록상표(등록된 지리적 표시 단체표장은 제외한다)와 동일·유사한 상표로서 그 지정상품과 동일·유사한 상품에 사용하는 상표'를 상표등록을 받을 수 없는 사유로 규정하고 있다(제34조 제1항 제7호). 이와 같이 상표법은 출원일을 기준으로 저촉되는 상표 사이의 우선순위가 결정됨을 명확히 하고 있고, 이에 위반하여 등록된 상표는 등록무효 심판의 대상이 된다(제117조 제1항 제1호).

③ 상표권자·전용사용권자 또는 통상사용권자는 그 등록상표를 사용할 경우에 그 사용 상태에 따라 그 상표등록출원일 전에 출원된 타인의 특허권·실용신안권·디자인권 또는 그 상표등록출원일 전에 발생한 타인의 저작권(이하 '선특허권 등'이라 한다)과 저촉되는 경우에는 선특허권 등의 권리자의 동의를 받지 아니하고는 지정상품 중 저촉되는 지정상품에 대하여 그 등록상표를 사용할 수 없다(상표법 제92조). 즉, 선특허권 등과 후출원 등록상표권이 저촉되는 경우에, 선특허권 등의 권리자는 후출원 상표권자의 동의가 없더라도 자신의 권리를 자유롭게 실시할 수 있지만, 후출원 상표권자가 선특허권 등의 권리자의 동의를 받지 않고 그 등록상표를 지정상품에 사용하면 선특허권 등에 대한 침해가 성립한다.

(나) 특허권과 실용신안권, 디자인권의 경우 선발명, 선창작을 통해 산업에 기여한 대가로 이를 보호·장려하고자 하는 제도라는 점에서 상표권과 보호 취지는 달리하나, 모두 등록된 지식재산권으로서 상표권과 유사하게 취급·보호되고 있고, 각 법률의 규정, 체계, 취지로부터 상표법과 같이 저촉되는 지식재산권 상호 간에 선출원 또는 선발생 권리가 우선한다는 기본원리가 도출된다는 점에서 위와 같은 법리가 그대로 적용된다.

대법원 2002.3.29. 선고 2000후1108 판결

[이용관계가 성립하는 경우]

결국 확인대상발명은 제1항의 발명에 한쌍의 핀구멍을 단순 부가한 것에 불과한 것으로서, 제1항의 발명의 기술요지를 그대로 포함하고 있고 그 작용효과도 실질적으로 동일하다고 하겠으므로, 제1항의 권리범위에 속하는 것이고, 확인대상발명이 제1항의 발명의 권리범위에 속하는 이상 나머지 청구항들의 권리범위에 속하는지 여부에 대하여는 살펴볼 필요도 없이 확인대상발명은 이 사건 특허발명의 권리범위에 속한다.

Ⅱ. 간접침해(제127조)

1. 의 의

특허권은 유체물과 달리 권리의 객체를 사실상 점유하는 것이 불가능하여 침해의 발견 등이 용이하지 않으므로 특허법은 직접침해 이외에도 침해로 보는 행위(간접침해)를 규정하는 동시에, 일정한 사실이 있으면 특허발명이 실시된 것으로 추정하는 규정(생산방법의 추정)을 두어 특허권자를 보호하고 있다. 즉 본래 특허권의 침해는 구성요소완비의 원칙에 따라 특허발명의 구성요소 모두를 충족하는 경우에 성립하는 것이고, 그 일부만을 실시하는 것은 아직 특허권의 침해를 구성하지 않는다는 것이 원칙이다. 그러나 오늘날 대부분의 특허발명은 여러 개의 기술결합에 의하여 성립하는 것이 일반적이라 타인이 특허발명의 어느 일부만에 대하여 실시할 경우 이를 침해로 간주하지 아니하고 그대로 방치한다면 이와 같은 행위는 특허권을 침해할 개연성이 높을 뿐만 아니라 특허권의 효력이 실질적으로 감소하는 결과가 되어 특허권자에게 불이익하다. 이에 특허법은 침해로 보는 행위규정을 두어 특허권자 보호에 만전을 기하고 있다.

간접침해란 현실적인 침해라고는 보기 어렵지만 침해행위의 전단계에 있어 특허침해로 보여지는 예비적인 행위를 말하며,[7] 의제침해(擬制侵害)라고도 한다. 즉 그 행위가 직접적으로는 침해가 되지 않지만, 그 행위가 앞으로는 특허권자의 이익을 해할 우려가 있거나 특허권의 침해를 할 우려가 높은 경우에는 침해로 보는 것이다.

이러한 간접침해는 연혁적으로 특허침해 방조이론에서 나온 것이나, 자칫하면 선의의 실시자가 갖는 이익을 부당하게 해칠 수 있다. 이에 특허법은 제127조에서 간접침해가 되는 경우를 '그 물건의 생산에만 사용하는 물건'과 '그 방법의 실시에만 사용하는 물건'으로 특히 한정하고 있다. 즉 i) 특허가 물건의 발명에 대한 것일 때에는 그 물건의 생산에만 사용하는 물건을 업(業)으로 생산, 양도, 대여 또는 수입하거나 그 물건의 양도 또는 대여의 청약을 하는 행위(제127조 1호),[8] ii) 특허가 방법의 발명에 관한 것일 때에는 그 방법의 실시에만 사용되는 물건을 업으로서 생산, 양도,

---

7) 대법원 2001.1.30. 선고 98후2580 판결.

8) 예컨대 TV수상기(완성품)가 특허인 경우에 그 TV수상기의 조립에 필요한 부품 전부를 하나의 세트로 하여 판매하는 행위.

대여 또는 수입하거나 그 물건의 양도 또는 대여의 청약을 하는 행위(제127조 2호)[9]이다.

대법원 1996.11.27.자 96마365 결정

[특허물건의 생산에만 사용하는 물건]

특허발명의 대상이거나 그와 관련된 물건을 사용함에 따라 마모되거나 소진되어 자주 교체해 주어야 하는 소모부품일지라도, 특허발명의 본질적인 구성요소에 해당하고 다른 용도로는 사용되지 아니하며 일반적으로 널리 쉽게 구할 수 없는 물품으로서 해당 발명에 관한 물건의 구입시에 이미 그러한 교체가 예정되어 있었고 특허권자측에 의하여 그러한 부품을 따로 제조·판매하고 있다면, 그러한 물건은 특허권의 간접침해에서 말하는 '특허물건의 생산에만 사용하는 물건'에 해당한다.

대법원 2015.7.23. 선고 2014다42110 판결

[물건의 생산이 국외에서 일어나고 그 전 단계의 행위가 국내에서 이루어진 경우, 간접침해가 성립하는지 여부(소극)]

특허법 제127조 제1호는 이른바 간접침해에 관하여 '특허가 물건의 발명인 경우 그 물건의 생산에만 사용하는 물건을 생산·양도·대여 또는 수입하거나 그 물건의 양도 또는 대여의 청약을 하는 행위를 업으로서 하는 경우에는 특허권 또는 전용실시권을 침해한 것으로 본다.'고 규정하고 있다. 이는 발명의 모든 구성요소를 가진 물건을 실시한 것이 아니고 그 전 단계에 있는 행위를 하였더라도 발명의 모든 구성요소를 가진 물건을 실시하게 될 개연성이 큰 경우에는 장래의 특허권 침해에 대한 권리 구제의 실효성을 높이기 위하여 일정한 요건 아래 이를 특허권의 침해로 간주하려는 취지이다. 이와 같은 조항의 문언과 그 취지에 비추어 볼 때, 여기서 말하는 '생산'이란 발명의 구성요소 일부를 결여한 물건을 사용하여 발명의 모든 구성요소를 가진 물건을 새로 만들어내는 모든 행위를 의미하는 개념으로서, 공업적 생산에 한하지 아니하고 가공·조립 등의 행위도 포함한다(대법원 2009.9.10. 선고 2007후3356 판결 등 참조).

한편 간접침해 제도는 어디까지나 특허권이 부당하게 확장되지 아니하는 범위에서 그 실효성을 확보하고자 하는 것이다. 그런데 특허권의 속지주의 원칙상 물건의 발명에 관한 특허권자가 그 물건에 대하여 가지는 독점적인 생산·사용·양도·대여 또는 수입 등의 특허실시에 관한 권리는 특허권이 등록된 국가의 영역 내에서만 그 효력이 미치는 점을 고려하면, 특허법 제127조 제1호의 '그 물건의 생산에만 사용하는 물건'에서 말하는 '생산'이란 국내에서의 생산을 의미한다고 봄이 타당하다. 따라서 이러한 생산이 국외에서 일어나는 경우에는 그 전 단계의 행위가 국내에서 이루어지더라도

---

9) 예컨대 DDT를 살충제로 사용하는 방법이 특허로 되어 있는 경우에 그 DDT자체를 제조·판매하는 행위(DDT가 살충제로 사용되는 것 외에는 사회통념상 통용되고 승인될 수 있는 경제적, 상업적 또는 실용적인 다른 용도가 없다고 가정함).

간접침해가 성립할 수 없다.

대법원 2019.10.17. 선고 2019다222782, 222799 판결

[국내에서 특허발명의 실시를 위한 부품 또는 구성 전부가 생산되거나 대부분의 생산단계를 마쳐 주요 구성을 모두 갖춘 반제품이 생산되고, 그와 같은 부품 전체의 생산 또는 반제품의 생산만으로도 특허발명의 각 구성요소가 유기적으로 결합한 일체로서 가지는 작용효과를 구현할 수 있는 경우, 국내에서 특허발명의 실시제품이 생산된 것과 같이 보아야 하는지 여부(적극)]

특허권의 속지주의 원칙상 물건의 발명에 관한 특허권자가 물건에 대하여 가지는 독점적인 생산·사용·양도·대여 또는 수입 등의 특허실시에 관한 권리는 특허권이 등록된 국가의 영역 내에서만 효력이 미치는 것이 원칙이다. 그러나 국내에서 특허발명의 실시를 위한 부품 또는 구성 전부가 생산되거나 대부분의 생산단계를 마쳐 주요 구성을 모두 갖춘 반제품이 생산되고, 이것이 하나의 주체에게 수출되어 마지막 단계의 가공·조립이 이루어질 것이 예정되어 있으며, 그와 같은 가공·조립이 극히 사소하거나 간단하여 위와 같은 부품 전체의 생산 또는 반제품의 생산만으로도 특허발명의 각 구성요소가 유기적으로 결합한 일체로서 가지는 작용효과를 구현할 수 있는 상태에 이르렀다면, 예외적으로 국내에서 특허발명의 실시제품이 생산된 것과 같이 보는 것이 특허권의 실질적 보호에 부합한다.

2. 취 지

특허법 제127조는 통상 간접침해라고 하는 규정이다. 원래 '간접침해'라는 말은 독일에서 특허보호를 위하여 판례상 인정되어 특허법에 의하여 승인된 'Mittelbare Patentverletzung'에서 채용되어 법률상 특허권침해(間接侵害)가 존재하지 않음에도 불구하고 침해가 있는 것으로 의제된 침해이다. 특허권은 특허청구의 범위에 기재된 구성요소의 전체에 부여되는데 개개의 구성요소의 특징을 독립, 개별로 보호하는 것은 아니다. 따라서 권한이 없는 자의 실시행위는 특허발명의 구성요소를 모두 충족한 때에 특허권의 침해를 구성하므로 그 일부만의 실시는 가령 그것이 가장 중요한 부분이더라도 침해를 구성하지 않는다. 간접침해는 이와 같이 특허발명의 구성요소를 충족하지 않기 때문에 아직 직접침해는 성립되지 않으나 직접침해에 필연적으로 이르는 행위에 관하여 장래에 있어서 직접 침해의 배제의 실효를 높이기 위하여 그 전단계에 있어서 침해로 간주하여 직접침해와 같은 법적 취급(금지, 손해배상책임 등)을 받는 침해를 말한다.[10)]

10) 이상경, 「지적재산권소송법」, 육법사, 1998, 202면.

특허권의 범위는 청구범위에 의해 정해지므로 특허권의 침해는 청구범위에 기재된 특허발명의 모든 구성요소를 전부 실시한 경우에만 성립하고 일부 구성만의 실시는 침해를 구성하지 않는다. 이와 같이 특허발명의 구성요소를 전부 실시한 경우를 통상 직접침해라고 하고 우리 특허법은 이를 침해의 원칙적인 모습으로 규정하고 있다.

그러나 이러한 원칙을 고수한다면 다수의 구성요소로 구성된 특허발명이 다수의 부품으로 나누어져 생산·양도되고 최종소비자에 의해 조립·완성되어 가정적·개인적으로 사용되는 때에는 부품생산자에게 직접 침해의 책임을 물을 수 없게 되어 특허권의 효력은 현저히 감소하게 된다. 따라서 특허권의 실효성을 실질적으로 확보하기 위하여 현재 특허권을 직접적으로 침해하고 있지는 않으나 방치하면 직접침해로 이어질 개연성이 큰 일정한 예비적 행위를 직접적 침해행위와 동일한 침해행위로 간주한 것이다.[11)]

3. 요 건(제127조)

(1) 물건의 생산에만 사용되거나 방법의 실시에만 사용될 것

특허가 물건의 발명인 경우에는 그 물건의 생산에만 사용하는 물건을 생산·양도·대여 또는 수입하거나 그 물건의 양도 또는 대여의 청약을 하는 행위를, 특허가 방법의 발명인 경우에는 그 방법의 실시에만 사용하는 물건을 생산·양도·대여 또는 수입하거나 그 물건의 양도 또는 대여의 청약을 하는 행위를 업으로서 하는 것을 침해로 본다. 특허가 물건에 관한 발명인 경우 그 물건은 특허된 물건의 생산에만 사용하는 것이어야 하며, 특허가 방법의 발명인 경우에는 그 방법의 실시에만 사용하는 물건이어야 한다. 따라서 그 물건의 생산에 사용할 수 있고 다른 물건의 생산에도 사용할 수 있는 물건, 다른 용도에도 사용될 수 있는 물건은 여기에서 제외되며, 방법의 발명인 경우 역시 그 방법의 발명 실시에 사용할 수 있고 다른 방법의 발명 실시에도 사용할 수 있는 물건은 여기서 제외됨은 물건의 발명의 경우와 같다. 다만 현실적으로 특허된 물건·방법에만 사용할 수 있는 물건은 그리 흔치 않고 특허된 물건·방법에 사용되고 아울러 다른 물건·방법에도 사용되는 물건이 다수라 하겠다. 이에 어떠한 경우를 간접침해로 볼 것인지에 대하

---

11) 특허청, 「조문별 특허법해설」, 2007, 299면(특허청, 「지식재산제도의 실효성 제고를 위한 법제도 기초연구_특허법 조문별 해설서」, 2015, 762면도 표현은 다르나 같은 취지이다).

여 논란이 있다.[12]

우리나라에서는 간접침해에 관한 분쟁사례가 거의 없다시피 하므로 판례에 근거한 기준을 찾기가 어렵다. 다만 우리와 동일한 내용의 간접침해를 규정하였던 일본에서는[13] 단순한 사용가능성이 아닌 실제적·경제적·상업적 사용사실에 근거한 용도가 있어야 다른 용도로 인정할 수 있다고 본다.[14] 한편 미국의 특허법은 간접침해에 대하여 "누구든지 특허된 기계, 공산품, 혼합물 또는 합성물의 부품 또는 방법특허를 실시하는 데 쓰이는 재료나 기구로서 해당 특허발명의 중요부분을 구성하는 것을 그것이 해당 특허를 침해하기 위해 만들어졌거나 또는 그에 쓰인다는 것과 해당 특허의 침해 이외의 목적에는 별로 쓰이지 않는다는 것을 알면서 판매한 자는 간접침해자로서 책임을 진다"라고 규정하고 있어 간접침해를 구성하는 부품이 특허권침해를 위해서뿐만 아니라 다른 용도를 위해서도 널리 사용될 수 있는 부품을 판매하는 경우에는 설혹 그 구매자가 그 부품을 특허권의 침해에 사용하려는 것을 알고 있었다 하더라도 간접침해는 성립하지 않는 것으로 본다. 한편 방법특허를 침해하는 데 쓰이고 달리 쓰일 방도가 별로 없는 것을 알면서 물건을 판매하고 또 물건을 구입한 자가 그 물건을 방법특허의 실시에 이용하였다면 그 물건을 판매한 것은 간접침해가 된다.

다른 경우에도 사용되는가의 여부는 침해시가 아니라 구두변론종결시이다. 구두변론종결시에는 다른 용도가 있음에도 불구하고 간접침해의 성립을 인정하면 특허권의 효력은 클레임과는 관계가 없는 다른 용도에까지 미치며, 특허권의 부당한 확장으로 되기 때문이다. 다만 손해배상에 대해서는 과거 행위의 배상을 문제로 하는 것이므로 침해시를 기준으로 해야한다. 한편 간접침해를 조성하는 물건에 다른 용도가 없다는 것에 대한 증명책임은 원고측에 있다고 해석해야 하므로, 그 물건이 다른 용도에 쓰여질 가능성이 있다는 반증이 열거되면 원고측에서 그 사용가능성이 없음을 증명하지 않으면 안 된다.

---

12) 이상경, 「지적재산권소송법」, 육법사, 1998, 202~210면.

13) 2002년 개정 전 일본 특허법 제101조는 우리나라 특허법 제127조와 거의 동일한 내용으로 간접침해에 관하여 규정되어 있었다. 이후 일본은 위 개정 전 특허법 제101조가 지나치게 간접침해요건을 엄격하게 정하고 있을 뿐만 아니라 BM발명의 보호에 다소 미흡하다는 등을 이유로 종래의 간접침해 규정을 그대로 두고서, 여기에다가 별도의 간접침해행위 태양을 추가하는 개정을 하였다(주관적 요건 등을 가미하여 별도의 간접침해 요건을 신설함으로써 특허권자의 보호를 강화하는 방향으로 제101조를 개정한 것이다).

14) 특히 이는 그 가능성이 언제 현실화될지 불명확한 가운데 사용가능성이 있다고 하는 것만으로 이를 다른 용도라고 해석하는 것은 간접침해의 대상을 부당하게 제한하게 되기 때문이다.

특허법원 1998.10.29. 선고 98허4661 판결

[간접침해시 특허물의 생산에만 사용하는 물건]

특허법 제127조 제1호의 규정에 의하면 특허가 물건의 발명인 경우에는 그 물건이 생산에만 사용하는 물건을 업으로서 생산·양도·대여 또는 수입하거나 그 물건의 양도의 대여의 청약을 하는 행위는 특허권 또는 전용실시권을 침해한 것으로 본다고 규정되어 있으므로, 확인대상발명의 대상물건이 이건 특허의 대상물건인 레이저프린터의 생산에만 사용하는 물건에 해당하는 경우에는 확인대상발명은 이건 특허의 권리범위에 속하는 것이라고 하여야 할 것인바, 위 특허법 규정에서 말하는 '생산'이란 특허발명을 유형화하여 발명의 결과인 물을 만들어 내는 모든 행위를 의미하고 공업적 생산물의 생산 이외에도 주요한 조립, 핵심적인 부품을 기계 본체에 장착하는 것도 포함한다 할 것이며, 특허발명의 대상 또는 그와 관련된 물건을 사용함에 따라 마모되거나 소진되어 자주 교체해 주어야 하는 소모부품일지라도, 특허발명의 본질적인 구성요소에 해당하고 다른 용도로는 사용되지 아니하며 해당 발명에 관한 물건의 구입시에 이미 그러한 교체가 예정되어 있었고, 특허권자 측에 의하여 그러한 부품을 따로 제조·판매하고 있다면, 그러한 물건은 특허권의 간접침해에서 말하는 "특허물건의 생산에만 사용하는 물건"에 해당한다고 보아야 할 것이다(대법원 1996.11.27. 자 96마365 결정).

대법원 2002.11.8. 선고 2000다27602 판결

[간접침해]

특허발명의 대상이거나 그와 관련된 물건을 사용함에 따라 마모되거나 소진되어 자주 교체해 주어야 하는 소모부품일지라도, 특허발명의 본질적인 구성요소에 해당하고 다른 용도로는 사용되지 아니하며 일반적으로 널리 쉽게 구할 수 없는 물품으로서 해당 발명에 관한 물건의 구입시에 이미 그러한 교체가 예정되어 있었고 특허권자측에 의하여 그러한 부품이 따로 제조·판매되고 있다면, 그러한 물건은 특허권에 대한 이른바 간접침해에서 말하는 '특허 물건의 생산에만 사용하는 물건'에 해당하고, 위 '특허 물건의 생산에만 사용하는 물건'에 해당한다는 점은 특허권자가 주장·증명하여야 한다.

대법원 2019.2.28. 선고 2017다290095 판결

[방법의 발명에 관한 특허권자로부터 허락을 받은 실시권자가 제3자에게 그 방법의 실시에만 사용하는 물건의 제작을 의뢰한 다음 이를 공급받아 방법의 발명을 실시하는 경우, 제3자의 위 물건 생산·양도 등의 행위가 특허권의 간접침해에 해당하는지 여부(소극)]

특허법 제127조 제2호는 특허가 방법의 발명인 경우 그 방법의 실시에만 사용하는 물건을 생산·양도·대여 또는 수입하거나 그 물건의 양도 또는 대여의 청약을 하는 행위를 업으로서 하는 경우에는 특허권 또는 전용실시권을 침해한 것으로 본다고 규정하고 있다. 이러한 간접침해 제도는 어디까지나 특허권이 부당하게 확장되지 아니하는 범위에서 그 실효성을 확보하고자 하는 것이다.

방법의 발명(이하 '방법발명'이라고 한다)에 관한 특허권자로부터 허락을 받은 실시권자가 제3자에게 그 방법의 실시에만 사용하는 물건(이하 '전용품'이라고 한다)의 제작을 의뢰하여 그로부터 전용품을 공급받아 방법발명을 실시하는 경우에 있어서 그러한 제3자의 전용품 생산 · 양도 등의 행위를 특허권의 간접침해로 인정하면, 실시권자의 실시권에 부당한 제약을 가하게 되고, 특허권이 부당하게 확장되는 결과를 초래한다. 또한, 특허권자는 실시권을 설정할 때 제3자로부터 전용품을 공급받아 방법발명을 실시할 것까지 예상하여 실시료를 책정하는 등의 방법으로 당해 특허권의 가치에 상응하는 이윤을 회수할 수 있으므로, 실시권자가 제3자로부터 전용품을 공급받는다고 하여 특허권자의 독점적 이익이 새롭게 침해된다고 보기도 어렵다. 따라서 방법발명에 관한 특허권자로부터 허락을 받은 실시권자가 제3자에게 전용품의 제작을 의뢰하여 그로부터 전용품을 공급받아 방법발명을 실시하는 경우에 있어서 그러한 제3자의 전용품 생산 · 양도 등의 행위는 특허권의 간접침해에 해당한다고 볼 수 없다.

大阪地裁 昭和54.2.16.

특허법 제101조 2호 제정의 간접 침해의 존재 부재에 관하여, 해당 방법 특허의 실시에 사용한 물건에 대하여 「다른 용도」가 있는가를 결정하기 위해서는 다음이 고려되어야 한다.

일반적으로, 물건은 각각 제조된 목적, 그 물건이 가지는 기능 등에 유래하여 그 물건에 갖추어진 특성에 맞는 본래의 용도가 있다고 생각된다.

방법특허의 구성요소에 편성되었던 물건도 바로 이 의미에 있어 해당 방법 발명의 실시에 적합한 것으로 고찰된 기술적 소산인 것이다. 따라서 특허법 제101조 2호에서 말한 그 방법의 「사용」이라고 한 것도 해당 발명의 일환으로서 그 실시에 가장 적합한 본래의 용법을 가리키고 있다고 해석된다. 그렇게 보면, 해당 법조항의 해석에 관련되고 해당물의 「다른 용도」(다른 사용법)의 존부를 검토하는 데 있어서도 이것과 같이, 그 존재를 긍정하기 위해서는 단지 바로 그 물질이 「다른 용도」에 사용하면 사용할 수 있다고 한 정도의 실험적 또는 일시적인 사용의 가능성이 있는 것만으로는 부족한 것은 물론, 「다른 용도」가 상업적, 경제적으로도 실용성 있는 용도로서 사회전반개념으로 통용되어야 승인될 수 있으며, 또한 원칙으로서 그 용도가 실제로 통용하여 승인된 것으로서 실용화되어 있을 필요가 있다고 해석되어야 한다. 혹은, 이와 반대로 「다른 용도」를 특허법 제101조 2호 소정의 「사용」과 달리 넓게 해석하면, 해당 조문의 적용범위를 지나치게 좁게 만들고, 더 나아가 그 입법취지를 몰각하게 만들기 때문이다.

본건은, 방법의 특허발명에 기초하여, 간접 침해가 성립한 사례이다. 특허법 제101조 2호에서 말하는 「만」에 해당할 것인가 아닌가의 판단에 관련하여 고려되는 다른 용도는, 실험적 또는 일시적인 사용의 가능성이 있는 것만으로는 부족하며, 상업적, 경제적으로도 실용성 있는 용도로서 사회전반 개념상 통용하여 승인될 수 있는 것이어야 한다.

(2) 물건일 것

간접침해를 구성하기 위해서는 그것이 물건이어야 한다. 물건의 발명인 경우에는 그 물건은 특허된 물건이 완성품이고 그 완성품의 부품으로서 물건을 말한다. 방법의 발명인 경우에는 그 방법을 실시하기 위한 설비·장치 또는 물건을 말한다.

(3) 업으로서 실시일 것

침해행위는 업으로서의 실시이어야 한다. 따라서 업으로서의 실시에 해당되지 않는 행위는 직접침해에서와 마찬가지로 간접침해가 되지 않는다. 다만 여기의 실시행위에는 '사용행위'는 제외되는데 그 이유로서 사용행위는 직접침해가 되므로 제외하였다는 설과 부품의 사용행위는 특허품의 실시로 볼 수 없기 때문이라는 설이 있다.

(4) 직접침해의 존재여부

한편 간접침해는 직접침해가 발생할 개연성이 높아 이를 사전에 방지함으로써 특허권자에게 특허권 본래의 권리를 모두 누릴 수 있도록 함에 그 취지가 있다. 이에 간접침해는 직접침해가 있는 경우에만 성립한다는 종속설과 직접침해와 관계없이 성립한다는 독립설이 있다. 독립설에 따르면 특허법에서 간접침해가 되는 행위를 명시적으로 규정하고 있으므로 법소정의 행위에 해당하면 그것으로 특허권을 침해하는 것으로 되며 다른 요인은 고려할 필요가 없으며, 이와 같이 하지 않을 경우 법의 문리해석상 어려운 점이 있을 뿐만 아니라 동규정의 취지에도 반하게 된다. 특히 특허발명의 실시행위가 소규모적·가정적·개인적으로 수 없이 행해지는 경우 이를 누구도 책임지지 않게 되는 불합리한 결과가 생기고 특허권의 효력을 감소시키게 된다. 이에 대하여 종속설은 특허법 소정의 규정은 단지 간접침해를 구성하는 요건의 일부를 구성한 것으로 이 규정 때문에 간접침해가 직접침해의 존재를 전제로 한다는 본질적인 성립요건을 망각하여서는 안 되며, 이는 입법경위에서도 보아도 명백하다고 본다. 또한 간접침해는 직접침해의 배제를 목적으로 한 것이고 이를 넘어서 특허권의 보호를 확장하는 것은 아니므로 간접침해의 성립은 직접침해의 성립에 종속한다고 본다.

또한 간접침해의 성립요건에 대하여 주관적 요건설과 객관적 요건설이 있다. 즉 주관적 요건설에 특허권침해가 성립되기 위해서는 특허권침해라는 외형적 사실의 발생과 행위자가 특허권침해인 줄 알면서 그와 같은 행위를 한 때에만 특허권침해 행위가 되며 침해자의 주관적 인지나 의사 없이 특허권침해의 외형적 구성요소에 해당하는 사항만으로 간접침해는 성립하지 아니한다는 입장이다. 그러나 우리나라는 외국의 경우와 달리 간접침해에 대하여 이와 같은 요건을 명시한 바 없고 직접침해에 관한 규정이 그대로 적용되는 것으로 해석되는 것임에 비추어, 간접침해의 성립요건은 직접침해에 준하여 그 침해여부를 판단하고, 간접침해에 대한 침해자의 인식이나 고의·과실을 불문한다 하겠다.

4. 간접침해에 대한 구제

간접침해에 대한 특허권자의 보호는 직접침해의 경우와 같다고 하겠다. 따라서 특허권자는 자기의 권리를 간접침해한 자 또는 침해할 우려가 있는 자에 대하여 침해의 금지, 손해배상청구 등의 권리를 행사할 수 있다. 또한 특허법에서 규정한 손해액의 추정, 생산방법의 추정 및 과실의 추정 규정 등도 그대로 적용된다. 다만 특허권을 간접침해한 경우에도 형사책임을 물을 수 있는지에 대하여 의문인데, 판례는 이를 부인하고 있다.[15)]

15) 특허법 제127조의 규정은 특허권자 등을 보호하기 위하여 특허권의 간접침해자에게도 민사책임을 부과시키는 정책적 규정일 뿐 이를 특허권침해행위를 처벌하는 형벌법규의 구성요건으로서까지 규정한 것은 아니라고 판시한 바 있다(대법원 1993.2.23. 선고 92도3350 판결).

제 8 편

특허침해에 대한 구제

특허권자 또는 전용실시권자는 업으로서 그 특허발명을 독점적으로 실시할 권리가 있으므로 권한이 없는 제3자가 그 특허발명을 업으로서 실시할 경우에는 그 실시를 배제할 수 있다. 특허제도는 새로운 발명을 보호하고 장려하여 그 발명을 사회에 공개함으로써 보다 나은 기술과 새로운 기술이 창출될 수 있도록 유도함으로써 궁극적으로는 산업발전이라는 공공의 이익(公益)을 도모하게 된다. 이렇게 공개된 발명(기술)을 국가가 보호하여 주지 않으면 해당 발명이 쉽게 침해될 수 있으므로 발명자는 해당 발명을 공개하지 않으려고 할 것이다. 이러한 문제를 해결하기 위하여 국가는 발명자가 행한 발명의 권리인 독점적 실시권(私益)의 보호를 위해 민·형사적 방법 및 행정적인 방법으로 규제 및 구제할 수 있는 방법을 두게 된 것이다. 이러한 침해에 대한 구제방법으로는 민사적인 구제와 형사적인 규제, 그리고 행정벌에 대해 특허법에 명문으로 규정하고 있다.

제1장

민사적 구제

Ⅰ. 침해에 대한 구제조치

국가는 발명에 대하여 특허권이라는 법적인 힘을 부여하고 있다. 이러한 법적인 힘의 구체적인 내용으로서 특허권자는 특허발명을 적극적으로 사용·수익·처분할 수 있는 독점권으로서의 적극적인 권리와 이에 대하여 정당한 권한이 없는 자가 특허발명을 실시하는 경우에는 배제할 수 있는 소극적인 권리를 갖는다. 그리고 이러한 권리의 침해로부터 보호받기 위한 구제 수단으로 국가는 민법상의 불법행위 규정뿐만 아니라 특허법에서 특별한 규정을 마련하여 발명자를 보호하고 있다.

특허권자 또는 전용실시권자는 해당 특허권이 침해되었거나 침해될 우려가 있을 때에는 먼저 특허권 침해자 또는 침해의 우려가 있는 자에게 서면으로 경고(특허등록번호, 권리내용, 침해사실 등을 구체적으로 기재)할 수 있으며, 또 이에 응하지 않을 때에는 소를 제기하여 침해를 금지시키거나 손해배상, 부당이득반환 등을 청구할 수 있다.

1. 침해금지청구권(제126조)

(1) 의 의

특허권 또는 전용실시권이 침해되거나 침해될 우려가 있을 때에는 특허권자·

전용실시권자는 자기의 권리를 침해한 자 또는 침해할 우려가 있는 자에 대하여 그 침해의 금지 또는 예방을 청구할 수 있다(제126조 제1항).[1] 이때 특허권자 등은 침해금지 청구의 실효성을 확보하기 위하여 침해행위를 조성한 물건의 폐기, 침해행위에 제공된 설비의 제거와 그 밖에 침해의 예방에 필요한 행위를 아울러 청구할 수 있다(제126조 제2항).

특허법 제126조 제1항에는 "특허권자 또는 전용실시권자는 자기의 권리를 침해한 자 또는 침해할 우려가 있는 자에 대하여 그 침해의 금지 또는 예방을 청구할 수 있다"라고 규정하고 있다. 이러한 침해의 금지와 침해의 예방은 점유의 보유(민법 제205조)의 소에 있어서 방해의 제거와 점유의 보전(민법 제206조)의 소의 방해의 예방에 있어서의 방해를 받을 염려가 이것에 대응하는 개념으로 볼 수 있다.

이러한 침해금지청구권은 현재 또는 장래의 침해에 대하여 행사하는 점에서 과거의 침해에 대하여 행사하는 손해배상, 부당이득반환 등의 청구권과 다르고 특허권 침해에 대한 구제수단으로서 가장 유효하고 직접적인 것이다.

(2) 요 건

특허권 또는 전용실시권이 침해되거나 침해될 우려가 있을 때에는 특허권자·전용실시권자는 자기의 권리를 침해한 자 또는 침해할 우려가 있는 자에 대하여 그 침해의 금지 또는 예방을 청구할 수 있다(제126조 제1항). 이 때 '침해될 우려'가 있는 상태에 대하여는 침해의 준비행위가 완성된 때에 침해의 우려가 있다고 보는 객관설과 침해품을 제조·판매할 의도, 즉 침해의 의도가 인정될 때 침해의 우려가 있다고 해석하는 주관설이 대립한다. 주관설에 의할 때 침해의 의도 파악이 전적으로 침해자의 주관에 의존할 때에는 법적 안정성이 해친다 할 것이며, 결국 침해의 의도 파악은 객관적일 수밖에 없다. 따라서 침해의 우려는 객관설에 따라 판단할 것이다.

침해금지청구권은 독점권의 침해에 대한 구제수단이다. 따라서 청구자는 당연 특허권에 대하여 독점할 수 있는 권리를 갖는 자로 한정되며, 특허권자와 그 특허권에 대하여 설정범위로 정해진 범위에서 독점권을 향유하는 전용실시권자가 침해금지의 청구권자가 된다. 또한 특허권 또는 전용실시권이 공유인 경우에는 각각의 공유자는 다른 공유자의 동의없이 독립하여 침해금지를 청구할 수 있다.[2]

---

1) 침해금지는 광의로는 제126조 제1항의 침해금지·예방청구와 제2항의 폐기·제거 청구를 포함하지만, 일반적으로는 제1항의 침해금지 및 예방청구라고 하는 협의로 이해된다.

전용실시권과 관련하여 특허권자는 설정범위로 정한 사항에서는 실시할 권한이 없다. 그러나 특허권자가 전용실시권을 설정한 관계는 마치 소유자가 소유물을 제3자에게 사용·수익케 하는 관계와 같고, 어디까지나 제한적 권리의 설정에 지나지 않으므로 이러한 경우 소유권자가 물권적 청구권을 상실하지 않는 것과 같이 특허권자는 전용실시권 설정의 범위 내에서도 금지청구권을 상실하지 않는다. 따라서 특허권자가 전용실시권을 허여한 후에도 금지청구권을 행사할 수 있다. 반면 통상실시권자는 금지청구권을 행사할 수 없다는 것이 다수설이다.

특허권·전용실시권의 침해에 대한 침해금지청구는 손해배상청구와는 달리 침해자의 고의·과실을 불문하므로 특허권자는 선의 무과실로 특허권을 침해하는 자에 대하여도 침해금지청구권을 행사할 수 있다.

(3) 침해금지청구권의 내용

1) 침해행위의 금지청구 및 예방청구권(제126조 제1항)

특허권자 또는 전용실시권자는 특허권 또는 전용실시권이 침해되거나 침해될 우려가 있을 때에는 자기의 권리를 침해한 자 또는 침해할 우려가 있는 자에 대하여 그 침해행위의 금지 또는 예방을 청구할 수 있다.

2) 침해물의 폐기 및 설비제거 청구(제126조 제2항)

침해행위를 조성한 물건과 침해의 행위에 제공된 설비를 소지하는 것 자체는 특허권침해가 아니다. 그러나 그것을 그대로 두게 되면 다시 그것으로 인하여 침해행위를 할 우려가 극히 높고 또한 그것으로 침해행위를 할 경우에 권리자는 금지청구의 실효를 거둘 수 없다. 이에 특허법은 특허권자 또는 전용실시권자가 침해행위를 조성한 물건[3]의 폐기, 침해행위에 제공된 설비의 제거 그 밖에 침해의 예방에 필요한 행위를 청구할 수 있도록 하고 있다. 이러한 폐기 및 제거청구권은 다시 침해할 우려가 있는 행위를 사전에 예방하기 위한 예방청구권이며, 침해금지청구권과 독립하여 행사할 수 없고 침해금지 및 예방청구를 할 때만 함께 행사할 수 있는 권리이므로 부대(附帶)청구권이다.

"침해행위를 조성한 물건"이란 침해행위의 필연적 내용을 이루는 물건을 말한다. 예를 들면 가성소다의 제조기계에 관한 특허가 된 경우에 그 기계를 사용하여 가성소다를 제조하여 타인의 특허권을 침해한 경우 그 기계는 침해행위를 조성한

---

2) 금지청구를 보존행위로 보기 때문이다.

3) 물건을 생산하는 방법의 발명인 경우에는 침해행위로 생긴 물건을 포함한다.

물건이 된다. 또한 ① 물건에 관한 특허발명이 있을 때 이 물건을 제조하는 기계, ② 의약에 대하여 특허된 경우에는 그 의약, ③ 의약의 제조방법에 대하여 특허된 경우 그 제조방법에 의하여 생산된 의약, 의약의 제조에만 사용되는 원료나 의약의 제조방법에만 사용되는 제조·설비 등이 여기에 해당된다. 한편 "침해행위로 생긴 물건"은 예를 들면 가성소다의 제조방법에 특허가 되어 있는 경우 그 제조방법으로 제조된 물건이 된다.

"침해행위에 제공된 설비"란 침해행위를 실시하기 위해 편의적으로 제공된 물건으로서, 예를 들면 물건의 발명과 물건을 생산하는 방법의 발명의 경우 이를 실시하기 위해 사용된 물건인 금형·촉매·설비 등이 침해행위에 제공된 설비가 된다. 즉 특허품을 생산하는 데만 필요한 설비를 의미한다. 예를 들어 의약에 대해 특허된 경우에는 그 의약의 제조설비·장치를 말한다. 장래에 발생할 침해의 예방이므로 폐기·제거의 범위도 예방에 필요한 범위 내이어야 한다. 따라서 구체적 사정에 따라서는 침해조성물, 침해에 제공된 설비의 제거의 필요성이 없는 경우도 발생할 수 있다.

"그 밖에 침해의 예방에 필요한 행위"란 예를 들면 침해금지를 보장하기 위하여 담보의 제공을 청구하거나 설비를 공공의 보관으로 하는 경우 등을 말한다. 어떠한 것이 필요한 행위인가라는 점에 대하여는 객관적으로 판단해야 한다는 객관설과 행위자의 주관적 의도에 의해 판단하여야 한다는 주관설이 대립하고 있지만, 획일적으로 결정할 것은 아니고 행위의 객관적 성질과 행위자의 주관적 의도를 감안하여 결정할 수밖에 없다.

한편 폐기 또는 제거를 대신하여 인도를 구하는 것과 관련하여서는 긍정설과 부정설이 대립된다. 긍정설은 물건의 폐기가 인정되는 이상 인도는 당연히 인정되어야 한다고 해석하고,[4] 부정설은 특허법 제126조 제2항은 특허권자에게 타인의 소유물을 자유롭게 처분하는 것까지 허용하는 것은 아니기 때문에 소극적으로 해석하여야 한다고 한다.[5] 이에 대한 앞으로의 법원의 판단이 주목된다.

서울고등법원 1988.7.4. 선고 88나7745 판결
[특허권의 침해]
원고가 그 제조방법에 관하여 특허권을 보유한 농약원제 메타실에 대하여 피고명

4) 吉藤辛朔 著, YOU ME 특허법률사무소 譯, 「특허법개설(제13판)」, 대광서림, 2000, 529면 재인용.
5) 이상경, 「지적재산권소송법」, 육법사, 1998, 237면.

의로 농수산부에 메타실수입원제등록 및 메타실수화제 제조품목등록이 되어 있고 피고가 발행 배포한 농약안내서에 메타실수화제에 관한 소개가 되어 있다 하더라도 피고가 실제로 메타실원제를 수입한 일도 없고 또 수입절차를 취한 일도 없다면 위와 같은 사유만으로 피고가 원고들의 특허권리를 침해하고 있다거나 침해할 우려가 있다고 단정할 수 없다.

(4) 주장과 증명

1) 금지의 청구

침해금지청구는 현재 행하여지고 있는 침해행위의 정지를 구하는 것이므로 현재의 이행의 소(訴)에 속하고 침해예방청구는 장래의 침해의 방지를 구하는 것이므로 장래의 이행의 소에 해당한다. 그러나 특허법 제126조 제1항은 침해자, 장래 침해할 우려가 있는 자에 대한 일정한 부작위청구(不作爲請求)를 규정하고 있으며, 이러한 부작위를 구하는 소는 그 성질상 장래의 이행의 소에 해당한다. 따라서 변론종결시까지 부작위의무위반의 결과가 현재 제거되었거나 또는 부작위의무위반에 대한 손해배상청구를 한 경우에는 부작위청구를 할 필요성은 없다. 또한 금지청구는 일정 시점에서의 1회의 부작위를 목적으로 하는 것은 아니고 장래의 계속적인 이행을 목적으로 하므로 판결로 명해지는 부작위의무는 판결 후에 금지된 일정한 행위를 일단 정지하여도 완전한 만족을 얻지 못하는 경우가 있기 때문에 그 후에도 부작위의무는 소멸하는 것도 아니다.

침해예방청구는 물론 침해금지청구도 장래의 계속적인 이행의 소이므로 침해금지청구의 경우에도 침해를 계속 또는 반복할 우려가 있을 것이 필요하다.

대법원 2009.10.15. 선고 2007다45876 판결

[침해금지의 요건]

특허권의 존속기간이 경과한 후에는 특허권자가 소멸된 특허발명에 터 잡아 특허법 제126조에 따른 특허침해금지 및 특허침해제품의 폐기를 주장할 수 없다.

2) 폐기 및 제거의 청구

금지청구는 장래의 청구이지만 폐기·제거청구는 현재의 청구이다. 따라서 현재 피고가 소지하는 구체적 물건으로서 침해할 우려가 있는 것이 금지청구를 이유있게 하는 사유가 된다. 또한 폐기 및 제거의 청구는 금지청구의 부대청구이므로 폐기 및 제거청구의 소만을 제기하는 것은 부적법하여 각하된다.

금지청구에 대하여 승소판결을 얻은 후 부작위의무위반이 있어도 동판결을 채무명의로서 강제집행에 의해 '채무자의 비용으로 그 위반한 것을 제거하고 위한 장래의 적당한 처분'을 얻을 수 있다(민법 제389조 제3항). 그러나 변론종결 후 부작위의무위반이 없을 때에는 폐기·제거청구로써 이행판결을 얻을 수 없고 따라서 변론종결 전의 위반결과의 제거는 할 수 없다. 또한 변론종결 후에 부작위의무위반이 있어도 과거의 물건과는 아무런 관계가 없는 물건에 의해 침해를 한 경우에는 그 과거의 침해결과는 제거될 수 없다고 해석된다.

(5) 특허권침해금지 가처분신청

1) 가처분의 필요성

특허권침해인 경우는 발명이라는 기술적·추상적 사상을 대상으로 하므로, 침해유무의 판단이 어렵고 또 기술적 내용이 복잡하고 고도하여 이를 소송대리인 및 법원이 이해하기 곤란하며 소를 제기하여 승소판결을 받기까지는 상당한 시간이 소요될 수 있다. 즉 특허침해의 경우 침해금지 등의 소송을 제기하여 승소를 했더라도 그 사실이 확정되기까지는 특허권이 기술이라는 특성 때문에 상당한 기간이 소요될 수 있다. 이에 금지청구권의 행사는 가처분의 신청에 의해 행하여지는 것이 대부분이다. 이러한 가처분신청은 침해금지청구소송의 전(前)이나 후(後)에도 가능하며, 간단한 소명(疏明: 즉시 심리할 수 있는 증거)에 의하여 신속하고 편리하게 권리보전의 목적을 달성할 수 있어서 매우 효과적이고 실무적으로 많이 이용하고 있다.[6)]

이러한 가처분제도는 특허법에 명시하고 있지 않지만, 특허법 제126조 규정의

---

6) 보전소송 일반이론.

가. 보전처분의 의의 및 종류

민사소송에서 보존소송이라 함은 광의로는 본안절차의 심리의 지연으로 인하여 생기는 위험을 피하기 위하여 간이 신속하게 가구제 내지 처분을 청구하기 위한 절차를 말하고, 협의로는 민사소송법 제696조 내지 제723조에 규정되어 있는 가압류와 가처분을 지칭하는 것이다.

이 중에서 가처분은 계쟁물에 관한 가처분(민사집행법 제300조 제1항)과 임시 지위를 정하는 가처분(민사집행법 제300조 제2항)으로 나눌 수 있고 전자의 예로는 특허권을 양수하였다고 주장하는 자가 등록명의인에 대하여 그 특허권의 처분금지를 구하는 경우나, 통상실시권의 허락을 받았다고 주장하는 자가 특허권자 또는 전용실시권자를 상대방으로 하여 그 특허권 또는 전용실시권의 처분금지를 구하는 경우 등이다. 임시의 지위를 구하는 가처분으로서는 특허권자가 특허발명의 무단실시자에 대하여 그 실시행위의 금지를 구하는 경우, 반대로 특허권자로부터 침해행위를 하고 있다고 지목된 자가 특허권자에 대하여 금지청구권의 부존재를 주장하여 거래선에서의 경고 등 업무방해의 금지를 구하는 경우 등이 있다.

나. 보전처분의 요건

보전처분을 하기 위하여는 보전하여야 할 실체법상의 권리가 있고, 그와 같은 권리를 미리 보전하여야 할 필요성이 있어야 한다. 전자를 '피보전권리'라고 하고, 후자를 '보전의 필요성'이라고 한다.

금지 또는 예방청구권이 물권에 의한 방해배제 및 예방청구와 궤를 같이 하는 것이라 민사소송을 제기한 원고로서는 본안의 관할법원에 물건의 제조 및 판매금지 등의 가처분을 신청할 수 있다. 그러나 특허무효심판사건 등은 특허심판원에서 심리 결정하는 것이므로 이를 본안으로 하는 가처분도 특허심판원에 신청하여야 하는데 특허법에는 특허심판원이 이러한 가처분을 할 수 있다는 규정이 없다. 그러나 무효의 특허권 때문에 정상적인 업무수행이나 권리행사의 제약으로 현저한 손해가 발생한다면 이러한 행위를 방지할 필요가 있어 일반 민사상의 가처분에 의한 보호를 법원에 청구하는 것은 일반원칙에 따라 당연히 허용되어야 할 것이다.[7)]

2) 가처분의 의의

가처분이란 권리관계에 분쟁이 있어 그 확정을 기다리는 것은 그 동안 현저한 손해를 받거나 급박한 침해를 방지할 수 없는 등의 긴급을 요하는 이유가 있는 경우에 본안소송(本案訴訟)으로 판결을 받기 전에 이것과 같은 효과를 얻을 수 있는 잠정적인 조치를 말한다. 물론 긴급성이 인정되지 않은 경우에는 가처분신청은 각하된다.

특허권침해금지 가처분은 금지청구권에 의하여 특허권침해행위의 금지를 명하는 것(민사집행법 제300조 제1항)을 내용으로 하므로 그 가처분의 대상은 실시행위 그 자체이지만, 침해취급을 받는 자는 가처분에 의하여 치명적인 손해를 입을 여지가 많다. 그러나 가처분의 긴급성 등으로 인하여 그 심리에 있어 증명방법도 소명이고 또 구두심리에 나아가지 않고 심문절차에 의함이 대부분이며 법관이 관련 기술을 정확히 이해하고 판단하는 것은 용이한 일이 아니므로 법원의 가처분결정은 신중을 요한다. 또한 가처분재판에 대한 판결의 선고 또는 결정의 고지에 의하여 즉시 효력이 발생하고 이의신청이나 항소제기에 의해서 집행은 정지되지 않으므로 특허권자 등은 목적하는 바를 쉽게 달성할 수 있다 하겠으나 가처분결정이 취소되거나 특허가 무효가 된 경우에는 상대방에게 입힌 손해를 배상하여야 하므로 가처분신청은 신중을 기할 필요가 있다.

---

7) 법원행정처, 「특허소송실무」, 1998, 244면. 특허법원 개원 초창기에 법원 내부에서 논의되었던 내용이다. 이 경우 가처분의 본안은 업무방해금지청구 또는 특허무효 등 심판청구·특허무효 등 심판청구기각의 심결에 불복하는 소가 될 것이고, 본안의 관할법원은 업무방해금지청구의 경우에는 민사법원, 특허무효 등 심판청구의 경우에는 특허심판원의 심결의 전후를 불문하고 특허법원으로 보아야 하지 않을까 생각된다고 실무방향을 제시하고 있다.

서울고등법원 1987.3.30. 선고 86나41 판결

[침해금지가처분의 요건]

특허권침해금지가처분의 피신청인이 종래 문제된 제조방법을 현재 사용하지 아니하고, 현재 사용중인 제조방법이 문제된 제조방법보다 생산원가가 절감된다면, 경험칙에 비추어 피신청인이 다시 종래의 제조방법을 실시하여 제조한 원료물질을 사용할 개연성이 없는 바, 현재의 침해행위 및 침해의 우려가 없다고 보아 침해금지가처분신청을 기각해야 한다.

대법원 1993.2.12. 선고 92다40563 판결

[침해금지가처분의 요건]

가처분신청 당시 채무자가 특허청에 별도로 제기한 심판절차에 의하여 그 특허권이 무효라고 하는 취지의 심결이 있은 경우나, 무효심판이 청구되고 그 청구의 이유나 증거관계로부터 장래 그 특허가 무효로 될 개연성이 높다고 인정되는 등의 특별한 사정이 있는 경우에는 당사자간의 형평을 고려하여 보전의 필요성을 결한 것으로 보는 것이 합리적이라 할 것이다.

3) 가처분명령의 신청에 대한 결정

가처분명령에 대하여 이의를 제기할 수 있으며(민사집행법 제301조, 제283조), 또 명령의 취소를 청구할 수 있다. 그 취소에는 ① 본안의 소의 불제기에 의한 취소(민사집행법 제301조, 제287조), ② 사정변경에 의한 취소(민사집행법 제301조, 제288조), ③ 특별한 사정에 의한 취소(민사집행법 제307조)가 있다.

이의의 신청이나 취소의 결정에 대한 불복이 있는 채권자는 즉시항고할 수 있다. 즉시항고에 관한 재판에 영향을 미친 헌법·법률·명령 또는 규칙의 위반을 이유로 드는 때에는 재항고할 수 있다(민사집행법 제23조, 민사소송법 제442조).

대법원 2002.9.24. 선고 2000다46184 판결

[특허권에 의한 위법한 보전처분과 손해배상]

가압류나 가처분 등 보전처분은 법원의 재판에 의하여 집행되는 것이기는 하나, 그 실체상 청구권이 있는지 여부는 본안소송에 맡기고 단지 소명에 의하여 채권자의 책임 아래 하는 것이므로, 그 집행 후에 집행채권자가 본안소송에서 패소 확정되었다면 그 보전처분의 집행으로 인하여 채무자가 입은 손해에 대하여는 특별한 반증이 없는 한 집행채권자에게 고의 또는 과실이 있다고 추정되고, 따라서 그 부당한 집행으로 인한 손해에 대하여 이를 배상할 책임이 있다.

2. 손해배상청구권

(1) 의 의

민법은 불법행위로 인하여 발생한 손해에 대하여 금전으로 배상할 것을 청구할 수 있는 권리를 인정하고 있다. 특허법에서 역시 특허권 또는 전용실시권이 침해자의 "고의 또는 과실"에 의하여 침해되었을 경우에는 특허권자 또는 전용실시권자는 자기의 권리를 침해한 자에 대하여 손해배상을 청구할 수 있다(제128조 제1항). 이 경우 손해액의 증명책임은 손해배상 청구권자인 특허권자에게 있다. 그러나 특허권 침해에 있어서는 침해행위와 인과관계가 있는 손해액의 증명이 곤란한 경우가 많다. 예를 들면 특허권자의 매상감소, 특허품의 가격하락 또는 실시료 수입의 감소가 침해행위에 의해서만 발생한 것이라는 점의 증명은 통상적으로 상당히 어렵다. 이와 같은 사정을 감안하여 손해액 증명의 용이화를 위해 특허권 침해에 관한 손해액의 추정 및 간주규정을 두고 있다.

이와 같은 손해배상청구권은 침해금지의 경우와는 달리 특허권침해로 인하여 손해가 발생하였을 때만 청구할 수 있는 권리로서 특허권 소멸 후에도 행사할 수 있다. 다만 특허를 무효로 한다는 심결이 확정되었을 때에는 특허권은 처음부터 존재하지 않았던 것이 되므로 손해배상청구권도 소급적으로 소멸한다. 특허권이 공유인 경우에는 각 공유자는 침해자에 대하여 각자가 자기가 입은 손해배상을 청구할 수 있는데, 이 때 손해액은 공유특허권자의 실시 유무, 침해유형에 따라 달라진다.

(2) 성립요건

특허침해로 인한 손해배상청구권에 관한 문제는 민법의 일반원칙에 따른 것으로서 ① 침해자의 고의 또는 과실이 있을 것, ② 침해행위가 있을 것, ③ 침해행위로 손해가 발생하였을 것, ④ 침해행위와 손해발생 사이에 인과관계가 있을 것이 요구되며, 증명책임은 피해자에게 있다. 이 외에도 특허법의 특수성을 고려하여 특칙이 몇 가지 있다.

1) 고의 또는 과실이 있을 것

침해에 의한 손해배상청구권이 발생되기 위해서는 침해자의 고의 또는 과실이 있음을 필요로 한다. 고의란 침해가 발생할 것을 알면서 특허권의 침해행위를 하는 심리상태를 의미하며, 과실은 부주의로서 특허침해의 결과를 인식하지 못하고 어떤 행위를 하는 심리상태를 의미한다.

손해배상을 청구하는 경우에는 일반적으로 청구인이 상대방의 고의 또는 과실을 증명하지 않으면 안 된다. 그러나 특허권의 대상인 발명은 무형의 것으로 물리적 관리가 곤란하기 때문에 그 침해와 관련하여서도 고의·과실을 증명하는 것이 곤란하다. 이에 특허법은 특허공개공보, 특허공보, 특허등록원부 등에 의하여 특허발명을 공시하고 침해자의 침해행위가 있을 때에는 과실이 있는 것으로 추정하도록 규정(제130조)하여 과실의 증명책임을 침해자에게 전환하고 있다.

2) 침해행위가 있을 것

침해에 의한 손해배상청구권이 발생되기 위해서는 침해행위가 있어야 한다. 침해행위의 성립에 대한 주장은 침해자의 제품 또는 기술적 방법이 권리자의 권리범위에 속한다는 것으로서 이 점에 관하여는 금지청구의 경우와 거의 동일하다. 따라서 특허권자 또는 전용실시권자는 위법한 실시가 있으면 특허발명의 실시를 독점하는 권리(제94조)가 침해받게 되는 것이므로 그 침해행위에 대한 주장을 요하게 된다.

생산방법의 특허발명도 특칙이 없는 한 그 증명책임은 원고에게 있으나 방법발명은 어떤 행위가 그 방법을 침해한 것이라는 점을 증명하기가 용이하지 않다. 이에 특허법은 신규의 동일물은 동일한 방법에 의하여 생산된 것으로 추정한다는 규정(제129조)을 두어(물건을 생산하는 방법의 발명에 관하여 특허가 된 경우에 그 물건이 특허출원 전에 국내에서 공지된 물건이 아닌 때에는 그 물건과 동일한 물건은 그 특허된 방법에 의하여 생산된 것으로 추정), 일정한 조건하에 생산방법이 동일하다는 점에 관하여 증명책임을 침해자에게 전환시키고 있다.

3) 침해행위로 손해가 발생하였을 것

침해에 의한 손해배상청구권이 발생되기 위해서는 침해행위로 손해가 발생하여야 한다. 즉 침해행위와 손해발생 사이에는 인과관계가 있어야 하고, 인과관계는 합리적이고 개연성이 있어야 한다. 손해는 그 유형에 따라 특허권자의 기존재산의 감소를 의미하는 적극적 손해와 침해행위가 없었다면 특허권자가 얻을 수 있을 이익의 상실을 의미하는 소극적 손해로 나뉜다. 적극적 손해에는 특허권자가 침해의 제거 및 방지를 위하여 지출한 내용, 모방품의 출하로 특허권자가 자기 생산품의 판매를 포기하거나 부패로 폐기시킨 경우 등이며, 소극적 손해는 판매수량의 감소에 따른 이익의 상실, 가격인하로 인한 이익의 손실, 실시료의 감소 등이 여기에 해당한다. 또한 특허권침해로 인하여 정신적 고통을 받은 경우 정신적 손해배상도 청구의 대상이 된다 하겠으나, 판례는 특별한 사정이 있는 경우에만 이를 인정하고 있다. 따라서 정신적 손해의 배상을 청구하기 위해서는 재산 이외의 손해가 발생하였다는 것을 주장, 증명해야 한다.

서울민사지방법원 1995.12.12. 선고 94가합60818 판결

[정신적 손해]

원고는 피고의 불법행위로 인하여 원고가 입은 정신적 손해에 대하여도 피고가 배상할 책임을 진다고 주장하나 타인의 불법행위에 의하여 재산권이 침해된 경우에는 그 재산적 손해의 배상에 의하여 정신적 고통도 회복된다고 보아야 할 것이므로 재산적 손해배상에 의하여 회복할 수 있는 정신적 손해가 발생하였다면 이는 특별한 사정으로 인한 손해로서 원고는 피고들이 그러한 사정을 알았거나 알 수 있었음을 주장, 증명하여야 할 것인데 이에 대한 아무런 주장, 증명이 없으므로 원고의 이 부분 위자료 청구는 이유 없다.

한편 특허권자 등이 특허발명을 전혀 실시하지 않는 경우에도 손해의 발생을 부정할 수 없다. 즉 특허권자 등은 직접 실시하지 않더라도 타인으로 하여금 그 특허발명을 실시케 하고 그 실시료를 받을 권리도 있으므로 그 실시료를 지급받지 못함에 따른 손해가 있다고 보아야 하므로, 특허권자의 실시가 없는 경우에도 상대방에게 손해배상책임을 지울 수 있다.

4) 침해행위와 손해발생 사이에 인과관계가 있을 것

특허권침해행위로 인하여 손해가 발생하여야 하는데, 이와 같은 손해발생과 침해행위 사이에는 인과관계가 있어야 한다.

대법원 2020.11.26. 선고 2016다260707 판결

[불법행위로 인한 손해배상책임을 지우기 위한 요건으로서 위법한 행위와 손해 사이에 상당인과관계가 있는지 판단하는 방법]

불법행위 성립요건으로서의 위법성은 관련 행위 전체를 일체로만 판단하여 결정하여야 하는 것은 아니고, 문제가 되는 행위마다 개별적·상대적으로 판단하여야 한다(대법원 2010.7.15. 선고 2006다84126 판결 등 참조). 또한 불법행위로 인한 손해배상책임을 지우려면 위법한 행위와 피해자가 입은 손해 사이에 상당인과관계가 있어야 하고, 상당인과관계의 유무는 일반적인 결과 발생의 개연성은 물론 주의의무를 부과하는 법령 기타 행동규범의 목적과 보호법익, 가해행위의 태양 및 피침해이익의 성질 및 피해의 정도 등을 종합적으로 고려

하여 판단해야 한다(대법원 2007.7.13. 선고 2005다21821 판결 등 참조).[8]

(3) 손해배상청구권의 행사

1) 손해배상청구권자

특허권침해로 인하여 손해배상청구권이 발생된 경우, 특허권자 또는 전용실시권자는 이를 재판으로 청구하여 손해를 배상받을 수 있다. 그러나 통상실시권자는 단순히 권리범위에 속하는 물건 또는 방법을 실시할 권리밖에 없다. 이러한 점에서 원칙적으로 통상실시권자에 대하여 손해배상청구권은 인정되지 않는다고 본다. 즉 통상실시권은 채권으로서 본래 자기 스스로 실시할 권리가 있지만 실시할 권리를 독점하는 것은 아니다. 특허권자가 다른 자에게 중복하여 실시를 허락하여도 통상실시권자는 이의를 제기할 수 없고 타인에 의한 실시를 각오하여야 한다. 따라서 상대방이 실시권의 존재를 아는 것만으로는 과실이 있다고 하기 어렵고 적극적으로 실시를 방해하는 행위를 하는 경우가 아니라면 통상실시권에 대한 침해가 있다고 말할 수는 없다. 독점적 통상실시권의 경우에는 계약으로써 실시할 권리를 독점하고 있음을 알게 되거나 과실에 의해 이것을 알지 못하고 실시를 하게 되면 독점적 통상실시권을 침해하는 것이 될 수 있다.

대법원 2003.3.14. 선고 2000다32437 판결

[특정물품을 특정기업에게만 공급하기로 약정한 자가 그 특정기업이 제3자에게 그 물품에 대한 독점판매권을 부여한 사실을 알면서도 위 약정에 위반하여 그 물품을 다른 곳에 유출한 경우, 제3자에 대한 불법행위 성립 여부(한정 적극)]

일반적으로 채권에 대하여는 배타적 효력이 부인되고 채권자 상호간 및 채권자와 제3자 사이에 자유경쟁이 허용되는 것이어서 제3자에 의하여 채권이 침해되었다는 사실만으로 바로 불법행위로 되지는 않는 것이지만, 거래에 있어서의 자유경쟁의 원칙은 법질서가 허용하는 범위 내에서의 공정하고 건전한 경쟁을 전제로 하는 것이므로, 제3

8) 갑 유한회사가 을 외국법인으로부터 을 법인이 특허권을 보유한 화합물인 '올란자핀'에 관한 특허발명의 통상실시권을 부여받아 '올란자핀'이 함유된 제품을 독점적으로 수입하여 판매해 왔는데, 병 주식회사가 갑 회사 제품의 제네릭 의약품인 병 회사 제품에 관하여 판매예정시기를 위 특허발명의 특허권 존속기간 만료일 이후로 한 요양급여대상 결정신청을 하여 그에 따른 결정 및 고시가 이루어진 이후 위 특허발명에 관한 을 법인과 병 회사 사이의 분쟁에서 그 진보성이 부정되어야 한다는 취지의 원심판결이 선고되자 판매예정시기를 '등재 후 즉시'로 하는 판매예정시기 변경신청을 하였고 보건복지부장관의 고시로 갑 회사 제품의 상한금액 인하 시행시기가 변경되었는데 그 후 대법원에서 위 특허발명의 진보성이 부정되지 않는다는 취지의 판결이 선고되자, 갑 회사가 병 회사를 상대로 갑 회사 제품의 상한금액 인하로 인한 손해배상을 구한 사안에서, 병 회사의 행위가 위법하다거나 병 회사의 행위와 갑 회사 제품의 상한금액 인하 사이에 상당인과관계가 있다고 볼 수 없다고 한 사례이다.

자가 채권자를 해한다는 사정을 알면서도 법규에 위반하거나 선량한 풍속 또는 사회질서에 위반하는 등 위법한 행위를 함으로써 채권자의 이익을 침해하였다면 이로써 불법행위가 성립한다고 하지 않을 수 없고, 여기에서 채권침해의 위법성은 침해되는 채권의 내용, 침해행위의 태양, 침해자의 고의 내지 해의의 유무 등을 참작하여 구체적, 개별적으로 판단하되, 거래자유 보장의 필요성, 경제·사회정책적 요인을 포함한 공공의 이익, 당사자 사이의 이익균형 등을 종합적으로 고려하여야 할 것이다.

이렇게 볼 때 특정기업으로부터 특정물품의 제작을 주문받아 그 특정물품을 그 특정기업에게만 공급하기로 약정한 자가 그 특정기업이 공급받은 물품에 대하여 제3자에게 독점판매권을 부여함으로써 제3자가 그 물품에 대한 독점판매자의 지위에 있음을 알면서도 위 약정에 위반하여 그 물품을 다른 곳에 유출하여 제3자의 독점판매권을 침해하였다면, 이러한 행위는 특정기업에 대한 계약상의 의무를 위반하는 것임과 동시에 제3자가 특정기업으로부터 부여받은 독점판매인으로서의 지위 내지 이익을 직접 침해하는 결과가 되어, 그 행위가 위법한 것으로 인정되는 한, 그 행위는 위 특정기업에 대하여 채무불이행 또는 불법행위로 됨과는 별도로 그 제3자에 대한 관계에서 불법행위로 된다고 할 것이다.

대법원 2009.1.30. 선고 2007다65245 판결

[손해배상청구권의 소멸시효 기산점은 실용신안권등록무효판결이 확정된 날이라고 본 사례]

불법행위로 인한 손해배상청구권의 단기소멸시효의 기산점이 되는 민법 제766조 제1항의 '손해 및 가해자를 안 날'은 손해의 발생, 위법한 가해행위의 존재, 가해행위와 손해의 발생과의 사이에 상당인과관계가 있다는 사실 등 불법행위의 요건사실에 관하여 현실적이고도 구체적으로 인식하였을 때를 의미하고, 피해자 등이 언제 불법행위의 요건사실을 현실적이고도 구체적으로 인식한 것으로 볼 것인지는 개별 사건의 여러 객관적 사정을 참작하고 손해배상청구가 사실상 가능하게 된 상황을 고려하여 합리적으로 인정하여야 한다(대법원 2008.1.18. 선고 2005다65579 판결 참조). 위 법리와 기록에 비추어 살펴보면 원심이, 피고들 주장과 같이 원고가 경고장을 발송하고 가처분신청을 한 사실이 인정되더라도, 위 가처분신청에 대하여 피고들이 이 사건 실시고안은 피고 1의 실용신안권에 기하여 실시한 것이라고 주장하여 위 가처분신청이 기각되고, 원고가 피고 1의 실용신안권에 대한 무효심판 및 심결 취소소송을 제기하여 그 실용신안등록은 무효라는 내용의 특허법원 판결이 확정된 2005.1.28.에 이르러서야 원고가 피고들의 침해행위가 불법행위로서 손해배상을 청구할 수 있다는 것을 알았다고 판단한 다음 피고들의 소멸시효 항변을 배척한 것은 정당하고, 거기에 피고들이 상고이유로 주장하는 바와 같은 단기소멸시효의 기산점에 관한 법리오해의 위법이 없다.

2) 공동불법행위의 배상책임

여러 사람(數人)이 공동으로 특허권을 침해하여 특허권자에게 손해를 주었을 때에는 각자 연대하여 배상할 책임이 있다(민법 제760조 제1항). 공동행위자 중 누구의 행위에 의해서 그 손해가 발생했는지 모를 때에도 각자가 연대책임을 진다.

3) 소멸시효

특허법에서는 손해배상청구권을 언제까지 행사하여야 하는가에 규정하고 있지 않은바, 그 행사기간은 민법 제766조의 규정[9]에 따를 것이다. 특허권 침해행위가 계속되어 손해가 계속적으로 발생하는 경우 그에 따른 소멸시효는 각각 별개로 진행하며,[10] 손해액도 가산된다.

(4) 손해액의 산정과 추정 등

1) 의 의

특허법 제128조 제1항에 의해 원고는 피고의 침해행위와 인과관계가 있는 전손해의 배상을 청구할 수 있고, 여기에는 적극적 손해와 소극적 손해를 포함한다. 그러나 특허권의 침해에서 발생하는 손해는 침해행위로서 제조, 판매하는 유형적 손해이고 특허권은 관념적인 것이므로 소유권의 훼손에 의한 재산의 감소(적극적 손해)라는 형식으로서는 성립하기 어렵고, 대부분의 경우 이익의 상실(소극적 손해)이라는 형식을 취한다.

손해액에 대하여는 침해행위로서 받은 손해액을 주장 증명할 수가 있지만, 실제로 받은 손해액을 산정하는 것은 그리 쉽지 않은 문제이다. 즉 특허권의 대상은 무형의 것이므로 여러 장소에서 또한 동시에 여러 자에 의해 침해될 수 있다. 더구나 유체물의 경우에 비해 침해의 발견이 곤란할 뿐만 아니라 그 침해행위에 의한 손해액의 인정도 매우 어렵다. 예를 들면 특허권자의 매상감소, 특허품의 가격하락 또는 실시료 수입의 감소가 침해행위에 의해서만 발생한 것이라는 점의 증명은 통상적으로 상당히 어렵다. 따라서 손해배상액의 산정에 있어서도 일반 불법행위법 원칙에 맡긴다면 사실상 손해액의 증명이 불가능하기 때문에 청구가 기각될 가능성이 높다. 이는 오히려 침해에 대한 인센티브로 될 가능성도 있다. 이에 특허

9) 피해자 또는 그 법정대리인이 손해 및 가해자를 안 날로부터 3년 또는 불법행위를 한 날로부터 10년이 경과한 때에는 시효로 인하여 소멸한다.

10) 대법원 1966.6.9. 선고 66다615 판결.

법은 손해액 증명의 용이화를 위해 특허권 침해에 관한 손해액의 산정과 추정 등의 규정을 마련한 것이다.

2) 침해자 양도수량에 기초한 손해액의 산정

① 조 문 특허법 제128조 제2항은 "제1항에 따라 손해배상을 청구하는 경우 그 권리를 침해한 자가 그 침해행위를 하게 한 물건을 양도하였을 때에는 다음 각 호에 해당하는 금액의 합계액을 특허권자 또는 전용실시권자가 입은 손해액으로 할 수 있다"라고 규정하는데, 제1호는 "그 물건의 양도수량(특허권자 또는 전용실시권자가 그 침해행위 외의 사유로 판매할 수 없었던 사정이 있는 경우에는 그 침해행위 외의 사유로 판매할 수 없었던 수량을 뺀 수량) 중 특허권자 또는 전용실시권자가 생산할 수 있었던 물건의 수량에서 실제 판매한 물건의 수량을 뺀 수량을 넘지 않는 수량에 특허권자 또는 전용실시권자가 그 침해행위가 없었다면 판매할 수 있었던 물건의 단위수량당 이익액을 곱한 금액"을, 제2호는 "그 물건의 양도수량 중 특허권자 또는 전용실시권자가 생산할 수 있었던 물건의 수량에서 실제 판매한 물건의 수량을 뺀 수량을 넘는 수량 또는 그 침해행위 외의 사유로 판매할 수 없었던 수량이 있는 경우 이들 수량(특허권자 또는 전용실시권자가 그 특허권자의 특허권에 대한 전용실시권의 설정, 통상실시권의 허락 또는 그 전용실시권자의 전용실시권에 대한 통상실시권의 허락을 할 수 있었다고 인정되지 않는 경우에는 해당 수량을 뺀 수량)에 대해서는 특허발명의 실시에 대하여 합리적으로 받을 수 있는 금액"을 규정하고 있다.

② 제1호의 적용범위 및 요건 특허법 제128조 제2항 제1호는 특허권자 또는 전용실시권자(이하에서는 주로 '특허권자'라고만 서술한다)의 일실이익(逸失利益), 즉 특허침해가 없었다면 얻을 수 있었던 특허권자의 이익액을 산정하는 구체적인 방법을 규정한 것이다. 이 규정에 의하면 침해행위를 조성한 물건에 대한 양도수량에 침해가 없었다면 특허권자가 판매할 수 있었던 물건의 단위 수량당 이익액을 곱하여 산출한 금액을 특허권자의 손해액으로 할 수 있다. 이는 침해자의 판매수량 확인이 비교적 용이하고, 특허권자의 침해품 단위수량당 이익액 또한 자신이 산정할 수 있어 증명이 한층 용이하다는 점에서 특허권자의 손해액 증명 용이화의 방안으로 마련된 규정이다.

그러나 침해자가 특허권자의 생산능력을 초과하여 생산한 물건에까지 특허권자가 생산하여 판매할 수 있었다고 가정하여 특허권자의 일실이익으로 간주하는 것은 경험칙에 전혀 부합하지 않으므로, 특허법 제128조 제2항 제1호에 의한 손해액은 특허권자가 생산할 수 있었던 물건의 수량에서 실제 판매한 물건의 수량을 뺀 수량에 단위 수량당 이익액을 곱한 금액을 한도로 하는 것으로 규정하였다. 또한 특허권자가 침해행위 외의 사유로 판매할 수 없었던 사정이 있는 경우 그 수량에 따른 금액을 손해액에서 감해야 하는 것으로 규정하였다.

"침해행위 외의 사유로 판매할 수 없었던 사정"은 판매된 침해품이 침해자의 시장개발노력, 침해품의 품질의 우수성 등의 요인에 의해 판매된 것이어서 특허권자가 생산하여 판매할 수 있었던 것으로 볼 수 없는 사정을 의미한다. 이 사정의 증명책임은 침해자에게 있다.

대법원 2006.10.13. 선고 2005다36830 판결

[단위수량당 이익액]

[1] 의장권 등의 침해로 인한 손해액의 추정에 관한 구 의장법(2004.12.31. 법률 제7289호 디자인보호법으로 개정되기 전의 것) 제64조 제1항 본문에서 말하는 '단위수량당 이익액'은 침해가 없었다면 의장권자가 판매할 수 있었을 것으로 보이는 의장권자 제품의 단위당 판매가액에서 그 증가되는 제품의 판매를 위하여 추가로 지출하였을 것으로 보이는 제품 단위당 비용을 공제한 금액을 말한다.

[2] 의장권자가 등록의장의 대상물품인 천정흡음판을 제조・판매하면서 구매자로부터 천정흡음판의 설치공사까지도 수급받는 것이 일반적이었기 때문에 침해자의 의장권 침해행위가 없었더라면 천정흡음판을 더 판매할 수 있었고 그에 따라 천정흡음판의 설치공사까지 더 수급하였을 것으로 보인다고 하더라도, 천정흡음판의 설치공사대금을 천정흡음판의 판매가액이라고는 할 수 없으므로, 천정흡음판에 관한 의장권의 침해로 인한 손해액을 구 의장법(2004.12.31. 법률 제7289호 디자인보호법으로 개정되기 전의 것) 제64조 제1항에 의하여 추정함에 있어서 같은 항 본문의 '단위수량당 이익액'에 천정흡음판의 설치공사에 따른 노무이익을 포함하여 손해액을 산정할 수 없다고 본 사례.

[3] 의장권 등의 침해로 인한 손해액의 추정에 관한 구 의장법(2004.12.31. 법률 제7289호 디자인보호법으로 개정되기 전의 것) 제64조 제1항 단서의 사유는 침해자의 시장개발 노력・판매망, 침해자의 상표, 광고・선전, 침해제품의 품질의 우수성 등으로 인하여 의장권의 침해와 무관한 판매수량이 있는 경우를 말하는 것으로서, 의장권을 침해하지 않으면서 의장권자의 제품과 시장에서 경쟁하는 경합제품이 있다는 사정이나 침해제품에 실용신안권이 실시되고 있다는 사정 등이 포함될 수 있으나, 위 단서를 적용하여 손해배상액의 감액을 주장하는 침해자는 그러한 사정으로 인하여 의장권자가 판매할 수 없었던 수량에 의한 금액에 관해서까지 주장과 증명을 하여야 한다.

③ 제2호에 의한 실시료 상당 손해배상의 보충 적용 　침해물건의 양도수량 중 특허권자가 생산할 수 있었던 물건의 수량에서 실제 판매한 물건의 수량을 뺀 수량을 넘는 수량 또는 그 침해행위 외의 사유로 판매할 수 없었던 수량이 있는 경우에, 이 부분에 대하여 실시료 상당액 손해배상청구가 가능한지에 관하여 이를 긍정적으로 보는 하급심판결은 있었으나 인정 여부가 명확하지 않았다.[11] 2020년 6월 9일 개정 특허법(법률 제17422호) 제128조 제2항 제2호는 이 부분에 대하여 실시료 상당액 손해배상청구가 가능함을 명시적으로 규정하였다(부칙 제2조에 따라 위 개정 규정은 개정법 시행일인 2020년 12월 10일 후 최초로 손해배상이 청구된 경우부터 적용된다).[12]

3) 침해자 이익액의 손해액 추정

① 의의 및 성질 　특허법 제128조 제4항은 "제1항에 따라 손해배상을 청구하는 경우 특허권 또는 전용실시권을 침해한 자가 그 침해행위로 인하여 얻은 이익액을 특허권자 또는 전용실시권자가 입은 손해액으로 추정한다"라고 규정하고 있다.

특허법 제128조 제4항은 침해자가 침해행위에 의해 받은 이익액을 특허권자가 증명하면 그 이익액을 손해액으로 추정하는 법률상의 사실 추정규정이다. 따라서 특허권자가 침해자의 이익액을 증명하면 증명책임이 전환되어 침해자가 자신의 이익액이 특허권자의 손해액에 미치지 않음을 증명하여야 한다. 특허권자는 자신의 손해액을 증명하는 것보다는 침해자의 이익액을 증명하는 것이 용이한 경우가 적지 않으므로 특허권자의 증명상 편의를 위해 이 규정을 두게 된 것이다.

그러나 손해의 발생을 전제로 하여 침해자의 이익을 손해액으로 추정하는 규정으로 침해자의 이익액으로부터 손해의 발생까지 추정하는 규정은 아니다. 따라서 특허권자가 스스로 실시하고 있지 않은 경우는 추정의 전제인 손해의 발생 자체를 관념할 수 없으므로 이 추정규정은 적용되지 않는다. 다만 손해의 발생에 관한 주장·증명의 정도에 있어서는 경업관계 등으로 인하여 손해 발생의 염려 내지 개연성이 있음을 주장·증명하는 것으로 충분하다.[13]

---

11) 서울지방법원 남부지원 2003.2.13. 선고 96가합6616 판결은 특허권침해기간 중 특허권자의 해당 특허제품 단위수량당 이익이 마이너스인 기간 및 판매가 중단된 기간에 대하여 통상 실시료 상당을 손해배상으로 청구할 수 있다고 보았다(다만 항소심에서 특허침해가 부정되어 손해배상액 산정의 타당 여부에 관한 판단은 이루어지지 않았다).

12) 특허권자가 침해자를 상대로 침해행위로 인하여 얻은 이익액 전부에 대한 반환청구가 가능하도록 규정을 정비하려 한 개정안에 대한 국회 검토 중 수정하여 가결된 입법이다(산업통상자원중소벤처기업위원회, 특허법 일부개정법률안 심사보고서, 2020.5, 7~8면).

13) 대법원 2006.10.12. 선고 2006다1831 판결.

② **침해행위에 의하여 얻은 이익의 의미** '침해행위에 의해 얻은 이익액'은 침해사실이 없었다고 가정한 경우의 침해자 재산 총액과 침해사실이 발생한 후의 현실의 재산총액과의 차이다.

구체적으로, 침해자의 이익과 관련해서는 i) 매출액에서 제조원가(판매원가)를 공제한 금액이라는 총이익설, ii) 매출액에서 재료비, 운송비, 보관비 등 변동경비와 설비비, 임차료, 인건비 등 고정경비를 공제한 금액이라는 순이익설, iii) 매출액에서 변경경비를 공제한 금액이라는 한계이익설로 나누어지나 침해자가 침해를 하여 매출을 발생시키기 위해 필요한 변동경비만을 제외한 한계이익설이 타당하다고 본다.

그리고 피고제품의 일부분만이 특허권침해물건인 경우의 피고가 얻은 이익액에 대해서는 전체이익설과 기여도설로 나누어진다. 전체이익설은 침해자가 제조·판매한 제품 가운데 일부분만이 특허권침해인 경우에도 침해품을 포함한 제품전체의 판매이익을 권리자의 손해의 액이라고 추정한다는 것이고, 기여도설은 제품 전체의 이익에 대한 해당 특허권에 관한 부분의 공헌도, 기여도를 고려하여야 한다는 것이다.

또한 복수의 권리가 침해되고 있는 경우에는 전체의 이익에 대한 각 권리의 기여비율에 대하여는 구체적으로 각 권리에 대하여 매상성과에 대한 각 권리가 가지는 불가결도(不可欠度) 등이 고려되지만 특유의 고려사항으로서는 권리의 상호간의 가치평가, 즉 기본특허인가 개량특허인가, 특허권인가 실용신안권인가 등의 평가가 고려되어야 한다고 한다. 그 외에도 "다른 기여요인의 존재", "복수의 침해자가 있는 경우", "복수의 권리자가 있는 경우" 등의 경우도 고려하여야 한다.[14]

4) 합리적 실시료에 기한 손해액 산정

특허법 제128조 제5항은 "제1항에 따라 손해배상을 청구하는 경우 그 특허발명의 실시에 대하여 합리적으로 받을 수 있는 금액을 특허권자 또는 전용실시권자가 입은 손해액으로 하여 손해배상을 청구할 수 있다"라고 규정하고 있다.

특허법 제128조 제5항의 손해액은 권리자가 현실로 받은 손해, 즉 일실이익(逸失利益)과 관계없이 침해에 대한 최저의 배상액을 법정한 것이다.[15] 따라서 특허법

---

14) 상세한 내용은 이상경, 「지적재산권소송법」, 육법사, 1998, 298~308면 참조.

15) 참고로 저작재산권침해로 인한 손해배상청구에 관하여, 대법원 1996.6.11. 선고 95다49639 판결은 "저작권법 제93조(2006. 12. 28. 법률 제8101호로 전부개정되기 전이고 2000. 1. 12. 법률 제6134호로 개정되기 전의 구 저작권법을 의미함) 제2항에서는 저작재산권을 침해한 자가 침해행위에 의하

제128조 제4항과는 달리 특허권자는 특허발명을 실시하고 있지 않아 현실의 손해(일실이익)가 없는 경우에도 이 규정에 의한 특허발명의 실시에 대하여 합리적으로 받을 수 있는 금액을 배상의 액으로 하여 손해배상을 청구할 수 있다. 그러나 특허법 제128조 제6항 전단에서 규정되어 있는 바와 같이 특허권자는 실제의 손해액이 특허발명의 실시에 대하여 합리적으로 받을 수 있는 금액보다 큰 경우에는 실제 손해액을 증명하여 초과액에 대하여 배상을 받을 수 있다.

2019년 1월 8일 개정법(법률 제16208호)에서는 기존의 "통상적"으로 받을 수 있는 금액에서, 손해액이 낮게 책정되는 문제를 해결하고 그 특허침해 등의 개별적·구체적인 정황을 고려하여 손해액을 산정할 수 있도록 하기 위해서 "합리적"으로 받을 수 있는 금액으로 개정하였다. 기존의 "통상적"으로 받을 수 있는 금액은 통상실시권의 실시료에 준하여 판단되었는데, 이와 같이 판단하는 것은 ① 해당 특허발명에 대한 통상실시권 계약을 체결하지 않은 경우에는 적용이 곤란하다는 점, ② 기술거래시장의 가격변동을 충실히 반영하기 어려운 점, ③ 무단으로 특허발명을 실시한 경우에 발생하는 손해배상액이 침해자가 특허권자로부터 처음부터 실시권 허락을 받은 경우와 사실상 동일하게 되어 특허권 침해를 유인할 가능성이 있다는 점 등의 문제가 있었기 때문이다.[16]

여 이익을 받았을 때에는 그 이익의 액을 저작재산권자 등이 입은 손해액으로 추정한다고 규정하고 있고, 그 제3항에서는 저작재산권자 등은 위 제2항의 규정에 의한 손해액 외에 그 권리의 행사로 통상 얻을 수 있는 금액에 상당하는 액을 손해액으로 하여 그 배상을 청구할 수 있다고 규정하고 있는바, 이는 피해 저작재산권자의 손해액에 대한 증명의 편의를 도모하기 위한 규정으로서 최소한 위 제3항의 규정에 의한 금액은 보장해 주려는 것이므로, 결국 위 제2항에 의한 금액과 제3항에 의한 금액 중 더 많은 금액을 한도로 하여 선택적으로 또는 중첩적으로 손해배상을 청구할 수 있다고 보아야 할 것이다."라고 판시하였다. 이러한 판결을 '최소한', '보장'이라는 설시에 주목하면 '일단 고의 또는 과실에 의한 침해가 인정되면 침해자는 최소한 '그 권리의 행사로 통상 받을 수 있는 금액에 상응하는 액'은 손해배상금으로 지급할 책임이 있다'는 입장이라고 볼 가능성도 있으나, 이 규정에 의한 손해배상청구의 경우 원고가 손해 발생에 대하여 전혀 증명할 필요가 없다고 설시한 대법원판결은 발견되지 않으므로, 단정하기는 조심스럽다.

그런데 최근 대법원 2021.6.3. 선고 2020다244672 판결은 "저작인접물인 음반에 수록된 저작물의 저작재산권자라 하더라도 저작인접권자인 음반제작자의 허락 없이 그의 음반을 복제하는 것은 음반제작자의 복제권을 침해하는 행위에 해당하고, '이로 인하여 음반제작자에게 손해가 발생하였다면' 그 손해를 배상할 책임을 부담한다."라고 설시하였고, 나아가 "피고가 원고에게 이 사건 MR파일에 대한 정당한 대가를 지급하지 않고 위와 같은 행위를 함으로써 원고에게 적어도 위 금액 상당의 손해가 발생하였다고 볼 '여지'가 있고"라고 밝힌 점에 주목하면, '침해로 인한 손해가 없다는 반증을 제출하여 손해배상책임을 면할 수 있다'는 입장이라고 볼 여지도 배제하기는 어렵다.

16) 법원에서 "통상적"으로 받을 수 있는 금액을 통상실시권의 실시료에 준하여 판단함에 따라 해당 특허발명의 매출액 대비 2%~5%에 불과하여 미국의 13.1%와 비교할 때 상당히 낮게 나타나고 있으며, 개정법은 이를 확대함으로써 특허권의 경제적 가치를 제고하고자 하는 것이다[송대호, 특허법 일부개정법률안 검토보고서(원혜영 의원(의안번호 8842)), 산업통상자원중소벤처기업위원회, 2017.11,

대법원 2006.4.27. 선고 2003다15006 판결

[실시료 상당액의 결정과 손해액 인정]

[1] 특허법 제128조 제5항에 의하여 특허발명의 실시에 대하여 통상 받을 수 있는 금액에 상당하는 액을 결정함에 있어서는, 특허발명의 객관적인 기술적 가치, 해당 특허발명에 대한 제3자와의 실시계약 내용, 해당 침해자와의 과거의 실시계약 내용, 해당 기술분야에서 같은 종류의 특허발명이 얻을 수 있는 실시료, 특허발명의 잔여 보호기간, 특허권자의 특허발명 이용 형태, 특허발명과 유사한 대체기술의 존재 여부, 침해자가 특허침해로 얻은 이익 등 변론종결시까지 변론과정에서 나타난 여러 가지 사정을 모두 고려하여 객관적, 합리적인 금액으로 결정하여야 하고, 특히 해당 특허발명에 대하여 특허권자가 제3자와 사이에 특허권 실시계약을 맺고 실시료를 받은 바 있다면 그 계약 내용을 침해자에게도 유추적용하는 것이 현저하게 불합리하다는 특별한 사정이 없는 한 그 실시계약에서 정한 실시료를 참작하여 위 금액을 산정하여야 하며, 그 유추적용이 현저하게 불합리하다는 사정에 대한 증명책임은 그러한 사정을 주장하는 자에게 있다.

[2] 특허침해로 손해가 발생된 것은 인정되나 특허침해의 규모를 알 수 있는 자료가 모두 폐기되어 그 손해액을 증명하기 위하여 필요한 사실을 증명하는 것이 어렵게 된 경우에는 특허법 제128조 제7항을 적용하여 상당한 손해액을 결정할 수 있고, 이 경우에는 그 기간 동안의 침해자의 자본, 설비 등을 고려하여 평균적인 제조수량이나 판매수량을 가늠하여 이를 기초로 삼을 수 있다고 할 것이며, 특허침해가 이루어진 기간의 일부에 대해서만 손해액을 증명하기 어려운 경우 반드시 손해액을 증명할 수 있는 기간에 대하여 채택된 손해액 산정 방법이나 그와 유사한 방법으로만 상당한 손해액을 산정하여야만 하는 것은 아니고, 자유로이 합리적인 방법을 채택하여 변론 전체의 취지와 증거조사의 결과에 기초하여 상당한 손해액을 산정할 수 있다.

5) 초과액 청구

특허법 제128조 제6항은 "제5항에도 불구하고 손해액이 같은 항에 따른 금액을 초과하는 경우에는 그 초과액에 대해서도 손해배상을 청구할 수 있다. 이 경우 특허권 또는 전용실시권을 침해한 자에게 고의 또는 중대한 과실이 없을 때에는 법원은 손해배상액을 산정할 때 그 사실을 고려할 수 있다"라고 규정하고 있다.

특허법 제128조 제5항은 증명이 용이한 특허발명의 실시에 대하여 합리적으로 받을 수 있는 금액을 최저의 배상액으로 하여 우선 청구할 수 있다는 것을 규정한 것에 지나지 않으므로, 특허법 제128조 제6항 전단은 실제 손해가 특허발명의 실시에 대하여 합리적으로 받을 수 있는 금액을 초과하는 경우에는 이를 증명하여

4면].

손해배상액을 청구할 수 있다는 점을 명확히 한 규정이다.

특허법 제128조 제6항 후단은 특허권자가 특허법 제128조 제5항의 특허발명의 실시에 대하여 합리적으로 받을 수 있는 금액을 초과하여 실제의 손해액으로 배상을 청구한 경우에 있어서 해당 침해행위가 경과실에 의하여 이루어진 때에는 법원이 손해배상액을 정함에 있어서 그 사실을 고려할 수 있다는 것이다. 손해액이 극히 큰 경우 경과실밖에 없는 침해자에게 이를 모두 배상하게 하는 것은 가혹하다는 취지에서 마련된 규정이다. 이는 민법 제765조[17]에 규정된 배상액의 경감청구 규정에 대한 특별법이라고 할 수 있다.

"고려할 수 있다"라는 것은 증명된 실제 손해액보다 경감하여 손해배상액을 정할 수 있다는 것이고 경감의 여부 및 경감의 정도는 법원의 재량에 속한다. 다만 법원은 특허법 제128조 제5항의 특허발명의 실시에 대하여 합리적으로 받을 수 있는 금액의 초과액에 대해서만 경감할 수 있을 뿐이므로 손해배상액을 특허발명의 실시에 대하여 합리적으로 받을 수 있는 금액 이하로 경감할 수는 없다.

6) 성질상 증명 곤란한 손해액의 인정

특허법 제128조 제7항은 "법원은 특허권 또는 전용실시권의 침해에 관한 소송에서 손해가 발생된 것은 인정되나 그 손해액을 증명하기 위하여 필요한 사실을 증명하는 것이 해당 사실의 성질상 극히 곤란한 경우에는 제2항부터 제6항까지의 규정에도 불구하고 변론 전체의 취지와 증거조사의 결과에 기초하여 상당한 손해액을 인정할 수 있다"라고 규정하고 있다.

특허법 제128조 제7항은 침해사실 및 손해발생사실은 증명되었으나 손해액의 증명이 극히 곤란한 경우 법원은 손해액의 증명이 없다하여 손해배상청구를 기각할 것이 아니라 증명을 완화하여 변론의 전취지 및 증거조사결과로부터 적정하다고 판단한 금액을 배상액으로 인정할 수 있게 한 것이다.

"필요한 사실을 증명하는 것이 해당 사실의 성질상 극히 곤란한 경우"란 예를 들면 침해자가 매입·매출관계 서류를 전혀 작성치 아니하였거나 폐기한 경우 등의 사정으로 손해액의 증명을 위하여 필요한 사실의 증명이 대단히 곤란한 경우가

17) 제765조(배상액의 경감청구) ① 본장의 규정에 의한 배상의무자는 그 손해가 고의 또는 중대한 과실에 의한 것이 아니고 그 배상으로 인하여 배상자의 생계에 중대한 영향을 미치게 될 경우에는 법원에 그 배상액의 경감을 청구할 수 있다.

② 법원은 전항의 청구가 있는 때에는 채권자 및 채무자의 경제상태와 손해의 원인 등을 참작하여 배상액을 경감할 수 있다.

이에 해당된다.

대법원 2011.5.13. 선고 2010다58728 판결

[특허법 제128조 제7항에 의한 구체적 손해액 산정 방법]

법원은 특허권 또는 전용실시권 침해에 관한 소송에서 손해 발생 사실은 증명되었으나 사안의 성질상 손해액에 대한 증명이 극히 곤란한 경우 특허법 제128조제2항 내지 제6항의 규정에도 불구하고 같은 조 제7항에 의하여 변론 전체의 취지와 증거조사 결과에 기초하여 상당한 손해액을 인정할 수 있으나, 이는 자유심증주의하에서 손해가 발생된 것은 인정되나 손해액을 증명하기 위하여 필요한 사실을 증명하는 것이 해당 사실의 성질상 극히 곤란한 경우에는 증명도·심증도를 경감함으로써 손해의 공평·타당한 분담을 지도 원리로 하는 손해배상제도의 이상과 기능을 실현하고자 하는 데 취지가 있는 것이지, 법관에게 손해액 산정에 관한 자유재량을 부여한 것은 아니므로, 법원이 위와 같은 방법으로 구체적 손해액을 판단할 때에는 손해액 산정 근거가 되는 간접사실들의 탐색에 최선의 노력을 다해야 하고, 그와 같이 탐색해 낸 간접사실들을 합리적으로 평가하여 객관적으로 수긍할 수 있는 손해액을 산정해야 한다.

7) 징벌적 손해배상

법원은 타인의 특허권 또는 전용실시권을 침해한 행위가 고의적인 것으로 인정되는 경우에는 제1항에도 불구하고 제2항부터 제7항까지의 규정에 따라 손해로 인정된 금액의 3배를 넘지 아니하는 범위에서 배상액을 정할 수 있다(제128조 제8항). 법원은 배상액을 판단할 때에는 다음의 사항을 고려하여야 한다(제128조 제9항).

① 침해행위를 한 자의 우월적 지위 여부
② 고의 또는 손해 발생의 우려를 인식한 정도
③ 침해행위로 인하여 특허권자 및 전용실시권자가 입은 피해규모
④ 침해행위로 인하여 침해한 자가 얻은 경제적 이익
⑤ 침해행위의 기간·횟수 등
⑥ 침해행위에 따른 벌금
⑦ 침해행위를 한 자의 재산상태
⑧ 침해행위를 한 자의 피해구제 노력의 정도

기존에는 손해액을 산정함에 있어서 그 침해행위로 인하여 얻은 이익액 또는 특허발명의 실시에 대하여 통상적으로 받을 수 있는 금액을 근거로 하는 등 실손배상 원칙을 따르고 있었으나, 고의적인 침해행위를 한 자에 대한 제재수단으로서의 실효성이 낮아서 침해행위를 예방하기에 부족하여, 2019년 1월 8일 개정법(법률 제16208호)에

서는 손해액의 3배를 넘지 아니하는 범위 내에서 배상액을 결정하는 징벌적 손해배상제도[18]를 도입하여 특허권자 보호를 강화하였다.[19]

3. 신용회복청구권(제131조)

(1) 의 의

법원은 고의 또는 과실에 의하여 특허권 또는 전용실시권을 침해함으로써 특허권자 또는 전용실시권자의 업무상의 신용을 떨어뜨린 자에 대하여는 특허권자 또는 전용실시권자의 청구에 의하여 손해배상에 갈음하여 또는 손해배상과 함께 특허권자 또는 전용실시권자의 업무상의 신용회복을 위하여 필요한 조치를 명할 수 있다(제131조). 즉 특허권자 등은 고의나 과실에 의한 타인의 권리침해로 업무상의 신용이 해를 입었을 경우, 예를 들면 침해품의 품질이 조악(粗惡)하여 소비자가 특허권자가 생산한 특허품에 대하여도 품질이 조악한 것으로 믿게 된 경우, 법원에 대해 신용을 회복하는데 필요한 조치를 명하도록 청구할 수 있으며, 이때 특허권자 또는 전용실시권자가 침해자를 상대로 신용회복에 필요한 조치를 명할 것을 청구할 수 있는 권리가 신용회복청구권이다.

불법행위로 타인의 명예를 훼손한 경우의 명예회복조치청구에 대해서는 민법 제764조에 규정이 있지만 여기에서의 인격적 가치는 사회적 승인 내지 평가이며, 그에 대한 특칙으로서 특허법 제131조에서는 업무상의 신용이 떨어지게 된 경우 그 회복조치를 청구할 수 있도록 하고 있다.[20]

(2) 요 건

신용회복조치는 침해자의 고의 또는 과실을 요건으로 한다. 따라서 침해행위가 선의 무과실일 경우에는 특허권자는 이와 같은 청구를 할 수 없다. 또한 고의 또는 과실에 의하여 특허권 또는 전용실시권이 침해되는 것과 아울러 침해행위로 인

---

18) 징벌적 손해배상제도란 가해행위로 피해를 입은 당사자가 실제로 입은 손해의 단순한 전보를 넘어서는 금전적 불이익을 가해자에게 부담시키는 제도를 말한다. 우리나라는 현재 하도급 거래 공정화에 관한 법률, 기간제 및 단시간근로자 보호 등에 관한 법률, 파견근로자보호 등에 관한 법률, 신용정보의 이용 및 보호에 관한 법률, 개인정보 보호법, 정보통신망 이용촉진 및 정보보호 등에 관한 법률, 대리점거래의 공정화에 관한 법률, 제조물책임법에 징벌적 손해배상제도를 도입하고 있다.

19) 송대호, 특허법 일부개정법률안 검토보고서(원혜영 의원(의안번호 8842)), 산업통상자원중소벤처기업위원회, 2017.11, 9~10면.

20) 유사한 규정으로 부정경쟁방지법 제6조에서는 부정경쟁행위로 타인의 영업상의 신용을 실추하게 한 경우 신용회복조치를 명할 수 있도록 규정하고 있다.

하여 권리자의 업무상의 신용이 침해되는 것이 필요하다. 이때 업무상의 신용은 업무활동・경제적 견지에서의 사회적 평가로 특허권의 침해가 있다고 하여 반드시 그 훼손이 인정되는 것은 아니다. 따라서 신용회복조치를 구하기 위해서는 업무상의 신용이 실추되는 것으로 인정되는 구체적인 사실의 주장, 증명이 있어야 한다.

특허권의 침해로 신용이 실추된다는 것은 침해품으로 인해 특허권자가 가진 특허권 자체의 유효성, 보호범위, 내용, 독점성에 의문을 품게 되고 그 결과 거래처로부터 신용이 실추되는 것을 말한다. 이때 업무상의 신용이 침해되는가의 판단은 구체적인 침해행위의 태양, 상황, 권리자의 경제적 지위, 영업활동의 상황 등을 종합하여 판단하여야 한다. 다만 일반적으로 특허권침해행위로 인하여 업무상의 신용이 침해된 사례로서는 특허권자가 제조, 판매하는 제품에 비하여 침해품이 매우 조악한 것이어서 많은 수요자가 해당 특허권에 관련한 제품은 완전히 이러한 조악품인 것으로 믿게 된 경우 등을 들고 있으며, 이에 침해품이 특허품에 비해 품질이 우수하거나 동등할 경우에는 청구할 수 없다고 한다.

신용회복조치가 인정되기 위해서는 신용훼손의 상황이 재판시에 현존하여야만 한다. 즉 과거에 신용이 침해되었지만 구두변론종결당시에 이미 회복되었다고 인정된다면 회복조치로서의 성격을 갖는 신용회복조치청구는 인정할 여지가 없다.

(3) 신용회복조치의 방법

종래 신용회복조치의 방법으로서는 해명과 사과문을 보낸다든지 신문지상에 사죄광고를 하는 것이었다. 그러나 법원의 사죄광고 명령 등은 헌법상 양심의 자유 및 인격권의 침해의 소지가 있다 하여 이를 위헌결정한 바 있으므로, 그 대체수단으로서 침해자의 비용으로 패소한 민사손해배상판결, 형사명예훼손죄의 유죄판결 등을 신문・잡지 등에 게재 및 명예훼손 기사의 취소광고 등의 조치를 하게 할 수 있다.

서울고등법원 1992.7.29. 선고 91나53298 판결

[신용회복청구권]

원고는 특허법 제131조에 의한 신용회복조치로서 사과광고 및 그 불이행시의 지체배상금의 지급을 구하고 있으나, 위 특허법 조항에 의한 특허권자의 업무상의 신용회복을 위하여 필요한 조치에 원고 주장과 같은 사죄광고까지 포함되는 것으로 해석되지 아니하므로, 위 조항에 의하여 사죄광고를 명할 수 있음을 전제로 한 원고의 위 청구 또한 그 이유없다.

업무상의 신용회복수단은 구체적 사안에 따라 필요 충분한 방법이 채택되어야 하고, 이것을 위해서는 매체의 전달능력, 전달대상을 고려하여 적절한 사용매체를 결정하여야 한다. 이에 구체적 사안에 있어서 필요한 것이라면 특정의 장소에의 사과문 게시, 거래관계자에게 사죄장의 송부도 가능하다. 그러나 신용회복조치는 침해자의 보호법익도 고려되어야 하기 때문에 그 내용 및 수단에 있어서 신용회복에 필요한 한도에 그쳐야 한다. 또한 사죄문 중에 권리자의 선전 등과 같은 문언의 삽입은 허용되지 않는다.

헌법재판소 1991.4.1. 선고 89헌마160 전원재판부 결정

○ 사건명: 민법 제764조의 위헌 여부에 관한 헌법소원

○ 판시사항: 민법 제764조와 양심의 자유 및 인격권의 침해 여부, 민법 제764조의 해석과 '질적일부위헌'의 주문이 채택된 사례

○ 결정요지: 국가가 본인의 의사에 반하여 사죄광고를 직접 강요하는 것은 부당하며, 명예회복의 방법으로서 법원은 피고에게 명예훼손에 따른 손해배상청구소송의 패소판결내용을 신문지상에 게재하도록 명령하는 것은 가능하다.

4. 부당이득반환청구권(민법 제741조)

(1) 의 의

부당이득반환청구권이란 법률상 정당한 원인 없이 타인의 재산 또는 노무로 인하여 이익을 얻고 이로 인하여 타인에게 손해를 가한 자에 대하여 그 이득의 반환을 청구할 수 있는 권리를 말한다. 민법은 공평의 이념에 입각한 당사자간의 이익조절이라는 관점에서 이를 규정하고 있다. 특허권과 관련하여서도 비록 특허법은 부당이득에 관한 규정을 두고 있지 않으나,[21] 타인의 특허권을 권원없이 실시하면 원칙적으로 부당이득의 요건이 충족되어 권리자로부터의 반환청구를 인정하는 것이 일반적인 입장이다.

손해배상과의 관계에 있어 부당이득반환은 손해배상과 경합하지 않는 범위 내로서 민법 제741조를 충족시키는 한도 내에서 행사할 수 있다고 하는 견해도 있

21) 1990.1.13. 법률 제3891호 이전의 특허법 제156조 제2항에서는"특허권자는 선의·무과실로 자기의 특허권을 침해한 자에 대하여 이득반환 또는 손해배상을 청구할 수 없다. 다만 그 행위를 금지할 것을 청구할 수 있다"라고 규정하여 무과실로 특허권을 침해한 경우 이득반환을 청구할 수 없도록 규정하고 있었다. 그러나 이 규정은 손해배상청구권의 요건과 거의 다를 바 없다는 이유에서 이 규정은 삭제되었다.

다. 손해배상청구권제도는 피해자에게 생긴 손해를 가해자로 하여금 배상케 하여 피해자의 재산상태를 회복하려는 제도이고, 부당이득반환은 이득자에게 생긴 이득을 빼앗아서 있어야 할 재산상태를 이루려는 제도로서 모두 공평의 이념을 그 바탕으로 하고 있다. 그러나 손해배상제도가 손해의 전보를 목적으로 한 것이라면 부당이득반환제도는 재산적 가치의 이동을 조절하기 위한 것으로, 양자는 그 요건이나 효과에서 차이가 나며, 그 청구권의 병존 내지 경합을 인정하는 것이 타당할 것이다. 따라서 특허권침해행위로 침해자가 그 이득을 얻고 그 행위에 고의 또는 과실이 있는 경우 특허권자는 손해배상청구권과 부당이득반환청구 중 어느 것이든지 선택해서 청구할 수 있을 것이다. 또한 부당이득반환청구권은 특허권 침해가 고의 과실에 의한 침해가 아닌 경우에도 그 부당이득의 반환을 청구할 수 있으며, 손해배상청구권의 소멸시효가 완성된 경우에도 행사할 수 있다는 점에서 그 실익이 있다 하겠다. 즉 손해배상청구권은 3년 시효로 소멸하는데 반해 부당이득반환청구권은 일반채권과 같이 시효가 10년이므로 손해배상청구를 할 수 없는 경우에 부당이득반환을 청구하는 것은 유효하다.

(2) 요 건

특허권침해에 대한 부당이득반환청구권이 발생하기 위해서는 ① 법률상 원인 없이 이득을 얻고, ② 특허권자에게 손해가 생겼으며, ③ 이득과 손해 사이에 인과관계가 있어야 한다.

(3) 부당이득의 반환

특허권침해행위로 인하여 부당이득을 얻은 자는 손실자에게 이득을 반환하여야 하는데, 이때 현물을 반환하는 것이 원칙이지만 이것이 곤란한 경우에는 금전으로 환산하여 반환해야 한다. 이때 반환할 이득의 범위는 현실적으로 발생한 침해자의 이득이 원칙이겠으나, 피해자의 손실범위를 넘지 못한다. 한편 구체적 부당이득 반환액을 얼마로 산정할 것인지에 대하여 특허법에서 따로 규정하고 있지 아니하므로 민법 제747조의 규정이 적용된다 하겠다. 그러나 침해자의 이득은 단순히 특허권에 의해서만 얻어지는 것이 아니고 여러 요소가 관계하고 있기 때문에 그 인과관계의 증명이 곤란한 경우가 많다. 따라서 부당이득의 반환청구에 있어서도 현실적으로는 실시료 상당액을 청구하는 경우가 많다. 즉 침해자는 본래 지불하여야만 하는 실시료의 지불을 면하게 되었기 때문에 그만큼의 이득은 있었을 것이고 또한 권리자는 받지 않았기 때문에 그만큼의 손실이 있었던 것이 되어 원칙적으로 양자

사이에는 인과관계가 볼 수 있기 때문이다. 다만 여기서의 실시료 상당액은 민법에서의 부당이득론에 의하여 인정되는 것이므로 특허법 제128조 제5항을 유추 적용할 필요는 없다.[22)]

Ⅱ. 특허권자 보호를 강화하기 위한 특허법상 규정

1. 구체적 행위태양 제시 의무

특허권 또는 전용실시권 침해소송에서 특허권자 또는 전용실시권자가 주장하는 침해행위의 구체적 행위태양을 부인하는 당사자는 자기의 구체적 행위태양을 제시하여야 한다(제126조의2 제1항). 즉, 특허권자 등이 주장하는 침해행위를 부인하는 피고에게 자기의 구체적 행위태양을 제시하라는 것으로서, ① 특허는 공개되어 있을 뿐만 아니라 점유를 필요로 하지 않는데 반하여 침해행위는 침해자의 영역에서 주로 발생하므로 특허권자 등이 침해사실을 증명하기는 매우 어렵다는 점, ② 특허권자 등이 침해행위의 구체적인 태양을 제시하며 침해사실을 증명하고자 할 때 피고가 단순히 부인만으로 방어할 수 없도록 하고 자기의 구체적인 행위태양을 제시하도록 하는 것은 해당 소송의 적정성과 신속성을 제고하는 데 기여할 수 있다는 점 등을 고려하여 2019년 1월 8일 개정법(법률 제16208호)에서 도입되었다.

법원은 당사자가 자기의 구체적 행위태양을 제시할 수 없는 정당한 이유가 있다고 주장하는 경우에는 그 주장의 당부를 판단하기 위하여 그 당사자에게 자료의

---

22) 저작권침해로 인한 부당이득반환에 관하여 대법원 2016.7.14. 선고 2014다82385 판결은 "저작권자의 허락 없이 저작물을 이용한 사람은 특별한 사정이 없는 한 법률상 원인 없이 이용료 상당액의 이익을 얻고 이로 인하여 저작권자에게 그 금액 상당의 손해를 가하였다고 보아야 하므로, 저작권자는 부당이득으로 이용자가 저작물에 관하여 이용허락을 받았더라면 이용대가로서 지급하였을 객관적으로 상당한 금액의 반환을 구할 수 있다. 이러한 부당이득의 액수를 산정할 때는 우선 저작권자가 문제 된 이용행위와 유사한 형태의 이용과 관련하여 저작물 이용계약을 맺고 이용료를 받은 사례가 있는 경우라면 특별한 사정이 없는 한 이용계약에서 정해진 이용료를 기준으로 삼아야 한다. 그러나 해당 저작물에 관한 이용계약의 내용이 문제 된 이용행위와 유사하지 아니한 형태이거나 유사한 형태의 이용계약이더라도 그에 따른 이용료가 이례적으로 높게 책정된 것이라는 등 이용계약에 따른 이용료를 그대로 부당이득액 산정의 기준으로 삼는 것이 타당하지 아니한 사정이 있는 경우에는, 이용계약의 내용, 저작권자와 이용자의 관계, 저작물의 이용 목적과 이용 기간, 저작물의 종류와 희소성, 제작 시기와 제작 비용 등과 아울러 유사한 성격의 저작물에 관한 이용계약이 있다면 그 계약에서 정한 이용료, 저작물의 이용자가 이용행위로 얻은 이익 등 변론과정에서 나타난 여러 사정을 두루 참작하여 객관적이고 합리적인 금액으로 부당이득액을 산정하여야 한다"라고 판시하였다.

나아가 대법원 2023.1.12. 선고 2022다270002 판결은 "위와 같은 이익은 현존하는 것으로 볼 수 있으므로 선의의 수익자라고 하더라도 이를 반환하여야 한다"라고 설시하였다.

제출을 명할 수 있다(제126조의2 제2항 본문). 이는 특허권자 등이 특허권 등의 침해와는 관계없이 상대방의 미공개 기술 또는 영업비밀 등을 소송을 통해 확보할 목적으로 소송을 남용할 수 있다는 점을 고려할 필요가 있기 때문이다.

다만, 그 자료의 소지자가 그 자료의 제출을 거절할 정당한 이유가 있으면 그러하지 아니하다(제126조의2 제2항 단서). 법원은 자료의 소지자가 제출을 거부할 정당한 이유가 있다고 주장하는 경우에는 그 주장의 당부를 판단하기 위하여 자료의 제시를 명할 수 있다. 이 경우 법원은 그 자료를 다른 사람이 보게 하여서는 아니 된다(제126조의2 제3항, 준용 제132조 제2항).

제출되어야 할 자료가 영업비밀(「부정경쟁방지 및 영업비밀보호에 관한 법률」 제2조 제2호에 따른 영업비밀을 말한다. 이하 같다)에 해당하나 구체적 행위태양을 제시할 수 없는 정당한 이유의 유무 판단에 반드시 필요한 때에는 그 자료의 제출을 거절할 정당한 이유로 보지 아니한다. 이 경우 법원은 제출명령의 목적 내에서 열람할 수 있는 범위 또는 열람할 수 있는 사람을 지정하여야 한다(제126조의2 제3항, 준용 제132조 제3항). 단순히 영업비밀에 속한다는 것을 정당한 이유로 본다면 이 규정의 실효성이 크게 감소되기 때문에 반드시 필요할 때에는 정당한 이유에 해당하지 아니한다. 한편, 자료를 제출하는 당사자는 그 자료에 영업비밀이 포함된 경우 열람범위와 열람자의 제한 또는 비밀유지명령제도(제224조의3)를 통해 충분히 보호를 받을 수 있다.

당사자가 정당한 이유 없이 자기의 구체적 행위태양을 제시하지 않는 경우에는 법원은 특허권자 또는 전용실시권자가 주장하는 침해행위의 구체적 행위태양을 진실한 것으로 인정할 수 있다(제126조의2 제4항).

2. 감정사항설명의무

특허권 또는 전용실시권 침해소송에서 법원이 침해로 인한 손해액의 산정을 위하여 감정을 명한 때에는 당사자는 감정인에게 감정에 필요한 사항을 설명하여야 한다(제128조의2). 감정의 충실도를 높이고 소송이 장기화될 우려를 막기 위해 민사소송법상의 감정제도에 추가하여 감정인에 대한 당사자의 설명의무를 도입하고 있다.

3. 생산방법의 추정

1) 의의 및 취지

간접침해 규정과 같이 특허법은 일정한 사실이 있으면 특허발명이 실시된 것으로 추정하는 규정(생산방법의 추정)을 두어 특허권자를 보호하고 있다. 즉 특허법은 물건을 생산하는 방법의 발명에 관하여 특허가 된 경우에 그 물건이 특허출원 전에 특허법 제129조 제1항 각호의 공지된 물건이 아닌 경우에 그 물건과 동일한 물건은 특허된 방법에 의하여 생산된 것으로 추정한다고 규정하고 있다.

2) 생산방법의 추정 요건(前提事實)

특허법 제129조의 추정을 받기 위해서는 원고는 그 전제사실인 ① 원고의 특허발명이 물건을 생산하는 방법의 발명일 것, ② 그 물건이 특허출원 전에 공지된 물건이 아닐 것, ③ 원고특허발명에 의하여 생산된 물건과 피고물건이 동일할 것을 요한다.

3) 생산방법의 추정의 대상

원고의 특허발명이 물건을 생산하는 방법의 발명인 경우 금지청구권발생의 요건사실은 ① 원고가 특허권자일 것 ② 피고가 업으로서 특허발명의 방법을 실시할 것(이는 다시 피고가 피고방법을 업으로 사용한다는 것과 피고방법이 원고의 특허발명의 방법과 동일하다는 것으로 된다)이다. 그런데 물건을 생산하는 방법의 발명인 경우에 원고로서는 피고의 방법을 알 수 있기가 용이하지 아니하므로 특허법 제129조(생산방법의 추정)는 "물건을 생산하는 방법의 발명에 관하여 특허가 된 경우에 그 물건과 동일한 물건은 그 특허된 방법에 의하여 생산된 것으로 추정한다. 다만, 그 물건이 i) 특허출원 전에 국내에서 공지되었거나 공연히 실시된 물건, ii) 특허출원 전에 국내 또는 국외에서 반포된 간행물에 게재되거나 전기통신회선을 통하여 공중이 이용할 수 있는 물건에 해당하는 경우에는 그러하지 아니하다"라고 규정하고 있다.[23] 즉 ㉠ 원고의 특허발명이 물건을 생산하는 방법의 발명이고, ㉡ 그 물건이 특허출원 전에 공지된 물건이 아니고(즉, 그 물건이 신규의 물건일 것), ㉢ 피고가 생산한 물건이 특허발명의 방법에 의하여 생산한 물건과 동일(물건의 동일성)하다는 사실을 증명하면 피고의 실시방법이 원고의 특허발명의 방법과 동일하다는 사실(위 요건②)을 추정한다는 것이다. 즉 원고는 ①+②을 증명하거나 ①+㉠+㉡+㉢(㉠+㉡+㉢=②)를 증명하면 금지청구권발생의 요건사실을 증명한 것으로 추정

23) 이와 같은 규정을 둔 취지에 관하여는 첫째로 방법의 발명에 있어서의 증명의 곤란을 구제하기 위한 것이라는 견해, 둘째로 신규한 물건의 생산방법은 동일방법에 의하여 개연성이 높기 때문이라는 견해, 셋째로 신규물질의 발명자를 우대하기 위한 것이라는 견해 등이 있으나 어느 하나의 이유만으로 합리적 설명이 가능한 것은 아니므로 위 각 요소들의 복합적 요인에 기인하는 것으로 보는 것이 무방하지 않을까라고 생각되고 구체적인 문제해결시에는 어느 요소들에 비중을 둘 것인가는 각개의 문제상황에 따라 개별적으로 대처하여야 할 것이다(이상경, 「지적재산권소송법」, 육법사, 1998, 221면).

한다는 것이다. 이러한 전제사실 ㉠+㉡+㉢이 증명되면 특허법 제129조에 의하여 추정사실인 ② 즉, 피고가 특허발명의 방법을 사용하고 있다는 사실이 추정되고 여기에 원고가 특허권자라는 사실(①사실)이 주장 증명되면 원고는 피고에 대하여 금지청구권을 가지게 된다. 다만 추정규정은 간주규정과는 달리 전제사실이 존재하더라도 추정사실이 존재하지 아니하다는 사실을 증명하여 추정을 복멸할 수가 있다.

특허권 침해에 있어 침해사실의 증명은 특허권자가 하여야 하나 방법발명에 관한 특허의 경우 침해자가 특허로 등록된 방법을 실시하였다는 사실의 증명은 물건발명에 관한 특허의 경우에 비해 훨씬 어렵다. 한편 새로운 물건의 생산에 관한 방법특허의 경우 통상적으로 그 특허된 방법만이 일반에 알려져 있다고 볼 수 있으므로 그 새로운 물을 생산한 자는 특허된 방법과 동일한 생산방법을 사용하였을 개연성이 매우 높다는 경험칙이 존재한다. 이러한 사실을 기초로 하여 물건의 생산방법에 관한 특허에 있어서 특허권자의 증명책임을 경감시킬 목적으로 그 물건이 특허출원 전에 공지된 물건이 아닐 경우에 그 물건과 동일한 물건은 특허된 생산방법과 동일한 방법에 의해 생산된 것으로 법률상 추정하는 규정을 둔 것이다.

서울고등법원 1992.7.29. 선고 91나53298 판결

[특허된 방법에 의한 생산 추정]

원고가 신규개발, 그 제조방법에 관하여 특허등록을 마친 '케토코나졸'로 불리는 화합물을 피고가 원료로 수입, 케토코나졸 제품을 제조 · 판매하였다면, 위 물질이 원고의 특허출원 당시 국내에서 공지된 물건이라는 점에 대한 주장 증명이 없는 한, 피고가 수입 사용한 위 케토코나졸 원료는 특허법 제129조에 의하여 원고의 위 특허된 방법에 의하여 생산된 것으로 추정되고, 나아가 피고가 위 원료를 사용한 제품을 제조 판매하는 행위는 위 같은 법 제127조 제2호에 의하여 원고의 특허권을 침해하는 행위로 추정된다.

4) 추정의 성질

추정(推定, Vermutung)이란 일반적으로 명확하지 않은 사실을 반대 증거가 제시될 때까지 진실한 것으로 인정하여 법적 효과를 발생시키는 것을 말한다. 법에는 사실상의 추정과 법률상의 추정이 있다. 사실상의 추정은 법관이 자유심증(自由心證)의 과정에서 이른바 징빙(徵憑)에 의하여 주요 사실을 추측하는 것을 말한다. 예를 들면 수술 후에 환자의 증상이 악화된 사실로 미루어 보아 의사의 과실을 추정하는 것

등이다. 이에 대하여 법률상의 추정은, 예를 들면 각 공유자의 지분(持分)을 균등한 것으로 추정하는 경우가 그것이다(민법 제262조 제2항).

법률상의 추정은 다시 사실추정과 권리추정으로 나눈다. "갑의 사실(前提事實)이 있을 때에는 을의 사실(推定事實)이 있는 것으로 추정한다"라고 규정된 경우가 법률상의 사실추정이다. 이에 대하여 "갑의 사실이 있을 때에는 을의 권리가 있는 것으로 추정한다"라고 규정한 경우가 법률상의 권리추정이다. 추정규정이 있는 경우에는 증명책임을 부담하는 자는 을의 사실을 바로 증명할 수도 있으나 보통은 그보다도 증명이 용이한 갑의 사실의 증명으로 이에 갈음하게 되며 이는 곧 증명주제의 선택이 허용된다는 결론이 된다.[24)]

그러나 당사자는 반증(反證)을 들어서 그 추정을 전복시킬 수 있다. 즉 전례에 있어서 당사자가 각 공유자의 지분이 균등하지 않았다고 반대의 사실을 증명하면 추정의 효과는 발생하지 않는다. 이 점에서 법률상의 "본다"와 구별된다. 즉 "본다"의 경우는 반증을 들어도 일단 발생한 법률효과는 전복되지 아니하나, 추정의 경우는 반증에 의하여 일단 발생한 법률효과도 전복된다.

4. 과실의 추정

특허법 제130조는 타인의 특허권 또는 전용실시권을 침해한 자는 그 침해행위에 대하여 과실이 있는 것으로 추정한다고 규정한다. 이에 특허권자가 아무런 증명을 하지 않아도 침해자는 침해행위에 관하여 과실이 있었던 것으로 추정되며(증명책임의 전환),[25)] 침해자는 과실이 없음을 증명하지 않으면 그 책임을 벗어날 수 없다. 한편, 침해자가 특허법 제128조 제6항의 규정의 적용을 받기 위해서는 침해행위가 경과실에 의한 것임을 자신이 증명하여야 한다.

특허법 제130조에서 규정한 과실은 경과실을 의미하는 것으로 봄이 일반적이다. 나아가 고의 또는 중대한 과실에 의한 침해인 경우에는 경과실에 의한 침해의 경우보다도 손해액이 가중된다. 손해의 발생이나 증가가 특허권자의 과실에 기인한

---

24) 이상경, 「지적재산권소송법」, 육법사, 1998, 211~212면.

25) 특허침해소송에서 침해대상의 특허가 특정물품을 얻기 위한 제법특허인 경우, ① 특허된 방법으로 얻어진 물건이 새로운 것이나, ② 침해물품이라고 주장된 물품이 특허의 방법에 의해 만들어졌을 가능성이 많으나 특허권자의 합리적인 노력에도 불구하고 실제로 어떤 방법이 사용되었는지를 알 수 없었을 경우에는 각 체약국은 피고로 하여금 침해물품이 특허된 방법 이외의 방법으로 만들어졌다는 점을 증명하도록 하여야 한다(TRIPs 제34조 제1항). 소송절차에서 증거를 수집하고 조사함에 있어 피고의 적법한 이익이 고려되어야 한다. 즉, 법원에 대하여 반대사실 증명을 명할 수 있도록 규정하고 있다(TRIPs 제34조).

경우에는 법원은 손해액을 정함에 있어 이를 참작할 수 있다.

실무상 과실의 추정이 번복되는 경우는 찾아보기 어렵다. 그리고 특허법 제130조는 직접침해뿐 아니라 간접침해에 대해서도 적용된다.[26)]

대법원 2006.4.27. 선고 2003다15006 판결

[과실추정과 복멸]

특허법 제130조는 타인의 특허권 또는 전용실시권을 침해한 자는 그 침해행위에 대하여 과실이 있는 것으로 추정한다고 규정하고 있고, 그 취지는 특허발명의 내용은 특허공보 또는 특허등록원부 등에 의해 공시되어 일반 공중에게 널리 알려져 있을 수 있고, 또 업으로서 기술을 실시하는 사업자에게 해당 기술분야에서 특허권의 침해에 대한 주의의무를 부과하는 것이 정당하다는 데 있는 것이고, 위 규정에도 불구하고 타인의 특허발명을 허락 없이 실시한 자에게 과실이 없다고 하기 위해서는 특허권의 존재를 알지 못하였다는 점을 정당화할 수 있는 사정이 있다거나 자신이 실시하는 기술이 특허발명의 권리범위에 속하지 않는다고 믿은 점을 정당화할 수 있는 사정이 있다는 것을 주장·증명하여야 할 것이다.[27)]

대법원 2009.10.15. 선고 2009다19925 판결

[정정과 과실추정]

특허권을 침해하는 제품을 생산·판매한 후에 특허발명의 청구범위를 정정하는 심결이 확정되었더라도, 정정심결의 확정 전·후로 청구범위에 실질적인 변경이 없었으므로, 특허법 제130조에 의해 특허권 침해행위에 과실이 있는 것으로 추정하는 법리는 정정을 전·후하여 그대로 유지된다.

5. 자료제출명령

특허권 침해소송에 있어서 침해의 증명 또는 손해액의 계산을 용이하게 하기

---

26) 대법원 2019.10.17. 선고 2019다222782, 222799 판결은 간접침해자인 피고 A는 카테터 등 관련 의료기기 제작을 전문으로 하는 업체로서 단순히 피고 B의 요구에 따라 이 사건 카테터를 제작한 것으로 보이고, 원고의 특허를 알고 있었다거나 이 사건 카테터 등을 피고 B 외의 일반에게 판매하였다고 볼 자료가 없었다고 하더라도, 이와 같은 사정만으로 피고 A의 과실 추정이 번복되지 않는다고 판단하였다.

27) 피고가 음반제작업체들에게 CD 제작에 필요한 스탬퍼 제작을 의뢰하였다가 CD 제작을 위한 필수 공정인 원고의 특허발명이 적용된 스탬퍼를 제공받아 실시한 사안이다. 피고가 원고의 특허발명의 존재를 모르고 고가의 CD복제용 기계를 구입하여 설명서대로 조작한 것뿐이라거나 특허발명을 실시한 결과물이 유형적 형상으로 남아 있지 아니하다는 등의 사정만으로, 과실 추정이 번복되지 않는다고 판단하였다.

위하여 소송 당사자에게 서류제출의무를 두고 있다. 문서일반의 제출의무는 민사소송법 제344조에 규정하고 있으나, 특허법 제132조는 이에 관한 보충규정으로 민사소송법이 한정하는 서류 이외에 손해배상액의 산정에 필요한 자료의 제출을 의무화한 규정이다. 즉, "법원은 특허권 또는 전용실시권 침해소송에서 당사자[28]의 신청에 의하여 상대방 당사자에게 해당 침해의 증명 또는 침해로 인한 손해액의 산정에 필요한 자료[29]의 제출을 명할 수 있다. 다만, 그 자료의 소지자가 그 자료의 제출을 거절할 정당한 이유가 있으면 그 자료를 제출하지 아니할 수 있다" (제132조 제1항)고 규정하고 있다.

관련자료의 제출에 대해 당사자는 해당 신청서를 법원에 제출해야 한다. 신청서에는 민사소송법 제345조에 따라 ① 자료의 표시, ② 자료의 취지, ③ 자료의 소지자, ④ 증명할 사실, ⑤ 자료제출의무의 원인을 기재하여야 한다.

법원은 자료의 소지자가 제출을 거부할 정당한 이유가 있다고 주장하는 경우에는 그 주장의 당부를 판단하기 위하여 자료의 제시를 명할 수 있다. 이 경우 법원은 그 자료를 다른 사람이 보게 하여서는 아니 된다. 제출되어야 할 자료가 영업비밀(「부정경쟁방지 및 영업비밀보호에 관한 법률」 제2조제2호에 따른 영업비밀을 말한다. 이하 같다)에 해당하나 침해의 증명 또는 손해액의 산정에 반드시 필요한 때에는 그 자료의 제출을 거절할 정당한 이유로 보지 아니한다. 이 경우 법원은 제출명령의 목적 내에서 열람할 수 있는 범위 또는 열람할 수 있는 사람을 지정하여야 한다(제132조 제2항 · 제3항).

당사자가 정당한 이유 없이 자료제출명령에 따르지 아니한 때에는 법원은 자료의 기재에 대한 상대방의 주장을 진실한 것으로 인정할 수 있다. 이 경우 자료의 제출을 신청한 당사자가 자료의 기재에 관하여 구체적으로 주장하기에 현저히 곤란한 사정이 있고 자료로 증명할 사실을 다른 증거로 증명하는 것을 기대하기도 어려운 때에는 법원은 그 당사자가 자료의 기재에 의하여 증명하고자 하는 사실에 관한 주장을 진실한 것으로 인정할 수 있다(제132조 제4항 · 제5항).

---

28) 손해액의 계산을 위한 자료는 특허권자뿐만 아니라 침해자에게도 필요한 경우가 있으므로 자료제출명령은 특허권자 외에 침해자도 신청할 수 있다.

29) 예를 들면 매상장부, 경비지출장부, 대차대조표, 손익계산서, 납품서 등이 이에 해당한다.

제2장

형사적 규제

Ⅰ. 서 설

특허법은 기본적으로는 민사법에 속하는 법률이지만 권리의 보호 강화와 일반 공공의 이익을 위하여 형사벌도 규정하고 있다. 특허권은 사권(私權)이기 때문에 일반적으로는 민사적 방법에 의해 보호를 받는 것이 대부분이지만, 우리나라는 특허권자의 보호를 강화한다는 의미에서 일정한 경우 특허권을 침해죄로 규정하여 그 침해자를 형사처벌하고 있다. 즉 특허법은 형법의 특별법으로서 특허권의 침해에 대한 침해죄, 위증죄, 허위표시의 죄, 거짓행위의 죄, 비밀누설죄 등과 행정법상의 질서벌로서 과태료에 관한 규정을 두고 있다.

Ⅱ. 특허법상의 형사적 규정

1. 특허권침해죄(제225조)

(1) 의의 및 취지

특허권 등은 발명의 보호 및 이용을 도모하기 위하여 국가가 설정한 제도이지만, 그 보호 및 이용이 적정하게 행해지기 위해서는 단지 특허권자에게 권리를 부여하는 것만으로는 부족하고 그 권리에 반하는 행위가 존재할 경우에 이것을 억제하여 배제하는 제도가 구비되지 않으면 아니 된다. 그리하여 특허법에 침해의 규정을 두어, 민사상책임과 함께 형사적인 규정을 두어 특허권자를 보호하고 있다.

특허권 또는 전용실시권을 침해한 자는 7년 이하의 징역 또는 1억원 이하의 벌금에 처한다(제225조 제1항). 이러한 침해죄는 일반 범죄행위와 같이 고의에 의해 침해행위가 성립한다. 이 죄는 피해자의 명시적인 의사에 반하여 공소를 제기할 수 없는 반의사불벌죄이다(제225조 제2항). 본래 친고죄였으나 2020년 10월 20일 개정 특허법(법률 제17536호)에서 변경되었다. 또한 특허법은 특허권침해죄에 해당하는 행위를 조성한 물건 또는 그 침해행위로부터 생긴 물건은 이를 몰수하거나 피해자의 청구에 의하여 그 물건을 피해자에게 교부할 것을 선고하여야 한다(제231조 제1항)고 규정하며, 이는 형법총칙의 몰수에 관한 규정(형법 제48조)에 대한 특별규정이다.

(2) 요 건

특허권침해죄가 성립되기 위해서는 특허권의 효력이 유효해야 하고, 그 밖의 일반범죄 성립요건을 충족시켜야 한다. 즉 다음의 요건을 모두 충족시켜야 하며, 그 중 어느 하나라도 결여된 때에는 침해죄가 성립하지 않는다.

1) 범죄구성요건에 해당할 것

특허권침해에 있어서 범죄구성요건에 해당한다 함은 구체적 사실이 범죄의 구성요건에 해당하는 성질을 갖는 것을 말한다. 구체적으로 ① 그 실시발명이 특허권의 권리범위에 속하여야 하고, ② 그 침해(실시)가 고의임을 필요로 한다. 따라서 특허발명을 권원없이 실시하는 자가 해당 특허권의 존재사실을 모르고 있는 경우에는 고의가 조각된다. 그러나 특허권자로부터 경고장을 받고도 그 이후에 계속한 행위에 대하여는 특별한 사정이 없는 한 고의가 인정된다. 또한 특허권에 명백한 무효사유가 존재한다고 해도 당연무효는 인정되지 않으므로 실시자가 무효사유가 있다는 사실을 알고 있는 것만으로는 고의가 조각되지 않는다.

특허법은 제129조에서 신규의 동일물은 동일한 방법에 의하여 생산된 것으로 추정한다고 규정하여 생산방법에 관한 추정규정을 두고 있으며, 제130조에서는 타인의 특허권 또는 전용실시권을 침해한 자는 그 침해행위에 대하여 과실이 있는 것으로 추정한다고 규정하고 있어 객관적인 침해행위와 주관적 요건으로서의 고의·과실을 구분하고 있다. 그러나 이 추정 규정은 민사침해소송에 있어 유용하게 작용하는 것이고, 형사침해죄에 있어서의 고의의 거증책임과는 별개의 차원에서 해석·운용된다. 즉 형사책임의 경우에는 여전히 고의의 거증책임이 권리의 침해를 주장하는 자에게 남는다.

학설은 간접침해에도 적용이 된다고 본다.[1] 그러나 판례는 간접침해에 대한 형사처벌은 부정하고 있다.

대법원 1993.2.23. 선고 92도3350 판결

[간접침해]

구 특허법(1990.1.13. 법률 제4207호로 개정되기 전의 것) 제64조 소정의 '침해로 보는 행위(강학상의 간접침해행위)'에 대하여 특허권 침해의 민사책임을 부과하는 외에 같은 법 제158조 제1항 1호에 의한 형사처벌까지 가능한가가 문제될 수 있는데, 확장해석을 금하는 죄형법정주의의 원칙이나 미수범에 대한 처벌규정이 없어 특허권 직접침해의 미수범은 처벌되지 아니함에도, 특허권 직접침해의 예비단계에 불과한 간접침해행위를 특허권 직접침해의 기수범과 같은 벌칙에 의하여 처벌할 때 초래되는 형벌의 불균형성 등에 비추어 볼 때, 제64조의 규정은 특허권자 등을 보호하기 위하여 특허권의 간접침해자에게도 민사책임을 부과시키는 정책적 규정일 뿐, 이를 특허권 침해행위를 처벌하는 형벌법규의 구성요건으로서까지 규정한 취지는 아니다.

2) 위법성이 있을 것

이는 특허발명의 실시가 법률에 위반됨을 말하는 것으로 정당한 권한이 없이 특허발명을 실시하는 경우를 말한다. 따라서 특허발명의 실시가 선사용권에 기초하여 실시하는 등 그 실시가 위법성을 조각하는 경우에는 여기에 해당되지 않는다.

3) 행위자에게 책임능력이 있을 것

행위자에게 책임능력이 있다 함은 형사책임능력이 있음을 말한다. 따라서 행위자에 대한 비난가능성이 없는 형사미성년자나 심신상실자의 행위는 범죄가 되지 않는다.

---

1) 정윤진, 「工業所有權法論」, 등용문출판사, 1976, 343면. 한편, 일본에서도 2006년(平成 18년) 개정 전까지 우리와 마찬가지로 간접침해행위에 관하여 별도의 벌칙 규정은 없이 특허권침해죄(일본 특허법 제196조) 규정에 간접침해행위도 포함되는지가 문제되고 있었는데, 특허권 간접침해행위에 관하여 특허권침해죄의 성립을 인정하는 학설이 다수의 입장이었다고 한다[中山信弘 編, 注解 特許法(第3版, 上巻), 青林書院, 2001, 971頁(松本重敏・安田有三 집필부분); 中山信弘 編, 注解 特許法(第3版, 下巻), 青林書院, 2004, 2013-2014頁(青木康 집필부분)]. 그러나 2006년 특허법 개정으로 간접침해행위에 대해서는 별도의 벌칙 규정이 마련되고 특허권침해죄의 적용대상으로부터는 명시적으로 배제되는 입법이 이루어졌다. 참고로 특허권침해죄(일본 특허법 제196조)는 10년 이하의 징역 또는 1000만엔 이하의 벌금 또는 이를 병과하는 법정형으로 규정되어 있으나, 간접침해행위에 대하여는 5년 이하의 징역 또는 500만엔 이하의 벌금 또는 이를 병과하는 법정형이 마련되어 있다(일본 특허법 제196조의2).

(3) 처 벌

특허권 또는 전용실시권을 침해한 죄는 피해자의 명시적인 의사에 반하여 공소를 제기할 수 없다(제225조 제2항). 2020년 10월 20일 개정법(법률 제17536호) 전까지는 친고죄였다. 이는 사법기관에서 특허발명의 실시행위에 대하여 범죄를 구성하고 있다는 사실을 알기 곤란하고, 설사 그렇다 하더라도 우선적으로 당사자간의 협의에 의해 해결하는 것이 사회정의에 부합되기 때문이다. 그러나 피해자의 고소가 없으면 공소를 제기할 수 없다는 점에서 실효성 있는 수단이 되지 못하고 있다는 지적이 제기되어 반의사불벌죄로 개정된 것이다. 부칙 제2조에 의하여 위 개정규정은 개정법 시행 후 저지른 범죄부터 적용된다.[2)]

피해자에는 자연인은 물론 법인도 포함된다. 침해죄의 피고소인은 자연인이다.

대법원 2016.5.26. 선고 2015도17674 판결

[공소사실의 특정 판단기준]

형사소송법 제254조 제4항이 "공소사실의 기재는 범죄의 시일, 장소와 방법을 명시하여 사실을 특정할 수 있도록 하여야 한다."라고 규정한 취지는, 심판의 대상을 한정함으로써 심판의 능률과 신속을 꾀함과 동시에 방어의 범위를 특정하여 피고인의 방어권 행사를 쉽게 해 주기 위한 것이므로, 검사로서는 위 세 가지 특정요소를 종합하여 다른 사실과의 식별이 가능하도록 범죄 구성요건에 해당하는 구체적 사실을 기재하여야 한다(대법원 2000.10.27. 선고 2000도3082 판결, 대법원 2011.2.10. 선고 2010도16361 판결 등 참조). 피고인이 생산 등을 하는 물건 또는 사용하는 방법(이하 '침해제품 등'이라고 한다)이 특허발명의 특허권을 침해하였는지가 문제로 되는 특허법위반 사건에서 다른 사실과 식별이 가능하도록 범죄 구성요건에 해당하는 구체적 사실을 기재하였다고 하기 위해서는 1) 침해의 대상과 관련하여 특허등록번호를 기재하는 방법 등에 의하여 침해의 대상이 된 특허발명을 특정할 수 있어야 하고, 2) 침해의 태양과 관련하여서는 침해제품 등의 제품명, 제품번호 등을 기재하거나 침해제품 등의 구성을 기재하는 방법 등에 의하여 침해제품 등을 다른 것과 구별할 수 있을 정도로 특정할 수 있어야 한다.

(4) 몰 수

몰수란 형법상의 형(형법 제41조)의 일종으로 범죄행위와 관련된 재산의 박탈을 내용으로 하는 재산형을 말한다.[3)] 또한 특허법 제231조의 몰수는 특허권침해자의 침해행

2) 위 개정법은 공표일 즉 2020년 10월 20일부터 시행된다.

3) 형법상의 몰수는 부가형으로 되어 있어 다른 형벌을 선고하는 경우에 한하여 이와 함께 과할 수 있다. 다만, 행위자에게 유죄의 재판을 아니 할 때에도 몰수의 요건이 있을 때에는 몰수만을 선고할

위에 의한 이득을 금지함이 그 목적이다.

몰수는 범죄반복의 방지나 범죄에 의한 이득의 금지를 목적으로 범죄행위와 관련된 재산을 박탈하는 것을 내용으로 하는 재산형으로서 원칙적으로 다른 형에 부가하여 과하는 부가형이다. 따라서 주형을 선고유예하는 경우에는 몰수나 추징의 선고유예도 가능하지만, 주형의 선고를 유예하지 않으면 추징에 대하여만 선고를 유예할 수는 없다.

법원은 특허권침해행위를 조성한 물건 또는 그 행위로부터 생긴 물건은 이를 몰수하거나 피해자의 청구에 의하여 그 물건을 피해자에게 교부할 것을 선고하여야 한다. 한편 피해자는 침해행위를 조성한 물건 또는 그 침해행위로부터 생긴 물건을 교부받는 경우에는 그 물건의 가액을 초과하는 손해의 액에 한하여 손해배상을 청구할 수 있다(제231조).

2. 비밀누설죄(제226조)

(1) 의의 및 취지

특허청직원 · 특허심판원 직원 또는 그 직에 있었던 자는 공무원으로서 직무상 알게 된 비밀을 엄수할 의무가 있으며, 그 비밀을 누설한 때는 국가공무원법 제60조 위반이 되고, 동법 제78조에 의하여 징계를 받도록 되어 있다. 그러나, 특허출원이 출원공개 또는 설정등록 전에 그 출원발명에 대한 비밀유지는 출원인의 이익을 위해서는 물론 특허행정의 질서 및 특허제도의 신뢰를 유지하기 위하여 더욱 요망되므로 이를 보장하기 위하여 규정한 것이다.

(2) 성립요건

특허청 또는 특허심판원 소속 직원이거나 직원이었던 사람이 특허출원 중인 발명(국제출원 중인 발명을 포함한다)에 관하여 직무상 알게 된 비밀을 누설하거나 도용하여야 한다(제226조 제1항). 전문심리위원 또는 전문심리위원이었던 자가 그 직무수행 중에 알게 된 다른 사람의 비밀을 누설하는 경우도 처벌된다(제226조 제2항).

'직무상'이란 특허청직원 등이 그 직위에 기초하여 수행하는 일체의 공무집행을 의미하는 것으로 작위 · 부작위뿐만 아니라 직무와 밀접한 관계가 있는 모든 행위

수 있다(형법 제49조).

이와 같은 몰수는 재산의 박탈을 내용으로 하는 재산형인 바, 몰수에 의하여 국가는 권리를 원시적으로 취득하는 반면에 피몰수자의 물권은 소멸한다.

를 포함한다. 그리고 '비밀'이란 일반에게 알려지지 않은 사실로써 출원중의 발명을 말한다. '누설'이라 함은 특정 또는 불특정의 제3자에게 비밀을 알리는 것이며 알리는 방법에는 제한이 없다. 또, '도용'이라 함은 직무상 지득한 특허출원중의 발명을 업으로서 실시하거나 그 발명에 관련된 이용발명 등을 하고 이에 의하여 특허출원하는 것을 말한다.

특허법 제58조 제2항에 따른 전문기관, 제58조 제3항에 따른 전담기관 또는 특허문서전자화기관의 임원·직원 또는 그 직에 있었던 자는 특허청직원 또는 그 직에 있었던 자로 본다(제226조의2 제1항). 그러므로 이들이 비록 국가공무원법상의 공무원의 신분을 가지고 있지 아니하더라도 이 조의 요건에 해당하는 범죄를 범했을 경우에는 비밀누설죄 등의 적용을 받게 된다. 또한 전문심리위원은 형법 제129조부터 제132조까지의 규정을 적용할 때에는 공무원으로 본다(제226조의2 제2항).

(3) 처 벌

특허청 또는 특허심판원 소속 직원이거나 직원이었던 사람의 비밀누설죄에 대하여는 5년 이하의 징역 또는 5천만 원 이하의 벌금에 처한다(제226조 제1항). 특허법 이외에 국가공무원법이나 형법 제127조에 의해 처벌할 수도 있다. 그러나 특허법이 더 무겁게 처벌한다. 전문심리위원 또는 전문심리위원이었던 자의 비밀누설죄에 대하여는 2년 이하의 징역이나 금고 또는 1천만 원 이하의 벌금에 처한다(제226조 제2항).

3. 위 증 죄(제227조)

(1) 의의 및 취지

특허심판원의 적정한 행사를 보장하기 위하여 특허법에 의해 선서[4]한 증인,[5] 감정인[6] 또는 통역인[7]이 특허심판원에 대하여 거짓으로 진술, 감정 또는 통역을 한

---

4) 선서란 특허에 관한 절차를 수행함에 있어서, 증인·감정인이 진술을 하고 통역인이 통역을 할 때 각자의 양심에 따라 진실을 말하고 성실하게 감정·통역할 것을 맹세하는 것을 말한다.

5) 증인이라 함은 자기의 경험에 의하여 알게 된 구체적인 사실에 대하여 심문에 응하여 진술하도록 특허심판원 등으로부터 명을 받은 제3자를 말한다.

6) 감정인이란 심판관의 판단능력을 보조하기 위하여 특별한 학식과 경험을 가진 자에게 지식 또는 그 지식을 이용한 판단을 보고할 경우에 있어서 그 학식과 경험을 가진 자를 말한다.

7) 통역인이란 특허심판원에 있어서의 사용언어가 한글이기 때문에 외국인 등의 진술을 용이하게 하기 위하여 두는 제3자를 말한다. 다만 민사소송법은 "변론에 참여하는 자가 국어에 통하지 못하거나 또는 농자(聾者)나 아자(啞者)인 때에는 통역인으로 하여금 통역하게 하여야 한다"라고 규정하고 있어 (민사소송법 제143조 제1항) 통역인은 반드시 외국인인 경우에만 사용되는 것으로 한정하지 않는다.

경우에 관한 규정을 둔 것이다. 형법 제153조는 "전 조의 죄를 범한 자가 그 공술한 사건의 재판 또는 징계처분이 확정되기 전에 자백 또는 자수한 때에는 그 형을 감경 또는 면제한다"라고 규정되어 있으나, "심결"은 형법 제153조에 해당되지 아니하기 때문에 형법에서 처리할 수 없어 특허법 제227조의 규정을 특별히 둔 것이다.

(2) 요 건[8]

이 법에 따라 선서한 증인, 감정인 또는 통역인이 특허심판원에 대하여 거짓으로 진술·감정 또는 통역을 한 경우이어야 한다(제227조).

위증죄는 법률에 의하여 선서한 증인이 '자기의 기억에 반하는' 사실을 진술함으로써 성립하는 것이므로 그 진술이 객관적 사실과 부합하지 않는다고 하여 그 증언이 곧바로 위증이라고 단정할 수는 없다.[9]

증인의 증언이 기억에 반하는 허위진술인지 여부는 그 증언의 단편적인 구절에 구애될 것이 아니라 해당 신문절차에 있어서 증언 전체를 일체로 파악하여 판단하여야 할 것이고, 증언의 전체적 취지가 객관적 사실과 일치되고 그것이 기억에 반하는 공술이 아니라면 사소한 부분에 관하여 기억과 불일치하더라도 그것이 신문취지의 몰이해 또는 착오에 인한 것이라면 위증이 될 수 없다.[10]

증인의 증언은 그 전부를 일체로 관찰 판단하는 것이므로 선서한 증인이 일단 기억에 반하는 허위의 진술을 하였더라도 그 신문이 끝나기 전에 그 진술을 철회·시정한 경우 위증이 되지 아니한다.[11]

증인의 진술이 경험한 사실에 대한 법률적 평가이거나 단순한 의견에 지나지 아니하는 경우에는 위증죄에서 말하는 허위의 공술이라고 할 수 있다.[12]

(3) 처 벌

위증죄에 해당하는 경우 5년 이하의 징역 또는 5천만원 이하의 벌금에 처한다(제227조 제1항). 이러한 위증죄를 범한 자가 그 사건의 특허취소신청에 대한 결정 또는 심결이 확정되기 전에 자수한 경우에는 그 형을 감경 또는 면제할 수 있다(제227조 제2항).

8) 김원준, 「특허법」, 박영사, 2009, 828~829면 재인용.
9) 대법원 1996.8.23. 선고 95도192 판결.
10) 대법원 1996.3.12. 선고 99도2864 판결.
11) 대법원 1993.12.7. 선고 93도2510 판결.
12) 대법원 1996.2.9. 선고 95도1797 판결.

4. 허위표시죄(제228조)

(1) 의 의

권한이 없는 자가 특허에 관계되는 것이 아닌데도 그 물건이나 그 포장에 특허표시, 특허출원표시 또는 그와 혼동되기 쉬운 표시를 하는 행위는 허위표시로 금지하고 있다(제224조 1호). 또 그런 표시를 한 물건을 양도·대여 또는 전시하는 행위(제224조 2호) 및 비(非)특허품 또는 비(非)특허방법을 제조나 사용하게 하기 위하여 광고에 이것들이 특허품 또는 특허방법에 관계가 있는 것같이 표시하는 행위 등(제224조 3호·4호)도 마찬가지다.

(2) 허위표시의 유형

특허법 제224조의 허위표시의 금지[13]에 해당하는 허위표시의 행위 외에도 허위표시의 유형으로는 ① 번호를 생략한 특허표시, ② 특허권 소멸 후의 특허표시, ③ 특허출원중의 특허표시(i) 특허출원중인 물품을 출원번호 표기도 없이 단순히 "특허품"이라고 표기, ii) 특허출원중인 것을 "특허 제○○○호"라고 출원번호를 특허번호로 표기, iii) 특허출원하여 거절결정된 후의 특허표시), ④ 과대광고, ⑤ 침해품의 특허표시, ⑥ 등록한 실용신안에 대한 특허표시, ⑦ 외국특허표시 등으로 생각해 볼 수 있다.

(3) 처 벌

허의표시의 금지규정에 위반하여 허위표시행위를 한 자는 3년 이하의 징역 또는 3천만원이하의 벌금에 처한다(제228조).

---

13) 제224조(허위표시의 금지) 누구든지 다음 각호의 어느 하나에 해당하는 행위를 하여서는 아니 된다.

1. 특허된 것이 아닌 물건, 특허출원 중이 아닌 물건, 특허된 것이 아닌 방법이나 특허출원 중이 아닌 방법에 의하여 생산한 물건 또는 그 물건의 용기나 포장에 특허표시 또는 특허출원표시를 하거나 이와 혼동하기 쉬운 표시를 하는 행위
2. 제1호의 표시를 한 것을 양도·대여 또는 전시하는 행위
3. 제1호의 물건을 생산·사용·양도 또는 대여하기 위하여 광고·간판 또는 표찰에 그 물건이 특허나 특허출원된 것 또는 특허된 방법이나 특허출원 중인 방법에 따라 생산한 것으로 표시하거나 이와 혼동하기 쉬운 표시를 하는 행위
4. 특허된 것이 아닌 방법이나 특허출원 중이 아닌 방법을 사용·양도 또는 대여하기 위하여 광고·간판 또는 표찰에 그 방법이 특허 또는 특허출원된 것으로 표시하거나 이와 혼동하기 쉬운 표시를 하는 행위

대법원 2015.8.13. 선고 2013도10265 판결

[특허품의 구성 일부를 변경한 것에 대한 특허표시]

특허법 제224조 제3호는 같은 조 제1호의 특허된 것이 아닌 물건, 특허출원 중이 아닌 물건, 특허된 것이 아닌 방법이나 특허출원 중이 아닌 방법에 의하여 생산한 물건을 생산·사용·양도하기 위하여 광고 등에 그 물건이 특허나 특허출원된 것 또는 특허된 방법이나 특허출원 중인 방법에 따라 생산한 것으로 표시하거나 이와 혼동하기 쉬운 표시(이하 '특허된 것 등으로 표시'라 한다)를 하는 행위를 금지하고 있다. 위 규정의 취지는 특허로 인한 거래상의 유리함과 특허에 관한 공중의 신뢰를 악용하여 공중을 오인시키는 행위를 처벌함으로써 거래의 안전을 보호하는 데에 있다고 할 것이다. 이러한 취지에 비추어 볼 때, 특허된 것 등으로 표시한 물건의 기술적 구성이 청구범위에 기재된 발명의 구성을 일부 변경한 것이라고 하더라도, 그러한 변경이 해당 기술분야에서 통상의 지식을 가진 사람(이하 '통상의 기술자'라고 한다)이 보통 채용하는 정도로 기술적 구성을 부가·삭제·변경한 것에 지나지 아니하고 그로 인하여 발명의 효과에 특별한 차이가 생기지도 아니하는 등 공중을 오인시킬 정도에 이르지 아니한 경우에는, 위 물건에 특허된 것 등으로 표시를 하는 행위가 위 규정에서 금지하는 표시행위에 해당한다고 볼 수 없다.

5. 거짓행위죄(제229조)

(1) 의의 및 취지

거짓행위란 심사, 취소신청 또는 심판의 과정에서 허위의 자료나 위조된 자료를 제출하여 심사관 또는 심판관을 착오에 빠뜨려 특허요건을 결한 발명에 대하여 특허권을 받거나 자신에게 유리한 결정, 심결을 받는 행위를 말한다. 이러한 행위는 국가의 권위를 해하게 되므로 형벌규정을 두어 국가의 심사·심판권의 적정한 행사를 보장하려는 취지의 규정이다.

(2) 성립요건

거짓이나 그 밖의 부정한 행위로 특허, 특허권의 존속기간의 연장등록, 특허취소신청에 대한 결정 또는 심결을 받은 자이어야 한다(제229조).

'거짓 그 밖의 부정한 행위'와 '특허, 특허권의 존속기간의 연장등록, 특허취소신청에 대한 결정 또는 심결을 받은' 것과의 인과관계가 있어야 하며, 이러한 거짓행위는 심사관·심판관을 기망하여 착오에 빠뜨리게 하려는 적극적인 조작행위뿐만 아니라, 소극적으로 진실한 사실을 은폐한 경우에도 부작위에 의한 범죄로서 여기에 포함된다.[14]

'특허를 받은 자'란 단지 특허결정을 받은 것으로는 부족하고, 특허등록을 받을 것을 요하며, 그 특허등록을 받은 특허권에 대하여 나중에 특허무효심판에서 무효심결이 확정된 경우라고 하더라도 본죄는 성립한다. 또 '특허취소신청에 대한 결정, 심결은 받은' 것은 확정결정 또는 심결을 받은 것을 의미하지는 아니한다.

대법원 1983.12.27. 선고 82도3238 판결

[사위행위죄]

소외인 명의의 시험성적서를 마치 피고인의 것인 양 특허청에 제출하는 등의 행위를 하여 위 소외인이 특허를 받을 수 있는 권리를 피고인 자신이 발명한 것처럼 모인하여 특허를 받았다면 피고인의 행위는 사위의 행위로서 특허권을 받은 경우에 해당한다.

(3) 처 벌

거짓행위죄에 해당하는 경우 3년 이하의 징역 또는 3천만원 이하의 벌금에 처한다(제229조). 국가의 권위 또는 기능을 저해하는 행위를 처벌하는 죄이므로 개인적 법익에 대한 것이 아니라 국가적 법익에 대한 것이라 할 수 있다. 이에 비(非)친고죄이며, 고소를 요하지 않을 뿐만 아니라 반의사불벌죄도 아니다.

6. 비밀유지명령 위반죄(제229조의2)

(1) 의의 및 취지

법원은 특허 침해소송에서 비밀유지명령을 내릴 수 있도록 하고, 이를 위반하면 형사벌을 부과할 수 있다. 이는 비밀유지명령을 통해 소송절차에서 알려지는 영업비밀을 보호하여 자료 제출을 거부하는 사례를 감소시킴으로써 심리의 충실을 도모하기 위함이다.

(2) 성립요건

국내외에서 정당한 사유 없이 특허법 제224조의3 제1항[15]에 따른 비밀유지명령

---

14) 김원준, 「특허법」, 박영사, 2009, 832면.

15) 제224조의3(비밀유지명령) ① 법원은 특허권 또는 전용실시권의 침해에 관한 소송에서 그 당사자가 보유한 영업비밀에 대하여 다음 각 호의 사유를 모두 소명한 경우에는 그 당사자의 신청에 따라 결정으로 다른 당사자(법인인 경우에는 그 대표자), 당사자를 위하여 소송을 대리하는 자, 그 밖에 그 소송으로 인하여 영업비밀을 알게 된 자에게 그 영업비밀을 그 소송의 계속적인 수행 외의 목적으로 사용하거나 그 영업비밀에 관계된 이 항에 따른 명령을 받은 자 외의 자에게 공개하지 아니할 것을

을 위반한 자이어야 한다(제229조의2 제1항).

한편, 비밀유지명령을 받은 자는 특허법 제224조의3 제1항에 따른 요건을 갖추지 못하였거나 갖추지 못하게 된 경우 소송기록을 보관하고 있는 법원(소송기록을 보관하고 있는 법원이 없는 경우에는 비밀유지명령을 내린 법원)에는 비밀유지명령의 취소를 신청하여야 한다(제224조의2).

(3) 처 벌

비밀유지명령에 위반한 경우 5년 이하의 징역 또는 5천만원 이하의 벌금에 처한다(제229조의2 제1항). 이 죄는 친고죄이다(제229조의2 제2항).

7. 양벌규정(제230조)

특허권침해죄는 위반행위를 한 자만 벌하는 것이 아니고 그 사업주 등에게도 함께 벌을 과할 수 있는 양벌규정이다(제230조, 제225조 제1항). 과거 법인에 대하여 행위자와 같은 벌금을 과하도록 되어 있었으나, 2001년 2월 3일 개정법(법률 제6411호)에서 법인에 대하여는 그 제재를 강화하였다. 법인의 대표자, 법인 또는 개인의 대리인, 사용인, 그 밖의 종업원이 그 법인 또는 개인의 업무에 관하여 침해죄의 행위를 한 때에는 행위자를 벌하는 외에 그 법인에는 3억 원 이하의 벌금형을, 그 개인에게는 1억 원 이하의 벌금형을 과한다. 다만, 법인 또는 개인이 그 위반행위를 방지하기 위해 해당 업무에 관하여 상당한 주의와 감독을 게을리 하지 아니한 경우에는 그러하지 아니하다(제230조).

허위표시죄(제230조, 제228조 제1항) 및 거짓행위죄(제230조, 제229조 제1항)에 대해서도 양벌규정이 적용된다. 법정형은 침해죄보다 낮아 법인에는 6천만 원 이하의 벌금형을, 개인에게는 3천만 원 이하의 벌금형을 과한다. 다만, 법인 또는 개인이 그 위반행위를 방지하기 위해 해당 업무에 관하여 상당한 주의와 감독을 게을리 하지 아니한 경우에는 그러하지 아니하다(제230조).

명할 수 있다. 다만, 그 신청 시점까지 다른 당사자(법인인 경우에는 그 대표자), 당사자를 위하여 소송을 대리하는 자, 그 밖에 그 소송으로 인하여 영업비밀을 알게 된 자가 제1호에 규정된 준비서면의 열람이나 증거조사 외의 방법으로 그 영업비밀을 이미 취득하고 있는 경우에는 그러하지 아니하다.

1. 이미 제출하였거나 제출하여야 할 준비서면, 이미 조사하였거나 조사하여야 할 증거 또는 제132조제3항에 따라 제출하였거나 제출하여야 할 자료에 영업비밀이 포함되어 있다는 것

2. 제1호의 영업비밀이 해당 소송 수행 외의 목적으로 사용되거나 공개되면 당사자의 영업에 지장을 줄 우려가 있어 이를 방지하기 위하여 영업비밀의 사용 또는 공개를 제한할 필요가 있다는 것

제3장

행정상의 과태료

1. 의의 및 취지

특허법에는 과태료에 대한 규정도 두고 있다. 이 과태료는 질서벌로서 법률질서를 유지하기 위하여 법령위반자에게 제재를 과하는 것이다. 이는 민사소송법의 규정에 의한 선서를 한 자가 특허심판원에 대하여 거짓 진술을 하거나, 서류 그 밖의 물건의 제출 또는 제시의 명령을 받은 자가 정당한 이유없이 그 명령에 응하지 아니하는 경우 등에 과태료를 과함으로써 진술의 진실성을 보장하고 특허청 또는 특허심판원으로부터 명령을 받은 자가 부당하게 불응함을 방지하기 위하여 과태료 부과의 요건 및 관련 절차를 규정한 것이다(제232조).

2. 과태료 처분절차

특허법 제232조 제2항은 과태료 부과 및 징수절차를 대통령령(특허법 시행령)에 위임한 것으로, 이에 근거하여 특허법 시행령 제20조 별표에서 과태료 부과기준에 관하여 정하고 있다.

3. 과태료의 대상

특허법 제232조 제1항은 과태료의 대상을 ① 민사소송법 제299조 제2항 및 동법 제367조의 규정에 따라 선서를 한 자로서 특허심판원에 대하여 거짓 진술을 한 자, ② 특허심판원으로부터 증거조사 또는 증거보전에 관하여 서류나 그 밖의 물건의 제출 또는 제시의 명령을 받은 자로서 정당한 이유 없이 그 명령에 따르지 아니한 자, ③ 특허심판원으로부터 증인·감정인 또는 통역인으로 소환된 자로서 정당한 이유 없이 소환에 따르지 아니하거나 선서·진술·증언·감정 또는 통역을 거부한 자로 하고 있다.

4. 처 벌

위의 어떠한 경우도 50만 원 이하의 과태료에 처한다(제232조 제1항).

제4장

기타의 방법에 의한 구제

Ⅰ. 심판상의 구제

특허권자 또는 전용실시권자는 타인이 특허권 또는 전용실시권을 침해하는 경우 권리범위확인심판을 청구하여 그 특허권 또는 전용실시권의 보호범위를 확인하여 침해자를 승복시킴으로써 법원에서의 소송제기효과와 동일한 효과를 얻을 수 있다.

Ⅱ. 화해·중재에 의한 구제

특허권자 등은 침해소송이 계속 중인 경우에 원만한 해결로서 화해·중재 제도를 이용할 수 있다. 화해에는 소송전 화해(민사소송법 제385조)와 소송후 화해(민사소송법 제220조, 제225조 제1항, 제231조)가 있는데 화해조서가 작성되면 그 조서는 확정판결과 동일한 효력을 갖는다. 중재란 분쟁해결을 법원의 판결에 의하지 아니하고 당사자 합의로서 해결하는 것으로서 제3자인 중재인이 판정하며 중재인이 판정한 사건에 대해서는 법원의 확정판결과 동일한 효과를 갖는다.

Ⅲ. 알선·조정에 의한 구제

특허권자 등은 타인이 자기의 특허권·실용신안권을 침해하는 경우 민사적·형사적 구제수단을 강구하기에 앞서 특허청장에 대하여 분쟁의 해결을 목적으로 하는 알선·조정을 요청할 수 있으며, 이 경우 특허청장은 대통령령이 정하는 바에 따라 알선·조정을 할 수 있다. 이러한 특허청장의 알선·조정이 당사자를 구속하거나 대세적 효력이 있는 것은 아니나, 전문가로 구성된 산업재산권분쟁조정위원회에서 알선·조정을 담당하므로 보다 신속하고 적정한 분쟁해결을 도모할 수 있다 할 것이며, 당사자가 조정위원회의 판단을 존중하는 경우 효율적이고 적절한 분쟁해결수단이 될 것이다.

제 9 편

심판 및 소송

제1장

심 판

제 1 절 심판일반

현행 특허법은 특허절차를 간소화하는 한편 특허권의 보호를 강화함으로써 산업의 기술발전을 촉진하여 경쟁력을 높이려 하고 있다. 또한 종전과 같이 특허출원에 대한 심사과정중에 거절이유가 있으면 출원인에게 의견서제출·보정의 기회를 주고 있으며, 특허권 또는 전용실시권을 침해한 자에 대한 벌금형의 액수를 상향 조정함으로써 특허출원인 내지 특허권자를 보호하고 있다. 그러나 이렇게 하여 행해진 처분에 하자가 있는 경우에는 출원인이나 일반 공중의 권리와 이익을 해칠 뿐만 아니라 산업발전에의 기여라고 하는 특허법 제1조의 취지에도 어긋난다 하겠다. 이에 특허법은 하자 있는 결정에 불복하거나 하자 있는 특허권의 무효 및 정정을 요구할 수 있도록 민사소송이나 행정소송과는 다른 특별한 심판제도를 마련하고 있다.

특허법이 심판절차에 특별한 규정을 두고 있지 않은 사항에 관한 분쟁(서류의 반려처분(시행규칙 제11조), 출원 등의 절차의 무효처분(제16조) 등 특허청의 처분에 대한 불복)은 일반원칙에 따라 행정상의 쟁송절차(행정심판법, 행정소송법)에 의하여야 하고, 특허권침해에 대한 손해배상·침해금지·부당이득반환·신용회복 등의 청구는 민사소송에 의하여야 한다. 다만, 특허법상 심판절차에 있어서도 많은 부분 민사소송법이 준용되고 있다(제154조 제7항·제8항, 제157조 제2항, 제165조 제2항·제4항, 제178조 제2항, 제185조).

1. 의 의

특허법상의 심판이란, 행정기관인 특허심판원의 심판관[1]합의체가 법원에의 불복절차를 전제(헌법 제27조 제1항, 제107조 제3항)로 특허출원에 대한 거절결정·특허 등의 처분에 대한 쟁송을 심리 판단하는 준(準)사법적 절차를 말한다. 즉 특허심판은 특허출원에 대한 심사관의 최종처분에 흠이 있는 경우, 예컨대 부당한 거절결정·무효사유가 있는 특허권 및 특허에 관한 분쟁을 해결할 목적으로 행하는 준사법적 행정쟁송절차이다.

원칙적으로 법률상의 쟁송을 심판하는 권한은 법원에 속한다(법원조직법 제2조 제1항). 그러나 행정기관이 최종심으로 재판을 할 수 없지만(헌법 제107조 제3항) 전심(前審)으로서의 심판은 할 수 있다고 한다(법원조직법 제2조 제2항). 특허에 관한 쟁송의 처리에는 보호객체의 특수성에 의해 전문적 기술지식이 필요하기 때문에 특허심판원 심판관에 의해 심판하도록 하는 것이다. 이러한 심판한 행위를 사법행위로 볼 것인가 행정행위로 볼 것인가에 대해 논란이 있는데, 심판절차는 사법절차를 따르기 때문에 사법행위로 볼 수 있으나 삼권분립의 원칙에 따라 사법권은 법원에 속한다는(헌법 제101조 제1항) 사법국가주의에 반하고, 또 국민의 법관에 의해 재판을 받을 권리(헌법 제27조 제1항)에 반하여 이러한 자격이 없는 행정관청인 특허심판원 공무원에 의해 심판되기 때문에 행정행위로도 볼 수 있다. 이에 특허심판의 법적 성질에 대하여는 사법행위설, 행정행위설, 준사법적 행정행위설이 대립하고 있다.

심판제도는 법원에의 불복절차를 전제로 행정관청이 그 전심으로서 특허법상의 쟁송을 심리·결정하는 절차이고, 일정한 청구에 의하여 특허권에 일정한 행정처분을 하게 하는 것을 목적으로 하는 특수한 행정소송으로 볼 수 있으며, 행정행위이지만 심판관의 직무상 독립성과 사법절차에 유사한 절차, 심결의 효과로 보아 준사법적인 행정행위로 보아야 할 것이며, 이것이 통설적인 입장이다.

우리나라는 종래 법률심인 최종심만 법원에서 행하고 사실심인 1심과 2심은 특허청에서 행하고 있었다. 그러나 1998년 3월 1일부터 특허심판은 심판소와 항고심판소가 통폐합하여 신설한 특허심판원에서 행하고, 특허심판원의 심결 등에 불복하는 경우에는 신설된 특허법원에서 다시 사실심리를 하게 하고, 이에 불복하는 경우에는 대법원에 상고할 수 있도록 하고 있다.

---

1) 준사법기관에서 공권적 판단을 행하는 자를 말한다. 예) 국제심판, 해난심판, 특허심판 등.

2. 심판절차의 일반

(1) 심판의 청구인 및 심판청구서

심판을 청구하는 자는 심판청구서와 필요한 첨부서류를 특허심판원장에게 제출하여야 하며(제140조 제1항 본문, 제140조의2 제1항 본문, 시행규칙 제57조), 특허심판원장이 이를 수리하면 심판절차가 개시된다.

1) 심판을 청구할 수 있는 자

심판의 당사자[2]가 되기 위해서는 당사자적격이 있어야 한다. 특허법은 특허심판을 청구할 수 있는 자를 각각의 심판에 따라 구체적으로 규정하고 있다. 거절결정불복심판(제132조의17)은 거절결정을 받은 자 또는 그 승계인, 즉 출원인만이 청구할 수 있으며, 특허의 무효심판(제133조), 특허권존속기간연장등록의 무효심판(제134조), 정정무효심판(제137조)은 이해관계인 또는 심사관에 한하여 청구할 수 있으며, 권리범위확인심판(제135조)은 특허권자나 전용실시권자 또는 이해관계인에 한한다. 정정심판(제136조)은 특허권자만이 청구할 수 있으며, 통상실시권허락심판(제138조)은 이용저촉관계에 있는 특허권의 특허권자, 전용실시권자 또는 통상실시권자에 한하여 청구할 수 있다.

2) 심판청구서

심판청구인이 심판을 청구하여 자신의 청구(本案)가 받아지도록 하기 위해서는 ① 심판청구서가 법정요건에 적합하게 기재되어야 하고 심판청구가 법적요건에 충족하여야 하며 청구 자체가 정당성이 있어야 하고, ② 심판청구료를 납부하여야 한다.

심판청구서에는 다음 사항을 기재하여야 한다(제140조 제1항).

1. 당사자의 성명 및 주소(법인인 경우에는 그 명칭 및 영업소의 소재지)
2. 대리인이 있는 경우에는 그 대리인의 성명 및 주소나 영업소의 소재지(대리인이 특허법인인 경우에는 그 명칭, 사무소의 소재지 및 지정된 변리사의 성명)
3. 심판사건의 표시
4. 청구의 취지 및 그 이유

특히 권리범위확인심판의 경우에는 특허발명과 대비될 수 있는 설명서 및 필요한 도면을, 정정심판의 경우에는 정정한 명세서 또는 도면을 첨부하여야 한다. 또

---

2) 당사자란 심판 또는 재심을 청구하는 자와 청구를 당하는 자를 말하며, 각각 청구인 또는 재심청구인과 피청구인 또는 재심피청구인이라 한다.

한 통상실시권허락심판의 경우에는 위 1~3 외에 자기의 특허번호 및 명칭, 실시하고자 하는 타인의 특허발명의 특허번호, 범위 · 기간 및 대가를 기재하여야 한다(제140조 제4항).

한편 거절결정에 대한 심판청구서에는 다음 사항을 기재하여야 한다(제140조의2 제1항).

1. 청구인의 성명 및 주소(법인인 경우에는 그 명칭 및 영업소의 소재지)
2. 대리인이 있는 경우에는 그 대리인의 성명 및 주소나 영업소의 소재지(대리인이 특허법인인 경우에는 그 명칭, 사무소의 소재지 및 지정된 변리사의 성명)
3. 출원일자 및 출원번호
4. 발명의 명칭
5. 특허거절결정일자
6. 심판사건의 표시
7. 청구의 취지 및 그 이유

3) 심판청구서의 제출과 보정

특허심판은 특허심판원이 이를 전담하므로 특허무효심판 등 특허심판을 청구하는 자는 그 심판청구서를 특허심판원에 제출하여야 한다. 특허심판을 청구함에 있어서 법소정의 방식에 맞도록 작성하여야 함이 원칙이나 일정한 경우에는 심판청구 후에 그 흠결을 보정할 수 있으며, 보정을 한 때에는 최초의 심판청구서를 제출한 날에 보정된 상태로 청구된 것으로 본다. 다만 심판청구서의 요지는 변경할 수 없다(제140조 제2항, 제140조의2 제2항). 이때 심판서의 요지란 심판의 당사자와 심판의 대상물을 의미하므로, 당사자, 사건의 표시, 청구의 취지의 동일성을 해치지 않는 범위 내에서만 허용된다. 그러나 심판의 당사자 중 특허권자나 거절결정불복심판의 청구인의 기재를 바로잡기 위한 보정(추가하는 것을 포함하되, 청구인이 추가될 때는 특허권자나 거절결정불복심판 청구인의 동의가 있는 경우로 한정한다)(제140조 제2항 1호, 제140조의2 2항 1호), 심판청구의 이유의 보정(제140조 제2항 2호, 제140조의2 제2항 2호), 적극적 권리범위 확인심판에서 심판청구서의 확인대상발명(청구인이 주장하는 피청구인의 발명을 말한다)의 설명서 또는 도면에 대하여 피청구인이 자신이 실제로 실시하고 있는 발명(실시주장발명)과 비교하여 다르다고 주장하는 경우에 청구인이 피청구인의 실시 발명과 동일하게 하기 위하여 심판청구서의 확인대상발명의 설명서 또는 도면을 보정(제140조 제2항 3호)하는 경우는 요지변경으로 보지 않는다.[3]

3) 특허청, 「지식재산제도의 실효성 제고를 위한 법제도 기초연구-특허법 조문별 해설서」, 2015,

4) 심판청구의 취하

심판청구의 취하라 함은 청구인이 하는 일방적인 청구의 철회행위이다. 심판청구를 철회하면 그 청구가 없었던 것과 동일한 상태로 돌아가기 때문에 후일에 이르러 동일한 청구취지로 같은 피청구인에 대하여 다시 심판을 청구할 수 있다.

이러한 심판청구는 그 심결이 확정될 때까지는 이를 취하할 수 있다. 다만 상대방의 답변서 제출이 있을 때에는 상대방의 동의를 받아야 한다. 또한 2 이상의 청구항에 관하여 특허무효심판, 권리범위확인심판을 청구한 때에는 청구항마다 이를 취하할 수 있다.[4] 심판의 청구가 취하되면 그 심판청구는 처음부터 없었던 것으로 보며(제161조), 이 취하는 취소할 수 없다(제161조).[5] 한편 특허심판에서는 다른 소송절차에서와는 달리 직권주의가 적용되고 있으며, 또한 직권심리가 지배하는 법제하에서는 포기를 인정하지 않는 것이 일반적인 법의 태도이기 때문에 심판청구의 포기는 인정되지 않는다.[6]

(2) 심판장의 방식심사

특허심판원장은 심판청구가 있으면 그 심판청구서를 접수·수리하여 심판번호[7]를 부여한다. 또한 각 심판사건을 심판할 심판관을 지정하여야 하며, 그 심판사건에 관한 사무를 총괄하기 위하여 지정된 심판관 중 1인을 심판장으로 지정하여야 한다(제144조 제1항, 제145조). 그 후 심판장은 심판청구서가 법에서 정한 방식에 위반되는지 여부를 심사하여야 한다(제141조).

1) 방식심사의 대상

① 심판청구서가 기재방식에 위반된 경우(제140조 제1항·제3항·제4항·제5항, 제140조의2 제1항)

② 행위능력없는 자가 절차를 밟거나(제3조 제1항) 특별히 권한을 위임받지 아니한 임의

922~923면.

4) 한편, 특허출원한 발명이 2 이상의 청구항으로 된 경우 그 청구항마다 특허출원을 취하·포기할 수 있는지에 대하여는 청구항별로 특허출원을 취하·포기할 수는 없는 것으로 해석한다.

5) 심판청구인에 의하여 적법하게 이루어진 심판청구 취하의 효력은 취하서가 제출되어 접수한 접수시에 발생하는 것이므로 취하는 취소할 수 없다(대법원 1970.6.30. 선고 70후7 판결).

6) 구체적인 것은 특허심판원, 「심판편람(제13판)」, 2021, 397면 참조.

7) 수리는 제출서류를 유효한 행위로 수령하는 준법률행위적 행정행위로 접수와 구분되지만, 심판청구서는 반려대상이 아니므로 접수된 때를 수리한 때와 동일하게 보고 심판번호를 부여한다. 심판번호는 당사자계 심판사건, 결정계 심판사건 및 재심사건 등으로 구분하여 매년 갱신하되 연도별로 제출일의 순위에 따라 일련번호를 부여하며, 취소판결이 확정된 사건의 경우에도 새로운 심판번호를 부여하고 ( ) 속에 "취소판결"표시를 한다(특허심판원, 「심판편람(제13판)」, 2021, 16면).

대리인이 절차를 밟는 경우(제6조)

③ 내야 할 수수료를 내지 아니한 경우(제82조)

④ 특허법 또는 특허법에 따른 명령으로 정하는 방식을 위반된 경우

2) 방식불비

심판장은 심판청구서가 방식심사 대상에 해당하는 경우 기간을 정하여 그 흠결을 보정할 것을 명하여야 한다. 심판장은 보정명령을 받은 자가 지정된 기간에 보정을 하지 아니하거나 보정한 사항이 요지변경인 경우(제140조 제2항, 제140조의2 제2항 위반)에는 심판청구서 또는 해당 절차와 관련된 청구나 신청 등을 결정으로 각하하여야 한다. 이 결정은 서면으로 하여야 하며 그 이유를 붙여야 한다(제141조 제2항·제3항).

대법원 2000.11.14. 선고 98후2351 판결

[보정명령]

피고가 현수막에 관한 이 사건 등록고안에 대한 소극적 권리범위확인 심판을 청구하면서 심판청구서에 첨부한 확인대상고안의 도면에서 부호 1을 일반천막이라고 표기한 것은 현수막 몸체의 재질을 나타내는 것이지, 확인대상고안의 대상물품 자체가 일반천막임을 표시하는 것은 아님이 분명하므로, 이 사건 권리범위확인 심판청구가 이 사건 등록고안과 대상물품을 달리하는 일반천막을 확인대상고안으로 하여 심판을 청구한 것이어서 보정할 수 없는 흠결을 가진 부적법한 청구라고는 볼 수 없다. 따라서 이 사건 심판절차에서 심판청구를 심결로써 각하하지 아니하고 심판장이 보정을 명하여 확인대상고안의 구성을 명확하게 한 후 그 보정된 확인대상고안을 대상으로 심결을 한 것은 적법하다.

3) 예고등록

등록된 특허권 등에 무효 또는 취소 원인이 있거나, 권리의 보호범위 확인을 통한 당사자간 분쟁을 신속·정확하게 해결하기 위하여 특허심판원에 심판이 제기된 경우에는 특허심판원장은 특허청장에게 그 사실을 통보하여 특허원부에 그 요지가 등록되도록 한다. 등록원부에 심판청구 사실을 기입함으로써 당해 산업재산권이 무효되거나 취소될 수 있음을 공시하여 권리를 취득하고자 하는 제3자에 대해 거래안전을 도모하고 선의의 피해자가 발생되지 않도록 하는 데 목적이 있다.[8)]

---

8) 특허청, 「등록업무편람」, 2022, 311면.

(3) 부본송달 및 답변서제출

심판장은 심판청구가 있고 그 청구서를 수리한 때에는 청구서 부본을 피청구인에게 송달하고, 기간을 지정하여 답변서를 제출할 수 있는 기회를 주어야 하며(제147조 제1항), 피청구인으로부터 제출된 답변서를 수리한 때에는 그 부본을 청구인에게 송달하여야 한다(제147조 제2항). 이 절차는 당사자계 심판사건에서만 행하여지며, 결정계 심판사건에서는 행하여지지 않는다(제171조, 제136조 제9항).

이때 피청구인은 심판장으로부터 심판청구서 부본을 송달받은 경우 답변서 제출기간 내에 청구인의 주장을 반박하는 답변서를 증거와 함께 제출할 수 있다. 이때 피청구인은 답변서제출기간 내에 답변서를 제출하여야 하나, 그 기간을 경과하여 답변서를 제출하였다 하여 불수리되는 것은 아니다.

(4) 심 리

심리란 심결의 기초가 되는 심판자료의 수집을 목적으로 하는 제반 절차수행과 증거조사 등의 행위로 이루어지는 일련의 절차이다.

1) 적법성 심리

방식심사와 구별하여 당사자적격이나 일사부재리원칙에의 위반 여부 등 심판청구요건[9]의 충족 여부를 심리하게 된다.[10] 즉 심판요건의 구비여부에 대한 심리를 적법성 심리라 한다. 이를 심리하여 부적법한 청구로서 그 흠결을 보정할 수 없을 때에는 피청구인에게 답변서제출의 기회를 주지 아니하고 심결로서 이를 각하할 수 있다(제142조). 그러나 부적법한 심판청구라 하더라도 그것이 보정이 가능한 경우에는 심판청구인에게 보정을 명한 후가 아니면 각하할 수 없으며, 이에 대하여 불복

---

9) 심판요건은 일반적으로 직권조사사항이므로 이에 관한 당사자의 주장은 직권조사를 촉구하는 의미로 해석된다. 그러나, 이해관계의 소멸, 부제소특약(不提訴特約) 등은 피청구인의 적극적인 항변이 있어야 고려된다. 적법심리사항은 당사자에 대한 심리, 고유필수적 공동심판인 경우 그 흠결이 없는지 여부(제139조), 법정기간 내에 청구되었는지 여부(제180조), 동일사건이 계속중인지 여부(중복심판의 금지), 부제소특약(不提訴特約) 등이 있는지 여부 등이다.

심판요건에 대한 심사는 심판청구서의 심사 후 본안심리에 앞서 또는 본안심리와 동시에 행하나 불복기간 경과 후의 심판청구와 같이 심판요건의 위배가 명백한 경우 등에는 심판청구서의 심사와 함께 심리하여 곧바로 심판청구를 심결로 각하하거나 필요한 경우 보정명령 등을 행한다. 또 본안 심리 도중이라도 심판요건의 구비 여부 등에 대하여도 심리할 수 있고 그 결과에 따라 보정명령 또는 심판청구의 각하 등을 할 수 있다(제142조)(정양섭, 「특허심판」, 대광서림, 1999, 110~111면 인용).

10) 특허심판원에 계속 중인 심판에 대하여 동일한 당사자가 동일한 심판을 다시 청구한 경우, 후심판이 중복심판청구 금지에 위반되는지 판단하는 기준 시점은 후심판의 심결 시이다(대법원 2020.4.29. 선고 2016후2317 판결).

이 있을 때에는 특허법원에 소를 제기하여 다툴 수 있다.

2) 본안 심리

심판은 서면심리 또는 구술심리에 의하여 진행된다. 다만 당사자가 구술심리를 신청한 때에는 서면심리만으로 결정할 수 있다고 인정되는 경우 이외에는 구술심리로 하여야 한다(제154조 제1항). 구술심리란 심판사건을 처리함에 있어 진술, 변론 및 증거조사가 구술로서 행하여지는 것을 말하며, 서면심리란 이와 같은 절차가 서면에 의하여 행하여짐을 말한다. 특히 구술심리는 이를 공개하여야 한다. 다만, 공공의 질서 또는 선량한 풍속에 어긋날 우려가 있으면 그러하지 아니하다(제154조 제3항). 또한 구술심리에 의한 심판을 할 경우에 심판장은 그 기일 및 장소를 정하고 그 취지를 기재한 서면을 당사자 및 참가인에게 송달하여야 한다. 다만, 해당 사건의 이전 심리에 출석한 당사자 및 참가인에게 알렸을 때에는 그러하지 아니하다(제154조 제4항). 심판장은 구술심리로 심판을 할 경우에는 특허심판원장이 지정한 직원에게 기일마다 심리의 요지와 그 밖에 필요한 사항을 적은 조서를 작성하게 하여야 한다(제154조 제5항).

특허심판은 심판의 결과가 민사소송의 소송물처럼 사인(私人) 대 사인(私人)의 권리에 대한 것이 아니라 특허권이라는 대세적인 성격의 권리에 대해서 미치는 것이므로 심리 등의 과정을 당사자에게 의존하는 당사자처분주의를 택할 수 없다. 이에 특허심판은 당사자 또는 참가인이 신청하지 아니한 이유에 대해서도 이를 심리할 수 있는 직권심리주의를 취하고 있다. 다만 이 경우 당사자 또는 참가인에게 기간을 정하여 그 이유에 대하여 의견을 진술할 기회를 주어야 한다(제159조 제1항). 그러나 심판관이 직권으로 심리할 수 있는 것은 심판청구의 이유 및 증거 등에 관한 것으로 한정된다. 즉 심판관은 심판청구인이 신청하지 아니한 청구의 취지에 대하여는 이를 직권으로 심리할 수 없다(제159조 제2항).

특허법원 2000.7.14. 선고 2000허2552 판결

[처분권주의]

민사소송법상의 당사자 처분권주의는 디자인보호법(의장법)상의 권리범위확인심판청구에도 적용되는 것이므로, 원고가 확인대상디자인(의장)이 등록 디자인(의장)의 권리범위에 속하지 않는다는 소극적 확인청구를 하였다면, 확인대상의장이 등록 디자인(의장)의 권리범위에 속한다고 인정되더라도 이 경우는 심판청구를 기각하면 되는 것이지 더 나아가 확인대상디자인(의장)이 등록 의장의 권리범위에 속한다는 적극적 확인심결을 할 수는 없는 것이므로(대법원 1992.6.26. 선고 92후148 판결 참조), 이러한 당사자 처분권주의에 반하여 내려진 이 사건 심결은 다른 점에 대하여 더 나아가 볼 필요 없이 위법하다고 할 것이다.

(5) 심리, 심결의 병합과 분리

심판관은 당사자 양쪽 또는 어느 한쪽이 동일한 2 이상의 심판청구에 대하여는 그 심리 또는 심결을 병합할 수 있다(제160조). 다만 심리나 심결의 병합은 동일 사건을 편의상 동일한 심판관이 동시에 심리한다는 편의를 위해서 인정되는 것이므로, 심리나 심결을 병합했다고 해서 2 이상의 심판사건이 하나의 심판사건으로 되는 것은 아니다. 한편 이러한 심리의 병합은 편의상 취하여진 것이므로 심리과정에서 분리하는 것이 편리한 경우에는 다시 그 심판의 심리를 분리할 수 있다.[11]

(6) 심리의 종결

심판은 심판청구의 취하 등과 같은 특별한 경우를 제외하고는 심판청구에 대한 심판합의체의 최종적 판단을 의미하는 심결로서 종결하여야 하며, 그 심결은 법률로 규정한 방식에 의하여 서면으로 하여야 한다(제162조 제1항·제2항). 그리고 심판장은 사건이 심결을 함에 성숙한 것으로 판단되면 해당 심판사건에 대한 심리를 마치고, 심결을 하기에 앞서 당사자 및 참가인에게 심리종결통지를 하여야 한다(제162조 제3항). 통지가 있은 후에 특허심판원에 제출되는 심판 관련 서류 및 증거는 부적법한 서류로 인정하여 해당 심판의 심결 기초로 삼을 수 없으며, 심리종결통지를 발송한 날로부터 20일 이내에 사건의 심결을 한다(제162조 제5항). 다만 심리종결 후에도 심판장은 필요한 경우 신청 또는 직권에 의하여 심리를 재개할 수 있다(제162조 제4항). 이러한 심리의 재개는 심리의 완전을 기하기 위한 것이며, 중대한 증거조사를 간과한 경우 등에 필요하다.

여기서 "심결을 할 정도로 사건이 성숙한 때"란 심판에 필요한 사실이나 조사해야 할 증거를 조사·검토한 결과 심판을 내리기에 충분한 정도로 심증을 얻었을 때를 말하는 것인데, 이 때 심리의 종결을 통지하는 이유는 서면심리는 물론 구술심리에 있어서도 당사자가 출석하지 아니한 경우에도 심리는 진행될 수 있으므로 당사자는 심판의 진행상황에 대하여 명확히 인식하지 못하는 경우가 있고, 그러한 경우에 아무런 예고도 없이 심결을 한다는 것은 당사자에게 가혹하기 때문이다.

이러한 심결 또는 결정에 대하여 불복하는 때에는 그 심결 또는 결정등본을 송

---

11) 심리의 분리는 심리를 병합했던 경우에 한해서 할 수 있다.

달받은 날로부터 30일 내에 특허법원에 소(訴)를 제기하여 그 당부를 다툴 수 있다. 이 기간은 불변기간이지만 심판장은 주소 또는 거소가 멀리 떨어진 곳에 있거나 교통이 불편한 지역에 있는 자를 위하여 직권으로 그 소제기 기간에 대하여 부가기간을 정할 수 있는데, 실무[12]적으로는 내국인의 경우 20일 이내, 재외자의 경우 30일 이내에서 부가기간을 정해주고 있다(제186조 제3항~제5항).

특허법원 2000.11.17. 선고 2000허1085 판결

[심리종결]

실용신안법 제56조에 의하여 준용되는 특허법 제165조 제3항은 "심판장은 사건이 심결을 할 정도로 성숙한 때에는 심리의 종결을 당사자 및 참가인에게 통지하여야 한다"라고 규정하고 있고, 같은 조 제5항은 "심결은 심리종결통지를 한 날로부터 20일 이내에 하여야 한다"라고 규정하고 있다. 그런데 이러한 심리 종결 통지에 관한 규정은 훈시규정이므로, 비록 원고(피청구인)가 피고(청구인)의 1999.11.26.자 심판사건 변박서를 1999.12.2. 수령하고 이에 대한 심판사건 변박서를 제출하기도 전에 1999.12.23 자로 심리종결 및 심결이 이루어짐으로써 위 규정에 위반하였다고 하여도 이를 이유로 이 사건심결이 위법하다고 볼 수는 없다(대법원 1984.1.31. 선고 83후71 판결 참조).

(7) 심판비용

심판비용이란 특허청 심판부와 당사자 또는 참가인 등이 심판절차에서 지출한 비용을 말하며, 이러한 심판비용의 부담은 특별한 규정이 있는 경우를 제외하고는 심결 또는 결정으로 정한다. 그러나 거절결정불복심판, 정정심판 또는 제138조에 의한 통상실시권허락심판비용은 청구인의 부담으로 한다(제165조 제3항). 그 외 특허무효심판, 존속기간연장등록무효심판, 권리범위확인심판, 정정무효심판의 심판비용은 심결 또는 결정으로 그 부담자를 정한다.

제 2 절 심판의 종류

특허심판은 행정심판의 일종이기는 하나, 그 심판의 전문성, 적정성 등을 위하여 일반행정심판과 구별하여 별도의 특수한 심판제도를 마련하고 있다. 즉 특허법은 특허거절결정에 대한 심판, 특허의 무효심판, 특허권의 존속기간의 연장등록의

12) 특허심판원, 「심판편람(제13판)」, 2021, 494면.

무효심판, 권리범위확인심판, 정정심판, 정정의 무효심판, 통상실시권허락의 심판 등의 여러 심판제도를 두고 있으며, 그러한 특허심판은 그 분쟁내용이나 심판의 구조, 심급, 독립성 여부에 따라 다음과 같이 구분할 수 있다.

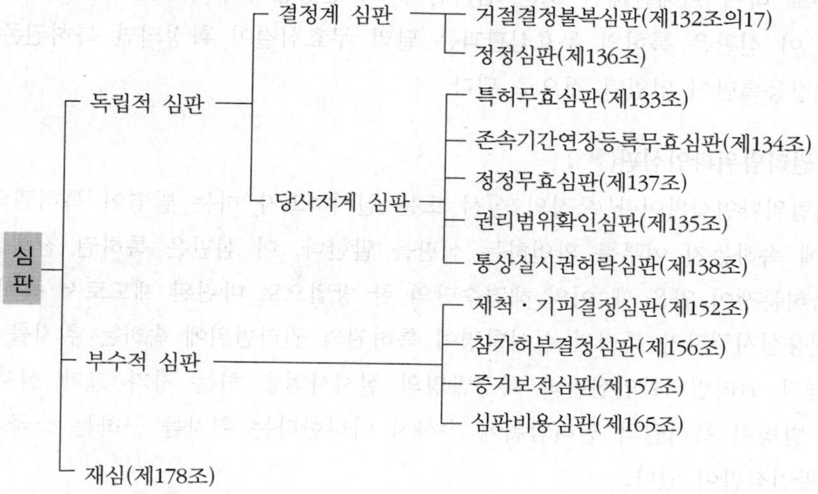

1. 내용에 따른 구분

(1) 거절결정불복심판(제132조의17)

거절결정불복심판이란 특허출원에 대하여 거절결정을 받은 자가 심사관이 한 거절결정에 불복하여 그 특허출원에 대하여 취해진 거절결정처분을 취소하여 줄 것을 요구하는 심판을 말한다. 또한 특허권의 존속기간연장등록출원이 거절결정된 경우 이에 불복하는 심판을 청구할 수 있다.

(2) 특허무효심판(제133조)

특허무효심판이란 일단 부여된 특허가 특허법 제133조 제1항 각호에서 규정한 무효사유에 해당되는 경우 이를 이유로 이해관계인 또는 심사관(특허권의 설정등록이 있는 날부터 등록공고일 후 3월 이내에는 누구든지)이 그 특허의 무효를 구하는 심판을 말한다. 이 심판은 일단 유효하게 성립된 특허권에 대하여 그 효력을 소급하여 상실시키는 것으로서 심사의 완전성, 공정성에 대한 사후적 보장수단이다.

(3) **특허권존속기간연장등록의 무효심판**(제134조)

특허권존속기간연장등록의 무효심판이란 특허권의 존속기간이 연장등록된 바 있으나, 그 연장등록이 특허법 제134조 제1항 또는 제2항의 사유에 해당될 때 이를 이유로 하여 이해관계인 또는 심사관이 그 연장등록의 무효를 구하는 심판을 말한다. 이 심판은 특허의 무효심판과는 달리 무효심결이 확정되면 특허권존속기간의 연장등록만이 없었던 것으로 된다.

(4) **권리범위확인심판**(제135조)

권리범위확인심판이란 특정의 실시 또는 실시하고자 하는 발명이 특허권의 권리범위에 속하는지 여부를 확인하는 심판을 말한다. 이 심판은 특허권 침해를 이유로 특허분쟁이 있을 때 이의 해결수단의 한 방법으로 마련된 제도로서 특허권자 또는 전용실시권자가 특정의 실시발명이 특허권의 권리범위에 속하는 취지를 구하는 적극적 권리범위확인심판과 특정발명의 실시사업을 하는 자가 그가 실시하는 특정의 발명이 특허권의 권리범위에 속하지 아니한다는 취지를 구하는 소극적 권리범위확인심판이 있다.

(5) **정정심판**(제136조)

정정심판이란 특허권자가 특허발명의 명세서 또는 도면을 정정할 필요가 있을 때 그 명세서 또는 도면을 정정하여 줄 것을 요구하는 심판을 말한다. 이 심판은 특허권의 내용인 명세서 또는 도면에 불비한 점이 있을 경우 이 중 일부를 삭제하거나 정정함으로써 특허의 무효를 방지하고 제3자와의 권리분쟁에 있어서 그 권리관계를 명확히 한다는 데 그 의의가 있다.

(6) **정정무효심판**(제137조)

정정무효심판이란 정정심판에 의하여 확정된 명세서 또는 도면의 정정이 특허법 제136조 제1항, 제3항 내지 제5항의 규정에 위반된 경우 그 명세서 또는 도면의 정정을 무효화시키는 것을 말하며, 이해관계인 또는 심사관에 한하여 청구할 수 있다.

(7) **통상실시권허락심판**(제138조)

통상실시권허락심판이란 특허발명이 선출원된 타인의 특허발명, 등록실용신안 또는 등록디자인이나 그 디자인과 유사한 디자인을 이용하거나 등록디자인과 저촉되는 경우 자기의 특허발명의 실시를 위하여 특허청에 청구하는 심판을 말한다. 이 심판은 특허발명, 등록실용신안, 등록디자인간에 상호이용 또는 저촉관계가 있을 때 이들 권리간의 이해관계를 조정하고자 마련된 제도이다.

2. 독립성여부에 따른 구분

특허심판은 그 독립성 여부에 따라 독립적 심판과 부수적 심판으로 나눌 수 있다. 독립적 심판이란 다른 심판과 관계없이 독립하여 발생하고 소멸하는 심판으로 심판의 청구취지가 독립되어 있는 것을 말하며 심결의 형식으로 판단된다. 반면 부수적 심판은 그 자체만으로는 독립해서 심판의 대상이 되지 못하고 독립된 심판의 청구사항에 부수되거나 독립심판을 전제로 하여 청구하는 심판으로 결정의 형식으로 판단된다. 예컨대 제척·기피심판(제152조 제1항), 참가심판(제156조 제3항), 심판비용심판(제165조) 등이 이에 속한다.[13)]

3. 구조에 따른 구분

독립심판은 다시 당사자계 심판과 결정계 심판으로 나눌 수 있다. 여기서 당사자계 심판이란 일단 특허권이 허락된 후 그 특허내용으로 인해 당사자간에 분쟁이 발생하면 그 특허내용 자체가 유효인가 무효인가를 판단하는 심판으로 당사자간의 대립이 존재하는 심판을 말한다. 반면 결정계 심판이란 당사자의 대립에 의한 것이 아니라 거절결정이나 심판의 심결에 불복이 있는 경우에 청구할 수 있는 심판을 말한다. 그러나 정정심판은 결정계 심판이기는 하나 심사관의 처분에 불복하는 성질의 심판이라기보다는 특허권자가 자발적으로 청구하는 심판이라 이론상으로는 결정계 심판과 당사자계 심판의 중간형태라 할 수 있는데 이를 겸병계 심판이라 할 수 있다.

(1) 당사자계 심판

당사자계 심판은 특허권에 대한 분쟁이 있는 경우에 당사자 한 쪽은 청구인, 다른 쪽은 피청구인이 되어 상호 대립하여 심판을 진행하게 된다. 이에는 특허무효심판(디자인등록무효, 상표등록취소), 권리범위 확인심판, 정정무효심판, 통상실시권 허락심판, 특허권 존속기간 연장등록의 무효심판 등이 있다.

---

13) 반면 실시권허락심판에 대한 대가의 심결은 본안심판으로 한다.

(2) 결정계 심판

결정계 심판이란 특허결정 또는 거절결정에 불복하는 심판을 말하는데, 우리 특허법은 특허결정에 대하여 불복하는 심판은 인정하고 있지 않다. 결정계 심판에 속하는 심판은 거절결정에 대한 불복(특허거절결정, 실용신안거절결정, 디자인거절결정, 상표거절결정, 상표갱신등록거절결정), 정정심판[14] 등이다. 종전의 특허법에서는 이러한 결정계 심판을 항고심판으로 하고 있었다. 즉 거절결정에 대한 항고심판(구특허법 제167조)과 보정각하결정에 대한 항고심판(구특허법 제169조)은 1998년 3월 1일부터 항고심판에서 초심을 특허심판원으로 변하면서 그 관련규정도 변경하여 특허법에서 제167조와 제169조를 삭제하고 특허법 제132조의3(거절결정에 대한 심판)과 동법 제132조의4(보정각하결정에 대한 심판)로 변경하였으나, 2001년 2월 3일 개정법(법률 제6411호)에서 다시 '보정각하결정에 대한 심판'제도를 폐지하였다.[15]

4. 심급에 따른 구분

특허심판을 심결취소소송까지 포함하여 심급에 준하여 구분해본다면, 초심, 심결취소소송 제1심 및 상고심, 그리고 재심 등으로 나눌 수 있다. 초심은 특허심판에 있어 맨 처음의 즉 심판으로 특허심판원이 이를 담당한다. 심결취소소송 제1심은 초심의 심결에 불복하는 자가 청구하는 재판으로서, 특허법원이 이를 전담한다. 상고심은 특허법원(고등법원급의 법원)의 판결에 대하여 불복이 있는 자가 대법원에 청구하는 상소로, 특허심판에 대한 최종심이다. 재심은 심판의 확정심결에 대하여 인정되는 심판으로 비상구제절차이다.

---

14) 정정심판을 당사자계 심판으로 보는 입장도 있다(정양섭, 「특허심판」, 대광서림, 1999, 25, 187면 이하).

15) 삭제배경: 명세서 또는 도면의 보정의 요지변경 여부는 해당 출원의 심사결과에 직접적으로 영향을 미치는 중대한 것으로서 종전 규정에서는 특허결정 등본의 송달 전에 한 명세서 또는 도면의 보정이 요지변경되었을 때 심사관은 구법(2001.2.3. 법률 제6411호로 개정되기 이전의 법) 제51조 제1항의 규정에 의하여 보정각하결정을 하도록 되어 있었고, 그 각하결정에 불복하는 자는 이 조에 의하여 심판을 청구할 수 있었다. 그러나 보정각하불복심판이 청구되면 그 출원은 심판의 결과가 최종 확정될 때까지 처리를 할 수 없게 되므로 심사처리가 장기간 지연되는 문제가 있었다.

따라서 보정각하결정불복심판제도를 폐지하고 심사관의 보정각하결정에 대하여 출원인이 불복하는 경우에는 특허거절결정에 대한 불복심판에서 보정각하결정에 대한 불복도 함께 다투도록 함으로써 절차의 신속을 꾀하였다.

제 3 절 심판의 주체

1. 특허심판원

특허에 관한 취소신청, 심판과 재심 및 이에 관한 조사·연구에 관한 사무를 관장하게 하기 위하여 특허청장 소속하에 특허심판원[16]을 둔다. 특허심판원에는 원장과 심판관을 두며, 특허심판원의 조직과 정원 및 운영에 관하여 필요한 사항은 대통령령으로 정한다(제132조의16).

특허심판원장은 심판이 청구되면 해당 심판에 관여할 심판관의 합의체를 구성한다. 이 합의체는 심판관 3인 또는 5인으로 구성되며, 특허심판원장은 심판의 합의체 구성원 중에서 1인을 심판장으로 지정하여야 한다. 그 심판장은 그 심판사건에 관한 사무를 총괄한다. 심판에 대한 합의는 과반수로 결정하고, 그 합의의 내용은 공개하지 않는다.

2. 심 판 관

(1) 심판관

특허심판원장은 심판이 청구되면 심판관에게 심판하게 한다(제143조 제1항). 특허심판원의 심판관은 일반직 국가공무원으로, 공무원의 복무규정에 의해서 상급자에게 항명할 수 없는 신분이다. 따라서 심판관에게 직무상의 독립을 보장하지 않는다면 공정한 심판에 방해요인이 따를 수 있다. 이에 특허법은 "심판관은 직무상 독립하여 심판한다(제143조 제3항)"라고 규정하고 있다. 또한 특허출원·심사·특허취소신청·심판 및 재심의 계속 중에 있는 사건의 내용 또는 특허여부결정·심결 및 결정의 내용에 관하여는 감정·증언 또는 질의에 응답할 수 없다(제217조 제2항).

대법원 1985.4.9. 선고 83후85 판결

[심판관의 지정]

기록에 의하면 이 사건이 원심에 계속 중이던 1983.9.29. 특허청장이 소송당사자에게 항고심판관 G, P, L을 G, P, K로 변경한다는 내용의 통지를 한 사실은 인정이 되나 한편 특허청장은 1983.12.3. 위 변경통지는 착오로 인한 것으로서 진실에 부합하지

16) 특허 외에도 실용신안, 디자인 및 상표에 관한 사항을 관장한다.

아니한다는 취지를 당원에 통지하고 있다. 그렇다면 위 변경통지와는 관계없이 종전에 3인이 적법하게 지정된 이 사건의 항고심판관이었다 할 것이니, 그 구성변경이 있었음을 전제로 원심 심판부 구성의 위법을 주장하는 논지는 이유 없다.

대법원 1996.9.24. 선고 96후856 판결

[항고심판관 지정 후 서면에 의한 통지의 성격]

구 실용신안법 제35조에서 준용하는 구 특허법 시행규칙 제73조 제4항, 제58조에서는 특허청장은 항고심판청구서를 수리한 때에는 이에 항고심판번호를 부여하고 그 사건에 대하여 항고심판관을 지정하여 그 성명을 당사자에게 서면으로 통지하여야 하고, 항고심판관의 변경이 있을 때에는 또한 같다고 규정하고 있는바, 항고심판관을 당사자에게 서면으로 통지하여야 하고, 항고심판관의 변경이 있을 때에도 또한 같다고 규정하고 있는바, 항고심판관을 당사자에게 통지하도록 한 것은 당사자에게 항고심판관의 자격에 대한 이의신청, 제척이나 기피신청을 할 수 있도록 기회를 제공함에 있는 것이므로, 이러한 통지규정은 훈시규정이다. 따라서, 원심이 변경된 항소심판관의 성명을 출원인에게 통지하지 아니한 채 심결을 한 점은 잘못이라 할 것이나, 이 잘못이 심결 결과에 영향을 미치는 위법이라고 할 수는 없다 하겠다.

(2) 심판관의 제척 · 기피 및 회피

특허심판은 출원의 심사와는 달리 대부분 권리의 다툼에 관해서 일어나는 것이다. 즉 심판청구인과 피청구인이 특허무효를 다툰다거나 또는 어떤 실시발명이 특허권의 권리범위에 속하는지에 대한 다툼이다. 따라서 심판의 공정성이 보장되어야 한다. 이에 심판관 자신 또는 심판관과 법률상의 신분관계가 있는 자가 심판에 영향을 미칠 사유가 있을 경우에는 당연히 그 심판관은 해당 심판에서 제척되는 것으로 하며, 필요한 경우에는 당사자 등의 제척신청에 의하여 제척시킬 수 있다. 또한 이러한 제척사유 이외에 심판의 심결에 불공정한 영향을 끼칠 수 있는 심판관에 대해서는 당사자 등은 그 심판관을 기피할 수 있도록 보장하고 있다. 또한 2001년 2월 3일 법률 제6411호에서는 민사소송법에서 법관의 회피에 대하여 규정하고 있음을 감안하여 심판관이 제척 · 기피 사유에 해당하는 경우에는 특허심판원장의 허가를 받아 해당 사건의 심판을 회피(제153조의2)할 수 있도록 하고 있다.

1) 심판관의 제척

'제척'이란 심판관이 특정사건을 심판함에 있어서 불공정 · 불합리한 판단을 할 염려가 있는 일정한 법정 사유가 있을 때에는 심판절차에 당연히 관여할 수 없도록 배제시키는 제도이다.

제척의 사유는 다음과 같다(제148조).

1. 심판관 또는 그 배우자나 배우자이었던 자가 사건의 당사자, 참가인 또는 특허취소신청인인 경우

2. 심판관이 사건의 당사자, 참가인 또는 특허취소신청인의 친족의 관계가 있거나 이러한 관계가 있었던 경우

3. 심판관이 사건의 당사자, 참가인 또는 특허취소신청인의 법정대리인 또는 이러한 관계가 있었던 경우

4. 심판관이 사건에 대한 증인·감정인이거나 감정인이었던 경우

5. 심판관이 사건의 당사자, 참가인 또는 특허취소신청인의 대리인인 경우 또는 이러한 관계가 있었던 경우

6. 심판관이 사건에 대하여 심사관 또는 심판관으로서 특허여부결정 또는 심결에 관여한 경우

7. 심판관이 사건에 관하여 직접 이해관계를 가진 경우

심판관에게 제척원인이 있는 경우 심판관은 당연히 그 사건에 대하여 직무를 집행할 수 없는 것이므로 제척원인이 있는 심판관이 관여한 심판행위는 본질적인 절차상의 하자로서 무효이다.

대법원 1983.12.27. 선고 82도3238 판결

[제척원인이 있는 심판관 직무수행]

제척원인이 있는 심판관은 제척신청 또는 제척심판을 기다릴 것 없이 법률상 당연히 그 사건에 관하여 일체의 직무수행을 할 수 없다.

특허법원 1998.9.3. 선고 98허1822 판결

[정정심판사건에 관여한 심판관이 후의 특허무효심판사건에서 제척되어야 하는지 여부(소극)]

특허법 제148조 제6호는 심판관이 '사건'에 대하여 심사관 또는 심판관으로서 사정 또는 심결에 관여한 경우에는 심판 관여로부터 제척된다고 규정하고 있는바, 위 규정에서 사건이라 함은 동일사건을 의미한다 할 것이다. 특허에 대한 무효심판과 같은 특허에 대한 정정심판은 서로 동일사건이라 할 수 없으므로 정정심판에 관여한 심판관이 같은 특허에 대한 무효심판에 관여하였다 하더라도 특허법 제148조 제6호의 심판관 제척사유에 해당한다고 할 수 없다.

대법원 1980.9.30. 선고 78후3 판결

[심판관의 제척사유로서의 "결정에 관여한 때"의 의미]

심판관이 심판관여로부터 제척되는 결정에 관여한 때라 함은 심사관으로서 직접 결정을 담당하는 경우를 말하는 것이므로 거절의 예고통지를 하는데 관여하였을 뿐이라면 전심의 거절결정에 관하였다고 할 수 없다.

특허법원 2010.5.7. 선고 2009허7680 판결

[정정심판을 담당했던 주심 심판관이 정정무효심판에 관여하는 것은 특허법 제148조 6호에 위배되어 위법하다고 한 사례]

심판관의 제척에 관하여 특허법 제148조는 "심판관은 다음 각 호의 어느 하나에 해당하는 경우에는 그 심판 관여로부터 제척된다"라고 규정하면서 같은 조 제6호에 "심판관이 사건에 대하여 심사관 또는 심판관으로서 특허여부결정 또는 심결에 관여한 경우"를 제척사유로 규정하고 있는데, 이러한 규정의 취지는 심판관의 예단을 배제하여 심판의 공정성을 유지하고자 함에 있다고 할 것이다. 또한, 제척원인이 있는 심판관은 법률상 당연히 그 사건에 관하여 일절의 직무집행을 할 수 없는 것이다.

이 사건에서 증거에 의하면, 정정심판의 주심 심판관이 해당 정정심판의 심결에 대한 정정무효심판의 주심 심판관으로 관여한 사실을 인정할 수 있는바, 정정무효심판은 정정심판을 통하여 정정된 사항이 특허법 규정을 만족하는지 여부를 심리하기 위한 심판절차로서, 정정무효심판의 심결은 실질적으로 정정을 인정한 정정심판의 심결이 적법한지 여부를 판단하는 것이므로, 정정심판을 담당했던 주심 심판관이 정정무효심판에 관여하는 것을 허용한다면 이는 자신이 내렸던 정정심결의 적법성 여부를 스스로 판단하도록 하는 결과가 되어, 심판관의 예단을 배제하여 심판의 공정성을 유지하고자 하는 특허법 제148조 제6호 규정의 취지를 몰각하게 된다고 할 것이다.

2) 심판관의 기피

심판관에게 공정한 심판을 기대하기 어려운 사정이 있으면 당사자 또는 참가인은 기피신청을 할 수 있다(제150조 제2항).

3) 제척 · 기피의 신청

그 사건의 당사자 및 참가인은 심판관에 대하여 제척 · 신청을 할 수 있다(제149조). 당사자가 제척을 신청하는 경우 그 제척신청은 심결시까지 할 수 있는 것으로 해석된다. 그를 이유로 하여 심결취소소송으로 불복하여 다툴 수 있으며, 심결확정 후에는 재심사유로 할 수 있다. 반면 기피는 그 사건에 대하여 진술을 하기 전에는 언제든지 기피신청을 할 수 있으며 진술을 한 후에는 기피신청을 할 수 없다.

다만 기피의 원인이 있는 것을 알지 못한 경우 또는 기피의 원인이 그 후에 발생한 경우에는 진술을 한 후에도 신청을 할 수 있다(제150조 제2항).

제척 및 기피신청을 하고자 하는 자는 그 원인을 기재한 서면을 특허심판원장에게 제출하여야 한다. 다만, 구술심리에 있어서는 구술로 할 수 있다(제151조 제1항). 제척·기피의 원인에 대한 소명은 신청한 날로부터 3일 내에 하여야 하나(제151조 제2항), 이 기간은 훈시적인 것으로서 3일 후라도 심판 전에 소명하면 그 효력이 인정된다.

제척·기피의 신청이 있으면 제척·기피심판의 결정이 있을 때까지 해당 심판절차를 중지하여야 하며(제153조),[17] 특허심판원장은 제척·기피 신청을 처리할 심판관을 지정하여 합의체의 심판부를 구성하여야 한다.

4) 제척·기피의 결정

제척 또는 기피신청이 있는 때에는 심판에 의하여 이를 결정하여야 하며, 이 결정은 즉시 확정된다. 제척에 대한 심판부의 결정은 확인행위에 불과하며 제척원인이 있는 심판관은 제척심판을 기다릴 필요없이 법률상 당연히 직무집행에서 제외되어야 한다. 제척 또는 기피의 신청을 당한 심판관은 그 제척 또는 기피에 대한 심판에 관여할 수 없다. 다만 의견을 진술할 수 있다. 이 결정은 서면으로 하여야 하며 그 이유를 붙여야 한다. 또한 이 결정에는 불복할 수 없다(제152조).

제척·기피를 심판하는 심판부는 제척·기피 신청을 조속히 처리하여야 하며, 제척·기피의 결정은 이유를 붙여 서면으로 한다. 제척·기피의 원인명시가 없거나 새로운 제척·기피 원인이 없는 데도 제척·기피신청을 반복하거나 심판장의 심판진행에 대한 불만을 이유로 하여 기피신청을 하는 등의 경우에는 제척·기피 신청을 각하한다.

제척원인이 있는 심판관 및 기피결정이 있는 심판관은 해당 심판사건에 대하여 일체의 직무를 집행할 수 없으며, 그 심판관이나 당사자 등이 이를 아는지를 불문한다. 이 때 특허심판원장은 제척·기피 결정을 받은 심판관의 지정을 해제하고 다른 심판관을 새로이 지정한다.

5) 심판관의 회피

심판관이 특허법 제148조(심판관의 제척) 또는 제150조(심판관의 기피)의 규정에 해당하는 경우에는 특허심판원장의 허가를 받아 해당 사건에 대한 심판을 회피할 수 있다(제153조의2). 제척·기피에서와 같이 회피원인의 소명 등은 필요없다. 또한 회피

---

17) 다만, 긴급한 경우에는 그러하지 아니하다.

시기에 대하여 명시적 규정은 없으나 제도의 취지상 심리종결 전까지는 회피할 수 있다 할 것이다.

3. 청 구 인

특허거절결정 또는 특허권의 존속기간 연장등록거절결정을 받은 자는 그에 대한 심판을 청구할 수 있다. 심사관은 특허의 무효심판, 특허권 존속기간의 연장등록 무효심판, 정정의 무효심판 등을 청구할 수 있다. 이해관계인은 특허의 무효심판, 특허권 존속기간의 연장등록 무효심판, 권리범위확인심판, 정정의 무효심판 등을 청구할 수 있다. 특허권자는 권리범위확인심판, 정정심판, 통상실시권허락의 심판[18] 등을 청구할 수 있다. 이와 같이 특허법은 여러 심판제도와 관련하여 여러 심판청구인을 규정하고 있다.

(1) 심사관

특허 등의 무효심판 및 정정무효심판에 대해서는 이해관계인 이외에 심사관도 청구할 수 있도록 하고 있다. 그 취지는 무효심판은 위법하게 부여된 특허권 등의 효력을 둘러싼 다툼으로 그 권리의 효력은 직접적인 이해관계인만이 아니라 일반 공중에게도 미치는데 무효심판의 청구를 이해당사자에게만 맡길 수 없거나 또는 이해관계인이 심판을 제기하지 않을 경우에는 공공의 이익을 해할 수 있으므로 공익의 대표자로서 심사관이 무효심판을 청구하여 위법하게 부여된 권리를 무효화시킬 수 있도록 하는 데 있다.

> **대법원 1989.3.14. 선고 86후171 판결**
> [무효심판청구인으로서의 심사관의 자격]
> 구 실용신안법 제25조 제2항이 심사관으로 하여금 실용신안등록의 무효심판을 청구할 수 있도록 규정한 것은 심사관 개인을 이해관계인으로 보아서가 아니라 실용신안제도의 원활한 목적달성을 위한 공익적 견지에서 나온 것이므로 그 심사관은 심판제기 당시 실용신안의 등록출원에 대한 심사를 담당하고 있는 자이면 되고 반드시 해당 실용신안등록을 심사하여 등록사정한 심사관에 한하거나 심결당시에 그 심사관의 지위에 있어야만 하는 것은 아니다.

---

18) 전용실시권자 또는 통상실시권자도 심판을 청구할 수 있다.

(2) 이해관계인

특허법은 심판청구의 남발로 인한 행정력의 낭비를 방지하고 특허권자의 법적 지위 안정을 꾀한다는 취지에서 심판을 청구할 수 있는 자를 제한적으로 규정하고 있다. 즉 특허법은 심판의 청구인 적격자로서 '이해관계인'을 규정하고 있다.

심판절차에 있어 이해관계인의 여부는 심판청구에 있어서의 당사자적격의 문제로 심판청구에 따른 이익에 관계하느냐를 판단하게 된다. 이는 "이익없으면 소권없다"라고 하는 민사소송법의 기본원칙이 특허법에도 반영되어 심판청구를 이해관계인에 한정시킨 것이므로 심판청구의 이해관계는 대체로 민사소송법의 권리보호의 이익의 법리를 수용하면 될 것이다. 즉 심판절차에 있어서 이해관계인이란 특허권의 존재로 인하여 직간접적으로 손해를 입거나 입을 우려가 있는 자를 지칭한다 하겠다.[19] 이러한 이해관계인은 권리의무의 주체가 되는 자연인·법인에 한하며, 권리능력이 없는 법인이 아닌 사단·재단은 대표자나 관리인이 정해져 있는 경우에 그 이름으로 심판청구인 및 피청구인이 될 수 있다.

1) 법규정상의 이해관계인

특허법이 심판 절차에서 행위적격자로서 이해관계인으로 규정한 것을 살펴보면 다음과 같다.[20]

① 특허무효심판의 청구인

② 특허권 존속기간의 연장등록 무효심판의 청구인

③ 권리범위확인심판의 청구인

④ 정정무효심판의 청구인

⑤ 참가신청인

⑥ 증거조사 및 증거보전의 신청인

2) 심판청구인으로서의 이해관계인

이해관계인이란 특허발명의 권리존속으로 인하여 법률상 어떠한 불이익을 받거나 받을 우려가 있어 그 소멸에 관하여 직접적이고도 현실적인 이해관계를 가진 사람을 말하며(대법원 2019.2.21. 선고 2017후2819 전원합의체 판결 참조), 그 구체적인 해석은 각각의 심판 종류별로 고찰해

19) 광의로는 특허권자, 전용실시권자, 통상실시권자 및 심사관도 심판절차에 있어서의 이해관계인이다.

20) 기타 다른 절차상의 행위적격자로서 규정된 것으로는 ① 특허료 대납자, ② 재정의 취소신청자 등이 있다.

야 한다.

3) 이해관계의 판단

특허심판에 있어 이해관계는 청구인적격과 직결되는 것으로 이해관계존부에 대한 증명은 심판청구인이 하여야 한다. 이에 대한 이해관계의 존부 판단은 심판관의 직권사항으로서 전적으로 심판관의 판단에 맡겨지고 있다. 따라서 직권으로 심판청구인이 이해관계인인지 아닌지 여부에 대하여 심리판단하지 않은 것은 심리를 다하지 아니한 위법이 있다.[21] 이때 이해관계 존부의 판단시점은 심결시이다.[22] 따라서 심판청구당시에는 이해관계가 인정되지 않는 경우라도 심결시에 이해관계가 있다면 적법한 심판청구로 인정된다. 반면 심판청구시에는 일응 이해관계가 성립되었더라도 심판청구 후 심결시에 이해관계가 소멸된 경우에는 부적법한 심판청구로서 심결각하된다.

심판장은 심판청구가 이해관계가 없는 자에 의하여 청구된 경우에는 심판청구인에게 이해관계가 있음을 인정할 만한 구체적 자료를 제출할 것을 명한 후 지정기간 내에 보정을 하지 아니하거나 심판청구인이 제출한 서면을 검토한 결과 해당 심판청구서가 이해관계가 없는 자에 의한 청구로 인정될 때는 그 심판청구는 부적법한 심판청구이므로 심결로서 각하하여야 한다. 이때 심판청구인은 심결에 대한 불복의 소를 제기하여 그 당부를 다툴 수 있다.

4. 공동심판

(1) 의 의

공동심판이란 하나의 심판사건에 심판청구인 또는 심판피청구인이 2인 이상인 심판을 말한다. 특허법은 제139조 제1항에서 동일한 특허권에 관하여 각종 무효심판이나 권리범위확인심판을 청구하는 경우 그 심판을 청구하는 자가 2인 이상이 있는 때에는 모두가 공동으로 심판을 청구할 수 있다고 규정하고 있고, 동조 제2항 · 제3항에서는 특허권이 공유인 경우에는 반드시 공유자 전원을 심판의 청구인 또는 피청구인으로 하여야 한다고 규정하고 있다. 이와 같이 특허심판절차에서 공동심판을 인정하는 것은 공동으로 심판을 수행하게 하는 경우 다수당사자간의 관계되는 분쟁을 동일절차 내에서 동시에 처리함으로써 심판의 중복을 피하고 당사

---

21) 대법원 1970.3.24. 선고 70후3 판결.
22) 대법원 1984.3.27. 선고 81후59 판결.

자와 특허심판원의 노력을 절약하게 하는 한편 분쟁의 통일적 해결을 기할 수 있기 때문이다.

공동심판여부는 소송수행자의 수가 아니라 당사자의 수를 기준으로 한다. 또한 필수적 공동심판에 있어서 청구인 또는 피청구인은 수인(數人)이지만 심판청구는 하나가 되므로 공동심판인은 심판의 결과에 있어 그 운명을 같이 한다.[23)]

대법원 1987.12.8. 선고 87후111 판결

[공동심판]

구 특허법 제54조 제2항, 제3항에 의하면 특허의 공유관계는 민법 제273조에 규정된 합유에 준하는 것이라 할 것이므로 특허권이 공유인 때에는 그 특허권에 관한 심판사건에 있어서는 공유자 전원이 심판의 청구인 또는 피청구인이 되어야 하고 그 심판절차는 공유자 전원에게 합일적으로 확정되어야 할 필요에서 이른바 필수적 공동소송관계에 있다.

(2) 공동심판의 종류

1) 유사필수적 공동심판

동일한 특허권에 관하여 특허무효심판이나 권리범위확인심판을 청구하는 자가 2인 이상이면 모두가 공동으로 심판을 청구할 수 있다(제139조 제1항). 한편 동일한 특허권에 관하여 이해관계인이 2인 이상이 있을 경우 그 전원을 피청구인으로 할 수 있다.

2) 고유필수적 공동심판

공유인 특허권의 특허권자에 대하여 심판을 청구하는 때에는 공유자 모두를 피청구인으로 하여야 하며(제139조 제2항), 특허권 또는 특허를 받을 수 있는 권리의 공유자가 그 공유인 권리에 관하여 심판을 청구하는 때에도 공유자 모두가 공동으로 하여야 한다(제139조 제3항). 따라서 특허권 또는 특허를 받을 수 있는 권리가 공유인 경우에는 반드시 공유자 전원이 청구인 또는 피청구인이 되어야 한다.

(3) 공동심판의 청구

1) 유사필수적 공동심판

특허권자로부터 권리의 대항을 받은 수인(數人)은 해당 특허권에 관하여 특허무효심판을 청구하고자 하는 경우 수인이 공동으로 청구할 수 있으며, 각각 별도의

---

23) 특허무효심판이나 권리범위확인심판의 경우 2인 이상의 청구가 있어도 그 청구범위가 다르다면 공동심판이 되지 않는다(특허심판원, 「심판편람(제13판)」, 2021, 116면).

심판을 청구할 수도 있다. 또한 특허권자가 특허발명을 실시하는 수인을 상대로 심판을 청구하는 경우에도 특허권자는 하나의 심판사건에 이들 모두를 피청구인으로 하여 청구할 수 있으며 각각 별도의 심판을 청구할 수도 있다.

2) 고유필수적 공동심판

특허권이 공유이거나 특허를 받은 수 있는 권리가 공유인 경우 특허권 또는 특허를 받을 수 있는 권리에 관한 심판을 청구하는 경우에는 그 공유자 전원을 청구인 또는 피청구인으로 하여야 한다.

(4) 공동당사자의 보정 및 추가

결정계 심판에서 누락된 청구인을 추가하는 보정 또는 당사자계 심판에서 누락된 청구인인 특허권자를 추가하는 보정은 요지변경이 아니다(제140조 제2항, 제140조의2 제2항). 따라서 심리종결 전까지 보정이 되면 적법한 심판청구로 인정한다.[24] 다만, 특허권 또는 특허를 받을 수 있는 권리의 공유자가 그 공유인 권리에 관하여 심판을 청구할 때에는 공유자 모두가 공동으로 청구하여야 하기 때문에(제139조 제3항) 단독으로 심판을 청구했다면, 청구인 추가는 사후적으로라도 다른 공유자의 동의가 있는 경우에 한해 할 수 있도록 제한하고 있다.

5. 참 가

(1) 의 의

'참가'란 동일한 특허권에 관하여 이해관계가 있는 제3자가 심판계속중에 그 심판의 한쪽 당사자로 심판절차를 수행하는 것을 말한다. 이러한 참가제도는 심판절차에 이해관계가 있는 제3자로 하여금 별도의 새로운 심판절차를 밟지 않고 자기의 명의로 자기의 이익을 위하여 주장할 수 있는 기회를 부여하고 심판의 공정을 기하려는 데 그 취지가 있다. 즉 특허심판에 대한 심결의 효력은 제3자에게 미치게 되어 있어 타인간의 심판의 결과가 제3자의 법률상의 지위에 직·간접으로 영향을 미치게 된다. 이러한 경우에 그 심판을 당사자간의 심판절차에만 맡기고 방관하게 되면 결과에 따라서는 제3자가 불측의 손해를 입을 염려가 있다. 이에 특허법은 제3자가 자기의 법률상 이익을 보호하기 위하여 타인 간에 계속중인 심판에 개입하여 일방당사자를 보조하여 승소하게 하거나 또는 자기 스스로 청구인으

---

24) 특허심판원, 「심판편람(제13판)」, 2021, 118면.

로서 일방의 당사자측에 참여하여 다른 당사자를 상대로 자기의 주장을 하여 심판절차를 수행할 수 있도록 하고 있다.

(2) 참가의 종류

참가에는 당사자참가(제155조 제1항)와 보조참가(제155조 제3항)가 있다. 당사자참가란 원래 당사자로서 심판을 청구할 수 있는 자가 하는 참가로서 동일한 특허권에 관하여 이해관계인 2인 이상 있을 경우(제139조 제1항)와 같이 공동심판청구인의 지위를 가진 자가 이해관계인 중 1인의 심판청구에 참가하는 경우를 말하며(제155조 제1항), 보조참가란 당사자의 일방을 보조하기 위한 참가로서 심판의 결과에 대하여 이해관계를 가진 자(예컨대 무효심판 대상으로 되어 있는 특허권에 대하여 실시권자 또는 질권 등을 갖는 자)가 참가하는 경우를 말한다(제155조 제3항).

당사자참가의 경우 참가인은 피참가인이 그 심판의 청구를 취하한 후에도 심판절차를 속행할 수 있으며(제155조 제2항), 보조참가의 참가인 역시 일체의 심판절차를 행할 수 있다(제155조 제4항). 또한 참가인에 대하여 심판절차의 중단 또는 중지의 원인이 있는 때에는 그 중단 또는 중지는 피참가인에 대하여도 그 효력이 발생한다(제155조 제5항).[25] 다만 보조참가는 청구인측이나 피청구인측 어느 쪽이나 참가할 수 있는 반면에 당사자 참가는 심판의 청구인측에 공동청구인으로 참가하는 경우에만 인정되며 피청구인측에는 참가할 수 없다.

(3) 참가의 요건

1) 심판의 계속

심판에 참가하기 위해서는 해당 심판이 특허심판원에 계속중이어야 하며, 심리종결 전이어야 한다. 한편 심판단계에서는 참가하지 아니하였으나 심결취소소송 중 새로이 심판에 참가할 수도 있다.[26] 또한 판결확정 후라도 재심의 청구와 동시에 참가신청을 할 수 있다.

이러한 참가는 당사자계 심판에서만 인정되며, 결정계 심판인 거절결정불복심판, 정정심판에는 인정되지 않는다(제171조 제2항, 제136조 제9항). 이 경우 심판에 대해 이해관계가 있는 자는 정보제공을 할 수 있다.[27)28)]

---

25) 당사자 참가의 경우는 몰라도 보조참가에까지 그런 효력을 인정해야 할지는 의문이다.
26) 다만 상고심에서 참가하면 사실상의 주장이나 증거의 제출이 허용되지 않는다.
27) 특허심판원, 「심판편람(제13판)」, 2021, 185면.
28) 심판의 참가는 당사자계 심판이나 재심에 한하고 상표의 등록거절사건에 관하여는 상표법상 참

통상실시권허락심판의 당사자 참가에 있어서는 특허법 제155조 제1항의 규정이 그 참가대상심판을 열거해 놓았기 때문에 당사자 참가는 불가능하다. 반면 통상실시권허락심판의 보조참가의 경우에는 이해관계있는 제3자가 어느 일방을 보조하기 위하여 참가하는 것을 특히 다른 심판에서와 구별하여 배제할 이유가 없다는 점에서 참가가 가능하다 하겠다.

2) 참가인

참가인은 당사자 능력이 있어야 한다. 당사자 참가의 경우에 참가인은 당사자 적격을 가져야 하며, 보조 참가의 경우에는 참가인이 심판의 결과에 이해관계를 가져야 한다. 여기에서 '심판의 결과'란 특허의 무효·유효 등 심결의 주문에서 판단되는 최종적인 결과를 말하며, 심결의 이유에서 나타난 판단이나 사실을 의미하지 않는다. 또한 '이해관계'란 법률상의 이해관계를 말하는 것으로 심판의 결과 여하에 따라 그 심판의 대상으로 되어 있는 특허권에 대한 법률적 지위 또는 참가인과 심판청구인·피청구인과의 사이에 법률관계의 변동이 생길 수 있는 가능성이 있는 경우를 말한다. 따라서 단지 사실상 또는 경제상의 이해관계만으로는 참가할 수 없다.

대법원 1997.3.25. 선고 96후313,320 판결

[특허관리인의 성격 및 무효심판에 있어서 특허관리인이 보조참가를 할 수 있는지 여부]

위 보조참가인은 이 사건 등록상표들에 대하여 출원등록에 관한 대리를 하였고, 이 사건 항고심판에 이르기까지 피심판청구인의 대리인이었으며, 또한 이 사건 등록상표들의 상표관리인으로 선임되어 등록되어 있으므로 보조참가신청을 할 이유가 있다는 것이나, 상표관리인이란 재외자를 대리하는 포괄적인 대리권을 가지는 자로서 형식상은 임의대리인이지만 실질적으로는 법정대리인과 같은 기능을 하는 관계로 당사자 본인에 준하여 취급다고 볼 수 있으므로 위 보조참가인이 무효심판이 청구된 이 사건 등록상표들의 상표관리인이라는 사정만으로는 이 사건 소송의 결과에 제3자로서 법률상 이해관계가 있다고 할 수 없고, 그 주장하는 다른 사정들도 사실상, 경제상의 이해관계에 지나지 아니하는 것으로 보이므로, 결국 위 보조참가인의 이 사건 보조참가신청은 참가의 요건을 갖추지 못한 부적법한 것이라고 할 것이다.

(4) 참가절차

심판에 참가하고자 하는 자는 참가의 취지와 이유를 명시한 참가신청서를 현재

가의 근거규정이 없으므로 참가신청은 부적법하다 할 것이어서 각하될 수밖에 없다(대법원 1995.4.25. 선고 93후1834 전원합의체 판결; 대법원 1997.7.8. 선고 97후75 판결 참조).

심판이 계속하는 심판장에게 제출한다. 이때 심판참가를 할 수 있는 자임을 소명하여야 하며 당사자 어느 쪽에 참가하는지를 표시하여야 한다. 이에 심판장은 참가신청서의 부본을 당사자 및 타참가인에게 송달하고 기간을 정하여 의견서를 제출할 수 있는 기회를 주어야 한다. 참가신청이 있는 경우에는 심판에 의하여 그 참가여부를 결정하여야 하며, 그 결정을 이유를 붙여 서면으로 하여야 한다(제156조 제1항 · 제2항).

참가의 신청은 심리가 종결될 때까지 할 수 있고(제155조 제1항 · 제3항), 어느 때나 참가신청을 취하할 수 있다. 참가신청의 취하는 그것에 의하여 피참가인 및 그 상대방의 이익을 해하는 것은 아니며, 심결의 효력은 취하한 참가신청인 또는 참가인에게 미치는 것이기 때문에 어느 당사자의 동의도 필요하지 않는다. 다만 당사자 참가의 경우에 심판청구인이 심판의 청구를 취하하였기 때문에 참가인만이 절차를 진행하고 있는 경우에는 특허법 제161조 제1항을 유추하여 참가인의 주장에 대하여 피청구인의 답변서를 제출한 후에는 피청구인의 동의를 필요로 한다.

참가신청서가 방식에 위배되거나 수수료를 납부하지 않은 경우에는 심판장은 기간을 지정하여 보정을 명하고, 그 기간을 경과하여도 신청인이 보정하지 아니한 때에는 심판장 명의의 결정으로 각하한다. 한편 당사자 등에 의해 제출된 의견서를 검토한 결과 심판청구인 적격이나 이해관계가 분명하지 않은 경우에는 심판장은 참가신청인에게 심문서를 보내어 참가이유에 대하여 석명하도록 한다. 당사자 등에 대한 의견서 제출 지정기간의 경과 후 참가여부를 결정한다. 참가인 또는 해당 심판이나 재심에 참가신청을 하였으나 그 신청이 거부된 자는 해당 심판이나 재심의 심결에 대하여 특허법원에 심결취소의 소를 제기할 수 있다(제186조 제2항).

(5) 참가의 효력

참가의 허부가 결정되지 아니한 상태일지라도 참가신청인은 참가신청과 동시에 심판절차를 수행할 수 있다. 당사자 참가의 경우 참가인은 공동심판청구인과 같은 지위 권한을 가지며, 일체의 심판절차를 밟을 수 있고 피참가인이 그 심판의 청구를 취하한 후에도 심판절차를 속행할 수 있다(제155조 제2항).

보조참가의 참가인 역시 피참가인의 승소를 위하여 심판에 관한 일체의 심판절차를 자기의 이름으로 행할 수 있고 피참가인 자신이 한 것과 동일한 효과를 발생하기 때문에 심판서류의 송달 등에 있어 똑같은 취급을 받는다. 다만 보조참가인은 당사자의 일방을 보조하기 위하여 노력하는 자이며 자기명의로 심결을 받는 자가 아니므로 진정한 의미의 당사자가 아니다. 따라서 제3자로서 증인이나 감정인

능력을 갖는다. 심판청구인이 심판청구를 취하하는 경우에는 보조참가인은 공동심판청구인과는 달리 참가인의 지위를 상실하며 심판절차는 종료한다.

피참가인의 부적법한 심판청구에 적법한 당사자 참가가 있는 경우와 관련하여 논의가 있다. 실무[29]에서는 먼저 심판장이 심판청구서를 결정에 의하여 각하하든가, 또는 합의체가 심판청구를 심결에 의하여 각하하고 이어서 참가신청을 결정에 의하여 각하하고 있다. 반면 소송경제적인 면에서 일단 적법하게 참가한 참가인은 피참가인에 불구하고 계속해서 심판을 수행할 수 있다고 하는 견해가 있다. 즉 당사자 참가의 경우 참가가 심판청구인 적격을 갖춘 자가 별도의 심판을 청구하는 대신에 기왕의 타인의 계속중인 심판에 참가하여 피참가인과 공동심판청구인이 된 것이므로, 비록 피참가인의 부적법한 심판청구로 인해 일부각하의 사정이 있을지라도 참가인은 심판을 수행할 수 있다고 한다. 당사자 참가의 경우 참가인은 피참가인이 그 심판의 청구를 취하한 후에도 심판절차를 속행할 수 있다고 한 특허법의 규정이나 소송경제라는 측면에서 일면 수긍할 만한 견해이다.

참가인은 심판에 있어서 공격 및 방어방법의 제출 등 일체의 심판절차를 수행할 수 있다. 특히 당사자 참가의 경우 참가인은 심판청구 취지의 범위 내에서 피참가인의 행위와 모순되는 심판절차를 밟을 수도 있다. 다만 보조 참가의 경우 참가인이 피참가인의 심판절차수행과 저촉되는 행위를 할 수 있는지에 대하여는 의견이 대립한다. 즉 심결이 확정되면 일사부재리의 효력을 가지는 특허심판의 특성상 심결의 효력은 참가인에게도 미치므로 참가인도 피참가인의 행위와 저촉되는 행위를 할 수 있다고 보는 견해가 있다. 그러나 부정설은 민사소송법 제76조 제2항의 규정을 유추하여 보조참가인은 피참가인의 행위와 저촉되는 행위를 할 수 없다고 본다. 이에 긍정설은 직권주의가 적용되는 특허심판에서는 당사자 처분주의나 변론주의에 기인한 민사소송법이 적용될 여지가 없다고 지적한다. 하지만 보조참가의 경우 참가인은 청구인측이나 피청구인측에 선택적으로 참가할 수 있고 일단 이렇게 참가를 하였다면 그 피참가인에 저촉하는 행위는 할 수 없다고 보아야 할 것이다.

참가인에 대하여 심판절차의 중단 또는 중지의 원인이 있는 때에는 그 중단 또는 중지는 피참가인에 대하여도 그 효력이 발생한다(제155조 제5항). 심결이 있는 때에는 심결의 효력은 참가인에게 미친다. 일사부재리의 효력을 갖는 특허심판의 효력상 당

29) 특허심판원, 「심판편람(제13판)」, 2021, 152면.

연하다. 특히 민사소송법상의 참가가 있는 소송사건에 대한 판결의 효력이 당사자에게만 미치고 보조참가인에게는 미치지 않는다는 것이 다수설인 데 비하여, 특허심판은 심결의 대세적 효력이 인정되는바, 심결취소소송에 보조참가한 경우에도 예외적으로 판결의 효력이 보조참가인에게 미친다 할 것이다.

대법원 1970.8.31. 선고 69후13 판결

[심판청구인이 아닌 보조참가인만이 이해관계를 가진 경우 심판청구 적법여부(소극)]

주된 당사자인 심판청구인이 이해관계를 갖지 아니한 경우에는 가사 보조참가인이 독립하여 무효심판을 청구할 수 있는 이해관계를 가진 자라 하더라도 그로써 심판청구인의 심판청구를 적법하게 할 수는 없다.

6. 국선대리인

특허심판원장은 산업통상자원부령으로 정하는 요건을 갖춘 심판 당사자의 신청에 따라 대리인(이하 "국선대리인"이라 한다)을 선임하여 줄 수 있다. 다만, 심판청구가 이유 없음이 명백하거나 권리의 남용이라고 인정되는 경우에는 그러하지 아니하다(제139조의2 제1항). 지적재산권과 관련된 특허심판의 경우에는 「발명진흥법」에서 규정된 '공익변리사 특허상담센터'[30]를 통해 심판과 관련된 상담 및 심결취소소송 · 심판 대리 등을 지원하고 있지만 공익변리사 인원 및 예산상 한계로 인하여 사회적 약자를 위한 특허심판 지원에는 한계가 있기 때문에, 2019년 1월 8일 개정법(법률 제16208호)에서는 사회취약계층에게 심판 대리 업무를 지원하는 국선대리인 규정을 신설하였다. 또한, 국선대리인이 선임된 당사자에 대하여 심판절차와 관련된 수수료를 감면할 수 있도록 하여(제139조의2 제2항), 사회취약계층의 부담을 덜어줄 수 있게 되었다.[31]

---

30) 26조의2(공익변리사 특허상담센터) ① 특허청장은 사회적 약자에 대한 특허 관련 상담 등 무료 변리서비스를 제공하기 위하여 공익변리사 특허상담센터(이하 "상담센터"라 한다)를 설치한다.

② 상담센터는 다음 각 호의 업무를 수행한다.

1. 산업재산권의 출원 · 심사 · 등록 · 심판절차와 관련한 상담 및 서류작성 지원
2. 「변리사법」 제2조에 따라 특허청 또는 법원에 대하여 하여야 할 사항의 대리
3. 산업재산권 관련 분쟁조정신청서 검토 및 잠정 합의권고안 작성 지원
4. 특허분쟁 경영컨설팅 및 법률 자문
5. 산업재산권 관련 설명회의 개최 및 상담
6. 그 밖의 산업재산권 관련 법률서비스 지원 및 대통령령으로 정하는 상담센터의 운영 목적에 부합하는 업무

31) 송대호, 특허법 일부개정법률안 검토보고서(조배숙의원 대표발의(의안번호 13111, 13112, 13113)), 산업통상자원중소벤처기업위원회, 2018.8, 3~4면).

제 4 절 심판 절차

결정계 심판절차[32)]

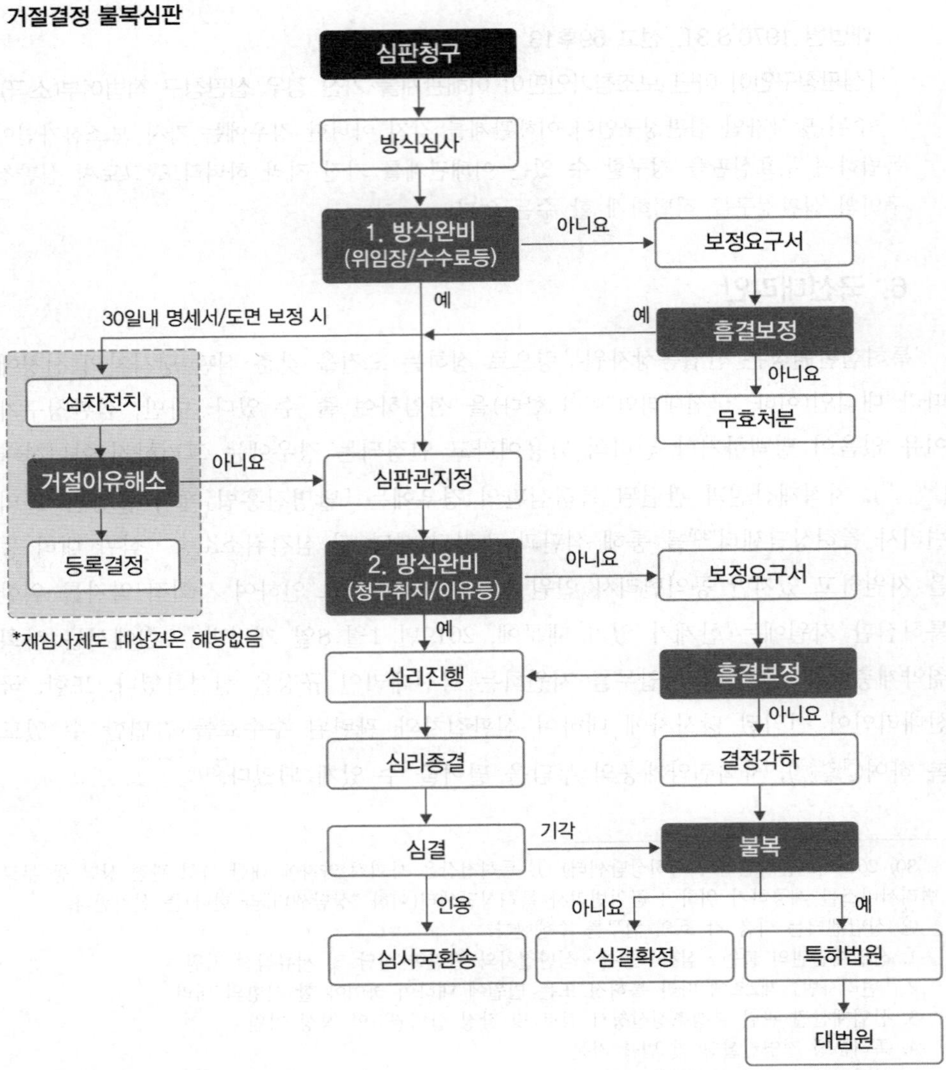

32) 특허심판원 홈페이지 www.kipo.go.kr/ipt/iptContentView.do?menuCd=SCD0400072

정정심판

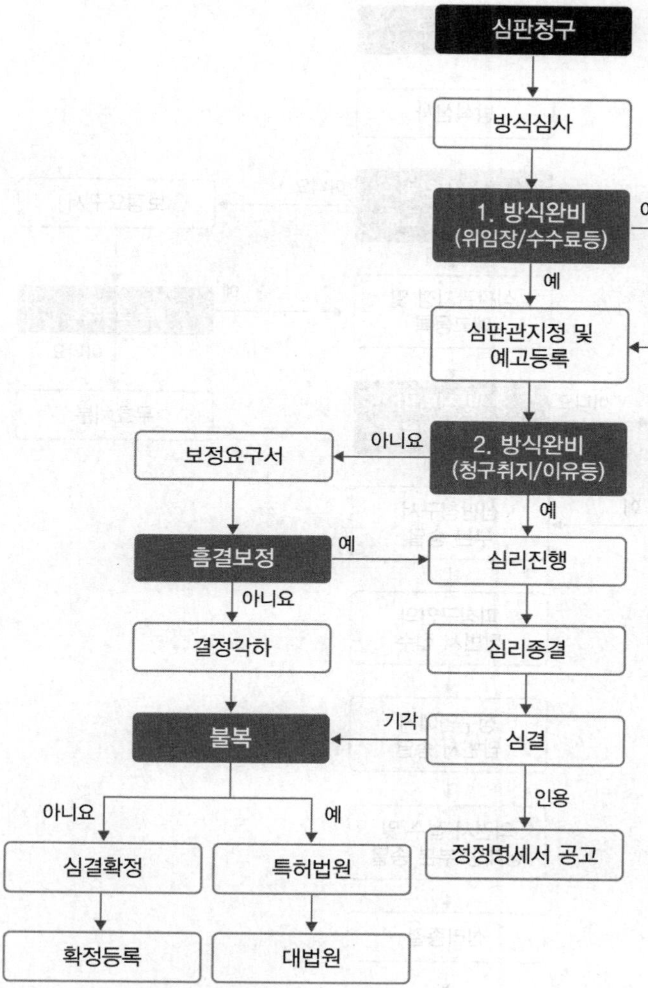

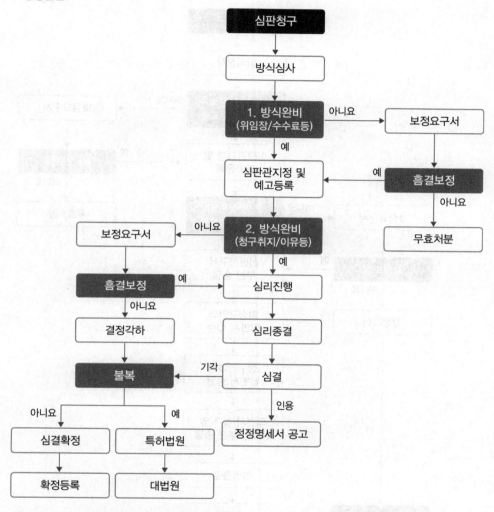

※2001.7.1. 이전 특허출원의 경우 심리종결전 정정명세서를 공고하며, 정정이의 신청기간이 있음

당사자계 심판절차[33]

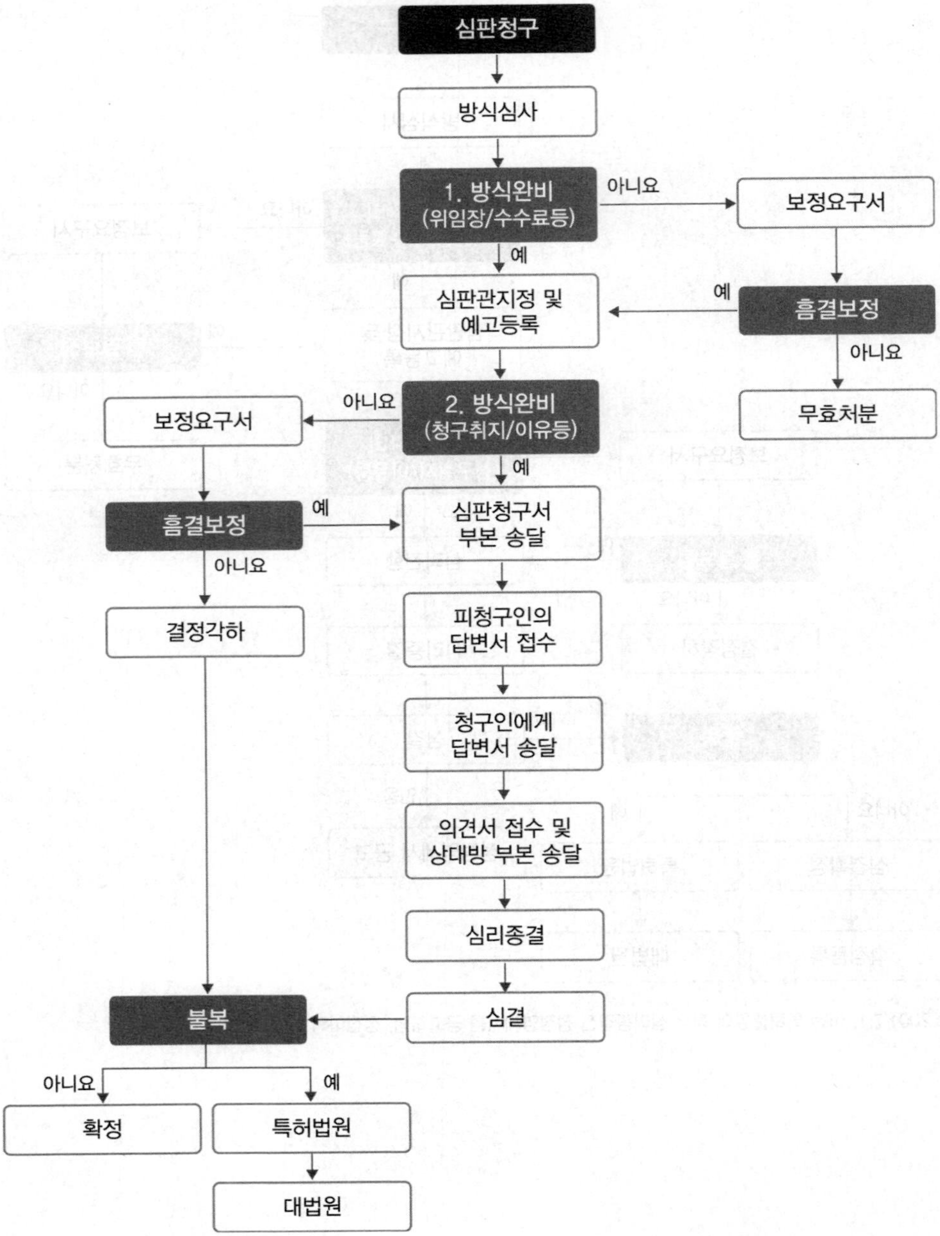

33) 특허심판원 홈페이지 www.kipo.go.kr/ipt/iptContentView.do?menuCd=SCD0400072

1. 심판의 청구

(1) 심판청구서 및 청구방식(제140조)

심판을 청구하는 자는 ① 당사자의 성명과 주소(법인인 경우에는 그 명칭 및 영업소의 소재지), ② 대리인의 성명 및 주소나 영업소의 소재지(특허법인인 경우 그 명칭, 사무소의 소재지 및 지정된 변리사의 성명), ③ 심판사건의 표시, ④ 청구의 취지 및 그 이유 등을 기재한 심판청구서를 특허청장에게 제출하여야 한다(제140조 제1항).

심판의 종류에 따라 필요적 기재사항 외에도 ① 권리범위 확인심판을 청구할 경우는 특허발명과 대비될 수 있는 설명서 및 필요한 도면(제140조 제3항), ② 통상실시권허락심판의 심판청구서에는 i) 실시를 요하는 자기의 특허의 번호 및 명칭, ii) 실시되어야 할 타인의 특허발명·등록실용신안이나 등록디자인의 번호·명칭 및 특허나 등록의 연월일, iii) 특허발명·등록실용신안 또는 등록디자인의 통상실시권의 범위·기간 및 대가(對價) 등의 기재(제140조 제4항), ③ 정정심판을 청구할 경우는 정정한 명세서 또는 도면(제140조 제5항) 등이 요구된다.

(2) 특허거절결정에 대한 심판청구서 및 청구방식(제140조의2)

특허거절결정에 대한 심판을 청구하고자 하는 자는 특허법 제140조 제1항의 규정에 불구하고 다음의 사항을 기재한 심판청구서를 특허심판원장에게 제출하여야 한다(제140조의2 제1항).

1. 청구인의 성명 및 주소(법인인 경우에는 그 명칭 및 영업소의 소재지)
2. 대리인이 있는 경우에는 그 대리인의 성명 및 주소나 영업소의 소재지(대리인이 특허법인인 경우에는 그 명칭, 사무소의 소재지 및 지정된 변리사의 성명)
3. 출원일 및 출원번호
4. 발명의 명칭
5. 특허거절결정일
6. 심판사건의 표시
7. 청구의 취지 및 그 이유

(3) 심판청구서의 보정

심판청구서의 보정은 그 요지를 변경할 수 없다. 다만, 다음의 어느 하나에 해당하는 경우에는 그러하지 아니하다(제140조 제2항, 제140조의2 제2항).

1. 심판의 당사자 중 특허권자나 거절결정불복심판의 청구인의 기재를 바로잡기 위한 보정(추가하는 것을 포함하되, 청구인이 추가될 때는 특허권자나 거절결정불복심판 청구인의 동의가 있는 경우로 한정한다)

2. 심판청구의 이유를 보정하는 경우

3. 적극적 권리범위 확인심판에서 심판청구서의 확인대상 발명(청구인이 주장하는 피청구인의 발명을 말한다)의 설명서 또는 도면에 대하여 피청구인이 자신이 실제로 실시하고 있는 발명과 비교하여 다르다고 주장하는 경우에 청구인이 피청구인의 실시 발명과 동일하게 하기 위하여 심판청구서의 확인대상 발명의 설명서 또는 도면을 보정하는 경우

심판청구서의 보정은 원칙적으로 요지변경이 되어서는 안 된다. 이는 요지의 변경을 함부로 인정하면 심판사무가 복잡·지연되어 심판의 안정성이 상실될 우려가 있기 때문이라고 할 수 있다.

1) 당사자 및 심판사건의 표시

심판청구서에 기재되는 심판사건의 표시는 심판청구의 대상과 심판의 종류를 표시한다. 즉 청구하고 있는 심판이 특허무효심판인지 또는 권리범위확인심판인지에 대해서 심판청구서에 표시해야 한다. 심판청구서에 표시된 권리번호, 출원번호 또는 당사자 표시를 보정하는 것이 단순한 오기를 바로잡는 것으로 인정되는 경우에는 그 보정이 인정되나, 그 보정이 요지변경으로 인정되는 경우에는 그 보정은 인정되지 않는다.

2) 심판청구의 취지

심판청구의 취지는 심판청구인이 어떠한 심결을 구하는가를 특정하여 요구하는 것을 의미한다. 이에 일반적으로 심판을 통한 심판의 대상 특허권의 취급과 그 심판에 소요된 비용의 부담에 대한 사항으로 압축된다. 이 심판청구의 취지도 심판청구서의 요지이므로 그 청구취지의 보정은 인정되지 아니함이 원칙이나 단순한 오기는 바로잡을 수 있다.

한편 심판청구서 이외의 보충서류의 경우에도 심판번호와 심판사건의 표시가 불일치하는 등 그 심판번호 또는 심판사건의 표시가 불명확하거나 잘못 기재되어 심판사건을 특정할 수 없을 때에는 당사자에게 보정을 명하거나 심문을 하는 등 당사자에게 소명의 기회를 주어야 한다.

대법원 1981.9.8. 선고 80다2904 판결

[청구취지의 특정여부]

청구취지의 특정여부는 직권조사사항이라고 할 것이므로 청구취지가 특정되지 않은 경우에는 법원은 피고의 이의 여부에 불구하고 직권으로 그 보정을 명하고 그 보정명령에 응하지 않을 때에는 소를 각하하여야 한다.

대법원 2002.3.15. 선고 2001후1051 판결

[청구의 이유]

원심은 나아가, 원고가 그 등록의장의 무효확인을 구한 심판청구서에서 적용법조로서 의장법 제5조 제1항 및 제2항만을 기재하였다고 하더라도 원고의 이 사건 사실 주장 중에는 이 사건 등록의장이 선출원된 인용의장과 동일 또는 유사하여 의장법 제16조 제1항에 위배된다는 주장이 포함되어 있다고 봄이 상당하므로, 당초의 심결에서는 이 사건 등록의장과 이에 대하여 선출원의 지위를 갖는 인용의장과의 유사 여부를 대비판단하여 이 사건 등록의장이 의장법 제16조 제1항의 규정에 의하여 무효로 될 수 있는지를 나아가 판단하였어야 함에도 불구하고, 원고의 주장 내용을 제대로 살피지 아니하고 인용 의장이 이 사건 등록의장의 출원일 이후에 공지되었다는 것만을 이유로 원고의 심판청구를 기각하였으니 그 심결에는 판단누락의 위법이 있다는 요지로 판단하였다. 기록상 이 사건 등록의장과 인용의장은 극히 유사하다고 판단되는 이 사건에서 원심의 위와 같은 판단은 옳고, 그 판단에 의장법 제5조 및 제16조에 관한 법리를 오해하였거나 심리를 다하지 아니하였다거나 증거법칙을 위배하였다거나 판단을 누락하였다는 등으로 판결에 영향을 끼친 위법사유가 없다.

심판의 당사자 중 특허권자나 거절결정불복심판의 청구인의 기재를 바로잡기 위한 보정이나 일부가 착오로 누락되었을 때 추가하는 보정은 요지변경일지라도 인정된다. 다만 청구인으로 추가할 때는 특허권자나 거절결정불복심판 청구인의 동의가 있는 경우로 한정한다(제140조 제2항 1호, 제140조의2 제2항 1호). 이는 특허권 또는 특허를 받을 수 있는 권리의 공유자가 그 공유인 권리에 관하여 심판을 청구할 때에는 공유자 모두가 공동으로 청구하여야 하는데(제139조 제3항) 일부가 심판을 청구했다면, 청구인 추가는 사후적으로라도 다른 공유자의 동의를 받도록 제한하는 것으로 민사소송법 제68조를 반영한 결과라고 할 수 있다.

심판청구이유의 보정은 요지변경일지라도 인정된다(제140조 제2항 2호, 제140조의2 제2항 2호). 본안심리할 때 심판청구이유에 대해서는 심판청구인이 적은 범위가 아닌 전체에 대해 직권심리할 수 있기 때문에 자유롭게 보정을 인정하고 있다. 따라서 청구의 취지를 변경하지 아니하는 한 최초 신청한 이유의 일부 또는 전부를 정정하고 새로운 이유를 추가할 수 있다.

적극적 권리범위 확인심판에서 심판청구서의 확인대상발명(청구인이 주장하는 피청구인의 발명을 말한다)의 설명서 또는 도면에 대하여 피청구인이 자신이 실제로 실시하고 있는 발명(실시주장발명)과 비교하여 다르다고 주장하는 경우에 청구인이 피청구인의 실시 발명과 동일하게 하기 위하여 심판청구서의 확인대상발명의 설명서 또는 도면을 보정하는 경우에는 요지변경이 되더라도 허용된다(제140조 제2항 3호). 이를 요지변경이라는 이유로 허용하지 않는다면 동일한 피청구인을 대상으로 다시 심판을 청구해야 하는데, 이는 소송경제에 비추어 적절치 않기 때문이다.

대법원 2012.5.24. 선고 2012후44 판결

[권리범위확인심판에서 확인대상발명의 보정이 요지변경이 되는지에 대한 판단]

구 실용신안법(2006.3.3. 법률 제7872호로 전부 개정되기 전의 것, 이하 같다) 제55조 제2항 본문에 의하면,'심판청구서의 보정은 그 요지를 변경할 수 없다'고 규정되어 있으나, 그 규정의 취지는 요지의 변경을 쉽게 인정할 경우 심판절차의 지연을 초래하거나 피청구인의 방어권행사를 곤란케 할 우려가 있다는 데에 있으므로, 그 보정의 정도가 청구인의 고안에 관하여 심판청구서에 첨부된 도면 및 설명서에 표현된 구조의 불명확한 부분을 구체화한 것이거나 처음부터 당연히 있어야 할 구성부분을 부가한 것에 지나지 아니하여 심판청구의 전체적 취지에 비추어 볼 때 그 고안의 동일성이 유지된다고 인정되는 경우에는 위 규정에서 말하는 요지의 변경에 해당하지 않는다.

특허법원 2009.9.9. 선고 2009허2227 판결

[제140조 제2항 3호의 규정이 소극적 권리범위확인심판에서 적용될 수 있는지 여부(소극)]

제140조 제2항 3호는 적극적 권리범위확인심판의 경우 확인대상발명을 특정할 의무가 있는 자와 실제로 실시하는 자가 다르기 때문에 피청구인의 협력이 없다면 청구인이 확인대상발명을 정확히 특정하는 것이 소극적 권리범위확인심판에 비하여 상당한 어려움이 있을 수 있는 점을 고려하여 확인대상발명 특정에 관한 청구인의 불리함을 보상함으로써 균형을 도모하기 위한 특칙이다. 따라서 위 규정은 확인대상발명의 특정 의무자와 실시자가 동일한 소극적 권리범위확인심판에는 적용되지 아니한다.

2. 형식 심사

(1) 방식심리

심판장은 심판청구인이 심판청구방식(제140조 제1항·제3항~제5항, 제140조의2 제1항)에 위반한 경우(제141조 제1항 1호) 또는 소정의 수수료를 납부하지 아니하거나 절차적 행위능력의 흠결과 대리권 범위에 흠결이 있는 경우, 법령에 의한 방식에 위반된 경우(제141조 제1항 2호)에는 상당한 기간을 정하여 그 흠결을 보정할 것을 명하여야 한다.

심판장은 보정명령을 받은 자가 지정된 기간에 보정을 하지 아니하거나 보정한 사항이 요지변경인 경우(제140조 제2항, 제140조의2 제2항 위반)에는 심판청구서 또는 해당 절차와 관련된 청구나 신청 등을 결정으로 각하하여야 한다(제141조 제2항). 이 결정은 서면으로 하여야 하며 반드시 결정의 이유를 붙여야 하는바(제141조 제3항) 이는 민사소송법상 재판장의 소장(訴狀) 심사권(민사소송법 제254조)과 같은 규정이다.

심판장의 심판청구서에 대한 각하결정에 대하여 불복이 있는 자는 각하결정문 등본을 송달받은 날로부터 불변기간인 30일 내에 특허법원에 소를 제기하여 그 당부를 다툴 수 있다. 이 경우 특허청장을 피고로 한다.

특허법원 1999.11.11. 선고 99허4538 판결

[심판원장이 보정명령시 심판장이 보정명령 없이 한 심판청구서의 각하결정의 적법여부]

특허심판원장이 보정명령을 발하기는 하였으나 이를 근거로 심판장이 특허법 제141조 제2항에 의한 각하 결정을 할 수는 없으므로, 원고에 대한 이 사건 심판청구서 각하결정은 심판장이 특허법 제141조 제1항에 의한 보정명령없이 같은 조 제2항에 의하여 한 것이어서 위법하다고 할 것이다.

(2) 적법성심리

심판청구서에 일정한 형식적 사항을 갖추고 있으면 부적법한 경우라도 수리하여 심리하여야 한다. 그러나 심판청구가 부적법하고 그 흠을 보정할 수 없는 때(청구기간 경과 후에 한 심판청구 등)에는 피청구인에게 답변서 제출의 기회를 주지 아니하고 심결로써 이를 각하할 수 있다(제142조). 이와 같은 심결각하는 심판청구를 각하한다는 점에서 심판청구서 자체를 각하하는 결정각하와 구별된다. 이러한 심결각하는 보정불능인 경우를 제외하고는 보정을 명한 후가 아니면 할 수 없으며, 심판관 합의체에서 행한다.

심판청구서의 결정각하사유는 특허법 제140조, 제140조의2에서 정한 심판청구서 방식에 위반된 경우에 한한다 하겠으나, 심판청구의 심결각하는 그 이외의 경우로서 다음의 예와 같이 심판청구가 부적법한 경우를 말한다.

1. 심판청구가 이해관계 없는 자에 의하여 청구된 경우
2. 일사부재리 원칙에 위반된 경우
3. 심판청구서가 요지변경된 경우
4. 출원이 취하·포기된 경우
5. 특허권이 소멸된 경우
6. 화해 등의 경우
7. 심판이 중복하여 청구된 경우
8. 기간을 경과하여 심판청구된 경우

심판청구가 부적법한 청구로서 심결각하사유에 해당되는 경우에는 기간을 정하여 그 흠결을 보정할 것을 명한다. 한편, 보정불능인 심판청구의 경우에는 보정을 명하지 아니하고 곧바로 심결각하할 수 있다.

심판청구가 부적법하여 심결각하된 경우 심판청구인은 각하심결문등본을 받은 날로부터 30일 내에 특허법원에 소를 제기하여 그 당부를 다툴 수 있다. 이 경우 결정계 심판은 특허청장을, 당사자계 심판은 원심판의 피청구인을 피고로 한다.

대법원 1997.6.27. 선고 97후235 판결

[적법성 심리]

소송(심판)요건에 흠결 등이 있어서 본안에 들어가 판단을 할 수 없는 경우에 있어서는 그 소송(심판)은 부적법하다 하여 각하하여야 하고 본안에 대하여는 판단을 할 수 없으므로, 이러한 경우에 본안에 대한 판단이 없다 하여 이를 판결(심결)결과에 영향이 있는 판단누락이라고 할 수 없다.

(3) 심판청구서 부본의 송달과 답변서의 제출

심판장은 심판청구서를 수리한 때 그 부본(副本)을 피청구인에게 송달하고(당사자계 심판의 경우) 기간을 정하여 답변서를 제출할 수 있는 기회를 주어야 한다(제147조 제1항·제2항). 또한 심판장은 심리에 필요한 경우에는 구두나 서면으로 심문할 수 있다(제147조 제3항). 그러나 피청구인은 청구서의 송달을 받은 경우 반드시 답변서를 제출할 의무가 있는 것이 아니고, 답변서의 제출 여부는 피청구인의 임의이다. 그러므로 심판장은 답변서 제출여부에 관계없이 직권으로써 심판절차를 진행할 수 있다.

3. 심 리

(1) 구술심리와 서면심리

심판의 결과는 기존의 권리를 소급해서 효력을 상실시키는 등으로 인하여 당사자에게 중대한 영향을 미칠 뿐만 아니라 대세적 효력으로 인한 파급효과도 막대하다. 따라서 특허심판에 있어서 심리는 그 절차와 방식에 있어서 신중하고 정확을 기할 필요가 있을 뿐만 아니라 공정성 · 신속성도 아울러 요구된다. 이와 같은 심리의 정확성과 공정성 · 신속성을 어떻게 조화시키느냐가 특허심판에 있어서 주요한 당면과제라 할 것이다. 이에 특허법은 심리에 관하여 구술심리와 서면심리를 조화하여 활용함으로써 특허심판의 본래 기능을 효율적으로 달성하고 있다.

심판은 구술심리 또는 서면심리로 한다. 다만 당사자가 구술심리를 신청하였을 때에는 서면심리만으로 결정할 수 있다고 인정되는 경우 외에는 구술심리를 하여야 한다(제154조 제1항). 구술심리로 행한 경우에는 그 심리를 원칙적으로 공개하여야 하나, 공공의 질서 또는 선량한 풍속을 어긋날 우려가 있으면 그러하지 아니하다(제154조 제3항). 심리는 당사자계 심판에서는 구술심리를 원칙으로 하고 결정계 심판에서는 서면심리를 원칙으로 하였으나 2001년 2월 3일 개정법(법률 제6411호)에서 운영상의 문제점이던 것을 보완하였다.

1) 구술심리

구술심리란 당사자 및 심판관의 특허심판사건에 대한 심판행위, 즉 변론 및 증거조사가 구술로서 진행되는 것을 말한다. 이러한 구술심리는 당사자나 심판관이 특허심판사건의 심리에 임하여 그에 따른 변론이나 증거조사를 구술로 하는 것을 의미하나, 심판의 청구나 청구 취하, 심결 등 주요한 심판절차에서 구술심리는 배제된다.

구술심리는 그 진술이 신선하고 당사자가 직접 석명할 수 있어 기술내용이나 사건내용의 이해가 빠르며 심판관은 당사자가 제출한 서면이나 진술, 증인의 증언이 불투명한 경우 보충심문 등을 통하여 석명권을 행사함으로써 그 전부를 정확히 판단할 수 있다. 또한 구술심리는 증거조사가 용이하고 그 절차와 내용을 공개하기 때문에 양 당사자는 그 심판내용을 직접 확인할 수 있어 심판에 대한 의혹과 불신을 제거하여 심판의 신뢰성 확보는 물론 심판에 대한 승복률도 높일 수 있는 장점이 있다. 그러나 이는 그 형식과 절차가 번거롭고 복잡하며 사건의 종결을 지연시킬 우려가 있으며 청취결과를 망각하기 쉽고 상급심에서 하급심의 심결을 재심사하는 데 어려움이 있다. 또한 특허심판은 기술내용의 고도성과 전문성 등으로 인하여 구술심리만으로는 그 기술내용을 정확히 비교 판단키 어려울 뿐만 아니라 심판의 적정을 기하기 어렵다.

심판장은 특허심판 사건을 심리함에 있어 당사자 또는 참가인의 신청에 의하여 또는 직권으로 그 사건을 구술심리로 할 수 있다. 이에 심판장은 구술심리에 의한 심판을 할 경우에는 그 기일 및 장소를 정하고 그 취지를 적은 서면을 당사자 및 참가인에게 송달하여야 한다. 기일지정통지서는 특별한 경우를 제외하고는 기일의 3주일 전에 송달하고 구술심리 진술요지서를 기일 1주일 전까지 제출할 수 있도록 한다.[34] 다만 해당 사건의 이전 심리에 출석한 당사자 및 참가인에게 알렸을 때에는 그러하지 아니하다(제154조 제4항). 또한 구술심리기일은 사정이 있는 경우 당사자 참가인의 청구나 직권에 의하여 이를 변경할 수 있다.

구술심리에 의한 심판을 할 경우에는 특허심판원장이 지정한 직원에게 기일마다 심리의 요지와 그 밖에 필요한 사항을 적은 조서를 작성하게 하여야 하며(제154조 제5항), 그 조서에는 심판의 심판장 및 조서를 작성한 직원이 기명날인하여야 한다(제154조 제6항). 구술심리기일에 당사자 쌍방이 출석하지 아니한 경우에는 구술심리를 할 수 없고 구술심리조서만을 작성하며 당사자 일방만이 출석하지 아니한 경우에는 원칙적으로 구술심리를 행한다.

변론 또는 증거조사를 구술에 의할 경우 심판장 및 관여 심판관은 당사자 참가 등에게 그 내용을 구술로서 진술케 하며 당사자의 진술이 불명확하거나 당사자가 진술한 사항이 불명료하여 사실규명을 위하여 필요하다고 판단되는 경우에는 증인신문, 보충신문 등을 할 수 있다. 또한 심판장은 필요하다고 인정되는 경우 신청 또는 직권에 의하여 녹음장치를 사용하여 진술의 일부 또는 전부를 녹취할 수 있다. 이와 같이 심리를 구술심리로 하는 경우 당사자는 심판관의 면전에서만 구술로 변론하여야 하며 구술로 진술한 증거자료만이 심결의 기초로 한다. 한편, 심판장은 구술심리 중 심판정 내의 질서를 유지한다(제154조 제9항).

2) 서면심리

서면심리는 당사자가 제출한 서면만으로 심리함을 의미한다. 이러한 서면심리는 진술을 서면으로 하기 때문에 내용을 빠뜨리지 않고 정확히 진술할 수 있으며 당

---

34) 특허심판원, 「심판편람(제13판)」, 2021, 347면.

사자나 증인 등이 심판정에 직접 출정하는 번거로움이 없다. 또한 그 진술한 서면을 언제라도 열람할 수 있고, 재확보할 수 있으며 심결취소소송에서 이를 토대로 진술할 수 있으며 미비점 등을 보완할 수 있다. 그러나 당사자가 서면을 작성하는 데 많은 시간이 들고 심판기록이 비대해져 변론이 집중되지 못하며, 심판관이 그 기술을 이해하고 판단하는 데 많은 시간이 걸린다는 어려움이 있다. 또한 주심이 서면공방 과정을 주도할 수 있으므로 배심이 이에 관여할 기회가 적게 되는 등 합의제의 장점을 반감시킬 우려가 있다.

이와 같은 서면심리는 심판청구인이 제출한 청구서와 보충서, 피심판청구인이 제출한 답변서 등이 중심으로 하여 심리하되, 양당사자가 주장한 내용에 불분명하거나 불완전한 점이 있으면 심판장은 석명권을 행사하여 보충지시를 명하여 이를 명백히 하며, 심판관은 사건이 어느 정도 성숙되었다고 판단할 때는 심리를 종결하고 심결문에 의한 심결을 한다.

(2) 심판절차에 있어서의 직권주의

심판에 있어서는 심판절차에 관한 주도권을 심판관에게 인정하는 직권주의가 채택되고 있다. 즉 심판의 심리나 진행을 당사자에게 맡기는 당사자주의가 있는데 특허심판에 있어서는 직권주의가 적용되고 당사자주의는 적용되지 않는다. 이와 같이 특허심판에서 직권주의를 채택하고 있는 것은 특허심판은 당사자간의 분쟁뿐만 아니라 널리 제3자의 이해에 관한 문제의 해결을 목적으로 하는 것으로서 공익적 국가산업정책적인 측면에서 대세적 효력을 꾀할 필요가 있기 때문이다. 이러한 직권주의에는 직권탐지주의와 직권진행주의가 있다.

1) 직권탐지주의(심판자료수집에 대한 직권주의)

직권탐지주의란 민사소송에서의 변론주의에 대응하는 개념으로 심판을 함에 있어 당사자의 주장을 기다리거나 또는 이에 구애받지 않고 심판관이 적극적으로 사건에 개입하여 필요한 사실을 탐지하고 증거조사를 실시하는 것을 말한다.

심판은 민사소송법상의 원칙인 변론주의와 달리 직권탐지주의를 채택하고 있다. 즉 특허심판에 있어서 당사자의 주장에 구속되지 않고 심판관이 적극적으로 직권에 의해서 심결에 이르는 데 필요한 사실의 탐지 및 증거조사나 증거보전을 할 수 있다. 이에 ① 당사자 또는 참가인이 신청하지 않은 이유에 대해서도 심리할 수 있고, 이 경우 당사자 및 참가인에게 기간을 정하여 그 이유에 대하여 의견을 진술할 수 있는 기회를 주어야 하고(제159조 제1항), ② 증거조사 및 증거보전은 당사자의 신청에 의한 것 외에 직권으로도 할 수 있다(제157조 제1항).

대법원 1985.11.12. 선고 84후44 판결

[신청 또는 취하의 이유]

특허법 제119조(1990. 1. 13. 전부개정 전의 조문으로 현행법 제159조에 해당)에 심판에 있어서 당사자 또는 참가인이 신청하지 아니한 이유 또는 취하한 이유에 대하여도 이를 심리할 수 있으나 이 경우에는 당사자 또는 참가인에게 의견을 진술할 기회를 주어야 하고 이러한 기회를 주지 아니한 심판절차는 위법하다.

대법원 2006.6.27. 선고 2004후387 판결

[특허심판원이 심판절차에서 직권으로 심리한 이유에 대하여 당사자 또는 참가인에게 의견진술의 기회를 주지 않은 채 이루어진 심결의 위법 여부]

제159조 제1항의 규정은 강행규정이므로 특허심판원이 직권으로 심리한 이유에 대하여 당사자 또는 참가인에게 의견진술의 기회를 주지 않은 채 이루어진 심결은 원칙적으로 위법하여 유지될 수 없지만, 형식적으로는 이러한 의견진술의 기회가 주어지지 아니하였어도 실질적으로는 이러한 기회가 주어졌다고 볼 수 있을 만한 특별한 사정이 있는 경우에는 심판절차에서의 직권심리에 관한 절차위반의 위법이 없다고 보아야 한다.

대법원 1970.12.22. 선고 70후20 판결

[소극적 권리범위확인심판에서 특허권의 권리범위에 속한다고 한 심결의 적법여부(소극)]

자기의 발명이 타인의 특허권리범위에 속하지 아니한다라는 소극적 확인의 심리청구에 대하여 그 청구이유가 없는 경우에 그것을 배척함에 그치지 아니하고 위 타인의 권리범위 내에 속한다고 심결함은 청구하지 아니한 것을 심결한 위법이 있다.

특허심판에서 심판관이 직권심리할 수 있는 것은 심판청구의 이유에 관해서이다. 그러나 청구인이 신청하지 아니한 청구의 취지에 대하여는 심리할 수 없다(제159조 제2항). 또한 심판관이 당사자 또는 참가인이 신청하지 않은 청구의 이유를 직권심리할 경우에는 그 당사자 또는 참가인에게 기간을 정하여 그 이유에 대하여 의견을 진술할 기회를 주어야 한다.

특허심판에서는 당사자·참가인 또는 이해관계인의 신청에 의하여 또는 직권으로 증거조사나 증거보전을 할 수 있다. 직권으로 증거조사나 증거보전을 한 때에는 그 결과를 당사자 · 참가인 또는 이해관계인에게 송달하고 기간을 정하여 의견서를 제출할 수 있는 기회를 주어야 한다. 특허심판의 청구 전후에 관계없이 미리 증거조사를 해두지 않으면 그 증거를 사용할 수 없는 사정이 인정되는 경우에는 당사자 · 참가인 또는 이해관계인은 증거보전을 신청할 수 있다. 특허심판의 청구 전에는 특허심판원장에게, 심판 진행중에는 그 사건의 심판장에게 증거보전신청을 한다.

2) 직권진행주의(심판절차진행에서의 직권주의)

심판장은 당사자 또는 참가인이 법정기간 또는 지정기간 내에 절차를 밟지 아니하거나 구술심리 지정기일 및 장소에 출석하지 아니하여도 심판을 진행할 수 있다(제158조).[35] 즉 특허법은 심판절차에 있어서 진행에 관한 주도권을 심판관에게 인정하고 있다. 이는 심판처리의 능률화를 위해 채택된 제도라 하겠다.

또한 심판장은 구두심리 기일의 지정 및 변경을 직권으로 행할 수 있고, 기간의 연장(제15조)도 가능하다. 또한 심판관은 당사자 양쪽 또는 어느 한쪽이 동일한 2 이상의 심판에 대하여 심리 또는 심결을 병합하거나 분리할 수 있다.

3) 당사자주의의 제한

특허심판에서는 직권주의가 적용되기 때문에 당사자주의가 제한을 받는다. 따라서 당사자는 신청한 이유를 취하할 수 없으며 취하한다고 하더라도 심리의 대상이 된다. 또한 당사자의 자백은 심판관을 구속할 수 없고 증거자료에 그칠 뿐이며, 당사자의 심판청구의 포기가 인정되지 아니하며 당사자간의 합의나 화해에 의하여는 심판절차가 종료되지 않는다.

(3) 적시제출주의

2021년 8월 17일 개정법(법률 제18409호)에서 특허법 제158조의2가 신설되어 심판절차에서의 주장이나 증거의 제출에 관하여는 적시제출주의에 관한 「민사소송법」 제146조(적시제출주의), 제147조(제출기간의 제한) 및 제149조(실기한 공격 · 방어방법의 각하)를 준용하도록 되었다. 산업재산권 분쟁이 장기화될 경우 자금력이 부족한 중소 · 벤처기업이 어려움을 겪게 된다는 점을 고려한 개정이다.

---

35) 심리방식의 선택(제154조), 심리의 진행(제158조).

(4) 전문심리위원의 참여

특허 분쟁 내용이 복잡·고도화됨에 따라 심판의 전문성을 확보하기 위해 전문가와의 협력 필요성이 증대되고 있고, 4차 산업혁명 시대의 빠른 기술변화에 대응하여 일부 첨단기술분야에 대해서는 심판관의 전문성을 보완할 필요가 있다는 요구가 제기되어 2021년 4월 20일 개정법(법률 제18098호)에서 제154조의2가 신설되었다. 민사소송법상 전문심리위원제도와 같은 취지에서 특허심판에에서도 심판장이 전문심리위원을 지정하여 심판절차에 참여하게 할 수 있도록 한 것이다.

(5) 심판지원인력의 참여

종전부터 훈령과 예규를 근거로 특허취소신청, 심판, 재심에 관한 조사·연구 사무를 담당하는 심판연구관을 두고 있었는데 2021년 8월 17일 개정법(법률 제18409호)에서 심판지원인력의 법적 근거를 마련하였다. 즉 제132조의16 제3항을 신설하여 특허심판원에 특허취소신청, 심판 및 재심에 관한 조사·연구와 그 밖의 사무를 담당하는 인력을 둘 수 있도록 하였다.

(6) 심판과 조정의 연계

2021년 8월 17일 개정법(법률 제18407호)에서 심판사건의 합리적 해결을 위해 필요한 경우 심판장이 당사자의 동의를 받아 심판사건을 산업재산권분쟁조정위원회에 회부할 수 있도록 하고(제164조의2 신설), 심판사건이 조정위원회에 회부될 경우 조정을 위하여 심판사건에 관한 서류를 반출할 수 있도록 근거 규정을 마련하였다(제217조 제1항 제1호의2 신설). 산업재산권 분쟁이 장기화될 경우 자금력이 부족한 중소·벤처기업이 어려움을 겪게 되므로 심판과 조정의 연계를 통해 산업재산권분쟁조정제도를 활성화할 필요가 있다는 취지이다.

대법원 2020.4.29. 선고 2016후2317 판결

[특허심판원에 계속 중인 심판에 대하여 동일한 당사자가 동일한 심판을 다시 청구한 경우, 후심판이 중복심판청구 금지에 위반되는지 판단하는 기준 시점(=후심판의 심결 시)]

민사소송법 제259조는 "법원에 계속되어 있는 사건에 대하여 당사자는 다시 소를 제기하지 못한다."라고 규정하고, 2006. 3. 3. 법률 제7871호로 개정된 특허법 제154조 제8항은 심판에 관하여 민사소송법 제259조를 준용하고 있다. 이러한 관련 법령의 내용에 다음의 사정을 고려하면, 특허심판원에 계속 중인 심판(이하 '전심판'이라 한다)

에 대하여 동일한 당사자가 동일한 심판을 다시 청구한 경우(이하 '후심판'이라 한다), 후심판의 심결 시를 기준으로 한 전심판의 심판계속 여부에 따라 후심판의 적법 여부를 판단하여야 한다.

1) 민사소송에서 중복제소금지는 소송요건에 관한 것으로서 사실심의 변론종결시를 기준으로 판단하여야 하므로, 전소가 후소의 변론종결시까지 취하·각하 등에 의하여 소송계속이 소멸되면 후소는 중복제소금지에 위반되지 않는다(대법원 1998.2.27. 선고 97다45532 판결, 대법원 2017.11.14. 선고 2017다23066 판결 등 참조). 마찬가지로 특허심판에서 중복심판청구 금지는 심판청구의 적법요건으로, 심결 시를 기준으로 전심판의 심판계속이 소멸되면 후심판은 중복심판청구 금지에 위반되지 않는다고 보아야 한다.

2) 대법원 2012.1.19. 선고 2009후2234 전원합의체 판결은 '특허법 제163조의 일사부재리의 원칙에 따라 심판청구가 부적법하게 되는지 여부를 판단하는 기준 시점은 심판청구를 제기하던 당시로 보아야 한다'고 하였는데, 이는 선행 심결의 확정을 판단하는 기준 시점이 쟁점이 된 사안에서 특허법상 일사부재리 원칙의 대세효로 인한 제3자의 권리 제한을 최소화하기 위하여 부득이하게 일사부재리 원칙의 요건 중 선행 심결의 확정과 관련해서만 그 기준 시점을 심결 시에서 심판청구 시로 변경한 것이다(대법원 2020.4.9. 선고 2018후11360 판결 참조). 중복심판청구 금지는 동일 당사자에 의한 심판청구권 남용을 방지함으로써 심결의 모순·저촉을 방지하고 심판절차의 경제를 꾀하기 위한 것이어서, 일사부재리 원칙과 일부 취지를 같이 하지만 그 요건 및 적용범위에 차이가 있으므로, 후심판이 중복심판청구에 해당하는지 여부까지 위 전원합의체 판결을 들어 후심판청구 시를 기준으로 판단할 것은 아니다.

4. 증 거

(1) 의 의

특허심판은 법의 해석 적용이라는 형식으로서 특허권의 분쟁을 해결하고자 한다. 이에 법규를 해석하거나 적용하기 위하여 사실관계를 먼저 확정하게 되며, 이와 같은 사실관계를 확정짓는 구체적 자료가 증거가 된다. 이러한 증거는 증거방법, 증거자료, 증거원인 등 여러 의미가 포함된다.[36] 한편 특허심판은 민사소송법 중 증거조사 및 증거보전에 관한 규정이 준용된다(제157조 제2항).[37]

36) 증거방법이란 법관의 오관 작용에 의하여 조사할 수 있는 유형물을 말한다. 특히 증인, 감정인, 당사자본인은 인적증거이고, 문서, 검증물은 물적증거이다. 증거자료란 법관이 증거방법의 조사에 의하여 감득한 자료를 말하며, 증언, 당사자의 진술, 감정의견, 검증결과 등이다. 증거원인이란 법원이 확신을 얻게 된 자료나 상황을 말하며, 증거자료와 변론 전체의 취지가 이에 해당된다.

37) 다만 심판관은 과태료의 결정을 하거나 구인을 명하거나 또는 보증금을 공탁하게 하지 못한다.

(2) 증거의 종류

1) 직접증거와 간접증거

직접증거란 특허분쟁사실의 진위를 직접적으로 증명하는 증거를 말하며 특허권 침해사실을 목격한 증인이나 침해를 조성한 물건 등을 말한다. 간접증거는 특허분쟁사실의 존부를 추인할 수 있는 사실 또는 어느 증거방법의 증거력에 관계있는 사실의 존부에 관한 증거를 말하며, 특허권침해사실을 전해들은 증인, 제출된 증거로부터 특허권침해사실을 확인 내지 추정할 수 있는 증거를 말한다.

2) 본증과 반증

본증이란 증명책임을 부담하는 당사자가 자기에게 증명책임있는 사실을 증명하기 위하여 제출하는 증거를 말하며, 반증이란 상대방이 본증에 의하여 주장하는 사실을 부정하기 위하여 제출하는 증거를 말한다. 예컨대 특허권침해임을 증명하기 위하여 상대방이 제출한 사실에 대하여 침해사실이 아님을 증명하는 증거이다.

3) 증명과 소명

증명은 심판관 등으로 하여금 확신을 가지게 하기 위하여 제출하는 증거를 말하며, 소명은 심판관 등에게 확신을 가지게 하지는 못하지만 일응 그럴 것이라는 추측을 가지게 하는 것으로서 증명보다 낮은 개연성을 지닌 것을 말한다.

4) 완전증거와 불완전증거

심판관의 심증을 얻는 데 충분한 증거는 완전증거이며, 그 증거력이 부족한 것은 불완전 증거이다.

(3) 증거조사

증거조사란 심판관의 심증형성을 위하여 소정의 절차에 따라 인적・물적증거의 내용을 오관의 작용에 의해 지각하는 심판관의 심판행위를 말하며, 증거조사와 관련하여 행해지는 특허청 및 당사자의 행위를 합쳐서 증거조사절차[38]라고 한다.

1) 증거조사의 신청

증거조사는 당사자・참가인 또는 이해관계인의 신청에 의하여 또는 직권으로 할 수 있다(제157조 제1항). 신청의 방식은 증거방법 및 이에 의하여 증명할 사항을 표시하

38) 증거조사 자체뿐만 아니라 증거방법의 신청, 증거방법에 관한 진술, 증거결정, 증거조사 및 그 결과에 대한 진술을 총칭하는데 협의로서 증거조사 자체만을 의미한다.

여야 하며 심리종결시까지 할 수 있다. 이러한 증거신청은 그 증거방법의 조사 전에는 임의로 철회할 수 있으나, 이미 조사가 들어간 후에는 상대방의 동의를 필요로 한다.

당자자로부터 증거신청이 있으면 심판장은 이를 상대방에게 통지하여 그 신청에 대하여 진술할 기회를 주어야 하고, 심판관은 그에 대한 채택여부를 결정하여야 한다. 증거의 채택여부는 심판관의 자유재량에 맡겨져 있지만 그것이 당사자의 주장사실에 대한 유일한 증거인 경우에는 반드시 이를 채택하여 조사하여야 한다.[39] 그러나 유일한 증거라 할지라도 이것이 반증인 경우에는 조사하지 아니할 수 있으며, 당사자가 비용을 예납하지 아니하는 등의 경우에도 이를 조사하지 아니할 수 있다.

2) 직권에 의한 증거조사

변론주의 하에서의 증거조사는 당사자의 신청에 의함을 원칙으로 하나 현행 특허법은 필요하다고 인정되는 경우 직권으로 증거조사를 할 수 있도록 규정하고 있다. 즉 심판장은 당사자가 신청한 증거를 조사하여도 심증을 얻을 수 없거나 기타 필요하다고 인정할 때에는 직권으로 증거조사를 할 수 있다. 이때 심판장은 그 결과를 당사자·참가인 또는 이해관계인에게 송달하고 기간을 정하여 의견서제출의 기회를 주어야 한다(제157조 제5항).

대법원 1992.3.31. 선고 91후1595 판결

[직권증거조사]

구 특허법(1990.1.13. 법률 제4207호로 개정되기 전의 것) 제116조 제3항에 의하면 민사소송법 중 증거조사에 관한 규정은 의장등록무효심판에서의 증거조사에 준용하도록 되어 있으므로 당사자가 제출하는 서증의 진정성립에 대하여 상대방이 다투지 아니하면 그 증거능력이 인정되는 것이나, 상대방이 이를 다툴 때에는 제출자가 이를 증명하여야 하는 것이고 함께 준용되는 구 특허법 제116조 제1항에 의하면 심판에서는 신청에 의하여 또는 직권으로써 증거조사를 할 수 있다고 되어 있으나 이는 모든 경우에 반드시 직권에 의하여 증거조사를 하여야 한다는 취지는 아니다.

3) 증거조사의 시행

증거조사는 당사자의 변론기일과 동일한 기일에 특허청 내에서 함을 원칙으로 한다. 그러나 특별한 사정이 있는 경우에는 특허청 외에서 심판관에 의하여 행하

39) 대법원 1970.7.28. 선고 70후26 판결.

여진다. 당사자·참가인 및 이해관계인은 증거조사에 참여할 권한이 있으므로 증거조사의 기일, 장소를 당사자 등에게 통지하여 출석의 기회를 주어야 한다. 증거조사의 그 절차 및 결과는 변론기일에 실시된 경우에는 변론조서에, 그렇지 아니한 때에는 증거조사기일의 조서에 기재하여야 한다.

4) 증거조사의 내용

증거조사의 내용으로는 증인신문, 감정, 서증, 검증 및 당사자신문 등이 있다.

증인신문이란 심판관이 증인을 신문하여 증거조사를 하는 것을 말한다. 이때 증인은 제3자이어야 한다. 따라서 해당 소송의 당사자나 그 법정대리인 등은 증인이 될 수 없으나, 위임대리인, 보조참가인, 탈퇴한 당사자 등은 모두 증인능력이 있다. 반면 당사자신문이란 당사자 또는 그 법정대리인으로 하여금 증인과 동일한 증거방법으로 사실을 진술케 하여 증거자료를 수집하는 것으로, 다른 증거조사에 의하여 심증을 얻지 못하였을 때에 한하여 허용되는 보충적 증거조사 방법이다.

감정이란 특별한 학식과 경험을 가진 자에게 그 전문지식이나 학식, 경험을 이용하여 법규, 내용, 경험칙 등에 관한 자기의 의견을 보고시켜 심판관의 판단능력을 보충하기 위한 증거조사를 말한다.

서증이란 문자 또는 기타의 부호로서 사상을 표시한 문서의 기재내용을 증거로 하는 것을 말한다. 이때 문서의 증거력을 인정하기 위해서는 문서가 작성명의인의 의사에 기초하여 진정하게 작성된 것이라는 형식적 증거력과 문서가 요증사실을 증명하기에 적합한 가치를 가져야 한다는 실질적 증거력을 갖고 있어야 한다. 이때 문서의 진정성립과 관련하여 공문서는 상대방이 반증하여야 하나, 사문서의 경우에는 거증자측이 그 성립의 진정을 증명하여야 하며, 그 문서에 있는 본인 또는 대리인의 서명이나 날인이 진정한 것임을 증명하면 진정한 문서로서 추정을 받는다.

검증이란 심판관이 직접 자기의 오관의 작용에 의하여 물체의 성상, 사건의 현상을 검열하여 행하는 증거조사이다.

(4) 증거보전

증거보전이란 소송절차에서 정규의 증거조사시기까지 기다릴 경우 증거방법의 조사가 불능 또는 곤란한 사정이 있는 경우에 보안의 소송절차와는 별도로 미리 증거조사를 하여 그 결과를 확보하여 두는 것을 목적으로 하는 소송절차를 말한다.

1) 요 건

증거보전을 함에는 증거보전의 필요성이 있어야 한다. 미리 증거조사를 하지 아니하면 증거가 멸실하여 조사가 불가능하거나 시간이 경과함에 따라 조사가 더 곤란하게 되거나 현상이 변경되어버릴 염려가 있는 경우라야 한다. 이때 증거보전의 대상이 되는 것은 모든 종류의 증거방법, 즉 증인신문, 감정, 서증, 검증과 당사자 신문이다.

2) 증거보전절차

증거보전신청은 심판청구 전에는 특허심판원장에게,[40] 심판계속중에는 그 사건의 심판장에게 하여야 하며, 그 증거보전사유를 소명하여야 한다. 심판장은 증거보전신청이 이유가 있고 그 사유가 소명되었다고 판단될 때에는 증거보전절차의 개시를 결정한다. 이 결정에는 불복신청을 하지 못한다.

(5) 증명책임

증명책임이란 소송상 사실관계가 불명확한 때에 불리한 법률판단을 받도록 되어 있는 당사자 일방의 위험 또는 불이익을 말한다. 이때 증명책임은 법률상 효과의 존재를 주장하는 당사자가 그 효과발생의 요건이 되는 사실을 증명하여야 함이 원칙이다.

1) 증명책임의 분배와 전환

증명책임의 분배는 요증사실이 진위가 불명한 경우에 누구에게 불이익을 돌릴 것인가 하는 문제로, 그 기준에 관하여는 증명책임의 분배를 법규의 구조에서 찾아야 하는 법률요건 분류설 내지 규범설이 통설·판례이다. 한편 법률은 증명책임의 전환이라 하여 특별한 경우 증명책임의 분배를 처음부터 규정하여 증명책임에 수정을 하고 있다.[41]

2) 증명책임의 완화

증명이 곤란한 경우에 형평의 이념을 살리기 위하여 증명책임의 일반원칙을 완화한 경우가 있는데, 법률상의 추정규정과 일응의 추정이 그 예이다. 법률상의 추정이란 법규인 추정규정을 적용하여 행하는 추정으로 제128조(손해액 추정), 제130

---

40) 이에 특허심판원장은 증거보전에 관여할 심판관을 지정한다.

41) 예컨대 특허법 제129조의 생산방법의 추정 규정이 이러한 것이라 하겠다.

조(과실의 추정) 등이 여기에 해당한다. 한편 일응의 추정이란 고도의 개연성이 있는 경험칙을 이용하여 어느 사실로부터 다른 사실을 추정하는 경우를 말하는데, 이와 같은 일응의 추정이 성립하는 경우에는 그 추론이 잘못되었거나 별개의 사실을 증명하지 않는 한 그대로 추정사실이 인정된다.

3) 증명의 대상

증명의 대상으로는 사실, 경험법칙, 법규 등이 된다. 전문적·학문적 경험칙이나 외국법이나 지방의 조례, 관습법, 실효된 법률 등의 법규는 반드시 이를 증명할 필요는 없다 하겠으나, 반드시 심판관에게 알려졌다고 할 수는 없으므로 당사자가 이를 증명하여야 한다.

(6) 비용의 예납

증거조사, 증거보전에 비용이 소요되는 경우에는 소요비용을 산출하여 신청인에게 그 비용의 예납을 명할 수 있으며, 이러한 비용의 예납명령은 거절결정불복심판에 있어서도 할 수 있다. 직권에 의한 증거조사의 경우에는 그 증거조사로 이익을 받을 당사자가 그 비용을 부담하되, 어느 당사자가 이익을 받을지 불분명한 때에는 원고가 이를 부담하여야 한다. 증거조사를 신청한 자는 위 명령이 있기 전에도 필요한 비용을 예납할 수 있다.

5. 심리의 병합·분리

(1) 의 의

특허심판사건은 그 성질상 청구된 심판사건들 사이에 관련성이 많은 경우가 있다. 이럴 경우 관련성이 많은 사건에 대한 심판절차를 각각 별도의 절차로 진행하기보다는 병합하여 심리·심결하는 것이 심판절차의 신속을 기할 수 있음은 물론 상호모순, 저촉되는 심결을 피할 수 있음으로서 심판의 신뢰성을 확보할 수 있다. 또한 일단 병합하여 심리·심결한 사건이라 하더라도 사안이 복잡하면 분리하여 심리·심결할 수 있도록 함으로써 심판절차의 편리성과 능률성을 기할 수 있다 할 것이다. 이에 특허법 제160조는 "당사자 양쪽 또는 어느 한 쪽이 동일한 2 이상의 심판에 대하여 심리 또는 심결을 병합하거나 분리할 수 있다"라고 규정하고 있다.

심리의 병합이란 2 이상의 심판사건을 동일한 심판절차로 심리하는 것을 말한다. 심리분리라 함은 2 이상의 심판사건을 동일의 심판절차에 의해 심리하는 것으로 한 것을 분리하는 것을 말한다. 특히 현재 심판사건이 다른 심판사건과 관련성이 없다고 인정되어 동일한 절차로 심판할 필요가 없을 뿐 아니라 도리어 심리의 복잡화 및 지연의 원인이 되고 있다고 인정되는 경우에는 심리를 분리하여 각각 별개의 절차에 의해 심리하여, 절차의 간명과 촉진을 도모하는 것이다.

(2) 요 건

1) 병합의 요건

심리·심결의 병합은 심판청구인·피심판청구인이 다같이 동일하거나 그 중 어느 한쪽이 동일한 경우에 할 수 있다. 또한 심판은 동일한 심판이어야 한다. 이에 심판은 같은 종류의 것이어야 하고 권리도 동일한 것이어야 한다. 따라서 그 권리가 특허권, 실용신안권, 상표권과 같이 다른 경우에는 원칙적으로 이를 병합하여 심리·심결할 수 없다. 다만 특허와 등록실용신안 간에 있어서는 그 대상인 발명 또는 고안이 같을 수 있으므로 그러한 경우의 병합까지 부정할 수는 없다.

청구된 심판사건에 대한 심리·심결을 병합하기 위하여는 사건이 특허심판원에 계속되어 있어야 한다. 또한 해당 심판사건을 담당하는 심판관이 동일하여야 한다. 따라서 심판관 중 1인이라도 다를 경우에는 병합하여 심리·심결할 수 없다.

2) 분리의 요건

병합하여 심리중이거나 심결한 사건의 사안이 복잡하여, 병합하여 처리함이 부적절하든지 상호관련성이 없다고 인정될 때에는 수시로 이를 분리하여 심리·심결하며, 이러한 심리·심결하기 위한 특단의 요건은 필요치 않다.

(3) 병합한 사건의 심리·심결

청구된 심판사건을 합병하여 심리·심결하고자 하는 경우 먼저 병합요건을 충족시키는가를 직권으로 조사하여야 하며, 심판장은 심리를 병합하는 경우 그 취지를 당사자에게 통지한다. 병합한 사건의 심리 및 증거조사 등은 이를 공통적으로 함이 원칙이며, 그 심결은 병합한 사건의 심판번호를 상하로 병기하여 하나의 심결로 한다. 이때 병합심리·심결한 취지를 심결이유 항목 冒頭에 기재한다. 병합심리·심결 사건에 대한 불복을 하는 경우에는 하나의 사건으로 항소나 상고를 하여야 하며, 수개의 사건으로 항소나 상고를 한 경우에는 부적법한 청구로서 訴각하판결을 한다.

대법원 1985.7.23. 선고 85후2 판결

[병합]

상표법 제51조, 제56조에 의하여 준용되는 특허법 제120조, 제121조, 제144조의 규정에 의하면 심판관은 당사자 쌍방 또는 일방이 동일한 2 이상의 심판에 대하여 그 심리 또는 심결의 병합을 할 수 있고, 심판은 특별한 규정이 있는 경우를 제외하고는 심결로써 이를 종결하며 항고심판의 심결을 받은 자가 불복이 있을 때에는 소정기간 내에 민사소송법의 규정에 의한 상고절차에 따라 대법원에 상고할 수 있다고 규정하고 있으므로 항고심이 수개의 사건을 위 법 제121조에 의하여 하나의 병합심결로 종결한 경우 불복이 있는 당사자가 그 심결에 대하여 상고를 제기하면 위 심결에 병합된 각 사건에 대하여 상고의 효력이 모두 생기는 것이고 병합된 각개의 사건을 풀어서 사건마다 따로 따로 상고를 제기할 수 없는 것이다.

(4) 병합·분리에 위반한 경우

심리를 병합하느냐 분리하느냐의 판단은 심판관의 재량에 의한다. 즉 특허심판절차에 있어 심리·심결의 병합·분리는 전적으로 심판관의 직권사항으로서 당사자가 신청한 병합심리·심결을 심판관이 배척하거나, 병합요건을 충족하지 못한 수개의 사건을 병합하여 심리·심결하였다 하여 이를 불복하여 소를 제기하거나 상고할 수 없다.

제 5 절 심판의 종결

특허심판은 특별한 규정이 있는 경우를 제외하고는 심결(제162조 제1항)로서 종결됨이 원칙이며, 심판청구의 취하(제161조), 출원의 취하·포기(거절불복심판의 경우) 등에 의하여 종결된다.

1. 심 결

(1) 의 의

심결은 심판사건을 해결하기 위하여 특허심판원이 심판관 3인 또는 5인을 지정하여 구성한 합의체의 판단이며, 재판에 있어서 종국판결에 해당한다. 이는 서면으로 하여야 하며, 심결한 심판관은 심결문에 기명날인하여야 한다(제162조 제2항).

(2) 심결의 종류

심결에는 ① 심판의 청구를 부적법한 것으로 각하하는 심결, 즉 청구각하의 심결(제142조)과, ② 청구이유가 없으므로 청구가 성립할 수 없다는 청구의 기각심결, ③ 심판청구를 인용하는 인용심결 등이 있다.

(3) 심리종결의 통지(결심통지)

심판은 특별한 규정이 있는 경우를 제외하고는 심결로서 종결한다(제162조 제1항). 심판장은 사건이 심결할 정도로 성숙한 것으로 판단되면 심리를 마치고 당사자 및 참가인에게 심리종결의 통지를 하여야 한다(제162조 제3항). 심결은 심리종결통지를 받은 날로부터 20일 이내에 하여야 한다(제162조 제5항). 이 규정은 심판의 지연을 피하려는 훈시적 규정이다.[42] 심리의 종결통지 후에도 심판장이 필요하다고 인정할 때에는 당사자 또는 참가인의 신청 또는 직권에 의하여 심리를 재개할 수 있다(제162조 제4항). 심판장은 심결 또는 결정이 있으면 그 등본을 당사자, 참가인 및 심판에 참가신청을 하였으나 그 신청이 거부된 자에게 송달하여야 한다(제162조 제6항).

대법원 1979.10.10. 선고 79후35 판결

[심리종결의 법적 성격]

심리종결 통지의 규정은 당사자에게 자료의 추가제출이나 심리재개신청의 기회를 주려는 취지가 아니고, 심결을 할 수 있는 정도로 사건이 성숙하였다고 인정되는 경우에는 그 심리종결을 당사자에게 통지하고, 지체없이 심결을 하도록 하기 위한 훈시적 규정에 불과하다 할 것이므로 심리종결을 발한 날과 같은 날에 심결을 하였거나, 심리종결통지서와 심결정본을 동시에 송달하였다고 하여도 그 심결을 위법이라 할 수 없다.

(4) 심결의 효력

심결은 심결(審決)문의 송달이 있는 날로부터 그 효력이 발생하며 심결에 대하여 불복이 있는 자는 심결등본을 송달받은 날로부터 30일 내에 특허법원에 소를 제기하여 그 당부를 다툴 수 있다. 이 기간은 불변기간이지만 심판장은 주소 또는 거소가 멀리 떨어진 곳에 있거나 교통이 불편한 지역에 있는 자를 위하여 직권으로 위의 소제기 기간에 대하여 부가기간을 정할 수 있다(제186조 제5항). 특허법원의 판결에 대해서는 불복이 있는 자는 대법원에 상고를 제기할 수 있다(제186조).

42) 양승두, 「工業所有權法」, 법경출판사, 1984, 344면; 대법원 1964.6.23. 선고 63후25 판결; 대법원 1967.5.16. 선고 67후6 판결; 대법원 1976.9.14. 선고 76후6 판결.

법정기간 내에 불복절차를 밟지 않거나 불복절차를 밟았으나 심결(審決)이 종국적으로 지지를 받아 더 이상 다툴 수 없게 되면 해당 심결은 확정된다. 심결이 확정되면 대세적 효력과 일사부재리의 효력, 심결의 확정력이 생긴다.

1) 심결의 구속력(대세적 효력)

심결의 구속력이란, 심판당사자뿐만 아니라 일반 제3자 및 법원에게도 대세적으로 미치는 효력을 말한다. 예컨대 특허등록 후의 심판[43]인 경우에는 소급효가 있다(제133조 제3항).

2) 일사부재리의 효력

심결이 확정되었을 때에는 그 사건에 대해서는 누구든지 동일사실 및 동일증거[44]에 의하여 다시 심판을 청구할 수 없다. 다만, 확정된 심결이 각하심결인 경우에는 그러하지 아니하다(제163조). 예를 들면 특허무효와 정정무효의 심판에 있어서 동일사실 및 동일증거에 의거해서 그 심판을 다시 다툴 필요가 없기 때문에 이를 피하기 위하여 판결의 기판력에 유사한 효력을 인정한 것이다.

3) 심결의 확정력

특허심판의 심결을 받은 자가 그 심결에 불복이 있을 때에는 그 심결의 등본을 송달받은 날로부터 30일 이내에 특허법원에 취소소송을 청구할 수 있다. 따라서 심결에 대하여 이 기간 내에 특허법원에 취소소송을 청구하지 않거나 청구를 취하함으로써 불복을 신청할 방법이 없어지면 심결은 확정되며, 재심사유가 없는 한 심결은 취소·변경되지 아니한다(제178조).

4) 심결의 기속력

심판사건에 대하여 법적 안정성과 심판의 신뢰성을 유지하기 위하여 심결이 있으면, 이를 심결한 심판원도 이에 구속되어 스스로 이 심결을 철회하거나 변경하는 것이 허용되지 않는다. 즉 특허심판의 기속력은 심결이라는 공권력 판단의 법적 안정성을 확보하고 심결에 대한 일반공중의 신뢰를 유지하기 위하여 인정되고 있다.

---

43) 정정심판, 특허의 무효심판, 정정무효심판
44) 대법원 1991.11.26. 선고 90후1840 판결.

특허법원 2005.4.22. 선고 2004허4693 판결

[특허심판원의 심결에 흠이 있는 경우 특허심판원이 그 흠을 스스로 바로잡을 수 있는지 여부(한정 소극)]

특허심판원이 행하는 심결은 준사법적 행위로서 그 절차, 불복방법, 효력 등이 법률에 엄격하게 규정되어 있는 행위이므로 심결이 일단 행하여진 경우에는 설사 그 심결에 어떤 흠이 있다고 하더라도 오기 기타 이에 유사한 잘못임이 명백한 것을 바로 잡는 경우를 제외하고는 특허심판원 스스로도 이를 취소, 철회 또는 변경하는 것은 허용되지 않는다.

5) 심결의 경정

특허법상 이에 대한 명문의 규정은 없으나, 심결에 오기·기재누락 등 오류가 있는 것이 명백한 때에는 심판장은 직권 또는 당사자의 신청에 의하여 그 심결을 경정할 수 있다. 판례도 일관하여 이를 할 수 있는 것으로 하고 있을 뿐만 아니라 실무[45]상으로도 심결의 경정을 인용하고 있다. 한편 경정의 시기에 대하여는 심결이 확정된 후에도 가능하다 할 것이다.

대법원 1996.10.16.자 96그49 결정

[판결경정제도의 취지]

판결의 위산(違算), 오기 기타 이에 유사한 오류가 있는 것이 명백한 때 행하여지는 판결의 경정은 일단 선고된 판결에 대하여 그 내용을 실질적으로 변경하지 않는 범위 내에서 판결의 표현상의 기재 잘못이나 계산의 착오 또는 이와 유사한 오류를 법원 스스로가 결정으로써 경정 또는 보충하여 강제집행이나 호적의 정정 또는 등기의 기재 등 이른바 광의의 집행에 지장이 없도록 하자는 데 그 취지가 있다.

(5) 일사부재리의 원칙

1) 의 의

특허법상 일사부재리의 원칙이란 심판의 심결이 확정되었을 때에는 누구든지 동일사실·동일증거에 의하여 그 심판을 다시 청구할 수 없으며 특허심판원도 그와 저촉되거나 모순되는 판단을 해서는 안 되는 원칙을 말한다. 특허심판은 사인(私人)의 청구에 의해서 진행되므로 그 외양이 사인 대 사인의 권리다툼처럼 보이나 그 기판력의 효력은 대세적이기 때문에 심판결과의 신뢰성은 상당히 중요하다고 본다. 또한 민사소송의 소송물처럼 시간의 흐름에 따라 동일성의 변모를 기대

---

45) 특허심판원, 「심판편람(제13판)」, 2021, 470면.

할 수 없으므로 확정된 심결은 불가변적이다. 그러므로 필요없는 심판청구의 남발을 막으며 특허심판의 신뢰성을 유지하기 위해 특허심판에 관하여는 일사부재리의 원칙이 적용된다. 제163조에는 '이 법에 의한 심판의 심결이 확정되었을 때에는 그 사건에 대해서는 누구든지 동일사실 및 동일증거에 의하여 다시 심판을 청구할 수 없다. 다만, 확정된 심결이 각하심결인 경우에는 그러하지 아니하다'라고 하여 일사부재리원칙을 규정하고 있다.

2) 적용요건

일사부재리의 원칙이 적용되는 것은 심판청구가 이미 확정된 심결의 사건과 동일사실 · 동일증거에 의해서 제기된 경우이다. 일사부재리의 원칙은 전심이 확정된 것을 전제로 하기 때문에 전심이 아직 계속중일 때에는 후에 청구된 심판사건에 대한 일사부재리원칙은 적용되지 않는다. 또한 여기서의 심결의 확정은 본안심결의 확정만을 의미하며 심결이 각하심결인 경우에는 일사부재리의 원칙이 적용되지 않는다.[46]

일사부재리의 원칙은 동일사실 및 동일증거에 의하여 심판청구된 경우에 한한다. 동일사실이란 사건의 동일, 즉 청구원인사실의 동일을 의미한다. 즉 심판청구의 대상물이 동일하고, 심판의 종류가 동일한 것을 의미한다.[47] 한편 동일사실이라

---

46) 확정된 심결이 각하심결인 경우에는 일사부재리의 효력이 없다고 정한 특허법 제163조 단서 규정은 새로 제출된 증거가 선행 확정 심결을 번복할 수 있을 만큼 유력한 증거인지에 관한 심리 · 판단이 이루어진 후 선행 확정 심결과 동일 증거에 의한 심판청구라는 이유로 각하된 심결인 경우에도 동일하게 적용된다(대법원 2021.6.3. 선고 2021후10077 판결).

47) 이와 관련하여 '정정무효심판'과의 관계에서 '정정심판'과 '무효심판절차 내에서의 정정청구'를 구별할 것인지 논란의 여지가 있다. 일사부재리 적용에 관한 특허심판원의 실무는 "확정된 정정심판에 의해 정정된 특허에 대한 정정무효심판은 정정심판과 동일한 심판으로 보지 않는다"라고 한 반면에, "무효심판의 심결에서 채택된 동일사실 및 동일증거를 근거로 무효심판절차에서의 정정이 부적법하다는 이유로 정정무효심판을 청구하는 경우에는 일사부재리의 법리를 적용하여 그 심판청구를 심결각하한다"라고 되어 있다(특허심판원, 「심판편람(제13판)」, 2021, 162, 658면).

참고로 대법원 2019.2.28. 선고 2016후403 판결의 사안을 살펴보면, '무효심판절차 내에서의 정정청구'가 인정되고 이를 전제로 무효심판청구가 기각된 후, 위 심결에 의한 정정의 취소를 구하는 정정무효심판이 제기되었는데 그 심결 및 심결취소소송 사건의 판결 모두 일사부재리 적용 여부에 관하여는 판단하지 않았고 정정요건과 한계만을 다루고 있다. 대법원판결에도 일사부재리 적용 여부에 관한 판단은 나타나 있지 않다. 다만 이와 같이 정정무효사건 심결과 판결에서 모두 일사부재리를 언급하지 않은 채 실체 판단에 나아갔음에도, 대법원이 직권으로 일사부재리 해당 여부를 심리하도록 하지 않고 상고이유에 관한 판단에 곧바로 나아감으로써, '무효심판절차 내에서의 정정청구'와 이후의 '정정무효심판' 사이에 일사부재리의 원칙이 적용되지 않음을 간접적으로 시사한 것으로 볼 여지가 있다[이 대법원판결에 대하여 무효심판절차 내에서의 정정청구와 이후의 정정무효심판은 동일한 절차가 아니므로 일사부재리가 적용되지 않는다는 전제하에 판단한 것이라고 해석하는 설명으로 김민상, "특허무효심판절차에서의 정정청구와 후속 정정무효심판 사이에 일사부재리가 적용되는지", 대법원판례해설(제

하더라도 동일 증거가 아니면 일사부재리의 적용이 없다. 여기서 증거는 사실을 뒷받침하는 문헌 등을 말하는데, 동일증거란 동일성이 있는 증거를 뜻하며 비록 증거의 표시가 다르더라도 그 내용이 실질적으로 동일한 경우에는 동일증거이다. 한편 동일문헌이라도 인용부분을 달리하고 그 증명하고자 하는 기술내용이 다른 경우에는 동일증거라 할 수 없으나, 전에 확정등록된 심결을 번복할 수 있을 정도로 유력하지 아니한 증거들을 부가한 것은 동일증거라 하겠다.[48)]

한편 이러한 일사부재리의 원칙은 심판청구인의 동일여부를 묻지 않는다.

대법원 2000.10.27. 선고 2000후1412 판결

[일사부재리: '동일증거'의 의미]

구 실용신안법(1990.1.13. 법률 제4209호로 전문 개정되기 전의 것) 제29조에 의하여 실용신안권에 관한 심판에 준용되는 구 특허법(1990.1.13. 법률 제4207호로 전문 개정되기 전의 것) 제163조는 심판 또는 항고심판의 심결이 확정등록되거나 판결이 확정되었을 때에는 누구든지 동일 사실 및 동일 증거에 의하여 그 심판을 청구할 수 없다고 하여 일사부재리의 원칙에 대하여 규정하고 있는바, 여기에서 동일 증거라 함은 전에 확정된 심결의 증거와 동일한 증거뿐만이 아니라 그 확정된 심결을 번복할 수 있을 정도로 유력하지 아니한 증거가 부가되는 것도 포함하는 것이다(대법원 1991.11.26. 선고 90후1840 판결 참조).

대법원 2013.9.13. 선고 2012후1057 판결

[1] 확정된 심결의 결론을 번복할 만한 유력한 증거가 새로 제출된 경우, 구 특허법 제163조에서 정한 일사부재리의 원칙에 저촉되는지 여부(소극): 일사부재리의 원칙을 정한 구 특허법(2001.2.3. 법률 제6411호로 개정되기 전의 것) 제163조는 "심판의 심결이 확정 등록되거나 판결이 확정된 때에는 누구든지 동일사실 및 동일증거에 의하여 그 심판을 청구할 수 없다"라고 하여 일사부재리의 원칙을 규정하고 있으나, 확정된 심결의 결론을 번복할 만한 유력한 증거가 새로이 제출된 경우에는 위와 같은 일사부재리의 원칙에 저촉되지 아니한다.

[2] 후행 심판청구에 대한 판단 내용이 확정된 심결의 기본이 된 이유와 실질적으로 저촉된다고 할 수 없는 경우, 일사부재리 원칙에 반하는지 여부(소극): 동일사실에 의한 동일한 심판청구에 대하여 전에 확정된 심결의 증거에 대한 해석을 다르게 하는 등으로 그 심결의 기본이 된 이유와 실질적으로 저촉되는 판단을 하는 것은 구 특허법(2001.2.3. 법률 제6411호로 개정되기 전의 것) 제163조가 정한 일사부재리 원칙의 취지에 비추어 허용되지 않으나,

---

120호), 법원도서관, 2019, 523면 참조].

48) 대법원 1978.3.28. 선고 77후28 판결.

전에 확정된 심결의 증거를 그 심결에서 판단하지 않았던 사항에 관한 증거로 들어 판단하거나 그 증거의 선행기술을 확정된 심결의 결론을 번복할 만한 유력한 증거의 선행기술에 추가적, 보충적으로 결합하여 판단하는 경우 등과 같이 후행 심판청구에 대한 판단 내용이 확정된 심결의 기본이 된 이유와 실질적으로 저촉된다고 할 수 없는 경우에는, 확정된 심결과 그 결론이 결과적으로 달라졌다고 하더라도 일사부재리 원칙에 반한다고 할 수 없다.

3) 일사부재리 원칙의 위반

심결의 확정된 바 있는 특허권에 대하여 동일사실·동일증거로 다시 심판이 청구된 때에는 그 흠결을 보정할 수 없는 부적법한 청구이므로 본안심리를 하지 않고 일사부재리원칙을 이유로 심결각하하며, 각하심결에 대한 재심을 청구한 경우에도 마찬가지로 심결각하하여야 할 것이다. 이 때 일사부재리원칙의 적용시점과 관련하여 종래에는 심결시[49]를 기준으로 하였으나 최근 대법원[50]은 심판청구시를 기준으로 한다. 예를 들어 심결시를 기준으로 하는 경우 심판청구인이 동일특허에 대하여 동일사실 및 동일증거에 의한 복수의 심판청구가 각각 있은 경우에 어느 심판의 심결(이를 '제1차 심결'이라고 한다)에 대한 심결취소소송이 계속하는 동안 다른 심판의 심결이 확정되었다면, 법원이 해당 심판에 대한 심결취소의 청구가 이유 있다고 하여 제1차 심결을 취소하더라도 특허심판원이 그 심판청구에 대하여 특허법 제189조제1항 및 제2항에 따라 다시 심결을 하는 때에는 일사부재리의 원칙에 의하여 그 심판청구를 각하할 수밖에 없다. 그러나 이는 관련 심결의 확정이라는 우연한 사정에 의하여 심판청구인이 자신의 고유한 이익을 위하여 진행하던 절차가 소급적으로 부적법하게 되는 것으로 헌법상 보장된 국민의 재판청구권을 과도하게 침해할 우려가 있고, 그 심판에 대한 특허심판원의 심결을 취소한 법원의 판결을 무의미하게 하는 불합리가 발생하게 된다. 따라서 대법원은 전원합의체 판결로서 심판청구시로 적용시점을 변경하였다. 다만 이 전원합의체판결은 선행 심결의 확정을 판단하는 기준 시점이 쟁점이 된 사안에서 특허법상 일사부재리 원칙의 대세효로 제3자의 권리 제한을 최소화하기 위하여 부득이하게 선행 심결의 확정과 관련해서만 그 기준 시점을 심결 시에서 심판청구 시로 변경한 것이다. 일사부재리 원칙 위반을 이유로 등록무효 심판청구를 각하한 심결에 대한 취소소송에서 심결 시를 기준으로 동일 사실과 동일 증거를 제출한 것인지를 심리하여 일

49) 대법원 2000.6.23. 선고 97후3661 판결; 대법원 2006.5.26. 선고 2003후427 판결 등.
50) 대법원 2012.1.19. 선고 2009후2234 전원합의체 판결.

사부재리 원칙 위반 여부를 판단하여야 한다.[51]

대법원 2012.1.19. 선고 2009후2234 전원합의체 판결

[특허법 제163조 소정의 '일사부재리의 원칙'에 해당하는지 여부의 판단기준시(=심판청구시)]

구 특허법(2001.2.3. 법률 제6411호로 개정되기 전의 것. 이하 같다) 제163조는 "심판의 심결이 확정 등록되거나 판결이 확정된 때에는 누구든지 동일사실 및 동일증거에 의하여 그 심판을 청구할 수 없다"라고 하여 일사부재리의 원칙을 규정하고 있다. 종래 대법원은 일사부재리의 원칙에 해당하는지 여부는 심판의 청구시가 아니라 그 심결시를 기준으로 판단되어야 한다고 해석하였다. 그리하여 일사부재리의 원칙은 어느 심판의 심결이 확정 등록되거나 판결이 확정된(이하 두 경우 중 심판의 심결이 확정 등록된 경우만을 들어 설시하기로 한다) 후에 청구되는 심판에 대하여만 적용되는 것은 아니고, 심결시를 기준으로 하여 그 때에 이미 동일사실 및 동일증거에 의한 다른 심판의 심결이 확정 등록된 경우에는 해당 심판의 청구시기가 확정된 심결의 등록전이었는지 여부를 묻지 아니하고 적용된다고 판시하여 왔다(대법원 2000.6.23. 선고 97후3661 판결, 대법원 2006.5.26. 선고 2003후427 판결 참조). 이와 같은 종래의 대법원판례에 따르면, 동일특허에 대하여 동일사실 및 동일증거에 의한 복수의 심판청구가 각각 있은 경우에 어느 심판의 심결(이를 '제1차 심결'이라고 한다)에 대한 심결취소소송이 계속하는 동안 다른 심판의 심결이 확정 등록된다면, 법원이 해당 심판에 대한 심결취소의 청구가 이유 있다고 하여 제1차 심결을 취소하더라도 특허심판원이 그 심판청구에 대하여 특허법 제189조 제1항 및 제2항에 의하여 다시 심결을 하는 때에는 일사부재리의 원칙에 의하여 그 심판청구를 각하할 수밖에 없다. 그러나 1) 이는 관련 확정 심결의 등록이라는 우연한 사정에 의하여 심판청구인이 자신의 고유한 이익을 위하여 진행하던 절차가 소급적으로 부적법하게 되는 것으로 헌법상 보장된 국민의 재판청구권을 과도하게 침해할 우려가 있고, 2) 그 심판에 대한 특허심판원의 심결을 취소한 법원의 판결을 무의미하게 하는 불합리가 발생하게 된다. 3) 나아가 구 특허법 제163조의 취지는 심판청구의 남용을 방지하여 심판절차의 경제성을 도모하고 동일한 심판에 대하여 상대방이 반복적으로 심판에 응하여야 하는 번거로움을 면하도록 하는 데에 있다. 그러나 위 규정은 일사부재리의 효력이 미치는 인적범위에 관하여 "누구든지"라고 정하고 있어서 확정 등록된 심결의 당사자나 그 승계인이외의 사람이라도 동일사실 및 동일증거에 의하여 동일심판을 청구할 수 없으므로, 함부로 그 적용의 범위를 넓히는 것은 위와 같이 국민의 재판청구권의 행사를 제한하는 결과가 될 것이다. 그런데 구 특허법 제163조는 위와 같이 '그 심판을 청구할 수 없다'라고 규정하고 있어서, 위 규정의 문언에 따르면 심판의 심결이 확정 등록된 후에는 앞선 심판청구와 동일사

51) 대법원 2020.4.9. 선고 2018후11360 판결.

실 및 동일증거에 기초하여 새로운 심판을 청구하는 것이 허용되지 아니한다고 해석될 뿐이다. 그러함에도 이를 넘어서 심판청구를 제기하던 당시에 다른 심판의 심결이 확정 등록되지 아니하였는데 그 심판청구에 관한 심결을 할 때에 이미 다른 심판의 심결이 확정 등록된 경우에까지 그 심판청구가 일사부재리의 원칙에 의하여 소급적으로 부적법하게 될 수 있다고 하는 것은 합리적인 해석이라고 할 수 없다.

대법원 2020.4.9. 선고 2018후11360 판결

[특허심판원이 심판청구가 선행 확정 심결과 동일한 사실·증거에 기초한 것이어서 특허법 제163조에서 정한 '일사부재리 원칙'에 위반되는지를 판단하는 기준 시점 (=심결 시)]

특허법 제163조는 "이 법에 따른 심판의 심결이 확정되었을 때에는 그 사건에 대해서는 누구든지 동일 사실 및 동일 증거에 의하여 다시 심판을 청구할 수 없다. 다만 확정된 심결이 각하 심결인 경우에는 그러하지 아니하다."라고 확정 심결의 일사부재리 효력을 정하고 있다. 따라서 위 규정을 위반한 심판청구는 누가 청구한 것이든 부적법하여 각하하여야 한다.

심판청구인은 심판청구서를 제출한 후 요지를 변경할 수 없으나 청구의 이유를 보정하는 것은 허용된다(특허법 제140조 제2항 참조). 따라서 특허심판원은 심판청구 후 심결 시까지 보정된 사실과 이에 대한 증거를 모두 고려하여 심결 시를 기준으로 심판청구가 선행 확정 심결과 동일한 사실·증거에 기초한 것이라서 일사부재리 원칙에 위반되는지 여부를 판단하여야 한다.

대법원 2012. 1. 19. 선고 2009후2234 전원합의체 판결은 '일사부재리의 원칙에 따라 심판청구가 부적법하게 되는지를 판단하는 기준 시점은 심판청구를 제기하던 당시로 보아야 한다.'고 하였는데, 이는 선행 심결의 확정을 판단하는 기준 시점이 쟁점이 된 사안에서 특허법상 일사부재리 원칙의 대세효로 제3자의 권리 제한을 최소화하기 위하여 부득이하게 선행 심결의 확정과 관련해서만 기준 시점을 심결 시에서 심판청구 시로 변경한 것이다.

심판은 특허심판원에서 진행하는 행정절차로서 심결은 행정처분에 해당한다. 그에 대한 불복 소송인 심결 취소소송은 항고소송에 해당하여 그 소송물은 심결의 실체적·절차적 위법성 여부이므로, 당사자는 심결에서 판단되지 않은 처분의 위법사유도 심결 취소소송 단계에서 주장·증명할 수 있고, 심결 취소소송의 법원은 특별한 사정이 없는 한 제한 없이 이를 심리·판단하여 판결의 기초로 삼을 수 있다. 이와 같이 본다고 해서 심급의 이익을 해친다거나 당사자에게 예측하지 못한 불의의 손해를 입히는 것이 아니다.

위에서 보았듯이 일사부재리 원칙 위반을 이유로 등록무효 심판청구를 각하한 심결에 대한 취소소송에서 심결 시를 기준으로 동일 사실과 동일 증거를 제출한 것인지를 심리하여 일사부재리 원칙 위반 여부를 판단하여야 한다. 이때 심판청구인이 심판절차에서 주장하지 않은 새로운 등록무효 사유를 주장하는 것은 허용되지 않는다. 따라서 이러한 새로운 등록무효 사유의 주장을 이유로 각하 심결을 취소할 수 없고, 새로운 등록무효 사유에 대하여 판단할 수도 없다.

대법원 2021.6.3. 선고 2021후10077 판결

[확정된 심결이 각하심결인 경우에는 일사부재리의 효력이 없다고 정한 특허법 제163조 단서 규정이 새로 제출된 증거가 선행 확정 심결을 번복할 수 있을 만큼 유력한 증거인지에 관한 심리·판단이 이루어진 후 선행 확정 심결과 동일 증거에 의한 심판청구라는 이유로 각하된 심결인 경우에도 적용되는지 여부(적극)]

일사부재리 원칙에 관한 특허법 제163조는 "이 법에 따른 심판의 심결이 확정되었을 때에는 그 사건에 대해서는 누구든지 동일 사실 및 동일 증거에 의하여 다시 심판을 청구할 수 없다. 다만, 확정된 심결이 각하심결인 경우에는 그러하지 아니하다."라고 규정하고 있다. 따라서, 확정된 심결이 심판 청구의 적법요건을 갖추지 못하여 각하된 심결인 경우에는 특허법 제163조 단서에 따라 일사부재리의 효력이 없다.

다음과 같은 점을 고려하면, 위 단서 규정은 새로 제출된 증거가 선행 확정 심결을 번복할 수 있을 만큼 유력한 증거인지에 관한 심리·판단이 이루어진 후 선행 확정 심결과 동일 증거에 의한 심판청구라는 이유로 각하된 심결인 경우에도 동일하게 적용된다고 보아야 한다.

가. 종래 심판청구의 적법요건을 갖추지 못해 각하된 심결이 확정된 경우에 일사부재리의 효력이 있는지에 관하여 견해대립이 있었으나, 2001년 2월 3일 법률 제6411호로 일부 개정된 특허법에서 위 단서 규정을 신설함으로써, 각하심결에 대하여는 일사부재리의 효력이 없음을 명확히 하였다.

나. 특허법 제163조의 '동일 증거'라 함은 전에 확정된 심결의 증거와 동일한 증거만이 아니라 그 심결을 번복할 수 있을 정도로 유력하지 않은 증거가 부가되는 것도 포함한다(대법원 2005.3.11. 선고 2004후42 판결 등 참조). 이에 따라, 후행 심판에서 새로 제출된 증거가 확정된 심결의 증거와 동일 증거인지 판단하기 위해서는 선행 확정 심결을 번복할 수 있을지를 심리·판단하게 되고, 그 과정에서 본안에 관한 판단이 선행되는 것과 같은 결과가 발생하기도 한다. 하지만, 일사부재리 원칙은 심판청구의 적법요건일 뿐이어서, 위와 같은 경우라도 일사부재리 원칙을 위반하여 심판청구가 부적법하다고 한 각하심결을 본안에 관한 실체심리가 이루어진 기각심결과 동일하게 취급하는 것은 문언의 가능한 해석 범위를 넘어선다.

다. 심판청구의 남용을 막고, 모순·저촉되는 복수의 심결이 발생하는 것을 방지하고자 하는 일사부재리 제도의 취지를 고려하더라도, 심판청구권 보장 역시 중요한 가치인 점, 현행 특허법 제163조는 일사부재리 효력이 제3자에게까지 미치도록 하고 있다는 점에서 특허법 제163조 단서의 예외를 인정하여 그 적용 범위를 확대하는 것은 정당화되기 어렵다.

특허법원 2018.6.29. 선고 2017허7005 판결

[이 사건 심판청구는 종전 확정 심결의 청구원인이 된 무효사유인 진보성 부정 외에 신규성 부정의 무효사유가 추가되었으므로, 이 사건 심판청구는 동일사실에 의한 것으로 볼 수 없는데도 동일사실에 해당한다고 보아 일사부재리 위배로 이 사건 심판청구를 각하한 심결을 취소한 사례]

구 특허법 제163조는 "이 법에 의한 심판의 심결이 확정된 때에는, 확정된 심결이 각하심결이 아닌 이상, 그 사건에 대하여는 누구든지 동일사실 및 동일증거에 의하여 다시 심판을 청구할 수 없다."라고 규정하고 있다. 여기서 '동일사실'이라 함은 해당 특허권과의 관계에서 확정이 요구되는 구체적 사실이 동일함을 말하고, '동일증거'라 함은 그 사실과 관련성을 가진 증거로서 전에 확정된 심결의 증거와 동일한 증거뿐만 아니라 그 확정된 심결을 번복할 수 있을 정도로 유력하지 아니한 증거가 부가되는 것도 포함한다(대법원 2001.6.26. 선고 99후2402 판결, 대법원 2005.3.11. 선고 2004후42 판결 등 참조). 그리고 특허나 실용신안의 등록무효심판청구에 관하여 종전에 확정된 심결이 있더라도 종전 심판에서 청구원인이 된 무효사유 외에 다른 무효사유가 추가된 경우에는 새로운 심판청구는 그 자체로 동일사실에 의한 것이 아니어서 일사부재리의 원칙에 위배되지 아니한다(대법원 2017.1.19. 선고 2013후37 전원합의체 판결 참조). 앞서 본 바와 같이, 종전 확정심결에서 청구원인이 된 무효사유는 진보성 부정이었고, 이 사건 심판청구에서는 진보성 부정 외에 신규성 부정의 무효사유가 추가되었다. 그런데 특허발명에 신규성이 없다는 것과 진보성이 없다는 것은 원칙적으로 특허를 받을 수 없는 사유로서 독립된 특허무효사유이다(대법원 2002.11.26. 선고 2000후1177 판결 등 참조). 따라서 앞서 본 법리에 비추어 볼 때 이 사건 심판청구는 동일사실에 의한 것이라고 볼 수 없으므로, 종전 확정심결에 대한 관계에서 일사부재리의 원칙에 위배된다고 볼 수 없다.

2. 심판청구의 취하

심판청구는 심결이 확정될 때까지 이를 취하할 수 있다. 그러나 당사자계 심판에서 답변서의 제출이 있는 경우에는 상대방의 동의를 받아야 하고(제161조 제1항) 동의가 없을 때에는 취하의 효력은 발생하지 아니한다.[52] 또 2 이상의 청구항에 관하여 특허무효심판 또는 권리범위확인심판을 청구한 때에는 청구항마다 이를 취하할 수 있다(제161조 제2항).

52) 특허법상 심판청구 취하 규정에는 민사소송법 소의 취하 규정과는 달리 '심판청구 취하 동의 간주 규정'과 '(심결이 있은 뒤에 취하더라도)재심판청구 금지 규정'은 없다. 이에 관한 검토는 박태일, "특허법 등 산업재산권법 일부 규정 개정 필요성 검토", 「특허소송연구(6집)」, 특허법원, 2013, 629면 이하 참조.

심판청구를 취하한 때에는 그 심판청구 또는 그 청구항에 대한 심판청구는 처음부터 없었던 것으로 본다(제161조 제3항).

심판청구를 취하하는 취하서가 적법한 것으로 인정이 되면 그 취하의 효과는 그 취하서가 특허심판원에 도달함과 동시에 발생하는 것이 되므로, 심판청구취하서가 특허심판원에 도달한 때 심판은 종료하는 것으로 된다.[53] 심결이 있은 후 심결확정 전에 심판청구를 취하하거나, 특허법원에 사건이 계속중에 심판청구를 취하하는 경우에도 이와 마찬가지이다.

대법원 1970.6.30. 선고 70후7 판결

[심판청구의 취하 취소]

심판청구인에 의하여 적법하게 이루어진 심판청구의 취하의 효력은 취하서가 제출되어 접수한 접수시에 발생하는 것이므로 그 취하는 취소할 수 없다.

대법원 1997.9.5. 선고 96후1743 판결

[심판청구를 취하하기로 약정한 경우, 심판을 유지할 법률상의 이익 유무(소극)]

특허권의 권리범위 확인의 심판청구를 제기한 이후에 당사자 사이에 심판을 취하하기로 한다는 내용의 합의가 이루어졌다면 그 취하서를 심판부(또는 기록이 있는 대법원)에 제출하지 아니한 이상 심판청구 취하로 인하여 사건이 종결되지는 아니하나, 당사자 사이에 심판을 취하하기로 하는 합의를 함으로써 특별한 사정이 없는 한 심판이나 소송을 계속 유지할 법률상의 이익은 소멸되었다 할 것이어서 해당 청구는 각하되어야 한다.

3. 결 정

심판에 있어서의 결정은 심판청구의 본안이 아닌 심판의 절차적인 문제에 대하여 심판장 또는 심판합의체가 그 당부를 심리판단하여 내리는 결론으로서 심결이 아닌 결정의 형식으로 표시되는 것을 의미한다. 특허법상의 절차가 결정으로 종료되는 사안은 다음과 같다.

1) 방식에 위반한 심판청구서의 결정각하

53) 취하서가 제출된 경우 심판관합의체(해당 사건의 심판관이 전보 또는 퇴임된 경우에는 심판정책과)의 점검을 받고 취하서가 적법하게 수리되면 취하통지서가 당사자에게 통지되는 등 취하에 따른 일련의 행정조치가 뒤따른다. 이에 취하서 접수일자와 취하가 유효한 것으로 확정된 일자 사이에 상당한 시간적 간격이 발생할 수 있으나 적법하게 이루어진 심판청구취하의 효력은 취하서가 제출되어 접수된 시점에 발생한다(특허심판원, 「심판편람(제13판)」, 2021, 393면).

2) 심판관의 제척 또는 기피신청에 대한 결정

3) 심판 참가의 신청에 대한 허부의 결정

4) 증거조사 또는 증거보전신청에 대한 결정

5) 심결의 경정결정

심판청구서에 대한 각하결정에 대하여도 특허법원에 소를 제기하여 그 당부를 다툴 수 있으므로 그 각하결정이 특허법원에 의하여 지지된 때, 불복할 수 있는 기간이 도과한 때 심판은 종결된다.

제 6 절 심판비용

1. 의 의

심판비용이란 특허심판원, 당사자 및 참가인이 심판절차에서 해당 심판을 위하여 지출한 비용을 말한다. 이와 관련하여 특허법은 "심판비용의 부담은 심판이 심결에 의하여 종결할 때에는 그 심결로써, 심판이 심결에 의하지 아니하고 종결할 때에는 결정으로써 정하여야 한다(제165조 제1항)"라고 규정하고 있으며, 그 이외에 민사소송법 중 소송비용에 관한 규정을 준용하고 있다(제165조 제2항).

2. 심판비용의 부담

(1) 패소자 부담의 원칙

심판비용은 특허법에서 특별히 정한 경우를 제외하고는 패소자부담을 원칙으로 하며(제165조 제2항), 2인 이상의 청구인 · 피청구인 또는 신청인이 공동으로 심판절차를 밟은 경우에는 평등의 비율로 부담하고, 연대하여 심판비용을 부담시킬 수 있다. 심판청구가 각하 또는 취하되거나 심판청구서를 각하하는 경우에도 패소자부담을 원칙으로 한다. 그러나 다음의 경우에는 실무상[54] 패소자부담의 원칙의 예외가 적용된다.

1) 심판청구가 화해, 권리이전, 실시권설정을 이유로 심결각하된 경우 심판 비용은 각자 부담으로 할 수 있다.

---

54) 특허심판원, 「심판편람(제13판)」, 2021, 1022면.

2) 소극적 권리범위확인심판에 있어 피청구인(권리자)이 경고 등 권리행사가 없고 방어도 하지 아니한 때에는 청구인(비권리자)이 승소한 경우에도 승소자가 비용을 부담한다.

3) 신청에 의한 증인심문 결과 증인, 증언이 증명사항과 관계가 없는 자나 사항인 것이 판명된 경우 그 증인심문에 소요된 비용은 신청한 당사자가 승소자인 경우에도 그 자에게 일부나 전부를 부담시킬 수 있다.

4) 특허무효심판 청구후 특허발명의 명세서가 정정청구에 의하여 정정된 결과 무효사유가 소멸된 경우 피청구인이 승소자인 경우에도 비용을 일부나 전부를 부담시킬 수 있다.

(2) 법에서 그 부담자를 정하고 있는 심판

거절결정에 대한 심판, 정정심판 및 통상실시권허락심판에 관한 비용은 청구인의 부담으로 한다.

(3) 심결 또는 결정으로 그 부담자를 정하는 심판

특허무효심판, 특허권의 존속기간연장등록무효심판, 권리범위확인심판, 정정의 무효심판의 심판비용은 심결 또는 결정으로서 그 부담자를 정하여야 한다.

3. 심판비용의 범위 및 심판

(1) 심판비용의 범위

심판비용의 범위 · 금액 · 납부 및 심판에서 절차상의 행위를 하기 위하여 필요한 비용의 지급에 관하여는 그 성질에 반하지 아니하는 한 민사소송비용법 중 해당 규정의 예에 의한다(제165조 제6항). 심판의 대리를 한 변리사에게 당사자가 지급하였거나 지급할 보수는 특허심판원장이 정하는 금액의 범위 안에서 이를 심판비용으로 보며, 수인의 변리사가 심판의 대리를 한 경우라도 1인의 변리사가 심판대리를 한 것으로 간주하여 심판비용액을 정한다. 이 규정은 변리사의 보수를 심판비용에 산입토록 한 것은 남소와 심판지연을 방지할 목적으로 규정된 것으로, 지급할 변리사의 보수는 특허심판원장이 정하는 금액의 범위 안에서 심판비용으로 계산된다(제165조 제7항).

(2) 심판비용의 심판

심판비용의 부담은 특허심판원에서 정하고 심결취소송의 소송비용 부담은 특허법원 및 대법원에서 별도로 정한다. 그리고 취소판결 심판사건시 심판비용 부담에 대해서는 취소된 원심판의 심판비용까지 포함하여 심판총비용을 정하는 것이 바람직하다.[55]

4. 심판비용의 예납

심판비용의 예납에 관하여는 민사소송법 제116조의 규정을 준용하고 있다(제165조 제2항). 따라서 심판 또는 재심에 있어서 비용을 요하는 행위에 필요한 비용은 이를 당사자에게 예납할 수 있으며, 비용을 예납하지 아니할 때에는 심판 등에서 그 행위를 하지 아니할 수 있다. 예납한 비용과 과부족 있을 경우에는 반환 또는 추납 등의 조치를 취하여야 한다.

5. 심판비용액의 결정

심판비용액은 심결 또는 결정이 확정된 후에 특허심판원장이 이를 결정한다(제165조 제5항). 이와 같은 심판비용액은 당사자의 청구가 있어야 비로소 결정되며 당사자의 청구가 없는 경우에는 심판비용액을 결정하지 아니한다.

제 7 절 특허심판의 각론

심판은 독립적인 심판과 부수적인 심판으로 크게 분류하며, 특히 우리나라의 특허심판을 크게 결정계심판과 당사자계 심판으로 나누어진다. 결정계심판은 ① 거절결정에 대한 심판, ② 정정심판이 있고, 당사자계 심판은 ① 특허·실용신안등록무효심판, ② 존속기간연장등록무효심판, ③ 정정무효심판, ④ 권리범위확인심판, ⑤ 통상실시권허락심판이 있다.[56] 한편, 기존에는 설정등록이 있는 날로부터 등록공고일 후 3개월 이내에 누구든지 무효심판을 청구할 수 있도록 하여 공중심사기능을 확보하였으나 최근에는 무효심판제도에서 공중심사기능을 삭제하는 한편 특

---

55) 특허심판원, 「심판편람(제13판)」, 2021, 1024면 참조.

56) 일본 특허청은 4개의 심판만을 인정하고 있다. 즉 거절결정에 대한 심판(일본 특허법 제121조), 특허무효심판(일본 특허법 제123조), 존속기간 연장등록의 무효심판(일본 특허법 제125조의2), 정정심판(일본 특허법 제126조)을 마련하고 있다.

허취소신청제도를 신설하였다.

1. 거절결정불복심판(제132조의17)

(1) 의 의

거절결정불복심판이란 심사관의 심사에 있어서 거절결정을 받은 자[57]가 이에 불복하여, 그 결정의 취소와 출원발명은 특허를 받을 수 있는 것[58]이라고 특허심판원에 심판을 청구하는 제도이다. 이 제도의 취지는 심사관의 판단에도 과오가 있을 수 있기 때문에 이를 시정하기 위한 길을 만들어 놓은 것이라고 할 수 있다.[59]

(2) 성 질

이 심판은 출원에 관한 심사관의 결정에 대한 출원인측의 유일한[60] 불복신청방법이다(제224조의2). 거절결정불복심판이 청구되면 해당 특허출원은 특허청에 계속중이 되며 심판청구인은 원결정의 부당함을 주장하면서 새로운 이유와 증거방법을 추가할 수 있다. 이에 심판관은 심사에서 한 심사내용과 심판청구인의 주장을 토대로 해서 원결정의 당부를 판단함은 물론 새로운 거절이유로 거절할 수 있는 등 심사절차가 그대로 준용된다. 즉 심사에서의 심리절차나 결과를 전혀 무시하고 새로 처음부터 심리를 다시 하는 것이 아니고, 심사에 있어서 한 절차를 토대로 하여 심리를 속행하며, 새로운 자료도 보충하여 원결정(原決定)인 특허출원에 대해 거절·특허의 여부를 심리하게 되므로, 심사에 대한 속심적 성격을 갖는다. 또한 이미 행해진 심사관의 위법 부당한 거절결정처분의 시정을 구하는 심판이라는 점에서 행정쟁송상 복심적 성격도 아울러 가진다.[61]

---

57) 출원인 또는 특허연장등록출원인.

58) 또는 특허권의 존속기간연장등록이 될 수 있는 것.

59) 거절결정이 되기 전에 거절결정에 대한 심판을 청구한 경우에는 그 청구를 심결에 의하여 각하한다.

60) 특허법 제67조의2에 따른 재심사 청구까지 포함하여 출원에 관한 심사관의 최종 결정에 대한 유일한 불복신청방법이라는 의미이다.

61) 민사소송절차상 항소법원의 심판은 그 심리형식에 따라 속심주의와 복심주의로 나눌 수 있다. 속심주의란 우리나라 민사소송절차에서 취하고 있는 심리형식으로 제1심의 심리절차를 전제로 제1심의 소송자료를 승계하여 사건에 대한 심리를 속행하는 제도를 말한다. 반면 복심주의란 제1심에서의 소송자료와 관계없이 제2심에서 자료를 수집하여 다시 정식의 절차로 심리하는 등 제2심이 사건 자체에 대하여 전면적으로 다시 심리하는 제도를 말한다.

(3) 요건 및 절차

1) 당사자

특허출원에 대한 거절결정 불복심판은 출원인만이 청구할 수 있고, 특허권에 대한 존속기간 연장등록출원에 대한 불복심판은 특허권자만이 청구할 수 있다(제132조의17). 공동출원 및 공유인 경우는 전원이 공동으로 청구하여야 한다(제139조 제3항).

한편 거절결정에 대한 심판청구는 심결이 확정될 때까지 이를 취하할 수 있으며, 이러한 취하가 있는 때에는 그 청구는 처음부터 없었던 것으로 되며, 그것으로 심판절차는 종료되고 달리 심결의 형식을 취하지 않는다.

2) 청구기간

거절결정등본의 송달을 받은 날로부터 3개월 이내에 청구하는 것이 원칙(제132조의17)이나 예외를 인정하는 경우가 있다.[62] 즉 기간의 해태(懈怠)가 책임질 수 없는 사유로 인하여 법정기간을 준수할 수 없을 때는 그 사유가 소멸한 날로부터 2개월 이내에 해태(懈怠)를 추후 보완할 수 있다. 다만, 그 기간 만료일로부터 1년이 경과한 때에는 그러하지 아니하다(제17조). 또한 특허청장은 청구에 따라 또는 직권으로 30일 이내에서 한 차례만 연장할 수 있다. 다만, 도서·벽지 등 교통이 불편한 지역에 있는 자의 경우에는 그 횟수 및 기간을 추가로 연장할 수 있다(제15조 제1항).

3) 심판청구방식

거절결정에 대한 심판을 청구하려는 자가 필요한 사항을 기재한 심판청구서(제140조의2 제1항)를 특허심판원장에게 제출하면 특허심판원장은 3인 또는 5인의 심판관으로 합의체를 구성하게 하여(제146조 제1항), 그 중 1인은 심판장으로서 심판사무를 총괄하게 한다(제145조).

거절결정불복심판이 청구되면 특허심판원장은 심판관을 지정하고 그 중 심판장으로 하여금 거절결정불복심판청구서가 방식에 맞는가를 심사토록 한다. 이 때 방식이 불비한 사건에 대하여는 기간을 정하여 이를 보정할 것을 명한다.

심판장이 방식불비를 이유로 보정을 명하였으나 기간 내에 보정이 없는 경우에는 결정으로 거절결정불복심판서를 각하한다. 한편 거절결정 전에 거절결정불복심

62) 2021년 10월 19일 개정법(법률 제18505호) 전까지는 30일이었는데 특허거절결정 후 출원인에게 충분한 심판의 청구기간을 제공함으로써 청구기간을 연장하거나 청구의 이유를 보정하는 등의 불필요한 행정 처리를 최소화하도록 특허거절결정에 대한 심판의 청구기간을 3개월로 늘린 것이다.

판청구가 있거나 거절결정불복심판 후에 출원취하·출원포기 등이 있는 경우에는 심결로서 해당 심판청구를 각하한다.

(4) 심리와 심결

심판은 직권으로 심리하며, 청구인이 청구하지 않은 이유에 대해서도 심리할 수 있다(제159조).

심판장은 사건이 심결을 할 정도로 성숙하였을 때에는 심판청구인에게 심리의 종결을 통지하여야 한다(제162조 제3항). 이 심리종결을 통지한 후에 제출된 서류는 심판에 참작하지 아니하며, 반환신청이 있는 경우에는 그 서류를 반환하여야 한다. 그러나 심리종결을 통지한 후에도 신청에 의하여 또는 직권으로 심리를 재개할 수 있다(제162조 제4항).

심리종결통지를 한 날로부터 20일 이내에 서면으로서 심결을 하여야 한다(제162조 제5항). 심판청구이유가 타당하면 원거절결정을 취소하고 해당 사건을 심사에 부칠 것이라는 심결을 허가나 자판하여 특허심결을 할 수 있다(제176조 제1항·제2항). 원결정이 적정하고 타당하면 심판청구는 이를 기각한다. 심결 등본이 송달되면 심결의 안정성을 확보하기 위하여 심결한 심판관 스스로 그 심결을 변경·취소할 수 없으며, 심결이 확정되면 당사자는 그 내용에 구속되며 또한 그 심결은 대세적 효력을 갖는다.

(5) 심결에 대한 불복

심판의 기각심결에 대하여 불복이 있을 때에는 심결문 등본을 받은 날로부터 30일 이내에 특허법원에 소를 제기하여 그 당부를 다툴 수 있다. 한편, 출원인은 그 특허출원의 출원서에 최초로 첨부된 명세서 또는 도면에 기재된 사항의 범위에서 그 특허출원의 일부, 즉 특허가능한 청구항을 새로운 특허출원으로 분리할 수 있다(제52조의2).

특허법원 2009.7.10. 선고 2008허10764 판결

[특허심판원이 출원인인 심판청구인에게 의견진술의 기회를 주지 않은 채 보정각하결정에 기재되지 않은 새로운 보정각하사유를 들어 보정각하결정이 정당한 것으로 판단한 경우, 심결을 취소하여야 할 위법이 있는지 여부(소극)]

특허청은 거절결정에 대한 심결취소소송 단계에서 심판절차에서 다루어지지 아니한 새로운 이유를 추가하여 보정의 부적법을 주장할 수 있다고 보아야 한다. 그리고 이러한 법리는 거절결정불복심판 단계에도 적용되어 특허심판원이 출원인인 심판청구인에게 의견진술의 기회를 주지 아니한 채 보정각하결정에 기재되지 아니한 새로운 보정각하사유를 들어 보정각하결정이 정당한 것으로 판단하였다고 할지라도 그 심결을 취소하여야 할 위법이 있다고 할 수 없다.

대법원 2009.12.10. 선고 2007후3820 판결

[거절결정의 이유 중에 심사관이 통지하지 않은 거절이유가 일부 포함되어 있다 하더라도, 특허거절결정에 대한 심판청구를 기각하는 심결이유가 심사관이 통지하지 않은 거절이유를 들어 특허거절결정을 유지하는 것이 아닌 경우, 그와 같은 사유만으로 심결을 위법하다고 할 수 있는지 여부(소극)]

청구범위가 여러 개의 청구항으로 되어 있는 경우 그 하나의 항이라도 거절이유가 있는 때에는 그 출원이 전부 거절되어야 하는 것이고, 특허심판원은 특허거절결정 당시의 청구범위 제1항이 진보성이 없다는 이유를 들어 나머지 청구항에 관하여 더 나아가 살펴보지 아니하고 특허거절결정을 유지하는 심결을 하였을 뿐 거절이유통지 및 의견제출 기회를 부여하지 아니한 청구항 27 내지 29에 대한 거절이유를 들어 특허거절결정을 유지한 것이 아니므로, 피고가 청구항 27 내지 29에 대하여 원고에게 거절이유통지 및 의견제출 기회를 부여하지 않은 것만으로 심결을 위법하다고는 할 수 없다.

대법원 2019.10.31. 선고 2015후2341 판결

[거절결정불복심판 또는 심결취소소송에서 특허출원 심사 또는 심판 단계에서 통지한 거절이유에 기재된 주선행발명을 다른 선행발명으로 변경하는 경우 새로운 거절이유에 해당하는지 여부(원칙적 적극)]

특허출원에 대한 심사 단계에서 거절결정을 하려면 그에 앞서 출원인에게 거절이유를 통지하여 의견제출의 기회를 주어야 하고, 거절결정에 대한 특허심판원의 심판절차에서 그와 다른 사유로 거절결정이 정당하다고 하려면 먼저 그 사유에 대해 의견제출의 기회를 주어야만 이를 심결의 이유로 할 수 있다(특허법 제62조, 제63조, 제170조 참조). 위와 같은 절차적 권리를 보장하는 특허법의 규정은 강행규정이므로 의견제출의 기회를 부여한 바 없는 새로운 거절이유를 들어서 거절결정이 결과에 있어 정당하다는 이유로 거절결정불복심판청구를 기각한 심결은 위법하다. 같은 취지에서 거절결정불복심판청구 기각 심결의 취소소송절차에서도 특허청장은 심사 또는 심판 단계에서 의견제출의 기회를 부여한 바 없는 새로운 거절이유를 주장할 수 없다고 보아야 한다. 다만 거절결정불복심판청구 기각 심결의 취소소송절차에서 특허청장이 비로소 주장하는 사유라고 하더라도 심사 또는 심판 단계에서 의견제출의 기회를 부여한 거절이유와 주요한 취지가 부합하여 이미 통지된 거절이유를 보충하는 데 지나지 아니하는 것이면 이를 심결의 당부를 판단하는 근거로 할 수 있다 할 것이다(대법원 2013.9.26. 선고 2013후1054 판결 등).

출원발명의 진보성을 판단함에 있어서, 먼저 출원발명의 청구범위와 기술사상, 선행발명의 범위와 기술내용을 확정하고, 출원발명과 가장 가까운 선행발명[이하 '주(主) 선행발명'이라고 한다]을 선택한 다음, 출원발명을 주선행발명과 대비하여 공통점과 차이점을 확인하고, 그 발명이 속하는 기술분야에서 통상의 지식을 가진 사람(이하 '통상의 기술자'라고 한다)이 특허출원 당시의 기술수준에 비추어 이와 같은 차이점을 극복하고 출원발명을 쉽게 발명할 수 있는지를 심리한다.

그런데 거절결정불복심판 또는 그 심결취소소송에서 특허출원 심사 또는 심판 단계에서 통지한 거절이유에 기재된 주선행발명을 다른 선행발명으로 변경하는 경우에는, 일반적으로 출원발명과의 공통점 및 차이점의 인정과 그러한 차이점을 극복하여 출원발명을 쉽게 발명할 수 있는지에 대한 판단 내용이 달라지므로, 출원인에게 이에 대해 실질적으로 의견제출의 기회가 주어졌다고 볼 수 있는 등의 특별한 사정이 없는 한 이미 통지된 거절이유와 주요한 취지가 부합하지 아니하는 새로운 거절이유에 해당한다.

2. 특허무효심판(제133조)

(1) 의의 및 취지

특허무효심판이란 일단 유효하게 된 특허권에 일정한 법정사유가 있는 경우, 이해관계인 또는 심사관의 심판청구에 의하여 그 특허를 무효로 하고 소급하여 또는 장래를 향하여 특허권의 효력을 소멸시키는 것을 목적으로 하는 심판을 말한다. 특허에 무효사유가 존재한다고 할지라도 그 자체로서 특허가 당연무효라고 할 수 없으며 심판원의 무효심결의 확정에 의해 비로소 특허권이 소멸한다.

(2) 성 질

특허의 무효심판은 비송사건 관청인 특허청(특허심판원)이 특허권이 있는지 여부만을 인정하는 확인행위라고 볼 수도 있겠으나, 무효심판의 법적 성질이 단순히 확인적 행위라면 청구인을 이해관계인과 심사관에 한할 이유를 설명하기 힘들다. 이에 일단 유효하게 발생한 행정처분을 취소하고 새로운 행정처분을 하는 것, 즉 특허권에 특허무효사유가 존재하고 있다고 해서 모두 무효가 되는 것이 아니라 행정기관인 특허청의 심판에 의하여서만이 무효[63]가 될 수 있으며, 그 특허권의 무효가 확정되면 그 특허권은 처음부터 효력이 없었던 것이 되기 때문에 형성적·대세적 효력이 발생하고 재심사유가 없는 한 누구라도 더 이상 다툴 수 없는 강력한 소송법적 확정력을 가지는 점에서 확인적 행위가 아니라 형성적 행위라고 보아야

---

63) 대법원 1998.12.22. 선고 97후1016,1023,1030 판결.

할 것이다.[64)]

(3) 특허무효심판의 당사자

이해관계인 또는 심사관이 특허무효심판을 청구할 수 있다(제133조 제1항). 이와 같이 일반적으로 특허의 무효심판을 이해관계인 또는 심사관으로 제한하는 것은 불필요한 심판의 청구를 방지하고 아울러 특허가 무효사유를 안고 있을 때에는 심사관도 이를 청구할 수 있도록 함으로써 부실권리의 존속을 방지하고자 함에 그 취지가 있다.[65)] 다만, 특허를 받을 수 있는 권리를 가지지 아니하여 법 제33조 제1항 본문을 위반한 경우나 특허를 받을 수 있는 권리가 공유인데 공동출원하지 아니하여 법 제44조를 위반한 경우에는 심사관을 제외하고는 이해관계인 중 특허를 받을 수 있는 권리를 가진 자만이 청구할 수 있다. 이는 이해관계인의 범위를 특허를 받을 수 있는 권리를 가진 자로 제한하는 것으로서 법 제33조 제1항 본문, 제44조 위반은 사적인 이유이기 때문이다.

청구인으로서 이해관계인에 대하여 논란이 있으나, 그 특허권이 유효하게 존속함으로 인하여 직접 또는 간접적으로 불이익을 받을 염려가 있는 자연인과 법인을 말한다. 이때 이해관계의 존부에 대한 증명은 심판청구인이 하여야 하며, 그 판단은 심판관의 직권사항으로 전적으로 심판관의 판단에 의한다.

대법원 1977.3.22. 선고 76후7 판결
[이해관계인의 심리]

이해관계인 여부는 직권으로 살펴보아야 할 것(당원 1971.4.28. 선고 70후68 판결 참조)임에도 불구하고 원심결은 이 점에 관하여 당사자간에 다툼이 없다 하여 이 사건 심판청구인을 이해관계인으로 단정하였음은 심판청구의 적법 여부에 대하여 심리를 다하지 아니하였다는 비난을 면할 수 없다.

대법원 1989.5.23. 선고 88후578 판결
[이해관계 결정의 표준시]

특허권이 특허료의 불납으로 소멸한 경우에도 이해관계인은 특허권의 무효심판을 청구할 수 있으며, 이해관계는 심판청구 당시에 존재함으로써 족한 것이지 특허권이

---

64) 송영식 · 이상정 · 황종환 · 이대희 · 김병일 · 박영규 · 신재호, 「지적소유권법(上)」(제2판), 육법사, 2013, 816면.

65) 미국, 일본, 독일은 특허권의 무효사유가 있는 경우에는 누구라도 특허무효에 대해 청구가 가능하도록 하고 있어서 청구인에 대한 제한이 없다.

존속하고 있는 기간 중에 존재하여야 하는 것은 아니다.

이해관계인[66]이란 당해 특허발명의 권리존속으로 인하여 법률상 어떠한 불이익을 받거나 받을 우려가 있어 그 소멸에 관하여 직접적이고도 현실적인 이해관계를 가진 사람[67]을 말하며 해당 특허발명을 실시하여 물품을 제조판매함을 업으로 하는 자뿐만 아니라 그 업무의 성질상 해당 특허의 발명을 사용하리라고 추측이 갈 수 있는 관계에 있는 자,[68] 그 발명특허와 관련 있는 발명 연구를 한다든가 또는 그에 관련 있는 사업을 하는 자[69] 등으로 그 발명특허가 유효하게 존속함으로써 불이익을 받을 염려가 있는 경우는 모두 이해관계가 있다고 할 수 있다.[70] 그러나 권리가 혼동된 경우, 종업원 및 법인의 대표자[71] 등은 이해관계가 인정되지 않는다.

실시권자가 무효심판청구인으로서 이해관계인에 해당하는지 여부와 관련해서, 종래의 대법원 판례는 ① 특별한 사정이 없는 한 특허를 무효로 할 구체적 이익이 없다[72]거나 그 허락기간에는 그 권리의 대항을 받을 염려가 없으므로 업무상 손해를 받거나 받을 염려가 없어[73] 실시권자는 이해관계인이 아니라는 소극설의 입장과 ② 실시계약 후 무효사유를 발견한 경우에 통상실시권에 대가의 지급조건이 붙어 있어 그 의무의 이행을 하여야 한다면 특허를 무효로 함으로써 실시료의 지급

66) 이해관계인에는 실시권자도 포함되는가. 즉 실시권자는 부쟁의무를 지는가. 이에 대하여 독일과 일본의 통설은 무효원인을 수반하는 특허를 유지하는 것은 특허제도의 목적에 반하므로 혹은 실시료 지급의무를 면하는 이익을 가지므로 부쟁의무를 인정하지 아니한다. 즉 실시권자도 무효심판을 청구할 수 있다고 본다. 한편, 영국과 미국에서는 실시권자는 신의칙에 기하여 부쟁의무가 있다는 것이 종래의 통설이었다. 그러나 미국은 최근 금반언원칙은 공공이익의 요구 앞에서는 양보되어야 한다는 판례(Lear v. Adkins(1969)) 이래 이 의무를 부정하고 있으며 특허권의 유효성을 다루지 않겠다는 계약조항(不爭條項)도 무효라고 한다(Bendix v. Balax 1970). 이 판례는 국제적으로 지지되는 경향이다(EC 위원회 등)[송영식 · 이상정 · 황종환 · 이대희 · 김병일 · 박영규 · 신재호, 「지적소유권법(上)」(제2판), 육법사, 2013, 819면 각주 1502 참조].

67) 대법원 2019.2.21. 선고 2017후2819 전원합의체 판결.

68) 대법원 1967.8.29. 선고 67후9 판결.

69) 대법원 1968.4.23. 선고 66누115,116 판결.

70) 행정관청인 철도청장은 권리의무의 주체가 아니므로 이해관계인이라고 볼 수 없다(대법원 1993.11.23. 선고 93후275 판결).

71) 법인의 대표자 개인이 개인명의로 심판을 청구하고 그 법인이 특허권과 동종의 물품을 생산 · 판매하는 등의 이유로 이해관계를 주장할 경우 법인으로서는 그 영업내용상 이해관계가 있다고 하더라도 그 법인의 대표자는 대표자로서 그 법인의 영업에 관여하고 있는 것이지 개인으로서 관여하는 것이 아니므로 그 대표자 개인은 이해관계가 없다. 그 법인의 종업원의 경우도 동일하다(특허심판원, 「심판편람(제13판)」, 2021, 205면). 다만, 대표자의 개인 자격으로 이해관계가 있는지 여부를 개별적으로 살펴보아야 한다(대법원 2005.3.25. 선고 2003후373 참조).

72) 대법원 1979.4.10. 선고 77후49 판결.

73) 대법원 1981.7.28. 선고 80후77 판결.

의무가 면제되는 이익을 가지므로 실시권자는 이해관계인이라는 적극설의 입장[74)] 이 있었다. 그러나 최근의 전원합의체 판결[75)]에서는 권리의 대항을 받을 염려가 없다는 이유만으로 이해관계를 부정할 수 없으며, 특허발명과 같은 종류의 물품을 제조·판매하거나 제조·판매할 사람이라면 이해관계인에 해당한다고 하여 실시권자의 이해관계를 긍정하고 있다.

대법원 1977.12.27. 선고 76후33 판결

[영업의 양도]

실용신안권의 권리범위확인심판 청구인이 그 심판 계속 중에 그 실용신안 물건의 제조판매영업권을 양도하였다 하더라도 본법상의 이해관계인임에는 변함이 없다.

대법원 1981.4.14. 선고 79후90 판결

[영업의 폐지]

본건 등록실용신안인 주철관과 그 제조방법이 판이한 별개 물품인 강관판매업을 경영하다가 이를 사실상 폐업한 후 원심의 심결 종결시까지 다른 영업도 한 바가 없는 자는 이해관계인이 아니다.

대법원 1990.2.9. 선고 89후1271 판결

[동업자 단체]

×××협회와 같은 동업자 단체가 회원을 대표하여 심판청구를 하는 경우에는 그 개개의 구성원이 이해관계가 있으면 협회로서도 그 이해관계가 있다고 보아야 할 것이다.

대법원 2002.4.12. 선고 99후2846 판결

[불사용의 의사의 표시]

원심은, 그 판시 증거에 의하여 피고가 원고의 의뢰를 받고 이 사건 등록고안 제품을 제작하여 원고에게 납품을 하여 오다가 원고와 거래가 중단되어 1996.1.11. 위 제품의 제작금형을 반납하고 거래비용을 정산하였으며 1996.1.17.에는 이 사건 등록고안의 침해가 되는 물건에 대하여는 생산하지 않을 것을 약속한 서약서를 원고에게 교부한 사실, 원고는 그 이후 피고가 이 사건 등록고안을 침해하는 물건에 대하여는 생산하지 않을 것을 약속한 서약서를 원고에게 교부한 사실, 원고는 그 이후 피고가 이 사건 등록고안을 침해하는 물건을 생산, 판매한다는 이유로 제주지방법원에 손해배상청

---

74) 대법원 1980.5.13. 선고 79후74 판결; 대법원 1984.5.29. 선고 82후30 판결.

75) 대법원 2019.2.21. 선고 2017후2819 전원합의체 판결.

구소송을 제기하여 현재에 이르기까지 이 사건 등록고안에 관한 분쟁이 있어온 사실을 각 인정한 후, 위 서약서의 취지는 피고가 이 사건 등록고안의 침해가 되는 물품을 생산하지 않겠다는 약속을 한 것에 불과할 뿐, 이 사건 등록고안이 공지공용의 고안으로서 그 등록이 무효가 되어야 한다는 무효심판의 청구권까지 포기한 것으로 볼 수는 없다 할 것이므로, 결국 위와 같은 사정만으로 동종의 영업에 종사하고 있는 피고에게 이 사건 무효심판을 청구할 이해관계가 없다고 할 수는 없다는 취지로 판단하였다. 기록에 비추어 살펴보면, 위와 같은 원심의 판단은 정당하고, 거기에 상고이유에서 지적한 바와 같은 심판청구의 이해관계인에 관한 법리오해의 위법이 있다고 할 수 없다.

대법원 2002.4.12. 선고 2001후1877 판결

[위반행위를 하지 않기로 합의한 경우 이해관계 소멸 여부]

등록고안에 대한 침해행위를 하지 아니하고 원고의 권리를 정당한 것으로 인정하여 다투지 않겠다고 원고와 합의한 것이므로 이 사건 등록고안의 무효심판을 청구할 수 있는 이해관계인으로서의 지위를 상실하였기에 이 사건 심판청구는 이해관계가 없는 자에 의한 청구로서 부적법하여 각하되어야 한다고 판단하였다.

심판청구 당시 애해관계가 있었던 당사자라 하더라도 심판계속중에 그 심판에 관하여 당사자 사이에 다투지 아니하기로 하는 합의가 있었다면 특별한 사정이 없는 한 그 이해관계는 소멸된다고 할 것인바, 원심이 같은 취지에서, 이사건 합의에 이르게 된 경위, 합의의 내용, 피고가 H실업의 형식적 대표자인 B와는 별도로 합의서에 서명날인한 일 및 합의 이후의 사정 등을 종합하여, 피고에게 이 사건 합의의 당사자로서 합의의 효력이 미친다고 보고 이 사건 등록고안의 무효심판을 청구할 수 있는 이해관계인으로서의 지위를 상실하였다고 판단한 것은 옳고, 그 판단에는 합의의 효력이미치는 당사자에 관한 법리나 무효심판을 청구할 수 있는 이해관계인에 관한 법리를 오해한 위법사유 또는 관련되는 대법원 판결 취지와 상반되는 판단을 한 위법사유가 없다.

대법원 1973.12.26. 선고 73후28 판결

[관할관청의 허가가 필요한 경우 이해관계]

유량기제작업을 하려면 원심 설시와 같은 관할 관청의 허가를 요하는 바 항고심판청구인은 동 허가를 얻은 바 없이 단순히 위 기술원조계약을 체결한 사실만으로 주장하고 있으니 항고심판청구인을 특허법 제89조 소정의 이해관계인이라고 인정할 수 없다할 것이다.

대법원 1989.4.25. 선고 87후131 판결

[권리의 주체가 아닌 경우 이해관계]

구 특허법(1990.1.13. 법률 제4207호 개정 공포되기 전의 것) 제97조 제2항 제1항에 의하면 특허무효심판은 이해관계인 또는 심사관에 한하여 청구할 수 있다고 규정되어 있는데 행정관청인 철도청장은 권리의 주체가 아니므로 이해관계인이라 볼 수 없다.

대법원 1998.3.13. 선고 97후983 판결

[권리가 다른 경우 이해관계]

원심심결 이유를 기록과 관련 법규의 내용에 비추어 살펴보면, 원심이, 심판청구인은 이 사건 특허발명의 목적물과 같은 종류의 물질을 제조하는 방법에 관한 특허를 출원·등록한 사실이 있으므로 이 사건 특허등록무효심판을 청구할 수 있는 이해관계인에 해당한다고 한 조치는 정당하고, 거기에 이해관계인에 대한 법리오해나 판단누락 등의 위법이 없다.

대법원 2019.2.21. 선고 2017후2819 전원합의체 판결

[특허권의 실시권자가 특허권자로부터 권리의 대항을 받거나 받을 염려가 없다는 이유로 무효심판을 청구할 수 있는 이해관계가 소멸되었다고 볼 수 있는지 여부]

(1) 구 특허법(2013. 3. 22. 법률 제11654호로 개정되기 전의 것, 이하 같다) 제133조 제1항 전문은 "이해관계인 또는 심사관은 특허가 다음 각 호의 어느 하나에 해당하는 경우에는 무효심판을 청구할 수 있다."라고 규정하고 있다. 여기서 말하는 이해관계인이란 당해 특허발명의 권리존속으로 인하여 법률상 어떠한 불이익을 받거나 받을 우려가 있어 그 소멸에 관하여 직접적이고도 현실적인 이해관계를 가진 사람을 말하고, 이에는 당해 특허발명과 같은 종류의 물품을 제조·판매하거나 제조·판매할 사람도 포함된다. 이러한 법리에 의하면 특별한 사정이 없는 한 특허권의 실시권자가 특허권자로부터 권리의 대항을 받거나 받을 염려가 없다는 이유만으로 무효심판을 청구할 수 있는 이해관계가 소멸되었다고 볼 수 없다.

(2) 그 이유는 다음과 같다.

특허권의 실시권자에게는 실시료 지급이나 실시 범위 등 여러 제한 사항이 부가되는 것이 일반적이므로, 실시권자는 무효심판을 통해 특허에 대한 무효심결을 받음으로써 이러한 제약에서 벗어날 수 있다.

그리고 특허에 무효사유가 존재하더라도 그에 대한 무효심결이 확정되기까지는 그 특허권은 유효하게 존속하고 함부로 그 존재를 부정할 수 없으며, 무효심판을 청구하더라도 무효심결이 확정되기까지는 상당한 시간과 비용이 소요된다. 이러한 이유로 특허권에 대한 실시권을 설정받지 않고 실시하고 싶은 사람이라도 우선 특허권자로부터 실시권을 설정받아 특허발명을 실시하고 그 무효 여부에 대한 다툼을 추후로 미루어 둘 수 있으므로, 실시권을 설정받았다는 이유로 특허의 무효 여부를 다투지 않겠다는 의사를 표시하였다고 단정할 수도 없다.

(3) 이와 달리 실시권자라는 이유만으로 무효심판을 청구할 수 있는 이해관계인에

해당하지 않는다는 취지로 판시한 대법원 1977.3.22. 선고 76후7 판결, 대법원 1983. 12.27. 선고 82후58 판결을 비롯한 같은 취지의 판결들은 이 판결의 견해에 배치되는 범위 내에서 이를 모두 변경하기로 한다.

일반적으로 심판의 분쟁은 관련한 이해관계인이 청구하는 것이 원칙이나, 특허무효심판, 특허권 존속기간의 연장등록무효심판 및 정정무효심판에 대해서는 이해관계인 이외에 심사관도 청구할 수 있도록 하고 있다. 이는 특허권은 이해관계가 있는 분쟁 당사자뿐만 아니라 일반 공중에게도 효력을 갖는바, 등록된 특허권에 대하여 무효사유를 가지고 있다는 사실을 알고 있는 이해관계자가 특허권자와 합의하여 반대급부를 받고 이미 제기한 무효심판을 취하하거나 무효심판을 제기하지 않기로 합의하면 부실한 권리가 존속하게 된다. 부실한 권리가 존속하는 경우 부실한 권리에 무효사유가 있다는 사실을 알지 못하는 이해관계자나 일반공중은 그 특허권의 효력에 따라 부당하게 이익을 침해받을 수 있게 된다. 이에 특허법에서는 이해관계자 이외에 공익의 대표자인 심사관으로 하여금 부실권리에 대하여 무효심판을 청구할 수 있게 하는 제도를 마련하고 있다.

특허의 무효심판에 있어서 피청구인은 특허권자이며, 특허권을 2인 이상이 공유하고 있는 경우에는 공유특허권자 전원이 피청구인이 되어야 한다(제139조 제2항). 특허권이 장래를 향해 소멸한 경우에는 소멸당시의 특허권자가 피청구인이 된다.

심판계속 중에 특허권의 이전이 있는 경우에도 피청구인의 지위에는 아무런 영향이 없다. 따라서 당초의 피청구인이 그 사건의 종국에 이르기까지 승계인을 위하여 제반행위를 할 적격을 가진다. 다만, 심판장은 무효심판의 계속 중일 때 특허권이 이전되면 그 승계인에게 심판절차를 속행하게 할 수 있다(제19조).

(4) 무효심판의 대상 및 기간

청구범위의 청구항이 2 이상인 때에는 청구항마다 청구할 수 있다(제133조 제1항). 특허무효심판은 특허권이 소멸된 후에도 청구할 수 있다(제133조 제2항). 이와 같이 특허권이 소멸한 후에도 특허무효심판을 청구할 수 있도록 한 것은 특허권이 소멸한 후에도 특허권의 존속기간 중의 침해행위에 대해서도 손해배상을 청구할 수 있기 때문이며, 이에 특허권소멸 후에 있어서도 무효심판을 청구할 실익이 있는 것이다.[76] 따

76) 다만 손해배상청구가 시효에 걸린 경우에는 이미 청구할 수 없다고 해석할 수도 있을 것이다. 한편 비록 손해배상청구에 대해 단기 소멸시효가 완성되었더라도 부당이득반환청구의 가능성이 있는 점, 피의침해자로서는 특허무효에 의하여 특허침해가 아니라는 판단을 받을 법률상 이익이 있다고 볼

라서 이때 특허권의 소멸이란 특허권존속기간의 만료, 상속인의 부존재, 특허권의 포기, 특허료 불납으로 인한 소멸을 말하며, 심판에 의하여 무효가 되어 소급적으로 소멸된 경우[77]는 제외한다.

특허법원 2007.8.22. 선고 2006허10135 판결

[실용신안권을 포기한 자가 무효심판의 청구와 그 심판청구를 기각한 심결에 대한 심결취소송을 제기할 수 있는지 여부(적극)]

실용신안권의 포기는 장래에 향하여 효력이 있을 뿐 포기하기 전까지는 권리가 유효하게 존재하는 것이고, 그 유효하게 존재하던 때의 실용신안권에 관하여 무효를 다툴 이익이 있는 이해관계인으로서는 무효심판의 청구와 그 심판청구를 기각한 심결에 대한 심결취소소송을 제기할 수 있음이 원칙이다.

(5) 무효사유

특허법은 제133조 제1항 각호에서 특허의 무효사유를 규정하고 있다. 이러한 특허법의 규정은 특허의 무효사유를 제한열거적으로 명시하고 있는바, 특허권은 이와 같은 무효사유 이외의 사유로는 무효되지 아니한다. 또한 특허가 무효사유가 있다하여 그 특허가 당연무효가 되는 것은 아니며, 특허청의 무효선언에 의해서만 무효가 된다. 따라서 침해소송 등에서 당사자는 당연무효를 주장할 수 없으며, 법원도 무효선언을 할 수 없다.

① 제25조(외국인의 권리능력)·제29조(특허요건)·제32조(특허를 받을 수 없는 발명)·제36조(선출원주의) 제1항 내지 제3항·제42조 제3항(발명의 설명의 기재요건)·제4항(청구범위 요건)

② 제33조 제1항 본문의 규정에 의한 특허를 받을 수 있는 권리를 가지지 아니하거나 제44조(공동출원)의 각 규정에 위반된 경우. 다만, 법 제99조의2제2항에 따라 이전등록된 경우는 제외한다.

③ 제33조 제1항 단서의 규정에 의하여 특허를 받을 수 없는 경우

④ 특허된 후 그 특허권자가 제25조(외국인의 권리능력)에 따라 특허권을 누릴 수 없는 자로 되거나 그 특허가 조약을 위반한 경우

⑤ 조약을 위반하여 특허를 받을 수 없는 경우

⑥ 제47조 제2항(신규사항의 추가금지) 전단의 규정에 의한 범위를 벗어난 보정

여지도 있는 점 등을 고려하면 달리 해석할 수도 있을 것이다.

77) 특허가 무효로 되면 특허권이 소급하여 소멸하기 때문이다.

인 경우

⑦ 제52조 제1항의 규정에 의한 범위를 벗어난 분할출원인 경우 또는 제52조의 2 제1항 각 호 외의 부분 전단에 따른 범위를 벗어난 분리출원인 경우

⑧ 제53조 제1항의 규정에 의한 범위를 벗어난 변경출원인 경우

(6) 무효심판의 절차

심판장은 심판의 청구가 있는 때에는 청구서의 부본을 피청구인에게 송달하고 기간을 정하여 답변서를 제출할 수 있는 기회를 주어야 하며(제147조 제1항), 심판장이 답변서를 수리한 때에는 그 부본을 청구인에게 송달하여야 한다(제147조 제2항). 또한 심판장은 심판의 청구가 있는 때에는 그 취지를 해당 특허권의 전용실시권자나 그 밖에 특허에 관하여 등록을 한 권리를 가지는 자에게 알려야 한다(제133조 제4항).

한편 특허법은 특허무효심판이 특허심판원에 계속중일 때에는 별도의 정정심판 청구를 불허하고 그 무효심판절차에서 특허발명의 명세서 또는 도면을 정정할 수 있도록 하고 있다. 즉 피심판청구인인 특허권자는 심판장으로부터 심판청구서 부본송달이 있는 경우 그 심판청구에 대한 답변서 제출기간 내(심판장이 답변서 제출기간 후에도 청구인이 증거를 제출하거나 새로운 무효사유를 주장함으로 인하여 정정의 청구를 허용할 필요가 있다고 인정하는 경우에는 기간을 정하여 정정청구를 하게 할 수 있는데 그 기간) 또는 심판관의 직권심리에 의한 의견서 제출기간 내에 명세서 · 도면의 정정을 할 수 있도록 하고 있다(제133조 의2). 이는 무효심판과 정정심판이 동시에 계속됨으로서 야기되는 심판절차의 지체를 방지하고 해당 무효심판절차를 조속히 종결시키기 위함이다.

(7) 심 리

심리는 구술심리 또는 서면심리로 한다. 다만, 당사자가 구술심리를 신청하였을 때에는 서면심리만으로 결정할 수 있다고 인정되는 경우 외에는 구술심리를 하여야 한다(제154조 제1항). 또한, 문제의 공익성 및 절차의 신속성을 고려하여 직권탐지, 직권진행(제158조) 및 직권심리(제159조) 등의 주의를 채택하고 있다. 또 심리의 공정성을 확보하기 위해 제척(除斥)(제149조) · 기피(忌避)(제150조)제도, 제3자의 이해를 고려하여 참가(參加)제도(제155조, 제156조)를 두고 있다.

특허의 무효심판은 청구인이 신청한 청구취지의 범위 내에서 이를 심리하여야 하며, 청구인이 신청하지 아니한 청구취지에 대하여는 심리할 수 없다. 그러나 청구취지의 범위 내에서는 당사자 또는 참가인이 신청하지 아니한 이유는 물론 취하

한 이유에 대하여도 이를 심리할 수 있다. 당사자 또는 참가인이 신청하지 아니한 이유에 대하여 심리하는 경우에는 당사자 또는 참가인에게 기간을 정하여 그 이유에 대하여 의견을 진술할 수 있는 기회를 주어야 한다(제159조).

(8) 심 결

심판장은 사건이 심결할 정도로 성숙하였을 때에는 심판청구인, 피심판청구인 및 참가인에게 심리종결통지를 하여야 하며, 그 심리종결통지를 한 날로부터 20일 이내에 서면으로 심결을 한다(제162조 제3항·제5항). 이때 심결에는 특허의 무효심판청구가 이유 없는 경우로서 특허무효심판청구를 기각하는 기각심결과 특허의 무효심판청구의 이유가 타당한 경우에 해당 특허에 대하여 무효심결을 하는 인용심결이 있다.

(9) 무효심결의 효력

특허를 무효로 한다는 심결이 확정된 때에는 그 특허권은 처음부터 없었던 것으로 본다. 단 특허된 후 그 특허권자가 제25조(외국인의 권리능력)에 따라 특허권을 누릴 수 없는 자로 되거나 그 특허가 조약을 위반한 경우인 후발적 사유(제133조 제1항 4호)의 규정에 의하여 특허를 무효로 한다는 심결이 확정된 때에는 그 특허가 후발적 사유에 해당하게 된 때부터 특허권의 효력이 없었던 것으로 본다(제133조 제3항).

심결이 확정되었을 때에는 그 사건에 대하여는 누구든지 동일사실 및 동일증거에 의하여 다시 심판을 청구할 수 없다. 다만, 확정된 심결이 각하심결인 경우에는 그러하지 아니하다(일사부재리의 효력: 제163조). 특허무효심결이 확정된 때에는 누구나 그 발명을 자유롭게 실시할 수 있다(대세적 효력). 심판청구의 전제가 되는 특허권이 무효심결에 의하여 소멸되면, 그 후에는 정정(訂正)심판을 청구할 수 없게 된다(제136조 제7항). 또한 무효심결이 확정되면 심리중인 침해소송이나 특허침해죄의 소송에 대해서는 청구기각 및 무죄로 판결되며, 이미 확정된 침해소송이나 특허침해죄 판결에 대해서도 재심사유가 된다.

특허권자가 침해금지청구권 등을 행사하여 타인에게 손해를 준 때에는 그 고의·과실 여부에 따라 불법행위로 인한 손해배상책임이나 부당이득반환의 책임을 지게 된다. 한편 특허가 무효로 되었을 경우 실시계약에 의하여 이미 받은 실시료에 대하여 특허권자가 이를 반환하여야 하는가에 대하여 견해가 나뉜다. 일반적으로 실시계약에 대한 약정을 함에 있어 실시료 반환에 관한 특약이 있을 경우 그 실시료를 반환하여야 함이 타당하나, 그렇지 아니한 경우에는 무효심결이 확정된 때부터 실시권 허락 계약이 이행불능상태이기 때문에 반환할 필요가 없다고 해석한다. 대법원은 특허발명 실시계약 체결 이후에 특허가 무효로 확정되었더라도 특허발명 실시계약이 원시적으로 이행불능 상태에 있었다거나 그 밖에 특허발명 실시계약 자체에 별도의 무효사유가 없는 한, 특허권자가 특허발명 실시계약에 따라 실시권자로부터 이미 지급받은 특허실시료 중 특허발명 실시계약이 유효하게 존재하는 기간에 상응하는 부분을 실시권자에게 부당이득으로 반환할 의무가 없고,[78] 특허권자는 원칙적으로 특허발명 실시계약이 유효하게 존재하는 기간 동안 실시료의 지급을 청구할 수 있다고 본다.[79]

동일발명에 대한 2 이상의 특허 중 그 하나를 무효로 한 경우의 원특허권자는 무효심판청구의 등록 전에 자기의 특허발명이 무효사유에 해당되는 것을 알지 못하고 국내에서 그 발명의 실시사업을 하거나 그 사업의 준비를 하고 있는 경우에는 그 실시 또는 준비를 하고 있는 발명 및 사업의 목적의 범위 안에서 그 특허권에 대하여 통상실시권을 가지거나 특허가 무효로 된 당시에 존재하는 특허권에 대한 전용실시권에 대하여 통상실시권을 가진다(제104조 제1항 1호). 이미 납부한 특허료는 청구에 의하여 반환받을 수 있으며(제84조), 특허표시는 계속 사용하면 허위표시가 된다.

대법원 2001.12.24. 선고 99후2181 판결

[청구범위가 여러 개의 청구항으로 되어 있는 경우, 특허출원거절결정 및 특허무효심판에 있어서의 각 판단 방법]

특허출원에 있어 청구범위가 여러 개의 청구항으로 되어 있는 경우 그 하나의 항이라도 거절이유가 있는 때에는 그 출원은 전부가 거절되어야 하나, 특허무효심판에 있어서는 청구항마다 무효사유의 유무를 판단하여야 하는바, 청구범위가 2개의 독립항으로 되어 있는 특허발명의 무효심판에 있어서 제1항이 무효라고 하여 제2항도 무효라고 할 수 없다.

대법원 1994.6.14. 선고 90후1420 판결

[청구범위의 항의 일부에 특허무효의 사유가 있는 경우 그 항 전부에 관하여 무효로 하여야 하는지 여부]

특허청구의 범위에 관하여 다항제를 채택하고 있는 우리나라에 있어서 특허청구의 범위의 항이 2 이상인 경우 그 특허청구의 범위의 항마다 무효로 할 수 있으나, 이와는 달리 1개의 청구범위의 항의 일부가 공지기술의 범위에 속하는 등 특허무효의 사

78) 대법원 2014.11.13. 선고 2012다42666 판결.
79) 대법원 2019.4.25. 선고 2018다287362 판결.

유가 있는 경우에는 그 공지기술 등이 다른 진보성이 인정되는 부분과 유기적으로 결합된 것이라고 인정되지 아니하는 한 그 항 전부에 관하여 무효로 하여야 한다.

대법원 2015.1.15. 선고 2012후2432 판결

[특허권의 공유자 중 일부를 상대로 그 지분권만의 무효심판을 청구할 수 있는지 여부(소극)]

특허처분은 하나의 특허출원에 대하여 하나의 특허권을 부여하는 단일한 행정행위이므로, 설령 그러한 특허처분에 의하여 수인을 공유자로 하는 특허등록이 이루어졌다고 하더라도, 그 특허처분 자체에 대한 무효를 청구하는 제도인 특허무효심판에서 그 공유자 지분에 따라 특허를 분할하여 일부 지분만의 무효심판을 청구하는 것은 허용할 수 없다.

대법원 2014.11.13. 선고 2012다42666 판결

[1] 특허발명 실시계약의 체결 이후 계약의 대상이 된 특허가 무효로 확정된 경우 특허권자가 실시권자로부터 이미 지급받은 특허실시료를 부당이득으로 반환할 의무가 있는지 여부(원칙적 소극): 특허발명 실시계약이 체결된 이후에 그 계약 대상인 특허가 무효로 확정되면 특허권은 특허법 제133조 제3항의 규정에 따라 같은 조 제1항 4호의 경우를 제외하고는 처음부터 없었던 것으로 간주된다. 그러나 특허발명 실시계약에 의하여 특허권자는 실시권자의 특허발명 실시에 대하여 특허권 침해로 인한 손해배상이나 그 금지 등을 청구할 수 없게 될 뿐만 아니라 특허가 무효로 확정되기 이전에 존재하는 특허권의 독점적·배타적 효력에 의하여 제3자의 특허발명 실시가 금지되는 점에 비추어 보면, 특허발명 실시계약의 목적이 된 특허발명의 실시가 불가능한 경우가 아닌 한 특허무효의 소급효에도 불구하고 그와 같은 특허를 대상으로 하여 체결된 특허발명 실시계약이 그 계약의 체결 당시부터 원시적으로 이행불능 상태에 있었다고 볼 수는 없고, 다만 특허무효가 확정되면 그때부터 특허발명 실시계약은 이행불능 상태에 빠지게 된다고 보아야 한다. 따라서 특허발명 실시계약 체결 이후에 특허가 무효로 확정되었더라도 앞서 본 바와 같이 특허발명 실시계약이 원시적으로 이행불능 상태에 있었다거나 그 밖에 특허발명 실시계약 자체에 별도의 무효사유가 없는 한 특허권자가 특허발명 실시계약에 따라 실시권자로부터 이미 지급받은 특허실시료 중 특허발명 실시계약이 유효하게 존재하는 기간에 상응하는 부분을 실시권자에게 부당이득으로 반환할 의무가 있다고 할 수 없다.

[2] 특허발명 실시계약의 체결 이후 계약의 대상이 된 특허가 무효로 확정된 경우 착오를 이유로 특허발명 실시계약을 취소할 수 있는지 여부(원칙적 소극): 특허는 그 성질상 특허등록 이후에 무효로 될 가능성이 내재되어 있는 점을 감안하면, 특허발명 실시계약 체결 이후에 계약의 대상인 특허의 무효가 확정되었더라도 그 특허의 유효

성이 계약체결의 동기로서 표시되었고 그것이 법률행위의 내용의 중요부분에 해당하는 등의 사정이 없는 한, 착오를 이유로 특허발명 실시계약을 취소할 수는 없다고 할 것이다.

대법원 2009.1.15. 선고 2007후1053 판결

[특허무효심판절차에서 정정청구가 있는 경우 정정의 확정시기 및 정정의 허용 여부를 일체로 판단하여야 하는지 여부(적극)]

특허무효심판절차에서 정정청구가 있는 경우, 정정의 인정 여부는 무효심판절차에 대한 결정절차에서 함께 심리되는 것이므로, 독립된 정정심판청구의 경우와 달리 정정만이 따로 확정되는 것이 아니라 무효심판의 심결이 확정되는 때에 함께 확정된다 할 것인바(대법원 2008.6.26. 선고 2006후2912 판결 참조), 위에서 본 바와 같이 원심판결 중 이 사건 정정청구 및 이 사건 제1, 2, 4, 5항 발명의 특허무효에 관한 부분에 대한 피고들의 상고는 이유 없다 할 것이나, 원심판결 중 이 사건 제3항 발명의 특허무효에 관한 부분에 대한 피고들의 상고를 받아들이는 이상, 이와 함께 확정되어야 할 이 사건 정정청구에 관한 부분도 파기를 면할 수 없다. 한편 특허의 등록무효 여부는 청구항별로 판단하여야 하더라도, 특허무효심판절차에서의 정정청구는 특별한 사정이 없는 한 불가분의 관계에 있어 일체로서 허용 여부를 판단하여야 할 것인데, 이 사건 정정청구는 그 정정사항이 이 사건 제1항 내지 제5항 발명 전체에 걸쳐 있으므로, 원심판결 중 이 사건 제1, 2, 4, 5항 발명의 특허무효에 관한 부분도 따로 확정되지 못한 채 이 사건 정정청구에 관한 부분과 함께 파기되어야 할 것이어서, 결국 원심판결 전부가 파기되어야 할 것이다.

3. 특허권의 존속기간연장등록의 무효심판(제134조)

(1) 의 의

특허권의 존속기간연장등록 무효심판이란 연장등록된 특허권의 존속기간을 연장되지 아니한 상태로 환원시키기 위하여 청구하는 무효심판을 말한다. 즉 특허권의 존속기간의 연장등록처분에 하자가 있는 것을 이유로 하여 그 특허권의 연장등록을 무효로 하는 준(準)사법적 행정절차를 말한다. 연장등록을 무효로 한다는 심결이 확정된 때에는 그 연장등록에 의한 존속기간의 연장은 처음부터 없었던 것으로 본다. 다만 무효심결이 확정된 연장등록이 제134조 제1항 3호(연장신청의 기간이 그 특허발명을 실시할 수 없었던 기간을 초과하는 경우) 또는 제134조 제2항 1호(연장신청의 기간이 등록지연에 따라 인정되는 연장의 기간을 초과하는 경우)에 해당되는 경우에는 그 특허발명을 실시할 수 없었던 기간을 초과한 기간에 관하여 그 초과한 기간만큼 그 연장이 없었던 것으로 본다(제134조 제4항).

(2) 무효사유

1) 허가 등에 따른 존속기간의 연장등록의 무효사유

다음의 어느 하나에 해당하는 경우에는 허가등에 따른 존속기간의 연장등록무효심판을 청구할 수 있다(제134조 제1항 각호).

① 그 특허발명을 실시하기 위하여 특허법 제89조(특허권의 존속기간의 연장)의 허가 등을 받을 필요가 없는 출원에 대하여 연장등록이 된 경우

② 그 특허권자 또는 그 특허권의 전용실시권 또는 등록된 통상실시권을 가진 자가 특허법 제89조(특허권의 존속기간의 연장)의 허가 등을 받지 아니한 출원에 대하여 연장등록이 된 경우

③ 연장등록에 의하여 연장된 기간이 그 특허발명을 실시할 수 없었던 기간을 초과하는 경우

④ 해당 특허권자가 아닌 자의 출원에 대하여 연장등록이 된 경우

⑤ 특허법 제90조 제3항(공유특허권의 경우, 공유 전원이 출원하여야 함)의 규정에 위반한 출원에 대하여 연장등록이 된 경우

2) 등록지연에 따른 존속기간의 연장등록의 무효사유

다음의 어느 하나에 해당하는 경우에는 등록지연에 따른 존속기간의 연장등록 무효심판을 청구할 수 있다(제134조 제2항 각호).

① 연장등록에 따라 연장된 기간이 제92조의2에 따라 인정되는 연장의 기간을 초과한 경우

② 해당 특허권자가 아닌 자의 출원에 대하여 연장등록이 된 경우

③ 제92조의3 제3항(공유특허권의 경우, 공유 전원이 출원하여야 함)을 위반한 출원에 대하여 연장등록이 된 경우

(3) 무효심판의 당사자

연장등록 무효심판을 청구할 수 있는 자는 이해관계인 또는 심사관이며, 피청구인은 특허권자이다. 또 법인이 아닌 사단 또는 재단으로서 이해관계가 있다면 대표자 또는 관리인이 정하여져 있는 경우에는 그 사단 또는 재단의 이름으로 심판의 청구인이 될 수 있다(제4조). 한편 특허권을 2인 이상이 공유하고 있는 경우에는 공유특허권자 전원이 피심판청구인이 되며, 전용실시권 등이 설정된 특허권에 대한 존속기간연장등록 무효심판이 청구되면 이해관계인의 심판참가 기회부여를 위

하여 심판장은 전용실시권 등의 권리가 설정된 자에게 그 사실을 알려야 한다(제134조 제2항).

(4) 청구기간 및 청구범위

특허권의 존속기간연장등록의 무효심판은 연장등록 후 언제든지 청구할 수 있으며 해당 특허권이 소멸된 후에도 청구할 수 있다. 이때 특허권의 존속기간연장등록의 무효심판은 특허발명 중 연장등록된 사항에 한한다. 한편 연장등록의 무효심판은 청구항을 무효시키는 것이 아니라 연장등록 그 자체를 무효시키고자 하는 것이므로 연장등록무효심판청구의 대상은 특허무효심판의 경우와는 달리 청구항별로 청구할 수 없다.

(5) 심 리

특허무효심판의 경우와 같이 심리는 서면심리 또는 구술심리로 할 수 있으며, 직권주의가 적용된다. 당사자 또는 참가인이 신청하지 아니한 이유에 대하여도 이를 심리할 수 있으며, 이 경우에는 당사자 또는 참가인에게 기간을 정하여 그 이유에 대하여 의견을 진술할 수 있는 기회를 주어야 한다.

(6) 심결 및 효력

특허권의 존속기간연장등록의 무효심판은 다른 심판의 경우와 같이 특별한 규정이 있는 경우를 제외하고는 심결로서 종결된다.

특허권의 존속기간연장등록의 무효가 확정되면 그 연장등록은 처음부터 없었던 것으로 본다. 다음의 어느 하나에 해당하는 경우에는 그 해당 기간에 대해서만 연장이 없었던 것으로 본다(제134조 제4항).

1) 허가 등에 따라 특허권의 존속기간이 연장등록되었는데, 연장등록에 따라 연장된 기간이 그 실시할 수 없었던 기간을 초과하여 무효로 된 경우에는 그 특허발명을 실시할 수 없었던 기간을 초과하여 연장된 기간

2) 등록지연에 따라 특허권의 존속기간이 연장등록되었는데, 연장등록에 따라 연장된 기간이 법 제92조의2에 따라 인정되는 연장의 기간(지연된 기간)을 초과하여 무효로 된 경우에는 법 제92조의2에 따라 인정되는 연장의 기간을 초과하여 연장된 기간

특허법원 2017.12.21. 선고 2016허9035 판결

[旣허가 의약품의 유효성분과 기하이성질체 관계에 있는 유효성분을 가지고 있는 이 사건 의약품에 대하여, 이 사건 의약품은 기허가 의약품의 효과와 상이한 만성 손 습진 효과를 갖는 동시에 그 치료효과를 나타내는 부분의 화학구조가 새로운 물질을 유효성분으로 하여 제조한 것에 해당하므로, 존속기간 연장대상이 된다고 본 사례]

이 사건 의약품의 유효성분인 9-시스 레티노산(9-cis retinoic acid)은 기존에 품목허가를 받은 의약품의 유효성분인 트레티노인, 이소트레티노인과 기하이성질체(幾何異性質體, geometrical isomer, 시스-트랜스 이성질체)의 관계에 있다. 이 사건 의약품의 유효성분은 기존에 품목허가를 받은 의약품의 유효성분들과 입체구조가 달라 화학구조가 다르다고 평가할 수 있다. 한편, 기하이성질체는 입체구조가 서로 달라 일반적으로 이온화 등의 물리화학적 성질이나 생물학적 활성에 있어 상당한 차이가 있다. 더욱이 9-시스 레티노산(9-cis retinoic acid)은 트레티노인이 레티노이드 수용체 중 RAR에만 결합하는 것과 달리, RAR 뿐만 아니라 RXR에도 결합한다. 또한 레티노산(9-cis retinoic acid)은 트레티노인이 갖지 못한 만성 손 습진 치료효과를 갖고 있는데, 이러한 치료효과의 차이는 위와 같은 작용기전의 차이에서 기인한 것으로 보인다. 따라서 비록 9-시스 레티노산과 트레티노인이 RAR에 결합하는 공통적인 성질을 갖고 있고, 이 사건 의약품이 인체에 투여되는 경우 트레티노인 등의 기하이성질체로 이성질체화될 수 있는 점을 감안하더라도, 앞서 살펴 본 기하이성질체의 일반적인 성질, 각 유효성분의 작용 및 효과의 차이에 비추어 보면, 이 사건 의약품은 기존에 품목허가를 받은 의약품들과 상이한 만성 손 습진 치료효과를 갖는 동시에 '기존에 허가된 의약품들과 비교하여 위와 같은 치료효과를 나타내는 부분의 화학구조가 새로운 물질'을 유효성분으로 하여 제조한 것으로서 최초로 품목허가를 받은 의약품으로 봄이 타당하다. 그렇다면 이 사건 연장대상 특허발명은 이를 실시하기 위하여 구 약사법에 따른 품목허가를 받아야 하고 그 허가를 받기 위해 필요한 활성·안전성 등의 시험에 장기간이 소요되는 '이 사건 시행령이 정하는 발명'에 해당함에도, 피고가 이 사건 의약품이 신약에 해당하지 않는다는 이유로 이 사건 연장출원을 거절한 것은 위법하다.

4. 권리범위확인심판(제135조)

(1) 의의 및 취지

권리범위확인심판이란 특허권자·전용실시권자 또는 이해관계인이 특허발명의 보호범위를 확인하기 위하여 청구하는 심판을 말한다.

대법원 1991.3.27. 선고 90후373 판결

[권리범위확인심판의 의의]

실용신안권의 권리범위 확인심판은 단순히 실용신안 자체의 고안의 범위라고 하는 사실 구성의 상태를 확정하는 것이 아니라, 그 권리의 효력이 미치는 범위를 대상물과의 관계에서 구체적으로 확정하는 것이므로, 실용신안권 권리범위 확인심판청구의 심판대상은 심판청구인이 그 청구에서 심판의 대상으로 삼은 구체적인 고안이라고 할 것이다.

특허법 제97조에서 특허발명의 보호범위는 청구범위에 적혀 있는 사항에 의하여 정하여진다고 규정하고 있으나 기술적 사상에 대하여 부여된 특허의 속성상 일반 유체재산과는 달리 그 권리의 보호범위를 명확하게 정의하기는 어렵고, 따라서 특허권에 관한 분쟁이 발생한 경우 양 당사자는 특허발명의 보호범위를 합리적으로 해석하기보다는 오히려 자기 쪽으로 유리하게 해석하려고 하는 경향이 있다.

그러므로 특허법에서는 특허권에 관한 분쟁이 발생하였을 경우, 공신력 있는 국가기관이 특허권의 보호범위를 객관적으로 공정하게 해석함으로써 당사자간의 분쟁을 신속히 해결할 수 있게 하기 위하여 권리범위확인심판제도를 설치한 것이다. 이러한 권리범위확인심판에는 특허권자 측에서 어떤 대상물이 자기의 특허권 권리범위에 속한다는 확인을 구하는 적극적 권리범위 확인심판[80][81]과 어떤 대상물이 상대방의 권리범위에 속하지 않는다는 확인을 구하는 소극적 권리범위 확인심판[82][83]이 있다.

특허권자는 업으로서 특허발명을 실시할 권리를 독점하며(제94조), 그 권리행사의 효력은 동업자뿐만 아니라 널리 제3자에게도 영향을 미치는 것이다. 이러한 권리는 존속기간 만료로 권리가 소멸된 뒤에도 존속기간 중의 제3자의 권리침해행위에 대한 손해배상을 청구할 수 있는 등 그 효력은 장기간에 이르는 것이다. 그리하여 그 기간 중에 특허권자가 제3자의 특허권 또는 제3자가 실시하는 대상물 등에 관하여 그것이 자기의 특허발명의 권리범위에 속하는지의 여부를 알고 싶은 경우, 또 특허권자가 아닌 자가 투자 내지 사업실시를 계획중이거나 실시중인 것에 관하

80) 대법원 1991.8.9. 선고 90후243 판결.

81) 적극적 권리범위확인심판은 특허권자가 확인대상발명의 실시자를 상대로 하여 청구하는 심판으로, 그 취지는 "확인대상발명은 특허발명의 권리범위에 속한다"라는 심결을 구하는 형식으로 표현된다.

82) 대법원 1995.12.5. 선고 92후1660 판결.

83) 소극적 권리범위확인심판은 확인대상발명을 현재 실시하고 있거나 앞으로 실시하고자 하는 자가 특허권자를 상대로 하여 청구하는 심판으로, 그 취지는 "확인대상발명은 특허발명의 권리범위에 속하지 아니한다"라는 심결을 구하는 형식으로 표현된다.

여 그것이 특허권자의 특허발명의 권리범위에 속하는지 여부를 알고 싶은 경우가 생긴다. 이와 같은 경우에 문제가 되는 특허발명의 권리범위에 관하여 고도의 전문적·기술적 식견을 가진 자가 엄정중립적 입장에서 권위 있는 판단을 신속하게 행하고, 그 판단을 구하는 자가 용이하게 이용할 수 있도록 제도적으로 보장함으로써 목적에 적합한 발명의 보호와 이용을 도모하고 아울러 무익한 다툼이 발생되지 않도록 하는 것이 필요하다. 이러한 사정은 실용신안권(실용신안법 제33조), 디자인권(디자인보호법 제122조), 상표권(상표법 제121조)에 있어서도 마찬가지이다.

대법원 2003.6.10. 선고 2002후2419 판결

[적극적 권리범위확인심판에서 심판대상으로 삼고 있는 고안과 피심판청구인이 현실적으로 실시하고 있는 고안이 서로 다른 경우, 확인의 이익이 있는지 여부(소극)]

실용신안권자가 어떤 물품이 자신의 등록실용신안권의 권리범위에 속한다는 내용의 적극적 권리범위확인심판을 청구한 경우, 그 심판청구인이 특정한 물품과 피심판청구인이 실시하고 있는 물품 사이에 동일성이 인정되지 아니하면, 피심판청구인이 실시하지도 않는 물품이 등록고안의 권리범위에 속한다는 심결이 확정된다고 하더라도 그 심결은 심판청구인이 특정한 물품에 대하여만 효력을 미칠 뿐 실제 피심판청구인이 실시하고 있는 물품에 대하여는 아무런 효력이 없으므로, 피심판청구인이 실시하지 않고 있는 물품을 대상으로 한 적극적 권리범위확인 심판청구는 확인의 이익이 없어 부적법하고 각하되어야 한다.

대법원 2004.7.22. 선고 2003후2836 판결

[과거 실시한 적이 있는 발명을 특정하여 권리범위확인심판을 청구할 수 있다는 사례]

원심은 그의 채용증거들을 종합하여, 원고는 주식회사 잉크나라의 설립전에 잉크나라라는 상호의 개인 사업체를 운영하면서 피고가 권리범위확인의 심판대상으로 삼은 고안(다음부터'원고의 고안'이라고 한다)을 실시해 오던 중, 2000.5.경 피고로부터 원고의 고안이 이 사건 등록고안을 침해하고 있으니 그 실시를 중단하라는 경고장을 받고 2000.12.31.자로 잉크나라라는 개인 사업체에 대한 폐업신고를 낸 사실, 한편 원고는 위 잉크나라 업체에 대한 폐업신고를 내기 전인 2000.12.29. 자로 주식회사 잉크나라(다음부터"그 회사"라고만 한다)를 설립한 후 2001.1.경부터 2001.5.경까지 그 회사가 원고의 고안을 실시해 온 사실, 원고는 현재 그 회사의 대표이사인 사실을 인정한 다음, 그 사실관계에 터 잡아 이 사건 심결 당시인 2002.11.27.경 원고가 원고의 고안을 실시하고 있지 않더라도, 원고가 과거에 원고의 고안을 실시한 적이 있고, 현재 위 회사의 대표이사로 있는 점에 비추어 장차 원고의 고안을 다시 실시할 가능성이 없다고 단정할 수 없으므로 피고는 이러한 원고를 상대로 원고의 고안이 이 사건 등록고안의 보호범위에 속하는지 여부를 확인하기 위하여 권리범위확인심판을 청구할 이익이 있다는 취지로 판단하였다.

대법원 2016.9.30. 선고 2014후2849 판결
[심판청구인이 장래 실시할 예정이라고 주장하면서 소극적 권리범위확인심판의 심판대상으로 특정한 확인대상발명이 특허권의 권리범위에 속하지 않는다는 점에 관하여 당사자 사이에 아무런 다툼이 없는 경우, 심판청구의 이익이 있는지(소극)]

소극적 권리범위확인심판에서는 현재 실시하는 것만이 아니라 장래 실시 예정인 것도 심판대상으로 삼을 수 있다. 그러나 당사자 사이에 심판청구인이 현재 실시하고 있는 기술이 특허권의 권리범위에 속하는지에 관하여만 다툼이 있을 뿐이고, 심판청구인이 장래 실시할 예정이라고 주장하면서 심판대상으로 특정한 확인대상발명이 특허권의 권리범위에 속하지 않는다는 점에 관하여는 아무런 다툼이 없는 경우라면, 그러한 확인대상발명을 심판대상으로 하는 소극적 권리범위확인심판은 심판청구의 이익이 없어 허용되지 않는다.

대법원 1997.11.14. 선고 96후2135 판결
[확인대상발명의 실시여부]

심판청구인이 확인대상발명 방법을 현재 실시하고 있거나 장래에 실시할 것인지를 먼저 심리, 조사해 보아야 하고, 나아가 확인대상발명 방법을 사용하는데 대한 합리적인 이유와 작용효과상의 진보가 있는지를 살펴보아, 등록발명과 실질적으로 동일하면서도 그 권리를 회피하기 위한 수단은 아닌지 등을 자세히 심리해 보아야 한다.

(2) 성 질

특허권의 권리범위와 관련하여 일본의 특허법은 그것이 최종적으로 법원의 판단사항이라고 하면서 권리범위확인심판을 폐지하고, 다만 특허에 관한 전문 관청으로서 특허청이 공정한 감정을 한다는 입장에서 판정제도를 두고 있다. 이는 권리범위확인심판의 심결 효과가 갖는 모호함에 비롯한 일본의 견해 대립이 낳은 산물이며, 판정은 특허청에 의한 의견의 표명이며 감정적인 성격을 가지는 것에 그친다. 반면 우리의 특허법은 특허권의 권리범위를 권리범위확인심판이라 하여 특허심판원에서 판단하도록 하고 있다.

이러한 권리범위확인심판의 법적 성질과 관련하여서는 확인적 행위인지, 형성적 행위인지에 대한 논의가, 또한 이와 맞물려 그 심결의 효력이 법적 구속력을 갖는지, 단순히 감정적 효력을 지니는지에 대한 논의가 있다. 그러나 권리범위확인심판의 심결 효력이 단순히 감정적인 효력을 갖는 것에 불과하다고 하는 견해는 우리

의 특허제도를 무시한 일본의 특허제도에 영향받은 견해에 불과하다 하겠다. 우리의 특허법은 그 심결의 효력면에서 다른 심판의 그것과 구별하여 규정하고 있지 않다. 또한 심결이 확정되었을 때에는 누구든지 동일 사실 및 동일 증거에 의하여 다시 심판을 청구할 수 없다고 하면서 특허법은 심결이 대세적 효력을 갖고 있음을 규정하고 있다. 따라서 권리범위확인심판은 형성적 효력을 가지며, 그 법적 구속력 역시 인정함이 당연하다.

(3) 권리범위확인심판의 당사자

권리범위확인심판을 청구할 수 있는 자는 특허권자 · 전용실시권자 또는 이해관계인이다(제135조 제1항 · 제2항).[84]

즉, 적극적 권리범위확인심판의 경우에는 특허권자 및 전용실시권자가 청구인이 되며, 소극적 권리범위확인심판의 경우에는 확인대상발명을 실시하고 있거나 실시하려는 자가 청구인이 된다. 반대로 적극적 권리범위확인심판에 있어서는 확인대상발명을 실시하고 있는 자가 피청구인이 되며, 소극적 권리범위확인심판에 있어서는 특허권자가 피청구인이 된다. 다만 무효심판청구에 있어서의 이해관계인에 비해 권리범위확인심판의 이해관계인의 범위는 좁다 하겠다. 왜냐하면 무효인 특허의 존재는 공익에 반하므로 그 심판청구를 할 이해관계인의 범위는 넓게 해석함이 타당하나 권리범위 확인심판은 어느 특정의 특허발명을 둘러싼 권리범위의 속부를 확정짓는 것이므로 그러한 법률상 분쟁을 즉시 확정할 만한 구체적인 이익이 필요하다.

대법원 2000.4.11. 선고 97후3241 판결

[산업재산권에 관한 소극적 권리범위 확인심판을 청구할 수 있는 이해관계인의 범위]

산업재산권에 관한 소극적 권리범위 확인심판에 있어서의 심판을 청구할 수 있는 이해관계인이라 함은 등록권리자 등으로부터 권리의 대항을 받아 업무상 손해를 받고 있거나 손해를 받을 염려가 있는 자를 말하고, 이러한 이해관계인에는 권리범위에 속하는지 여부에 관하여 분쟁이 생길 염려가 있는 대상물을 제조 · 판매 · 사용하는 것을 업으로 하고 있는 자에 한하지 아니하고 그 업무의 성질상 장래에 그러한 물품을 업으로 제조 · 판매 · 사용하리라고 추측이 갈 수 있는 자도 포함된다.

(4) 청구기간

권리범위확인심판의 청구기간에 대하여 특별한 규정을 두고 있지 않으므로 이

84) 대법원 1985.7.23. 선고 85후51 판결.

론상으로는 청구의 이익이 있는 한 언제든지 청구할 수 있다고 볼 수 있으나, 특허권의 존속기간 이내라고 보는 것이 타당하다 하겠다.

대법원 2000.9.29. 선고 2000후75 판결

[권리가 소멸된 경우 확인의 이익]

피고가 그 등록료를 납부하지 아니하여 이 사건 등록고안은 등록료 불납을 원인으로 소멸등록된 이상 원고로서는 확인대상고안이 이 사건 등록고안의 권리범위에 속하지 아니한다는 권리범위 확인심판을 청구할 수 있는 확인의 이익이 없고, 피고의 대표이사가 원고의 전 대표이사를 상대로 이 사건 등록고안을 침해하였다고 고소한 실용신안법위반사건에 대하여 이 사건 심결 내용을 이유로 재수사명령이 났다는 사정만으로는 이미 소멸한 이 사건 등록고안에 대한 권리범위 확인심판을 청구할 확인의 이익이 있다고 볼 수도 없으므로 그 심판청구를 기각한 심결의 취소를 구할 소의 이익도 없어 이 사건 소는 부적법하다.

따라서 특허권 소멸 후에는 이를 청구할 수 없으며, 특허권존속기간 중에 청구된 경우라 하더라도 심판의 계속중에 그 권리가 소멸된 때에는 그 청구는 심결로서 각하된다.

(5) 심판청구의 절차적 요건 및 청구범위

심판을 청구하고자 하는 자는 심판청구서와 특허발명과 대비될 수 있는 설명서 및 필요한 도면(제140조 제3항)을 첨부하여 특허심판원장에게 제출하여야 한다(제140조 제1항).

대법원 2004.2.13. 선고 2002후2471 판결

[심판청구의 대상이 되는 기술이 등록고안과 대비할 수 있을 정도로 구체적으로 특정되지 아니하였음에도 특허심판원이 심판청구인에게 보정을 명하는 등의 조치를 취하지 아니한 채 판단한 심결이 위법하다고 한 사례]

실용신안의 권리범위확인 심판을 청구함에 있어서 심판청구의 대상이 되는 기술은 해당 등록고안과 서로 대비할 수 있을 만큼 구체적으로 특정되어야 하고, 그 특정을 위하여는 대상물의 구체적인 구성을 전부 기재할 필요는 없고 등록고안의 구성요소에 대응하는 부분의 구체적인 구성을 기재하면 되는 것이나, 다만 그 구체적인 구성의 기재는 등록고안의 구성요소와 대비하여 그 차이점을 판단함에 필요한 정도는 되어야 하고, 만약 심판청구의 대상이 되는 기술이 불명확하여 등록고안과 대비대상이 될 수 있을 정도로 구체적으로 특정되어 있지 않다면, 특허심판원으로서는 요지 변경이 되지 아니하는 범위 내에서 심판청구의 대상이 되는 기술의 설명서 및 도면에 대한 보정을 명하는 등의 조치를 취하여야 할 것이며, 그럼에도 불구하고 그와 같은 특정에 미흡함이 있다면 심판청구를 각하하여야 한다.

대법원 2005.4.29. 선고 2003후656 판결

[권리범위확인심판을 청구함에 있어 심판청구의 대상이 되는 확인대상발명의 특정 정도]

특허발명의 권리범위확인심판을 청구함에 있어 심판청구의 대상이 되는 확인대상발명은 해당 특허발명과 서로 대비할 수 있을 만큼 구체적으로 특정되어야 하는 것인바, 그 특정을 위하여 대상물의 구체적인 구성을 전부 기재할 필요는 없다고 하더라도 특허발명의 구성요소에 대응하는 부분의 구체적인 구성을 기재하여야 하며, 그 구체적인 구성의 기재는 특허발명의 구성요소에 대비하여 그 차이점을 판단함에 필요한 정도는 되어야 한다.

대법원 2011.9.8. 선고 2010후3356 판결

[특허발명의 권리범위확인심판 청구에서 심판청구대상이 되는 확인대상발명의 특정 정도 및 확인대상발명의 일부 구성이 불명확하여 다른 것과 구별될 수 있는 정도로 구체적으로 특정되어 있지 않은 경우, 특허심판원이 취해야 할 조치]

특허권의 권리범위확인심판을 청구할 때 심판청구의 대상이 되는 확인대상발명은 해당 특허발명과 서로 대비할 수 있을 만큼 구체적으로 특정되어야 할 뿐만 아니라, 그에 앞서 사회통념상 특허발명의 권리범위에 속하는지를 확인하는 대상으로서 다른 것과 구별될 수 있는 정도로 구체적으로 특정되어야 한다. 만약 확인대상발명의 일부 구성이 불명확하여 다른 것과 구별될 수 있는 정도로 구체적으로 특정되어 있지 않다면, 특허심판원은 요지변경이 되지 아니하는 범위 내에서 확인대상발명의 설명서 및 도면에 대한 보정을 명하는 등 조치를 취해야 하며, 그럼에도 그와 같은 특정에 미흡함이 있다면 심판의 심결이 확정되더라도 일사부재리의 효력이 미치는 범위가 명확하다고 할 수 없으므로, 나머지 구성만으로 확인대상발명이 특허발명의 권리범위에 속하는지를 판단할 수 있는 경우라 하더라도 심판청구를 각하하여야 한다.

대법원 2012.11.15. 선고 2011후1494 판결

[특허권의 권리범위확인심판을 청구하기 위한 요건으로서 심판청구의 대상이 되는 확인대상발명의 특정 정도 및 기능적 표현으로 기재된 확인대상발명의 구성이 특정되었는지를 판단하는 기준]

특허권의 권리범위확인심판을 청구함에 있어 심판청구의 대상이 되는 확인대상발명은 해당 특허발명과 서로 대비할 수 있을 만큼 구체적으로 특정되어야 한다. 그리고 그 특정을 위해서는 대상물의 구체적인 구성을 전부 기재하여야 하는 것은 아니지만,

적어도 특허발명의 구성요소와 대비하여 그 차이점을 판단하는 데 필요할 정도로는 특허발명의 구성요소에 대응하는 부분의 구체적인 구성을 기재하여야 한다. 특히 확인대상발명의 구성이 기능, 효과, 성질 등의 이른바 기능적 표현으로 기재되어 있는 경우에는, 그 발명이 속하는 기술분야에서 통상의 지식을 가진 사람이 확인대상발명의 설명서나 도면 등의 기재와 기술상식을 고려하여 그 구성의 기술적 의미를 명확하게 파악할 수 있을 정도로 기재되어 있지 않다면, 특허발명과 서로 대비할 수 있을 만큼 확인대상발명의 구성이 구체적으로 기재된 것으로 볼 수 없다. 다만 확인대상발명의 설명서에 특허발명의 구성요소와 대응하는 구체적인 구성이 일부 기재되어 있지 않거나 불명확한 부분이 있더라도, 그 나머지 구성만으로 확인대상발명이 특허발명의 권리범위에 속하는지 판단할 수 없는 경우에 한하여 확인대상발명이 특정되지 않은 것으로 보아야 한다(대법원 2010.5.27. 선고 2010후296 판결 등 참조).

대법원 2013.1.12. 선고 2020후11813 판결

[소극적 권리범위 확인심판 사건의 확인대상 발명을 특정할 때 설명서에 기재된 대비표까지 고려할 수 있는지 문제된 사례]

확인대상 발명은 확인대상 발명의 설명서 및 도면에 의하여 특정되므로 그 설명서의 일부로 볼 수 있는 특허발명과 확인대상 발명의 대비표 기재 역시 고려하여 그 특정 여부를 판단하고 이를 파악하여야 하는데, 확인대상 발명의 설명서 중 일부인 대비표에는 '제1전극 및 제2전극은 돌출부상에 형성되어 사용자의 항문과 접촉하므로'라고 명시되어 있으므로 확인대상 발명은 이 사건 제1항 발명과 대비할 수 있을 정도로 특정되었고, 위와 같이 제1, 2전극이 사용자의 항문과 접촉하는 구성을 가진 것으로 파악된다.

대법원 2010.8.19. 선고 2007후2735 판결

[1] 심결취소소송 계속 중 무효심결이 확정된 경우 소의 이익이 없다는 사례: 특허권의 권리범위확인심판의 청구는 현존하는 특허권의 범위를 확정하려는 데 그 목적이 있으므로, 일단 적법하게 발생한 특허권이라 할지라도 그 권리가 소멸된 이후에는 그에 대한 권리범위확인을 구할 이익이 없어진다.

[2] 소극적 권리범위확인심판청구에서 심판청구인이 현실적으로 실시하는 기술이 심판청구에서 심판의 대상으로 삼은 구체적인 발명과 다른 경우의 심판 대상: 권리범위확인심판은 권리의 효력이 미치는 범위를 대상물과의 관계에서 구체적으로 확정하는 것이어서 특허권 권리범위확인심판 청구의 심판대상은 심판청구인이 그 청구에서 심판의 대상으로 삼은 구체적인 발명이라고 할 것이다(대법원 1991.3.27. 선고 90후373 판결 등 참조). 그리고 소극적 권리범위확인심판에서는 심판청구인이 현실적으로 실시하는 기술이 심판청구에서 심판의 대상으로 삼은 구체적인 발명과 다르다고 하더라도 심판청구인이 특정한 발명이

실시가능성이 없을 경우 그 청구의 적법 여부가 문제로 될 수 있을 뿐이고, 여전히 심판의 대상은 심판청구인이 특정한 확인대상발명을 기준으로 특허발명과 대비하여 그 권리범위에 속하는지 여부를 판단하여야 한다.

(6) 권리범위의 판단

권리범위확인심판은 특허발명과 계쟁대상물인 확인대상 발명[85]과의 동일여부를 판단하는 것으로 그 확인대상발명이 특허발명과 동일한 경우에는 그 확인대상발명의 실시행위는 특허권의 권리범위에 속하는 것으로 된다. 이때 특허발명의 보호범위의 확인, 즉 특허권의 권리범위는 해당 특허발명의 청구범위에 기재된 사항을 기준으로 하여 판단하며, 청구범위에 기재된 사항이 불명료한 경우에는 명세서에 기재된 발명의 설명이나 도면을 참작한다. 이는 특허발명의 보호범위는 청구범위에 적혀 있는 사항에 의하여 정해진다고 규정한 특허법 제97조로부터 이해되는 것이라 할 것이다. 한편 발명의 설명에만 기재하고 청구범위에 기재하지 아니한 발명은 이를 타인이 실시한다 하여도 특허권의 권리범위에 속하지 아니하므로 제3자는 이를 자유로이 실시할 수 있다.

대법원 2022.1.14. 선고 2019후11541 판결

[물건발명의 특허권자가 피심판청구인이 실시한 물건을 제조방법과 관계없이 확인대상 발명으로 특정하여 특허권의 권리범위에 속하는지에 대한 확인을 구할 수 있는지 여부(적극) 및 이때 확인대상 발명의 설명서나 도면에 제조방법을 부가적으로 기재한 경우, 그러한 제조방법으로 제조한 물건만이 심판의 대상인 확인대상 발명이 되는지 여부(소극)]

특허권자는 업으로서 특허발명을 실시할 권리를 독점하고(특허법 제94조 제1항), 특허발명이 물건발명인 경우에는 그 물건을 생산·사용·양도·대여 또는 수입하거나 그 물건의 양도 또는 대여의 청약을 하는 행위가 물건발명의 실시이므로[특허법 제2조 제3호 (가)목], 물건발명의 특허권은 물건발명과 동일한 구성을 가진 물건이 실시되었다면 제조방법과 관계없이 그 물건에 효력이 미친다. 따라서 물건발명의 특허권자는 피심판청구인이 실시한 물건을 그 제조방법과 관계없이 확인대상 발명으로 특정하여 특허권의 권리범위에 속하는지 확인을 구할 수 있고, 이때 확인대상 발명의 설명서나 도면에 확인대상 발명의 이해를 돕기 위한 부연 설명으로 그 제조방법을 부가적으로 기재하였다고 하여 그러한 제조방법으로 제조한 물건만이 심판의 대상인 확인대상 발명이 된다고 할 수는 없다.

---

85) 권리범위확인심판에서 해당 특허권의 상대가 되는 실시발명에 관한 심판실무상의 칭호로서, 확인대상발명 또는 확인대상물품이란 용어를 사용한다.

대법원 2004.10.14. 선고 2003후2164 판결

[1] 물건을 생산하는 방법의 발명인 경우, 특정한 생산방법에 의하여 생산한 물건을 실시발명으로 특정하여 특허권의 보호범위에 속하는지의 확인을 구할 수 있는지: 특허권자는 업으로서 그 특허발명을 실시할 권리를 독점하고, 그 중 물건을 생산하는 방법의 발명인 경우에는 그 방법을 사용하는 행위 이외에 그 방법에 의하여 생산한 물건을 사용·양도·대여 또는 수입하거나 그 물건의 양도 또는 대여의 청약을 하는 행위까지 그 실시에 포함되므로, 물건을 생산하는 방법의 발명인 경우에는 그 방법에 의하여 생산된 물건에까지 특허권의 효력이 미친다 할 것이어서, 특정한 생산방법에 의하여 생산한 물건을 실시발명으로 특정하여 특허권의 보호범위에 속하는지 여부의 확인을 구할 수 있다.

[2] 대상 실시발명이 '물건의 발명'이기는 하지만 실시발명의 설명서에 그 생산방법을 구체적으로 특정하고 있는 경우, '방법의 발명'인 특허발명과 대비하여 그 권리범위에 속하는지 여부를 판단하여야 한다고 한 사례

대법원 2014.3.20. 선고 2012후4162 전원합의체 판결

[권리범위확인심판에서 진보성이 부정된다는 이유로 권리범위를 부정하여서는 안 된다는 사례]

특허법은 특허가 일정한 사유에 해당하는 경우에 별도로 마련한 특허의 무효심판 절차를 거쳐 무효로 할 수 있도록 규정하고 있으므로, 특허는 일단 등록이 되면 비록 진보성이 없어 해당 특허를 무효로 할 수 있는 사유가 있더라도 특허무효심판에 의하여 무효로 한다는 심결이 확정되지 않는 한 다른 절차에서 그 특허가 무효임을 전제로 판단할 수는 없다. 나아가 특허법이 규정하고 있는 권리범위확인심판은 심판청구인이 그 청구에서 심판의 대상으로 삼은 확인대상발명이 특허권의 효력이 미치는 객관적인 범위에 속하는지 여부를 확인하는 목적을 가진 절차이므로, 그 절차에서 특허발명의 진보성 여부까지 판단하는 것은 특허법이 권리범위확인심판 제도를 두고 있는 목적을 벗어나고 그 제도의 본질에 맞지 않다. 특허법이 심판이라는 동일한 절차 안에 권리범위확인심판과는 별도로 특허무효심판을 규정하여 특허발명의 진보성 여부가 문제되는 경우 특허무효심판에서 이에 관하여 심리하여 진보성이 부정되면 그 특허를 무효로 하도록 하고 있음에도 진보성 여부를 권리범위확인심판에서까지 판단할 수 있게 하는 것은 본래 특허무효심판의 기능에 속하는 것을 권리범위확인심판에 부여함으로써 특허무효심판의 기능을 상당 부분 약화시킬 우려가 있다는 점에서도 바람직하지 않다. 따라서 권리범위확인심판에서는 특허발명의 진보성이 부정된다는 이유로 그 권리범위를 부정하여서는 안된다. 다만 대법원은 특허의 일부 또는 전부가 출원 당시 공지공용의 것인 경우까지 청구범위에 기재되어 있다는 이유만으로 권리범위를 인정하여 독점적·배타적인 실시권을 부여할 수는 없으므로 권리범위확인심판에서도 특허무효의

심결 유무에 관계없이 그 권리범위를 부정할 수 있다고 보고 있으나(대법원 1983.7.26. 선고 81후56 전원합의체 판결 등 참조), 이러한 법리를 공지공용의 것이 아니라 그 기술분야에서 통상의 지식을 가진 자가 선행기술에 의하여 용이하게 발명할 수 있는 것뿐이어서 진보성이 부정되는 경우까지 확장할 수는 없다. 위와 같은 법리는 실용신안의 경우에도 마찬가지로 적용된다. 이와 달리 특허발명 또는 등록실용신안이 신규성은 있으나 진보성이 없는 경우 이에 관한 권리범위확인심판에서 당연히 그 권리범위를 부정할 수 있다는 취지로 판시한 대법원 1991.3.12. 선고 90후823 판결, 대법원 1991.12.27. 선고 90후1468,1475(병합) 판결, 대법원 1997.7.22. 선고 96후1699 판결, 대법원 1998.2.27. 선고 97후2583 판결 등을 비롯한 같은 취지의 판결들은 이 판결의 견해에 배치되는 범위 내에서 이를 모두 변경하기로 한다.

(7) 심결 및 심결의 효력

1) 심 결

권리범위확인심판은 다른 심판의 경우처럼 특별한 경우를 제외하고는 심결로서 종결되며 심결은 이를 서면으로 하여야 한다. 이때 심결문은 원칙적으로 확인대상발명 및 그 설명서를 첨부하도록 한다.[86)]

심판청구의 이유가 타당하지 않다고 인정된 때에는 기각심결을 하고, 청구취지에 반하는 심결을 하여서는 아니 된다. 예를 들어 심판청구인이 자기의 확인대상발명이 특허권의 권리범위에 속하지 아니한다는 취지의 심결을 구하는 심판사건에서 그 심판청구를 배척하는 경우 그 심결주문을 '심판청구를 기각한다'라고 하지 않고 확인대상발명이 특허권의 권리범위에 속한다는 심결을 하는 것은 청구의 취지를 일탈한 심결이므로 위법이 된다. 한편, 심판청구의 이유가 타당하다고 인정된 때에는 "확인대상발명은 특허발명의 권리범위에 속한다" 또는 "확인대상발명은 특허발명의 권리범위에 속하지 아니한다"라는 형식의 인용심결을 한다.

2) 심결의 효력

권리범위확인심판은 특허발명의 보호범위를 확인하는 것으로서 확인대상발명이 특허권의 권리범위에 속한다는 심결이 있으면 특허권의 효력은 확인대상발명에 미치는 것으로 되며, 반대로 권리범위에 속하지 아니한다는 심결이 있으면 특허권의 효력이 미치지 않는 것으로 된다.

특허권의 권리범위확인심판의 심결이 확정되면 확인대상발명이 특허발명의 권

86) 다만 확인대상발명 및 그 설명서를 첨부하지 아니하여도 심결문만으로 그 확인대상발명의 내용이 특정되고 확인될 수 있는 경우에는 첨부하지 아니한다(특허심판원, 「심판편람(제13판)」, 2021, 544면).

리범위에 속하는지의 여부가 공적으로 확인된다. 따라서 권리범위에 속한다는 심결이 확정되면 확인대상발명의 실시는 특허권의 침해가 되는 것으로 일단 판단된다. 그 결과로서 권리범위가 확인되며 형성적 효력도 가지게 된다. 그러나 이 심판에 의해 권리가 확인되면 제3자도 이 확인심결에 구속을 받느냐는 논의가 있으나 구속력이 없다고 보는 것이 다수설이다.[87] 그러나 이는 이미 본 바와 같이 부당한 견해이며, 특허심판원의 심판편람에서 역시 "특허발명의 권리범위에 관한 심판관의 심결은 감정(鑑定)적 성질을 갖는데 그치는 것이 아니고, 당사자 또는 제3자에 대하여 법적 구속력을 갖는다"라고 한다.[88]

(8) 권리범위확인심판의 문제

1) 공지사실

권리범위확인심판에서는 권리와 확인대상발명의 단순한 기술적 대비만 하는 것이 아니라 확인대상발명의 공지여부, 불특허사유의 존재여부를 판단하여 심결에 이르러야 한다. 특히 공지공용사실과 관련하여 권리범위에 비록 공지공용사실이 포함되었다 할지라도 일단 등록이 된 이상 그 권리의 무효심결이 확정되기까지는 그 등록의 무효를 주장할 수 없다는 견해와 신규성이 있는 발명부분에 대해서만 배타적 권리를 인정하여야 하며, 신규성이 있는 발명이 유기적으로 결합된 것으로 볼 수 없는 공지공용부분에 대해서까지 배타적 권리를 인정할 수는 없다는 견해가 나누어진다. 이에 판례는 그 입장을 번복해오다가 대법원 1983.7.26. 선고 81후56 전원합의체 판결에서 등록된 권리에 출원 전 전부 또는 일부의 공지부분이 있는 경우에는 모두 권리범위에 속하지 않는다는 판결을 하였다.

대법원 2002.12.26. 선고 2001후2375 판결

[자유기술의 항변]

판시사항: 특허발명과 대비되는 발명이 공지의 기술만으로 이루어지거나 통상의 기술자가 공지기술로부터 용이하게 실시할 수 있는 경우, 특허발명의 권리범위에 속하는지 여부(소극)

판결요지: 어느 발명이 특허발명의 권리범위에 속하는지를 판단함에 있어서 특허발명과 대비되는 발명이 공지의 기술만으로 이루어지거나 그 기술분야에서 통상의 지식을 가진 자가 공지기술로부터 용이하게 발명할 수 있는 경우에는 특허발명과 대비할

87) 즉 대세적 효력이 발생하지 아니한다.
88) 특허심판원, 「심판편람(제13판)」, 2021, 553면.

필요 없이 특허발명의 권리범위에 속하지 않게 된다.

대법원 1983.7.26. 선고 81후56 전원합의체 판결

[전부공지제외설]

이 사건 특허가 출원당시 그 전부가 공지·공용의 것인 경우에는 그 일부가 공지·공용인 경우와는 달리 그 무효심결이 확정되기까지는 그 권리가 인정되어야 한다는 전제 아래 확인대상발명이 이 건 특허의 권리범위에 속한다고 한 심결은 특허권의 권리범위확인에 관한 법리를 오해한 위법이 있다.

2) 권리 대 권리의 확인심판

권리범위확인심판에서는 일반적으로 권리와 비권리 발명인 확인대상발명의 대립구조로 되어 있다. 그러나 다툼의 대상 모두가 권리인 경우, 즉 특허권 대 특허권 상호간에 일방의 권리범위에 타방의 권리범위가 속한다든가 하는 다툼이 발생할 경우에 대하여 논의가 있다.

부정설은 권리가 어느 권리에 속하는가 아닌가 하는 것은 확인의 의미가 없고 일방의 권리를 부인하는 결과를 낳으므로, 권리범위확인심판에 의하여 어떤 권리의 무효를 주장하거나 심결하여서는 안 된다는 입장이다. 이에 절충설은 적극적 확인심판은 불가하나 소극적 확인심판은 가능하다는 견해이다. 적극적 확인심판은 상대방의 권리가 자기의 권리범위에 속한다는 것을 구하는 것이므로 상대방의 권리 효력을 무효심판에 의하지 않고 부인하는 것이 되므로 그 심판이 불가능하나, 자기의 권리가 상대방의 권리범위에 속하지 아니한다는 청구는 위와 같은 결과가 발생하지 않으므로 그 확인심판이 가능하다는 주장이다.[89] 한편 긍정설은 소극적 확인심판과 적극적 확인심판을 구분할 이유가 없으며, 통상실시권허락심판의 사문화를 막는다는 점에서 적극적 확인심판 역시 인정해야 한다는 견해이다.

대법원 2002.6.28. 선고 99후2433 판결

[적극적인 권리 대 권리의 확인의 이익]

후 출원에 의하여 등록된 고안을 확인대상고안으로 하여 선 출원에 의한 등록고안의 권리범위에 속한다는 확인을 구하는 적극적 권리범위확인심판은 후 등록된 권리에 대한 무효심판의 확정 전에 그 권리의 효력을 부정하는 결과로 되어 원칙적으로 허용되지 아니하고, 다만 예외적으로 양 고안이 구 실용신안법(1990.1.13. 법률 제4209호로 전문 개정되기 전의 것) 제11조 제3항에서 규정하는 이용관계에 있어 확인대상고안의 등록의 효력을 부정하지 않고 권

89) 대법원 1985.4.23. 선고 84후19 판결.

리범위의 확인을 구할 수 있는 경우에는 권리 대 권리 간의 적극적 권리범위확인심판의 청구가 허용된다.

대법원 1985.4.23. 선고 84후19 판결

[소극적인 권리 대 권리의 확인의 이익]

등록된 실용신안 사이의 권리범위의 확인을 구하는 심판청구라도 심판청구인의 등록실용신안이 피심판청구인의 등록실용신안의 권리범위에 속하지 않는다는 소극적 확인심판청구는 만일 인용된다고 하더라도 심판청구인의 등록실용신안이 피심판청구인의 등록실용신안의 권리범위에 속하지 않음을 확정하는 것뿐이고 이로 말미암아 피심판청구인의 등록실용신안권의 효력을 부인하는 결과가 되는 것은 아니므로 이러한 청구를 부적법하다고 볼 이유가 없다.

대법원 2016.4.28. 선고 2013후2965 판결

[신규성이 없는 후등록 특허권에 대한 적극적 권리범위확인심판이 인정되지 않는다는 사례]

선등록 특허권자가 후등록 특허권자를 상대로 제기하는 적극적 권리범위확인심판은 등록무효절차 이외에서 등록된 권리의 효력을 부인하는 결과가 되어 부적법하다는 취지인 점에 비추어 볼 때 후등록 특허발명의 신규성 인정 여하에 따라 이러한 원칙적인 법리의 적용 여부가 달라진다고 볼 수는 없다.

대법원 2016.4.28. 선고 2015후161 판결

[일체성을 상실한 경우 이용관계가 아니기 때문에 후 출원에 의하여 특허 등록된 발명을 확인대상발명으로 하여 선 출원에 의한 등록발명의 권리범위에 속한다는 확인을 구하는 적극적 권리범위확인심판으로서 부적법하다는 사례]

제30항 발명은 구이의 눌어붙음 방지, 열원 노출면적 확대 등의 효과를 위하여 선재를 한 방향으로만 형성한 것인 데 비하여, 확인대상발명은 하나의 석쇠틀에서 가로, 세로 방향으로 선재가 교차되는 양방향 구성을 채택하고 있었다. 심결과 원심은 이용관계에 있다고 판단하여 일단 본안판단으로 나아간 후 막상 권리범위 속부 실체 판단에서는 확인대상발명의 구성이 제30항 발명의 권리범위에서 의식적 제외된 구성이라고 보아 권리범위에 속하지 않는다고 판단하였다. 그러나 대법원은, 이용관계 해당 여부에 관한 대법원 2001.8.21. 선고 98후522 판결의 판단기준을 인용한 다음, 하나의 석쇠틀에서 가로, 세로 방향으로 선재가 교차되는 확인대상발명의 양방향 구성은 구이의 눌어붙음 방지, 열원 노출면적 확대와 같은 한 방향 구성의 효과를 나타낼 수 없어 제30항 발명과 상이한 구성이라고 할 것이고, 확인대상발명 내에서 제30항 발명이 발명으로서의 일체성을 유지하고 있다고 볼 수도 없어 두 발명이 이용관계에 있다고 볼

수 없으므로, 이 사건 권리범위확인심판 청구는 후 출원에 의하여 등록된 발명을 확인 대상발명으로 하여 선 출원에 의한 등록발명의 권리범위에 속한다는 확인을 구하는 적극적 권리범위확인심판으로서 부적법하다.

5. 정정심판(제136조)

(1) 의의 및 취지

정정심판이란 특허권이 설정등록된 후 특허무효를 미연에 방지하고, 특허권 분쟁이 있는 경우 그 권리관계를 명확히 하고자 그 명세서 또는 도면을 정정하여 줄 것을 청구하는 제도를 말한다.

특허권의 설정등록 후에는 잘못된 명세서도 일종의 권리서이기 때문에 그 내용을 함부로 변경하여서는 아니 된다. 그러나 그 명세서를 그냥 두면 청구범위가 너무 넓어 무효될 염려가 있거나, 잘못 기재된 사항 또는 분명하지 아니하게 기재된 사항으로 인하여 분쟁이 발생할 수 있으므로 이를 방지할 기회를 주어야 할 것이다. 즉 특허에 대하여 무효사유가 있을 경우에는 그것을 이유로 하는 무효심판청구로 특허가 무효로 되는 것을 방지하고, 무효심판이 청구되는 것을 예방할 필요가 있으며, 그 특허에 관하여 불명료한 부분이 있을 경우에는 침해사건을 일으키기도 하고 실시계약을 방해하기도 하여 제3자의 이익에 관련되게 되므로 그 불명료한 부분을 명료하게 할 필요가 있게 된다. 이에 특허법은 보정제도[90]와 함께 특허권자가 스스로 자기의 특허발명의 내용을 명확히 하기 위하여 청구하는 심판이지만 이 심판은 특허권이 설정등록된 후, 특허발명의 명세서나 도면을 정정하는 것이므로 정정의 결과가 기존의 권리관계에 변동을 초래할 경우 법적 안정성을 해할 우려가 있으므로 극히 제한적으로 명세서 또는 도면을 정정할 수 있도록 하고 있다.

(2) 심판청구의 대상

정정심판은 특허에 일부 흠결이 있는 경우, 그 흠결로 인하여 특허 전체 또는 일부가 무효로 될 우려가 있을 때 특허권자가 자발적으로 사전에 그 흠결을 제거할 수 있도록 하기 위한 것이므로 정정은 그 목적을 달성하는 데 필요한 최소한의 범위로 한정된다.

---

90) 보정이 출원단계에서 특허권 설정등록 전에 행하는 것이라면 정정은 특허권 설정등록 후에 행하여지는 것이라 하겠다.

정정심판으로 정정할 수 있는 사항은 ① 청구범위를 감축하는 경우, ② 잘못 기재된 사항을 정정하는 경우, ③ 분명하지 아니하게 기재된 사항을 명확하게 하는 경우 중 어느 하나에 한하여 가능하다(제136조 제1항). 이러한 경우에도 특허발명의 명세서 또는 도면에 기재된 사항의 범위에서(잘못 기재된 사항을 정정하는 경우에는 출원서에 최초로 첨부된 명세서 또는 도면에 기재된 사항의 범위) 정정할 수 있으며(제136조 제3항), ④ 청구범위를 실질적으로 확장하거나 변경할 수 없으며(제136조 제4항), ⑤ 청구범위를 감축하는 경우나 잘못 기재된 사항을 정정하는 경우에 해당하는 정정은 정정 후의 청구범위에 적혀 있는 사항이 특허출원을 하였을 때에 특허를 받을 수 있는 있는 것이어야 한다(제136조 제5항). 위에서 청구범위를 감축하는 경우란 청구범위의 각항마다 그 내용, 특허범위, 성질 등을 감축하는 것이다. 청구범위의 항수를 줄이는 것과 특허청구의 범위 자체를 축소하는 것도 포함된다고 본다.[91]

잘못 기재된 사항을 정정하는 경우란 명세서나 도면의 기재가 잘못된 명세서의 기재 전체, 주지(周知)의 사항 또는 경험칙 등에서 분명한 경우에 그 잘못된 기재를 본래의 바른 기재로 정정(訂正)하는 것이다.

분명하지 아니하게 기재된 사항을 명확하게 하는 경우는 2001년 2월 3일 개정법(법률 제 6411호) 전에는 '불명확한 기재의 석명(釋明)'이라고 하였으나, 2001년 2월 3일 개정시 국어순화운동의 하나로 개정하였다. 분명하지 아니하게 기재된 사항을 명확하게 하는 경우란 기재내용 그 자체가 명확하지 않은 경우에 그 뜻을 명확하게 하거나 명세서·도면의 기재에 모순이 있는 경우에 어느 하나로 통일하여 모순을 없애는 것이다.

대법원 2005.9.30. 선고 2004후2451 판결

[청구범위의 독립항은 그대로 두고 그 독립항을 기술적으로 한정하고 구체화하는 종속항만을 추가하는 정정심판청구의 허용 여부(소극)]

청구범위는 각 항이 상호 독립되어 있는 이상 그 독립항은 그대로 두고, 그 독립항을 기술적으로 한정하고 구체화하는 종속항만을 추가하는 것은 실질적으로 권리범위를 확장하거나 변경하는 것이어서 그와 같은 정정심판청구는 허용될 수 없다.

91) 청구범위의 감축으로 정정을 허용할 수 없는 경우로는 ① 직렬적으로 기재된 구성요소의 일부 삭제, ② 택일적 구성요소의 추가, ③ 청구항을 증가하는 정정을 들 수 있고, 청구범위의 감축으로 정정을 허용하는 경우로는 ① 택일적 기재의 삭제, ② 구성요소의 직렬적 부가, ③ 상위 개념으로부터 하위개념으로의 변경, ④ 청구항의 삭제 등을 들 수 있다.

대법원 2005.4.15. 선고 2003후2010 판결

[형식적으로는 청구범위감축에 해당하나, 실질적 변경에 해당할 때의 정정 인정여부]

명세서의 발명의 설명 또는 도면에 있는 사항을 청구범위에 새로이 추가함으로써 표면상 등록실용신안이 한정되어 형식적으로는 청구범위가 감축되는 경우라 하더라도, 다른 한편 그 구성의 추가로 당초의 등록실용신안이 새로운 목적 및 효과를 갖게 되는 때에는 청구범위의 실질적 변경에 해당하므로 허용되지 않는다.

대법원 2004.12.24. 선고 2002후413 판결

[실질적 확장변경의 판단대상]

청구범위를 확장하거나 변경하는 경우에 해당하는지 여부를 판단함에 있어서는 청구범위 자체의 형식적인 기재만을 가지고 대비할 것이 아니라 발명의 설명을 포함하여 명세서 전체내용과 관련하여 실질적으로 대비하여 그 확장이나 변경에 해당하는지 여부를 판단하는 것이 합리적이라 할 것이다.

대법원 2016.11.25. 선고 2014후2184 판결

[청구범위에 기재되어 있지 아니한 사항을 발명의 설명에서 삭제하는 내용의 정정청구가 '분명하지 아니한 기재를 명확하게 하는 경우'에 해당하는지(소극)]

구 특허법(2009.1.30. 법률 제9381호로 개정되기 전의 것) 제133조의2, 제136조 제3항의 규정 취지에 비추어 보면, 오류의 정정에는 청구범위에 관한 기재 자체가 명료하지 아니한 경우 그 의미를 명확하게 하든가 기재상의 불비를 해소하는 것 및 발명의 설명과 청구범위가 일치하지 아니하거나 모순이 있는 경우 이를 통일하여 모순이 없게 하는 것 등이 포함된다고 해석된다(대법원 2006.7.28. 선고 2004후3096 판결, 대법원 2013.2.28. 선고 2011후3193 판결 등 참조). 한편, 청구범위는 발명의 설명에 기재된 기술적 사상의 전부 또는 일부를 특허발명의 보호범위로 특정한 것이고, 발명의 설명에 기재된 모든 기술적 사상이 반드시 청구범위에 포함되어야 하는 것은 아니므로, 특별한 사정이 없는 한 청구범위에 기재되어 있지 아니한 사항이 발명의 설명에 포함되어 있다고 하여 발명의 설명과 청구범위가 일치하지 아니하거나 모순이 있는 경우라고 보기는 어렵다.

(3) 정정심판의 당사자

정정심판은 특허권자만이 청구할 수 있으며, 특허권이 공유인 경우에는 공유자 전원이 청구하여야 한다(제136조 제1항). 전용실시권자, 질권자, 직무발명에 의한 통상실시권자, 전용실시권을 목적으로 한 질권자 또는 통상실시권자, 특허권자가 허락한 통상실시권 등이 설정되어 있다면 위의 자들의 동의를 받아야만 정정심판을 청구할 수 있다(제136조 제8항 본문). 이들의 동의없이 정정심판을 청구하는 것은 부적법한 심판청구로서 각하된다. 다만, 특허권자가 정정심판을 청구하기 위하여 동의를 받아야 하는 자가 무효심판을 청구한 경우에는 그러하지 아니하다(제136조 제8항 단서).

(4) 청구기간

정정심판은 특허권이 소멸된 후에도 청구할 수 있다. 다만, 특허취소결정이 확정되거나 특허를 무효(후발적 사유, 제133조 제1항 4호에 의한 무효는 제외한다)로 한다는 심결이 확정된 후에는 그러하지 아니하다(제136조 제7항).

한편, 특허취소신청이 특허심판원에 계속 중인 때부터 그 결정이 확정될 때까지의 기간에는 정정심판을 청구할 수 없다(제136조 제2항 1호 본문). 이는 특허취소신청이 특허심판원에 계속 중인 경우에는 특허권자가 특허의 정정청구를 할 수 있으므로 특허권자에게 방어권이 주어지고, 특허법원, 대법원에 계속 중인 경우에는 특허법원의 심리범위가 제한설을 채택하여 특허청장이 특허심판원에 제출하지 않았던 새로운 특허취소신청의 이유나 증거를 제출할 수 없을 것이므로 정정심판을 청구하지 못하더라도 특허권자의 방어권 행사를 제한하는 것은 아니기 때문이다. 다만, 특허무효심판의 심결 또는 정정의 무효심판의 심결에 대한 소가 특허법원에 계속 중인 경우에는 특허법원에서 변론이 종결(변론 없이 한 판결의 경우에는 판결의 선고를 말한다)된 날까지 정정심판을 청구할 수 있다(제136조 제2항 1호 단서).

또한, 특허무효심판 또는 정정의 무효심판이 특허심판원에 계속 중인 기간에는 정정심판을 청구할 수 없다(제136조 제2항 2호). 이는 특허무효심판 또는 정정의 무효심판이 특허심판원에 계속되는 동안에는 정정청구를 인정하고 있기 때문이다. 그러나 특허법원 또는 대법원에 계속되어 있는 경우에는 정정심판을 청구할 수 있다.

(5) 절차적 요건

정정심판을 청구하고자 하는 자는 소정의 사항을 기재한 심판청구서와 정정(訂正)한 명세서 또는 도면을 첨부하여야 한다(제140조 제5항).[92] 한편, 청구인은 정정의 요지를 기재한 서면을 별도로 제출할 필요가 있다.[93] 청구의 취지를 변경하거나, 명세서 · 도면에 기재된 발명을 상위개념으로 보정하는 것은 심판청구서의 요지변경이 된다.

---

92) 심판청구서의 보정(補正)은 사건이 특허심판원에 계속 중에 있는 한 청구서를 보정할 수 있지만, 그 보정(補正)은 요지를 변경하는 것이어서는 안 된다(제140조 제1항). 다만, 청구이유에 대하여는 그러하지 아니하다(제140조 제2항).

93) 특허심판원, 「심판편람(제13판)」, 2021, 654면.

대법원 2007.10.25. 선고 2005후2526 판결

[정정청구서의 보정(=정정청구의 동일성을 유지하는 한도 내에서만 인정)]

정정명세서 등의 보정제도는 등록된 권리에 대한 정정의 개념을 제대로 이해하지 못한 권리자가 명세서나 도면의 일부분만을 잘못 정정하였음에도 불구하고 정정청구 전체가 인정되지 않게 되고 이로 인하여 그 등록이 취소되는 것을 방지하기 위하여 도입된 제도이기 때문에 정정명세서 등에 대한 보정은 당초 잘못된 정정을 삭제하거나 정정청구 취지의 요지를 변경하지 않는 범위 내에서 경미한 하자를 고치는 정도에서만 가능하다고 보는 것이 보정제도의 본질에 부합할 것이다.

(6) 심 리

심리는 서면심리 또는 구술심리에 의한다. 심리의 대상은 정정의 목적과 내용이 특허법의 규정에 합치되는지 여부이다. 청구가 정정 요건을 갖추지 않은 경우는, 심판관은 청구인에게 그 이유를 통지하고 기간을 정하여 의견서를 제출할 수 있는 기회를 주어야 하며(제136조 제6항), 청구인은 심리종결의 통지가 있기 전에 정정한 명세서 또는 도면을 보정할 수 있다(제136조 제11항). 이는 부적법한 정정을 보정할 수 있는 근거규정을 2001년 2월 3일 개정법(법률 제6411호)에서 신설하였다. 정정심판청구서의 보정은 정정심판청구의 동일성을 유지하는 한도 내에서만 인정된다.[94] 정정청구하지 아니한 사항을 보정하는 경우에는 청구의 취지가 변경된 것에 해당되며, 정정청구의 시기적 제한을 몰각시키는 결과가 되며, 정정청구가 받아들여질 때까지 정정명세서 등의 보정서 제출이 무한히 반복되어 행정상의 낭비와 심판절차의 지연이 초래될 우려가 있는 점을 고려할 때 종래의 정정사항에서 정정의 내용을 변경하여 동일성을 훼손하는 경우에는 원칙적으로 정정청구의 요지가 변경된 것으로 본다.

청구의 취지 변경의 유형으로서 ① 별개의 정정사항을 추가하거나(추가적 변경), ② 일부의 정정사항을 삭제하거나(감축적 변경), ③ 종래의 청구의 취지 대신에 새로운 취지로 심판을 구하는 것(교환적 변경) 등을 들 수 있다.

추가적 변경을 한 경우, 이를테면 정정사항이 2가지(A와 B)인 것을 3가지(A, B 및 C)로 하는 것은 특별한 사정이 없는 한, 청구취지의 요지를 변경하는 것이 되

---

94) 정정명세서 등의 보정제도는 등록된 권리에 대한 정정의 개념을 제대로 이해하지 못한 권리자가 명세서나 도면의 일부분만을 잘못 정정하였음에도 불구하고 정정청구 전체가 인정되지 않게 되고 이로 인하여 그 등록이 취소되는 것을 방지하기 위하여 도입된 제도이기 때문에 정정명세서 등에 대한 보정은 당초 잘못된 정정을 삭제하거나 정정청구 취지의 요지를 변경하지 아니하는 범위에서 경미한 하자를 고치는 정도에서만 가능하다고 보는 것이 보정제도의 본질에 부합할 것이다(대법원 2007.10.25. 선고 2005후2526 판결; 대법원 2013.2.28. 선고 2011후3643 판결).

며, 교환적 변경의 경우는 종래의 청구 대신에 새로운 청구를 하는 것이 되므로 그 요지를 변경하는 것이 된다.

그러나, 감축적 변경의 경우로서 정정사항 두 가지(A와 B)인 것을 한 가지(A 또는 B)만으로 하는 것은 통상 요지변경으로 취급하지 아니한다.

새로운 실시예를 추가하는 것은 일반적으로 청구범위를 실질적으로 확장하는 것이 되기 때문에 원칙적으로 인정되지 아니하나, 특허의 대상인 물건 또는 방법의 효과를 소명하기 위한 설명, 이론 및 실험데이터 등을 추가하는 것은 청구범위를 실질적으로 변경시키지 아니하는 한 정정이 가능하다. 또 명세서 전체로 보아 특허발명이 당연히 갖추고 있어야 할 조건을 청구범위에 끼워 넣는 것은 잘못 기재된 사항을 정정하는 경우 또는 분명하지 아니하게 기재된 사항을 명확하게 하는 경우로서 인정해 줄 수 있는 경우도 있다. 이러한 경우에는 청구인은 명세서상의 근거사항을 지적하거나 그 이외의 다른 증거를 제시할 필요가 있다.

(7) 정정심판의 효과

정정심판의 결과 특허발명의 명세서 또는 도면의 정정을 인정하는 취지의 심결이 확정된 경우에는 그 정정의 효과는 출원시까지 소급한다. 즉 그 정정 후의 명세서 또는 도면에 의하여 특허출원·출원공개·특허결정 또는 심결 및 특허권의 설정등록이 된 것으로 본다(제136조 제10항). 이 규정은 특허권자의 명세서·도면의 불비에 따른 불이익을 구제해 주어 특허권을 유효하게 존속시켜 주기 위한 규정이다. 따라서 특허출원이 출원공개 또는 등록공고된 후에 명세서·도면의 정정에 의하여 청구범위가 감축, 삭제된 경우에도 그 출원공개 또는 등록공고된 사실은 부인하지 못하므로 후출원은 문헌공지를 이유로 거절되며, 특허법 제29조 제3항의 적용에 있어서도 마찬가지다.

특허발명의 명세서 또는 도면에 대한 정정을 한다는 심결이 있는 경우에는 특허심판원장은 그 내용을 특허청장에게 알려야 하며, 특허청장은 이를 특허공보에 게재하여야 한다(제136조 제12항·제13항). 여기에서 정정공고는 특허발명의 명세서·도면이 정정된 것을 공보에 게재하여 사회일반에 알리는 것으로서 이때 제3자는 정정에 대한 이의신청을 할 수 없다. 특허청장은 정정심판의 심결이 확정된 때에는 그 심결에 따라 새로운 특허증을 발급하여야 한다(제86조 제3항).

한편 특허권자가 정정심판을 청구하여 특허무효심판에 대한 심결취소소송의 사실심 변론종결 이후에 특허발명의 명세서 또는 도면에 대하여 정정을 한다는 심결이 확정된 경우, 정정 전 명세서 등으로 판단한 원심판결에 민사소송법 제451조 제1항 제8호(판결의 기초가 된 민사나 형사의 판결, 그 밖의 재판 또는 행정처분이 다른 재판이나 행정처분에 따라 바뀐 때)가 규정한 재심사유가 있는지에 관하여, 대법원 2020.1.22. 선고 2016후2522 전원합의체 판결이 종전 입장을 바꾸어 이를 부정하고 있다.

대법원 2002.8.23. 선고 2001후713 판결

[동일한 특허발명에 대하여 특허무효심판과 정정심판이 특허심판원에 동시에 계속 중에 있는 경우, 심리·판단의 우선순위 및 그 판단 대상(=정정심판청구 전 특허발명)]

동일한 특허발명에 대하여 특허무효심판과 정정심판이 특허심판원에 동시에 계속 중에 있는 경우에는 정정심판제도의 취지상 정정심판을 특허무효심판에 우선하여 심리·판단하는 것이 바람직하나, 그렇다고 하여 반드시 정정심판을 먼저 심리·판단하여야 하는 것은 아니고, 또 특허무효심판을 먼저 심리하는 경우에도 그 판단대상은 정정심판청구 전 특허발명이며, 이러한 법리는 특허무효심판과 정정심판의 심결에 대한 취소소송이 특허법원에 동시에 계속되어 있는 경우에도 적용된다고 볼 것이다.

대법원 2020.1.22. 선고 2016후2522 전원합의체 판결

[특허권자가 정정심판을 청구하여 특허무효심판에 대한 심결취소소송의 사실심 변론종결 이후에 특허발명의 명세서 또는 도면에 대하여 정정을 한다는 심결이 확정된 경우, 정정 전 명세서 등으로 판단한 원심판결에 민사소송법 제451조 제1항 제8호가 규정한 재심사유가 있는지 여부(소극)]

재심은 확정된 종국판결에 대하여 판결의 효력을 인정할 수 없는 중대한 하자가 있는 경우 예외적으로 판결의 확정에 따른 법적 안정성을 후퇴시켜 그 하자를 시정함으로써 구체적 정의를 실현하고자 마련된 것이다. 행정소송법 제8조에 따라 심결취소소송에 준용되는 민사소송법 제451조 제1항 제8호는 '판결의 기초로 된 행정처분이 다른 행정처분에 의하여 변경된 때'를 재심사유로 규정하고 있다. 이는 판결의 심리·판단 대상이 되는 행정처분 그 자체가 그 후 다른 행정처분에 의하여 확정적·소급적으로 변경된 경우를 말하는 것이 아니고, 확정판결에 법률적으로 구속력을 미치거나 또는 그 확정판결에서 사실인정의 자료가 된 행정처분이 다른 행정처분에 의하여 확정적·소급적으로 변경된 경우를 말하는 것이다. 여기서 '사실인정의 자료가 되었다'는 것은 그 행정처분이 확정판결의 사실인정에서 증거자료로 채택되었고 그 행정처분의 변경이 확정판결의 사실인정에 영향을 미칠 가능성이 있는 경우를 말한다. 이에 따르면 특허권자가 정정심판을 청구하여 특허무효심판에 대한 심결취소소송의 사실심 변론종결 이후에 특허발명의 명세서 또는 도면에 대하여 정정을 한다는 심결이 확정되더라도 정정 전 명세서 또는 도면으로 판단한 원심판결에 민사소송법 제451조 제1항 제8호가 규정한 재심사유가 있다고 볼 수 없다.

대법원 2004.10.14. 선고 2002후2839 판결

[특허의 무효심판사건이 상고심에 계속 중 해당 특허의 정정심결이 확정되었으나, 정정된 사항이 무효사유의 유무를 판단하는 전제가 된 사실인정에 영향을 미치는 것이 아닌 경우]

특허의 무효심판 사건이 상고심에 계속중 해당 특허의 정정심결이 확정됨으로써 특허법 제136조 제8항에 따라 그 특허를 정정 후의 명세서에 의하여 출원이 되고 특허권의 설정등록이 된 것으로 보게 되더라도, 정정된 사항이 그 원심판결에서 특허무효 사유의 유무를 판단하는 전제가 된 사실인정에 영향을 미치는 것이 아니라면 그 원심판결에 민사소송법 제451조 제1항 8호에 정한 재심사유가 있어 판결에 영향을 미친 법령위반이 있다고 할 수 없다.

대법원 2005.10.14. 선고 2005도1262 판결

[정정심판과 침해죄]

청구범위에 기재불비의 하자가 있어 권리범위를 인정할 수 없었던 특허발명에 대하여 그 청구범위를 정정하는 심결이 확정된 경우, 정정 전에 행하여진 피고인의 제품 제조, 판매행위가 특허권 침해죄에 해당하는지 여부를 판단함에 있어 정정 전의 청구범위를 침해대상 특허발명으로 삼은 원심의 판단은 정당하다.

대법원 2007.4.27. 선고 2006후2660 판결

[1] 구 특허법 제29조 제1항 1호에서 말하는 '특허출원 전'의 의미 및 어떤 발명 또는 기술이 특허출원 전에 공지 또는 공연 실시된 것인지를 인정함에 있어 특허출원 후에 작성된 문건들을 기초로 삼을 수 있는지 여부(적극): 구 특허법(2001.2.3. 법률 제6411호로 개정되기 전의 것) 제29조 제1항 1호 소정의 '특허출원 전에 국내에서 공지되었거나 공연히 실시된 발명'에서 '특허출원 전'의 의미는 발명의 공지 또는 공연 실시된 시점이 특허출원 전이라는 의미이지 그 공지 또는 공연 실시된 사실을 인정하기 위한 증거가 특허출원 전에 작성된 것을 의미하는 것은 아니므로, 법원은 특허출원 후에 작성된 문건들에 기초하여 어떤 발명 또는 기술이 특허출원 전에 공지 또는 공연 실시된 것인지 여부를 인정할 수 있다.

[2] 구 특허법 제136조 제4항의 법적 성격 및 정정심판이나 그 심결취소소송에서 주된 취지에 있어서 정정의견제출통지서에 기재된 사유와 실질적으로 동일한 사유로 정정심판을 기각하는 심결을 하거나 그 심결에 대한 취소청구를 기각하는 것이 허용되는지 여부(적극): 의견서 제출기회를 부여하는 구 특허법(2001.2.3. 법률 제6411호로 개정되기 전의 것) 제136조 제4

항은 정정청구에 대한 심사의 적정을 기하고 심사제도의 신용을 유지하기 위한 공익상의 요구에 기인하는 이른바 강행규정이므로, 정정심판이나 그 심결취소소송에서 정정의견제출통지서를 통하여 심판청구인에게 의견서 제출 기회를 부여한 바 없는 사유를 들어 정정심판청구를 기각하는 심결을 하거나 심결취소청구를 기각하는 것은 위법하나, 정정의견제출통지서에 기재된 사유와 다른 별개의 새로운 사유가 아니고 주된 취지에 있어서 정정의견제출통지서에 기재된 사유와 실질적으로 동일한 사유로 정정심판을 기각하는 심결을 하거나 그 심결에 대한 취소청구를 기각하는 것은 허용된다.

[3] 정정의견제출통지서에 기재된 증거가 아님에도 정정거절이유를 보충하는 자료를 증거로 채용하여 심결취소청구를 기각하는 사유로 삼을 수 있는지 여부(적극): 정정의견제출통지서에 기재된 증거가 아니라도 정정거절이유를 보충하는 것이라면 새로운 정정거절이유라고 할 수 없으므로, 특허법원이 그 증거를 채용하여 정정청구를 기각한 심결이 정당하다는 사유의 하나로 삼았다고 하여 심리범위를 일탈하였다고 할 수 없다.

대법원 2019.7.25. 선고 2018후12004 판결

[정정심판이나 그 심결취소소송에서 정정의견제출 통지서를 통하여 심판청구인에게 의견서 제출 기회를 부여한 바 없는 사유를 들어 정정심판청구를 기각하는 심결을 하거나, 심결취소청구를 기각할 수 있는지 여부(소극) / 선행고안에 의하여 고안의 진보성이 부정된다는 취지로 정정심판을 기각한 경우, 특허청장이 취소소송절차에 이르러 비로소 제출한 자료들을 판단의 근거로 삼을 수 있는지 여부(한정 적극)]

실용신안법 제33조에서 준용하는 특허법 제136조 제6항은 정정심판에서 심판청구인에게 의견서 제출기회를 부여함으로써 정정심판청구에 대한 심사의 적정을 기하고 심사제도의 신용을 유지한다는 공익상의 요구에 기인하는 강행규정이다. 따라서 정정심판이나 그 심결취소소송에서 정정의견제출 통지서를 통하여 심판청구인에게 의견서 제출 기회를 부여한 바 없는 사유를 들어 정정심판청구를 기각하는 심결을 하거나, 심결취소청구를 기각하는 것은 위법하다(대법원 2007.4.27. 선고 2006후2660 판결, 대법원 2012.7.12. 선고 2011후934 판결 등 참조). 특히 정정심판을 기각하는 이유가 선행고안에 의하여 고안의 진보성이 부정된다는 취지라면 특허청장이 취소소송절차에 이르러 비로소 제출한 자료들은, 선행고안을 보충하여 출원 당시 해당 고안과 동일한 기술분야에 널리 알려진 주지관용기술을 증명하기 위한 것이거나, 정정의견제출 통지서에 기재된 선행고안의 기재를 보충 또는 뒷받침하는 것에 불과한 경우라고 인정될 때 판단의 근거로 삼을 수 있다.

6. 정정무효심판(제137조)

(1) 의의 및 취지

정정무효심판이란 정정심판에 의하여 정정한 사항에 하자가 있는 경우에 그 하자 있는 부분에 대하여 무효를 청구할 수 있도록 함으로써 이를 시정하는 제도를 말한다.

특허권자가 출원서에 첨부한 명세서 및 도면을 정정함으로써 ① 명세서 또는 도면의 기재(특히 청구범위) 자체의 변동, ② 그 기재로부터 귀결되는 특허권의 효력범위의 변동, ③ 정정 전후의 발명의 내용·사상의 동일성의 변동 등이 생길 수 있다. 이러한 변동이 있을 경우 정정 전에는 특허권의 효력이 미치지 아니한 사항에까지 권리가 행사되는 것으로 되어서 통상의 기술자나 기타 불특정다수의 일반 제3자에게 여러 가지 불이익한 영향을 주게 되는데, 이러한 경우에는 그 정정을 무효로 할 필요가 생긴다. 따라서 정정무효심판은 이러한 경우에 대비하기 위하여 만든 수단이다.

이 제도는 특허무효심판과 요건, 심리, 효과 등이 같다. 다만 특허무효심판은 특허권 자체에 하자가 있는 경우 그 특허권 자체를 그 성립시까지 소급하여 효력을 상실시키는 것인 반면에 정정무효심판은 특허권 자체에 대하여 무효를 주장하는 것이 아니라 정정심판에 의하여 정정된 부분에 대해서만 무효를 주장할 수 있다는 데에 차이가 있을 뿐이다.

(2) 정정의 무효사유

정정의 무효사유는 취소신청, 특허무효심판, 정정무효심판 또는 정정심판에서 특허발명의 명세서 또는 도면을 정정한 것이 다음의 어느 하나에 해당하는 경우이다(제137조 제1항).

1) 특허법 제136조 제1항 각호의 어느 하나에 위반된 경우

① 청구범위를 감축하는 경우

② 잘못 기재된 사항을 정정하는 경우

③ 분명하지 아니하게 기재된 사항을 명확하게 하는 경우

2) 특허법 제136조 제3항 내지 제5항에 위반되는 경우

① 특허발명의 명세서 또는 도면에 기재된 사항의 범위를 벗어난 경우(잘못 기재된 사항을 정정하는 경우는 출원서에 최초로 첨부한 명세서 또는 도면에 기재된 사항의 범위를 벗어난 경우)

② 명세서 또는 도면의 정정이 청구범위의 실질적 확장 또는 변경인 경우

③ 청구범위를 감축하는 경우나 잘못 기재된 사항을 정정하는 경우에 정정 후의

청구범위에 적혀 있는 사항이 특허출원을 하였을 때에 특허를 받을 수 없는 경우

대법원 2003.1.10. 선고 2002후1829 판결

[특허발명이 청구범위를 실질적으로 변경한 내용으로 정정된 특허발명을 당연무효라고 할 수 있는지 여부(소극)]

구 특허법(2001.2.3. 법률 제6411호로 개정되기 전의 것) 제137조 제1항은 특허발명의 명세서 또는 도면의 정정이 같은 법 제136조 제1항 내지 제3항의 규정에 위반된 경우에는 그 정정의 무효심판을 청구할 수 있다고 규정하고 있으므로, 가사 특허발명이 청구범위를 실질적으로 변경한 내용으로 정정된 것이라고 하더라도, 정정의 무효심판에서 그 위법여부를 다툴 수 있음은 별론으로 하고, 정정된 특허발명을 당연무효라고 할 수 없다.

(3) 정정무효심판의 당사자 및 청구기간

정정무효심판의 청구인은 이해관계인 및 심사관이며, 특허권자가 피청구인이 된다. 정정무효심판은 특허권 존속 중에는 물론 특허권이 소멸한 후에도 청구할 수 있다. 한편 정정 후 정정된 명세서 또는 도면에 의거해서 특허가 무효로 된 경우에는 청구할 수 없다. 정정무효심판이 청구된 경우 심판장은 정정무효심판의 청구서 부본을 피청구인에게 송달하며, 답변서 제출의 기회를 주어야 한다. 이때 정정무효심판의 피청구인은 제147조 제1항 답변서 제출기간(심판장이 답변서 제출기간 후에도 청구인이 증거를 제출하거나 새로운 무효사유를 주장함으로 인하여 정정의 청구를 허용할 필요가 있다고 인정하는 경우에는 기간을 정하여 정정청구를 하게 할 수 있는데 그 기간) 또는 제159조 의견 진술기간 동안 해당 절차안에서 정정할 수 있는 기회를 갖는다(제137조 제3항 · 제4항).

(4) 심리 · 심결 및 효과

정정무효심판은 심판관 3인의 합의체에서 이를 행하며, 서면심리 또는 구술심리로 할 수 있다. 정정무효심판은 당사자 대립구조를 지닌 심판으로서 심판의 참가가 인정된다.

심판관은 정정무효심판에 대한 청구가 인정되는 경우에는 정정무효심결을 하여야 하며, 그 청구가 인정되지 않는 경우에는 그 청구를 기각하는 심결을 하여야 한다. 정정을 무효로 한다는 심결이 확정된 때에는 그 특허발명의 명세서 또는 도면의 정정은 처음부터 없었던 것으로 본다. 다만 정정 후에 특허의 일부무효가 있는 경우에는 정정무효의 심결의 효력은 그 일부 무효된 것에 대하여는 미치지 않는다.

대법원 2014.2.27. 선고 2012후3404 판결

[상위개념을 하위개념으로 정정하였다고 하더라도 명세서 또는 도면에 기재된 사항의 범위를 벗어난 경우 신규사항추가로서 정정이 인정되지 않는다는 사례]

특허발명의 명세서 또는 도면의 정정은 그 명세서 또는 도면에 기재된 사항의 범위 이내에서 할 수 있다(특허법 제136조 제2항). 여기서 '명세서 또는 도면에 기재된 사항'이라 함은 거기에 명시적으로 기재되어 있는 것뿐만 아니라 기재되어 있지는 않지만 출원시의 기술상식으로 볼 때 그 발명이 속하는 기술분야에서 통상의 지식을 가진 사람(이하 '통상의 기술자'라 한다)이면 명시적으로 기재되어 있는 내용 자체로부터 그와 같은 기재가 있는 것과 마찬가지라고 명확하게 이해할 수 있는 사항을 포함하지만, 상위개념을 하위개념으로 정정하였다고 하더라도 그러한 사항의 범위를 넘는 신규사항을 추가하여 특허발명의 명세서 또는 도면을 정정하는 것은 허용될 수 없다.

대법원 2011.6.30. 선고 2011후620 판결

[1] 특허를 무효로 하는 심결이 확정되었음에도 불구하고 정정무효심판청구에 대한 기각심결의 취소를 구할 법률상의 이익이 존재하는지 여부(소극): 특허를 무효로 한다는 심결이 확정된 때에는 그 특허권은 처음부터 없었던 것으로 보게 되므로, 무효로 된 특허에 대한 정정의 무효를 구하는 심판은 그 정정의 대상이 없어지게 된 결과 정정 자체의 무효를 구할 이익도 없어진다고 할 것이다.

[2] 특허법 제136조 제8항에 의하여 정정심결이 확정된 경우 그 정정내용이 조약에 의한 우선권 주장의 기초가 된 발명의 내용 또는 신규성·진보성 판단에 제공되는 선행기술로서의 발명의 내용에 영향을 미칠 수 있는지 여부(소극): 특허법 제136조 제8항에 의하여 정정심결이 확정된 때에는 정정 후의 명세서 또는 도면에 의하여 특허출원되고 이후 이에 입각하여 특허권 설정등록까지의 절차가 이루어진 것으로 간주하는 것은 무효부분을 포함하는 특허를 본래 유효로 되어야 할 범위 내에서 존속시키기 위한 것이므로, 조약에 의한 우선권 주장의 기초가 된 최초의 출원서 또는 출원공개된 출원서에 첨부한 명세서 또는 도면에 기재된 사항이 그 후 정정되었다 하더라도, 그 정정내용이 조약에 의한 우선권 주장의 기초가 된 발명의 내용 또는 신규성·진보성 판단에 제공되는 선행기술로서의 발명의 내용에 영향을 미칠 수 없다. 따라서 이와 다른 전제에서 특허가 무효로 된 이후에도 여전히 그 정정의 무효심판을 청구할 이익이 있다는 상고이유의 주장은 받아들일 수 없다.

7. 통상실시권허락심판(제138조)

(1) 의의 및 취지

통상실시권허락심판이란 자신의 특허발명이 선출원된 타인의 권리(특허권, 실용신안권, 디자인권)와 이용·저촉관계에 있을 때, 타인의 특허발명(등록실용신안, 등록디자인)을 실시하지 아니하고는 자기의 특허발명을 실시할 수 없는 경우, 심판에 의해 그 타인의 권리를 실시할 수 있도록 하기 위한 제도이다.

특허권을 실시하는 데 있어서 특허발명 상호간에 이용관계가 있거나 타 권리와 저촉관계에 있게 될 때 이용·저촉관계의 특허권자는 타인의 선출원 권리자로부터 동의를 받지 않으면 자신의 특허발명을 업으로서 실시할 수 없고(제98조), 반대로 선출원 특허권자측도 후출원 특허권자의 동의를 받지 않으면 후출원의 특허권을 실시할 수 없다. 이러한 것들을 그대로 두면 이용발명을 사장시키는 것이 되고, 나아가 산업발전에도 기여치 못하게 된다. 이에 선출원자를 보호하면서 아울러 선행기술을 바탕으로 하여 기술 개발하는 자를 보호함으로써 기술개발촉진을 도모하고 당사자간의 이해를 조정하기 위하여 마련된 제도라 하겠다(제138조 제1항).

(2) 통상실권허락심판의 당사자

통상실시권허락심판의 청구인은 원칙적으로 저촉관계에 있는 후출원 특허권자 또는 이용발명의 특허권자이며, 피청구인은 선출원특허권자가 된다. 이 외에도 실용신안권자·디자인권자가 피청구인이 되는 경우도 있다. 한편 특허법 제138조 제3항은 이용발명의 특허권자에게 통상실시권을 허락한 때에는 선출원특허권자에게도 그 보상책으로 후출원의 이용발명에 대해 통상실시권허락심판을 청구할 수 있게 하고 있으며(제138조 제3항), 이 경우는 선출원의 특허권자가 청구인이 되며 이용발명의 특허권자(후출원특허권자)가 피청구인이 된다.

(3) 통상실시권허락심판의 요건

후출원의 특허권자 등이 자신의 특허발명을 실시함에 있어 선출원의 특허권 등을 이용하지 않으면 실시할 수 없을 때, 선출원의 특허권자에게 허락을 받으려고 하였으나 정당한 이유 없이 허락을 하지 아니하거나 실시허락을 받을 수 없는 경우이다(제138조 제1항). 이 경우에 후출원의 특허발명은 선출원의 특허발명 또는 등록실용신안에 비해 상당한 경제적 가치가 있는 중요한 기술적 진보가 있어야 한다(제138조 제2항). 즉 통상실시권허락심판청구가 적법한 것이 되기 위해서는 일반적인 심판요건 외에 다음과 같은 요건을 갖추어야 한다.

1) 이용·저촉관계가 있을 것

특허발명이 그 특허발명의 출원일 전에 출원된 타인의 특허발명·등록실용신안・등록디자인이나 그 디자인과 유사한 디자인을 이용하거나 특허권이 디자인권과 저촉관계가 있어야 한다. 이때 '이용'이란 타인의 특허발명 등을 실시하지 아니하고는 자기의 특허발명을 실시할 수 없는 관계에 있는 경우를 말하며, '저촉'이란 특허발명이 타인의 등록디자인의 내용과 동일한 것으로서 그 특허권이 디자인권과 그 권리간에 충돌하는 것을 말한다.

2) 정당한 이유 없이 실시허락을 아니하거나 실시허락을 받을 수 없을 것

'정당한 이유'란 제3자가 납득할 수 있을 정도의 충분하고 객관적인 이유를 말하며, '실시허락을 받을 수 없을 때'란 선출원의 특허권자・실용신안권자・디자인권자 또는 공유자의 동의를 받을 수 없거나 권리자의 주소가 불명하여 실시허락을 받을 수 없는 경우를 말한다. 이 심판은 당사자간에 협의가 성립되지 않는 경우에 한하여 청구할 수 있는 심판이므로 통상실시권허락을 받고자 하는 자는 특허청에 대하여 통상실시권허락심판을 청구하기 전에 먼저 선출원의 특허권자등과 통상실시권 허락에 관한 협의를 가져야 한다.

또한 '정당한 이유없이 허락하지 아니하는 경우'란 특별한 이유없이 협의에 불응하는 경우 이외에도 실시권의 허락에 따라 예상되는 독점적 이익의 감소보다 지나치게 많은 실시료를 요구함으로써 협의가 결렬되는 경우 등도 포함될 것이다. 이러한 협의절차를 거치지 아니한 통상실시권허락심판의 청구는 부적법한 청구로서 각하한다.

그리고 심판의 청구는 자기의 특허발명의 실시에 필요한 범위 안에서 구할 수 있는데, 이는 그 범위를 벗어나는 부분에 대하여까지 실시권을 요청하게 하는 것은 이용・저촉관계의 조정이라는 심판의 본래의 취지에 어긋나기 때문이다.

3) 상당한 경제적 가치가 있는 중요한 기술적 진보를 가져올 것

통상실시권허락심판의 남용을 방지하고 선출원인 기본발명의 특허권자 또는 실용신안권자를 보호가 위한 취지에서 통상실시권을 허락하기 위하여는 그 발명이 상당한 경제적 가치가 있어야 하며, 또한 그 특허발명은 타인의 특허발명・등록실용신안보다 상당히 중요한 기술적 진보를 가져오는 것이 아니면 안 된다. 다만 중요한 기술적 진보를 가져오는 것을 요건으로 하는 것은 그 특허발명이 타인의 특허발명・등록실용신안과 이용관계가 있는 발명일 경우에 한하며, 특허권이 타인의 디자인권과 이용・저촉관계가 있을 때는 그러하지 아니하다.

(4) 심판의 청구

1) 당사자

심판의 청구인은 타인의 특허발명 · 등록실용신안 · 등록디자인과 이용관계 또는 디자인권과 저촉관계에 있는 특허발명의 특허권자 · 전용실시권자 · 통상실시권자이다.

2) 청구기간

1980년 이전법에는 명시하였으나 현행법은 명시하고 있지 않다. 다만 특허권 설정등록일로부터 가능하다고 보겠으며, 해당 특허권자가 선출원인 기본발명의 특허권자 등과 협의를 할 수 없거나 협의가 성립되지 아니한 때에는 기본발명의 특허권이 존속중인 동안에는 언제든지 이 심판을 청구할 수 있으며, 선출원의 특허권이 소멸한 경우에는 청구할 수 없다.

3) 청구의 범위

통상실시권허락심판의 청구는 자기의 특허발명의 실시에 필요한 범위 안에서 청구할 수 있다.

통상실시권허락심판을 청구하고자 하는 자는 심판청구서에 기재하는 일반적 사항(제140조 제1항) 이외에 다음 사항도 기재하여야 한다(제140조 제4항).

① 실시를 요하는 자기의 특허의 번호 및 명칭

② 실시되어야 할 타인의 특허발명 · 등록실용신안 또는 등록디자인의 번호 · 명칭 및 특허 또는 등록의 연원일

③ 특허발명 · 등록실용신안 또는 등록디자인에 대한 통상실시권의 범위 · 기간 및 대가

(5) 심 리

통상실시권허락심판에 대한 심리는 구술심리 또는 서면심리로 할 수 있다. 심리에 있어 심판관은 그 특허발명이 타인의 선출원의 특허발명 등과 이용 · 저촉관계가 있는지, 선출원의 특허발명에 비하여 상당한 기술상의 진보가 있는지 여부를 판단하여야 하며, 통상실시권설정의 범위, 통상실시권허락에 따른 대가, 그 대가의 지불방법 · 지불시기에 대하여도 심리하여야 한다(제162조 제2항 4호).

(6) 심결 및 효과

통상실시권을 허락한다는 취지의 심결이 확정되면 강제 통상실시권이 발생한다.

심결로서 통상실시권을 허락하는 경우에는 그 실시범위 · 실시시간 · 방법 및 대가, 대가의 지불방법 · 지불시기 등을 구체적으로 명시하여야 한다.

통상실시권을 허락하는 심결이 있으면 통상실시권자는 심결에 의하여 정해진 범위 및 기간 내에서 자기의 특허발명을 업으로서 실시할 수 있다. 이 통상실시권은 심결이 확정된 때 그 실시권이 발생한 것으로 본다. 이 실시권은 재정에 의한 실시권과는 달리 심판에 의하여 인정되는 실시권이고, 또 그 심판에 대한 심결의 효력은 심결의 확정에 의하여 발생하므로 이 실시권도 심결이 확정된 때 발생하는 것이므로 보아야 한다. 따라서 심결에 불복하여 사건이 아직 심결취소소송에 계류 중인 경우에는 실시권은 발생하지 않는다.

통상실시권허락심판에 의하여 실시허락을 받은 통상실시권자는 특허권자 · 실용신안권자 · 디자인권자 또는 그 전용실시권자에 대해 대가를 지급하여야 한다(제138조 제4항). 대가의 액, 지급시기 및 지급방법은 심결에서 정한 바에 따라야 하며, 이때 대가만에 대하여 불복이 있을 때에는 심결문등본을 송달받은 날로부터 30일 내에 관할 법원에 소를 제기할 수 있다. 한편 통상실시권자는 대가를 지급하지 아니하거나 공탁을 하지 아니하면 실시할 수 없다(제138조 제5항).

통상실시권허락심판에 의한 실시권은 이를 등록하지 아니하여도 효력이 발생하며, 통상실시권을 등록한 때에는 그 등록 후에 특허권 · 전용실시권을 취득한 자에 대하여도 효력이 있다.

8. 부수적 심판

제척 · 기피심판(제152조 제1항), 참가심판(제156조 제3항), 증거보전심판(제157조), 심판비용심판(제165조), 심리 · 심결의 병합 또는 분리심판(제160조) 등은 부수적 심판이다. 부수적 심판은 위의 심판 자체만으로 독립해서 심판의 대상이 되지 못하고, 독립심판에 부수하거나 독립심판의 청구를 전제로 하여서만 가능하다.

1) '심판관의 제척'이란 해당 심판관에게 법정의 제척원인(제148조)[95]이 있기 때문에 법률상 당연히 직무집행을 할 수 없는 경우를 말한다.

2) '심판관의 기피'란 해당 심판관에게 제척원인 외에 심리의 공정을 기대하기 어려운 사정이 있는 때 당사자 또는 참가인의 신청에 의하여 심판관이 직무를 집행할 수 없는 경우를 말한다(제150조~ 제153조).

---

95) 대법원 1982.6.22. 선고 81후30 판결.

3) '심판관의 회피'란 심판관이 제척사유나 기피사유에 해당하는 경우에는 특허심판원장의 허가를 얻어 해당 사건에 대한 심판을 회피할 수 있다(제153조의2).

4) '심판의 참가'란 심판의 계속중에 그 심판에 제3자가 참가인으로서 관여하는 제도를 말한다. 즉 타인 사이의 심판이 계속중인 경우 그 심판결과에 이해관계를 가진 제3자는 당사자의 한쪽을 보조하기 위하여 심판에 참가할 수 있다(제155조제3항). 그러나 이는 당사자계 심판에 한한다.

5) 증거조사 및 증거보전에 관하여 특허법의 심판절차에 있어서는 민사소송법상 변론주의에 따른 제한 없이 신청에 의하여 또는 직권으로 할 수 있다(제157조).

제2장

특허취소신청

제1절 서 설

1. 의 의

특허취소신청이란 누구든지 특허권의 설정등록일부터 등록공고일 후 6개월이 되는 날까지 그 특허가 특허취소사유에 해당하는 경우 특허심판원에 그 특허권의 효력을 소급하여 소멸시켜 줄 것을 요구하는 신청을 말한다(제132조의2).

2. 취 지

기존에는 무효심판제도에서 특허권의 설정등록일부터 등록공고일 후 3개월 이내에는 누구든지 특허무효심판을 청구할 수 있도록 하여 부실한 특허를 조기에 무효로 할 수 있었다. 그러나 특허무효심판은 분쟁 당사자가 이용하는 제도로서 절차가 복잡하고 법원에 불복할 경우 소송절차도 당사자가 직접 수행하여야 하며, 비용에 대한 부담도 많아 제3자가 활용하기 어려운 단점이 있다. 이에 현행법은 특허무효심판제도에서 공중심사기능을 삭제하는 대신 특허취소신청제도를 마련하였다.

제2절 취소신청의 요건 및 절차

1. 취소신청의 당사자

누구든지 특허취소신청을 할 수 있다. 비법인 사단·재단이라도 대표자나 관리인이 정하여져 있는 경우에는 그 사단 또는 재단의 이름으로 특허취소신청을 할 수 있다(제4조). 공중심사기능을 담보하기 위해 취소신청인에 대한 제한을 두고 있지 않다.

2. 취소신청의 대상 및 기간

특허권의 설정등록일로부터 등록공고일 후 6개월이 되는 날까지 특허취소신청을 할 수 있다. 청구범위의 청구항이 둘 이상인 경우에는 청구항마다 특허취소신청을 할 수 있다(제132조의2 제1항).

3. 취소신청사유

(1) 원 칙

특허법은 제132조의2 제1항 각호에서 다음의 특허취소신청사유를 규정하고 있다.

① 제29조(특허요건)(같은 조 제1항 1호에 해당하는 경우와 같은 호에 해당하는 발명에 의하여 쉽게 발명할 수 있는 경우는 제외한다)에 위반된 경우

② 제36조 제1항부터 제3항(선출원주의)까지의 규정에 위반된 경우

다만, 법 제29조 제1항 1호의 특허출원 전 국내 또는 국외에서 공지되었거나 공연히 실시된 발명에 해당되어 신규성에 위반되거나, 특허출원 전 국내 또는 국외에서 공지되었거나 공연히 실시된 발명에 의하여 쉽게 발명할 수 있어 진보성에 위반된 경우는 제외한다. 공지 또는 공연실시되었다는 것에 대한 증명과 심리에 상당한 시간이 소요될 수밖에 없는데, 이는 조기에 신속하게 등록특허를 검토한다는 취소신청제도에 부합하지 않기 때문이다.

(2) 예 외

특허공보에 게재된 심사관이 검토한 선행기술에 기초한 이유로는 특허취소신청

을 할 수 없다(제132조의2 제2항). 이는 특허취소신청제도가 심사관이 특허등록 전 검토하지 못한 선행기술로 인해 부실특허가 발생되는 것을 방지하기 위함이기 때문이다.

4. 취소신청의 절차

특허취소신청을 하려는 자는 다음의 사항을 적은 특허취소신청서를 특허심판원장에게 제출하여야 한다(제132조의4 제1항).

① 신청인의 성명 및 주소(법인인 경우에는 그 명칭 및 영업소의 소재지)

② 대리인이 있는 경우에는 그 대리인의 성명 및 주소나 영업소의 소재지[대리인이 특허법인·특허법인(유한)인 경우에는 그 명칭, 사무소의 소재지 및 지정된 변리사의 성명]

③ 특허취소신청의 대상이 되는 특허의 표시

④ 특허취소신청의 이유 및 증거의 표시

특허취소신청서의 보정은 그 요지를 변경할 수 없다. 다만, 취소신청기간(그 기간 중 심판장의 특허의 취소이유 통지가 있는 경우에는 통지한 때까지로 한정한다)에 특허취소신청의 이유 및 증거의 표시를 보정하는 경우에는 그러하지 아니하다(제132조의4 제2항).

심판장은 특허취소신청이 있으면 그 신청서의 부본을 특허권자에게 송달하여야 한다(제132조의4 제3항). 다만, 절차의 간소화를 위해 특허무효심판의 절차와 같이 즉시 특허권자에게 답변서 등을 제출토록 하지 않는다. 또한, 심판장은 특허취소신청이 있으면 그 사실을 해당 특허권의 전용실시권자나 그 밖에 그 특허에 관하여 등록을 한 권리를 가지는 자에게 알려야 한다(제132조의4 제4항). 이는 이해관계가 있는 등록된 권리자에게 특허권자 측에 보조참가(제132조의9)의 기회를 주기 위해서이다.

제 3 절 취소신청의 심리

1. 방식심리

심판장은 다음의 어느 하나에 해당하는 경우에는 기간을 정하여 그 보정을 명하여야 한다(제132조의5 제1항).

① 특허취소신청서가 기재방식에 위반된 경우(단, 특허취소신청의 이유 및 증거의

표시는 제외한다)

② 행위능력없는 자가 절차를 밟거나(제3조 제1항) 대리권의 범위(제6조)를 위반한 경우

③ 이 법 또는 이 법에 따른 명령으로 정하는 방식을 위반된 경우

④ 내야 할 수수료를 내지 아니한 경우(제82조)

심판장은 보정명령을 받은 자가 지정된 기간에 보정을 하지 아니하거나 보정한 사항이 요지변경인 경우에는 특허취소신청서 또는 해당 절차와 관련된 청구 또는 신청 등을 결정으로 각하하여야 한다. 이 때 각하결정은 서면으로 하여야 하며, 그 이유를 붙여야 한다(제132조의5 제2항 · 제3항).

2. 적법성 심리

심판관합의체는 부적법한 특허취소신청으로서 그 흠을 보정할 수 없을 때(예를 들어, 대상 특허가 없는 경우)에는 특허권자에게 특허취소신청서의 부본을 송달하지 아니하고, 결정으로 그 특허취소신청을 각하할 수 있다. 이 각하결정에 대해서는 불복할 수 없다(제132조의6).

3. 본안심리

(1) 심판관 합의체

특허취소신청은 3명 또는 5명의 심판관으로 구성되는 합의체가 심리하여 결정한다(제132조의7 제1항). 심판관합의체 및 이를 구성하는 심판관에 관하여는 심판관, 심판장의 자격 및 지정(제143조~제145조), 심판관합의체의 합의(제146조 제2항 · 제3항), 심판관의 제척, 기피 및 회피(제148조~제153조의2)에 관한 규정을 준용한다(제132조의7 제2항). 이 경우 심판관의 제척 중 제148조 제6호의 전심관여는 "심판관이 사건에 대하여 심사관 또는 심판관으로서 특허여부결정 또는 특허취소결정에 관여한 경우"를 말한다.

(2) 심리의 개시 및 서면심리

특허취소신청에 관한 심리는 특허취소신청 기간이 지난 후에 개시된다. 다만, 특허취소신청 기간이 지나기 전이라도, 특허권자가 서면으로 심리개시를 신청한 경우에는 심리를 개시할 수 있다. 특허취소신청에 관한 심리는 서면으로 한다. 공유인 특허권의 특허권자 중 1인에게 특허취소신청절차의 중단 또는 중지의 원인이 있으면 모두에게 그 효력이 발생한다(제132조의8). 구술심리 또는 서면심리를 선택하는

특허무효심판과 달리 특허취소신청의 심리를 서면으로 하도록 하는 것은 절차를 간소화하여 신속한 결정을 내릴 수 있도록 할 뿐만 아니라 신청인의 부담도 가볍게 하여 공중의 심사기능을 강화하기 위함이다.

(3) 직권심리

심판관은 특허취소신청에 관하여 특허취소신청인, 특허권자 또는 참가인이 제출하지 아니한 이유에 대해서도 심리할 수 있다. 심판관은 특허취소신청에 관하여 특허취소신청인이 신청하지 아니한 청구항에 대해서는 심리할 수 없다(제132조의10).

(4) 병합심리

심판관 합의체는 하나의 특허권에 관한 둘 이상의 특허취소신청에 대해서는 특별한 사정이 있는 경우를 제외하고는 그 심리를 병합하여 결정하여야 한다(제132조의11 제1항). 병합심리에 대해 재량권이 인정되는 특허무효심판과 달리 특허취소신청은 특허취소신청기간이 만료된 후 복수의 특허취소신청을 일괄 병합하여 심리를 진행하고 있다. 심판관 합의체는 특허취소신청의 심리에 필요하다고 인정하는 경우에는 병합된 심리를 분리할 수 있다(제132조의11 제2항).

제 4 절 결정(취소신청의 효과)

1. 결정내용

심판관 합의체는 특허취소신청이 이유 있다고 인정되는 때에는 그 특허를 취소한다는 취지의 결정(이하 "특허취소결정"이라 한다)을 하여야 한다. 심판장은 특허취소결정을 하려는 때에는 특허권자 및 참가인에게 특허의 취소이유를 통지하고 기간을 정하여 의견서를 제출할 기회를 주어야 한다(제132조의13 제1항 · 제2항). 특허취소신청이 심사를 거쳐 등록된 초기단계에 공중의 심사기능을 활용하기 위한 제도라는 점에서 심사주체인 특허청이 우선 검토하도록 하고, 특허취소의 이유가 있다고 인정될 경우에 한하여 특허권자가 자신의 권리를 위해서 정정청구(제132조의3)나 의견서로 대응할 수 있도록 하고 있다.

심판관 합의체는 특허취소신청이 특허취소사유(제132조의2 제1항 각호)에 해당하지 아니하거나 등록공고의 특허공보에 게재된 심사관이 검토한 선행기술에 기초한 이유로 특허취소신청을 한 것으로 인정되는 경우에는 결정으로 그 특허취소신청을 기각하여야 한다(제132조의13 제4항).

2. 결정방식 및 등본의 송달

특허취소신청에 대한 결정은 다음의 사항을 적은 서면으로 하여야 하며, 결정을 한 심판관은 그 서면에 기명날인하여야 한다(제132조의14 제1항).

① 특허취소신청사건의 번호

② 특허취소신청인, 특허권자 및 참가인의 성명 및 주소(법인인 경우에는 그 명칭 및 영업소의 소재지)

③ 대리인이 있는 경우에는 그 대리인의 성명 및 주소나 영업소의 소재지[대리인이 특허법인·특허법인(유한)인 경우에는 그 명칭, 사무소의 소재지 및 지정된 변리사의 성명]

④ 결정에 관련된 특허의 표시

⑤ 결정의 결론 및 이유

⑥ 결정연월일

심판장은 특허취소신청에 대한 결정이 있는 때에는 그 결정의 등본을 특허취소신청인, 특허권자, 참가인 및 그 특허취소신청에 대한 심리에 참가를 신청하였으나 그 신청이 거부된 자에게 송달하여야 한다(제132조의14 제2항).

3. 결정에 대한 불복

심판장의 특허취소신청서 각하결정이나 심판관 합의체의 특허취소신청에 대한 특허취소결정에 대해서는 특허청장을 피고로 하여 특허법원에 불복할 수 있으나, 심판관 합의체의 특허취소신청 각하결정이나 기각결정에 대해서는 불복할 수 없다(제132조의13 제5항, 제186조 제1항, 제187조).

4. 결정확정의 효과

(1) 취소결정

특허취소결정이 확정된 때에는 그 특허권은 처음부터 없었던 것으로 본다(제132조의13 제1항·제3항). 보상금청구권도 처음부터 발생하지 아니한 것으로 보며(제65조 제6항 3호), 전용실시권 등 특허권에 부수하는 모든 권리도 소멸하게 된다.

(2) 기각결정

기각결정이 확정된 경우에 특허권은 유지된다. 특허취소신청과 특허무효심판은 일사부재리가 적용되지 않기 때문에 기각결정은 받은 특허취소신청인은 특허무효심판을 통해 다시 다툴 수 있다.

제3장

재 심

제1절 서 설

1. 의 의

재심이란 원래 민사소송법상의 개념으로 확정된 종국판결에 재심사유에 해당하는 중대한 하자가 있는 경우에 그 판결의 취소와 사건의 재심판을 구하는 비상의 불복신청방법으로, 이 제도를 특허법에도 도입한 것이다. 즉 확정된 특허취소결정 또는 확정된 심결에 재심 사유에 해당하는 중대한 하자가 있는 경우에 그 심결 등의 취소(파기)와 사건의 재심판을 구하는 비상의 불복신청의 방법을 말한다.

2. 취 지

심결 등이 확정된 후에 단순히 그 판단이 부당하다거나 새로운 증거가 발견되었다는 이유로 모두 재심을 청구한다면 법적 안정성을 해칠 수 있다. 그러나 중대한 하자가 있음에도 불구하고도 그냥 둔다면 심결 등의 신뢰성이 없어질 수 있으며, 또 사회공평성, 당사자 권리의 구제에도 문제가 발생할 수도 있으므로 이를 시정키 위해 재심을 허용하고 있다. 따라서 특허법 제178조 제1항은 "당사자는 확정된 특허취소결정 또는 확정된 심결에 대하여 재심을 청구할 수 있다"고 규정하고 있다. 여기서 "확정된 심결"이란 심판의 확정심결만을 말하는 것이 아니라 재심의 확정심결도 포함하는 것이다.

이러한 재심은 확정된 심결 등을 취소시키고 다시 심판을 구한다는 점에서 소송법상 형성의 소이며, 심판의 형식을 취하면서 일단 종결된 심판에 대하여 재결을 구한다는 점에서 부수적 심판이다.

대법원 1995.2.14. 선고 93재다27,34 전원합의체 판결

[재심의 목적]

재심이란 확정된 종국판결에 재심사유에 해당하는 중대한 하자가 있는 경우에 그 판결의 취소와 이미 종결된 소송을 부활시켜 재심판을 구하는 비상의 불복신청방법으로서 확정된 종국판결이 갖는 기판력, 형성력, 집행력 등 판결의 효력의 배제를 주된 목적으로 하는 것이다.

제 2 절 재심의 요건 및 절차

1. 재심사유

민사소송법 제451조 제1항은 11가지의 재심사유를 열거하고 있다. 특허법 역시 이 규정을 준용하고 있다.

(1) 일반 재심사유(제178조 제2항)

재심(再審)의 사유는 민사소송법 제451조와 제453조의 규정을 준용한다(제178조 제2항)고 하였으므로 이 규정을 특허법의 재심에 준용(準用)해 보면 다음과 같다.

1) 특허법 제146조 제1항(법률)에 규정한 심판의 합의체를 구성하지 아니한 때, 예를 들면 심판관의 정족수를 갖추지 못한 심판부를 구성한 경우, 심리에 관여하지 아니한 심판관이 심결을 한 경우 등이다.

2) 특허법상 그 특허취소결정 또는 심결에 관여할 수 없는 심판관이 관여한 경우.[1] 예를 들면 제척・기피 원인이 있는 심판관이 심결에 관여한 경우 등이다.

3) 대리인이 출원・심사・심판절차에서의 대리행위를 하는 데에 필요한 권한의 수여에 흠이 있는 경우. 다만 당사자나 법정대리인의 추인이 있는 경우에는 예외

1) 대법원 1997.6.27. 선고 97후235 판결.

로 한다.

4) 심판에 관여한 심판관이 그 사건에 관하여 직무에 관한 죄를 범한 경우, 예를 들면 수뢰죄 등이다.

5) 형사상 처벌을 받을 다른 사람의 행위로 말미암아 자백을 하였거나 특허취소결정 또는 심결에 영향을 미칠 공격 또는 방어방법의 제출에 방해를 받은 경우. 예를 들면 형법상의 협박 또는 강요된 행위에 의한 경우 등이다.

6) 특허취소결정 또는 심결의 증거가 된 문서나 그 밖의 물건이 위조 또는 변조된 것인 경우.

7) 증인 · 감정인 · 통역인의 거짓 진술 또는 당사자신문에 따른 당사자나 법정대리인의 거짓 진술이 특허취소결정 또는 심결의 증거가 된 경우

8) 특허취소결정 또는 심결의 기초로 된 민사 또는 형사의 판결이나 그 밖의 재판 또는 행정처분이 다른 재판 또는 행정처분에 따라 바뀐 경우

9) 특허취소결정 또는 심결에 영향을 미칠 중요한 사항에 관하여 판단을 누락한 경우

10) 특허취소결정 또는 심결이 전의 확정심결과 저촉되는 경우

11) 당사자가 상대방의 주소 또는 거소를 알고 있었음에도 있는 곳을 잘 모른다고 하거나 주소나 거소를 거짓으로 하여 소를 제기한 경우

단, 위의 4) 내지 7)에 해당됨을 이유로 하는 재심은 처벌받을 행위에 대하여 유죄의 판결이나 과태료의 판결이 확정한 때 또는 증거흠결 이외의 이유로 유죄의 확정판결이나 과태료의 확정판결을 할 수 없을 때에 한하여 재심을 청구할 수 있다(민사소송법 제451조 제2항).

또 재심은 위 재심사유를 상소로써 주장할 수 없었던 경우에 한하여 청구할 수 있다. 따라서 당사자가 재심사유에 해당하는 사실을 상소(통상의 불복절차)로서 주장하였으나 기각되었거나, 이를 알면서도 상소로서 주장하지 아니한 경우에는 같은 사유로 재심을 청구할 수 없다(민사소송법 제451조 제1항 단서).

재심관할법원에 관한 민사소송법 제453조의 규정을 특허법에 적용하면 재심은 재심을 청구할 심결을 한 기관의 전속관할이므로 확정된 특허심판의 심결에 대한 재심청구는 특허심판원에 하여야 한다.

대법원 2001.10.12. 선고 2001재후24 판결

[재심사유]

제1항 발명의 구성에 관한 사실오인 및 제3항 발명에 관한 사실오인 주장에 대하여 재심대상판결 이유에 의하면, 제1항 발명과 인용발명 3의 구성을 대비하여 그 판시와 같은 이유로 양자의 구성은 실질적으로 동일하다고 본 원심의 판단이 정당하다고 설시하고 있고, 제3항 발명의 대상을 '염기성제제'의 제조방법이라고 보고 판단을 한 것이지 이를 '염'자체의 제조방법으로 보고 판단한 것은 아니므로, 결국 이 부분 재심청구이유는 재심대상판결의 사실인정과 판단내용이 부당하다고 다투는 것에 지나지 아니한 바, 이는 앞에서 본 바와 같이 재심사유인 판단누락에 해당하지 않는다고 할 것이다.

대법원 1972.3.28. 선고 71후32 판결

[재심의 보충성]

특허법(1973년 2월 8일 전부개정되기 전의 것을 말함, 이하 같음) 제129조 제5항이 적용을 배제한 동조 제1항, 제3항은 재심청구기간에 관한 규정이고 특허법 제131조에 의하여 다시 준용되는 민사소송법(2002년 1월 26일 전부개정되기 전의 것을 말함) 제422조 제1항의 당사자가 재심사유를 알고 이를 주장하지 아니한 때에는 예외로 한다(현행 민사소송법 제451조 제1항도 같은 취지임) 함은 재심사유로 삼을 수 없다는 뜻이라 할 것이며 이는 상소를 하여 주장하지 아니한 경우는 물론 이 사유를 알고도 상소를 하지 아니하여 주장을 하지 아니한 경우도 재심사유로 삼을 수 없다는 것(이다)

(2) 사해심결에 관한 재심사유(제179조)

심판의 당사자가 제3자의 권리 또는 이익을 사해하기 위하여 공모함으로써 심결이 이루어져 확정된 경우 그 제3자는 부당하게 자신의 권리 또는 이익이 침해당하므로 이를 구제하기 위한 수단으로서 확정된 사해심결에 대하여 재심을 청구할 수 있도록 하고 있다(제179조 제1항). 즉 특허법 제179조 제1항은 확정된 사해심결에 대하여 제3자가 재심을 청구할 수 있도록 한 규정이다. 확정된 사해심결에 대한 재심의 청구도 재심의 일종이므로 재심의 관할, 청구의 기간 등도 일반적인 재심과 다를 바 없다.

다만, 확정된 사해심결에 대한 재심은 제3자의 권리 또는 이익의 침해를 구제하기 위한 것이므로 그 제3자가 청구인이 된다. 예를 들면, 특허권자 갑이 그의 특허권에 관하여 을에게 질권을 설정하고, 그 후 병이 무효심판을 청구하였을 때, 특허권자 갑이 병과 공모하여 진술 또는 자료로써 심판관을 기망하여 특허를 무효로 하는 취지의 심결을 얻어 확정되었을 경우, 이는 질권자 을의 이익에 해가 되므로 을에게 재심의 청구를 할 수 있도록 하는 것이다.

2. 청구의 당사자

재심 청구인은 재심의 대상으로 하는 심판이나 재판의 패소자가 되고 피청구인은 승소자가 된다. 그리고 심판의 당사자가 공모하여 제3자의 권리나 이익을 해할 목적으로 심결을 하게 한 때에는 제3자는 그 확정된 심결에 대하여 재심을 청구할 수 있다.

(1) 일반재심의 당사자

민사소송법상 재심은 확정판결을 취소하고 그 기판력을 배제할 것을 구하는 것이므로, 확정판결의 기판력에 의하여 불이익을 받는 자가 재심을 청구할 수 있고, 구체적으로는 민사소송법 제218조에 의하여 확정판결의 효력을 받는 자, 즉 당사자, 변론종결 후의 승계인 또는 그를 위하여 청구의 목적물을 소지한 자 등이 청구할 수 있다.

그러나 특허법에서는 원칙적으로 확정된 취소결정 또는 확정된 심결의 당사자가 청구할 수 있는 것으로 규정되어 있고, 따라서 결정계 심판의 확정심결에 대한 재심청구인은 해당 심판의 청구인 또는 그 승계인만이 재심의 당사자가 되며, 당사자계 심판의 확정심결에 대한 재심청구에 있어서는 해당 심판의 청구인 또는 피청구인 및 그 승계인이 재심의 청구인이 되고, 각각의 상대방이 재심의 피청구인이 된다. 한편, 확정된 취소결정에 대한 재심청구에 있어서는 특허권자가 재심청구인이 된다.

(2) 사해심결의 당사자

사해심결은 심판의 당사자가 공모함으로써 이루어진 것이므로 그 재심은 제3자가 재심의 청구인이 되고, 심판의 당사자를 공동피청구인으로 하도록 한 것이다(제179조 제2항).

3. 재심의 청구기간

재심은 당사자가 특허취소결정 또는 심결확정 후 재심의 사유를 안 날로부터 30일 이내에 청구해야 한다(제180조 제1항). 재심사유가 확정 후에 발생한 경우에는 그 사유가 발생한 날로부터 기간이 기산된다. 대리권의 흠을 이유로 하여 재심을 청구하는 경우에는 위 30일의 기간은 청구인 또는 법정대리인이 특허취소결정 또는 심결등본의 송달에 의하여 특허취소결정 또는 심결이 있는 것을 안 날의 다음날부터 기산한다(제180조 제2항).

한편 심결이 확정된 날로부터 3년이 경과한 때에는 법적 안정성의 견지에서 재심을 청구할 수 없다(제180조 제3항). 단 재심의 사유가 심결확정 후에 생긴 때에는 위의 3년의 기산일은 그 사유가 발생한 날의 다음 날부터 이를 기산한다(제180조 제4항). 그러나 해당 심결 이전에 행하여진 확정심결과 저촉한다는 이유로 재심을 청구하는 경우에는 기간의 제한이 없다(제180조 제5항).

대법원 1987.7.21. 선고 87후55 판결
[재심청구기간의 기산일]

심결이 대리인에게 송달되었을 때에는 그 대리인은 특별한 사정이 없는 한 그 송달을 받을 당시에 그 심결을 판단누락이 있는 여부를 알았다고 할 것이고, 그 대리인이 판단누락 유무를 안 경우에는 특별한 사정이 없는 한 당사자도 그 판단누락의 유무를 알았던 것이라고 보아야 할 것이므로 확정심결에 대하여 판단누락이 있음을 이유로 한 재심청구의 제기기간은 대리인이 판결의 송달을 받은 때에 안 것으로 계산하여야 한다.[2)]

---

2) [재심청구기간]

- 심결에 판단누락이 있는 이유는 당사자가 그 심결이 대리인에게 송달된 때 알았다고 볼 것이다(대법원 1968.11.26. 선고 67후37 판결).
- 심결이 대리인에게 송달되었을 때에는 그 대리인은 특별한 사정이 없는 한 그 송달을 받을 당시에 그 심결에 판단누락이 있는 여부를 알았다고 할 것이고, 그 대리인이 판단누락 유무를 안 경우에는 특별한 사정이 없는 한 당사자도 그 판단누락의 유무를 알았던 것이라고 보아야 할 것이다(대법원 1982.8.24.자 선고 81사11 결정).
- 판단누락과 같은 재심사유는 심결 이유를 읽어봄으로써 쉽게 알 수 있는 것이므로 당사자는 특별한 사정이 없는 한 심결 정본의 송달에 의하여 이를 알은 것이라고 봄이 상당하다(대법원 1985.10.22. 선고 84후68 판결).
- 특허법 제180조 제1항에 의하면, 재심은 당사자가 심결확정 후 재심의 사유를 안 날로부터 30일 이내에 청구하여야 한다고 규정하고 있고, 같은 조 제3항에 의하면, 심결확정 후 3년을 경과한 때에는 재심을 청구할 수 없다고 규정하고 있는바, 원고가 이 사건 재심대상 심결(90항당18)의 등본을 심결일인 1991.7.25.로부터 약 12주일 후에 송달받았음을 자인하고 있으므로 특별한 사정이 없는 한 원고는 이 당시에 이 사건 소에서 주장하는 재심사유인 재심대상 심결의 판단누락을 알았다고 볼 것이고, 또 갑 제4, 8호증의 각 기재에 의하면, 이 사건 재심대상 심결에 대한 상고심 판결(91후1229)이 1992.1.21. 선고된 사실을 인정할 수 있어 그 때 재심대상 심결이 확정되었다 할 것이므로, 이 사건 재심의 소는 원고가 재심사유를 안 날 이후로서 위 상고심 판결 선고일로부터 30일의 재심제기기간이 훨씬 경과한 후인 1997.7.5. 제기되었음이 기록상 분명할 뿐더러 재심대상 심결확정 후 3년의 제척기간이 경과한 후에 제기되었으니 어느 모로 보나 부적법하다

대법원 2001.10.12. 선고 99후1737 판결

[재심청구기간]

특허법 제180조 제5항의 1에 규정된 '당해심결 이전에 행하여진 확정심결과 저촉되는 이유'라 함은 동일 당사자간의 같은 내용의 사건에 관하여 저촉되는 확정심결이 있는 경우를 말하는 것인바(대법원 1998.3.24. 선고 97다32833 판결 참조), 이 사건 재심의 대상심결은 그 심결 전에 확정된 특허청 심판소 88당797호 심결과는 동일한 당사자간의 심결사건이 아니고, 그 내용도 동일하지 아니하여 확정심결과 저촉되는 때에 해당하지 아니하므로, 재심 제기의 기간 제한을 받지 아니한다고 볼 수는 없으니 같은 전제에서 이 사건 재심청구를 각하한 원심의 처리는 원고(재심원고)만이 상고한 이 사건에서 결과적으로 정당하다.

4. 재심의 관할

민사소송법 제453조 제1항은 "재심은 재심을 제기할 판결을 한 법원의 전속관할로 한다"라고 규정하여, 재심의 청구는 이를 재심사유가 발생한 심급에 맞추어 청구하여야 한다. 즉 재심은 재심을 제기할 심·판결을 한 심급의 전속관할이다(제178조). 따라서 재심사유가 심판 또는 특허소송절차에서 발생한 경우에는 각각 특허심판원 또는 특허법원에 재심을 청구하여야 하며, 재심사유가 상고심에 있다면 대법원에 재심을 청구하여야 한다.

대법원 1982.12.14. 선고 81후53 판결

[재심의 관할]

재심사유가 대법원 판결에 있다면 재심의 소는 대법원 판결을 재심대상 판결로 하여 민사소송법 제424조 제1항에 의하여 그 전속관할법원인 대법원에 제기하였어야 옳

할 것이다(특허법원 1998.6.18. 선고 98재허10 판결).

- 구 상표법(1990.1.13. 법률 제4210호로 전문 개정되기 전의 것, 이하 같다) 제55조에 의하여 준용되는 구 특허법(1990.1.13. 법률 제4207호로 전문 개정되기 전의 것) 제137조 제1항은 심결확정 후 재심의 사유를 안 날로부터 30일 이내에 재심을 청구하여야 한다고 규정하고, 같은 조 제3항은 심결확정 후 3년을 경과한 때에는 재심을 청구할 수 없도록 규정하고 있다. 그런데 갑 제2호증 및 을 제1호증의 각 기재에 의하면 이건 재심대상 심결은 1993.3.3. 확정되고 원고는 늦어도 1997.6.11.경 원고가 주장하는 재심사유를 알고 있었던 사실을 인정할 수 있는바, 심결확정 후 3년이 경과한 1996.3.3. 이 건 재심청구기간이 도과하였다 할 것이므로(재심의 사유를 안 날로부터 30일이 경과한 날은 그보다 뒤이다) 1997.8.18. 청구된 이건 재심청구는 부적법함이 명백하다. 그렇다면 재심사유의 존부에 관한 판단을 하기에 앞서 이건 재심청구가 재심청구기간을 도과하여 부적법하다는 이유로 각하하였어야 함에도 불구하고 이를 간과하고 재심사유의 존부에 관하여 판단하여 재심청구를 기각한 이 건 심결은 그 자체로 위법하다(특허법원 1998.8.20. 선고 98허4036 판결).

다. 그러함에도 불구하고 대법원 판결을 재심대상으로 하여 대법원에 소를 제기하지 아니하고 대법원 판결에 재심사유가 있음을 이유로 재심대상으로 삼을 수 없는 원심 심결을 재심대상으로 하여 원심에 한 재심청구는 부적법하여 각하하여야 옳다.

재심관할법원에 관한 민사소송법 제453조의 규정을 특허법 제178조 제2항에서 준용하기 때문에 특허심판의 심결 등에 대한 재심청구는 특허심판원에 하여야 한다. 만약 관할을 잘못하여 청구된 재심사건에 대하여는 관할심급에 이송함이 타당하다 할 것이다.[3]

5. 재심의 절차

재심은 확정된 특허취소결정이나 확정된 심결의 당사자가 청구하고, 피청구인은 승소자가 된다. 그러므로 특허취소신청 또는 심판에 대한 재심의 절차는 그 성질에 반하지 아니하는 범위에서 특허취소신청 또는 심판의 절차에 관한 규정을 준용하도록 하고 있다(제184조). 즉 재심을 청구하고자 하는 자는 법령이 정하는 필요적 사항을 기재한 재심청구서를 특허심판원장에게 제출하여야 하며, 특허심판원장은 재심청구가 있을 때에는 심판관을 지정하여야 한다. 재심을 심리함에 있어서는 먼저 재심청구가 적법한지 여부(당사자, 재심청구기간, 방식요건 등)를 심리하고, 그 후 본안심리를 하게 된다. 재심의 심리방식 및 절차는 재심의 대상이 되는 심판의 종류에 따라 통상의 심판의 경우와 같이 심리한다.

---

3) [재심의 관할]
- 특허법 제178조, 민사소송법 제453조 등에 의하면 당사자는 확정된 심결에 대하여 재심을 청구할 수 있고 재심은 재심을 제기할 심결을 한 심판소의 전속관할에 속하므로, 재심 대상인 항고심 심결의 관할 심판소인 특허청 항고심판소에 제기하여야 할 재심의 소를 대법원에 잘못 기재한 경우, 특허법 제8장 재심에 관한 규정에는 민사소송법 제34조가 준용되어 있지 않을 뿐 아니라, 특허법상의 심판제도는 대법원의 최종심을 전제로 행정관청이 그 전심으로서 특허상의 쟁송을 심리 결정하는 제도로서 특허청 심판소는 외연상은 특허사건에 관한 특별법원에 해당하는 것처럼 보이지만 그 기관의 조직 및 심판의 성질상 어디까지나 행정부에 속하는 행정기관이라 할 것이므로 법원간의 이송을 전제로 한 민사소송법상의 이송규정을 유추 적용할 수도 없어 결국 그 재심의 소는 부적법하여 각하를 면치 못한다(대법원 1994.10.21. 선고 94재후57 판결).
- 대법원 판결에 재심사유 있음을 이유로 재심 대상으로 삼을 수 없는 원심 심결을 재심대상으로 하여 원심에 한 이 사건 재심청구는 부적법하여 각하하였어야 할 것이다(대법원 1996.10.25. 선고 96다30229 판결).

제 3 절 재심의 심리

재심청구가 있을 때에는 그 재심청구서가 형식적인 기재요건 등 법령이 정한 방식에 적합하고 소정의 수수료를 납부하였는지 여부를 심사하고, 재심청구의 요건을 구비하였는지를 심리한 후, 본안심리에 들어간다. 물론 경우에 따라서는 본안심리에 들어가지 않고 결정 또는 심결로 각하한다. 그리고 재심은 그 대상인 심판의 종류와 심급절차에 준하여 심리한다.

재심의 청구는 확정된 취소결정 또는 확정된 심결에 대해 그 취소와 함께 그 확정된 취소결정 또는 확정된 심결을 대신할 만한 결정 또는 심결을 구하는 복합적인 성격의 것이다. 즉 특허무효의 심결에 대한 재심에 있어서는 특허무효의 심판과 같은 심리를 하고 거절심결에 대한 재심에 있어서는 거절결정 불복심판과 같은 심리를 해야 한다. 그러므로 이에 관한 특허취소신청 또는 심판절차도 각 해당 특허취소신청 또는 심판의 절차에 관한 규정을 준용한다. 다만 재심에 관하여 특별한 규정이 있는 경우는 예외이다(제184조).

재심의 심리는 재심청구이유의 범위 내에서 하여야 한다(제185조, 민사소송법 제459조 제1항). 따라서 심판관은 당사자가 주장한 사항에 대해서만 심리하여야 하며, 그 외 청구인이 주장하지 아니한 재심사유에 대해서는 이를 심리할 수가 없는 등 직권심리가 배제된다(제185조, 민사소송법 제459조 제1항). 그러나 재심은 전심판에 이어서 심판을 계속하는 것이므로 당사자는 재심청구이유의 범위 내에서는 종전의 주장에 이어 새로운 공격방법의 제출이나 새로운 증거의 제출이 가능하며, 심판관도 적극적으로 자료를 수집할 수 있다.[4)]

민사소송절차에서는 재심의 이유를 변경할 수 있다고 규정(민사소송법 제459조 제2항)하고 있고 판례도 재심의 이유는 추가변경할 수 있다고 판시하고 있다. 그러나 특허법 제185조에서는 민사소송법 제459조 제2항을 준용하고 있지 않기 때문에 특허심판에서는 재심이유의 추가 변경은 인정되지 않는다.

---

4) 대법원 2001.6.15. 선고 2000두2952 판결.

제 4 절 심결(재심의 효과)

심리한 결과 재심을 할 이유가 없을 때에는 재심청구를 기각결정 또는 심결을 한다. 재심청구가 이유가 있을 때에는 원특허취소결정 또는 원심결을 취소하고 확정된 특허취소결정 또는 확정된 심결과 같은 결론을 유지할 수 있는지 여부를 심리하며, 확정된 특허취소결정 또는 확정된 심결을 유지할 수 없을 때에는 새로운 특허취소신청에 대한 기각결정 또는 심결을 하여야 하고, 확정된 특허취소결정 또는 확정된 심결을 유지할 수 있을 때에는 원특허취소결정 또는 원심결과 같은 내용의 심결을 한다. 즉 재심사유가 있다고 인정되는 이상 재심의 대상이 되는 원특허취소결정 또는 심결을 파기하고 다시 특허취소신청에 대한 결정 또는 심판의 심결을 하여야 하며, 원특허취소결정 또는 심결의 결과가 정당하더라도 바로 재심청구를 기각하는 취지의 결정 또는 심결을 하여서는 안 된다.

제 5 절 재심에 의해 회복한 특허권의 효력

재심에 의해 회복한 특허권의 효력에는 공평의 원칙에 따라 일정한 제한을 두고 있다.

1. 재심에 의하여 회복된 특허권의 효력제한

(1) 의의 및 취지

무효로 된 특허권 또는 존속기간연장등록의 특허권이 재심에 의하여 회복된 경우, 특허권의 권리범위에 속하지 아니한다는 심결이 확정된 후 재심에 의하여 이와 상반된 심결이 확정된 경우, 거절을 할 것이라는 심결이 있었던 특허출원 또는 특허권존속기간 연장등록출원에 대하여 재심에 의하여 특허권설정의 등록 또는 특허권의 존속기간의 연장등록이 있는 경우, 취소된 특허권이 재심에 의하여 회복된 경우 그 특허권의 효력은 해당 특허취소결정 또는 심결이 확정된 후 그 재심청구등록 전에 한 일정한 선의의 실시에는 효력이 미치지 아니한다.

예를 들면, 특허를 무효로 하는 심결이 확정되면 그 발명은 누구나 자유롭게 실시를 할 수 있게 되지만, 그 후 재심에 의하여 특허권이 회복되는 경우, 특허를 무효로 하는 취지의 심결이 확정된 시점부터 회복되기까지의 기간에 대하여도 특허권은 유효한 것으로 되기 때문에 그 사이에 특허 발명을 실시한 것은 전부 특허권을 침해한 것으로 된다.

이와 같은 경우 특허발명이 무효로 된 것으로 믿고 발명을 실시하였던 자에 대하여 무조건 침해자로 인정하는 것은 공평의 원칙에 반하므로 선의의 자에 대하여는 회복된 특허권 등에 관한 효력 제한을 규정함으로써 선의의 자와 특허권자간에 법적 형평을 도모하고자 한 것이다.

선의를 요건으로 하는 것은 악의의 실시자에 대하여는 소급하여 침해자로 하여도 부당하지 않기 때문이다. 또한 재심청구의 등록 전으로 시점을 한정한 것은 재심의 청구가 있을 때에는 제3자에게 공시하고자 하는 목적으로 예고등록을 하고 있기 때문에 그 이후의 실시자는 악의로 실시한 것으로 보아도 가혹하지 않다고 보기 때문이다.

(2) 특허권의 효력제한 사유

1) 물건에 대한 효력제한

무효로 된 특허권 또는 무효로 된 존속기간의 연장등록의 특허권이 재심에 의하여 회복된 경우(제181조 제1항 1호), 특허권의 권리범위에 속하지 아니한다는 심결이 확정된 후 재심에 의하여 이와 상반되는 심결이 확정된 경우(제181조 제1항 2호), 또는 거절한다는 취지의 심결이 있었던 특허출원 또는 존속기간의 연장등록출원에 대하여 재심에 의하여 특허권의 설정등록 또는 존속기간의 연장등록이 있는 경우(제181조 제1항 3호), 취소된 특허권이 재심에 의하여 회복된 경우(제181조 제1항 4호)에는 해당 특허취소결정 또는 심결확정 후 재심청구의 등록 전에 선의로 수입 또는 국내에서 생산하거나 취득한 물건에 대하여는 특허권의 효력이 미치지 아니한다.

2) 행위에 대한 효력제한

해당 특허취소결정 또는 심결이 확정된 후 재심청구의 등록 전에 한 해당 발명의 선의의 실시(제181조 제2항 1호), 특허가 물건의 발명인 경우에는 그 물건의 생산에만 사용하는 물건을 해당 특허취소결정 또는 심결이 확정된 후 재심청구의 등록 전에 선의로 생산·양도·대여 또는 수입하거나 양도 또는 대여의 청약을 하는 행위(제181조 제2항 2호), 또는 물건가 방법의 발명인 경우에는 그 물건의 생산에만 사용하는 물건을 해당 특허취소결정 또는 심결이 확정된 후 재심청구의 등록 전에 선의로 생산·양도·

대여 또는 수입하거나 양도 또는 대여의 청약을 하는 행위(제181조 제2항 2호), 또는 특허가 방법의 발명인 경우에는 그 방법의 실시에만 사용하는 물건을 해당 특허취소결정 또는 심결이 확정된 후 재심청구의 등록 전에 선의로 생산 · 양도 · 대여 또는 수입하거나 양도 또는 대여의 청약을 하는 행위(제181조 제2항 3호)에 대하여는 특허권의 효력이 미치지 아니한다.

예를 들면, 만년필의 제조방법에 관하여 허여되었던 특허가 무효가 되고, 그 후 재심에 의하여 회복되었다고 가정을 할 때, 재심청구의 등록 전에 선의로 그 제조방법을 실시하여 만년필을 제조한 자가 있는 경우, 특허법 제181조 제2항 1호의 규정에 의하여 그 발명의 실시는 침해행위로 되지 않는다. 그러나 특허권의 회복 후에 그 제조방법에 의하여 만년필을 제조한다면 침해행위로 된다.

2. 재심에 의하여 회복한 특허권에 대한 선사용자의 통상실시권

재심이 있는 경우 해당 특허취소결정 또는 심결의 확정이 있은 후 재심청구의 등록 전에 선의로 국내에서 그 발명의 실시 사업을 하고 있는 자 또는 그 사업준비를 하고 있는 자는 그 실시 또는 준비를 하고 있는 발명 및 사업목적의 범위 안에서 그 특허권에 관하여 통상실시권을 가진다(제182조). 이 통상실시권은 법정실시권이므로 등록을 하지 않아도 효력이 발생한다(제118조 제2항). 재심의 결과로 발생하는 통상실시권에 관한 규정이다.

특허법 제182조에서는 공평의 원칙에 입각하여 선의의 실시자를 보호하는 것이지만, 이에 더하여 사업설비의 유지라고 하는 사회경제적인 견지에서 선의의 실시자에게 통상실시권을 인정하여 주는 것이다. 이 규정에서 인용한 예를 다시 인용하면, 재심의 청구의 등록 전에 선의의 요건을 만족하여 만년필을 제조하는 방법의 발명을 사업으로서 실시한 자는 특허법 제181조에 의하여 통상실시권을 취득하여 특허권의 회복 후에도 계속하여 만년필을 제조할 수 있게 된다. 이 규정은 특허법 제103조(선사용에 의한 통상실시권)와 대응하는 조문으로서 사업의 개념, 통상실시권의 범위 등에 관하여는 대체적으로 특허법 제103조의 경우와 같다.

이 규정에 의하여 발생하는 통상실시권은 법정실시권으로 등록하지 아니하여도 제3자에게 대항할 수 있으며(제118조 제2항), 대가(실시료)의 지급없이 무상으로 특허발명을 실시할 수 있다. 실시권의 범위는 실시 또는 준비를 하고 있는 발명 및 사업의 목적범위이다.

3. 재심에 의하여 통상실시권을 상실한 원권리자의 통상실시권

재심에 의하여 통상실시권을 상실한 원권리자의 통상실시권이란 특허법 제138조(통상실시권허락심판)의 규정에 의하여 통상실시권 허락심결이 확정(강제실시권의 발생)된 후 재심에 의하여 통상실시권이 소멸된 경우, 재심청구 등록 전에 선의로 특허발명의 실시 등을 하고 있는 자를 위하여 인정되는 법정실시권을 말하는데 이는 확정된 심결을 신뢰하여 발명의 실시사업 등을 하고 있는 자를 보호하고 사업설비의 유지라고 하는 사회경제적인 견지를 고려하여 선의의 실시자에게 통상실시권을 인정하여 주는 것이다.

구체적으로 실시권 허락심판에 의한 통상실시권을 허락한다는 심결이 확정된 후 재심에 의하여 이에 상반되는 심결의 확정이 있는 경우에는 재심청구등록 전에 선의로 국내에서 그 발명의 실시사업을 하고 있는 자 또는 그 사업의 준비를 하고 있는 자는 원통상실시권의 사업의 목적 및 발명의 범위 안에서 그 특허권 또는 재심의 심결확정이 있는 당시에 존재하는 전용실시권에 대하여 통상실시권을 가진다(제183조 제1항).

실시권의 범위는 원통상실시권의 사업의 목적 및 발명의 범위 내이다. 이 통상실시권은 등록을 하지 않아도 효력은 발생하나(제118조 제2항), 통상실시권자는 특허권자 또는 전용실시권자에게 상당한 대가(對價)를 지급하여야 한다(제183조 제2항).

제4장

특허소송

제1절 서 설

1. 특허소송의 의의 및 성질

특허소송이란 특허권과 그 외의 특허에 관한 소송사건 전부를 말한다. 이러한 특허소송은 특허행정소송과 특허민사소송, 그리고 특허형사소송을 합하여 말하나, 협의로는 특허법 제9장(제186조~제189조)에서 규정한 특허심결취소소송을 의미한다. 즉 특허심결취소소송은 실정법상의 용어가 아니고 강학상으로도 정립된 개념은 아니나 일반적으로는 특허소송의 일종(협의의 특허소송)으로서 특허법 제9장 제186조의 '특허취소결정 또는 심결에 대한 소(訴)와 특허취소신청서, 심판청구서나 재심청구서의 각하결정에 대한 소(訴)'를 의미하며, 또한 광의의 특허소송에는 심결취소소송을 비롯하여 특허민사소송으로서의 특허침해소송(침해금지청구소송, 특허침해에 의한 손해배상청구소송, 신용회복조치청구소송), 특허청이 한 행정상 처분에 관한 소송, 특허권의 귀속(발명자의 특정, 상속, 양도 등의 승계)에 관한 소송 등을 들 수 있다.[1)]

특허법은 제186조 제1항에서 특허취소결정 또는 심결에 대한 소 및 특허취소신청서·심판청구서·재심청구서의 각하결정에 대한 소는 특허법원의 전속관할로 한다"라고 규정하고 있고, 또 특허법 제186조 제8항에서 "특허법원의 판결에 대해서

1) 특허법원 지적재산소송실무연구회, 「지적재산소송실무(제4판)」, 박영사, 2019, 11~12면.

는 대법원에 상고할 수 있다"라고 규정하고 있어 특허심판원의 전속관할로 하고 있는 특허심판에 대한 불복은 특허법원과 대법원이 이를 전담한다.[2)]

2. 특허소송의 성격

특허소송은 행정기관인 특허심판원이 행한 결정 또는 심결에 대한 불복소송이라는 관점에서 볼 때에는 행정소송으로 볼 수도 있다. 그러나 특허심판은 일정한 자격이 있는 심판관에 의하여 직무상 독립하여 심판하며 그 절차는 일반행정심판절차에 의하지 않고 민사소송절차가 준용되고 있으며 또한 특허심판원의 심결에 대한 불복을 행정법원이 아닌 특허법원이 전담토록 한 점 등으로 미루어볼 때 특허법원이 전담하는 심결에 대한 불복소송은 행정소송의 특수소송으로서의 특허소송이라고 할 수 있다.

한편 특허소송은 행정소송의 일종으로 보는 것이 통설이라 하겠으나, 그 구체적인 내용에 있어서는 견해가 나뉜다. 즉 특허소송 중 특허청장을 피고로 하는 결정계 사건을 행정소송법 제3조 1호 소정의 항고소송이라 하겠으나, 당사자계 사건에 관하여는 항고소송으로 보는 견해[3)]와 당사자 소송으로 보는 견해가 나뉜다.[4)]

3. 특허소송과 민사소송 · 행정소송의 관계

(1) 특허소송사건과 민사소송 · 행정소송 사건의 구분

특허법상의 심결취소소송은 특허소송사건으로 특허법원이 관할하며, 특허침해소송은 민사소송사건으로 일반법원이 그 관할하고 있으며, 서류 불수리, 절차의 무효, 특허권의 수용, 통상실시권 허락을 위한 재정에 관한 불복사건은 행정소송사건으로 행정심판원이 관할하고 있다.

한편 특허법 제190조 소정의 보상금 또는 대가에 관한 불복의 소는 행정소송에 관한 것과(제41조 제3항 · 제4항, 제106조 제3항의 특허권 수용시의 보상금에 관한 소) 민사소송에 관한 것(제110조 제2항 2호, 제138조 제4항의 통상실시권 설정 재정 및 허락시의 대가에 관한 소)이 있다.

---

2) 1998년 3월 1일 이전에는 항고심결까지 특허청 항고심판소에서 다루고 법률심만 대법원에서 다루어 왔다.

3) 小室直人, 「審判節次と審決取消訴訟との關係」, 石黑馬瀨還曆記念論文集, 工業所有権法の諸問題, 300頁 이하.

4) 이상경, 「지적재산권소송법」, 육법사, 1998, 47~48면.

(2) 행정소송 · 민사소송 절차의 준용

특허에 관한 분쟁은 제일먼저 특허법이 적용되고, 특허법에 규정이 없는 경우에는 행정소송법이 준용된다. 행정소송법에도 특별한 규정이 없는 경우에는 행정소송법 제8조에 따라 민사소송법이 준용될 것이다.[5)]

특허법 → 행정소송법 → 민사소송법(행정소송법 제8조)

4. 특허소송의 종류

특허법원에서는 특허법 제186조 제1항, 실용신안법 제33조, 디자인보호법 제166조 제1항, 상표법 제85조의3 제1항이 정하는 사건과 민사소송법 제24조 제2항 및 제3항에 따른 사건의 항소사건, 다른 법률에 의하여 특허법원의 권한에 속하는 사건(예 식물신품종 보호법 제103조, 농수산물 품질관리법 제54조에서 그 소정의 사건을 특허법원의 전속관할로 규정하고 있다)을 담당한다.

특허소송의 구조[6)]

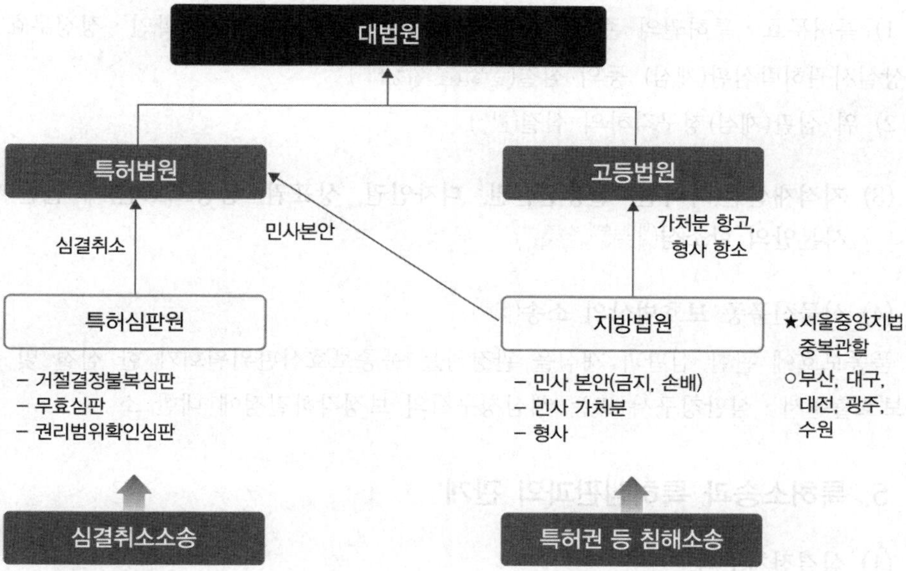

5) 법원행정처, 「특허소송실무」, 1998, 4면; 이상경, 「지적재산권소송법」, 육법사, 1998, 51면.
6) 특허법원 홈페이지 https://patent.scourt.go.kr/patent/intro/intro_05/index.html

이러한 사건들은 대체로 거절결정 또는 보정각하결정에 대한 취소청구, 특허·실용신안·디자인·상표의 무효청구 및 권리범위확인청구, 상표등록취소청구 등의 사건으로 특허권 등의 성립이나 그 효력을 다투는 것들이다. 한편, 특허권, 실용신안권, 디자인권, 상표권, 품종보호권에 관한 민사소송의 민사본안관할을 1심은 고등법원 소재지가 있는 6개 지방법원(서울중앙지방법원, 대구지방법원, 대전지방법원, 광주지방법원, 부산지방법원, 수원지방법원)[7]이 전속적으로 맡고, 2심은 특허법원으로 집중된다(민사소송법 제24조, 법원조직법 제28조의4).

(1) 특허청장을 피고로 한 결정계 심결 등 취소소송

1) 심사관의 거절결정(제62조)에 대한 심판(재심)의 심결(제132조의17)

2) 정정심판(재심)의 심결(제136조)

3) 특허취소신청(재심)의 특허취소결정(제132조의2)

4) 위 1), 2)심판(재심)청구각하의 심결(제142조)

5) 심판(재심)청구서(제141조 제2항)와 3) 취소신청서의 각하결정(제132조의5 제2항)

(2) 특허권자 또는 이해관계인을 피고로 한 당사자계 심결 등 취소소송

1) 특허무효·특허권의 존속기간의 연장등록의 무효·권리범위확인·정정무효·통상실시권허락심판(재심) 등의 심결(제133조~제135조, 제137조, 제138조, 제186조)

2) 위 심판(재심)청구각하의 심결(제142조)

(3) 지적재산권(특허권, 실용신안권, 디자인권, 상표권, 품종보호권)에 관한 민사본안의 항소심(민사소송법 제24조, 법원조직법 제28조의4)

(4) 식물신품종 보호법상의 소송(제103조)

품종보호에 관한 심판과 재심을 관장하는 품종보호심판위원회가 한 심결 및 품종보호출원서·심판청구서 또는 재심청구서의 보정각하결정에 대한 소

5. 특허소송과 특허심판과의 관계

(1) 심결전치주의

특허법 제186조 제6항에서는 "특허취소를 신청할 수 있는 사항 또는 심판을 청

7) 2019년 3월 1일 수원고등법원 개원으로 그 소재지인 수원지방법원도 제1심 전속관할 법원으로 추가되었다.

구할 수 있는 사항에 관한 소는 특허취소결정이나 심결에 대한 것이 아니면 제기할 수 없다"라고 규정하고 있다. 즉 특허소송이 고등법원·대법원의 2심제적인 심급구조를 가지는 것과 관련하여 특허취소신청, 심판을 청구할 수 있는 사항에 관한 소는 반드시 특허취소신청, 심판절차를 경유하도록 하고 있다. 이는 특허심판원에서의 심판이 고도의 전문적 기술지식을 가진 특허전문가에 의하여 준사법적 절차에 따라 이루어지기 때문에 1심으로서의 역할을 사실상 부여하는 것이다. 따라서 특허취소신청, 심판을 거치지 아니하고 곧 바로 특허법원에 소를 제기하는 경우에는 이 규정을 위반하는 것이 되어 각하된다.

특허법원 2000.11.3. 선고 2000허2620 판결

[소송의 대상]

거절결정에 대하여 불복하는 경우에는 특허심판원에 거절결정에 대한 심판을 청구한 후 그 심결에 대하여 특허법원에 그 취소를 구하는 소를 제기할 수 있을 뿐, 특허법원에 직접 출원발명의 특허를 구하는 소를 제기할 수 없다 할 것이므로, 이 사건 소 중 이 사건 출원발명의 특허를 구하는 부분은 부적법하여 각하를 면할 수 없다 할 것이다.

(2) 진행의 조정

특허법은 필요가 있을 때에 심판절차를 중지할 수 있는 규정과 소송절차를 중지할 수 있는 규정을 두고 있다(제164조). 이유는 관련사건이 병존하는 경우 모순을 방지하기 위함이다. 이는 각종 심판절차와 소송절차는 상호 연관되는 경우가 많으므로 이들 절차의 합리적인 해결과 조정을 위하여 그 중 하나의 절차를 중지할 있도록 하기 위하여 특허법 제164조(소송과의 관계)에 규정한 것이다.[8)]

특허에 관한 절차를 중지할 것인지 여부는 담당 심판관 또는 법관의 재량에 의하여 결정된다. 예를 들면, 특허를 받을 수 있는 권리를 승계하지 않고 특허출원을 하여 특허권자가 되었다고 하는 이유로서 갑을 피청구인으로 하여 무효심판이 청구되어 있고, 동시에 법원에서는 해당 특허를 받을 권리의 양도의 유무가 다투어지고 있을 때에는 그 소송에서 갑이 특허를 받을 권리를 정당하게 승계하였는지 여부가 판단된 후 심리를 진행하는 것이 소송경제에 합치되며 심판관도 편리하다. 이러한 경우 특허법 제164조 제1항이 적용된다.

반면에 특허권자 갑이 제3자인 을에 대하여 특허권 침해를 이유로 손해배상을

8) 심사에 있어도 동일한 취지의 규정을 두고 있다(제78조).

청구하는 소를 제기한 경우, 특허청에 갑의 특허권에 대한 무효심판이 계속중에 있을 때에는 무효심판의 심결이 확정된 후 심리를 진행하는 것이 소송경제에 합치되며 법원도 편리하다. 그리하여 특허법 제164조 제2항에 의하여 소송절차를 중지할 수 있는 것이다.

(3) 심판 및 소송기록의 송부

심판절차와 특허법원소송절차 사이에는 그 절차의 연속성을 인정할 수 없으므로 특허취소결정 또는 심결원본 및 기타 일건 기록서류는 특허법원에 소가 제기된다고 하더라도 특허심판원에서 특허법원으로 당연히 송부되는 것이 아니고 특허법원으로서는 심리의 편의상 필요하다고 인정할 경우, 특허청장 또는 특허심판원장에게 심사·심판·등록서류 등본의 송부를 촉탁하거나 당사자에게 그 등본을 제출하게 할 수 있을 것이다.

제 2 절 특허소송절차

심결취소소송 절차 흐름도

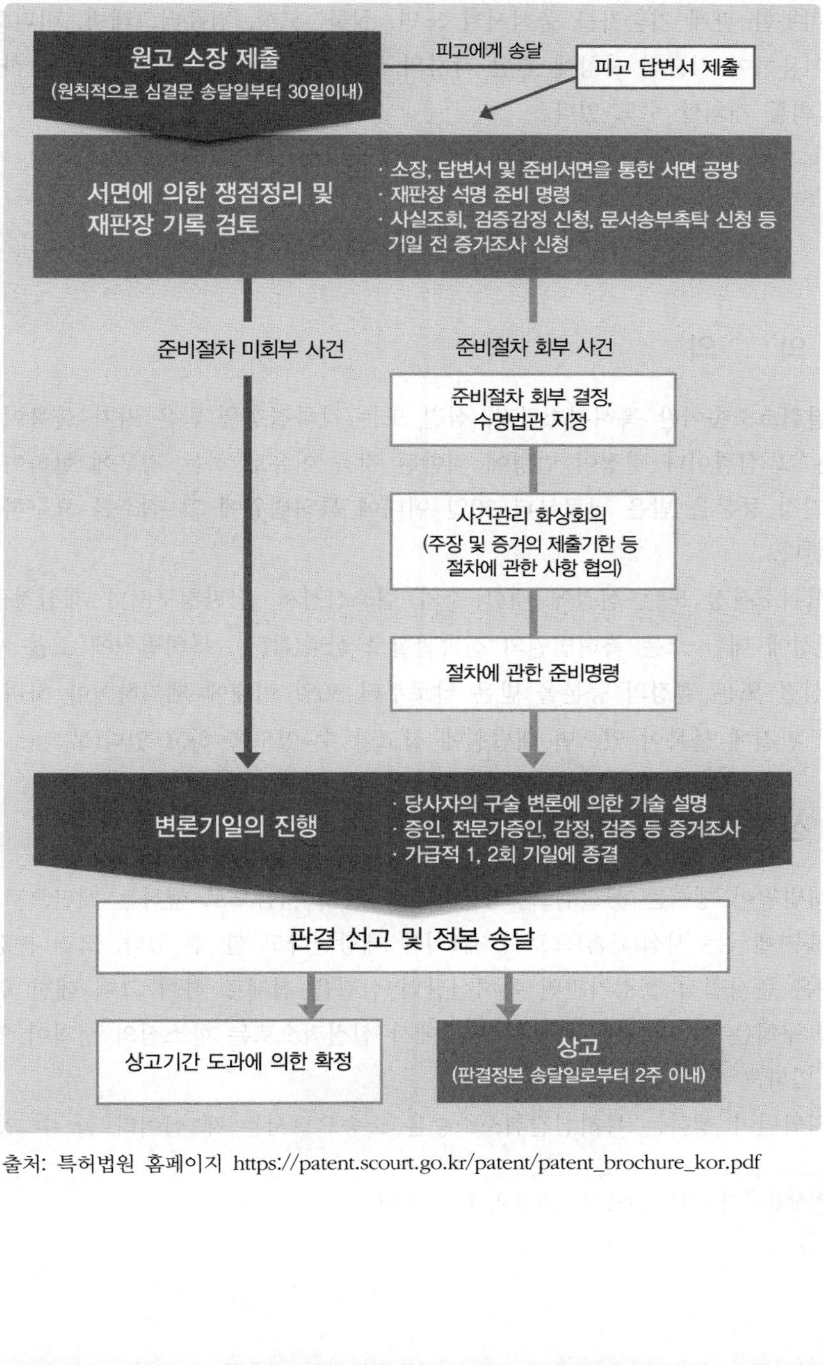

출처: 특허법원 홈페이지 https://patent.scourt.go.kr/patent/patent_brochure_kor.pdf

제 3 절 기술설명회의 개최

특허법원은 특허 및 실용신안사건의 기술내용을 정확히 파악하기 위하여 당사자를 비롯한 관계 기술자를 출석시켜 도면, 실물, 모형, 컴퓨터그래픽, 비디오장치 등을 이용하여 기술적 사항에 관한 각자의 주장을 구체적으로 설명하도록 하는 기술설명회를 개최할 수도 있다.

제 4절 심결취소소송

1. 의 의

심결취소소송이란 특허취소결정, 심결 또는 각하결정을 받은 자가 불복이 있을 때에는 그 심결이나 결정이 법령에 위반된 것을 이유로 하는 경우에 한하여 심결 또는 결정 등본을 받은 날로부터 30일 이내에 특허법원에 그 취소를 요구하는 것을 말한다.

특허취소결정 또는 심결에 대한 소와 취소신청서, 심판청구서나 재심청구서의 각하결정에 대한 소는 특허법원의 전속관할로 한다(제186조 제1항). 특허법원에 소를 제기하려면 심결 또는 결정의 등본을 받은 날로부터 30일 이내에 제기하여야 하며 특허법원의 판결에 불복이 있으면 대법원에 상고할 수 있도록 하고 있다(제186조 제8항).

2. 심결취소소송의 성질

특허법원이 행하는 심결취소소송은 사법기관이 처음으로 행하는 재판으로서 소송적 측면에서는 시심(始審)으로서 제1심에 해당된다고 할 수 있다. 그러나 심결취소소송은 준사법적 행정기관인 특허심판의 심결을 전제로 하여 그에 대한 취소·변경을 구하는 불복신청을 다룬다는 점에서 실질적으로는 항소심의 성격이 있다고 할 수 있다.[9)]

특허법원이 행하는 특허심결취소소송은 소송으로서는 제1심이라 할 수 있으나,

9) 이상경, 「지적재산권소송법」, 육법사, 1998, 50면.

당사자는 원심결의 최소 변경을 구하면서 법령위반은 물론 실체 판단의 잘못을 주장할 수 있고, 또 심결 취소소송의 심리에서 구술심리주의, 변론주의가 적용되며 특허법원은 필요한 경우 사실관계의 확정을 위하여 직권심리할 수 있는 것으로 해석되고 있는 점 등으로 미루어 볼 때 특허소송은 사실심이라 할 수 있다. 따라서 특허법원은 제출된 소송자료를 기초로 하여 원심결의 당부를 검토할 수 있다.

당사자는 특허소송을 위한 모든 소송자료를 새로이 제출하여야 하며 또한 특허법원은 특허심판원에서의 심판자료와는 관계없이 독자적으로 소송자료를 수집하여 이를 기초로 하여 재판을 할 수 있다. 따라서 당사자는 원심결의 당부를 심판함에 필요한 범위 내에서 특허소송에서 새로운 공격 또는 방어의 방법을 주장할 수도 있고, 원심에서 주장한 공격 또는 방어의 방법에 대한 진술을 재차 할 수도 있다.

이러한 심결취소소송의 성질을 특허심판절차의 성질에 의하여 분류하는 학설은 준사법적 절차설과 비준사법적 절차설로 나누며, 소송심리의 범위로 분류하는 학설과 그 외에 행정처분취소설, 사후심설(事後審說), 속심설(續審說) 등이 있다.[10)]

3. 심결취소소송의 심리[11)]

(1) 심리의 원칙

소장이 접수되면 재판부는 변론기일 이전에 준비절차를 거치는 등의 방법으로 쟁점을 정리함으로써 집중심리를 통한 재판의 효율화를 도모한다. 또한 심리는 변론주의 및 공개심리를 원칙으로 하되 공익적 측면에서 보충적으로 직권주의가 적용된다. 다만, 행정소송법 제26조는 이는 행정소송의 특수성에 연유하는 당사자주의, 변론주의에 대한 일부 예외규정일 뿐 법원이 아무런 제한없이 당사자가 주장하지 아니한 사실을 판단할 수 있는 것은 아니고, 일건 기록에 현출되어 있는 사항에 관하여서만 직권으로 증거조사를 하고 이를 기초로 하여 판단할 수 있을 따름이고, 그것도 법원이 필요하다고 인정할 때에 한하여 청구범위에서 증거조사를 하고 판단할 수 있을 뿐이다.[12)]

---

10) 村林隆一, 『審決取消訴訟の実務』, 経済産業調査会會, 2001, 94～100頁.
11) 김원준, 「특허법」, 박영사, 2009, 675～682면.
12) 대법원 1995.2.24. 선고 94누9146 판결; 대법원 1994.10.11. 선고 94누4820 판결.

대법원 2010.1.28. 선고 2007후3752 판결

[심결취소소송에서 당사자가 명백하게 주장하지 않은 것을 법원이 직권으로 조사하고 이를 토대로 판단할 수 있다고 한 사례]

행정소송의 일종인 심결취소소송에서 법원이 필요하다고 인정할 때에는 당사자가 명백하게 주장하지 않는 것도 기록에 나타난 자료를 기초로 하여 직권으로 조사하고 이를 토대로 판단할 수 있는바(대법원 2008.5.15. 선고 2007후2759 판결 참조), 설사 피고들이 원심 판시의 비교대상발명 1을 선행기술 중의 하나로 주장하지 아니하였다 하더라도, 원심이 기록에 나타난 비교대상발명 1을 기초로 이 사건 특허발명 청구범위 제1, 2항(이하 '이 사건 제1, 2항 발명'이라 한다)의 진보성 유무를 판단한 것이 잘못이라고 할 수 없다.

대법원 2011.3.24. 선고 2010후3509 판결

[직권조사사항을 제외하고는 심결취소소송에서 법원이 당사자가 주장하지도 않은 법률요건에 관하여 판단하는 것이 변론주의 원칙에 위배되는지 여부(적극)]

행정소송의 일종인 심결취소소송에 직권주의가 가미되어 있다고 하더라도 여전히 변론주의를 기본 구조로 하는 이상, 심결의 위법을 들어 그 취소를 청구할 때에는 직권조사사항을 제외하고는 그 취소를 구하는 자가 위법사유에 해당하는 구체적 사실을 먼저 주장하여야 하고, 따라서 법원이 당사자가 주장하지도 않은 법률요건에 관하여 판단하는 것은 변론주의 원칙에 위배되는 것이다.

대법원 2013.4.11. 선고 2012후436 판결

[1] 심결취소소송에서 법원이 자유로운 심증에 의하여 증거 등 기록에 나타난 자료를 통하여 주지관용의 기술을 인정할 수 있는지 여부(적극) 및 변론종결 후 제출된 참고자료가 여기의 '증거 등 기록에 나타난 자료'에 포함되는지 여부(소극): 어느 주지관용의 기술이 소송상 공지 또는 현저한 사실이라고 볼 수 있을 만큼 일반적으로 알려져 있지 아니한 경우에 그 주지관용의 기술은 심결취소소송에 있어서는 증명을 필요로 하고, 이때 법원은 자유로운 심증에 의하여 증거 등 기록에 나타난 자료를 통하여 주지관용의 기술을 인정할 수 있으나, 변론종결 후 제출된 참고자료까지 여기의 '증거 등 기록에 나타난 자료'에 포함된다고 볼 수는 없다.

[2] 법원에 예외적으로 변론재개의무가 인정되는 경우 및 그 경우 당사자가 추가로 주장·증명을 제출한다는 취지를 기재한 서면과 자료만을 제출하였을 뿐 별도로 변론재개신청서를 제출한 바 없어도 마찬가지인지 여부(적극): 당사자가 변론종결 후 주장·증명을 제출하기 위하여 변론재개신청을 한 경우 당사자의 변론재개신청을 받아들일지는 원칙적으로 법원의 재량에 속한다. 그러나 변론재개신청을 한 당사자가 변론종결 전에 그에게 책임을 지우기 어려운 사정으로 주장·증명을 제출할 기회를 제대로 얻지 못하였고, 그 주장·증명의 대상이 판결의 결과를 좌우할 수 있는 관건적 요증사

실에 해당하는 경우 등과 같이, 당사자에게 변론을 재개하여 그 주장·증명을 제출할 기회를 주지 않은 채 패소의 판결을 하는 것이 민사소송법이 추구하는 절차적 정의에 반하는 경우에는 법원은 변론을 재개하고 심리를 속행할 의무가 있다. 또한 당사자가 변론종결 후 추가로 주장·증명을 제출한다는 취지를 기재한 서면과 자료를 제출하고 있다면 이를 위 주장·증명을 제출할 수 있도록 변론을 재개하여 달라는 취지의 신청으로 선해할 수도 있으므로, 당사자가 참고서면과 참고자료만을 제출하였을 뿐 별도로 변론재개신청서를 제출한 바는 없다는 사정만으로 이와 달리 볼 것은 아니다.

(2) 심리의 대상

특허소송에서의 심리는 심결의 실체상의 적법성, 절차상의 적법성, 판단누락의 유무가 그 대상이 된다.

1) 실체상의 적법성

특허소송의 핵심인 ① 발명의 요지파악, ② 인용발명의 채택, ③ 신규성 또는 진보성 판단 등 심결의 실체적 판단이 적법한지의 여부를 심리의 대상으로 한다.

2) 절차상의 적법성

절차상의 하자가 특허취소결정, 심결 또는 심사의 결과에 영향을 미쳤는지의 여부를 판단한다. 예를 들어 거절이유 통지시 출원인에게 충분한 의견서 제출기회를 주지 않고 특허거절결정한 경우는 절차상의 하자에 해당한다.

3) 판단누락의 유무

판단누락이라 함은 심결의 결론에 영향을 주는 중요한 쟁점 또는 증거물에 대하여 판단을 미진하였거나 중요한 당사자의 주장 및 반박에 대하여 판단을 하지 아니한 경우를 말한다. 판단누락은 심결의 취소사유가 된다.

(3) 심리범위

특허법원의 심리범위를 어느 한도로 인정할 것인지는 중요한 사항이나 법에 명시된 바는 없다. 특허법원은 소송상의 제1심이므로 초심(初審)이어서 특허법원에서는 어떠한 주장·증명도 제한하지 않아야 된다는 견해가 있는가 하면 특허법원은 실질적으로는 특허심판의 심결에 대한 항소심적인 불복절차이므로 특허심판에서 심리 판단되지 아니한 새로운 주장 및 증거제출은 허용할 수 없다는 주장도 있다.

1) 당사자계

① 권리범위확인심판은 사실상 당사자간의 특허권 침해문제를 둘러싼 민사분쟁

적 성격이 있으므로 소송에서 그 사실심리에 어떠한 제한을 가할 합리적인 이유가 없다.

② 무효심판의 경우에는 그 무효사유가 무권리자에 대하여 특허되었다거나 특허가 조약에 위반됨을 이유로 하는 경우에는 일반 민사사건과 유사하다 할 것이므로 역시 특허법원에서의 사실심리를 제한할 이유가 없다고 본다. 다만 무효심판 중 해당 발명이 신규성이나 진보성이 없음을 이유로 하는 심판의 경우에는 그 심리의 내용이 고도의 기술적인 문제에 대한 것이고, 또한 특허법원과 특허심판원의 기능과 권한을 합리적으로 분배한다는 관점에서 볼 때 특허심판원의 심결에 어떠한 법적 의의와 역할을 인정한다는 의미에서 특허법원에서의 사실심리를 제한할 필요가 있다.

2) 결정계와 특허취소신청

특허취소신청, 특허거절결정 불복심판이나 정정심판의 경우 심결취소소송에서 원고가 새로운 주장을 하거나 새로운 증거를 제출하더라도 피고(특허청장)는 기술전문가로서 충분히 대응할 수 있다 할 것이어서 원고 측의 새로운 주장·증명은 허용되지만, 피고인 특허청이 새로운 주장을 하거나 새로운 증거를 제출하는 것은 위 무효심결의 경우에 살펴 본 바와 같은 이유로 역시 제한되는 것으로 해석된다.

대법원 2003.2.26. 선고 2001후1617 판결

[심결취소소송의 심리범위]

거절결정불복심판청구를 기각하는 심결의 취소소송단계에서 특허청은 심결에서 판단되지 않은 것이라고 하더라도 거절결정의 이유와 다른 새로운 거절이유에 해당하지 않는 한 심결의 결론을 정당하게 하는 사유를 주장·증명할 수 있고, 심결취소소송의 법원은 달리 볼 만한 특별한 사정이 없는 한, 제한 없이 이를 심리 판단하여 판결의 기초로 삼을 수 있다.

대법원 2002.6.25. 선고 2000후1290 판결

[심결취소소송의 심리범위]

심판은 특허심판원에서의 행정절차이며 심결은 행정처분에 해당하고, 그에 대한 불복의 소송인 심결취소소송은 항고소송에 해당하여 그 소송물은 심결의 실체적, 절차적 위법성 여부라 할 것이므로 당사자는 심결에서 판단되지 않은 처분의 위법사유도 심결취소소송단계에서 주장·증명할 수 있고 심결취소소송의 법원은 특별한 사정이 없는 한 제한 없이 이를 심리·판단하여 판결의 기초로 삼을 수 있는 것이며 이와 같이 본다고 하여 심급의 이익을 해한다거나 당사자에게 예측하지 못한 불의의 손해를 입히는 것이 아니다.

대법원 2014.7.10. 선고 2012후3121 판결

[보정각하결정이 위법하다고 판단할 경우 특허법원의 심리범위]

특허거절결정에 대한 불복심판청구를 기각한 심결의 취소소송에서 법원은 특허거절결정을 유지한 심결의 위법성 여부를 판단하는 것일 뿐 특허출원에 대하여 직접 특허결정 또는 특허거절결정을 하는 것은 아니다. 따라서 심사관이 특허출원의 보정에 대한 각하결정을 한 후 '보정 전의 특허출원'에 대하여 거절결정을 하였고, 그에 대한 불복심판 절차에서 위 보정각하결정 및 거절결정이 적법하다는 이유로 심판청구를 기각하는 특허심판원의 심결이 있었던 경우, 그 심결취소소송에서 법원은 위 보정각하결정이 위법하다면 그것만을 이유로 곧바로 심결을 취소하여야 하는 것이지, 심사관 또는 특허심판원이 하지도 아니한 '보정 이후의 특허출원'에 대한 거절결정의 위법성 여부까지 스스로 심리하여 이 역시 위법한 경우에만 심결을 취소할 것은 아니다.

4. 증명책임

(1) 서 설

주장·증명책임의 분배에 관하여 민사소송에서는 현재 법률요건분류설이 통설로 되어 있으나, 행정소송에 있어서는 주장·증명책임의 분배를 어떻게 하여야 할 것인가에 대하여 현재까지도 명확한 법리가 확립되어 있지 아니하다. 따라서 심결취소소송의 경우에도 주장·증명책임을 어떻게 분배할 것인가가 문제된다. 초기 대법원[13]은 원고부담설의 입장에서 판시한 예도 있으나, 대법원 1964.5.26. 선고 63주142 판결 이래 법률요건 분류설에 입각하고 있다. 즉, 대법원 1984.7.24. 선고 84누124 판결 등에서 대법원은 "민사소송법의 규정이 준용되는 행정소송에 있어서 증명책임은 원칙적으로 민사소송의 일반원칙에 따라 당사자 간에 분배되고 항고소송의 성질에 따라 해당 적법을 주장하는 피고에게 그 적법사유에 대한 증명책임이 있다"라고 하여 법률요건 분류설에 의한다는 점을 분명히 하고 있다.

법률요건 분류설이란 객관적인 법규의 구조 즉 조문의 형식이나 관계조문의 상호관계 속에서 증명책임 분배의 기준을 찾으려는 견해로서, 각 당사자는 자기에게 유리한 법규의 요건사실의 존부에 대해 증명책임을 지는 것으로 분배시키고 있다.[14] 이에 따르면 실체법규를 일정한 권리발생을 규정한 권리근거규정과 그 권리

13) 대법원 1962.11.1. 선고 62누157 판결; 대법원 1961.3.27. 선고 4291행상45 판결 등.

발생을 방해하는 권리장애규정 및 권리의 소멸사유를 규정한 권리소멸규정으로 나누어, 권리의 존재를 주장하는 자는 권리근거규정의 요건사실을, 그 부존재를 주장하는 자는 권리장애규정과 권리소멸규정의 요건사실을 증명하여야 하며 이러한 원칙은 민사소송은 물론 행정소송에도 그대로 적용된다는 견해이다.

(2) 특허발생요건과 특허장애요건

1) 특허발생요건

① 산업상 이용할 수 있는 발명을 하였다는 사실(제29조 제1항 본문, 제2조 1호), ② 출원서에 첨부된 명세서의 기재방법이 적법하다는 사실(제42조 제3항~제5항), ③ 1발명 1출원이라는 사실(제45조), ④ 국내에 주소 또는 영업소를 가지지 아니한 외국인인 때에는 특허관리인이 선임되어 있다는 사실(제5조), ⑤ 출원인이 발명자가 아닐 때에는 그 발명에 대하여 특허를 받을 수 있는 권리를 승계한 사실(제38조 제1항), ⑥ 특허를 받을 수 있는 권리가 공유인 때에는 다른 공유자 모두와 공동으로 출원한 사실(제44조), ⑦ 신규성상실사유(제29조 제1항 각호)가 있으면 이에 대한 예외사유(제30조 제1항 각호)가 존재한다는 사실 등은 특허발생요건에 해당한다.

2) 특허장애요건

⑧ 특허출원 전에 국내외에서 공지된 발명이라는 사실(제29조 제1항 각호), ⑨ 특허출원 전에 그 발명이 속하는 기술분야에서 통상의 지식을 가진 사람이 법 제29조 제1항 각호의 어느 하나에 해당하는 발명에 의하여 쉽게 발명할 수 있는 발명이라는 사실(제29조 제2항), ⑩ 특허출원 후 출원공개 또는 등록공고된 선출원에 첨부된 원명세서 또는 도면에 기재된 발명 또는 고안과 동일한 발명인 사실(제29조 제3항·제4항 본문), ⑪ 선출원 발명과 동일한 사실(제36조 제1항~제3항), ⑫ 해당 특허가 공공의 질서 또는 선량한 풍속에 어긋나거나 공중의 위생을 해칠 우려가 있는 발명이어서 특허를 받을 수 없는 사실(제32조) 등은 특허장애요건에 해당한다.

3) 거절심결취소소송과 주장·증명책임

거절심결취소소송에 있어서, 심결의 거절이유가 위 ① 내지 ⑥인 경우 처분장애요건이므로 ① 내지 ⑥의 사유가 있음을 원고가 주장·증명 책임을 지고, 거절이유가 ⑧ 내지 ⑫인 경우 처분발생요건이므로 ⑧ 내지 ⑫의 사유가 있음을 이유로 특허청장이 주장·증명 책임을 지고, 거절이유가 ⑦인 경우 신규성상실사유에 대한 처분장애요건이므로 ⑦사유가 존재함을 원고가 주장·증명 책임을 진다.

---

14) 이시윤, 「신민사소송법 제16판」, 박영사, 2023, 544면.

4) 무효심결 또는 무효심판기각심결의 취소소송과 주장 · 증명책임

1) 무효심결의 경우에는 ⑧ 내지 ⑫의 특허장애요건은 처분발생요건이므로 특허청에 대신하여 무효심판청구인(피고)이 주장 · 증명책임을 부담하고, ① 내지 ⑦의 특허발생요건은 처분장애요건이므로 무효심판의 피청구인(원고, 특허권자)이 주장 · 증명 책임을 부담한다.

2) 한편, 무효심판기각심결의 경우에는 ⑧ 내지 ⑫의 특허장애요건은 처분장애요건이므로 그 기각심결의 취소를 구하는 무효심판청구인(원고)이 주장 · 증명 책임을 지고, ① 내지 ⑦의 특허발생요건은 처분발생요건이므로 피청구인(피고)이 특허청을 대신하여 주장 · 증명 책임을 부담한다.

(3) 거절이유통지 등의 결여

결정계 사건의 경우 심사관의 거절이유의 통지(제63조), 당사자계 사건의 경우 심판관이 직권으로 심리한 사항의 통지(제159조 제1항)를 결여한 때에는 심결취소사유가 되지만, 위 통지가 있었음의 주장 · 증명 책임은 심결을 적법하다고 주장하는 측에 있다고 해석하여야 할 것이다. 따라서 결정계 사건의 경우에는 피고인 특허청장이 부담하고, 당사자계 사건의 경우(무효심결의 경우에 문제가 될 수 있다)에는 피고인 피청구인이 부담한다.

(4) 판단누락 등 심결에 나타나 있지 아니한 위법

무효심판청구에서 청구인이 주장한 여러 가지 무효사유 중 일부에 대하여 특허심판원이 판단을 누락하여 무효심판기각심결을 한 경우, 특허심판원이 당사자가 신청한 증거를 전부 각하하고 증명이 없다는 이유로 그 당사자에게 불리한 심결을 한 경우 등과 같이 심결 자체에 나타나 있지 아니한 판단누락, 심리미진 등의 위법을 취소소사유로서 주장하는 경우에는 원고가 주장 책임을 부담하고 피고가 증명 책임을 부담한다고 보아야 할 것이다.

대법원 2002.4.12. 선고 99후2211 판결

[소의 이익]

원심은 확인대상발명이 이 사건 소의 계속 중인 1998.11.19. 특허등록되었으므로 결과적으로 피고가 청구한 이 사건 권리범위확인심판의 청구는 후등록 특허권자를 상대로 한 적극적 권리범위확인심판이 되어 부적법하게 되었고, 따라서 이 사건 심판의 청구를 각하하지 아니하고 실체 판단에 나아가 심판의 청구를 인용한 이 사건 심결은

위법하다고 판단하였다. 그러나 특허심판의 심결의 취소소송에서 심결의 위법 여부는 심결 당시의 법령과 사실상태를 기준으로 판단하여야 하고, 원칙적으로 심결이 있은 이후 비로소 발생한 사실을 고려하여 판단의 근거로 삼을 수 없다 할 것이며(대법원 1995. 11.10. 선고 95누8461 판결 등 참조), 이 사건의 경우 심결시 이후에 발생한 확인대상발명의 특허등록사실을 고려하여 심결의 위법 여부를 판단하여야 할 아무런 사정이 없다. 그럼에도 불구하고 원심이 이 사건 심결시 이후에 발생한 확인대상발명의 특허등록사실을 고려하여 이 사건 권리범위확인심판의 청구가 결과적으로 부적법하게 되었다는 이유로 이 사건 심결을 취소한 것은 심결취소소송의 위법성 판단의 기준시에 관한 법리를 오해하여 결론에 영향을 미친 위법이 있고, 이에 관한 상고는 이유가 있다.

대법원 2011.2.24. 선고 2008후4486 판결

[상표에 관한 권리확인심판절차에서 심결을 받은 경우, 심결취소소송의 근거와 소의 이익 판단 기준]

상표에 관한 권리범위확인심판의 심결이 확정된 경우 그 심결이 민사·형사 등 침해소송을 담당하는 법원을 기속하지는 못한다고 하더라도, 상표법 제75조가 "상표권자·전용사용권자 또는 이해관계인은 등록상표의 권리범위를 확인하기 위하여 상표권의 권리범위 확인심판을 청구할 수 있다"고 규정하고, 상표법 제86조 제2항에 의하여 준용되는 특허법 제186조 제2항은 "심결에 대한 소는 당사자, 참가인 또는 당해 심판이나 재심에 참가신청을 하였으나 그 신청이 거부된 자에 한하여 이를 제기할 수 있다"고 규정하여 권리범위확인심판과 그 심결취소소송을 명문으로 인정하고 있는 이상, 상표에 관한 권리범위확인심판절차에서 불리한 심결을 받은 당사자가 유효하게 존속하고 있는 심결에 불복하여 심결의 취소를 구하는 것은 위 상표법의 규정에 근거한 것으로서, 상표권이 소멸되거나 당사자 사이의 합의로 이해관계가 소멸하는 등 심결 이후의 사정에 의하여 심결을 취소할 법률상 이익이 소멸되는 특별한 사정이 없는 한 심결의 취소를 구할 소의 이익이 있다.

대법원 2018.2.8. 선고 2016후328 판결

[특허권 침해에 관하여 계속 중인 민사소송에서 특허권의 효력이 미치는 범위를 확정할 수 있는 경우, 위 민사소송과 별개로 청구된 권리범위확인심판의 심판청구의 이익이 부정되는지 여부(소극)]

특허법 제135조가 규정하고 있는 권리범위확인심판은 특허권 침해에 관한 민사소송(이하 '침해소송'이라 한다)과 같이 침해금지청구권이나 손해배상청구권의 존부와 같은 분쟁 당사자 사이의 권리관계를 최종적으로 확정하는 절차가 아니고, 그 절차에서의 판단이 침해소송에 기속력을 미치는 것도 아니지만, 간이하고 신속하게 확인대상발명이 특허권의 객관적인 효력범위에 포함되는지를 판단함으로써 당사자 사이의 분쟁을 사전에 예방하거나 조속히 종결시키는 데에 이바지한다는 점에서 고유한 기능을 가진다.

특허법 제164조 제1항은 심판장이 소송절차가 완결될 때까지 심판절차를 중지할 수 있다고 규정하고, 제2항은 법원은 특허에 관한 심결이 확정될 때까지 소송절차를 중지할 수 있다고 규정하며, 제3항은 법원은 침해소송이 제기되거나 종료되었을 때에 그 취지를 특허심판원장에게 통보하도록 규정하고, 제4항은 특허심판원장은 제3항에 따른 특허권 또는 전용실시권의 침해에 관한 소에 대응하여 그 특허권에 관한 무효심판 등이 청구된 경우에는 그 취지를 제3항에 해당하는 법원에 통보하여야 한다고 규정하고 있다. 이와 같이 특허법이 권리범위확인심판과 소송절차를 각 절차의 개시 선후나 진행경과 등과 무관하게 별개의 독립된 절차로 인정됨을 전제로 규정하고 있는 것도 앞서 본 권리범위확인심판 제도의 기능을 존중하는 취지로 이해할 수 있다.

이와 같은 권리범위확인심판 제도의 성질과 기능, 특허법의 규정 내용과 취지 등에 비추어 보면, 침해소송이 계속 중이어서 그 소송에서 특허권의 효력이 미치는 범위를 확정할 수 있더라도 이를 이유로 침해소송과 별개로 청구된 권리범위확인심판의 심판청구의 이익이 부정된다고 볼 수는 없다.

대법원 2000.12.12. 선고 2000후1542 판결

[행정소송인 심결취소소송에서 자백 또는 의제자백이 인정되는지 여부(적극) 및 자백의 대상]

행정소송인 심결취소소송에서도 원칙적으로 변론주의가 적용되므로 자백 또는 의제자백도 인정되나, 자백의 대상은 사실이고, 이러한 사실에 대한 법적 판단 내지 평가는 자백의 대상이 되지 아니한다.

5. 소제기의 기간 및 통지

행정소송법에서는 민사소송의 경우와는 달리 제소기간을 제한하고 있는데, 그것은 행정법관계는 공익과 밀접하게 관련되어 있으므로 오랫동안 불확정상태에 둘 수 없고, 행정작용과 그로 인한 권리관계를 조속히 안정시킬 필요가 있기 때문이다.

행정소송법 제20조는 "취소소송은 처분 등이 있음을 안 날로부터 90일 이내에 제기하여야 한다"라고 규정하고 있으나 상당수의 행정 관련법에서는 행정처분의 효과를 신속히 확정시키기 위하여 제소기간을 특별히 단축하여 규정하고 있다. 이 특허법 제186조 제3항의 규정도 그와 같은 취지하에서 특허법원에 소[15]를 제기하

---

15) 소라 함은 법원에 대하여 판결의 형식으로 권리보호를 해달라는 당사자의 신청이다. 즉, 원고가 피고를 상대방으로 하여 법원에 대하여 특정의 청구의 당부에 관한 심판을 요구하는 소송행위이다. 소

려는 자는 심결 또는 결정의 등본을 송달 받은 날부터 30일 이내에 소를 제기하도록 규정한 것이다(제186조 제3항). 소를 제기하는 경우 특허심판원에 제출하지 않은 증거는 특허법원에서는 증거가 되지 아니하므로 처음부터 모든 증거를 제출하여야 한다. 한편 소의 제기가 있을 때 또 그 상고가 있을 때에는 법원은 지체없이 그 취지를 특허심판원장에게 통지하여야 하고(제188조 제1항), 당사자계 심판에 대한 심결취소소송절차가 완결된 때에는 지체없이 그 사건에 각 심급의 재판서 정본을 특허심판원장에게 송부하여야 한다(제188조 제2항).

한편 특허소송의 제소기간은 불변기간이나 주소 또는 거소가 멀리 떨어진 곳에 있거나 교통이 불편한 지역에 있는 자를 위하여 심판장은 직권으로 부가기간을 정할 수 있도록 한 것이다(제186조 제4항 · 제5항).

특허법원 2000.12.19. 선고 2000허7618 판결

[제소기간]

원고가 이 사건 소에서 취소를 구하는 특허심판원 2000당902호 사건의 심결등본을 2000.10.9.에 송달받고 그로부터 제소기간 30일이 도과된 이후인 같은 해 11.9.에 이르러 이 사건 소를 제기한 사실은 기록상 명백하므로(제소기간은 심결등본 송달일의 다음날인 2000.10.10.부터 기산하여 30일이 되는 같은 해 11.8.까지이다), 이 사건 소는 그 제소기간이 도과된 이후에 제기된 것으로서 부적법하다고 할 것이다. 따라서 민사소송법 제205조 제1항의 규정에 의하여 변론 없이 이 사건 소를 각하하기로 하여 주문과 같이 판결한다.

6. 당사자적격

특허법 제186조 제2항은 원고적격에 관한 규정이다.[16] 즉 특허소송절차에 있어

의 종류에는 이행의 소, 확인의 소, 형성의 소의 세 가지가 있고, 특허소송은 심결을 취소하는 것이어서 그 중 형성의 소, 즉 형성요건의 존재를 확정하는 동시에 새로운 법률관계를 생케 하고, 기존의 법률관계를 변동 · 소멸케 하는 판결을 목적으로 하는 소송으로 보아야 한다고 생각된다(정대훈, "특허소송의 諸問題", 변리사 민사소송실무연수자료, 1996, 20면).

16) 행정소송법 제12조에서는 원고적격이 있는 자로 처분 등의 취소를 구할 법률적 이익이 있는 자로 규정하고 있으므로 행정처분에 의하여 권리를 침해당한 자라면 행정처분의 직접적 당사자가 아니더라도 소를 제기할 수 있다. 이는 일반 행정처분의 경우 법률상의 이해관계가 있는 자는 그 수가 극히 한정되기 때문에 그렇게 하여도 특별한 문제가 없기 때문이다.

그러나 특허권과 같이 대세적인 권리에 관계되는 특허소송에 있어서는 이해관계가 있는 제3자는 그 범위가 매우 넓으므로 이를 모두에 대하여 원고적격을 인정하는 것은 재판의 적체를 야기할 수 있다. 반면에 원고적격이 있는 자로 당사자만을 한정하여 심결에 의하여 권리를 침해당한 자에 대하여 그 구제를 거부하는 것은 "모든 국민은 헌법과 법률이 정한 법관에 의하여 법률에 의한 재판을 받을 권

서도 민사소송에서와 같이 민법 기타 법률에서와 같이 권리능력을 가진 자가 당사자능력을 가진다.

(1) 원고적격

행정소송에 있어서는 행정청의 위반처분으로 말미암아 권리를 침해받은 자, 당사자계 행정소송에 있어서는 권리보호의 이익 또는 법률상 이익이 있는 자는 누구나 이의를 제기할 수 있으나, 특허에 관한 심판에 대한 소송에 있어서는 특허취소결정을 받은 특허권자, 그 심결을 받은 자 또는 심판청구서나 재심청구서의 각하결정을 받은 자, 참가인 또는 해당 심판이나 재심에 참가신청을 하였으나 그 신청이 거부된 자에 한하여 소를 제기할 수 있다(제186조 제2항).

대법원 1993.9.28. 선고 93다32095 판결

[공동소송인 일부의 탈루로 인한 당사자적격의 흠결여부 판단]

고유필수적 공동소송에서 공동소송인으로 될 자를 일부 빠트림으로써 당사자적격에 흠결이 생긴 경우 추가할 수 있으나 유사필수적 공동소송 및 통상 공동소송에서는 공동소송인을 일부 빠트려도 당사자적격의 흠결의 문제가 생기지 않으므로 입법 취지상 이 경우는 추가의 대상이 되지 않는다고 할 것이다.

[원고적격]

특허법 제186조 제2항은 심결에 대한 소는 당사자, 참가인 또는 해당 심판이나 재심에 참가신청을 하였으나 그 신청이 거부된 자에 한하여 이를 제기할 수 있다고 규정하여 심결취소소송의 원고적격을 한정하고 있다. 그런데 앞에서 본 바와 같이 원고 A는 위 거절결정에 불복하는 이 건 심판청구를 한 바 없어서 이 건 심결의 당사자가 아니었으므로, 이 건 심결의 취소를 구하는 이 사건 소를 제기할 원고적격이 인정되지 아니한다(원고 A가 이 건 심판에서 당사자로 되어야 할 자였음을 이유로 하여 위 제186조 제2항 소정의 "당사자"에 준하는 원고적격을 가진다고 해석할 수는 없다). 따라서 원고 A가 제기한 소는 원고적격이 없는 사람이 제기한 소로서 부적법하다.

리를 가진다"라고 한 헌법 제24조와 저촉될 소지가 있다. 따라서 제2항에서는 당사자 및 참가자 이외에도 심판 또는 재심에 참가를 신청하였으나 그 신청이 거부된 자에 대하여도 소를 제기할 수 있도록 한 것이다.

특허법 제156조 제5항에서는 참가신청의 결정에 관하여 불복할 수 없도록 규정하고 있으나 참가신청이 거부된 자가 심판의 결과에 대하여 불만이 있을 때에는 이 조의 규정에 의하여 소를 제기할 수 있도록 함으로써 이해관계가 있음을 인정받는 경우에는 본안에 대해서까지 다툴 수 있게 하여 결과적으로 참가신청의 거절에 대하여 불복할 수 있도록 하고 있다. 질권자 · 전용실시권자 · 통상실시권자 등은 참가신청을 하여 참가가 허락되었다면 참가인으로서 소를 제기할 수 있고, 참가가 허락되지 않았다면 제3자로서도 소를 제기할 수 있다.

(2) 피고적격

특허법 제187조는 특허취소결정, 심결 및 결정에 대한 소의 피고적격에 관한 규정이다. 특허소송에서 피고적격을 가지는 자는 원칙적으로 특허청장이지만, 특허의 무효심판·권리범위 확인심판·특허권 존속기간 연장등록의 무효심판·권리범위 확인심판·정정의 무효심판·통상실시권허락심판 또는 그 재심의 심결취소소송은 그 심판 또는 재심의 청구인이나 피청구인이 피고적격을 가진다는 것을 규정하고 있다.

행정소송법 제13조에 의하면 취소소송은 처분 또는 재결을 한 행정청을 피고로 한다고 규정하고 있고, 특허소송에 있어서도 취소의 대상인 심결은 특허심판원의 심판관 합의체에 의하여 된 것이며, 심판관은 독립된 기관으로 해석되기 때문에 행정소송법의 일반 원칙에 따르면 특허소송의 피고는 심판관이 되어야 할 것이다. 그러나 특허취소결정, 결정계 심판의 심결취소를 구하는 소송 및 청구서의 각하결정의 취소를 구하는 소송에 있어서는 심결을 한 심판관 합의체를 피고로 하지 않고 특허청장에게 피고적격을 인정하고 있는바, 이는 행정청 내부의 사정을 고려할 때 특허청장을 피고로 하는 것이 편리할 뿐 아니라 각각의 소송에서 심판관 합의체를 피고로 표시하는 것이 너무 번잡하므로 특허소송을 적정하고 능률적으로 운영하기 위한 합목적적인 고려에서 특허청의 대표자인 특허청장을 피고로 하기로 한 것이다.

특허법 제187조의 단서규정에서는 무효심판·특허권의 존속기간의 연장등록의 무효심판·권리범위확인심판·정정무효심판·통상실시권허락심판 또는 그 재심의 심결에 대한 소의 제기는 그 청구인 또는 피청구인을 피고로 하여야 한다고 규정하고 있다. 이와 같이 심판의 청구인 또는 피청구인을 피고로 정한 이유는 이해에 상반하는 당사자 사이의 문제로서 다투게 하는 것이 현실에 부합하는 것이고, 또 증명활동의 적정하고 효율적인 운영을 기대할 수 있을 뿐 아니라 심결의 결과가 직접 관계당사자의 이해와 관계되어 있는 점 등을 고려한 입법정책에 따른 것이다.

따라서 소제기에 있어서는 특허청장을 피고로 하여야 한다. 다만 당사자계 심판에 있어서는 청구인 또는 피청구인을 피고로 하여야 한다(제187조). 이때 특허청장은 소송수행자(지정대리인)를 지정하여 그 자로 하여금 특허소송을 수행하게 할 수 있으며, 소송수행자는 그 소송에 관하여는 대리인의 선임외의 모든 재판상의 행위를 할 수 있다.[17]

---

17) 법원행정처, 「특허소송실무」, 1998, 24~50면; 이상경, 「지적재산권소송법」, 육법사, 1998, 53~

대법원 2009.5.28. 선고 2007후1510 판결

[1] 동일한 특허권에 관하여 2인 이상의 자가 공동으로 특허의 무효심판을 청구하여 승소한 경우, 특허권자가 공동심판청구인 중 일부만을 상대로 제기한 심결취소소송에서 당사자추가신청이 허용되는지 여부(소극): 이른바 고유필수적 공동소송이 아닌 사건에서 소송 도중에 당사자를 추가하는 것은 허용될 수 없고, 동일한 특허권에 관하여 2인 이상의 자가 공동으로 특허의 무효심판을 청구하여 승소한 경우에 그 특허권자가 제기할 심결취소소송은 심판청구인 전원을 상대로 제기하여야만 하는 고유필수적 공동소송이라고 할 수 없으므로, 위 소송에서 당사자의 변경을 가져오는 당사자추가신청은 명목이 어떻든 간에 부적법하여 허용될 수 없다.

[2] 동일한 특허권에 관하여 2인 이상의 자가 공동으로 특허의 무효심판을 청구하는 경우, 그 심판의 법적 성격(=유사필수적 공동심판) 및 특허권자가 공동심판청구인 중 일부만을 상대로 심결취소소송을 제기한 때 그 심결 중 심결취소소송이 제기되지 않은 나머지 공동심판청구인에 대한 부분만이 제소기간의 도과로 분리 확정되는지 여부(소극): 특허를 무효로 한다는 심결이 확정된 때에는 해당 특허는 제3자와의 관계에서도 무효로 되므로, 동일한 특허권에 관하여 2인 이상의 자가 공동으로 특허의 무효심판을 청구하는 경우 그 심판은 심판청구인들 사이에 합일확정을 필요로 하는 이른바 유사필수적 공동심판에 해당한다. 위 법리에 비추어 보면, 당초 청구인들이 공동으로 특허발명의 무효심판을 청구한 이상 청구인들은 유사필수적 공동심판관계에 있으므로, 비록 위 심판사건에서 패소한 특허권자가 공동심판청구인 중 일부만을 상대로 심결취소 소송을 제기하였다 하더라도 그 심결은 청구인 전부에 대하여 모두 확정이 차단되며, 이 경우 심결취소소송이 제기되지 않은 나머지 청구인에 대한 제소기간의 도과로 심결 중 그 나머지 청구인의 심판청구에 대한 부분만이 그대로 분리·확정되었다고 할 수 없다.

대법원 2017.11.23. 선고 2015후321 판결

[특허를 받을 수 있는 권리에 대한 특허출원인변경신고를 하지 않은 자가 심결 취소의 소를 제기할 수 있는지(소극) 및 제소기간 경과 후 위 신고를 한 경우 그 소가 적법해질 수 있는지 여부(소극)]

특허법 제186조는 제2항에서 특허심판원의 심결에 대한 취소의 소는 당사자, 참가인, 해당 심판이나 재심에 참가신청을 하였으나 신청이 거부된 자가 제기할 수 있다고 규정하고, 제3항에서 그 취소의 소는 심결의 등본을 송달받은 날부터 30일 이내에 제기하여야 한다고 규정하고 있다. 한편 특허법 제38조 제4항은 특허출원 후에는 특허를 받을 수 있는 권리의 승계는 상속, 그 밖의 일반승계의 경우를 제외하고는 특허출

70면 참조.

원인변경신고를 하여야만 그 효력이 발생한다고 규정하고 있다. 이러한 규정들에 의하면, 특허출원인으로부터 특허를 받을 수 있는 권리를 양수한 특정승계인은 특허출원인변경신고를 하지 않은 상태에서는 그 양수의 효력이 발생하지 않아서 특허심판원의 거절결정 불복심판 심결에 대하여 취소의 소를 제기할 수 있는 당사자 등에 해당하지 아니하므로, 그가 제기한 취소의 소는 부적법하다. 특정승계인이 취소의 소를 제기한 후 특허출원인변경신고를 하였더라도, 그 변경신고 시기가 취소의 소 제기기간이 지난 후라면 제기기간 내에 적법한 취소의 소 제기는 없었던 것이므로, 취소의 소가 부적법하기는 마찬가지이다.

대법원 2010.2.11. 선고 2009후2975 판결

[심결취소판결에 따른 재심판절차에서 판결이유를 원용하면서 당사자에게 별도의 의견기회 부여 없이 바로 심결한 경우, 증거조사결과에 대한 의견을 제출할 기회를 주지 않았다거나 증거의 제출로 인한 정정청구의 기회를 박탈한 위법이 있다고 할 수 있는지 여부(소극)]

특허심판원이 특허법원의 취소판결에 따라 다시 심판을 진행하면서 당사자로 하여금 취소판결의 소송절차에서 제출되었던 증거를 다시 제출하도록 통지하였으나 당사자로부터의 증거제출이 없어 이를 실제로 제출받지 아니한 채 이 사건 심결을 하였더라도, 그러한 사정만으로 곧바로 원고에게 증거조사결과에 대한 의견을 제출할 기회를 주지 않았다거나 증거의 제출로 인한 정정청구의 기회를 박탈한 위법이 있다고 할 수 없다는 취지로 판단하였음은 정당하고, 상고이유로 주장하는 바와 같은 판결에 영향을 미친 법리오해 등의 위법이 없다.

7. 소 장

특허소송에서는 특허심판원의 심결에 불복하는 자는 소장(訴狀)을 작성하여 특허법원에 제출하면 된다(제186조 제6항, 민사소송법 제248조).

(1) 소장의 제출

소의 제기는 특허법원에 대하여 해야 하므로 소장의 제출도 특허법원에 제출하여야 한다. 특허심판원은 법원으로 볼 수 없으므로 특허심판원에 소장을 제출하는 것은 인정되지 않는다.

(2) 소장의 기재사항

소장의 필요적 기재사항은 당사자와 법정대리인, 그리고 청구의 취지와 원인을 기재하여야 하고(민사소송법 제249조 제1항), 그리고 소장에는 준비서면적 기재사항도 기재하여야 한다(민사소송법 제249조 제2항). 그 외에도 소장에 기재할 사항으로는 관행적으로 형성된 기재사항인 표제(標題) 및 증명방법의 기재 등의 것도 기재하여야 한다.[18]

(3) 소장심사

소장이 제출되면 재판장은 그 소장에 필요적 기재사항인 당사자, 법정대리인, 청구의 취지와 원인이 기재되어 있는지를 심사하고, 기재되어 있지 아니한 경우에는 상당한 기간을 정하여 그 기간 내에 흠결을 보정할 것을 명하고, 원고가 이를 보정하지 아니한 때에는 명령으로 소장을 각하한다. 소장에 인지를 붙이지 아니한 경우도 마찬가지다. 제소기간을 경과한 소에 대하여는 부적법한 소로서 변론없이 명령으로 소장을 각하하여야 한다(민사소송법 제254조 제1항·제2항).

8. 소송대리인

소송대리인이란 소송당사자 또는 참가인의 이름으로 이러한 자의 대리인임을 표시하고 그들을 대신하여 자신의 의사에 기하여 소송행위를 하고, 또는 소송행위를 받는 자이다. 특허소송에서도 행정소송이나 민사소송의 경우와 마찬가지로 당사자의 소송대리인이 인정될 것인데, 행정소송법에는 소송대리인에 관한 특별한 규정이 없으므로 특허소송의 소송대리인에 관하여는 원칙적으로 민사소송법상의 소송대리인에 관한 규정이 준용될 것이다.

소송대리인에는 법령에 의한 소송대리인과 소송위임에 의한 소송대리인이 있다. 후자는 특정한 소송사건의 처리를 위임받고 이로 인하여 대리권이 주어진 대리인이다. 현행법은 변호사강제주의를 채택하고 있지 않으므로 본인은 소송대리인을 선임하지 않고 스스로 법정에 나와서 소송수행을 할 수 있다. 그러나 본인이 소송수행을 위하여 임의로 소송대리인을 선임하려고 하는 경우에는 변호사 또는 변호사의 업무를 행하는 법인 이외의 자에게 위임할 수 없다. 다만 특허소송에서의 소송대리인에 관한 특칙으로 변리사법 제8조에 의하면 변리사는 특허소송에서 위임에 의한 소송대리인으로 될 수 있다.

그리고 소송대리인의 대리권의 존재는 반드시 서면으로 증명하여야 할 것인데(민사소송법 제89조 제1항) 보통 소송위임장을 제출하여 증명할 것이다. 심판 등 특허심판단계의 절차에서 위임을 받은 경우에도 특허청에서의 절차와 특허법원에서의 절차는 전혀

18) 사법연수원, 「변호사실무(민사)」, 1996, 14면; 법원행정처, 「특허소송실무」, 1998, 102~111면 참조.

별개의 절차이므로 당사자가 특허법원에 소를 제기하려면 다시 위임장을 작성하여 제출하여야 한다. 여기서 소송대리인에 대해 살펴본다.

(1) 변호사 및 변리사

소송대리에 관하여 특허법은 특별히 규정을 두고 있지 아니하므로 민사소송법의 일반원칙에 의한다. 민사소송법 제87조는 "법률에 따라 재판상 행위를 할 수 있는 대리인 외에는 변호사가 아니면 소송대리인이 될 수 없다"라고 규정하여 변호사의 대리를 원칙으로 하고 있다.

한편 변리사법 제8조는 "변리사는 특허, 실용신안, 디자인 또는 상표에 관한 사항의 소송대리인이 될 수 있다"라고 규정하고 있다. 또한 변리사법 제2조에 의하면 "변리사는 특허청 또는 법원에 대하여 특허, 실용신안, 디자인 또는 상표에 관한 사항을 대리하고 그 사항에 관한 감정과 그 밖의 사무를 수행하는 것을 업으로 한다"라고 규정하여 변리사도 심결취소소송에서 대리인이 될 수 있다. 변리사가 특허심판원에서 당사자의 대리를 한 경우에도 심급대리의 원칙에 비추어 법원에서의 대리에는 새로운 위임장을 제출하여야 할 것이다.[19]

변리사가 소송을 대리하였을 때 그 보수에 관하여는 민사소송법 제109조의 규정을 준용한다. 이때 "변호사"는 "변리사"로 본다(제191조의2).

(2) 특허관리인 및 소송수행자

재외자의 특허관리인은 소송대리인은 아니지만 제5조 제2항에 의하여 재판상의 행위를 할 수 있고 실체상의 대리인이다.[20] 또한 결정계심판에 있어서 특허청장이 피고로 되는 경우 특허청의 직원 또는 법무부의 직원이 소송수행자로 지정되어 소송을 대리할 수 있으며(국가를 당사자로 하는 소송에 관한 법률 제3조~제8조) 이 또한 법률에 의한 소송대리인이다. 그 밖에 회사가 당사자인 경우 지배인(상법 제11조) 또한 같다.

---

19) 이상경, 「지적재산권소송법」, 육법사, 1998, 76면.

20) 특허관리인의 권한(제5조 제2항): 종전에는 재외자의 특허관리인은 특별히 수여된 권한 외에 일체의 절차 및 행정청이 한 처분에 관한 소송에 있어서도 대리권을 가지도록 규정되어 재외자가 특히 수여하지 아니한 권한에 대하여도 대리할 수 있었다. 2001년 2월 3일 개정법(법률 제6411호)에서 재외자의 특허관리인도 통상의 위임대리인과 같이 수여된 권한에 한하여 대리권을 행사할 수 있도록 함으로써 대리권의 범위에 있어서 재외자의 의견이 반영할 수 있게 되었다.

종전에는 특허관리인이 위임대리인임에도 당사자에 수여한 권한 외에 일체의 권한을 부여한 것은 그렇지 않을 경우 수여된 권한 외의 사항에 관하여는 대리인이 없게 되어 제1항의 특허관리인 선임강제주의가 무의미하게 될 수 있기 때문이다.

9. 기술심리관의 관여

(1) 의 의

특허법원은 기술분야에 대한 전문성을 보좌하기 위하여 기술심리관을 둔다(법원조직법 제54조의2 제1항). 법원은 필요하다고 인정하는 경우 결정으로 기술심리관을 법 제186조제1항의 소송의 심리에 참여하게 할 수 있으며, 소송의 심리에 참여하는 기술심리관은 재판장의 허가를 받아 해당 기술분야에 대하여 질문할 수 있고, 재판의 합의에 의견을 진술할 수 있다(법원조직법 제54조의2 제2항 · 제3항). 그러나 기술심리관은 재판의 결론에 대한 의견을 개진할 수는 없고 기술적인 쟁점에 관하여 보고서 형태의 서면 등을 통하여 자신의 의견을 진술할 수 있을 뿐이며, 합의에서 의견을 진술하였다고 하더라도 판결에는 서명하지 아니한다.

(2) 기술심리관의 제척 · 기피 및 회피

기술심리관도 엄격한 소송의 중립 · 공정성을 유지하기 위해 제척 · 기피의 대상이 된다. 따라서 법 제148조, 민사소송법 제42조 내지 제45조, 제47조 및 제48조의 규정[21]은 기술심리관의 제척 · 기피에 관하여 준용하며, 기술심리관에 대한 제척 ·

---

21) 제42조(제척의 재판) 법원은 제척의 이유가 있는 때에는 직권으로 또는 당사자의 신청에 따라 제척의 재판을 한다.

제43조(당사자의 기피권) ① 당사자는 법관에게 공정한 재판을 기대하기 어려운 사정이 있는 때에는 기피신청을 할 수 있다.

② 당사자가 법관을 기피할 이유가 있다는 것을 알면서도 본안에 관하여 변론하거나 변론준비기일에서 진술을 한 경우에는 기피신청을 하지 못한다.

제44조(제척과 기피신청의 방식) ① 합의부의 법관에 대한 제척 또는 기피는 그 합의부에, 수명법관(受命法官) · 수탁판사(受託判事) 또는 단독판사에 대한 제척 또는 기피는 그 법관에게 이유를 밝혀 신청하여야 한다.

② 제척 또는 기피하는 이유와 소명방법은 신청한 날부터 3일 이내에 서면으로 제출하여야 한다.

제45조(제척 또는 기피신청의 각하 등) ① 제척 또는 기피신청이 제44조의 규정에 어긋나거나 소송의 지연을 목적으로 하는 것이 분명한 경우에는 신청을 받은 법원 또는 법관은 결정으로 이를 각하(却下)한다.

② 제척 또는 기피를 당한 법관은 제1항의 경우를 제외하고는 바로 제척 또는 기피신청에 대한 의견서를 제출하여야 한다.

제47조(불복신청) ① 제척 또는 기피신청에 정당한 이유가 있다는 결정에 대하여는 불복할 수 없다.

② 제45조 제1항의 각하결정(却下決定) 또는 제척이나 기피신청이 이유 없다는 결정에 대하여는 즉시항고를 할 수 있다.

③ 제45조 제1항의 각하결정에 대한 즉시항고는 집행정지의 효력을 가지지 아니한다.

제48조(소송절차의 정지) 법원은 제척 또는 기피신청이 있는 경우에는 그 재판이 확정될 때까지 소송절차를 정지하여야 한다. 다만, 제척 또는 기피신청이 각하된 경우 또는 종국판결(終局判決)을 선고

기피의 재판은 그 소속법원이 결정으로 한다. 한편, 기술심리관은 제척 또는 기피 사유가 있다고 인정하면 특허법원장의 허가를 받아 회피할 수 있다(제188조의2).

10. 판 결

특허법원의 재판대상은 특허심판원의 심결 또는 결정이다. 따라서 특허법원의 판결은 특허심판원의 심결 또는 결정의 취소를 구하는 청구로서 원고의 청구가 이유 없으면 이를 기각하고, 반대로 원고의 청구가 이유 있으면 심결 또는 결정을 취소하는 형식을 취하고 있다(제189조 제1항).

원고의 청구를 인용하는 취소판결이 확정된 때에는 특허심판원이 다시 심리를 하여 심결 또는 결정을 하여야 하는데(제189조 제2항), 위 취소판결에서 취소의 기본이 된 이유는 그 사건에 대하여 특허심판원을 기속하므로(제189조 제3항), 특허심판원은 확정판결의 취소 이유와 저촉되는 심결 또는 결정을 할 수 없다.

(1) 판결의 종류

판결에는 중간판결과 종국판결, 전부판결과 일부판결, 소송판결[22]과 본안판결[23]로 나눈다.

먼저 중간판결이란 소송의 진행 중 독립한 공격 또는 방어의 방법, 중간의 쟁의(예컨대 소송요건에 관한 다툼), 청구의 원인과 액수에 관한 쟁의와 같은 당사자 사이에 쟁점으로 된 사항에 관하여 미리 판단하는 판결이다(민사소송법 제201조).[24] 실무상 예가 드물 것으로 보인다.[25] 중간판결을 함에 있어서는 그 쟁점에 대하여 변론을 제한하여야 할 것이고, 중간판결에 대하여는 독립한 상소가 허용되지 아니함은 행정소송이나 민사소송의 경우와 같다.

한편 종국판결은 특허소송의 전부나 일부를 종료시키는 판결이다. 보통 판결이라고 하는 것은 종국판결을 칭한다.

수개의 청구가 병합되어 제기되거나 변론이 병합되는 경우에 그 전부를 판결할

하거나 긴급을 요하는 행위를 하는 경우에는 그러하지 아니하다.

22) 소송요건의 불비를 이유로 하여 소 또는 상고를 각하하여 그 심급에서 그 사건의 심리를 중단하는 종국판결이 소송판결이다.

23) 본안판결은 민사소송에서 소에 따른 원고의 주장이 온당한가 온당하지 않은가를 판단하는 판결로서 소송판결에 대응하는 것이다.

24) 환송판결은 중간판결이 아니라 종국판결이다(대법원 1981.9.8. 선고 80다3271 전원합의체 판결).

25) 東京地裁 平成14.9.19. 平成 13年(ワ) 第17772号 判決(青色LED事件).

정도로 심리가 진행되었을 때에는 전부판결을 하여야 하나 그 일부의 심리를 완료한 때에는 일부판결을 할 수 있다(민사소송법 제200조). 일부판결을 할 것인지 여부는 법원의 재량사항이나, 선택적 병합, 예비적 병합 또는 필수적 공동소송의 경우에는 일부판결을 할 수 없다. 일부판결을 하는 때에는 그 부분의 변론을 분리하여 재판하고 나머지 청구에 관하여는 심리를 속행하여 잔부(殘部)판결을 한다. 일부판결은 종국판결이므로 독립하여 상고할 수 있고 이 경우에는 기록을 대법원에 송부하고 특허법원에 계속중인 사건은 원기록의 등본을 만들어 재판한다. 다만 상고된 사건에 관련되는 부분이 소송기록 중 극히 일부분에 불과한 때에는 원기록에 의하여 특허법원에 계속중인 사건을 재판하고, 그 등본을 대법원으로 송부한다.

특허소송에서 판결은 소의 각하판결, 소의 기각판결, 소의 인용판결(취소판결) 등의 태양을 갖는다.

1) 소의 각하판결

소가 소송요건을 흠결한 경우로서 부적법한 경우에는 특허법원은 판결로서 소를 각하한다. 특히 그 흠결을 보정할 수 없을 때에는 변론없이 소를 각하할 수 있다.

2) 소(청구)의 기각판결

이는 원고의 청구가 이유 없다고 인정되어 원심결을 유지하는 경우에 하는 판결로서 특허법원은 소(청구) 기각 판결을 한다. 소(청구)의 기각 판결은 제1심 심결이 상당하거나 또는 원심결이 이유는 부당하지만 다른 이유로 보아 정당하다고 인정될 때에 한다.

3) 소(청구)의 인용판결

인용판결은 형성판결(심결 또는 결정의 취소판결)과 일부취소판결,[26] 그리고 확인판결[27]로 나눌 수 있다.

그러나 특허심결취소송의 인용판결은 특허법 제189조 제1항과 같이 대부분 형성판결이다. 형성판결(심결 또는 결정의 취소판결)은 원고의 심결(결정)취소청구가 이유 있다고 인정하여 그 전부 또는 일부를 인용하는 판결이다. 즉 특허법원은 소의 제기가 이유 있다고 인정되는 때에는 제1심 심결 또는 결정을 판결로서 취소하

26) 심결의 일부를 취소할 수 있는가 하는 문제가 있다.

27) 특허소송에서 확인판결은 가능하지 않다고 할 것이다. 행정소송의 경우 당사자소송에서 확인판결을 주로 찾아볼 수 있고, 항고소송 중 무효 등 확인소송과 부작위위법확인소송의 인용판결은 확인판결이다.

여야 하며, 특허법원은 스스로 특허권을 부여하거나 또는 스스로 특허를 무효로 하는 등의 판결을 할 수 없고 사건처리를 특허청측에 맡겨야 한다. 한편 특허법원은 특허심판원의 심결을 취소하는 판결을 함에 있어 심결을 취소하는 판결만을 하여야 한다(제189조 제1항). 예를 들면, 특허를 무효로 하는 취지의 청구를 기각한 심결에 대한 소송에서 심결의 잘못이 발견된 경우, 법원은 특허를 무효로 하는 판결을 할 수는 없고, 심결을 취소한다는 형성판결만을 할 수 있을 뿐이다.

특허법원 1999.7.8. 선고 98허6452 판결

[일부인용]

이 건 심판은 확인대상발명이 이 건 특허권의 권리범위에 속한다는 확인을 구한 것으로서 확인대상발명이 여러 개의 청구항 중 어느 한 항에만 속한다고 하더라도 심판청구를 인용하여야 할 것이고, 심판청구인이 확인대상발명은 특허청구의 범위의 청구항 모두에 속한다는 취지의 확인을 구하지 아니하는 이상 청구항 별로 심판청구를 인용하거나 기각하여야 할 것은 아니므로 이건 심결은 이 건 특허발명 3, 5, 6에 대한 판단에 있어서는 위법하나 이 건 특허발명 2에 대한 판단에 있어서는 적법하여 이와 같은 위법이 심판청구를 인용한 심결의 결론에는 영향을 미치지 아니한다 할 것이다.

(2) 판결의 효력

판결의 효력으로는 취소판결의 기속력(羈束力), 판결의 형성력,[28] 기판력[29]이 있

---

28) 판결의 형성력이란 판결의 취지에 따라 기존의 법률관계 또는 법률상태를 변동시키는 힘을 말한다. 심결 또는 결정을 취소하는 취지의 판결이 확정되면 취소된 심결이나 결정은 특허심판원의 별도의 행위를 기다릴 것도 없이 그 효력을 잃는다.

행정소송법 제29조 제1항은 처분 등을 취소하는 판결은 제3자에 대하여도 효력이 있다고 하여 취소판결의 형성력이 제3자에게도 미친다는 것을 규정하고 있다. 제3자라고 하더라도 그 취소판결의 존재와 그 취소판결에 의하여 형성되는 법률관계를 용인하여야 한다(대법원 1986.8.19. 선고 83다카2022 판결 참조).

판결의 제3자에 대한 효력으로 인하여 제3자의 이익의 보호가 문제되고 현행법은 이를 위하여 제3자의 소송참가(행정소송법 제16조)와 재심제도(행정소송법 제31조)를 마련하고 있다.

29) 기판력은 일단 재판이 확정된 때에는 동일한 사항이 문제가 되었을 때에 당사자는 이에 저촉되는 주장을 할 수 없고 법원도 이에 저촉되는 판단을 할 수 없는 구속력을 의미한다(대법원 1987.6.9. 선고 86다카2756 판결 참조). 행정소송법 제8조 제2항에서 이 법에 특별한 규정이 없는 사항에 대하여는 법원조직법과 민사소송법을 준용한다고 하므로 특허소송 판결에 대하여도 기판력이 있음은 의문의 여지가 없다.

기판력의 범위

1. 주관적 범위

당사자 및 당사자와 동일시할 수 있는 승계인이다. 다만 결정계 심결취소소송의 피고는 특허청장이므로 특허청장을 피고로 하는 심결취소소송에 있어서는 판결의 기판력은 특허청장에 미친다.

2. 객관적 범위

다. 우리 특허법 제189조 제3항은 취소판결의 기속력에 관한 규정이다. 행정소송법 제30조 제1항에서도, "처분 등을 취소하는 확정판결은 그 사건에 관하여 당사자인 행정청과 그 밖의 관계행정청을 기속한다"라고 규정하고 있다.

1) 취소판결의 기속력의 내용

취소판결이 확정되면 특허심판원은 동일 사실관계 아래서 동일 당사자에 대하여 동일한 내용의 심결 또는 결정을 반복하여서는 아니된다. 즉 이를 "반복금지효"라고 한다.

2) 기속력의 범위

기속력의 범위는 주관적 범위와 객관적 범위로 나눌 수 있다. 주관적 범위란 "취소판결은 특허심판원을 기속한다"라는 규정이고, 객관적 범위는 "기속력은 취소판결의 실효성을 도모하기 위하여 인정된 효력이므로 판결 주문 및 그 전제로 된 요건사실의 인정과 효력의 판단에만 미치는 판결의 결론과 직접 관계없는 방론이나 간접사실의 판단에는 미치지 아니 한다."

심결 또는 결정의 취소판결에 있어서 취소의 기본이 된 이유는 그 사건에 대하여 특허심판원은 기속되지만, 판결에 의하여 취소된 심결 또는 결정의 이유와 다른 새로이 발견한 이유에 의하여 취소판결과 다른 심결 또는 결정을 할 수 있다. 이 경우 불리한 심결을 받은 당사자는 다시 취소소송을 제기할 수 있음은 물론이다.

기속력은 심결 또는 결정의 개개의 위법원인에 대하여 생기고 위법성일반에 대하여 생기는 것은 아니므로 판결에 표시된 위법사유와 다른 이유에 의하여 동일한 심결 또는 결정을 하는 것은 무방하다. 예컨대, 신규성이 없다고 하여 심사관의 거절결정을 유지한 심결이 취소된 경우 신규성이 없다고 하여 청구를 기각한다는 취지의 새로운 심결을 하는 것도 가능하다.[30]

또한 취소된 종전의 거절심결·무효심결의 기본이 된 거절·무효사유와 다른 새로운 공지사항·선출원 등의 거절·무효사유에 의하여 거절이유통지·의견서제출 기회 부여 등 소정의 절차를 거친 이상, 다시 거절심결·무효심결을 할 수 있

일반적으로 기판력은 소송물에 관한 판단에 미치고 심결취소송의 소송물은 특허심판원의 심결 또는 결정의 위법성이므로 공격방어방법에 불과한 개개의 위법사유에 대하여는 미치지 아니하며 심결이 적법하다는 것 또는 위법하다는 것에 관하여 생긴다.

심결취소청구를 기각하는 판결이 확정되면 그 심결이 적법하다는 점에 관하여 기판력이 발생하므로 다시 취소청구를 할 수 없다.

30) 법원행정처, 「특허소송실무」, 1998, 339~340면.

다. 그리고 판결에서 취소된 전심결의 인용례와는 다른 인용례에 의하여 신규성 내지 진보성을 부정하여 또다시 심판청구기각의 심결을 할 수 있으며, 그 특허소송의 사실심 변론종결 이후 발생한 새로운 사유를 내세워 다시 종전과 같은 심결 등을 할 수 있다.

대법원 2004.11.12. 선고 2003후1420 판결

[심결취소소송의 위법판단의 기준시점 및 적극적 권리범위확인심판의 심결취소소송에서 심결시 이후 확인대상디자인이 등록된 경우]

특허심판원 심결의 취소소송에서 심결의 위법 여부는 심결 당시의 법령과 사실상태를 기준으로 판단하여야 하고, 원칙적으로 심결이 있은 이후 비로소 발생한 사실을 고려하여 판단의 근거로 삼을 수는 없는바, 이 사건 심결 후에 원고가 실시하고 있는 디자인이 디자인등록이 되었다고 하여 이 사건 심판청구가 결과적으로 부적법한 것으로 되는 것은 아니다.

대법원 2021.1.14. 선고 2017후1830 판결

[확정된 심결취소판결의 기속력이 미치는 범위]

확정된 취소판결은 정정청구가 이 사건 제1항 정정발명뿐만 아니라 이 사건 제3항 내지 제5항 정정발명에도 모두 걸쳐 있다는 이유로 이 사건 제3항 내지 제5항 정정발명에 관한 부분까지 포함하여 이 사건 원심결을 전부 취소하기는 하였으나, 취소의 기본이 된 이유는 이 사건 제1항 정정발명에 관한 원심결의 위법성 부분이라고 할 것이다. 따라서 확정된 취소판결의 기속력은 이 사건 제1항 정정발명에 관한 원심결의 사실상 및 법률상 판단이 정당하지 않다는 점에서 발생한다.

3) 위반행위의 효력

취소판결이 확정된 후에 그 기속력에 위반하여 한 동일 내용의 심결 등은 위법하고 무효이다.

대법원 2002.12.26. 선고 2001후96 판결

[심결취소판결의 특허심판원에 대한 기속력 및 심결취소 후 제출된 새로운 증거의 의미]

심결을 취소하는 판결이 확정된 경우, 그 취소의 기본이 된 이유는 그 사건에 대하여 특허심판원을 기속하는 것인바, 이 경우의 기속력은 취소의 이유가 된 심결의 사실상 및 법률상 판단이 정당하지 않다는 점에 있어서 발생하는 것이므로, 취소 후의 심리과정에서 새로운 증거가 제출되어 기속적 판단의 기초가 되는 증거관계에 변동이 생기는 등의 특단의 사정이 있다면, 특허심판원은 위 확정된 취소판결에서 위법이라고 판단된 이유와 동일한 이유로 종전의 심결과 동일한 결론의 심결을 할 수 있고, 여기에서 새로운 증거라 함은 적어도 취소된 심결이 행하여진 심판절차 내지는 그 심결의 취소소송에서 채택, 조사되지 않은 것으로서 심결취소판결의 결론을 번복하기에 족한 증명력을 가지는 증거라고 보아야 한다.

11. 불 복

특허법 제186조 제8항은 특허법원에 대하여는 최종심으로 대법원에 상고할 수 있도록 한 규정이다. 특허법원은 법원조직법상 대법원의 하급심이므로 상고의 제기는 판결이 송달된 날로부터 2주일 이내에 상고장을 원심법원인 특허법원에 제출해야 한다.

대법원 2009.10.15. 선고 2009후2289 판결

[특허법원에서 전부 승소한 자로서 판결 내용에 불만이 있는 경우 상고를 할 수 있는지 여부(소극)]

상소는 자기에게 불이익한 재판에 대하여 자기에게 유리하도록 그 취소·변경을 구하는 것이므로 전부 승소한 원심판결에 대한 상고는 상고를 제기할 이익이 없어 허용될 수 없고, 이 경우 비록 그 판결의 이유에 불만이 있더라도 역시 상고의 이익이 없다고 할 것이다(대법원 2009.7.23. 선고 2008후2770 판결 등 참조). 위 법리와 기록에 비추어 보면, 원심은 특허심판원의 2008.11.28.자 2008당834 심결의 취소를 구하는 원고의 청구를 그대로 인용하였는데, 원고는 그 판결이유에 제시된 심결취소사유인 심판청구의 부적법(일사부재리 위반) 여부를 다투면서 상고를 제기하고 있음을 알 수 있다. 따라서 원고의 이 사건 상고는 상고의 이익이 없어서 부적법하다고 할 것이다.

대법원 2021.10.28. 선고 2020후11752 판결

[전부 승소한 판결에 대하여 판결의 이유에 불만이 있다는 이유로 제기한 상고에 상고의 이익이 있는지 여부(원칙적 소극)]

원심은 이 사건 심결의 취소를 구하는 원고의 청구를 그대로 인용하였는데, 원고는 그 판결이유에 제시된 원심 판시 기간 2(55일) 부분의 판단을 다투면서 상고를 제기하고 있음을 알 수 있고, 이 부분 판단에 대하여는 취소판결의 기속력이 발생하는 것도 아니다(대법원 2021.1.14. 선고 2017후1830 판결 등 참조). 따라서 전부 승소한 원고로서는 원심의 판결이유에 불만이 있다 하더라도 상고를 제기할 이익이 없다.[31)][32)]

---

31) 특허심판원은 특허권 존속기간 연장등록이 특허발명을 실시할 수 없었던 기간을 초과한다는 이

대법원 2012.9.13.자 2012카허15 결정

[특허법원의 심결취소소송에서 원고가 소송비용 담보제공 신청을 할 수 있는지 여부(소극) 및 심결취소소송의 피고가 해당 소송의 불복 대상이 된 특허심판원 심결이 내려진 상표등록무효심판절차의 청구인이더라도 마찬가지인지 여부(적극)]

상표등록무효심판은 특허심판원에서의 행정절차이며 그 심결은 행정처분에 해당하고, 그에 대한 불복 소송인 심결취소소송은 행정소송에 해당하며, 행정소송법 제8조 제2항에 의하여 준용되는 민사소송법 제117조 제1항은 '원고'가 대한민국에 주소·사무소와 영업소를 두지 아니한 때 또는 소장·준비서면, 그 밖의 소송기록에 의하여 청구가 이유 없음이 명백한 때 등 소송비용에 대한 담보제공이 필요하다고 판단되는 경우에 피고의 신청이 있으면 법원은 원고에게 소송비용에 대한 담보를 제공하도록 명하여야 한다고 규정하고 있다. 따라서 특허법원의 심결취소소송에서도 소송비용 담보제공 신청권은 피고에게 있을 뿐 원고가 위와 같은 담보제공 신청을 할 수는 없고, 이 점은 심결취소소송의 피고가 해당 심결취소소송의 불복 대상이 된 특허심판원 심결이 내려진 상표등록무효심판절차의 청구인이라고 하더라도 마찬가지이다.

12. 판결서 정본 송부

당사자계 심판에 대한 심결취소소송절차가 완결된 때에도 지체없이 그 사건에 대한 각 심급의 재판서 정본 기타 소송종료 사유를 기재한 서면을 특허심판원장에게 보내야 한다(제188조 제2항). 다만, 특허취소신청, 결정계 심판에 대한 소송은 특허청장이 피고로 되므로 소송이 종료된 사실을 별도로 특허심판원장에게 통지하지 아니하여도 알 수 있다.

13. 소의 취하

수개의 청구항에 대한 심결에 대한 취소소송에서 그 일부 청구항에 대하여 소

유로 초과기간 187일에 대한 연장등록을 무효로 심결하였고, 특허법원은 심결을 전부 취소하였는데, 그 판결 이유에서 "심결에서 무효로 판단한 187일 중 기간 1(132일)은 특허권자에게 책임 있는 사유로 인하여 소요된 기간이라고 볼 수 없으므로 이 부분 심결의 판단은 위법하고, 기간 2(55일)는 특허권자에게 책임 있는 사유로 인하여 소요된 기간이라고 할 것이므로 이 부분 심결의 판단은 적법하다"라고 판단하였다. 이에 특허권자는 특허법원판결 중 이유에서 불이익하게 판단한 부분에 불복하며 상고를 제기하였다.

32) 특허권 존속기간 연장등록이 특허발명을 실시할 수 없었던 기간을 초과한다는 이유로 초과기간에 대한 연장등록을 무효로 한 심결을 전부 취소한 특허법원판결 이유 중 일부 기간은 특허권자에게 책임 있는 사유로 인하여 소요된 기간이라고 판단한 부분에 취소판결의 기속력이 발생하지 않는다고 한 사례이다.

의 취하를 할 수 있다. 또한 소의 취하는 원고의 소제기 후 판결이 확정되기 전에는 언제라도 할 수 있으며, 다만 피고가 본안에 대하여 준비서면을 제출하거나 준비절차에서 변론을 한 후에는 피고의 동의를 받아야만 한다.

대법원 1997.6.27. 선고 97다6124 판결

[소의 취하]

소의 취하는 원고가 제기한 소를 철회하여 소송계속을 소멸시키는 원고의 법원에 대한 소송행위이고 소송행위는 일반사법상의 행위와는 달리 내심의 의사보다 그 표시를 기준으로 하여 그 효력 유무를 판정할 수밖에 없는 것인 바, 원고들 소송대리인으로부터 원고 중 1인에 대한 소 취하를 지시받은 사무원의 착오로 원고들 소송대리인의 의사에 반하여 원고들 전원의 소를 취하하였다 하더라도 이를 무효라 볼 수는 없다.

대법원 2013.3.28. 선고 2011후3094 판결

[특허무효심판의 심결취소소송에서 보조참가인의 동의 없이 한 소취하의 효력(=유효)]

특허무효심판의 심결취소소송에서의 보조참가는 그 판결의 결과 발생하는 효력 등에 비추어 민사소송법 제78조의 공동소송적 보조참가에 해당한다고 봄이 상당하다. 한편 민사소송법 제78조의 공동소송적 보조참가에는 "소송목적이 공동소송인 모두에게 합일적으로 확정되어야 할 공동소송의 경우에 공동소송인 가운데 한 사람의 소송행위는 모두의 이익을 위하여서만 효력을 가진다"는 같은 법 제67조 제1항이 준용되므로, 피참가인의 소송행위는 모두의 이익을 위하여서만 효력을 가지고, 공동소송적 보조참가인에게 불이익이 되는 것은 효력이 없다. 그런데 공동소송적 보조참가는 그 성질상 필수적 공동소송 중에서는 이른바 유사필수적 공동소송에 준한다 할 것인데, 유사필수적 공동소송에서는 원고들 중 일부가 소를 취하하는 경우에 다른 공동소송인의 동의를 받을 필요가 없다. 또한 소취하는 판결이 확정될 때까지 할 수 있고 취하된 부분에 대해서는 소가 처음부터 계속되지 아니한 것으로 간주되며(민사소송법 제267조) 본안에 관한 종국판결이 선고된 경우에도 그 판결 역시 처음부터 존재하지 아니한 것으로 간주되므로, 이는 재판의 효력과는 직접적인 관련이 없는 소송행위로서 공동소송적 보조참가인에게 불이익이 된다고 할 것도 아니다. 따라서 피참가인이 공동소송적 보조참가인의 동의 없이 소를 취하하였다 하더라도 이는 유효하다.

제5절 상고(上告)

1. 의 의

상고는 미확정의 종국판결에 대하여 패소 당사자가 법령위반을 이유로 법률심인 상고법원에 그 취소변경을 구하는 불복신청이다. 상고는 보통 제2심 법원의 미확정판결에 대하여 불복을 하는 것이지만 고등법원이 제1심인 경우나 비약상고의 합의가 있는 경우와 같이 제1심 법원의 종국판결에 대한 불복신청인 경우도 있다(민사소송법 제433조).

상고심은 법률심인 까닭에 상고심을 이용하기 위하여는 법령위반이 상고 이유가 되지 않으면 안 된다. 상고심은 원심이 적절히 확정한 사실을 전제로 하여 사후적으로 법령의 해석적용의 당부를 판단한다. 따라서 상고심에서는 새로운 주장이나 증거제출은 허용되지 않는다.

즉 특허법원의 판결을 받은 자가 그 판결에 대하여 불복이 있는 때에는 판결등본을 송달받은 날로부터 2주일 이내에 민사소송법의 규정에 의한 상고절차에 따라 대법원에 상고할 수 있다. 상고는 원판결의 당부를 법률적인 측면에서만 재심할 것을 구하는 불복신청으로서 이와 같은 상고제도는 법령해석의 통일과 당사자의 권리구제를 그 목적으로 하고 있으며, 대법원이 이를 전담하고 있다.

2. 법적 성격

특허법원의 판결에 대하여는 대법원에 상고할 수 있다(제186조 제8항). 따라서 법령의 위반만이 상고이유가 되며 사실인정의 과오는 인정되지 않는다. 따라서 상고심은 원판결의 당부를 법률적인 측면에서만 심사하며 사실인정은 새로이 하지 아니하고 원심의 사실인정을 전제하므로 상고심은 법률심이며 사후심이다.

이때 대법원은 원판결을 파기하는 경우 형성적 판단을 하게 되며, 특허법원의 판결이 정당할 경우 상고를 기각하는 판결을 하는바 상고는 형성소송 및 확인소송이라 하겠다.

3. 상고이유 및 대상

(1) 상고이유

대법원에의 상고[33]는 원심판결이 헌법·법률·명령 또는 규칙에 위반되고(민사소송법 제423조), 대법원판례와 상반되게 해석하는 등의 경우에 한하여 인정된다. 따라서 원심판결에 헌법·법률위반이나 대법원 판례에 위반되고 그것이 원심판결에 영향을 미쳤을 경우에 한하여 통상의 방법에 의하여 심리판결을 하며, 그렇지 않은 경우에는 심리를 속행하지 않고 상고기각 판결을 하게 된다. 특허법원의 결정·명령에 불복하여 즉시 항고하는 경우에도 동일하게 적용된다.

대법원 2001.12.24. 선고 99후2181 판결

[상고사유]

상고이유는 이 사건 특허발명의 특구범위 제2항에 "열경화성용제를 진공함침시켜 절연갭에 절연피막을 형성한다"는 내용이 기재되어 있는데, 위 "열경화성용제"는 존재하지 않는 물질이므로, 이 사건 제2항 발명은 실시할 수 없어 자연법칙에 위배된다는 것이나, 이는 상고심에 이르러 비로소 주장한 것으로 적법한 상고사유로 삼을 수 없다.

(2) 상고대상

특허심판사건 중 특허법원의 판결이나 특허법원의 결정·명령에 대하여 불복이 있는 때에는 대법원에 상고하여 그 당부를 다툴 수 있다. 즉시 항고가 인정되는 경우로는 ① 피고경정 신청각하결정, ② 제3자의 소송참가신청 각하결정, ③ 소의 변경허가결정 등이 있다.

---

33) 상고심절차에관한특례법(일부개정 2002.1.26. 법률 제6626호) 제4조(심리의 불이행) ① 대법원은 상고이유에 관한 주장이 다음 각호의 1의 사유를 포함하지 아니한다고 인정되는 때에는 더 나아가 심리를 하지 아니하고 판결로 상고를 기각한다.

1. 원심판결이 헌법에 위반하거나 헌법을 부당하게 해석한 때
2. 원심판결이 명령·규칙 또는 처분의 법률위반 여부에 대하여 부당하게 판단한 때
3. 원심판결이 법률·명령·규칙 또는 처분에 대하여 대법원 판례와 상반되게 해석한 때
4. 법률·명령·규칙 또는 처분에 대한 해석에 관하여 대법원 판례가 없거나 대법원 판례를 변경할 필요가 있는 때
5. 제1호 내지 제4호 외에 중대한 법령위반에 관한 사항이 있는 때
6. 민사소송법 제424조 제1항 제1호 내지 제5호의 사유가 있는 때

4. 상고절차

(1) 당사자

특허법원의 판결을 받은 당사자는 그 판결에 대하여 불복하고자 하는 경우 대법원에 상고할 수 있다. 결정계 심판사건의 경우 특허청장이 피상고인이 되고, 당사자계 심판사건에 있어서는 상대방이 피상고인이 된다.

(2) 상고장의 제출

상고는 특허법원의 판결등본을 송달받은 날로부터 2주일 이내에 이를 제기하여야 하는데, 이 기간은 불변기간이다. 다만 판결송달 전에도 상고를 제기할 수 있다.

상고장은 원심법원인 특허법원에 제출해야 한다. 당사자가 착각하여 상고장을 대법원에 제출하였을 경우에 대법원은 상고장을 원심법원에 송부하여 당사자의 편리를 보아주고 있으며, 이때 상소기간의 준수여부 역시 원심법원에 상고장이 회부된 때를 기준으로 삼는다.

(3) 상고장 심사

상고장이 방식에 위배되거나 법률에서 규정한 소정의 인지를 붙이지 아니한 때에는 재판장은 기간을 정하여 보정을 명하고, 그 기간 내에 보정이 없는 경우에는 명령으로 소장을 각하하여야 한다. 그러나 기간경과 후라도 각하명령 전에 보정되면 각하명령을 할 수 없다.

(4) 상고이유서 및 답변서의 제출

상고이유서는 대법원으로부터 원심인 특허법원으로부터 소송기록이 왔다는 통지를 받은 날의 다음날부터 기산하여 20일 이내에 대법원에 제출하여야 한다. 이 기간 내에 상고이유서를 제출하지 아니하면 변론을 거치지 않고 판결로서 상고를 기각할 수 있다. 한편 상고이유서의 송달을 받은 피상고인은 그 송달을 받은 날로부터 10일 내에 답변서를 제출할 수 있으며, 상고이유서를 송달받기 전에 답변서를 제출하여도 무방하다.

대법원 1981.1.28.자 81사2 결정

[상고이유서 제출기간은 불변기간이 아니므로 추완대상이 될 수 없다고 한 경우]

준재심 청구인은 위 당원 80마550 사건에 있어서 소정기간 내에 재항고이유서를 제출한 바 없고 재항고장에도 그 재항고이유의 기재가 없어 결국 소정기간 내에 그 재항고 이유를 개진한 바 없음이 명백하고 또 소론과 같은 추완신청을 한 바도 없거니와 상고이유서 제출기간은 불변기간이라 할 수 없어 제160조의 추완신청의 대상이 되지 아니한다 할 것이다.

5. 상고제기의 효과

상고가 제기되면 확정차단의 효력과 이심의 효력이 생긴다. 확정차단의 효력이란 심결의 확정이 차단되는 것을 말하며, 이심의 효력이란 그 심판사건이 원심을 떠나 상고심에 계속 중임을 말한다.

6. 상고의 재판

상고심에 대한 심리는 원칙적으로 상고이유로서 주장한 사항에 한하며, 불복신청의 범위 내에서만 조사한다. 또한 상고심은 법률심이므로 새로운 자료의 수집과 사실확정을 할 수 없으며 원심이 적법하게 확정한 사실은 상고법원을 기속하기 때문에 사실의 인정은 심판관·재판관의 전권사항이라 할 것이다. 상고심에서의 심리절차와 방식은 민사소송법에서의 상고와 동일하며, 서면심리만으로 판결할 수 있다.

7. 판　　결

(1) 판결의 종류

상고심의 판결은 상고장 각하명령, 상고기각판결, 상고인용판결의 예를 취한다. 상고장 각하명령은 상고장이 방식에 위배되거나 법률에서 규정한 소정의 인지를 붙이지 아니한 때, 상고가 기간을 경과하여 제기된 때에는 재판장이 명령으로 상고장을 각하한다. 상고가 이유없다고 인정될 때에는 상고기각의 판결을 하여야 한다. 또한 상고인이 상고이유서를 기간 내에 제출하지 아니한 경우에도 상고기각판결을 한다. 상고가 이유있으면 원심결을 파기하고 사건을 다시 심판하도록 원심으로 환송하는 판결을 한다(상고인용판결).

(2) 판결의 효과

상고심에서 환송판결이 있으면 그 사건은 특허법원에 계속되며 특허법원 판결

전의 상태에서 새로이 재판하여야 한다. 이때 환송판결의 기본이 된 이유는 그 사건에 대하여 특허법원을 기속한다. 한편 특허법원은 사건이 대법원으로부터 환송된 경우 그 사건을 다시 심리하여 판결을 해야 하는데, 판결로서 원심결을 취소하는 특허법원의 판결이 확정된 때에는 특허심판원은 해당 사건에 대하여 다시 심판하여야 한다.

제 6 절 보상금 및 대가에 대한 소(訴)

1. 의 의

특허발명의 수용, 재정실시권의 설정 등은 특허청장의 결정이나 재정 또는 심판에 의하여 정하여지는데, 이때 그에 대한 보상금이나 대가도 아울러 정하도록 되어 있다. 이 경우 특허권자 등은 특허청장의 특허권에 대한 수용결정이나 재정 및 특허심판원의 통상실시권허락심판에 불복할 때 행정심판법에 의한 불복이나 특허법원에 소를 제기하여 그 결정이나 재정 및 심결의 당부와 더불어 그 보상금 대가에 대하여도 다툴 수 있으나, 보상금이나 대가만에 대하여 불복할 때 이를 행정심판법에 의한 불복을 제기하거나 특허법원에 항소하여 다툴 수 없고 법원에 소를 제기하여 그 금액의 증감을 다툴 수 있다. 즉 특허법은 보상금 또는 대가에 관한 결정이나 심결을 받은 자가 그 보상금 또는 대가에 대하여 불복이 있을 때에는 법원에 소송을 제기하여 이를 다툴 수 있도록 하였다(제190조).

2. 법적 성격

특허권의 수용·실시 등에 따른 보상금의 결정은 행정처분이므로 이에 대한 불복소송은 행정소송으로 보아야 함이 원칙이다. 그러나 특허발명의 불실시나 특허권의 수용 및 이용·저촉관계로 인한 통상실시권 설정에 따른 보상금이나 대가만에 대한 불복소송은 특허청장 등의 결정·재정 또는 심결에 대하여 불복하는 소송으로서 행정처분을 다투는 소송이기는 하나, 특허사건에 부수되는 소송이고 또한 보상금의 취소나 변경 또는 금액의 증감은 반드시 위법한 처분만을 대상으로 하지 않고 부당한 처분도 대상으로 하고 있어 행정관청의 위법한 처분만을 대상으로 하는 행정소송에서의 항고소송과 다르다. 또한 피고적격에 있어서도 특허청장을 피고로 하지 않고 사건의 한쪽 당사자를 피고로 하여 소를 제기하도록 되어 있어 순수하게 사인(私人)간에 다투도록 되어 있는 점 등으로 미루어 볼 때 이 소송은 민사소송에 가깝다고 보아야 할 것이다.

3. 소송의 대상

(1) 보상금

1) 비밀취급에 따른 손실보상금

정부는 특허출원한 발명이 국방상 필요한 경우에는 발명자·출원인 등에게 그 발명을 비밀로 취급하도록 명할 수 있으며, 비밀취급에 따른 손실에 대하여 정당한 보상금을 지급하여야 한다. 이때 특허출원인은 해당 특허출원을 비밀로 취급함에 따른 손실보상금을 국방부장관에게 청구할 수 있으며, 국방부장관은 보상금청구를 받은 경우 보상액을 결정하여 지급하여야 하며, 필요한 경우 특허청장과 협의할 수 있다(시행령 제14조).

2) 특허출원을 수용한 경우의 보상금

정부는 특허출원에 대하여 특허하지 아니하거나 특허를 받을 수 있는 권리를 수용한 경우에 정당한 보상금을 지급하여야 한다. 이때 그 보상금의 결정은 공무원 직무발명의 처분·관리 및 보상 등에 관한 규정에 의거 특허청장이 결정한다.

3) 특허권을 수용한 경우 등의 보상금

정부는 특허출원이 국방상 필요한 때에는 특허권을 수용하거나 특허발명을 실시하거나 정부 이외의 자로 하여금 실시하게 할 수 있는데, 이때 정부 또는 정부 이외의 자는 특허권자, 전용실시권자, 통상실시권자에게 정당한 보상금을 지급하여야 한다. 이 경우 보상금에 대한 결정은 공무원 직무발명의 처분·관리 및 보상 등에 관한 규정에 의거 특허청장이 결정한다.

(2) 대 가

1) 통상실시권의 재정에 따른 대가

특허청장은 특허발명이 정당한 이유없이 실시되지 않는 등 특허법 제107조 제1항의 규정을 이유로 통상실시권설정의 재정을 하는 경우에는 통상실시권자가 특허권자 등에게 지급하여야 할 대가도 명시하여야 한다.

2) 통상실시권허락심판에 의한 대가

특허발명이 타인의 특허발명·등록실용신안·등록디자인과 이용 또는 저촉관계가 있는 경우 그 통상실시권을 허락받은 자는 특허권자·실용신안권자·디자인권자에게 대가를 지급하여야 하는데, 이 경우 대가는 심결에 의하여 결정된다.

4. 당사자적격

(1) 원 고

이 소송에 있어서 원고는 보상금 또는 대가에 대하여 심결 또는 결정을 받은 자이다. 따라서 특허권자 등은 그 보상금 또는 대가에 불복이 있을 때에는 법원에 소송을 제기하여 그 금액의 증감을 요구할 수 있다.

(2) 피 고

보상금액 또는 대가에 관한 소송의 피고에 대하여는 특허법 제191조에서 특별히 규정하고 있다.

1. 제41조 제3항 및 제4항의 규정에 의한 보상금에 대하여는 보상금을 지급하여야 할 중앙행정기관의 장 또는 출원인

2. 제106조 제3항 및 제106조의2의 규정에 의한 보상금에 대하여는 보상금을 중앙행정기관의 장·특허권자·전용실시권자 또는 통상실시권자

3. 제110조 제2항 2호 및 제138조 제4항의 규정에 의한 대가에 대하여는 통상실시권자·전용실시권자·특허권자·실용신안권자 또는 디자인권자

5. 소송의 효과

이 소송은 특허청장 등이 결정한 보상금 또는 대가만을 불복하는 소송이므로 법원은 특허청장 등이 정한 보상금 또는 대가의 적정여부만을 판단하게 되며, 법원의 보상금이나 대가에 대한 판결은 특허청장 등이 정한 보상금이나 대가의 금액만을 조정하여 확정하게 된다. 따라서 본안사건인 특허발명의 수용결정이나 재정실시권 등의 발생에는 영향을 미치지 않는다.

제10편

특허에 관한 국제출원

제1장

특허협력조약(PCT)에 의한 국제출원

제1절 서

PCT(Patent Corporation Treaty)란 특허 및 실용신안의 법과 출원절차를 통일화·간소화하기 위하여 체결된 조약이다. PCT에 의한 국제출원 절차가 일반해외출원절차에 비하여 유리한 점은 다음과 같다.

① 출원절차가 간편하다.
② 특허획득이 용이하다.
③ 특허심사 등에 관한 부담경감은 물론 심사기간의 단축효과도 기대할 수 있다.
④ 하나의 언어로 다수국에 출원할 수 있다.
⑤ 하나의 출원으로 다수국에 출원한 효과를 얻을 수 있다.
⑥ 각종 수수료의 납부 절차가 간편하다.
⑦ 무모한 해외출원을 방지할 수 있다.
⑧ 한국어로 출원가능하다.

국제협약에서 PCT에 관하여 간단하게 살펴보았듯이, 오늘날과 같은 급격한 기술혁신으로 특허출원이 증가하고 있으며 그 대부분이 외국에도 출원하고 있다. 이에 PCT를 통하여 각국은 동일발명의 중복출원 및 중복심사로 인한 시간과 인력의 낭비를 없애기 위하여 이를 국제적인 차원에서 해결하기로 합의한 조약이다. 즉 외국출원을 하고자 하는 출원인은 각국마다 상이한 특허법이 존재하기 때문에 각국의 방식에 따른 출원서류를 각국의 언어로 작성하여 파리협약에서 인정된 우선(優先)기간(12개월) 내에 행하여야 한다. 이와 함께 각국의 특허청은 특히 실체심사를 행하는 특허문헌이나 기술문헌이 최근의 과학기술발전 등을 반영하여 급속으로 증대하고 있는데도 불구하고 각 특허청은 상호 독립된 상태에서 기술정보의 수집, 특허기술의 조사, 그에 입각한 특허성의 판단 등을 하여야 할 뿐 아니라 출원된 기술의 복잡화 등에 의해서도 지체되는 문제점에 빠지게 된다. 그러나 각국 특허청에서 행하는 작업 중 기술정보의 수집 및 선행기술의 조사는 각국에서 똑같이 이루어지는 작업으로서 결국 국제출원제도가 없는 경우 동일한 대상을 중복심사하는 것이 되어 인적 자원이 낭비된다고 보고 이를 해소하기 위하여 국제출원제도가 만들어지게 된 것이다.

제 2 절 조약의 체제

국제출원을 규정하고 있는 특허협력조약(PCT)은 국제출원에 관한 실체적 규정과 운용에 관한 관리적 규정을 두고 있다. PCT의 주요내용은 첫째 국제출원, 둘째 국제조사, 셋째 국제공개, 넷째 국제예비심사의 4단계 절차로 구성되어 있다. 국제출원, 국제조사, 국제공개는 원칙적으로 모든 국제출원에 대하여 행해지는 강행적 절차이고, 국제예비심사는 출원인의 선택에 따라 행해지는 임의절차이다. 이와 같은 특허협력조약은 국제출원의 절차에 대해서만 규정하고 국제출원의 발명이 각국에서 특허를 받을 수 있는지의 여부는 그 나라의 국내법에 위임하고 있다.

PCT조약은 전문과 69개 조항 및 규칙으로 이루어져 있는데 이를 상세히 설명하면 다음과 같다.

먼저 총강(總綱)(introductory provisions: 규칙 A부)은 제1조에서 국제특허협력동맹의 설립규정을, 제2조에서는 용어의 정의규정을 두고, 제1장(국제출원 및 국제조사: 규칙 B부), 제2장(국제예비심사: 규칙 C부), 제3장(공통규정: 규칙 D부)에서 이 조약의 중핵을 이루는 국제출원의 각 단계의 절차 등을 규정하고 제4장(기술적 업무의 제공)은 개발도상국의 특허제도 발전에 협력하기 위한 규정을 두고 있다(PCT 제50조~제52조). 제5장(관리규정: 규칙 E부)은 동맹의 내부기관(PCT 제53조~제56조), 재정(PCT 제57조) 및 규칙(PCT 제58조)에 관한 규정을 두고 기타 규정은 파리협약의 스톡홀름 개정조약의 관리규정 등에 준하여 작성되어 있다.

제 3 절 국제출원절차

PCT 국제출원제도와 일반 해외출원제도의 절차도[1)]

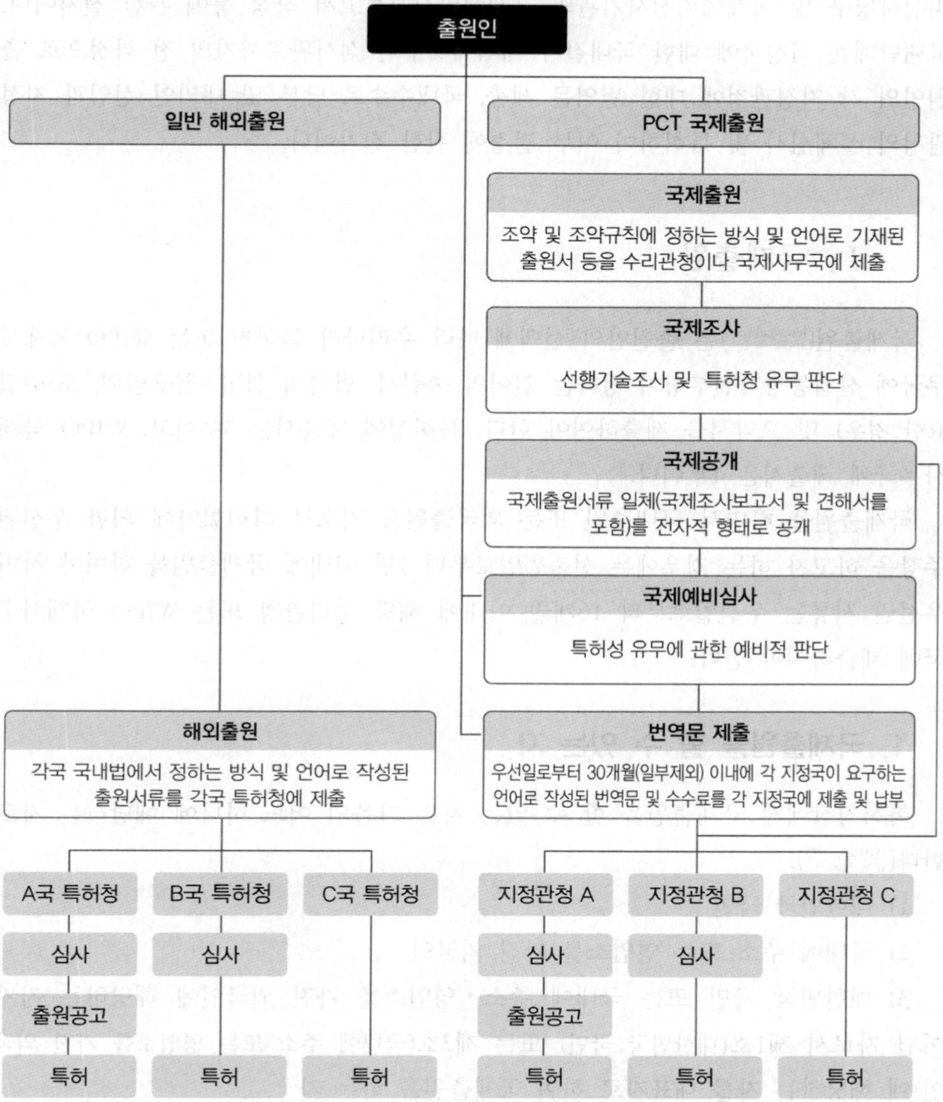

1) 특허청 홈페이지 https://www.kipo.go.kr/ko/kpoContentView.do?menuCd=SCD0200122

PCT 국제출원은 그 절차에 따라 편의상 국제단계와 국내단계로 구분한다. 국제단계는 국제출원에서부터 지정관청에 대한 국내절차진행 전까지의 전 과정으로 출원인의 국제출원, 수리관청의 국제출원의 처리, 국제조사기관의 국제조사, 국제사무국의 국제출원공개 및 지정관청에 대한 국제출원서류의 송달, 출원인의 국제예비심사청구 및 국제예비심사기관의 국제예비심사보고서 작성 등에 관한 절차이며, 국내단계는 지정국에 대한 국내절차 개시에서부터 심사완료까지의 전 과정으로 출원인의 각 지정관청에 대한 번역문 제출, 국내수수료 납부 및 대리인 선임과 지정관청의 실체심사 및 특허허여 여부 결정에 관한 절차이다.

Ⅰ. 국제출원

국제출원(international application)은 출원인의 선택에 따라 우리나라 특허청 또는 WIPO 국제사무국에 산업통상자원부령이 정하는 언어의 출원서, 발명의 설명, 청구범위, 도면(필요한 경우) 및 요약서를 제출하여야 한다. 특허청에 제출시는 3부이고, WIPO 국제사무국에 제출시는 1부이다.

국제출원을 하면서 국내출원 또는 외국출원을 기초로 파리협약에 의한 우선권주장을 하고자 하는 경우에는 선출원일로부터 1년 이내에 국제출원을 하여야 하며 우선권 서류는 우선일로부터 16개월 이내에 해당 수리관청 또는 WIPO 국제사무국에 제출하여야 한다.

1. 국제출원을 할 수 있는 자

특허청장에게 국제출원을 할 수 있는 자는 다음의 어느 하나에 해당하는 자로 한다(제192조, 시행규칙 제90조).

1) 대한민국 국민

2) 국내에 주소 또는 영업소를 가진 외국인

3) 대한민국 국민 또는 국내에 주소·영업소를 가진 외국인에 해당하는 자가 아닌 자로서 제1호(대한민국 국민) 또는 제2호(국내에 주소 또는 영업소를 가진 외국인)에 해당하는 자를 대표자로 하여 국제출원을 하는 자

4) 1) 내지 3)에 해당하지 아니하는 자로서 1명 이상의 대한민국 국민 또는 국내에 주소 또는 영업소를 가진 외국인과 공동으로 국제출원을 하는 자

이 경우에는 PCT조약 제10조에 규정된 수리관청인 대한민국 특허청에 국제출원을 할 수 있다(PCT규칙 제19조 제1항).

2. 국제출원에 관한 서류 및 방법

국제출원을 하고자 하는 자는 산업통상자원부령이 정하는 언어[2]로 작성한 출원서, 발명의 설명, 청구범위, 필요한 도면 및 요약서를 특허청장에게 제출하여야 한다(제193조, 시행규칙 제91조).

1) 출원서에는 ① 해당 출원이 특허협력조약에 의한 국제출원이라는 표시, ② 해당 출원한 발명의 보호가 요구되는 특허협력조약 체약국의 지정, ③ 제2호의 지정국 중 특허협력조약 제2조(iv)의 지역(地域)특허를 받고자 하는 경우에는 그 취지, ④ 출원인의 성명이나 명칭·주소나 영업소 및 국적, ⑤ 대리인이 있는 경우에는 그 대리인의 성명 및 주소나 영업소, ⑥ 발명의 명칭, ⑦ 발명자의 성명 및 주소나 영업소(지정국의 법령에 발명자에 관한 사항의 기재가 규정되어 있는 경우에 한한다)의 사항을 기재하여야 한다(제193조 제2항).

2) 발명의 설명은 그 발명이 속하는 기술분야에서 통상의 지식을 가진 자가 용이하게 실시할 수 있도록 명확하고 상세하게 기재되어야 한다(제193조 제3항).

3) 청구범위에는 보호를 받고자 하는 사항을 명확하고 간결하게 기재하여야 하며 발명의 설명에 의하여 충분히 뒷받침되어야 한다(제193조 제4항).

4) 특허법 제193조 제1항 내지 제4항에 규정된 것 외에 국제출원에 관하여 필요한 사항은 산업통상자원부령으로 정한다(제193조 제5항).

3. 국제출원일

특허청장은 국제출원이 특허청에 도달한 날을 특허협력조약 제11조의 국제출원일로 인정하여야 한다. 다만 다음의 어느 하나에 해당하는 경우에는 그러하지 아니하다(제194조 제1항).

1) 출원인이 제192조(국제출원을 할 수 있는 자)에 규정된 요건을 충족하지 못하는 경우

2) 특허법 제193조 제1항(국제출원)의 규정에 의한 언어로 작성되지 않은 경우

---

2) 산업통상자원부령이 정하는 언어란 국어, 영어 또는 일어를 말한다.

3) 특허법 제193조 제1항(국제출원)의 발명의 설명 및 청구범위가 제출되지 않은 경우

4) 국제출원이라는 표시와 체약국의 지정 및 출원인의 성명이나 명칭을 기재하지 아니한 경우

만약 위의 규정에 해당되는 경우에는 특허청장은 기간을 정하여 서면으로 절차를 보완할 것을 명하여야 하고(제194조 제2항), 국제출원이 도면에 관하여 기재하고 있으나 도면이 누락된 경우에는 출원인에게 통지하여야 한다(제194조 제3항). 또한 특허법 제194조 제2항의 규정에 의해 절차의 보완명령을 받은 자가 지정된 기간 내에 보완을 한 경우에는 그 보완에 관계되는 서면의 도달일을 국제출원일로 인정한다. 다만 통지를 받은 자가 산업통상자원부령이 정하는 기간 내에 도면을 제출하지 아니한 경우에는 그 도면에 관한 기재는 없는 것으로 본다(제194조 제4항).

4. 국제출원의 보정명령[3]

특허청장은 국제출원이 ① 발명의 명칭이 기재되지 아니한 경우, ② 요약서가 제출되지 아니한 경우, ③ 특허법 제3조(행위능력) 또는 제197조 제3항(변리사대리의 원칙)의 규정에 위반된 경우, ④ 산업통상자원부령(시행규칙 제101조)이 정하는 방식에 위반된 경우에 해당하는 경우에는 기간을 정하여 보정을 명하여야 한다(제195조).

5. 취하된 것으로 보는 국제출원

국제출원이 ① 제195조(보정명령)의 규정에 의한 보정명령을 받은 자가 지정된 기간 내에 보정을 하지 아니한 경우, ② 국제출원에 관한 수수료를 산업통상자원부령이 정하는 기간 내에 납부하지 아니하여 특허협력조약 제14조 (3)(a)에 해당하게 된 경우, ③ 제194조(국제출원일 인정)의 규정에 의하여 국제출원일이 인정된 국제출원에 관하여 산업통상자원부령이 정하는 기간 내에 그 국제출원이 제194조 제1항 각호의 어느 하나에 해당되는 것이 발견된 경우에는 그 국제출원은 취하된 것으로 본다(제196조 제1항). 또한 국제출원에 관하여 납부하여야 할 수수료의 일부를 산업통상자원부령이 정하는 기간 내에 납부하지 아니하여 특허협력조약 제14조(3)(b)에 해당하게 된 경우에는 수수료를 납부하지 아니한 지정국의 지정은 취하된 것으로

3) 국제출원에 있어서 보완(補完)과 보정(補正)의 차이는 그 출원이 국제출원일로 인정되었는지의 여부에 따라 구분하고 있다.

본다(제196조 제2항). 이러한 경우(국제출원 또는 지정국의 일부가 취하된 것으로 보는 때)에는 특허청장은 그 사실을 출원인에게 통지하여야 한다(제196조 제3항).

6. 대표자 등

2인 이상이 공동으로 국제출원을 하는 경우에 그 출원절차는 출원인의 대표자가 그 절차를 행할 수 있다(제197조 제1항). 그러나 대표자를 정하지 아니한 때에는 산업통상자원부령이 정하는 바(시행규칙 제106조의4는 "특허청에 국제출원할 자격을 가지는 대한민국 국민 또는 국내에 주소나 영업소를 갖는 외국인 중 출원서에 최초로 기재된 출원인"으로 정하고 있다)에 따라 대표자를 정할 수 있다(제197조 제2항). 국제출원의 대리인은 법정대리인을 제외하고는 변리사를 대리인으로 하도록 하고 있다(제197조 제3항). 이는 국제업무절차는 어렵고 복잡하며 고도의 전문지식이 요구되기 때문에 제한을 가하고 있다고 본다.

7. 국제출원의 수수료

국제출원을 하고자 하는 자는 수수료를 납부하여야 한다(제198조 제1항).

Ⅱ. 국제출원의 방식심사

특허청(수리관청) 또는 WIPO 국제사무국은 국제출원에 대하여 방식상 요건을 심사하여 동 요건이 충족된 경우에는 국제출원일을 인정하고 국제출원번호 및 국제출원일을 통지하며 충족되지 아니한 경우에는 보정지시를 한다.

또 특허청은 국제출원일이 인정된 국제출원을 WIPO 국제사무국(기록사본) 및 국제조사기관(조사용 사본)에 각 1부씩 송부한다.

Ⅲ. 국제조사

국제조사기관의 국제조사는 모든 국제출원이 그 대상이 되며 선행기술을 발견하는 것을 목적으로 하고 있다. 이러한 국제조사는 발명의 설명과 도면을 적당히 고려하여 청구범위에 기준을 두고 행한다.

국제조사기관(영어출원인 경우는 우리나라 특허청, 오스트리아 특허청이나 호주 특허청, 일어출원인 경우는 일본 특허청, 한국어 출원인 경우는 우리나라 특허청)은 수리관청으로부터 송부받은 모든 국제출원에 대하여 국제조사(international search)를 하고(제198조의2), 조사하는 조사시설 등이 허용하는 한 관련 선행기술을 발견하도록 최소한 프랑스, 독일, 러시아, 스위스, 일본, 영국, 미국, 유럽특허청 및 아프리카 지적재산권기구에 의하여 발행·반포된 특허문헌에 공표된 국제출원 등 자료를 조사하고(PCT 제15조), 국제출원된 발명의 특허가능성에 대하여 판단하고, 견해서를 작성한다.

출원인은 국제조사보고서의 결과에 따라 필요한 경우 청구범위를 보정할 수 있으며, 보정서를 국제사무국에 제출한다.

Ⅳ. 국제공개(international publication)

국제사무국은 국제출원서류(출원서, 발명의 설명, 청구범위, 보정된 청구범위 <있는 경우>, 도면 <있는 경우>, 요약서) 및 국제조사보고서를 전자적 형태로 웹사이트(patentscope.wipo.int)를 통해 공개하고(PCT 제21조 제1항) 이를 출원인 및 각 지정관청에 송부한다. 국제공개는 국제출원의 우선일로부터 18개월을 경과한 후 신속히 행하는 것이 원칙이며 현실적으로 모든 국제출원에 관하여 이 시기에 국제공개가 되나 예외로 두 가지가 인정된다.

1) 그 국제출원에 있어서 모든 지정국이 제64조 제3항의 유보(자국에 관한 한 국제출원의 국제공개를 행할 필요가 없다는 선언)를 행하고 있는 경우이며 이 경우에는 18개월 공개는 행하지 않는다(PCT 제64조 제3항(b)).

2) 국제공개기간 전에 출원인이 국제출원의 국제공개를 행할 것을 국제사무국에 청구한 경우이며 이 경우에는 조기(早期)에 국제공개가 행하여진다(PCT 제21조 제3항, PCT규칙 제48.4조). 이를 국제조기(早期)공개라고 한다.

국제공개는 원칙적으로 지정국의 국내공개에 관한 국내법상의 요청을 갖추고 있다는 면도 있으므로 각국의 국내공개와 같은 효과가 주어진다. 이러한 이유에서 특허협력조약은 국제공개에 대해 가(假)보호의 규정을 두고 있다. 따라서 국제공개의 지정국에서의 효과는 그 지정국의 국내법령이 정하는 효과와 동일하지만(PCT 제29조 제1항), 그 효과가 발생하는 시점에 대해서는 각 지정국의 선택으로서 정해진다(PCT 제21조).

V. 국제예비심사

국제예비심사(international preliminary examination)란 국제출원에 관하여 행하여지는 절차로서 출원인의 선택에 의하며, 동 절차를 적용받고자 하는 출원인은 국제조사보고서 및 국제조사기관의 견해서 또는 조약 제17조(2)(a)의 규정에 따라 국제조사보고서를 작성하지 아니한다는 취지의 통지서를 출원인에게 송부한 날부터 3월 또는 우선일부터 22월의 기간 중 늦게 만료되는 날 이내에 관할 국제예비심사기관(영어출원인 경우 우리나라 특허청, 오스트리아 특허청이나 호주 특허청, 일어출원인 경우 일본 특허청, 한국어출원인 경우 우리나라 특허청)에 국제예비심사청구를 하여야 하는 것을 말한다(제198조의2).

국제예비심사는 공적 기관에 의해 국제조사보다도 한 걸음 앞서서 판단을 원하는 출원인의 청구에 따라서 행하여지는 것이다.

2003년 12월 31일 개정 전에는 국제예비심사를 받고자하는 국가를 선택하였으나 자동선택간주제도(자동지정제도)를 도입함으로써 개정 전과는 반대로 예비심사를 받지 않을 나라만 선택하여 취하하도록 되었다. 예비심사는 PCT 제2장에 구속되는 체약국의 출원으로써 국제예비심사가 청구된 것을 대상으로 하며, 선택국에 법적 구속력없는 신규성·진보성 등의 특허성에 관한 견해를 표명하고 국제예비심사기관은 국제예비심사 보고서를 작성한다.

VI. 국내단계(국제특허출원에 관한 특례)

1. 국제출원에 의한 특허출원

특허협력조약에 의하여 국제출원일이 인정된 국제출원으로서 특허를 받기 위하여 대한민국을 지정(指定)국으로 지정한 국제출원은 그 국제출원일에 출원된 특허출원으로 본다(제199조제1항).

2. 공지 등이 되지 아니한 발명으로 보는 경우의 특례

국제특허출원 한 발명에 관하여 제30조 제1항 1호의 규정을 적용받고자 하는 자는 그 취지를 기재한 서면 및 이를 증명할 수 있는 서류를 제출기간인 특허출원일로부터 30일 내가 아니라(제30조 제2항) 산업통상자원부령이 정하는 기간 내(제201조 제4항에 따른 기준일 경과 후 30일 내)에 특허청장에게 제출할 수 있다(제200조).

3. 국제특허출원의 출원서 등의 취급

국제특허출원의 국제출원일까지 제출된 출원서는 법 제42조 제1항에 따라 제출된 특허출원서로 보고, 발명의 설명, 청구범위 및 도면은 법 제42조 제2항에 따른 특허출원서에 최초로 첨부한 발명의 설명 및 도면으로 본다(제200조의2 제1항·제2항).

한편, 국제특허출원에 대해서는 다음의 요약서 또는 국어번역문을 법 제42조제2항에 따른 요약서로 본다(제200조의2 제3항).

1) 국제특허출원의 요약서를 국어로 적은 경우에는 국제특허출원의 요약서

2) 국제특허출원의 요약서를 외국어로 적은 경우에는 제201조 제1항에 따라 제출된 국제특허출원의 요약서의 국어번역문(제201조 제3항 본문에 따라 새로운 국어번역문을 제출한 경우에는 마지막에 제출한 국제특허출원의 요약서의 국어번역문을 말한다)

즉, 요약서는 특허정보의 효율적 이용을 위한 것이기 때문에 국어로 기재될 것을 요구하고 있다.

4. 국제특허출원의 번역문

국제특허출원을 외국어로 출원한 출원인은 「특허협력조약」 제2조(xi)의 우선일(이하 "우선일"이라 한다)부터 2년 7개월(이하 "국내서면제출기간"이라 한다) 이내에 다음의 국어번역문을 특허청장에게 제출하여야 한다. 다만, 국어번역문의 제출기간을 연장하여 달라는 취지를 제203조 제1항에 따른 서면에 적어 국내서면제출기간 만료일 전 1개월부터 그 만료일까지 제출한 경우(그 서면을 제출하기 전에 국어번역문을 제출한 경우는 제외한다)에는 국내서면제출기간 만료일부터 1개월이 되는 날까지 국어번역문을 제출할 수 있다(제201조 제1항).

1) 국제출원일까지 제출한 발명의 설명, 청구범위 및 도면(도면 중 설명부분에 한정한다)의 국어번역문

2) 국제특허출원의 요약서의 국어번역문

국제특허출원을 외국어로 출원한 출원인이 「특허협력조약」 제19조(1)에 따라 청구범위에 관한 보정을 한 경우에는 국제출원일까지 제출한 청구범위에 대한 국

어번역문을 보정 후의 청구범위에 대한 국어번역문으로 대체하여 제출할 수 있다(제201조 제2항). 보정 후의 청구범위에 대한 국어번역문을 제출하는 경우에는 제204조 제1항 및 제2항을 적용하지 아니한다(제201조 제8항).

국어번역문을 제출한 출원인은 국내서면제출기간(제1항 단서에 따라 취지를 적은 서면이 제출된 경우에는 연장된 국어번역문 제출 기간을 말한다. 이하 이 조에서 같다)에 그 국어번역문을 갈음하여 새로운 국어번역문을 제출할 수 있다. 다만, 출원인이 출원심사의 청구를 한 후에는 그러하지 아니하다(제201조 제3항).

출원인이 국내서면제출기간에 발명의 설명 및 청구범위의 국어번역문을 제출하지 아니하면 그 국제특허출원을 취하한 것으로 본다(제201조 제4항).

특허출원인이 국내서면제출기간의 만료일(국내서면제출기간에 출원인이 출원심사의 청구를 한 경우에는 그 청구일을 말하며, 이하 "기준일"이라 한다)까지 제1항에 따라 발명의 설명, 청구범위 및 도면(도면 중 설명부분에 한정한다)의 국어번역문(제3항 본문에 따라 새로운 국어번역문을 제출한 경우에는 마지막에 제출한 국어번역문을 말한다. 이하 이 조에서 "최종 국어번역문"이라 한다)을 제출한 경우에는 국제출원일까지 제출한 발명의 설명, 청구범위 및 도면(도면 중 설명부분에 한정한다)을 최종 국어번역문에 따라 국제출원일에 제47조 제1항에 따른 보정을 한 것으로 본다(제201조 제5항).

특허출원인은 제47조 제1항 및 제208조 제1항에 따라 보정을 할 수 있는 기간에 최종 국어번역문의 잘못된 번역을 산업통상자원부령으로 정하는 방법에 따라 정정할 수 있다. 이 경우 정정된 국어번역문에 관하여는 제5항(보정의 효과)을 적용하지 아니한다. 제47조 제1항 1호 또는 2호에 따른 기간에 잘못된 번역을 정정을 하는 경우에는 마지막 정정 전에 한 모든 정정은 처음부터 없었던 것으로 본다(제201조 제6항·제7항).

대법원 2017.4.28. 선고 2014두42490 판결

[우선권 주장을 수반한 국제특허출원에서 국내단계 진입을 위한 번역문 등의 제출기한의 산정기준이 되는 우선일의 의미]

구 특허법(2014.6.11. 법률 제12753호로 개정되기 전의 것)은 제201조 제1항 본문에서 국제특허출원을 외국어로 출원한 출원인은 특허협력조약 제2조(xi)의 우선일(이하 '우선일'이라 한다)부터 2년 7개월 이내에 국제출원일에 제출한 명세서·청구의 범위·도면(도면 중 설명부분에 한한다) 및 요약서의 국어 번역문을 특허청장에게 제출하여야 한다고 규정하면서, 같은 조 제2항에서 제1항의 규정에 의한 기간 내에 명세서 및 청구의 범위의 번역문의 제출이 없는 경우에는 그 국제특허출원은 취하된 것으로 본다고 규정하고 있다. 그리고 특허협력조약(Patent Cooperation Treaty)은 제2조(xi)에서 우선일에 대하여, 국제특허출원이 제8조의 우선권주장을 수반하는 경우에는 그 우선권이 주장되는 출원의 제출일, 국제특허출원이 제8조의 규정에 의한 두 개 이상의 우선권의 주장을 수반하는 경우에는 우선권을 가장 먼저 주장한 출원의 제출일, 국제특허출원이 제8조의 규정에 의한 우선권의 주장을 수반하지 아니하는 경우에는 그 국제특허출원의 제출일을 의미한다고 규정하고 있다. 이러한 구 특허법과 특허협력조약의 규정들에 의하면, 출원인이 국제특허출원을 하면서 파리협약의 당사국에서 행하여진 선출원에 의한 우선권을 주장하였다면 구 특허법 제201조 제1항 본문의 우선일은 국제특허출원의 제출일이 아니라 우선권을 주장한 선출원의 제출일이 된다. 그리고 우선일은 특허협력조약과 그 규칙에서 국제특허출원의 국제공개, 국제조사, 국제예비심사 청구 등 국제단계를 구성하는 각종 절차들의 기한을 정하는 기준으로 되어 있고, 구 특허법에서도 명세서 및 청구의 범위 등에 관한 번역문의 제출기한의 기준일로 되어 있는 등, 출원 관계 기관의 업무와 관련자들의 이해관계에 중대한 영향을 미치게 되므로, 우선일은 일률적으로 정하여질 필요가 있다. 따라서 국제특허출원인의 우선권 주장에 명백한 오류가 없다면 그 주장하는 날을 우선일로 보아 이를 기준으로 특허협력조약 및 구 특허법에서 정한 절차를 진행하여야 하며, 그 우선권 주장의 실체적 효력 유무에 따라 달리 볼 것은 아니다.

5. 특허출원 등에 의한 우선권주장의 특례

국제특허출원에 관하여는 국내우선권 주장의 절차(제55조 제2항) 및 그 국내우선권 주장의 취하(제56조 제2항)의 규정은 이를 적용하지 아니한다(제202조 제1항).

국내우선권주장의 규정인 법 제55조 제4항을 적용할 때 우선권 주장을 수반하는 특허출원이 국제특허출원인 경우에는 같은 항 중 “특허출원의 출원서에 최초로 첨부한 명세서 또는 도면”은 “국제출원일까지 제출된 발명의 설명, 청구범위 또는 도면”으로, “출원공개되거나”는 “출원공개 또는 「특허협력조약」 제21조에 따라 국제공개되거나”로 본다. 다만, 그 국제특허출원이 제201조 제4항에 따라 취하한 것으로 보는 경우에는 제55조 제4항을 적용하지 아니한다(제202조 제2항).

국내우선권주장의 규정인 제55조 제1항, 같은 조 제3항부터 제5항까지 및 제56조 제1항을 적용할 때 선출원이 국제특허출원 또는 「실용신안법」 제34조 제2항에 따른 국제실용신안등록출원인 경우에는 다음에 따른다(제202조 제3항).

1) 제55조 제1항 각 호 외의 부분 본문, 같은 조 제3항 및 제5항 각 호 외의 부분 중 “출원서에 최초로 첨부한 명세서 또는 도면”은 다음의 구분에 따른 것으

로 본다.

① 선출원이 국제특허출원인 경우: "국제출원일까지 제출된 국제출원의 발명의 설명, 청구범위 또는 도면"

② 선출원이 「실용신안법」 제34조 제2항에 따른 국제실용신안등록출원인 경우: "국제출원일까지 제출된 국제출원의 고안의 설명, 청구범위 또는 도면"

2) 제55조 제4항 중 "선출원의 출원서에 최초로 첨부한 명세서 또는 도면"은 다음의 구분에 따른 것으로 보고, "선출원에 관하여 출원공개"는 "선출원에 관하여 출원공개 또는 「특허협력조약」 제21조에 따른 국제공개"로 본다.

① 선출원이 국제특허출원인 경우: "선출원의 국제출원일까지 제출된 국제출원의 발명의 설명, 청구범위 또는 도면"

② 선출원이 「실용신안법」 제34조 제2항에 따른 국제실용신안등록출원인 경우: "선출원의 국제출원일까지 제출된 국제출원의 고안의 설명, 청구범위 또는 도면"

3) 제56조 제1항 각 호 외의 부분 본문 중 "그 출원일부터 1년 3개월이 지난 때"는 "국제출원일부터 1년 3개월이 지난 때 또는 제201조 제5항이나 「실용신안법」 제35조 제5항에 따른 기준일 중 늦은 때"로 본다.

6. 국내단계 진입의사 표시를 위한 서면의 제출

국제특허출원의 출원인은 국내서면제출기간에 다음의 사항을 적은 서면을 특허청장에게 제출하여야 한다. 이 경우 국제특허출원을 외국어로 출원한 출원인은 제201조 제1항에 따른 국어번역문을 함께 제출하여야 한다(제203조 제1항).

1) 출원인의 성명 및 주소(법인인 경우에는 그 명칭 및 영업소의 소재지)

2) 출원인의 대리인이 있는 경우에는 그 대리인의 성명 및 주소나 영업소의 소재지[대리인이 특허법인·특허법인(유한)인 경우에는 그 명칭, 사무소의 소재지 및 지정된 변리사의 성명]

3) 발명의 명칭

4) 발명자의 성명 및 주소

5) 국제출원일 및 국제출원번호

다만, 제201조 제1항 단서에 따라 국어번역문의 제출기간을 연장하여 달라는 취지를 적어 제1항 전단에 따른 서면을 제출하는 경우에는 국어번역문을 함께 제출하지 아니할 수 있다(제203조 제2항).

특허청장은 다음 각 호의 어느 하나에 해당하는 경우에는 보정기간을 정하여 보정을 명하여야 하고, 보정명령을 받은 자가 지정된 기간에 보정을 하지 아니하면 특허청장은 해당 국제특허출원을 무효로 할 수 있다(제203조 제4항).

1) 제1항 전단에 따른 서면을 국내서면제출기간에 제출하지 아니한 경우

2) 제1항 전단에 따라 제출된 서면이 이 법 또는 이 법에 따른 명령으로 정하는 방식에 위반되는 경우

7. 국제조사보고서를 받은 후의 보정에 대한 번역문 또는 사본의 제출

국제특허출원의 출원인은 「특허협력조약」 제19조(1)에 따라 국제조사보고서를 받은 후에 국제특허출원의 청구범위에 관하여 보정을 한 경우 기준일까지(기준일이 출원심사의 청구일인 경우 출원심사의 청구를 한 때까지를 말한다. 이하 이 조 및 제205조에서 같다) 다음의 구분에 따른 서류를 특허청장에게 제출하여야 한다(제204조 제1항).

1) 외국어로 출원한 국제특허출원인 경우: 그 보정서의 국어번역문

2) 국어로 출원한 국제특허출원인 경우: 그 보정서의 사본

보정서의 국어번역문 또는 사본이 제출되었을 때에는 그 보정서의 국어번역문 또는 사본에 따라 제47조 제1항에 따른 청구범위가 보정된 것으로 본다. 다만, 「특허협력조약」 제20조에 따라 기준일까지 그 보정서(국어로 출원한 국제특허출원인 경우에 한정한다)가 특허청에 송달된 경우에는 그 보정서에 따라 보정된 것으로 본다(제204조 제2항).

국제특허출원의 출원인은 「특허협력조약」 제19조(1)에 따른 설명서를 국제사무국에 제출한 경우 다음의 구분에 따른 서류를 기준일까지 특허청장에게 제출하여야 한다(제204조 제3항).

1) 외국어로 출원한 국제특허출원인 경우: 그 설명서의 국어번역문

2) 국어로 출원한 국제특허출원인 경우: 그 설명서의 사본

국제특허출원의 출원인이 기준일까지 제1항 또는 제3항에 따른 절차를 밟지 아니하면 「특허협력조약」 제19조(1)에 따른 보정서 또는 설명서는 제출되지 아니한 것으로 본다. 다만, 국어로 출원한 국제특허출원인 경우에 「특허협력조약」 제20조에 따라 기준일까지 그 보정서 또는 그 설명서가 특허청에 송달된 경우에는 그러하지 아니하다(제204조 제4항).

8. 국제예비심사보고서 작성 전의 보정에 대한 번역문 또는 사본의 제출

국제특허출원의 출원인은 「특허협력조약」 제34조(2)(b)에 따라 국제특허출원의 발명의 설명, 청구범위 및 도면에 대하여 보정을 한 경우 기준일까지 다음의 구분에 따른 서류를 특허청장에게 제출하여야 한다(제205조 제1항).

1) 외국어로 작성된 보정서인 경우: 그 보정서의 국어번역문

2) 국어로 작성된 보정서인 경우: 그 보정서의 사본

보정서의 국어번역문 또는 사본이 제출되었을 때에는 그 보정서의 국어번역문 또는 사본에 따라 제47조 제1항에 따른 명세서 및 도면이 보정된 것으로 본다. 다만, 「특허협력조약」 제36조(3)(a)에 따라 기준일까지 그 보정서(국어로 작성된 보정서의 경우만 해당한다)가 특허청에 송달된 경우에는 그 보정서에 따라 보정된 것으로 본다(제205조 제2항).

국제특허출원의 출원인이 기준일까지 제1항에 따른 절차를 밟지 아니하면 「특허협력조약」 제34조(2)(b)에 따른 보정서는 제출되지 아니한 것으로 본다. 다만, 「특허협력조약」 제36조(3)(a)에 따라 기준일까지 그 보정서(국어로 작성된 보정서의 경우만 해당한다)가 특허청에 송달된 경우에는 그러하지 아니하다(제205조 제3항).

9. 재외자의 특허관리인의 특례

특허법상 재외자는 특허관리인에 의하지 아니하면 출원 및 기타 절차를 밟을 수 없으나(제5조 제1항) 재외자인 국제특허출원의 출원인은 기준일까지는 특허관리인에 의하지 아니하고도 출원번역문을 제출할 수 있도록 하였다(제206조 제1항).

출원번역문을 제출한 재외(在外)자는 산업통상자원부령이 정하는 기간(기준일부터 2월) 내에 특허관리인을 선임하여 특허청장에게 신고하여야 한다. 그러하지 않으면(선임신고가 없는 경우에는) 그 국제특허출원은 취하된 것으로 본다(제206조 제3항).

10. 출원공개시기 및 효과의 특례

국제특허출원의 출원공개에 관하여 제64조 제1항을 적용하는 경우에는 "다음 각 호의 구분에 따른 날부터 1년 6개월이 지난 후"는 "국내서면제출기간(제201조 제1항 각호 외의 부분 단서에 따라 국어번역문의 제출기간을 연장해 달라는 취지를 적은

서면이 제출된 경우에는 연장된 국어번역문 제출 기간을 말한다. 이하 이 항에서 같다)이 지난 후(국내서면제출기간에 출원인이 출원심사의 청구를 한 국제특허출원으로서 「특허협력조약」 제21조에 따라 국제공개된 경우에는 우선일부터 1년 6개월이 되는 날 또는 출원심사의 청구일 중 늦은 날이 지난 후)"로 본다. 국어로 출원한 국제특허출원에 관하여 제1항에 따른 출원공개 전에 이미 「특허협력조약」 제21조에 따라 국제공개가 된 경우에는 그 국제공개가 된 때에 출원공개가 된 것으로 본다(제207조 제1항 · 제2항).

국제특허출원의 출원인은 국제특허출원에 관하여 출원공개(국어로 출원한 국제특허출원인 경우 「특허협력조약」 제21조에 따른 국제공개를 말한다. 이하 이 조에서 같다)가 있은 후 국제특허출원된 발명을 업으로 실시한 자에게 국제특허출원된 발명인 것을 서면으로 경고할 수 있다. 국제특허출원의 출원인은 제3항에 따른 경고를 받거나 출원공개된 발명임을 알고도 그 국제특허출원된 발명을 업으로서 실시한 자에게 그 경고를 받거나 출원공개된 발명임을 안 때부터 특허권의 설정등록 시까지의 기간 동안 그 특허발명의 실시에 대하여 합리적으로 받을 수 있는 금액에 상당하는 보상금의 지급을 청구할 수 있다. 다만, 그 청구권은 해당 특허출원이 특허권의 설정등록된 후에만 행사할 수 있다(제207조 제3항 · 제4항).

11. 보정의 특례

국제특허출원에 관하여는 다음의 요건을 모두 갖추지 아니하면 제47조 제1항에도 불구하고 보정(제204조 제2항 및 제205조 제2항에 따른 보정은 제외한다)을 할 수 없다(제208조 제1항).

1) 제82조 제1항에 따른 수수료를 낼 것

2) 제201조 제1항에 따른 국어번역문을 제출할 것. 다만, 국어로 출원된 국제특허출원인 경우는 그러하지 아니하다.

3) 기준일(기준일이 출원심사의 청구일인 경우 출원심사를 청구한 때를 말한다)이 지날 것

외국어로 출원된 국제특허출원의 보정할 수 있는 범위에 관하여 제47조 제2항 전단을 적용할 때에는 "특허출원서에 최초로 첨부한 명세서 또는 도면"은 "국제출원일까지 제출한 발명의 설명, 청구범위 또는 도면"으로 보고, 제47조 제2항 후단을 적용할 때에는 "외국어특허출원"은 "외국어로 출원된 국제특허출원"으로, "최종 국어번역문(제42조의3 제6항 전단에 따른 정정이 있는 경우에는 정정된 국어번역문을

말한다) 또는 특허출원서에 최초로 첨부한 도면(도면 중 설명부분은 제외한다)"은 "제201조제5항에 따른 최종 국어번역문(제201조 제6항 전단에 따른 정정이 있는 경우에는 정정된 국어번역문을 말한다) 또는 국제출원일까지 제출한 도면(도면 중 설명부분은 제외한다)"으로 본다(제208조 제3항·제4항).

12. 변경출원시기의 제한

「실용신안법」 제34조 제1항에 따라 국제출원일에 출원된 실용신안등록출원으로 보는 국제출원을 기초로 하여 특허출원으로 변경출원을 하는 경우에는 이 법 제53조 제1항에도 불구하고 「실용신안법」 제17조 제1항에 따른 수수료를 내고 같은 법 제35조 제1항에 따른 국어번역문(국어로 출원된 국제실용신안등록출원의 경우는 제외한다)을 제출한 후(「실용신안법」 제40조 제4항에 따라 국제출원일로 인정할 수 있었던 날에 출원된 것으로 보는 국제출원을 기초로 하는 경우에는 같은 항에 따른 결정이 있은 후)에만 변경출원을 할 수 있다(제209조).

13. 출원심사청구시기의 제한

국제특허출원에 관하여는 제59조 제2항에도 불구하고 다음의 어느 하나에 해당하는 때에만 출원심사의 청구를 할 수 있다(제210조).

1) 국제특허출원의 출원인은 제201조 제1항에 따라 국어번역문을 제출하고(국어로 출원된 국제특허출원의 경우는 제외한다) 제82조 제1항에 따른 수수료를 낸 후

2) 국제특허출원의 출원인이 아닌 자는 국내서면제출기간(제201조 제1항 각호 외의 부분 단서에 따라 국어번역문의 제출기간을 연장하여 달라는 취지를 적은 서면이 제출된 경우에는 연장된 국어번역문 제출 기간을 말한다)이 지난 후

14. 국제조사보고서 등에 기재된 문헌의 제출명령

특허청장은 국제특허출원의 출원인에 대하여 기간을 정하여 특허협력조약 제18조의 국제조사보고서 또는 특허협력조약 제35조의 국제예비심사보고서에 기재된 문헌의 사본을 제출하게 할 수 있다(제211조).

15. 결정에 의하여 특허출원으로 되는 국제출원

국제출원의 출원인은 「특허협력조약」 제4조(1)(ii)의 지정국에 대한민국을 포함하는 국제출원(특허출원만 해당한다)이 다음의 어느 하나에 해당하는 경우 산업통상자원부령으로 정하는 기간에 산업통상자원부령으로 정하는 바에 따라 특허청장에게 같은 조약 제25조(2)(a)에 따른 결정을 하여줄 것을 신청할 수 있다(제214조 제1항).

1) 「특허협력조약」 제2조(xv)의 수리관청이 그 국제출원에 대하여 같은 조약 제25조(1)(a)에 따른 거부를 한 경우

2) 「특허협력조약」 제2조(xv)의 수리관청이 그 국제출원에 대하여 같은 조약 제25조(1)(a) 또는 (b)에 따른 선언을 한 경우

3) 국제사무국이 그 국제출원에 대하여 같은 조약 제25조(1)(a)에 따른 인정을 한 경우

신청을 하려는 자는 그 신청 시 발명의 설명, 청구범위 또는 도면(도면 중 설명부분에 한정한다), 그 밖에 산업통상자원부령으로 정하는 국제출원에 관한 서류의 국어번역문을 특허청장에게 제출하여야 한다(제214조 제2항).

특허청장은 신청이 있으면 그 신청에 관한 거부·선언 또는 인정이 「특허협력조약」 및 같은 조약규칙에 따라 정당하게 된 것인지에 관하여 결정을 하여야 한다. 특허청장은 정당성 여부의 결정을 하는 경우에는 그 결정의 등본을 국제출원의 출원인에게 송달하여야 한다(제214조 제3항·제5항).

특허청장이 그 거부·선언 또는 인정이 「특허협력조약」 및 같은 조약규칙에 따라 정당하게 된 것이 아니라고 결정을 한 경우에는 그 결정에 관한 국제출원은 그 국제출원에 대하여 거부·선언 또는 인정이 없었다면 국제출원일로 인정할 수 있었던 날에 출원된 특허출원으로 본다(제214조 제4항). 특허출원으로 보는 국제출원에 관하여는 제199조 제2항, 제200조, 제200조의2, 제201조 제5항부터 제8항까지, 제202조 제1항·제2항, 제208조 및 제210조를 준용하고, 출원공개에 관하여는 제64조 제1항 중 "다음 각 호의 구분에 따른 날"을 "제201조 제1항의 우선일"로 본다(제201조 제6항·제7항).

특허법원 2000.12.8. 선고 99허5425 판결

[국제출원: 출원번역문 또는 국제출원일에 제출된 국제특허출원의 도면에 기재된 사항의 범위]

제208조 제4항은 '국제특허출원의 보정각하에 관한 제51조 제1항의 규정을 적용함에 있어서는 제3항의 규정에 불구하고 국제특허출원의 명세서·청구의 범위 또는 도면 중의 설명의 출원번역문 또는 국제출원일에 제출된 국제특허출원의 도면(도면 중의 설명부분을 제외한다)에 기재된 사항의 범위 안에서 청구의 범위를 증가·감소 또는 변경하는 보정은 명세서의 요지를 변경하지 아니하는 것으로 본다'고 규정하고 있는바, 여기에서 말하는 '국제특허출원의 명세서·청구의 범위 또는 도면 중의 설명의 출원번역문 또는 국제출원일에 제출된 국제특허출원의 도면(도면 중의 설명부분을 제외한다)에 기재된 사항의 범위'라 함은 직접적인 표현에 의하여 기재된 사항만이 아니라 그것에 기재된 기술내용을 출원시에 통상의 기술자가 객관적으로 판단하여 기재되었다고 인정되는 사항, 즉 자명한 사항도 포함한다 할 것이다.

제2장

미생물 출원

특허출원과 관련하여 특허법은 서면양식주의를 취하고 있다. 그러나 미생물발명과 관련하여서는 그 특성상 특허명세서만을 통하여 그 실시가 용이하지 않다. 이에 서면양식주의를 보완하는 차원에서 그 신규의 미생물을 기탁기관에 기탁함으로써 명세서의 기재요건을 충족시키고 하고 있다. 특히 미생물발명의 국제적 보호라는 측면에서 부다페스트조약에서는 국제간의 특허출원에 있어서 기탁일자, 기탁된 미생물의 증명 등에 대한 효과를 조약국에서 인정하도록 하고 있다. 즉 조약국 상호간에는 특허출원 미생물을 하나의 국제 기탁기관에만 기탁하도록 하여, 각 국에 따로 기탁해야 하는 부담을 해소하도록 하고 있다.

국제기탁기관에 미생물을 기탁하기 위해서는 부다페스트조약 하나에서 기탁이 행해진다는 표시, 기탁의 성명 및 주소, 미생물의 배양, 보관, 생존시험 등에 필요한 조건 등의 설명 및 미생물이 혼합된 경우에 그 성분에 대한 설명과 그들의 존재를 확인할 수 있는 방법에 관한 설명, 기탁자에 의하여 부여되는 고유번호, 미생물의 특성에 관한 설명, 특히 건강이나 환경상 위험한 특성이 있는 경우 그들에 관한 설명 및 기타 미생물의 분류를 비롯하여 과학적인 기술내용을 기재한 서면을 기탁자가 서명하여 미생물과 함께 국제기탁기관에 송부한다.

한편, 부다페스트조약의 당사국이 아니지만 우리나라와 상호간의 기탁절차를 인정하기로 한 전문기관인 지정기탁기관에 미생물을 기탁할 수 있다. 즉, 지정기탁기관이란 부다페스트조약의 당사국이 아니지만 해당 국가의 특허청장이 대한민국 국민에게 특허절차상 미생물기탁에 대하여 대한민국과 동일한 조건의 절차를 인정하기로 특허청장과 합의한 국가에서 미생물 기탁 및 분양에 관한 업무를 담당하는 전문기관으로 지정한 기관을 말한다.

일반출원과 미생물 출원의 비교도

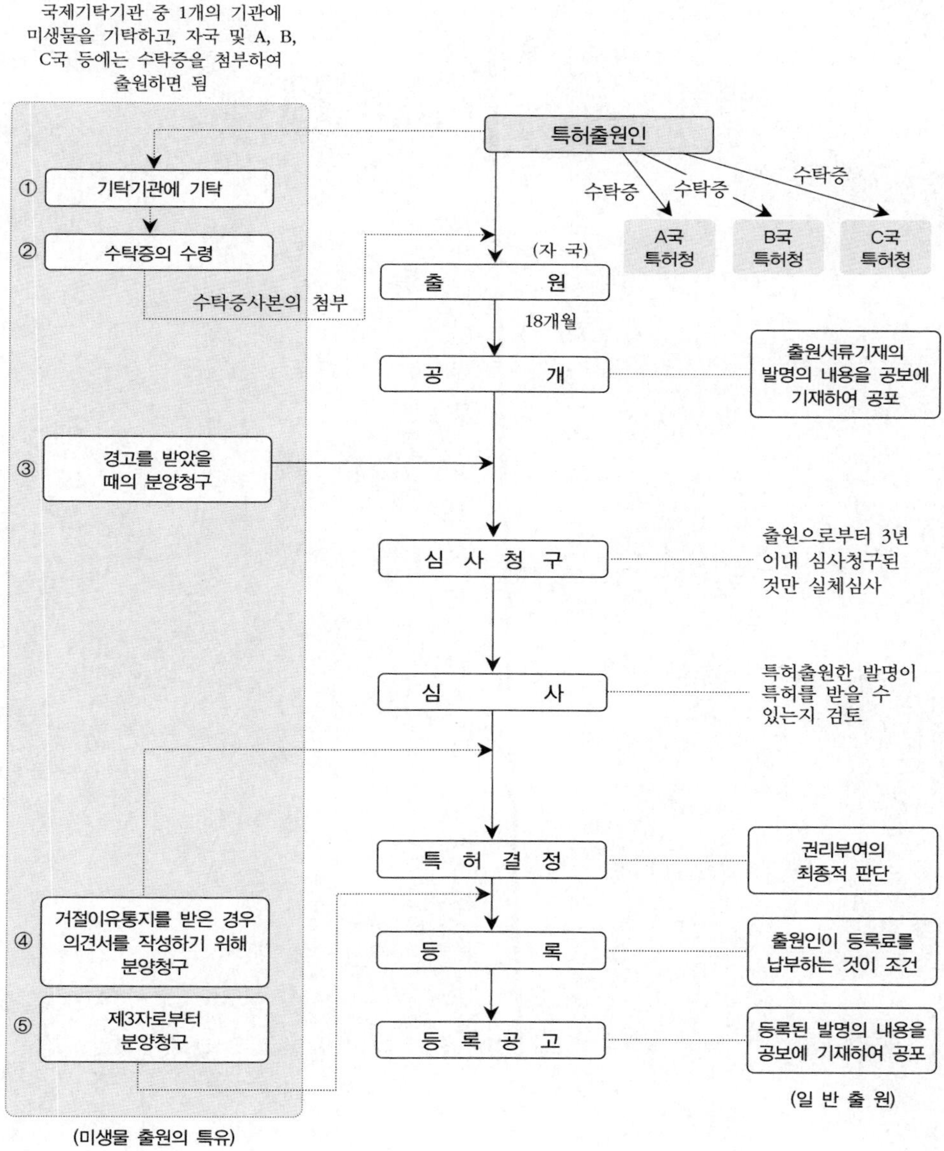

제11편

특허와 관련한 국제기구 및 조·협약

제1장

특허관련 국제기구

제 1 절 세계지적재산권기구(WIPO)

세계지적재산권기구(WIPO: World Intellectual Property Organization)는 1967년 7월 14일 스톡홀름에서 지적재산권의 국제적 보호를 목적으로 체결된 '1967년 7월 14일에 스톡홀름에서 서명된 세계지적재산권기구를 설립하는 조약[1]'을 근거로 설립된 국제기구이다. 이는 그 명칭에서 알 수 있듯 산업재산권뿐만 아니라 저작권 등을 포함하는 지적재산권의 보호에 관한 핵심적인 역할을 수행하고 있다. 특히 UN과의 협정(유엔헌장 57, 63, WIPO 설립조약 6(3)(f), 13)에 따라 1974년 12월 17일부터 UN의 16개 UN 전문기구 중의 하나가 되었고, 우리나라는 1979년 3월에 회원국이 되었다.[2] 이는 정부간 국제기구로 WIPO의 기본문서 및 WIPO가 관리할 조약 및 협정에 따라 적절한 조치를 취할 책임, 특히 창작적 · 지적 활동을 촉진하고 경제적 · 사회적 · 문화적 발전을 추진하기 위하여 산업재산권에 관한 기술이전을 용이하게 할 책임을 지며, 이에 대응되는 민간 차원의 국제조직으로는 국제산업재산권보호협회(AIPPI: Association Internationale pour la Protection de la Propriété Intellectuelle)가 있다.

1) Convention establishing the World Intellectual Property Organization signed at Stockholm on July 14, 1967.

2) 2023년 1월 현재 가입국은 193개국에 이른다(https://www.wipo.int/members/en/).

1. 설립 취지

WIPO는 그 기본 설립취지를

1) 전 세계를 통한 지적재산권의 효율적 보호를 촉진시키고, 이 분야에 있어서의 각국의 입법을 조화시킬 것을 목적으로 하는 제반조치의 발전을 증진시키며,

2) 파리조약, 동조약과 관련하여 체결된 특별조약 및 베른조약의 행정적 업무를 수행하며,

3) 지적재산권 보호의 증진을 목적으로 하는 기타 모든 국제조약의 관리를 담당하거나 또는 이에 참여하기로 동의할 수 있으며,

4) 지적재산권 보호의 증진을 목적으로 하는 국제조약의 체결을 장려하며,

5) 지적재산권 분야에 있어서 법률적·기술적 원조를 요청하는 국가에 협조를 제공하며,

6) 지적재산권 보호에 관한 정보를 수집·배포하고 이 분야의 연구를 수행·촉진하며 동 연구의 결과를 공표하는 한편,

7) 지적재산권의 국제적 보호를 촉진하는 업무를 유지하며 적절한 경우에는 이 분야에 있어서 등록에 관한 결과를 공표하는 것에 그 취지를 두고 있다.

2. 주요 활동

WIPO는 국제조약의 관장 및 체결, 국제규범의 제정, 개도국 지원을 위한 개발협력 사업 및 PCT 국제등록 업무를 관장한다. 또한 기술협력의 차원에서 개도국의 TRIPs협정 이행을 지원하고, Worldwide Academy를 개설하여 인터넷을 통한 사이버 지적재산권 학습 프로그램을 비롯하여 개도국 지적재산권 전문가 양성에도 투자를 하고 있다. 또한 산업재산권에 관련된 기술이전·개발도상국의 산업재산권에 관한 법률 및 행정조직 개선의 지원·세미나의 개최 및 전문가 파견 등의 활동을 하고 있으며, 이의 효율적인 업무 추진을 위하여 5개 분야의 상설위원회(Standing Committee)[3]를 운영하고 있다.

---

3) 특허 및 상표의 국제적 조화, 정보기술개발, 상표·디자인·지리적 표시제도 개선, 저작권 및 인접권 조약의 이행, 각 지역간 개발협력 등의 5개 분야.

(1) 국제조약의 관장과 등록 시스템의 정비

WIPO는 파리협약 등 산업재산권 관련 조약 17개와 베른조약 등 저작권에 관한 조약 7개 총 24개의 조약(條約)을 관장하고 있다. 특히 특허협력조약(PCT), 상표의 국제등록에 관한 마드리드협정의 사무국의 역할을 하고 있으면서, PCT에 의한 국제특허출원(특허), Madrid협정을 개정한 마드리드 의정서(Madrid Protocol: 상표), 제네바 법(Geneva Act: 디자인) 등을 통하여 관련 제도를 새롭게 정비하고 있다. 즉 지적재산권에 관한 국제적인 종합사무국의 기능을 수행하고 있으며 구체적으로 특허협력조약과 관련한 각국 특허청간의 업무조정 및 국제출원의 수리, 국제상표 등록의 수리, 심사업무와 개발도상국에서의 특허등록제도의 현대화, 위조활동방지를 위한 권고, 세계특허법 조화(Harmonization) 운동, 저작권 국제모델법 제정 추진 등의 업무를 수행하고 있다.

(2) 새로운 지적재산권의 논의

WIPO는 특허법의 실체적 사항의 통일화를 추진하여 새로운 형태의 글로벌 특허[4)]를 연구하고 있다. 즉 인터넷상의 도메인 이름, 디지털 저작권, 생명공학 발명, 전자상거래상의 지적재산권 등 새로이 등장하는 지적재산권 분야에 주목하고 있으며, 이에 대한 제도 마련에 노력하고 있다. 또한 통일화된 특허논의와 관련한 인프라 구축이라는 측면에서 Global Network system(WIPO-net) 구축, 디지털전자도서관(IPDL) 및 PCT 국제특허출원의 전자출원제도(IMPACT) 등 지적재산권의 정보화 프로젝트를 추진함으로써 회원국에 관련 정보를 서비스하고 있다.

(3) 중재센터의 운영

세계 각국은 산업재산권에 대하여 원칙적으로는 속지주의를 채택하고 있다. 그러나 산업재산권을 비롯한 지적재산권은 그 특이성으로 인하여 국경을 초월하여 빈번히 거래되거나 그 침해가 이루어지며, 이에 속지주의만 강조하면, 어느 나라의 법원에 의해 분쟁을 해결할 것인가의 어려운 점이 있다. 특히 정식 재판을 통한 권리 보호는 그 시간이나 비용 부담 등의 이유로 개인이나 중소기업이 활용하기에는 어려움이 있다. 이에 WIPO는 지적재산에 대한 국제분쟁을 미연에 방지하기 위하여 1993년 WIPO 총회의 승인을 얻어 사무국에 지적재산권중재센터(Arbitration and Mediation Center)

---

4) 이는 PCT와 PLT가 결합하여 전 세계인이 이용하는 간편하고, 경제적이고 지구촌 어디에서나 특허를 받을 수 있게 되는 개념이나 아직 명확하게 정립된 것은 아니다; 김원준, 「특허법」, 박영사, 2009, 848면.

를 설치하고, 1994년 10월부터 운영하고 있다. 특히 최근에는 인터넷을 통한 도메인이름 분쟁과 같은 분야에서 분쟁의 신속하고 저렴한 조정·처리를 기하고 있다.

(4) INPADOC

WIPO는 특허정보활동을 국제적으로 하기 위하여 1972년 오스트리아 비엔나에 세계특허정보기구(International Patent Documentation Center: INPADOC)를 설립했다. 이 기구는 각국과 협력협정을 맺고 각국으로부터 특허문헌에 서지적 사항(특허번호, 출원번호, 출원연월일, 발명의 명칭, 출원인, 발명자, 공고 또는 공개번호 등)을 기록한 자기테이프를 송부받아 이를 재편집하여 PFS(Patent Family Service) 리스트를 제작함으로써 각국에서 이를 이용할 수 있도록 하였다. 다만 현재는 EPO의 헤이그 지청(DGI)에 흡수되면서 그 명칭이 EPIDOS(European Patent Information Documentation Service)로 바뀌었으며, EPO의 특허정보센터로서의 기능을 수행하고 있다.

제 2 절 세계무역기구(WTO: World Trade Organization)

무역의 문제를 해결하기 위한 시도는 일찍이 관세무역일반협정(GATT)이 형성되어 자유무역의 시행에 어느 정도의 기여를 하였고, GATT의 8차 협상인 UR(Uruguay Round)의 타결과 함께 WTO로 이행하였다. 이러한 WTO는 기존의 GATT를 흡수·통합하면서 명실공이 세계무역질서를 세우고 UR 협정의 이행여부를 감시하는 역할을 하는 국제기구라 할 수 있다. 즉 GATT가 단순한 협정형태로 정식 국제기구가 아닌 상태로 그 권한이 극히 제한되어 있던 것에 비하여, WTO는 국제무역분쟁에 대한 중재권과 세계무역자유화를 위한 각종 권한을 갖고 있는 공식국제기구로 강제적 집행능력까지도 보유하고 있다. 특히 상품에 대하여는 '관세 및 무역에 관한 일반협정', 서비스에 관하여는 '서비스무역에 대한 일반협정(General Agreement on Trade in Services: GATS)'을, 또한 지적재산권에 관하여는 '무역관련 지적재산권협정(TRIPs: Agreement on Trade Related Aspects of Intellectual Property Rights)을 두고 있어, 공산품뿐만 아니라 농산물, 서비스, 지적재산권 등을 그 규율대상으로 하고 있다.

1. WTO의 출범 배경과 성립

제2차 세계대전 이후 자유무역의 확대를 위하여 국제연합(UN)의 특별기구로서 국제무역기구(ITO)의 설립이 추진되었다. ITO 헌장(Havana Charter)까지 작성되면서 그 논의가

	GATT 체제	WTO 체제
성격	임시적이며 잠정적임	영구적임
시장 개방 노력	관세인하에 주력 비관세장벽은 도쿄라운드에서 철폐하려 노력하였으나, 선언적인 규정정립 수준으로 실효성이 미흡함	관세 인하는 물론 특정분야에 대한 무관세 도입과 고관세율의 하향평준화를 촉진하였으며, 비관세 장벽의 철폐를 강화함
관할 범위	상품(주로 공산품)	공산품 외에 농산물, 섬유류에 대해서도 포괄
신분야 협 정	없음	서비스교역에 대한 협정 제정 지적재산권 보호를 위한 규범 제정 무역관련 투자조치에 대한 규범 도입
규범 강화	보조금 정의 등 불명료 반덤핑 조치의 남용 등 자의적 운용	보조금 정의의 명료화 및 규율강화(금지, 상계 가능, 허용보조금 등의 구분설정 등) 반덤핑 조치의 발동기준 명료화 및 부과 절차의 남용 방지 세이프가드협정, 원산지 규정, 선적전 검사협정 등의 내용을 구체화 분쟁해결 절차 강화

성숙되었으나, 미국 의회의 반대로 결국 ITO의 설립이 무산되었다. 그러나 전후 ITO의 설립과 함께 추진된 '관세 및 무역에 관한 일반협정(GATT)'은 23개 체약국으로 1948년 1월 발효되었다. 이 GATT(General Agreement on Tariffs and Trade)는 잠정협정에 불과하였으나, 1948년부터 1995년 WTO가 출범하기까지 국제무역을 관장하는 유일한 다자간 수단으로 존재하여 왔으며, 비록 법적 기구(legal entity)로서의 성격은 없었으나, 불완전한 제도적 형태로 인하여 발생되는 문제들을 현실적인 협정을 통하여 해결함으로써 사실상(de facto)의 국제기구로서의 역할도 수행하였다. 특히 GATT 출범 이후 총 8차례의 다자간 관세협상 라운드가 개최되어 범세계적인 무역자유화에 노력하였으며, 우리나라도 1967년 이에 가입하였다.

그러나 1980년대에 들어서면서 주요 선진국이 자국산업 및 국제수지보호를 위하여 보호무역주의적 수단을 남용하기 시작하였으며, GATT 체제를 우회하는 반덤핑제도의 남용, 수출자율규제(VER) 및 시장질서협정(OMA) 등의 회색지대조치가 성행하였다. 농산물, 섬유 등 일부 품목은 국제무역에서 차지하는 비중이 높음에도 불구하고 사실상 GATT의 규율을 받지 아니하거나, GATT 규정의 폭넓은 예외조치가 인정되는 상황이었으며, 서비스, 지적재산권 등 새로운 분야는 국제경제에서 차지하는 비중이 점점 증대하여 가고 있음에도 불구하고 국제법적인 규율 장치가 미비한 상태였다. 이러한 배경 아래에 GATT 체제의 보완과 유지를 위하여 새로운 다자간 협상이 필요하다는 공통적인 인식을 바탕으로 UR 협상이 출범하였으며, 8년간의 협상을 거쳐 1995년 1월 1일 UR 협정이 발효되고, GATT를 대체하는 항구적이고 강력한 새로운 세계무역기구(WTO: World Trade Organization)가 설립되었다.

2. WTO의 성격

WTO는 법인격을 보유하면서 WTO 기능수행에 필요한 법적 능력과 특권 및 면제를 향유한다. 상품무역, 서비스, 자본, 기술거래 등 국제경제활동의 주요부분을 거의 다 포괄할 뿐만 아니라 상세하고 실효성 있는 규범체계를 마련함으로써 과거 국제경제를 지배하던 '힘'의 논리를 '규범'의 논리로 대체함으로써 포괄성과 규범성을 갖추었다. 또한 세계무역에 있어서 다자주의 원칙을 더욱 확고히 함으로써, 일방주의 또는 지역주의의 확산을 방지하고, 회원국의 국내법을 다자규범에 일치시키도록 규정함으로써 일방적 무역조치의 남용방지를 위한 제도적 장치를 마련하였다(다자주의). 이와 함께 자유무역정책을 기본으로 하되, 개도국 지원을 위한 예외를 허용하고, 시장지배력을 남용하는 불공정관행들을 제거하는 공정무역정책을 가미하여 자유무역과 공정무역의 조화를 도모하였다.

3. WTO의 기능

(1) 협정 이행

WTO는 다자간 무역협정의 이행, 관리 및 운영을 촉진하고, 그 목적을 증진하기 위하여 노력하며, 함께 복수국간 무역협정의 이행, 관리 및 운영을 위한 틀을 제공한다. 즉 모든 회원국 정부가 수락한 다자협정 이행을 확보하기 위해 각 회원국 정부의 이행상황에 대한 통지를 접수하고 토의하는 장을 제공하며, 별도 감시기구(예 섬유감시기구)를 도입하여 협정 이행의 객관적인 검토를 수행하기도 한다. 또한 정보제공 등 활동으로 각국의 협정 이행을 위한 노력을 지원한다. 아울러 일부 회원국이 수락한 복수국간 무역협정의 이행을 위해 위의 내용과 유사한 활동을 전개한다.

(2) 협 상

회원국간의 다자간 무역관계에 관하여 협상을 위한 장을 제공하고, 이러한 협상 결과의 이행을 위한 틀을 제공한다. 즉 그 고유기능으로서 이미 GATT 및 UR 의제에 포함된 주제에 관한 다자협상의 장을 제공하며, 이에 덧붙여 WTO 각료회의에서 결정할 수 있는 다자무역관계에 관한 추가적(further) 협상, 즉 기존 조약에 명시되어 있지 않은 새로운 의제에 대한 협상을 위한 장을 제공한다.

(3) 분쟁 및 정책검토

WTO 협정 부속서2의 분쟁해결규칙및절차에관한양해에 따라 분쟁해결기구 및 상소기구를 통해 협정 해석, 협정 위반 등에 대한 회원국간의 분쟁을 해결하며, WTO 협정 부속서3의 무역정책검토제도에 따라 회원국의 무역정책을 정기적으로 (2년, 4년, 6년) 검토함으로써 협정 이행을 증진한다.

(4) 여타 국제기구들과 협력

세계 경제 정책결정에 있어서의 일관성 제고를 위하여 IMF, IBRD 및 관련 산하기구들과 협력한다.

4. WTO 체제의 원칙

(1) 차별 없는 교역

1) 최혜국 대우(MFN(Most Favored Nation) Treatment)

특정국가에 대한 특혜는 다른 모든 WTO 회원국에게도 부여하도록 하여 교역상대국간 차별대우를 금지하였다. 예컨대 특정 국가 A의 상품에 대한 관세인하는 여타 회원국 모두에게 적용되는 것으로, 정보제공 등 활동으로 각국의 협정 이행을 위한 노력을 지원한다. 다만 ① 자유무역협정, ② 불공정한 교역을 하고 있는 상대방 국가에 대한 조치, ③ 일부 서비스 분야에서는 제한된 상황에서 차별을 인정하여 최혜국 대우의 예외를 인정한다.

2) 내국민 대우(National Treatment)

외국인과 내국인, 외국 상품과 내국 상품 간에 동일한 대우를 부여하는 것으로 자유무역협정이나 불공정한 교역을 하고 있는 상대방 국가에 대한 조치에는 그 예외를 인정한다.

(2) 교역의 자유화

GATT 창설 이래 관세인하 및 무역자유화를 위한 8차에 걸친 다자간 협상을 개최한 바와 같이 관세 인하 및 비관세 조치의 완화를 통한 교역의 자유화를 추진한다.

(3) 예측가능성

관세 및 시장개방일정 등에 대한 양허(약속)를 각 회원국들이 제시하도록 하였으며, 수입물량에 대해 상한선을 설정하는 쿼터나 기타 조치의 사용을 억제한다. 또한 무역정책검토제도 및 각종 통보의무 부여 등을 통해 각국 관행 및 절차의 투명성을 증대한다.

(4) 공정경쟁의 촉진

MFN 및 내국민 대우 원칙을 보장하며, 덤핑 · 보조금 등에 대한 규범의 도입을 통해 공정한 경쟁을 유도한다.

(5) 경제개발 및 개혁의 장려

특정 의무 이행기간을 연장 또는 완화하거나 협정 이행을 위한 기술지원 등 능력배양사업을 지원함으로써 개도국들에 대한 특별우대조치를 허용한다.

5. 우리나라와 WTO

가입 당시 우리나라는 세계 제11위 무역대국인 동시에 무역의존도가 GDP의 73%에 이르는 상황이었다. 이 가운데 WTO는 회원국의 국내법을 다자규범에 일치시키도록 규정하는 등 일방주의 억제를 위한 제도적 장치를 마련하고 있어, 이를 통하여 우리나라로서는 미국이나 EC 등 일부 선진국의 일방적인 무역보복 가능성에 대응하고자 하는 의도가 있었다. 또한 국내 각종 무역관련조치에 대한 무역상대국의 WTO 제소 가능성에 대비하여, 기존의 각종 국내규정 및 새로운 규정에 대한 종합적 검토 및 국내의 비합리적인 제도 · 관행을 개선함으로써 우리나라의 세계화 · 개방화 정책 추진에 노력하고자 하였다. 이에 우리나라는 1995년 1월 1일 회원국으로 가입하였다.

협정(조약)	체결연도	체결내용	우리나라 가입 여부
Paris 협약	1883	산업재산권의 보호	1980.5.4.
특허협력조약(PCT)	1970	특허의 국제화, 국제특허출원	1984.8.10.
Strasbourg 협정	1971	국제특허분류(IPC)	1999.10.8.
UPOV 조약	1961	식물변종보호	2002.1.7.
특허법 조약(PLT)	2000	특허출원, 등록절차의 통일화	–
Budapest 조약	1977	미생물기탁의 국제적 승인	1984.8.10.
반도체배치 설계보호조약	1989	반도체배치설계보호기준	–

제2장

특허관련 국제협약

제 1 절 산업재산권보호를 위한 파리협약

파리협약(Paris Convention for the Protection of Industrial Property)은 1883년 3월 20일 파리에서 체결된 국제협약으로서 특허를 포함한 산업재산권의 실체적인 내용을 규율하는 산업재산권 보호의 기본헌장이라 할 수 있다. 이 협약은 그 체결 이후 1901년 브뤼셀, 1911년 워싱턴, 1925년 헤이그, 1934년 런던, 1958년 리스본 및 1967년 스톡홀름에서 6차례에 걸친 개정이 이루어졌으며, 우리나라는 스톡홀름개정조약에 1980년 5월 4일 가입하였다.[1)]

그 내용은 특허 등의 출원이나 등록 등에 있어 동맹국의 국민을 내국인과 동등하게 대우한다는 내외국인 평등의 원칙, 한 나라에 출원을 한 후 일정기간(특허·실용신안은 1년, 디자인·상표는 6개월) 내에 타 가맹국에 출원을 하는 경우 출원일자를 최초에 출원한 일자로 소급 적용하는 우선권주장의 원칙, 제 3 국에서 보호를 받으려면 각국마다 출원을 하여 권리를 얻어야 하고, 여러 나라에서 부여된 권리는 병존하고 다른 나라에서의 권리에 영향을 미치지 아니한다는 특허독립의 원칙 등으로 요약할 수 있다.

1) 회원국은 2023년 1월 현재 177개국에 이르고 있다.

1. 특　색

(1) 동맹협약

파리협약은 동맹협약이라는 특색을 갖는다. 즉 각 동맹국에서의 국내법 제정이 없이도 그 협약내용이 국내법으로서의 효력을 가짐과 동시에 곧바로 국내법에 대신하여 적용될 수 있다. 이는 공업소유권의 국제적 보호를 확보하기 위해서는 단지 국제간의 협약에 의한 개별적 보호만으로는 불충분하다고 인정, 단일동맹을 결성함으로써 각 가맹국간의 관계를 견고히 하고 있다.

(2) 원협약의 존속

파리협약은 1883년 체결된 이래 지금까지 6회에 걸쳐 개정되었는데, 각각의 개정된 협약은 독립적으로 존속한다. 즉 협약이 개정되더라도 원협약은 그대로 존속되며, 어느 개정조약을 비준하거나 가맹할 것인가는 각 동맹국의 자유이다.

종래 특허법 제26조에서 "특허에 관하여 조약에 이 법에서 규정한 것과 다른 규정이 있는 경우에는 그 규정에 따른다"라고 규정하여 조약이 국내법에 우선하는 것으로 해석되었으나, 현행법은 특허법 제26조를 삭제하여 조약과 국내법이 동등한 효력을 갖는다.

(3) 특별협정

동맹국은 파리협약의 규정에 배치되지 아니하는 한 별도로 상호간에 공업소유권의 보호에 관한 특별한 협정을 체결할 권리를 유보한다. 이에 유럽특허조약, 국제특허분류에 관한 스트라스부르 협정, 특허협력조약, 미생물의 기탁분양에 관한 부다페스트조약 등이 만들어졌다.

2. 보호대상의 범위

파리협약에서의 보호지역은 파리협약에 가입한 가맹국뿐만 아니라 파리협약이 적용되는 국가까지이다. 따라서 파리협약은 파리협약 가맹국뿐만 아니라 그 외의 역외국가에도 적용된다.

파리협약의 효력은 무기한이다. 다만 파리협약에서의 탈퇴는 동맹국의 자유의사에 맡기고 있다. 즉 동맹국은 파리협약을 탈퇴하고자 하는 경우 사무총장에게 통고만 하면 자유로이 협약을 파기할 수 있다. 그때 조약 폐기의 효력은 사무총장이 그 협약폐기통고를 받은 날로부터 1년째 되는 날에 발생한다.

파리협약에서 보호의 대상으로 하고 있는 산업재산권의 범위는 특허·실용신안·디자인·상표·서비스마크·상호·원산지 표시 또는 원산지 명칭 및 부당경쟁의 방지를 그 대상으로 한다. 또한 산업재산권은 최광의로 해석하며, 본래의 공업 및 상업뿐만 아니라 농업 및 채취산업과 포도주·곡물·연초엽·과일·가축·전광물·광수·맥주 및 곡분과 같은 모든 제조 또는 천연산품에 대해서도 적용된다. 한편 특허에는 수입특허·개량특허 또는 증명 등 동맹국의 법에 의하여 인정되는 각종의 특허가 포함된다.

3. 파리협약의 3대 원칙

이 조약은 내외국인 평등의 원칙, 우선권주장제도 및 산업재산권법 독립의 원칙을 그 3대 기본원칙으로 하고 있다. 즉 내외국인의 평등원칙에 따라 특허등의 출원이나 등록 등 산업재산권에 관련한 권리능력에 대하여 내국민과 같은 보호를 받으며, 동맹국 상호간에는 실질적인 최선출원을 보호해 주자는 취지로서 한 나라에 출원을 한 후 일정기간(특허·실용신안은 1년, 디자인·상표는 6개월) 내에 타 가맹국에 출원을 하는 경우 출원일자를 최초에 출원한 일자로 소급 적용하는 우선권주장의 원칙을 두고 있다. 다만 이러한 파리협약은 산업재산권법의 국제간의 통일화된 법이 아니라, 각국의 산업재산권 관련법을 조정해 주는 협약이다. 따라서 각국의 산업재산권은 자국의 법에 의해 독립적으로 보호받고, 각 국가에서 취득한 산업재산권은 국가 상호간에 독립된 지위를 지니는 산업재산권법 독립의 원칙이 적용된다.

(1) 내국민대우의 원칙(내외국인 평등의 원칙)

파리협약은 제2조(1)에서 "각동맹국의 국민은 산업재산권의 보호에 관하여 다른 동맹국의 국민에 대해서 본 협약에서 특별히 규정하는 권리가 저해됨이 없이 모든 동맹국에 있어서의 각 동맹국의 법령이 내국민에게 현재 부여하고 있거나 장래 부여할 이익을 향유한다. 따라서 동맹국의 국민은 내국민에 과하는 조건 및 절차에 따라 내국인과 동등한 보호를 받으며, 권리의 침해에 대해서도 내국민과 동일한 법률상의 구제를 받는다"라고 규정하고 있어, 내국민대우의 원칙을 천명하고 있다. 이러한 내국민 대우의 원칙은 산업재산권의 보호와 관련한 동맹국들의 '조건 및 절차(the condition and formalities)'가 상이한 것임을 전제로 외국인을 자국민과 같이 대우하라는 것을 의미한다. 따라서 그 외국인의 본국에서와 같이 대우할 필요는 없으며, 어떤 동맹국의 국민이 다른 동맹국에 특허 등 자신의 산업재산권을 보호받으려면 그 나라의 법률에 따른 조건과 절차에 따라 이를 다시 출원·등록하여야 하며, 그 권리 내용에 있어서도 본국에서 받던 것과 그 내용이 다를 수 있다.

다만 파리협약은 어느 동맹국간의 법령이 이에 미치지 못할 때에는 조약의 특별규정이 직접 적용 가능하도록 하여 각국 법령의 다양성과 산업재산권의 국제적 성격에 따른 외국인과 내국인간의 실질적 향유 이익의 불평등 문제를 소위 동맹국 국민대우(unionist treatment)를 통하여 보완하고 있다. 즉 내국민대우의 원칙은 '본 협약에서 특별히 규정하는 권리가 저해됨이 없이'라는 것을 전제로 하기 때문에 각국 국내법령에 의하여 내국민에게 부여하는 이익을 넘어서는 많은 공통원칙과 규칙을 제정하여 특별한 권리와 이익을 부여하고 있다.

여기에서 말하는 동맹국의 국민에는 우선권 주장 당시 동맹국의 국적을 소유하고 있는 자연인뿐만 아니라 설립준거법 등에 기초한 법인도 포함되며, 동맹국의 영역 내에 주소 또는 영업소가 없더라도 무관하다. 또한 비동맹국 국민으로서 어느 동맹국의 영역 내에 주소 또는 현실의 진정한(real and effective) 공업상 또는 상업상의 영업소를 가진 자는 동맹국의 국민과 동일하게 대우한다. 이중국적을 가진 자라 할지라도 그 중 어느 하나가 동맹국의 국적이면 주소나 영업소를 두지 아니하더라도 협약 제2조의 규정에 의한 내국민 대우를 하여야 하며, 무국적자라 하더라도 어느 동맹국의 영역 내에 주소나 영업소를 가진 자는 조약 제3조를 확대해석하여 동맹국의 국민과 동일하게 취급하게 된다.

동맹국 국민이 이 원칙에 의하여 향유할 수 있는 이익은 ① 모든 산업재산권의 취득, ② 취득한 권리의 범위와 존속기간 및 유지를 위한 의무와 요건, ③ 그러한 권리의 집행을 위한 소송과 법적 조치 및 이에 관한 방식과 규칙, ④ 산업재산권의 보호를 위해 국내법령이 부여하고 있는 형사적 제재 등의 범위에 한하며, 나아가 동맹국 국민이 향유할 수 있는 권리는 현재 자국민에게 부여하고 있는 권리뿐만 아니라 장래에 법개정 등을 통하여 부여할 권리도 포함한다.

한편 파리협약상의 내국민 대우의 원칙은 산업재산권의 실체적 내용에 관해서만 요구할 수 있는 것으로 절차상의 문제, 즉 사법상·행정상의 절차, 재판관할권, 주소의 선정, 대리인의 선임 등에 관하여서는 각 동맹국이 정한 법령에 따르도록 하여 파리협약 제2조(3)의 예외를 허용하고 있다. 이는 국가주권주의와 속지주의의 입장을 취하는 이상 당연한 원칙이며 각국이 신속한 절차수행을 위하여 필요로 하는 사항은 각국에 위임하는 것이 바람직하다는 취지에서 이를 허용하고 있는 것이라 하겠으며, 외국인에게만 지나치게 불리한 조건을 강요하여 사실상 실체적 권리의 행사를 가로막는 것이 아닌 한 내국민대우 원칙의 예외로서 인정된다.

(2) 우선권 제도

우선권(right of priority) 제도란 어느 동맹국 내에서의 특허, 상표 등의 최초 출원 후 일정 기간[2] 내 다른 동맹국에의 출원시 우선권 주장을 하게 되면 출원순위 등의 판단을 최초 출원일을 기준으로 소급하여 인정하여 줌으로써 언어·거리·시간상의 장애를 극복하여 줄 수 있도록 한 제도이다. 이는 파리협약 체결의 원동력이 된 것으로 각국의 속지주의 원칙에 중대한 절차적 예외를 국제협조주의를 통해 인정하고 있는 제도이다. 또한 형식상의 내국민대우를 부여하더라도 이것이 실질화될 수 없는 한계점을 보완한다는 점에서 내국민원칙을 현실화하기 위한 중요한 수단 중의 하나라도 볼 수 있다.

파리협약상의 우선권 이익을 향유할 수 있는 자는 동맹국 중 어느 한 국가에 정규로 최초의 특허등록 출원을 한 자 및 그 승계인이다. 여기서 최초 출원인은 동맹국 국민과 준동맹국의 국민을 포함하며, 정규의 출원이란 출원의 결과 여하를 불문하고 출원한 해당국에서 출원일자를 확정받기에 적절한 출원을 말한다. 우선권은 그 발생과 함께 해당 최초 출원으로부터 분리하여 독립적이 되므로 우선권만 별개로 양도의 대상이 될 수 있다. 따라서 어느 일국에서 특허를 등록받을 권리를 양도받았다 하여 반드시 우선권의 양도까지 수반하는 것은 아니며, 어떤 동맹국에서 최초로 정규의 출원을 한 자가 그 나라에서의 출원에 대하여 다른 동맹국에서 우선권을 주장하여 출원하는 것이 가능하고, 그 승계인 역시 우선권의 이익을 향유할 수 있다. 이때 승계인이란 동맹 제1국에서 출원한 자로부터 동맹 제2국에서 등록을 부여받을 권리를 승계한 자를 의미한다. 이러한 주체적 요건은 우선권의 근거가 되는 최초 출원시와 우선권 주장시에 모두 충족되어야 하나 전 기간에 걸쳐 충족되어야 하는 것은 아니다.

후속출원은 우선권의 근거가 되는 최초출원과 동일한 대상에 관한 것이어야 한다. 즉 특허에 있어서 우선권이 인정되려면 제1국 출원과 제2국 출원 사이에 발명의 동일성이 인정되어야 한다. 발명의 동일이란 형식상의 동일을 말하는 것이 아니므로 1특허출원의 범위를 충족한다면 청구범위의 기재를 달리하는 경우라 하더

2) 특허·실용신안출원은 1년 내에, 디자인 및 상표출원의 경우에는 6개월 내에 출원하여야 한다.

라도 명세서의 실질적 내용이 동일한 것인 한 유효한 우선권 주장을 할 수 있다. 특히 파리조약에서는 특허에 대해서는 각국의 입법례에 따라 여러 종류의 특허가 있을 수 있음을 감안하여 대상의 동일성에 관한 특별규정을 마련해 두고 있다.[3] 즉 대상의 동일성이 유지되는 한 다른 형태로 보호를 받는 것도 가능하나, 같은 종류의 보호를 요구하더라도 대상의 동일성이 유지되지 아니하면 보호받을 수 없다.

자신의 권리를 동맹국으로 확대함에 있어 지리적 격리로 인한 불리함을 제거하고자 하는 출원인의 이익과 선출원주의의 원칙에 따라 너무 장기간 불안정한 지위가 유지되어서는 아니 된다는 제3자의 이익과의 균형 유지라는 측면에서 특허에 대한 우선권은 최초의 출원일로부터 1년 이내에만 행사할 수 있다.[4] 이때 제1국 출원대상과 우선기간을 달리하는 대상으로 변경하여 제2국에 출원한 경우의 우선기간에 대하여는 제1국 기준설과 제2국 기준설이 대립하고 있으나, 파리협약 제4조E(1)에서는 실용신안 출원에 근거하여 우선권 주장을 하면서 제2국에 의장출원을 하는 경우 그 우선기간은 의장에 대하여 정하여진 기간으로 규정하고 있다. 한편 원칙적으로 우선기간의 기산점은 최초의 출원일만이 되지만, 최초의 출원이 공중의 열람에 제공되지 않은 채로 포기 · 철회 · 거절되어 그 효력이 소멸되었고 동일한 대상에 대하여 동일국에 우선권이 있었으며 우선권이 어디에서도 우선권의 기초로 주장된 바 없으면 예외적으로 후출원을 최초의 출원일로 보아 우선권의 기초로 삼을 수 있다(파리협약 제4조C(4)).

이러한 우선권의 이익은 그 향유를 주장하여야 한다. 즉 동맹 제2국에 출원시 우선권 주장의 기초가 되는 출원의 출원일자, 출원국가명, 출원번호를 명시하면서 우선권 주장을 신청하여야만 비로소 현실적으로 우선권의 효과가 발생한다.[5] 출원 또는 우선권 주장에 대하여 실체심사를 행하는 국가는 주장한 사실을 증명할 수 있는 권한 있는 당국이 인증한 등본 서류를 제출하도록 요구할 수 있는데, 이때 증명서류의 제출기간은 적어도 3개월이 주어져야 한다.

우선권 주장을 수반한 출원은 우선기간 중에 동맹 제2국에서 발생한 행위, 특히 다른 특허출원, 발명의 공표, 실시 등 다른 어떤 행위가 있더라도 신규성 상실 등을 이유로 거절되거나 무효가 되지 않는 효과를 갖는다.[6] 다른 사람에 의한 출원

---

3) 파리협약 제4조FGH.

4) 이때 초일인 출원일은 이 기간에 산입되지 아니한다.

5) 이때 언제까지 우선권 주장을 신청하여야 하는가 하는 문제는 각 동맹국의 국내법에 위임되어 있다.

6) 파리협약 제4조B.

이 있어 우선권자의 제2국에서의 출원이 후출원이 된 경우에도 제3자의 특허등록 출원을 배제할 수 있으며, 이 기간 중에 발생한 제3자의 권리유보가 인정되지 아니하여 어떠한 권리도 발생시키지 아니함으로써 선사용에 의한 실시권을 인정할 필요도 없다.[7] 그러나 이러한 우선권의 주장이 특허출원에 대한 등록을 보장하는 것은 아니다.

(3) 특허독립의 원칙(각국 특허독립의 원칙)

특허독립의 원칙과 관련하여서는 파리협약 제4조의2[8]에 각국의 특허는 독립한다고 규정하고 있다. 즉 동맹국의 국민이 각 동맹국에서 출원한 동일한 발명특허는 타국에서 취득한 동일발명의 특허와는 관계가 없다는 것으로 파리협약의 기본원칙 중의 하나이다. 이 협약은 속지주의(屬地主義)를 근거로 하여 각 동맹국 국민은 발명을 권리로서 보호받기 위해서는 각국에서 특허를 취득하지 않으면 안 된다. 또 특허를 받은 권리의 효력은 권리를 부여한 국내에서만 효력이 미친다. 따라서 동맹국의 1국에서 특허가 무효 또는 취소가 되어도 타동맹국에서의 특허는 상호의 존적인 것이 아니어서 권리가 함께 소멸되는 것이 아니다.[9]

특히 우선권을 주장하는 특허출원으로 타국에 동일발명을 출원하여(다른 나라에서 동일한 발명에 대하여) 특허를 받은 경우에는 그 효력의 기초가 된 특허의 효력과 독립하여 그 발생·존속·소멸과 그 운명을 달리 한다. 즉 일단 우선권주장에 의해 등록된 후에는 본국에서의 특허권과는 별도로 독립하여 존속·소멸한다. 이에 대하여 파리협약은 '동맹국 국민이 다수 동맹국에서 출원한 특허는 동맹국이든 비동맹국이든 다른 국가에서 취득한 특허와 독립적이다'라고 규정함으로써 어떤 동맹국에 대하여 이루어진 특허등록이나 특허발명은 그 나라의 국내법령의 적용을

---

7) 다만 우선기간 중의 제3자의 특허실시를 특허권 침해로는 볼 수 없다.

8) 제4조의2(특허: 동일한 발명에 대해 상이한 국가에서 획득한 특허의 독립)

1. 동맹국의 국민에 의하여 여러 동맹국에서 출원된 특허는 동일한 발명에 대하여 동맹국 또는 비동맹국인가에 관계없이 타국에서 획득된 특허와 독립적이다.

2. 전항의 규정은 비제한적인 의미로 이해되며 특히 우선 기간중에 출원된 제 특허는 무효 또는 몰수의 근거에 관하여 그리고 통상의 존속기간에 관하여 서로 독립적이라는 의미로서 이해된다.

3. 동 규정은 그것이 효력을 갖게 되는 때에 존재하는 모든 특허에 대하여 적용된다.

4. 그것은 신규 국가의 가입의 경우에 있어 가입시 양측에 존재하는 특허에 대하여도 동일하게 적용된다.

5. 우선권의 혜택으로써 획득된 특허는 각 동맹국에서 우선권의 혜택없이 출원 또는 부여된 특허와 같은 존속기간을 갖는다.

9) WIPO 저 特許廳 역, 「지적재산권총론」, 특허청, 1997, 655~656면; 한국특허협회, 「파리협약해설집」, 한국특허협회(1980.8.1), 92면.

받으며, 그 나라의 영역 내에서만 효력을 가지고, 어떤 동맹국에서 출원된 특허는 타동맹국의 특허권에는 영향을 미치거나 종속적인 관계가 없는 독립적인 것으로 취급하여야 함을 밝히고 있다.[10] 결국 각 동맹국에서 등록한 특허권은 각기 다른 내용의 권리로 취급되고 등록국의 수만큼 별개의 독립된 특허권으로 성립하며, 상호 침범하거나 관련됨이 없이 병존하고, 어느 나라의 특허권에 생긴 사유는 다른 나라에서의 특허권 효력에 영향을 미치지 아니한다는 의미로 해석된다.[11]

4. 특허관련 규정

(1) 발명자의 성명표시권(파리협약 제4조의3)

발명자는 특허에 발명자로 표시될 권리를 가진다. 이는 발명자에게 인정되는 인격권을 규정한 것으로 구체적인 보장방법은 각국의 국내법에 맡겨져 있다.

(2) 국내법상 판매제한과 특허요건

특허된 상품 또는 특허된 공정에 의하여 생산된 물품의 판매가 국내법에 의한 제한이나 제약을 받고 있음을 근거로 특허 부여를 거절하거나 특허를 무효화할 수 없다(파리협약 제4조의4). 이 규정의 취지는 비록 공익적 이유나 품질제한 조건 등으로 인한 법적 판매제한물이라 하더라도 그에 관련된 발명에 대하여 특허 자체를 인정하지 않는 것은 불합리하고 특허성 여부는 이와 별개의 문제이기 때문에 특허를 보장하기 위한 조항이다. 다만 이 규정에도 불구하고 공서양속에 반하는 경우에 이를 불특허사유로 두는 것까지 금하는 것은 아니다.

(3) 특허실시의무와 강제실시권

파리협약은 특허를 해당 국가에서 불실시하거나 불충분하게 실시하는 것은 특허권의 남용행위로 간주하여 실시의무를 위반할 경우 강제실시권을 부여하거나 특허를 몰수할 수 있도록 하는 근거규정을 마련하고 있다.

(4) 운송수단의 침해에 대한 면책

파리협약은 일시적으로 동맹국의 수역이나 영공을 통과하는 선박, 항공기 및 그에 사용되는 기계장치류에 관한 한 특허권의 효력이 이에는 미치지 않는다는 취지

---

10) 한국특허협회, 「파리협약해설집」, 한국특허협회(1980.8.1), 91면.
11) 박희섭 · 김원오, 「특허법원론」, 세창출판사, 2009, 680면.

의 규정(파리협약 제5조의3)을 두고 있어 특허권의 효력을 제한한 가운데 국제교통의 원활을 기하고 있다.

(5) 방법 발명 특허의 보호

방법 발명 특허는 그 실시 개념이나 보호범위가 각국마다 상이하여 그 효력의 범위가 문제될 수 있다. 이에 조약은 "물품의 제조방법에 대하여 특허가 허여된 동맹국에 그 방법에 의하여 제조된 물품이 수입된 경우 그 특허권자는 국내의 법률에 의해 부여된 모든 권리를 그 수입물에 대하여 향유한다(파리협약 제5조의4)"라고 규정하여 최소한 방법 발명 특허로 생산된 제품의 수입에 대하여도 해당 수입국의 특허권의 효력이 미칠 수 있도록 하였다.

(6) 특허표시의무의 면제

파리협약 제5조 D에서는 '보호받을 권리를 인정할 조건으로 특허, 실용신안 등의 등록 또는 기탁 사실을 상품에 표시 또는 표기할 것을 요구할 수 없다'라고 규정하여 등록표시는 권리자의 자율적 사항으로 남겨두거나 권고사항으로 규정하는 것은 인정하나, 등록표시를 권리보호의 조건으로 규정할 수는 없도록 하였다. 물론 그 표시 여부가 과징금의 부과, 과실추정 규정의 배제 등 다른 효과를 부여하는 것은 상관이 없다.

(7) 요금납부의 유예를 받을 권리

파리협약 제5조의2에서는 산업재산권의 존속(mainte-nance)을 위하여 정해진 수수료의 납부에 있어 국내법에 규정된 과징금을 납부할 것을 조건으로 6개월 이상의 유예기간이 허용된다고 규정하고 있다. 이는 대부분의 국내법이 특허권 등의 등록 후에 매년 일정기간 내에 권리유지료 차원에서 연차료를 납부하여야만 권리가 존속되는 것으로 운영하고 있는데, 관리소홀로 그 납부기한이 경과하였더라도 바로 권리를 소멸시키지 말고 적어도 6개월 정도의 유예기간을 주자는 합의로 해석된다.

(8) 박람회 출품물의 보호

박람회는 제품 등을 일반인에게 그대로 공개하는 것이므로 산업재산권의 국제적 보호가 없는 한 출품하려 하지 않을 것이며, 이러한 사정은 파리조약의 직접적인 계기가 되었다. 즉 1873년 8월 오스트리아 빈에서 열린 국제박람회를 계기로 이에 참가했던 국가들이 국제특허회의를 개최하면서 파리협약이 체결된 것이며,

이를 배경으로 파리협약에서는 어떤 동맹국의 영역 내에서 개최되는 공식 또는 공인된 국제박람회에 출품되는 상품과 관련된 발명에 관해 국내법에 따라 가보호(temporary protection)를 하도록 규정하고 있다.

제 2 절 WTO/TRIPs[12)]

1. 체결 배경

UR에서 논의된 TRIPs협정은 UR의 타결과 동시에 출범한 WTO협정의 일부로서 그 부속협정의 하나가 되었다. TRIPs협정은 저작권, 특허권, 컴퓨터프로그램 등 8개 분야의 지적재산권의 보호기준과 시행절차를 정한 다자간 조약으로서, 지적재산권에 관련된 기존 조약 등의 규정을 최저보호수준으로 '국제조약 플러스 방식'으로 채택되어, '세계무역기구설립을 위한 마라케시 협정'의 '부속서 1(Appendix 1)'에 규정되었다.

2. 구성과 특색

총 7개 장 73개 조항으로 구성되었으며, 제1장은 일반규정과 기본원칙을, 제2장은 지적재산권의 효력, 범위 및 이용에 대한 기준으로서 주요 내용으로 컴퓨터프로그램의 보호, 대여권의 설정, 색채상표나 등록여부에 관계없이 널리 알려진 유명상표의 보호, 의장 및 실용신안의 보호, 지리적 표시의 보호, 물질특허를 포함한 특허의 보호, IC배치설계의 보호, 미공개정보(영업비밀)의 보호, 반경쟁적 행위에 대한 조치 등에 대하여 규정하고 있다. 그리고 제3장부터 제7장까지는 형식적인 사항들을 규율한다.

3. 협정의 원칙

(1) 기본원칙

내국민 대우의 원칙(National Treatment)과 최혜국 대우의 원칙(MFN: Most Favoured Nation Treatment), 권리소진의 원칙[13)] 등이 규정되어 있다. 다만 권리소진의 원칙은 본 협정하의 분쟁 해결절차를

---

12) Agreement on Trade Related Aspect of Intellectual Property Rights.

다루기 위해 적용되지 않는다고 규정되어 있을 뿐, 그 외에는 아무런 규정이 없어 각 회원국들이 권리소진 문제를 자유로이 결정할 수 있다(WTO/TRIPs 제6조).

1) 내국민 대우의 원칙

각 체약국은 지적재산권 보호에 관하여 자국민에 대하여 부여하는 것과 똑같은 대우(no less favorable treatment)를 타 체약국의 국민에게 보장하여야 한다. 다만 타 체약국의 국민에게 파리협약 · 베른조약 · 로마협정 및 집적회로에 관한 지적재산권협정에서 규정하고 있는 예외조항들을 적용할 수 있다.[14] 또한 사법 · 행정절차 또는 WIPO 주관하에 체결되는 지적재산권의 획득과 유지에 관한 다자간 협정에서 규정하는 절차에는 적용되지 않는다. 이때 예외조항은 이 협정과 상치하지 않는 법령, 규칙을 따르기 위해서 필요한 경우에만 허용되며 그러한 예외가 위장된 무역의 제한(disguised restriction of trade)이 되어서는 아니 된다(협정 제3.2조).

2) 최혜국대우 원칙

대부분의 지적재산권 조약이나 협정이 속지주의 원칙을 준수하여 내국민대우(National treatment, NT)만을 규정하거나 상호주의만을 인정한데 반하여, TRIPs협정은 최초로 최혜국대우를 도입하였다. 즉 "지적재산권의 보호와 관련하여 한 체약국이 다른 체약국의 국민에 대해 허용하는 모든 이익, 혜택, 특전 또는 면책 혜택은 즉시 조건없이 다른 모든 체약국의 국민에게 부여되어야 한다(협정 제4조)" 라고 규정하고 있다. 다만 일정한 경우[15] 최혜국대우 원칙이 적용되지 않으며, WIPO 주관하에 체결되는 지적재산권의 획득과 유지에 관한 다자간 협정에서 규정하는 절차에도 적용되지 않는다. 따라서 WIPO 주관하에 있는 조약에서 가입국에 대하여만 해당 지적재산권

13) 권리소진론이란 특허권자 또는 상표권자에 의해 일단 사용 · 실시된 제품 · 상품에 대해서는 특허권자 또는 상표권자의 허락 없이 사용 · 실시하더라도 특허권 · 상표권의 침해가 되지 않는다는 것을 말한다. 권리소진론 중에 국내소진론은 인정되는 것이 통설의 입장이며, 국제소진론은 학설이 대립되어 있다. 다만 EU공동체 내의 국제소진론은 인정받고 있다.

14) 예컨대 저작인접권에 관하여는 지재권협정에 규정되어 있는 권리에 한하여 내국민대우가 적용된다.

15) ① 특별히 지적재산권의 보호에 한정되지 않고 일반적인 사법공조 또는 집행 공조에 관한 국제협정으로부터 파생되는 대우

② 로마협정 또는 베른협정의 내국민대우조항에 의해 부여되는 대우가 아니라 동 협정의 조항에 의해 다른 나라에서 부여되는 대우

③ 실연자, 음반제작자, 방송사업자에 대한 권리로 협정에서 규정한 이외의 권리에 관한 대우

④ WTO 설립협정 시행 전에 발효된 지적재산권 보호 관련 국제협정으로부터 발생한 대우, 이 경우에 그러한 협정은 TRIPs 이사회에 통보되어야 하며 다른 체약국의 국민에 대한 자의적이거나 정당하지 않은 차별대우이어서는 아니 된다.

의 취득 및 유지에 대한 특별규정을 두는 경우에 이들 규정은 다른 나라 국민에게는 적용하지 않을 수 있다.

3) 권리소진의 원칙

권리소진의 원칙(exhaustion doctrine)은 'first-sale doctrine'이라고도 하는 것으로 적법하게 만들어진 특허품을 일단 판매하면 그 특허품의 권리자는 특허권자의 독점권에도 불구하고 이를 재판매하거나 다른 방법으로 처분할 수 있다는 원칙이다. 이는 병행수입이나 대여권과 관련하여 문제되는데, TRIPs협정은 이와 관련하여 권리소진의 원칙을 규정하고 있는 가운데 그 적용과 관련하여서는 언급하고 있지 않다.

(2) 일반원칙

1) 적용대상

이 협정은 다른 체약국의 국민에 대하여 적용된다. 다른 체약국의 국민은 지적재산권에 대하여 파리조약, 베른조약, 로마협정, 그리고 IPIC의 보호적격 요건을 충족시키는 자연인 또는 법인을 포함하며, 체약국에 거주하거나 실질적이고 효과적인 공업 또는 상업상의 영업소를 설치하고 있는 자연인 또는 법인을 포함한다.

2) 최소보호기준

이 협정은 협상시에 국제협정을 최소보호수준으로 하여 보호수준을 향상시키자는 취지의 소위 '국제협정 플러스 방식'을 채택하였다. 이에 회원국은 국내법으로 본 협정을 위배하지 않는 범위 내에서 더욱 강화된 보호를 실시할 수 있다.

3) 기존협정과의 관계

WTO 설립협정 시행 전에 발효된 지적재산권보호 관련 국제협정으로부터 발생한 대우에 대하여는 최혜국대우의 적용이 면제된다. 다만 기존 지적재산권 관련 협정에 의한 대우가 최혜국대우 규정의 적용을 받지 않기 위하여는 그 협정은 ① TRIPs 이사회에 통보되어야 하며, ② 다른 체약국 국민에 대한 자의적이거나 부당한 차별이어서는 아니 된다.

4) 투명성의 원칙

투명한 상태에서만 협정의 집행을 감시할 수 있고 협정의 실효성을 거둘 수 있기 때문에 각 체약국의 모든 법집행 절차가 기본적으로 투명하여야 한다는 원칙으로 GATT 1947 및 UR 체제의 기본원칙이기도 하다. 이러한 투명성을 확보하기 위해서는 ① 공개성(open-ness), ② 명료성(clear-ness), ③ 공정성(fair-ness)과 ④ 검증가능성(varia-bleness) 등이 요구된다. 다만 이러한 투명성의 원칙은 절대적인 것이 아니어서, ① 그러한 공개가 법시행을 방해하거나, ② 공익에 반하거나, ③ 특정 공·사기업의 정당한 상업적 이익에 손상을 줄 비밀정보인 경우에는 공개를 거부할 수 있다(TRIPs 제63조 제4항).

4. 특허관련 규정

(1) 특허의 대상

거의 대부분의 국가에서 그러하듯 특허의 보호대상은 신규성·진보성·산업상 이용가능성이 있는 발명을 대상으로 한다. 다만 논의 과정에서 용어상의 차이로 진보성(inventive step)은 비자명성(non-ob-viousness)과 산업상 이용가능성은 유용성과 동일한 개념이라고 명시하게 되었다. 한편 특허는 모든 기술분야의 물질과 제법에 대해 부여되며, 발명지·기술분야·제품의 수출입과 관련하여 차별없이 특허가 허용되고 향유되어야 한다(TRIPs 제27조).

발명지에 대한 차별문제는 특허에 있어서 미국의 선발명주의와 관련된 것으로, 미국이 선발명주의를 적용함에 있어 자국인의 발명에 대해서는 발명일을 인정하는 데 반하여, 외국인의 특허출원에 대해서는 발명일을 인정하지 않고 출원일을 발명일로 적용하는 것에 비롯한 문제이다. 이에 미국을 제외한 대부분의 국가에서는 명시적으로 선출원주의의 채택을 협정에 규정하도록 주장하였다. 기술분야에 따른 차별은 주로 권리향유에 관한 것으로, 정책적인 이유로 차별을 상정하는 것을 금지하는 것이며, 제품의 수입 또는 국내생산 여부에 따른 차별금지는 대부분의 개도국이 특허권자의 의무로서 국내에서 그 발명을 실시해야 한다고 규정한 가운데, 국내에서 직접 특허발명을 사용하여 생산하지 않고 수입을 통해 국내수요를 충족하는 것도 불실시로 보아 강제실시권을 발동하겠다는 의도를 막기 위한 것이다.

TRIPs협정은 불특허 대상과 관련하여 해당 발명을 회원국 영토 내에서 영업적인 규모로 실시되는 것으로 ① 공공질서나 공서양속의 보호, ② 인간·동물·식물의 생명 또는 건강의 보호, ③ 자연이나 환경에 대한 심각한 피해의 방지에 필요한 경우 발명을 특허대상에서 제외할 수 있다고 규정하고 있다(TRIPS 제27조 제2항). 또한 회원국은 ① 인간이나 동물의 치료를 위한 진단방법·치료·수술방법, ② 미생물 이외의 식물 또는 동물, ③ 본질적으로 식물이나 동물의 생산에 관한 생물학적인 방법(비생물학적인 방법이나 미생물학적인 방법은 제외)에 대하여는 특허대상에서 제외할 수 있다(TRIPs 제27조 제3항).

진단 · 수술 · 치료방법 등의 의료행위에 관한 발명은 특허대상에서 제외된다(TRIPs 제27조 제3항(a)). 전통적으로 의료행위에 대하여는 특허권을 인정하게 되면 인류의 건강에 문제를 발생시킬 우려가 있으며, 그 반복재현성에 문제가 있다는 점에서 산업상의 이용가능성이 없는 것으로 해석하여 왔으나, 유럽특허조약 제52조 제4항의 규정에 따라 협정은 특허대상에서 제외된다는 것을 명확히 하였다.

TRIPs협정 제27조 제3항(b)에서는 미생물을 제외한 식물과 동물, 그리고 그 식물과 동물을 생물학적 방법으로 생산하는 제법을 불특허 대상으로 규정하고 있다. 동물 발명의 경우 그 반복 재현성이 적다는 것과 윤리적인 문제 등을 바탕으로 불특허 대상으로 규정되었으며, 식물 발명 역시 식량자원 개발을 위해 유전 공학적인 방법을 통해 식물변종이 개발되고 있는 시점에서 개도국은 식물신품종에 독점권이 부여된다면 자국의 식량확보에 막대한 지장을 초래할 우려가 있기 때문에 이를 반대하였다. 다만 식물변종(plant varieties)의 보호와 관련하여 회원국은 특허 또는 효과적인 독자적인 제도를 통해서 또는 양 제도 모두를 혼합하여 시행함으로써 식물변종의 보호를 규정하여야 한다.[16]

(2) 특허출원의 조건

특허제도는 발명에 대해 배타권을 부여하는 대신 그 발명 내용을 공개하여 산업발전에 기여하도록 하는데 목적이 있다. 따라서 출원인은 이러한 점을 감안하여 특허출원시 자기 발명을 그 기술분야의 전문가에 의하여 발명이 실시될 수 있을 정도로 명확하고 완전하게 공개하고(dis-close), 더 나아가 발명의 최적실시예(best mode)를 제시하여야 한다. 우리나라 역시 선출원주의를 채택하고 있어 특허법이 best mode[17]를 공개해야 한다는 규정은 없으나, 실무에서는 특허명세서 작성시 실시예의 제시를 권유하고 있다.

한편 출원발명이 어느 선발명에 기초한 것이냐를 출원인이 밝히도록 하여 심사시 조사비부담을 줄이고 보다 정확한 심사를 할 수 있는 기회를 제공한다는 취지에서, 회원국은 출원인에게 출원하고자 하는 발명과 관련된 외국출원 및 권리에 관한 정보를 명시하도록 요구할 수 있다(TRIPs 제29조 제2항).

---

16) 이 조항은 협정발효 4년 후에 다시 검토하기로 한 후속의제이다.
17) 선발명주의적 요소를 갖고 있는 미국의 명세서 작성실무에서는 흔히 적용되고 있다.

(3) 특허권의 내용

TRIPs협정은 제28조 제1항에서는 특허권의 배타권을 규정하면서 그 내용을 특허대상이 물건(product)인 경우와 제법(process)인 경우로 나누고 있다. 특허대상이 물건인 경우 제3자가 특허권자의 동의 없이 동 물건을 제조·사용·판매·판매제의와 수입하는 행위들이 금지되며, 특허대상이 제법(process)인 경우에는 제3자가 특허권자의 동의 없이 동 제법을 사용, 최소한 그 제법에 의해 직접적으로 획득되는 상품의 사용·판매를 위한 제의·판매 및 판매를 목적으로 수입하는 행위가 금지된다. 수입행위에 대하여 권리자에게 이를 금지할 수 있도록 하면 권리자로부터 실시허락을 받은 업자가 병행수입제품의 수입을 금지할 수 있으므로, 병행수입을 인정하려던 개도국을 중심으로 이를 인정하지 말자는 견해가 제시되었다. 그러나 협정 제6조의 권리소진 규정에서 그 인정 여부에 대해 각국이 자유로이 결정할 수 있도록 함으로써, 권리자에게는 수입을 허가·금지할 수 있는 권리를 부여하되, 이를 권리소진과 관계지어 병행수입을 인정할 것인지의 여부는 회원국의 재량사항으로 하였다.

제법 발명에 대한 특허권의 내용과 관련하여서도 개도국과 기술 선진국의 입장이 나뉘어졌다. 즉 제법에 대한 특허권이 그 제법에 의해 생산된 물건에도 미치는가에 대하여 개도국이 그 제법의 사용에만 권리가 미친다고 주장한 반면, 선진국을 포함한 대다수 국가는 물건에도 권리가 미친다고 하였으며, 이러한 선진국의 입장은 권리의 실효성이라는 측면에서 규정에 반영되었다.

한편 TRIPs협정은 제법 발명의 보호와 관련하여 증명책임 전환 규정을 마련하였다. 즉 원칙적으로 불법행위에 대한 침해구제에 있어 피해자는 불법행위자의 침해사실을 증명하여야 하는 책임을 진다. 그러나 협정 제34조 제1항에서는 제법 발명 특허권자의 권리 침해에 관한 민사 소송 절차와 관련하여, 특허 대상이 물질을 취득하는 제법인 경우 사법당국은 피고에게 동일 물질을 취득하는 제법이 이미 특허된 제법과 다름을 증명하도록 명령할 권한을 가진다고 규정하였다. 이에 TRIPs협정에서 회원국은 ① 특허된 제법에 의해 취득된 물질이 신규인 경우나 ② 동일 물질이 그 제법에 의해서 만들어졌을 상당한 가능성이 있고 특허권자가 합리적인 노력에 의해서도 실제로 사용된 제법을 판정할 수 없는 경우에는 동일한 물질이 특허권자의 동의 없이 생산된 경우 반대의 증거가 없는 한, 이미 특허된 제법에 의해서 취득된 것으로 간주된다고 규정하고 있다. 이는 제법특허에 의해 생산된 물건이 신규인 경우 그 물건이 처음 등장한 것이므로 피고가 권리자의 제법을 사용했다는 개연성이 높기 때문이며, 설령 특허권자가 합리적인 노력에 의해서도 실제로 사용된 제법을 판정할 수 없는 경우에도 동일 물질이 그 제법에 의해서 만들어졌을 상당한 가능성이 있는 경우에는 증명책임의 전환이 가능하도록 한 것이다. 다만 이러한 요건을 충족하지 않는 경우에는 자유로이 증명책임이 침해자에게 있다고 규정할 수 없으며, 반대되는 증거의 제시에 있어서도 제조 및 영업비밀 보호에 대한 피고의 정당한 이익이 고려되어야 한다. 우리의 특허법 역시 이와 같이 새로운 특허제품에 대하여 증명책임을 전환하고 있다(제129조).

또한 TRIPs협정은 동조 제2항에서 "특허권자는 특허권을 양도 또는 상속에 의하여 이전하고, 사용허가를 체결할 권리를 가진다"라고 규정하고 있다. 즉 특허권자는 이를 양도하거나 상속 등에 의하여 일반 승계할 수 있으며, 다른 사람에게 이를 실시하게 하는 라이선스 계약을 체결할 수도 있다.

(4) 특허권의 예외

TRIPs협정 제30조는 특허권의 효력이 미치는 범위에 대한 일반적인 예외를 규정하고 있다. 즉 특허권이라는 배타적인 권리에 대한 예외를 회원국이 부과할 수 있다. 다만 이와 같은 예외는 제3자의 정당한 이익을 고려하여, 특허권의 정상적인 이용에 불합리하게 저촉되지 아니하고 특허권자의 정당한 이익을 불합리하게 저해하지 아니하여야 한다. 이와 관련하여 우리 특허법 제96조에서는 연구 또는 시험을 하기 위한 사용, 국내를 통과하는 것에 불과한 선박·공기·차량 또는 이에 사용되는 기계·기구·장치·기타의 물건, 특허출원시부터 국내에 있는 물건, 그리고 약사법에 의한 조제행위는 특허권이 미치지 않는다고 규정하고 있다.

(5) 특허권의 취소

TRIPs협정은 특허권의 취소·몰수에 관한 결정에 대하여 사법심사의 기회를 제공해야 한다고 규정하고 있다(TRIPs 제32조). 따라서 파리협약 제5조A(1), (2)을 적용하여 강제실시권만으로 권리자의 권리남용을 규제할 수 없고 최초의 강제실시권 발동 후 2년 후에야 특허권을 취소 또는 몰수할 수 있다. 또한 법 제116조에서도 이와 같은 규정을 두고 있고, 이에 대한 사법심사는 행정심판에 의한다.

(6) 보호기간

우리나라의 특허법과 같이 TRIPs협정은 "특허권의 보호기간은 출원일로부터 20년이 경과하기 전에는 종료되지 아니한다(TRIPs 제33조)"라고 규정하고 있다. 논의 과정에서

15년으로 하자는 개도국의 제안도 있었으나, 대부분의 국가에서 규정하고 있는 바와 같이 출원일로부터 20년으로 하고 있다.

(7) 강제실시권

파리협약은 각 동맹국은 특허 불실시 등 특허에 의하여 부여되는 배타적 권리의 남용을 방지하기 위하여 법률로 강제실시권의 부여를 규정할 수 있다고 규정하고 있으며(파리협약 제5조A), TRIPs협정 역시 '권리자의 승인 없는 기타 사용'이라는 표제로 강제실시권에 관한 규정을 마련하고 있다(TRIPs 제31조).

1) 요 건

회원국의 법률이 정부 또는 정부의 승인을 받은 제3자에 의한 사용을 포함하여 권리자의 승인 없이 특허 대상의 다른 사용을 허용하는 경우에는 아래의 사항을 준수하여야 한다.

사용의 승인은 개별적인 사안의 내용에 따라 고려되어야 한다(개별성의 원칙). 이러한 사용은, 그 사용에 앞서 사용 예정자가 합리적인 상업적 조건하에 권리자로부터 승인을 얻기 위한 노력을 하고, 이러한 노력이 합리적인 기간 내에 성공하지 아니하는 경우에 한하여 허용될 수 있다(보충성의 원칙). 다만 이러한 요건은 국가 비상사태, 극도의 긴급상황 또는 공공의 비상업적 사용의 경우에 회원국에 의하여 면제될 수 있다. 그럼에도 불구하고 국가 비상사태 또는 그 밖의 극도의 긴급상황의 경우 권리자는 합리적으로 가능한 빠른 시간 내에 통보를 받는다. 공공의 비상업적 사용의 경우, 정부 또는 계약자가 유효한 특허가 정부에 의해 또는 정부를 위해서 사용되거나 사용될 것이라는 사실을 특허 검색 없이 알거나 알 만한 증명할 수 있는 근거가 있는 경우 권리자는 신속히 통보받는다. 이때 사용의 승인에 관한 모든 결정의 법적 유효성은 사법심사 또는 회원국 내의 별개의 상위 당국에 의한 독립적 심사 대상이 된다(법정판결의 원칙).

2) 실시권의 내용

이러한 사용은 비배타적이어야 하며(비배타성의 원칙), 양도될 수 없다(양도의 금지). 다만 그 사용을 향유하고 있는 기업 또는 영업권의 일부분과 함께 양도하는 경우에는 예외로 한다. 또한 이러한 사용은 주로 그 사용을 승인하는 회원국의 국내 시장에 대한 공급을 위해서만 승인되며(국내실시의 원칙), 사용의 범위 및 기간은 그 사용이 승인된 목적에 한정된다. 특히 반도체 기술의 경우에는 공공의 비상업적인 사용, 또는 사법 혹은 행정 절차의 결과 반경쟁적이라고 판정된 관행을 교정하는 것에 한정된다. 특히 반도체 기술의 경우 비영리적 이용 등에 한정되어야 한다는 규정은 UR 타결 막판에 미국의 주장에 의해 반영된 것이다.

사용의 승인은 그렇게 사용 승인을 받은 자의 정당한 이익의 적절한 보호를 조건으로, 사용을 허용하게 한 상황이 종료하고 재발할 것 같지 아니한 경우에는 종료될 수 있다(한시성의 원칙). 이때 권한 있는 당국은 이유 있는 신청에 따라 이러한 상황의 계속적인 존재 여부를 심사할 권한을 가진다.

3) 보 상

권리자는 각 사안의 상황에 따라 승인의 경제적 가치를 고려하여 적절한 보상을 지급받으며(보상의 원칙), 이러한 사용에 대하여 제공된 보상에 관한 어떠한 결정도 사법심사 또는 회원국 내의 별개의 상위 당국에 의한 독립적 심사 대상이 된다.

4) 불공정한 관행을 시정하기 위한 경우의 특례

회원국은 이러한 사용이 사법 또는 행정 절차의 결과 반경쟁적인 것으로 판정된 관행을 교정하기 위해서 허용되는 경우에는 협정 제31조 나호(보충성의 원칙) 및 바호(국내실시의 원칙)에 규정된 조건을 적용할 의무가 없다. 이러한 경우 보상액을 결정하는 데 반경쟁적 관행의 교정 필요성이 고려될 수 있다. 권한 있는 당국은 이러한 승인 사유가 재발할 가능성이 있을 경우에는 이러한 사용 승인의 종료를 거부할 권한을 가진다.

5) 2차 특허(이용발명)의 실시허락

TRIPs협정은 이용발명에 관한 강제실시권 부여와 관련하여 "다른 특허(제1차 특허)의 침해 없이는 이용될 수 없는 특허(제2차 특허)의 이용을 허용하도록 승인되는 때에는 다음의 추가적인 조건이 적용된다"라고 규정하고 있다.

① 제2차 특허에서 청구된 발명은 제1차 특허에서 청구된 발명과 관련, 상당한 경제적 중요성이 있는 중요한 기술적 진보를 포함한다.

② 제1차 특허권자는 합리적인 조건하에 제2차 특허에서 청구된 발명을 사용할 수 있는 교차특허를 받을 수 있는 권리를 가진다.

③ 제1차 특허와 관련하여 승인된 사용은 제2차 특허의 양도와 함께 하는 경우를 제외하고는 양도되지 아니한다.

소위 이용발명의 경우 이는 기본 발명을 토대로 연구·개발한 결과, 기술적으로 기본발명에 비해 상당한 진보성이 인정되는 것이다. 그러나 그 상업화에는 기본 발명이 포함되어 있는 관계로 기본 발명 특허권자로부터의 라이선스가 불가결하다. 이때 기본 발명 특허권자가 부당하게 라이선스를 주려 하지 않는 경우에는 강제실시권이 발동되는데, 대부분의 이용발명이 그 이전의 발명을 기초로 하여 이루어진다는 점에서 이를 협정에 반영한 것이다.

5. 시행절차

TRIPs협정은 회원국이 침해 방지를 위한 신속한 구제 및 추가 침해를 억제하는 구제를 포함하여, 이 협정에서 다루고 있는 지적재산권 침해행위에 대한 효과적인 대응조치가 허용되도록 하기 위하여 규정된 시행 절차가 각국의 법률 아래에서 작용하도록 보장하게 하였으며, 이는 적법한 통상에의 장벽 설정을 피하고 남용에 대한 보호장치를 제공하는 방법으로 적용된다. 지적재산권의 시행 절차는 공정하고 공평해야 하며, 불필요하게 복잡하거나, 비용이 많이 들거나, 불합리하게 시간을 제한 또는 부당하게 지연하여서는 아니 된다.

어떤 사안의 본안에 대한 결정은 당사자가 자신의 입장을 진술할 기회가 주어졌던 증거만을 기초로 가급적 서면으로 하며, 그 결정의 이유를 포함한다. 동 결정은 부당한 지연 없이 최소한 소송 당사자들에게 제공된다. 소송당사자는 최종적인 행정 결정 및 사안의 중요성에 관한 회원국의 법률상 사법관할권 규정에 따라 최소한 사안의 본안에 대한 최초의 사법적 결정의 법적 측면에 대해서 사법당국에 의한 검토 기회를 가진다. 그러나 형사사건에 있어서 석방에 대한 심사 기회를 부여할 의무는 없다.

다만 이러한 TRIPs협정의 규정 내용은 일반적인 법 시행을 위한 사법제도와 다른 지적재산권의 시행을 위한 사법제도를 마련할 의무를 부과하는 것이 아니며, 회원국의 일반적인 법 집행 능력에 영향을 미치지 아니하는 것으로 이해되어야 한다. 즉 협정의 어느 규정도 지적재산권의 시행과 일반적인 법 시행 간의 예산분배에 관한 의무를 부과하지 아니한다.

한편 지적재산권의 침해 물품의 처리와 단속절차에는 국내절차와 국경조치가 있다. 국내절차에서는 민·형사 및 행정절차, 가보호절차 등이 있으며, 국경조치는 수출입 단계에서 세관이 침해물품의 통관을 보류하는 조치로서, 상표권과 저작권 침해 물품은 필요적 통관보류조치를 적용하고 기타 지적재산권 물품에 대하여는 임의적 조치를 적용하되, 이와 별도로 수출입업자를 보호하기 위한 보호장치를 두었다.

(1) 민사 및 행정절차

TRIPs협정은 민사 및 행정절차와 관련하여 공정하고 공평한 절차 규정을 둔 가운데(TRIPs 제42조), 증거(TRIPs 제43조), 금지명령(TRIPs 제44조), 손해배상(TRIPs 제45조), 기타 구제(TRIPs 제46조), 정보권(TRIPs 제47조) 및 행정절차(TRIPs 제49조) 규정을 두고 있다. 또한 권리침해가 계속되는 것을 막거나 증거보전을 위해 가보호 조치(TRIPs 제50조)[18]를 발동할 수 있다.

1) 공정하고 공평한 절차

협정한 지적재산권의 시행과 관련하여 이 절차가 공정하고 공평하게 이루어지도록 노력하고 있다. 이에 민사 사법 절차가 진행되는 과정에서 피고는 적시에 청구 이유를 포함한 충분히 상세한 내용을 서면으로 통보받을 권리를 가진다. 당사자는 독립된 변호인에 의해 대리될 수 있으며, 절차는 당사자의 의무적인 출석에 관해 지나치게 과중한 요구를 부과하지 아니한다. 또한 절차의 모든 당사자는 자신의 주장을 소명하고 관련되는 모든 증거를 제출할 정당한 권리를 가지며, 회원국은 현행 헌법상의 요건과 상충되지 아니하는 한 비밀정보를 확인하고 보호하는 수단을 제공하도록 하고 있다.

2) 증 거

사법당국은 일방 당사자가 자신의 주장을 증명하기에 충분한, 합리적으로 취득가능한 증거를 제시하고 상대방의 관할하에 있는 자신의 주장을 증명할 수 있는 관련 증거를 명시하는 경우, 적절하다면 비밀정보 보호를 보장하는 조건하에 상대방 당사자에게 그 증거자료의 제출을 명령할 수 있는 권한을 가진다. 나아가 소송의 일방 당사자가 자발적으로 그리고 정당한 이유 없이 필요한 정보에의 접근을 거절하거나 또는 달리 합리적 기간 내에 필요한 정보를 제공하지 않거나, 또는 시행조치에 관한 절차를 심각히 방해하는 경우에는 당사자에게 주장 또는 증거에 대해 진술할 기회가 주어지는 것을 조건으로, 정보 접근 거부로 부정적인 영향을 받는 당사자에 의해 제출된 이의 또는 주장을 포함하여 동 사법당국에 제출된 정보에 기초하여 사법당국이 긍정적이거나 부정적인 예비 및 최종 판정을 내릴 수 있

---

18) 20일 혹은 31일 내에 본안소송이 제기되지 않으면 자동 종료되며, 특히 가보호조치(provisional relief)가 잘못 발동되었다고 판단되는 경우는 피고에게 적절한 보상을 해야 한다.

는 권한을 사법당국에게 부여할 수 있다.

3) 금지명령

TRIPs협정은 사법당국은 일방 당사자에게 침해의 중지, 특히 지적재산권을 침해한 수입 상품이 통관 직후 자신의 관할하에 있는 상거래에 유입되는 것을 금지하도록 명령하는 권한을 가진다고 규정하고 있다. 회원국은 이러한 대상 품목 취급이 지적재산권의 침해를 수반할 수 있음을 알기 이전 또는 동 사실을 알 만한 합리적인 근거가 있기 이전에 특정인에 의해 취득 또는 주문된 보호받는 대상 품목에 대하여는 이러한 권한을 부여할 의무가 없다.

4) 손해배상

TRIPs협정은 사법당국은 알면서 또는 알 만한 합리적인 근거를 가지고 침해행위를 한 침해자에 의한 지적재산권 침해행위로 권리자가 입은 피해를 보상할 수 있는 적절한 손해배상을 침해자가 권리자에게 행하도록 명령하는 권한을 가진다고 규정하고 있다. 이때 사법당국은 침해자에게 적절한 변호사 비용을 포함한 경비를 권리자에게 지불할 것을 명령하며, 적절한 경우, 회원국은 침해자가 알면서 또는 알 만한 합리적 근거를 가지고 침해행위를 하지 않은 경우에도 사법당국이 이득의 반환 및 또는 기 산정된 손해배상의 지불을 명령하도록 승인할 수 있다.

5) 기타 구제

침해에 대한 효과적인 억제를 위하여 사법당국은 침해하고 있는 것으로 판명된 상품을 아무런 보상 없이 권리자에게 피해가 가지 아니하는 방법으로 상거래 밖에서 처분하거나, 또는 현행 헌법상 요건에 위반되지 아니하는 경우 폐기할 것을 명령할 수 있는 권한을 가진다. 또한 사법당국은 주로 침해 상품을 제조하기 위하여 사용된 재료나 기구를, 아무런 보상 없이 더 이상의 침해의 위험을 최소화하는 방법으로 상거래 밖에서 처분하도록 명령할 권한을 가진다. 이러한 요구를 심사할 때는 침해의 심각성과 명령된 구제 및 제3자의 이익 사이의 비례성에 대한 필요가 고려된다. 상표권 위조 상품의 경우에는 예외적인 경우를 제외하고, 불법적으로 부착된 상표의 단순한 제거는 이러한 상품이 상거래에 유입되는 것을 허가하기에 충분하지 아니하다.

6) 정보권

TRIPs협정은 회원국은 사법당국이 침해의 심각성과 균형에 벗어나지 아니하는 한, 침해자에게 침해 상품 또는 서비스의 제조 및 배포에 관여한 제3자의 인적 사항과 이들의 유통체계에 관한 정보를 권리자에게 통보할 것을 명령하는 권한을 가진다고 규정할 수 있도록 하였다.

7) 피고에 대한 배상

사법당국은 조치가 취하여지도록 요청하고 시행절차를 남용한 당사자가 이러한 남용으로 인해 부당하게 제약을 당한 당사자에게 피해에 대한 적절한 보상을 제공하도록 명령하는 권한을 가진다. 또한 신청인이 적절한 변호사 비용을 포함할 수 있는 경비를 피고인에게 지불할 것을 명령하는 권한을 가진다. 그리고 협정은 집행과정에 있어서의 조치가 선의로 취해지거나 선의로 의도된 경우에 한하여 적절한 구제조치의 책임으로부터 공공당국과 관리를 면제한다는 면책규정을 두고 있다.

(2) 잠정조치

정상적인 사법절차를 취하게 되면 장기간이 소요되는 문제점을 보완하기 위하여 협정은 권리자 보호를 위한 잠정적인 조치를 규정하고 있다(TRIPs 제50조). 즉 사법당국은 ① 지적재산권 침해 발생의 방지, 특히, 통관 직후의 수입품을 포함한 침해 상품이 자신의 관할권 내의 상거래로 유입되는 것의 방지, ② 침해의 협의에 관한 관련 증거의 보전 등을 목적으로 신속하고 효과적인 잠정조치를 명령할 권한을 가진다. 나아가 지연으로 인해 권리자에게 회복할 수 없는 피해를 초래할 가능성이 있거나 증거가 훼손될 증명할 만한 위험이 있는 경우에는 일방절차에 의해 잠정조치를 취할 수 있다. 다만 이는 잠정적 조치로 회원국의 법이 그렇게 허용하는 경우 동 조치를 명령하는 사법당국에 의해 결정된 합리적 기간 내, 또는 그러한 결정이 없는 경우 20근무일과 31역일 중 긴 기간 내에 사안의 본안에 관한 결정을 위한 소송절차가 개시되지 아니하는 경우에는 피고의 요청에 따라 취소되거나 효력이 종료된다.

사법적 구제절차를 신청하는 자에 대하여 사법당국은 신청인이 권리자이며, 그의 권리가 침해당하고 있거나 그러한 침해가 임박하다는 데에 대해 사법당국을 충분히 확실한 정도로 납득시키기 위하여, 합리적으로 입수 가능한 모든 증거를 제공할 것을 신청인에게 요구할 수 있는 권한을 가진다. 또한 잠정조치를 위하여 신청인에 대하여 관련 상품 확인을 위해 필요한 기타 정보 제공을 요청할 수 있으며, 나아가 권리의 남용을 방지하고 피고를 보호하기 위해 충분한 담보 또는 동등한 보증을 제공할 것을 명령하는 권한을 가진다.

잠정조치들이 일방절차에 의해 취해진 경우, 영향받는 당사자는 늦어도 조치가 시행된 후 지체없이 통보받는다. 조치 통보 후 합리적 기간 내에 동 조치가 수정·취소 또는 확정되는지의 여부를 결정하기 위해 피고의 요청에 따라 진술할 권리를 포함한 재심사가 실시된다. 잠정조치가 취소되거나, 신청인의 행위 또는 누락으로 인해 소멸되거나, 또는 추후 지적재산권의 침해 또는 침해의 우려가 없었음이 확인되는 경우, 사법당국은 피고의 요청에 따라 신청인이 이러한 조치로 인한 침해에 대하여 피고에게 적절한 보상을 제공할 것을 명령하는 권한을 가진다.

(3) 형사절차

협정은 상표권이나 저작권에 대한 침해에 있어서의 형사절차를 규정하도록 한 가운데, 다른 지적재산권 침해에 대한 형사절차 규정은 임의규정으로 하고 있다(TRIPs 제61조). 즉 특허와 같이 상표나 저작권 이외의 지적재산권 침해와 관련하여서는 그 침해행위가 고의로 상업적 규모로 행하여졌을 때 형사절차 및 처벌을 규정할 수 있도록 하였다.

6. 분쟁예방 및 해결절차

분쟁예방을 위하여 회원국은 자국의 법·규정·결정 등에 대한 명료성(transparency)을 보장하여야 하며 각종 법규 및 결정 등을 공개·발간하여야 한다(TRIPs 제63조). 분쟁이 발생되었을 때의 해결방법으로는 GATT 제22조 내지 제23조에 규정된 분쟁 해결절차를 적용한다. 분쟁해결은 단기적으로는 TRIPs 패널(panel)이 담당하고, 장기적으로는 TRIPs 이사회가 내용을 검토하는 책임을 지게 된다. 명확한 의무의 불이행은 아니지만 간접적으로 회원국의 이익을 침해한 경우[19]에 대하여는 5년간의 유예기간이 적용된다(TRIPs 제64조 제2항).

7. 경과조치

내국민 대우와 최혜국 대우 등의 기본원칙을 제외하고는 유예기간으로서 선진국의 경우는 1년, 개발도상국의 경우는 5년을 부여하였다(TRIPs 제65조). 선진국과 개도국의 결정은 '자기선언(self-declaration)'에 의해 이루어진다.[20]

19) 이는 GATT 제23조 제1항(b)(c)에 규정한 비(非)위반(non-violation)의 경우를 말한다.

20) 이 외의 구체적인 것은 국회통일외무위원회의 「국회와 세계무역기구 설립협정」(1995년), 특허

제 3 절 특허협력조약(PCT)

1. 체결배경과 의의

특허협력조약(Patent Cooperation Treaty)은 특허 또는 실용신안의 해외출원절차를 통일하고 간소하게 하여 비용의 절약과 기술의 교류 협력을 기하기 위하여 1966년 9월 파리협약 집행위원회에서 미국측의 제안으로 논의된 다자조약이다. 국제출원절차의 효율화 등을 검토한 1970년 3월 예비기초회의를 같은 해 6월 19일 워싱턴 외교회의에서 파리협약 가맹 55개국의 심의를 거쳐 체결되었으며, 이 중 18개국[21]이 1978년 1월 24일자로 조약이 발효되었다.[22]

이 조약은 다수국에 동일발명에 대한 국제출원을 용이하게 하기 위한 조약으로서 2023년 1월 현재 가입국은 157개국이다.[23] 우리나라도 1984년 5월 10일 가입하여 같은 해 8월 1일부터 국제출원업무를 개시하였으며, 우리나라 국민 및 거주자는 우리나라 특허청 또는 WIPO 국제사무국(International Bureau of WIPO)을 수리관청으로 하여 국제출원 할 수 있다. 또한 1997년 9월 WIPO 정기총회에서 한국 특허청이 PCT ISA와 IPEA로 지정받아 1999년 12월 1일부로 이들 업무를 개시하였다.

이 조약은 출원인이 여러 국가에 각각 별도로 출원을 한다면 그 나라 제도와 절차가 다르고 비용이 많이 든다는 폐해를 줄이기 위하여, 하나의 절차로써 국제출원을 하고 권리를 획득하는 데 그 취지가 있다. 즉 자국 특허청에 출원을 하되 보호를 받고자 하는 나라를 지정하여, 그 나라 국어로 된 번역문을 해당국 특허청에 자료를 송부해 특허를 받으면 지정한 나라마다 특허권을 인정받을 수 있도록 한다는 것이다. 이에 출원인이 수리관청[24]에 하나의 국제출원서류를 제출하면서 다수

청의 「WTO출범과 UR무역관련지적재산권협정해설」(1994년 12월), 외무부의 「Marrakesh Agreement Establishing the World Trade Organization」(1994년 7 월), 대외경제정책연구원의 「WTO출범과 신교역질서」(1994년 7 월), 특허청의 「무역관련지적재산협정」(1993년 12월 31일) 등 참조.

21) 조약체결시에는 20개국이 서명하였으며, 1978년 1월 24일자로 조약이 발효된 국가는 브라질, 카메룬, 중앙아프리카공화국, 차드, 콩고, 프랑스, 가봉, 서독, 룩셈부르크, 마다가스카르, 말라위, 세네갈, 소련, 스웨덴, 스위스, 토고, 영국, 미국 등의 18개국이다.

22) 제2장의 국제예비심사는 같은 해 3월 29일에 적용되고, 제1장의 국제출원 및 국제예비심사의 청구는 같은 해 10월 1 일부터 적용되었다.

23) https://www.wipo.int/wipolex/en/treaties/ShowResults?search_what=C&treaty_id=6

24) 수리관청(receiving office)이라 함은 국제출원을 접수하는 국내관청(national office) 또는 정부간 기구(intergovernmental organization)를 의미한다.

의 체약국을 지정하면 지정된 모든 체약국에 국제출원서류를 제출한 날에 직접 출원된 것과 동일한 효과를 인정해 주고, PCT 국제조사 · 예비심사기관에서 관련선행기술의 조사 및 특허성(patentability)의 예비심사를 통하여 출원인이 각국에 본격적 출원절차를 밟기 전에 특허성 여부를 미리 알아보게 된다.

2. 목 적

이러한 PCT의 목적은 다음의 4가지로 요약할 수 있다.

1) 출원절차의 통일화 및 간소화를 통한 해외출원 증진

2) 세계 여러 나라를 대상으로 출원해야 하는 출원인과 각국 특허청에 가중되는 경제적 부담을 경감시키기 위한 출원절차의 통일화

3) 특허허여 전에 발명이 기술적 가치와 상업적 성공여부의 타진 가능

4) 특허문헌을 중심으로 기술정보의 확산 및 제공, 개발도상국의 특허제도의 발전을 촉진하기 위한 기술원조

3. 특 징

출원인이 자신의 발명에 대하여 해외에서 특허를 받는 방법에는 직접 해외에 출원하는 방법과 국제출원을 이용하여 출원하는 방법의 2가지가 있다. 국제출원과 일반해외 출원절차를 비교해 보면 PCT의 장점은 다음과 같이 요약할 수 있다.

(1) 국제출원일의 인정

국제출원의 경우에는 출원인이 자국 특허청에 하나의 국제출원서류를 제출하면서 다수의 체약국을 지정하면, 지정한 모든 체약국에서 동일자에 각 체약국 특허청, 즉 지정관청에 대해서 직접 출원한 것과 동일한 효과를 갖는다. PCT는 국제출원일 인정으로 하나의 국제출원서류의 제출만으로 많은 나라에 동시에 출원한 효과를 누릴 수 있으므로 동일한 발명에 대하여 다수국에 특허를 받고자 하는 경우에 매우 유용한 제도이다.

(2) 발명의 사전평가 및 보완

PCT 절차는 크게 국제단계(international phase)와 국내단계(national phase)로 나누어진다. 국제단계에서는 국제공개, 국제조사 및 국제예비심사 등이 이루어지며, 출원인은 이러한 결과를 보면서 외국 출원의 계속 진행 여부 및 국내단계 진입 여부를 결정할 수 있다

는 장점이 있다. 국제조사보고서를 활용하여 선행 기술을 파악한 후 청구범위의 보정 또는 국제출원 취하 등의 절차를 밟을 수 있다. 출원인은 번역문 제출기한까지의 충분한 기간 동안 자신의 발명이 특허를 받을 만한 것인지 또는 각 지정국에서 자신의 발명이 상업적으로 성공할 가능성이 있는지 등을 예측할 수 있다. 또한 국제예비심사보고서를 활용하여 발명의 특허성 여부를 판단한 후 국내단계개시 여부를 결정할 수 있다.

(3) 국내단계 개시의 연기

국제단계에서의 검토가 끝날 때까지 국내단계 개시시기를 연기할 수 있다. 즉 우선일로부터 20개월 내지 30개월 후에 국내단계에 진입하면 된다. 출원인은 각국 특허청의 절차에 필요한 각종 수수료 · 번역료 및 각국 대리인 선임료에 대한 부담을 통상의 출원에 비하여 8개월 내지 18개월 연기할 수 있어서 예측 가능하게 비용을 지출할 수 있는 장점이 있다.

(4) 간편한 절차

PCT는 통일된 하나의 절차로서 국제단계를 진행하므로 모든 회원국의 특허청은 통일된 하나의 방식요건으로 국제출원을 처리하고 있다. 또한 관련서류는 한번만 제출하면 되므로 개별국가 출원에 비해서 절차가 간편하다.

(5) 해외출원비용의 절감

PCT 출원비용은 국제 및 국내 단계로 분리되어 단계적으로 발생하며, 일부 국가(EPO, 독일, 미국, 일본 등)의 경우는 국내조사료, 실체심사료 감면의 혜택이 있다. 따라서 출원인은 자신의 발명이 특허를 받을 수 있고 또 상업적으로 성공할 가능성이 있다고 판단되는 지정국에 대해서만 국내단계를 밟음으로써 무모한 해외출원을 방지하고, 출원에 따른 시간 · 노력 및 경비를 합리적으로 배분할 수 있어서 해외출원 경비를 절감할 수 있게 된다.

(6) 심사능률제고

국제기관의 선행기술조사, 예비심사, 국제공개 등으로 인하여 각국 지정관청의 심사관은 선행기술조사 등 각종 심사관련 기술용역 등의 수고를 덜게 됨으로써 심사능률을 제고할 수 있다.

제 4 절 특허법조약(PLT: Patent Law Treaty)

1. 체결배경과 의의

경제와 기술의 탈국경화에 따라 많은 출원인들이 그들의 발명을 외국에서 특허권으로 보호받아야 할 필요성이 높아졌다. 그러나 파리조약에 의해 각국에서 특허권을 획득하는 것은 각국의 특허법이 서로 달라 그 과정에 어려움을 많이 겪어 왔고 이러한 어려움을 최소화하기 위한 방안으로 1970년 특허협력조약(PCT)이 채택된 바 있다. PCT는 기본적으로 하나의 국제출원으로 여러 나라에 출원하는 효과를 거두기 위한 것으로서 그 효과에 한계가 있었다. 즉, PCT는 국제출원이 국제단계에 있을 때 국제사무국, 국제조사기관, 국제예비심사기관, 출원인 등이 지켜야 할 규범을 정할 뿐, 일단 국내단계로 진입하면 그 후 각국 특허청에서 진행되는 절차는 규율하지 못하는 한계가 있다. 이에 1986년 미국이 유예기간(grace period)의 국제적 통일을 제안함으로써 처음 특허법조약이 논의되기 시작하였다. 그 후 특허제도 전반으로 논의가 확대되었으나, 1994년 미국이 선발명주의를 고수하는 입장을 견지함으로써 신규성, 진보성, 기재요건, 보정 등 특허 "실체"에 관한 부분은 제외하고 1995년부터 특허 "절차"에 관한 사항에 한하여 논의가 계속되었고 그 논의의 결과로서 2000년 6월 1일 특허법조약이 최종 채택되었다.

2. 특　징

PLT는 특허출원에 대하여 각국 특허청이 자국 내에서 부과할 수 있는 절차의 최대요건(maximum requirements)을 규정하고 특허법조약의 체약국(Contracting Party)[25] 특허청은 그 요건 내에서 절차에 관한 법을 운용하여야 하도록 하였다. 따라서 출원인은 PCT와 함께 이를 활용함으로써 보다 용이하게 특허권을 획득할 수 있게 되었다. 즉 PCT에 의해 국제출원을 하고 동 출원이 국내단계로 진입하면 PLT에 의해 쉽고 안전하게 특허권을 획득, 유지할 수 있게 되었다. 이러한 PLT의 특징은 ① 출원일 요건 완화, ② PCT 요건과 상응하는 표준화된 요건, ③ 표준양식의 사용, ④ 간소화된 대 특

---

25) 여기서의 체약국은 나라(State)에 한정되지 않고 정부간기구(intergovernmental organization)도 포함한다. 조약 제1(xviii)조 참조. 체약국이 될 수 있는 요건에 관하여는 조약 제20조 참조.

허청 절차, ⑤ 의도되지 않은 권리의 상실 방지, ⑥ 전자출원에 대한 기본규칙 설정 등으로 설명할 수 있다.[26]

3. 파리협약, PCT, PLT와의 비교

파리협약에 의해 각국에서 특허권을 획득하는 것은 각국의 특허법이 서로 달라 그 과정에 어려움을 많이 겪어 왔고, 이러한 어려움을 최소화하기 위한 방안으로 1970년 특허협력조약(PCT)이 채택된 바 있다. 그러나 이는 기본적으로 하나의 국제출원으로 여러 나라에 출원하는 효과를 거두기 위한 것으로 그 효과에 한계가 있었다. 즉 PCT는 국제출원이 국제단계에 있을 때 국제사무국, 국제조사기관, 국제예비심사기관, 출원인 등이 지켜야 할 규범을 정할 뿐, 일단 국내 단계로 진입하면 그 후 각국 특허청에서 진행되는 절차는 규율하지 못하는 것이다. 반면 PLT는 특허출원에 대하여 각국 특허청이 자국 내에서 부과할 수 있는 절차의 최대요건(maximum requirements)을 규정하고 특허법 조약의 체약국(contracting party) 특허청은 그 요건 내에서 절차에 관한 법을 운용하여야 하게 되었다.

4. 주요 조문

(1) 기본원칙(PLT 제2조)

PLT는 제 2조에서 최대요건을 설정하며, 각국은 그 최대요건하에서 출원인의 입장에서 보아 더 유리한(more favorable) 제도를 택할 수 있도록 하면서 다만, 출원일 설정 방식의 통일을 위하여 출원일 설정을 규정하는 규정인 제 5조는 본 원칙의 예외로 하고 있다.[27] 또한 PLT는 각국의 실체적인(substantive) 특허법은 규율하지 않음을 밝힘으로써 PLT 조문 해석이 실체를 포함하는 것으로 해석되어서는 아니 된다는 것을 명확히 하였다.

(2) 간편한 출원일 설정(PLT 제5조)

PLT는 먼저 출원일 설정을 용이하게 하고 상대적으로 기재가 까다로운 출원을 분리하여 차후에 출원하도록 하였다. 즉 ① 제출되는 서류가 출원을 목적으로 한다는 취지의 명시적 또는 묵시적 표시,[28] ② 출원인의 신원을 확인할 수 있는 표시

26) 정양섭, "특허법조약: 통일화와 단순화의 추구", 지식재산21, 특허청, 2000.7, 3면.
27) PLT 제2조 제1항 참조.
28) PLT 제5조(1)(a)(i) ("an express or implicit indication to the effect that the elements are

또는 특허청에서 출원인에게 연락할 수 있는 표시[29] 및 ③ 명세서로 간주되는 부분을[30] 제출하면 일단 출원일을 확보할 수 있고(PLT 제5조), PLT 제6조에 의한 정식의 출원은 시간을 두고(2개월 이상) 천천히 제출하도록 하였다. 더불어 '명세서로 간주되는 부분'은 해당 특허청이 인정하지 않는 어떤 언어로도 작성될 수 있고[31] 청구항을 포함할 필요도 없도록 하였다.[32] 나아가 '명세서로 간주되는 부분'을 제출할 여유도 없다면, 이미 출원되어 있는 선출원이나 이전출원의[33] 출원번호와 동 출원이 출원되었던 특허청의 이름만을 기재하는 참조(reference) 절차를 통하여 '명세서로 간주되는 부분'의 제출에 갈음할 수 있도록 하였다.[34]

(3) 통일화된 출원양식(PLT 제6조)

출원인은 출원일을 확보한 후 해당 특허청이 정하는 기간 내에[35] 정식의 출원서를[36] 작성하여 특허청에 제출하여야 한다. 이때 출원서 양식은 PCT 출원서 양식에 상응하는 표준화된 양식이어야 하며, 나아가 해당 특허청이 사용하는 PCT 출원신청서에 상응하는 신청서 외에 PCT 출원신청서 그 자체에 해당 특허청의 국내출원임을 표시하여 제출한 경우에도 동 신청서를 접수하여야 한다.[37]

---

intended to be an application;").

29) PLT 제5조(1)(a)(ii) ("indications allowing the identity of the application to be established or allowing the applicant to be contacted by the Office;").

30) PLT 제5조(1)(a)(iii) ("a part which on the face of it appears to be a description."). 여기서의 표현은 PCT 제11조(1)(iii)(d)조에서 빌려 온 것임.

31) PLT 제5조(2)(b) 참조.

32) PCT 제11조(1)(iii)(e)는 청구항을 출원일 설정의 요건으로 포함하고 있음. PCT는 출원일 설정시 출원의 요건도 함께 구비하도록 요구하는 것에 주목할 필요가 있음.

33) 이전출원(previously filed application)은 우선권주장과는 관계없이 시간상으로 현재의 출원 이전에 출원되었던 모든 출원을 의미하여, 우선권주장을 동반하는 경우의 선출원(earlier application)과는 구별된다.

34) PLT 제5조(7) 참조. 미국 특허법 시행규칙 제78조(37 C.F.R. § 1.78)도 비슷한 제도를 규정하고 있다.

35) PLT규칙 제6조(1) 및 제6조(2) 참조. 출원일 설정과 동시에 출원의 요건도 구비하여 출원하는 것은 출원인의 자유이다.

36) 지금까지 우리가 통상적으로 사용하여 온 "출원서"라는 용어는 PLT하에서는 정확한 표현이 아닐 수 있다. PLT 제6조(1)는 "Form or Contents of Application"를 "출원의 내용"이라 하여 서지사항외의 기재내용을 지칭하며, 제6조(2)는 "Request Form"을 "출원신청서"라고 하여 서지사항이 기재되는 출원서 표지를 지칭하여 구별한다. 우리가 통상 사용하는 "출원서"는 위의 두 가지를 모두 포함하는 것으로 이해된다. 우리 특허법도 향후 PLT에 맞추어 용어가 정비될 필요가 있다.

37) PLT규칙 제3조(2)(ii) 참조.

(4) 대리인 선정의 비(非)강제(PLT 제7조)

다수 국가의 특허법에 의하면, 외국에 출원하기 위해서는 해당 특허청에 등록된 대리인을 통하여 모든 절차를 밟는 것이 일반적이나, PLT에서는 많은 절차에서 대리를 강제하지 않음으로써 일일이 대리인을 선정하여야 하는 불편과 이에 따른 대리인에 대한 서비스료 지불의 감소를 도모하였다. 이에 출원일 설정을 위한 서류의 제출은 어떤 경우에도 대리가 강제되지 않으며,[38] 단순한 수수료의 지불이나[39] 선출원서의 사본 제출[40] 등에도 대리가 강제되지 않는다. 특히, 등록유지료의 납부는 대리인의 도움에 대한 필요성이 극히 낮다고 판단되어 대리가 강제되지 않을 뿐만 아니라 제3자도 납부를 대리할 수 있다.[41] 반면 번역문 제출의 경우에는 특허의 실체와 관련되는 경우가 있고 개도국 변리사의 양성을 저해하는 측면이 있다는 점에서 대리를 강제하였다.

(5) 의사표시

각국의 각종 서류 양식이 서로 상이하여 출원인이 쉽게 구하기가 어렵다는 것을 감안하여, PLT는 각 특허청이 WIPO가 제안하는 국제표준양식(Model International Forms)에 의한 서류를 접수하는 의무를 지워 출원인의 편의를 증진하고 있다.[42] 즉 제 8조에서는 출원인이 각종 의사표시를 위해 특허청에 제출하는 서류의 양식(form)과 제출하는 방식(means)에 대하여 규정하면서, 기본적으로 특허청은 출원일 설정 및 지정기간 준수를 위한 서류가 서면으로 제출되는 것은 접수하여야 하는 의무를 지도록 하였다.[43]

(6) 기간해태의 구제

출원인이 각종 서류 제출의 기간을 준수하지 못하여 귀중한 권리를 상실하는

---

38) PLT 제7조(2)(a)(i) 참조.

39) PLT 제7조(2)(a)(ii) 참조. 원안에서는 수수료의 납부라고 하였으나 외교회의를 통하여 단순한(mere) 수수료의 납부에 한하여 대리가 강제되지 않는 것으로 바뀌어졌다. 이는 우리나라 대표단이 수수료의 납부도 심사청구료 납부 또는 보정시 추가청구항에 대한 수수료 납부 등은 간단하지가 않음을 설명한 결과가 반영된 것임. 수수료 납부의 단순성 여부는 각국의 자국법이 결정한다.

40) PLT규칙 제7조(1) 참조.

41) PLT 제7조(2)(b) 참조.

42) PLT 제8조(3) 참조. WIPO는 PLT가 발효되기 이전까지 이와 같은 국제표준양식을 제안하여야 한다.

43) PLT 제8조(1)(a), (d) 참조. 출원일 설정에 최대한의 편리를 제공하는 취지는 상기에서 이미 설명이 되었다. 지정기간 준수를 위한 서류의 제출은 출원인의 권리상실을 방지하기 위해 중요하다고 판단되어 서면 제출이 허용된다.

경우를 최소화하기 위한 배려로서, PLT는 출원인이 특허청이 정한 지정기간을[44] 준수하지 못하였을 경우에도 구제의 기회를 제공하고 있다. 그러나 출원인이 기간해태에 대한 구제를 받는 것이 상대방에게 피해를 줄 수 있는 경우와 출원인의 실수라고 인정되지 않는 경우 등은 구제가 허용되지 않는 것으로 한다.[45] 즉, 당사자간 소송이나 재심기관에서의 절차가 진행 중인 경우에는 상대방이 소송의 결과를 기다리고 있으므로 출원인이 기간해태의 구제를 소송 지연의 방책으로 악용할 우려가 있으므로 기간해태의 구제 대상에서 제외되며, 구제가 이미 이루어진 후 다시 구제를 신청하는 것도 허용되지 않는다.

(7) 권리의 복원

출원인이 특허청에 대한 절차와 관련하여 준수해야 할 기간을[46] 상당한 주의를 기울였음에도 불구하고 과실없이 준수하지 못하여 출원 또는 특허관련 권리의 상실이 초래되는 경우, 체약국의 권리복원 의무를 규정한다. 권리복원 신청시에는 신청서에 그 신청이유가 기재되어야 하고 체약국은 신청이유를 지지할 수 있는 서약서 또는 증거를 제출하도록 요구할 수 있다. 다만 상기 기간해태의 구제(PLT 제11조)에서 언급한 바와 같은 이유로 제3자가 불측의 피해를 입을 수 있는 경우 등에는 권리의 복원을 인정하지 않도록 규정하고 있다.[47]

(8) 우선권 주장의 정정 · 추가

우선권주장 기한의 경과 후 2개월 이내에는 우선권주장의 내용을 정정 또는 추가할 수 있는 근거를 제공한다. 또, 우선권주장 기한의 경과 후 2개월 이내에는 후출원을 하여 우선권을 주장할 수도 있다. 이 경우에는 주어진 상황에서 요구되는 정당한 주의를 기울였음에도 불구하고 우선권주장 기간 내에 후출원을 제출하지 못하였거나, 또는 체약국의 선택에 따라, 그것이 의도적이 아니었다는 것을 특허청이 발견한 경우에 한한다.

44) 법령에서 규정하는 기간을 법정기간이라 하고 법령에서 위임받아 특허청이 임의로 정할 수 있는 기간을 지정기간이라 한다. 제11조는 이러한 지정기간에 대하여만 적용되고 법정기간에는 적용되지 않는다.

45) PLT규칙 제12조(5) 참조.

46) 여기서의 기간은 지정기간은 물론 법정기간도 포함한다.

47) PLT규칙 제13조(3) 참조.

제 5 절 특허실체법조약(SPLT)

2000년 6월에 채택된 특허법조약은 특허출원이라는 절차적인 면에 한하여 규정하였으므로, 특허출원 후 특허대상의 특허권 허여 여부를 판단할 수 있는 실체적 내용을 담고 있지 않았다. 이에 특허법 조약의 타결 이후 WIPO의 제4차 특허법 상설위원회(2000년 11월)에서 특허실체법의 논의가 재개되었다. 즉 2002년 11월에 개최된 제8차 특허법상설위원회(SCP)를 포함하여 총 5회에 걸쳐 진행되었으며, 현재까지 특허실체법조약(안) 총 16개 조문과 규칙(안) 총 16개 조문 및 실무지침이 제안되어 다루어지고 있다.

특허실체법은 특허대상, 특허요건, 선행기술의 정의, 유예기간, 명세서기재사항, 보정·정정, 무효 및 취소사유 등을 그 내용으로 하고 있으며, 특히 특허대상(patentable subject-matter)의 범위확대, 유예기간의 확대 여부 및 선행기술에 관한 국제적 통일규범 마련에 관심을 모으고 있다. 이에 아래에서는 이러한 중점 논의대상을 중심으로 SPLT를 소개하도록 한다.

1. 특허대상에 대한 논의

특허대상에 관한 논의(특허실체법조약(안) 제12조)와 관련하여 제7차 SCP에 제안된 조약(안)에서는 "모든 활동분야에서 사용되거나 생산될 수 있는 기술분야에서 물건·방법을 포함한다. 다만, 단순한 발견, 추상적 고안 그 자체, 과학적·수학적 이론·자연법칙 그 자체 및 순수한 미적 창작물을 제외한다"라고 규정하고 있다. 여기에서 '기술분야'에 관한 내용은 SCP 제6차 회의에서 미국을 제외한 대부분의 국가의 주장에 따라 추가한 것이다. 이러한 논의는 미국이 유전자관련 발명, 컴퓨터 소프트웨어, 치료방법, 심적 처리방법, 계산방법 및 데이터 구성을 포함하는 컴퓨터 메모리 등의 분야에서 개발된 내용을 특허대상에 포함시키는 데에 적극적인 것에 반하여, 대부분의 국가에서는 미국의 견해와는 달리 정보통신 및 생명과학 분야 등과 관련한 기술에 발명특허를 연관지을 필요가 없다는 입장이다. 이에 TRIPs 제27조의 규정에 따른 정의 규정을 수용하여 특허대상을 기술분야로 한정하고자 하고 있다.

2. 유예기간의 확대 여부

공지 등의 예외 제도는 선출원주의를 취하고 있는 대부분의 국가에서 자기 공개로 인한 신규성 상실을 공지 등의 예외로 해결하여 진정한 발명자를 보호하기 위한 제도이다. 이러한 공지 등의 예외를 특허실체법조약(안)에 규정하는 것이 합당한가에 대하여 논의가 있었다. 특히 이 문제는 1986년 미국이 세계 각국의 공지 등의 예외에 관한 제도가 상이하여 발명자가 자기의 권리를 확보하지 못하는 주요한 요인이 된다는 점에 주목하여 공지 등의 예외제도를 국제적으로 통일하자고 제안하여 이에 논의한 결과 1991년 외교회의 기본안을 확정한 바 있는데, 미국이 선발명주의에서 선출원주의로 선회할 수 없음을 돌연 발표하여 공지 등의 예외에 관한 국제적인 논의를 중단시킨 바 있다. 이에 대부분의 국가에서 선출원제도를 취하고 있으므로 공지 등의 예외에 관한 규정을 마련하는 것이 합당하는 결론에 이르렀다.

3. 선행기술의 정의

선행기술의 정의(특허실체법조약(안) 제8조)에 관하여는 인터넷 등 새로운 정보매체를 이용한 공개된 정보의 접근과 관련하여 PCT에 규정한 서면주의 원칙을 버리고 접근할 수 있는 정보의 형식에 구별을 두지 아니하고 공중이 이용 가능한 모든 정보로써 선행기술을 판단할 수 있다고 제안하고 있다. 또한 이를 위한 구체적인 판단기준으로 서면을 통한 정보의 공개뿐만 아니라, 인터넷 또는 전자적 데이터베이스등의 전자적 수단을 통하는 경우에 대한 내용을 조약(안)의 실무지침에 규정하고 있다.[48]

제 6 절 부다페스트조약

1. 체결 배경과 의의

화학물질 또는 기계장치 등의 발명과는 달리 미생물[49]을 이용한 발명은 살아있

48) See SCP/8/4 parag. 72, 17면.

49) 미생물(microorganism)이란 동물 · 식물 등 고등생물체를 제외한 균류(bacteria), 사상균류(mold), 효모류(yeast), 원생동물류(protozoa)와 한계적인 생물이라고 할 수 있는 바이러스(virus) 등 육안으로

는 생명체로 일정한 조건하에서 자기증식능력이 있는 미생물을 이용한 것이라는 특수성이 있다. 즉 미생물 발명은 생명체를 대상으로 하고 있으므로 화학물질과 같이 일정한 구조식 내지 이화학적 성질을 표시하기가 쉽지 않아 그 균학적 성질을 기재한다고 하더라도 통상의 기술자로서는 그 기재내용만으로는 용이하게 실시할 수 없으며, 생존을 위해 끊임없이 대사작용과 자기증식작용을 일으킬 뿐만 아니라 미생물의 배양 · 발효과정에는 미생물체 내에 존재하는 효소(enzyme)라는 일종의 촉매에 의하여 복잡한 생화학 반응이 수반되기 때문에 그 물질대사과정에는 특정하기 어렵다는 특징을 갖는다. 이에 대상 미생물의 생명력을 유지하는 가운데 그 자기 증식능력을 조절할 수 있는 공인기탁기관의 필요성이 요구되었으며, 이에 미생물 발명의 보호와 관련하여 미생물기탁제도가 도입되었다.

1950년 미국에서 최초로 채택된 미생물 기탁제도는 여러 많은 국가에 도입되었다. 그런데 미생물 발명을 여러 나라에 동시에 출원하는 경우 각국별로 다른 기탁기관을 지정하고 있으므로 각 기탁기관마다 미생물을 기탁하여야 하는 번거로움과 비용상의 문제가 지적되었다. 이에 국제적으로 승인된 기탁기관 중 어느 곳에 기탁하게 되면 체약국은 이것을 자국의 특허절차에서 인정함으로써 미생물 기탁의 번잡성을 해소하고 비용을 절감하고자 하는 국제적인 합의가 논의되었으며 이것이 부다페스트조약이다.

부다페스트조약이란 '특허절차상 미생물(微生物)기탁의 국제적 승인에 관한 부다페스트조약'(Budapest Treaty on the International Recognition of the Deposit of Micro-organisms for the Purposes of Patent Procedure)을 약칭한 것으로, 1977년 4월 28일 부다페스트 외교회의에서 체결되어 1980년 11월 26일에 그 효력이 발생하였으며, 우리나라는 1988년 3월 28일에 가입하게 되었다. 2023년 1월 현재 87개국이 가입했다.[50] 48개의 국제기탁기관이 있는데 이 중 7곳이 영국에 있으며, 우리나라에 4곳,[51] 미국, 이탈리아, 중국, 인도에 3곳, 러시아 연방, 폴란드, 스페인, 일본, 호주에 2곳, 체코, 칠레, 캐나다, 슬로바키아, 스위스, 벨기에, 멕시코, 프랑스, 불가리아, 헝가리, 독일, 라트비아, 모로코, 핀란드, 네덜란드에 1곳이 있다.[52]

확인할 수 없는 하등생물체를 말한다; 황종환, 「특허법」, 한빛지적소유권센터, 2000, 1000면.

50) https://www.wipo.int/wipolex/en/treaties/ShowResults?search_what=C&treaty_id=7

51) 국내 미생물 기탁기관은 ① 유전공학연구소, ② 한국세포주연구재단, ③ 한국미생물보존센터, ④ 국립농업과학원 농업미생물은행이 있다.

52) https://www.wipo.int/export/sites/www/treaties/en/registration/budapest/pdf/idalist.pdf

2. 특 징

이 조약은 특허절차상 미생물 기탁을 요구하는 국가는 이 조약에 가입하고 있는 체약국의 영토 내 혹은 영토 외에 있는 국제기탁기관에 미생물을 기탁하여야 한다는 것을 그 주요 특징으로 하고 있다. 즉 미생물을 이용하는 발명은 그 특수성으로 인하여 특허출원 전에 해당 발명에서 이용하고 있는 신규한 미생물의 기탁 등 특허절차상의 특수한 요건을 요구하게 되었다. 특히 명세서의 기재만으로는 발명을 실시할 수 없고, 또한 통상의 기술자가 그 미생물을 용이하게 입수할 수 없으므로 이를 보완하기 위하여 그 미생물을 지정 기탁기관에 기탁하게 하는 제도를 마련한 것으로, 특허절차상의 측면에서 보면 특허출원의 서면주의에 대한 예외를 이룬 것이라 할 수 있다.

본 조약의 절차에 따른 미생물 기탁은 경비를 줄이고 보호를 강화시켜 주는 것을 그 내용으로 한다. 특히 기탁자가 미생물 관련 특허출원을 한 각각의 모든 체약국에 미생물을 기탁하는 대신 하나의 기탁소에 한 번만 기탁함으로써 비용을 절약할 수 있고, 보호를 원하는 체약국의 한 나라에 기탁하는 결과, 그렇지 않을 경우 기탁에 수반될 수 있는 다른 모든 체약국에서의 수수료와 비용을 절약할 수 있어, 기탁자가 수 개국에 특허출원하는 경우에 큰 혜택을 보게 된다. 또한 미생물 표본의 기탁, 인정 및 배양(furni-shing)의 통일된 제도를 확립함으로써 기탁자의 보호를 강화시켜 준다.

3. 주요 내용

(1) 미생물의 기탁

기탁자가 국제기관에 미생물을 송부할 때에는 다음 사항을 기재한 서면에 기탁자가 서명하여 이를 제출한다(부다페스트조약 규칙 제6.1조).

① 기탁이 조약에 의하여 이루어지며 규칙 제9.1에 규정된 기간(최소 30년) 동안 취하하지 않겠다는 약속의 표시

② 기탁자의 성명과 주소

③ 미생물의 배양, 보관 및 생존시험에 필요한 조건의 상세와 함께 혼합미생물을 기탁하는 경우에는 해당 혼합미생물의 조성과 각 미생물의 존재를 확인하는 한 가지의 방법의 설명

④ 기탁자가 미생물에 부여한 식별을 위한 표시(번호, 기호 등)

⑤ 건강 또는 환경에 대하여 해를 끼치거나 끼칠 염려가 있는 미생물의 성질의 표시 또는 기탁자가 그 같은 성질을 알지 못하고 있다는 표시

체약국은 어느 국제기탁기관의 미생물 기탁을 자국의 특허절차상 미생물의 기탁으로 승인하여야 하며, 체약국은 이 국제기탁기관이 교부하는 수탁증의 사본을 요구할 수 있다. 또한 체약국은 조약과 규칙에서 규정된 문제에 관한 한 어떠한 체약국도 이 조약과 규칙에서 규정된 요건과 상이한 요건 또는 추가하는 요건을 만족시켜 줄 것을 요구하여서는 아니된다(부다페스트 조약 제3조).

(2) 국제기탁기관

국제기탁기관으로서의 지위를 획득하기 위하여 기탁기관은 체약국의 영역 내에 존재하여야 함은 물론 아래의 요건을 충족한다는 것을 체약국 또는 정부간 산업재산권기관의 보증을 얻어야 하며(부다페스트 조약 제6조), 체약국 등으로부터 사무국장에게 서면에 의한 통고를 한다. 이에 국제 사무국은 그 통고를 공표하고, 그 공표일로부터 기탁기관으로서의 지위를 취득한다.

① 영속적일 것

② 과학적 및 관리적인 업무를 수행하기 위하여 필요한 직원 및 시설을 갖추고 있을 것

③ 공평하고 객관적일 것

④ 기탁에 관하여 어떠한 기탁자의 입장에서도 동일의 조건하에서 이용이 가능할 것

⑤ 미생물에 대하여 수탁하고 생존시험을 행하고 이를 보관할 수 있을 것

⑥ 수탁증 및 생존에 관한 증명서를 교부할 것

⑦ 비밀을 유지할 수 있을 것

⑧ 미생물의 시료를 분양할 것

(3) 미생물의 보관

국제기탁기관은 수탁한 미생물을 오염시키지 않고 생존시키기 위하여 필요한 모든 주의를 기울이며 수탁한 미생물시료의 분양에 대한 가장 최근의 요청이 접수된 후 최소한 5년간 동 미생물을 보관하여야 하며, 어떠한 경우에도 수탁일로부터 최소한 30년간은 이를 보관하여야 한다(부다페스트조약 규칙 제9.1조). 이때 기탁기관은 어떤 미생물이 조약에 의하여 그 기관에 기탁되었는지 여부에 관한 정보를 여하한 자에게도 누설

하여서는 아니 된다. 또한 규칙 제11조에 의하여 미생물을 입수할 자격을 가지며 동 규칙에 정하는 조건을 따르는 기관, 자연인 또는 법인을 제외하고는 기탁된 미생물에 관한 정보를 여하한 자에게도 누설하여서는 아니 된다(부다페스트조약 규칙 제9.2조).

(4) 미생물 시료의 분양

국제기탁기관은 체약국이나 정부간 산업재산권기구의 산업재산권청, 기탁자 또는 기탁자의 승인을 얻은 자 그리고 일정한 법령상의 자격을 가진 자에 대하여 미생물 시료를 분양하여야 한다. 먼저 국제기탁기관은 기탁자의 요청이나 승인이 있을 때에는 기탁자나 기관, 자연인 또는 법인에 미생물의 시료를 분양하여야 한다(부다페스트조약 규칙 제11.2조). 또한 미생물관련 출원이 산업재산권청에 출원중이고, 그 산업재산권청이 특허절차상 공표를 하였으며, 분양청구자가 시료의 분양을 받을 권리를 갖고 있는 것을 산업재산권청이 증명한 때에는 분양청구자에 대하여 국제기탁기관은 미생물의 시료를 분양하여야 한다. 그리고 일정한 요건[53] 아래에 체약국 또는 정부간 산업재산권기구의 산업재산권청은 그 미생물 시료의 분양을 요청할 수 있다(부다페스트조약 규칙 제113.1조).

---

53) ① 특허부여를 위하여 미생물의 기탁과 관련된 특허출원이 해당 산업재산권청에 행하여져 있으며 해당 출원의 대상이 된 그 미생물 또는 그 이용에 관한 것일 것.

② 해당 출원이 해당 산업재산권청에 계류되고 있거나 또는 특허가 허여된 것일 것.

③ 해당 체약국 또는 정부간 산업재산권기구 또는 그 구성국의 특허절차상 유효한 시료를 입수할 필요가 있을 것.

④ 시료와 시료에 관련된 정보는 특허절차만을 위한 목적으로 사용될 것.

제12편

실용신안법

제1장 실용신안제도의 의의
제2장 실용신안제도의 보호대상
제3장 실용신안법의 구체적 내용

제1장

실용신안제도의 의의

제1절 서 설

기술적 사상의 창작에 대하여 특허제도가 있는 대부분의 나라는 특허법만으로 보호를 인정하고 있다. 우리나라 역시 특허법의 제정당시에는 따로 법률의 규정을 두지 않고 발명과 고안을 혼합하여 규정하고, 이를 보호하였다. 그러나 특허제도가 운용되는 과정에 있어 나라에 따라서는 소위 소발명이 경시되어 특허가 부여되지 않는가 하면, 반대로 산업정책상 특히 소발명에 대한 보호장려가 요구되기도 한다. 이에 소발명에 대한 보호장려의 요구로서 특허제도를 보완하고자 마련된 제도가 실용신안제도이다.[1)]

우리나라에 처음 실용신안법이 도입된 것은 일본의 통감정치가 행해지던 1909년 10월 23일 일본 칙령 제307호로 우리나라에 실용신안령이 공포되어 일본의 실용신안법(1905년 3월 15일 일본 법률 제21호)을 처음 시행한 것이 그 시초가 된다. 당시 일본의 실용신안법은 외국에서 일본인의 권리를 보호할 뿐만 아니라 특히 소규모 경공업의 고안을 비롯하여 아직 기술이 낮은 국내 상황에서 발명보다 한 단계 낮은 기술의 창작인 고안을 발명과 분리하여 보호함으로써 기술의 발전을 촉진

1) 일반의 실용신안제도와 다르지만 특허법을 보완하고자 하는 목적으로 만들어진 제도로서 프랑스의 실용증(certificat d'utilité)이 있다. 네덜란드, 벨기에의 경우도 특허법을 보완하는 차원에서 실용신안법에 해당하는 법의 운용을 하고 있다.

하여 산업의 발전에 기여할 목적으로 독일의 제도를 모방하여 도입 · 제정되었다고 한다.

이처럼 소발명의 보호를 위하여 제정된 실용신안법은 특허법에 비해 고도성의 요건이 완화되어 있으며, 등록이 쉽고 무효가 될 염려가 적다는 이유로 중소기업뿐만 아니라 대기업들도 애용하기도 하였다. 그러나, 이러한 실용신안법은 사회정세의 변화 및 산업기술수준의 향상과 더불어 그 존재적 의의에 의심을 받고 있으며, 폐지론이 대두되기도 한다.[2] 우리나라는 1961년 12월 31일 법률 제952호로 실용신안법을 제정하면서, 기술개발의 촉진과 산업정책적 이유 등에서 그 기술의 수준에 따라 발명과 고안을 구분하여 특허법과 실용신안법으로서 각각 보호하여 왔다.

제 2 절 실용신안제도의 존폐 · 수정론

새로운 기술적 사상의 보호와 관련한 제도의 운영은 각 나라마다의 경제환경과 지향하는 산업정책에 따라 다르다 할 수 있다. 예컨대 고도의 발명만을 보호하고자 한다든지, 소발명 내지 고안의 보호를 인정하고 그 보호를 특허법으로서 한다든지 아니면 실용신안법과 같은 별도의 법률을 마련하고 운영하는 나라도 있는데, 이때 실용신안법을 제정하여 운용하는 나라는 대부분 개발도상국 내지는 후진국으로 분류되는 국가들이라 할 수 있다. 우리나라 역시도 자국의 기술적 수준이 선진국에 비하여 낮다는 판단과 대기업에 비하여 기술 개발력이 떨어지는 중소기업이나 개인발명가를 보호한다는 취지에서 실용신안제도를 채택하여 운영하고 있다.

한편 실용신안제도를 운용하는 외국의 일부 국가의 경우 실용신안제도가 본래의 역할을 못하고 오히려 심사부담만을 가중시킨다는 이유 등으로 외면당하고 있으며, 폐지론까지 신중히 검토되기에 이르렀다.

1. 실용신안제도 폐지론

실용신안제도의 폐지를 주장하는 논리적 근거는 다음과 같다. 즉 실용신안제도는 이미 그 사명을 다 하였으며, 소발명으로는 국제경쟁력에서 이길 수 없다. 그리

---

2) 윤선희, "우리나라의 실용신안무심사제도 도입의 문제점", 국회보, 1997년 8월호(국회사무처), 92~93면.

고 실용신안 출원건수의 증가는 특허심사를 지연시켜 특허제도의 기능을 마비시키며, 사소한 기술에 권리를 부여함으로써 권리분쟁이 빈발하여 기업이 분쟁에 시달리고 오히려 산업발달을 해치게 된다. 또한 외국에서도 이 제도의 폐지 움직임이 일고 있다.[3)]

2. 실용신안제도 존치론

반면 실용신안제도의 존치를 주장하는 견해는 다음과 같다. 발명과 고안을 특허법에서 다같이 취급할 경우에는 오히려 발명의 질적 저하를 초래할 우려가 있으며 소발명만 보호하는 실용신안법은 필요하다. 오늘날에도 실용신안제도는 필요하며, 중소기업의 보호 · 육성을 위하여 없어서는 안 될 제도로서 중소기업간의 과다경쟁을 방지하고 중소기업이 대기업에 대항할 수 있는 유력한 수단이 되고 있다. 한편 외국에서는 발명을 소발명에까지 확대하여 특허법으로 보호하고 있는데, 우리나라만 고안의 보호를 부인할 때에는 오히려 국제경쟁력을 약화시키는 결과가 된다고 한다. 또한 실용신안권에 의해 기업이 괴로움을 당하는 일이 있다고 하면 이는 본래 독점권을 부여하기에 적합치 않은 것을 등록하였기 때문이며, 실용신안제도의 본질을 잘못 이해한 것에 연유한 것이라고 한다.

3. 실용신안제도 수정론

실용신안제도의 수정론은 오늘날 고안을 보호해야 한다는 필요성은 더욱 강하게 요구되고 있으며, 실용신안법을 폐지하는 것은 시기상조라고 본다. 다만 고안의 기술적 가치로 볼 때 현행법상의 보호는 너무 후한 편이고, 또한 출원에 대한 처리절차도 너무 복잡한 바 이를 수정하여야 한다고 한다.

먼저 실용신안제도가 그 사명을 다 하였다는 폐지론의 주장은 타당하지 않다. 폐지론은 실용신안 출원건수의 증가가 특허제도의 기능을 마비시킨다는 논거를 제기하고 있는데, 현상적으로 그 제도의 수요가 다른 제도의 운영에 지장을 미칠 만큼 증가하고 있다면 그 제도가 사명을 다 하였다고 말할 수 있을지 의문이다. 오히려 실용신안 출원건수의 증가는 소발명 보호에 대한 사회적 관심의 제고를 의미한다 하겠으며, 이는 작은 부분에까지 지적재산권으로서의 지위를 부여하고 보호

3) 윤선희, "우리나라의 실용신안무심사제도 도입의 문제점," 국회보, 1997년 8월호(국회사무처), 93~94면.

하려고 하는 국제적 경향에도 상응하는 태도[4]라 하겠다. 이에 소발명 내지 고안에 대한 보호를 부정하고자 하는 폐지론의 입장은 수긍하기 힘들다 하겠다.[5]

실용신안제도를 폐지하고 소발명 내지 고안에 대한 보호를 특허제도에 의하고자 하는 견해 역시 타당하지 않다. 이러한 주장은 실용신안제도 존치론자들의 지적과 같이 발명의 질적 저하라는 결과[6]까지 초래하지는 않을지라도, 가뜩이나 적체된 특허의 출원과 그에 따른 특허관련부서의 업무부담 및 권리화의 지연 등의 문제점을 해결할 수는 없을 것이다. 따라서 소발명 내지 고안에 대한 독자적 보호제도로서의 실용신안제도는 존치되어야 할 것이다. 나아가 실용신안제도의 운용은 특허법상의 진보성을 만족시키지 못해 보호받지 못하는 발명에 대한 보호의 갭을 보충할 수 있고 소발명에 적용됨으로써 특허제도의 신뢰성이나 가치가 떨어지는 것도 아울러 방지할 수 있다는 장점을 갖는다.

다만 실용신안제도가 소발명 내지 고안의 보호기제로서 제대로 그 역할을 수행하고 있는가에는 의심할 여지가 있으며, 실용신안제도 폐지론의 지적 역시 여기에서 비롯된 것이라 하겠다. 즉 출원에 대한 처리절차가 너무 복잡하여 심사적체가 심화되고 있으며, 이에 따라 권리설정이 지연되는 등의 문제가 있으며, 그에 대한 수정이 필요함은 부정할 수 없을 것이다.

제 3 절 실용신안제도의 운용

실용신안제도는 소발명을 보호하여, 짧은 라이프 사이클을 가진 발명을 보호하는 간단하고 손쉬운 저렴한 보호방법이다. 이에 많은 국가들이 실용신안제도[7]를 마련하고 있으며, 이는 특허제도 이외의 별도의 소발명 보호제도이다. 다만 이러한

4) 예를 들어 2020년 3월 기준으로 실용신안제도를 두고 있는 나라는 61개국 정도로 이들 중 유럽에는 독일, 프랑스, 이탈리아, 포르투갈, 스페인 등 15개국이 있으며, 아시아에는 한국, 중국(홍콩, 마카오 포함), 일본, 대만, 태국 등이 있고, 그 외에도 호주, 러시아, 멕시코, 이집트 등에서 운용하고 있다고 한다. 손승우, “비교법적 관점의 小발명 보호 제도 검토 – 주요국의 실용신안제도를 중심으로 –”, 산업재산권(제63권), 한국지식재산학회, 2020, 148면 각주 2 참조.

5) 대한변리사회, 실용신안무심사제도 도입여부 검토를 위한 자료집, 1998. 2. 참조.

6) 실용신안제도의 폐지로 인해 특허요건판단에 어려움이 따르게 되고 이에 발명의 질적 저하를 가져온다고 주장하는데, 이는 검증할 수 없는 주장이지 않은가 생각된다.

7) 이는 utility model, utility certificate, six-year patent, short-term patent, petty patent, utility model certificate, Gebrauchmuster 등의 여러 이름으로 불린다.

실용신안제도는 그 보호의 대상이나 요건을 약간씩 달리 하고 있어, 다음의 세 유형으로 나눌 수 있겠다.

1. 짧은 특허

기본적으로 실용신안제도를 특허법을 보완하기 위한 제도로 보는 태도로서, 권리존속기간이 특허에 비해 짧다는 것을 제외하고는 특허제도와 동일하다. 따라서 특허와 같이 물건의 공간적 형태 및 제조방법 모두 권리의 보호대상이 되며 그 보호요건으로는 특허와 동일한 수준의 고도성, 진보성 및 절대적 신규성 요건[8]을 필요로 하며, 반드시 3차원적 형태에 구현될 필요도 없을 것이다. 이러한 제도를 취하고 있는 국가로는 프랑스,[9] 벨기에, 네덜란드 등이 있다.

2. 소 특 허

소발명의 보호를 목적으로 진보성의 요건을 완화하여 요구하되, 보호대상이 3차원적 형태에 구현되어야 한다는 요건은 부차적으로 요구하거나 전혀 요구하지 않는다. 따라서 방법의 고안이나 진보성이 낮은 발명이라도 보호된다. 즉 물건의 공간적 형태뿐만 아니라 전기회로, 분말상의 물질 등도 권리보호의 대상이 된다. 독일 실용신안법이 이에 속하며, 덴마크, 오스트리아, 아일랜드의 경우가 이에 속한다. 다만 독일은 다른 나라와 달리 상대적 신규성으로 족하다고 규정한다.

3. 순수 실용신안

소발명의 보호를 목적으로 제도 운영을 하는데, 특허에 비해 기술수준이 낮은 발명을 그 보호대상으로 하여 짧은 권리보호기간을 두는 방식이다. 다만 그 보호대상이 3차원적 형태로 구현될 것을 요구함으로써 보호대상을 제한한다. 한국이 현재 이에 속한다.

---

8) 세계주의.

9) 프랑스 실용신안제도는 특허법 속에 규정되어 있고, 그 보호요건도 특허의 경우와 동일하다. 원래 프랑스는 전통적으로 무심사주의 국가였으나, 1968년 특허법 개정에 의해 신규성 조사의 '의견통지서제도'나 조기공개제도 등을 주축으로 하는 국제화에 대응하는 특허제도로 이행하였다. 신규성조사의 '의견통지제도'는 종래 의약특별특허에 대해서만 실시되어 왔으나 다른 일반특허에도 확대된 것이다. 이 때문에 특허청의 과중한 업무가 걱정이 되어 의견통지서의 작성을 요하지 않는 실용신안(실용특허: certificat d'utilité)제도가 도입되었다. 따라서 프랑스 실용신안은 소발명 보호제도라고 볼 수 없다.

제2장

실용신안제도의 보호대상

제1절 서 설

여러 입법례를 비교해 보면 해당 국가의 실용신안법이 보호하고자 하는 것이 기술적 사상인지 아니면 그 결과물인 유형적 형태인지가 불분명한 경우가 있다. 예컨대 이탈리아나 포르투갈은 3차원적 형태라는 것이 필수요건으로 되어 있으므로 보호되는 것이 발명적 사상인지 그 결과물인지 단정하기 힘들다. 또한 독일과 같이 과거 일시적으로 형을 보호의 대상으로 보는 것이 통설이었던 국가도 있다. 즉 독일에서는 발명과 고안의 구분기준을 유형성에 두고 실용신안법의 보호객체는 물품의 형상 · 구조 또는 이들의 조합에 관한 것이라는 견해가 통설이었다. 그러나 현재는 보호대상은 기술적 사상이며, 물품의 외관은 아니라는 것이 일반적 견해이다. 이러한 기술적 특징은 기술적 방법의 사용법이나 기술적 문제의 해결과 같이 무체물이다.

실용신안의 보호는 부수적으로 3차원적 형태에의 구현이라는 요건 때문에 제한될 수는 있으나, 이것은 고안에 부수하여 요구되는 보호요건은 될지언정 보호의 대상 그 자체는 아니다. 따라서 보호의 대상은 기술적 발명이며, 그것이 구체화된 형태가 아니다.

현재 우리나라의 실용신안법은 제4조 제1항에서 물품의 형상 · 구조 또는 조합에 관한 고안을 그 보호대상으로 하고 있다.

제2절 고 안

실용신안법 제2조 1호에서는 그 보호의 대상인 '고안'을 '자연법칙을 이용한 기술적 사상의 창작'이라고 정의하고 있다. 이 규정은 등록의 객체인 고안을 정의한 것이다.

고안은 자연법칙을 이용한 기술적 사상의 창작이기 때문에 특허법의 보호대상인 발명과는 달리 고안이라는 점, 말하자면 고도성이 요구되지 않는다는 점에서 차이가 있을 뿐이다. 여기에서 자연법칙이라 함은 자연계의 물질 및 에너지를 규제하는 법칙이고, 기술적 사상의 기술은 인간의 노동력이 기계·시설 등의 모체와 결합하는 방식으로 반복실시할 수 있는 것으로 구체적으로 된 경우를 말하며, 창작에 관해서는 그 신규성 및 진보성을 그 고안을 완성한 때와 그 고안을 출원한 때를 기준으로 한다는 2가지 경우와 그 창작의 개념도 주관적인 것과 객관적인 것으로 구별할 수 있다.

창작이란 인간의 지능활동에 의해 산출된 것을 말한다. 그러나 본법의 실용신안은 이 조항의 요건만으로 그 등록대상이 되는 것이 아니다. 즉 실용신안은 자연법칙을 이용한 기술적 사상의 창작으로서, 물품의 형상·구조 또는 그 조합에 관한 것으로서 산업에 이용할 수 있는 것이어야 한다.

따라서 실용신안법은 특허법의 보호를 받는 정도에 이르지 못한 경미한 기술사상을 보호하는 목적을 갖고 있다고 할 수 있다.

즉, 이러한 정의 규정은 '자연법칙을 이용한 기술적 사상의 창작으로서 고도한 것'을 '발명'이라 정의한 특허법 제2조 1호의 규정과 비교된다. 다만 특허법에서 발명의 성립요건으로서의 '고도성' 요건은 발명의 본질적인 특징이라기보다는 특허법과 실용신안법의 적용범위를 구분하는 의미밖에 없는 것이라 해석된다. 따라서 고안의 의미는 고도라는 용어가 빠져 있을 뿐, 특허법 제2조 1호상의 발명의 의미와 다르지 않다 하겠다. 요컨대 실용신안은 특허보다 낮은 수준의 것이라도 등록된다는 것을 의미한다.[1)]

---

1) 현실 심사에서 양자에 어느 정도의 차이가 존재하는가 하는 점은 별론으로 한다.

제 3 절 물품의 형상·구조 또는 조합

1. 물품의 의의

물품의 정의에 대하여는 여러 견해가 있으나 물품이라고 말할 수 있기 위하여는 형상·구조 등 공간적으로 일정한 형태를 가지는 것으로 일반 상거래의 대상이 되는 자유롭게 운반가능한 상품으로서 사용목적이 명확한 것이어야 한다. 따라서 방법과 같이 물건과 전혀 다른 범위에 속하는 것은 실용신안법상의 보호대상이 되지 않는다. 또한 물건일지라도 일정한 형태를 갖지 않는 것은 보호의 대상이 되지 않는다. 따라서 의약이나 화학물질 또는 조성물 등은 실용신안법의 보호대상이 아니다. 한편 물품은 독립적 사용가치를 가지는 것만이 아니라 부품과 같이 독립적 사용가치를 갖지 않는 것도 실용신안법상의 보호대상인 물품이 된다.

2. 물품의 형상에 관한 고안

형상이란 선이나 면 등으로 표현된 외형적 형상을 의미하며, 그것이 입체적인지 평면적인지를 불문한다. 예컨대 캠의 형상, 톱니바퀴의 치형, 공구의 날과 같은 것이 이에 해당한다.

3. 물품의 구조에 관한 고안

구조란 공간적, 입체적으로 조립된 구성으로서 물품의 외관만이 아니고 평면도와 입면도에 의하여, 경우에 따라서는 측면도와 단면도를 이용하여 표현되는 것을 말한다. 구조상의 특징은 외관상 명료한 것을 필요로 하지 않으며, 일반적으로 기계적 요소의 유기적인 연결모양이나 결합상태를 말한다. 따라서 화학구조와 같은 것은 포함되지 않는다. 한편 구조는 반드시 입체적일 것을 요하지 않는다. 선·문자·도형·기호의 배열이나 조합 또는 색채와 같은 소위 평면적인 것도 구조의 일종이라고 하고 있으며, 전기회로도도 구조의 일종이다.

4. 물품의 조합에 관한 고안

'물품의 조합'이란 물품의 사용시 또는 불사용시에 있어서 그 물품의 2개 또는 그 이상의 것이 공간적으로 분리된 상태에 있고 또한 그것들은 독립하여 일정한 구조 또는 형상을 가지고 있어 사용에 의하여 그것들이 기능적으로 서로 관련하여 사용가치를 발휘하는 경우이다. 이는 다시 ① 2 이상의 다른 물품의 집합으로서 사용시에 일체적 또는 밀접 불가분적 상태가 되어 하나의 목적을 달성하는 것(예컨대 볼트와 너트, 바둑판과 바둑알 등)과 ② 2 이상의 동종인 물품의 집합으로서 사용시에 일체가 되어 하나의 목적으로 달성할 수 있는 것(화투, 트럼프 등)으로 나누어 설명하기도 한다.

위에서 살펴본 것과 같이 우리나라의 실용신안법의 보호대상은 '물품의 형상·구조 또는 조합에 관한 고안'이어야 한다. 이는 독일 실용신안법과 달리 화학적 제법과 같은 방법은 특허등록의 대상이 되지만, 실용신안의 등록대상은 되지 않을 것을 명확히 한 것이다. 즉, 우리나라에서 실용신안 등록받을 수 있는 것은 고안으로써 '물품'에 한정하고 있다.

실용신안등록대상은 특허법의 보호대상인 발명과 동일한 것으로 볼 것인가 아니면 외형적 형상 내지 형태로 볼 것인가와 관련하여, 지금까지의 우리나라 입장은 독일 법학자인 콜러의 주장에 따라 형(型)이라고 하는 요소보다는 고안(考案)이라고 하는 요소를 중시하는 고안설이 지배적이었다. 이에 반해 실용신안을 형태로 보는 입장은 형(型)과 고안을 분리하여 형태만을 고찰하여 특허와 실용신안을 구별한 것에 지나지 않았다. 이를 형(型)설이라고 하였다.

이러한 고안설이나 형설의 구별은 특허법의 보호대상과 실용신안법의 보호대상이 같은 독일 실용신안법상의 문제이지, 현행 우리나라의 실용신안법상에서 논한다는 것은 문제가 있다. 즉 우리나라 실용신안법의 보호대상은 '물품'(실용신안법 제4조 제1항)을 전제로 하면서 새로운 창작(발명)이 있는 것을 등록받을 수 있는 고안이라고 하고 있다(실용신안법 제2조 1호). 그러므로 우리나라의 실용신안은 산업에 이용할 수 있는 것으로 신규성과 진보성이 있고, 그리고 형태성이 없으면 실용신안으로서 등록이 될 수 없다. 즉 우리나라의 실용신안법은 '고안적 형태설(考案的 形態說)'을 취하고 있다 할 수 있을 것이다.

제3장

실용신안법의 구체적 내용

우리나라의 실용신안제도의 발전사는 특허제도의 역사와 그 궤를 같이 하여 왔는데, 실체심사를 하던 우리나라의 실용신안법은 특허법과 크게 다를 바가 없었다. 그러나 1990년대에 이르러 특허 및 실용신안 출원건수가 증가함에 따라 심사적체가 심화되어 실용신안의 심사처리기간이 길어지는 문제점이 발생되었고, 이에 1999.7.1. 시행된 실용신안법(법률 제5577호)에서는 실용신안 무심사선등록제도를 도입하였다.

그러나 선등록제도를 통하여 조기권리화가 필요한 출원인은 권리행사시점을 상당기간 단축시킬 수 있었지만 향후 무효 또는 취소될 가능성이 높아 권리로서 불안정하며 선등록된 실용신안권을 특허권처럼 오용하거나 남용하는 경우 선의의 제3자가 피해를 볼 수 있다는 문제점이 있었다. 이에 따라, 실용신안제도를 다시 2006.10.1. 시행된 현행법(법률 제7871호)에서 심사 후 등록제도로 전환하는 한편, 특허제도와의 통일된 절차를 통한 제도운영으로 민원인의 편의를 도모하고 있다.

따라서, 현재의 실용신안법은 특허법과 상당히 절차가 비슷하다고 할 수 있으며, 이하에서는 특허법과 비교하여 차이점이 있는 부분을 중점적으로 살펴본다.

1. 정　　의

특허법에서 '발명'이라 함은 "자연법칙을 이용한 기술적 사상의 창작으로서 고도(高度)한 것"을 말하며(제2조 1호), 실용신안법에서 '고안'이라 함은 "자연법칙을 이용한 기술적 사상의 창작"을 말한다. 즉 특허법에서 발명이란 기술적 사상의 창작으로서 고도성을 요하나, 실용신안법에서 고안은 고도성을 요하지 않는다.

2. 보호대상

실용신안법의 보호대상은 물품의 형상, 구조 또는 조합에 관한 고안이나(실용신안법 제4조 제1항), 특허법은 산업상 이용할 수 있는 발명이 그 보호대상이다(제29조 제1항).

발명은 '물건에 관한 발명'과 '방법에 관한 발명', '물건을 생산하는 방법의 발명'으로 나누어 볼 수 있다. 특허법은 모두 다 보호대상으로 하고 있으나(제2조 3호), 실용신안법은 물건에 관한 발명[1] 중 일정한 형태를 가진 물건(즉 고안)만을 보호대상으로 하고 있다(실용신안법 제2조 3호). 따라서 물건에도 일정한 형(形)이나 구조를 갖추지 못한 설탕이나 밀가루 같은 분말은 실용신안의 대상이 되지 않는다.

3. 등록요건

특허법과 마찬가지로 실용신안법 또한 심사주의(방식심사, 실체심사)를 취하고 있다. 구 실용신안법은 (선등록주의)무(無)심사주의였지만(구실용신안법 제11조, 제12조, 제35조)[2] 2006년 전부개정으로 인해 실체심사를 하는 심사주의로 바뀌었다.

특허법상의 등록요건과 실용신안법상의 등록요건은 산업상 이용가능성·신규성·진보성으로 동일하나 진보성에 대해 특허법은 그 발명이 속하는 기술분야에서 통상의 지식을 가진 자가 '쉽게' 발명할 수 있을 때에는 특허를 받을 수 없으나(제29조 제2항), 실용신안법은 '극히 쉽게' 고안할 수 있을 때에는 실용신안등록을 받을 수 없게 하고 있어(실용신안법 제4조 제2항) 진보성의 정도에 약간의 차이가 있다고 볼 수 있다. 또한 특허법은 특허를 받을 수 없는 발명으로 공공의 질서 또는 선량한 풍속에 어긋나거나 공중의 위생을 해칠 우려가 있는 발명을 규정하고 있으나(제32조), 실용신안법은 위의 고안 외에 국기 또는 훈장과 동일하거나 유사한 고안을 규정하고 있다(실용신안법 제6조 1호).

---

1) 물건에 관한 발명에서 물건을 다시 둘로 나누어 보면, '일정한 형태를 가지는 물품'과 '일정한 형태가 없는 물품'이 있다.

2) 기초적 요건에 대하여는 심사관으로 하여금 심사하도록 하여 요건 흠결시 심사관이 보정명령을 할 수 있고(구실용신안법 제12조 제2항), 보정을 하지 아니한 경우 심사관은 각하결정하여야 한다(구실용신안법 제12조 제3항). 이러한 각하결정에 대하여 출원인은 특허심판원에 불복심판을 청구할 수 있다(구실용신안법 제54조의2).

4. 출원 및 절차

실용신안등록출원된 고안과 특허출원된 발명이 동일한 경우로서 그 실용신안등록출원과 특허출원이 같은 날에 출원된 것인 경우에는 실용신안등록출원에 대하여만 권리설정등록을 받기로 특허출원인과 협의된 경우에 한하여 실용신안등록을 받을 수 있다. 한편, 특허출원과 실용신안등록출원 사이에서는 그 출원 형식을 바꾸어 변경출원을 할 수 있다(제53조, 실용신안법 제10조).

실용신안법은 출원절차에 있어서도 약간의 차이가 있다.[3]

첫째, 특허법에 의해 특허로 출원할 경우에는 필요한 때에만 도면을 첨부하면 되나(제42조 제2항), 실용신안법에 의해 출원하는 경우는 반드시 도면을 첨부하여야 한다(실용신안법 제8조 제2항).

둘째, 비용(출원료, 심사청구료, 등록료)이 특허에 비해 실용신안이 저렴하다.

5. 권리의 존속기간

특허권의 존속기간은 설정등록이 있는 날부터 특허출원일 후 20년이 되는 날까지이나(제88조 제1항), 실용신안권은 설정등록이 된 날부터 실용신안등록출원일 후 10년이 되는 날까지이다(실용신안법 제22조 제1항).

6. 권리의 효력

실용신안권은 특허권과 비교하여 보호대상의 상이로 인해 효력 내용면에서 다음과 같은 차이가 있다.

첫째, 특허권의 효력은 둘 이상의 의약(사람의 질병의 진단·경감·치료·처치(處置) 또는 예방을 위하여 사용되는 물건을 말한다. 이하 같다)이 혼합되어 제조되는 의약의 발명 또는 둘 이상의 의약을 혼합하여 의약을 제조하는 방법의 발명에 관한 「약사법」에 따른 조제행위와 그 조제에 의한 의약에는 미치지 아니한다(제96조 제2항). 그러나 의약이나 의약을 제조하는 방법은 실용신안의 보호대상이 아니기 때문에 실용신안법은 이와 같은 제한을 두고 있지 않다.

---

3) 종래 실용신안은 특허와 달리 총괄적 고안의 개념을 형성하는 일군(一群)의 고안을 1출원으로 인정하지 않았으나, 2001년 2월 3일 개정법(법률 제6412호)에서 이를 인정하여 이 점에서 특허와 차이가 없다(실용신안법 제9조 제1항).

둘째, 특허법은 특허가 물건발명인 경우와 방법발명인 경우로 구분하여 침해로 보는 행위를 규정(제127조)함으로써 특허권자 보호를 강화하고 있으나, 실용신안법은 물품에 관한 고안인 경우로 한정하여 그 보호를 강화하고 있다(실용신안법 제29조).

셋째, 특허법은 생산방법의 추정에 관한 규정(제129조)을 두어 생산방법에 관한 특허권자의 증명책임 완화를 도모하고 있으나, 생산방법은 실용신안의 보호대상이 아니기 때문에 실용신안법은 이와 같은 규정을 두고 있지 않다.

넷째, 특허법에서는 허가 등에 따른 존속기간연장 등록제도가 있으나(제89조), 실용신안법에는 이러한 제도가 없다. 허가 등에 따른 존속기간의 연장대상은 의약품, 농약 또는 원제인데 이는 물질로서 실용신안보호대상이 아니기 때문이다.

판례색인

= 국내 판례 =

[대 법 원]

[특허법원]

[미 국]

사항색인

ㄱ

ㅂ

ㅅ

ㅇ

ㅈ

ㅊ

ㅋ

ㅌ

ㅍ

ㅎ

[저자 약력]

윤 선 희

東京大学 大学院 *法学政治学研究科BLC 客員教授* 역임
특허법 · 실용신안법 · 상표법 · 의장법 · 디자인보호법 개정위원, 저작권법 개정위원, 대한상사중재원 중재인 및 국제중재인, 인터넷분쟁조정위원회 조정위원, 산업재산권 분쟁조정위원회 조정위원, 국회 입법지원위원, 사법시험 · 군법무관시험 · 행정고시 · 입법고시 위원, 변호사시험 · 변리사시험 위원 등 역임
지식재산포럼 회장
문화콘텐츠와 법연구회 회장
한국지식재산학회 회장
한국산업재산권법학회 회장
한국중재학회 회장
한국산업보안연구학회 회장
산업통상자원부 산업기술보호전문위원회 위원장
국무총리 산업기술보호위원회 민간위원
현, 한양대학교 법학전문대학원 명예교수

〈주요 저서〉

무체재산권법 개설(역저), 법경출판사(1991)
영업비밀개설(저), 법경출판사(1991)
주해 특허법(공역), 한빛지적소유권센터(1994)
지적소유권법(공저), 한빛지적소유권센터(1996)
국제계약법 이론과 실무(저), 법률출판사(1997)
특허법(공역), 법문사(2001)
신특허법론(공저), 법영사(2005)
상표법 제6판(저), 법문사(2021)
저작권법(편역), 법문사(2008)
로스쿨 특허법 제2판(저), 세창출판사(2015)
로스쿨 지적재산권법(공저), 법문사(2010)
지적재산권법 20정판(저), 세창출판사(2023)
부정경쟁방지법(공저), 법문사(2012)
영업비밀보호법 제3판(공저), 법문사(2019)

[교정저자 약력]

박 태 일

한양대학교 법과대학 법학과 졸업
한양대학교 대학원 법학 석사
한양대학교 대학원 법학 박사
사법시험 합격
특허법원 판사
대법원 재판연구관(지재총괄)
서울중앙지방법원 부장판사(지재전담)
현, 서울서부지방법원 부장판사(지재전담)

강 명 수

서울대학교 전기공학부 졸업
한양대학교 대학원 법학 박사
변리사시험 합격
사법시험 합격
김&장법률사무소 근무
제주대학교 법학전문대학원 교수
현, 부산대학교 법학전문대학원 교수

임 병 웅

한양대학교 전자전기공학부 졸업
한양대학교 대학원 법학 석사
한양대학교 대학원 법학 박사
변리사시험 합격
이지특허법률사무소 근무
엠텍비전주식회사 근무
특허그룹 인사이트플러스 대표변리사
특허법인 이지 대표변리사
현, 특허법인 리담 대표변리사

특 허 법 [제7판]

2003년 9월 10일 초판 발행
2004년 8월 20일 개정판 발행
2007년 9월 12일 제3판 발행
2010년 3월 5일 제4판 발행
2012년 1월 20일 제5판 발행
2019년 7월 10일 제6판 발행
2023년 7월 10일 제7판 1쇄 발행

저 자 윤 선 희

발행인 배 효 선

발행처 도서출판 法 文 社

주 소 10881 경기도 파주시 회동길 37-29
등 록 1957년 12월 12일 / 제2-76호 (윤)
전 화 (031)955-6500~6 FAX (031)955-6525
E-mail (영업) bms@bobmunsa.co.kr
(편집) edit66@bobmunsa.co.kr
홈페이지 http://www.bobmunsa.co.kr
조판 법 문 사 전 산 실

정가 48,000원 ISBN 978-89-18-91413-8